# GABLER
# BANK
# LEXIKON

# GABLER
# BANK
# LEXIKON

**Bank, Börse, Finanzierung**

herausgegeben von
**Wolfgang Grill**
**Ludwig Gramlich**
**Roland Eller**

11., vollständig neu bearbeitete und erweiterte Auflage

## S–Z

**GABLER**

Die Deutsche Bibliothek – CIP-Einheitsaufnahme

**Gabler-Bank-Lexikon :** Bank – Börse – Finanzierung / hrsg.
von Wolfgang Grill ... – [Taschenbuch-Ausg. in 4 Bd.]. –
Wiesbaden : Gabler.
 ISBN 3-409-46147-7
NE: Grill, Wolfgang [Hrsg.]
[Taschenbuch-Ausg. in 4 Bd.]
Bd. 4. S – Z – 11., vollst. neu bearb. und erw. Aufl., unveränd.
 Nachdr. – 1996
 ISBN 3-409-46151-5

Schriftleitung: Prof. Dr. Ludwig Gramlich, Wolfgang Grill (†), Uwe-Peter Egger
Redaktion: Ute Arentzen, Gabriele Bourgon, Ulrike Lörcher, Karlheinz Müssig

| | |
|---|---|
| 1. Auflage 1953 | 7. Auflage 1975 |
| 2. Auflage 1959 | 8. Auflage 1978 |
| 3. Auflage 1961 | 9. Auflage 1983 |
| 4. Auflage 1961 | 10. Auflage 1988 |
| 5. Auflage 1963 | 11. Auflage 1995 |
| 6. Auflage 1969 | |

Ungekürzte Wiedergabe der Originalausgabe 1995

Der Gabler Verlag ist ein Unternehmen der Bertelsmann Fachinformation.

© Betriebswirtschaftlicher Verlag Dr. Th. Gabler GmbH, Wiesbaden 1996

Das Werk einschließlich aller seiner Teile ist urheberrechtlich geschützt. Jede Verwertung außerhalb der engen Grenzen des Urheberrechtsgesetzes ist ohne Zustimmung des Verlags unzulässig und strafbar. Das gilt insbesondere für Vervielfältigungen, Übersetzungen, Mikroverfilmungen und die Einspeicherung und Verarbeitung in elektronischen Systemen.

Höchste inhaltliche und technische Qualität unserer Produkte ist unser Ziel. Bei der Produktion und Verbreitung unserer Bücher wollen wir die Umwelt schonen: Dieses Buch ist auf säurefreiem und chlorarm gebleichtem Papier gedruckt. Die Einschweißfolie besteht aus Polyäthylen und damit aus organischen Grundstoffen, die weder bei der Herstellung noch bei der Verbrennung Schadstoffe freisetzen.

Die Wiedergabe von Gebrauchsnamen, Handelsnamen, Warenbezeichnungen usw. in diesem Werk berechtigt auch ohne besondere Kennzeichnung nicht zu der Annahme, daß solche Namen in Sinne der Warenzeichen- und Markenschutz-Gesetzgebung als frei zu betrachten wären und daher von jedermann benutzt werden dürften.

Umschlaggestaltung: Schrimpf und Partner, Wiesbaden
Satz: Druck- und Verlagsanstalt Konrad Triltsch, Würzburg
Druck und Bindung: Presse-Druck- und Verlags-GmbH, Augsburg
Printed in Germany

4. Band · ISBN 3-409-46151-5
Taschenbuch-Kassette mit 4 Bänden · ISBN 3-409-46147-7

# Verzeichnis der Abkürzungen

| | | | |
|---|---|---|---|
| ABlEG | – Amtsblatt der Europäischen Gemeinschaften | BGBl | – Bundesgesetzblatt |
| Abs. | – Absatz | BGH | – Bundesgerichtshof |
| Abschn | – Abschnitt | BHO | – Bundeshaushaltsordnung |
| AbwAG | – Abwasserabgabengesetz | BImSchG | – Bundesimmissionsschutzgesetz |
| AdK | – Arbeitsgemeinschaft deutscher Kassenvereine | BiRiLiG | – Bilanzrichtlinien-Gesetz |
| | | BMBW | – Bundesminister für Bildung und Wissenschaft |
| AdVermiG | – Adoptionsvermittlungsgesetz | BMF | – Bundesminister der Finanzen |
| AEG | – Allgemeines Eisenbahngesetz | BMWi | – Bundesminister für Wirtschaft |
| a. F. | – alte Fassung | BOKraft | – Betriebsordnung für den Kraftverkehr |
| AFG | – Arbeitsförderungsgesetz | BörsG | – Börsengesetz |
| AG | – Aktiengesellschaft | BPersVG | – Bundespersonalvertretungsgesetz |
| AGB | – Allgemeine Geschäftsbedingungen | BpO (St) | – Betriebsprüfungsordnung (Steuer) |
| AGBG | – Gesetz zur Regelung des Rechts der Allgemeinen Geschäftsbedingungen | BRRG | – Beamtenrechtsrahmengesetz |
| | | BSchG | – Binnenschiffsverkehrsgesetz |
| Aggl. | – Agglomeration | BSG | – Bundessozialgericht |
| AktG | – Aktiengesetz | BSHG | – Bundessozialhilfegesetz |
| AMG | – Arzneimittelgesetz | BSpkG | – Bausparkassengesetz |
| AnfG | – Anfechtungsgesetz | BStBl | – Bundessteuerblatt |
| AnzV | – Anzeigenverordnung | BtmG | – Betäubungsmittelgesetz |
| AO | – Abgabenordnung | BUrlG | – Bundesurlaubsgesetz |
| ArbGG | – Arbeitsgerichtsgesetz | BVerfGG | – Bundesverfassungsgerichtsgesetz |
| Art. | – Artikel | BVerwG | – Bundesverwaltungsgericht |
| AStG | – Außensteuergesetz | BVG | – Bundesversorgungsgesetz |
| AtG | – Atomgesetz | BZBl | – Bundeszollblatt |
| AÜG | – Arbeitnehmerüberlassungsgesetz | BZRG | – Bundeszentralregistergesetz |
| AuslG | – Ausländergesetz | BZÜ | – Belegloser Zahlschein-/Überweisungsverkehr |
| AVB | – Allgemeine Versicherungsbedingungen | | |
| | | DepotG | – Depotgesetz |
| AVG | – Angestelltenversicherungsgesetz | d. h. | – das heißt |
| AWG | – Außenwirtschaftsgesetz | DRiG | – Deutsches Richtergesetz |
| AWV | – Außenwirtschaftsverordnung | DV (DVO) | – Durchführungsverordnung |
| AZO | – Allgemeine Zollordnung | EDV | – Elektronische Datenverarbeitung |
| AZO | – Arbeitszeitordnung | EGAktG | – Einführungsgesetz zum Aktiengesetz |
| BaföG | – Bundesausbildungsförderungsgesetz | EGBGB | – Einführungsgesetz zum Bürgerlichen Gesetzbuch |
| BAnz | – Bundesanzeiger | | |
| BAT | – Bundesangestelltentarif | EGGVG | – Einführungsgesetz zum Gerichtsverfassungsgesetz |
| BBankG | – Gesetz über die Deutsche Bundesbank | | |
| BBankSatzung | – Satzung der Deutschen Bundesbank | EGHGB | – Einführungsgesetz zum Handelsgesetzbuch |
| BBiG | – Berufsbildungsgesetz | | |
| BauGB | – Baugesetzbuch | EGStGB | – Einführungsgesetz zum Strafgesetzbuch |
| BbG | – Bundesbahngesetz | | |
| BBG | – Bundesbeamtengesetz | EnWG | – Energiewirtschaftsgesetz |
| BBergG | – Bundesberggesetz | ErbbRVO | – Erbbaurechtsverordnung |
| BdF | – Bundesminister der Finanzen | ErbStG | – Erbschaftsteuer- und Schenkungsteuergesetz |
| BDSG | – Bundesdatenschutzgesetz | | |
| BefrV | – Befreiungsverordnung | EStDV | – Einkommensteuer-Durchführungsverordnung |
| BetrAVG | – Gesetz zur Verbesserung der betrieblichen Altersversorgung (Betriebsrentengesetz) | | |
| | | EStG | – Einkommensteuergesetz |
| | | EStR | – Einkommensteuer-Richtlinien |
| BetrVG | – Betriebsverfassungsgesetz | EuWG | – Europawahlgesetz |
| BewG | – Bewertungsgesetz | e. V. | – eingetragener Verein; einstweilige Verfügung |
| BfA | – Bundesversicherungsanstalt für Angestellte | | |
| | | EVO | – Eisenbahnverkehrsordnung |
| BFH | – Bundesfinanzhof | ff. | – folgende |
| BFStrG | – Bundesfernstraßengesetz | FGG | – Gesetz über die Angelegenheiten der freiwilligen Gerichtsbarkeit |
| BGB | – Bürgerliches Gesetzbuch | | |

|  |  |
|---|---|
| FGO | – Finanzgerichtsordnung |
| FStrG | – Bundesfernstraßengesetz |
| FVG | – Finanzverwaltungsgesetz |
| GBl | – Gesetzblatt |
| GBO | – Grundbuchordnung |
| GebrMG | – Gebrauchsmustergesetz |
| GenG | – Genossenschaftsgesetz |
| GeschmMG | – Geschmacksmustergesetz |
| GewO | – Gewerbeordnung |
| GewStDV | – Gewerbesteuer-Durchführungsverordnung |
| GewStG | – Gewerbesteuergesetz |
| GewStR | – Gewerbesteuer-Richtlinien |
| GG | – Grundgesetz für die Bundesrepublik Deutschland |
| GKG | – Gerichtskostengesetz |
| GmbH | – Gesellschaft mit beschränkter Haftung |
| GmbHG | – Gesetz, betreffend die Gesellschaften mit beschränkter Haftung |
| GMBl | – Gemeinsames Ministerialblatt |
| GoB | – Grundsätze ordnungsmäßiger Buchführung |
| GO-BT | – Geschäftsordnung des Bundestages |
| GrEStG | – Grunderwerbsteuergesetz |
| GrStG | – Grundsteuergesetz |
| GüKG | – Güterkraftverkehrsgesetz |
| GVG | – Gerichtsverfassungsgesetz |
| GWB | – Gesetz gegen Wettbewerbsbeschränkungen (Kartellgesetz) |
| GwG | – Geldwäschegesetz |
| HandwO | – Handwerksordnung |
| HGB | – Handelsgesetzbuch |
| HGrG | – Haushaltsgrundsätzegesetz |
| h. M. | – herrschende Meinung |
| HypBankG | – Hypothekenbankgesetz |
| i. a. | – im allgemeinen |
| i. d. F. | – in der Fassung |
| i. d. R. | – in der Regel |
| i. e. S. | – im engeren Sinne |
| i. S. | – im Sinne |
| i. V. m. | – in Verbindung mit |
| i. w. S. | – im weiteren Sinne |
| JGG | – Jugendgerichtsgesetz |
| KAGG | – Gesetz über Kapitalanlagegesellschaften (Investmentgesetz) |
| KartellG | – Kartellgesetz (Gesetz gegen Wettbewerbsbeschränkungen) |
| KG | – Kommanditgesellschaft |
| KGaA | – Kommanditgesellschaft auf Aktien |
| KJHG | – Kinder- und Jugendhilfegesetz |
| KO | – Konkursordnung |
| KostO | – Kostenordnung |
| KSchG | – Kündigungsschutzgesetz |
| KStDV | – Verordnung zur Durchführung des Körperschaftsteuergesetzes |
| KStG | – Körperschaftsteuergesetz |
| KUG | – Kunsturhebergesetz |
| KSVG | – Künstlersozialversicherungsgesetz |
| KVStDV | – Kapitalverkehrsteuer-Durchführungsverordnung |
| KVStG | – Kapitalverkehrsteuergesetz |
| KWG | – Kreditwesengesetz |
| LAG | – Gesetz über den Lastenausgleich |
| LHO | – Landeshaushaltsordnung |
| LMBGG | – Lebensmittel- und Bedarfsgegenständegesetz |
| LohnFG | – Lohnfortzahlungsgesetz |
| LStDV | – Lohnsteuer-Durchführungsverordnung |
| LStR | – Lohnsteuer-Richtlinien |
| LZB | – Landeszentralbank |
| MHG | – Gesetz zur Regelung der Miethöhe |
| MitbG (MitbestG) | – Mitbestimmungsgesetz |
| m. spät. Änd. | – mit späteren Änderungen |
| MOG | – Marktordnungsgesetz |
| MoMitbestG | – Montan-Mitbestimmungsgesetz |
| MSchG | – Mutterschutzgesetz |
| MünzG | – Münzgesetz |
| Nr. | – Nummer |
| o. ä. | – oder ähnlich |
| OHG | – offene Handelsgesellschaft |
| OLG | – Oberlandesgericht |
| OWiG | – Ordnungswidrigkeitengesetz |
| PatG | – Patentgesetz |
| PBefG | – Personenbeförderungsgesetz |
| PfandBG | – Pfandbriefgesetz |
| PflVG | – Pflichtversicherungsgesetz |
| PolG | – Polizeigesetz |
| PostG | – Postgesetz |
| PostVerfG | – Postverfassungsgesetz |
| ProdHaftG | – Produkthaftungsgesetz |
| PublG | – Publizitätsgesetz |
| PVG | – Polizeiverwaltungsgesetz |
| RechKredV | – Verordnung über die Rechnungslegung der Kreditinstitute |
| RGBl | – Reichsgesetzblatt |
| RPfG | – Rechtspflegergesetz |
| RVO | – Reichsversicherungsordnung |
| SchG (ScheckG) | – Scheckgesetz |
| SchiffsG | – Schiffsgesetz |
| SchiffsBankG | – Schiffsbankgesetz |
| SchwbG | – Schwerbehindertengesetz |
| SGB | – Sozialgesetzbuch |
| SGG | – Sozialgerichtsgesetz |
| SolZG | – Solidaritätszuschlagsgesetz |
| StabG | – Stabilitätsgesetz |
| StBerG | – Steuerberatungsgesetz |
| StGB | – Strafgesetzbuch |
| StPO | – Strafprozeßordnung |
| str. | – strittig |
| StVG | – Straßenverkehrsgesetz |
| StVO | – Straßenverkehrsordnung |
| StVollzG | – Strafvollzugsgesetz |
| StVZO | – Straßenverkehrs-Zulassungs-Ordnung |
| TVG | – Tarifvertragsgesetz |
| u. a. | – unter anderem |
| u. ä. | – und ähnliches |
| UBGG | – Gesetz über Unternehmensbeteiligungsgesellschaften |
| UmwG | – Umwandlungsgesetz |
| UrhG | – Urheberrechtsgesetz |
| UStDB | – Durchführungsbestimmungen zum Umsatzsteuergesetz |
| UStG | – Umsatzsteuergesetz |
| UStDV | – Umsatzsteuer-Durchführungsverordnung |
| UStR | – Umsatzsteuer-Richtlinien |
| u. U. | – unter Umständen |
| UVPG | – Gesetz über die Umweltverträglichkeitsprüfung |
| UWG | – Gesetz gegen den unlauteren Wettbewerb |
| v. a. | – vor allem |
| VAG | – Versicherungsaufsichtsgesetz |
| VerbrkrG | – Verbraucherkreditgesetz |
| VerglO | – Vergleichsordnung |

| | | | |
|---|---|---|---|
| VerlG | – Verlagsgesetz | WBauG | – Wohnungsbaugesetz |
| VermG | – Vermögensgesetz | WEG | – Wohnungseigentumsgesetz |
| (5.) VermBG | – (Fünftes) Vermögensbildungsgesetz | WeinG | – Weingesetz |
| vgl. | – vergleiche | WG | – Wechselgesetz |
| v. H. | – von Hundert | WPO | – Wirtschaftsprüferordnung |
| VO | – Verordnung | WiStG | – Wirtschaftsstrafgesetz |
| VSF | – Vorschriftensammlung der Bundes-Finanzverwaltung nach Stoffgebieten gegliedert | WuSt | – Wirtschaft und Statistik |
| | | WZG | – Warenzeichengesetz |
| | | z. T. | – zum Teil |
| VStG | – Vermögensteuergesetz | z. Z. | – zur Zeit |
| VStR | – Vermögensteuer-Richtlinien | ZG | – Zollgesetz |
| VVG | – Versicherungsvertragsgesetz | ZGB | – Zivilgesetzbuch (der DDR) |
| VwGO | – Verwaltungsgerichtsordnung | ZPO | – Zivilprozeßordnung |
| VwVfG | – Verwaltungsverfahrensgesetz | ZVG | – Zwangsversteigerungsgesetz |

# Erläuterungen für den Benutzer

1. Die zahlreichen Gebiete des Gabler Bank-Lexikons sind nach Art eines Konversationslexikons in mehr als 8 000 Stichwörter aufgegliedert. Unter einem aufgesuchten Stichwort ist die nur speziell diesen Begriff erläuternde, gründliche Erklärung zu finden, die dem Benutzer sofort erforderliches Wissen ohne mehrmaliges Nachschlagen vermittelt. Die zahlreichen, durch das Verweiszeichen (→) gekennzeichneten Wörter erlauben es dem Leser, der sich umfassend unterrichten will, sich nicht nur über weitere, ihm wesentlich erscheinende Begriffe, sondern auch über die Hauptfragen an Hand größerer Abhandlungen ohne Zeitverlust zu orientieren.

2. Die alphabetische Reihenfolge ist – auch bei zusammengesetzten Stichwörtern – strikt eingehalten. Dies gilt sowohl für Begriffe, die durch Bindestriche verbunden sind, als auch für solche, die aus mehreren, durch Leerzeichen getrennten Wörtern bestehen. In beiden Fällen erfolgt die Sortierung, als wäre der Bindestrich bzw. das Leerzeichen nicht vorhanden. So steht z. B. „Nettoinvestition" vor „Netto-Rendite" und „Gesetzliche Rücklage" vor „Gesetzliches Pfandrecht".

3. Zusammengesetzte Begriffe, wie „Allgemeine Bankrisiken", „Internationale Finanzmärkte" und „Neue Aktien", sind in der Regel unter dem Adjektiv alphabetisch eingeordnet. Wird das gesuchte Wort unter dem Adjektiv nicht gefunden, empfiehlt es sich, das Substantiv nachzuschlagen.

4. Substantive sind in der Regel im Singular aufgeführt.

5. Die Umläute ä, ö, ü wurden bei der Einordnung in das Abc wie die Grundlaute a, o, u behandelt. ß wurde in ss aufgelöst.

6. Mit Ziffern, Zahlen und griechischen Buchstaben beginnende Stichwörter werden durch das jeweilige „Wort" bestimmt (z. B. „1992er Rahmenvertrag" entspricht „Neunzehnhundertzweiundneunziger Rahmenvertrag").

7. Geläufige Synonyme und anglo-amerikanische Termini werden jeweils am Anfang eines Stichwortes aufgeführt. Dabei werden Synonyme in Kursivschrift wiedergegeben. Querverweise gewährleisten auf jeden Fall das Auffinden der Begriffserläuterung.

8. Die häufigsten Abkürzungen, insbesondere von Gesetzen, sind im Abkürzungsverzeichnis enthalten. Allgemeingebräuchliche Textabkürzungen (wie z.B.) wurden in der Regel in das Abkürzungsverzeichnis nicht aufgenommen. Im Bankgeschäft übliche Abkürzungen anderer Art (wie DAX, LIFFE, POS) sind im Lexikon selbst erläutert.

# S

### Sachanlagen
Ausgerichtet auf die → Bilanz einer → Kapitalgesellschaft gliedern sich die S. laut § 266 HGB in vier Positionen: → Grundstücke und grundstücksgleiche Rechte und Bauten einschließlich Bauten auf fremden Grundstücken; technische Anlagen und Maschinen; andere Anlagen, Betriebs- und Geschäftsausstattung; geleistete Anzahlungen und Anlagen im Bau.

### Sachanlagevermögen, → Anlagevermögen.

### Sachen
Gemäß § 90 BGB körperliche → Gegenstände, d.h. räumlich abgrenzbare Stücke der beherrschbaren Natur. Ob ein Körper fest, flüssig oder gasförmig ist, spielt keine Rolle. Naturkräfte und Energien (Wärme, Licht, Elektrizität) sind keine S., selbst wenn ihnen im physikalischen Sinne Körperlichkeit eignet. Nur auf S. kann sich → Eigentum und → Besitz beziehen. S. sind auch die → Banknoten und → Münzen sowie → Wertpapiere, obwohl diesen der Rechtsverkehr Bedeutung wegen des in ihnen verkörperten wirtschaftlichen Werts beimißt. Keine S. (mehr) sind Tiere (§ 90a BGB), sie werden aber weiterhin als solche behandelt, z. B. bei der → Übereignung. Auch eine zusammengesetzte S., wie z. B. ein Kraftfahrzeug, ist rechtlich eine (einheitliche) S., nicht dagegen eine → Sachgesamtheit (etwa ein Warenlager), die nur eine wirtschaftliche Einheit bildet (→ Sicherungsübereignung von Sachgesamtheiten). Im → Privatrecht kann über jede S. frei verfügt werden, soweit sie nicht → wesentlicher Bestandteil einer anderen S. ist.
Nach ihrer spezifischen Beschaffenheit und nach ihrer Funktion werden unterschieden: unbewegliche S. (→ Grundstücke) und → bewegliche S., → vertretbare S. und unvertretbare S., Gattungssachen und Stücksachen, verbrauchbare S. und nichtverbrauchbare S., → teilbare S. und unteilbare S.

### Sachenrecht
Teil des BGB (3. Buch), der die unmittelbaren Rechtsbeziehungen einer → Person zu einer → Sache und damit die → dinglichen Rechte (Herrschaftsrechte über Sachen) zum Inhalt hat. Im Gegensatz zum → Schuldrecht, das nur ein Rechtsverhältnis zwischen bestimmten Personen begründet, wirken die dinglichen Rechte gegen jedermann.
Das S. untergliedert sich im wesentlichen in das Recht des → Besitzes, das Recht des → Eigentums und der (beschränkt) dinglichen Rechte. Dingliche Rechte sind → Eigentum, → Nießbrauch und → Pfandrecht an → beweglichen Sachen sowie → Eigentum, → Erbbaurecht, → Vorkaufsrecht, → Dienstbarkeiten, → Reallasten, → Hypotheken, → Grundschulden und → Rentenschulden an Grundstücken. Schließlich umfaßt das S. auch das → Anwartschaftsrecht, das gesetzlich nicht geregelt ist. Für → Kreditgeschäfte sind dingliche Rechte von Bedeutung als → Kreditsicherheiten, aber auch als Rechte Dritter, die den Wert von Sicherungsgegenständen mindern.

### Sachgesamtheiten
Mehrere einzelne → bewegliche Sachen, die einem einheitlichen wirtschaftlichen Zweck zu dienen bestimmt sind (z.B. Geschäftseinrichtungen, Werkausrüstungen, Stapelware oder Material-, Vorrats- und Warenlager). Als Sicherungsgut weisen sie für die → Kreditinstitute besondere rechtliche Probleme im Zusammenhang mit der → Sicherungsübereignung auf.

### Sachinvestition
Synonym für → Realinvestition und → Produktionsinvestition.

## Sachkapital
Synonym für → Realkapital.
*Gegensatz:* → Geldkapital.

## Sachmangel
Ein Fehler, der den Wert oder die Tauglichkeit der → Sache zum vereinbarten oder gewöhnlichen Gebrauch aufhebt oder erheblich mindert. Auch das Fehlen einer zugesicherten Eigenschaft der Sache in dem Zeitpunkt, in dem die Gefahr auf den Käufer (→ Kauf) übergeht, ist ein S. im Sinne des § 459 BGB. Wegen eines S. kann der Käufer grundsätzlich → Wandelung oder Minderung verlangen (§ 462 BGB). Fehlt der verkauften Sache zum Zeitpunkt des Kaufes eine zugesicherte Eigenschaft oder hat der Verkäufer einen Fehler arglistig verschwiegen, so kann der Käufer statt der vorgenannten Rechte → Schadensersatz wegen Nichterfüllung verlangen (§ 463 BGB). Handelt es sich um eine Gattungssache, kann der Käufer statt Wandlung oder Minderung Nachlieferung einer mangelfreien Sache verlangen (§ 480 BGB). Wurde zwischen den Kaufvertragsparteien → Nachbesserung vereinbart, so hat der Käufer einen Anspruch auf ordnungsgemäße Instandsetzung. Die hierfür erforderlichen → Aufwendungen trägt der Verkäufer (§ 476 a BGB).

## Sachsicherheiten
*Realsicherheiten*; → Kreditsicherheiten, die in der Einräumung eines dinglichen, d. h. gegen jedermann wirkenden Verwertungsrechts an Sicherungsgegenständen (bewegliche und unbewegliche → Sachen sowie → Forderungen und andere → Rechte) bestehen. Ein → Kreditinstitut als → Gläubiger (Sicherungsnehmer) kann sich bei Nichterfüllung der Kreditverpflichtungen durch → Verwertung der Sache bzw. des Rechts Befriedigung verschaffen.
*Arten*: vgl. Abbildung S. 1347.
*Sicherungsgeber*: Sicherungsgeber ist zumeist der Kreditnehmer, dies kann aber auch ein Dritter sein. Zur Bestellung einer S. ist der Sicherungsgeber nur berechtigt, wenn er selbst Eigentümer/Inhaber des Sicherungsgegenstandes ist oder ihm von dem Eigentümer/Inhaber eine entsprechende Ermächtigung (Einwilligung) erteilt worden ist (§ 185 Abs. 1 BGB). Ein → gutgläubiger Erwerb vom Nichtberechtigten kommt nur bei beweglichen und unbeweglichen Sachen sowie bei → Inhaberpapieren und → Orderpapieren in Betracht, dagegen nicht bei Forderungen (→ Schuldverhältnis) und sonstigen Rechten. Handelt es sich bei der S. um einen Nachlaßgegenstand, so kann ihn das Kreditinstitut von dem verfügenden → Erben ohne Bedenken erwerben, sofern dieser sein Recht durch einen → Erbschein nachweist (§§ 2366, 2367 BGB). Nimmt der Eigentümer/Inhaber oder ein von ihm Ermächtigter die Bestellung der Sicherheit vor, so ist darauf zu achten, daß der Eigentümer/Inhaber nicht einer Verfügungsbeschränkung unterliegt, die einen wirksamen Sicherheitserwerb des Kreditinstituts verhindern kann.

*Sicherungsqualität*: Im Unterschied zu den → Personensicherheiten entscheidet hierüber der Wert des Gegenstandes sowie die Rangstelle (→ Rang von Grundstücksrechten) bzw. der eventuelle Vorrang von Rechten Dritter am Sicherungsobjekt. Das bedingt eine sorgfältige Prüfung der wirtschaftlichen und rechtlichen Umstände.

*Feststellung der Werthaltigkeit des Sicherungsgegenstandes*: Um ein Ausfallrisiko bei der Verwertung möglichst gering zu halten, erfolgt die Ermittlung des → Beleihungswertes (Sicherungswert) nach festen Grundsätzen unter Anlegung strenger Maßstäbe, die je nach der Eigenart des Sicherungsobjektes unterschiedlich gehandhabt werden. Zusätzlich wird die Kreditgewährung nur bis zu einem bestimmten Prozentsatz des Sicherungswertes, der → Beleihungsgrenze, vorgenommen.

*Prüfung der Belastung mit Rechten Dritter*: Bei S. ist zu prüfen, ob sie bereits mit Rechten Dritter belastet sind, denn früher begründete Rechte gehen nach dem Prioritätsgrundsatz dem Sicherungsrecht des Kreditinstituts vor. Sie bleiben weiter bestehen und können entweder die Verwertbarkeit des Gegenstandes verhindern (z. B. beim → Nießbrauch) oder zumindest die Beteiligung am Erlös beeinträchtigen (z. B. beim → Pfandrecht an einer → beweglichen Sache). Bei beweglichen Sachen und → Grundstücken kommt aber unter Umständen die Möglichkeit eines gutgläubigen lastenfreien Erwerbs (§ 936 BGB) bzw. eines gutgläubigen Erwerbs des Vorrangs (§§ 892, 1208 BGB) in Frage, sofern das Kreditinstitut die gesamten Umstände einer sorgfältigen Prüfung unterzogen hat.

*Behandlung im Falle der Insolvenz des Sicherungsgebers*: Bei → Insolvenz des Si-

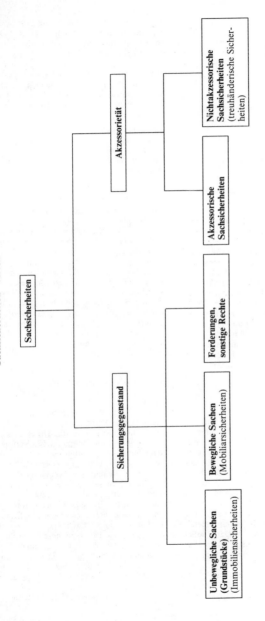

cherungsgebers vermitteln die S. dem Kreditinstitut als Sicherungsnehmer ein Recht zur → Absonderung nach §§ 47 ff. KO. Realsicherheiten eignen sich deshalb vor allem zur Besicherung von mittel- und langfristigen Krediten, bei denen eine Personensicherheit nicht mehr ausreichend erscheint.

*Gefährdungs- und Kollisionstatbestände*: Sie können den Erwerb der Sicherheit verhindern oder beeinträchtigen und entstehen vor allem bei der → Sicherungsübereignung und → Sicherungsabtretung.
*Gegensatz*: → Personensicherheiten.

## Sachvermögen
→ Sachanlagen, immaterielles Vermögen und Vorräte (→ Vermögen).

## Sachverständigenrat zur Begutachtung der gesamtwirtschaftlichen Entwicklung
1963 durch Bundesgesetz gebildetes Gremium mit fünf Mitgliedern („Fünf Weisen"), die über besondere wirtschaftswissenschaftliche Kenntnisse und volkswirtschaftliche Erfahrungen verfügen sollen. Die Mitglieder werden auf Vorschlag der Bundesregierung durch den Bundespräsidenten für die Dauer von fünf Jahren berufen. Sie sind in ihrer Tätigkeit unabhängig und nur an den gesetzlichen Auftrag gebunden, dürfen nicht der Regierung oder einer gesetzgebenden Körperschaft des Bundes oder eines Bundeslandes angehören und nicht im Dienste einer → juristischen Person des → öffentlichen Rechts, eines Wirtschaftsverbandes oder einer Arbeitgeber- bzw. Arbeitnehmerorganisation stehen.

*Aufgaben*: Periodische Begutachtung der gesamtwirtschaftlichen Lage und ihrer absehbaren Entwicklung. In den Gutachten soll untersucht werden, wie die wirtschaftspolitischen Ziele Stabilität des Preisniveaus (→ Geldwertstabilität), hoher Beschäftigungsstand (→ Stabilitätsgesetz), → außenwirtschaftliches Gleichgewicht sowie stetiges und angemessenes → Wirtschaftswachstum (→ Magisches Viereck) im Rahmen einer marktwirtschaftlichen Ordnung gleichzeitig erreicht werden können. Dabei sollen Fehlentwicklungen, die diese Ziele gefährden, aufgedeckt und alternative Möglichkeiten gezeigt werden, Spannungen zwischen der → gesamtwirtschaftlichen Nachfrage und dem gesamtwirtschaftlichen Angebot zu vermeiden oder zu beseitigen, ohne daß dabei Empfehlungen für bestimmte wirtschafts- und sozialpolitische Maßnahmen ausgesprochen werden. Dadurch soll der S. zur Erleichterung der Urteilsbildung aller wirtschaftspolitisch verantwortlichen Instanzen und der Öffentlichkeit beitragen. Die Gutachten des S. erscheinen im November jeden Jahres, zu besonderen wirtschaftlichen Anlässen werden Sondergutachten veröffentlicht.

*Wirtschaftspolitische Konzeption*: Der S. vertritt in Übereinstimmung mit den → wirtschaftswissenschaftlichen Forschungsinstituten grundsätzlich eine → angebotsorientierte Wirtschaftspolitik.

## Sachwert
*Substanzwert*; Wert von Vermögensgegenständen, die im Gegensatz zu nominalen Geldansprüchen direkt (z. B. bei → Grundstücken, Unternehmungen) oder indirekt (z. B. durch → Aktien) Vermögenssubstanz verkörpern. S. können bei → Inflation Schutz vor Vermögensverlust bieten; → Nominalwerte (wie z. B. Geldforderungen) i. d. R. nicht. S. haben einen von Geldwertschwankungen relativ unabhängigen Wert. Bei der → Beleihung von Grundstücken hat der S., der sich aus dem → Bodenwert und dem → Bauwert zusammensetzt, neben dem → Ertragswert sowie neben dem → Verkehrswert Bedeutung.
(→ Beleihungswert)

## Safe
*Stahlschrank*, → Schrankfach.

## SAFE
Abk. für Synthetic Agreements for Forward Exchange; → Vertrag zwischen zwei Parteien, einander entweder die Differenz zwischen einem zum Zeitpunkt der Vertragsschließung vereinbarten → Swapsatz für eine zu einem künftigen Zeitpunkt beginnende Periode und dem zwei Geschäftstage vor Beginn dieser Periode im Devisenmarkt hierfür geltenden Swapsatz (bzw. dem von der British Bankers Association festgesetzten Swapsatz [„settlement rate"]) auszugleichen (ERA=Exchange Rate Agreement), oder zusätzlich zu diesem Ausgleich noch die Differenz zwischen einem bei Vertragsschließung festgesetzten Outrightkurs (→ Outright) und dem zwei Geschäftstage vor Beginn der Swapsatzperiode geltenden Kassakurs auszugleichen (FXA=Forward Exchange Agreement). Die Differenzbe-

träge werden auf einen zu vereinbarenden nominalen Betrag („notional amount") berechnet. Zweck dieser Vereinbarungen ist die Festschreibung von Swapsätzen sowie – im Falle der FXA – von Outrightkursen unter Vermeidung der den herkömmlichen → Swapgeschäften innewohnenden → Erfüllungsrisiken (bei einem SAFE wird nur *eine* Zahlung geleistet, welche die Abweichung des Swapsatzes [und ggf. des künftigen Kassakurses] von dem vereinbarten Swapsatz bzw. → Terminkurs beinhaltet).

### Saisonkredit
Vom Verwendungszweck (zeitweise Verstärkung der → Liquidität) abgeleitete Bezeichnung für einen → Kontokorrentkredit oder auch Wechsel- bzw. → Akzeptkredit. Der S. wird vor allem an Unternehmen mit stark saisonabhängiger Produktion (Landwirtschaft; Spielwaren- und Pelzindustrie) und im Weihnachtsgeschäft vergeben. Er wird i. d. R. in sechs bis neun Monaten abgedeckt. Der S. ist somit ein sehr kurzfristiger → Kredit, der sich aus den Geschäftserlösen amortisieren soll (Self Liquidating Credit).

### Saldo
1. Ergebnis der Verrechnung („Saldierung") sich gegenüberstehender → Ansprüche (in → Geld). Besteht eine diesbezügliche Vereinbarung der Beteiligten, wie zwischen einem → Kreditinstitut und dem Kunden beim → Bankkontokorrent, so bewirkt die Saldierung das Erlöschen der bis dahin bestehenden zwei → Schuldverhältnisse; an ihre Stelle tritt eine einzige → Forderung in Höhe des sich für die eine oder andere Seite ergebenden Überschusses (→ Rechnungsabschluß bei Kontokorrentkonten) oder ein Betrag von Null.

2. Bei der → Zahlungsbilanz sollen die S. der einzelnen Teilbilanzen (z. B. → Handelsbilanz) möglichst ausgeglichen sein (→ Zahlungsbilanzausgleich.

### Saldoanerkenntnis, → Kontokorrentkonto.

### Sale-and-Lease-Back
Sonderform des → Leasing, das insbes. beim → Immobilien-Leasing praktiziert wird. Beim S.-a.-L.-B. verkauft der Leasing-Nehmer → Wirtschaftsgüter, deren Eigentümer er ist und die bereits von ihm genutzt werden, an eine → Leasing-Gesellschaft, um sie dann von der Leasing-Gesellschaft wieder zu mieten. Dies kann bilanzstrategische Effekte haben (Wegfall eines Aktiv- und eines Passivpostens [→ Verbindlichkeiten] und damit verbesserte Bilanzrelationen). Durch den Verkauf wird bisher gebundenes → Kapital freigesetzt; die zufließende → Liquidität kann für andere unternehmerische Aufgaben genutzt werden bzw. der Rückführung von Verbindlichkeiten dienen. Häufig kommt es einem Unternehmen aber auf die Realisierung → stiller Reserven an, um die Ertragssituation zu verbessern. U. U. werden Steuerzahlungspflichten ausgelöst, die liquiditätsmindernd sind.

### Sales Promotion
*Verkaufsförderung*; Teilbereich der → Kommunikationspolitik; Einsatz unpersönlicher Werbemittel – wie z. B. Prospekte, Broschüren – als Verkaufshilfen am Ort.

### Sallie Mae
Abk. für (U.S.) Student Loan Marketing Association.

### Salomon Brothers DM Government Bond Index
Subperformanceindex des Salomon Brothers World Government Bond Index, der die Wertentwicklung des deutschen → Rentenmarktes widerspiegelt. Im Gegensatz zum → REX-P. umfaßt er alle → Festzinsanleihen des Bundes und der Bundesbahn, → Bundesschatzanweisungen, → Kassenobligationen, → Bundesobligationen und schließlich → ERP-Anleihen mit einer → Restlaufzeit von mindestens einem Jahr. Die Mindestgröße liegt bei 500 Mio. DM Emissionsvolumen (ca. 140 Papiere). Im monatlichen Abstand wird die Indexzusammensetzung der Marktentwicklung angepaßt, d. h. Papiere mit einer → Laufzeit kleiner einem Jahr werden entfernt, und neuemittierte Papiere werden in den → Index aufgenommen. Neben dem → Performanceindex für den gesamten deutschen Markt weist Salomon Brothers restlaufzeitabhängige Subindices aus. Es handelt sich um Teilindices für Papiere mit bis zu drei Jahren Restlaufzeit, drei bis fünf Jahren, fünf bis sieben Jahren, sieben bis zehn Jahren und solchen mit mehr als zehn Jahren Restlaufzeit. Die Wiederanlage fälliger → Kupons erfolgt beim Performanceindex von Salomon Brothers zum Monatsende. Die zwischenzeitliche Anlage bis zum Monatsende wird zum Geldmarktsatz vorgenommen. Ein wesentlicher Unterschied besteht zum → REX. Während die

**Salomon Brothers Eurodollar Bond Index**

→ Renditestrukturkurve beim REX-Kursindex auf Basis der Kurse der → Deutschen Börse AG erfolgt, werden zur Ermittlung des Salomon Index die Schlußkurse der eigenen Händler am Monatsultimo verwendet.
(→ Salomon Brothers Eurodollar Bond Index)

**Salomon Brothers Eurodollar Bond Index**

→ Performanceindex für → Anleihen in US-Dollar, der von Salomon Brothers konzipiert wurde bzw. errechnet wird. In den Performanceindex können → Eurodollar Bonds, → Global-Anleihen, → Dragon Bonds, bestimmte → Euro Medium Term Notes oder Asset-backed Bonds aufgenommen werden. Um in den → Index aufgenommen zu werden, müssen die Anleihen u. a. einen → Festsatz aufweisen oder ein Zero Bond (→ Nullkupon-Anleihe) sein und müssen von → Standard & Poor's oder → Moody's bewertet sein. Das → Rating muß → Investment Grade sein, d. h. nach Standard & Poor's mindestens BBB- oder besser. Außerdem dürfen die Anleihen keine Mindeststückelung von mehr als 100.000 Dollar haben und ein ausstehendes Kapital von mindestens 150 Millionen Dollar aufweisen. Die Papiere können entweder in einem Betrag getilgt werden (Bullet Issue) oder als → Sinking Fund Callable Anleihen, Putable Anleihen oder → Extendible Bonds emittiert sein. Die → Restlaufzeit muß mindestens ein Jahr betragen. Startdatum des S. B. E. B. I. ist der 30.12.1977 mit einem Indexstand von 100.
(→ Salomon Brothers DM Government Bond Index)

**Same Day Settlement (SDS)**

Regulierung (Abwicklung, → Erfüllung) eines → Effektengeschäfts oder eines anderen Finanzgeschäfts am gleichen Tag.
Art der Stückelieferung, die die tagesgleiche Belieferung von Wertpapierleihegeschäften bis um 10.00 Uhr ermöglicht. Hierdurch besteht die Möglichkeit, für einen zusätzlichen Tag einen Wertpapierleihertrag zu erzielen, wenn das entsprechende Wertpapier im SDS geliefert wird und tagleich im RTS (Real Time Settlement) wieder weiterverliehen wird.
*Gegensatz:* → Real Time Settlement (RTS).

**Sammelaktie,** → Globalaktie.

**Sammelbestand**

Werden Wertpapiere i.S. des DepotG in → Sammelverwahrung genommen (bei einer → Wertpapiersammelbank oder beim → Kreditinstitut des → Depotkunden), so entsteht mit dem Zeitpunkt des Eingangs der Papiere beim → Sammelverwahrer für die bisherigen Eigentümer → Miteigentum nach Bruchteilen an den zum S. des Verwahrers gehörenden Wertpapieren derselben Art (§ 6 Abs. 1 DepotG). Der Sammelverwahrer kann aus dem S. einem jeden der Hinterleger die diesem zustehende Menge an Papieren ausliefern oder die ihm selbst zustehende Menge entnehmen, ohne daß er dafür die Zustimmung der übrigen Hinterleger benötigt. In anderer Weise darf der Sammelverwahrer den S. nicht verringern (§ 6 Abs. 2 DepotG). Der Hinterleger hat seinerseits einen Auslieferungsanspruch auf Wertpapiere aus dem S. (§ 7 DepotG).

**Sammeldepot**

Zum Zweck der Girosammelverwahrung (→ Sammelverwahrung) eingerichtetes → Depot bei einer → Depotbank.

**Sammelliste mit Opposition belegter Wertpapiere**

Teil I der → Wertpapier-Mitteilungen. Zusammenstellung von → Wertpapieren, die aufgeboten bzw. für kraftlos erklärt worden sind (→ Aufgebotsverfahren) oder gesperrt worden sind (Sperrung von Wertpapieren).

**Sammelschuldbuchforderung**

Im → Bundesschuldbuch oder im → Schuldbuch eines Bundeslandes eingetragene → Schuldbuchforderung (→ Wertrecht) für die → Deutscher Kassenverein AG, an der Käufer von stückelosen → Anleihen durch Depotgutschrift ihres → Kreditinstituts → Miteigentum nach Bruchteilen erhalten.

**Sammelurkunde**

*Globalurkunde, Globalstück, Großstück, großes Stück;* → Urkunde über eine ganze Wertpapieremission oder über einen Teil einer Wertpapieremission oder (als sog. Großstücke) über einen größeren, von der üblichen → Stückelung abweichenden → Nennwert (→ Globalanleihe) bzw. über eine größere Anzahl von → Aktien (→ Globalaktie) bzw. → Genußscheinen (Sammelgenußschein).

# Sammelzertifikat

S. über eine ganze Wertpapieremission oder über einen Teil einer Wertpapieremission sollen bei Neuemissionen eine rationale Effektenverwahrung (Verzicht auf Ausdruck von Einzelurkunden für → Gesamtemission, geringer Tresorraumbedarf bei den → Wertpapiersammelbanken, einfachere Wertpapierverwaltung) ermöglichen unter Berücksichtigung der Interessen von → Emittent, → Verwahrer und Hinterleger. S. sind weit verbreitet.

*Rechtliche Voraussetzungen:* § 9a DepotG hat die Voraussetzung für die → Verwahrung von S. bei Wertpapiersammelbanken geschaffen. (Eine S. verbrieft danach mehrere Rechte, „die jedes für sich in vertretbaren Wertpapieren einer und derselben Art verbrieft sein können".) Der Hinterleger der S. muß die Ermächtigung zur Girosammelverwahrung (→ Sammelverwahrung) erteilt haben. Der → Aussteller ist berechtigt, jederzeit und ohne Zustimmung der übrigen Beteiligten eine bei einer Wertpapiersammelbank (Kassenverein) hinterlegte S. durch Einzelurkunden oder umgekehrt zu ersetzen. Der Aussteller ist aber auch verpflichtet – sofern dies in den Emissionsbedingungen nicht ausdrücklich ausgeschlossen ist –, auf Verlangen eine S. durch einzelne → Wertpapiere zu ersetzen (z. B. bei Auslieferungsbegehren).

*S. als Deckungsbestand:* Eine S. ersetzt bzw. mehrere S. ersetzen die für den Aufbau des Girosammelbestands der sonst beim Kassenverein einzuliefernden Urkunden (Deckungsbestand ist durch eine oder mehrere S. unterlegt). Nennbeträge oder Stückzahl der zusammengefaßten Einzelrechte müssen in der S. angegeben werden. Die → Verwahrung bei der Wertpapiersammelbank erfolgt wie einzelne, zum Girosammelbestand gehörende → Effekten. Verfügungen sind im Rahmen des → Effektengiroverkehrs möglich.

*Unterscheidung der S. nach technischer Verwendung:* (1) *Interimistische S.* ermöglichen den Handel in Neuemissionen (einschl. Belieferungen), noch bevor Einzelurkunden gedruckt und geliefert sind. Beispiel: Börsennotierung erfolgt unmittelbar nach Ablauf der → Bezugsfrist bzw. Zeichnungsfrist. Die → Emittenten sind vertraglich verpflichtet, binnen vier Monaten die S. durch Einzelurkunden zu ersetzen. Interimistische S. haben den Jungscheingiroverkehr abgelöst.
(2) *Technische S.* verkörpern den Teil der → Emission, der erfahrungsgemäß für → effektive Lieferungen nicht benötigt wird (Ersatz für sonst bei der Wertpapiersammelbank „eingefrorene Blockposten"). Sie sind nicht lieferbar und nur als Unterlegung des nicht bewegten Sammelbestands beim Kassenverein bestimmt. Eine S. deckt meistens über 50% des Emissionsvolumens ab. Evtl. Auslieferungsverlangen von Einzelstücken werden über den verfügbaren Handbestand abgedeckt.
(3) *Dauer-S.* sind typisch für Emissionen, bei denen der Ausdruck von Einzelurkunden für die Dauer der → Laufzeit vertraglich ausgeschlossen ist (z. B. → Finanzierungsschätze). Änderungen beim Emissionsvolumen werden auf der S. staffelförmig erfaßt.

## Sammelverwahrer

→ Verwahrer, der eine → Sammelverwahrung für den Hinterleger vornimmt. Der Hinterleger erhält einen → Miteigentumsanteil.

## Sammelverwahrung

Der → Verwahrer darf vertretbare → Wertpapiere im Sinne des DepotG einer und derselben Art ungetrennt von seinen eigenen Beständen derselben Art oder von solchen Dritter aufbewahren oder einem Dritten zur S. anvertrauen, wenn der Hinterleger ihn dazu ermächtigt hat. Die Ermächtigung muß ausdrücklich und schriftlich erfolgen. Mit der Einlieferung in die S. verliert der Hinterleger das → Eigentum am eingelieferten Stück, erhält aber hierfür ein → Miteigentum nach Bruchteilen an den zum Sammelbestand gehörenden Wertpapieren gleicher Gattung. Werden die eingelieferten Wertpapiere an eine → Wertpapiersammelbank weitergegeben, spricht man von einer Girosammelverwahrung. Eine Haussammelverwahrung liegt dagegen vor, wenn die Wertpapiere in einem Sammelbestand im Hause des Verwahrers verwahrt werden. Die gesetzlichen Grundlagen der S. bilden die §§ 5–9a des → Depotgesetzes.

## Sammelzertifikat

1. → Urkunde über eine ganze → Emission von → Zertifikaten (→ Sammelurkunde als Verbriefung aller Zertifikate der Emission).

2. Urkunde über eine größere Anzahl hinterlegter ausländischer → Wertpapiere.

1351

**Samurai Bond**

3. In den USA kommen S. anstelle von einzelnen → Aktienzertifikaten (→ American Depositary Receipts) vor. In der BRD stellt der → Deutsche Auslandskassenverein → Inhabersammelzertifikate über einen von ihm im Ausland unterhaltenen Deckungsbestand aus.

**Samurai Bond**
→ Zinsinstrument eines ausländischen → Emittenten in japanischen Yen, das in Japan emittiert wurde.
(→ Foreign Bond, → Euro-Bond, → Shogun Bond, → Sushi Bond)

**Sanierung**
Alle organisatorischen und finanztechnischen Maßnahmen zur Wiederherstellung gesunder Grundlagen bei notleidenden Unternehmen, insbes. zur Abwendung einer → Zahlungsunfähigkeit oder einer → Überschuldung (→ Unterbilanz, → Insolvenz).

*Ursachen:* (1) Endogene Ursachen (Ursachen im Unternehmen selbst). Als Folge dieser Ursachen, aber auch als Folgen falscher Finanzierungsmaßnahmen kann die Kapitalstruktur sanierungsbedürftig sein. Es besteht ein Mißverhältnis von → Eigenkapital und → Fremdkapital oder langfristigem und kurzfristigem Fremdkapital.
(2) Exogene Ursachen.

*Voraussetzung einer erfolgreichen S.* ist die Erforschung der Ursachen und die Aufstellung eines S.-Planes, der meist finanzielle und organisatorische Maßnahmen umfaßt (Aufstellung einer S.-Eröffnungsbilanz und beim Abschluß der S. einer S.-Schlußbilanz). Besteht keine Aussicht auf Erfolg der S., ist Eröffnung des → Vergleichsverfahrens oder eines → Konkurses zu beantragen. Bei vorübergehender Zahlungsunfähigkeit ist keine S. notwendig, wenn die Möglichkeit besteht, die Situation durch → Kredite oder Stillhalteabkommen mit den → Gläubigern zu bereinigen.

*Arten der S.:* (1) Buchtechnische S. durch formelle → Kapitalherabsetzung (Herabzetzung des → Nennwertes der → Aktien, Zusammenlegung der Aktien, → Aktieneinziehung) oder durch Auflösung → offener Rücklagen und → stiller Reserven. Dabei fließt dem Unternehmen kein neues Kapital zu.
(2) S. durch Zufluß neuer Mittel: Übliche Form der S., da buchtechnische S. zwar die Unterbilanz beseitigt, jedoch die mangelhafte Kapitalausstattung der Unternehmung nicht behebt.
Stehen bei einer AG die Aktien → unter pari, können keine jungen → Stammaktien ausgegeben werden, da deren Unterpari-Ausgabe verboten ist. Daher muß der Ausgabe → neuer Aktien (→ Kapitalerhöhung der AG) eine buchtechnische S. vorausgehen, durch die der → Börsenkurs über 100% gebracht wird. Doch können → junge Aktien als → Vorzugsaktien ausgegeben werden, die dem Aktienkäufer besondere Vorrechte, wie Vorzugsdividende, gewähren.
(3) S. bei GmbH und → Genossenschaft entspricht der bei der AG. Zusätzliche Möglichkeit besteht durch Aufruf von → Nachschüssen. → Einzelunternehmungen und → Personengesellschaften sind durch zusätzliche Kapitaleinlagen der Inhaber bzw. der stillen Teilhaber oder → Kommanditisten oder, wenn möglich, durch Aufnahme von → Darlehen zu sanieren.
(4) S. durch Veränderungen des Fremdkapitals kann erfolgen durch Umwandlung kurzfristiger Kredite in → langfristige Kredite, ferner durch Umwandlung von Krediten in Eigenkapital.
(5) S. durch Änderung der Rechtsform der Unternehmung (→ Umwandlung).

**Sanierungskredit**
→ Kredit, den eine → Bank an ein notleidendes, ggf. konkursreifes Unternehmen gewährt, um dessen Krise überwinden zu helfen.
Die Ausreichung solcher Kredite ist aber mit spezifischen Risiken verbunden, denn bei einem Scheitern der Sanierungsbemühungen und der daran anschließenden → Insolvenz des Kreditnehmers kann dies möglicherweise Schadensersatzansprüche dritter → Gläubiger (§ 826 BGB) unter dem Gesichtspunkt einer vorsätzlichen sittenwidrigen Schädigung infolge Konkursverschleppung bzw. Ansprüche der → Konkursverwalters auf Rückgewähr bestellter → Kreditsicherheiten wegen Nichtigkeit nach § 138 BGB (Sittenwidrigkeit) auslösen. Dabei dürfen allerdings die Anforderungen an die Banken nicht überspannt werden, weil jeder Sanierungsversuch die Möglichkeit des Fehlschlags in sich trägt und das Prognoserisiko nicht pauschal auf die → Kreditinstitute abgewälzt werden kann; andernfalls würden erfolgversprechende und volkswirtschaftlich sinnvolle Unterstüt-

zungsaktionen seitens des Kreditsektors generell unterbleiben. Der Rechtsprechung ist es gelungen, für diese schwierige Gratwanderung zwischen zulässigem S. und sittenwidriger Konkursverschleppung alles in allem überzeugende Differenzierungskriterien herauszuarbeiten.

*Uneigennütziger Kredit*: Besonderen Schutz verdienen die Kreditinstitute, wenn es ihnen primär bei der Kreditvergabe auf die Rettung des notleidenden Unternehmens ankommt, ohne dadurch gleichzeitig auch ihre Rechtsposition gegenüber anderen Gläubigern verbessern zu wollen. Dann kann ihnen gegenüber der Vorwurf der Konkursverschleppung auch bei ordnungsgemäßer Besicherung des Kredits aus dem Schuldnervermögen nicht gemacht werden, sofern die Sanierungsbemühungen nach der vorliegend erkennbaren Sachlage nicht von vornherein zum Scheitern verurteilt waren.

*Eigennütziger Kredit*: Geht es der Bank bei der Kreditgewährung nicht zuletzt aber auch um eine Verstärkung ihrer Rechtsposition, vor allem die Absicherung bisher offener Positionen, kann man von ihr ein höheres Maß an Rücksichtnahme auf die Vermögensinteressen anderer →Gläubiger erwarten. Reicht die zur Verfügung stehende Kapitalsumme objektiv für eine erfolgreiche →Sanierung nicht aus, und hat die Bank damit nur Zeit gewonnen, um sich durch einen verlängerten wirtschaftlichen Todeskampf des →Schuldners Sondervorteile gegenüber anderen Gläubigern zu verschaffen, sich vor allem wegen alter Kredite zu befriedigen, und hat sie sich dabei in grob fahrlässiger Weise (→Fahrlässigkeit) der Erkenntnis verschlossen, daß dadurch Dritte über die Kreditwürdigkeit des Schuldners getäuscht wurden und einen Schaden erleiden würden, handelt sie sittenwidrig. In diesem Fall ist die Sicherheitenbestellung nicht nur gemäß § 138 BGB nichtig, sondern sie macht sich gegenüber den geschädigten anderen Gläubigern auch noch nach § 826 BGB schadensersatzpflichtig. Dem Vorwurf einer sittenwidrigen Handlung kann die Bank nur dadurch entgehen, daß sie den von ihr finanzierten Sanierungsversuch unter Heranziehung aller ihr verfügbaren Daten sachgerecht prüft oder, sofern sie dazu nicht in der Lage ist, durch einen fachkundigen Wirtschaftsmann prüfen läßt, und danach von einer hinreichenden Erfolgsaussicht ihrer Rettungsaktion ausgehen durfte. Scheitert dann später die beabsichtigte Sanierung aus irgendwelchen nicht vorhersehbaren Gründen, geht dieser Fehlschlag nicht zu ihren Lasten.

### Sanierungsvermerk
Zur Behebung städtebaulicher Mißstände kann ein Sanierungsverfahren nach Baugesetzbuch durchgeführt werden. In einem förmlich festgelegten Sanierungsgebiet bedürfen der Verkauf oder die Belastung eines →Grundstücks grundsätzlich der schriftlichen Zustimmung der Gemeinde. Diese Verfügungssperre gilt auch schon vor Eintragung des S. in die jeweiligen →Grundbuchs; dies kann dazu führen, daß Grundschuldbestellungen erfolgen, die materiell-rechtlich schwebend unwirksam sind.

### Saros
Abk. für Save Return Optionsschein (→GROI-Optionsschein).

### Sattelportfolio, →Barbell-Portfolio.

### Satz für Wertpapierpensionsgeschäfte
Kurzfristiger Zinssatz, zu dem sich →Banken bei der →Deutschen Bundesbank gegen Hinterlegung von →Wertpapieren (→Wertpapierpensionsgeschäfte) kurzfristiges Geld leihen. Der Wertpapierpensionssatz ist ähnlich wie →Diskontsatz und →Lombardsatz ein Instrument der Deutschen Bundesbank zur Steuerung der kurzfristigen →Zinsen in der Bundespublik Deutschland. Die Deutsche Bundesbank bietet im Rahmen ihrer Offenmarktpolitik Wertpapierpensionsgeschäfte an, um auf diese Weise den Banken zusätzliche Gelder zu verschaffen (→Offenmarktpolitik der Deutschen Bundesbank). Wertpapierpensionsgeschäfte sind Kredite der Banken bei der Deutschen Bundesbank. Als Sicherheit hierfür müssen die Banken Wertpapiere (z. B. →Bundesanleihen) bei der Deutschen Bundesbank hinterlegen, die bei →Fälligkeit des Kredites und Zahlung wieder an die Banken zurückübertragen werden. Die Kredite haben i. d. R. eine →Laufzeit von zehn Tagen. Wertpapierpensionsgeschäfte werden über ein besonderes Ausschreibungsverfahren, das →Tenderverfahren, angeboten. Man unterscheidet zwischen einem →Mengen- und →Zinstender. Beim Mengentender gibt die Bundesbank die →Abgabesätze und die Laufzeit der Pensionsgeschäfte vor. Beim

1353

**Satzung**

Zinstender dagegen werden ein Mindestzins und die Laufzeit vorgegeben.

Pensionsgeschäfte, die mit der Deutschen Bundesbank abgeschlossen werden, dienen den Kreditinstituten in erster Linie zur kurzfristigen Beschaffung zinsgünstiger Gelder, können aber auch zur Überbrückung besonderer Liquiditätsanspannungen eine wichtige Rolle spielen. Letztlich dienen Pensionsgeschäfte den Banken als Instrument zur Liquiditätssteuerung und stellen eine kurzfristige Kreditaufnahme dar. Die Bundesbank verfolgt mit Wertpapierpensionsgeschäften das Ziel, die → Geldmenge und damit die Zinsentwicklung am → Geldmarkt zu steuern. Während in der Vergangenheit insbes. Diskont- und Lombardsatz als Leitzinssatz interpretiert wurden, fand in der Bundesbank in der jüngsten Vergangenheit ein Umdenkungsprozeß statt. Der Wertpapierpensionssatz, der auch als Repo-Satz bezeichnet wird, dient als neuer Leitzinssatz für die Steuerung der Zinsniveaus und hat damit den Diskont- und Lombardsatz abgelöst. Der Pensionssatz ist somit ein Satz, der auch andere Geldmarktsätze wie beispielsweise die → FIBOR beeinflußt.

**Satzung**

1. *Statut*: Verfassung einer → Gesellschaft, eines → Vereins, einer öffentlich-rechlichen → Körperschaft usw. Bei privatrechtlichen Gesellschaften, → Genossenschaften und Vereinen regeln gesetzliche Vorschriften das Zustandekommen und den Mindestinhalt der S. Eine Änderung der S. erfordert in den meisten Fällen eine qualifizierter Mehrheit. Der überwiegende Teil der S. unterliegt der Publizitätspflicht und muß daher zum Vereinsregister, → Handelsregister oder → Genossenschaftsregister eingereicht werden.

Arten: (1) AG und KGaA: Die S. muß von mindestens fünf Gründern festgestellt und zu ihrer Verbindlichkeit notariell beurkundet werden (§ 23 Abs. 1 AktG). Der Mindestinhalt wird durch § 23 Abs. 2–4 AktG bestimmt.

(2) GmbH: Für die Gültigkeit der S. ist die öffentliche Beurkundung und die Unterzeichnung aller Gesellschafter erforderlich. § 3 GmbHG regelt deren Mindestinhalt.

(3) Die Satzung der Genossenschaft muß den in den §§ 6ff. GenG geforderten Inhalt haben. Sie bedarf der Unterzeichnung durch alle Gründer und der Eintragung in das Genossenschaftsregister.

(4) S. bei öffentlich-rechtlichen Körperschaften, wozu auch öffentlich-rechtliche Kreditinstitute zählen, ist eine Anordnung mit verbindlicher Kraft, durch die innere Angelegenheiten geregelt werden. Die S. wird erlassen von den Körperschaften bzw. deren Organen, sofern das bei der Errichtung der betreffenden Körperschaft vorgesehen ist, oder von den Aufsichtsbehörden.

(5) S. der Sparkassen: Mustersatzung (→ Sparkassenrecht).

2. *Rechtsvorschrift*, die von → Körperschaften des öffentlichen Rechts aufgrund gesetzlicher Ermächtigung erlassen wird (z. B. Gebührensatzung einer Gemeinde; → Satzung der Deutschen Bundesbank).

**Satzung der Deutschen Bundesbank**

Vom → Zentralbankrat der Deutschen Bundesbank beschlossene, von der Bundesregierung zu genehmigende Rechtsvorschrift, die im → Bundesanzeiger zu veröffentlichen ist (§ 34 BBankG), ebenso ihre Änderungen. Der Inhalt der S. d. D. B. beruht hauptsächlich auf Bestimmungen des BBankG (→ Deutsche Bundesbank, Organisationsstruktur). Teils handelt es sich dabei um bloße Ermächtigungen (z. B. § 6 Abs. 3 S. 4 BBankG: Vertretungsregelung für Mitglieder des Zentralbankrates), teils um Pflichten zur näheren Durchführung des Gesetzes (etwa § 7 Abs. 5 S. 4: sonstige Voraussetzungen für Beschlußfassung im → Direktorium der Deutschen Bundesbank). Die Errichtung und Schließung von → Zweiganstalten der Deutschen Bundesbank betrifft § 21 der Satzung. § 23 regelt → Organkredite in ähnlicher Weise wie § 15 KWG.

**Satzungsmäßige Rücklage**

→ Rücklage, deren Bildung durch → Gesellschaftsvertrag bzw. → Satzung des Unternehmens festgelegt ist. S. R. sind ein Teil der → Gewinnrücklagen.
(→ Eigenkapital)

**Säumniszuschlag**

Wird eine → Steuer nicht bis zum Ablauf des Fälligkeitstags entrichtet, so ist für jeden angefangenen Monat der Säumnis ein S. von eins von Hundert des rückständigen auf Hundert Deutsche Mark nach unten abgerundeten Steuerbetrags zu entrichten. Das gleiche gilt für zurückzuzahlende Steuervergütungen. Die Säumnis tritt nicht ein, bevor die Steuer festgesetzt oder angemeldet worden ist. S. entstehen nicht bei steuerlichen Nebenleistungen (wie z.B. Verspätungszuschlägen oder → Kosten, § 3 Abs. 3 AO). Ein S. wird – außer bei Bargeldzahlung (§ 224 Abs. 2 Nr. 1 AO) – unter bestimmten Voraussetzungen bei einer Säumnis bis zu fünf Tagen nicht erhoben (§ 240 AO).

### Save Return Optionsschein
Alternative Bezeichnung für → GROI-Optionsschein.

### Saving (& Loan) Associations (S&L)
Bankengruppe in den USA (→ Bankwesen USA), die überwiegend genossenschaftlich organisiert ist.

*Entwicklung und Krise:* Die Geschäftsschwerpunkte lagen im Hypothekarkredit- und Spargeschäft. Die S&L unterlagen weitgehenden Beschränkungen ihrer Geschäftstätigkeit (Verbot gewerblicher → Kredite, gewerblicher → Einlagen und der Führung von scheckfähigen → Konten), hatten jedoch gegenüber den → Commercial Banks zu Zeiten der → Regulation Q (Habenzinsbeschränkung) den Wettbewerbsvorteil, einen um 0,25% höheren → Zins für → Spar- und → Termineinlagen zahlen zu dürfen. Mit dem Abbau der Regulation Q wurde die Geschäftsstruktur der S&L auf eine breitere Basis gestellt (Depository Institutions Deregulation and Monetary Control Act von 1980). Die erweiterten Geschäftsbefugnisse führten zu Risiken, die von den Instituten und der zuständigen → Bankenaufsicht (Federal Home Loan Bank Board) nicht immer hinreichend erkannt wurden. Obwohl die Ursachen für die Krise der S&L vielfältig sind, wurde dem Staat wegen unzureichender gesetzlicher Regelungen und mangelnder Aufsicht eine Mitverantwortung für die Sparbankenkrise zur Last gelegt.

*Sanierung und → Einlagensicherung:* In Reaktion auf die Krise (mit sehr großem Sanierungsbedarf) wurde 1989 die Bankenaufsicht über die S&L dem Office of Thrift Supervision (untersteht dem Finanzministerium) übertragen; die Einlagensicherung ging von der Federal Savings and Loan Insurance Corporation (FSLIC) bei getrennter Kontenführung auf die → Federal Deposit Insurance Corporation (FDIC) über. Die Abwicklung der zu sanierenden S&L übernahm die FDIC. Zur → Verwertung der Sicherheiten wurde die Resolution Trust Corporation (RTC) gegründet. Die Krise der S&L führte zur Diskussion darüber, ob die Einlagensicherung pro Einleger auf unter 100 000 $ gesenkt werden solle, und intensivierte die Diskussion des Übergangs vom Spezialbank- zum → Universalbanksystem.

### SBF
Abk. für Société des Bourses Françaises.

### S-Card
→ Kundenkarte der → Sparkassen, die als Bedienungsmedium (1) zur Benutzung von Selbstbedienungsgeräten (z. B. → Kontoauszugsdrucker), (2) zur Abholung von Geldbeträgen an → Geldausgabeautomaten, (3) zur bargeldlosen Bezahlung an besonderen, hierfür zugelassenen automatisierten Kassen (→ POS-Terminals) dient. Die S-C. wird auch an Kunden, die keine → eurocheque-Karte besitzen, und an jugendliche Kontoinhaber unter 18 Jahren ausgegeben. Die Institute der Sparkassenorganisationen haben eine Vereinbarung getroffen, nach der eine erweiterte institutsübergreifende Nutzung von Geldausgabeautomaten möglich ist, innerhalb derer die Verfügung grundsätzlich on-line am Konto des ec-Karten- bzw. S-C.-Inhabers autorisiert wird. Bei der Kontoautorisierung werden institutsübergreifend je ec-Karte bzw. S-C. maximal 1.000 DM pro Tag einmalig oder in mehreren Teilbeträgen ausgezahlt.
(→ Kundenkarten von Kreditinstituten)

### Schachtelbeteiligung
Bezeichnung für eine → Beteiligung einer Gesellschaft (Obergesellschaft, i.d.R. → Kapitalgesellschaft) an einer anderen Gesellschaft (Untergesellschaft, i.d.R. Kapitalgesellschaft) in Höhe von mindestens 10% des → Grundkapitals bzw. → Stammkapitals (§ 102 Abs. 1 BewG). Eine Sch. gewährt unter bestimmten Voraussetzungen Vergünstigungen bei der → Vermögensteuer bzw. bei der → Gewerbesteuer (→ Schachtelprivileg). Inländische → Steuerpflichtige müssen eine Sch. dem Finanzamt anzeigen (§ 138 Abs. 2 Nr. 3 AO).

### Schachtelprivileg
Bezeichnung für bestimmte Vergünstigungen bei der → Vermögensteuer bzw. bei der → Gewerbesteuer, wenn eine Gesellschaft (Obergesellschaft, i.d.R. → Kapitalgesellschaft) an einer anderen Gesellschaft (Untergesellschaft, i.d.R. Kapitalgesellschaft) eine → Schachtelbeteiligung hält.
Das *vermögensteuerliche Sch.* verhindert eine Mehrfachbelastung, da bei der Ermitt-

**Schadensersatz**

lung des →Einheitswerts des →Betriebsvermögens Beteiligungen einer Obergesellschaft an Untergesellschaften unter bestimmten Voraussetzungen außer Ansatz bleiben (§§ 4, 9 VStG i. V. m. § 102 BewG).
Das *gewerbesteuerliche Sch.* bewirkt, daß Teile des Gewerbeertrags, die bereits bei einem Unternehmen der Besteuerung unterliegen, beim Empfänger nicht erneut als Beteiligungsgewinn der Gewerbeertragsteuer unterworfen werden (§ 9 Nr. 2 a GewStG). Es verhindert, daß das →Kapital, das die Beteiligung darstellt, bei der Obergesellschaft nochmals der Gewerbekapitalsteuer unterworfen wird (§ 12 Abs. 3 Nr. 2 a GewStG).

**Schadensersatz**
Ersatz von unfreiwilligen Vermögenseinbußen beim →Gläubiger, den der →Schuldner bei Vorliegen einer →Leistungsstörung oder aufgrund einer →unerlaubten Handlung zu leisten hat. Ein →Anspruch auf Sch. setzt i. d. R. einen materiellen Schaden voraus; nur ausnahmsweise werden immaterielle Schäden ersetzt (§§ 253, 847 BGB). Erfaßt werden der unmittelbar durch die Vertrags- oder Rechtsverletzung entstandene Schaden ebenso wie die Nachteile, die das schädigende Ereignis am sonstigen →Vermögen des Geschädigten (mittelbar) herbeigeführt hat. Der Umfang der Ersatzpflicht ist allgemein in §§ 249 ff. BGB geregelt. Bei unerlaubten Handlungen gelten ergänzend §§ 842 ff. BGB.
Schadensersatzansprüche aus →Vertrag sind regelmäßig auf das positive Interesse gerichtet (Erfüllungsschaden). Der Geschädigte ist danach so zu stellen, als ob der Vertrag vom Schädiger ordnungsgemäß erfüllt worden oder die schädigende Handlung nicht erfolgt wäre. Beim Anspruch auf das negative Interesse (Vertrauensschaden) wird der Geschädigte dagegen so behandelt, als ob das →Rechtsgeschäft nicht begonnen worden wäre, so daß hierunter insbes. Ersatz für →Aufwendungen fällt, die er in der Erwartung auf das Zustandekommen eines Vertrages gemacht hat. §§ 122, 179 und 307 BGB begrenzen jedoch einen Anspruch auf das negative Interesse durch die Höhe des positiven Interesses.
Voraussetzung für Sch. durch eine andere →Person ist, daß der Schaden von dieser verursacht wurde (Kausalität zwischen Verletzungshandlung und Verletzungserfolg). Im →Privatrecht gilt die Adäquanztheorie,

nach der eine Verursachung dem Schädiger nur zugerechnet wird, wenn der Kausalzusammenhang nicht völlig unwahrscheinlich war.
Als schädigendes Verhalten kommt sowohl das aktive Tun wie das Unterlassen einer Handlung in Betracht, letzteres aber nur, wenn eine Pflicht zum Handeln bestand und hierdurch der Schadenseintritt hätte verhindert werden können. Grundsätzlich bestehen Schadensersatzansprüche nur, wenn dem Schädiger →Verschulden vorgeworfen werden kann (Ausnahme: →Gefährdungshaftung, z. B. des Kfz-Halters).

**Schadensregelung bei Zahlungen mit eurocheque-Karte und eurocheque-Vordrucken,** →Sonderbedingungen für den ec-Service.

**Schattenquoten**
Im →Londoner Schuldenabkommen von 1953 für die Zinsscheinfälligkeiten der Jahre 1945 bis 1952 geschaffene Berechtigung, nach der Wiedervereinigung Deutschlands →Fundierungsschuldverschreibungen zu beziehen.

**Schattenwirtschaft**
Bezeichnung für wirtschaftliche Aktivitäten, die nicht in der →Volkswirtschaftlichen Gesamtrechnung erfaßt werden, obwohl sie im →Sozialprodukt ausgewiesen werden müßten. Dazu gehören einkommensschaffende Aktivitäten, die legal ausgeführt, aber der Erfassung durch den Staat entzogen werden (Steuerhinterziehung), und einkommensschaffende Aktivitäten, die illegal ausgeführt werden (Schwarzarbeit).
Die Zunahme der Sch. wird mit sozialstaatlichen Belastungen und staatlich-bürokratischen Regulierungen in Verbindung gebracht (→angebotsorientierte Wirtschaftspolitik). Da Zahlungen in der Sch. überwiegend in bar abgewickelt werden, wird dadurch tendenziell eine Erhöhung des →Bargeldumlaufs bewirkt.

**Schatzanweisung**
Kurz- und mittelfristig laufende →Schuldverschreibung des Bundes (und der Bundesbahn) sowie der Länder und anderer →öffentlicher Haushalte.

*Zu unterscheiden sind:* →Unverzinsliche Schatzanweisungen (→Abzinsungspapier) und verzinsliche Schatzanweisungen

(Schuldverschreibungen mit → Zinsscheinen). Als → Bundesschatzanweisungen werden kurz- und mittelfristig laufende Sch. des Bundes bezeichnet. Sie hießen bis 1991 → Kassenobligationen. Auch die Bahn emittierte Sch. (Bahnschatzanweisung); ebenfalls die Bundesländer (→ Landesschatzanweisung).

*Allgemeine Bedingungen der Bundesbank für den Verkauf von Sch. im Wege der Ausschreibung:* Die → Deutsche Bundesbank bietet → Gebietsansässigen (→ Gebietsfremden über diese) im Auftrag und für Rechnung des Bundes und seiner → Sondervermögen im Wege der Ausschreibung (→ Tenderverfahren) Sch. an. Die Konditionen jeder einzelnen Ausschreibung werden gesondert bekanntgemacht. An den Ausschreibungen können sich unmittelbar nur → Kreditinstitute beteiligen, die ein → LZB-Girokonto unterhalten. Die einzureichenden Gebote müssen über mindestens 5.000 DM oder ein ganzes Vielfaches davon lauten. Die endgültigen Verkaufskurse werden nach Maßgabe des in der jeweiligen Ausschreibung bekanntgegebenen Zuteilungsverfahren und der eingegangenen Gebote festgesetzt. Dabei werden die für den → Emittenten günstigsten Gebote ausgewählt. Im → amerikanischen Verfahren werden sie zu dem im jeweiligen Gebot genannten Kurs zugeteilt. Gebote ohne Kursangabe werden zum gewogenen Durchschnittskurs der akzeptierten Kursgebote zugeteilt. Im → holländischen Verfahren werden die akzeptierten Gebote zu einem Einheitskurs zugeteilt, dies gilt auch für die Gebote ohne Angabe eines Bietungskurses (sog. Billigst-Gebote). Die Sch. werden als Anteile an einer → Sammelschuldbuchforderung, die auf den Namen der → Deutscher Kassenverein AG in das → Bundesschuldbuch eingetragen ist, zur Verfügung gestellt. Der Bezug von → effektiven Stücken ist während der gesamten Laufzeit ausgeschlossen (→ Wertrecht). Im Girosammelverkehr können Beträge von 5.000 DM oder einem ganzen Vielfachen davon übertragen werden. Der Käufer hat die Möglichkeit, den erworbenen Betrag auf seinen Namen in das Bundesschuldbuch eintragen zu lassen. Die → Bundesschuldenverwaltung berechnet für die → Verwaltung einschl. der barlosen Überweisung von → Zinsen und → Kapital keine Gebühren. Die Sch. werden in den → amtlichen (Börsen-)Handel an allen deutschen → Wertpapierbörsen eingeführt.

### Schätze
Bezeichnung für → Schatzanweisungen und → Bundesschatzbriefe.

### Schatzwechsel
Dem Wechselgesetz unterliegende → Solawechsel, die vom Bund, seinen → Sondervermögen und den Bundesländern mit → Laufzeiten bis zu 90 Tagen emittiert werden. Sch. sind → Geldmarktpapiere.

*Zu unterscheiden* sind → Finanzierungspapiere und → Liquiditätspapiere. Finanzierungspapiere entstehen aus der Kreditaufnahme → öffentlicher Haushalte; die Finanzmittel fließen den → Emittenten zu. Es handelt sich um Sch. des Bundes (bzw. um → unverzinsliche Schatzanweisungen des Bundes), die auf Initiative der → Deutschen Bundesbank und ausschließlich zu Zwecken der → Offenmarktpolitik der Deutschen Bundesbank begeben werden, um die Gegenwerte bei der Bundesbank auf → Konten stillzulegen. Sie stehen also dem Bund als dem formal – rechtlichen → Schuldner nicht zur Verfügung. Die Bundesbank ist gegenüber dem Bund verpflichtet, Verbindlichkeiten aus den Liquiditätspapieren zu erfüllen.

*Geldmarktregulierung:* Sch. können in die → Geldmarktregulierung einbezogen oder von der Einbeziehung in die Geldmarktregulierung ausgeschlossen sein. In die Geldmarktregulierung einbezogene Sch. sind mit einer Diskontzusage der Bundesbank versehen und werden nicht auf → Rediskont-Kontingente angerechnet. Sie stellen potentielles → Zentralbankgeld dar. Die Kreditinstitute können diese Papiere jederzeit in Zentralbankgeld umwandeln. Allerdings werden die → Abgabe- und → Rücknahmesätze von der Bundesbank gemäß ihren geldmarktpolitischen Absichten festgelegt. Werden Sch. als Finanzierungspapiere emittiert und sind sie mit der Ankaufszusage der Bundesbank versehen, so wurden sie auf den → Kassenkredit bei der Bundesbank angerechnet, so daß die im § 20 BBankG festgesetzten Höchstgrenzen für Kassenkredite die Umlaufgrenze für derartige Wechsel darstellten. Soweit die Bundesbank im Rahmen der Liquiditätspapiere Sch. an die Kreditinstitute abgibt, sind sie ebenfalls mit einer Ankaufszusage versehen. Von Zeit zu Zeit bietet die Bundesbank nicht vorzeitig

**Schatzwechselkredit**

rückgebbare Sch. mit einer Laufzeit von wenigen Tagen an, um kurzfristige Liquiditätsüberschüsse zu absorbieren und ein übermäßiges Absinken des Tagesgeldsatzes zu verhindern.

**Schatzwechselkredit**
→ Kredit, den die → Deutsche Bundesbank bis 1994 durch Ankauf von → Schatzwechseln dem Bund, den → Sondervermögen des Bundes sowie den Ländern zur Verfügung stellt. Die von der Bundesbank gewährten Sch. wurden auf die im BBankG vorgesehenen Höchstgrenzen der → Kassenkredite angerechnet. Kein Sch. liegt vor, wenn die Bundesbank Schatzwechsel in Form von → Liquiditätspapieren i.S. von § 42 BBankG ankauft, da aus diesen Schatzwechseln die Bundesbank selbst, nicht aber der Bund verpflichtet ist. Sch. an öffentliche Verwaltungen und Buchkredite an öffentliche Verwaltungen wurden zusammenfassend als Kassenkredite bezeichnet. Ihre rechtliche Grundlage (§ 20 Abs. 1 BBankG a.F.) wurde 1994 aufgehoben, um die Verpflichtungen des EG-Vertrages bezüglich der zweiten Stufe der → Europäischen Wirtschafts- und Währungsunion zu erfüllen.

**Schatzwechselverkäufe**
Verkäufe von → Schatzwechseln an → Kreditinstitute durch die → Deutsche Bundesbank im Rahmen ihrer Liquiditätssteuerung (→ Geldmarktregulierung). Schatzwechsel mit sehr kurzer Laufzeit (gewöhnlich drei Tage, mitunter auch ein Tag) dienen der Bundesbank als Instrument zur Steuerung übermäßiger Schwankungen der Tagesgeldzinsen (→ Tagesgeld).

**Schatzwechselzins**
Von der → Deutschen Bundesbank festgesetzter → Abgabesatz für → Schatzwechsel, der als Instrument zur Steuerung des → Zinses für → Tagesgeld (täglich fällige Gelder) dient und so die Liquiditätsausstattung der → Kreditinstitute beeinflussen soll.

**Scheck**
Unbedingte Anweisung an den → Bezogenen (→ Kreditinstitut oder → Postgiroamt), für Rechnung des → Ausstellers eine bestimmte Geldsumme zu zahlen (Art. 1 SchG). Der Sch. ist geborenes → Orderpapier (im Inland aber aufgrund der → Überbringerklausel überwiegend → Inhaberpapier). Er ist wie der → Wechsel ein streng förmliches → Wertpapier und unterliegt daher insoweit den gleichen rechtlichen Regeln (→ Wechselstrenge). Neben → Lastschriften und → Überweisungen ist er Verfügungsmittel über → Buchgeld.

*Rechtsgrundlagen* (→ Scheckgesetz): Die in dem Sch. liegende Anweisung enthält zwei Ermächtigungen des Ausstellers: (1) Der Schecknehmer ist ermächtigt, die Leistung bei dem bezogenen Geldinstitut im eigenen Namen zu erheben. (2) Das bezogene Geldinstitut ist ermächtigt, für Rechnung des Scheckausstellers an den Schecknehmer zu leisten. Das Wort „unbedingt" bringt die abstrakte Natur der Ermächtigungen zum Ausdruck, also ihre rechtliche Unabhängigkeit gegenüber den Grundgeschäften Aussteller/Geldinstitut (= Deckungsverhältnis) sowie Aussteller/Schecknehmer (= Valutaverhältnis). Die Rechtsbeziehung zwischen dem Aussteller und dem Bezogenen wird außerdem durch die Bedingungen des Scheckverkehrs (→ Scheckbedingungen), die der Kunde im → Scheckvertrag anerkennt, geprägt. Diese wiederum werden aufgrund des allgemeinen Bankvertrages durch die → Allgemeinen Geschäftsbedingungen der Kreditinstitute ergänzt. Vgl. auch Abbildung S. 1359.

Der Sch. ist nach seiner wirtschaftlichen Funktion ausschließlich → Zahlungsmittel und soll nicht wie der Wechsel als Kreditmittel verwendet werden. Bezogener kann nur ein Geld- oder Kreditinstitut sein (Art. 3 und 54 SchG, passive → Scheckfähigkeit). Eine Annahme des Sch. durch den Bezogenen ist nicht wirksam (Art. 4 SchG). Eine Ausnahme hiervon gilt nur für die → Deutsche Bundesbank (→ bestätigter LZB-Scheck nach § 23 BankG).

Wegen dieser Zahlungsunsicherheit bestand ein Bedürfnis nach der Einführung der → *Scheckkarte*, die bei Erfüllung bestimmter formeller Voraussetzungen die außerwertpapiermäßige Verpflichtung der Bank zur Einlösung von Sch. begründet (→ Scheckkartengarantie). Als Zahlungsmittel ist der Sch. stets bei Sicht zahlbar (Art. 28 Abs. 1 SchG). Es gelten unabdingbare kurze Vorlegungsfristen (Art. 29 SchG). Als Instrument des unbaren Zahlungsverkehrs kann der Sch., anders als der Wechsel, auch als Inhaberpapier ausgestellt werden. Für ihn gelten erleichterte Regreßvoraussetzungen (→ Scheck, Rückgriff). Schließlich sind die Verjährungsfristen (→ Verjährung) verkürzt, da alle Rück-

## Scheck

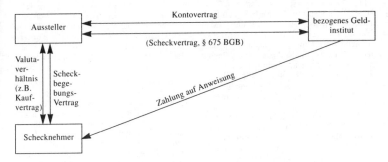

griffsansprüche in sechs Monaten vom Ablauf der Vorlegungsfrist (Erstrückgriff) oder von dem Tag der Einlösung oder gerichtlichen Geltendmachung (Einlösungsrückgriff) verjähren (Art. 52 SchG).

*Gesetzliche Bestandteile der Scheckurkunde:* (1) Die Scheckklausel (Bezeichnung als Sch. im Text der Urkunde), (2) die unbedingte Zahlungsanweisung (→ Anweisung), (3) das bezogene Geldinstitut, (4) die Unterschrift des Ausstellers (handschriftliche Unterschrift ist erforderlich, faksimilierte Unterschrift ist unzulässig, wird aber von Kreditinstituten geduldet, z. T. wird ein entsprechender Haftungsausschluß vereinbart), (5) Ausstellungstag, (6) Ausstellungsort, (7) Zahlungsort. Das Scheckgesetz enthält hierzu in Art. 2 Hinweise für unvollständige Sch. Nach Art. 28 SchG ist ein vordatierter Sch. stets bei Sicht zahlbar. Im Hinblick auf unbefugte Vertretung (Art. 11 SchG), auf Fälschungen oder Verfälschungen (Art. 10 und 51 SchG) und die rechtliche Behandlung des Blankoschecks (Art. 13 SchG) gelten die gleichen Grundsätze wie im Wechselrecht.

*Scheckarten:* (1) Nach der Art der Übertragung der Scheckrechte: → Orderscheck, → Inhaberscheck, → Rektascheck; (2) nach dem Bezogenen: → Bankscheck, → Postscheck; (3) nach der Art der Einlösung: → Barscheck, → Verrechnungsscheck, → gekreuzter Scheck; (4) nach der Einlösungssicherheit: „normaler" Sch., scheckkartengarantierter Sch. (→ eurocheque), → Tankscheck.

*Scheckvordrucke:* Kreditinstitute haben nach den →Codierrichtlinien die Pflicht, ausgegebene Scheckvordrucke entsprechend vorzucodieren. Beim Drucken der Formulare sind die → Bankleitzahl und der Textschlüssel (01 für Überbringerscheck, 02 für Orderscheck, 11 für eurocheque) vorzucodieren. Bei Ausgabe der Scheckvordrucke an den Kunden sind die laufenden Nummern der Scheckvordrucke und die Kontonummer des Ausstellers zu codieren.

### Scheck, Abhandenkommen, Fälschung und Verfälschung

Werden dem Kontoinhaber Scheckformulare trotz sorgfältiger → Verwahrung gestohlen und diese Vordrucke später von dem Dieb mittels Fälschung zu einem formgültigen → Scheck gemacht und zur Einlösung vorgelegt, so dürfte das bezogene Institut nach den für den → Scheckvertrag als Geschäftsbesorgungsverhältnis geltenden Bestimmungen mangels wirksamer → Anweisung des → Ausstellers das Papier nicht einlösen und dementsprechend auch nicht das → Konto des Ausstellers belasten, da die Bank wegen der ordnungsmäßigen Verhaltens des Kontoinhabers ihm gegenüber keinen Aufwendungsersatzanspruch nach § 670 BGB besitzt.

Die → Kreditinstitute haben sich jedoch von diesen Gefahrenmomenten wegen des sonst für sie nicht kalkulierbaren Risikos freigestellt. Nach den → Scheckbedingungen trägt der Kunde „alle Nachteile des Abhandenkommens, der mißbräuchlichen Verwendung, der Fälschung und Verfälschung von Schecks, Scheckvordrucken und des Vordrucks der Empfangsbescheinigung" (Nr. 11). Diese →*Freizeichnungsklausel* erstreckt sich aber nur auf die Fälschungsgefahr, nicht jedoch auf die Prüfungspflicht. Aus dem Scheckvertrag ist das Kreditinstitut gegenüber dem Kontoinhaber verpflichtet, die ihm zur Einlösung vorgelegten Schecks in bezug auf Echtheit der Unterschrift und des Inhalts zu prüfen. Da der Massenverkehr mit Schecks schneller Abwicklung bedarf, genügt das Kreditinstitut den Anforderungen, wenn die →Urkunde nach ihrem äußeren Gesamtbild den Eindruck der Echtheit erweckt. Für die Unterschriftenkontrolle kommt es darauf an, daß die Scheckunterschrift keine charakteristische Abweichung, die ins Auge springt, von der hinterlegten Unterschriftenprobe aufweist.

Zu einer *Überprüfung der Identität des Einreichers* eines →Inhaberschecks ist das kontoführende Kreditinstitut ansonsten verpflichtet, wenn Anhaltspunkte für eine Fälschung gegeben sind. Solche Umstände können bei einem →Barscheck in einer hohen Schecksumme liegen, welche die im sonstigen Scheckverkehr des Kunden üblichen Beträge in außergewöhnlichem Maße übersteigt. Eine Bank ist auch insbes. zur weitergehenden Kontrolle der Ordnungsmäßigkeit der Unterschrift und des äußeren Gesamteindrucks des Schecks verpflichtet, wenn beispielsweise Schreibweise des Textes und der Unterschrift voneinander abweichen oder einfach erkennbare orthographische Fehler vorhanden sind. Im beleglosen Scheckeinzug (→BSE-Abkommen) unterbleibt eine körperliche Vorlegung, so daß das bezogene Institut die geforderte Prüfung nicht mehr durchführen kann. Verstößt die Bank gegen ihre Prüfungspflicht und liegt eine erkennbare Fälschung vor, so haftet sie dem Kunden aufgrund des Scheckvertrages auf Ersatz des ihn durch die Einlösung entstandenen Schadens unter dem Gesichtspunkt der →positiven Vertragsverletzung. Ein →Mitverschulden, z. B. durch nicht ordnungsgemäße Verwahrung des Scheckvordrucks oder durch verspätete Anzeige einer unberechtigten Kontobelastung gegenüber dem Kreditinstitut, muß sich der Kunde über § 254 BGB anrechnen lassen, wodurch sich der Schadensersatzanspruch entsprechend mindert.

### Scheckabkommen

Abkommen über die Rückgabe nicht eingelöster →Schecks und die Behandlung von Ersatzstücken verlorengegangener Schecks im Scheckeinzugsverkehr, das von den →Spitzenverbänden der deutschen Kreditwirtschaft abgeschlossen, mehrfach überarbeitet und 1982 den Regelungen für →Rücklastschriften (so weit wie möglich) angeglichen worden ist (→Lastschriftabkommen).

*Sachlicher Geltungsbereich:* Das Sch. gilt (1) für die Rückgabe nicht eingelöster Schecks, (2) für die Ausstellung, Annahme und Behandlung von Ersatzstücken für verlorengegangene Schecks, (3) für Schecks, die auf ausländische →Währungen lauten (Valutaschecks), nicht aber für aus dem Ausland eingereichte →eurocheques, die über die GZS Gesellschaft für Zahlungssysteme abgerechnet werden, (4) für Abschnitte mit faksimilierten Ausstellerunterschriften und Abschnitte, die in anderen Punkten wegen des Fehlens gesetzlicher Bestandteile nicht den Art. 1 und 2 ScheckG entsprechen.

*Behandlung nicht eingelöster Schecks:* Nicht eingelöste Schecks sind vom bezogenen →Kreditinstitut an dem auf den Eingangstag (Tag, an dem der Scheck dem bezogenen Kreditinstitut zugeht) folgenden Geschäftstag mit dem Vorlegungsvermerk versehen an die →erste Inkassostelle zurückzuleiten. Bei Schecks, die am Sonnabend zugehen, gilt der nächste Geschäftstag als Eingangstag. Schecks von 5.000 DM und darüber sind von der disponierenden Stelle bis spätestens 14.30 Uhr an dem auf den Eingangstag folgenden Geschäftstag der ersten Inkassostelle per Telex, Telefax, Telefon oder Telegramm anzuzeigen (Eilnachricht). Freigestellt ist der Weg der Rückgabe: Bei unmittelbarer Rückgabe mittels Vordruck „Rückrechnung für Direktrückgabe", sonst mittels Vordruck „Retourenhülle für Einzugspapiere". Als Rückscheckgebühr dürfen maximal 10 DM berechnet werden. Das bezogene Kreditinstitut ist berechtigt, bei Rückschecks von 10.000 DM und darüber gegenüber der ersten Inkassostelle einen Anspruch auf Zinsausgleich geltend zu machen, wenn der Wertstellungsverlust 30 DM und mehr beträgt. Als Zinssatz gilt der →Diskontsatz der Deutschen Bundesbank am Eingangstag.

(→Scheckrückgabe nach dem Scheckabkommen)

## Scheckankaufskurs
Kurs, zu dem ein auf ausländische → Währung lautender → Auslandsscheck in D-Mark umgerechnet wird (→ Sichtkurs, → Devisenkurs).

## Scheckauskunft
Auskunft aufgrund einer Anfrage bei einem → Kreditinstitut, ob ein auf das Institut gezogener → Scheck gedeckt ist („in Ordnung geht") oder das → Kreditinstitut den Scheck einlöst. Eine Sch. ist keine → Bankauskunft gemäß Nr. 2 AGB Banken (Nr. 3 AGB Sparkassen), da sie sich auf das Verhalten des Kreditinstituts, nicht aber auf die Bonität des Kunden bezieht. Die Auskunft einer bezogenen Bank, „der Scheck sei in Ordnung", begründet ohne besondere Umstände keine garantievertragliche Einlösungszusage. Sie bedeutet nur, daß der Scheck eingelöst würde, wenn er zur Zeit der Auskunft vorläge. Bei dieser Auskunft muß die bezogene Bank bereits vorliegende, im Geschäftsgang befindliche → Wechsel, Schecks usw. berücksichtigen, nicht aber bereits nachgefragte, aber noch nicht vorgelegte Schecks. Die auf Anfrage eines Scheckinhabers erteilte Antwort der bezogenen Bank, sie werde den Scheck einlösen, begründet eine selbständige Garantiehaftung (Scheckeinlösungszusage). Nach dem BGH ist eine Bank, welche die Einlösung eines Schecks garantiert, für den Regelfall nur begrenzte Zeit gebunden, auch wenn dies nicht ausdrücklich vereinbart ist. Wenn der Inhaber den Scheck alsbald nach Zusage im ordentlichen Geschäftsgang seiner → Hausbank zur Einziehung auf dem üblichen Inkassoweg einreicht, ist die Frist zur Vorlage gewahrt – auch wenn der Scheck nach Ablauf der Vorlegungsfrist des Art. 29 SchG und einige Tage später als üblich der bezogenen Bank zur Einlösung vorgelegt wird.

Als Sch. gilt auch eine Auskunft des Kreditinstituts an den Inhaber oder an einen sonstigen Berechtigten eines Schecks, der im Falle der Nichteinlösung von dem bezogenen Kreditinstitut Auskunft über den Scheckaussteller verlangt. Das Kreditinstitut darf Angaben über die Person des Ausstellers machen, da diese Angaben notwendig sind, um scheckrechtliche Ansprüche zu setzen.

Sch. sind keine Verletzung des → Bankgeheimnisses. Der → Aussteller eines Schecks läßt durch die Begebung des Schecks erkennen, daß das Bestehen eines → Bankkontos und das Vorhandensein oder Nichtvorhandensein eines zur Einlösung des Schecks erforderlichen Guthabens nicht geheimhaltungsbedürftig ist.

## Scheckbedingungen
Bedingungen für den Verkehr mit → Schecks, die von → Kreditinstituten zum Bestandteil des mit dem Kunden geschlossenen → Scheckvertrages gemacht werden. Zu unterscheiden sind Bedingungen für den Verkehr mit → Überbringerschecks, Bedingungen für den Verkehr mit → Orderschecks, Bedingungen für den Verkehr mit → Tankschecks sowie → Sonderbedingungen für den ec-Service. Die vom Kontoinhaber bei Aushändigung der Scheckvordrucke anerkannten Sch. regeln die Rechte und Pflichten des Scheckausstellers und des Kreditinstituts und bestimmen damit den Inhalt des Scheckvertrages.

## Scheck, Benachrichtigungspflichten bei Nichteinlösung
Nach Art. 42 Abs. 1 SchG muß der letzte Inhaber des → Schecks im Falle der Nichteinlösung seinen unmittelbaren Vormann und den → Aussteller innerhalb von vier Werktagen nach Feststellung der Nichtzahlung (Anbringung des Vorlegungsvermerks) benachrichtigen. Nach den → Scheckbedingungen, die Inhalt des → Scheckvertrages sind, obliegt die Verpflichtung zur Benachrichtigung des Ausstellers nicht dem letzten Inhaber, sondern dem bezogenen Institut. (Es ist auch berechtigt, die Nichteinlösung ungedeckter Schecks einer Kreditschutzorganisation der Wirtschaft zu melden.) Im Verhältnis zwischen den Kreditinstituten ist die Benachrichtigungspflicht durch das → Scheckabkommen geregelt (→ Scheckrückgabe nach dem Scheckabkommen).

## Scheckbestätigung
1. *Einfache Sch.:* Mitteilung des bezogenen Instituts auf entsprechende Anfrage des Scheckinhabers, daß der → Scheck gedeckt ist (→ Scheckauskunft).

2. *Qualifizierte Sch.:* Scheckrechtliche Verpflichtung des bezogenen Instituts, welche gesetzlich nur bei der → Deutschen Bundesbank erlaubt ist (→ bestätigter LZB-Scheck).

## Scheckbürgschaft

### Scheckbürgschaft
→ Bürgschaft für einen → Scheck, bei dem die Zahlung der Schecksumme ganz oder teilweise durch eine auf den Scheck oder auf einen Anhang gesetzte Bürgschaftserklärung gesichert wird (Art. 25 Abs. 1 und Art. 26 Abs. 1 SchG). Die Sch. ist der → Wechselbürgschaft nachgebildet. Die → Haftung des Scheckbürgen ist in Art. 27 SchG geregelt.

**Scheckdiebstahl,** → Scheck, Abhandenkommen, Fälschung und Verfälschung.

### Scheckeinlösung
Bezahlung eines → Schecks durch das bezogene → Geldinstitut. Die Pflicht zur Einlösung aufgrund des → Scheckvertrages besteht, sofern das → Konto des → Ausstellers Deckung aufweist.

*Prüfungspflicht des bezogenen Kreditinstituts:* Sie erstreckt sich auf die Deckung auf dem Konto des Ausstellers, sowie die Übereinstimmung der Unterschrift mit der hinterlegten Unterschriftsprobe des Kontoinhabers bzw. des Kontobevollmächtigten und auf die Legitimation des Vorlegers (bei → Orderschecks: Prüfung der persönlichen Legitimation durch Lichtbildausweis und Prüfung der Legitimation durch → Indossament, bei → Inhaberschecks besteht keine Pflicht, aber eine Berechtigung zur Prüfung der Legitimation). Eine Prüfungspflicht und u. U. die Pflicht zur Einlösungsverweigerung besteht jedoch bei Verdacht auf unrechtmäßigen Erwerb (→ Scheck, Abhandenkommen, Fälschung und Verfälschung) sowie auf ein eventuelles Vorliegen eines Widerrufs (→ Scheckwiderruf). Aus organisatorischen Gründen verzichten die → Kreditinstitute auf eine Prüfung der vorgelegten → Verrechnungsschecks vor der Belegbearbeitung. Bei der Nachdisposition werden die Schecks nach erfolgter Belastung der Ausstellerkonten geprüft. Für den Fall mangelnder Deckung sind die Kreditinstitute durch die → Allgemeinen Geschäftsbedingungen geschützt (→ Einlösen von Lastschriften und Schecks).

*Rechtswirkung der Einlösung:* Mit ihr erlischt die scheckrechtliche Verpflichtung des Ausstellers sowie seine Zahlungsverpflichtung aus dem Valutaverhältnis. Eingelöste Schecks können nicht mehr zurückbelastet und gesperrt werden (→ Schecksperre).

**Scheckeinlösungszusage,** → Scheckauskunft.

**Scheckeinzug,** → Scheckinkasso.

### Scheckeinzugskurs der Deutschen Bundesbank
Geschäftstäglich von der → Deutschen Bundesbank für die Umrechnung von auf ausländische → Währungen lautenden → Auslandsschecks festgesetzte Kurse, die im → Vereinfachten Einzug von Auslandsschecks angewendet werden. Sch. d. D. B. werden im → Bundesanzeiger veröffentlicht.

### Scheckfähigkeit
Zusammenfassender Begriff für die rechtlichen Anforderungen an Personen, die am Scheckverkehr teilnehmen wollen. Man unterscheidet zwischen aktiver und passiver Sch.

*Aktive Sch.:* Fähigkeit, als → Aussteller einen → Scheck zu ziehen oder sich sonstwie scheckrechtlich, etwa als Scheckbürge, zu verpflichten. Sie entspricht der → Wechselfähigkeit.

*Passive Sch.:* Fähigkeit, Scheckbezogener zu sein. Im Unterschied zum Wechselrecht, wo ein → Wechsel auf jede rechtsfähige Person gezogen werden kann, ist beim Scheck als Zahlungspapier der Kreis der → Bezogenen auf Bankiers beschränkt (Art. 3 und 54 SchG). Dazu gehören alle → Kreditinstitute, sowie die → Deutsche Bundesbank und die → Deutsche Postbank AG. Banken können dabei auch nach Art. 6 Abs. 3 SchG Schecks auf ihre eigene Niederlassung ziehen (trassiert-eigener Scheck). Sollten Schecks auf andere Unternehmen, die keine Bankiers sind, gezogen werden, berührt dies die Gültigkeit des Schecks selbst nicht (Art. 3 Sch. 2 SchG). Im übrigen pflegen die Kreditinstitute nur Scheckanweisungen, die auf Bankformulare gesetzt sind, einzulösen (Nr. 1 Bedingungen für den Scheckverkehr).

**Scheckfälschung,** → Scheck, Abhandenkommen, Fälschung und Verfälschung.

### Scheck, Formvorschriften
Als streng förmliches → Wertpapier hat der → Scheck bestimmte im → Scheckgesetz vorgeschriebene Angaben zu enthalten (Art. 1 SchG). Aus Sicherheitsgründen er-

kennen → Kreditinstitute nur Scheckziehungen auf den von ihnen ausgehändigten Vordrucken an (→ Scheckvertrag), die neben den in Art. 1 SchG genannten gesetzlichen Bestandteilen noch weitere Angaben (unwesentliche Bestandteile bzw. sogenannte kaufmännische Bestandteile) aufweisen. Maßgebend hierfür sind die → Richtlinien für einheitliche Zahlungsverkehrsvordrucke.

### Scheckgarantiekarte

Legitimationskarte (→ Scheckkarte), die mit ihrer Vorlage durch den Inhaber und gleichzeitiger Übergabe von → Schecks (→ eurocheque [ec]) unter Erfüllung bestimmter Garantievoraussetzungen eine → Scheckkartengarantie bewirken und damit die Einlösung des (zur Bargeldbeschaffung oder zur bargeldlosen Zahlung) übergebenen Schecks sicherstellen soll. Unter Vorlage der →eurocheque-Karte übergebene eurocheques können, wie andere Schecks auch, widerrufen bzw. gesperrt werden (→ Scheckwiderruf, → Schecksperre), die Einlösungsverpflichtung des → Kreditinstituts (innerhalb der Garantiefristen) wird durch Widerruf bzw. Sperre des eurocheques nicht berührt, d. h. innerhalb der Garantiefrist muß das Kreditinstitut den Scheck einlösen, sofern die Garantievoraussetzungen erfüllt sind.

### Scheckgesetz

Gesetz vom 14.8.1933, das auf Grundlage des Genfer „Abkommens über das einheitliche Scheckgesetz" erlassen und am 1.4.1934 in Kraft gesetzt worden ist. Es entspricht im wesentlichen dem Genfer Abkommen. Das Sch. ist geändert worden durch das Gesetz über den Fristenablauf am Sonnabend vom 10.8.1965 (BGBl. I S. 753) und durch Gesetz zur Änderung wertpapierrechtlicher Vorschriften vom 17.7.1985 (BGBl. I S. 1507).

### Scheckinkasso

Einzug der Gegenwerte der einem → Kreditinstitut oder → Postgiroamt zur Gutschrift eingereichten → Schecks. Grundlage ist ein Inkassovertrag (→ Geschäftsbesorgungsvertrag). Zum Einzug geeignet sind: → Überbringerschecks, → Orderschecks, → eurocheques (ec), → Reiseschecks in DM, → Tankschecks und → Zahlungsanweisungen zur Verrechnung.

*Verfahren:* Schecks sind dem Kreditinstitut auf vorgeschriebenem Vordruck einzureichen. Dieser enthält Kontoinhaber, Kontonummer, Schecknummer, Name und Kontonummer des → Ausstellers, bezogenes Institut, → Bankleitzahl, Betrag sowie Datum und Unterschrift des Einreichers. Die eingelieferten Schecks sind zu girieren (soweit es Orderschecks sind) und mit dem Vermerk „Nur zur Verrechnung" zu versehen (→ Verrechnungsscheck). Eine Durchschrift der Scheckeinreichung erhält der Einreicher als Quittung. Nach Buchungsschnitt eingereichte Schecks gelten am Folgetag eingereicht. Die → Deutsche Bundesbank zieht für Kreditinstitute, die bei ihr ein → Girokonto unterhalten, Schecks und → Lastschriften im → vereinfachten Scheck- und Lastschrifteinzug der Deutschen Bundesbank gebühren- und kostenfrei ein.

Die Schecks werden auf ihre formelle Ordnungsmäßigkeit und Vollständigkeit geprüft und (sofern durch den Einreicher noch nicht erfolgt) mit dem Vermerk „Nur zur Verrechnung" versehen. Die Merkmale der Einzugsschecks werden anhand des Einlieferungsbelegs festgehalten, um bei Rückfragen oder Scheckverlusten Auskunft erteilen zu können. Die Scheckgegenwerte werden dem Konto des Kunden → „Eingang vorbehalten" (E. v.) gutgeschrieben. Hierdurch behält sich das Kreditinstitut eine Rückbelastung für den Fall vor, daß der Scheck nicht eingelöst wird. Die Schecks werden mit dem Inkassostempelabdruck versehen, der u. a. die Institutsbezeichnung und die Bankleitzahl enthält. Zur Identifizierung eines Einreichers kann die → erste Inkassostelle auch dessen Kontonummer auf dem Scheck anbringen. Bei Orderschecks erfolgt der Stempelabdruck unter dem → Indossament des Einreichers. Die Schecks werden nach Hausverkehr, Platzverkehr (Platzschecks) und Fernverkehr (Fernschecks) sortiert. Bei Schecks auf das eigene Institut wird geprüft, ob Deckung vorhanden, Unterschrift und Schecknummer in Ordnung sind und kein Widerruf vorliegt. Bei Platzschecks erfolgt ein Belegtausch mit gegenseitiger Verrechnung mit dem Kreditinstitut am gleichen Platz (Platzverkehr) bzw. an → Bankplätzen über die Abrechnungsstellen der → Landeszentralbanken gemäß deren Geschäftsbestimmungen (→ Abrechnungsverkehr der Deutschen Bundesbank). Fernschecks werden über das eigene → Gironetz oder über das

**Scheckkarte**

Gironetz der Deutschen Bundesbank eingezogen. →Sparkassen und →Kreditgenossenschaften bevorzugen i. a. das netzeigene Inkasso, →Kreditbanken i. a. den Einzug über die Bundesbank. Nur ein kleiner Teil der Schecks wird konventionell bearbeitet (beschädigte Schecks, Schecks, die in der →Codierzeile mit Stempelabdruck oder Handzeichen versehen sind, sowie Schecks über hohe Beträge). Ein weiterer Teil der Schecks wird durch maschinell-optische Beleglesung bearbeitet. Dazu werden die Schecks codiert. Da Textschlüssel (Feld 1), Bankleitzahl (Feld 2) und Schecknummer (Feld 5) bereits im Vordruck codiert sind und die Kontonummer (Feld 4) vor Ausgabe an den Kunden codiert wird, hat die erste Inkassostelle nur den Betrag (Feld 3) zu codieren. (Der Scheck gilt deshalb als besonders automationsfreundlich.) In DM ausgestellte Inhaber- und Orderschecks sowie Zahlungsanweisungen zur Verrechnung (Textschlüssel 01, 02, 11, 12), die auf Kreditinstitute im Inland gezogen sind und auf Beträge unter 5.000 DM lauten, werden im beleglosen Scheckeinzug bearbeitet (→BSE-Abkommen).

*Abwicklung des Inkassovertrages:* Das mit dem →Inkasso beauftragte Kreditinstitut ist verpflichtet, den Scheck auf dem schnellsten und sichersten Wege dem bezogenen Institut vorzulegen. Dabei steht wie beim Wechsel die Einlieferung in eine Abrechnungsstelle der Vorlegung zur Zahlung gleich (Art. 31 SchG). Der einreichende Kunde erhält von der ersten Inkassostelle zwar eine Gutschrift, die unter dem Vorbehalt des Eingangs steht, nach gängiger Praxis hat der Kunde jedoch vor Einlösung die Möglichkeit der Verfügung über den gutgeschriebenen Betrag. Mit der Einlösung erhält der Kunde gemäß § 667 BGB (Anspruch des Auftraggebers gegen die beauftragte Bank auf Herausgabe des Erlangten) einen unentziehbaren →Anspruch auf den Gegenwert. Die Einlösung gilt als bewirkt, wenn das bezogene Institut das Konto des Ausstellers rechtsverbindlich belastet hat oder bei der Abwicklung über eine Abrechnungsstelle der Scheck von der bezogenen Bank nicht spätestens bis zum ersten Einlieferungstermin des folgenden Geschäftstages zurückgegeben worden ist. Mit der endgültigen Gutschrift hat die Inkassobank ihre Verpflichtungen gegenüber dem einreichenden Kunden aus der Inkassovereinbarung erfüllt.

**Scheckkarte**

Anfang 1968 vom deutschen Kreditgewerbe eingeführte Legitimationskarte, um den →Scheck als →Zahlungsmittel gebräuchlicher und allgemein verwendbar zu machen (→Scheckgarantiekarte). Durch sie sollte insbes. die Scheckzahlung gegenüber unbekannten Schecknehmern bei Einkäufen und auf Reisen gefördert werden. Die Sch. wird vom Kontoinhaber bei der Scheckbegebung zusammen mit dem Scheck dem Schecknehmer vorgelegt. Die Sch. war bis 1972 durch die Verwendung unterschiedlicher institutseigener Schecks der →Banken, →Sparkassen und →Kreditgenossenschaften gekennzeichnet. Der Garantiebetrag war auf 200 DM je Scheck begrenzt. Erst mit Einführung der einheitlichen→eurocheque-Karte 1972 erfolgte auch die Ausgabe einheitlicher eurocheque-Vordrucke. Durch die Anbringung des Magnetstreifens auf der ec-Karte wurde ab 1981 der rückseitige Garantietext auf der Sch. verkürzt. Die eurocheque-Karte ist heute zusätzlich eine →Debit-Karte.

**Scheckkartengarantie**

Außerscheckmäßige Verpflichtung des bezogenen →Kreditinstituts bzw. des →Postgiroamtes zur Einlösung von →eurocheques (ec) gegenüber dem Schecknehmer in Form einer →Garantie, sofern die Garantievoraussetzungen erfüllt sind. Damit erhält der Schecknehmer im Gegensatz zum normalen →Scheck einen direkten Zahlungsanspruch gegenüber der bezogenen Bank.

*Abschluß des Garantievertrages:* Der Garantievertrag zwischen dem bezogenen Institut und dem Schecknehmer kommt durch Vermittlung des Scheckausstellers mit Übergabe des eurocheques bei gleichzeitiger Vorlage der →Scheckkarte (Bankgarantiekarte) zustande, wobei nach herrschender Meinung der Scheckaussteller wegen seiner, wenn auch begrenzten Gestaltungsbefugnis (Auswahl des Vertragspartners und konkrete Festlegung des Garantiebetrages innerhalb des vorgegebenen Rahmens) nicht als Bote, sondern als Vertreter anzusehen ist (→Stellvertretung). War daher der Bankkunde im Zeitpunkt der Abgabe der →Willenserklärung geschäftsunfähig, so erwirbt der Schecknehmer mangels wirksamer Vertretung keinen Garantieanspruch (§ 165 BGB). Die Vorlage der Scheckkarte an den Schecknehmer ist laut BGH i. d. R. für die Entstehung der Garantiehaftung nicht erforderlich.

*Garantievoraussetzungen:* Die Garantiepflicht des bezogenen Instituts wird nur begründet, wenn die auf der Rückseite der Scheckkarte aufgeführten Garantievoraussetzungen erfüllt sind und ein formgültiger Scheck vorliegt. Garantiebedingungen: Übereinstimmung der Unterschrift und Namen des Kreditinstituts sowie Kontonummer auf eurocheque (ec-Scheck) und → eurocheque-Karte, Vermerk der Nummer der eurocheque-Karte auf der Rückseite des ec-Schecks, Ausstellungsdatum des ec-Schecks innerhalb der Gültigkeitsdauer der eurocheque-Karte, Einhaltung der Garantiefrist (Vorlage eines im Inland ausgestellten ec-Schecks binnen acht Tagen, eines im Ausland ausgestellten ec-Schecks binnen 20 Tagen bei einem deutschen Kreditinstitut). Im Umfang ist die Zahlung bis zu einem bestimmten DM-Betrag oder Gegenwert in ausländischer → Währung gewährleistet.

*Rechtliche Selbständigkeit des Garantieanspruchs:* Die Garantieforderung des Schecknehmers ist unabhängig von dem Deckungsverhältnis und (Grundverhältnis) Valutaverhältnis. Das bezogene Institut kann sich insoweit nicht auf irgendwelche Mängel des Deckungsverhältnisses, Valutaverhältnisses oder auf die Ungültigkeit des Begebungsvertrages berufen, insbes. kann es nicht geltend machen, daß keine Deckung auf dem → Konto des → Ausstellers vorhanden sei oder dieser innerhalb der Garantiefrist den Scheck widerrufen bzw. gesperrt hat (→ Scheckwiderruf). Werden aber undatierte bzw. vordatierte ec-Schecks funktionswidrig zu Kreditzwecken benutzt (Garantieanspruch als Sicherheit zugunsten des Schecknehmers für einen an den Scheckaussteller herausgereichten Kredit), trifft den Schecknehmer insoweit eine die Interessen der Bank berücksichtigende Sorgfaltspflicht, so daß er sich wegen unzulässiger Rechtsausübung (§ 242 BGB; → Treu und Glauben) nicht auf die S. berufen kann, wenn er den mangels Deckung pflichtwidrigen Gebrauch der Scheckkarte kennt oder aus grober → Fahrlässigkeit nicht kennt.

*Begünstigter und gutgläubiger Erwerb:* Inhaber der Garantieforderung kann zunächst nur der Schecknehmer werden, indem der ec-Scheck unter Vorlage der Scheckkarte ausgehändigt worden ist; er ist allein in der Lage zu prüfen, ob die formalen Garantiebedingungen der bezogenen Bank erfüllt sind. Das genügt den Erfordernissen des Wirtschaftsverkehrs, weil eurocheques typischerweise direkt vom Schecknehmer zur Einlösung vorgelegt werden, sofern sie von dem Scheckaussteller selbst nicht als → Barschecks verwendet werden. Überträgt ausnahmsweise der Schecknehmer den eurocheque an eine weitere Person, so erwirbt diese den Garantieanspruch im Wege der → Abtretung, die stillschweigend (konkludentes Verhalten) in der Begebung des Schecks zu sehen ist.

Nach allgemeiner Ansicht kann der Garantieanspruch von dem Schecknehmer auch gutgläubig erworben werden, sofern dem Aussteller Scheckformulare und Scheckkarte abhanden kommen und diese von einem nicht befugten Dritten mißbräuchlich verwendet werden. Dies gilt allerdings nur, wenn der gefälschte Scheck im Zusammenwirken mit der Scheckkarte den Eindruck der Echtheit erweckt und die Unterschrift auf dem gefälschten Scheck von der auf der Scheckkarte nicht in charakteristischer Weise abweicht, so daß der Schecknehmer insoweit seiner Prüfungspflicht genügt. Zur Risikoverteilung bei mißbräuchlicher Verwendung der Scheckkarte als → Scheckgarantiekarte siehe → Sonderbedingungen für den ec-Service.

## Scheckkartenversicherung

Sparte der → Kreditversicherung, die Kunden von → Kreditinstituten (Scheckkarteninhaber) gegen Schäden versichert, die durch die mißbräuchliche Verwendung von eurocheque-Vordrucken i. V. mit der → Scheckkarte durch Dritte entstehen. Versicherungsnehmer sind → Kreditinstitute.

## Scheckmahnbescheid

Besonderer → Mahnbescheid zur Durchsetzung von Ansprüchen aus einem → Scheck im Rahmen des gerichtlichen → Mahnverfahrens. Der Sch. unterliegt den gleichen rechtlichen Anforderungen wie der → Wechselmahnbescheid (§ 703 a ZPO).

## Scheckprotest, → Wechselprotest.

## Scheckprozeß

Sonderform des → Urkundenprozesses zur Durchsetzung von → Ansprüchen aus einem → Scheck, der in seinem Ablauf dem → Wechselprozeß gleicht (§ 605 a ZPO).

1365

## Scheckrückgabe

### Scheckrückgabe

Als Folge der Nichteinlösung (i. d. R. mangels Deckung auf dem → Konto) sich ergebende Aushändigung des → Schecks an den Vorleger bzw. Rücksendung an die → erste Inkassostelle. Schecks, die dem bezogenen → Kreditinstitut zur Barzahlung vorgelegt werden, sind im Falle der Nichteinlösung mit einem datierten und rechtsverbindlich unterschriebenen Vorlegungsvermerk (Nicht-Bezahlt-Vermerk) zu versehen und dem Vorleger wieder auszuhändigen. Der Vorlegungsvermerk sichert dem Scheckberechtigten die Rückgriffsansprüche. → Verrechnungsschecks sind im Falle der Nichteinlösung ebenfalls mit dem unterzeichneten Vorlegungsvermerk zu versehen. Schecks, die im → Abrechnungsverkehr der Deutschen Bundesbank vorgelegt werden, müssen bis zu dem in den Geschäftsbedingungen der Abrechnungsstelle festgesetzten Zeitpunkt zurückgegeben werden, da sie sonst als eingelöst im bürgerlich-rechtlichen Sinne gelten. Als Zeitpunkt wird i. d. R. der erste Einlieferungstermin des auf den Vorlegungstag folgenden Geschäftstages festgelegt. Schecks, die im Rahmen des Scheckeinzugverkehrs (→ Scheckinkasso) vorliegen, sind nach den Vorschriften des → Scheckabkommens zurückzugeben (→ Scheckrückgabe nach den Scheckabkommen).

Bei Nichteinlösung von Schecks, die im Verfahren nach dem → BSE-Abkommen eingezogen werden, sind Rückrechnungen vom bezogenen Kreditinstitut spätestens am Geschäftstag nach Eingang der Scheckdaten an die → erste Inkassostelle zu leiten bzw. ist die Schecklagerstelle zu benachrichtigen. Die erste Inkassostelle bestätigt im Auftrag des bezogenen Kreditinstituts die Nichteinlösung durch den Vermerk „Vom bezogenen Kreditinstitut am... nicht bezahlt". Gemäß Ziff. 7 der Bedingungen für den Scheckverkehr benachrichtigt das bezogene Kreditinstitut den Aussteller von der Nichteinlösung seines Schecks. Das bezogene Institut behält sich vor, die Nichteinlösung ungedeckter Schecks einer Kreditschutzorganisation der Wirtschaft zu melden (→ SCHUFA).

### Scheckrückgabe nach den Scheckabkommen

Rückgabe nicht eingelöster → Schecks nach den Vorschriften des Abschnitts II und der Anlage 1 des → Scheckabkommens.

*Rückgabe:* Schecks, die von anderen → Kreditinstituten bzw. über → Clearingstellen vorgelegt werden, sind spätestens am Geschäftstag nach der Vorlage (Eingangstag) bei der disponierenden Stelle (kontoführenden Stelle) an die → erste Inkassostelle zurückzugeben. (Bei Zugang am Sonnabend gilt der nächste Geschäftstag als Eingangstag.) Der Rückgabeweg ist freigestellt.

*Vorlegungsvermerk:* Nicht eingelöste Schecks sind mit dem Vermerk „Vorgelegt am ... und nicht bezahlt" sowie mit dem Namen des bezogenen Kreditinstituts, Ort und Datum der Ausfertigung zu versehen. Der Vorlegungsvermerk ist zu unterzeichnen.

*Benachrichtigung:* Bei Schecks im Betrag von 5.000 DM und mehr muß die disponierende Stelle spätestens am Geschäftstag nach der Vorlegung bis 14.30 Uhr der ersten Inkassostelle mittels Telex, Telefax, Teletex, Telefon oder Telegramm eine Eilnachricht geben. Die Eilnachricht hat den Scheckbetrag, die Schecknummer, die Kontonummer des Ausstellers und die → Bankleitzahl des bezogenen Kreditinstitutes zu enthalten. Ferner ist – soweit erkennbar – ein Merkmal zur Identifizierung des Scheckeinreichers anzugeben (z. B. von der ersten Inkassostelle vermerkte Kontonummer des Einreichers).

*Rückscheckgebühr:* Das bezogene Kreditinstitut kann für eine Rückscheckgebühr von höchstens 10 DM berechnen. Das bezogene Kreditinstitut ist berechtigt, bei Rückschecks im Betrag von 10.000 DM und darüber gegenüber der ersten Inkassostelle einen Anspruch auf Zinsausgleich geltend machen, wenn der Wertstellungsverlust 30 DM und mehr beträgt.

*Fristenberechnung:* Für die Berechnung der → Fristen nach dem Scheckabkommen ist der Eingangstag von entscheidender Bedeutung. Das Abkommen stellt klar, daß die jeweilige kontoführende Stelle, ggf. also eine Zweigstelle des Instituts, als bezogenes Institut (disponierende Stelle) i. S. dieser Vorschrift anzusehen ist. Diese Regelung trägt den modernen Leitwegen des Zahlungsverkehrs Rechnung. Werden Schecks über das Rechenzentrum des bezogenen Kreditinstituts geleitet und dort gebucht, bedeutet dies noch keine Vorlage i. S. des Abkommens, auch dann nicht, wenn das Rechenzentrum die → Kontoauszüge mit den Belastungsbuchungen an die Kunden versendet. Die kontoführende Stelle, der die Schecks nach der Buchung zur Disposition zugeleitet werden, hat nach Nr. 9 Abs. 2 AGB Banken und Nr. 9 Abs. 2 AGB Sparkassen das Recht, die Belastungsbuchung bis zum übernächsten Buchungstag zu stornieren. Erst wenn der betreffende Scheck bei der kontoführenden Stelle eingeht, beginnt die Berechnung für die Fristen zur Rückgabe bzw. zur Eilbenachrichtigung.

### Scheck, Rückgriff

Inanspruchnahme der Rückgriffsschuldner durch den Scheckinhaber nach Art. 40ff. SchG, die im wesentlichen dem wechselmäßigen Rückgriff (→ Wechsel, Rückgriff) entspricht. Es bestehen jedoch die im folgenden dargestellten Besonderheiten.

*Rückgriffsgrund:* Alleiniger Rückgriffsgrund ist die Nichteinlösung des ordnungsgemäß und rechtzeitig vorgelegten → Schecks durch das bezogene Institut (Art. 40 SchG). Es genügt, wie es in der Praxis allgemein üblich ist, die Einlösungsverweigerung durch eine schriftliche, datierte Erklärung des bezogenen Instituts auf dem Scheck (Nicht-Bezahlt-Vermerk, Vorlegungsvermerk), oder eine datierte Erklärung einer LZB-Abrechnungsstelle, daß der Scheck rechtzeitig eingeliefert und nicht bezahlt worden ist, anzuzeigen. Ein Protest wie beim Wechsel ist nur erforderlich, wenn der Nicht-Bezahlt-Vermerk nicht erteilt ist; insbes. jedoch dann, wenn der Bezogene nicht angetroffen werden kann (→ Wandprotest).

*Rückgriffsschuldner:* Als Rückgriffsschuldner haftet dem Scheckinhaber gesamtschuldnerisch der → Aussteller (Art. 12 SchG) sowie die → Indossanten, soweit diese nicht ihre → Haftung völlig ausgeschlossen oder begrenzt haben (Art. 18 SchG, → Indossament) sowie ggf. die Scheckbürgen (Art. 27 SchG, → Scheckbürgschaft). Da bei einem → Inhaberscheck ein Indossament nicht erforderlich ist, trifft die Rückgriffshaftung grundsätzlich nur den Aussteller. Die Rückgriffsansprüche der Beteiligten können vereinfacht durch einen → Scheckmahnbescheid oder im → Scheckprozeß durchgesetzt werden. Gegenüber dem Wechsel gelten auch kürzere Verjährungsfristen (Art. 52 SchG). Der Umfang der Rückgriffsansprüche ist in Art. 45 und 46 SchG geregelt.

### Schecksperre

Mitteilung eines Scheckausstellers an das bezogene → Geldinstitut mit dem Ziel, die Einlösung des → Schecks zu verhindern. Die S. kann bewirkt werden (1) durch den Widerruf gemäß Art. 32 SchG, (2) durch Mitteilung an das bezogene Geldinstitut, daß ausgehändigte Scheckformulare abhanden gekommen sind und daher möglicherweise von unbefugten Dritten mißbraucht werden.

*Widerruf:* Der Kontoinhaber als → Aussteller kann die in einem Scheck liegende Zahlungsanweisung jederzeit widerrufen (→ Scheckwiderruf).

*Mitteilung des Abhandenkommens:* Erhält das Kreditinstitut von dem Kontoinhaber Kenntnis, daß ihm Scheckformulare oder sonstige Unterlagen (Bestellvordrucke) abhanden gekommen, insbes. gestohlen worden sind, so darf es die später eingereichten Schecks auch nicht innerhalb der Vorlegungsfrist einlösen. Art. 32 SchG greift hier nicht, da wegen der Fälschung von Anfang an keine wirksame → Anweisung des Kunden vorgelegen hat. Dies gilt um so mehr, als ein gutgläubiger Scheckinhaber gegenüber dem Aussteller wegen des Fälschungseinwands keinerlei Rückgriffsansprüche besitzt (Art. 10 und 51 SchG). Eine Mißachtung führt zu einem Regreßanspruch des Kunden aus → positiver Vertragsverletzung.

### Scheckvertrag

→ Vertrag, der das → Kreditinstitut verpflichtet, die vom Kontoinhaber ordnungsgemäß ausgestellten und auf ein → Konto mit ausreichender Deckung gezogenen → Schecks einzulösen. Der Sch. verpflichtet gleichermaßen den Kontoinhaber, die → Scheckbedingungen einzuhalten, insbes. für Deckung auf dem Konto zu sorgen.

### Scheck, Vorlegungsfristen

Im → Scheckgesetz festgelegte → Fristen, die die späteste Vorlage des Schecks bei dem bezogenen → Geldinstitut bestimmen und damit die Dauer des Scheckumlaufs begrenzen. Sie verhindern, daß der Scheck zu einem Kreditmittel wird. Die Fristen für in der BRD zahlbare Schecks sind in Art. 29 SchG geregelt. Im Ausland zahlbar gestellte Schecks unterliegen den Fristenbestimmungen des betreffenden Landes. Nach deut-

1367

schem Scheckrecht sind die im Inland ausgestellten Schecks binnen acht Tagen, im europäischen Ausland oder in einem an das Mittelmeer angrenzenden Land ausgestellte Schecks binnen 20 Tagen und in überseeischen Ländern ausgestellte Schecks binnen 70 Tagen seit dem angegebenen Ausstellungsdatum dem → Bezogenen vorzulegen. Der Ausstellungstag selbst wird bei der Berechnung der Vorlegungsfrist nicht mitgezählt (Art. 56 SchG). Die Frist verlängert sich bis zum nächsten Geschäftstag, falls der letzte Tag ein Sonnabend oder ein gesetzlicher Feiertag ist (Art. 55 Abs. 2 SchG). Versäumt der Scheckinhaber diese Frist, so verliert er seine scheckmäßigen Rückgriffsansprüche; er kann dann lediglich bürgerlich-rechtliche Ansprüche geltend machen (→ Scheck, Rückgriff).

**Scheck-Wechsel-Verfahren,** → umgedrehter Wechsel.

### Scheckwiderruf

Widerruf in einem → Scheck liegenden Zahlungsanweisung durch den → Aussteller gegenüber dem bezogenen → Geldinstitut.

*Regelung durch → Scheckgesetz:* Der Widerruf eines Schecks ist nach Art. 32 Abs. 1 SchG zwar erst nach Ablauf der Vorlegungsfrist wirksam. Das bezogene Institut ist jedoch berechtigt, den Widerruf auch schon vorher zu beachten, da Art. 32 SchG keine zwingende Regelung darstellt. Schon seit langem war die Kreditwirtschaft bemüht, einen Sch. auch bei Vorlage des Schecks innerhalb der Vorlegungsfrist zu beachten, was auch dem Kunden bekannt war und ihn zu einer entsprechenden Erwartung veranlaßte. Der BGH sieht darin eine Verkehrssitte, die stillschweigender Bestandteil jedes → Scheckvertrages ist. Der Aussteller hat hiernach einen vertraglichen → Anspruch gegen das bezogene Institut auf Beachtung eines Sch. auch innerhalb der Vorlegungsfrist.

Nach Ablauf der Vorlegungsfrist hat das bezogene Institut den Sch. nur für sechs Monate, gerechnet vom Eingang des Widerrufs, zu beachten. Später vorgelegte Schecks kann das bezogene Institut einlösen, falls der Aussteller nicht schriftlich um weitere sechs Monate verlängert hat.

*Scheckbedingungen:* Der Sch. muß nur beachtet werden, wenn er der kontoführenden Stelle so rechtzeitig zugeht, daß seine Berücksichtigung im Rahmen des ordnungsgemäßen Geschäftsablaufs möglich ist (Nr. 10). Verstößt das bezogene Institut in dem aufgezeigten Rahmen gegen diese Nebenpflichten aus dem Scheckvertrag, macht es sich gegenüber dem Kunden unter dem Gesichtspunkt der → positiven Vertragsverletzung schadensersatzpflichtig.

### Scheckzahlung ins Ausland

Zahlungsweise (1) für Zahlungen in Länder, die den → Scheck als gebräuchliches Instrument des → bargeldlosen Zahlungsverkehrs kennen (z. B. USA, Kanada), (2) für Zahlungen, die längere Überweisungslaufzeiten (→ Überweisung) beanspruchen, (3) für Zahlungen an Begünstigte, mit deren → Kreditinstitut keine Kontoverbindung besteht. Bei Scheckzahlungen werden → Orderschecks ausgestellt (→ Bankorderscheck), die durch das international übliche Kreuzen und den Zusatz „& Co." zwischen den Linien als → Verrechnungsschecks an den Begünstigten oder dessen Bank versendet werden. Grundlage für eine Scheckzahlung ist der → Zahlungsauftrag im Außenwirtschaftsverkehr (→ Zahlungen ins Ausland, → Internationaler Zahlungsverkehr).

### Scheidemünzen

Unterwertig ausgeprägte → Münzen (→ Münzgeld). Der Metallwert von Sch. ist geringer als der aufgeprägte Nennwert. Daraus schöpft der Staat, der das → Münzregal hat, bei Ausgabe der Münzen einen Münzgewinn (Differenz zwischen → Nennwert und Herstellungskosten). In der BRD ist kraft des Münzregals der Bund berechtigt, Pfennig-Münzen (→ Stückelung: 1, 2, 5, 10 und 50 Pfennig) und DM-Münzen (Stückelung: 1, 2, 5 und 10 DM) zu prägen und als Bundesmünzen in den Verkehr bringen zu lassen. Sch. sind in der BRD ein beschränkt → gesetzliches Zahlungsmittel. Mit Ausnahme von Bundes- und Landeskassen sowie von Kassen der → Deutschen Bundespost (d. h. ab 1995: Deutsche Post AG und → Deutsche Postbank AG) besteht für Münzen nur ein eingeschränkter Annahmezwang. Auf Deutsche Mark lautende Münzen müssen bis zum Betrag von 20 DM, auf Pfennig lautende Münzen bis zum Betrage von 5 DM angenommen werden.

Um zu verhindern, daß wegen des Münzgewinns, der dem Bundeshaushalt zufließt, ein Konflikt mit der Aufgabe der Bundesbank nach § 3 BBankG entsteht (→ Deutsche

Bundesbank, Aufgabe nach § 3 BBankG), ist zur Ausgabe von Münzen die Zustimmung des →Zentralbankrates der →Deutschen Bundesbank erforderlich, soweit der Umlauf die im Münzgesetz festgelegten Grenzen überschreitet.
*Gegensatz:* →Kurantmünzen.

### Schenkung
Unentgeltliche Zuwendung, durch die jemand aus seinem →Vermögen einen anderen bereichert (§ 516 Abs. 1 BGB). Zu unterscheiden sind die Handschenkung (sofort vollzogene Sch., Verpflichtung und →Erfüllung fallen zusammen) und das Schenkungsversprechen (nicht sofort vollzogene Sch.). Dieses kann nur in notarieller Form gültig abgegeben werden (§ 518 BGB). Der Formmangel wird jedoch geheilt durch Bewirken der versprochenen Leistung (→Übertragung des Schenkungsobjektes). Verweigern kann der Schenker die Erfüllung des Schenkungsversprechens nur, sofern hierdurch sein angemessener Unterhalt gefährdet würde (§ 519 Abs. 1 BGB). Bei unverschuldeter Verarmung kann der Schenker Rückgabe verlangen, sofern der Beschenkte nicht arm ist und nicht bereits 10 Jahre verstrichen sind. In diesem Falle jedoch hat auch der Beschenkte die Möglichkeit, die Herausgabe durch eine Unterhaltsleistung an den Schenker abzuwenden. Bei grobem Undank kann der Schenker die Sch. widerrufen (§ 530 BGB), sofern es sich nicht um eine Anstandsschenkung handelte (z. B. Geburtstagsgeschenk von üblichem Wert). Gemäß § 525 BGB kann eine Sch. mit einer →Auflage verbunden werden.

*Sonderfall:* →Schenkung von Todes wegen (→Vertrag zugunsten Dritter).

### Schenkungsbilanz, →Übertragungsbilanz.

### Schenkungsteuer, →Erbschaft- und Schenkungsteuer.

### Schenkungsversprechen, →Schenkung.

### Schenkung von Todes wegen
Sonderform der →Schenkung unter der Bedingung, daß der Beschenkte den Schenker überlebt. Zur Wirksamkeit bedarf sie wie das Schenkungsversprechen unter Lebenden der →notariellen Beurkundung (§§ 2301 Abs. 1, 2276 BGB). Im Unterschied zu diesem kommt aber eine Heilung des Formmangels (→Formvorschriften) nur in Betracht, wenn der Schenker die Leistung des zugewendeten →Gegenstands schon vollzogen, d. h. bereits sein Vermögensopfer erbracht hat (§§ 2301 Abs. 2, 518 BGB). Der Schenker müßte also z. B. noch zu seinen Lebzeiten die Verfügungsbefugnis über den Schenkungsgegenstand, etwa ein Bankguthaben, abgegeben haben, wozu er meist nicht bereit ist. Deshalb wird für die auf den Todesfall bezogene Zuwendung von Vermögenswerten an →Personen außerhalb einer →Verfügung von Todes wegen in der Praxis die Konstruktion des →Vertrags zugunsten Dritter auf den Todesfall bevorzugt.

### Schichtenbilanzmethode
Im Rahmen der →Teilzinsspannenrechnung früher angewandtes Verfahren zur Ermittlung von →Teilzinsspannen als Elemente der →Bruttozinsspanne (→Kosten- und Erlösrechnung im Bankbetrieb).

### Schiff
Wasserfahrzeug, das (wie ein Luftfahrzeug) rechtlich als →bewegliche Sache gilt, sofern es im →Schiffsregister eingetragen ist, wie ein →Grundstück behandelt wird. Das gilt auch für ein Schiffsbauwerk (im Bau befindliches Sch.), das im Schiffsbauregister eingetragen ist. Zur Kreditsicherung kann an einem eingetragenen Sch. eine →Schiffshypothek eingetragen werden. Möglich, aber unüblich ist die →Sicherungsübereignung eines eingetragenen Sch. Ein nichteingetragenes Sch. kann nur als bewegliche Sache sicherungsübereignet oder verpfändet werden.

### Schiffsbanken
Synonyme Bezeichnung für →Schiffspfandbriefbanken.

### Schiffsbankgesetz
Gesetz, das die Geschäftstätigkeit der privatrechtlichen →Schiffspfandbriefbanken (Schiffsbanken) regelt und insbes. der Absicherung der →Gläubiger von →Schiffspfandbriefen und Schiffskommunalschuldverschreibungen durch besondere Vorschriften über die →Beleihung von Schiffen (→Schiffshypothekarkredite) dient.

### Schiffsfinanzierung
→Finanzierung des Baus, Umbaus sowie des Erwerbs und der Reparatur von →Schif-

## Schiffshypothek

fen durch (i. d. R.) → Schiffshypothekarkredite von → Schiffspfandbriefbanken bei Refinanzierung durch → Schiffspfandbriefe.

### Schiffshypothek

→ Hypothek gemäß §§ 9ff. SchiffsBankG auf ein im → Schiffsregister eingetragenes → Schiff, die durch → Einigung und Eintragung im → Schiffsregister bestellt wird (§ 8 SchiffsRG). Die Sch. ist eine → Sicherungshypothek und daher stets → Buchhypothek; sie ist auch als → Höchstbetragshypothek zulässig (§ 75 SchiffsRG). Dem Schiffshypothekengläubiger haften neben dem Schiff das → Zubehör, das dem Schiffseigentümer gehört (§ 31 SchiffsRG), und die Versicherungsforderungen (§ 32 SchiffsRG). Die Verwertung einer Sch. erfolgt durch → Zwangsversteigerung (§§ 47 SchiffsRG, 870a ZPO, 162ff. ZVG). Auch an im Bau befindlichen Schiffen (Schiffsbauwerke) und an Schwimmdocks können Sch. bestellt werden. Für einen Schiffspart (Anteil eines Mitreeders an einem Schiff) ist die Bestellung einer Sch. nicht möglich; er kann nur verpfändet werden. Sch. dienen zur Sicherung → langfristiger Kredite für die Finanzierung von Schiffsbauten (→ Schiffshypothekarkredit) durch → Schiffspfandbriefbanken, die sich durch Ausgabe von → Schiffspfandbriefen refinanzieren.

### Schiffshypothekarkredit

→ Langfristiger Kredit (→ Darlehen), der gegen Eintragung von → Hypotheken im → Schiffsregister (→ Schiffshypotheken) gewährt wird. Sch. dienen zum Bau, Umbau sowie zum Erwerb und zur Reparatur von → Schiffen. Kreditgeber sind → Schiffspfandbriefbanken, → Landesbanken/Girozentralen und öffentliche Kreditanstalten sowie → Sparkassen und → Kreditbanken. Rechtsgrundlage für die → Beleihung von Schiffen ist das → Schiffsbankgesetz.

*Deckungsfähige Schiffshypotheken*: Die zur Refinanzierung von Sch. emittierten → Schiffspfandbriefe müssen durch Darlehensforderungen gedeckt sein, die durch Schiffshypotheken gesichert sind und den in den §§ 10–12 SchiffsBankG bezeichneten Erfordernissen entsprechen (Einhaltung der Beleihungsbeschränkung, der → Beleihungsgrenze und der Beleihungsbedingungen, Beachtung der Versicherungspflicht und Einhaltung des → Beleihungswertes).

*Beleihungsbeschränkung*: Nach § 10 Abs. 1 SchiffsBankG dürfen nur Schiffe und Schiffsbauwerke beliehen werden, die in einem → öffentlichen Register (Schiffsregister) eingetragen sind.

*Beleihungsgrenze*: Nach § 10 Abs. 2 SchiffsBankG darf die Beleihung die ersten drei Fünftel (60 Prozent) des Beleihungswertes nicht übersteigen.

*Beleihungswert und Beleihungsbedingungen*: Der Beleihungswert eines Schiffes darf den Verkaufswert nicht übersteigen. Bei der Festsetzung des Beleihungswertes sind nur die dauernden Eigenschaften des Schiffes und der → Ertrag zu berücksichtigen, den das Schiff bei ordnungsmäßiger Wirtschaft jedem Besitzer für die Dauer gewähren kann (§ 12 Abs. 1 SchiffsBankG). Im Hinblick auf die Besonderheiten der Beleihungsobjekte dürfen nur → Abzahlungsdarlehen gewährt werden, die i. d. R. mit gleichmäßigen Jahresraten zu tilgen sind (§ 10 Abs. 2 SchiffsBankG). Die Darlehensdauer darf höchstens 12 Jahre betragen (mit Genehmigung des BAK 15 Jahre). Im Ausland registrierte Schiffe und Schiffsbauwerke dürfen nur mit Genehmigung des → Bundesaufsichtsamtes für das Kreditwesen beliehen werden.

*Versicherung*: Die Beleihung von Schiffen und Schiffsbauwerken ist nur zulässig, wenn das Beleihungsobjekt entsprechend den Geschäftsbedingungen des → Kreditinstituts versichert ist und der Versicherer sich zum Verzicht bestimmter möglicher Einwendungen aufgrund des § 36 Abs. 2 Nr. 2 des → Schiffsrechtegesetzes verpflichtet hat.

### Schiffshypothekenbanken, → Schiffspfandbriefbanken.

### Schiffskommunaldarlehen

→ Darlehen von → Schiffspfandbriefbanken für den Bau, den Umbau, den Erwerb und die Reparatur von → Schiffen sowie die Umschuldung von Schiffskrediten an inländische → Körperschaften oder → Anstalten des öffentlichen Rechts oder gegen Übernahme der vollen Gewährleistung durch eine solche Körperschaft oder Anstalt (§ 1 Nr. 2 SchiffsBankG). Die → Europäische Wirtschaftsgemeinschaft, die → Europäische Gemeinschaft für Kohle und Stahl, die Europäische Atomgemeinschaft und die → Europäische Investitionsbank stehen den inländischen Körperschaften und Anstalten des öffentlichen Rechts gleich. Dasselbe gilt für Mitgliedstaaten der → Europäischen

Union (EU) und unter bestimmten Voraussetzungen für andere Staaten; in diesen Fällen darf jedoch der Gesamtbetrag 30 Prozent aller S. nicht übersteigen (§ 5 Abs. 2 SchiffsBankG). Die Schiffspfandbriefbanken beschaffen sich die Mittel zur Gewährung von Sch. durch Ausgabe von → Schiffskommunalschuldverschreibungen.

## Schiffskommunalschuldverschreibung

Festverzinsliche → Schuldverschreibung, die auf der Grundlage des → Schiffsbankgesetzes von → Schiffspfandbriefbanken als → Inhaberpapier oder – in Ausnahmefällen – als → Namenspapier ausgegeben wird und der Mittelbeschaffung für die Gewährung von → Schiffskommunaldarlehen dient. Um die Geschäftsstruktur der Schiffspfandbriefbanken derjenigen der → privaten Hypothekenbanken anzugleichen (diese emittieren → Pfandbriefe und → Kommunalobligationen), wurde durch Gesetzesänderung den Schiffspfandbriefbanken seit 1985 die Möglichkeit eingeräumt, neben → Schiffspfandbriefen auch Sch. auszugeben.

Das Schiffsbankgesetz enthält Regelungen, die Schutzwirkungen für die Gläubiger von Sch. haben sollen. Sie entsprechen im wesentlichen den Regelungen, die zugunsten der Schiffspfandbriefgläubiger gelten.

*Qualität der Deckungswerte:* Schiffskommunaldarlehen werden für den Bau, den Umbau, den Erwerb und die Reparatur von Schiffen sowie die Umschuldung von Schiffskrediten an inländische → Körperschaften des öffentlichen Rechts oder → Anstalten des öffentlichen Rechts gewährt bzw. sind durch solche Körperschaften oder Anstalten verbürgt (grenzüberschreitend ist der Kreis der gleichgestellten Institutionen eingegrenzt). Durch die Werthaltigkeit der Schiffskommunaldarlehen werden die Risiken für das Emissionsinstitut und damit auch für die Wertpapiergläubiger eingeschränkt. Darlehensforderungen dürfen auch auf ausländische → Währung lauten. Die entsprechenden Sch. würden dann ebenfalls auf diese Währung lauten, denn das Kongruenzoder Deckungsprinzip ist dann auch währungsbezogen zu beachten und für jede Währung ist ein besonderes → Deckungsregister zu führen.

*Umlaufgrenze:* Die gesetzlichen Bestimmungen laufen im Prinzip darauf hinaus, daß der Gesamtumlauf an Sch. das 40fache des eingezahlten → Grundkapitals und der → Rücklagen nach § 7 Abs. 1 SchiffsbankG nicht übersteigen darf. Auf diese Umlaufgrenze werden die Schiffspfandbriefe (maximale Umlaufgrenze das 30fache des → haftenden Eigenkapitals) und bestimmte Globaldarlehen und Gewährleistungen angerechnet, so daß deren Ausnutzung für den Spielraum der ausgebbaren Sch. entscheidend ist. Im Hinblick auf die besondere Sicherheit der Schiffskommunaldarlehen werden die Sch. begünstigt, denn der für Schiffspfandbriefe usw. nicht genutzte Spielraum kann für Sch. verwandt werden, nicht jedoch umgekehrt. Da mit diesen Umlaufgrenzen indirekt das → Kreditgeschäft begrenzt wird, ist es eine Vorschrift, die das gesamte Risikopotential in Relation zum → Eigenkapital limitiert. In der Wirkungsweise ist diese Vorschrift dem → Eigenkapitalgrundsatz I vergleichbar, nur sind die Grenzen für das Gesamtkreditvolumen der Schiffspfandbriefbanken zum Schutze der Wertpapiergläubiger enger gezogen.
(→ Schiffspfandbrief)

## Schiffskreditgeschäft

Sparte im → Kreditgeschäft der → Banken: → Finanzierung von neuen oder gebrauchten → Schiffen gegen Bestellung eines Schiffspfandrechtes (→ Schiffshypothek) sowie Gewährung von → Schiffskommunaldarlehen. Sch. wird von großen internationalen Banken sowie Spezialinstituten betrieben.

## Schiffspart

Anteil eines Mitreeders an einem → Schiff. Er kann zur Sicherung eines → Kredites nur verpfändet, aber nicht mit einer → Schiffshypothek belastet werden.

## Schiffspfandbrief

Festverzinsliche → Schuldverschreibung, die auf der Grundlage des → Schiffsbankgesetzes von → Schiffspfandbriefbanken als → Inhaberpapier oder – in Ausnahmefällen – als → Namenspapier ausgegeben wird. Sch. dienen der → Refinanzierung von Schiffskrediten, die durch → Schiffshypotheken gesichert werden (→ Schiffshypothekarkredite). Soweit die → Finanzierung von Schiffen durch → Schiffskommunaldarlehen erfolgt, können Schiffspfandbriefbanken → Schiffskommunalschuldverschreibungen ausgeben.

1371

## Schiffspfandbriefbanken

*Gesetzliche Regelungen zum Schutze der Schiffspfandbriefgläubiger:* (1) *Bezeichnungsschutz:* Den Schiffspfandbriefbanken ist es vorbehalten, →festverzinsliche (Wert-)Papiere mit der Bezeichnung „Schiffspfandbrief" zu emittieren; es müssen dafür bestimmte Bedingungen erfüllt sein.
(2) *Kongruenz- oder Deckungsprinzip:* Der Gesamtbetrag der umlaufenden Sch. muß gemäß § 6 Abs. 1 SchiffsbankG in Höhe des Nennwertes jederzeit durch Darlehensforderungen (die durch Schiffshypotheken gesichert sind) von mindestens gleicher Höhe und mindestens gleichem Zinsertrag gedeckt sein (ordentliche Deckung). Eine Ersatzdeckung ist gemäß § 6 Abs. 4 SchiffsbankG bis zu 10% des Pfandbriefumlaufs möglich (→Pfandbriefe, →Pfandbriefdeckung).
(3) *Deckungsregister:* Die zur Deckung der Sch. verwendeten Darlehensforderungen mit den zu ihrer Sicherung dienenden Schiffshypotheken sowie die sonstigen Deckungswerte müssen von der Schiffspfandbriefbank einzeln in ein Register (→Deckungsregister) eingetragen werden (§ 20 Abs. 1). Der vom →Bundesaufsichtsamt für das Kreditwesen (BAK) nach § 28 Abs. 1 bestellte Treuhänder hat auf das jederzeitige Vorhandensein der vorschriftsmäßigen Deckung, auf die Eintragung der Deckungswerte in das Deckungsregister sowie auf die Einhaltung der Umlaufgrenzen zu achten (§ 29). Stellung und Aufgaben des Treuhänders bei einer Schiffspfandbriefbank sind die gleichen wie die eines Treuhänders bei einer →privaten Hypothekenbank.
(4) *Qualität der Deckungswerte:* Deckungswerte sind die durch Schiffshypotheken gesicherten Darlehensforderungen. Es dürfen nur →Schiffe und Schiffsbauwerke (im Bau befindliche Schiffe), die in einem →öffentlichen Register eingetragen sind, beliehen werden. Die →Beleihungsgrenze beträgt 60% des →Beleihungswertes. Im übrigen gelten analoge Vorschriften zum Hypothekenbankgesetz. In der Pfandbriefdeckung dürfen höchstens 20% Darlehen an Schiffsbauwerken enthalten sein (§ 12 Abs. 3). Die Beleihungsobjekte der →Schiffshypothekarkredite können u. U. größeren Ertrags- und Wertschwankungen ausgesetzt sein als die Beleihungsobjekte der auf Grundbesitz gegebenen →Hypothekarkredite.
(5) *Umlaufgrenze:* Der Gesamtbetrag der im Umlauf befindlichen Sch. einer Schiffspfandbriefbank darf nach § 7 Abs. 1 den dreißigfachen Betrag des eingezahlten →Grundkapitals, der →gesetzlichen Rücklage sowie anderer durch die →Satzung oder durch Beschluß der →Hauptversammlung ausschließlich zur Deckung von Verlusten oder zu einer →Kapitalerhöhung aus Gesellschaftsmitteln bestimmten →Rücklagen nicht übersteigen. Damit wird indirekt das →Kreditgeschäft begrenzt. In der Wirkungsweise ist diese Vorschrift dem →Eigenkapitalgrundsatz I vergleichbar, nur sind die Grenzen für das Gesamtkreditvolumen der Schiffspfandbriefbanken zum Schutz der Schiffspfandbriefgläubiger enger gezogen.
(6) *Spezialitätsprinzip:* Die „Nebengeschäfte" der Schiffspfandbriefbanken werden eng begrenzt (§ 5).

→ *Mündelsicherheit/Lombardfähigkeit:* Sch. sind kraft Gesetzes mündelsicher; dies ist jedoch kaum von praktischer Bedeutung, seitdem den →Kapitalsammelstellen eine mündelsichere Anlage nicht mehr vorgeschrieben ist. Nach Börseneinführung nimmt die →Deutsche Bundesbank die Schiffspfandbriefe in die Liste der lombardfähigen →Wertpapiere auf (→Lombardfähigkeit).
(→Schiffshypothekarkredit, →Pfandbrief)

## Schiffspfandbriefbanken

*Schiffsbanken, Schiffshypothekenbanken;* privatrechtliche →Spezialbanken (→Realkreditinstitute), die sich dem →Schiffshypothekarkredit und dem Geschäft mit →Schiffskommunaldarlehen widmen und sich vorwiegend durch Ausgabe von →Schiffspfandbriefen bzw. →Schiffskommunalschuldverschreibungen refinanzieren, und nur in der Rechtsform der AG oder KGaA betrieben werden dürfen.
Um die Geschäftsstruktur der Sch. derjenigen der →privaten Hypothekenbanken anzugleichen (Emittieren von →Pfandbriefen und von →Kommunalobligationen) wurde ihnen 1985 die Möglichkeit eingeräumt, neben Schiffspfandbriefen auch Schiffskommunalschuldverschreibungen auszugeben.
Nach der →Bankenstatistik der Deutschen Bundesbank werden die Sch. mit den Hypothekenbanken zur Gruppe der privaten Hypothekenbanken zusammengefaßt.
An Sch. halten →Großbanken qualifizierte Mehrheitsbeteiligungen (25% und mehr).

Zur Absicherung der →Gläubiger von Schiffspfandbriefen bzw. Schiffskommunalschuldverschreibungen sind im Gesetz über Sch. (Schiffsbankgesetz) Regelungen getroffen, die den Besonderheiten der →Beleihung von Schiffen Rechnung tragen (Schiffshypothekargeschäft).
Interessenvertretung der Sch. ist der Verband deutscher Schiffsbanken, Hamburg. Dieser Verband ist ebenso wie der →Verband deutscher Hypothekenbanken Mitglied im →Bundesverband deutscher Banken.

### Schiffsrechtegesetz (SchiffsRG)
Gesetz, in dem →Eigentum und Belastungen (→Schiffshypothek) an im →Schiffsregister eingetragenen →Schiffen und Schiffsbauwerken geregelt werden. Genaue Bezeichnung: Gesetz über Rechte an eingetragenen Schiffen und Schiffsbauwerken.

### Schiffsregister
→Öffentliches Register, in das →Schiffe eingetragen werden, die sich im deutschen →Eigentum befinden. Das Sch. wird vom Amtsgericht des Heimathafens geführt und entspricht dem →Grundbuch. Im Sch. eingetragene Schiffe werden rechtlich wie →Grundstücke behandelt (§§ 2 ff. SchiffsRG). Es kann eine →Schiffshypothek bestellt werden. Eintragungen im Sch. genießen wie Eintragungen im Grundbuch öffentlichen Glauben (§§ 15–17 SchiffsRG). Das SchiffsRG unterscheidet zwischen Seeschiffahrtsregister und Binnenschiffahrtsregister.

### Schließfach
Form des →geschlossenen Depots (→Schrankfach), um in den feuer- und einbruchsicheren (Tresor-)Räumen eines →Kreditinstituts bestimmte →Gegenstände (wie →Urkunden, Schmuck, Edelmetalle etc.) aufzubewahren (→Depotgeschäft). Die Vermietung von Sch. zählt zu den Tätigkeiten, für die der →Europäische Paß gilt (§ 53b Abs. 1 KWG). Nach deutschem Recht handelt es sich hierbei aber weder um die für ein →Kreditinstitut kennzeichnenden →Bankgeschäfte (i.S. des Kreditwesengesetzes) noch um für ein →Finanzinstitut i.S. des KWG charakteristische Betätigungen.

### Schlußdividende
→Dividende, die eine →Aktiengesellschaft nach Ablauf eines →Geschäftsjahres zahlt, wenn sie schon während des Geschäftsjahres →Zwischendividenden ausgeschüttet hat.

### Schlüsselgewalt
Betrifft die Geschäfte zur angemessenen Deckung des Lebensbedarfs der Familie, die jeder Ehegatte mit Wirkung auch für den anderen Ehegatten besorgen darf (§ 1357 BGB). Durch derartige Geschäfte werden beide Ehegatten berechtigt und verpflichtet, soweit sich aus den Umständen nichts anderes ergibt. Auch minderjährige Ehefrauen können insoweit ihre volljährigen Ehemänner wirksam verpflichten, ohne daß sie dadurch aber eine eigene →Haftung auslösen (→Geschäftsfähigkeit).

*Geschäfte zur angemessenen Deckung des Lebensbedarfs* sind nach allgemeiner Ansicht alle Bedarfsdeckungsgeschäfte, die sich innerhalb des verfügbaren Familieneinkommens halten und bei denen gewöhnlich eine vorherige Abstimmung der Ehegatten nicht erforderlich ist. Maßstab hierfür ist die tatsächliche, nach außen erkennbare Lebensführung der Eheleute. Gegenüber →Kreditinstituten spielt diese Befugnis kaum eine Rolle, denn die meisten →Bankgeschäfte zählen nicht zur Sch. Das gilt insbes. für die Zeichnung von →Wechseln und →Schecks, die Aufnahme von nicht zweckgebundenen →Krediten und deren Besicherung (→Kreditsicherheiten). →Finanzierte Abzahlungsgeschäfte zur Anschaffung von Haushaltsgegenständen werden gedeckt, falls die monatlichen Raten keine für das monatliche Familieneinkommen unzumutbare Belastung darstellen. Abhebungen vom →Konto des anderen Ehegatten sind ebenfalls nur gestattet, um damit den notwendigen Lebensunterhalt zu bestreiten. Überschreitet ein Ehegatte seine Kompetenz, haftet der andere nicht, jedoch der handelnde Ehegatte unter dem Gesichtspunkt des →Vertreters ohne Vertretungsmacht (§ 179 BGB).

*Ausschluß und Begrenzung:* Kann ein Ehegatte nicht richtig haushalten, muß sich sein Ehepartner gegen überzogene Verpflichtungen zur Wehr setzen können. Er kann daher die Berechtigung des anderen Ehegatten, Geschäfte mit Wirkung für ihn zu besorgen, beschränken oder ausschließen. Dritten gegenüber haben aber derartige Beschränkungen oder Ausschlüsse nur Wirkung, sofern sie ihnen bekannt oder im ehelichen →Güterrechtsregister eingetragen sind (§ 1412 BGB). Die Sch. gilt schließlich generell nicht, wenn die Ehegatten dauernd getrennt leben (§ 1357 Abs. 3 BGB).

## Schnelltender

→ Pensionsgeschäfte (→ Wertpapierpensionsgeschäfte), die die → Deutsche Bundesbank sehr kurzfristig terminiert, um → Kreditinstituten eine zeitlich begrenzte Liquiditätshilfe zu bieten. Es sollen in erster Linie geldmarktaktive Banken angesprochen werden, die in der Lage sind, die von der Bundesbank erhaltenen Mittel ggf. zügig im → Geldmarkt weiterzuleiten. Dementsprechend ist bei diesen Geschäften auch der Abwicklungszeitraum (mit Ankündigung, Gebotsabgabe, Zuteilung und Gutschrift innerhalb nur weniger Stunden) vergleichsweise knapp bemessen, z. B. auf nur wenige Tage.

## Schrankfach

Als Form des → geschlossenen Depots vermieten → Banken Sch. zur Unterbringung von Wertgegenständen und → Urkunden, die der Mieter unter dem Schutz der Stahlkammer (Tresor) bzw. des Stahlschrankes (Safe) der Bank selbst aufbewahren will (→ Schließfach). Einzelheiten des Mietvertrages (→ Miete) sind in „Bedingungen für die Vermietung von Schrankfächern" enthalten, die als → Allgemeine Geschäftsbedingungen in den → Vertrag mit dem → Bankkunden einbezogen werden. Danach steht das Sch. unter dem eigenen Verschluß des Mieters und dem Mitverschluß der Bank und kann nur von beiden gemeinschaftlich geöffnet werden. Zutritt haben lediglich der Mieter oder sein Bevollmächtigter (→ Vollmacht); sie haben sich zuvor auszuweisen, und zwar durch Abgabe der Unterschrift sowie gegebenenfalls durch Nennung des Schlüsselwortes. Die Bank nimmt vom Inhalt des Sch. keine Kenntnis; der Mieter darf das Sch. nicht zur Aufbewahrung von gefährlichen, insbesondere feuergefährlichen → Sachen benutzen.

## Schriftform

Sch. verlangt gemäß § 126 Abs. 1 BGB die Unterzeichnung einer → Urkunde durch den → Aussteller entweder durch eigenhändige Namensunterschrift oder durch notariell beglaubigtes Handzeichen. Beispiele für Rechtsvorschriften, die Sch. verlangen: § 566 Satz 1, (→ Miete von → Grundstücken und Räumen), § 581 Abs. 2 (→ Pacht) § 766 Satz 1 (Eingehen einer → Bürgschaft) §§ 780, 781 BGB (→ Schuldversprechen, → Schuldanerkenntnis); Art. 1 Nr. 8 WG (Ausstellen eines → Wechsels); Art. 1 Nr. 6 ScheckG (Ausstellen eines → Schecks); § 2247 BGB (eigenhändiges → Testament). Eine mittels mechanischer Vervielfältigung hergestellte Unterschrift reicht nur dann aus, wenn das → Gesetz dies zuläßt (z. B. → Inhaberschuldverschreibung, → Banknote, → Aktie). Nicht erforderlich ist, daß die gesamte Erklärung von dem Unterzeichner selbst verfaßt oder niedergeschrieben ist (Ausnahme: privatschriftliches eigenhändiges Testament).

Bei einem → Vertrag ist grundsätzlich die Unterzeichnung auf derselben Urkunde erforderlich. Bei mehreren gleichlautenden Urkunden über einen Vertrag reicht es aus, daß jede Partei die für die andere bestimmte Ausfertigung unterzeichnet (§ 126 Abs. 2 BGB). Ist die Sch. lediglich zwischen den Parteien vereinbart (gewillkürte Sch.), nicht aber gesetzlich vorgeschrieben, so genügt in Ermangelung einer anderweitigen Absprache auch eine telegrafische Übermittlung und bei einem Vertrag der Briefwechsel (§ 127 BGB). Gemäß § 126 Abs. 3 BGB wird die Sch. durch die stärkere Form der → notariellen Beurkundung ersetzt. In manchen Fällen wird durch die → Erfüllung des → Rechtsgeschäfts die fehlende Sch. (Formmangel) geheilt (Beispiele: §§ 766 Satz 2, 782 BGB; § 313 Satz 2 BGB).
(→ Formvorschriften)

## SCHUFA

*Schutzgemeinschaft für allgemeine Kreditsicherung;* Gemeinschaftseinrichtung der kreditgebenden Wirtschaft in der BRD mit der Aufgabe, ihre Vertragspartner mit Informationen zu versorgen, um sie vor Verlusten im → Konsumentenkreditgeschäft und im Hypothekarkreditgeschäft (→ Hypothekarkredit) zu schützen.

*Organisation:* Die SCHUFA besteht aus 13 regionalen, rechtlich und wirtschaftlich selbständigen SCHUFA-Gesellschaften in der Rechtsform der GmbH, die der Vereinigung der Deutschen Schutzgemeinschaft für allgemeine Kreditsicherung e. V. (Bundes-SCHUFA) in Wiesbaden angehören. → Gesellschafter der regionalen SCHUFA-Gesellschaften sind → Kreditinstitute, wie → Kreditbanken, → Sparkassen, → Kredit-

## SCHUFA

genossenschaften, → Realkreditinstitute, → Bausparkassen, → Teilzahlungskreditinstitute sowie Einzelhandels- und Versandhandelsunternehmen.

*Aufgaben:* Um dem Informationsbedürfnis der Anschlußkunden gerecht zu werden, erhält die SCHUFA von ihren Vertragspartnern bestimmte Daten aus der Geschäftsverbindung mit ihren → Privatkunden übermittelt. Diese Daten werden gespeichert, um dem anfragenden Vertragspartner die zur Beurteilung der → Kreditwürdigkeit seiner Kunden notwendigen Daten geben zu können. Sowohl die Speicherung von personenbezogenen Daten als auch deren Weiterleitung unterliegen dem → Datenschutz. Wegen des großen Interesses des Wirtschaftsverkehrs an solchen Informationssystemen ist die selektive Speicherung und Weitergabe personenbezogener Daten datenschutzrechtlich zulässig. Die Kreditinstitute holen das Einverständnis des Kunden zur Ermittlung relevanter personenbezogener formularmäßig durch die Anerkennung der sogenannten → SCHUFA-Klauseln ein.

*Vertragspartner:* Unternehmen, die gewerbsmäßig → Barkredite oder → Teilzahlungskredite an Konsumenten geben (→ Konsumentenkredite). Das sind vorwiegend Kreditinstitute, Versandhandelsunternehmen sowie Waren- und Kaufhäuser.

*Verfahren bei grundbuchlich nicht gesicherten Krediten:* Nach dem Gegenseitigkeitsprinzip erhält nur derjenige Auskunft von der SCHUFA, der ihr auch Informationen zur Verfügung stellt. Zusätzlich bezieht die SCHUFA Daten aus öffentlichen Verzeichnissen, wie z. B. aus dem → Schuldnerverzeichnis beim Amtsgericht. Der abfragende Vertragspartner erhält nur Informationen, wenn er ein berechtigtes Interesse an der Datenübermittlung glaubhaft darlegt. Eine Auskunft darf nur über Personen eingeholt werden, die einen grundbuchlich nicht gesicherten Konsumentenkredit aufnehmen oder eine Bürgschaftsverpflichtung (→ Bürgschaft) eingehen wollen. Darüber hinaus können Kreditinstitute auch vor Eröffnung eines → Girokontos Informationen einholen, da oft nach kurzer Zeit dem Kunden eine → Kreditlinie eingeräumt wird (→ Dispositionskredit). Anfragen zu anderen Zwecken, wie z. B. Personenauskünfte, sind nicht gestattet und können zum Ausschluß des Vertragspartners aus der SCHUFA führen. Besteht das berechtigte Interesse fort, z. B. bei laufenden Krediten, erhält der Vertragspartner auch der SCHUFA nachträglich bekannt gewordene, die ursprüngliche Auskunft ergänzende Informationen (Nachmeldungen).

*Meldepflichten und Informationsrechte:* Wegen des unterschiedlichen Informationsbedürfnisses der Vertragspartner hat die SCHUFA zwei Arten von Anschlußverträgen mit unterschiedlichen Meldepflichten und Informationsrechten entwickelt. Kreditinstitute haben eine umfassende Informationspflicht. Sie übermitteln der SCHUFA Daten über die Beantragung, Aufnahme und vereinbarungsgemäße Abwicklung von Krediten, die Übernahme und Erledigung von Bürgschaften bis zu 100.000 DM; sie können Daten über die Beantragung, die Eröffnung und Beendigung eines Girokontos weitergeben (Positivmerkmale). Kreditinstitute haben Unregelmäßigkeiten bei der Vertragsabwicklung zu melden. Sie erhalten auf Anfrage Auskünfte über alle bei der SCHUFA gespeicherten Daten (Vollauskünfte).
Einzelhandels- und Versandhausunternehmen, Waren- und Kaufhäuser und sonstige Unternehmen, die Warenkredite an Privatpersonen gewähren, übermitteln der SCHUFA nur Daten aufgrund nicht vertragsgemäßer Abwicklung (Negativmerkmale) und erhalten daher grundsätzlich auch Auskünfte nur über die der SCHUFA bekannten Negativmerkmale. Solche Negativmerkmale über nicht vertragsgemäßes Verhalten des Kunden, die Einleitung gerichtlicher Maßnahmen oder gar gerichtlicher Vollstreckungsmaßnahmen (→ Zwangsvollstreckung) dürfen nach den datenschutzrechtlichen Bestimmungen nur an die SCHUFA gemeldet und von ihr weitergegeben werden, wenn dies nach der datenschutzrechtlich gebotenen Interessenabwägung in § 29 BDSG im Einzelfall erforderlich ist.

*Inhalt der SCHUFA-Datei:* Gespeichert werden nur objektive Daten, keine Werturteile. In der Datei befinden sich neben dem sog. Personenstammsatz (Vorname, Name, Geburtstag, Anschrift) nur Angaben, die von Vertragspartnern übermittelt oder aus öffentlich zugänglichen Verzeichnissen entnommen werden. Weitere für den Vertragspartner interessante Angaben über Familienstand, das Einkommen und sonstige Ver-

1375

## SCHUFA-Klauseln

mögensverhältnisse enthält die SCHUFA-Datei nicht. Die gespeicherten Daten werden grundsätzlich nach ihrer Erledigung (z. B. →Tilgung eines →Kredits) noch für drei weitere Jahre gespeichert und dann gelöscht. Das gilt auch für Negativmerkmale.

*Auskunftsrecht des Betroffenen:* Jeder Kunde kann bei der örtlich zuständigen SCHUFA eine Auskunft über die zu seiner Person gespeicherten Daten einholen. Diese Auskunft ist umfassender als die an den Vertragspartner, weil sie auch Angaben darüber enthält, wer die Daten zur Speicherung übermittelt und während der letzten Monate eine Abfrage an die SCHUFA gerichtet hat.

*SCHUFA-Anschluß für Unternehmen, die an Privatpersonen grundbuchlich gesicherte Kredite gewähren:* →Realkreditinstitute, →Bausparkassen und auch Versicherungsunternehmen können seit 1987 für den Bereich der dinglich gesicherten Kreditgewährung Vertragspartner mit A- oder B-Anschluß der SCHUFA werden. →Universalbanken können für ihre dinglich gesicherten Kredite ebenfalls wählen, ob sie nach Maßgabe des A- oder B-Vertrages dem SCHUFA-System angeschlossen sein wollen. Für dinglich gesicherte Kredite sind Anfragen bei der SCHUFA unabhängig von der Höhe der vorgesehenen Kredite und der Art der vorhandenen Sicherheiten möglich. Die Meldepflicht beim B-Vertrag umfaßt alle bei dem betreffenden Unternehmen anfallenden Negativmerkmale als dinglich gesicherten Krediten. Beim A-Vertrag ist außerdem die Tatsache zu melden, daß ein dinglich gesichertes →Darlehen gewährt wurde, nicht aber Betrag und Laufzeit des Kredits. Im Rahmen beider Vertragsformen sind Nachmeldungen möglich.

### SCHUFA-Klauseln

Formularmäßige Einwilligungserklärung des →Bankkunden zur Übermittlung personenbezogener Daten über eine →Geschäftsverbindung (zwischen Kreditinstituten und dem Kunden) an die →SCHUFA.
Nachdem die Rechtsprechung die früher sehr allgemein gehaltene Fassung der Einwilligungserklärung für unwirksam erklärt hatte, wurde die SCHUFA-K. in den Verhandlungen zwischen dem →Zentralen Kreditausschuß und den obersten Aufsichtsbehörden für den →Datenschutz neu gefaßt und zum 1.7.1986 in Kraft gesetzt. Seitdem muß die Einwilligungserklärung des Kunden je nach Art der Geschäftsbeziehung getrennt für Kontoeröffnungsanträge, Kreditanträge und Bürgschaftserklärungen abgegeben werden, wobei nur die für das betreffende Bankgeschäft relevanten Daten (Positivmerkmale und Negativmerkmale) übermittelt werden (vgl. Übersicht S. 1377). Es wird zum Ausdruck gebracht, daß diese Meldung nur dann erfolgt, wenn dies nach der in § 29 BDSG geforderten Interessenabwägung zulässig ist. Ist eine Übermittlung statthaft, befreit der Kunde das Kreditinstitut von der Einhaltung des →Bankgeheimnisses. Der Kunde erfährt, daß er bei der SCHUFA Auskunft über die ihn betreffenden gespeicherten Daten erhalten kann. Zu diesem Zweck wird ihm die Adresse der für ihn zuständigen Geschäftsstelle mitgeteilt. Schließlich wird er darauf aufmerksam gemacht, daß er weitere Informationen über das SCHUFA-Verfahren einem Merkblatt entnehmen kann.

*Datenschutz und Bankgeheimnis:* Für die Übermittlung von Positivmerkmalen ist nach § 4 BDSG die Einwilligung des Betroffenen erforderlich. Die Übermittlung von Negativmerkmalen ist nach § 29 Abs. 1 BDSG auch ohne Einwilligung des Betroffenen zulässig, wenn bestimmte Voraussetzungen erfüllt sind. Die berechtigten Interessen des Kreditinstitutes, eines Vertragspartners der SCHUFA oder der Allgemeinheit an einer Datenübermittlung an die SCHUFA müssen die schutzwürdigen Belange des Kunden im Einzelfall überwiegen. Soweit das Kreditinstitut nach § 29 BDSG Negativmerkmale aufgrund des berechtigten Interesses ohne Einwilligung des Kunden an die SCHUFA übermittelt, ist zusätzlich eine ausdrückliche Befreiung vom Bankgeheimnis erforderlich.

### Schuldanerkenntnis

Einseitig verpflichtender →Vertrag gemäß § 781 BGB zwischen →Gläubiger und →Schuldner, in dem der Schuldner anerkennt, dem Gläubiger etwas zu schulden. Diese Anerkennung kann sich auf ein bereits bestehendes →Schuldverhältnis beziehen (deklaratorisches Sch.) oder zur Begründung einer neuen abstrakten Schuld dienen (konstitutives Sch.), so daß eine völlig neue und unabhängige Schuld entsteht. Wird dieses Sch. ohne rechtlichen Grund abgegeben, hat der Schuldner das Recht, über die →un-

**Schuldanerkenntnis**

## SCHUFA-Klauseln

| SCHUFA-Klausel für Kontoeröffnungsantrag | SCHUFA-Klausel für Kreditanträge | SCHUFA-Klausel für Bürgschaftserklärungen |
|---|---|---|
| (1) Einwilligung des Betroffenen in die Übermittlung von Positivmerkmalen ||| 
| Ich/Wir willige(n) ein, daß das Kreditinstitut der für meinen/unseren Wohnsitz zuständigen SCHUFA-Gesellschaft (Schutzgemeinschaft für allgemeine Kreditsicherung) *Daten über die Beantragung, die Aufnahme und Beendigung dieser Kontoverbindung* übermittelt. | Ich/Wir willige(n) ein, daß das Kreditinstitut der für meinen/unseren Wohnsitz zuständigen SCHUFA-Gesellschaft (Schutzgemeinschaft für allgemeine Kreditsicherung) *Daten über die Beantragung, die Aufnahme (Kreditnehmer, Mitschuldner, Kreditbetrag, Laufzeit, Ratenbeginn) und vereinbarungsgemäße Abwicklung (z. B. vorzeitige Rückzahlung, Laufzeitverlängerung) dieses Kredits* übermittelt. | Ich/Wir willige(n) ein, daß das Kreditinstitut der für meinen/unseren Wohnsitz zuständigen SCHUFA-Gesellschaft (Schutzgemeinschaft für allgemeine Kreditsicherung) *Daten über die vorgesehene Bürgschaft, ihre Übernahme (Bürge, Kreditnehmer. Betrag, Laufzeit, Ratenbeginn des Kredits) und Erledigung* übermittelt. |
| (2) Erklärung des Kreditinstitutes zur Übermittlung von Negativmerkmalen |||
| Unabhängig davon wird das Kreditinstitut der SCHUFA auch *Daten aufgrund nicht vertragsgemäßen Verhaltens (z. B. Scheckkartenmißbrauch durch den nichtmäßigen Karteninhaber, Scheckrückgabe mangels Deckung, Wechselprotest, beantragter Mahnbescheid bei unbestrittener Forderung sowie Zwangsvollstreckungsmaßnahmen)* melden. Diese Meldungen dürfen nach dem Bundesdatenschutzgesetz nur erfolgen, soweit dies zur Wahrung berechtigter Interessen des Kreditinstituts, eines Vertragspartners der SCHUFA oder der Allgemeinheit erforderlich ist und dadurch meine/unsere schutzwürdigen Belange nicht beeinträchtigt werden. | Unabhängig davon wird das Kreditinstitut der SCHUFA auch *Daten aufgrund nicht vertragsgemäßer Abwicklung (z. B. Kündigung des Kredits, Inanspruchnahme einer vertraglich vereinbarten Lohnabtretung, beantragter Mahnbescheid bei unbestrittener Forderung sowie Zwangsvollstreckungsmaßnahmen)* melden. Diese Meldungen dürfen nach dem Bundesdatenschutzgesetz nur erfolgen, soweit dies zur Wahrung berechtigter Interessen des Kreditinstituts, eines Vertragspartners der SCHUFA oder der Allgemeinheit erforderlich ist und dadurch meine/unsere schutzwürdigen Belange nicht beeinträchtigt werden. | Unabhängig davon wird das Kreditinstitut der SCHUFA auch *Daten aufgrund nicht vertragsgemäßer Erfüllung dieser Bürgschaft (z. B. beantragter Mahnbescheid bei unbestrittener Forderung sowie Zwangsvollstreckungsmaßnahmen)* melden. Diese Meldungen dürfen nach dem Bundesdatenschutzgesetz nur erfolgen, soweit dies zur Wahrung berechtigter Interessen des Kreditinstituts, eines Vertragspartners der SCHUFA oder der Allgemeinheit erforderlich ist und dadurch meine/unsere schutzwürdigen Belange nicht beeinträchtigt werden. |
| (3) Erklärung des Betroffenen über die Befreiung vom Bankgeheimnis |||

## Schuldbeitritt

gerechtfertigte Bereicherung Herausgabe zu verlangen (§ 812 Abs. 2 BGB). Das Sch. bedarf grundsätzlich der →Schriftform (→Formvorschriften).

*Sonderfall:* →negatives Schuldanerkenntnis.

### Schuldbeitritt
→Bürgschaftsähnliche Sicherheit (→nichtakzessorische Kreditsicherheit), durch die ein Dritter sich gegenüber dem →Gläubiger verpflichtet, zusätzlich zum →Schuldner für dieselbe →Verbindlichkeit einzustehen.
Der ursprüngliche Schuldner und der Beitretende haften dem Gläubiger als →Gesamtschuldner. Im Gegensatz zum Bürgen (→Bürgschaft), der für eine fremde Schuld einsteht, haftet der Mitübernehmende für eine eigene Schuld. Er schuldet dieselbe Leistung und aus demselben Schuldgrund wie der Urschuldner selbst. Seine Verpflichtungserklärung ist nicht formgebunden und abstrakt. Seine →Haftung setzt lediglich voraus, daß die Schuld im Zeitpunkt ihrer Übernahme besteht, ist dann aber in Fortbestand und Umfang von ihr unabhängig (§ 425 BGB). Erfüllt der Schuldner seine Verbindlichkeit, so wird auch der Beitretende frei (§ 421 BGB). Auf die Schuldmitübernahme wird häufig im Zusammenhang mit →Krediten an Verheiratete oder zusammenlebende Paare zurückgegriffen. Die →Kreditinstitute versuchen, neben dem Kreditnehmer auch dessen Ehegatten in dieser Form als Mithaftender in die Pflicht zu nehmen. Sittenwidrig ist ein solcher →Vertrag dann, wenn der Beitretende zum Zeitpunkt der Übernahme der Mithaftung über kein →Vermögen verfügt bzw. kein →Einkommen in einem angemessenen Verhältnis zur übernommenen Verbindlichkeit bezieht. (→Schuldübernahme, →Personensicherheiten)

### Schuldbuch
→Öffentliches Register zur Eintragung und Beurkundung von Darlehensforderungen (→Schuldbuchforderungen) gegen →öffentliche Haushalte, z.B. gegen den Bund (→Bundesschuldbuch), gegen →Sondervermögen des Bundes oder gegen Bundesländer. Beispiele: Bundesbahnschuldbuch, Landesschuldbuch.

**Schuldbuchblatt,** →Schuldbuchkonto.

### Schuldbuchforderung
Nicht in →Urkunden verbriefte Darlehensforderung gegen →öffentliche Haushalte, die im →Bundesschuldbuch der →Bundesschuldenverwaltung oder in Schuldbüchern der Länder, geführt von den Landesschuldenverwaltungen, eingetragen wird.
Schuldverschreibungen des Bundes und der →Sondervermögen des Bundes werden nur als →stückelose Anleihen (auch als Wertrechtsanleihen bezeichnet) ausgegeben (→Wertrechte). Sch. bieten den →Emittenten Vorteile: Die →Kosten für den Druck von Wertpapieren werden gespart. Verwaltungskosten für das Trennen, Bündeln, Sortieren und Kontrollieren der →Zinsscheine entfallen.

### Schuldbuchkonto
Schuldbuchblatt, das bei der →Bundesschuldenverwaltung und den Landesschuldenverwaltungen zur Erfassung der Gläubigerrechte aus →Schuldbuchforderungen gegen den Bund, die →Sondervermögen des Bundes und die Länder geführt wird. Für jede Schuldbuchforderung wird ein Schuldbuchblatt angelegt.

### Schulden
Begriff des Bilanz- und Steuerrechts. In der bilanzrechtlichen Terminologie umfassen Sch. →Verbindlichkeiten und →Rückstellungen (→Fremdkapital).

### Schuldenkonsolidierung
Gemäß der Fiktion der rechtlichen Einheit kann es zwischen den Konzernunternehmen keine bilanzierungsfähigen →Schuldverhältnisse geben, d.h. der →Konzern kann keine →Forderungen und →Verbindlichkeiten sich selbst gegenüber haben. Daher sind Forderungen und Verbindlichkeiten einbezogener Konzernunternehmen gegeneinander aufzurechnen (Sch. nach § 303 Abs. 1 HGB). Lediglich dann, wenn wegzulassende Beträge für die Beurteilung der Konzernlage von untergeordneter Bedeutung sind, kann nach § 303 Abs. 2 HGB die Sch. unterbleiben (→Konzernabschluß).

**Schuldmitübernahme,** →Schuldbeitritt.

### Schuldner
→Person, die aufgrund eines →Schuldverhältnisses zu einer Leistung (z.B. Zahlungsleistung, Dienstleistung [Auftragsausführung, Arbeitsleistung usw.], Rechtsübertragung [→Sicherungsübereignung, Sicherungszession usw.]) gegenüber dem →Gläu-

## Schuldrechtliches Vorkaufsrecht

biger verpflichtet ist (z. B. Kreditinstitut als Sch. aus einer →Spareinlage [→Sparvertrag], als Sch. aus einem →Girovertrag [→Geschäftsbesorgungsvertrag]). Der Sch. kann im Rahmen eines gegenseitig verpflichtenden →Vertrages zugleich →Gläubiger einer Gegenleistung sein.

### Schuldnerverzeichnis
Öffentliches, jedermann zugängliches Register über vermögenslose →Schuldner, die ihre Verpflichtungen nicht erfüllen können. Die Eintragung in dieses vom Amtsgericht geführte Verzeichnis erfolgt nach Abgabe der →eidesstattlichen Versicherung durch den Schuldner oder bei Anordnung einer Haft zur Erzwingung der Abgabe (§ 915 ZPO).

### Schuldnerverzug
Verspätete Leistung des →Schuldners, die dieser zu vertreten hat (→Verschulden). Grundsätzlich ist nur dann Sch. anzunehmen, wenn die Leistung durch den Schuldner noch nachholbar ist. Ansonsten liegt Unmöglichkeit vor.
Verzug des Schuldners setzt gemäß § 284 Abs. 1 BGB voraus, daß die Schuld (z. B. Geldschuld) fällig ist und der Schuldner nicht oder nicht rechtzeitig geleistet hat. Hat der →Gläubiger die Leistung gestundet, kommt der Schuldner für den Zeitraum der Stundung nicht in Verzug. Ferner ist i. d. R. erforderlich, daß der Gläubiger den Schuldner bei oder nach →Fälligkeit gemahnt hat. Die →Mahnung ist nur wirksam, wenn sie bestimmt, unbedingt und eindeutig ist. Androhung bestimmter Folgen oder Fristsetzung sind nicht erforderlich. Eine Mahnung ist gemäß § 284 Abs. 2 BGB entbehrlich, wenn die Leistungszeit nach dem Kalender bestimmt ist (z. B. Ratenzahlungen am 1. eines jeden Monats), oder wenn der Leistung eine →Kündigung vorauszugehen hat und die Zeit für die Leistung in der Weise bestimmt ist, daß sie sich von der Kündigung ab nach dem Kalender berechnen läßt (z. B. →Rückzahlung eines →Darlehens einen Monat nach Zugang der Kündigung des →Kreditvertrages). Eine Mahnung ist auch entbehrlich bei →Fixgeschäften und gemäß § 242 BGB bei endgültiger Leistungsverweigerung durch den Schuldner. Nach § 285 BGB kommt der Schuldner nicht in Verzug, solange die Leistung infolge eines Umstandes unterbleibt, den er nicht zu vertreten hat. Für seine →Zahlungsunfähigkeit hat der Schuldner jedoch auch ohne sein Verschulden einzustehen.
Im Falle des Verzuges kann der Gläubiger weiterhin die Leistung und nach § 286 Abs. 1 BGB den Verzögerungsschaden verlangen (z. B. Verzugszinsen). Nach § 288 Abs. 1 Satz 1 BGB können bei einer Geldschuld Verzugszinsen in der gesetzlich (4%) oder vertraglich festgesetzten Höhe gefordert werden; bei beiderseitigen →Handelsgeschäften beträgt der gesetzliche Mindestzinssatz 5% (§ 352 Abs. 1 HGB). Hat der Gläubiger infolge des Sch. einen →Bankkredit aufnehmen müssen, so kann er Ersatz der tatsächlichen Kosten des Bankkredits als Verzugsschaden geltend machen (§§ 286 Abs. 1, 288 Abs. 2 BGB). Weitere Regelungen finden sich in § 286 Abs. 2 BGB. Für ein Fixgeschäft sind die §§ 361 BGB und 376 HGB zu beachten.

### Schuldrecht
Recht der →Schuldverhältnisse, d. h. der Beziehungen zwischen einem →Gläubiger und einem →Schuldner (§§ 241 ff. BGB). Das Sch. ist Teil des →Bürgerlichen Rechts (2. Buch des BGB) und gliedert sich in einen Allgemeinen sowie einen Besonderen Teil. Im Allgemeinen Teil sind die Rechtsvorschriften über Inhalt und Erlöschen (insbes. →Erfüllung) von Schuldverhältnissen sowie die Rechtsfolgen beim Auftreten von →Leistungsstörungen enthalten, ferner Bestimmungen über die Übertragung von →Forderungen (→Abtretung), die Übernahme einer Schuld sowie für die Fälle einer Mehrheit von Schuldnern (→Gesamtschuldner) oder Gläubigern (→Gesamtgläubiger). Der Besondere Teil des Sch. bezieht sich auf bestimmte einzelne vertragliche und gesetzliche Schuldverhältnisse (z. B. →Kauf, →Miete, →Bürgschaft, →Darlehen, →ungerechtfertigte Bereicherung, →unerlaubte Handlung). Große Bedeutung kommt hierbei dem Grundsatz der →Vertragsfreiheit zu.

### Schuldrechtliches Vorkaufsrecht
Vertragliches Recht des Vorkäufers, in einem zwischen dem Eigentümer einer →Sache und einem Dritten geschlossenen Kaufvertrag (→Kauf) anstelle des Dritten einzutreten (§§ 504 BGB). Übt der Vorkäufer sein Vorkaufsrecht durch Erklärung gegenüber dem Verpflichteten aus, so erlangt er dadurch nur einen →Anspruch gegen den Verkäufer auf →Übereignung der verkauften Sache.

1379

## Schuldschein

Sofern diese bereits dem Dritten übereignet wurde, kann der Verkäufer von diesem Dritten nicht die Herausgabe verlangen.

## Schuldschein

Bestätigung des Darlehensnehmers, bei →Schuldscheindarlehen →Zinsen und →Tilgung zu zahlen. Die →Urkunde wird dem Darlehensgeber ausgehändigt.

## Schuldscheindarlehen

Sonderform der langfristigen →Fremdfinanzierung durch Gewährung bzw. Inanspruchnahme mittel- und langfristiger →Darlehen, die in Ausstattung und Größenordnung Ähnlichkeit mit →Schuldverschreibungen (Anleihen) haben, aber trotzdem eine individuelle und flexible Abwicklung ermöglichen. – Der →*Schuldschein* ist kein →Wertpapier; er ist lediglich Beweisurkunde. Regelmäßig wird daher auf die Ausstellung eines Schuldscheins verzichtet und nur ein →Darlehensvertrag geschlossen. Die Produktbezeichnung „Schuldscheindarlehen" hat sich jedoch durchgesetzt.

*Kreditgeber* sind →Kapitalsammelstellen und →Kreditinstitute, insbes. →private Hypothekenbanken.

*Kreditnehmer* sind vor allem Gebietskörperschaften (Bund, Länder, Gemeinden) und Unternehmen mit erstklassiger Bonität, insbes. Industrieunternehmen. Vorteilhaft für Kreditnehmer sind die hohe Flexibilität dieses Finanzierungsinstruments, d. h. schnelle Anpassung an die aktuelle Lage am →Kapitalmarkt, das „geräuschlose" und wenig aufwendige Emissionsverfahren sowie das Nichtvorhandensein starrer Formvorschriften. An die Bonität der →Schuldner werden strenge Anforderungen gestellt. Wichtiges Kriterium ist die →Deckungsstockfähigkeit. Der Markt für Sch. ist relativ überschaubar, aber auch begrenzt im Hinblick auf die Zahl der Marktteilnehmer. Üblich ist Telefonhandel (→Telefonverkehr). Werden Kreditinstitute eingeschaltet, so wird der →Darlehensvertrag zwischen Schuldner und →Kreditinstitut abgeschlossen. Das Kreditinstitut refinanziert die Sch. ganz oder teilweise bei Großanlegern durch →Abtretung von Teilbeträgen. Gelingt eine endgültige Unterbringung nicht bei Begebung, so werden Teilbeträge bisweilen auch in Pension gegeben, d. h. mit einer Rücknahmeverpflichtung auf Zeit verkauft (→Pensionsgeschäfte). Neben dieser Vermittlung im Schuldscheingeschäft unter Obligoübernahme sind Kreditinstitute auch Anleger in Schuldscheinen. Wegen der hohen Anpassungsfähigkeit des Schuldscheingeschäfts an den Rhythmus des Geschäfts mit →Hypothekarkrediten hat die Aufnahme von Sch. (passives Schuldscheindarlehensgeschäft) für →private Hypothekenbanken Bedeutung.

*Vergleich Sch. und Schuldverschreibungen*: (1) →*Kosten*: Aufgrund der fehlenden bzw. geringen →Fungibilität der Sch. sind die Zinskosten i. a. höher als bei vergleichbaren →Anleihen. Bei Sch. fallen keine Emissionskosten an. Andere Nebenkosten können in Form von Vermittlungsprovision und Besicherungskosten entstehen. Für Sch. kann ein Festzins oder ein variabler Zins (→Zinsänderungsrisiko beim Darlehensnehmer) vereinbart werden. (2) *Darlehenshöhe*: Die Darlehensmindesthöhe bei Sch. ist niedriger als die Mindesthöhe einer Anleihe; regelmäßig liegt sie bei ±5 Mio. DM. (3) Sch. werden wie Anleihen durch erstrangige →Grundschulden *besichert* oder auch gegen →Negativerklärung gewährt. (4) *Bilanzierung*: Sch. werden wie →Forderungen zum Anschaffungspreis (→Nominalwertprinzip) bilanziert; Schuldverschreibungen dagegen nach dem strengen →Niederstwertprinzip bewertet. Für den Darlehensgeber entsteht bei Sch. kein Bedarf für →Wertberichtigungen wie bei Kursrückgängen von börsennotierten Schuldverschreibungen. (5) →*Lombardfähigkeit*: Sch. sind nicht lombardfähig, Schuldverschreibungen können lombardfähig sein (sofern sie im Lombardverzeichnis der Bundesbank aufgeführt werden). (6) →*Grundsätze über Eigenkapital und Liquidität der Kreditinstitute*: S. werden als Aktivkomponente in den →Liquiditätsgrundsätzen angerechnet, Schuldverschreibungen dagegen nicht. Durch Sch. an öffentlich-rechtliche Schuldner gewährte Kredite werden den Kreditinstituten nicht auf den →Eigenkapitalgrundsatz I angerechnet.

## Schuldtitel öffentlicher Stellen

Aktivposten Nr. 2 in der →Bankbilanz; Ausweis von refinanzierungsfähigen Titeln wie →Schatzwechsel und →unverzinsliche Schatzanweisungen und ähnliche Schuldtitel, soweit sie zur Refinanzierung bei den →Zentralnotenbanken in den Niederlassungsländern des →Kreditinstituts zugelassen sind.

## Schuldübernahme

Vertragsweise Übernahme einer bestehenden Schuld durch einen neuen → Schuldner (abstrakter, d. h. vom Rechtsgrund der Sch. unabhängiger → Vertrag). Zu unterscheiden sind die befreiende Sch. und der kumulative → Schuldbeitritt.

Bei der befreienden Sch. wird die → Person des Schuldners ausgewechselt; der → Gläubiger gibt durch Verfügung den bisherigen Schuldner frei, während gleichzeitig ein neuer Schuldner die Verpflichtung des alten Schuldners eingeht. Diese Art der Sch. setzt nach § 414 BGB einen Vertrag zwischen dem neuen Schuldner und dem Gläubiger voraus. Nach § 415 Abs. 1 BGB kann die Sch. zwar auch zwischen dem bisherigen und dem neuen Schuldner vereinbart werden, doch wird diese Vereinbarung erst wirksam, wenn sie dem Gläubiger mitgeteilt und von ihm genehmigt worden ist. Bis zur → Genehmigung ist diese Sch. schwebend unwirksam. Wird die Genehmigung verweigert, so gilt die Sch. als nicht erfolgt (§ 415 Abs. 2 BGB). Nach der Sch. kann der neue Schuldner dem Gläubiger die Einwendungen entgegensetzen, die auch dem bisherigen Schuldner zustanden. Durch die befreiende Sch. wird die → Forderung des Gläubigers nicht besser, als sie zuvor war (Ausnahme: § 417 Abs. 1 S. 2 BGB). Bestehen für die Forderung Sicherheiten, so werden sie durch die Sch. frei. Dies gilt dann nicht, wenn der Sicherungsgeber in die Sch. einwilligt (§ 418 BGB).

Gesetzlich nicht geregelt, aber nach dem Grundsatz der → Vertragsfreiheit zulässig, ist die kumulative S. Rechtsgrundlage hierfür sind die §§ 305, 315 BGB. Dieser Schuldbeitritt führt nicht zur Befreiung des bisherigen Schuldners, sondern hat zur Folge, daß der neue Schuldner als → Gesamtschuldner neben den bisherigen tritt. Die kumulative Sch. kann von dem neu hinzutretenden Schuldner mit dem Gläubiger oder mit dem bereits vorhandenen Schuldner vereinbart werden. Als → bürgschaftsähnliche Sicherheit hat sie für die Kreditpraxis Bedeutung. Die Zustimmung des Gläubigers für die Wirksamkeit einer entsprechenden Vereinbarung zwischen den Schuldnern ist nicht erforderlich, da ihm hierdurch keine Nachteile entstehen.

## Schuldverhältnis

Die von der Rechtsordnung anerkannte Beziehung zwischen → Personen (→ Rechtsverhältnis), die den → Gläubiger berechtigt, vom → Schuldner eine Leistung zu fordern, die auch in einem Unterlassen bestehen kann (§ 241 BGB). Begründet wird das Sch. entweder durch ein → Rechtsgeschäft (z. B. → Kauf, → Miete) oder durch → Gesetz (z. B. → ungerechtfertigte Bereicherung, → unerlaubte Handlung).

Ein vertragsähnliches Schuldverhältnis kann aufgrund tatsächlichen Verhaltens entstehen (sog. faktisches Vertragsverhältnis, z. B. Inanspruchnahme von öffentlichen Versorgungsleistungen oder eines Parkplatzes eines Kreditinstituts).

Ein Sch. endet, wenn die Schuld getilgt ist. Regelmäßig geschieht dies durch → Erfüllung. Erbringt der Schuldner eine andere als die geschuldete Leistung, so kann das Sch. unter bestimmten Voraussetzungen erlöschen, sofern der Gläubiger mit dieser Art der Leistung einverstanden ist (→ Leistung an Erfüllungs Statt; → Leistung erfüllungshalber). Ferner kann ein Sch. erlöschen durch sog. Erfüllungssurrogate, z. B. durch → Hinterlegung, → Aufrechnung oder den Erlaß.

→ Dauerschuldverhältnisse (z. B. → Arbeits-, Miet- oder Darlehensvertrag, → allgemeiner Bankvertrag) weisen die Besonderheit auf, daß neben einer ordentlichen → Kündigung bei Vorliegen eines wichtigen Grundes auch eine außerordentliche Kündigung möglich ist.

Im Rahmen eines Sch. hat der Schuldner die Leistung im Zweifel an seinem Wohnsitz zu erbringen (Holschulden, § 269 BGB). Soll die Leistung am Wohnsitz des Gläubigers erfolgen (Bringschulden), bedarf es hierzu einer besonderen Vereinbarung. Dies gilt auch für die Schickschulden, bei denen der Wohnsitz des Schuldners der Leistungsort bleibt, er jedoch die Sache an den Gläubiger abzusenden hat. → Geld muß der Schuldner im Zweifel auf seine Gefahr und seine → Kosten dem Gläubiger an dessen Wohnsitz übersenden (§ 270 BGB). Gemäß § 271 BGB kann der Gläubiger die Leistung sofort verlangen und der Schuldner sie sofort bewirken, wenn die Parteien den Zeitpunkt der Leistung nicht vereinbart haben (→ Fälligkeit). Wird die nach dem Sch. zu erbringende Leistung nicht ordnungsgemäß bewirkt, liegt eine → Leistungsstörung vor.

## Schuldverschreibung

*Bond, Loan*; → Wertpapier, das der → Kreditfinanzierung (→ Fremdfinanzie-

## Schuldverschreibung

rung) dient und daher Forderungsrechte (Gläubigerrechte) verbrieft. Sowohl für den Gesamtbetrag einer Sch. (→ Gesamtemission) als auch für die einzelnen „Stücke" (→ Teilschuldverschreibung) werden auch die Bezeichnungen → Anleihe oder Obligation verwendet. Als fungible Wertpapiere (→ Fungibilität) können sie am organisierten → Kapitalmarkt (→ Börse) gehandelt werden. Börsenfähige Sch. werden den → Effekten zugerechnet.

*Rechtliche Ausgestaltung:* Durch eine Sch. verspricht der → Aussteller der → Urkunde einer bestimmten → Person oder dem jeweiligen Inhaber gegenüber eine Leistung, die in → Geld oder → Sachen bestehen kann. Eine Sch. lautet i. d. R. auf Geld und verbrieft ein abstraktes, d. h. rechtlich selbständiges Forderungsrecht, das dem Gläubiger einen Anspruch auf → Rückzahlung des → Darlehens und auf → Zinsen gewährt. Die Urkunde kann (Regelfall) auf den Inhaber (→ Inhaberschuldverschreibung) oder seltener auf den Namen (→ Namensschuldverschreibung) ausgestellt werden, kann aber auch an Order (→ Orderschuldverschreibung) lauten. Sie ist (zumindest mechanisch vervielfältigt) vom → Emittenten zu unterzeichnen (Faksimileunterschrift, § 793 Abs. 2 BGB). Sch. können für die Anlage von Mündelgeld geeignet sein (→ Mündelsicherheit), können ins → Lombardverzeichnis der → Deutschen Bundesbank aufgenommen werden (→ Lombardfähigkeit) bzw. können von Versicherungsgesellschaften für das → gebundene Vermögen erworben werden (→ Deckungsstockfähigkeit).

*Verbriefung der Ansprüche:* Das Forderungsrecht ist im → Mantel, die Zinsansprüche sind im → Bogen, der sich aus den → Zinsscheinen und ggf. dem → Talon (Erneuerungsschein) zusammensetzt, verbrieft. Sch. des Bundes werden nur noch als → Schuldbuchforderungen ausgegeben (→ stückelose Anleihen → Wertrechtsanleihen). In das von der → Bundesschuldenverwaltung geführte → Schuldbuch können die Schuldbuchforderungen auf den Namen eines einzelnen → Gläubigers eingetragen werden (→ Einzelschuldbuchforderung) oder auf den Namen einer → Wertpapiersammelbank, v. a. auf den Namen der → Deutscher Kassenverein AG (→ Sammelschuldbuchforderung). Aus Rationalisierungsgründen ist es vielfach üblich, Globalurkunden (→ Sammelurkunden) auszustellen.

Sch. von → Aktiengesellschaften können alternativ zum Rückzahlungsanspruch ein Umtauschrecht in → Aktien (Wandelschuldverschreibungen, → Wandelanleihen) oder zusätzlich zum Rückzahlungsanspruch ein → Bezugsrecht auf Aktien (→ Optionsanleihen) oder zusätzlich zum Zinsanspruch einen Gewinnanspruch (→ Gewinnschuldverschreibungen) verbriefen. Der Bogen von Wandelschuldverschreibungen enthält daher neben den → Zinsscheinen → Legitimationsscheine, die zum Umtausch in Aktien berechtigen. Bei einer Optionsanleihe ist zusätzlich ein → Optionsschein (→ Bezugsschein) dem Mantel beigefügt. Der Bogen einer Gewinnschuldverschreibung enthält zusätzlich Gewinnanteilscheine (→ Dividendenscheine).

*Einteilungsmöglichkeiten:* Sch. können nach verschiedenen Kriterien eingeteilt werden: (1) nach dem *Aussteller* → öffentliche Anleihen (hierzu zählen vor allem die → Bundeswertpapiere, wie z. B. → Bundesanleihen, → Bundesobligationen, → Bundesschatzbriefe, → Finanzierungsschätze, → Länderanleihen, → Kommunalanleihen), → Industrieobligationen, → Bankschuldverschreibungen (hierzu zählen vor allem → Pfandbriefe, → Kommunalobligationen, → Schiffspfandbriefe, → Schiffskommunalschuldverschreibungen, → Spar(kassen)obligationen, → Sparbriefe/Sparkassenbriefe); (2) nach dem *Sitz des Ausstellers* (Inlandsanleihen, → Auslandsanleihen, von denen → Euro-Anleihen abzugrenzen sind); (3) nach der *Laufzeit* (langfristige, mittelfristige und kurzfristige Sch.) bzw. → Geldmarktpapiere und → Kapitalmarktpapiere; (4) nach der *Art der Rückzahlung* (→ Tilgungsanleihen, → Annuitätenanleihen, → gesamtfällige Anleihen, → Ratenanleihen, → ewige Anleihen); (5) nach den *Zinszahlungsmodalitäten* festverzinsliche Schuldverschreibungen und variabel verzinsliche Schuldverschreibungen (→ festverzinsliche [Wert-]Papiere, → variabel verzinsliche Anleihen); (6) nach der *Besteuerung der Erträge* (→ steuerfreie Schuldverschreibungen, → steuerbegünstigte Schuldverschreibungen, → tarifbesteuerte Schuldverschreibungen).

*Verzinsung:* Die Verzinsung von Sch. (Nominalverzinsung) ist in den Anleihebedingungen festgelegt. Sch. können mit fester

## Schuldverschreibung

Verzinsung (festverzinsliche Wertpapiere) oder variabler Verzinsung (variabel verzinsliche Schuldverschreibungen) ausgestattet sein. Die Zinsen werden jährlich oder halbjährlich nachträglich gegen Einreichung von Zinsscheinen gezahlt, oder sie werden bei → Fälligkeit (am Ende der Laufzeit) mit dem Anleihebetrag ausgezahlt (→ Null-Kupon-Anleihen). Um einen Vergleichsmaßstab für die Bewertung bei unterschiedlichen → Nominalzinsen, Kursen, → Restlaufzeiten und → Rückzahlungskursen zu haben, wird die → Effektivverzinsung (→ Rendite) berechnet; die Ermittlung der laufenden Verzinsung reicht hierfür nicht aus.

*Rückzahlung:* Die im Inland begebenen Sch. sind stets nach ihrer Laufzeit zurückzahlbar und damit gesamtfällige Anleihen oder Tilgungsanleihen. Sch. ohne Rückzahlungsverpflichtung (ewige Anleihen) werden in Deutschland nicht begeben. Wie die → Tilgung zu erfolgen hat, ob am Ende der Laufzeit in einer Summe (gesamtfällige Anleihe), während der Laufzeit in Teilbeträgen gem. Tilgungsplan (Ratenanleihen), ggf. mit konstanter jährlicher Gesamtbelastung von Zinsen und Tilgung (Annuitätenanleihen) oder nach Belieben des Ausstellers entsprechend seinen finanziellen Möglichkeiten (Anleihen ohne festen Tilgungsplan), wird in den Anleihebedingungen festgelegt. Bei Tilgungsanleihen beginnt die Rückzahlung häufig erst nach einer tilgungsfreien Zeit. Auslosungen (von Serien, Reihen, Gruppen, Endziffern) und Rückkäufe über die Börse können auch kombiniert sein. Der Emittent kann sich vorbehalten, Rückkäufe auf die für Auslosungen bereitzustellende Rate anzurechnen. Für Rückkäufe kann ein Tilgungsfonds gebildet werden, der planmäßig dotiert wird. Neben planmäßigen Tilgungen können außerplanmäßige Tilgungen treten, z. B. bei vorzeitiger Kündigung der gesamten Anleihe oder eines Teils der Anleihe durch den Emittenten, bei zusätzlichen Auslosungen oder bei zusätzlichen Rückkäufen. Eine → Kündigung durch den Anleihegläubiger kann in den Anleihebedingungen ausgeschlossen sein.

Die → *Verjährung von Zinsansprüchen* aus Zinsscheinen beträgt vier Jahre, für die Rückzahlungsforderungen aus Teilschuldverschreibungen 30 Jahre (§ 801 BGB).

*Wirtschaftliche Bedeutung:* Dem Aussteller dienen Sch. der Beschaffung von (meist) mittel- und langfristigem → Fremdkapital. Der Aussteller wird mit Zeichnung der einzelnen Stücke zum Anleiheschuldner. Aus der Sicht des Anlegers stellen Sch. eine verzinsliche Vermögensanlage dar. Der Anleger erwirbt eine verbriefte Darlehensforderung und ist Anleihegläubiger. Im Vergleich zur Aktie weist diese Anlageform ein wesentlich geringeres Kursrisiko auf, weil der Anleger nur im Falle eines Ansteigens des Zinses auf dem → Kapitalmarkt einen Kursrückgang zu befürchten hat. Andererseits bleibt die Sch. mehr als die sachwertgebundene Aktie der Geldentwertung durch → Inflation ausgesetzt. Anleihen von Aktiengesellschaften lassen sich mit zusätzlichen Anreizen (Wandelschuldverschreibungen, Optionsanleihen, Gewinnschuldverschreibungen) versehen, die sie in die Nähe mehr gewinnorientierter Anlagemöglichkeiten rückt.

*Staatliche Genehmigung:* Für die Ausgabe von im Inland ausgestellten Inhaber- und Orderschuldverschreibungen war (mit Ausnahme der Sch. von Bund und Ländern) bis zum 31.12.1989 eine staatliche Genehmigung erforderlich. Seit 1.1.1990 ist die Genehmigungspflicht entfallen.

### Schuldverschreibung der Kreditinstitute,
→ Bankschuldverschreibungen.

### Schuldverschreibung des Bundes, → Bundeswertpapiere.

### Schuldverschreibung mit Gläubigerwandlungsrecht
*Anleihe mit Gläubigerwandlungsrecht;* → Anleihe mit Zinswahlrecht.

### Schuldverschreibung von Spezialkreditinstituten
→ Schuldverschreibungen von Spezialkreditinstituten (→ Spezialbanken) umfassen nach der Statistik der → Deutschen Bundesbank Schuldverschreibungen aller Art der → AKA-Ausfuhrkredit-Gesellschaft mbH, der Bayerischen Landesanstalt für Aufbaufinanzierung, der Berliner Industriebank AG, der → Deutschen Ausgleichsbank (früher Lastenausgleichsbank), der → Deutschen Bau- und Bodenbank AG, der Deutschen Genossenschaftsbank, der → Deutschen Siedlungs- und Landesrentenbank, der → Deutschen Verkehrs-Bank AG, der → Industriekreditbank AG – Deutsche Industriekreditbank (IKB), der → Kreditanstalt

**Schuldversprechen**

für Wiederaufbau, der →Landwirtschaftlichen Rentenbank und der →Staatsbank Berlin sowie der →Bausparkassen.

**Schuldversprechen**
Einseitig verpflichtender →Vertrag, der der →Schriftform bedarf und in dem ein →Schuldner einem →Gläubiger gegenüber eine Leistung als abstrakte, vom zugrunde liegenden →Rechtsgeschäft unabhängige Verpflichtung übernimmt (§ 780 BGB). Beispiel: Eröffnung eines →Dokumentenakkreditivs durch ein →Kreditinstitut. Das Sch. ist zwar rechtswirksam, wenn kein (wirksamer) Rechtsgrund vorhanden ist, eine hierauf erbrachte Leistung kann jedoch als →ungerechtfertigte Bereicherung herausverlangt werden.

**Schuldzinsen**
Entgelt (→Zinsen) für die Überlassung von →Fremdkapital.

*Steuerliche Behandlung*: (1) →*Einkommensteuer*: Sch. sind, soweit sie in wirtschaftlichem Zusammenhang (Veranlassungsprinzip) mit der Erzielung von Einkünften aus einer der sieben Einkunftsarten, die das Einkommensteuergesetz kennt, stehen, bei Gewinnermittlung als →Betriebsausgaben oder →Werbungskosten (betriebliche Veranlassung) abziehbar. Ein Abzug als →Sonderausgaben oder als →außergewöhnliche Belastung wird i. a. nicht anerkannt.
(2) →*Gewerbesteuer*: Sch. sind, sofern die Schuld „langfristig" ist, bei der Ermittlung des Gewerbeertrags als Dauerschuldzinsen teilweise dem Gewinn aus →Gewerbebetrieb hinzuzurechnen. „Langfristig" i. S. v. § 8 Nr. 1 GewStG können auch Kontokorrentkreditinanspruchnahmen sein, sofern sie im Laufe eines Jahres nicht zumindest für zirka acht Tage zurückgeführt werden.

**Schulze-Delitzsch**
Hermann Schulze-Delitzsch (1808–1883). Begründer der gewerblichen →Genossenschaften.

**Schütt-aus-Hol-zurück-Verfahren**
Ist die Steuerbelastung des →Anteilseigners geringer als die der →Körperschaft, kann durch eine zunächst erfolgende Ausschüttung des →Gewinns an den Anteilseigner und die anschließende Zurückgewährung an die Körperschaft die Steuerbelastung des Anteilseigners ausgenutzt werden. Bei →Publikumsgesellschaften ist dieses Verfahren nicht praktikabel.

**Schutzbund der Kreditnehmer e. V.**
Zweck des Vereins mit Sitz in München ist die Betreuung aller in wirtschaftliche Not geratenen Mitglieder sowie die Aufklärung und Information in allen →Finanz- und →Kreditgeschäften. Aufgaben sind dabei vor allem die Beratung der Mitglieder zur Wiederherstellung ihrer finanziellen Selbstverwaltung, die Unterstützung in zivil- und strafrechtlichen Verfahren sowie die Aufklärung über die Gefahren bei der Kreditaufnahme.

**Schweizerische Nationalbank,** →Bankwesen Schweiz.

**Schwellenland**
Land, dessen wirtschaftliche Eigendynamik dazu führt, die Strukturmerkmale eines typischen →Entwicklungslandes zu überwinden und zum Industrieland zu werden (z. B. Singapur, Taiwan).

**Scoring-System**
Erfassung relevanter Kreditnehmerdaten und deren statistische Auswertung zum Zwecke der Kreditentscheidung und →Kreditüberwachung.
(→Kredit-Scoring)

**SD**
Abk. für Standard Deviation (→Standardabweichung).

**Seasonal Swap**
Synonym für →Roller Coaster Swap.

**Seasoned Security**
→Anleihen, deren Emissionszeitpunkt mindestens drei Monate zurückliegt. Bei →Euro-Anleihen, die nicht das SEC-Verfahren durchlaufen haben, dauert der „Reifeprozeß" drei Monate bis ein Jahr; in dieser Zeit dürfen die Papiere nicht in den USA verkauft werden.

**SEC**
Abk. für →Securities and Exchange Commission.

**Sechs-Monats-DM-LIBOR**
→Referenzzinssatz am deutschen →Kapitalmarkt für →variabel verzinsliche Anleihen; Zinssatz, zu dem Banken mit erstklassiger Bonität am Londoner →Euro-Geldmarkt kurzfristige →Termingelder mit einer

→ Laufzeit von sechs Monaten, auf DM lautend, anbieten.
(→ LIBOR)

**Sechsmonatsgeld**
Form des → Termingeldes im → Geldhandel zwischen → Banken.

**Secondary Market,** → Sekundärmarkt.

**Securities and Exchange Commission (SEC)**
Wertpapier- und Börsenaufsichtsbehörde in den USA, deren Aufgabe es ist, über die Einhaltung der Wertpapiergesetze und der Vorschriften über das Börsenwesen zu überwachen und die Rechte der Anleger zu schützen. Die SEC ist Mitglied der → International Organization of Securities Commissions (IOSCO).

**Securities Borrowing,** → Wertpapierleihe.

**Securities Lending,** → Wertpapierleihe.

**Securitised Asset Swap**
*Repackaged Security*; Variante eines → Asset Swap. Ähnlich wie bei → Packaged Asset Swaps wird auch das Ergebnis eines S. A. S. als Repackaged Security bezeichnet. Bei einem S. A. S. kaufen Anleger handelbare → Assets (z. B. → festverzinsliche [Wert-]Papiere), die von → Special Purpose Vehicles (SPV) emittiert worden sind. Repackaged Securities werden hergestellt, indem bereits emittierte Papiere am Markt von SPV aufgekauft und mit einem Asset Swap in ein anderes Papier umgewandelt werden, das dann von der SPV emittiert wird.

*Grundstruktur* (Transformation eines Straight Bond in einen synthetischen Floater): vgl. Abbildung S. 1386.

**Securitization**
Verbriefung von Kreditforderungen und Einlagenpositionen. Handelbare → Wertpapiere (kurzfristige → Geldmarktpapiere, → Floating Rate Notes, → Festzinsanleihen) treten an die Stelle von → Buchkrediten.

*Vorteil*: Die Verbriefung erhöht die Übertragbarkeit von Finanzmitteln. Neben ihrer traditionellen Rolle als Kreditgeber nehmen die → Kreditinstitute hier eine Maklerfunktion wahr, indem sie als Mittler zwischen Kreditnehmern und Investoren einerseits sowie Anlegern andererseits auftreten. Die häufig mit der S. einhergehende Zusage von „Back-up-Linien" verpflichtet das Kreditinstitut, erforderlichenfalls die Papiere in den eigenen Bestand zu übernehmen oder entsprechend Kredit bereitzustellen.

Mit den Depositenzertifikaten (→ Certificate of Deposit) erfolgt auch eine Verbriefung von → Termineinlagen der Banken. Durch die S. werden die Trennungslinien zwischen Geld-, Kredit- und Kapitalmärkten verwischt (→ Finanzinnovationen).

**Seefrachtvertrag**
→ Frachtvertrag zur Beförderung von Gütern mit → Schiffen im Seeverkehr. Der → Vertrag kann sich auf Stückgüter oder auf das ganze Schiff, einen Teil davon bzw. auf einen bestimmten Raum des Schiffes beziehen (§ 556 HGB). Bezieht sich der Vertrag auf das ganze Schiff, einen Teil davon oder auf einen bestimmten Raum, wird ein → Chartervertrag geschlossen. Im Rahmen des Seefrachtvertrages werden → Konnossemente ausgefertigt.

**Sekundärmarkt**
*Secondary Market*; Teil des → Wertpapiermarkts und damit des → Kapitalmarkts, an dem umlaufende → Wertpapiere (→ Effekten) gehandelt werden. Er besteht in Deutschland aus dem → amtlichen (Börsen-)Handel, dem → geregelten Markt und dem → Freiverkehr.
In Abgrenzung zum S. wird der → Primärmarkt als Markt für die Unterbringung neu aufgelegter Wertpapiere bezeichnet.

**Sekundärtrend**
In der → Dow-Theorie genannte Trendkomponente. Weniger bedeutende, kurzfristige Schwankungen mit einer Dauer von drei oder mehreren Monaten, jedoch weniger als einem Jahr.
(→ Primärtrend, → Tertiärtrend)

**Sekundawechsel**
Bezeichnung für die zweite von mehreren Ausfertigungen eines → Wechsels (→ Wechsel, Ausfertigung).

**Selbstbedienung**
Selbständige Inanspruchnahme von Bankdienstleistungen durch den Kunden, der über ein Terminal Zugang zu seinem → Konto hat. I. e. S. zählt dazu die Bargeldbeschaffung mit → eurocheque-Karte (ec-Karte) oder → Bank-Card am → Geldausgabeautomaten und Erstellung eines → Kontoauszugs mit ec-Karte oder Bank-Card am → Kontoauszugsdrucker, i. w. S. auch der

**Selbstbedienung**

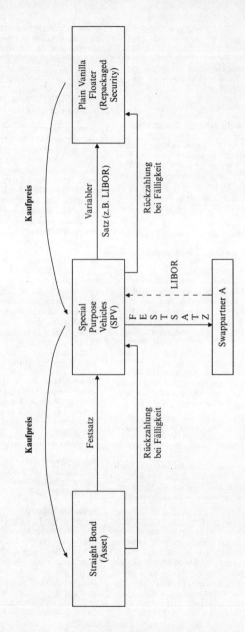

→ Btx-Service der Kreditinstitute sowie das → POS-Banking. Bei jeder S. muß gewährleistet sein, daß der Kunde nur über sein Konto verfügen kann. Es ist daher eine Doppelsicherung durch Karte mit Magnetstreifen (→ Magnetstreifenkarte) bzw. → Chipkarte in Verbindung mit einer Persönlichen Identifikations-Nummer (→ PIN) sowie einer Transaktionsnummer (→ TAN) erforderlich.

## Selbstfinanzierung

1. *I. e. S.:* → Gewinnthesaurierung, d. h. Einbehaltung von Teilen des in der Geschäftsperiode erzielten Gewinns und dadurch Erhöhung des tatsächlich vorhandenen → Eigenkapitals. S. ist eine wichtige, rechtsformunabhängige Form der Unternehmensfinanzierung, insbes. bei fehlendem Zugang zum → Kapitalmarkt. Unternehmungen, die Zugang zum Kapitalmarkt haben (in erster Linie → Kapitalgesellschaften), betreiben aber gerade wegen ihrer Abhängigkeit vom Kapitalmarkt eine stetige Rücklagenbildung.
S. ist → Sparen der Unternehmung. Einbehaltene → Gewinne sind die → Ersparnis der Unternehmung. Der Umfang der S. ist abhängig von der Gewinnhöhe, der Besteuerung, dem Kapitalbedarf, der Entnahme- bzw. Ausschüttungspolitik, der Bilanzpolitik usw.

*Vorteile:* Sofortige Verfügbarkeit der Finanzmittel, keine Kapitalbeschaffungskosten, kein Abfluß von Finanzmitteln für Fremdkapitalzinsen und → Tilgung, keine → Kreditwürdigkeitsanalyse, Erhaltung der Unabhängigkeit gegenüber fremden Kapitalgebern, keine Abhängigkeit vom Kapitalmarkt, keine Gewinnansprüche wie beim außenfinanzierten Eigenkapital.

*Nachteile:* S. bewirkt eine Schmälerung der Gewinnausschüttung an die Eigentümer der Unternehmung. Diesem Nachteil in der jetzigen Periode steht der allerdings ungewisse Vorteil späterer höherer Gewinnausschüttungen gegenüber, die aus dem selbstfinanzierten Unternehmungswachstum resultieren. Volkswirtschaftlich liegt das Problem der S. in der durch sie ermöglichten Kapitalfehlleitung: Die einbehaltenen Mittel sind zins- und tilgungsfrei und werden der regulierenden Wirkung des Kapitalmarktes entzogen, so daß mit ihnen möglicherweise auch solche → Investitionen finanziert werden, die der Kapitalmarkt abgelehnt hätte, weil ihre → Rendite unter dem → Kalkulationszinsfuß liegt.

*Formen:* (1) Offene S. durch Bildung → offener Rücklagen (→ gesetzliche Rücklagen, → satzungsmäßige Rücklagen und andere → Gewinnrücklagen). (2) Verdeckte S. durch Bildung stiller Rücklagen (→ stille Reserven).

2. *S. i. w. S.:* (1) Finanzierung aus Abschreibungserlösen: Einkalkulieren der Abschreibungsgegenwerte in die Erzeugnispreise; verdiente → Abschreibungen, für die Ersatzbeschaffung vorgesehene Abschreibungserlöse führen erst zu einem späteren Zeitpunkt zu Ausgaben und stehen bis dahin als Finanzmittel zur Verfügung (Kapitalfreisetzungseffekt). Das freigesetzte Kapital ist um so größer, je länger die Nutzungsdauer der Anlagen und je höher die Anlageintensität (→ Vermögensstruktur) ist. Bei degressiver Abschreibung ist der Freisetzungseffekt in den ersten Jahren höher als bei linearer Abschreibung. Eine dauerhafte Freisetzung erfolgt bei mehreren Anlagegütern und unterschiedlichen Zeitpunkten der Ersatzinvestitionen, was u. U. zur Erweiterung der Kapazität (Kapazitätserweiterungseffekt = „Lohmann-Ruchti-Effekt") führen kann.
(2) Finanzierung aus langfristigen → Rückstellungen: In Form der → Pensionsrückstellungen freiwillig oder auf vertraglicher Basis übernommene betriebliche Ruhegeldverpflichtungen gegenüber Betriebsangehörigen, wodurch neben der sozialen Zielsetzung einer betrieblichen Altersversorgung langfristiges Kapital dem Unternehmen zur Verfügung steht. Der ohne Bildung von Pensionsrückstellungen entstehende „Pensionsfonds" kann bis zur Auflösung der Rückstellungen (i. d. R. Rentenzahlungen) zur → Finanzierung benutzt werden. Bleibt die Zahl der Betriebsangehörigen gleich oder steigt sie, werden Finanzmittel in Höhe der Einstellungen freigesetzt, die langfristig zur Verfügung stehen.
(→ Selbstfinanzierung der Kreditinstitute)

## Selbstfinanzierung der Kreditinstitute

Interne → Finanzierung in Form offener und stiller → Selbstfinanzierung. Bei offener Selbstfinanzierung werden die → Rücklagen der Kreditinstitute (oder des Geschäftskapitals von → Privatbankiers) aus erwirtschafteten und nicht ausgeschütteten → Gewinnen erhöht (→ Gewinnthesaurierung). Da-

**Selbstkontrahieren**

mit wird das bilanziell ausgewiesene →Eigenkapital verstärkt. Bei stiller Selbstfinanzierung werden →stille Reserven gebildet, d.h. das bilanziell nicht ausgewiesene Eigenkapital wird verstärkt. Rechtsgrundlagen sind die Vorschriften des § 340 a–f HGB über Vorsorgereserven. Trotz der für →Aktienbanken bestehenden Möglichkeiten zur →Beteiligungsfinanzierung nutzen diese Institute den Weg, durch offene Selbstfinanzierung Eigenkapital zu bilden. Ihre Abhängigkeit vom →Kapitalmarkt setzt eine vorsichtige Gewinnausschüttungspolitik sowie eine stetig betriebene Verstärkung des Eigenkapitals im Wege der Rücklagenbildung voraus. Außerdem muß für Eigenkapital in Form von Rücklagen keine →Dividende aufgebracht werden. Ein weiterer Grund ist die durch das AktG vorgeschriebene Bildung einer →gesetzlichen Rücklage. Inwieweit ein Kreditinstitut offene Selbstfinanzierung betreibt, hängt neben verschiedenen Überlegungen (Gewinnausschüttungspolitik, Eigenkapitalverstärkung usw.) auch von der steuerlichen Belastung der einbehaltenen Gewinne ab, wobei in erster Linie die →Körperschaftsteuer bzw. die →Einkommensteuer sowie die Gewerbeertragsteuer (→Gewerbesteuer) von Bedeutung sind.
(→Selbstfinanzierung)

**Selbstkontrahieren**

Abschluß eines →Rechtsgeschäftes, bei dem die beiden Parteien ein und dieselbe →Person sind (Insichgeschäft).
Nach § 181 BGB kann dieselbe Person grundsätzlich nicht auf beiden Seiten eines Rechtsgeschäftes mitwirken (Vermeidung von Interessenkollisionen). Ausnahmsweise sind Insichgeschäfte zulässig, wenn sie durch →Gesetz, →Satzung oder →Vollmacht (→Stellvertretung) gestattet sind (z.B. § 1009 II BGB, § 125 HGB) oder in Erfüllung einer →Verbindlichkeit vorgenommen werden.

**Selbstorganschaft**

Bei einer →Gesellschaft wird die →Geschäftsführung durch einen oder mehrere Gesellschafter vorgenommen. Die S. ist Merkmal der →Personengesellschaft.
*Gegensatz*: →Drittorganschaft.

**Selbstschuldnerische Bürgschaft**

→Bürgschaft, bei der der Bürge auf die →Einrede der Vorausklage verzichtet hat (§§ 771, 773 Nr. 1 BGB). Die Bürgschaft eines →Vollkaufmanns ist eine s. B., sofern sie für ihn ein →Handelsgeschäft ist (§§ 349, 351 HGB).
*Gegensatz*: →Ausfallbürgschaft.

**Sell-Buy-Back**

Spotverkauf von →Wertpapieren mit der gleichzeitigen Verpflichtung zum Rückkauf von Wertpapieren gleicher Art und Menge zu einem vorher ausgehandelten Preis an einem Forwardvalutatag. S.-B.-B. werden von einigen Marktteilnehmern als sogenannte „unechte/echte" →Wertpapierpensionsgeschäfte oder „gerissene" Wertpapierpensionsgeschäfte bezeichnet. Im Gegensatz zu echten bzw. unechten Wertpapierpensionsgeschäften werden hierbei keine separaten Verträge über Rechte und Pflichten von Pensionsgeber und Pensionsnehmer abgeschlossen und eine vorzeitige Kündigung ist bei S.-B.-B. ebenfalls ausgeschlossen. Ferner findet auch während der gesamten Laufzeit des Geschäftes keine Sicherheitenanpassung statt (kein Wertausgleich). Dies kann die Kontrahenten bei starken Marktbewegungen benachteiligen. Der Pensionsnehmer verwendet die Wertpapiere zu wirtschaftlichen Zwecken und übereignet am Ende der Laufzeit Wertpapiere gleicher Menge, Art und Güte (Gattung) zurück. In der Bilanz findet wie bei dem Verleiher eines Wertpapierleih-Geschäftes ein Aktivtausch statt. Der Pensionsgeber erhält im Rahmen des Kassageschäftes die Liquidität gegen Lieferung der Wertpapiere. Diese Liquidität wird dem Pensionsnehmer zu einer vereinbarten REPO-Rate über die gesamte Laufzeit des Geschäftes vom Pensionsgeber verzinst. Ausschüttungen aus den Wertpapieren während der Laufzeit stehen dem Pensionsgeber zu.
*Berechnung des Forwardpreises*:

FP  = (SP+SpS) · [1+RZ · T/360]–SpF
FP  = Forwardpreis
SP  = Spotpreis
SpS = →Stückzinsen per Spotvaluta
RZ  = Repo–Zins/100
T   = Tage
SpF = Stückzinsen per Forwardvaluta.

Stückzinsen werden in den Kurs mit einbezogen, so daß SpS und SpF wie folgt berechnet werden:

Nominalzins · Stückzinstage : 360.

*Gegensatz*: →Buy-Sell-Back.

## Semiannually Compounded Yield

| Bond Markt | Zinszahlung | Renditeberechnung |
|---|---|---|
| Frankreich | Jährlich | Annually Compounded Yield |
| Großbritannien | Halbjährlich | Semiannually Compounded Yield |
| Japan | Halbjährlich | Simple Yield-to-Maturity |
| Italien | Halbjährlich | Semiannually Compounded Yield |
| Kanada | Halbjährlich | Semiannually Compounded Yield |
| Niederlande | Jährlich | Annually Compounded Yield |
| Österreich | Jährlich | Annually Compounded Yield |
| Schweden | Jährlich | Annually Compounded Yield |
| Schweiz | Jährlich | Annually Compounded Yield |
| Spanien | Jährlich | Annually Compounded Yield |
| USA | Halbjährlich | Semiannually Compounded Yield |

**Selling a Straddle,** → Short Straddle.

**Semiaktive Anlagestrategie**
Mischung aus →aktiven Anlagestrategien und →passiven Anlagestrategien. S. A. enthalten Elemente beider Managementformen. Zu s. A. zählt man neben dem →Riskcontrolled Bond Management auch die →Contingent Immunization.
(→ Bond Research, → Total Return Management, → Bond Swap)

**Semiannually Compounded Yield**
Methode der Renditeberechnung, die man bei Domestic-Anleihen in Großbritannien, den Vereinigten Staaten und Australien findet. Die S. C. Y. wird bei festverzinslichen Papieren gerechnet, die halbjährlich →Zinsen (→ Halbjahreskupon) zahlen. Bei dieser Methode wird der Effekt aus der Wiederanlage der halbjährlich gezahlten Zinsen bei der Ermittlung der →Rendite nicht berücksichtigt. Im Vergleich zu Annually Compounded Yields, wie beispielsweise der →ISMA-Rendite oder →Moosmüller-Rendite, die diesen Effekt bei Halbjahreskupons berücksichtigen, weist die S.C.Y. immer eine niedrigere Rendite aus.
Die obenstehende Tabelle zeigt die wichtigsten internationalen Märkte für mittel- und langfristige → Staatsanleihen.
(→ Renditeberechnungsmethoden für Geld- und Kapitalmarktpapiere)

**Seminare,** →berufsbegleitende Weiterbildungsmöglichkeiten, Kreditbanken, →berufsbegleitende Weiterbildungsmöglichkeiten, Sparkassen.

**Semistandardabweichung**
Quadratwurzel aus der mittleren quadratischen Abweichung (→ Semivarianz) der positiven oder negativen Abweichungen vom Mittelwert.

*S. der negativen Abweichungen:*

$$S. = \sqrt{1:(n-1) \cdot \sum_{i=1}^{n}(x_i - \bar{x})^2},$$

für $x_i < \bar{x}$

wobei:
$\bar{x}$ = → arithmetisches Mittel
$x_i$ = → Merkmalswerte
n = Anzahl der Werte

*S. der positiven Abweichungen:*

$$S. = \sqrt{1:(n-1) \cdot \sum_{i=1}^{n}(x_i - \bar{x})^2},$$

für $x_i > \bar{x}$

wobei:
$\bar{x}$ = arithmetisches Mittel
$x_i$ = Merkmalswerte
n = Anzahl der Werte

Mit der S. wird entweder das →Downside-Risiko (Abweichnung nach unten) oder das →Upside-Risiko (Abweichung nach oben) gemessen (→ Shortfall Risk).

**Semivarianz**
Durchschnittliches Quadrat der negativen oder positiven Abweichungen einer →Zufallsgröße vom Mittelwert. Im Gegensatz zur Risikokennzahl → Varianz werden bei

der S. entweder nur die negativen oder positiven Abweichungen quadriert.

*S. der negativen Abweichungen*:

$$S. = 1 : (n-1) \cdot \sum_{i=1}^{n} (x_1 - \bar{x})^2,$$

für $x_i < \bar{x}$

wobei:
$\bar{x}$ = → arithmetisches Mittel
$x_i$ = → Merkmalswerte
n = Anzahl der Werte

Gegenüber der Varianz hat die S. den Vorteil, daß nur die negativen Abweichungen berücksichtigt werden. Diese Vorgehensweise entspricht der risikoaversen Einstellung der meisten Anleger.

*S. der positiven Abweichungen*:

$$S. = 1 : (n-1) \cdot \sum_{i=1}^{n} (x_1 - \bar{x})^2,$$

für $x_i > \bar{x}$

wobei:
$\bar{x}$ = → arithmetisches Mittel
$x_i$ = → Merkmalswerte
n = Anzahl der Werte

Mit der S. wird entweder das → Downside-Risiko (Abweichung nach unten) oder das → Upside-Risiko (Abweichung nach oben) gemessen.
(→ Varianz der Portfolio-Rendite, → Standardabweichung der Portfolio-Rendite, → Volatilität, → Asset Allocation, → Shortfall Risk)

### Senior Bond
→ Emission, die im Konkursfall bevorrechtigt bedient wird.

### Sensitivitätsanalyse
Analyse von Risiken von → Asset-Klassen mit → Sensitivitätskennzahlen (z. B. → Betafaktor, → Modified Duration, → Price Value of a Basis Point, → Delta-Faktor, → Gamma-Faktor, → Vega, → Theta).
(→ Risikomanagement festverzinslicher Wertpapiere, → Sensitivitätskennzahlen für Zinsinstrumente)

### Sensitivitätskennzahlen
Kennzahlen zur Quantifizierung der → Kurssensitivität von Finanzinstrumenten. S. sind neben Szenarioanalysen und Simulationen (z. B. → Monte Carlo Simulation) ein Bestandteil eines modernen → Riskomanagements. In Abhängigkeit von der zu analysierenden → Assetklasse können eine Vielzahl von S. unterschieden werden. → Sensitivitätskennzahlen für Zinsinstrumente.
S. für → Aktien sind → Betafaktor und Alphafaktor (→ Alpha). S. für → Optionen und → Optionsscheine sind → Hebel (Gearing), → Deltafaktor und Omega bzw. Lambda (→ Vega). Außerdem kann auch für Optionen und Optionsscheine ein Price Value of a Basis Point (Options-PVBP) sowie ein Betafaktor (Optionsbeta) ermittelt werden. → Gamma, → Theta und Vega sowie → Rho werden ebenfalls für Optionen und Optionsscheine berechnet. Für alle Assetklassen wird das Value-at-Risk-Konzept (→ Value-at-Risk (VAR)) angewandt sowie die → Renditevolatilität (Yield Volatility) berechnet.

### Sensitivitätskennzahlen für Zinsinstrumente
Im Rahmen des → Zinsmanagements werden Sensitivitätskennzahlen verwendet, die eine Veränderung im aktuellen Wert eines → Zinsinstruments anzeigen, wenn der → Marktrisikofaktor um eine Einheit (z. B. 1 → Basispunkt) verändert wird. Obwohl insbes. bei komplexen Zinsinstrumenten eine Vielzahl unterschiedlicher Marktrisikofaktoren einen Einfluß auf den aktuellen Wert haben, wird bei diesen Modellen immer nur ein Marktrisikofaktor verändert. Man bezeichnet diese Sensitivitätsanalysen deshalb auch als → Single-Indikator-Modelle.
Bei Zinsinstrumenten, die von mehreren Marktrisikofaktoren beeinflußt werden, sollte für jeden Marktrisikofaktor eine eigene Sensitivitätskennzahl ermittelt werden. Welche Sensitivitätskennzahlen zur Risikoquantifizierung verwendet werden, muß vom Top Management bestimmt werden. Mögliche Sensitivitätskennzahlen sind → Modified Duration, → Price Value of a Basis Point (PVBP) und → Dollar Duration (Risk). Für den Großteil der Zinsinstrumente kann vereinfacht ein linearer Zusammenhang zwischen der Veränderung des Marktrisikofaktors und der Veränderung im aktuellen Wert des Zinsinstrumentes unterstellt werden. Beispiele hierfür sind alle Kassainstrumente, → Futures und → Financial Swaps. Eine Ausnahme stellen jedoch die → asymmetrischen Risikoinstrumente (z. B. → OTC-Optionen, → Floors) dar. Sen-

sitivitätskennzahlen unterstellen immer nur die Veränderung eines Marktrisikofaktors um eine Einheit. Wird dagegen beispielsweise erwartet, daß der Marktrisikofaktor um mehrere Einheiten steigt, so kann die Kursveränderung des Zinsinstrumentes wie folgt ermittelt werden:
Veränderung des aktuellen Wertes des Zinsinstrumentes bei einer Veränderung des Marktrisikofaktors um x Einheiten = Sensitivitätskennzahl des Marktrisikofaktors · x Einheiten des Marktrisikofaktors.
(→ Bond Research)

**Separationstheorem,** → Tobin'sches Separationstheorem.

**Separatkonto,** → Sonderkonto.

**Sequester,** → Sequestration.

**Sequestration**
Der Eröffnung eines dem → Konkurs vorgeschalteten Verfahrens, das im Rahmen von § 106 KO vom Konkursgericht (Amtsgericht) zur Sicherung und Feststellung der → Konkursmasse und der vorübergehenden Fortführung des Unternehmens angeordnet werden kann. Regelmäßig wird mit der Anordnung der S. ein allgemeines Veräußerungsverbot gegenüber dem → Schuldner erlassen und zur Durchführung des Sequestrationsverfahrens ein Sequester eingesetzt. Der Sequester, dessen Befugnisse nicht durch § 106 KO festgelegt sind, ist nur berechtigt, Maßnahmen für die Erhaltung der Konkursmasse und zur Erreichung des Konkurszwecks zu treffen. Im Gegensatz zum → Konkursverwalter, der die Aufgabe der → Verwertung des → Vermögens und der gleichmäßigen Befriedigung der → Gläubiger nach den Vorschriften der → Konkursordnung hat, besteht die Aufgabe des Sequesters in der Sicherung und Erhaltung des Vermögens für die Dauer der Prüfung, ob das Konkursverfahren eröffnet werden kann. Der Sequester haftet wie ein nach § 82 KO bestellter Verwalter für seine Tätigkeit gegenüber Gläubigern und Schuldnern.
Die Anordnung einer S. berührt einen mit einem Kreditinstitut bestehenden Kontokorrentvertrag (→ Kontokorrent, → Kontokorrentkonto) nicht; Einstellung und Verrechnung im Kontokorrent bleiben erhalten. Der Sequester hat kein Anfechtungsrecht nach der Konkursordnung (→ Konkursanfechtung). Nach der Rechtsprechung kann jedoch der Konkursverwalter die Verrechnung von Zahlungseingängen auf einem → debitorischen Konto in einem nachfolgenden Konkursverfahren anfechten. Diese Möglichkeit besteht selbst dann, wenn der Sequester auch der spätere Konkursverwalter ist. Aufgrund des i. d. R. mit einer S. verbundenen Veräußerungsverbots darf ein Kreditinstitut Zahlungen an den Schuldner nicht mehr leisten, → Überweisungen nicht mehr ausführen und → Schecks nicht mehr einlösen, wenn ihr die Anordnung des allgemeinen Veräußerungsverbots bekannt war oder bekannt sein mußte.

**Service-Center**
Aus der Sicht des Controlling (→ Bank-Controlling) gebildeter Unternehmensbereich, der für die Beschaffung und die Verwaltung von Ressourcen (i. S. v. Mitteln, die für die Erstellung von → Bankleistungen erforderlich sind) oder für das Erbringen von Leistungen für den Marktbereich verantwortlich ist (→ Back-Office). Beispiele: Service für Eigenhandelsgeschäfte, Depotservice.

**Servicekarten,** → Kundenkarten der Kreditinstitute.

**Settlement**
Regulierung (→ Abrechnung, → Erfüllung) von Effekten- und anderen Finanzgeschäften.

**Settlement Date**
Erfüllungstag (→ Valutatag, Regulierungstag) für Effektengeschäfte oder andere Finanzgeschäfte.

**Settlement Price**
Täglicher Abrechnungspreis, zu dem die → Clearing-Stelle der → Terminbörse → Gewinne und → Verluste aus offenen → Kontrakten ermittelt und den Beteiligten gutschreibt oder belastet. S. P. werden i. d. R. auf der Grundlage der zuletzt zustande gekommenen Abschlüsse festgesetzt.

**SFE**
Abk. für Sydney Futures Exchange (→ Options- und Terminbörsen an den internationalen Finanzplätzen).

**Share,** → Aktie.

**Shareholder,** → Aktionär, → Anteilseigner.

**Sharpe**
W. F. Sharpe entwickelte aufbauend auf den Erkenntnissen von → Markowitz, Harry

1963 das → Index-Modell. Das von Markowitz entwickelte Markowitz-Modell hat den Nachteil, daß zur Bestimmung der Effizienzlinie bei einer größeren Anzahl von → Wertpapieren eine unverhältnismäßig große Anzahl von Inputdaten (z. B. → Korrelationskoeffizienten) notwendig ist. S. reduzierte die Inputdaten und machte damit das Markowitz-Modell für die Praxis anwendbar. Das Index-Modell von S. lieferte die Grundlagen für das → Markt-Modell, das u. a. → Betafaktoren konzipierte.
(→ Moderne Portfolio-Theorie, → Asset Allocation)

### Sharpe-Maß

Performancekennzahl zur Beurteilung der Performance (→ Wertentwicklung). Das S.-M. wird auch als Reward-to-Variability-Ratio bezeichnet und setzt die Überrendite ins Verhältnis zur → Volatilität der erwirtschafteten → Portefeuillerendite. Als Überrendite oder Excess Return wird die Differenz zwischen der erwirtschafteten Portefeuillerendite und dem risikolosen Zinssatz verstanden. Das S.-M. ist als relative Performance-Kennzahl konzipiert, da sie die Überrendite ins Verhältnis zum Risiko, d. h. der Volatilität setzt. Mit der Volatilität wird das → Gesamtrisiko eines Portefeuilles ermittelt. Das S.-M. kann ex post ermittelt werden mit: $(R_{PF} - R_f)/\sigma_{PF}$, wobei $R_{PF}$ = Rendite des Portefeuilles, $R_f$ = risikoloser Zinssatz, $\sigma_{PF}$ = Volatilität der Portefeuillerendite, d. h., annualisierte → Standardabweichung. Je höher das S.-M. ausfällt, desto besser die Performance des Portefeuilles. Das S.-M. wird auch für → Benchmark-Portfolios ermittelt. Liegt das S.-M. eines Portefeuilles über dem S.-M. des Benchmark-Portefeuilles, dann wurde das Portefeuille risikoadjustiert besser gemanagt als das Benchmarkportefeuille. Liegt das S.-M. dagegen unter dem S.-M. des Portefeuilles, wurde das Portefeuille schlechter gemanagt. Das S.-M. wird u. a. auch zur Beurteilung von → Investmentfonds verwendet.

Das S.-M. entspricht der Steigung der Geraden in der Abbildung S. 1393 oben. Je steiler die Linie ist, desto besser war die Performance des Portefeuilles in der Vergangenheit. Die Linie, die den risikolosen Zinssatz mit der Rendite des Benchmarkportefeuilles verbindet, wird als historische Kapitalmarktlinie bezeichnet. Portefeuilles (z. B. C), die über der Kapitalmarktlinie liegen, hatten eine höhere risikoadjustierte Performance als das Benchmarkportefeuille, d. h. der Portefeuille-Manager war besser als das Benchmarkportefeuille. Portefeuilles (z. B. A), die unter der Kapitalmarktlinie liegen, hatten eine geringere risikoadjustierte Performance als das Benchmarkportefeuille, d. h. der Portefeuille-Manager war schlechter als das Benchmarkportefeuille.
(→ Moderne Portfolio-Theorie, → Asset Allocation)

### Sharpe Ratio

Synonym für → Sharpe-Maß.

### Shibosai

→ Privatplazierung ausländischer → Anleihen in Japan.

### Shogun (Bond)

→ Fremdwährungs-Anleihe (d. h. nicht auf Yen lautende → Anleihe) einschl. → ECU-Anleihen ausländischer → Emittenten in Japan, die dort vom japanischen Finanzministerium zugelassen werden.
(→ Samurai Bond, → Sushi Bond)

### Short

Verkürzte Bezeichnung für → Short Position.
*Gegensatz:* → Long.

### Short Call

Bezeichnung für einen verkauften → Call (verkaufte Kaufoption).

### Short-Call-Optionsschein, → Short-Optionsschein.

### Short-dated Swap

→ Zins-Swap oder → Währungs-Swap im US-Markt mit einer → Restlaufzeit bis zu drei Jahren.

### Shortfall Risk

Risiko, daß eine → Periodenrendite erzielt wird, die unterhalb einer bestimmten Mindestrendite liegt. SR ist eine → Downside Risiko-Kennzahl und entspricht eher der allgemein vorherrschenden Auffassung von Risiko als die Kennzahlen → Varianz, → Standardabweichung oder → Volatilität, da nur Periodenrenditen betrachtet werden, die unterhalb einer bestimmten Mindestrendite liegen. Statistisch stellt das SR die → Wahrscheinlichkeit P(E) dar, daß eine Periodenrendite erzielt wird, die unter der Mindestrendite liegt. Deshalb wird SR auch

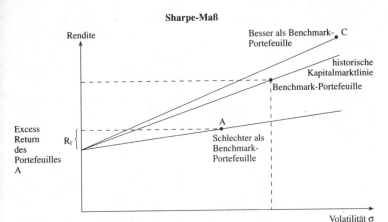

## Sharpe-Maß

als Ausfallwahrscheinlichkeit definiert. Die Mindestrendite wird auch als → Shortfall Threshold Level bezeichnet. SR wird mit folgender Formel ermittelt: $SR = N(R_{i,min}-E(R_i))/\sigma_i)$, wobei $N(\cdot)$ = Funktionswert der kumulativen standardisierten Normalverteilung (Verteilungsfunktion), $R_{i,min}$ = Mindestrendite (Shortfall Threshold Level), $E(R_i)$ = Erwartungswert der Periodenrendite, $\sigma_i$ = Volatilität der Periodenrendite. Das SR ist also von drei Größen abhängig. Dabei gilt, je niedriger die Mindestrendite ist, desto größer ist die Wahrscheinlichkeit, die Mindestrendite zu unterschreiten. Je höher der Erwartungswert der Periodenrenditen ist, desto geringer ist die Wahrscheinlichkeit, die Mindestrendite zu unterschreiten. Mit steigender Volatilität nimmt das SR zu. Die Abbildung SR zeigt, daß das SR als Fläche unter der → Dichtefunktion der → standardisierten Normalverteilung (→ kumulierte standardisierte Normalverteilung, Approximation) interpretiert werden kann.

### Shortfall Threshold Level

Mindestrendite, die bei der → Asset Allocation mit einer möglichst hohen → Wahrscheinlichkeit P(E) erzielt werden soll. Das Risiko, den S.T.L. nicht zu erzielen, wird

## Shortfall Risk

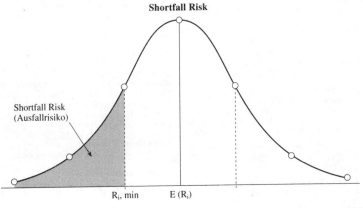

**Short gehen**

mit der Kennzahl → Shortfall Risk gemessen.

**Short gehen,** → Going short.

**Short Hedge**
Absicherung (→ Hedging) gegen fallende Kurse, z. B. durch Verkauf von → Aktienindex-Futures gegen fallende Aktienkurse oder durch Verkauf von → Zins-Futures gegen fallende Rentenkurse, d. h. gegen steigende → Zinsen (Hedgingstrategien mit Zins-Futures).
*Gegensatz:* → Long Hedge.

**Short-Optionsschein**
→ Optionsschein, bei dem der Anleger eine → Short Position, d. h. Stillhalterposition, in einem → Call-Optionsschein bzw. → Put-Optionsschein eingeht. Bei einer Short Position im traditionellen Sinne erhält der → Stillhalter anfangs eine → Optionsprämie. Das Verlustrisiko ist für die Short Position theoretisch unbegrenzt. Bei S.-O. ist das Verlustpotential auf den Kaufpreis des S.-O. begrenzt. Durch die Bezahlung der Optionsprämie wird der Anleger von vornherein von jeglicher Verpflichtung befreit. Bei S.-O. ist die Höhe der → Rückzahlung vom Kurs des → Basiswertes (z. B. → Deutscher Aktienindex [DAX]) bei → Fälligkeit des Optionsscheines abhängig. Der Rückzahlungsbetrag ist je Optionsschein begrenzt. Im Falle eines Short-Call-Optionsscheines verringert sich mit steigendem Kurs des Basiswertes der Rückzahlungsbetrag. Ab einem bestimmten Kurs erfolgt keine Rückzahlung mehr, und der gesamte Kapitaleinsatz des Anlegers ist verloren. Der Käufer des Short-Call-Optionsscheines wird deshalb erwarten, daß der Basiswert im Kurs nicht über den → Basispreis steigt. Short-Put-Optionsscheine sind dagegen für Anleger interessant, die erwarten, daß der Kurs des Basiswertes nicht unter den Basispreis fällt.
(→ Optionen, Basisstrategien)

**Short Position**
1. Fremdwährungs-Minusposition (→ Devisenposition), d. h. die Verpflichtungen in einer bestimmten → Währung übersteigen die entsprechenden Forderungen (→ Position).

2. Position, die an einem → Kassamarkt durch den Leerverkauf eines → Finanztitels eingenommen wird.

3. Verkaufs-Position an einem → Futures-, → Swap- oder → Optionsmarkt nach dem Verkauf entsprechender → Kontrakte (→ Future, → Swap, → Option).
*Gegensatz:* → Long Position.

**Short Put**
Bezeichnung für einen verkauften → Put (verkaufte Verkaufsoption).

**Short-Put-Optionsschein,** → Short-Optionsschein.

**Short Sales**
*Leerverkauf*; Verkauf von Kassapapieren (z. B. → Aktien, → festverzinsliche [Wert-] Papiere), die man zum Zeitpunkt des Geschäftsabschlusses nicht besitzt. S. S. können bewußt in → aktiven Anlagestrategien eingesetzt werden, um an fallenden Kursen zu verdienen. Der Leerverkäufer verkauft die Papiere heute, die er dann zu einem späteren Zeitpunkt billiger am Markt einzukaufen versucht. Ein Leerverkäufer hat seinem Vertragspartner innerhalb der Erfüllungsfrist von zwei (Domestic Markt) bzw. 7 Tagen (→ Euromarkt) die Papiere zu liefern. Um der Lieferverpflichtung aus dem Leerverkauf nachkommen zu können, besorgt er sich die Papiere im Rahmen der → Wertpapierleihe bzw. eines → Wertpapierpensionsgeschäftes. Um andererseits der Rückgabeverpflichtung gegenüber dem Verleiher bzw. Pensionsgeber nachzukommen, muß er sich die entliehenen Papiere bis zum Ende der Leihfrist bzw. des Wertpapierpensionsgeschäftes wieder beschaffen. Sind die Kurse erwartungsgemäß gefallen, kann er sich billiger eindecken und ohne eigenen Kapitaleinsatz aus der Differenz zwischen Leerverkauf und Eindeckungsgeschäft profitieren.

**Short Spread mit Optionen,** → Bear-Spread.

**Short Sterling,** → Short Sterling Future.

**Short Sterling Future**
Kurzbezeichnung für den kurzfristigen Zinsfuture (→ Geldmarkt-Future) auf eine dreimonatige Domestic-Geldmarktanlage in Pfund Sterling.
(→ Zinsfutures an der LIFFE)

**Short Sterling Option**
→ Option auf den → Short Sterling Future.

**Short Straddle**
→ Short Position in einem → Straddle, d. h. Short Position in einem → Call und → Put mit

gleichem → Basispreis und gleicher → Fälligkeit.

**Short Strangle,** → Strangle.

**Short Strip**
→ Short Position in mehreren Euro-DM-Futures-Kontrakten mit aufeinander folgenden → Fälligkeiten.
(→ Euro-DM-Future-Strips, → Strip-Yield, → Strip-Hedge)

**Short Swap,** → Empfänger.

**Short term**
Kurzfristige → Zinsinstrumente mit einer → Restlaufzeit von weniger als einem Jahr.

**Short-term-Option**
→ Optionen, die eine → Laufzeit bis zu neun Monaten haben. Die meisten gehandelten Optionen sind S.-t.-O.
(→ Middle-term-Option, → Long-term-Option)

**Short the Basis**
→ Basis Trading mit → Zinsfutures, bei der → lieferbare Anleihen verkauft werden und Zinsfutures (z. B. → Bobl-Future, → Bund-Future, → Buxl-Future) gekauft werden.
(→ Long the Basis, → Basisrisiko)

**Shout-Option,** → Deferred Strike Option.

**Sicherheiten,** → Kreditsicherheiten.

**Sicherheitendepot,** → Depotsonderformen.

**Sicherheitenpool**
Zusammenfassung von → Kreditsicherheiten im Falle einer Kreditvergabe durch mehrere → Banken. Jede Bank partizipiert am S. entsprechend ihrem Kreditbetrag. Damit es nicht zu ungerechtfertigten Verschiebungen kommt, wird i. d. R. eine Saldenausgleichsregelung vereinbart. Jedes Institut haftet jeweils bis zur vereinbarten Kredithöhe. Zufällig geringere Inanspruchnahmen, z. B. auf dem → Kontokorrentkonto einer Bank, werden dann durch Umbuchungen ausgeglichen. S. werden oft gebildet, wenn ein gemeinsamer Kunde in Schwierigkeiten gerät, damit keine Bank ihre → Kredite kündigt. Eine der Banken, oft das Institut mit der höchsten Kreditsumme, übernimmt die Verwaltung des S. und erhält dafür eine Verwaltungsgebühr. Die Einzelheiten werden in einem Sicherheitenpoolvertrag geregelt.

**Sicherheitsleistung**
Eine in bestimmten Fällen zur Sicherung zu erbringende Leistung, die auf → Vertrag (Kaution), richterlicher Verfügung oder → Gesetz beruhen kann.
Während die Höhe der S. vom Sicherungszweck bestimmt wird, unterliegt deren Art grundsätzlich der Vereinbarung. Maßgeblich sind dabei die §§ 232 ff. BGB, wonach die S. vor allem durch die → Hinterlegung von → Geld oder → Wertpapieren, die → Verpfändung bestimmter → Forderungen oder → beweglicher Sachen (→ Vertragspfandrecht, auch → Sicherungsübereignung) sowie die Bestellung einer → Hypothek oder → Grundschuld bewirkt werden kann. Erst wenn diese → Sachsicherheiten nicht möglich sind, kann die S. auch durch → Personensicherheiten, vor allem in Form der → Bürgschaft erbracht werden.
*Wichtige Fälle:* (1) Nach den AGB sind auf Verlangen für alle Ansprüche bankmäßige Sicherheiten zu bestellen oder zu verstärken (Nr. 13 Abs. 1 AGB Banken und Nr. 22 Abs. 1 AGB Sparkassen). Darunter fallen leicht und schnell verwertbare Sicherheiten. (2) Pflicht der S. durch einen → Gläubiger gemäß § 709 ZPO, der bereits aus einem für vorläufig vollstreckbar erklärten Urteil (→ Vorläufige Vollstreckbarkeit) die → Zwangsvollstreckung betreiben und den Eintritt der formellen Rechtskraft nicht abwarten will. Art und Höhe bestimmt das Gericht nach freiem Ermessen (§ 108 ZPO), wobei die Stellung einer → Bankbürgschaft in Form der → Prozeßbürgschaft üblich ist. Zweck dieser S. ist es, die Rechtsposition des → Schuldners zu sichern, sofern er in der nächsten Instanz jedenfalls teilweise obsiegt und daher das Urteil dort aufgehoben oder geändert wird. In diesem Fall verfügt er gegenüber dem voreiligen Gläubiger über einen Schadensersatzanspruch nach § 717 ZPO, den er durch Zugriff auf die S. teilweise verwirklichen kann. Zu Beginn der Zwangsvollstreckung hat der Gläubiger die Erbringung der S. in öffentlicher oder öffentlich beglaubigter → Urkunde (→ öffentliche Beglaubigung) nachzuweisen (§ 751 Abs. 2 ZPO).

**Sicherheitsrücklage**
→ Rücklage, deren Bildung für → Sparkassen aufgrund der sparkassenrechtlichen Vor-

**Sicherstellungsvertrag**

schriften vorgeschrieben ist. Die S. ist damit eine → gesetzliche Rücklage. Wegen des fehlenden → Dotationskapitals kommt der S. sowie den → freien Rücklagen (→ „andere Rücklagen") besondere Bedeutung zu. Die Dotierung der S. ist in den sparkassenrechtlichen Vorschriften geregelt.
(→ Rücklagen der Kreditinstitute)

**Sicherstellungsvertrag**
→ Vertrag, durch den sich der Kreditnehmer gegenüber dem Kreditgeber schuldrechtlich (→ Schuldrecht) verpflichtet, bestimmte → Kreditsicherheiten zu stellen. Er wird zumeist als Nebenabrede im → Kreditvertrag aufgenommen. Ein → Kreditinstitut kann nach den → Allgemeinen Geschäftsbedingungen auch ohne ausdrückliche Abrede jederzeit die Bestellung bzw. Verstärkung von Sicherheiten vom Kreditnehmer für alle ihm zukommenden → Ansprüche verlangen (Nr. 13 Abs. 1 AGB Banken, Nr. 22 Abs. 1 AGB Sparkassen), soweit es sich nicht um einen → Blankokredit handelt.

Bis zur ordnungsgemäßen Bestellung der zugesagten Sicherheiten kann die Bank die Auszahlung des → Kredits zurückhalten (→ Zurückbehaltungsrecht). Kommt der Kreditnehmer dem Sicherheitenstellungsanspruch bzw. Verstärkungsanspruch auf Verlangen des Kreditinstituts nicht innerhalb einer angemessenen Zeit nach, so ist dieses zur → Kündigung des Kredits berechtigt (Nr. 19 Abs. 3 AGB Banken, Nr. 26 Abs. 2 AGB Sparkassen).

**Sicherungsabrede**
*Zweckerklärung;* Vereinbarung zwischen Kreditgeber und Kreditnehmer, die eine Verbindung von → Forderung und Sicherheit herstellt (→ Sicherungsvertrag).

**Sicherungsabtretung**
→ Nichtakzessorische Kreditsicherheit und treuhänderische → Sachsicherheit, bei der ein Kreditnehmer oder ein anderer Sicherungsgeber dem → Kreditinstitut (Sicherungsnehmer) durch → Abtretung treuhänderisch eine oder mehrere → Forderungen gegenüber Dritten zum Zwecke der Kreditsicherung überträgt. Das Kreditinstitut ist nach der Sicherungsvereinbarung (→ Sicherungsvertrag, → Sicherungsabrede) berechtigt, bei → Schuldnerverzug des Kreditnehmers die Forderungen einzuziehen und sich daraus zu befriedigen. Die S. ist (wie die → Sicherungsübereignung) eine → publi-

zitätslose Sicherheit. Sicherungsabrede in → Kreditvertrag oder Sicherungsvertrag stellen die Verknüpfung zwischen der (abstrakten) Sicherheitenbestellung und dem Grundgeschäft, der Kreditgewährung, her. Da die S. häufig bei → Kontokorrentkrediten eingesetzt wird, sehen die → Formularverträge der Kreditinstitute einen → Kontokorrentvorbehalt vor. Regelmäßig (sofern keine Störungen im Kreditverhältnis auftreten) wird auf die Offenlegung der Zession gegenüber dem → Schuldner verzichtet (→ stille Zession), so daß der Kreditnehmer zum Einzug berechtigt bleibt (→ Einzugsermächtigung). Er wird aber im Sicherungsvertrag verpflichtet, die Forderungen zugunsten seines → Kontos bei der kreditgewährenden Bank einzuziehen oder dort einzuzahlen.

*Arten:* (1) Bei einer *Einzelzession* (→ Einzelabtretung) wird eine bestimmte bestehende oder künftige Forderung (z. B. aus → Spareinlagen, → Festgeldern, Bauspargutgaben, auf Auszahlung eines → Bauspardarlehens, aus Warenlieferungen oder Dienstleistungen, aus → Dokumentenakkreditiven, aus → Kreditversicherungen oder anderen Versicherungen usw.) oder einzelne → Ansprüche auf den pfändbaren Teil des Arbeitseinkommens, auf Arbeitslosengeld oder Arbeitslosenhilfe, abgetreten. Es können auch befristete, bedingte und künftige Forderungen zur Sicherung abgetreten werden. Erforderlich zur Wirksamkeit ist, daß die Entstehung der Forderung zur Zeit der Abtretung möglich erscheint und die abgetretene Forderung so konkret bezeichnet wird, daß sie bei ihrer Entstehung bestimmbar ist.
(2) Eine → *Rahmenabtretung* (Rahmenzession) beinhaltet die Abtretung mehrerer oder einer Vielzahl von bestehenden oder künftig entstehenden Forderungen (z. B. aus Warenlieferungen oder Dienstleistungen) in einem Vertrag. Während bei der → Globalzession die Abtretung rechtswirksam mit der Unterzeichnung des Sicherungsvertrages entsteht und Bestandsmeldungen lediglich der Information des Kreditgebers dienen, zieht die → Mantelzession erst nach Übersendung einer Bestandsliste der abgetretenen Forderungen oder der Übergabe von Rechnungskopien als Anlage zum Mantelvertrag.

*Bedeutung:* (1) *Forderungen aus Lieferungen und Dienstleistungen:* Wegen der not-

## Sicherungsgrundschuld

wendigen, aber oft kreditschädlichen Verpfändungsanzeige bei → Verpfändung von Forderungen ist die S. ein bevorzugtes Sicherungsmittel, sofern nicht alternativ anstatt eines Kredites gegen S. gleich das → Factoring-Verfahren gewählt wird. Das Kreditinstitut als Sicherungsnehmer darf sich frühestens bei → Fälligkeit seiner Kreditforderungen durch Einzug der fälligen zedierten Forderungen befriedigen. Der Sicherungswert hängt von der Bonität der → Drittschuldner und der Ehrlichkeit des Kreditnehmers ab. Bei stiller Zession und Globalzession können sich Gefährdungstatbestände ergeben: Oft sind die Drittschuldner unter Gewährung höherer Rabatte bereits abkassiert, Forderungen sind nicht mehr oder noch nicht existent oder es bestehen Gegenforderungen seitens der Drittschuldner (Gegenlieferungen, Mängelrügen) oder Doppelabtretungen. Wertmindernd können sich auch bestehende → verlängerte Eigentumsvorbehalte von Lieferanten des Kreditnehmers auswirken. Sie sind wegen Überbesicherung aber unwirksam, falls der Umfang der sichernden Vorausabtretungen in einem Mißverhältnis zum Wert der Vorbehaltswaren steht.

(2) Bei *stiller Abtretung* von Guthaben-, Spar- und Termingeldkonten: Das kreditgewährende Institut muß die vorrangigen Rechte (→ Pfandrecht und → Zurückbehaltungsrecht) des kontoführenden Institutes nach Nr. 14 AGB der Banken bzw. Nr. 21 AGB der Sparkassen beachten. Lt. Kontovertrag kann vereinbart sein, daß eine Abtretung der Guthabenforderung nur mit Zustimmung des kontoführenden Instituts möglich ist. Im Zuge der Forderungsabtretung bezüglich eines → Sparkontos ist zur Wirksamkeit das Sparbuch dem Gläubiger zu übergeben, maßgebend ist bei Abweichungen der → Salden stets der Kontostand in den Büchern der kontoführenden Stelle. *Hinweis:* Abtretungen von Guthabenforderungen gegen Kreditinstitute sollen aus Sicherheitsgründen stets als → offene Zession erfolgen, die kontoführende Stelle sollte möglichst auf ihr → Pfandrecht und → Zurückbehaltungsrecht verzichten.

(3) *Sparbriefe:* Guthabenforderungen werden abgetreten, wenn es sich um → Namenspapiere handelt. Der → Sparbrief/Sparkassenbrief wird zusätzlich übergeben. Das Eigentumsrecht am Sparbrief folgt der abgetretenen Forderung (§ 952 BGB). Bei Inhabersparbriefen tritt an die Stelle der Forderungsabtretung die Verpfändung oder Sicherungsübereignung des Sparbriefes, der wie eine → bewegliche Sache behandelt wird. Die im Sparbrief verbriefte Forderung folgt dem Pfandrecht oder Sicherheitseigentum am Sparbrief.

(4) *Lebensversicherungsverträge:* Neben die im Versicherungsfall zu erwartende Versicherungssumme tritt bei der Kapitalversicherung der während der → Laufzeit des Versicherungsvertrages entstehende Rückkaufswert, der wie eine Barsicherheit bewertet werden kann. Üblich ist die offene Zession, da die Zustimmung der Versicherungsgesellschaft zur Abtretung der Rechte und Ansprüche aus der Versicherung vereinbart sein kann. Da mit dem Versicherungsfall der Bezugsberechtigte Inhaber der Ansprüche aus dem Versicherungsvertrag wird, muß die Bezugsberechtigung auf das Kreditinstitut übergehen. Bei unwiderruflicher Bezugsberechtigung muß der ursprünglich Bezugsberechtigte dem Widerruf zugunsten des Kreditinstitutes zustimmen. Die Übergabe der Versicherungspolice ist zur Wirksamkeit der Abtretung nicht erforderlich, aber aus Sicherheitsgründen üblich, da dieser bei Zahlung der Versicherungssumme der Gesellschaft vorgelegt werden muß. Der Versicherungsschein ist ein qualifiziertes → Legitimationspapier nach § 808 BGB.

(5) *Lohn- und Gehaltsforderungen:* Die S. von Lohn- und Gehaltsansprüchen kann sich auf Ansprüche aus bestehenden Arbeitsverhältnissen und auch auf künftige Ansprüche aus späteren Arbeitsverhältnissen erstrecken. Der Wert der Kreditsicherheit hängt von der Höhe des pfändungsfreien Betrages, vom Umfang der Unterhaltsverpflichtungen des → Arbeitnehmers und von der Bonität des → Arbeitgebers ab. Eine Anzahl von Unternehmen schließt die Abtretbarkeit von Lohnforderungen durch arbeitsvertragliche Regelungen aus, Kreditinstitute erhalten hiervon Nachricht.

**Sicherungseigentum,** → Sicherungsübereignung.

**Sicherungsgrundschuld**
→ Grundschuld, die wie die → Hypothek zur Sicherung einer → Forderung bestellt wird, ohne aber deren Bestand rechtlich vorauszusetzen. Sie gehört zu den → nichtakzessorischen Kreditsicherheiten, den → treuhänderischen → Sachsicherheiten.

## Sicherungsgrundschuld

*Sicherungsvertrag*: Erst durch eine vertragliche Verknüpfung zwischen dem Kreditverhältnis und dem davon rechtlich unabhängigen → Grundpfandrecht wird die S. zum Kreditsicherungsmittel ausgestaltet. Dieser → Sicherungsvertrag regelt vor allem den Umfang der durch die Grundschuld gesicherten → Ansprüche (sogenannte Zweckerklärung), die Rechtswirkungen von Zahlungen an den → Gläubiger und die Voraussetzungen, unter welchen der Gläubiger Befriedigung aus dem → Grundstück verlangen kann.

*Erweiterte Sicherungsabrede*: Nach den Formularverträgen der Praxis soll die Grundschuld nicht nur zur Besicherung einer ganz bestimmten oder mehrerer bereits entstandener Forderungen in einer genau festgelegten Höhe (sogenannte einfache → Sicherungsabrede) dienen, sondern sie soll alle, selbst künftige Forderungen aus der Geschäftsbeziehung zwischen dem → Kreditinstitut und dem → Schuldner sichern, einschließlich solcher, die die Bank gegen den Schuldner von Dritten in banküblicher Weise (z. B. → Sicherungsabtretung) erworben hat. Gegen diese sogenannte erweiterte Sicherungsabrede bestehen Bedenken, soweit nicht der persönliche Schuldner, sondern ein Dritter die Grundschuld bestellt hat, weil der Eigentümer mit einer solch überraschenden Klausel nicht zu rechnen braucht und er überdies auf die Höhe der Forderung keinen Einfluß nehmen kann (→ Allgemeine Geschäftsbedingungen). In den Verlagsvordrucken wird dem Rechnung getragen, indem die Erweiterungsklausel durch drucktechnische Hervorhebung augenfällig gemacht worden ist und dem Drittsicherungsgeber ausdrücklich ein jederzeitiges Recht zur → Kündigung eingeräumt wird, wodurch er mit der Kündigungserklärung die → Haftung seines Grundstücks auf die bis zu diesem Zeitpunkt begründeten → Verbindlichkeiten des Schuldners begrenzen kann. Gegenüber einer einzelvertraglichen Aushandlung der erweiterten Sicherungsabrede, auf deren Inhalt der Eigentümer einzuwirken vermag, bestehen keine rechtlichen Bedenken.

*Verwertungsbefugnis des Sicherungsnehmers*: Im Sicherungsvertrag wird die Verwertungsbefugnis des Sicherungsnehmers nach Maßgabe des Sicherungszwecks eingeschränkt. Demnach ist die Rechtsposition des Eigentümers (Sicherungsgebers) gegenüber dem Gläubiger durchaus mit der Belastung seines Grundstücks durch eine Hypothek vergleichbar. Der Eigentümer läuft aber Gefahr, diese Gegenrechte im Falle der Weiterübertragung der Grundschuld gegenüber einem gutgläubigen Erwerber wieder einzubüßen.

*Bedeutung als Kreditsicherungsmittel*: Infolge ihres abstrakten Wesens eignet sich die S. bei allen Kreditformen im Zusammenhang mit dem → Realkredit sowie zur Besicherung von → Kontokorrentkrediten. Sie hat daher als bedeutsamstes Kreditsicherungsmittel im → Realkreditgeschäft die Hypothek, abgesehen von der Besicherung von → Darlehen, nahezu vollständig verdrängt.

### Sicherungsgrundschuld, Einreden und gutgläubiger Erwerb

*Einreden*: Im Hinblick auf die Gegenrechte gegenüber der → Grundschuld und der nicht möglichen → Einreden entspricht die Rechtslage der bei der → Hypothek (→ Hypothek, Einreden). Dagegen kann der Eigentümer gegenüber dem → Gläubiger wegen der Abstraktheit der Grundschuld nicht wie bei der Hypothek Einreden aus der → Forderung erheben (§ 1137 BGB gilt nicht), jedoch kann er Einwände, die die Forderung betreffen, aus dem → Sicherungsvertrag geltend machen, soweit sie dessen Bestandteil geworden sind:

*Nichtvalutierung der Grundschuld*: Wurde etwa die Grundschuld schon zugunsten des Gläubigers eingetragen, bevor der → Kredit ausbezahlt worden ist, so behält sie ihren Charakter als Fremdgrundschuld. Scheitert die Valutierung endgültig, hat aber der Eigentümer gegenüber dem Gläubiger aus dem Sicherungsvertrag einen schuldrechtlichen Rückgewähranspruch, bei einem unwirksamen Sicherungsvertrag aus → ungerechtfertigter Bereicherung nach § 812 Abs. 1 S. 2 BGB. Verlangt nun der Gläubiger von dem Eigentümer trotzdem Befriedigung aus dem → Grundstück, so kann der Eigentümer diesem den Umstand der Nichtvalutierung entgegenhalten. Tritt aber der Gläubiger die nichtvalutierte Grundschuld an einem Dritten ab, und hat dieser davon keine Kenntnis, büßt der Eigentümer das Gegenrecht gemäß §§ 1192 Abs. 1, 1157 S. 2 BGB ein.

*Abtretung nur der gesicherten Forderung*: Tritt der Gläubiger nur die gesicherte Forderung, nicht die Grundschuld ab, so wird der persönliche Schuldner vor einer doppelten Inanspruchnahme durch Grundpfandgläubiger und Forderungsinhaber geschützt, denn gegenüber dem Forderungsgläubiger kann er aus dem Sicherungsvertrag einwenden, daß er zur Leistung nur gegen Rückgabe der Sicherheit verpflichtet ist, wozu dieser aber nicht imstande ist (§§ 398, 404 BGB).

*Gutgläubiger Erwerb*: Hinsichtlich der *Bestellung* bestehen keine Unterschiede zur Hypothek (→ Hypothek, gutgläubiger Erwerb). Gleiches gilt für die *Übertragung*, soweit es Mängel im dinglichen Erwerbstatbestand betrifft. Im Unterschied zur Hypothek kommt es aber für den Erwerb der abstrakten Grundschuld nicht auf die Existenz einer Forderung an. Besteht keine zu sichernde Forderung, wird der gutgläubige Erwerber genau wie bei der → Verkehrshypothek nur Inhaber des Grundpfandrechts und nicht der Forderung. Hat aber der neue Gläubiger beim Erwerb der Grundschuld die Nichtvalutierung bzw. den Wegfall des Sicherungszwecks nach → Tilgung der gesicherten Forderung gekannt, so kann der Eigentümer nicht nur die Geltendmachung der Grundschuld durch Einrede abwehren, sondern auch vom neuen Grundschuldgläubiger Verzicht auf die Grundschuld verlangen (§§ 1192 Abs. 1, 1169 BGB).

## Sicherungsgrundschuld, Zahlungsauswirkungen

Die Rechtswirkungen der Bezahlung des → Gläubigers bemessen sich danach, wer ihm gegenüber die Leistung erbringt und auf welchen → Anspruch, den dinglichen aus der → Grundschuld oder den persönlichen aus der gesicherten → Forderung, die Zahlung angerechnet werden soll.

*Unterschiede wegen der Person des Leistenden*: Der nicht persönlich verpflichtete Eigentümer und ein sonstiger Dritter dürfen wie bei der Hypothek an den Gläubiger zahlen (→ Hypothek, Zahlungsauswirkungen), falls dieser Befriedigung aus dem → Grundstück verlangt (§§ 1142, 1150; 1192 Abs. 1 BGB). Ihre Leistung erfolgt immer auf die Grundschuld, so daß das → Grundpfandrecht auf sie kraft Gesetzes übergeht (§§ 1143 analog, 268 Abs. 3 BGB). Zahlt aber der persönliche → Schuldner oder der Eigentümer, sofern der Schuldner zur → Rückzahlung berechtigt ist (vgl. § 1142 BGB), erfolgt die Verrechnung i. d. R. auf die gesicherte Forderung.

*Zahlung auf die Grundschuld*: Nur selten wird zwischen Gläubiger und Schuldner eine solche Vereinbarung getroffen, weil jede → Tilgung eine Zurückführung des entsprechenden Teils der Grundschuld bewirkt, der getilgte Teil des Kapitals dann entsprechend § 1143 BGB auf den Eigentümer übergeht und in dieser Höhe genau wie bei der Hypothek eine verdeckte → Eigentümergrundschuld entsteht. Sind persönlicher Schuldner und Eigentümer identisch, erlischt die gesicherte Forderung in entsprechendem Umfang, andernfalls soll die Ablösung der Grundschuld durch den Grundeigentümer die gesicherte Forderung unberührt lassen. Nach vollständiger Tilgung kann der Eigentümer vom Gläubiger entweder Berichtigung des → Grundbuchs nach § 894 BGB (→ Grundbuchberichtigung) oder Löschung der Grundschuld (→ Grundpfandrecht, Löschung) verlangen, soweit nicht der gesetzliche Löschungsanspruch bzw. eine Löschungsvormerkung anderer Grundpfandgläubiger eingreift.

*Zahlung auf die Forderung*: Angesichts dieser Nachteile wird in der Kreditpraxis durchweg nur die Anrechnung der Zahlung auf die gesicherte Forderung vereinbart, so daß die Grundschuld in ihrem Bestand von der Tilgung nicht berührt wird. Die Verrechnungsklausel bindet nur die Vertragspartner selbst. Soll sie sich auch auf den Eigentümer erstrecken, muß er daran mitwirken. Stets gilt aber die Verrechnungsabrede für den Eigentümer bei der → Zwangsvollstreckung in das Grundstück, weil damit der Gläubiger seinen dinglichen Anspruch aus der Grundschuld realisieren will und deshalb der Eigentümer jederzeit die Grundschuld mit dem dinglich geschuldeten Betrag ablösen kann. Gleiches dürfte für Zahlungen des → Konkursverwalters im → Konkurs des Grundstückseigentümers gelten.

*Rückgewähranspruch*: Nach Zurückzahlung der gesicherten Forderungen besitzt der Eigentümer (Sicherungsgeber) gegenüber dem Gläubiger (Sicherungsnehmer) nach Maßgabe des → Sicherungsvertrages einen schuldrechtlichen Rückgewähranspruch, der nach seiner Wahl auf → Abtretung

**Sicherungshypothek**

(→ Grundpfandrecht, Übertragung; Grundpfandrecht, Löschung) oder Verzicht gerichtet ist. Der im Grundbuch einzutragende Verzicht bewirkt einen Übergang der Grundschuld auf den Eigentümer (§§ 1192 Abs. 1, 1168 BGB; Eigentümergrundschuld). Häufig tritt der rückgewährberechtigte Eigentümer seinen Rückgewähranspruch an ein anderes → Kreditinstitut ab, namentlich an andere Grundpfandgläubiger zur Absicherung ihres Löschungsanspruchs. Ist die Zession zwischen dem Sicherungsgeber und Sicherungsnehmer rechtsgeschäftlich ausgeschlossen (Abtretung), bedarf es dazu der Zustimmung des Grundschuldgläubigers. Für einen noch nicht im Grundbuch eingetragenen Gläubiger kommt die Abtretung des Rückgewähranspruchs als eigenständige Sicherheit jedenfalls bei mehrfacher Belastung des Grundstücks nicht in Betracht. Selbst im Falle der Belastung mit *einer* Grundschuld ist Vorsicht angezeigt, weil nach Maßgabe der allgemein üblichen erweiterten Sicherungsabrede (→ Sicherungsgrundschuld) der Grundschuldgläubiger trotz der Abtretung des Rückgewähranspruchs die Grundschuld weiterhin valutieren darf.

*Teilleistungen*: Besitzt der Gläubiger neben den durch die Grundschuld gesicherten Ansprüchen noch andere ungesicherte Forderungen gegenüber dem Schuldner, wird im Sicherungsinteresse des Gläubigers durchweg vereinbart, daß Leistungen zunächst auf die ungesicherte Schuld verrechnet werden dürfen, selbst wenn ein Dritter, also nicht der persönliche Schuldner, die Sicherheit herausgelegt hat (Abweichung von § 366 Abs. 1 BGB).

**Sicherungshypothek**

Streng akzessorische → Hypothek, bei der das Recht des → Gläubigers aus der Hypothek sich vereinbarungsgemäß nur nach der → Forderung bestimmt (§ 1184 Abs. 1 BGB). Die Hypothek muß als Sicherungshypothek im → Grundbuch bezeichnet (§ 1184 Abs. 2 BGB) und kann nur als → Buchhypothek bestellt werden (§ 1185 Abs. 1 BGB).

*Besonderheiten*: Der öffentliche Glaube des Grundbuchs (→ Grundbuch, öffentlicher Glaube) gilt nicht für die Forderung; vielmehr muß der Gläubiger die Forderung und Forderungshöhe nachweisen und kann seine hypothekarischen Rechte nur in Höhe der bestehenden Forderung durchsetzen (§ 1184 Abs. 1 BGB). Ein gutgläubiger Erwerb ist nicht möglich, falls die Forderung nicht besteht (§ 1185 Abs. 2 BGB), sondern nur, wenn Mängel im dinglichen Erwerbstatbestand auftreten (→ Hypothek, gutgläubiger Erwerb). Der Gläubiger muß alle → Einreden und Einwendungen des Eigentümers gegen die Forderungen gegen sich gelten lassen; ein Ausschluß gegenüber dem gutgläubigen Erwerber i. S. v. § 1138 BGB findet nicht statt (→ Hypothek, Einreden).

Mangels Verkehrsfähigkeit eignet sie sich daher nicht als Kreditsicherungsmittel. Praktische Bedeutung besitzt sie, wenn der Gläubiger sich eine Hypothek zwangsweise gegen den Willen des Eigentümers verschaffen will (→ Zwangshypothek, → Arresthypothek).

*Sonderformen*: → Höchstbetragshypothek, → Wertpapierhypothek.
*Gegensatz*: → Verkehrshypothek.

**Sicherungsnießbrauch**

Sicherungsweise bestellter → Nießbrauch an einer → Sache oder einem → Recht.

**Sicherungsschein**

Durch den S. erwirbt die → Bank bei Sicherungsgut oder → Grundpfandrechten die Rechte aus dazu bestehenden Versicherungen, ohne selbst Versicherungsnehmer zu sein. Anwendung: a) Immobilien-Sicherheiten: Formular „Anmeldung der Grundstücksbelastung (Anmeldung und Versicherungsbestätigung) zur Gebäudefeuerversicherung". b) → Sicherungsübereignung von Maschinen und Handelswaren: Formular „S. für Maschinen, Handelswaren, landwirtschaftliche Inventarien, Gebäude, die nicht Bestandteile eines → Grundstückes sind". c) Sicherungsübereignung von Kraftfahrzeugen: „Kfz-S.". Empfehlenswert: Kontrolle auf ausreichenden Versicherungsschutz, bei Fahrzeugen angemessene Vollkaskoversicherung.

(→ Mobiliarsicherheit, → Immobiliarkredit)

**Sicherungsstempel**, → Überweisungsverkehr.

**Sicherungstreuhand**, → Treuhand.

**Sicherungsübereignung**

→ Nichtakzessorische Kreditsicherheit, → treuhänderische Sicherheit (im BGB nicht

## Sicherungsübereignung

geregelte, aber gewohnheitsrechtlich anerkannte), → Sachsicherheit, die in einer Übertragung von treuhänderischem → Eigentum an → Sachen (regelmäßig Mobiliarsicherheiten) durch den Sicherungsgeber (i. d. R. Kreditnehmer) an den Sicherungsnehmer (Kreditgeber) zur Sicherung von Kreditforderungen besteht. Die S. ist wie die → Sicherungsabtretung eine → publizitätslose Sicherheit. Wie bei der Sicherungsabtretung wird durch die → Sicherungsabrede bzw. durch den → Sicherungsvertrag die Verbindung zwischen der (abstrakten) Sicherheitenbestellung und dem Grundgeschäft, der Kreditgewährung, hergestellt, so daß der Sicherungsnehmer nur im Rahmen des Sicherungszwecks zur Verwertung des Sicherungsgutes berechtigt ist. Im Verhältnis zu außenstehenden Dritten hat der Sicherungsnehmer volles Eigentum. Der Sicherungsgeber behält das → wirtschaftliche Eigentum an der Sache und hat es in seiner → Steuerbilanz auszuweisen. Die S. bildet neben der Sicherungsabtretung den wichtigsten Fall der eigennützigen → Treuhand.

*Bestellung*: Die → Übereignung des Sicherungsgegenstandes erfolgt durch → Einigung über den Eigentumsübergang nach § 929 BGB und → Übergabe der Sache (so z. B. bei Schmuck, Edelmetallen, → Inhaberpapieren) bzw. durch Übergabeersatz nach § 930 BGB. Übergabeersatz nach § 930 BGB ist die Vereinbarung eines → Besitzkonstituts zwischen Sicherungsgeber und Sicherungsnehmer (zumeist ein Verwahrungsvertrag); damit erhält der Sicherungsnehmer den mittelbaren → Besitz (§ 869 BGB) am Sicherungsgut, während der Sicherungsgeber unmittelbarer Besitzer bleibt. Eine solche rechtliche Konstruktion ist bei der → Verpfändung (→ Faustpfandrecht) ausgeschlossen. Hat ein Dritter den Sicherungsgegenstand in Besitz, kann die S. auch durch → Abtretung des Herausgabeanspruchs des Sicherungsgebers gegen den besitzenden Dritten erfolgen (§ 931 BGB), ohne daß diese Abtretung dem Dritten (wie bei der Verpfändung) angezeigt werden muß.

*Kollision des Sicherungsrechts des Kreditinstituts mit Rechten anderer Gläubiger*: (1) Wichtigster Fall ist der → Eigentumsvorbehalt eines Lieferanten, der auch gegenüber dem → Kreditinstitut als Sicherungseigentümer Bestand hat, weil ein → gutgläubiger Erwerb des Kreditinstituts an der fehlenden Erlangung des unmittelbaren Besitzes scheitert. Die in den → Formularverträgen der Kreditinstitute ersatzweise vereinbarte Abtretung des → Anwartschaftsrechts kann dies nicht ersetzen, da das Anwartschaftsrecht durch einfachen → Rücktritt des Verkäufers vom Kaufvertrag im Falle des Zahlungsverzugs des Käufers erlischt. Das Kreditinstitut hat daher darauf zu achten, daß der Kreditnehmer die Kaufpreisverbindlichkeiten aus dem zur Verfügung gestellten Kredit termingerecht begleicht, um das volle Eigentum an dem Sicherungsgegenstand zu erhalten. (2) Befindet sich das Sicherungsgut in gemieteten oder gepachteten Räumen oder ist es bei einem → Kaufmann eingelagert oder zum Transport oder zur Reparatur übergeben, so können vorrangige → gesetzliche Pfandrechte (z. B. → Vermieterpfandrecht, → Verpächterpfandrecht) entstehen. (3) Handelt es sich bei dem Sicherungsgut um → wesentliche Bestandteile oder → Zubehör eines → Grundstücks und ist das Grundstück durch ein → Grundpfandrecht belastet, so haftet das Sicherungsgut dem Grundpfandrechtsgläubiger (→ Grundpfandrechte, Haftungsverband). Für Zubehör kann dieses Risiko ausgeschaltet werden, wenn dem Kreditinstitut das Sicherungseigentum bei Neuanschaffung direkt vom Verkäufer übertragen wird.

*Gegenstände*: Sicherungsübereignet werden können alle Sachen, nicht aber wesentliche Bestandteile einer Sache. Von Bedeutung ist die S. → beweglicher Sachen (wie z. B. Maschinen, → Waren, Kraftfahrzeuge). → Wertpapiere werden regelmäßig nicht sicherungsübereignet, sondern verpfändet. S. von Waren mittels → Traditionspapieren sind dagegen üblich. → Grundstücke werden nicht sicherungsübereignet, sondern mit Grundpfandrechten belastet, ebenso werden in amtlichen Registern eingetragene → Schiffe und Luftfahrzeuge mit Registerpfandrechten belastet (andere Schiffe dagegen übereignet). Nach §§ 93, 94 BGB können wesentliche Bestandteile eines Grundstücks nicht sicherungsübereignet werden, Scheinbestandteile dagegen (wie z. B. Lagerhallen auf fremden Grundstücken) können sicherungsübereignet werden.

*Bestimmtheitsgrundsatz*: Nur bestimmte einzelne Sachen können übereignet werden. Der Sicherungsübereignungsvertrag ist daher nur gültig, wenn eine genaue Bestimmung des Sicherungsgutes (Individualisie-

**Sicherungsvertrag**

rung) aus dem →Vertrag selbst oder seinen Anlagen möglich ist. Eine Einzelsicherungsübereignung verlangt eine konkrete Bezeichnung nach individuellen Merkmalen, z. B. nach Fahrgestell- oder Fabrikationsnummern. Ist dies nicht möglich, muß die Sache besonders markiert werden. Bei →Sachgesamtheiten (z. B. Warenlager) sind besondere Vorkehrungen zur Wahrung des Bestimmtheitsgrundsatzes zu treffen, so durch gesonderte Lagerung in bestimmten Räumen (→Raumsicherungsübereignung).

Der *Wert des Sicherungsgutes* wird durch den voraussichtlich erzielbaren Verwertungserlös bestimmt. Aus Gründen der Werterhaltung wird der Sicherungsgeber verpflichtet, das Sicherungsgut gegen die üblichen Risiken zu versichern. Bei Kraftfahrzeugen bietet nur eine Vollkaskoversicherung ohne Selbstbeteiligung einen hinreichenden Sicherungswert. Der Nachweis der Abtretung der Versicherungsansprüche des Kreditnehmers erfolgt durch den vom Versicherer dem Kreditinstitut ausgestellten →Sicherungsschein. Das Kreditinstitut muß den Versicherer über die S. benachrichtigen. Die Wirksamkeit der S. eines Kraftfahrzeugs ist nicht von der Übergabe des Kfz-Briefes abhängig. Mit der S. erwirbt das Kreditinstitut auch das Eigentum am Kraftfahrzeugbrief. Die Übergabe des Kfz-Briefes ist aber notwendig, um sicherzustellen, daß der Kreditnehmer keine Umschreibung veranlassen kann. Eine Benachrichtigung der Kraftfahrzeugzulassungsstelle verhindert die Ausstellung eines Ersatzbriefes.

*Haftungserweiterung*: Bei der S. ist die Vereinbarung eines →Kontokorrentvorbehalts üblich. Ebenso wird vereinbart, daß bei Weiterverkauf von Waren dem Kreditinstitut daraus entstehende Forderungen abgetreten werden (→Anschlußzession) bzw. bei Verarbeitung von Waren das Kreditinstitut das Eigentum an den hergestellten Waren erwirbt. Als Deckungsgrenze vereinbart (Nr. 16 AGB Banken). Bei einer Kollision der Sicherungsrechte des Kreditinstituts mit Sicherungsrechten von Lieferanten setzt sich aber der →verlängerte Eigentumsvorbehalt der Lieferanten durch (→Globalzession).

*Rückgabe des Sicherungsgutes*: Nach Begleichung der Kreditforderungen ist das Kreditinstitut schuldrechtlich verpflichtet, dem Sicherungsgeber das Sicherungsgut zurückzuübereignen. Ein automatischer Rückfall des Eigentums wird in der Praxis ausgeschlossen.

*Verwertungsbefugnis*: Bei →Fälligkeit der Kreditforderungen kann das Kreditinstitut das Sicherungsgut nach seiner Wahl verwerten (→Verwertung von Sicherheiten); zu beachten sind Nr. 16 Abs. 2, 17 AGB Banken (Nr. 21 Abs. 5 AGB Sparkassen). Bei freihändigem Verkauf hat das Kreditinstitut die Verwertung mit der Sorgfalt eines ordentlichen Kaufmanns durchzuführen (Nebenverpflichtung aus dem Sicherungsvertrag), um sich nicht wegen Verschleuderung schadensersatzpflichtig zu machen. Wirtschaftliche Verwertungsrisiken liegen dabei in der möglichen Verderblichkeit oder Unverkäuflichkeit der Sicherungsgüter, fallenden Preisen (insbes. bei Rohstoffen), sinkender Nachfrage sowie der Existenz nur eines Abnehmers, der seine Marktmacht mißbräuchlich nutzt.

*Zwangsvollstreckung und Konkurs*: Zwangsvollstreckungsmaßnahmen (→Zwangsvollstreckung) anderer Gläubiger in das Sicherungsgut kann das Kreditinstitut durch die →Drittwiderspruchsklage nach § 771 ZPO abwehren. Im →Konkurs des Sicherungsnehmers verfügt das Kreditinstitut (analog zum Pfandgläubiger) nur ein Recht auf →Absonderung nach §§ 48 ff. KO.

*Bedeutung*: Die S. wird wegen ihrer Publizitätslosigkeit und wegen der Möglichkeit, dem Sicherungsgeber den unmittelbaren Besitz zu belassen, in der Praxis häufig als Kreditsicherungsmittel eingesetzt.
(→Sachsicherheit)

### Sicherungsvertrag

Zusätzlich zum →Kreditvertrag geschlossener →Vertrag zur Regelung der Sicherung eines →Kredits, insbes. Vertrag, der sich auf eine →nichtakzessorische Kreditsicherheit bezieht und die gesetzlich fehlende Verbindung zwischen dem Kreditvertrag und der abstrakten dinglichen Sicherheitenbestellung (→Sachenrecht) schuldrechtlich (→Schuldrecht) herstellt (§ 305 BGB). Ist die Vereinbarung formularmäßig Bestandteil des Kreditvertrages, spricht man von →Sicherungsabrede oder Zweckerklärung. Die Verpflichtung zur Herauslegung der Sicherheit beruht auf dem →Sicherstellungsvertrag oder der einschlägigen Klausel in den →Allgemeinen Geschäftsbedingungen der → Kreditinstitute und kann durch den Kreditnehmer oder durch einen Dritten (Sicherungsgeber) erfüllt werden. Der S. regelt im wesentlichen den Umfang der gesicherten Forderung des Kreditgebers (Sicherungsnehmers) sowie die Rechte und Pflichten der Beteiligten hinsichtlich des Sicherungsguts, insbes. die Verwertungsbefugnis des Sicherungsnehmers. Die konkrete rechtliche Ausgestaltung bemißt sich nach der jeweiligen Sicherungsform (→ Sicherungsabtretung, → Sicherungsübereignung, → Sicherungsgrundschuld).

### Sicherungszweckerklärung
Vereinbarung über den Sicherungszweck der von Kreditnehmern gestellten Sicherheiten im → Sicherungsvertrag, stellt die Verbindung her zwischen der abstrakt bestellten Sicherheit und den zu sichernden → Forderungen. S. ist wichtig vor allem für → nichtakzessorische Kreditsicherheiten, weil die als Sicherheit dienenden Forderungen und → Sachen vom Sicherungsgeber (Kreditnehmer oder Dritte) im Außenverhältnis zu vollem Recht übertragen werden, das Kreditinstitut alleiniger Eigentümer der Sachen und alleiniger Berechtigter aus den Forderungen wird. Mit dem Sicherungsgeber wird vereinbart, welche Forderungen durch z. B. → Übereignung, Zession (→ Abtretung) oder → Grundschuld gesichert werden und die → Ansprüche auf Rückübertragung nach Erledigung des Sicherungszweckes geregelt.

*Sicherungszweck:* Sicherung aller (oder eines bestimmten Teiles der) gegenwärtigen und künftigen – auch bedingten und befristeten – Ansprüche des Kreditinstitutes und seiner in- und ausländischen Niederlassungen oder → Tochtergesellschaften gegen den Kreditnehmer und/oder Sicherungsgeber aus – Geschäftsverbindungen (insbes. → Kredite jeder Art), – → Bürgschaften und sonstigen → Gewährleistungen, – abgetretenen und kraft Gesetzes übergegangenen Forderungen, – → Wechseln (auch soweit von Dritten hereingegeben).

### Sichtakkreditiv
→ Dokumentenakkreditiv, bei dem der Begünstigte Zug um Zug gegen Vorlage der akkreditivgemäßen Dokumente → Anspruch auf Zahlung hat (Art des → Zahlungsakkreditivs, auch als Sichtzahlungsakkreditiv bezeichnet).

*Gegensatz:* → Deferred-Payment-Akkreditiv.

### Sichteinlagen
→ Einlagen, für die eine → Laufzeit oder Kündigungsfrist nicht vereinbart ist. S. sind → Buchgeld. Da S. mithin jederzeit („bei Sicht") fällig sind, bezeichnet man sie auch als „täglich fällige Einlagen" oder „täglich fällige Gelder" (Nr. 31 Abs. 1 AGB Sparkassen a. F.).

*Andere Begriffe:* Sichtguthaben bzw. Sichtverbindlichkeiten, → Giroeinlagen oder Kontokorrenteinlagen (→ Kontokorrentkonto). Zuweilen werden sie auch als Sichtdepositen (Gelddepositen) bezeichnet, obwohl der Depositenbegriff mehr den → Termineinlagen vorbehalten ist. Gemäß § 3 Abs. 1 AMR (→ Anweisung der Deutschen Bundesbank über Mindestreserven) zählen zu den Sichtverbindlichkeiten aber nicht nur täglich fällige Einlagen. Erfaßt werden auch → Verbindlichkeiten mit einer vereinbarten Laufzeit von weniger als einem Monat (sog. → terminierte Tagesgelder) bzw. einer Kündigungsfrist von unter einem Monat. Auch in den Statistiken der Bundesbank (→ Monatsberichte der Deutschen Bundesbank) rechnen Einlagen mit einer Laufzeit bzw. Kündigungsfrist von weniger als einem Monat zu den bzw. Sichtverbindlichkeiten.

*Konto:* S. werden auf einem Girokonto (Kontokorrentkonto) bei einem → Kreditinstitut unterhalten und dienen dem → bargeldlosen Zahlungsverkehr. Der Kontoinhaber kann jederzeit bar oder unbar über sein Sichtguthaben verfügen.

*Verzinsung:* Die (Haben-)Zinssätze liegen i. d. R. zwischen 0,0 Prozent und 0,5 Prozent. Häufig setzt die Verzinsung auch erst ab einem bestimmten Mindestbetrag ein (z. B. ab 3.000 DM). Die jeweilige Marktsituation wie auch die Geschäftspolitik bestimmen die Höhe des Zinssatzes. Das Kreditinstitut ist berechtigt, die Zinssätze einseitig festzusetzen und zu ändern, soweit nichts anderes vereinbart ist. Der jeweils geltende Zinssatz ist durch Aushang im Kassenraum bekannt zu machen. Ist ein einseitiger Zinsänderungsvorbehalt nicht vereinbart worden, bedürfen Änderungen des Zinssatzes einer Vertragsänderung, die nur im gegenseitigen Einvernehmen vorgenommen werden kann. Für die Zinsberechnung wird der Monat mit 30 Tagen angenommen.

## Sichtguthaben

Grundsätzlich besteht aufgrund bürgerlich-rechtlicher und handelsrechtlicher Bestimmungen ein Zinseszinsverbot (§ 248 Abs. 1 BGB, § 353 HGB). Kreditinstitute sind davon aber ausgenommen (§ 248 Abs. 2 BGB). Voraussetzung für die Erhebung von →Zinsen ist aber, daß zu dem Termin ein handelsrechtlicher Rechnungsabschluß auch tatsächlich erstellt wird (§ 355 HGB). Damit sind Zinsabschlüsse ohne handelsrechtlichen Rechnungsabschluß unzulässig; sie würden gegen das grundsätzliche Zinseszinsverbot verstoßen.

*Geschäftspolitische Bedeutung:* Der Bodensatz an S. (S. als formal kurzfristige Guthaben stehen zu einem gewissen Prozentsatz tatsächlich langfristig zur Verfügung) dient als Refinanzierungsquelle für das → Aktivgeschäft. Dabei ist ein Zinsnutzenentgang durch die Haltung von → Mindestreserven zu berücksichtigen. Außerdem ist zu berücksichtigen, daß seit Fortfall der → Fakultativklausel kaum noch Floatgewinne entstehen. Auch die Möglichkeit, Valutierungsgewinne durch → Wertstellungen zu erzielen, ist eingeengt worden. Bei Einbeziehung der → Betriebskosten und Berücksichtigung der durch die → Liquiditätsgrundsätze des → Bundesaufsichtsamts für das Kreditwesen stark eingeschränkten Verwendungsmöglichkeiten der S. im → Aktivgeschäft muß von Nettokosten im Sichteinlagengeschäft ausgegangen werden. Zu berücksichtigen ist allerdings die sog. „Zubringerfunktion" der Girokonten, auf denen S. verbucht sind und die somit zu indirekten Erträgen aus Anschlußgeschäften (→ Crossselling) führen können.

*Gesamtwirtschaftliche Bedeutung:* Die S. der Kreditinstitute sind zentrale Bestandteile der Geldmengenkonzepte der Deutschen Bundesbank (→ Geldmengenbegriffe) und mithin Ansatzpunkte ihrer → Geldpolitik (Giralgeldschöpfung der Kreditinstitute).

*Bilanzierung:* Ausweis auf der Passivseite unter 1. Verbindlichkeiten gegenüber Kreditinstituten a) täglich fällig und 2. Verbindlichkeiten aus dem Bankgeschäft gegenüber anderen →Gläubigern a) täglich fällig.

*Pfändung, Verpfändung und Abtretung von S., Pfandrecht und Zurückbehaltungsrecht nach AGB:* → Pfändung in Bankkonten, → AGB-Pfandrecht der Kreditinstitute, → Zurückbehaltungsrecht.

**Sichtguthaben,** → Einlagen auf → Girokonten (→ Sichteinlagen).

## Sichtkurs

Kurs zum Ankauf von auf ausländische → Währung lautenden → Auslandsschecks (→ Fremdwährungsschecks), auch als Scheckankaufskurs bezeichnet. Er wird durch → Abschlag vom → Geldkurs im Devisenhandel (Devisenkassakurs) in Höhe der Spanne zwischen Geld- und Mittelkurs errechnet (→ Devisenkurs).

## Sichttratte

Gezogener → Wechsel, der bei Vorlage (bei Sicht) zahlbar ist (→ Sichtwechsel). Im Außenhandelsgeschäft wird er bei → Dokumenteninkassi und → Dokumentenakkreditiven verwendet. Bei Dokumenteninkassi dürfen die Dokumente nur gegen Bezahlung der S. ausgehändigt werden (Art. 12 ERI). Im Akkreditivgeschäft schreiben vor allem ausländische → Kreditinstitute vielfach vor, daß die aufzunehmenden Dokumente von einer S. begleitet sein müssen. Je nach den Akkreditivbedingungen kann die geforderte S. entweder auf die eröffnende Bank, den Akkreditivauftraggeber oder einen anderen im Akkreditiv benannten → Bezogenen gezogen werden.

## Sichtwechsel

→ Wechsel, der bei Vorlage an den → Bezogenen (→ Tratte) bzw. → Aussteller (→ Solawechsel) fällig ist. Die Vorlage zur Zahlung hat binnen eines Jahres seit der Ausstellung zu erfolgen, sofern der Aussteller oder die → Indossanten diese Frist nicht verkürzen bzw. der Aussteller sie verlängert. Der Aussteller kann auch vorschreiben, daß der S. nicht vor einem bestimmten Tag zur Zahlung vorgelegt werden darf. Dann beginnt die Jahresfrist erst mit diesem Tag (Art. 34 WG). S. sind nicht bei der→ Deutschen Bundesbank rediskontfähig (→ Rediskontierung). Sie kommen (als → Sichttratten) häufig bei Außenhandelsgeschäften vor.

**Sichtzahlungsakkreditiv,** → Sichtakkreditiv.

## Siebener-Gruppe

Informeller Zusammenschluß der wichtigsten Industrienationen (außer den Ländern der → Fünfer-Gruppe noch Kanada und Italien). Die Staats- und Regierungschefs treffen jährlich auf dem Weltwirtschaftsgipfel zusammen. Ferner finden gemeinsame Sitzungen der Finanzminister und Zentralbankgouverneure statt, zu denen teilweise auch der Geschäftsführende Direktor des → Internationalen Währungsfonds geladen wird.

### Sigma
1. *Allgemein*: Griechischer Buchstabe für S.

2. *Statistik*: Statistische Kurzschreibweise für → Standardabweichung.
(→ Moderne Portfolio-Theorie, → Asset Allocation)

3. Synonym für → Vega.

### Sigma²
Statistische Kurzschreibweise für → Varianz.
(→ Moderne Portfolio-Theorie, → Asset Allocation)

### Sigma Prime, → Vega.

### Signal-Linie
→ Technische Studie der → MACD/Signal-Studie, die als exponentiell gewichteter Durchschnitt der → MACD-Linie ermittelt wird. Die S.-L. hat die Aufgabe, die MACD-Linie zu glätten.

### Silber-Future, → Edelmetall-Future.

### Silvester-Anleihe
→ Anleihe, die zu Silvester emittiert wird.

### SIMEX
Abk. für Singapore International Monetary Exchange (→ Options- und Terminbörsen an den internationalen Finanzplätzen).

### Simple Basis
Gross Basis (→ Basis) bei kurzfristigen → Zinsfutures. Die S. B. entspricht der Differenz zwischen dem Futurekurs, der sich aus dem aktuellen → Referenzzinssatz und dem aktuellen Futurekurs ergibt (Formel: S. B. = Kurs impliziert aus dem aktuellen Referenzzinssatz [z. B. → FIBOR]–Aktueller Kurs des → Future). Die S.B. entspricht der Summe von → Theoretical Basis und → Value Basis. Die S. B. konvergiert ebenso wie die Theoretical Basis gegen Null. Das Hedge-Ergebnis wird maßgeblich von der Veränderung der S. B. beeinflußt.

### Simple Margin (SM)
Durchschnittlicher Ertrag pro Jahr unter Berücksichtigung der → Restlaufzeit eines → Plain Vanilla Floaters in Beziehung gesetzt mit dem → Referenzzinssatz (z. B. → LIBOR, → FIBOR). Die SM wird auch als Netto-Marge oder effektive Marge bezeichnet. Der Ertrag eines Floaters setzt sich aus zwei Komponenten zusammen: Zum einen erhält der Investor den Referenzzinssatz zuzüglich einer eventuellen → Quoted Margin. Zum anderen die Differenz zwischen dem Kaufkurs und dem → Rückzahlungskurs des Floaters. Es wird davon ausgegangen, daß dieser → Rückzahlungsgewinn oder → Rückzahlungsverlust gleichmäßig auf die Anzahl der Jahre verteilt wird. Die SM ergibt sich somit aus der Addition dieser beiden Komponenten.

SM =
[(Rückzahlungskurs – aktueller Kurs) : Laufzeit] + Quoted Margin.

→ Laufzeit = Restlaufzeit
Diese SM kann mit der → Börsenformel im Bereich der Analyse von → Straight Bonds verglichen werden. Die SM hat den Vorteil, daß der Kurs am nächsten Zinstermin im Vergleich zum → Return-to-Rollover des Floaters nicht geschätzt werden muß. Die SM in der hier gezeigten Form eignet sich nur zur Bewertung am Emissionstag oder an den → Kupontermine. Denn: Zwischen den Kupontermine beeinflußt jede Abweichung des laufenden → Kupons von den aktuellen gültigen Marktsätzen den Wert des Floaters. Kennzahlen, die diesen Effekt berücksichtigen, sind die → Adjusted Simple Margin und → Discounted Margin.

### Simple Yield-to-Maturity, → Börsenformel.

### Single Barrier Accrual
→ Exotische Optionsscheine, bei denen der Anleger für jeden Mittwoch, an denen der → Basiswert (z. B. YEN/US-$-Wechselkurs) unter bzw. über einer bestimmten Grenze notiert, einen feststehenden Betrag erhält. Bei den S.B. A. von Bankers Trust erhält der Anleger für jeden Mittwoch, den der YEN/US-$-Wechselkurs die Grenze von 105 nicht übersteigt, DM 0,10 bei → Fälligkeit des Optionsscheines ausbezahlt.

## Single-Indikator-Modelle

S. B. A. sind für Anleger interessant, die erwarten, daß der Basiswert nicht über eine bestimmte Grenze steigt. Ein weiterer → Optionsschein verbrieft das Recht, DM 0,10 zu erhalten, wenn der YEN/US-$-Wechselkurs den Wert von 101 mindestens erreicht. Im Gegensatz zu S. B. A. sind bei → Dual Barrier Accrual zwei Grenzen vorgesehen. Vgl. auch BOOST, → Hamster-Optionsscheine, → E. A. R. N.-Optionsscheine.

## Single-Indikator-Modelle

→ Sensitivitätsanalyse, bei der nur eine → Sensitivitätskennzahl analysiert wird. Im Prinzip werden bei einem S.-I.-M. Schwerpunktrisikofaktoren (→ Marktrisikofaktoren-Analyse) definiert und alle anderen außer acht gelassen. Es erfolgt nur eine statische Momentaufnahme ohne Berücksichtigung des Zeitablaufes. Sensitivitätskennzahlen sind somit immer eine Zeitpunktbetrachtung. Diese vereinfachte Vorgehensweise hat für Händler, Portfolio Manager oder Risikomanager den Vorteil, daß die Ergebnisse relativ leicht nachvollziehbar sind. Bei der Interpretation sollte aber berücksichtigt werden, daß sich auch die Sensitivitätskennzahlen ändern können, wenn sich ein → Marktrisikofaktor ändert. So steigt beispielsweise die → Modified Duration einer → Anleihe, wenn die → Rendite des Papiers fällt. Diese Eigenschaft wird als → Positive Convexity bezeichnet.

## Sinking Fund

Tilgungsform einer → Anleihe, bei der sich der → Emittent verpflichtet, innerhalb eines festgelegten Zeitraums einen bestimmten Betrag der → Emission zu tilgen. Die Tilgungsverpflichtung ist unabhängig von den Anleihekursen am → Sekundärmarkt; bei Kursen → unter pari wird der Schuldner vom Rückkauf am Markt, bei Kursen → über pari von der Auslosung Gebrauch machen.
*Gegensatz:* → Purchase Fund.
(→ Option-to-Double)

## Sittenwidrigkeit

Verstoß gegen die „guten Sitten" als das von der Gesamtheit der Bevölkerung für sozialverträglich erachtete Verhalten. S. eines → Rechtsgeschäfts, speziell Wucher, führt zu dessen Nichtigkeit (§ 138 BGB); bei vorsätzlicher sittenwidriger Schädigung entsteht ein → Anspruch des Opfers auf → Schadensersatz (§ 826 BGB). Das Vorliegen von S. führt auch zu Besonderheiten bei der → ungerechtfertigten Bereicherung, es schließt teilweise einen Herausgabeanspruch aus (§ 817 BGB).

## Skontro

Buchhalterischer Nachweis von Veränderungen in Bestandsmengen, so z. B. in der Bankbuchführung als Devisen-, Sorten-, Effektenskontro (bzw. -skontren). Im Bereich der Diskontwechsel (→ Wechsel, Diskontierung) werden das → Verfallregister (auch bei → Inkassowechseln), das → Einreicherobligo und das → Bezogenenobligo geführt. Auch die Personenkonten (Kundenkonten) und die → Konten für einzelne Banken sind S.

## Sky-Optionsschein

Kurzbezeichnung für → Spread Knock-out Yield-Optionsschein.

## Slow Stochastics

Variante des → Stochastics, die aus der D%-Linie und slowD%-Linie besteht. Die D%-Linie des S. S. wird auch als K%-Slow-Linie bzw. die slowD%-Linie als D%-Slow-Linie bezeichnet. Im Gegensatz zum → Fast Stochastics reagieren die beiden Linien des S. S. langsamer auf eine Veränderung des Marktes.

## SM

Abk. für → Simple Margin.

## Small Cap

Kurzbezeichnung für Small Capitalisation Stock. S. C. sind → Aktien mit niedriger → Börsenkapitalisierung, d. h. geringer als 250 Mio. US-Dollar Börsenkapitalisierung. Für S. C. werden eigene → Aktienindices ermittelt (z. B. → Russel 2000 Index, NASDAQ Composite Index).
*Gegensatz*: → Large Cap, → Mid Cap.

## SMI

Abk. für Swiss-Market-Index.

## Smile-Effekt

Abhängigkeit der → Impliziten Volatilität von → Optionen vom → Basispreis des → Basiswertes. Optionspreisbewertungsmodelle (z. B. → Black & Scholes-Modell) unterstellen, daß die implizite Volatilität für alle Basispreise identisch ist. Diese Voraussetzung ist an den Märkten i. d. R. nicht gegeben.

## Smithsonian Agreement

Am 18. 12. 1971 zwischen den wichtigsten westlichen Industrienationen (→ Zehner-

Gruppe) geschlossenes Abkommen über Sofortmaßnahmen zur Überwindung der Krise in der → internationalen Währungsordnung sowie über die Aufnahme von Beratungen zur Neuordnung der internationalen Wirtschaftsbeziehungen. („Smithsonian" bezieht sich auf das gleichnamige Washingtoner Konferenzgebäude.) Zu den Sofortmaßnahmen zählten (1) die Festsetzung neuer → Leitkurse bzw. → Paritäten in einem gemeinsamen → Realignment, (2) die Erweiterung der → Bandbreiten von ±1 Prozent auf ±2,25 Prozent, (3) die → Abwertung des US-Dollars gegenüber dem Gold um 7,89 Prozent auf 38 US-Dollar je Unze Feingold (→ Goldparität) und gegenüber den → Währungen der wichtigsten anderen westlichen Industrienationen um durchschnittlich 9 Prozent (Dollarparität). Das Abkommen hatte nur bis März 1973 Bestand. Nach immer heftigeren → internationalen Devisenspekulationen wurde das System → fester Wechselkurse und damit einer der Eckpfeiler der „alten" internationalen Währungsordnung aufgegeben und durch freie Wechselkurse bzw. floatende Wechselkurse gegenüber dem US-Dollar ersetzt.

### SNIF
Abk. für Short Term Note Issuance Facility (→ Note Issuance Facility).

### Snow White
→ Optionsscheine, die zum Bezug von → Schuldverschreibungen berechtigen, werden separat – also nicht in Verbindung mit einer → Anleihe – ausgegeben (→ Optionsanleihe).

### Soffex
*Swiss Options and Financial Futures Exchange AG*; 1988 gegründete, vollelektronische → Terminbörse der Schweiz in Zürich mit Handel in → Futures und → Optionen.

### Solawechsel
*Eigener Wechsel*; → Wechsel, der im Unterschied zum → gezogenen Wechsel ein → abstraktes Schuldversprechen enthält, durch das sich der → Aussteller gegenüber dem Wechselnehmer bzw. späteren Wechselinhaber zur Leistung verpflichtet (Art. 75–78 WG). Der Aussteller eines S. haftet in gleicher Weise wie der Akzeptant eines gezogenen Wechsels und ist damit der Hauptschuldner aus diesem Papier (Art. 78 Abs. 1 WG). Im übrigen finden auf die S. im wesentlichen die für den gezogenen Wechsel geltenden Vorschriften entsprechende Anwendung (Einzelheiten in Art. 77 WG). Regelfall im Wirtschaftsleben ist der gezogene Wechsel; der S. kommt vor allem als → Schatzwechsel und bei → Finanzierungen der → Ausfuhrkreditgesellschaft mbH (AKA) vor.

### Solidaritätszuschlag
Aufgrund der Solidaritätszuschlagsgesetzes (SolZG) vom 23. 6. 1993 (BGBl. I S. 975) ab 1.1.1995 erhobene Ergänzungsabgabe zur → Einkommensteuer und zur → Körperschaftsteuer (§ 1 SolZG). Abgabepflichtig sind → natürliche Personen, die nach § 1 EStG der Einkommensteuer, und → Körperschaften, → Personenvereinigungen und Vermögensmassen, die nach §§ 1, 2 KStG der Körperschaftsteuer unterliegen (§ 2 SolZG). Oberhalb der in § 3 Abs. 3–5 SolZG näher geregelten → Freigrenzen betrifft der S. alle Steuererhebungsverfahren, auch → Lohnsteuer, → Kapitalertragsteuer und → Zinsabschlag (§ 3 Abs. 1 SolZG). Der S. beträgt 7,5 v. H. der Bemessungsgrundlage, d.h. der festgesetzten, vorauszuzahlenden oder abzuziehenden → Steuern, höchstens aber 20 v. H. des Unterschiedsbetrags zwischen Bemessungsgrundlage und der jeweils maßgeblichen Freigrenze (§ 4 SolZG). Steuerermäßigungen aufgrund von → Doppelbesteuerungsabkommen sind zuerst auf den S. zu beziehen (§ 5 SolZG).

### Sollzinsen
Bezeichnung für → Zinsen, die für Kreditinanspruchnahmen (Sollsalden) berechnet werden (→ Kontokorrentkredit, → Kreditkosten).

### Sologeschäft
Im → Devisenhandel andere Bezeichnung für Outright-Geschäft (→ Outright).

### Solvabilitätskoeffizient
Zentraler Begriff der → Solvabilitäts-Richtlinie, die zusammen mit der zweiten → Bankrechts-Koordinierungsrichtlinie und der → Eigenmittel-Richtlinie den Kern des harmonisierten → EG-Bankrechts im → Europäischen Bankenmarkt bildet. Der S. setzt die Eigenmittel (→ haftendes Eigenkapital der Kreditinstitute) als Zähler ins Verhältnis zu den risikogewichteten → Aktiva und außerbilanzmäßigen Geschäften (als Nen-

**Solvabilitäts-Richtlinie**

ner) und hat so maßgebliche Bedeutung für die →Bankenaufsicht. Seit 1993 müssen alle Banken in den Mitgliedstaaten der →Europäischen Union (EU) den S. ständig in Höhe von mindestens 8% halten.

**Solvabilitäts-Richtlinie**
Die EG-„Richtlinie für einen Solvabilitätskoeffizienten" vom 15.12.1989 bildet – wie die →Eigenmittel-Richtlinie (im →Baseler Ausschuß für Bankenaufsicht daher gemeinsam behandelt) eine Ergänzung zur zweiten →Bankrechtskoordinierungs-Richtlinie. Sie mußte von den Mitgliedstaaten spätestens bis zum 1.1.1993 in nationales Recht umgesetzt werden. Ziel dieses →EG-Rechtsakts ist es, den Umfang der zulässigen Geschäftsausweitung abzustecken. Zu diesem Zweck werden die Eigenmittel eines →Kreditinstituts (als Zähler des →Solvabilitätskoeffizienten) zu grundsätzlich allen risikogewichteten →Aktiva und zu →bilanzunwirksamen Geschäften dieser Bank (als Nenner) ins Verhältnis gesetzt. Der so ermittelte Koeffizient muß ab 1993 ständig mindestens 8% betragen; bei Unterschreiten dieses Satzes schreiten die (nationalen) Bankenaufsichtsbehörden ein. Die Richtlinie wurde Ende 1992 durch eine Änderung des →Grundsatzes I des BAK in deutsches Recht umgesetzt.

**Solvenz,** →Zahlungsfähigkeit.

**Sonderabschreibung,** →Abschreibung.

**Sonderausgaben**
Bestimmte Aufwendungen eines →Steuerpflichtigen, die, wenn sie weder →Betriebsausgaben noch →Werbungskosten sind (§ 10 EStG), vom Gesamtbetrag der Einkünfte (§ 2 Abs. 3 EStG) abgesetzt werden können (§ 10 EStG).

*Unbeschränkt abzugsfähig* sind (1) →Renten und →dauernde Lasten (§ 10 Abs. 1 Nr. 1a EStG), (2) →Kirchensteuer (§ 10 Abs. 1 Nr. 4 EStG), (3) Steuerberatungskosten (§ 10 Abs. 1 Nr. 6 EStG).

*Beschränkt abzugsfähig* sind u.a. (1) Unterhaltsleistungen (§ 10 Abs. 1 Nr. 1 EStG) an den geschiedenen oder dauernd getrennt lebenden, unbeschränkt einkommensteuerpflichtigen Ehegatten. (2) →Zinsen auf Steuernachforderungen, bei →Stundung der Steuerschuld und Aussetzung der Vollziehung (§ 10 Abs. 1 Nr. 5 EStG i. V. m. §§ 233a, 234 und 237 AO). (3) Ausbildungskosten (§ 10 Abs. 1 Nr. 7 EStG), Spenden und Beiträge nach § 10b EStG, Aufwendungen für hauswirtschaftliche Beschäftigungsverhältnisse unter bestimmten Voraussetzungen (§ 10 Abs. 1 Nr. 8 EStG). Für die Aufwendungen des § 10 Abs. 1 Nr. 1, 1a, 4–9 und § 10b EStG gilt, daß von Amts wegen ein Sonderausgaben-Pauschbetrag nach § 10c Abs. 1 EStG in Höhe von 108 DM abgezogen wird, sofern der Steuerpflichtige keine höheren Aufwendungen geltend macht; bei Zusammenveranlagung verdoppelt sich der Pauschbetrag auf 216 DM (Abs. 4). Hat der Steuerpflichtige Arbeitslohn bezogen, wird für →Vorsorgeaufwendungen (Versicherungs-, →Bausparbeiträge, § 10 Abs. 1 Nr. 2, 3 EStG) eine Vorsorgepauschale abgezogen (§ 10c Abs. 2, 3 EStG).

**Sonderbedingungen der Kreditinstitute**
Vorformulierte Vertragsbedingungen der →Kreditinstitute, die sie für bestimmte Geschäftsarten bzw. bestimmte Geschäftsbereiche entwickelt und dem Abschluß von →Bankgeschäften zugrunde legen. Sie sind rechtlich als →Allgemeine Geschäftsbedingungen zu verstehen. Rechtliche Wirksamkeit erlangen sie mit dem Zustandekommen der einzelnen →allgemeinen Bankverträge (→Ergänzungsverträge zwischen Kreditinstitut und dem Kunden). Abänderungen bzw. Abweichungen im Einzelfall unterliegen daher denselben Voraussetzungen wie bei den Allgemeinen Geschäftsbedingungen.
In der Praxis haben die →Spitzenverbände der deutschen Kreditwirtschaft zahlreiche Sonderbedingungen entwickelt, z.B.: Bedingungen für →Anderkonten und Anderdepots von Rechtsanwälten, Notaren, Treuhändern, Patentanwälten, Bedingungen für die Vermietung von →Schrankfächern, für die Annahme von →Verwahrstücken, für die Benutzung des Tages-Nacht-Tresors, →Sonderbedingungen für den beleglosen Datenträgeraustausch, Bedingungen für den Scheckverkehr (→Scheckbedingungen), →Sonderbedingungen für den ec-Service, Sonderbedingungen für den Tankscheck-Verkehr, Eurocard-Geschäftsbedingungen (→Eurocard), Sonderbedingungen für →Auslandsgeschäfte in →Wertpapieren, →Optionsgeschäfte, →Börsentermingeschäfte, (Sonder-)Bedingungen über die

Nutzung vom Bildschirmtext (→ Btx-Service der Kreditinstitute).

## Sonderbedingungen für den beleglosen Datenträgeraustausch
Geschäftsbedingungen, die die Rechtsverhältnisse zwischen → Kreditinstitut und Kunden regeln, die am → beleglosen Datenträgeraustausch (→ Magnetband-Clearingverfahren) teilnehmen.

## Sonderbedingungen für den ec-Service
Durch Abkommen der → Spitzenverbände der deutschen Kreditwirtschaft vereinbarte Bedingungen, die die Rechtsverhältnisse von → Kreditinstituten zu ihren Kunden im Rahmen des eurocheque-Service (→ ec-Service) regeln.

*Serviceleistungen:* Als Multifunktionskarte ist die → eurocheque-Karte (1) → Scheckgarantiekarte für den → eurocheque, (2) → Debit-Karte zur Abhebung von Geldbeträgen an → ec-Geldautomaten (→ Geldausgabeautomaten) sowie zur bargeldlosen Bezahlung von → Waren und Dienstleistungen an automatisierten Kassen, die für den ec-Service zugelassen sind (→ POS-Banking).

*Nutzung:* (1) *Von ec-Geldautomaten und ec-Kassen:* Voraussetzung ist der Erhalt einer persönlichen Geheimzahl (→ PIN), die als weiteres Berechtigungsmerkmal neben der ec-Karte an ec-Geldausgabeautomaten und POS-Kassen einzugeben ist. Das Kreditinstitut stellt dem Karteninhaber für Abhebungen an ec-Geldautomaten und für Bezahlungen an POS-Kassen für einen bestimmten Zeitraum einen Verfügungsrahmen bereit, den es ihm bekannt gibt. (2) *Von eurocheques:* Voraussetzung für die Nutzung der ec-Karte in Verbindung von eurocheques zur Bargeldbeschaffung bei Kreditinstituten bzw. zur bargeldlosen Bezahlung von Waren und Dienstleistungen ist die Einhaltung der Garantievoraussetzung/Garantiebedingungen (→ Scheckkartengarantie).

*Pflichten des Kontoinhabers:* (1) Sorgfältige und getrennte Aufbewahrung von eurocheque-Vordrucken und ec-Karte; (2) Geheimhaltung der persönlichen Geheimzahl (PIN); (3) Unterrichtungs- und Anzeigepflicht bei Abhandenkommen der ec-Karte oder bei mißbräuchlicher Verfügung an ec-Geldautomaten oder POS-Kassen (→ ec-Kartensperrmeldung); (4) Aufwendungsersatzpflicht; (5) Verpflichtung zur

## Sonderbedingungen für den ec-Service

Nutzung der ec-Karte nur im Rahmen des Guthabens bzw. eines vorher eingeräumten → Kredits.

*Regelung der Schäden aufgrund mißbräuchlicher Verwendung der ec-Karte und eurocheque-Vordrucke:* (1) *Regelung der* → *Kreditbanken und* → *Kreditgenossenschaften:* Sofern die Garantievoraussetzungen eingehalten sind, übernimmt das Kreditinstitut 90 Prozent aller aus der mißbräuchlichen Verwendung der ec-Karte in Verbindung mit eurocheque-Vordrucken entstandenen Schäden; der Kontoinhaber trägt 10 Prozent der Schäden, und zwar auch dann, wenn dem Kreditinstitut der Verlust der ec-Karte angezeigt worden ist. (2) *Regelung der* → *Sparkassen:* Es sollten grundsätzlich nicht mehr als 15 eurocheque-Vordrucke vorrätig gehalten werden. Sofern die Garantievoraussetzungen eingehalten sind, der Karteninhaber den Verlust der ec-Karte dem Kreditinstitut unverzüglich angezeigt und Anzeige bei der Polizei erstattet hat, übernimmt das Kreditinstitut die aus der mißbräuchlichen Verwendung der ec-Karte in Verbindung mit eurocheque-Vordrucken entstandenen Schäden bis 6.000 DM.

*Regelung der Schäden durch mißbräuchliche Verwendung der ec-Karte an ec-Geldautomaten oder Bezahlung an POS-Kassen:* (1) *Regelung der Kreditbanken und Kreditgenossenschaften:* Ist der kontoführenden Stelle des Kreditinstituts oder dem Zentralen Sperrannahmedienst der Verlust der ec-Karte angezeigt worden, so übernimmt das Kreditinstitut alle durch Verfügung an ec-Geldautomaten bzw. durch Bezahlung an POS-Kassen entstandenen Schäden, die durch mißbräuchliche Verwendung der ec-Karte am zweiten Tag nach Eingang der Verlustanzeige entstehen. Bis dahin trägt das Kreditinstitut 90 Prozent aller Schäden, die durch die mißbräuchliche Verwendung der dem Karteninhaber ausgegebenen ec-Karte entstehen; der Kontoinhaber haftet nur für 10 Prozent aller Schäden, die im Rahmen der Verfügungsmöglichkeiten entstehen können. (2) *Regelung der Sparkassen:* Ist der kontoführenden Stelle des Kreditinstitutes oder dem Zentralen Sperrannahmedienst der Verlust der ec-Karte angezeigt worden, so übernimmt das Kreditinstitut alle durch Verfügungen an ec-Geldautomaten bzw. durch Bezahlung an POS-Kassen entstandenen Schäden, die durch eine mißbräuchliche

## Sonderbetriebsausgaben

Verwendung der ec-Karte nach Eingang der Verlustanzeige entstehen. Bis dahin trägt das Kreditinstitut den Schaden, wenn der Karteninhaber den Verlust der ec-Karte unverzüglich angezeigt hat und keine wesentlichen vertraglichen Obliegenheiten verletzt hat. Das kontoführende Institut übernimmt u. a. den Schaden dann nicht, wenn der Schaden dadurch verursacht wurde, daß der Originalbrief, in welchem dem Kunden die persönliche Geheimzahl mitgeteilt wurde, zusammen mit der ec-Automatenkarte abhanden gekommen ist, oder die persönliche Geheimzahl auf der ec-Automatenkarte vermerkt oder mit der Karte in sonstiger Weise unmittelbar verbunden wurde. In diesen Fällen trägt der Kontoinhaber den Schaden, jedoch begrenzt auf 400 DM pro Kalendertag bzw. bei Verfügung an ec-Geldautomaten im Ausland bis zur Höhe des in dem jeweiligen Land geltenden ec-Garantiehöchstbetrages. Einen → Anspruch auf Schadensübernahme kann der Karteninhaber nur geltend machen, wenn er die Voraussetzungen der Haftungsentlastung glaubhaft darlegt und Anzeige bei der Polizei erstattet.

*Gültigkeit der ec-Karte:* Bis zum Ende des auf der Karte vermerkten Kalenderjahres. Das Kreditinstitut ist indes berechtigt, die ec-Karte vor → Fälligkeit zurückzuverlangen.

### Sonderbetriebsausgaben
→ Betriebsausgaben, die durch die Rechtsprechung zur Gewinnermittlung von → Personengesellschaften und ihrer Gesellschafter als betrieblich veranlaßte → Aufwendungen definiert werden, die nur einzelnen Gesellschaftern erwachsen.

### Sondereigentum
Bezeichnung für das an Wohnungen (oder sonstigen Räumen eines Gebäudes) bestehende → dingliche Recht, das zusammen mit dem Anteil an dem gemeinschaftlichen → Eigentum, zu dem es gehört, → Wohnungseigentum und bei nicht Wohnzwecken dienenden Räumen → Teileigentum darstellt (§ 1 WEG).

### Sonderkonto
→ Konto, das durch einen Zusatz den besonderen Zweck der Kontounterhaltung verdeutlichen soll. Ein S. (Separatkonto) kann sowohl ein → Eigenkonto als auch ein → Treuhandkonto sein. Als Eigenkonto wird das S. geführt, wenn der Kunde bei einem → Kreditinstitut ein Konto auf den eigenen Namen mit einem Zusatz einrichtet, aus dem ersichtlich wird, daß das Konto einem genau bestimmten Zweck dient. Damit will der Kontoinhaber bestimmte Einnahmen und Ausgaben vom übrigen → Vermögen getrennt und übersichtlich verwalten, etwa bei der Verwaltung eines Hausgrundstücks. Verfügungen über S. erfolgen im eigenen Namen für eigene Rechnung des Kontoinhabers. Wird ein Konto auf den eigenen Namen unter Zusatz eines fremden Namens eingerichtet, so ist ebenfalls ein Eigenkonto des Errichtenden anzunehmen, wenn dessen Name zuerst in der Kontobezeichnung aufgeführt wird. Das S. wird als → Treuhand-Konto geführt, wenn offenkundig gemacht wird, daß der Errichter treuhänderisch tätig wird und fremde Gelder eingezahlt hat; etwa als Kassierer für einen nicht rechtsfähigen und damit nicht kontofähigen → Verein. Vollstreckungs- und konkurs- wie auch steuerrechtlich ist das Kontoguthaben nicht dem Vermögen des Treuhänders zuzurechnen.

### Sonderlombardkredit
→ Lombardkredit der → Deutschen Bundesbank, der in Ausnahmesituationen zur Spitzenrefinanzierung der → Kreditinstitute zu einem Sonderzinssatz (Sonderlombardsatz) zur Verfügung gestellt werden kann (→ Lombardpolitik der Deutschen Bundesbank). Die Verzinsung zum Sonderlombardzinssatz kann täglich geändert werden. Die Gewährung von S. kann jederzeit eingestellt werden; der S. muß dann sofort zurückgezahlt werden.

### Sonderlombardsatz
Zinssatz für → Sonderlombardkredit. Der Zinssatz kann täglich geändert werden (→ Lombardpolitik der Deutschen Bundesbank).

### Sonderpfanddepot
Synonym für → Depot D.

### Sonderposten mit Rücklageanteil
Passivposten, der nach § 247 Abs. 3 HGB für Zwecke der → Steuern vom → Einkommen von allen Kaufleuten gebildet werden darf. Es gilt grundsätzlich das umgekehrte → Maßgeblichkeitsprinzip.
Der S. enthält einerseits sogenannte unversteuerte → Rücklagen, wie z. B. die Rücklage nach § 6b EStG zur Übertragung von

→ Veräußerungsgewinnen auf ein Reinvestitionsgut. Andererseits kann der S. steuerliche Mehrabschreibungen, d. h. die Differenz zwischen der handelsrechtlichen Normalabschreibung und der steuerlichen Sonderabschreibung, enthalten. Weist eine → Kapitalgesellschaft die steuerlichen Mehrabschreibungen im S. aus und setzt die steuerrechtlichen → Abschreibungen nicht direkt von den → Anschaffungs- oder → Herstellungskosten ab, muß die relevante steuerliche Vorschrift in der → Bilanz genannt werden; eine Anhangangabe genügt nicht. – Die Auflösung des S. erfolgt sowohl für Nicht- wie auch für Kapitalgesellschaften nach Maßgabe der jeweiligen steuerrechtlichen Vorschriften.

In der → Bilanzanalyse wird der S. jeweils zur Hälfte dem → Eigen- und → Fremdkapital zugerechnet, weil die Versteuerung der im S. enthaltenen Positionen nur aufgeschoben und nicht endgültig verhindert ist.

### Sondersparformen

Variationen der Sparformen, vornehmlich im Kontensparbereich (→ Spareinlagen), indem einfache Dispositionsmöglichkeiten für den individuellen Sparprozeß des Kunden geboten, besondere finanzielle Vorteile oder Anwartschaften in Aussicht gestellt oder bequeme Einrichtungen für den Sparvorgang bereitgestellt werden. S. dienen der Aufstockung und Verstetigung des Spareinlagenflusses über das normale → Sparen hinaus. Außerdem fördern sie die Erhöhung der durchschnittlichen Verweildauer vorhandener Spareinlagenbestände. Durch das Angebot von S. tragen die Kreditinstitute auch zur Anregung der allgemeinen Spartätigkeit bei. Das entspricht bei → Sparkassen in besonderem Maße ihrer gesetzlichen bzw. satzungsmäßigen Aufgabenstellung, nämlich den Sparsinn in der Bevölkerung zu wecken und zu fördern und zu diesem Zweck alle dazu erforderlichen und geeigneten Einrichtungen zu treffen.

Entsprechend dem wirtschaftlichen Wandel sowie der Änderung des Sparerverhaltens unterliegen S. einem ständigen Anpassungsprozeß. Nicht angenommene Sparformen fallen aus der Angebotspalette heraus, während neue Formen aufgenommen werden.

Im Angebotskatalog der Sparkassen sind die wichtigsten Sondersparformen das → Zuwachssparen, das → automatische Sparen, das → Vorsorgesparen sowie das → Vermögenssparen. → Kleinspareinrichtungen der Sparkassen sowie Sparpläne spielen eine untergeordnete Rolle. Dasselbe trifft für das → Zwecksparen zu. Auch die → Kreditbanken, insbes. die → Groß- und → Regionalbanken, sowie die → Kreditgenossenschaften bieten S. an. Alle Kreditinstitute bemühen sich um Produktbezeichnungen, die einprägsam und werbewirksam sind sowie eine eindeutige Zuordnung des Produktes zum Institut bzw. zur Bankengruppe ermöglichen.

### Sondervermögen

1. → Sondervermögen des Bundes.

2. Nach § 6 KAGG bei einer → Kapitalanlagegesellschaft (gegen Ausgabe von → Anteilsscheinen) aus eingelegtem → Geld und damit angeschafften Vermögensgegenständen gebildete Vermögensmasse. Die dazu gehörenden Gegenstände können im → Eigentum der Gesellschaft oder im → Miteigentum nach Bruchteilen der Anteilsinhaber stehen. Das S. ist vom eigenen → Vermögen der Kapitalanlagegesellschaft getrennt zu halten. Diese darf mehrere S. bilden, die sich aber durch ihre Bezeichnung unterscheiden müssen. Besondere Bestimmungen gelten für Geldmarkt-Sondervermögen (→ Geldmarktfonds): §§ 7a–7d KAGG, für Wertpapier-Sondervermögen (→ Wertpapierfonds): §§ 8–25 KAGG, für Beteiligungs-Sondervermögen (→ Beteiligungsfonds): §§ 25a–25j KAGG, und für Grundstücks-Sondervermögen (Grundstücksfonds, → offener Immobilienfonds): §§ 26–37 KAGG).

### Sondervermögen Ausgleichsfonds

Gemäß § 5 des Gesetzes über den Lastenausgleich (LAG) vom 14. 8. 1952 (BGBl. I, S. 446) werden Ausgleichsabgaben und weitere Werte, etwa Zuschüsse der öffentlichen Hand nach § 6 LAG, einem Ausgleichsfonds als → Sondervermögen des Bundes zugeführt, welches den Ausgleich von Kriegs(folge)lasten bezweckt (s. Art. 120a GG). Aus diesem → Vermögen werden (nur) Ausgleichsleistungen nach § 4 LAG bewirkt. Der Ausgleichsfonds trägt ferner die aus seiner Kreditaufnahme (§§ 7 Abs. 1, 324 Abs. 4 LAG) sowie aus der Ausgabe von → Schuldverschreibungen, der Eintragung von → Schuldbuchforderungen und der Begründung von → Spareinlagen (nach § 252 Abs. 3, 4 LAG) sich ergebenden → Aufwendungen, soweit diese nicht bei Behörden entstehen (§ 5 Abs. 2 LAG).

## Sondervermögen des Bundes

### Sondervermögen des Bundes

Rechtlich unselbständige, aber organisatorisch und wirtschaftlich vom sonstigen Vermögen des Bundes getrennte Vermögensmasse. Diese haftet nicht für die → Verbindlichkeiten des Bundes; umgekehrt haftet der Bund regelmäßig nicht für die → Schulden des Sondervermögens (s. z. B. § 2 Abs. 2 PostVerfG). Nur die Zuführungen oder die Ablieferungen (etwa bis 1995 nach §§ 43, 63 PostVerfG) müssen in den Haushaltsplan des Bundes eingestellt werden (Art. 110 Abs. 1 GG). Das Haushaltsrecht gilt aber weithin entsprechend (§ 113 Bundeshaushaltsordnung). Die beiden großen Sondervermögen → Deutsche Bundespost (gegliedert in die drei Teil-Sondervermögen Deutsche Bundespost POSTDIENST, → Deutsche Bundespost POSTBANK, Deutsche Bundespost TELEKOM, § 2 Abs. 1 PostVerfG) und Deutsche Bundesbahn (§§ 1, 3 BBahnG) wurden 1993/94 grundlegend umgestaltet: Die Post- und das Bahn-Unternehmen wurden privatisiert, d.h. in → Aktiengesellschaften umgewandelt. Neben der Deutschen Bahn AG wurde jedoch aus Bundesbahn und Deutscher Reichsbahn ein Bundeseisenbahnvermögen als nicht rechtsfähiges S. d. B. mit einem unternehmerischen und einem Verwaltungsbereich fortgeführt (Art. 1 §§ 1 ff. des Eisenbahnneuordnungsgesetzes). Zu den weiteren S. d. B. gehören das → ERP-Sondervermögen, das → Sondervermögen Ausgleichsfonds und seit 1990 das → Sondervermögen Fonds Deutsche Einheit.

### Sondervermögen einer Kapitalanlagegesellschaft

Vermögensmasse, die bei einer → Kapitalanlagegesellschaft aus (gegen Ausgabe von → Anteilsscheinen) eingelegtem → Geld gebildet ist (→ Investmentfonds).

### Sondervermögen Fonds „Deutsche Einheit"

Durch Art. 1 (§ 1) des Gesetzes zum Vertrag über die Schaffung einer Wirtschafts-, Währungs- und Sozialunion zwischen der BRD und der DDR wurde dieser Fonds als → Sondervermögen des Bundes errichtet. Er dient der Erfüllung von Verpflichtungen der Bundesrepublik, zweckgebundene Finanzzuwendungen nach Art. 28 des Vertrags zu gewähren, sowie der Leistung weiterer Hilfen an die (frühere) DDR im Zeitraum von 1990 bis 1994 und im Gesamtbetrag von 115 Mrd. DM. Diese Summe wird überwiegend durch → Kredite und daneben aus Zuwendungen aus dem Bundeshaushalt finanziert. Der Fonds erhält auch Zuschüsse zur Abdeckung seiner Schuldendienstverpflichtungen aus dem Bundeshaushalt, welche von den Ländern zur Hälfte zu erstatten sind. Für die → Verbindlichkeiten des Fonds haftet (auch) der Bund, eine für Sondervermögen unübliche Regelung. Neben dem Fonds Deutsche Einheit bestand (bis Ende 1994) ein → Kreditabwicklungsfonds gemäß Art. 23 des Einigungsvertrages vom 31.8.1990 als weiteres Sondervermögen des Bundes, dem die Schuldendienstverpflichtungen des Republik-Haushalts der (ehemaligen) DDR oblagen.

### Sonderverwahrung

Der → Verwahrer ist nach § 2 Depotgesetz verpflichtet, → Wertpapiere im Sinne des DepotG unter äußerlich erkennbarer Bezeichnung jedes Hinterlegers gesondert von seinen eigenen Beständen und von denen Dritter aufzubewahren. Der Hinterleger hat einen Herausgabeanspruch auf die eingelieferten Stücke, für die er im Konkursfall des Verwahrers ein Recht auf → Aussonderung hat. Die S. wird auch als Streifbandverwahrung bezeichnet, da die äußerlich erkennbare Bezeichnung in Form eines Papierbandes um die Wertpapiere erfolgt.
*Gegensatz:* → Sammelverwahrung.

### Sondervollmacht

*Einzelvollmacht;* → Vollmacht, die nur für einzelne → Rechtsgeschäfte erteilt wird (z. B. Vollmacht zum Abschluß eines bestimmten → Vertrags, → Handlungsvollmacht).

### Sonderziehungsrecht (SZR)

*Special Drawing Right* (SDR); im Rahmen des → Internationalen Währungsfonds (IWF) 1968 beschlossenes und 1970 erstmals zugeteiltes internationales → Zahlungsmittel im Verkehr zwischen den → Zentralbanken, das zunächst in Gold definiert war (1 SZR = 0,888671 Gramm Feingold). Ursprüngliches Ziel war die Schaffung eines Liquiditätsinstruments, das es ermöglicht, durch bewußte Entscheidungen die Liquiditätsversorgung der Welt dem tatsächlichen Bedarf an internationalen Zahlungsmitteln anzupassen (→ internationale Liquidität). SZR sollen also die bestehenden → Währungsreserven ergänzen. Der IWF teilt den Mitgliedstaaten die SZR zu.

## Sonstige Depotgutschriften

SZR stellen einen Anspruch gegenüber der Gesamtheit der Zeichnerstaaten auf Überlassung konvertierbarer → Währung dar. Jedes SZR-besitzende Land kann diese bei anderen Ländern gegen konvertierbare Währung tauschen. Damit dieses Land die SZR in Anspruch nehmen kann, muß der IWF ein Überschußland bestimmen, das die SZR nimmt und → Devisen abgibt („Designierung"). SZR können ohne → Auflagen zur → Finanzierung von Defiziten in der → Zahlungsbilanz verwendet werden. Zusammen mit Gold, Devisen und der Reserveposition im IWF werden SZR im → Wochenausweis der Deutschen Bundesbank als Währungsreserven ausgewiesen. Darüber hinaus wurden die Verwendungsmöglichkeiten der SZR durch verschiedene Übereinkommen beträchtlich erweitert. So können SZR z. B. als Zahlungsmittel zwischen Zentralbanken verwendet werden. Die Rechnungseinheit SZR wird vom Internationalen Währungsfonds im Rahmen seiner Geschäfte als Buchführungseinheit und für alle Umrechnungen in nationale Währungen verwendet.

Mehrere Länder haben ihre Währungen an die SZR gebunden. Bis 1974 hatte ein SZR den Goldwert eines US-Dollars. Die Aufhebung der Goldeinlösungspflicht des US-Dollars durch die USA, die → Abwertungen des US-Dollars 1971 und 1973 sowie schließlich der Übergang zu → flexiblen Wechselkursen machten eine neue Bewertungsmethode des SZR erforderlich. Die Bestimmung des → Wechselkurses eines SZR in der Währung eines Mitgliedstaates der IWF erfolgt seitdem durch die sog. Standardkorb-Technik. Ein SZR entspricht der Summe einer festgelegten Anzahl von Währungsbeträgen. Die Gewichtung dieser Währungen orientiert sich an dem jeweiligen Anteil des → Währungsgebietes am Weltexport von Gütern und Dienstleistungen sowie an dem Ausmaß, in dem die jeweilige Währung von anderen Ländern als → Reservewährung gehalten wurde (jeweils gemessen an den Verhältnissen in den fünf Jahren, die dem Jahr einer Überprüfung des SZR-Korbes vorangehen; maßgeblich für die Zusammensetzung des SZR-Korbes am 1.1.1991 waren demnach die Verhältnisse in den Jahren 1985 bis 1989).

Am 1.1.1991 trat folgender Währungskorb in Kraft, dessen Zusammensetzung und Gewichtung alle fünf Jahre überprüft wird: Anteile der fünf Währungen im SZR-Währungskorb in Prozent:

| Währung | | Veränderung gegenüber 1986 |
|---|---|---|
| US-Dollar | 40 | −2 |
| D-Mark | 21 | +2 |
| Yen | 17 | +2 |
| Französische Franc | 11 | −1 |
| Pfund Sterling | 11 | −1 |

Die genannten Währungsbeträge werden an jedem Geschäftstag über die Marktkurse in US-Dollar-Beträge umgerechnet. Als Marktkurse werden grundsätzlich die Mittelkurse zwischen den mittags im Londoner Devisen-Kassamarkt festgestellten Ankaufs- und Verkaufskursen verwendet. Die Summe der US-Gegenwerte der Währungsbeträge ergibt den Wert eines SZR, ausgedrückt in US-Dollar. SZR-Werte für alle anderen Währungen werden unter Verwendung des SZR-Wertes in US-Dollar über die sog. repräsentativen Devisenmarktkurse dieser Währungen zum US-Dollar ermittelt. Für die Deutsche Mark gilt als „repräsentativer Kurs" der amtliche Mittelkurs für den US-Dollar an der Frankfurter → Börse.

Seit 1990 erlaubt die → Deutsche Bundesbank, daß → Gebietsansässige in SZR ausgedrückte → Verbindlichkeiten eingehen, z.B. durch Führung von → SZR-Konten oder Aufnahme von SZR-Krediten bei inländischen → Kreditinstituten (→ Fremdwährungsschuld).

### Sonstige Depotgutschriften

Depotgutschriften (Lieferungsansprüche) mit unterschiedlicher Rechtsqualität, die weder Sammeldepotanteilen oder → Wertrechten noch gleichwertigen Treuhandwerten entsprechen; Depotbuchungen sollen erläuternde Hinweise enthalten.

*Einteilungsmöglichkeiten:* Gutschriften auf Jungscheinkonto, per Erscheinen, Wertpapierrechnung aus → Kommissionsgeschäft, Wertpapierrechnung nach § 15 DepotG und → Schuldscheindarlehen.

*Jungscheinkonto:* Der Erwerber erhält bei einer Neuemission eine D. vor Lieferbarkeit der Stücke, wenn sich der → Emittent gegenüber der → Wertpapiersammelbank schriftlich (im Jungschein) unwiderruflich verpflichtet, Wertpapiere nach Erscheinen unmittelbar an diese zu liefern; der Kassen-

## Sonstige Einkünfte

verein übernimmt die Treuhänderfunktion gegenüber Emittent und Deponent. Zwischenzeitliche Verfügungen im Jungscheingiroverkehr sind möglich.

*Gutschrift per Erscheinen:* Der Erwerber erlangt einen Lieferanspruch gegen die → Depotbank aus dem Verkauf/der Vermittlung neuemittierter → Wertpapiere aufgrund des Kaufvertrags (§ 433 BGB). Der Depotgutschrift für den Käufer/Erwerber liegt eine (stille) → Abtretung des gegen den Emittenten gerichteten Lieferungsanspruchs zugrunde, der bereits handel- und übertragbar ist; das Verfahren ist in Freiverkehrsusancen geregelt.

*Wertpapierrechnung (aus Kommissionsgeschäft):* Darf der → Kommissionär beim Wertpapierkauf wegen eigener Gegenforderungen die Übersendung des Stückeverzeichnisses bzw. der Girosammeldepotgutschrift aussetzen (§ 19 DepotG), erlangt der Käufer nur einen Lieferungsanspruch unter „Wertpapierrechnung aus dem Kommissionsgeschäft"; die Depotbuchung ist entsprechend zu kennzeichnen.

*Wertpapierrechnung (nach § 15 DepotG):* Rechtliche Voraussetzungen: Für Depotbuchungen bei → *unregelmäßiger Verwahrung* und → *Wertpapierdarlehen* (Wertpapierleihe) ist eine schriftliche Vereinbarung zwischen Hinterleger (Darlehensgeber) und Depotbank für jedes Geschäft erforderlich, weil das → Eigentum an bestimmten vertretbaren Wertpapieren (einschließlich Sammeldepotanteile und Wertrechte) sofort auf die Verwahrbank bzw. den Dritten (= Darlehensschuldner) übergeht. Die Depotbuchung muß mit Hinweis auf die „Wertpapierrechnung nach § 15 DepotG" versehen sein. Die Rechtsbeziehung ist nach den Vorschriften über → Darlehen (BGB) zu beurteilen; das DepotG (insolvenz- oder vollstreckungsrechtlicher Schutz) ist nicht mehr anwendbar.

Bei *unregelmäßiger Verwahrung* erlangt der Hinterleger dafür einen schuldrechtlichen Rückgewährungsanspruch auf die gleiche Menge von Wertpapieren derselben Art gegen die Depotbank.

Beim *Wertpapierdarlehen* hat ein Dritter (= Darlehensschuldner) Wertpapiere gleicher Art und Menge zurückzugewähren.

Unterschiede zwischen unregelmäßiger Verwahrung und Wertpapierdarlehen liegen (1) in der Zeitbestimmung für die Rückgewähr (Wertpapierdarlehen sind erst nach Ablauf einer Kündigungsfrist zurückzuverlangen, vgl. § 609 BGB) und (2) im wirtschaftlichen Zweck (Darlehen = Schuldnerinteresse, Verwahrung = Gläubigerinteresse).

*Schuldscheindarlehen:* keine Wertpapiere i. S. d. DepotG; soweit sie über Banken abgewickelt werden, sind sie depotmäßig wie Wertpapiere zu behandeln (Depotbuchung, -verwaltung). Ansprüche aus der Forderung gelten nur gegen den Darlehensnehmer; die Übertragung ist nach Zessionsgrundsätzen, z. T. → Genehmigung des → Schuldners, erforderlich.

*Werthaltigkeit s. D.:* Das Ausfallrisiko für den Hinterleger ist unterschiedlich. Gutschriften auf das Jungscheinkonto, per Erscheinen und von Schuldscheindarlehen fallen für den Hinterleger unter Insolvenz- und Vollstreckungsschutz (§ 43 KO, § 771 ZPO). Lieferansprüche aus dem Kommissionsgeschäft genießen Konkursvorrecht (dies gilt für → Kommittenten, Hinterleger, Verpfänder, Käufer), und zwar u. a. dann, wenn 90 Prozent der Kauf-/Erwerbsverpflichtung erfüllt sind (§ 32 DepotG). Bei Rückgewährungsansprüchen aus der Wertpapierrechnung nach § 15 DepotG (unregelmäßige Verwahrung, Wertpapierdarlehen) besteht dagegen kein Insolvenz- und Vollstreckungsschutz für Deponenten, diese sind nur als Konkursforderung geltend zu machen.

Die Bedeutung der beiden Depotgutschriften Jungscheinkonto und per Erscheinen ist allerdings durch die interimistische Sammel-/Globalurkunde (§ 9a DepotG) weitgehend verdrängt worden.

### Sonstige Einkünfte i. S. des § 22 EStG

Zu den s. E. (§ 2 Abs. 1 Nr. 7 EStG) zählen nur die in § 22 EStG aufgeführten Einkunftsarten, insbesondere Einkünfte aus *wiederkehrenden Bezügen* (→ Renten), soweit sie nicht einer anderen Einkunftsart zuzurechnen sind (Nr. 1); Einkünfte aus → *Spekulationsgeschäften* nach § 23 EStG, soweit sie nicht einer anderen Einkunftsart zuzurechnen sind (Nr. 2); Einkünfte aus *Unterhaltsleistungen*, soweit sie nach § 10 Abs. 1 EStG beim Geber als → Sonderausgaben abgezogen werden können (Nr. 1a); Einkünfte aus *Leistungen*, soweit sie weder zu anderen Einkunftsarten noch zu vorgenannten Einkünften rechnen (z. B. gelegent-

## Sortengeschäft

liche Vermittlungen, Vermietung →beweglicher Sachen) und wenigstens 500 DM im Kalenderjahr betragen haben (Nr. 3).

→ *Leibrenten* i. S. des § 22 Nr. 1 a EStG werden nur mit dem Ertragsanteil versteuert. Zu den Leibrenten zählen insbes. Renten aus der gesetzlichen Rentenversicherung der Arbeiter und Angestellten sowie die aus betrieblichen Pensionskassen gezahlten Renten, sofern diese nicht ausnahmsweise Arbeitslohn sind. Von den Einnahmen aus wiederkehrenden Bezügen und aus Unterhaltsleistungen wird bei der Ermittlung der Einkünfte ein Pauschbetrag von insgesamt 200 DM abgezogen, wenn nicht höhere →Werbungskosten nachgewiesen werden (§ 9a Satz 1 Nr. 3 EStG).

*Einkünfte aus Spekulationsgeschäften.* Spekulationsgeschäfte nach § 23 EStG sind Veräußerungsgeschäfte von →Grundstücken, →Erbbaurechten, Mineralgewinnungsrechten, bei denen der Zeitraum zwischen Anschaffung und Veräußerung nicht mehr als zwei Jahre beträgt; von anderen →Wirtschaftsgütern, insbesondere von →Wertpapieren, bei denen der Zeitraum zwischen Anschaffung und Veräußerung nicht mehr als sechs Monate beträgt; von Wirtschaftsgütern, deren Veräußerung früher erfolgt als der Erwerb. Der sog. →Spekulationsgewinn bzw. -verlust wird ermittelt, indem vom Veräußerungspreis die →Anschaffungs- oder →Herstellungskosten und die Werbungskosten abgezogen werden. Spekulationen bleiben steuerfrei, wenn sie im Kalenderjahr insgesamt weniger als 1.000 DM betragen haben. →Verluste aus Spekulationsgeschäften dürfen nur bis zur Höhe des Spekulationsgewinnes, den der →Steuerpflichtige im selben Kalenderjahr erzielt hat, ausgeglichen werden. Ein→Verlustausgleich mit anderen Einkunftsarten ist nicht möglich. Solche Verluste dürfen auch nicht nach § 10d EStG abgezogen werden (§ 23 Abs. 4 EStG; →Verlustabzug nach § 10d EStG). Haben zusammenveranlagte Ehegatten beide Spekulationsgewinne erzielt, so steht jedem Ehegatten die→Freigrenze zu, höchstens jedoch bis zur Höhe seines Gesamtgewinns (keine Zusammenrechnung der Spekulationsgewinne der Ehegatten und Verdoppelung der Grenze). Für die Berechnung der →Fristen ist grundsätzlich das der Anschaffung oder Veräußerung zugrundeliegende obligatorische Geschäft maßgebend (schuldrechtlicher Vertragsabschluß). Einkünfte aus der Veräußerung privater Gegenstände werden i. d. R. einkommensteuerlich nicht erfaßt. Veräußerungen von Wirtschaftsgütern, deren Wert bei den Gewinneinkunftsarten anzusetzen sind, können nicht Gegenstand von Spekulationsgeschäften sein. Außer Ansatz blieben bis 1994 die Einkünfte aus der Veräußerung von inländischen →Schuld- und Rentenverschreibungen (mit Ausnahme von →Wandelanleihen und →Gewinnschuldverschreibungen) sowie inländischen →Schuldbuchforderungen.

**Sonstige Einlagen,** →Sichteinlagen und →Termineinlagen (→Einlagen).

**Sorte**
→Banknoten und →Münzen, die über eine ausländische →Währung lauten (ausländisches →Bargeld). S. werden häufig zu den →Devisen i. w. S. gezählt.
S. werden im Gegensatz zu Devisen (i. e. S.) nicht amtlich gehandelt. Im Handel zwischen →Kreditinstituten des In- und Auslandes werden im →Freiverkehr Bankenkurse nach Angebot und Nachfrage festgesetzt. Gegenüber der Nichtbankenkundschaft werden S. zu sog. Schalterkursen abgerechnet. Die Briefkurse beim Sortenverkauf sind höher als die amtlichen Briefkurse bei →Kassadevisen. Die Geldkurse beim Sortenankauf sind niedriger als die amtlichen Geldkurse beim Ankauf von →Kassadevisen. Die Spanne zwischen Geld und Brief bei Sortenkursen ist deshalb größer, da die Abwicklungs- und Versandkosten hieraus gedeckt werden müssen. Die Bankengeldkurse sind höher als die Schaltergeldkurse, die Bankenbriefkurse niedriger als die Schalterbriefkurse.
Kreditinstitute müssen nach § 69 Abs. 2 AWV monatliche Zahlungsein- und -ausgänge im Reiseverkehr melden. Ankäufe von S. von →Gebietsfremden und ins Ausland versandtes DM-Bargeld zählen zu Zahlungseingängen im aktiven Reiseverkehr, Verkäufe von S. an →Gebietsansässige und aus dem Ausland eingegangenes DM-Bargeld zum passiven Reiseverkehr.
In der BRD bestehen keine Beschränkungen für den →Außenwirtschaftsverkehr mit S.

**Sortengeschäft i. S. des KWG**
Handeln und Wechseln von ausländischen →Zahlungsmitteln für eigene Rechnung

## Sortenhandel

oder im Auftrag von Kunden. Es ist kein Bankgeschäft i. S. von § 1 Abs. 1 KWG (→ Bankgeschäft i. S. des Kreditwesengesetzes), stellt aber eine Haupttätigkeit von → Finanzinstituten i. S. des KWG dar (§ 1 Abs. 3 Satz 1 Nr. 5 KWG). Das Sortengeschäft wird von allen → Universalbanken betrieben.

## Sortenhandel

Handel der → Kreditinstitute (einschl. der → Deutschen Postbank AG und der → Deutschen Verkehrs-Bank AG) mit → Sorten. Wird Kunden bei der Abwicklung von Sortengeschäften ein Entgelt in Rechnung gestellt, sollte darauf sowohl im → Preisaushang als auch im davon getrennten Sortenaushang hingewiesen werden.

## Soziale Marktwirtschaft

Von A. Müller-Armack und L. Erhard konzipiertes wirtschaftspolitisches Leitbild, das ab 1948 in der BRD verwirklicht worden ist. Es greift die Forderung des → Ordoliberalismus nach staatlicher Gewährleistung einer funktionsfähigen → Wettbewerbsordnung auf, ergänzt jedoch den Katalog wirtschaftspolitischer Staatsaufgaben um sozialpolitische Zielsetzungen. Mit diesem Leitbild wird versucht, Ziele und Lösungsvorschläge des → Liberalismus, der christlichen Soziallehre und der sozialdemokratischen Programmatik miteinander zu verbinden. Die S. M. ist kein streng in sich geschlossenes Konzept, wodurch der Gestaltungsauftrag an die Träger der → Wirtschaftspolitik umfassender und elastischer als beim Ordoliberalismus ist.

## Sozialpolitik

*Ansatzpunkte praktischer S.* sind individuelle Lebenslagen, die als wirtschaftlich und gesellschaftlich verbesserungsbedürftig eingeschätzt werden, sowie existenzgefährdende Risiken, gegen die Einzelne sich nicht oder nur unzureichend absichern können. Als *schutzbedürftig* gelten insbes. Bedarfsfälle und Notlagen, die sich ergeben können a) aus vorübergehender Beeinträchtigung der Existenzsicherheit durch die personelle Situation (Krankheit, Schwangerschaft, Elternschaft, Unfall) oder äußere Umstände (→ Arbeitslosigkeit, Kriegswirkungen); b) aus dauernder Beeinträchtigung oder Vernichtung der Arbeits- und Erwerbsfähigkeit (Krankheit oder Unfall (Invalidität), hohes Alter, Kriegseinwirkung); c) aus Todesfällen (Begräbniskosten, Witwen- und Waisenschaft).

*Arten:* (1) Zu der *an Arbeitnehmer-Interessen orientierten S.* gehören z. B. Arbeitnehmerschutz, Tarifrecht, Aufbau einer Arbeits- und Sozialgerichtsbarkeit, Erweiterung des Mitbestimmungsrechts durch Mitbestimmungsgesetz, Montan-Mitbestimmungsgesetz, → Betriebsverfassungsgesetz sowie der Aufbau von Berufsverbänden. Auch die Forderung nach der 35-Stunden-Woche bei Lohnausgleich kann in diesem Zusammenhang erwähnt werden. Darüber hinaus existieren in der BRD die Sozialversicherung (Arbeitslosen-, Unfall-, Renten-, Kranken-, Pflegeversicherung) und eine Menge sozialpolitischer Gesetze und Maßnahmen im Rahmen der Wohnungs-, Vermögens-, Bildungspolitik sowie der Jugend-, Altenhilfe- und Familienpolitik. (2) Im Gegensatz dazu wird in neuerer Zeit die Aufgabe der S. häufig nicht mehr als gruppen- bzw. schichtenspezifisch (Stützung einer sozial schwachen Arbeiterklasse), sondern als „qualitativ total" angesehen. Anstelle einer Klasse sollte demnach Objekt der S. die *Familie* sein, und zwar quer durch alle Klassen und Schichten. Gemäß der Lösung des Zusammenhanges der S. mit der Arbeiterfrage ist demnach der Auftrag an die S. darin zu sehen, an der Schaffung neuer Lebensformen mitzuwirken. Die Erreichung von Gestaltungszielen i. S. einer präventiven und auf die Sicherung wünschenswerter Lebenslagen ausgerichteten S. (Finalprinzip) ist hierbei wichtiger, als auf Ursachen zu reagieren (Kausalprinzip).

*Träger:* (1) Träger der S. ist insbes. der *Staat*, meist mit besonderen Arbeits- und Sozialministerien sowie vielen öffentlichen Unterverbänden (z. B. Gemeinden); desweiteren andere öffentlich-rechtliche → Körperschaften (z. B. Kirchen), private Zusammenschlüsse (z. B. → Gewerkschaften, → Arbeitgeberverbände, Unternehmen, Konsumvereine, → Genossenschaften und sozialpolitische → Vereine) bis herab zu Einzelpersonen. Oft wird die Forderung erhoben, sozialpolitische Aktivitäten bezüglich der Trägerschaft nach Maßgabe des *Subsidiaritätsprinzips* zu gliedern (S. auf familiärer, betrieblicher, gewerkständischer, staatlicher, supranationaler, internationaler Ebene). (2) Auf der *überstaatlichen Ebene* beruht die zwischenstaatliche (internationale) S. meist auf Gegenseitigkeitsverträgen der Nationalstaaten; überstaatlich zuständig können Organisationen sein wie die Europäischen Gemeinschaften (EG)/Europäische Union (EU), die Internationale Arbeits-Organisation (ILO) oder der Wirtschafts- und Sozialrat der → UNO (mit seinen verschiedenen Ausschüssen wie dem Sozialausschuß, dem Ausschuß für Beschäftigung, Menschenrechte, Rechtsstellung der Frau).

### Sozialprodukt
Maßgröße für die während eines Zeitraums erbrachte gesamtwirtschaftliche Leistung einer Volkswirtschaft. Dabei kann das → *Inlandsprodukt* (Anwendung des → Inlandskonzepts) oder das *Inländerprodukt* (Anwendung des → Inländerkonzepts) im Vordergrund stehen.

Bei Anwendung des Inlandskonzeptes werden die wirtschaftlichen Tätigkeiten in den geographischen Grenzen des Landes betrachtet. Ausprägungen des S. sind das → Bruttoinlandsprodukt und die → Wertschöpfung. Beim Inländerkonzept werden die wirtschaftlichen Tätigkeiten der Inländer unabhängig vom geographischen Einsatzort betrachtet. Kriterium für die Inländereigenschaft ist nicht die Staatsangehörigkeit, sondern die Gebietsansässigkeit. Als Inländer gelten alle → natürlichen Personen, → Personenvereinigungen und → Körperschaften des privaten Rechts, rechtlich unselbständige → Betriebsstätten und Zweigniederlassungen und private Organisationen ohne Erwerbszweck mit gewöhnlichem Aufenthalt, Wohnsitz oder Sitz im Bundesgebiet. Ausprägungen des S. entsprechend dem Inländerkonzept sind das → Bruttosozialprodukt (BSP) zu Marktpreisen, das → Nettosozialprodukt zu Marktpreisen und das Nettosozialprodukt zu Faktorkosten (→ Volkseinkommen).

*Inlandskonzept und Inländerkonzept* unterscheiden sich durch den Saldo der grenzüberschreitenden Faktoreinkommen (vgl. Übersicht S. 1418).

Die gesamtwirtschaftliche Leistung kann zu jeweiligen Preisen (nominales Produkt) oder zu konstanten Preisen, d. h. in Preisen eines bestimmten Basisjahres (reales Produkt) ausgewiesen werden (→ Wirtschaftswachstum).

*Berechnungen*: Das Gesamtergebnis der wirtschaftlichen Tätigkeit kann unter verschiedenen Blickwinkeln betrachtet werden: Die → Volkswirtschaftliche Gesamtrechnung unterscheidet daher zwischen Entstehungsrechnung, Verwendungsrechnung und Verteilungsrechnung des Sozialprodukts.

### Spanne
Differenz zwischen Kauf- und Verkaufskurs.

### Spannungsindikator,
→ Gold- und Devisenbilanz.

### Sparbrief/Sparkassenbrief
Instrument der mittelfristigen (z. T. auch langfristigen) → Fremdfinanzierung von → Banken/→ Sparkassen bzw. Instrument der mittel- bzw. langfristigen Geldanlage.

*Rechtsnatur:* I. d. R. kaufmännische Verpflichtungsscheine gemäß § 363 ff. HGB, auf den Namen des Erwerbers lautend (→ Namensschuldverschreibung, → Rektapapier) und damit → Wertpapier i. w. S., aber kein Wertpapier im depotrechtlichen Sinne; z. T. auch → Inhaberschuldverschreibungen (→ Inhaberpapiere).

*Laufzeit:* I. a. zwischen vier und sechs Jahren, z. T. auch darunter (Mindestlaufzeit: häufig ein Jahr, Höchstlaufzeit: häufig zehn Jahre), wobei bei einigen Sparbrieftypen eine vorzeitige Rückgabe möglich ist.

*Verzinsung und Zinszahlung:* Fester Zinssatz aufgrund einer Vereinbarung zwischen → Emittent und Käufer, jährliche Zinszahlung (normalverzinsliche S./S.) oder Zinszahlung am Ende der → Laufzeit rückwirkend für den gesamten Besitzzeitraum, wobei unterschieden wird zwischen abgezinsten S./S. (Ausgabe zum → Nennwert minus → Zinsen und → Zinseszinsen für die gesamte Laufzeit und → Rückzahlung zum Nennwert) und aufgezinsten S./S. (Ausgabe zum Nennwert und Rückzahlung zum Nennwert plus Zinsen und Zinseszinsen für die gesamte Laufzeit). Zu den → Urkunden werden keine Zinsscheinbogen ausgegeben. Abgezinste S./S. bieten eine Steuerstundung, da die Zinserträge erst bei Rückzahlung des S./S. zu versteuern sind.

*Emittenten:* → Kreditbanken, → Kreditgenossenschaften, → Sparkassen, die sich damit i. d. R. mittelfristige Mittel zur Anlage in → Aktivgeschäften besorgen, wobei die Verpflichtungen aus dem Verkauf von S./S. nur mindestreserverpflichtig sind (→ Mindestreserven) bei einer Laufzeit von weniger als vier Jahren. Mittel aus dem Verkauf

1417

**Sparbuch**

## Sozialprodukt – Begriffssystematik

| Inlandskonzept | | Inländerkonzept |
|---|---|---|
| Bruttoinlandsprodukt zu Marktpreisen | + Saldo der Erwerbs- und Vermögenseinkommen zwischen Inländern und der übrigen Welt | = Bruttosozialprodukt zu Marktpreisen |
| − Abschreibungen<br>= Nettoinlandsprodukt zu Marktpreisen | + Saldo der Erwerbs- und Vermögenseinkommen zwischen Inländern und der übrigen Welt | − Abschreibungen<br>= Nettosozialprodukt zu Marktpreisen |
| − Indirekte Steuern<br>+ Subventionen<br>= Nettoinlandsprodukt zu Faktorkosten (= Nettowertschöpfung) | + Saldo der Erwerbs- und Vermögenseinkommen zwischen Inländern und der übrigen Welt | − Indirekte Steuern<br>+ Subventionen<br>= Nettosozialprodukt zu Faktorkosten (= Volkseinkommen) |
| = Summe der im Inland entstandenen Erwerbs- und Vermögenseinkommen | | = Summe der den Inländern zugeflossenen Erwerbs- und Vermögenseinkommen |

Quelle: Statistisches Bundesamt, Fachserie 18 zu Volkswirtschaftlichen Gesamtrechnungen, Reihe 1.3, Konten mit Standardtabellen

der Papiere können mit Festlaufzeiten und →Festzinssätzen im →Kreditgeschäft vergeben werden, da kein →Anspruch auf vorzeitige Rücknahme durch den Emittenten besteht. Im Hinblick auf die Anrechnung in den →Liquiditätsgrundsätzen ist zwischen Papieren mit Laufzeiten von vier Jahren und mehr und Papieren mit kürzerer Laufzeit zu unterscheiden.

*Käufer:* In erster Linie →Privatkunden, z. T. auch →Firmenkunden. Es bestehen keine Erwerbsbeschränkungen für →Gebietsfremde. Die Vorteile für die Käufer liegen in den vergleichsweise höheren Zinssätzen als bei →Spareinlagen, im Festzinssatz für die gesamte Laufzeit, in der Kosten- und Gebührenfreiheit bei Erwerb und Rückzahlung sowie i. a. für →Verwahrung und Verwaltung durch die Emissionsinstitute. Den weiteren Vorteilen einer hohen Beleihbarkeit, des Fehlens eines Kursrisikos sowie des festen Rückzahlungstermins steht als Nachteil die i. d. R. fehlende Liquidierbarkeit (nicht börsenfähig) gegenüber. Sparkassenbriefe genießen →Mündelsicherheit und →Deckungsstockfähigkeit.

**Sparbuch,** →Sparkonto.

**Sparda-Banken**
Genossenschaftliche Kreditinstitute (→Kreditgenossenschaften), die ein universalbanktypisches Leistungsangebot haben, das speziell auf Mitarbeiter im öffentlichen Dienst ausgerichtet ist. Sie sind als Genossenschaftsbanken der Eisenbahner entstanden. Die Sparda-Banken, von denen ein Institut eine →Körperschaft des öffentlichen Rechts ist, werden durch den →Verband der Sparda-Banken e. V., Frankfurt am Main, vertreten. Er ist als →Fachprüfungsverband dem →Bundesverband des Deutschen Volksbanken und Raiffeisenbanken angeschlossen (→Verbände und Arbeitsgemeinschaften der Kreditwirtschaft).

**Spareckzins**
Zinssatz für →Spareinlagen mit „normaler" d. h. dreimonatiger Kündigungsfrist, der i. a. Leitfunktion für die Höhe der Zinssätze von Spareinlagen mit vereinbarter Kündigungsfrist hat.

**Spareinlagen**
*Begriff:* →Einlagen, die die Sparkasse als solche annimmt und durch Ausfertigung einer →Urkunde, insbes. eines Sparbuches, als S. kennzeichnet. S. dienen der Ansammlung oder Anlage von →Vermögen, nicht

## Sparen

aber dem Geschäftsbetrieb oder dem →Zahlungsverkehr. Geldbeträge, die von vornherein befristet angenommen werden, gelten nicht als S. Von dieser Regelung ausgenommen sind Geldbeträge, die aufgrund von →Vermögensbildungsgesetzen geleistet werden.

*Rechtsgrundlagen:* Zivilrechtlich sind S. als →Darlehen (§ 607 BGB) anzusehen. Bankrechtliche Definition ist der § 21 Abs. 4 Verordnung über die Rechnungslegung der Kreditinstitute (RechKredV, →Rechnungslegungsverordnung).

*Arten:* Seit Inkrafttreten der 4. Novelle des Kreditwesengesetzes am 1. Juli 1993, mit der die RechKredV Gültigkeit erlangte und die §§ 21, 22, 22a KWG gestrichen worden waren, ist ein gesetzlicher Schutz der Bezeichnung S. nicht mehr gegeben. Alle →Kreditinstitute können damit Einlagen in individueller Ausgestaltung unter dem Produktnamen S. anbieten. Machen Kreditinstitute davon Gebrauch, ist ihnen lediglich verwehrt, Einlagen, die nicht den Bestimmungen der RechKredV entsprechen, in der →Bilanz der Spareinlagen-Position auszuweisen. Dann entfällt auch eine privilegiertere Behandlung bei den bankaufsichtsrechtlichen →Liquiditätsgrundsätzen wie auch bei der Mindestreservehaltung. Einlagen dieser Art können als unechte S. bezeichnet werden, im Gegensatz zu den privilegierteren echten S.

*Einlegerkreis:* Nach § 21 Abs. 4 Nr. 3 RechKredV sind →Kapitalgesellschaften, →Genossenschaften, →wirtschaftliche Vereine, →Personenhandelsgesellschaften sowie ausländische Unternehmen mit vergleichbarer Rechtsform von der Einlage ausgeschlossen. Zugelassen sind dagegen →natürliche Personen, Personenzusammenschlüsse, Einzelfirmen, gemeinnützige, mildtätige, kirchliche Einrichtungen sowie →juristische Personen des →öffentlichen Rechts.

*Verzinsung:* Bei der Gestaltung der Zinssätze für S. ist – neben den für das Zinsniveau wichtigen Faktoren – die Dauer der vereinbarten Kündigungsfristen und nicht die Dauer der tatsächlichen Kapitalüberlassung entscheidend. Je länger die Kündigungsfrist ist, desto höher ist i.d.R. der Zinssatz. Aufgelaufene →Zinsen werden jährlich nachträglich auf den →Sparkonten vergütet und bei Vorlage des Sparbuches eingetragen. Die jeweils geltenden Zinssätze sind durch Aushang im Kassenraum ersichtlich zu machen.

*Kündigungsfrist:* Nach § 21 Abs. 4 Nr. 4 RechKredV weisen S. eine Kündigungsfrist von mindestens drei Monaten auf. Darüber hinaus können beliebig lange Kündigungsfristen vereinbart werden. In der Praxis handelt es sich dabei um Kündigungsfristen von 6 Monaten, 12 Monaten, 24 Monaten und 48 Monaten. Diese S. können mit beliebig langen →Kündigungssperrfristen ausgestattet werden, zwingend vorgeschrieben ist dies durch die RechKredV allerdings nicht. Nach § 21 Abs. 4 Satz 2 RechKredV können Kreditinstitute in ihren Sparbedingungen Vereinbarungen treffen, die dem Kunden das Recht einräumen, ohne →Kündigung über einen Teil seiner S. zu verfügen, und zwar bis zu einem bestimmten Betrag, der pro Sparkonto maximal 3.000 Mark nicht übersteigen darf, nur für S. mit dreimonatiger Kündigungsfrist eingeräumt werden darf und jeweils für einen Kalendermonat gilt.

Mit der Kündigung zur Fälligstellung der S. bringt der Sparer zum Ausdruck, daß er den Sparvertrag beenden und das eingezahlte Sparkapital ganz oder teilweise zurückfordern will. Nach Ablauf der Kündigungsfrist erhält der Sparer einen →Anspruch auf sofortige →Rückzahlung des dann fälligen Sparkapitals. Wird dagegen eine S. vor →Fälligkeit, also ohne Einhaltung der Kündigungsfrist oder vor Ablauf einer eventuell besonders vereinbarten Kündigungssperrfrist, vorzeitig zurückgezahlt, so ist dazu ein Schuldabänderungsvertrag erforderlich. Dazu ist allerdings nur der Sparer selbst berechtigt. Einen Rechtsanspruch auf vorzeitige Kündigung hat der Sparer nicht. Entspricht jedoch das Kreditinstitut dem Wunsch des Sparers auf vorzeitige Kündigung, so hat der Sparer dafür einen Vorfälligkeitspreis zu zahlen, d.h., er muß mit einer Zinseinbuße oder mit einer anderen Kostensanktion rechnen. Das kann in Form von →Vorschußzinsen, eines Vorfälligkeitsentgelts oder einer Parallelverzinsung erfolgen.

*Statistik über S.:* vgl. Tabelle S. 1420.

## Sparen

Verzicht auf Verbrauch von Teilen des →verfügbaren Einkommens mit dem Ziel, →Geldvermögen anzusammeln, d.h. →Geldkapital zu bilden oder →Sachvermögen anzuschaffen. S. ist Konsumverzicht. Es

**Sparen**

**Spareinlagen** (in Mrd. DM)

| Zeit | Spareinlagen | | | | | | | |
|---|---|---|---|---|---|---|---|---|
| | insgesamt | von Inländern | | | | | | von Ausländern |
| | | zusammen | mit dreimonatiger Kündigungsfrist | | mit Kündigungsfrist von mehr als 3 Monaten | | | |
| | | | zusammen | darunter Sondersparformen*) | zusammen | darunter Sondersparformen*) | über 3 Monate bis unter 4 Jahre | 4 Jahre und darüber |
| Stand am Jahres- bzw. Monatsende | | | | | | | | |
| 1980 | 490,5 | 485,8 | 298,8 | – | 187,0 | – | 91,4 | 95,5 | 4,7 |
| 1981 | 488,1 | 483,0 | 297,9 | – | 185,1 | – | 89,3 | 95,8 | 5,1 |
| 1982 | 523,9 | 518,2 | 328,8 | – | 189,4 | – | 93,7 | 95,7 | 5,7 |
| 1983 | 554,7 | 548,4 | 359,5 | – | 189,0 | – | 100,2 | 88,7 | 6,3 |
| 1984 | 575,6 | 568,8 | 373,8 | – | 195,0 | – | 110,3 | 84,7 | 6,8 |
| 1985 | 631,1 | 623,6 | 408,4 | – | 215,2 | – | 124,2 | 91,1 | 7,5 |
| 1986 | 679,6 | 670,3 | 439,8 | 140,7 | 230,6 | – | 135,0 | 95,6 | 8,3 |
| 1987 | 716,3 | 707,1 | 466,8 | 169,7 | 240,3 | – | 140,9 | 99,4 | 9,2 |
| 1988 | 737,5 | 728,0 | 493,5 | 177,0 | 234,4 | – | 133,3 | 101,1 | 9,5 |
| 1989 | 715,2 | 705,6 | 479,1 | 191,4 | 226,5 | – | 137,6 | 89,0 | 9,6 |
| 1990 | 765,0 | 755,2 | 515,4 | 216,1 | 239,9 | – | 159,2 | 80,6 | 9,8 |
| 1991 | 764,8 | 754,1 | 513,1 | 255,7 | 241,0 | – | 165,6 | 75,4 | 10,8 |
| 1992 | 785,0 | 770,7 | 522,2 | 309,4 | 248,6 | – | 177,4 | 71,2 | 14,3 |
| 1993 | 877,2 | 859,4 | 587,4 | 180,8 | 272,0 | 199,6 | 202,0 | 70,0 | 17,7 |
| 1994 | 959,4 | 940,5 | 654,3 | 249,4 | 286,2 | 225,0 | 217,1 | 69,1 | 18,9 |

*) Spareinlagen, für die aufgrund besonderer Verträge ein steigender Zins oder – nicht nur vorübergehend – ein Bonus oder generell ein höherer Zins als der Regelsatz gezahlt wird. Bis November 1993 Sondersparformen der Inländischen Privatpersonen; ab Dezember 1993 Sondersparformen der Nichtbanken.
Quelle: Deutsche Bundesbank, Monatsbericht März 1995

kann sich dabei um individuelles S. oder um →Kollektivsparen handeln. Der Zusammenhang von →Volkseinkommen, Konsumgüternachfrage (→Konsumfunktion) und gesamtwirtschaftlichem S. wird durch die →Sparfunktion ausgedrückt. Die →Sparquote drückt die Beziehung zwischen →Ersparnis und verfügbarem Einkommen aus.

*Gesamtwirtschaftliche Bedeutung*: (1) Durch S. wird Geldkapital gebildet. Eine Erhöhung des Geldkapitals hat auf die Entwicklung der →Geldmenge in der Volkswirtschaft eine kontraktive Wirkung, eine Verminderung des Geldkapitals eine expansive Wirkung (Umwandlung in →Zahlungsmittel). Bei unzureichender →Investition in der Volkswirtschaft kann S. die →gesamtwirtschaftliche Nachfrage negativ beeinflussen. Bei inflationärer Entwicklung (→Inflation) kann vermehrtes S. zur Preisniveaustabilität beitragen. Da über S. Kapital gebildet wird, das zur →Finanzierung von Investitionen verwandt wird, auf lange Sicht also die Höhe der Investition von der Höhe der Ersparnis abhängt, führt vermehrtes S. über erhöhte Investitionen zu einem vergrößerten →Kapitalstock und damit zur Steigerung des →Wirtschaftswachstums.
(2) Der Staat fördert die Vermögensbildung durch S. und Vermögensbeteiligung im Rahmen des 5. VermBG, des →Wohnungsbau-Prämiengesetzes und des EStG, insbes. die Bildung von Produktivkapital (→Realkapital) in Arbeitnehmerhand nach dem 5. VermBG (→Staatliche Sparförderung, Fünftes Vermögensbildungsgesetz, Anlageformen).

# Sparkassen

*Einzelwirtschaftliche Bedeutung*: Für den Sparer kann S. → Vorsorgesparen, → Zwecksparen oder Vermögensansammlung sein.
*Formen*: (1) Kontensparen (Bildung von → Spareinlagen durch Einzahlungen auf → Sparkonten), (2) → Wertpapiersparen (Anlage von Spargeldern in → Effekten [→ Schuldverschreibungen, → Aktien, → Investmentzertifikaten]), (3) S. durch Erwerb von → Sparbriefen/Sparkassenbriefen und Sparschuldverschreibungen (→ Sparkassenobligation), (4) → Bausparen (S. auf der Grundlage eines → Bausparvertrages mit dem Zweck, ein zinsgünstiges → Tilgungsdarlehen für wohnungswirtschaftliche Maßnahmen zu erlangen), (5) → Versicherungssparen (S. in der Verknüpfung von Risikovorsorge und Vermögensbildung unter Festlegung bestimmter Sparziele), (6) S. in Form von Vermögensbeteiligungen (Erwerb von Anteilen an Wirtschaftsunternehmen), (7) S. in Sachwerten (Anlage von Sparbeträgen in → Grundstücken, Edelmetallen usw.), (8) → Sondersparformen.

### Sparen mit fester Verzinsung
Form des → Sparens, bei der für eine feste → Laufzeit ein fester → Zins vereinbart wird.
*Gegensatz:* → Sparen mit steigender Verzinsung.
(→ Sparen)

### Sparen mit gesetzlicher Kündigungsfrist,
→ Spareinlage, für die nach § 22 Abs. 1 KWG a. F. bis 30. 6. 1993 eine Kündigungsfrist von drei Monaten galt, wobei 2.000 DM pro Monat abgehoben werden konnten.

### Sparen mit steigender Verzinsung
1. → Sparen durch Geldanlage auf → Sparkonten (Kontensparen), bei dem der Sparer zusätzlich zu den regulären → Zinsen eine Sonderzinsvergütung erhält. Zu einem variablen Basiszins können fest vereinbarte Zinszuschläge (z. B. beim → Zins-Zuwachssparen der → Sparkassen) oder ein jährlich steigender → Bonus (z. B. beim „Sparen mit wachsendem Zins" der → Deutsche POSTBANK AG vereinbart werden (→ Sondersparformen).
2. Sparen durch Geldanlage in → Bundesschatzbriefen oder Sparkassenschatzbriefen, die beide zu einem jährlich steigenden Zinssatz verzinst werden, wobei der Satz fest vereinbart ist.
*Gegensatz:* → Sparen mit fester Verzinsung.
(→ Sparen)

### Sparen mit vereinbarter Kündigungsfrist,
→ Spareinlage.

### Sparen mit Versicherungsschutz
Produktkombination → Sparen und Versichern (→ Versicherungssparen).

### Sparerfreibetrag
→ Freibetrag gem. § 20 Abs. 4 EStG, den private Kapitalanleger bei der → Einkommensteuer auf → Einkünfte aus Kapitalvermögen geltend machen können. Er beträgt 6.000 DM für Alleinstehende und 12.000 DM für zusammenveranlagte Ehegatten. Im Rahmen der Freibeträge zuzüglich der Werbungskostenpauschbeträge von 100 bzw. 200 DM kann der → Steuerpflichtige einen → Freistellungsauftrag erteilen.

### Sparförderungspolitik, → Vermögensbildungsgesetz, → staatliche Sparförderung.

### Sparfunktion
Erklärung des Sparverhaltens als Funktion des → Einkommens; in der → Keynes'schen Theorie ist → Sparen Nachfrageausfall durch Konsumverzicht. Ebenso wie die Konsumnachfrage (→ Konsumfunktion) nimmt das Sparen in dieser Sichtweise mit steigendem → Volkseinkommen zu. Somit ist das Volkseinkommen (Y) entscheidender Bestimmungsgrund des gesamtwirtschaftlichen Sparens (S): $S = f(Y)$.
Ergänzend sind als weitere Bestimmungsfaktoren des Sparens vor allem der Wert des angesammelten → Vermögens, die Einkommensverteilung, der → Zins sowie Preis-, Einkommens- und Konjunkturerwartungen zu berücksichtigen.

### Spargelder
Sammelbegriff für die verschiedenen Formen, in denen private → Ersparnisse angelegt werden können, z. B. → Spareinlagen und → Sparbriefe.

### Spargironetz, → Gironetz der Sparkassen.

### „Sparkasse", → Bezeichnungsschutz für Kreditinstitute.

### Sparkassen
→ Kreditinstitute, deren Grundidee in der Förderung des → Sparens und der → Vermögensbildung liegt und die als → Universalbanken im Rahmen ihrer satzungsmäßigen Bestimmungen sämtliche → Bankgeschäfte betreiben. Da S. ein → Handelsgewerbe betreiben, sind sie nach § 1 HGB Kaufleute (→ Kaufmann).

## Sparkassen

*Rechtsbegriff:* Rechtsfähige, mündelsichere → Anstalt des öffentlichen Rechts, die als kommunales Wirtschaftsunternehmen eigener Prägung gesetzlich begrenzte, sozialverpflichtende Aufgaben zu erfüllen hat, die die Kaufmannseigenschaft besitzt und für deren Verbindlichkeit ein kommunaler → Gewährträger haftet. Neben den so definierten kommunalen, öffentlich-rechtlich organisierten S. gibt es einige wenige → freie S., die grundsätzlich privatrechtlich organisiert sind. Keine S. im rechtlichen Sinne sind die Landesbausparkassen und waren die → Postsparkassenämter.

*Sparkassensektor:* Die S. bilden auf der lokalen Ebene der Gemeinden bzw. Städte und Kreise die unterste Stufe. Sie arbeiten in einem organisatorischen und finanzwirtschaftlichen Verbund mit den → Landesbanken/Girozentralen, die im wesentlichen auf der regionalen Ebene der Länder tätig sind. Das Spitzeninstitut auf überregionaler Ebene des Bundesgebietes ist die → Deutsche Girozentrale–Deutsche Kommunalbank.

*Entwicklung:* Die Entstehung der S. geht auf Reformbestrebungen des Armenwesens zurück (18. Jhd.). Finanziell schwachen Bevölkerungskreisen boten S. erstmalig die Möglichkeit, kleine Geldbeträge sicher und verzinslich anzulegen; S. gewährten an minderbemittelte Privatleute gegen einen geringen → Zins → Darlehen. Von Anfang an waren die S. gemeinnützige Einrichtungen, die nicht nach Gewinnerzielung strebten. Anfang bis Mitte des 19. Jhd. erhielt das Sparkassenwesen, vor allem in Preußen, durch eine fördernde Gesetzgebung starken Auftrieb. Ein Markstein für die Entwicklung der S. war die Verleihung der passiven → Scheckfähigkeit durch das → Scheckgesetz im Jahre 1908. Dadurch konnten die S. das Sichteinlagen- und Kontokorrentgeschäft aufnehmen und mit den bald darauf gegründeten Girozentralen ein eigenes → Gironetz aufbauen, womit der → bargeldlose Zahlungsverkehr in entscheidendem Maße gefördert wurde.

*Organisationsstruktur:* (1) Die *öffentlich-rechtlichen* S. (kommunale S.) besitzen als Anstalten des öffentlichen Rechts eine eigene Rechtspersönlichkeit (→ juristische Personen des → öffentlichen Rechts). Träger sind Gebietskörperschaften, wie Gemeinden, Städte, Gemeindeverbände (Ämter, Kreise) und Zweckverbände (Sparkassenzweckverbände). Die Organe sind der → Verwaltungsrat, der → Vorstand und in einigen Ländern (ferner) der Kreditausschuß. Der Verwaltungsrat ist das Aufsichts- und Kontrollorgan (Mitglieder aus der Vertretung des Gewährträgers sowie in einigen Bundesländern Vertreter der → Arbeitnehmer), beschränkt sich jedoch nicht allein auf die Überwachungsfunktion, sondern beschließt auch über die Richtlinien der Geschäftspolitik und erläßt die Geschäftsanweisungen für den Vorstand, den Kreditausschuß und die Innenrevision. Der Vorstand ist Geschäftsführungs- und Vertretungsorgan; er leitet die S. selbständig und vertritt sie gerichtlich und außergerichtlich. Er wird auf Vorschlag des Verwaltungsrates von der Vertretung des Gewährträgers bestellt. Sofern ein Kreditausschuß als weiteres Organ vorhanden ist, setzt er sich aus Mitgliedern des Verwaltungsrates und des Vorstandes zusammen und entscheidet über Kreditanträge, die eine bestimmte Höhe übersteigen. (2) Die *freien* S. sind i. d. R. → wirtschaftliche Vereine oder → Stiftungen des privaten Rechts. Sie verfolgen i. allg. die gleiche Geschäftspolitik wie die öffentlich-rechtlichen S.; Verfassung und Verwaltung sind jedoch anders geregelt. Die freien S. haben teilweise eine erhebliche Bedeutung (Hamburger Sparkasse; Landesgirokasse Stuttgart [Anstalt des öffentlichen Rechts], die Sparkasse in Bremen, Frankfurter Sparkasse).

*Rechtsgrundlagen:* Sparkassengesetze der Bundesländer, die Aufgaben, Rechtsnatur, Organe, öffentliche Aufsicht und die → Gewährträgerhaftung festlegen. (Von der Gewährträgerhaftung ist der → Anstaltslast zu unterscheiden.) Auf der Grundlage der Sparkassengesetze werden Mustersatzungen bzw. in einigen Ländern Sparkassenverordnungen erlassen; sie wiederum Grundlage für die von den Gewährträgern kraft gesetzlicher Ermächtigung aufgestellten → Satzungen sind. In diesen Satzungen sind insbes. die Zuständigkeiten der Organe und die zulässigen Sparkassengeschäfte festgelegt (Emerationsprinzip). Die Satzung stellt das für die S. verbindliche Recht dar. Sie bedarf der Genehmigung durch die Aufsichtsbehörden des Landes (→ Sparkassenrecht).

*Gemeinnützigkeit:* Öffentlich-rechtliche und freie S. sind gemeinnützige Kreditinstitute. Sie haben gesetzlich festgelegte Aufgaben (öffentlicher Auftrag): (1) Sie dienen der si-

## Sparkassenaufsichtsbehörde

cheren Geldanlage und haben den Sparsinn und die Vermögensbildung der Bevölkerung zu fördern. (Einlagen bei der S. sind mündelsicher [→ Mündelsicherheit]). (2) Sie dienen der Kreditversorgung der Bevölkerung des Geschäftsgebietes, das mit dem räumlichen Bereich des Gewährträgers identisch ist (→ Regionalprinzip). Der → Wettbewerb der S. untereinander wird dadurch eingeschränkt. Dabei haben sie in erster Linie die Kreditausstattung des Mittelstandes und der wirtschaftlich schwächeren Bevölkerungskreise zu berücksichtigen. (3) Sie dienen der Kreditversorgung der Gewährträgers, so z. B. auch der Kreditversorgung der Gemeinden innerhalb eines Kreises (→ Kommunalkredit). Dadurch bedingt haben die S. beim Kommunalkredit eine führende Marktstellung. Dem Prinzip der Gemeinnützigkeit widerspricht es nicht, daß durch Überschüsse aufgrund erwerbswirtschaftlicher Betätigung → Rücklagen gebildet werden, um das → haftende Eigenkapital der Kreditinstitute den banksichtlichen Strukturnormen (→ Eigenkapitalgrundsätze) und den wirtschaftlichen Notwendigkeiten eines wachsenden → Geschäftsvolumens anzupassen.

*Eigenkapital:* Da S. von den Gewährträgern kein → Dotationskapital zur Verfügung gestellt wird, sind sie auf → Gewinnthesaurierung durch (pflichtgemäße) Dotierung der → Sicherheitsrücklage und (freiwillige) Dotierung der → anderen Rücklagen angewiesen. Die Gewährträgerhaftung wirkt beim für die bankaufsichtlichen Strukturnormen bedeutsamen haftenden Eigenkapital (im Gegensatz zum → Haftsummenzuschlag der → Kreditgenossenschaften, welches ebenfalls nicht die Finanzierungsfunktion erfüllt) nicht berücksichtigt.

*Geschäftsstruktur:* Bei der Mittelbeschaffung nehmen → Spareinlagen und → Sparbriefe/Sparkassenbriefe eine hervorragende Stellung ein. Die → Einlagen von Kreditinstituten (u. a. bei den Landesbanken/Girozentralen aufgenommene Refinanzierungsmittel), → Termineinlagen von Nichtbanken und → Sichteinlagen von Nichtbanken sind jeweils von etwa gleicher Bedeutung. Im Rahmen der Mittelverwendung ragt aufgrund der Spargelder das langfristige Kreditgeschäft heraus (→ Hypothekarkredite zur Baufinanzierung und Kommunaldarlehen). Die → Liquiditätsreserven, gehalten neben den Mindestreserven sind werden, sind in erster Linie bei der zuständigen Landesbank/Girozentrale anzulegen. Im → Aktivgeschäft unterliegen die S. satzungsmäßigen Geschäftsbeschränkungen, wenngleich diese verschiedentlich gelockert wurden (Sparkassengeschäfte).

Das Girosystem, das die S. zusammen mit den Landesbanken/Girozentralen bilden (→ Gironetz der Sparkassen), ist Grundlage der Liquiditätsposition des Sparkassensektors.

*Aufsicht:* Neben der Fachaufsicht durch das → Bundesaufsichtsamt für das Kreditwesen unterliegen S. aufgrund der Sparkassengesetze der Staatsaufsicht durch das jeweilige Land (→ Anstaltsaufsicht). Die → regionalen Sparkassen- und Giroverbände unterhalten Prüfungseinrichtungen für die Prüfung der S., die auch die Aufsichtsbehörden gutachtlich beraten. Die Prüfungsstellen der Sparkassen- und Giroverbände sind nach § 27 KWG Träger des Rechts zur Jahresabschlußprüfung.

*Verbandswesen:* Die öffentlich-rechtlichen S. und ihre Gewährträger sind kraft Gesetzes (Sparkassengesetze) Mitglieder der regionalen Sparkassen- und Giroverbände (zwingende Mitgliedschaft). Die freien S. gehören den Verbänden grundsätzlich freiwillig an. Die regionalen Sparkassen- und Giroverbände tragen die Stützungsfonds zur Einlagensicherung (→ Einlagensicherung bei Sparkassen). Sie sind gemeinsam mit den Landesbanken/Girozentralen und der Deutschen Girozentrale–Deutsche Kommunalbank Mitglieder des → Deutschen Sparkassen- und Giroverbandes. Die freien S. gehören außerdem dem Verband der Deutschen Freien Öffentlichen Sparkassen an. Den Prüfungsstellen der regionalen Verbände obliegen die gesetzlich vorgeschriebenen → Jahresabschluß- und → Depotprüfungen sowie die Prüfungen nach aufsichtsbehördlichen Vorschriften.

### Sparkassenaufsicht
Rechtsaufsicht (Staatsaufsicht), die den Ländern über die → öffentlich-rechtlichen Sparkassen neben der → Bankenaufsicht zusteht (→ Anstaltsaufsicht). Die → freien Sparkassen haben sich freiwillig der S. unterstellt (in Schleswig-Holstein durch Sparkassengesetz vorgeschrieben).

### Sparkassenaufsichtsbehörde
Neben dem → Bundesaufsichtsamt für das Kreditwesen tätige Landesbehörde, die über

**Sparkassenbetriebswirt**

(öffentlich-rechtliche) →Sparkassen die →Sparkassenaufsicht (→Anstaltsaufsicht) ausübt (→Sparkassenrecht).

**Sparkassenbetriebswirt,** →berufsbegleitende Weiterbildungsmöglichkeiten, Sparkassen.

**Sparkassenbrief,** →Sparbrief/Sparkassenbrief.

**Sparkassenbuch,** →Sparkonto.

**Sparkassenfachwirt/-in,** →berufsbegleitende Weiterbildungsmöglichkeiten, Sparkassen.

**Sparkassengesetze,** →Sparkassenrecht.

**Sparkasseninterner Übertragbarkeitsverkehr**
Vereinfachte Übertragungsmöglichkeit von Sparguthaben bei einem Wohnsitzwechsel vom Einzugsbereich einer Sparkasse in den einer anderen. Dabei hat der Sparkunde einen Rechtsanspruch auf kündigungsfreie Übertragung seiner →Spareinlage auf eine fremde Sparkasse. Dieser Rechtsanspruch ist sparkassenrechtlich verankert. In den Mustersatzungen/Sparkassenverordnungen der Bundesländer ist übereinstimmend geregelt, daß Sparkassen auf Verlangen Spareinlagen an eine andere Sparkasse übertragen und Spareinlagen von anderen Sparkassen übernehmen. Die übernehmende Sparkasse tritt dabei im Wege einer →Schuldübernahme (§§ 414, 415 BGB) an die Stelle des abgebenden Sparinstituts. Die bisherige kontoführende Sparkasse muß aber dem Verlangen nach kündigungsfreier Übertragung nur dann nachkommen, wenn die Spareinlage auf eine andere Sparkasse übertragen wird. →Kreditinstitute außerhalb der Sparkassenorganisation sind nicht in den Übertragbarkeitsverkehr eingebunden. Außerdem muß es sich dabei um Spareinlagen aus dem Standardprogramm der Sparkasse handeln. Spareinlagen mit individuellen Abreden, wie etwa Festzinsvereinbarungen (→Sondersparformen) oder Bonusgewährung (→Bonifizierung von Spareinlagen), sind vom Übertragbarkeitsverkehr ausgeschlossen. Durch derartige Sonderabsprachen hat der Sparer seinen Rechtsanspruch auf erschwernisfreie Übertragungsmöglichkeit stillschweigend aufgegeben. – Durch den s. Ü. soll der Verbundgedanke innerhalb der Sparkassenorganisation gefördert und damit der Gruppenwettbewerb gestärkt werden.

**Sparkassenkaufmann/-frau,** →Ausbildung im Bankensektor, →berufsbegleitende Weiterbildungsmöglichkeiten, Sparkassen.

**Sparkassenkredit**
→Kredit, den eine Sparkasse gewährt, womit insbes. auf die sparkassenrechtliche Unterscheidung in →Realkredite, gesicherte und ungesicherte →Personalkredite und Körperschaftskredite (→Kommunalkredit) abgestellt wird. Als besondere Art des S. wird z. T. auch der →Genossenschaftskredit angeführt.

**Sparkassenobligation**
Instrument der langfristigen →Fremdfinanzierung von →Sparkassen.

*Rechtsnatur:* →Wertpapiere (→gekorene Orderpapiere), die nicht börsenfähig sind.

→*Laufzeit:* I. a. vier bis zehn Jahre.

*Verzinsung und Zinszahlungen:* Fester Zinssatz aufgrund freier Vereinbarung zwischen →Emittent und Käufer, jährliche Zinszahlung.

*Emittenten:* Einzelne Sparkassen oder mehrere Sparkassen, die eine Sammelobligation als →Gesamtschuldner gemäß § 421 BGB herausgeben. Die Verpflichtungen aus dem Verkauf von S. sind nur mindestreservepflichtig (→Mindestreserven) bei einer Laufzeit von weniger als zwei Jahren. Mittel aus dem Verkauf der Papiere können mit Festlaufzeiten und →Festzinssätzen im →Kreditgeschäft vergeben werden. Obwohl keine Verpflichtung der Sparkasse zur vorzeitigen Rücknahme besteht, muß doch beachtet werden, daß nach Ablauf der Mindestlaufzeit ein Rückkauf der Papiere möglich ist. Im Hinblick auf die Anrechnung in den →Liquiditätsgrundsätzen ist zwischen Papieren mit Laufzeiten von vier Jahren und mehr als vier Jahren zu unterscheiden.

*Käufer:* In erster Linie →Privatkunden, z. T. auch →Firmenkunden. Es bestehen keine Erwerbsbeschränkungen für →Gebietsfremde. Die Vorteile für die Käufer liegen im Festzinssatz für die gesamte Laufzeit, in der Kosten- und Gebührenfreiheit bei Erwerb und →Rückzahlung sowie i. a. für →Verwahrung und Verwaltung durch die

Emissionsinstitute. Den weiteren Vorteilen einer hohen Beleihbarkeit, des Fehlens eines Kursrisikos sowie des festen Rückzahlungstermins steht die i. d. R. fehlende Liquidierbarkeit (nicht börsenfähig) als Nachteil gegenüber. S. sind mündelsicher und deckungsstockfähig (→ Mündelsicherheit, → Deckungsstockfähigkeit).

### Sparkassen-Prämiensparen
Ratensparen auf der Grundlage eines → Sparvertrages mit Sonderausstattung. Es handelt sich um → Spareinlagen mit dreimonatiger Kündigungsfrist, wobei der Kunde entweder für eine fest vereinbarte Zeit regelmäßig Sparraten erbringt oder auch ohne feste Vetragslaufzeit spart.

*Zinsen und Prämien:* Neben den → Zinsen (zum jeweils gültigen Spareinlagenzinssatz) zahlt die Sparkasse bei der einen Variante am Ende der Vertragsdauer eine einmalige unverzinsliche → Prämie auf die Summe der vertragsgemäß eingezahlten Sparbeiträge. Die Höhe der Prämie ist nach der Vertragslaufzeit gestaffelt. Für den in der Vergangenheit am häufigsten vorkommenden siebenjährigen Vertragstyp beläuft sie sich i. d. R. auf 14 Prozent. Die Prämiengewährung ist unabhängig von der Einhaltung von Einkommensgrenzen.

*Sparbeiträge:* Beim siebenjährigen Vertragstyp zahlt der Sparer sechs Jahre lang zu einem bestimmten Termin monatlich oder vierteljährlich einen konstanten Sparbetrag ein. Anschließend ruht der → Vertrag für ein weiteres Jahr. Die Einzahlungszeit beim Kurzläufer, dessen Vertragsdauer von drei bis sechs Jahre reichen kann, wie auch beim Langläufer (Vertragsdauer acht bis 25 Jahre) endet neun Monate vor Vertragsablauf. Für die Sparbeiträge kann eine Dynamisierung vorgesehen sein, d. h. von vornherein ist eine jährliche Steigerungsrate vereinbar. Beim S.-P. flexibel, der anderen Sparvariante, wird bei Abschluß des Prämiensparvertrages keine Sparvertragsdauer festgelegt.

*Kündigung:* Prämiensparverträge mit einer Gesamtdauer bis sieben Jahre können frühestens drei Monate vor Vertragsablauf zur Rückzahlung gekündigt werden (→ Kündigungssperrfrist). Das S.-P. unterliegt einer Kündigungsfrist von drei Monaten.

*Vertragsunterbrechung:* Der Sparvertrag wird unterbrochen, wenn der Sparer die vereinbarten laufenden Sparbeiträge nicht mehr erbringt oder vorzeitig verfügt. Weitere Einzahlungen sind dann nicht mehr möglich. Der Sparer erhält aber auf die bis zu diesem Zeitpunkt im Rahmen des bestehenden Vertrages erbrachten Zahlungen die vereinbarte Prämie.

*Bedeutung:* Das Kernangebot des S.-P. (siebenjähriger Vertragstyp) galt als Ersatzangebot zum ausgelaufenen Ratensparvertrag nach dem SparPG. Darauf deuten auch etliche Ähnlichkeiten in den Vertragsmodalitäten hin. Nach Wegfall der staatlichen Sparprämie für derartige Ratensparverträge nahmen die Sparkassen das Prämiensparen mit der Zielsetzung in ihr Programm auf, damit die Einlagenrückgang zu kompensieren. Mit allen Vertragstypen des Prämiensparens ist auch beabsichtigt, die regelmäßige Spartätigkeit im zinsvariablen Bereich zu mobilisieren, um so zu einem stetigen und dauerhaften Mittelzufluß im Sparbereich zu gelangen. Die neue Variante des S.-P. (das S.-P. flexibel), das den alten Typ abgelöst hat, wurde insbes. aus steuerlichen Gesichtspunkten kreiert. Es soll die Belastung mit der → Zinsabschlagsteuer (wegen der jährlichen Prämienzahlung) abgemildert werden.

### Sparkassenrecht
Summe aller öffentlich-rechtlichen Normen, die die Stellung der → Sparkassen im Staat und in der Gesellschaft regeln und die der Wahrung der Rechtsgüter der einzelnen → Personen auf dem Gebiet des Geld- und Kreditwesens unter sozialen Gesichtspunkten dienen. Es ist ein in das Kommunalrecht eingebettetes, von der Rechtsordnung aber aus diesem im Rahmen des kommunalen Verfassungsrechts herausgehobenes, eigenständiges Recht der Sparkassen.
Die Sparkassengesetze der Bundesländer bilden die Grundlagen des S. Sie regeln Organisation und Verwaltung der Sparkassen. Der → Gewährträger erläßt die Sparkassensatzung, die die Rechtsverhältnisse der einzelnen Sparkasse regelt. Die → Satzung ist an der vom Land erlassenen Mustersatzung ausgerichtet. Abweichungen von der Mustersatzung bedürfen der Genehmigung der Aufsichtsbehörde bzw. der obersten Aufsichtsbehörde (→ Anstaltsaufsicht). In Nordrhein-Westfalen, Bayern sowie einigen neuen Bundesländern sind den Mustersatzungen → Rechtsverordnungen vorgeschaltet.

## Sparkassenstiftung

**Sparkassenstiftung für internationale Kooperation,** →berufsbegleitende Weiterbildungsmöglichkeiten, Sparkassen.

**Sparkassen- und Giroverbände,** →Regionale Sparkassen- und Giroverbände, →Deutscher Sparkassen- und Giroverband.

### Sparkassenverbund
Geschäftliche Zusammenarbeit der rechtlich und wirtschaftlich selbständigen →Sparkassen, →Landesbanken/Girozentralen, der Landesbausparkassen sowie von →Kapitalanlagegesellschaften, →Leasinggesellschaften, →Factoring-Instituten, Unternehmensberatungsgesellschaften (Consulting), öffentlich-rechtlichen Versicherungen, Kapitalbeteiligungsgesellschaften.

### Sparkassenzentralbanken
→Landesbanken/Girozentralen in ihrer Eigenschaft als Refinanzierungsstellen und zentrale Verrechnungsstellen.

### Sparkassenzertifikat
Einmal-Anlage eines Mindestkapitalbetrages bei einer Sparkasse (i. a. ab 3.000 DM) auf der Basis einer →Spareinlage mit dreimonatiger Kündigungsfrist und zumeist vorgeschalteter →Kündigungssperrfrist von i. d. R. neun Monaten, so daß sich dann eine Vertragsdauer von einem Jahr ergibt. Andere Vertragsvarianten sind denkbar.

Für die einjährige Vertragslaufzeit erhält der Kunde eine feste Sonderverzinsung. Der Zinssatz orientiert sich am Kapitalmarktzinsniveau im entsprechenden Laufzeitbereich. Nach Ablauf der befristeten Sonderverzinsung wird die Spareinlage als gewöhnliche Spareinlage mit dreimonatiger Kündigungsfrist fortgeführt und entsprechend verzinst, soweit der Anleger keine weitere Sonderzinsvereinbarung trifft. Während der neunmonatigen Kündigungssperrfrist hat der Sparer keinen Anspruch auf den Verfügungsfreibetrag gemäß § 21 Abs. 4 RechKredV (maximal 3.000 DM pro Kalendermonat). Die Verbriefung während der Vertragslaufzeit erfolgt in Form einer abwicklungsfreundlichen, wertpapierähnlich ausgestalteten Sparurkunde, die dem Sparer auszuhändigen ist. Das S. ist i. a. mit einer Legitimationsklausel versehen und besitzt insofern die Rechtsnatur eines qualifizierten →Legitimationspapiers (Sparbuch). Das S. ist wegen seiner überschaubaren Vertragsdauer für zinsbewußte Kunden geeignet, die zum einen eine interessante Verzinsung wünschen, zum anderen sich aber nicht langfristig binden wollen. Auch als befristete Zwischenanlage fällig gewordener Geldanlagen ist das S. geeignet.

**Sparkassenzweckverbände,** →Sparkassen.

### Sparkonto
Bei einem →Kreditinstitut geführtes →Konto, auf dem →Spareinlagen eines Sparers gebucht werden. Gemäß § 21 Abs. 4 der →Rechnungslegungsverordnung wird über Spareinlagen eine Sparurkunde, zumeist ein Sparbuch, ausgestellt. In diesem Sparbuch, bei den Sparkassen auch Sparkassenbuch genannt, sind alle Ein- und Auszahlungen sowie Zinsgutschriften zu vermerken. Das Sparbuch kann nur vom Inhaber oder einer bevollmächtigten Person vorgelegt werden. Neben S. mit dreimonatiger Kündigungsfrist (vormals: gesetzliche Kündigungsfrist) sind solche mit längeren Kündigungszeiten – beispielsweise sechs, zwölf und 48 Monate – bekannt. Innerhalb dieser Fristen hat der Sparer kaum eine Chance, ohne Zinsverlust an seine Spareinlage heranzukommen. Ausnahme: Spareinlage mit dreimonatiger Kündigungsfrist. Hier ist i. d. R. innerhalb eines Kalendermonats ohne Kündigung ein Betrag von zumeist 3.000 DM verfügbar. Beträge, die über dieses Limit hinausgehen, werden allerdings wie die übrigen Kündigungsfristen mit →Vorschußzinsen belegt. Guthaben auf S. können grundsätzlich abgetreten und verpfändet sowie gepfändet werden.

*Abtretung und Verpfändung:* Das sparkontenführende Kreditinstitut kann mit dem Kontoinhaber vereinbaren, daß zur →Abtretung bzw. →Verpfändung der Forderung (→Pfandrecht an Rechten) die Zustimmung des Kreditinstitutes erforderlich ist. Der Umfang der Abtretung bzw. Verpfändung richtet sich nach dem in den Unterlagen des sparkontenführenden Kreditinstituts ausgewiesenen Kontostand, da die tatsächliche Forderung aus dem S. und der im Sparbuch ausgewiesene Saldo nicht unbedingt übereinstimmen (→freizügiger Sparverkehr). Eine →Übergabe des Sparbuchs ist zur Wirksamkeit einer Abtretung bzw. einer Verpfändung der Sparkontenforderung nicht erforderlich (§ 952 Abs. 1 S. 1

## Sparverkehr

BGB). Die Übergabe verhindert aber unberechtigte Verfügung des Kontoinhabers nach der Abtretung bzw. Verpfändung. Wird dem kontoführenden Kreditinstitut die Abtretung der Sparkontoforderung angezeigt (→ offene Zession), darf es mit schuldbefreiender Wirkung nur an den neuen → Gläubiger (Zessionar) zahlen.

*Pfändung:* Sparguthaben werden durch → Pfändungs- und Überweisungsbeschluß gepfändet bzw. für den Pfändungsgläubiger verwertet. Der Pfändungs- und Überweisungsbeschluß ist auch ohne → Besitz der Sparurkunde rechtswirksam. Da das kontoführende Kreditinstitut aber nur gegen Vorlage der Sparurkunde das gepfändete Sparguthaben auszahlt, muß sich der Pfändungsgläubiger die Sparurkunde beschaffen, notfalls nach § 836 Abs. 3 ZPO im Wege der Hilfspfändung. Da das Kreditinstitut nicht verpflichtet ist, bei einem freizügig gestellten Sparbuch eine Sperre zu veranlassen, muß der Pfändungsgläubiger Abhebungen des Kontoinhabers (Pfändungsschuldners) im Rahmen des freizügigen Sparverkehrs gegen sich geltend machen. Grundsätzlich gilt, daß der Pfändungsgläubiger nicht mehr Rechte erwirbt, als sie dem Pfändungsschuldner selbst zustehen. Ein Kennwort (→ Kennwortvereinbarung) hat bei der Pfändung in ein S. keine Bedeutung.

### Sparquote
Prozentualer Anteil der → Ersparnis (→ Sparen) am → verfügbaren Einkommen eines Personenkreises (durchschnittliche S.) oder am Einkommenszuwachs (marginale S.). Die S. ändert sich im Zeitablauf; sie wird beeinflußt von der Zinshöhe, von der Vermögensausstattung der Einkommensbezieher und insbes. von Veränderungen der Einkommensverteilung.

### Sparschrankverfahren, → Kleinspareinrichtungen der Sparkassen.

### Spartenorganisation in Kreditinstituten
Organisationsmodell, bei dem die Kompetenzen aufgrund sachzielorientierter Marktsegmentierung zugeordnet werden. Beispielsweise werden in Kreditinstituten die Sparten → Firmenkundengeschäft, → Privatkundengeschäft, → Institutionelle Kunden als selbständige Marktbereiche unter Zusammenfassung zielgruppenspezifischer Produkte und Dienstleistungen gebildet mit durchgehenden Kommandolinien von der Sachbearbeiterebene bis zum zuständigen Mitglied der Geschäftsleitung (→ Vorstand). *Vorteile:* Gesamtverantwortung jeder Sparte, klare Profit-Center-Gliederung (→ Profit-Center), Entlastung der Führungsspitze. *Nachteile:* Verzicht auf Rationalisierungsvorteile durch zentrale Gesamtsteuerung, Spartenegoismus.

### Spar- und Darlehenskassen, → Kreditgenossenschaften.

### Sparurkunde, Verlust
Bei Abhandenkommen der Sparurkunde (→ Sparkonto, → Bedingungen für den Sparverkehr) können drei Wege für die Neuausstellung beschritten werden:
(1) *Ausfertigung einer neuen Sparurkunde ohne Kraftloserklärung:* Wird der Verlust der Sparurkunde glaubhaft dargetan, besitzt der Sparer eine einwandfreie Bonität und handelt es sich überdies um geringe Beträge, so kann ohne weiteres eine neue Sparurkunde ausgefertigt werden.
(2) *Gerichtliches Aufgebotsverfahren:* Kann der Sparer die Vernichtung oder das Abhandenkommen der Sparurkunde nicht überzeugend dartun, so wird das → Kreditinstitut die erforderlichen Maßnahmen für ein gerichtliches → Aufgebotsverfahren zum Zwecke der Kraftloserklärung der Sparurkunde auf → Kosten des Sparers in die Wege leiten. Das gerichtliche Aufgebotsverfahren ist in den Vorschriften der §§ 946 ff., 1023 ZPO geregelt. Am Ende des Aufgebotsverfahrens steht das *Ausschlußurteil.* Dieses Urteil dokumentiert die Kraftloserklärung der Sparurkunde. Außerdem wird der Inhaber eines solchen Ausschlußurteils bei Geltendmachung der Leistung von dem in § 808 Abs. 2 BGB (§ 21 Abs. 4 RechKredV) vorgeschriebenen Zwang zur Vorlage der Urkunde befreit.
(3) *Kraftloserklärung durch Vorstandsbeschluß:* Für → Sparkassen besteht in den meisten Bundesländern neben dem gerichtlichen Aufgebotsverfahren die Möglichkeit, in Verlust geratene Sparbücher durch den → Vorstand der Sparkasse für kraftlos zu erklären. Einzelheiten regelt das jeweilige → Sparkassenrecht des betreffenden Bundeslandes.

### Sparverkehr, → Bedingungen für den Sparverkehr.

**Sparvertrag**

## Sparvertrag

→ Vertrag zwischen Kunde und → Kreditinstitut zur Begründung einer → Spareinlage. Der S. kommt durch den Sparkonteneröffnungsantrag (Sparer) und die Annahme (Kreditinstitut) sowie durch die Einzahlung eines Geldbetrages (Entstehen der → Spareinlage) zustande (Realvertrag).
Mit einer → Kündigung wird die Spareinlage gemäß § 609 Abs. 1 BGB fällig gestellt. Die Abhebung vom → Sparkonto ist die → Rückzahlung der Spareinlage (Darlehensrückzahlung gemäß § 607 Abs. 1 BGB). Bei vollständiger Rückzahlung der Spareinlage erlischt der Sparvertrag gemäß § 362 Abs. 1 BGB.
Im Gegensatz zu anderen Kreditinstituten besteht für Sparkassen → Kontrahierungszwang. Sie haben die sparkassenrechtliche Verpflichtung, Spareinlagen von jedermann entgegenzunehmen (Zwang zum Abschluß von Sparverträgen). Die → Allgemeinen Geschäftsbedingungen der Kreditinstitute sind Bestandteil des Sparvertrages, da sie mit dem Antrag auf Eröffnung eines Sparkontos vom Kunden anerkannt werden.
(→ Spareinlage)

## Sparvertrag nach dem Fünften VermBG

Nach § 2 5. VermBG ein → Sparvertrag zwischen → Arbeitnehmer und einem → Kreditinstitut, in dem die in § 8 VermBG bezeichneten Vereinbarungen getroffen sind. Mindestens müssen aber die Voraussetzungen der Absätze 2 und 3 erfüllt sein. Nach § 8 Abs. 2 VermBG ist der Arbeitnehmer verpflichtet, einmalig oder für die Dauer von sechs Jahren seit Vertragsabschluß laufend, mindestens aber einmal im Kalenderjahr, → vermögenswirksame Leistungen einzahlen zu lassen oder andere Beträge einzuzahlen und bis zum Ablauf von sieben Jahren (Sperrfrist) die eingezahlten vermögenswirksamen Leistungen bei einem Kreditinstitut festzulegen und die Rückzahlungsansprüche aus dem Vertrag weder abzutreten oder zu beleihen. Davon abweichend ist der Arbeitnehmer nach § 8 Abs. 3 5. VermBG zu vorzeitiger Verfügung berechtigt, wenn eine der in § 4 Abs. 4 Nr. 1 bis 5 5. VermBG (→ Sparvertrag über Wertpapiere und andere Vermögensbeteiligungen nach dem 5. VermBG) bezeichneten Voraussetzungen erfüllt ist.
(→ Fünftes Vermögensbildungsgesetz, Anlageformen)

## Sparvertrag über Wertpapiere und andere Vermögensbeteiligungen nach dem Fünften VermBG

Nach § 2 5. VermBG ein → Sparvertrag zwischen → Arbeitnehmer und einem → Kreditinstitut, in dem sich der Arbeitnehmer gemäß § 4 5. VermBG verpflichtet, als Sparbeiträge zum Erwerb von → Wertpapieren oder zur Begründung oder zum Erwerb von Rechten einmalig oder auf Dauer von sechs Jahren seit Vertragsabschluß laufend → vermögenswirksame Leistungen einzahlen zu lassen oder andere Beträge einzuzahlen. Die angelegten vermögenswirksamen Leistungen können aber nur dann gefördert werden, wenn die Leistungen eines Kalenderjahres spätestens bis zum Ablauf des folgenden Kalenderjahres zum Erwerb der Wertpapiere oder zur Begründung oder zum Erwerb der Rechte verwendet und bis zur Verwendung festgelegt werden *und* die mit den Leistungen erworbenen Wertpapiere nach ihrem Erwerb bis zum Ablauf von sieben Jahren (Sperrfrist) festgelegt werden und über die Wertpapiere oder die mit den Leistungen begründeten oder erworbenen Rechte bis zum Ablauf der Sperrfrist nicht durch → Rückzahlung, → Abtretung, Beleihung oder in anderer Weise verfügt wird. Eine vorzeitige Verfügung ist nach § 4 Abs. 4 5. VermBG jedoch unschädlich, wenn

(1) der Arbeitnehmer oder dessen Ehegatte nach Vertragsabschluß gestorben oder vollständig erwerbsunfähig geworden ist;
(2) der Arbeitnehmer nach Vertragsabschluß, aber vor der vorzeitigen Verfügung geheiratet hat und im Zeitpunkt der vorzeitigen Verfügung mindestens zwei Jahre seit Beginn der Sperrfrist vergangen sind;
(3) der Arbeitnehmer nach Vertragsabschluß arbeitslos geworden und die Arbeitslosigkeit mindestens ein Jahr lang ununterbrochen bestanden hat und im Zeitpunkt der vorzeitigen Verfügung noch besteht;
(4) der Arbeitnehmer nach Vertragsabschluß unter Aufgabe seiner nichtselbständigen Arbeit eine Erwerbstätigkeit nach § 138 Abs. 1 Abgabenordnung aufgenommen hat; oder
(5) festgelegte Wertpapiere veräußert werden und der Erlös bis zum Ablauf des Kalendermonats, der dem Kalendermonat der Veräußerung folgt, zum Erwerb von Wertpapieren gemäß § 4 VermBG wiederverwendet wird; der bis zum Ablauf des der Veräußerung folgenden Kalendermonats nicht wiederverwendete Erlös gilt als rechtzeitig

wiederverwendet, wenn er am Ende eines Kalendermonats insgesamt 300 DM nicht übersteigt.
(→ Fünftes Vermögensbildungsgesetz, Anlageformen)

**Sparzulage,** → Arbeitnehmersparzulage nach dem Fünften Vermögensbildungsgesetz.

**Spätindikator,** → Konjunkturindikator.

**Special Leasing**
→ Leasing, bei dem das Leasing-Objekt auf die speziellen Anforderungen des Leasing-Nehmers zugeschnitten ist.

**Special Purpose Vehicle (SPV)**
Gesellschaft, die von → Banken oder → Wertpapierhäusern gegründet wird, um i. d. R. → Zinsinstrumente zu kaufen und diese bis zur → Fälligkeit zu halten. Diese Papiere werden beispielsweise mit Hilfe von → Financial Swaps, d. h. → Asset Swaps, abgesichert und hieraus ein neues Zinsinstrument mit anderer Ausstattung hergestellt. Die vom SPV emittierten Papiere werden als Repackaged Securities bezeichnet.
(→ Securitised Asset Swap)

**Specials**
Geschäfte, die durch den Entleiher initiiert werden, der einen Bedarf an bestimmten, speziellen → Wertpapieren hat. Der Verleiher kann unter Umständen aufgrund seiner passiven Haltung eine höhere Wertpapierleihgebühr erzielen.

**Speculative Grade**
→ Rating nach → Standard & Poor's oder → Moody's von weniger als BBB- bzw. Baa3. Je schlechter das Rating ist, desto höher ist der → Yield Spread gegenüber → Staatsanleihen.
*Gegensatz:* → Investment Grade.

**Spediteur**
→ Person, die es gewerbsmäßig übernimmt, Güterversendungen durch → Frachtführer oder durch → Verfrachter von Seeschiffen für Rechnung eines anderen (des Versenders) im eigenen Namen zu besorgen (§ 407 HGB). Der S. betreibt ein → Grundhandelsgewerbe.

**Spediteurübernahmebescheinigung**
*Forwarding Agents Certificate of Receipt (FCR);* Bescheinigung des → Spediteurs, daß er eine bestimmte Sendung mit der unwiderruflichen Weisung erhalten hat, sie an den genannten Empfänger zu befördern oder einem Dritten zur Verfügung zu stellen.
Die S. ist eine Beweisurkunde für den Absender. Die Weisung zur Beförderung an den genannten Empfänger kann nur gegen Rückgabe der Original-Bescheinigung widerrufen oder abgeändert werden, soweit und solange der ausstellende Spediteur noch ein Verfügungsrecht über die bezeichnete Sendung besitzt. Auch die Weisung, die Sendung einem Dritten zur Verfügung zu stellen, kann nur gegen Rückgabe der Original-Bescheinigung widerrufen oder abgeändert werden und nur so lange, als die Verfügung des begünstigten Dritten noch nicht beim ausstellenden Spediteur eingegangen ist. Das FCR erfüllt also eine Sperrfunktion ähnlich der entsprechenden Ausfertigung des → Luftfrachtbriefes.
Von der → FIATA ist eine internationale S. geschaffen worden (FIATA-FCR).

**Spekulationsgeschäfte nach § 23 EStG**
Veräußerung von → Wirtschaftsgütern des Privatvermögens, bei denen die Veräußerung vor der Anschaffung erfolgt oder zwischen Anschaffung und nachfolgender Veräußerung bei → Grundstücken und grundstücksgleichen Rechten zwei Jahre sowie bei anderen Wirtschaftsgütern, insbes. → Wertpapieren, sechs Monate nicht überschritten werden. Außer Ansatz blieben bis 1994 die Einkünfte aus der Veräußerung von → Schuldverschreibungen (ausgenommen Wandelschuldverschreibungen [→ Wandelanleihe] und → Gewinnschuldverschreibungen) sowie inländischen → Schuldbuchforderungen. Bei → Spekulationsgewinnen aus Wertpapiergeschäften, z. B. mit → Aktien, wird die last-in-first-out-Methode angewendet, wenn es sich um Papiere derselben Gattung handelt.
Besteuert wird der Überschuß der Einnahmen über die → Werbungskosten (als „Spekulationsgewinn" bezeichnet), wobei aufgrund der Steuerfreigrenze von 1.000 DM (2.000 DM bei zusammenveranlagten Eheleuten) pro Kalenderjahr 999 DM steuerfrei bleiben. Haben Eheleute beide einen Spekulationsgewinn erzielt, so steht jedem die → Freigrenze zu, allerdings auch bei Zusammenveranlagung jeweils nur bis zur Höhe seines Gesamtgewinns im Jahr. Auf die Gesamtgewinne beider Ehegatten wird also nicht die doppelte Freigrenze ange-

## Spekulationsgewinn

wendet (Abschn. 169 Abs. 6 EStR). Auch ein → Verlustausgleich mit Spekulationsgewinnen des anderen Ehegatten ist nicht zulässig.
Verluste aus S. dürfen nur bis zur Höhe des Spekulationsgewinns, den der → Steuerpflichtige im selben Kalenderjahr erzielt hat, ausgeglichen werden. Sie dürfen auch nicht im Wege des Verlustrücktrags oder -vortrags nach § 10d EStG abgezogen werden (§ 23 Abs. 4 Satz 3 EStG). In Abweichung vom im § 2 Abs. 2 EStG enthaltenen Grundsatz ist also ein Ausgleich mit Einkünften anderer Einkunftsarten nicht statthaft.

## Spekulationsgewinn
Bezeichnung für den Überschuß der Einnahmen über die → Werbungskosten aus → Spekulationsgeschäften nach § 23 EStG (→ sonstige Einkünfte i. S. des § 22 EStG).

## Sperrdepot, → Depotsonderformen.

## Sperrkonto
→ Konto, über das ein Kontoinhaber nur erschwert bzw. nicht verfügen kann, z. B. bei Eintragung eines Sperrvermerks für ein → Sparkonto bzw. Sparbuch (→ Kontosperre). Ein Konto, auf dem Mündelgelder angelegt werden, muß ein S. sein. In S. liegt auch vor bei einem → Mietkautionskonto, das als → Eigenkonto des Mieters mit Sperrvermerk zugunsten des Vermieters geführt wird. Zur Wirksamkeit der → Verpfändung einer Sparkontoforderung muß dem kontoführenden → Kreditinstitut die Verpfändung angezeigt werden (§ 1280 BGB). Der Umfang der → Haftung einer verpfändeten Sparkontoforderung richtet sich nach der Höhe der → Forderung, zu deren Sicherung die Verpfändung erfolgt (§ 1210 Abs. 1 i. V. m. § 1273 Abs. 2 BGB).
(→ Bankkonten)

## Sperrliste
Im Geschäft mit → Kreditkarten enthält die S. diejenigen Karten(-nummern), die z. B. durch Diebstahl abhanden gekommen sind. Die S. wird von den Kartenanbietern regelmäßig aktualisiert und an die Vertragsunternehmen verteilt. Der Händler bzw. Dienstleister hat seinerseits vor jedem per Kreditkarte bezahlten Geschäft die S. daraufhin zu prüfen, ob die vorgelegte Karte als gestohlen oder verloren gemeldet ist. Unterläßt er die Prüfung, hat er ggf. für den Schaden selbst aufzukommen. Händler, die mit einem Makatel oder → EFTPOS-Terminal ausgestattet sind, können auf die Prüfung der Sch. verzichten. Hier übernimmt das Terminal automatisch die Prüfung im Zentralrechner des Kartenanbieters.

## Sperrminorität
→ Beteiligung von mindestens 25% am → Grundkapital einer → Aktiengesellschaft (AG) (→ Aktienpaket). Die S. kann Abstimmungsentscheidungen auf der → Hauptversammlung, die eine → qualifizierte Mehrheit erfordern (z. B. → Fusionen, → Kapitalherabsetzung), verhindern.

## Sperrvermerk bei Sparkonten, → Kontosperre, → Sperrkonto.

## Spezialbanken
→ Geschäftsbanken, die nur eine Art bzw. nur wenige Arten von → Bankgeschäften betreiben. Zu ihnen zählen nach der → Bankenstatistik der Deutschen Bundesbank: → Realkreditinstitute, → Teilzahlungskreditinstitute, → Kreditinstitute mit Sonderaufgaben, → Bausparkassen, → Kapitalanlagegesellschaften, → Wertpapiersammelbanken, → Bürgschaftsbanken.
S. sind typisch für → Trennbankensysteme, in denen institutionelle Arbeitsteilung herrscht (Beispiel: → Bankwesen USA); sie können aber auch neben → Universalbanken bestehen, so z. B. als → Realkreditinstitute, → Kreditinstitute mit Sonderaufgaben usw. im → Universalbanksystem der BRD (→ Bankwesen Deutschland).

## Spezialbanksystem, → Geschäftsbankensystem.

## Spezialfonds
→ Investmentfonds, der im Gegensatz zu einem Publikumsfonds nicht öffentlich aufgelegt wird und dessen → Investmentzertifikate nur einem kleinen, bestimmten Kreis von Anlegern angeboten werden. Nach § 1 Abs. 2 des → Gesetzes über Kapitalanlagegesellschaften (KAGG) sind S. „→ Sondervermögen, deren Anteilsscheine aufgrund schriftlicher Vereinbarungen mit der → Kapitalanlagegesellschaft jeweils von nicht mehr als zehn Anteilsinhabern, die nicht → natürliche Personen sind, gehalten werden. Die Kapitalanlagegesellschaft hat in der Vereinbarung mit den Anteilsinhabern sicherzustellen, daß die → Anteilsscheine

nur mit Zustimmung der Kapitalanlagegesellschaft von den Anteilsinhabern übertragen werden dürfen." S. bieten institutionellen Anlegern (Versicherungen, betriebliche Unterstützungskassen und Versorgungsunternehmen [Pensionskassen], kirchliche Institutionen usw.) Möglichkeiten der standardisierten Vermögensverwaltung mit Kostenentlastungen. S. dienen insbes. auch der Anlage von Rücklagemitteln der Sozialversicherungsträger gemäß den Anlagevorschriften des Sozialgesetzbuches und der Mittelanlage für → Bausparkassen und Hypothekenbanken gemäß den Vorschriften in § 4 Abs. 3 Nr. 7 BSpkG bzw. § 5 Abs. 3 Nr. 5 HypBankG. S. können, wie auch Publikumsfonds, → Wertpapierfonds, → offene Immobilienfonds oder → Beteiligungsfonds sein.

Von S. sind → Spezialitätenfonds zu unterscheiden. Diese haben besondere Anlageziele und sind in ihrer Anlagepolitik durch Besonderheiten gekennzeichnet (z. B. Anlageschwerpunkte in bestimmten Branchen oder Regionen).

### Spezialitätenfonds

→ Investmentfonds, der sich in seiner Anlagepolitik auf bestimmte Branchen (→ Branchenfonds) oder Anlagegebiete konzentriert. Dazu zählen z. B. → Rohstofffonds, → Länderfonds, Technologiefonds oder Fonds mit Anlageschwerpunkten in Wandelschuldverschreibungen (→ Wandelanleihe) und → Optionsanleihen. Neben → Aktienfonds zählen dazu auch → Rentenfonds mit begrenzter → Laufzeit (→ Laufzeitfonds). Als → offene Fonds unterliegen Sp. in Deutschland dem → Gesetz über Kapitalanlagegesellschaften (KAGG). Sie sind verpflichtet, ihre Anlagen so zu streuen, daß der Grundsatz der Risikomischung beachtet ist.

### Spezialoptionsschein

Synonym für → exotischer Optionsschein.

**Spezialvollmacht,** → Handlungsvollmacht, → Vollmacht.

**Spezielle Fonds,** → Spezialitätenfonds.

### Spezifisches Risiko

Bezeichnung der → Kapitaladäquanzrichtlinie und des → Baseler Ausschusses für Bankenaufsicht für das an ein → Wertpapier oder an einen → Emittenten gekoppelte Risiko (z. B. → Bonitätsrisiko) von → Schuldverschreibungen, abgeleiteten Instrumenten (z. B. → Futures, → Zinsswaps) und → Aktien. Für Papiere des → Trading Book ist sowohl für das s. R. als auch für das → allgemeine Marktrisiko Eigenkapital zu hinterlegen. Die Ermittlung der erforderlichen Eigenkapitalhöhe erfolgt nach dem → Building-Block-Approach oder → Comprehensive Approach. Das s. R. kann mit dem → unsystematischen Risiko der → modernen Portfolio-Theorie verglichen werden.
(→ Markt-Modell, → Index-Modell, → Asset Allocation)

### Spitzenverbände der deutschen Kreditwirtschaft

Die im → Zentralen Kreditausschuß (ZKA) vereinigten fünf Verbände: (1) → Bundesverband deutscher Banken e. V., Köln; (2) → Deutscher Sparkassen- und Giroverband e. V. (DSGV), Bonn; (3) → Bundesverband der Deutschen Volksbanken und Raiffeisenbanken e. V. (BVR), Bonn; (4) → Verband öffentlicher Banken e. V., Bonn; (5) → Verband deutscher Hypothekenbanken e. V., Bonn.
Die Spitzenverbände sind auch im → Zentralen Wettbewerbsausschuß (ZWA) zusammengeschlossen.
(→ Verbände und Arbeitsgemeinschaften in der Kreditwirtschaft)

### Splitting

1. *Einkommensteuerrecht:* Verfahren bei der Veranlagung von Ehepaaren zur → Einkommensteuer. Das → Einkommen beider Eheleute wird dabei zusammengerechnet und dann halbiert, so daß im Ergebnis jeder mit der Hälfte des Gesamteinkommens zur Einkommensteuer herangezogen wird.

2. → *Investmentgeschäft:* Besonders in den USA übliches Verfahren, → Aktien, deren Kurs bzw. → Investmentanteile, deren Preis sehr hoch gestiegen ist, in zwei oder mehrere Aktien bzw. → Anteilscheine aufzuteilen.

**Splittingtabelle,** → Veranlagungsarten bei der Einkommensteuer.

### Sponsoring

Teilbereich der → Kommunikationspolitik; Planung, Organisation und Kontrolle von – meist finanziellen – Engagements im sportlichen, kulturellen, sozialen und ökologischen Bereich mit der Absicht, kommunikative Ziele wie Erhöhung des Bekannt-

## Spot

heitsgrades, Verbesserung des → Corporate Image, Schaffung von Goodwill und Erhöhung der Mitarbeitermotivation zu erreichen.

## Spot

Begriff, der festlegt, daß die Erfüllung eines Geschäftes im → Devisenhandel zwei Geschäftstage nach Geschäftsabschluß erfolgt, daß es sich also um ein → Kassageschäft handelt.

## Spot-Geschäft

Ein Geschäft, das „on the spot", also sofort (von beiden Seiten) zu erfüllen ist (Spot). Im → Devisenhandel meint S.-G. das → Kassageschäft.

## Spot Market, → Kassamarkt.

## Spot Next

Bezeichnung für Abschluß im → Geldhandel mit zweiwerktägiger Valuta. Laufzeitbeginn und Beginn der Verzinsung liegen zwei Tage nach dem Abschlußtag (→ Spot-Valuta), das Geld ist am Tage nach der Anschaffung fällig.

## Spot Price

1. *Allgemein*: Aktueller Kurs eines Finanzinstrumentes.

2. *Bei* → *Zinsinstrumenten*: Synonym für → Clean Price.

## Spot Swap Yield Curve

Implied Spot Yield Curve von → Zero-Coupon Swaps (Nullkupon-Swaps). Die S.S.Y.C. wird durch → Bootstrapping aus der → Par Swap Yield Curve gewonnen (→ Spot Yield).

## Spot-Valuta

Bezeichnung für Abschlüsse, die zwei Werktage nach dem Abschlußtag valutiert werden. Abschlüsse im Handel mit → Termingeld erfolgen grundsätzlich mit S.-V.

## Spot Yield

→ Yield-to-Maturity von Zero Bonds (→ Nullkupon-Anleihe). S. Y. werden errechnet, um → Forward Rates ermitteln zu können. S. Y. haben den Vorteil, daß die errechnete → Rendite auch tatsächlich erwirtschaftet werden kann, da das → Wiederanlagerisiko entfällt, wenn ein → Endwert ermittelt wird.
(→ Rendite, Interpretation)

1432

## Spread

1. *Allgemein*: Absolute Renditedifferenz zwischen zwei Nominalzinssätzen (→ Nominalzins) oder → Renditen (→ Yield Spread). Die Veränderung des S. wird als → Spreadrisiko bezeichnet.

2. *Optionshandel*: → Kombinierte Optionsstrategie mit mindestens zwei → Optionen. Man unterscheidet folgende Spreadstrategien: Vertical Spread (→ Price Spread), Horizontal Spread (→ Time Spread) und → Diagonal Spread.

3. *Aktien*: Kursdifferenz zwischen zwei → Aktien oder → Aktienindices (→ Price Spread).

4. → *Zinsfutures*: Kursdifferenz zwischen → Futures-Kontrakten unterschiedlicher → Basiswerte (z. B. → Bund-Future versus → Euro-DM-Future) oder die Kursdifferenz zwischen → Kontrakten mit unterschiedlichen → Laufzeiten (z. B. Dezember-Kontrakt des Bund Future versus März-Kontrakt des Bund Future). Die Kursdifferenz eines Future-Kontraktes zwischen dem Underlying und dem aktuellen Kurs des Futures-Kontraktes wird als Gross Basis (→ Basis) bezeichnet. Die Gross Basis ist im Grunde genommen eine „Mikroökonomische Kennzahl". Sie zeigt die Beziehung zwischen den → lieferbaren Anleihen und dem Kontrakt auf und ist für jede lieferbare Anleihe unterschiedlich. Die Gross Basis verbindet den → Kassamarkt mit dem → Futuresmarkt. Im Gegensatz dazu steht die „Makroökonomische Kennzahl" S. Sie beschreibt die Beziehung zwischen zwei Future-Kontrakten und damit der Futuresmärkte.

## Spreader

Teilnehmer am → Terminkontrakthandel (→ Future), die eine bestehende oder erwartete Erweiterung bzw. Verengung des → Spread zwischen zwei → Terminkontrakten zu nutzen versuchen.

## Spread Handel, → Spread Trading mit Future-Kontrakten, → Vertical Spread, → Time Spread, → Diagonal Spread.

## Spreading

Handel mit → Spreads.
(→ Option, Kombinationsstrategien, → Arbitrage auf Futures- und Optionsmärkten)

## Spread Knock-out Yield-Optionsschein
*Sky-Optionsschein*; → Yield Curve Option, mit der von einer Veränderung des → Yield Spread zwischen italienischen zehnjährigen → Swapsätzen und zehnjährigen → DM-Swapsätzen profitiert werden kann. Sky-Optionsscheine sind → exotische Optionen, die sowohl mit einem Down-and-out-Limit (140 → Basispunkte) als auch Up-and-out-Limit (380 Basispunkte) ausgestattet sind. Der maximale Ertrag ist beispielsweise erreicht, wenn der Yield Spread 140 Basispunkte beträgt. Der Sky-Optionsschein wird automatisch ausgeübt, und der Anleger erhält die Differenz zwischen dem → Basispreis in Höhe von 380 Basispunkten und dem Down-and-out Limit von 140 Basispunkten, also 240 Basispunkte. Der Sky-Optionsschein verfällt wertlos, wenn der Spread mehr als 380 Basispunkte beträgt. Sky-Optionsscheine sind verbriefte → Swaptions auf ITL-Swapsätze bzw. DM-Swapsätze. Da der Rendite Spread auf einen DM-Nominalbetrag bezogen ist, handelt es sich bei der Swaption auf italienische Swapsätze um eine → Quanto Option. Anleger des Sky-Optionsscheines erwarten, daß der Spread zwischen den italienischen und deutschen Swapsätzen geringer wird. Sky-Optionsscheine sind im Vergleich zu Standard-Optionen billiger, das Gewinnpotential ist jedoch begrenzt.
(→ Capped Option)

## Spreadlock Swap
→ Kuponswap, bei dem der → Festsatz nicht bei Abschluß des → Swap fixiert wird, sondern während der → Laufzeit des Swap. Bei Abschluß wird der → Swap Spread gegenüber dem Benchmarksatz (z. B. → Bundesanleihen) fixiert (z. B. 30 → Basispunkte). Der Benchmarksatz kann innerhalb einer bestimmten Periode vom → Zahler des Festsatzes fixiert werden. Wird der Benchmarksatz vom Kunden nicht fixiert, wird er automatisch am Ende der vereinbarten Periode festgelegt.
(→ LIBOR in Arrears-Swap)

## Spread Margin
Synonym für → Futures Spread Margin.

## Spreadrisiko
Risiko der Veränderung des → Spread zwischen zwei gehandelten Titeln. Das S. kann bei → Zinsinstrumenten ein wesentliches → Marktrisiko (→ Marktrisikofaktoren-Analyse) darstellen.

## Spread Trade,
→ Spread Trading mit Future-Kontrakten.

## Spread Trading mit Futures-Kontrakten
Gleichzeitiger Kauf (Long → Leg) und Verkauf (Short Leg) von verschiedenen → Futures-Kontrakten des gleichen oder eines ähnlichen → Zinsinstrumentes. Ein Spread Trader eröffnet eine Position, wenn er feststellt, daß die aktuelle Kursdifferenz zwischen zwei → Kontrakten vom Durchschnittswert abweicht und erwartet, daß sich die Kursdifferenz ändert. Der → Gewinn oder → Verlust einer solchen Strategie wird begrenzt auf die relative Kursveränderung zwischen den beiden Kontrakten. Für den Spread Trader ist es somit bedeutungslos, ob die Future-Kurse steigen oder fallen. Entscheidend ist allein die Veränderung der Kursdifferenz zwischen den beiden Positionen. Man kann verschiedene Spread-Strategien mit Zinsfutures unterscheiden (vgl. Abbildung „Spread Trading mit Futures-Kontrakten" S. 1434).
(→ Cross Currency Spreads mit Zinsfutures)

## Sprecherausschuß der leitenden Angestellten
Im Rahmen der Betriebsverfassung die Interessenvertretung der → leitenden Angestellten des → Betriebs.
(→ Arbeitnehmer)

## Sprungregreß
Rückgriff des Wechselschuldners auf einen beliebigen Vorgänger (→ Wechselrückgriff).

## SPV
Abk. für → Special Purpose Vehicle.

## SPX
Tickersymbol für den S & P 500 Index.

## SPX LEAPS
→ Long-term Equity Anticipation Securities (LEAPS) auf den S & P 500 Index. S. L. sind im Gegensatz zu → OEX LEAPS → europäische Optionen.

## SPX S & P 500 Index Option
→ Short-term Option an der CBOE auf den S & P 500 Index. Neben den kurzfristigen SPX S & P 500 I. O. werden an der CBOE auch → SPX LEAPS, SPX CAPS und FLEX-Options auf den S & P 100 Index gehandelt.

## Squared Power Cap,
→ Power Cap.

## Staatliche Sparförderung
Förderung der Vermögensbildung und der Vermögensbeteiligung (Vermögensbil-

**Staatsanleihe**

### Spread Trading mit Futures-Kontrakten

| Spread-Strategien mit Zinsfutures als Kauf und Verkauf von Zinsfutures | |
|---|---|
| ⟶ Intramarket Spread<br>Interdelivery Spread<br>Time Spread | ⟶ Intermarket Spread |
| Underlying identisch | Underlying nicht identisch |
| Fälligkeiten der Kontrakte sind nicht identisch | Fälligkeiten der Kontrakte können identisch sein |
| Long Leg: September Kontrakt<br>Bund Future | Long Leg: Euromarkt Kontrakt |
| Short Leg: Dezember Kontrakt<br>Bund Future | Short Leg: Bund Future Kontrakt |
| – Kursungleichgewichte ausnutzen | – Kursungleichgewichte ausnutzen |
| – Veränderung der Repo Rate ausnutzen | – Von der Veränderung der Renditestrukturkurve profitieren |

dungspolitik) durch den Staat, der im Rahmen bestimmter Einkunftsgrenzen und unter Beschränkung auf bestimmte Höchstbeträge Zulagen und →Prämien gewährt (→Arbeitnehmer-Sparzulage nach dem Fünften Vermögensbildungsgesetz, →Wohnungsbauprämie nach dem →Wohnungsbau-Prämiengesetz) und/oder im Einkommensteuergesetz bestimmte Steuervergünstigungen einräumt (Abzug von →Sonderausgaben für →Bausparbeiträge und für Beiträge zu Lebensversicherungen nach § 10 EStG sowie Steuerbegünstigung nach § 19a EStG für die Überlassung von Vermögensbeteiligungen an →Arbeitnehmer). (→Arbeitnehmersparzulage nach dem Fünften Vermögensbildungsgesetz, →Fünftes Vermögensbildungsgesetz, Anlageformen (darunter Beteiligungs-Kaufvertrag, Beteiligungs-Vertrag, Kapitalversicherungsvertrag, Sparvertrag, Sparvertrag über Wertpapiere und andere Vermögensbeteiligungen, Wertpapier-Kaufvertrag), →Vermögensbildung nach § 19a EStG, →Vermögenswirksame Leistungen, →Wohnungsbau-Prämiengesetz)

**Staatsanleihe**
Mittel- (z. B. →Bundesobligation) oder langfristige (z. B. →Bundesanleihe) →Anleihe, die von einer nationalen Regierung emittiert wird. St. haben in den einzelnen nationalen →Rentenmärkten aufgrund der hohen Bonität des →Emittenten im Vergleich zu anderen Emittenten (z. B. →Banken) die geringsten →Renditen. →Yield Spreads zu anderen Sektoren des Marktes (z. B. Bankanleihen, Industrieanleihen, →Kuponswaps) werden auf Basis der Renditen von St. ermittelt. St. sind an vielen Märkten →Basiswert für →mittelfristige Zinsfutures und langfristige Zinsfutures sowie →OTC-Optionen.
(→Internationale Anleihemärkte, →Emittentengruppen am deutschen Rentenmarkt)

**Staatsbank Berlin**
Rechtsnachfolgerin der →Staatsbank der DDR. Die Staatsbank der ehemaligen DDR besaß eine Doppelstellung; sie war gleichzeitig →Zentralbank (mit den klassischen Zentralbankfunktionen Notenausgabe, →Refinanzierung der →Kreditinstitute, Verrechnungszentrale) und wichtigste →Geschäftsbank der DDR. Noch vor der →Wirtschafts- und Währungsunion erfolgte eine Entflechtung in die Staatsbank Berlin und die Deutsche Kreditbank AG, auf die der Geschäftsbankbereich übertragen wurde. Nachdem die Zentralbankfunktionen mit dem Staatsvertrag über die Wirtschafts-, Währungs- und Sozialunion entfallen sind, fungiert die St. B. im wesentlichen als Refinanzierungsstelle für die Deutsche Kreditbank AG und damit mittelbar für die Altschulden der DDR-Unternehmen. Die St. B. refinanziert sich über die Begebung von →Anleihen, →Gewährträger hierfür ist der Bund. Daneben kümmert sich die Staatsbank um →Forderungen ostdeutscher Un-

ternehmen und →Banken gegenüber den ehemaligen Ostblockstaaten. Die St. B. soll nach Beendigung ihres derzeitigen Aufgabenkreises abgewickelt werden. Bereits zuvor (1994) wurde sie mit dem verbleibenden Geschäft von der →Kreditanstalt für Wiederaufbau übernommen.

## Staatsbank der DDR
→Zentralbank der ehemaligen DDR und gleichzeitig wichtigste →Geschäftsbank.

*Geschichte:* Vorgängerin war die Deutsche Notenbank, die 1948 aus den fünf Länderbanken und der auch erst 1948 gegründeten Deutschen Emissions- und Girobank hervorging. Auch die Deutsche Notenbank besaß zunächst die Doppelstellung als Zentral- und Geschäftsbank; im Jahre 1967 wurde der Geschäftsbankbereich ausgegliedert und zusammen mit der Deutschen Investitionsbank in die Industrie- und Handelsbank eingebracht, die bis 1974 die wichtigste Geschäftsbank der DDR war. 1968 wurde die Notenbank in die St. d. DDR umgegründet. Im Zuge der Rezentralisierungstendenzen Anfang der 70er Jahre wurde die Industrie- und Handelsbank 1974 wieder in die Staatsbank eingegliedert, der entsprechend dem sowjetischen Vorbild wieder die frühere Doppelstellung zukam.

*Stellung und Aufbau:* Die St. d. DDR war den Weisungen des Ministerrates unterworfen. Der Präsident der Staatsbank war zugleich Mitglied des Ministerrates. Entsprechend dem Grundsatz der einheitlichen staatlichen Leitung des →Bankensystems in der DDR war die Staatsbank den anderen →Kreditinstituten der DDR übergeordnet. Die St. d. DDR hatte ein weitverzweigtes Filialnetz (Bezirksdirektionen, Kreisfilialen und Zweig- und Wechselstellen); daneben gab es Industriefilialen, die direkt der Zentrale unterstellt waren. An der Spitze stand entsprechend dem in der DDR geltenden Prinzip der Einzelleitung der Präsident.

*Aufgaben:* Neben den klassischen Zentralbankfunktionen (Notenausgabe, →Refinanzierung der →Kreditinstitute usw.) ist die Staatsbank maßgeblich an der Ausarbeitung der gesamtwirtschaftlichen Finanzpläne beteiligt gewesen. In ihrer Geschäftsbankfunktion war die Staatsbank für den zahlenmäßig bedeutendsten Teil der DDR-Wirtschaft, nämlich für die Industrie, das Bauwesen, den Binnenhandel, für das Post- und Fernmeldewesen sowie für den Verkehrssektor zuständig.
Noch vor der Währungsunion vom 1.7.1990 erfolgte zum 1.4.1990 eine Entflechtung in →Staatsbank Berlin und Deutsche Kreditbank AG; letztere bildete →Joint Ventures mit zwei westdeutschen Großbanken, auf die die Geschäftsbankaktivitäten übergeleitet wurden. (Diese wurden inzwischen mit den Muttergesellschaften verschmolzen.)

## Staatsbanken
→Kreditinstitute, die die bankmäßigen Geschäfte eines Landes betreiben. In der BRD gibt es in den Bundesländern keine St. mehr. Die Aufgaben einer →Hausbank für ein Bundesland werden heute i. a. von den →Landesbanken/Girozentralen wahrgenommen.

## Staatshandelsland
L. mit staatlichem Außenhandelsmonopol, d. h. staatlicher Zentralstelle zur Abwicklung des →Außenhandels.

## Staatsquote
Prozentualer Anteil der Staatsausgaben am →Sozialprodukt. Die St. weist eine unterschiedliche Höhe je nach Abgrenzung des →Staatssektors und je nach Ausprägung des Sozialprodukts als Bezugsgröße aus. Sie ist ein Maß für den durch Finanzströme ausgeübten Staatseinfluß auf private Wirtschaftssubjekte, jedoch kein Ausdruck für staatliche Inanspruchnahme von Gütern einer Volkswirtschaft. Die Höhe der Staatsausgaben dient als erste Orientierung über das Ausmaß der Staatsaktivität; sie informiert jedoch nicht über den Staatseinfluß, der durch direkte Eingriffe sowie durch Steuererleichterungen ausgeübt wird.

## Staatssektor
Zusammenfassung aller →öffentlichen Haushalte. Zwecksetzung ist die Erfüllung öffentlicher Aufgaben. Eindeutig zum St. rechnen die Gebietskörperschaften; bezüglich der Einbeziehung öffentlicher Unternehmen und der →Parafisci bestehen unterschiedliche Auffassungen.

## Staatssozialistische Marktwirtschaft
→Wirtschaftsordnung mit dominierendem Staatseigentum an den Produktionsmitteln, in der die zentrale staatliche Planung und Lenkung der makroökonomischen Prozesse mit dezentraler betrieblicher Planung der

**Staatsverbrauch**

mikroökonomischen Abläufe und deren Koordination über Märkte verbunden ist (z. B. in Ungarn 1968 als Konzept des „Neuen Wirtschaftsmechanismus" eingeführt und bis Mitte der siebziger Jahre praktiziert).

## Staatsverbrauch

Summe aller Dienstleistungen, die der Staat unentgeltlich zur Verfügung stellt. Da diese Leistungen nicht verkauft werden, wird ihr Wert in der →volkswirtschaftlichen Gesamtrechnung anhand der →Aufwendungen für die Erstellung erfaßt. Hierzu gehören z. B. Leistungen der Erziehungs- und Gesundheitsbehörden, der Sicherheitskräfte und des gesamten Verwaltungsapparates.

## Staatsverschuldung

*Begriff:* Aufnahme von Fremdmitteln durch den Staat (innerhalb eines bestimmten Zeitraums). In der Regel werden hierfür synonym die Begriffe öffentliche Verschuldung oder öffentliche Kreditaufnahme verwendet; diese umfassen jedoch nicht nur die Verschuldung von Bund und Ländern, sondern auch der sonstigen Gebietskörperschaften, z. B. der Gemeinden, und der →Sondervermögen. Als Bruttoverschuldung wird die gesamte Kreditaufnahme in einer Periode bezeichnet, die sich als Differenz zwischen der Gesamtausgaben des Staates und seinen nicht-kreditären Einnahmen (vor allem aus →Steuern) errechnet. Durch Abzug der Schuldentilgung im gleichen Zeitraum ergibt sich die Netto(neu)verschuldung. Der Haushaltsposten Finanzierungssaldo unterscheidet sich hiervon durch Rücklagen- und Kassenmittelveränderungen sowie die Münzeinnahmen des Bundes (→Münzhoheit, →Münzregal). Die St. ist die einzige Form öffentlicher Einnahmen, die an den privaten Sektor zurückzuzahlen ist. Als Zwangsanleihe hat sie jedoch steuerähnlichen Charakter.

*Entwicklung:* Historisch gesehen hat die St. als prinzipiell nachrangige Einnahmequelle des Staates vor allem in Kriegs- und Krisenzeiten eine wichtige Rolle gespielt. Neuerdings hat sie auch als Instrument der Vollbeschäftigungspolitik in Situationen gesamtwirtschaftlicher Abschwächung Bedeutung erlangt (→Deficit Spending). Im internationalen Vergleich zeigen sich große Unterschiede der St. Diese sind vor allem darauf zurückzuführen, in welchem Ausmaß ein Staat sich gerade dieser Einnahmequelle bedient hat, ob es zu Entwertungen oder Streichungen der →öffentlichen Schulden im Zuge eines Staatsbankrotts oder einer →Währungsreform kam bzw. ob größere Defizite der →Zahlungsbilanz eine Erhöhung der →Auslandsverschuldung bewirkten. In der Bundesrepublik ist nach einer Phase der Haushaltskonsolidierung während der 80er Jahre mit der deutschen Einigung die St. rapide angestiegen.

*Rechtfertigung:* Eine bis 1969 auch in Art. 115 GG niedergelegte Auffassung erachtet St. nur für zulässig, wenn sie für rentable bzw. mindestens volkswirtschaftlich produktive Ausgaben eingesetzt wird. Diese objektbezogene Anknüpfung ist jedoch unscharf. Im Anschluß an Keynes werden hingegen situationsbezogene Regeln für die St. aufgestellt ausgehend davon, daß die staatliche Einnahme-, speziell die →öffentliche Schuldenpolitik der →Konjunkturpolitik dienen solle. Auch die neue Fassung des Art. 115 GG läßt eine erhöhte St. „zur Abwehr einer Störung des →gesamtwirtschaftlichen Gleichgewichts" zu. Die Diskussion ist keineswegs abgeschlossen.

*Wirkungen:* Im Zusammenhang mit der möglichen Rechtfertigung der St. steht die These der „zeitlichen Lastenverschiebung", wonach mit Hilfe der St. späteren Generationen gewisse Lasten der Staatstätigkeit aufgebürdet werden (können und sollen), da diese auch den Nutzen aus kreditfinanzierten öffentlichen Investitionen zieht („pay as you use"-Prinzip). Ob tatsächlich realwirtschaftlich eine solche Verschiebung stattfindet, hängt vor allem davon ab, wie Last und Generation definiert werden. Ob und inwieweit die St. als Instrument antizyklischer →Finanzpolitik einsetzbar ist, wovon insbesondere die Vorschriften des →Stabilitätsgesetzes ausgehen, ist ebenfalls umstritten und allenfalls grundsätzlich anerkannt. Fraglich ist schließlich auch, ob die St. unsoziale Verteilungswirkungen zulasten der Bezieher niedrigerer Einkommen zeitigt.

*Grenzen:* Rechtlich-institutionelle Grenzen der St. ergeben sich außer aus Art. 115 GG – danach dürfen die Einnahmen des Bundes aus →Krediten die Summe der im Haushaltsplan veranschlagten Ausgaben für →Investitionen in der Regel nicht überschreiten – aus dem Stabilitätsgesetz sowie dem Bundesbankgesetz, welches seit 1994

## Stabilitätsgesetz

auch → Kassenkredite an „öffentliche Verwaltungen" verbietet. Die Unabhängigkeit der Zentralbank verhindert zudem, daß z. B. → Offenmarktgeschäfte der Deutschen Bundesbank als Mittel der Umgehung einer direkten St. eingesetzt werden. Mikroökonomisch bedingte Grenzen heben auf die Finanzierbarkeit, d. h. vor allem auf die Schuldendienstfähigkeit ab; Schwierigkeiten können auch bei der Kreditbeschaffung auftreten. Gesamtwirtschaftlich betrachtet stellt sich die Frage nach einer maximalen oder auch minimalen ökonomisch vertretbaren St. im Hinblick auf die möglichen allokativen, stabilisierungspolitischen und distributiven Wirkungen, wie sie andererseits zur Rechtfertigung der St. herangezogen werden.

### Stabilisierungspolitik

Maßnahmen, die auf die Erreichung von Preisniveaustabilität (→ Geldwertstabilität), Vollbeschäftigung, → Wirtschaftswachstum und → außenwirtschaftlichem Gleichgewicht (stabilitätspolitische Ziele) gerichtet sind.

*St. und Konjunkturpolitik*: Beide Begriffe werden häufig synonym gebraucht; St. ist jedoch umfassender, sie schließt die → Konjunkturpolitik, die Wachstumspolitik und auch Teilbereiche der Strukturpolitik ein.

*Ziele*: Die St. soll gesamtwirtschaftliche Instabilitäten bekämpfen. Gesamtwirtschaftliche Instabilitäten können sein Stagnation (Abschwächung des Wirtschaftswachstums, so daß das wirtschaftspolitische Stabilisierungsziel des stetigen und angemessenen Wachstums nicht erreicht wird), → Inflation, → Stagflation und/oder fehlendes Zahlungsbilanzgleichgewicht.

*Konzeptionen*: Zu unterscheiden sind die keynesianische Stabilisierungskonzeption (→ Keynessche Theorie, → nachfrageorientierte Wirtschaftspolitik) und die neoklassische Stabilisierungskonzeption, die auf der Grundlage des → Monetarismus als Kritik der Keynesschen Auffassung entwickelt wurde und ihren Niederschlag im Konzept der → angebotsorientierten Wirtschaftspolitik fand. Nach keynesianischer Auffassung soll der Staat stabilisierender Faktor für die wirtschaftliche Entwicklung sein. Durch diskretionäre, antizyklische Fiskalpolitik soll das prozyklische Ausgabeverhalten von privaten Haushalten und Unternehmen kompensiert und die Stabilisierung der wirtschaftlichen Aktivitäten erreicht werden. Die neoklassische Stabilisierungskonzeption setzt nicht bei den Bestandteilen der → gesamtwirtschaftlichen Nachfrage, sondern bei den Bestimmungsfaktoren des gesamtwirtschaftlichen Angebots an. Über die Verbesserung der gesamtwirtschaftlichen Rahmenbedingungen – steigende Investitions- und Innovationsbereitschaft – Rentabilitätsverbesserung der Unternehmen – steigende Produktion – steigende → Einkommen – bei Preisniveaustabilisierung durch eine verstetigende Geldmengenpolitik (inflationsfreie → Finanzierung des angestrebten Wirtschaftswachstums) sowie bei außenwirtschaftlicher Absicherung durch → flexible Wechselkurse soll das Stabilisierungsziel erreicht werden. Der → Finanzpolitik des Staates kommt dabei keine Steuerungsfunktion zu. Die auf dieser Konzeption fußende angebotsorientierte St. hat seit Ende der siebziger/Anfang der achtziger Jahre Bedeutung zur Bekämpfung von Stagnation und Stagflation. Der → Sachverständigenrat zur Begutachtung der gesamtwirtschaftlichen Entwicklung nimmt in der BRD eine vermittelnde Position zwischen den beiden Konzeptionen ein.

*Instrumente*: Im Vordergrund stehen (je nach Konzeption) geldpolitische oder finanzpolitische Instrumente (→ Geldpolitik, Finanzpolitik). Die Außenwirtschaftspolitik hat die Aufgabe der → außenwirtschaftlichen Absicherung. Nach der keynesianischen Stabilisierungskonzeption kommt der → Einkommenspolitik im Sinne flankierender → Wirtschaftspolitik besondere Bedeutung zu.

### Stabilitätsgesetz

Kurzbezeichnung für das Gesetz zur Förderung der Stabilität und des Wachstums der Wirtschaft (StabG).

*Ziele*: In § 1 StabG wird das → gesamtwirtschaftliche Gleichgewicht definiert: Preisniveaustabilität (→ Geldwertstabilität), hoher Beschäftigungsstand, → außenwirtschaftliches Gleichgewicht bei stetigem und angemessenem → Wirtschaftswachstum. Die wirtschafts- und finanzpolitischen Maßnahmen von Bund und Ländern (→ Wirtschaftspolitik, → Finanzpolitik) sind so zu treffen, daß sie im Rahmen der marktwirt-

**Stab-Linien-System**

schaftlichen Ordnung gleichzeitig zur Erreichung dieser Ziele beitragen (→ Magisches Viereck).

*Instrumente*: Das StabG sieht Eingriffsinstrumente zur Umsetzung der antizyklischen Finanzpolitik vor, die durch → Rechtsverordnungen in Kraft gesetzt werden können. Möglich sind z.B. antizyklische Variationen der Abschreibungsmöglichkeiten, Zuschläge und Abschläge bei der → Einkommensteuer und der → Körperschaftsteuer, Veränderungen der öffentlichen Verschuldung, Bildung und Auflösung einer bei der → Deutschen Bundesbank zu haltenden Konjunkturausgleichsrücklage. Innerhalb der Konjunkturzyklen sind die Instrumente wahlweise dämpfend oder stimulierend einzusetzen. Das StabG hat nach Anfangserfolgen (in der Rezession von 1966/67) die Erwartungen nicht erfüllt. Wirkungslos zeigte es sich vor allem bei gleichzeitigem Vorliegen von Inflation und stagnierender wirtschaftlicher Entwicklung (→ Stagflation). Mit dem Vordringen des → Monetarismus und dem Aufkommen der → angebotsorientierten Wirtschaftspolitik sowie der damit einhergehenden Zurückdrängung der antizyklischen Steuerung der → gesamtwirtschaftlichen Nachfrage hat das StabG für die Finanzpolitik stark an Bedeutung verloren.

*Jahreswirtschaftsbericht*: Die Bundesregierung muß gemäß § 2 StabG einen Jahreswirtschaftsbericht erstellen, in dem sie zum Jahresgutachten des → Sachverständigenrats zur Begutachtung der gesamtwirtschaftlichen Entwicklung Stellung nimmt und die während des Jahres für erreichbar gehaltenen Ziele sowie die hierfür erforderlichen Maßnahmen darlegt.

*Weitere Regelungen*: → Mittelfristige Finanzplanung, Tätigwerden eines → Konjunkturrats, Tätigwerden einer Konzertierten Aktion (→ Einkommenspolitik) als Versuch der einkommenspolitischen Absicherung der staatlichen Wirtschaftspolitik (Einbettung der Einkommenspolitik der Tarifpartner).

**Stab-Linien-System**
→ Linien-System, bei dem zusätzlich Stäbe (Stabsstellen) bestehen, die keine Weisungsbefugnis haben, sondern Entscheidungen vorbereiten (Vorlagen, Gutachten usw.) und bei Problemlösungen tätig sind, z.B. Rechtsabteilung, volkswirtschaftliche Abteilung.

**Stack Hedging**
→ Hedging-Strategie mit → Forward Rate Agreements, → Optionen oder → Futures, bei der nur → Kontrakte eingegangen werden, die in einem → Delivery Month fällig werden. Im Gegensatz zum St. H. werden bei einem → Strip Hedging mehrere Delivery Month eingegangen.
(→ Euro-DM-Future-Strip, → Strip-Yield, → FRA-Kette)

**Stadtanleihe**, → Kommunalanleihe.

**Stadtschaften**
Öffentlich-rechtliche → Kreditinstitute, die im Gegensatz zu Landschaften und → Ritterschaften → Realkredite auf städtischen Grundbesitz vergaben (→ Öffentlich-rechtliche Grundkreditanstalten).

**Stagflation**
Gleichzeitiges Vorliegen von → Inflation und stagnierendem wirtschaftlichem Wachstum (→ Wirtschaftswachstum), wobei zusätzlich meistens → Arbeitslosigkeit herrscht.
Da bei St. keine gesamtwirtschaftliche Übernachfrage (keine → inflatorische Lücke) vorliegt, sind zur Erklärung dieses Inflationstyps nicht nachfrageseitige, sondern angebotsseitige Ursachen der Inflation heranzuziehen. Insbes. Anspruchsdenken und die Fähigkeit zur Ausübung von Macht auf den Arbeits- und Gütermärkten kann bei stagnierendem Wirtschaftswachstum dazu führen, daß die Ansprüche an das → Sozialprodukt nicht aus entsprechenden Zuwachsraten befriedigt werden konnten. So kommt es über die Lohn-Preis-Spirale bzw. die Preis-Lohn-Spirale selbst bei stagnierender bzw. rückläufiger → gesamtwirtschaftlicher Nachfrage zur Unterstützung inflationärer Impulse.

**Stale Document**
Bezeichnung für ein Dokument, bei dem der Abstand zwischen Verladung und Einreichung der Dokumente bei der Bank unangemessen lang ist. Gemäß Art. 41a ERA (Revision 1962) konnten → Banken die Dokumente zurückweisen, wenn sie ihnen mit „übermäßiger Verzögerung" vorgelegt wurden, was angesichts unterschiedlicher Aus-

legung zu Rechtsunsicherheiten führte. Dieser Mangel wurde bei der Revision 1983 der → Einheitlichen Richtlinien und Gebräuche für Dokumentenakkreditive korrigiert. Heute soll nach Art. 43a ERA (1993) jedes → Dokumentenakkreditiv, das ein Transportdokument (→ Dokumente im Außenhandel) verlangt, außer einem Verfalldatum für die Dokumentenvorlage auch eine genau bestimmte Frist nach dem Datum der Verladung (Art. 46a ERA) vorschreiben, innerhalb welcher die Vorlage in Übereinstimmung mit den Akkreditivbedingungen erfolgen muß. Fehlt eine derartige Bestimmung, nehmen die Banken Dokumente nicht an, die ihnen später als 21 Tage nach dem Verladedatum – nicht mehr: dem Ausstellungsdatum des Transportdokuments – vorgelegt werden. In keinem Fall dürfen die Dokumente später als am Verfalldatum des Akkreditivs vorgelegt werden.

### Stammaktie
*Ordinary Share, Common Stock*; Regelform der → Aktie. Die St. verbrieft sämtliche gesetzlichen und satzungsmäßigen → Aktionärsrechte.
*Gegensatz:* → Vorzugsaktie.

### Stammaktionär
Inhaber von → Stammaktien.
*Gegensatz:* → Vorzugsaktionär.

### Stämme
Kurzbezeichnung für → Stammaktien.

### Stammeinlage
→ Geschäftsanteil eines Gesellschafters am → Stammkapital einer → Gesellschaft mit beschränkter Haftung. Die St. muß mindestens 500 DM betragen, kann für die einzelnen Gesellschafter unterschiedlich hoch sein, muß jedoch immer durch 100 teilbar sein. Der Gesamtbetrag der St. muß mit dem Stammkapital übereinstimmen. Die St. kann auch als Sacheinlage geleistet werden. Auf Geldeinlagen müßten bei Anmeldung zum → Handelsregister mindestens 25% geleistet sein.

### Stammkapital
Bei der Gründung einer → Gesellschaft mit beschränkter Haftung zum → Handelsregister aufzubringender Kapitalbetrag (§ 5 GmbHG). Dieser muß mindestens 50.000 DM betragen, wovon mindestens 25.000 DM bei der Anmeldung der Gesellschaft von den Gesellschaftern eingezahlt sein müssen. Das St. setzt sich zusammen aus den → Stammeinlagen der Gesellschafter, die mindestens jeweils 500 DM betragen müssen und auf die mindestens 25% (soweit als Geldeinlagen vereinbart) bei Anmeldung zum Handelsregister geleistet sein müssen.

### Standardabweichung
Quadratwurzel aus der mittleren quadratischen Abweichung (→ Varianz). Die St. wird wie folgt ermittelt:

$$S. = \sqrt{1:(n-1) \cdot \sum_{i=1}^{n}(x_1 - \bar{x})^2}$$

wobei:
$\bar{x}$ = → arithmetisches Mittel
$x_i$ = → Merkmalswerte
n = Anzahl der Werte

Gegenüber der Varianz hat die St. den Vorteil, daß sie leichter zu interpretieren ist. Mit der St. wird das → Gesamtrisiko gemessen. Ähnlich wie bei → Renditen wird auch in der → modernen Portfolio-Theorie die St. annualisiert. Eine annualisierte St. wird als → Volatilität bezeichnet. Die Volatilität ist eine wichtige → Risikokennzahl zur Quantifierung der Unsicherheit in der modernen Portfolio-Theorie. Die St. ist ein Streuungsparameter. Je größer die St. ist, um so größer ist das Risiko. Sie wird mit dem Buchstaben Sigma (theoretische Standardabweichung, die den wahren Wert darstellt) oder mit s (beobachtete empirische Standardabweichung) gekennzeichnet. Somit ist s ein Schätzwert für Sigma.
(→ Semivarianz, → Varianz der Portfolio-Rendite, → Standardabweichung der Portfolio-Rendite, → Asset Allocation)

### Standardabweichung der Portfolio-Rendite
Wurzel der → Varianz der Portfolio-Rendite.
(→ Risikoarten von Aktien)

### Standardabweichung von Alpha
Kennzahl zur Quantifizierung der Qualität von → Alpha im → Markt-Modell. Die → Standardabweichung von Alpha läßt Aussagen über die Streuung des Schätzparameters Alpha zu. Je kleiner die St. v. A. ist, desto geringer ist die Streuung und damit der Fehler bei der Schätzung von Alpha. Im Ex-

**Standardabweichung von Beta**

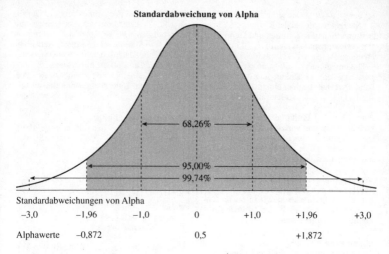

tremfall einer Standardabweichung von Null existiert keine Streuung und damit kann Alpha exakt bestimmt werden. Je größer die St. v. A. ist, desto unzuverlässiger werden zukünftige Renditeschätzungen, die auf Basis des Markt-Modells vorgenommen werden. Im allgemeinen rechnet man mit einer Irrtumswahrscheinlichkeit von 5%, d. h. daß mit einer Aussagesicherheit von 95% Alpha innerhalb eines Intervalls von plus oder minus der 1,96fachen Standardabweichung um das errechnete Alpha liegt. Alpha wird mit Hilfe einer linearen → Regressionsrechnung ermittelt. Die Intervallgrenzen werden wie folgt ermittelt: Untere Intervallgrenze = Alpha – 1,96 · Standardabweichung bzw. obere Intervallgrenze = Alpha+1,96 · Standardabweichung. Bei einer Standardabweichung von 0,7% bzw. einem Alpha von 0,5 liegt die untere Intervallgrenze bei –0,872 (0,5 – 1,96 · 0,7) bzw. die obere Intervallgrenze bei 1,872 (0,5+1,96 · 0,7). Die nachstehende Abbildung zeigt grafisch die Intervallgrenzen unter der → Dichtefunktion der → Standardnormalverteilung. Geometrisch entspricht die eingegrenzte Fläche zwischen den beiden Intervallgrenzen 95% der gesamten Fläche unter der Dichtefunktion (→ kumulierte standardisierte Normalverteilung, Approximation).
Die Abbildung zeigt, daß zu 95%iger Wahrscheinlichkeit Alpha im Intervall –0,872 bis 1,872 liegt. Zusätzlich wird neben der St. v. A. auch das → Bestimmtheitsmaß bzw. die → Standardabweichung von Beta errechnet, um ergänzende Aussagen zur Qualität einer Regressionsgeraden zu erhalten.

**Standardabweichung von Beta**
Kennzahl zur Quantifizierung der Qualität von → Betafaktoren im → Markt-Modell. Die → Standardabweichung von Beta läßt Aussagen über die Streuung des Schätzparameters Betafaktor zu. Je geringer die St. v. B. ist, desto geringer ist die Streuung von wahren Beta und damit der Fehler bei der Schätzung des Betafaktors. Im Extremfall einer Standardabweichung von Null existiert keine Streuung und damit kann der Betafaktor exakt bestimmt werden. Je größer die St. v. B. ist, desto unzuverlässiger werden zukünftige Renditeschätzungen, die auf Basis des Markt-Modells vorgenommen werden. Im allgemeinen rechnet man mit einer Irrtumswahrscheinlichkeit von 5%, d. h. mit einer Aussagesicherheit von 95% liegt der Betafaktor innerhalb eines Intervalls von plus oder minus der 1,96fachen Standardabweichung um den errechneten Betafaktor. Der Betafaktor wird mit Hilfe einer linearen → Regressionsrechnung ermittelt. Die St. v. B. wird über die → Residualvarianz von Beta ermittelt:

$$s_{\beta_i} = \sqrt{\frac{\text{Residualvarianz}}{(n-1) \cdot \sigma_M^2}},$$

## Standardisierter Kredit

wobei:
n = Anzahl der → Merkmalswerte,
$\sigma_M^2$ = → Varianz der Marktrendite.
Die Intervallgrenzen werden wie folgt ermittelt: Untere Intervallgrenze = Betafaktor−1,96 · Standardabweichung, obere Intervallgrenze = Betafaktor+1,96 · Standardabweichung. Bei einer Standardabweichung von 0,25% bzw. einem Betafaktor von 1 liegt die untere Intervallgrenze bei 0,51 (1−1,96 · 0,25) bzw. die obere Intervallgrenze bei 1,49 (1+1,96 · 0,25). Die Abbildung (vgl. Abbildung bei → Standardabweichung von Alpha) zeigt grafisch die Intervallgrenzen unter der → Dichtefunktion der → Standardnormalverteilung. Geometrisch entspricht die eingegrenzte Fläche zwischen den beiden Intervallgrenzen 95% der gesamten Fläche unter der Dichtefunktion (→ Kumulierte standardisierte Normalverteilung, Approximation). Die Abbildung zeigt, daß eine Wahrscheinlichkeit von 95% besteht, daß der Betafaktor im Intervall 0,51 bis 1,48 liegt. Zusätzlich wird neben der St. v. B. auch das → Bestimmtheitsmaß bzw. die Standardabweichung von Alpha errechnet, um ergänzende Aussagen zur Qualität einer Regressionsgeraden zu erhalten.

### Standard Deviation of Random Error Term

→ Standardabweichung des → Zufallsfehlers. Die Standardabweichung wird formal ermittelt, indem die Wurzel aus der → Variance of Random Error Term (→ Residualvarianz) berechnet wird. St. D. o. R. E. T. wird auch als Residualstandardabweichung (Residual Standard Deviation) oder annualisiert als → Residualvolatilität bezeichnet. Die Residualstandardabweichung mißt das → unsystematische Risiko im → Markt-Modell.

### Standard Duration, → Duration.

### Standard-Einzelkosten

Bezeichnung für → Betriebskosten (→ Stückkosten), die im Rahmen moderner Verfahren der Kosten- und Erlösrechnung im Bankbetrieb als normalisierte → Kosten (→ Normalkosten) für Zwecke der → Deckungsbeitragsrechnung benötigt werden (→ Standard-Einzelkostenrechnung).

### Standard-Einzelkostenrechnung

Im Rahmen moderner Verfahren der → Kosten- und Erlösrechnung im Bankbetrieb angewandtes Kalkulationsverfahren zur Erfassung der → Betriebskosten. Die Ergebnisse sind Grundlage für → Deckungsbeitragsrechnungen und für die → Margenkalkulation.
Die St.-E. basiert auf der Überlegung, Kostenbestandteile konsequent nach ihrer Verursachung zu verrechnen und daher nur jeweils relevante Größen zu berücksichtigen (relative Einzelkostenrechnung: bei Wahl der richtigen Bezugsebene werden die anfallenden Betriebskosten als → Einzelkosten erfaßt). Die in der traditionellen Kostenrechnung übliche Schlüsselung der → Gemeinkosten entfällt. → Fixkosten werden lediglich in zeitlicher Hinsicht mit Hilfe von Schlüsseln verteilt. Zum Zwecke der Normalisierung (Standardisierung) werden Standard-Bearbeitungszeiten und Standard-Verbrauchsmengen ermittelt und vorgegeben. Von ihrer Einhaltung sowie von einer planmäßigen Auslastung der → Kostenstellen wird ausgegangen. Innerhalb eines → Profit-Centers oder eines → Cost-Centers können → Normalkosten und → Istkosten verglichen werden.

### Standard Error of Alpha

Synonym für → Standardabweichung von Alpha.

### Standard Error of Beta

Synonym für → Standardabweichung von Beta.

### Standardformular für Dokumentenakkreditiv

Von der → Internationalen Handelskammer Paris als Publikation Nr. 416 veröffentlichte Mustertexte. Die den → Einheitlichen Richtlinien und Gebräuchen für Dokumentenakkreditive (Revision 1983) angepaßten Texte (mit umfangreichen Erläuterungen) dienen der Vereinheitlichung und Harmonisierung des Akkreditivgeschäfts. Nach der Revision der ERA 1993 steht eine Überarbeitung bevor.

### Standardisierte Normalverteilung

*Standardnormalverteilung*; → Normalverteilung mit dem → Erwartungswert 0 und der → Standardabweichung 1.
(→ Kumulierte standardisierte Normalverteilung, Approximation).

### Standardisierter Kredit

→ Kredit, bei dem die → Kreditkosten (→ Zinsen, Bearbeitungsgebühr), die Kre-

## Standardkosten

ditbeträge (Mindest- und Höchstkreditbeträge), die →Laufzeit (Mindest- und Höchstlaufzeit), die Arten der Besicherung sowie die Kreditbearbeitung institutseinheitlich festgelegt sind. Derartige Kredite werden auch als normierte Kredite oder →Programmkredite bezeichnet. Sie kommen vor als Konsumkredite (Kredite an private Haushalte) und auch als →Produktivkredite (Kredite an Selbständige und Gewerbetreibende). Nach der Art der Abwicklung kann zwischen →Ratenkrediten und →Dispositionskrediten unterschieden werden. St. K. zählen zum →Mengengeschäft der Kreditinstitute.
*Gegensatz:* →Individualkredit.

## Standardkosten, →Kosten.

## Standardkunde

Im →*Firmenkundengeschäft:* Kleinere Unternehmen und Freiberufler sowie Unternehmen geringerer Bonität.
Im →*Privatkundengeschäft:* Kunden mit geringerem →Einkommen und (ohne) →Vermögen. St. werden zumeist nicht aktiv betreut und bei Bedarf mit standardisierten Leistungen und Produkten bedient.

## Standardnormalverteilung

→Normalverteilung mit einem →Erwartungswert von Null und einer →Standardabweichung von eins.
(→Kumulierte standardisierte Normalverteilung, Approximation)

## Standard & Poor's

→Rating Agency, die ungefähr 10.000 →Emittenten ratet. St. & P. unterscheiden zwischen short-term (→Geldmarktpapier) und long-term (→Bonds) Rating-Klassen. Das kurzfristige →Rating gibt eine aktuelle Beurteilung der Wahrscheinlichkeit einer pünktlichen Bezahlung von →Schulden, die eine ursprüngliche →Laufzeit von nicht mehr als einem Jahr haben.

*Standard & Poor's short-term Rating-Klassen:*

| | |
|---|---|
| A-1 | Sehr starker Grad der Rückzahlungsfähigkeit |
| A-2 | Starker Grad der Rückzahlungsfähigkeit |
| A-3 | Zufriedenstellender Grad der Rückzahlungsfähigkeit |
| B | Durchschnittliche Rückzahlungsfähigkeit |
| C | Termingerechte →Rückzahlung erscheint zweifelhaft |
| D | Verzug bei der Rückzahlung ist zu erwarten oder bereits eingetreten |

*Standard & Poor's long-term Rating Klassen:*

| | |
|---|---|
| AAA | Beste Qualität des →Schuldners |
| AA+ | Etwas größeres Ausfallrisiko als |
| AA | beim „Top-Rating" |
| AA– | |
| A+ | Gute Qualität des Schuldners, |
| A | Veränderte Rahmenbedingungen |
| A– | können die Rückzahlung beeinflussen |
| BBB+ | Durchschnittliche Qualität des Schuldners |
| BBB | |
| BBB– | |
| BB+ | →Anleihen mit spekulativem |
| BB | Charakter; Gefahr, daß →Zinsen und |
| BB– | →Tilgung nicht gezahlt werden. |
| B+ | Sehr spekulativ |
| B | |
| B– | |
| CCC | Hochspekulative Anlage |
| CC | |
| C | |
| D | |

*Interpretation:* Die Qualitätsstufen bei langlaufenden →festverzinslichen (Wert-) Papieren reichen von Spitzenanleihen der Klasse AAA bis zu Anleihen von Unternehmen, die in Zahlungsverzug geraten sind (Klasse D). Das Rating bezieht sich i. d. R. jeweils auf eine →Emission, nicht jedoch auf den →Emittenten. So kann beispielsweise eine sehr gut abgesicherte Anleihe eines ansonsten eher finanziell schwachen Emittenten ein über dem allgemeinen Bonitätsgrad des Emittenten stehendes Rating erhalten. Anleihen, die die beste Bonitätsbewertung haben, werden als Triple A Papiere bezeichnet. Als →Investment Grade werden Papiere bezeichnet, die mindestens BBB- haben. Papiere, die ein schlechteres Rating haben, werden als →Speculative

Grade bezeichnet. Je schlechter das Rating ist, desto höher ist der → Yield Spread gegenüber → Staatsanleihen.
(→ Rating, → Emittentenrisiko, → Länder-Rating, → Moody's, → Fitch, → Duff & Phelps)

**Standard & Poor's Index,** → S & P 100, → S & P 500.

### Standard-Risikokosten
Normalisierte Ist-Risikokosten (→ Risikokosten), die als → Wertkosten im Rahmen der → Deckungsbeitragsrechnung und der → Margenkalkulation Berücksichtigung finden.

### Standardwert
Bezeichnung für → Aktien erstklassiger → Gesellschaften (→ Blue Chips). Der → Deutsche Aktienindex (DAX) enthält 30 deutsche Standardwerte.

### Standby Credit
Im Rahmen einer getroffenen Absprache darf sich ein → Schuldner bis zu einer bestimmten Höchstgrenze revolvierend durch die Begebung von kurzfristigen → Finanztiteln (→ Euronotes) finanzieren. Eine durch ein → Kreditinstitut bereitgestellte → Standby-Linie deckt das Plazierungsrisiko ab.

**Standby Facility,** → Standby-Linie.

### Standby Letter of Credit
Im anglo-amerikanischen Rechtsraum entstandene garantieähnliche Form der Zahlungssicherung im → Auslandsgeschäft, die in Akkreditivform gekleidet ist und daher in den Geltungsbereich der → Einheitlichen Richtlinien und Gebräuche für Dokumentenakkreditive einbezogen ist. Der St. L. o. C. gibt dem Begünstigten das Recht, von der verpflichteten → Bank Zahlung zu verlangen, wenn ein Dritter seine vertraglichen Pflichten ihm gegenüber nicht erfüllt. Er hat also mit dem → Dokumentenakkreditiv gemeinsam, daß Erfüllungen von Zahlungsverpflichtungen gewährleistet werden sollen. Im Gegensatz zum Dokumentenakkreditiv müssen keine Warenpapiere als Voraussetzung für die Inanspruchnahme vorgelegt werden. Für den St. L. o. C. gilt wie für das Dokumentenakkreditiv der Grundsatz der Unabhängigkeit vom Grundgeschäft (Art. 2, 3 ERA).

### Standby-Linie
*Standby Facility;* i. w. S. → Kreditlinie zur vorsorglichen liquiditätsmäßigen Absicherung, z. B. durch über ein Jahr hinausgehende Kontokorrentzusagen für → Betriebsmittelkredite; i. e. S. Kreditlinie, die von → Kreditinstituten einem Kunden gegenüber übernommen wird, um für ihn eine besondere → Finanzierung abzusichern, z. B. → Euronote Facilities.

### Stand-by-Roll-over-Kredit
Roll-over-Kreditrahmen (→ Roll-over-Kredit), der für den Fall unvorhergesehener Finanzierungsbedürfnisse oder evtl. auftretender Kapitalengpässe vorsorglich bereitgestellt wird.

### Standortsicherungsgesetz
Gesetz zur Verbesserung der steuerlichen Bedingungen zur Sicherung des Wirtschaftsstandorts Deutschland im Europäischen Binnenmarkt vom 13.9.1993 (BGBl. I S. 1563). Zur Sicherung und Verbesserung der internationalen Wettbewerbsfähigkeit der deutschen Wirtschaft wurden mit Wirkung vom 1.1.94 die steuerlichen Rahmenbedingungen für Unternehmen verbessert.

*Wesentliche Maßnahmen:* Senkung des Körperschaftsteuersatzes (→ Körperschaftsteuertarif) für einbehaltene → Gewinne von 50% auf 45%, Herabsetzung des ermäßigten Körperschaftsteuersatzes für nicht in das Anrechnungsverfahren einbezogene → Körperschaften von 45 auf 42% (→ Körperschaftsteuer), Senkung des Spitzensteuersatzes für gewerbliche Einkünfte (nicht für → Einkünfte aus selbständiger Arbeit) bei der → Einkommensteuer von 53 auf 47%, Einführung einer Ansparabschreibung (→ Abschreibung) für bilanzierende kleine und mittlere Betriebe ab 1. Januar 1995, Herabsetzung der → Pauschalwertberichtigungen auf → Forderungen (von Nichtbanken) von 3 auf 1%. Anstelle einer Herabsenkung der degressiven → Abschreibung für Betriebsgebäude von 10 auf 7% wurde im Vermittlungsverfahren eine lineare Absetzung von 4% über 25 Jahre vorgesehen. Die Vorschriften bzgl. des sog. → Dividendenstripping wurden durch das Gesetz verschärft.

### Statistik über Auslandstöchter
Von der → Deutschen Bundesbank nach § 18 BBankG angeordnete Erhebung über das

**Statistische Erhebungen**

Geschäft der ausländischen → Kreditinstitute im Mehrheitsbesitz deutscher Kreditinstitute. Sie wird teils im Rahmen der Erhebung → Monatliche Bilanzstatistik, teils des → Auslandsstatus durchgeführt und verlangt gegliederte Angaben vor allem über → Aktiva und → Passiva der ausländischen Tochterinstitute sowie deren → Eventualverbindlichkeiten.
(→ Melde- und Anzeigepflichten der Kreditinstitute).

**Statistische Erhebungen der Deutschen Bundesbank,** → Deutsche Bundesbank, statistische Erhebungen.

**Statistisches Bundesamt**
Selbständige Bundesoberbehörde im Geschäftsbereich des Bundesministeriums des Inneren mit Sitz in Wiesbaden, die die Bundesstatistik (amtliche Statistik) erstellt. Ihre Ergebnisse finden Verwendung für die Beobachtung und Analyse wirtschaftlicher, sozialer und ökologischer Situationen und Entwicklungen, für die vorbereitende Planung von Entscheidungen sowie für die Kontrolle der Auswirkungen eingeleiteter Maßnahmen. Das St. B. hat die Aufgabe, statistische Erhebungen durchzuführen, die Ergebnisse dem Bund in aufbereiteter Form zur Verfügung zu stellen und die → Volkswirtschaftliche Gesamtrechnung aufzustellen. Das Amt gibt das Statistische Jahrbuch für die BRD heraus. Neben dem St. B. erstellen auch die → Deutsche Bundesbank (→ Bankstatistische Gesamtrechnungen der Bundesbank) und die → Bundesanstalt für Arbeit (Arbeitslosenstatistik) amtliche Statistiken.

**Statistisches Jahrbuch**
Veröffentlichung der amtlichen Statistik des → Statistischen Bundesamtes.

**Stellenbeschreibung**
Dokumentationsmittel der → Aufbauorganisation, um die Aufgaben und Kompetenzen sowie die organisatorische Einbindung des Stelleninhabers festzulegen.

**Stellvertretung**
Rechtsgeschäftliches Handeln einer → Person (Vertreter) in fremdem Namen und für fremde Rechnung. St. liegt dann vor, wenn jemand innerhalb der ihm zustehenden Vertretungsmacht im Namen des Vertretenen eine → Willenserklärung abgibt oder entgegennimmt. Nach § 164 BGB treffen die Wirkungen des → Rechtsgeschäftes nicht den Vertreter, sondern den Vertretenen.

*Offenkundigkeitsprinzip:* Der Vertreter muß im Namen des Vertretenen handeln. Für den Empfänger der Willenserklärung muß das Vertretungsverhältnis erkennbar sein. Es macht keinen Unterschied, ob die Erklärung ausdrücklich im Namen des Vertretenen erfolgt oder ob die Umstände ergeben, daß sie in dessen Namen erfolgen soll, wie z. B. bei Ausstellung eines → eurocheques (ec) unter Vorlage einer → Scheckkarte, wobei der Kunde des bezogenen → Kreditinstituts als dessen Vertreter einen Garantievertrag mit dem Schecknehmer schließt. Eine Durchbrechung des Offenkundigkeitsprinzips ist bei Geschäften mit dem, den es angeht, anerkannt. In diesem Falle wird unter der Voraussetzung, daß die weiteren Erfordernisse der St. vorliegen, das Vertretungsverhältnis nicht offenbart (zulässig bei schuldrechtlichen Bargeschäften des täglichen Lebens und → Übereignung → beweglicher Sachen, bei denen es dem Verkäufer regelmäßig gleichgültig ist, wer Vertragspartner ist).

*Arten der Vertretung:* Die Vertretungsmacht kann sich ergeben aus → Gesetz (→ gesetzliche Vertreter, wie z. B. Eltern, § 1626 BGB [→ elterliches Vertretungsrecht], Vormund, § 1793 BGB), aus organschaftlicher Stellung (z. B. → Geschäftsführer einer GmbH, § 35 GmbHG; → Vorstand einer AG, § 78 AktG), wobei diese → Organe die Stellung eines gesetzlichen Vertreters haben, oder aus einer rechtsgeschäftlich erteilten → Vollmacht (rechtsgeschäftliche Vertretung). Eine Vollmacht wird durch Erklärung des Vertretenen an den Vertreter begründet (oder dadurch, daß der Vertretene dem Dritten gegenüber die Vollmacht erklärt, § 167 Abs. 1 BGB). Eine → Bankvollmacht wird i. d. R. durch Erklärung gegenüber dem Kreditinstitut erteilt:

Bei gesetzlicher Vertretung (bzw. organschaftlicher Vertretung) sind Art und Umfang der Vertretungsbefugnis gesetzlich festgelegt und können mit Wirkung gegenüber Dritten (Außenverhältnis) nicht beschränkt werden. Keine gesetzlichen Vertreter sind der → Konkursverwalter, der → Vergleichsverwalter, der Nachlaßverwalter (→ Nachlaßverwaltung), der Zwangsverwalter (→ Zwangsverwaltung) und der → Testamentsvollstrecker. Sie sind gesetzliche Verwalter, die die amtliche Befugnis haben, im eigenen Namen Rechte an den verwalte-

ten →Gegenständen auszuüben, wobei die Folgen für oder gegen den oder die Inhaber des verwalteten →Vermögens wirken.
Bei rechtsgeschäftlicher Vertretung werden Art und Umfang der Vertretungsbefugnis durch eine Willenserklärung des Vollmachtgebers festgelegt. Eine St. ist nicht möglich bei Rechtsgeschäften, die nur höchstpersönlich vorgenommen werden dürfen, wie z. B. Errichtung eines →Testaments oder Abschluß eines →Erbvertrages.

*Rechtsvorschriften für die St.:* Grundlegende Rechtsvorschriften über die St. finden sich in den §§ 164 ff. BGB. Die BGB-Vorschriften werden durch spezielle Bestimmungen in verschiedenen Gesetzen ergänzt. Sie finden sich vor allem im HGB, AktG, GmbHG und GenG. Für Vollmachten, die Kaufleute erteilen, also auch bei Vollmachten von →Aktiengesellschaften, GmbHs, →Genossenschaften und →Personenhandelsgesellschaften (→Prokura, →Handlungsvollmacht), finden sich Vorschriften in den §§ 48–58 HGB. Kaufleute können für ihr Unternehmen auch →BGB-Vollmachten erteilen, die als besonders umfassende, über den Umfang der Prokura hinausgehende Vollmachten vorkommen (z. B. Vollmacht für Generalbevollmächtigte von Aktiengesellschaften [→Generalvollmacht], deren Position in der Unternehmenshierarchie unmittelbar unter dem Vorstand angesiedelt ist). Vollmachten von Freiberuflern und Gewerbetreibenden, die keine Kaufleute sind, können nur als BGB-Vollmachten erteilt werden.

*Einzel- und Gesamtvertretung:* Bei auf Gesetz beruhender und bei rechtsgeschäftlicher Vertretung ist zwischen →Einzelvertretung und →Gesamtvertretung zu unterscheiden. *Einzelvertretung* liegt vor, wenn von mehreren Vertretungsberechtigten jeder einzelne allein vertretungsberechtigt ist. *Gesamtvertretung* liegt vor, wenn von mehreren Vertretungsberechtigten zwei oder mehr gemeinschaftlich vertretungsbefugt sind. Gesamtvertretung wird im Regelfall in Form der gemeinschaftlichen Vertretung durch zwei Vertretungsberechtigte ausgeübt.
*Unechte Gesamtvertretung* kann bei →Kapitalgesellschaften, Genossenschaften und Personenhandelsgesellschaften vorkommen. Die →Satzung bzw. der →Gesellschaftsvertrag kann bestimmen, daß einzelne Vorstandsmitglieder, Geschäftsführer oder Gesellschafter nur gemeinschaftlich mit einem →Prokuristen vertretungsberechtigt sein sollen (§ 78 AktG und § 125 HGB). Der Prokurist ersetzt dabei einen anderen gesetzlichen Gesamtvertreter.

*Vertretung →natürlicher Personen:* Für die Vertretung →Minderjähriger durch Eltern gilt der Grundsatz gemeinschaftlicher Vertretung (Gesamtvertretung, § 1629 Abs. 1 Satz 1 BGB). Die Vertretung durch ein Elternteil (Einzelvertretung, § 1629 Abs. 1 Satz 3 BGB) ist zulässig, wenn das Vormundschaftsgericht die →elterliche Sorge einem Elternteil allein übertragen hat, ein Elternteil geschäftsunfähig, beschränkt geschäftsfähig, gestorben oder verhindert ist, die elterliche Sorge tatsächlich auszuüben. Grundsätzlich besteht die Möglichkeit der Bevollmächtigung des anderen Elternteils (auch stillschweigend) für ein Rechtsgeschäft oder für einen Kreis von Rechtsgeschäften (Einzelvertretung). Bei Abgabe einer Willenserklärung gegenüber dem minderjährigen Kind genügt die Abgabe gegenüber einem Elternteil (§ 1629 Abs. 1 Satz 1 BGB).

*Gesetzliche Regelungen zur Vertretung von →juristischen Personen des privaten Rechts, von Personenhandelsgesellschaften und anderen Personengesellschaften:* vgl. Tabelle 1446/1447.

**Step-up-Anleihe**
→Zinsinstrument, dessen →Nominalzins während der →Laufzeit des Papiers nicht konstant ist, sondern nach einem festgelegten Plan steigt (z. B. →Bundesschatzbriefe, →Gleitzinsanleihe, →Kombizinsanleihe, →Anleihe mit Gläubigerkündigungsrecht).

**Step Up Recovery Floating Rate Note,**
→Surf-Anleihe.

**Step-up/Step-down Swap**
Synonym für →Roller Coaster Swap.

**Step-Up Swap**
→Kuponswap, bei dem der Nominalbetrag während der →Laufzeit sukzessive erhöht wird.
*Gegensatz:* →Amortizing Swap, →Rollercoaster Swap.

**Sterilisierte Intervention,** →Intervention am Devisenmarkt.

**Sterling-Zone**
Länder des ehemaligen Britischen Empire, die geld- und währungspolitisch zusam-

## Stellvertretung

| Juristische Person/ Personenhandelsgesellschaft/ Personengesellschaft | Vertretung durch | Art der Vertretungsbefugnis |
|---|---|---|
| 1. Eingetragener Verein | Vorstand (§ 26 BGB) | Bei mehrköpfigem Vorstand gilt im Zweifel nicht der Grundsatz der Gesamtvertretung, sondern das Mehrheitsprinzip.<br><br>Die Satzung kann Einzel- oder Gesamtvertretung vorsehen. Der Umfang der Vertretungsmacht ist gesetzlich nicht geregelt. Maßgebend hierfür ist die Satzung.<br><br>Der Umfang der Vertretungsmacht kann durch Satzung mit Wirkung gegen Dritte (Außenverhältnis) beschränkt werden, sofern dies im Vereinsregister eingetragen ist. |
| 2. Rechtsfähige Stiftung | **Vorstand** (§ 86 in Verbindung mit § 26 BGB) | Anwendung des Vereinsrechts |
| 3. Gesellschaft mit beschränkter Haftung | **Geschäftsführer** (§ 35 GmbHG) | **Gesamtvertretung** (Satzung kann Einzelvertretung vorsehen.)<br><br>Der Umfang der Vertretungsmacht kann nicht mit Wirkung gegenüber Dritten (Außenverhältnis) beschränkt werden.<br><br>Unechte Gesamtvertretung ist möglich. |
| 4. Aktiengesellschaft | Vorstand (§ 78 AktG) | **Gesamtvertretung** (Satzung kann Einzelvertretung vorsehen.)<br><br>Der Umfang der Vertretungsmacht kann nicht mit Wirkung gegenüber Dritten (Außenverhältnis) beschränkt werden.<br><br>Unechte Gesamtvertretung ist möglich. |
| 5. Kommanditgesellschaft auf Aktien | **Persönlich haftende(r) Gesellschafter** (§ 278 AktG i.V. mit §§ 161 Abs. 2 und 125 .HGB) | **Einzelvertretung** (Satzung kann Gesamtvertretung vorsehen.)<br><br>Der Umfang der Vertretungsmacht kann nicht mit Wirkung gegenüber Dritten (Außenverhältnis) beschränkt werden.<br><br>Unechte Gesamtvertretung ist möglich. |

## Stellvertretung (Fortsetzung)

| Juristische Person/ Personenhandelsgesellschaft/ Personengesellschaft | Vertretung durch | Art der Vertretungsbefugnis |
|---|---|---|
| 6. Eingetragene Genossenschaft | Vorstand (§ 25 GenG) | **Gesamtvertretung** Der Umfang der Vertretungsmacht kann mit Wirkung gegenüber Dritten (Außenverhältnis) beschränkt werden, sofern dies im Genossenschaftsregister eingetragen ist. |
| 7. Offene Handelsgesellschaft | Persönlich haftende Gesellschafter (§ 125 HGB) | **Einzelvertretung** (Satzung kann Gesamtvertretung vorsehen.) Der Umfang der Vertretungsmacht kann nicht mit Wirkung gegenüber Dritten (Außenverhältnis) beschränkt werden. Unechte Gesamtvertretung ist möglich. |
| 8. Kommanditgesellschaft | Persönlich haftende(r) Gesellschafter (§§ 161 und 125 HGB) | **Einzelvertretung** (Satzung kann Gesamtvertretung vorsehen.) Der Umfang der Vertretungsmacht kann nicht mit Wirkung gegenüber Dritten (Außenverhältnis) beschränkt werden. Unechte Gesamtvertretung ist möglich. |
| 9. GmbH & Co. KG | Geschäftsführer oder persönlich haftende GmbH | Anwendung des GmbH-Rechts (siehe GmbH) |
| 10. BGB-Gesellschaft | Gesellschafter (§§ 709, 710 und 714 BGB) | **Gesamtvertretung** (Gesellschaftsvertrag kann Einzelvertretung vorsehen.) Der Umfang der Vertretungsmacht ist gesetzlich nicht geregelt. Maßgebend ist hierfür die Satzung. |
| 11. Nicht rechtsfähiger Verein | | Anwendung des Gesellschaftsrechts (Recht der BGB-Gesellschaft § 54 und §§ 709 ff. BGB) |

menarbeiten, deren → Währungen untereinander konvertibel (→ Konvertibilität) sind und → feste Wechselkurse zueinander haben. Hierzu zählen vor allem das Vereinigte Königreich, Gibraltar und Irland. I. w. S. werden auch die Länder des Commonwealth (außer Kanada) dazu gerechnet (→ Wechselkursregelung im IWF).

## Stetige Periodenrenditen

→ Periodenrendite, die bei → stetiger Verzinsung ermittelt wurde. St. P. werden additiv miteinander verknüpft, d. h. zur Ermittlung eines → Lageparameters ist das → arithmetische Mittel zu bilden. St. P. werden in der modernen Finanzmarkttheorie (z. B. → Markt-Modell, CAPM, → Optionspreis-

## Stetiger Aufzinsungsfaktor

bewertungsmodelle) errechnet (→ Moderne Portfolio-Theorie).

### Stetiger Aufzinsungsfaktor
→ Aufzinsungsfaktor, der bei → stetiger Verzinsung ermittelt wurde.

### Stetige Verzinsung
*Kontinuierliche Verzinsung*; die Verzinsung erfolgt nicht in Sprüngen („diskret"), sondern in gegen Null strebenden Zeiträumen. Nach einer Laufzeit von Jahren wächst ein Anfangskapital $K_0$ bei einem Zinsfuß p auf das Endkapital $K_n$ an.

$$K_n = K_0 \cdot e^{\frac{p \cdot n}{100}}$$

(→ Zinseszinsrechnung)

### Steueraufwand in der Gewinn- und Verlustrechnung der Kreditinstitute
Zu unterscheiden sind „Steuern vom Einkommen und Ertrag" (erfolgsabhängige → Steuern) und „Sonstige Steuern".
Steuern vom → Einkommen und Ertrag (das sind vor allem → Körperschaftsteuer, Gewerbeertragsteuer [→ Gewerbesteuer], nicht anrechenbare Abzugssteuern und ausländische erfolgsabhängige Steuern) sind in dem gleichnamigen Posten der → Gewinn- und Verlustrechnung (GuV) auszuweisen, sonstige Steuern (das sind v. a. → Vermögensteuer, Gewerbekapitalsteuer, → Grundsteuer und Kraftfahrzeugsteuer) im Posten „Sonstige Steuern, soweit nicht unter Posten 12 ausgewiesen" (Staffelform). → Kreditinstitute können Kostensteuern entweder als „Sonstige Steuern" oder als „Sonstige betriebliche Aufwendungen" ausweisen.

### Steueraval
→ Stundung von Steuerverpflichtungen gegen Hergabe einer → Bankbürgschaft. Die Finanzverwaltung läßt → Kreditinstitute als Zoll- und Steuerbürgen zu, indem sie mit den einzelnen Instituten jeweils einen Gesamtrahmen vereinbart, innerhalb dessen Einzelavale gestellt werden können.
(→ Zollbürgschaft)

### Steuerbegünstigte Schuldverschreibungen
→ Schuldverschreibungen, die aufgrund des Kapitalmarktförderungsgesetzes von 1952 begeben wurden und deren Zinserträge abzüglich einer → Kapitalertragsteuer (KESt) von 30% ausgezahlt wurden (§ 43 Abs. 1 Satz 1 Nr. 5 EStG). Die → Einkommensteuer galt mit dem KESt-Abzug als abgegolten (§ 45 b EStG).

### Steuerbescheid
Form des → Verwaltungsakts im Steuerrecht (§ 155 AO). Der St. ist die grundsätzlich schriftlich erteilte Feststellung über die rechtlichen und tatsächlichen Besteuerungsgrundlagen, die den Betrag der festgesetzten → Steuer, deren Art, Angaben darüber, wer die Steuer schuldet, und eine Rechtsbehelfsbelehrung beinhalten muß (§ 157 AO). Eine *gesonderte Feststellung* der Besteuerungsgrundlagen außerhalb des St. (z. B.: → Einheitswertbescheid) erfolgt in Fällen, in denen Einkünfte oder Vermögenswerte mehreren → Personen zuzurechnen sind (§ 179 Abs. 2 AO).

### Steuerbescheinigungen
Bescheinigungen, die Angaben über die → anrechenbare Körperschaftsteuer und über den → anrechenbaren Zinsabschlag enthalten und zur Anrechnung des → Körperschaftsteuerguthabens bei der Veranlagung zur → Einkommensteuer bzw. zur → Körperschaftsteuer vorgelegt werden müssen. Die Angaben über die anrechenbare Körperschaftsteuer und die anrechenbare → Kapitalertragsteuer werden in einer St. nach amtlichem Vordruck zusammengefaßt. Die Bescheinigungen werden durch die ausschüttende → Körperschaft oder durch das auszahlende inländische → Kreditinstitut ausgestellt, in besonderen Fällen auch durch einen Notar (§§ 44–46 KStG, § 45 a Abs. 2, 3 EStG).
(→ Körperschaftsteuer-Bescheinigungen)

### Steuerbilanz
Die St. ist nach dem → Maßgeblichkeitsprinzip aus der → Handelsbilanz abzuleiten. Während die handelsrechtlichen Vorschriften dem Bilanzierenden relativ große Bilanzierungsansatz- und → Bewertungswahlrechte einräumen, ziehen die steuerrechtlichen Bilanzierungsvorschriften engere Grenzen. So werden z. B. Aktivierungswahlrechte in der Handelsbilanz zu Aktivierungsgeboten in der St. (derivativer → Geschäftswert) und Passivierungswahlrechte zu Passivierungsverboten (Aufwandsrückstellung).
Die St. ist unter Beachtung der handelsrechtlichen → Grundsätze ordnungsmäßiger

Buchführung (GoB) aufzustellen. Als *Ausgangsbasis für die St.* ist das →Betriebsvermögen am Schluß des jeweiligen Wirtschaftsjahres anzusetzen, das sich aus dem handelsrechtlichen →Jahresabschluß ergibt. Der formal und materiell rechtsgültige handelsrechtliche Jahresabschluß dient jedoch nur insoweit als Grundlage für die steuerliche Gewinnermittlung, als die angewandten Vorschriften den einkommensteuerrechtlichen Regelungen nicht widersprechen. Läßt das Steuerrecht mehrere Bewertungsmöglichkeiten zu, die auch handelsrechtlich erlaubt sind, so sind stets die handelsrechtlichen Wertansätze maßgeblich. Ein Abweichen von den Wertansätzen der Handelsbilanz ist in der St. nur dann möglich, wenn zwingende Vorschriften des Steuerrechts dies erfordern.

Die Vielzahl handelsrechtlicher Ansatz- und Bewertungswahlrechte, deren Beanspruchung für die Aktivseite niedrigere und für die Passivseite höhere Werte zur Folge hat, läßt damit in der St. positive *Ergebnisabweichungen* entstehen. Unterschiede entstehen aber auch durch die steuerrechtliche Nichtabzugsfähigkeit handelsrechtlicher →Aufwendungen oder die Vereinnahmung steuerfreier Zulagen.

Die Maßgeblichkeit der Handelsbilanz ist durch zahlreiche *steuerrechtliche Sondervorschriften* umgekehrt worden. Steuerliche Ansatz- und Bewertungsvorschriften (einschließlich erhöhter Absetzungen und Sonderabschreibungen) können fast ausschließlich nur noch bei einem entsprechenden Ansatz in der Handelsbilanz geltend gemacht werden. Mit wenigen Ausnahmen verlangt der Steuergesetzgeber, daß das Prinzip der Abhängigkeit der St. von der Handelsbilanz dadurch gewahrt wird, daß die zum Zwecke der wirtschaftspolitisch gewollten Steuerersparnis oder -verschiebung gewählten Wertansätze auch zuvor in der Handelsbilanz angesetzt wurden. Der in der St. ausgewiesene →Gewinn erlaubt damit keine betriebswirtschaftlich sinnvolle *Interpretation* der unternehmerischen Tätigkeit in einem →Geschäftsjahr, er erfüllt lediglich die Funktion einer Steuerbemessungsgrundlage.

Der Unternehmer muß keine gesonderte St. aufstellen. Es ist durchaus ausreichend, wenn er dem Finanzamt seine unter Beachtung der steuerrechtlichen Vorschriften korrigierte Handelsbilanz einreicht. →Einzelunternehmen und →Personengesellschaften erstellen fast ausschließlich eine →Einheitsbilanz.

### Steuererklärung
Angaben des →Steuerpflichtigen über die Besteuerungs- bzw. Bemessungsgrundlagen, die i. d. R. schriftlich auf einem amtlich vorgeschriebenen Vordruck abzugeben sind (§§ 149, 150 AO). Wird zusätzlich eine Berechnung der →Steuer durch den Steuerpflichtigen verlangt (z. B.: Voranmeldung bei der →Umsatzsteuer, § 18 UStG), so liegt eine *Steueranmeldung* vor.

### Steuerfreie Schuldverschreibungen
→Schuldverschreibungen, die nach dem 2. Weltkrieg zur Förderung des Wohnungsbaus emittiert wurden (vor 1. 1. 1955). Die Zinserträge aus st. Sch. unterlagen nicht der →Einkommensteuer.

### Steuergegenstand
St. oder *Steuerobjekt* meint den Tatbestand, an den das einzelne →Steuergesetz eine Steuerpflicht knüpft.
Die *Bemessungsgrundlage* ist eine Quantifizierung des St.; so sind bei der →Einkommensteuer die erzielten Einkünfte der St., die Höhe des →zu versteuernden Einkommens die Bemessungsgrundlage (§ 2 Abs. 5 EStG). Im Gewerbesteuergesetz (§ 6 GewStG) wird anstelle der Bemessungsgrundlage der Begriff „Besteuerungsgrundlage" verwandt (→Gewerbesteuer), bei den Realsteuern spricht das Gesetz von Steuermeßbetrag (z. B. § 13 GrStG).
Für jede Höhe der Bemessungsgrundlage einer Steuerart gibt der →Steuertarif den *Steuersatz* an, d. h. deren Prozent- oder Promillesatz (z. B. § 32a EStG).

### Steuergesetze
Durch das Bundes- oder ein Landesparlament in Gesetzesform beschlossene Rechtsvorschriften zu steuerlichen Fragen, die im Gesetzgebungsverfahren zustande kommen. Allgemeine Vorschriften, die für mehrere Steuerarten Gültigkeit haben, sind in der →Abgabenordnung (AO) zusammengefaßt worden. Bewertungsrechtliche Vorschriften, die ebenfalls für mehrere Steuerarten bedeutsam sind, enthält das Bewertungsgesetz (BewG). Neben den allgemeinen gibt es die besonderen St., die jeweils nur eine Steuerart regeln (z. B. EStG, UStG).

## Steuergläubiger

### Steuergläubiger
Dem St. fließt die Steuer zu. Maßgebend dafür ist die Ertragshoheit (Art 106 GG). Steuergläubiger können Bund, Länder, Gemeinden und Kirchen als → Körperschaften des öffentlichen Rechts sein.

### Steuergünstige Wertpapieranlagen
Bei Kapitalanlagen in → Wertpapieren gibt es mehrere Möglichkeiten der legalen Steuerersparnis.

*Anleihen mit niedriger Nominalverzinsung (sog. → Niedrigkupon-Titel)*

→ *Nullkupon-Anleihen* (Zero Bonds): Da der Anleger die Zinserträge erst bei Endfälligkeit oder bei vorzeitigem Verkauf versteuern muß, tritt ein Steuerstundungseffekt ein. Bei Verkauf zu einem Zeitpunkt mit niedrigerem individuellen Steuersatz (z. B. Rentenalter) kann ein Steuerspareffekt erreicht werden.

*DM-Auslandsanleihen mit fiktiver Quellensteuer:* Durch Erwerb von DM-Anleihen ausländischer → Schuldner aus solchen Staaten, mit denen Deutschland → Doppelbesteuerungsabkommen geschlossen hat, können Erwerber von der in den Doppelbesteuerungsabkommen möglichen Regelung einer fiktiven → Quellensteuer profitieren. Die → Anleihen werden dann bei der steuerlichen Veranlagung in Deutschland so behandelt, als wäre im Land des → Emittenten bereits eine Quellensteuer einbehalten worden (→ Fiktive Quellensteuer bei DM-Auslandsanleihen).

*Kreditfinanzierte Anleihen:* Private Kapitalanleger kaufen mit Mitteln, die über → Darlehen zur Verfügung gestellt sind, → festverzinsliche (Wert-)Papiere, insbes. Anleihen mit niedriger Nominalverzinsung (Niedrigkupon-Titel). Die Vereinnahmung der Kursgewinne bei → Fälligkeit der Anleihe ist steuerfrei. Die für die Kreditfinanzierung gezahlten → Zinsen können → Werbungskosten sein, die dann die steuerpflichtigen Zinseinnahmen verringern. Voraussetzung für die Anerkennung der Kreditzinsen als Werbungskosten ist, daß der Überschuß der Zinseinnahmen aus den Wertpapieren über die Zinsausgaben für die → Fremdfinanzierung dauerhaft ist, d. h. für die gesamte Zeit der Kapitalanlage besteht.

*Erwerb von Anteilscheinen, die von* → *Aktienfonds ausgegeben werden:* Für einen Kapitalanleger kann es interessant sein, → Investmentzertifikate zu erwerben, die von Aktienfonds ausgegeben werden, wenn das → Sondervermögen gezielt nach steuerlichen Gesichtspunkten strukturiert ist, d. h. der steuerpflichtige Anteil an der Wertentwicklung möglichst niedrig ist (→ Erträge aus Investmentanteilen, steuerliche Behandlung). Die steuerliche Behandlung der Erträge aus Investmentanteilen kann aus der jährlichen Veröffentlichung des Bundesverbandes Deutscher Investment-Gesellschaften ersehen werden.

Durch das *„Gesetz zur Bekämpfung des Mißbrauchs und zur Bereinigung des Steuerrechts"* vom 21. 12. 1993 sollen sog. steuersparende → Finanzinnovationen, zu denen auch bestimmte Anleihekonstruktionen wie → Kombizins-Anleihen, → Gleitzins-Anleihen und → Festzins-Anleihen mit getrennt handelbaren → Kupons gehören, zurückgedrängt und steuerpflichtige Zinserträge umfassend der → Kapitalertragsteuer (§ 43 EStG) unterworfen werden.
(→ Steuersparmodelle)

### Steuerguthaben
Bezeichnung für den Betrag, der bei Gewinnausschüttungen von unbeschränkt steuerpflichtigen → Kapitalgesellschaften und → Genossenschaften von der körperschaftsteuerpflichtigen Gesellschaft bei der Gewinnausschüttung gezahlt und als → Steuergutschrift von Anteilseignern bei der Versteuerung ihrer → Einkünfte aus Kapitalvermögen angerechnet wird (→ Anrechnungsverfahren bei der Körperschaftsteuer).

### Steuergutschrift
Gutschrift von → Körperschaftsteuer, die von inländischen → Kapitalgesellschaften bei Gewinnausschüttungen gezahlt worden ist und bei der Besteuerung der → Einkünfte aus Kapitalvermögen zur Vermeidung einer Doppelbelastung angerechnet wird (→ Anrechnungsverfahren bei der Körperschaftsteuer). Die St. beträgt drei Siebtel der → Bardividende (bei Investmenterträgen drei Siebtel der in der Ausschüttung enthaltenen Bardividende). Das → Steuerguthaben ist eine steuerpflichtige Einnahme aus Kapitalvermögen.

### Steuerhinterziehung
→ Steuerstraftat, die nach § 370 AO mit Freiheitsstrafe bis zu fünf Jahren oder mit

Geldstrafe bestraft werden kann. Unter Umständen kann aber eine Selbstanzeige nach § 371 AO Straffreiheit bewirken.

**Steuerliche Aspekte bei der Renditeberechnung,** →Netto-Rendite, →vergleichbare Bruttorendite vor Steuern.

## Steuerliche Rechtsbehelfsverfahren

*Außergerichtliche Rechtsbehelfe:* Einspruch ist nach § 348 AO zulässig gegen →Steuerbescheide, Steuervergütungsbescheide, Steueranmeldungen, →Feststellungsbescheide, Steuermeßbescheide, Zerlegungsbescheide, Zuteilungsbescheide, Haftungsbescheide usw. Der Einspruch ist form- und fristgebunden (§ 355 AO) und kostenlos. Nach § 367 AO entscheidet über den Einspruch die →Finanzbehörde, die den →Verwaltungsakt erlassen hat, durch eine Einspruchsentscheidung. Dabei muß der Sachverhalt in vollem Umfang erneut geprüft werden, wobei sich der Verwaltungsakt auch zum Nachteil des →Steuerpflichtigen verändern kann, sofern die Finanzbehörde ihn auf die Möglichkeit aufmerksam gemacht hat und ihm Gelegenheit gegeben worden ist, sich zu äußern. Der Einspruch kann in diesem Falle zurückgenommen werden (§ 362 AO).

*Beschwerde* ist nach § 349 AO zulässig gegen in § 348 AO nicht genannte Verwaltungsakte, d. h. z. B. gegen Verspätungszuschlag, Ablehnung einer →Stundung, Ablehnung eines Erlasses u. a. Ermessensentscheidungen. Sie ist form- und fristgebunden und kostenlos; unbefristet ist sie nach § 355 Abs. 2 AO, wenn behördliche Untätigkeit gerügt wird. Mit der Beschwerde wird zunächst die Finanzbehörde befaßt, die den Verwaltungsakt erlassen hat. Sie kann der Beschwerde abhelfen, indem sie dem Antrag des Steuerpflichtigen entspricht. Wird der Beschwerde nicht abgeholfen, so ist sie der nächsthöheren Behörde vorzulegen (§ 369 AO).

Ab 1996 gilt eine Neuregelung. Als außergerichtlicher Rechtsbehelf ist nur noch der Einspruch vorgesehen (§ 347 AO n. F.), wenn er nicht ausnahmsweise unstatthaft ist (§ 348 AO), etwa bei Verwaltungsakten des obersten Finanzbehörden des Bundes und der Länder. Das Verfahren bleibt ansonsten im wesentlichen unverändert.

*Gerichtliche Rechtsbehelfe:* Gegen Entscheidungen im außergerichtlichen Rechtsbehelfsverfahren (Vorverfahren) können nach näherer Regelung der Finanzgerichtsordnung (FGO) die Finanzgerichte angerufen werden (→ Finanzgerichtsbarkeit). Dabei unterscheidet man die *Anfechtungsklage* (Ziel ist die Aufhebung oder Änderung eines Verwaltungsaktes, § 40 Abs. 1 FGO), die *Verpflichtungsklage* (Ziel ist die Verurteilung der Verwaltungsbehörde zum Erlaß eines abgelehnten oder unterlassenen Verwaltungsaktes), die *Leistungsklage* (Ziel ist die Verurteilung der Verwaltungsbehörde zu einer anderen Leistung als zum Erlaß eines Verwaltungsaktes), die *Feststellungsklage* (Ziel ist die Feststellung des Bestehens oder Nichtbestehens eines Rechtsverhältnisses oder der Nichtigkeit eines Verwaltungsaktes, § 41 FGO) und die *Untätigkeitsklage* (unter bestimmten Umständen bei Verzögerung der Entscheidung über einen außergerichtlichen Rechtsbehelf, § 46 FGO). Klage kann in der Regel erhoben werden, wenn der Einspruch bzw. die Beschwerde im Vorverfahren erfolglos geblieben ist (§ 44 FGO). Sie ist beim zuständigen Finanzgericht schriftlich oder zur Niederschrift (§ 64 FGO), ggf. unter Beachtung der Fristvorschriften (§ 47 FGO) zu erheben. Gegen eine gerichtliche Entscheidung kann *Revision* bzw. Beschwerde an den Bundesfinanzhof eingelegt werden (§§ 115 ff. FGO).

### Steuerliche Verfahrensvorschriften

Im *Ermittlungsverfahren* werden die Besteuerungsgrundlagen ermittelt. Im *Festsetzungs- und Feststellungsverfahren* (§§ 155ff. AO) wird die →Steuer in einem Bescheid (→ Verwaltungsakt) festgesetzt bzw. werden die Besteuerungsgrundlagen in einem gesonderten Bescheid festgestellt. Im *Erhebungsverfahren* (§§ 218ff. AO) wird die festgesetzte Steuer durch Bescheid erhoben. Die *Vollstreckung* dient zur Beitreibung von →Forderungen (§§ 249ff. AO). Das →steuerliche Rechtsbehelfsverfahren gewährleistet die Steuergerechtigkeit, das Straf- und Bußgeldverfahren (bei →Steuerstraftaten bzw. →Steuerordnungswidrigkeiten) dient der Sanktionierung fehlerhafter Verhaltensweisen der →Steuerpflichtigen.

## Steuern

*Begriff:* Gemäß § 3 Abs. 1 AO Geldleistungen, die – im Unterschied zu →Gebühren oder Beiträgen – nicht eine Gegenleistung für eine besondere Leistung darstellen und von einem öffentlich-rechtlichen Gemeinwesen zur Erzielung von Einnahmen (Fis-

**Steuern**

kalsteuer) allen auferlegt werden, bei denen der Tatbestand zutrifft, an den das Gesetz die Leistungspflicht knüpft; die Erzielung von Einnahmen kann Nebenzweck sein (Ordnungssteuer). Bei Sonderabgaben steht hingegen neben der Lenkungsabsicht die Bindung an die Erfüllung bestimmter, den Abgabepflichtigen insgesamt zugute kommender Aufgaben im Vordergrund. → Zölle und Abschöpfungen werden als St. im o. g. Sinn betrachtet. Im Unterschied zu St. sind Gebühren die öffentlich-rechtliche Gegenleistung für eine staatliche Tätigkeit (Verwaltungs-, Benutzungsgebühren); Beiträge werden erhoben, um die den Beitragspflichtigen ermöglichte Inanspruchnahme öffentlicher Einrichtungen zu decken (z. B. Erschließungsbeitrag für Straßen).

*Bedeutung:* St. sind die bedeutendste Einnahmequelle des Staates (fiskalischer Zweck von St.). Als Zwangsabgaben ohne Anspruch auf direkte, spezielle Gegenleistung sind sie stärker als andere Abgaben (Gebühren, Beiträge) Ausdruck staatlicher Hoheit. Daß sich Steuerzahlung und Staatsleistungen nach grundsätzlich unterschiedlichen Kriterien regeln, entspricht nicht dem Äquivalenzprinzip, wohl aber dem Leistungsfähigkeitsprinzip, das zur Begründung direkter St. herangezogen wird. Die zur Bereitstellung der Staatsleistungen erforderlichen Ausgaben sind durch Abgaben derjenigen zu finanzieren, die steuerliche Leistungsfähigkeit besitzen (→ Indikatoren: z. B. → Einkommen und → Vermögen). St. können auch nichtfiskalische Zwecke haben, z. B. Umverteilung, Stabilisierung des Wirtschaftsablaufs (→ Finanzpolitik, Fiskalpolitik).

*Steuerarten:* (1) *Besitzsteuern – Verkehrsteuern – Verbrauchsteuern: Besitzsteuern* besteuern Besitzwerte: vom Einkommen (→ Lohnsteuer, → Einkommensteuer, → Kirchensteuer, → Kapitalertragsteuer, → Körperschaftsteuer, Gewerbeertragsteuer) und vom Vermögen (→ Vermögensteuer, → Erbschaft- und Schenkungsteuer, → Grundsteuer, Gewerbekapitalsteuer). *Verkehrsteuern* heben auf die Besteuerung von Verkehrsakten des Rechts- und Wirtschaftsverkehrs ab (→ Umsatzsteuer, Kraftfahrzeugsteuer, → Grunderwerbsteuer, Rennwett- und Lotteriesteuer, → Kapitalverkehrsteuern, Versicherungsteuer). *Verbrauchsteuern* stellen auf die Besteuerung des Verbrauchs ab (z. B. Mineralölsteuer, Tabaksteuer).

(2) Bei *direkten St.* sind → Steuerschuldner und Steuerträger ein und dieselbe Person (Einkommen-, Lohn-, Vermögen-, Körperschaft-, Kirchen-, Erbschaft- und Schenkungsteuer). Bei *indirekten St.* wälzt der Steuerschuldner die St. über die Preiskalku-

**Steuern**

Steuern (§ 3 I AO)

Steuern auf das Einkommen und Vermögen:
- Markteinkommen → ESt KSt GewESt KiSt (am erwirtschafteten Vermögenszuwachs)
- Vermögenstransfer → ErbSt SchenkSt
- Vermögen → VSt GewKapSt GrSt (am Vermögensbestand)

Steuern auf die Verwendung von Einkommen und Vermögen:
- USt, besondere Verkehrsteuern, besondere Verbrauch- und Aufwandsteuern (am Konsum)

Teilhabe des Staates

Sozialzwecksteuern: Zölle und Abschöpfungen (§ 3 I 2 AO); Umweltsteuern

Quelle: Tipke/Lang, Steuerrecht, 14. Aufl., Köln 1994, S. 187

lation auf den Steuerträger ab (Umsatz-, Mineralöl-, Tabaksteuer u. a.). In der → Volkswirtschaftlichen Gesamtrechnung werden direkte St. als zwangsweise Einkommensverwendung des Privatsektors auf den Einkommenskonten ausgewiesen (z. B. Einkommensteuer). Indirekte St. sind St., die in den Preisen enthalten sind. Sie werden auf den Produktionskonten der sie abführenden Wirtschaftssubjekte erfaßt (z. B. Umsatzsteuer). Zur Berechnung des → Volkseinkommens werden sie vom → Nettosozialprodukt (bzw. → Nettoinlandsprodukt) zu Marktpreisen (→ Sozialprodukt) abgezogen.
(3) *Personensteuern* (Subjektsteuern) berücksichtigen die persönlichen Verhältnisse des Steuerpflichtigen, wie Familienstand, Alter, Zahl der Kinder u. a. (Einkommen-, Lohn-, Vermögensteuer). *Realsteuern* (Objektsteuern) nehmen dagegen auf persönliche Verhältnisse keine Rücksicht (→ Gewerbesteuer, Grundsteuer u. a.).
(4) Nach der *Ertragskompetenz* unterscheidet Art. 106 GG Bundessteuern, Landessteuern, Gemeindesteuern, gemeinsame Steuern von Bund und Ländern sowie gemeinsame Steuern von Bund, Ländern und Gemeinden (Gemeinschaftsteuer). Bundessteuern sind solche Steuerarten, die ausschließlich dem Bund zustehen (geregelt in Art. 106 Abs. 1 GG). Darunter fallen Zölle, Versicherung-, Verbrauchsteuern (ohne Biersteuer), EG-Abschöpfungen (→ Europäische Agrarmarktordnung). Landessteuern stehen ausschließlich den Ländern zu, wie Vermögen-, Grunderwerb-, Bier-, Erbschaft-, Kraftfahrzeugsteuer. Reine Gemeindesteuern sind die Grundsteuer sowie örtliche Verbrauch- und Aufwandsteuer, wie Hunde- und Getränkesteuer. Gemeinsame Steuern von Bund und Ländern sind Umsatz-, Körperschaft- und Kapitalertragsteuer. Gemeinsame Steuern von Bund, Ländern und Gemeinden sind Einkommen-, Lohn- und Gewerbesteuer. Im übrigen besteht die Pflicht zum → Finanzausgleich unter den Ländern sowie zwischen Bund und Ländern (Art. 107 GG).

### Steuern vom Einkommen und Ertrag,
→ Steueraufwand in der Gewinn- und Verlustrechnung der Kreditinstitute.

### Steuerordnungswidrigkeiten
Verstöße, die nach den → Steuergesetzen mit Geldbuße belegt werden können. Hierzu zählen leichtfertige Steuerverkürzungen, Steuergefährdungen allgemeiner Art, Gefährdung von Abzugssteuern, von Verbrauchsteuern und von Eingangsabgaben (§§ 377 ff. AO). Eine leichtfertige Steuerverkürzung (§ 378 AO) liegt vor, wenn der → Steuerpflichtige oder sein Vertreter eine → Steuerhinterziehung leichtfertig begangen hat, d. h. nicht mit → Vorsatz. Im Gegensatz zur → Steuerstraftat wird die St. in einem Bußgeldverfahren geahndet, wofür in der Regel → Finanzbehörden zuständig sind, nicht Gerichte und Staatsanwaltschaften (§§ 409 ff. AO).

### Steuerpflichtiger
St. oder Steuersubjekt ist die Person, die eine → Steuer schuldet, für eine Steuer haftet, eine → Steuer für Rechnung eines Dritten einzubehalten und abzuführen hat, eine → Steuererklärung abzugeben, Sicherheit zu leisten, Bücher und Aufzeichnungen zu führen oder andere ihm durch die → Steuergesetze auferlegte Verpflichtungen zu erfüllen hat (§ 33 Abs. 1 AO). Wer nicht St. ist, stellt § 33 Abs. 2 AO klar.

### Steuerpolitik
Wichtiger Teil der → Finanzpolitik. Ausmaß und Ausgestaltung der Besteuerung dienen vor allem der Beschaffung von Einnahmen zur → Finanzierung von Staatsausgaben (fiskalische Zielsetzung). Die Einnahmebeschaffung kann nebensächlich werden, wenn Verhaltensänderungen angeregt werden sollen, die dann Mindereinnahmen bewirken. Kennzeichnend für die St. eines Landes sind das Ausmaß der Besteuerung (als Kurzinformation oft: gesamtwirtschaftliche → Steuerquote), die Steuerstruktur (als Kurzinformation oft: relative Bedeutung von direkten und indirekten → Steuern) sowie die Ausgestaltung der verschiedenen Steuern (z. B. Bemessungsgrundlage, → Steuertarif, Steuererleichterungen).

*Steuerwirkung*: Bei der Konzipierung steuerpolitischer Maßnahmen muß überlegt werden, wie sie wirken können, um sie im Hinblick auf den angestrebten Zweck auszugestalten. Problematisch ist, daß die Prognose von Steuerwirkungen häufig recht schwierig ist: Da staatlicherseits zwar die steuerrelevanten Tatbestände, darunter auch der Steuertarif, festgelegt werden können, sich die Steuereinnahmen dann jedoch auch aufgrund der wirtschaftlichen Entwicklung und als Folge von Steuerwirkungen ergeben, lassen sich die zu erwartenden Steuereinnahmen oft nur schwer schätzen. Angaben hierzu sind jedoch für die Planung des öffentlichen Haushalts und die Finanzplanung (→ mittelfristige Finanzplanung) erforderlich und werden vom Arbeitskreis „Steuerschätzung" bereitgestellt. Das Gremium setzt sich aus Fachleuten der Finanzministerien des Bundes und der Länder, der kommunalen Spitzenverbände, der → Deutschen Bundesbank, des → Sachverständigenrates zur Begutachtung der gesamtwirtschaftlichen Entwicklung und der → Wirtschaftswissenschaftlichen Forschungsinstitute zusammen.

Tatsächliche oder angekündigte Steueränderungen, evtl. auch nur eine andere Wahrnehmung steuerlicher Tatbestände, können zu Reaktionen der privaten Wirtschaftssubjekte (Haushalte und Unternehmen) führen und damit auch gesamtwirtschaftliche Größen wie → Sozialprodukt, Beschäftigung, Preisniveau sowie → Investition, → Konsum, → Ersparnis beeinflussen.

Der Prozeß der Steuerwirkungen läßt sich in drei Phasen aufteilen: (1) Informations- oder Wahrnehmungsphase (Signal- oder Ankündigungswirkungen), (2) Zahlungsphase (Markt- und Preiswirkungen) und (3) Inzidenzphase (Einkommenswirkungen). Bereits die Ankündigung einer Steueränderung oder eine veränderte Wahrnehmung steuerlicher Belastung kann zu Steuerausweichung führen. Die hierdurch (legal) verminderten Steuereinnahmen können steuerpolitisch erwünscht sein.

→ Steuerpflichtige, die der Steuer nicht ausweichen können oder wollen, können in der Zahlungsphase versuchen, die steuerliche Belastung über Änderungen der Güter- oder Faktorpreise an andere Marktteilnehmer weiterzugeben (Steuerüberwälzung). Gelingt die Überwälzung, so ist der durch die Steuer tatsächlich Belastete nicht mehr mit dem Steuerpflichtigen identisch.

Der mit der Steuer (ohne oder nach Überwälzung) Belastete erleidet in der Inzidenzphase eine Einkommensminderung (Einkommenseffekt). Dies kann zur Einschränkung von Konsum bzw. Ersparnis führen. Der Einkommensverlust kann aber auch durch vermehrte oder verbessertes Leistungen (teilweise) ausgeglichen werden (Steuereinholung). Auch die entgegengesetzte Reaktion ist denkbar, wenn die steuerliche Belastung weitere Einkommenssteigerungen als nicht mehr lohnend erscheinen läßt.

### Steuerquote
Meßgröße für die zwangsweise Umleitung von Finanzmitteln aus dem privaten in den öffentlichen Bereich. Die Interpretation als Steuerbelastung des privaten Sektors ist problematisch, da ihm über steuerfinanzierte Staatsausgaben wieder Mittel zufließen. (1) *Individuelle St.*: Prozentualer Anteil der gezahlten oder getragenen → Steuern am → Einkommen eines Wirtschaftssubjektes. (2) *Gesamtwirtschaftliche St.*: Prozentualer Anteil der Steuern am → Sozialprodukt. Je nach Abgrenzung der Steuern und je nach Ausprägung des Sozialprodukts als Bezugsgröße ergibt sich eine unterschiedliche Höhe der St.

### Steuerrechtliche Verwaltungsanweisungen
Von übergeordneten → Finanzbehörden erlassene Vorschriften, die anders als → Gesetze und → Rechtsverordnungen grundsätzlich nur für die nachgeordneten Behörden bindend sind, nicht jedoch für → Steuerpflichtige und Gerichte. Durch Verwaltungsanweisungen wird sichergestellt, daß das Steuerrecht von den Behörden der Finanzverwaltung in Zweifelsfragen und Auslegungsfragen einheitlich angewendet wird. Beispiele für St. V. sind die Einkommensteuer-Richtlinien (EStR), die Körperschaftsteuer-Richtlinien (KStR), die Gewerbesteuer-Richtlinien (GewStR) und die Umsatzsteuer-Richtlinien (UStR).

### Steuerschuldner
Jede → Person, die nach den Einzelsteuergesetzen den Tatbestand verwirklicht, an den das → Gesetz die Leistungspflicht knüpft (§§ 38, 43 AO). St. ist i.d.R. → Steuerpflichtiger. Ein Steuerpflichtiger ist aber nicht zwangsläufig auch St.

### Steuersparmodelle
Bezeichnung für Konzeptionen von steuerbegünstigten Anlagen, wie z. B. Beteiligung an → Verlustzuweisungsgesellschaften, an → Bauherrenmodellen oder → Erwerbermodellen, an → geschlossenen Immobilienfonds oder z. B. Erwerb von → Kombizinsanleihen oder → Gleitzinsanleihen.

### Steuerstraftat
Gegen → Steuergesetze verstoßendes, daher rechtswidriges Verhalten einer → natürlichen Person, das mit Geld- oder Freiheitsstrafe geahndet werden kann (§ 369

Abs. 1 AO). Soweit die Strafvorschriften der Steuergesetze nichts anderes bestimmen, gelten die allgemeinen Strafgesetze. So ist nach § 15 StGB regelmäßig nur → Verschulden in Form des → Vorsatzes strafbar, z. B. bei der → Steuerhinterziehung. *Steuerhinterziehung* beispielsweise kann nach § 370 AO mit Freiheitsstrafe bis zu fünf Jahren oder mit Geldstrafe bestraft werden. Der Tatbestand muß vorsätzlich erfüllt worden sein.

### Steuertarif
Für eine Einzelsteuer vorgenommene Zuordnung von Bemessungsgrundlage und Steuerschuld.
Die Bemessungsgrundlage kann in Mengen- oder in Geldeinheiten ausgedrückt werden (z. B. kg, → Umsatz, → Einkommen). Der Steuersatz ist der auf die Mengeneinheit oder eine Wertgröße anzuwendende Prozentsatz zur Ermittlung der Steuerschuld. Für viele → Steuern gilt mehr als ein Steuersatz. Die Zusammenfassung mehrerer, nach bestimmten Kriterien (z. B. Höhe des Einkommens, der Erbschaft, Verwandtschaftsgrad) differenzierter Steuersätze wird als Tarif bezeichnet. Anhand des Tarifs wird die Steuerschuld bei unterschiedlicher Höhe der Bemessungsgrundlage ermittelt.
Niveau und Struktur eines Tarifs werden durch Durchschnittssteuersatz (Verhältnis zwischen gesamter Steuerschuld und Bemessungsgrundlage) und Grenzsteuersatz (Verhältnis zwischen Änderung der Steuerschuld und Änderung der Bemessungsgrundlage), → Freibeträge (Abzug eines Betrags von der Bemessungsgrundlage vor Anwendung des Tarifs) und → Freigrenzen (Höhe der Bemessungsgrundlage, bis zu der auf eine Besteuerung verzichtet wird) charakterisiert.

### Steuertermin
→ Fälligkeit von → Steuern und Steuervorauszahlungen gemäß den Regelungen in den einzelnen → Steuergesetzen. Als große St. gelten die Fälligkeiten der Einkommensteuervorauszahlungen am 10. März, 10. Juni, 10. September und 10. Dezember. Bei verspäteter Zahlung bzw. verspäteter Voranmeldung von Steuern werden Zuschläge gemäß → Abgabenordnung erhoben.

### Steuerzahler
Jeder, der aufgrund der Einzelsteuergesetze eine → Steuer zu entrichten hat. I. d. R. sind → Steuerschuldner und Steuerzahler identisch (→ Einkommensteuer, → Umsatzsteuer u. a.). Anders ist dies z. B. bei → Lohnsteuer und → Kapitalertragsteuer.

### STIBOR
Abk. für Stockholm Interbank Offered Rate.

### Stiftung
Widmung von → Vermögen (bzw. von Erträgnissen des Vermögens) zu einem bestimmten Zweck.

*Arten:* (1) Bei der *rechtsfähigen St.* des → Privatrechts (§§ 80 ff. BGB) erfolgt die Entstehung durch → Rechtsgeschäft (sog. Stiftungsgeschäft, z. B. durch → Vertrag oder letztwillige Verfügung) und eine landesrechtliche Genehmigung. Sie kann durch Zeitablauf, Bedingungseintritt oder Aufhebung enden. Mitglieder oder Gesellschafter hat die rechtsfähige St. nicht. I. d. R. ist sie eine selbständige → juristische Person, die durch ihren → Vorstand vertreten wird (§ 86 i. V. m. § 26 Abs. 2 BGB).
Die St. des bürgerlichen Rechts (Stiftung des privaten Rechts) ist die Regelform. Es sind überwiegend sog. Kapitalstiftungen, d. h. St., aus deren Ertrag der Stiftungszweck erfüllt wird. Neben Immobilien werden meist → festverzinsliche (Wert-)Papiere öffentlicher → Emittenten als Anlageform gewählt. Die meisten Stiftungsgesetze der Länder gestatten aber auch die Anlage von Vermögensteilen in → Aktien.
Im Bereich der deutschen Kreditwirtschaft dienen viele St. kulturellen und wissenschaftlichen Zwecken. Stifter sind sowohl Institute der privaten Kreditwirtschaft (→ Kreditbanken) als auch Institute des öffentlich-rechtlichen Kreditsektors (→ Sparkassen und → Landesbanken/Girozentralen).
Auch im Bereich der → Unternehmensrechtsformen tritt die St. des privaten Rechts in Erscheinung. Die Stiftung selbst kann Rechtsform eines Unternehmens sein. Die sog. Beteiligungsträgerstiftung kommt aber weitaus häufiger vor. Unternehmer können z. B. Geschäftsanteile an einer GmbH auf eine Stiftung übertragen, wenn sie keine unmittelbaren → Erben haben und auf diese Weise den Fortbestand und die Kontinuität des Unternehmens sichern wollen. Die St. ist an den Grundsatz gebunden, daß ihr Vermögen auf Dauer zu erhalten ist und die Erträge satzungsgemäßen Zwecken zuzuführen sind. Von einer sog. Familienstiftung wird gesprochen, wenn der Stiftungszweck

**Stiftung & Co. KG**

in der materiellen Förderung von bestimmten Familienangehörigen liegt. Durch vertragliche Gestaltung kann sichergestellt werden, daß die →Stimmrechte und damit die unternehmerischen Aktivitäten unabhängig von den Eigentumsverhältnissen ausgestaltet sein können, um einer Unternehmerfamilie trotz Verzichts auf das Eigentum am Unternehmen (u. U. auch auf Erträge bei bestimmten steuerlichen Konstellationen) die unternehmerische Kontrolle erhalten. Als eine besondere Variante kann eine →Stiftung & Co. KG errichtet werden. Die St. ist dann →Komplementär dieser →Kommanditgesellschaft (KG).
Privatrechtliche St., die gemeinnützige Zwecke verfolgen, wie z. B. die Stiftungen der Kreditwirtschaft, werden teilweise auch als öffentliche St. bezeichnet.
(2) Die *St. des* →*öffentlichen Rechts* erfüllt mit ihrem Vermögen ausschließlich bestimmte öffentlich-rechtliche Zwecke. Die St. entsteht i. d. R. durch →Gesetz oder aufgrund eines Gesetzes und unterliegt der staatlichen Aufsicht.

*Steuerliche Behandlung:* Rechtsfähige St. unterliegen als juristische Personen, nichtrechtsfähige St. als Zweckvermögen grundsätzlich der →Körperschaftsteuer, ausgenommen St., die ausschließlich und unmittelbar kirchlichen, gemeinnützigen oder mildtätigen Zwecken dienen. Entsprechende Regelungen gelten für die →Vermögensteuer und die →Gewerbesteuer. Der Übergang von Vermögen aufgrund eines Stiftungsgeschäftes unterliegt der Erbschaftsteuer, ausgenommen die St., die unmittelbar und ausschließlich kirchlichen, gemeinnützigen oder mildtätigen Zwecken dienen (§§ 52-54 AO). Entsprechende Regelungen gelten für die Vermögensteuer und die Gewerbesteuer. Das Vermögen von Familienstiftungen unterliegt gem. § 1 Abs. 1 Nr. 4 ErbStG in Zeitabständen von 30 Jahren der →Erbschaft- und Schenkungsteuer (sog. Erbersatzsteuer). Der Übergang von Vermögen aufgrund eines Stiftungsgeschäftes unterliegt der Erbschaftsteuer (§ 5 Abs. 1 Nr. 8 ErbStG), ausgenommen Stiftungen, die unmittelbar und ausschließlich kirchlichen, gemeinnützigen oder mildtätigen Zwecken dienen.

**Stiftung & Co. KG**
→Kommanditgesellschaft (KG) mit →Stiftung als →Komplementär.

Die Gründung der Stiftungs-KG erfolgt nach dem Recht der Kommanditgesellschaft. Demnach muß ein →Gesellschaftsvertrag zwischen mindestens einem unbeschränkt haftenden Gesellschafter (Komplementär: Stiftung) und mindestens einem bis zur Höhe seiner Einlage haftenden Gesellschafter (→Kommanditist) (§§ 161, 105 Abs. 2 HGB) abgeschlossen werden. Ferner muß die KG ins →Handelsregister eingetragen werden (§ 162 HBG).

**Stille Beteiligung,** →Beteiligung, →Stille Gesellschaft.

**Stille Gesellschaft**
→Gesellschaft, bei der sich jemand an dem →Handelsgewerbe eines anderen mit in dessen →Vermögen übergehender →Einlage beteiligt (§§ 230 ff. HGB). Der stille Gesellschafter (→natürliche oder →juristische Person oder OHG oder KG oder BGB-Gesellschaft) tritt nach außen nicht in Erscheinung. Die st. G. kommt nicht in der →Firma zum Ausdruck, sie wird nicht in das →Handelsregister eingetragen und ist keine →Handelsgesellschaft, wohl aber eine →Personengesellschaft, die kein eigenes Vermögen hat. Zur →Geschäftsführung und →Stellvertretung ist der stille Gesellschafter nicht befugt (§ 230 Abs. 2 HGB). Dem stillen Gesellschafter steht aber gemäß § 233 Abs. 1 HGB ein Kontrollrecht über die Jahresbilanz zu. Ein Widerspruchsrecht bei Vornahme bestimmter Handlungen des Geschäftsinhabers hat der stille Gesellschafter nicht. Eine Beteiligung des stillen Gesellschafters am laufenden →Gewinn und →Verlust ist Wesensmerkmal der typischen st. G. Die Verlustbeteiligung kann jedoch vertraglich ausgeschlossen werden (§ 231 Abs. 2 HBG). Im →Konkurs ist der stille Gesellschafter Gläubiger des Geschäftsinhabers, soweit seine Einlage nicht durch den Anteil am Verlust aufgezehrt ist. Den →Gläubigern des Inhabers haftet er nicht.
Eine sog. atypische st. G. ist gegeben, wenn dem stillen Gesellschafter eine Mitwirkung im Unternehmen eingeräumt wird oder wenn er schuldrechtlich an den Vermögenswerten desselben beteiligt ist. Ferner liegt eine atypische st. G. auch dann vor, wenn der stille Gesellschafter nur eine feste Verzinsung auf seine Einlage erhält.
*Gegensatz:* →partiarisches Darlehen.

### Stille Reserven
*Stille Rücklagen*; → Rücklagen, die in der → Bilanz des Unternehmens nicht ausgewiesen werden und durch Unterbewertung von → Aktiva bzw. Überbewertung von → Passiva entstehen. Durch Ausnutzung von Aktivierungs- und Passivierungswahlrechten und durch Ausnutzung von → Bewertungswahlrechten (Wertansatzwahlrechte) kommt es zu Differenzen zwischen Buchwerten und den tatsächlichen Werten (Ermessensreserven), durch Beachtung von Bewertungsobergrenzen (→ Anschaffungskosten) zu Zwangsreserven. Die Bildung st. R. führt zur Verminderung des → Gewinns, die Auflösung zur Erhöhung des Gewinns.
→ Kapitalgesellschaften ist die bewußte Anlegung st. R. nach § 253 Abs. 4 HGB (→ Abschreibungen sind im Rahmen vernünftiger kaufmännischer Beurteilung zulässig) verboten (§ 279 Abs. 1 Satz 1 HGB). Abweichende Regelungen gelten für → Genossenschaften nach § 336 Abs. 2 HGB. Nichtkapitalgesellschaften ist die Bildung st. R. nach § 253 Abs. 4 HGB erlaubt. § 254 HGB erlaubt steuerrechtliche Abschreibungen, die zu Unterbewertungen in der → Handelsbilanz führen. Dabei sind für Kapitalgesellschaften einschränkende Regelungen gemäß § 279 Abs. 2 HGB zu beachten.
(→ Stille Reserven der Kreditinstitute)

### Stille Reserven der Kreditinstitute
→ Rücklagen, die in der → Bankbilanz nicht ausgewiesen werden und i. d. R. durch Unterbewertung von → Aktiva entstehen. Von besonderer Bedeutung für → Kreditinstitute sind → stille Reserven in Form → versteuerter Pauschalwertberichtigungen, die als → Vorsorgereserven für allgemeine Bankrisiken gemäß § 340 f HGB gebildet werden. Kreditinstitute dürfen auch *nach Umsetzung der* → *Bankbilanzrichtlinie* (→ Bankbilanzrichtlinie-Gesetz) in deutsches Recht bestimmte Vermögensgegenstände mit einem niedrigeren Wertansatz als dem nach § 253 Abs. 3 HGB zulässigen bilanzieren, soweit dies nach vernünftiger kaufmännischer Beurteilung zur Sicherung gegen die besonderen Risiken des Geschäftszweigs der Kreditinstitute notwendig ist. „Die Beibehaltung einer langjährig bewährten Bilanzierungstradition deutscher Banken, die es ihnen im Hinblick auf die besondere Vertrauensempfindlichkeit des Kreditgewerbes ermöglichen soll, den offenen Ausweis von Verlusten oder Ertragseinbußen zu vermeiden" (Monatsberichte der Deutschen Bundesbank, Mai 1992, S. 43), ist bis zu der Überprüfung der EG-Bankbilanzrichtlinie 1998 gesichert. Die Bildung stiller Reserven nach § 340f HGB ist seit 1993 auf maximal 4% des Wertansatzes begrenzt, der sich bei Beachtung der allgemeinen Bewertungsregeln ergeben würde. Bildung und Auflösung von Vorsorgereserven ist Kreditinstituten aufgrund der → Überkreuzkompensation in der → Gewinn- und Verlustrechnung (GuV) weitgehend publizitätsfrei möglich. Vorhandene Bestände an stillen Reserven, die nach früher geltendem Recht (z. B. nach § 26a Abs. 1 KWG) gebildet worden sind, werden auf die nach neuem Recht gebildeten Vorsorgereserven nicht angerechnet. Abweichend vom Kompensationsverbot des § 246 Abs. 2 HGB (→ Kompensation von Forderungen und Verbindlichkeiten in der Bankbilanz) darf auch nach dem Bankbilanzrichtlinie-Gesetz in Fortführung des früher geltenden Rechts diese spartenübergreifende Kompensation gemäß § 340 f Abs. 3 HGB vorgenommen werden. Die in § 32 RechKredV beschriebenen → Abschreibungen und → Wertberichtigungen sowie Erträge aus Zuschreibungen und aus der Auflösung von → Rückstellungen im → Kreditgeschäft sind in bestimmte Posten aufzunehmen, wobei diese Posten verrechnet und in einem Aufwands- oder Ertragsposten ausgewiesen werden dürfen. Eine teilweise Verrechnung ist dabei nicht zulässig. Einbezogen werden dürfen in diese Verrechnung im einzelnen: Abschreibungen, Zuführung zu/Auflösung von Wertberichtigungen und Zuschreibungen auf Forderungen und auf → Wertpapiere, Eingänge auf abgeschriebene Forderungen, Kursgewinne und Kursverluste aus → Wertpapieren der Liquiditätsreserve, Zuführungen und Auflösungen von Rückstellungen im Kreditgeschäft und von stillen Reserven.

### Stiller Gesellschafter
*Stiller Teilhaber*; → Stille Gesellschaft.

### Stille Vermögenseinlagen
Nach § 10 Abs. 4 KWG Vermögenseinlagen stiller Gesellschafter, die dem → haftenden Eigenkapital der Kreditinstitute zugerechnet werden können bei voller Teilnahme am → Verlust, nachrangiger Gewährung, Mindestzurverfügungstellung von fünf Jahren und einer → Restlaufzeit von mindestens zwei Jahren.

## Stille Vermögenseinlagen bei Sparkassen

### Stille Vermögenseinlagen bei Sparkassen

Vermögenseinlagen stiller Gesellschafter, die →Sparkassen bei Vorliegen der in § 10 Abs. 4 KWG aufgeführten Voraussetzungen (→stille Vermögenseinlagen) dem →haftenden Eigenkapital der Kreditinstitute zurechnen können. Für Sparkassen kommen als mögliche stille Gesellschafter v. a. in Frage: →Juristische Personen des →öffentlichen Rechts sowie Gesellschafter des privaten Rechts, deren Aufgabe die Förderung von Sparkassen ist, und in den juristischen Personen des öffentlichen Rechts die Stimmenmehrheit haben. Die Begebung stiller Vermögenseinlagen setzt einen Beschluß des →Verwaltungsrates der Sparkasse voraus, der noch der Genehmigung des →Gewährträgers sowie der zuständigen →Sparkassenaufsichtsbehörde bedarf. Zusätzlich ist der →regionale Sparkassen- und Giroverband zu hören.

### Stille Zession

→Abtretung, die gegenüber dem →Schuldner nicht offengelegt wird; sie ist besonders im Zusammenhang mit der →Sicherungsabtretung gebräuchlich.
Nach dem Abtretungsvertrag bleibt der Sicherungsgeber (z. B. Kreditnehmer) gegenüber seinen Schuldnern weiterhin widerruflich zur Einziehung der abgetretenen →Forderung(en) im eigenen Namen berechtigt (§ 185 BGB). Trotz Widerrufs dieser →Einziehungsermächtigung läuft aber der Zessionar (Bank) Gefahr, daß die zedierte Forderung durch befreiende Leistung der Schuldner an den Kreditnehmer als Altgläubiger nach § 407 BGB erlischt. Zum Erhalt der Sicherheit sind deshalb gewisse Vorkehrungen notwendig: Aushändigung der vom Kreditnehmer unterzeichneten Blankoabtretungserklärungen zur jederzeitigen Offenlegung; Zahlungen der Schuldner über die bei der kreditgewährenden →Bank geführten →Konten des Sicherungsgebers; Vorwegübereignung der zahlungshalber (→Leistung erfüllungshalber) erhaltenen →Schecks im Wege eines antizipierten →Besitzkonstituts (§ 929, 930 BGB); Pflicht zur unverzüglichen →Übereignung der zahlungshalber erhaltenen →Wechsel an die Bank. Die Problematik der st. Z. zeigt sich vor allem bei einer Doppelabtretung (§ 408 BGB).
*Gegensatz:* →offene Zession.

### Stillhalter

Verkäufer einer →Option, der im Fall der Ausübung der Option durch den Verkäufer die Pflicht hat, den →Basiswert (z. B. →Aktien, Edelmetalle, →Devisen) gegen Zahlung des vereinbarten →Basispreises zu liefern, d. h. zu verkaufen (St. in Kaufoptionen, →Short Call), oder zu übernehmen, d. h. zu kaufen (St. in Verkaufsoptionen, →Short Put).

### Stimmrecht

Recht, das Mitgliedern einer →Personenvereinigung bei Beschlüssen zusteht.

*→Gesellschaft bürgerlichen Rechts (GbR):* Das St. berechtigt zur Mitwirkung bei Gesellschafterbeschlüssen in den gesetzlich (§ 712 Abs. 1 BGB) oder satzungsgemäß bestimmten Fällen. Es steht allen Gesellschaftern zu. Jedoch können einzelne Gesellschafter vertraglich ausgeschlossen werden. Grundsätzlich erfordern Beschlüsse Einstimmigkeit. Mehrheitsbeschlüsse können im →Gesellschaftsvertrag vorgesehen sein (§ 709 BGB).

*→Offene Handelsgesellschaft:* Regelungen analog zur GbR. Grundsätzlich erfordern Beschlüsse Einstimmigkeit (§ 119 Abs. 1 HGB). Gemäß § 119 Abs. 2 HGB kann der Gesellschaftsvertrag auch Mehrheitsbeschlüsse vorsehen.

*→Kommanditgesellschaft:* Neben dem (den) →Komplementär(en) sind die →Kommanditisten stimmberechtigt. Ihr St. ist mit dem →Geschäftsanteil verbunden und kann nicht abgetrennt werden (z. B. durch →Abtretung). Nach der Rechtsprechung kann das St. des Kommanditisten aber durch die →Satzung ausgeschlossen werden. Bei der KGaA stimmen die Komplementäre in der Hauptversammlung nur mit, wenn sie →Aktien besitzen.

*→Aktiengesellschaft:* Das St. steht jedem →Aktionär zu, sofern er nicht nur stimmrechtslose →Vorzugsaktien besitzt. Es bemißt sich nach den Nennbeträgen der Aktien (§ 134 AktG). Hat ein Aktionär mehrere Aktien, kann sein St. z. B. durch die Festsetzung eines →Höchststimmrechts beschränkt werden. Die Ausgabe von →Mehrstimmrechtsaktien ist in Deutschland regelmäßig nicht zulässig. Bei der Ausübung des St. kann sich der Aktionär, z. B. durch seine

Bank (→ Depotstimmrecht), vertreten lassen (→ Stimmrecht des Aktionärs).

→ *Gesellschaft mit beschränkter Haftung:* Die Anzahl der Stimmen eines Gesellschafters richtet sich nach seinem Geschäftsanteil. Je 100 DM eines Geschäftsanteils gewähren eine Stimme (§ 47 Abs. 2 GmbHG). Das St. ist unter den Voraussetzungen des § 47 Abs. 4 GmbHG ausgeschlossen.

→ *Genossenschaften:* Jeder Genosse hat in der → Generalversammlung eine Stimme (§ 43 Abs. 3, Satz 1 GenG). Nach der Satzung können aber unter bestimmten Voraussetzungen auch Mehrstimmrechte gewährt werden (§ 43 Abs. 3 GenG). Jedoch kann kein Genosse mehr als drei Stimmen erhalten. Für Beschlüsse der Generalversammlung reicht eine einfache Stimmenmehrheit aus. Die Satzung kann aber eine größere Mehrheit bestimmen (§ 43 Abs. 2 GenG). (→ Stimmrecht des Aktionärs, → Depotstimmrecht, → Mitbestimmung)

### Stimmrecht des Aktionärs

Recht des → Aktionärs, in der → Hauptversammlung in den Fällen abzustimmen, in denen nach dem → Aktiengesetz bzw. nach der → Satzung der AG die Hauptversammlung zu beschließen hat; dies sind nach § 119 Abs. 1 AktG: (1) die Bestellung der Mitglieder des → Aufsichtsrats, soweit sie nicht in den Aufsichtsrat zu entsenden oder als Aufsichtsratsmitglieder der Arbeitnehmer nach dem Mitbestimmungsgesetz, dem Mitbestimmungsergänzungsgesetz oder dem → Betriebsverfassungsgesetz 1952 zu wählen sind (Mitbestimmungsgesetz), (2) die Verwendung des → Bilanzgewinns, (3) die Entlastung der Mitglieder des → Vorstands und des Aufsichtsrats, (4) die Bestellung des → Abschlußprüfers, (5) Satzungsänderungen, (6) Maßnahmen der → Kapitalbeschaffung und der → Kapitalherabsetzung, (7) die Bestellung von Prüfern zur Prüfung von Vorgängen bei der Gründung oder der → Geschäftsführung, (8) die Auflösung der Gesellschaft. Über Fragen der Geschäftsführung kann die Hauptversammlung gemäß § 119 Abs. 2 AktG nur entscheiden, wenn der Vorstand es verlangt. Jede Aktie gewährt das Stimmrecht (§ 12 Abs. 1 AktG); es wird nach Aktiennennbeträgen ausgeübt (§ 134 Abs. 1 AktG). Besonderheiten sind bei → Mehrstimmrechtsaktien und bei stimmrechtslosen → Vorzugsaktien zu beachten. Für den Fall, daß einem Aktionär mehrere Aktien gehören, kann die Satzung das Stimmrecht durch Festsetzung eines Höchstbetrages oder von Abstufungen beschränken (§ 134 Abs. 1 AktG). Ein Aktionär kann sein Stimmrecht durch einen Bevollmächtigten, insbesondere durch ein → Kreditinstitut, ausüben lassen (→ Depotstimmrecht). Er muß dazu eine schriftliche → Vollmacht erteilen (Stimmrechtsvollmacht).

### Stimmrecht des AR-Vorsitzenden, → Mitbestimmung.

### Stimmrechtsbeschränkung, → Stimmrecht des Aktionärs.

### Stimmrechtslose Aktie, → Vorzugsaktie, → kumulative stimmrechtslose Vorzugsaktie.

### Stochastic Modified Duration

Mißt die Veränderung des Kurses eines → festverzinslichen (Wert-)Papiers, wenn sich die kurzfristigen Zinssätze ändern. Die St. M. D. ist eine Veränderung der traditionellen → Modified Duration, da die traditionelle Modified Duration die prozentuale Veränderung des → Dirty Price mißt, wenn sich die → Rendite des Papiers ändert. Bei → Straight Bonds sind St. M. D. und Modified Duration nahezu identisch.

### Stochastics

*Konzept des St.:* → Technische Studie, die 1957 von Lanes, George veröffentlicht wurde. St. sind ein → Overbought-/Oversold-System. Lanes versuchte mit St. die Verfassung des Marktes zu messen. Er beobachtete, daß während eines Aufwärtstrends die Schlußkurse näher am Höchstkurs tendieren. In Abwärtstrends tendieren die Kurse dagegen dazu, am Tiefstkurs zu schließen. Eine Trendumkehr könnte dann bevorstehen, wenn sich beispielsweise die Schlußkurse bei einem Aufwärtstrend nicht mehr in der Nähe des Höchstkurses befinden, sondern in der Mitte der Kursspanne der Handelsperiode oder sogar am Tiefstkurs. Basis für die Ermittlung des St. sind Höchstkurs, Tiefstkurs und Schlußkurs einer Handelsperiode. Als Handelsperiode definierte Lanes ursprünglich einen Zeitraum von 5 Tagen. Je länger der Zeitraum gewählt wird, desto unempfindlicher wird die K%-Linie gegenüber Änderungen im Kursverlauf. Lanes normierte die St. so, daß sie sich immer zwischen 0% und 100% bewegen.

## Stochastics

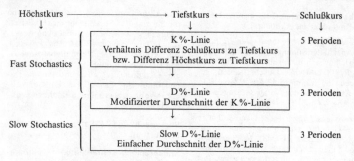

*Studien des St.*: Der Name St. ist als Oberbegriff für drei verschiedene Studien zu interpretieren: die K%-Linie, die D%-Linie und die slowD%-Linie. Diese drei Linien unterscheiden sich insbes. durch die Sensitivität auf eine Veränderung des Marktes. Die K%-Linie ist die sensitivste Linie, während die D%-Linie bereits ein modifizierter Durchschnitt der K%-Linie und damit weniger sensitiv ist. Die geringste Sensitivität hat die slowD%-Linie, die ein → gleitender Durchschnitt der D%-Linie ist. Lanes arbeitete ursprünglich mit der K%-Linie und D%-Linie. Die Kombination dieser beiden Linien wird als → Fast Stochastics bezeichnet. Als → Slow Stochastics wird dagegen die Kombination aus D%-Linie und slowD%-Linie bezeichnet. Der Slow Stochastics wird in der Regel bevorzugt. – Vgl. auch Abbildung oben.

*St. als Overbought-Oversold-System*: St. sind ein Overbought-/Oversold-System, das einen → überkauften Markt anzeigt, wenn sich die Linien in einem Bereich über 80% befinden. Eine überverkaufte Situation wird angenommen, wenn sich die Linien im Bereich unter 20% befinden. Zusätzlich zur Interpretation der St. wird der zugrundeliegende Kursverlauf auf Bear Divergence und Bull Convergence untersucht.

*Ermittlung des St.*: Die K%-Linie des Fast Stochastics wird in der von Lanes konzipierten Form mit folgender Formel ermittelt:

$$K\%_t = \frac{(Schlußkurs_t - Tiefstkurs_5) \cdot 100}{Höchstkurs_5 - Tiefstkurs_5}$$

wobei:
$K\%_t$ = Aktueller Wert der K%-Linie
$Schlußkurs_t$ = Aktueller Schlußkurs
$Höchstkurs_5$ = Höchstkurs der letzten fünf Tage
$Tiefstkurs_5$ = Tiefstkurs der letzten fünf Tage

Liegen keine Schlußkurse vor, wird anstelle des Schlußkurses der aktuelle Kurs in die obige Formel eingesetzt. – Die D%-Linie, die sowohl im Fast Stochastics als auch Slow Stochastics verwendet wird, kann mit folgender Formel ermittelt werden:

$$D\%_t = \frac{\sum_{i=t}^{t-2}(Schlußkurs_i - Tiefstkurs_{5,i})}{\sum_{i=t}^{t-2}(Höchstkurs_{5,i} - Tiefstkurs_{5,i})} \cdot 100$$

wobei:
$D\%_t$ = aktueller Wert der D%-Linie
$Schlußkurs_i$ = Schlußkurs der Periode i
$Höchstkurs_{5,i}$ = Höchstkurs der letzten fünf Tage der Periode i
$Tiefstkurs_{5,i}$ = Tiefstkurs der letzten fünf Tage der Periode i
t = aktuelle Periode

Die D%-Linie kann als modifizierter gleitender Durchschnitt der K%-Linie über die letzten drei Tage interpretiert werden. Die slowD%-Linie des Slow Stochastics wird mit folgender Formel ermittelt:

$$slowD\%_t = \frac{D\%_t + D\%_{t-1} + D\%_{t-2}}{3}$$

wobei:
$slowD\%_t$ = aktueller Wert der slowD%-Linie
$D\%_t$ = aktueller Wert der D%-Linie
$D\%_{t-1}$ = Wert der D%-Linie vor einer Periode
$D\%_{t-2}$ = Wert der D%-Linie vor zwei Perioden.

Die slowD%-Linie kann als ein 3-Perioden gleitender Durchschnitt der D%-Linie interpretiert werden.

*Modifikation der St.*: Von den genannten Linien existieren die unterschiedlichsten Modifikationen. Auch die von Lanes vorgeschlagenen Zeiträume 5 Handelsperioden für die K%-Linie, 3 Handelsperioden für die D%-Linie sowie 3 Handelsperioden für die slowD%-Linie (5, 3, 3) wurden oftmals variiert (z. B. 20, 5, 5).

*Handelsregeln der St.*: → Kaufsignale des St. können am Beispiel des Slow Stochastics wie folgt definiert werden: (1) Vorwarnsignal: Sowohl die D%-Linie als auch die slowD%-Linie befinden sich im überverkauften Bereich, d. h. unter 20%. Der Bull Convergence hat sich ausgebildet. (2) Kaufsignal: Die D%-Linie schneidet die slowD%-Linie von unten nach oben. Eine Abwandlung dieses originären Handelssignals, die insbes. bei computerunterstützten Analysesystemen verwendet wird, sieht folgende Vorgehensweise vor: (1) Vorwarnsignal: Sowohl die D%-Linie als auch die slowD%-Linie befinden sich im überverkauften Bereich, d. h. unter 20%. (2) Kaufsignal: Die D%-Linie schneidet die 20%-Linie von unten nach oben. – Verkaufsignale des St. können am Beispiel des Slow Stochastics wie folgt definiert werden: (1) Vorwarnsignal: Sowohl die D%-Linie als auch die slowD%-Linie befinden sich im übergekauften Bereich, d. h. über 80%. Der Bear Divergence hat sich ausgebildet. (2) Verkaufsignal: Die D%-Linie schneidet die slowD%-Linie von oben nach unten. Eine Abwandlung dieses originären Handelssignals, die insbesondere bei computerunterstützten Analysesystemen verwendet wird, sieht folgende Vorgehensweise vor: (1) Vorwarnsignal: Sowohl die D%-Linie als auch die slowD%-Linie befinden sich im überkauften Bereich, d. h. über 80%. (2) Verkaufsignal: Die D%-Linie schneidet die 80%-Linie von oben nach unten.

### Stock
Anglo-amerikanische Bezeichnung für → Aktie, z. T. auch allgemein für → Effekten.

### Stockdividende
→ Dividende, die in Form von → Berichtigungsaktien an die → Aktionäre ausgeschüttet wird. Oftmals wird die St. zusätzlich zur Gelddividende gezahlt. St., die bei ausländischen → Aktiengesellschaften häufiger als bei deutschen Unternehmen vorkommen, bieten den Vorteil, daß in entsprechender Höhe eine → Gewinnthesaurierung erfolgt und ein Liquiditätsabfluß vermieden wird. Der als St. ausgeschüttete → Gewinn wird bei der Gesellschaft in die → offenen Rücklagen eingestellt. Mit Ausgabe der Berichtigungsaktien wird die Rücklage in → Aktienkapital umgewandelt. In Deutschland wird das Verfahren auch als Gewährung von Bonusaktien bezeichnet.

### Stockholders' Relations,
→ Aktionärspflege.

### Stock Index Future,
→ Aktienindex-Future.

### Stockpicker
Bezeichnung für Anleger, die → Aktien mit hohem Kurssteigerungspotential suchen.

### Stockpicking
→ Stockpicker.

### Stock-Style-Verfahren
*Traditional Style Premium Posting*; traditionelles Verfahren der Abrechnung von → Prämien bei → Optionen, d. h., die Prämie ist im Gegensatz zum → Future-Style-Verfahren einen Tag nach Geschäftsabschluß fällig. Beim St.-St.-V. ist eine → Premium Margin als Sicherheit zu hinterlegen. Das St.-St.-V. wird an der → Deutschen Terminbörse (DTB) bei → Aktienoptionen, Optionen auf den → Deutschen Aktienindex (DAX) und im → Over-the-Counter-Markt für Optionen angewandt.
*Gegensatz*: → Future-Style-Verfahren.

### Stock Yield,
→ Dividendenrendite.

### Stop Loss Order
Order an eine → Bank, um den maximalen Verlust auf eine → offene Position durch Eingehen einer Gegenposition bei Erreichen eines bestimmten Kurses zu limitieren. Die Order enthebt den Kunden von der Aufgabe, die offene Position laufend selbst beobachten zu müssen.
(→ Overnight Order)

### Stornierung von Buchungen
Nach den AGB der Banken und Sparkassen (→ Allgemeine Geschäftsbedingungen) besteht bis zum nächsten Rechnungsabschluß ein Stornierungsrecht für Gutschriftsbuchungen, die infolge eines Irrtums, eines

**Stornierung von Buchungen**

Schreibfehlers oder aus anderen Gründen vorgenommen wurden, ohne daß ein entsprechender Auftrag vorliegt, sowie ein Stornierungsrecht für Belastungsbuchungen bei der →Einlösung von Lastschriften und Schecks bis zum übernächsten Buchungstag (→Stornoklausel).

**Stornoklausel**
Klausel der AGB (→Allgemeine Geschäftsbedingungen), nach der das →Kreditinstitut berechtigt ist, Gutschriften, die infolge eines Irrtums, eines Schreibfehlers oder aus anderen Gründen vorgenommen werden, ohne daß ein entsprechender Auftrag vorliegt, bis zum nächstfolgenden Rechnungsabschluß durch einfache Buchung rückgängig zu machen (Nr. 8 Abs. 1 AGB Banken, Nr. 8 Abs. 1 AGB Sparkassen; Rechnungsabschluß bei Kontokorrentkonten). Eine weitere St. ist in Nr. 9 Abs. 2 AGB Banken bzw. Nr. 9 Abs. 2 AGB Sparkassen enthalten. Belastungsbuchungen führen nur zu einer wirksamen Belastung (Einlösung), wenn sie bis zum übernächsten Buchungstag storniert werden (Stornierung von Belastungsbuchungen).

**Störvariable**
Synonym für →Zufallsfehler.

**Straddle**
→Kombinierte Optionsstrategie, bei der eine gleiche Anzahl von →Calls und →Puts mit gleichem →Basispreis und gleicher →Fälligkeit gekauft (Long Straddle) oder verkauft (Short Straddle) werden. Bei dieser →Volatilitätsstrategie ist das Gewinnpotential unbegrenzt, während das Verlustpotential begrenzt ist.
(→Strangle, →Delta einer Gesamtposition)

**Strafmündigkeit**, →Deliktsfähigkeit.

**Straight**
Kurzbezeichnung für →Straight Bond.

**Straight Bond**
*Fixed Rate Bond, Festzinsanleihe*; Festverzinsliche →Inhaberschuldverschreibung (→Euro-Anleihe), deren →Kupon (Nominalzinssatz) in etwa der relevanten →Kapitalmarktrendite zum Emissionszeitpunkt entspricht. Die Kuponrate lautet auf einen mehr oder weniger runden Zinssatz; die Feineinstellung der →Emissionsrendite wird durch den Ausgabekurs herbeigeführt.

Liegt die Kuponrate z. B. über der marktüblichen Emissionsrendite, so wird die Anleihe mit einem Agio (→Aufgeld), d. h. →über pari, begeben; liegt sie unter der marktüblichen Emissionsrendite, so mit einem →Disagio (→unter pari).
Die →Laufzeit hängt zwar von den Möglichkeiten des Marktes ab, liegt i. d. R. aber bei fünf bis zehn Jahren. St. B. sind endfällig (Bullet Issue). Bei Börsennotierung kann der →Emittent jederzeit Anleihen über den Markt zurückkaufen. Dies kann der →Kurspflege dienen (damit Briefnotizen vermieden werden, die Anleihen zu Marktkonditionen auch jederzeit verkaufbar sind, ohne jedoch gegen den Markttrend zu intervenieren, was das Standing und damit die zukünftigen Zinskonditionen eines Emittenten verbessert), aber auch, um Rückkaufgewinne zu erzielen. Letzteres ist erwägenswert, wenn nach dem Emissionszeitpunkt der →Kapitalmarktzins fühlbar ansteigt, der Anleihekurs folglich deutlich unter 100% fällt. Dann kann der →Schuldner (sofern die Papiere nicht mehr für einen etwaigen Verkauf als Interventionsreserve im Bestand gehalten werden) die →Verbindlichkeit (i. a. Nominalwert der Anleihe) mit einem geringeren Mitteleinsatz löschen und →außerordentliche Erträge verbuchen. Die für den Rückkauf eingesetzten Mittel können auch aus einer neuen Anleiheemission mit höherer marktgerechter →Effektivverzinsung stammen. Diesen Tatbestand bezeichnet man als „Refunding", es führt im Ergebnis dazu, daß gemessen am derzeitigen Renditenniveau relativ günstige Festzinsmittel umgewandelt werden in höher verzinsliche Festzinsanleihen, die künftige Erfolgsrechnung also belastet wird, um augenblicklich einen entsprechenden →Ertrag zu verbuchen. Das kann zur Verbesserung der Ertragssituation geschäftspolitisch erwünscht sein.
St. B. geben sowohl dem Emittenten als auch dem Anleger bzgl. des Zinsaufwandes bzw. -ertrages eine klare Kalkulationsgrundlage, jedoch haben insbes. →Kreditinstitute dem →Zinsänderungsrisiko Rechnung zu tragen (wenngleich die deutsche →Bankenaufsicht dieses Risiko bislang nicht durch explizite Strukturnormen erfaßt). Für den Emittenten ergibt sich ein Zinsänderungsrisiko dann, wenn die verfügbaren Festzinsmittel zinsvariabel ausgeliehen werden, weil der Kreditzins im Zeitablauf sinken kann und die →Zinsmarge

schmälert bzw. diese negativ wird (dem steht die Chance eines ansteigenden Kreditzinses gegenüber).
Für den Anleger liegt dann ein Zinsänderungsrisiko vor, wenn St. B. mit zinsvariablen Mitteln refinanziert werden, weil der Refinanzierungszins ansteigen kann und die Zinsmarge beeinträchtigt (die Chance liegt im sinkenden Refinanzierungszins). Stellt sich für den Anleger die Risikosituation ein, so kann bzw. muß (→ Niederstwertprinzip) dem im Bilanzansatz bei börsennotierten Anleihen durch → Abschreibung auf den niedrigeren Kurswert Rechnung getragen werden. Das → zinsinduzierte Kursrisiko ist um so ausgeprägter, je stärker die Zinsänderung bzw. je höher die → Modified Duration der Anleihe ist (→ Parallelverschiebung). Anleger haben neben → Bonitätsggf. auch ein → Länder- und Wechselkursrisiko zu tragen (→ Euro-Markt).
(→ Rating, → Bond Research)

### Straight-Hedge
Variante zur Ermittlung des → Hedge Ratios bei → Aktienindex-Futures, indem der → Long Position in → Aktien eine → Short Position in einem Aktienindex-Future im gleichen Wert gegenübergestellt wird. Die Anzahl der → Kontrakte kann mit folgender Formel ermittelt werden:
Hedge Ratio = Aktueller Kurswert der abzusichernden Aktien : (Aktueller Kurs des Aktienindex-Futures * Kontraktwert).
Ein St.-H. eignet sich zur Absicherung eines → Aktienportfolios, das die gleiche Zusammensetzung wie der → Index hat, den der → Basiswert des Aktienindex-Futures repräsentiert. Eine Verfeinerung des St.-H. stellt der → Beta-Hedge dar.

**Straight Issue,** → Straight Bond.

### Strangle
→ Kombinierte Optionsstrategie, bei der eine gleiche Anzahl von → Calls und → Puts mit unterschiedlichem → Basispreis (→ Out-of-the-money) und gleichem Verfallsdatum gekauft (Long Strangle) oder verkauft (Short Strangle) werden. Bei dieser → Volatilitätsstrategie ist das Gewinnpotential unbegrenzt, während das Verlustpotential begrenzt ist.
(→ Straddle)

### Strap Spread
→ Straddle, der mit einem zusätzlichen → Call ausgestattet ist, d.h. man geht eine Short-Position in zwei Calls und einen → Put bzw. eine Long-Position in zwei Calls bzw. einen Put ein.
*Gegensatz:* → Strip Spread.

### Strategic-Frontier-Analyse
Analyse von → festverzinslichen (Wert-)Papieren bzw. eines → Rentenportefeuilles in → aktiven Anlagestrategien, bei der → (erwartete) Total Returns für verschiedene Szenarien (z. B. Best-Case-Szenario, Worst-Case-Szenario) errechnet und in einer zweidimensionalen Graphik gegenübergestellt werden. Die Werte des Portefeuilles bilden den Nullpunkt für die Unterteilung der Graphik in vier Quadranten. Ziel der St.-F.-A ist es festzustellen, welche festverzinslichen Papiere in den Szenarien am effizientesten sind. Die St.-F.-A. ist als Analysemethode zu sehen, bei der sowohl die Chancen als auch Risiken von Papieren dargestellt werden.

### Strategische Bankplanung
Strategische Planung ist ein Teil des → Rentabilitäts-Managements und somit des → Bank-Controlling und befaßt sich mit der Erarbeitung genereller Handlungsmöglichkeiten zur langfristigen Existenzsicherung des → Kreditinstitutes. Zentrum der Überlegungen bildet die Erschließung, Sicherung und Fortentwicklung von Erfolgspotentialen, die sich i.d. R. auf Produkte und Kundengruppen beziehen. Strategische Überlegungen gründen sich auf folgende Fragen: Wo stehen wir? Wo wollen wir zu einem bestimmten Zeitpunkt sein? Wie erreichen wir dieses? Die strategische Planung bildet damit einen Bezugsrahmen des gesamten Planungssystems und legt für alle anderen Planungen Richtungen und Aktionsspielräume fest. Die nachfolgenden Planungsaktivitäten, die sich im Rahmen und in der Realisation der strategischen Pläne vollziehen, werden als operative Planung bezeichnet (→ operative Bankplanung).

*Grundphasen:* Der Prozeß der strategischen Planung muß von der Leitung des Kreditinstitutes initiiert werden. Dazu gehört die Festlegung der Verantwortlichkeiten für einzelne Planungsschritte und des Zeitplans sowie die Definition der strategischen Geschäftseinheiten (SGE). Unter einer SGE wird ein abgrenzbarer produkt- und marktbezogener Geschäftsbereich verstanden, für den sich unabhängig von anderen Geschäftsbereichen eine eigene Marktstrategie planen und durchführen läßt. Der nachfolgende Prozeß kann in die drei Grundphasen Information, Analyse und Entscheidung unterteilt werden. In der Informationsphase sind das Kreditinstitut und sein strategisches Umfeld zu untersuchen. Eine Unternehmensanalyse und -prognose hat die Beschreibung der derzeitigen Situation der Bank, die Aufstellung eines Stärken-Schwächen-Profils und eine entsprechende Reporterstellung zum Gegenstand. Zusätzlich soll eine Analyse der Wertvorstellungen der → Führungskräfte durchgeführt werden. Im Rahmen einer Umweltanalyse und -prognose werden strategisch relevante Daten gesammelt, Prognoserechnungen durchgeführt, Chancen und Gefahren beurteilt und ebenfalls ein Report erstellt. Dieses Material wird in der strategischen Analysephase weiter aufbereitet, damit wirkungsvolle Strategien entwickelt werden können. Mit Hilfe verschiedener Methoden und Verfahren sind die SGE zu analysieren. Strategische Schlüsselprobleme müssen erfaßt und gewichtet werden. Schließlich sind potentielle Marktlücken zu suchen und zu bewerten. In der Entscheidungsphase werden die strategischen Ziele des Kreditinstituts bestimmt, alternative Strategien zur Verwirklichung der strategischen Ziele entwickelt sowie die Strategienauswahl getroffen. Zuerst muß eine geeignete Grundstrategie festgelegt bzw. überarbeitet werden. Dann wird für jede SGE eine Geschäftsstrategie festgelegt, in der Markt- und Produktziele beschrieben werden. Funktionale Strategien beziehen sich dagegen auf die Gesamtbank und sollen die unterschiedlichen Konzepte der einzelnen Geschäftsstrategien harmonisieren. Als Beispiel kann die strategische → Personalplanung genannt werden. In der Koordination und der Abstimmung aller Einzelstrategien sowie einer schriftlichen Dokumentation findet der strategische Planungsprozeß seinen Abschluß. Anschließend kann die Entwicklung von Aktionsplänen vorgenommen werden. Dieser Phasenablauf ist nicht als ein einmaliger Vorgang zu betrachten, sondern als ein regelmäßig wiederkehrender, mit Rückkopplungen versehener Zyklus (vgl. Übersicht „Strategische Bankplanung – Grundphasen").

*Strategisches Umfeld:* Die Beurteilung der Umwelt, mit der jedes Unternehmen untrennbar verbunden ist, muß die Basis jeder Unternehmensstrategie sein. Im folgenden werden einige der für die Kreditwirtschaft relevanten Komponenten des strategischen Umfeldes skizziert (vgl. Übersicht „Strategische Bankplanung – Komponenten des strategischen Umfelds").

Volkswirtschaftlich wichtige Daten sind Höhe und Änderung sowie erwartete Entwicklung des → Bruttosozialprodukts bzw. des → Bruttoinlandsprodukts, der Inflationsrate (Preissteigerungsrate), des real verfügbaren → Einkommens, der → Sparquote, der Beschäftigung und der Investitionsentwicklung. Die Entwicklungstendenzen einzelner Wirtschaftszweige sind zu beschreiben. Wichtig zur Strategieplanung ist die Beobachtung der sozialpsychologischen Tendenzen und der soziopolitischen Entwicklungen. Neben der Entwicklung der Gesamtbevölkerung muß insbes. der Altersstruktur Aufmerksamkeit geschenkt werden. In der Marktanalyse sind für jede Produktart – differenziert nach SGE – quantitative Schätzungen hinsichtlich des Marktpotentials, -volumens und -anteils vorzunehmen. Für den Bankensektor ist die weitgehende Marktsättigung von besonderer Bedeutung. So werden die Aktivitäten eher in Richtung → Cross-Selling im bestehenden Geschäft gehen statt ins Neugeschäft. Andererseits wird es zu weiteren → Finanzinnovationen kommen. Aufgrund der Altersstruktur werden das Marktsegment der Senioren und das der jungen Leute weiter an Bedeutung gewinnen. Darüber hinaus hat sich das Kundenverhalten stark geändert. Während den Banken im → Firmenkundengeschäft bereits in der Vergangenheit Fachleute gegenüberstanden, sind nun auch die → Privatkunden aufgrund der umfassenden Informationsmöglichkeiten besser und schneller unterrichtet als früher. Erschwerend kommt für die Kreditinstitute hinzu, daß sich ihre Produkte kaum unterscheiden bzw. in kürzester Zeit imitierbar sind. Im Rahmen der Konkurrenzanalyse wird zwischen dem brancheninternen und -externen → Wettbewerb unterschieden. Der brancheninterne Wettbewerb findet zwischen den → Bankengruppen und zum Teil innerhalb einer Bankengruppe statt. Wenn erwartet wird, daß ein bestimmtes Geschäftsfeld in der Zukunft eine überdurchschnittliche → Rendite bringen wird, kann eine strategische Entscheidung darin bestehen, eine → Tochtergesellschaft zu gründen oder ein

## Strategische Bankplanung

**Strategische Bankplanung – Grundphasen**

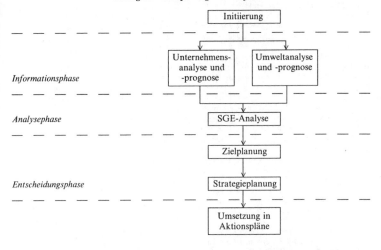

bereits bestehendes Unternehmen zu übernehmen. Als branchenfremde Wettbewerber sind die → Near Banks und die → Non Banks zu beachten. Ziel vieler Wettbewerber ist es, ein Produktprogramm zu schaffen, das den Kunden umfassend in allen monetären Bedürfnissen befriedigt (→ Allfinanz-Angebot von Kreditinstituten). Strategische Konsequenzen müssen auch hier abgeleitet werden: Soll eine Bank als Spezialinstitut tätig sein oder mit anderen Banken oder Dienstleistungsunternehmen kooperieren, ggf. neue Unternehmen gründen oder bestehende übernehmen? Rechtliche und politische Bedingungen sind gerade für den Bankensektor von großer Relevanz. So beeinflussen in-

**Strategische Bankplanung – Komponenten des strategischen Umfeldes**

## Strategische Bankplanung

stitutionelle und bankenaufsichtsrechtliche Normen bankstrategische Entscheidungen. Konsequenzen müssen Kreditinstitute aus dem Liberalisierungsbestreben an verschiedenen Plätzen der Welt ziehen. Darüber hinaus sind auch die technologischen und ökologischen Entwicklungen zu verfolgen. Sie bedingen Veränderungen in den Organisationsstrukturen und im Verhältnis zum Kunden.

*Verfahren und Methoden:* Zur systematischen Erarbeitung von strategischen Handlungsalternativen steht eine Vielfalt von Verfahren und Methoden zur Verfügung. Die einzelnen Instrumente haben ihre Anwendungsschwerpunkte jeweils in bestimmten Grundphasen der strategischen Planung. So werden quantitative und qualitative Prognoseverfahren sowie Kreativitätstechniken in der Informationsphase eingesetzt. In der Analysephase können die Methoden der Portfolio-Planung, der strategischen Geschäftsfeldkurve oder der Risiko-Chancen-Analyse herangezogen werden. In der Entscheidungsphase sind neben Sensitivitätsverfahren und der Risikoanalyse vor allem Bewertungsverfahren zu nennen. Der Einsatz von Verfahren und Methoden hängt von konkreten Zweck und der individuellen Situation des Kreditinstituts ab. Das Ziel der Portfolio-Methode ist die Schaffung einer ausgewogenen Struktur von Erfolgspotentialen unter Risiko-, Ertrags- und Zeitaspekten. Zunächst muß die Ausgangssituation der einzelnen SGE bestimmt werden. Die Festlegung und Abgrenzung von SGE stellt eine sehr anspruchsvolle Aufgabe dar. Einerseits sind marktmäßige Gesetzmäßigkeiten zu beachten, andererseits kommt auch der Intuition der maßgeblichen Führungskräfte große Bedeutung zu. Einzelnen Kundengruppen (z.B. vermögende Privatkunden, Mengenkundschaft, Klein- und Mittelbetriebe, Großkunden, → institutionelle Kunden) werden bestimmte Produktbündel zugeordnet. Die so gebildeten SGE unterscheiden sich etwa durch die Vertriebswege, die Konkurrenzdichte, die Bankleistungen, den Beratungsbedarf und das Erfolgspotential. Für die Strategieentwicklung ist zu klären, wie diese SGE im Vergleich zueinander zu beurteilen sind, d.h. welche SGE besonders zu fördern und welche eher abzubauen sind. Die Bewertung und visuelle Darstellung der SGE kann wie folgt vorgenommen werden: (1) Es sind strategische Erfolgsfaktoren zu identifizieren, anhand derer die SGE zu beurteilen sind, z.B. die Marktattraktivität und die Wettbewerbsstärke jeder SGE. Während sich der erste Faktor, die Marktattraktivität, in Gewinn- und Wachstumsperspektiven der Bank ausdrückt, zeigt der zweite Faktor die relativen Wettbewerbsvorteile gegenüber dem stärksten Konkurrenten. Aufgrund einer jeweils individuell auszuarbeitenden Kriterienliste der Erfolgsfaktoren erfolgt die Interpretation und Analyse.
(2) Unter Verwendung eines Punktbewertungsmodells kann die Gewichtung dieser Faktoren, ihre Bewertung und die Zusammenfassung zum Gesamturteil vorgenommen werden.
(3) In einer 9-Felder-Matrix wird die Position jeder SGE graphisch dargestellt („Ist-Portfolio"; Abbildung „Strategische Bankplanung – Marktattraktivitäts-Wettbewerbsstärken-Portfolio" (Beispiel)). Auf der Abszisse wird die Wettbewerbsstärke, auf der Ordinate die Marktattraktivität abgetragen. Das Einlagen- bzw. → Kreditvolumen oder die Höhe des Deckungsbeitrags kann durch die Größe der Kreisflächen angedeutet werden.
(4) Aus dem erstellten → Portfolio können *Basisstrategien* zur Realisierung eines Ziel-Portfolios abgeleitet werden. Danach sind Geschäftsfelder im rechten oberen Bereich der Matrix durch Wachstums- oder Investitionsstrategien zu fördern. Für links unten positionierte SGE empfehlen sich Abschöpfungs- oder Desinvestitionsstrategien. Diese Geschäftsfelder sind eventuell aufzugeben. Für auf der Diagonalen liegende SGE sind differenzierte Strategien erforderlich. Ggf. wird hier selektiv in bestimmte Bereiche investiert.

Als besonders kritisch bei der Anwendung der Portfolio-Methode gelten die Auswahl, Gewichtung und Bewertung der Erfolgsfaktoren, die Zweidimensionalität der Darstellung und die statische Betrachtungsweise. Die Methode bietet jedoch bedeutende Vorteile: Durch den Zwang zur Festlegung der SGE ist eine tiefe Analyse über die Stellung der eigenen Produkte im Markt notwendig. Es müssen die für die Zukunft wichtigen Erfolgskriterien untersucht werden. Zudem eignet sich die visuelle Darstellung als strategische Diskussionsgrundlage. Sie fördert das strategische Denken und hilft, Entscheidungsprozesse transparenter zu machen.

**Strategische Bankplanung – Marktattraktivitäts-Wettbewerbsstärken-Portfolio (Beispiel)**

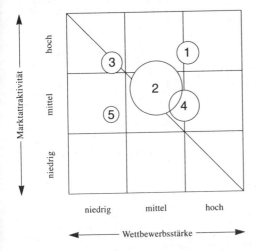

Kundengruppen:
Vermögende Privatkunden (1)
Mengenkundschaft (2)
Klein- und Mittelbetriebe (3)
Großkunden (4)
Institutionelle Kunden (5)

### Strategische Risiken
→ Erfolgsrisiken, die für den Bankbetrieb eine existenzielle oder zumindest signifikante Gefährdung darstellen. Dementsprechend resultieren st. R. in Abgrenzung zu → operativen Risiken primär aus grundsätzlichen Führungsentscheidungen (konstitutive oder strategische Entscheidungen), z. B. über Breite und Strukturierung des bankbetrieblichen Leistungsprogramms im Hinblick auf Produktgruppen, Kundengruppen oder geographische Bereiche (strategische Geschäftsfelder). Strategische Entscheidungen der Geschäftsleitung zur Globalsteuerung des bankbetrieblichen Leistungsprozesses zielen z. B. auf die Sicherung und den Ausbau von gegenwärtigen bzw. zukünftigen Erfolgspotentialen des Bankbetriebs (Verbesserung der Wettbewerbsposition in traditionellen Geschäftsfeldern; Wahrnehmung neuer Geschäftsmöglichkeiten) oder auf Leitlinien für das Risikoverhalten bei operativen Entscheidungen. Wegen der grundsätzlichen Weichenstellungen, die zudem oftmals langfristig wirksam sind, können mit solchen konstitutiven Entscheidungen strategische. Risiken verbunden sein: z. B. strategische Risiken im → liquiditätsmäßig-finanziellen Bereich des Bankbetriebs aus relativ hoher Risikobereitschaft der Geschäftsleitung (Risk Taking) mit Blick auf Ausfallrisiken oder auf → Zinsänderungsrisiken; strategische Risiken im → technisch-organisatorischen Bereich des Bankbetriebs aus der Festlegung von Organisationsstrukturen (Gefahr der Ineffizienz) oder aus der Dimensionierung von Kapazitäten (Fixkostenrisiko).
(→ Bankbetriebliche Risiken)

### Strategisches Controlling
→ Controlling, das den Zweck hat, die Existenz der Unternehmung langfristig in Übereinstimmung mit den Zielen und Grundsätzen der Unternehmung zu sichern.
(→ Bank-Controlling, → strategische Bankplanung)

### Strategisches Geschäftsfeld, → strategische Bankplanung.

### Streifbandverwahrung
Synonym für → Sonderverwahrung.

### Strenges Niederstwertprinzip, → Niederstwertprinzip.

### Streuung
Bei Verteilungsverhältnissen (→ Verteilungsfunktion F [x]) relevante Kennzeich-

**Streuungsparameter**

nung für die Abweichungen der einzelnen →Merkmalswerte voneinander wie auch von einem Mittelwert (→Dispersion). Die das allgemeine, typische Merkmalsniveau charakterisierenden →Lageparameter werden hier durch Streuungsparameter ergänzt, die letztlich Maßzahlen für die Variabilität der Merkmalswerte darstellen.

**Streuungsparameter,** →Streuung.

**Strike Price**
→Basispreis bei einer →Option.

**Strip**
1. *Futureshandel*: Gleichzeitiger Kauf (Buying) bzw. Verkauf (Selling) von kurzfristigen →Geldmarkt-Futures (z. B. →Euro-DM-Future, →FIBOR-Future) mit aufeinanderfolgenden →Delivery Month (z. B. März-Kontrakt, Juni-Kontrakt, September-Kontrakt). St. werden insbes. von Swap-Händlern zum →Hedging von →Zinsänderungsrisiken oder in →Trading-Strategien eingesetzt. Um das →Execution-Risk zu verringern, werden beispielsweise an der →LIFFE vier- (vier aufeinanderfolgende Delivery Month) und sechsmonatige (sechs aufeinanderfolgende Delivery Month) St. in einer Transaktion gehandelt. (→Euro-DM-Future-Strips, →Long Strip, →Short Strip, →FRA-Kette, →Strip-Hedging)

2. *Optionshandel*: Synonym für →Strip-Spread.

**Strip Hedging**
→Hedging-Strategie mit →Forward Rate Agreements, →Optionen oder →Futures, bei der →Kontrakte eingegangen werden, die in verschiedenen →Delivery Month fällig werden. Im Gegensatz zum St. H. wird bei →Stack Hedging nur ein Delivery Month eingegangen.
(→Euro-DM-Future-Strip, →Strip-Yield, →FRA-Kette, →Strip)

**Stripping**
Abtrennen der →Zinsscheine einer →Anleihe.
(→Stripped Bond, →Kupon Stripping, →Stripping von Finanzinnovationen)

**Stripping von Finanzinnovationen**
In den letzten Jahren wurden den Anlegern immer exotischere →Finanzinnovationen angeboten, wie z. B. →Reverse Floater, →Leveraged Floater, →Condoranleihen, →Koppelanleihen, →Zinsphasenanleihen, →Fixed-Maxi-Floater, →Capped Warrants, →Short-Optionsscheine, Reverse-Call-Optionsscheine usw. Diese Finanzinnovationen werden auch als strukturierte →Anleihen und Produkte bezeichnet. Eine nahezu unüberschaubare Vielfalt von neuen Anlageformen ermöglicht heute den Anlegern, auf erwartete Kurs- bzw. Renditeentwicklungen an den →Finanzmärkten zu setzen. Allerdings werden die Finanzinnovationen zunehmend komplexer, so daß Anleger die mit einem Papier verbundenen Chancen und Risiken oftmals nicht sofort erkennen können. – Strukturierte Anleihen und Produkte werden aus elementaren Anlageformen (→Assetklassen) zusammengesetzt. Deshalb werden diese neuen Finanzkonstruktionen auch als zusammengesetzte Anlageformen (→Composite Assets) bezeichnet. Beim St. v. F. werden strukturierte Anleihen und Produkte in diese elementaren Anlageformen zerlegt, d. h. diese elementaren Anlageformen müssen identifiziert werden. Die Anlageformen können als Bausteine interpretiert werden, die von den Finanzingenieuren in nahezu unendlich vielen Varianten miteinander kombiniert werden. Folgende Anlageformen werden als Bausteine für strukturierte Anleihen und Produkte verwendet: Kurzfristige →Zinsinstrumente (→Geldmarktpapiere), mittel- und langfristige Zinsinstrumente (→Straight Bonds), →Aktien, →derivative (Finanz-)Instrumente im engeren Sinne (z. B. →Futures, →Swaps, →Optionen). Strukturierte Anleihen und Produkte werden sowohl von Kassainstrumenten als auch von Termininstrumenten abgeleitet (vgl. Übersicht auf S. 1469 oben).
Die Tabelle auf S. 1469 unten zeigt die wichtigsten Merkmale der vier Bausteine von Finanzinnovationen.
Zwar läßt die Tabelle nur grobe Aussagen über die Merkmale zu, doch können bereits tendenzielle Aussagen getroffen werden. Ein wesentliches Merkmal ist, ob die →Laufzeit begrenzt ist oder nicht. Während Zinsinstrumente – sowohl kurzfristige Geldmarktpapiere als auch mittel- und langfristige →Kapitalmarktpapiere – und derivative Instrumente eine begrenzte Laufzeit haben, ist die Laufzeit bei Aktien (zumindestens theoretisch) unendlich. Im Gegensatz zu Zinsinstrumenten, bei denen der →No-

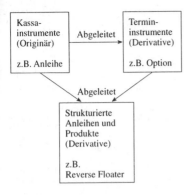

minalzins i.d.R. über die gesamte Laufzeit fixiert ist, können bei Aktien und derivativen Instrumenten nur sehr vage Aussagen über den zukünftigen Ertrag getroffen werden, da dieser insbes. von der Kursentwicklung beeinflußt wird. Das Risiko, einen Vermögensverlust zu erleiden, wird um so größer, je größer mögliche Kursveränderungen sein können. Die Tabelle zeigt weiter, daß nur mit Aktien die Möglichkeit gegeben ist, am → Gewinn einer → Aktiengesellschaft zu profitieren. Bei derivativen Instrumenten (z. B. Optionen auf Aktien) kann indirekt an der Gewinnentwicklung der Gesellschaft teilgenommen werden, da Optionen steigen, wenn die Aktie steigt. Ein Mitspracherecht ist mit Ausnahme von → Stammaktien bei den anderen Anlageformen nicht möglich.

Da durch strukturierte Anleihen und Produkte diese elementaren Anlageformen miteinander kombiniert werden, haben Finanzinnovationen auch die Merkmale bzw. Eigenschaften mehrerer elementarer Bausteine. Deshalb können Anlagen in diesen Papieren mit geringen bzw. extrem hohen Risiken verbunden sein. – St. ist das Zerlegen einer Finanzinnovation, die aus mehreren Bausteinen (Composite Asset) besteht, in einzelne Anlageformen (→ Assets). Alle Finanzinnovationen (z. B. Koppelanleihen, → MEGA-Zertifikate) können auf elementare Bausteine zurückgeführt werden. In engem Zusammenhang mit → Bond Stripping ist das → Duplizierungsprinzip zu sehen. Das Duplizierungsprinzip besagt, daß zwei Anlageformen, unabhängig wie sie zusammengesetzt sind, den gleichen Kurs haben, wenn aus ihnen nur genau die gleichen Zahlungsströme resultieren. – Bond Stripping besteht aus zwei Phasen. Phase 1: Reduzierung auf elementare Anlageformen, d.h. auf kurzfristige sowie langfristige Zinsinstrumente, Aktien und derivative Instrumente. Phase 2: Analyse der elementaren Anlageformen, d.h. Aufzeigen der → Marktrisikofaktoren (Welche Faktoren beeinflussen den Kurs einer Finanzinnovation?), Ermittlung von → Sensitivitätskennzahlen (→ Modified Duration, → Price Value of a Basis Point [PVBP] usw.), Simulation und Sensitivitätsanalysen (Was passiert, wenn ...?).

### STRIPS
Abk. für Separately Traded Registered Interest and Principal Securities.

### Strip Spread
→ Straddle, der mit einem zusätzlichen → Put ausgestattet ist, d.h. man geht eine Short-Position in zwei Puts und einen → Call bzw. eine Long-Position in zwei Puts bzw. einen Call ein.
*Gegensatz:* → Strap Spread.

### Strip Yield
→ Rendite eines → Strips. Die St. Y. ist ein → geometrisches Mittel aus Spot Rates und → Forward Rates.

| Anlageform | Kurzfristige Zinsinstrumente | Langfristige Zinsinstrumente | Aktien | Derivative Instrumente am Terminmarkt |
|---|---|---|---|---|
| Feste Laufzeit | Ja | Ja | Nein | Ja |
| Fester Ertrag | Ja | Ja | Nein | Nein |
| Kursschwankungen | Nein | Gering bis mittel | Stark | Sehr stark |
| Teilnahme am Gewinn | Nein | Nein | Ja | Nein |
| Kursrisiko | Gering | Mittel | Hoch | Sehr hoch |
| Anlegermentalität | Risikoscheu | Konservativ | Risikofreudig | Sehr risikofreudig |
| Mitspracherecht | Nein | Nein | Ja | Nein |

**Strukturbeitrag**

(→ Strip, → FRA-Kette, → Euro-DM-Future-Strip, → Strip Hedge)

**Strukturbeitrag**
Fristentransformationsbeitrag; Beitrag zum → Zinsüberschuß (zur → Bruttozinsspanne), der durch die von der → Bank betriebene Fristentransformation erreicht wird. Dieser von der → Zentraldisposition zu verantwortende Transformationsbeitrag ergibt sich aus dem Eingehen eines → Zinsänderungsrisikos und wird als Differenz zwischen den Marktzinssätzen der in Beziehung stehenden → Aktivgeschäfte und → Passivgeschäfte ausgedrückt (→ Marktzinsmethode). Er kann auch durch Abzug des → Konditionsbeitrags von der Bruttozinsspanne errechnet werden.

**Strukturmarge**
In Prozentpunkten ausgedrückter → Strukturbeitrag (→ Marktzinsmethode).

**Stücke**
Bezeichnung für die Teilbeträge einer → Gesamtemission von → Effekten, z.B. die → Teilschuldverschreibungen einer → Anleihe.

**Stückelose Anleihe**
→ Anleihe (→ Schuldverschreibung), die nicht als → Wertpapier, sondern als → Wertrechtsanleihe (→ Wertrecht, → Schuldbuchforderung) begeben wird.

**Stückelung**
1. Bei → Wertpapieren die Aufteilung in verschiedene Nennbeträge (→ Nennwerte). Mögliche St. von → Aktien: 5 DM oder ein Vielfaches davon; St. von → Anleihen: 50, 100, 500, 1.000 und 5.000 DM Nennwert (→ Teilschuldverschreibungen); St. bei → Investmentzertifikaten: i.a. 1, 10, 100 und 500 Anteile. Als Großstücke werden Wertpapiere bezeichnet, die über einen hohen, von der üblichen St. abweichenden Nennbetrag lauten (z.B. → Globalaktie über 100.000 DM).

2. Bei → Banknoten die Einteilung der Notenausgabe hinsichtlich der Nennbeträge einer Banknotenserie. Die → Deutsche Bundesbank gibt Noten zu 5, 10, 20, 50, 100, 200, 500 und 1.000 DM aus.

**Stückkosten**
→ *Betriebskosten*; Kosten, die im → Betriebsbereich des Bankbetriebs anfallen (Personalkosten, Sachkosten usw.).

*Gegensatz:* → Wertkosten, die im → Wertbereich des Bankbetriebs anfallen.
(→ Dualismus der bankbetrieblichen Leistung)

**Stückkurs**
Notierung in Stück pro → Aktie (i.d.R. 50 DM nom.) statt in Prozent. Vor 1969 war bei Aktien Prozentnotierung üblich; seither gilt allgemein die Stücknotierung. → Festverzinsliche (Wert-)Papiere sind nach wie vor in Prozent notiert.

**Stückleistungskalkulation**
Teilbereich der traditionellen → Kosten- und Erlösrechnung im Bankbetrieb mit der Aufgabe, die Selbstkosten erbrachter Leistungen im Betriebsbereich zu ermitteln (Stückleistungsrechnung). Dies kann sowohl auf Vollkosten- als auch auf Teilkostenbasis geschehen (→ Vollkostenrechnung, → Teilkostenrechnung). Die St. dient sowohl der Preisfindung für die einzelnen Dienstleistungen des → Kreditinstituts als auch der → Wirtschaftlichkeitskontrolle. Zur Ermittlung der → Kosten einer Stückleistung ist eine adäquate Gegenüberstellung der → Betriebskosten und der entsprechenden Leistungen notwendig.
Um für die St. Informationen über Art und Anzahl der erbrachten Marktleistungen zu erhalten, ist es notwendig, daß parallel zur → Kostenstellenrechnung Geschäftsvorfälle im Rahmen der Leistungsstatistik (→ Bankstatistik) gezielt und entsprechend aufbereitet werden. Als Rechentechniken stehen Divisionsrechnung, die Äquivalenzziffernrechnung und die Zuschlagsrechnung zur Verfügung.

**Stücknotierung**, → Stückkurs.

**Stückzinsen**
Bezeichnung für zeitlich zwischen Käufer und Verkäufer einer → Schuldverschreibung aufgeteilte → Zinsen. Die Aufteilung von Zinsen ist bei einem Verkauf der Papiere während der → Zinsperiode notwendig, da die Zinsen an den jeweiligen Inhaber des → Zinsscheines gezahlt werden. Der Besitzdauer entsprechend werden anteilig die St. ermittelt.
Die St. stehen dem Verkäufer bis einschließlich des Tages vor der Valutierung (Erfüllung) zu, wobei jeder Monat mit 30 Tagen gerechnet wird. Bei → variabel verzinslichen Anleihen, für die ausländische → Re-

1470

ferenzzinssätze (z. B. →LIBOR, →Luxibor) maßgebend sind, wird die tatsächliche Anzahl von Tagen seit dem letzten Zinstermin zugrunde gelegt. Das Jahr wird mit 360 Tagen gerechnet. →Kapitalerträge aus St. unterliegen mit Wirkung vom 1. Januar 1994 dem →Zinsabschlag.

St. sind der Ausgleich dafür, daß der Käufer am nächsten Zinstermin den Zinsbetrag in voller Höhe erhält, obwohl ihm die Zinsen für dieses Papier nur ab der Stückzinsvaluta zustehen. In diesem Fall spricht man von positiven oder gezahlten St., weil sie in der Kaufabrechnung zum Kaufpreis dazu addiert werden und der Käufer diese deshalb mitbezahlen muß. Die St. werden mit folgender Formel ermittelt:

St. = (Nominalbetrag · Zinstage
 · →Nominalzins)
 : (100 · Jahrestage)

wobei:
Nominalbetrag = gekaufte bzw. verkaufte Anleihen in Nominal
Zinstage = Tage vom letzten Zinstermin bis bis zur →Zinsvaluta
Nominalzins = auf den Nominalbetrag bezogener Zins
Jahrestage = Jahrestage (z. B. 360 oder 365 Tage).

**Stufenkupon,** →Step-up-Anleihe.

### Stundung
Die →Finanzbehörden können Ansprüche aus dem Steuerschuldverhältnis ganz oder teilweise stunden, wenn die Einziehung mit erheblichen Härten für den →Steuerschuldner verbunden ist und der →Anspruch durch die St. nicht gefährdet erscheint. Die St. soll i. d. R. nur auf Antrag und gegen →Sicherheitsleistung gewährt werden (§ 222 AO). Außerhalb des Steuerrechts ist eine St. ebenfalls möglich. Sie schiebt die →Fälligkeit einer →Forderung hinaus (i.d.R. aufgrund diesbezüglicher Vereinbarung) und hemmt die →Verjährung (§ 202 Abs. 1 BGB).

### Sub-LIBOR Finanzierung
Möglichkeit der →Finanzierung über →variabel verzinsliche Anleihen unter →LIBOR. Wird beispielsweise durch →Arbitragestrategien mit →Zinsswaps und →Währungsswaps erreicht.

**Subordinated Debenture,** →nachrangige Schuldverschreibung.

### Substantielles Eigenkapital
Baut auf dem bilanziellen →Eigenkapital auf, ist um steuerfreie →Rücklagen sowie erhöhte Absetzungen für Abnutzung/Sonderabschreibungen zu erhöhen. Ferner sind die im Unternehmen arbeitenden →stillen Reserven zu quantifizieren und bei der Berechnung des s. E. hinzuzufügen. Abgezogen werden dagegen die aktivierten Aufwendungen für die Erweiterung und Instandsetzung des Geschäftsbetriebs, die aktivierten →latenten Steuern sowie die Deckungslücke Pensionen.

**Substanzwert,** →Sachwert.

### Subvention
Finanzhilfe →öffentlicher Haushalte an Unternehmungen, hauptsächlich in Gestalt von →Transferzahlungen, geldwerten Leistungen, Einnahmeverzichten (durch steuerliche Vergünstigungen), Abnahmegarantien oder →Bürgschaften, die an den Einsatz von →Produktionsfaktoren, die laufende Produktionstätigkeit, deren Ergebnisse oder den Verkauf von Erzeugnissen anknüpfen und das Ziel haben, Produktionsprozesse aufrechtzuerhalten, Produktivitätsfortschritte, Unternehmenswachstum oder Strukturwandel zu fördern, Preise niedrig zu halten oder →Einkommen zu erhöhen. Die Abgrenzung von S. gegenüber anderen Transferzahlungen des Staates ist in der Realität nicht eindeutig. Laut Subventionsbericht, den die Bundesregierung nach § 12 StabG alle zwei Jahre vorzulegen hat, zählen auch Zahlungen von Wohngeld an private Haushalte und die gesamte Sparförderung zu S. In der →Volkswirtschaftlichen Gesamtrechnung werden nur Geldzahlungen (Zuschüsse) als S. erfaßt. Sie werden in der Entstehungsrechnung des →Sozialprodukts (Volkswirtschaftliche Gesamtrechnung) hinzugezählt, weil sie die Einkommen erhöhen. S. werden auch als negative →indirekte Steuern interpretiert.

**Summenaktie,** →Nennwertaktie.

**Superfloater,** →Leveraged Floater.

### Supra
Kurzbezeichnung für →Supranationale Anleihe.

### Supranationale Anleihe

**Supranationale Anleihe**
→ Anleihe eines → supranationalen Emittenten.

**Supranationaler Emittent**
→ Emittent, der nicht einer Nationalität zugeordnet werden kann. S. E. sind beispielsweise die → Weltbank und die Asian Development Bank (→ Asiatische Entwicklungsbank).
(→ Supranationale Anleihe)

**SURF-Anleihe**
(SURF = Abk. für Step Up Recovery Floating Rate Note) → Variabel verzinsliche Anleihe, bei der sich der → Nominalzins nicht an einem Geldmarktindex (z. B. → LIBOR, → FIBOR) orientiert, sondern an der → Rendite von langfristigen amerikanischen → Staatsanleihen (z. B. → Treasury Notes, → Treasury Bonds), d. h. der → CMT-Rendite. Die → Laufzeit beträgt i. d. R. sieben Jahre. Der Anleger erhält eine Verzinsung, die auf der 10-jährigen CMT-Rendite basiert. Die Rendite der 10-jährigen Staatsanleihen wird halbiert und auf diesen Wert 1,45 Prozentpunkte, also 145 → Basispunkte aufgeschlagen (Nominalzinssatz = CMT-Rendite · 0,5 + 1,45 Prozentpunkte). Der Nominalzins einer S.-A. partizipiert demnach nur in einem bestimmten Verhältnis an den Veränderungen der unterliegenden CMT-Rendite. Die meisten S.-A. partizipieren zur Hälfte an den Veränderungen, deshalb auch der Wert 0,5 in der Formel zur Ermittlung des Nominalzinssatzes. Da die 10jährigen Renditen bei → Emission im März 1993 bei ungefähr 6,3 Prozent lagen, erhält der Anleger folgende Verzinsung: 6,3 · 0,5 + 1,45 Prozentpunkte = 4,6%. Zudem bieten S.-A. dem Anleger i. d. R. eine Mindestverzinsung von 5% (→ Floor) und einen Höchstsatz von 28% (→ Cap). Da die aktuelle Verzinsung bei Emission unter dem Floorsatz von 5% lag, erhält der Anleger mindestens 5% Verzinsung aus der S.-A. Verglichen mit dem 3-Monats-Dollar-LIBOR in Höhe von 3,25%, den → Plain Vanilla Floater zahlen, ist die Verzinsung relativ hoch. Diese Konstruktion ermöglichte dem Anleger bei Emission der Papiere eine Verzinsung von ungefähr 1,75 Prozentpunkten über dem Zins, der am amerikanischen → Geldmarkt zu erhalten war. Steigt oder fällt der → Index, partizipiert der Anleger immer zur Hälfte mit. Würde beispielsweise der CMT-Index von 8,3% auf 10,3%, also um 200 Basispunkte steigen, würde der Anleger eine Mehrverzinsung von 100 Basispunkten (10,3 · 0,5 + 145 = 6,6%) gegenüber dem ursprünglichen Zinssatz in Höhe von 5,6% erhalten. Der Anleger nimmt an den Zinsbewegungen immer zur Hälfte teil.
Der Höchstzinssatz (Cap) von 28% ist eher theoretischer Natur, da der 10-jährige CMT-Satz auf immerhin über 53,10% steigen müßte, bevor der Höchstzinssatz von 28% erreicht werden würde (53,10 · 0,5 + 1,45 = 28,00). Ab einer CMT-Rendite von 53,10% würde der Anleger jährlich nur noch 28% erhalten. S.-A. sind ähnlich wie → Reverse Floater eine Kombination aus → Geldmarktpapier und → Kapitalmarktpapier. Sie sind Geldmarktpapier, da sich die Verzinsung in einem bestimmten Rhythmus der aktuellen Zinsentwicklung anpaßt, und sie sind Kapitalmarktpapier, da sich die Verzinsung am Index für 10-jährige amerikanische Staatsanleihen (10-jähriger CMT-Index) orientiert.

*S.-A. als Anlageinstrument*: Eine Anlage in diese S.-A. ist interessant für Anleger, die erwarten, daß die → Renditestrukturkurve weiterhin normal bleibt, d. h. daß die langfristigen → Zinsen höher sind als die kurzfristigen → Geldmarktzinsen. Steigen die 10-jährigen Zinsen, steigt auch der Nominalzins der S.-A. Bleiben die kurzfristigen Zinsen niedrig und die 10-jährigen Zinsen fallen, so daß die gesamte Renditestrukturkurve flacher wird, bietet der Floor eine Mindestverzinsung bei 5%. Tritt dagegen eine inverse Renditestrukturkurve ein, könnte der Anleger mit normalen Floatern eine höhere Verzinsung erzielen. Das Risiko für den Anleger besteht darin, daß die kurzfristigen Zinsen steigen und die Renditestrukturkurve im Dollarbereich flach oder sogar invers werden kann.
(→ CMT-linked Floater)

**Sushi Bonds**
Yen-Anleihen japanischer Unternehmen am → Euro-Markt. Das japanische Finanzministerium läßt dafür eine begrenzte Anzahl japanischer Unternehmen zu.
(→ Samurai Bond, → Shogun Bond)

**Swap**
*Begriff:* (1) → Devisengeschäft (Kurssicherungsgeschäft) mit gleichzeitigem Abschluß eines → Devisenkassageschäftes und eines gegenläufigen → Devisentermínge-

## Swapgeschäft

schäftes (herkömmliche S. am → Devisenmarkt: → Swapgeschäft, → Swapgeschäft der Deutschen Bundesbank); (2) Bezeichnung für bestimmte Finanzierungstechnik.

*Swap als Finanzierungstechnik:* Vertragliche Vereinbarung zwischen zwei Parteien, Zins- oder Währungspositionen zu tauschen. Über S. stellen die Kontrahenten → Forderungen bzw. Verpflichtungen aufgrund unterschiedlicher Zins- oder Wechselkurserwartungen und/oder unterschiedlicher Finanzierungsbedürfnisse auf eine andere Zins- bzw. Währungsbasis, wobei sie Konditionenvorteile nutzen, über die sie aufgrund unterschiedlicher Marktpositionen bzw. -stärken gegenüber dem jeweils anderen Partner auf den in Frage kommenden → Finanzmärkten verfügen.

*Modelle:* S. lassen sich in drei Grundmodelle unterteilen: (1) → Zins-Swaps (Tausch von festen und variablen Zinsverpflichtungen auf einen nominellen Kapitalbetrag für einen festgelegten Zeitraum), (2) → Währungs-Swaps (Tausch von Kapitalbeträgen in unterschiedlichen → Währungen, einschl. der damit verbundenen Zinszahlungen) und (3) kombinierter Zins-/Währungs-Swap (Tausch fester und zinsvariabler Währungspositionen, → Cross Currency Interest Rate Swap). Seit Abwicklung der ersten Swap-Transaktionen Anfang der achtziger Jahre hat der → Swap-Markt sowohl in quantitativer als auch in qualitativer Hinsicht eine starke Ausweitung erfahren. Ausgehend von den Grundmodellen wurden die Swap-Konstruktionen zunehmend verfeinert. So sind heute S. mit einem sich während der → Laufzeit verringernden Kapitalbetrag (→ Amortizing Swaps) ebenso möglich wie Swaps mit einer Vorlaufzeit (→ Forward Swaps) oder → Optionen auf Swaps (→ Swaption).

*Swap-Markt:* Getragen wird der Swap-Markt von den → Kreditinstituten, die die Instrumente nicht nur in ihrem → Aktiv-Passiv-Management einsetzen, sondern am Swap-Markt auch eine Durchleitungsfunktion übernehmen. Die Institute werden entweder als Arranger oder → Intermediary tätig. Als Arrangeur bringt die Bank swapwillige Partner zusammen, ohne bei der eigentlichen Swap-Transaktion selbst ein Risiko zu übernehmen. Als Intermediary hingegen wird die Bank als zwischengeschalteter Vertragspartner tätig und schließt separate → Verträge mit zwei oder mehr Swap-Parteien, die in keinem Vertragsverhältnis zueinander stehen. Die dabei entstehenden offenen Positionen schließt die Bank durch einen → Gegen-Swap, d. h. durch eine in allen Zahlungsströmen entsprechende Gegenposition. Ist eine sofortige → Glattstellung durch einen Gegen-Swap nicht möglich, sichert die Bank ihre Risiken im Anleihe- und → Futures-Markt ab.

*Bedeutung:* S. werden von Banken und Nicht-Banken aus einer Vielzahl unterschiedlicher Motive eingesetzt, wobei die Festschreibung des Zinskostenaufwandes oder eines → Wechselkurses, Senkung der Zinskosten, Optimierung der → Rendite, die verbilligte Beschaffung von Fremdwährungsgeldern oder die Absicherung von → Aktiva und → Verbindlichkeiten gegen → Währungsrisiken im Vordergrund stehen. Auch die Spekulation auf eine bestimmte Zins- oder Wechselkursentwicklung oder die Nutzung von Spreadanomalien zwischen Swap- und → Kapitalmarkt können der Beweggrund für das Eingehen einer Swap-Position sein. Für Banken sind S. nicht zuletzt wegen der mit ihnen verbundenen bilanzneutralen bzw. bilanzentlastenden Effekte interessant.

### Swapabkommen

Vereinbarung zwischen jeweils zwei → Zentralbanken, einander die → Währung des Partners gegen die eigene Währung oder eine andere Reservekomponente (z. B. → Europäische Währungseinheit [ECU]) im Wege von → Swapgeschäften zur Verfügung zu stellen. Die auf diesem Wege beschafften Währungsbeträge werden i. a. zu → Interventionen am Devisenmarkt verwendet.

### Swap-Call-Optionsschein,
→ Optionsschein auf DM-Swapsätze.

### Swap Clearing House

Clearing House einer → Terminbörse zur Abwicklung von → Financial Swaps. HIT, das S. C. H. der → CBOT, wurde u. a. konzipiert, um das → Counterpart Risiko von Swaps zu verringern.

### Swapgeschäft

*Begriff:* Bei einem S. werden zwischen zwei oder mehr Vertragspartnern direkt oder indirekt (über einen Vermittler) → Verbindlichkeiten oder Teilleistungen von Verbind-

## Swapgeschäft

lichkeiten mit unterschiedlichen Konditionen getauscht (wobei jeder seinem ursprünglichen → Gläubiger weiterhin für die eingegangene Verbindlichkeit haftet), mit dem Ziel, relative Vorteile, die eine Vertragspartei gegenüber der anderen aufgrund ihrer Stellung an einem bestimmten → Finanzmarkt genießt, zum beiderseitigen Nutzen (d. h. entgeltlich) zu arbitrieren. Hauptinteressenten sind nicht die Anleger (Gläubiger), sondern die → Emittenten (Kreditnehmer), denen es um die günstigste Beschaffung von Finanzierungsmitteln geht. Grundsätzlich werden → Währungsswaps (Currency Swaps), → Zinsswaps (Interest Rate Swaps) und als Kombination beider Zins- und Währungsswaps (→ Cross Currency Interest Rate Swaps) unterschieden; anders → Devisenswaps (Kombinationen von → Kassa- und → Termingeschäften am → Devisenmarkt, d. h. dem Kauf oder Verkauf einer → Währung am → Kassamarkt und eine korrespondierende Transaktion am → Terminmarkt).

*Entstehung:* Währungsswaps sind in der ersten Hälfte der siebziger Jahre im angloamerikanischen Bereich aus Back-to-Back-Loans (→ Back-to-Back-Kredit) entwickelt worden, bei denen es sich um miteinander verbundene Gegenseitigkeitskredite in zwei verschiedenen → Währungen handelt. Swapvereinbarungen haben jedoch im Gegensatz hierzu keine Bilanzausweitung zur Folge. Etwa seit 1982 wurden die ersten Zinsswaps vereinbart. Swaptransaktionen werden auf der Basis von US-Dollar, Pfund Sterling, DM, Schweizer Franken, Yen, Holländischen Gulden, ECU und kanadischen Dollar abgewickelt, aber auch andere Währungen (z. B. australische und neuseeländische Dollar) werden einbezogen. Die → Laufzeit beträgt überwiegend drei bis zehn Jahre, auch längere Laufzeiten werden vereinbart. Das Volumen eines einzelnen S. liegt i. d. R. zwischen 5 und 500 Mio. Dollar und höher. Anleiheemissionen werden vielfach erst aufgrund von Swaptransaktionen rentabel.

*Funktionen und Risiken der Banken:* Für den Fall, daß ein sich an den Finanzmärkten verschuldender Swappartner ausfällt, entstehen für die andere Vertragspartei u. U. → Verluste, und zwar dann, wenn sich für diesen die → Zinsen bzw. Währungskurse ungünstig entwickelt haben. Will ein Swapvertragspartner (insbes. derjenige, der bonitätsmäßig besser eingeschätzt wird) die Risiken reduzieren, so kommt er i. a. um eine → Kreditwürdigkeitsanalyse nicht umhin. Da international operierende → Banken z. T. darauf spezialisiert sind, die hier notwendigen Risikoanalysen vorzunehmen, bietet es sich an, sie als Vermittler einzuschalten. Hinzu kommt, daß Unternehmen i. a. überfordert sind, potentielle Gegenparteien ausfindig zu machen, so daß sie sich der umfangreichen Informationsbasis der über ein weltweites Niederlassungsnetz verfügenden → Großbanken bedienen. Bei dieser Mittlerfunktion ist zu unterscheiden, ob die Bank sich lediglich als Arranger (offene Vermittlung) oder als → Intermediary (anonyme Vermittlung bzw. aktiver Partner) einschaltet.

Als Arranger führt die Bank zwei Swapparteien zusammen, die dann direkt miteinander verhandeln. Die Bank wirkt allenfalls mit ihrem Know-how bei der Vertragsgestaltung mit. Die mit den Swaptransaktionen verbundenen Risiken werden von den Vertragsparteien getragen. Die Bank übernimmt keine Risiken, wenn man davon absieht, daß der vermittelnden Bank Imageverluste erwachsen können, wenn eine Vertragspartei die Vereinbarungen nicht einhält.

Als Intermediary (Regelfall) tritt die Bank als Vertragspartei auf, sei es, daß sie als aktiver Partner die Position auf eigenes Risiko übernimmt (um z. B. eigene → Zinsänderungsrisiken einzuschränken) oder aber, um im Rahmen einer anonymen Vermittlung separate Verträge mit den jeweiligen Swapinteressenten abzuschließen, wobei einem jeden Swappartner die Gegenpartei nicht bekanntgegeben wird. Die anonyme Vermittlung wird oftmals von den Swapinteressenten vorgezogen, da sie sich dann die notwendigen Kreditwürdigkeitsanalysen ersparen, bei denen sie üblicherweise (andere Branche, Ausland) überfordert wären. Da höchste Bonitätsanforderungen an die für die Vertragsverpflichtungen einzustehende Bank gestellt werden, kann das → Bonitätsrisiko reduziert werden. Die anonyme Vermittlung bietet zudem den Vorteil, daß Swappartner leichter zu finden sind, weil z. B. Laufzeit und Betragsvolumen sich nicht unbedingt entsprechen müssen. Die Bank kann mehrere Partner für Teilbeträge suchen oder aber mit einem Teilbetrag bzw. im Hinblick auf eine Laufzeitdiskrepanz selbst als aktiver Partner in Erscheinung tre-

## Swapgeschäft

ten. Sowohl bei der anonymen Vermittlung als auch im Falle des aktiven Swappartners trägt die Bank das →Liquiditäts-, das Sicherungs-, das →Transfer-, das Betriebs- und das Bonitäts- bzw. Substitutionsrisiko, bei der anonymen Vermittlung auch das Mismatch-Risiko.

a) *Bonitätsrisiko:* Dieses Risiko beinhaltet die Gefahr, daß die vereinbarten Zinszahlungen bzw. die Schlußaustauschzahlung nicht oder nur teilweise erbracht werden. In einem solchen Falle hätte bei einer offenen Vermittlung (die Bank wäre nicht Vertragspartner) der Swappartner die Risiken aus der fortgefallenen Zins- bzw. Währungssicherung zu tragen. Im Falle der anonymen Vermittlung bleibt die Bank aber der Gegenseite verpflichtet und übernimmt die aus dem Ausfall resultierenden Risiken. Allerdings sind die Auswirkungen des Bonitätsrisikos bei S. geringer als bei →Krediten, weil die Bank gegenüber dem ausgefallenen Partner auch nicht zu den vereinbarten Gegenleistungen (Zinszahlungen bzw. Schlußtransaktion) verpflichtet ist, sie aber andererseits Zahlungen vom Swapkontrahenten der Gegenseite erhält. Risiken ergeben sich für die Bank insoweit, als sich zwischenzeitlich die Zinssätze bzw. die Währungskurse zu ihren Ungunsten verändert haben können (Zinsänderungs- bzw. →Währungsrisiko).

b) *Substitutionsrisiko:* Ist der Bonitätsrisiko-Fall eingetreten, so kann die Bank bewußt die Funktion eines aktiven Swappartners bis zum Auslaufen der vom solventen Swappartner erbrachten Leistungen übernehmen oder aber versuchen, für die →Restlaufzeit mit einem neuen Partner eine Zins- bzw. Währungsabsicherung herbeizuführen. Das Substitutionsrisiko liegt dann in den ungünstigeren Konditionen gegenüber dem neuen Partner aufgrund zwischenzeitlich eingetretener Zins- bzw. Währungsentwicklungen (bei offener Vermittlung trägt der Swappartner diese Risiken).

c) *Liquiditäts- bzw. Terminrisiko:* Werden die vereinbarten Zahlungsverpflichtungen nicht termingerecht vorgenommen, so trägt die Bank (bei offener Vermittlung der Swappartner) das Liquiditätsrisiko.

d) *Transferrisiko:* Da S. i. d. R. internationale Finanztransaktionen beinhalten, besteht die Gefahr, daß die Devisenkonvertierung und die Durchführung grenzüberschreitender Transaktionen wegen behördlicher Eingriffe überhaupt nicht oder nicht fristgerecht erfolgen kann (Transferrisiko). Das Transferrisiko ist eine Komponente des →Länderrisikos (politische und wirtschaftliche Risiken, die nicht durch einen einzelwirtschaftlichen →Schuldner, sondern durch ein ausländisches staatliches Gemeinwesen begründet sind, z. B. Devisenknappheit, mangelnde Leistungsfähigkeit der Volkswirtschaft).

e) *Sicherheitsrisiko:* Teilweise sind Banken dazu übergegangen, von ihren Swappartnern Sicherheiten (→Garantien, Kreditbriefe, Wertpapierverpfändungen) in Höhe eines bestimmten Prozentsatzes des Kontraktwertes zu verlangen. Die →Sicherheitsleistungen können an Wert verlieren.

f) *Betriebsrisiko:* Swaptransaktionen können relativ komplizierte Vereinbarungen darstellen, die spezielle Kenntnisse erfordern. Das Betriebsrisiko liegt in der Gefahr von Fehlern bei der Gestaltung der rechtlichen Vereinbarungen und der Konzeption des S.

g) *Mismatch-Risiko:* Schließen Banken Swapkontrakte mit einem Partner ab, ohne einen entsprechenden Gegenpart gefunden zu haben, so entsteht eine offene Position („mismatch", Eigenposition), die man u. U. nicht durch ein kompensierendes S. glattstellen kann (Mismatch-Risiko). Dieses Risiko resultiert zum einen aus technischen Gründen (unterschiedliche Betragsvolumina, Laufzeiten, individuelle Vereinbarungen usw.), zum anderen aus der Wettbewerbssituation heraus, wenn man sich veranlaßt sieht, den Interessenten sofort verbindliche Angebote zu unterbreiten. Durch Bereitschaft der Banken zu (vorübergehenden) offenen Swappositionen wird die Reaktionszeit des Marktes erheblich verkürzt. Die Banken tragen jedoch auch in dem Falle, in dem die Position später geschlossen wird, das Risiko, daß sich die Zins- und Währungssituation zu ihrem Nachteil verändert haben kann.

*Swapgebühren:* Übernimmt die Bank die Funktion des Arrangers, so erhält sie von den Swapparteien eine →Provision (arrangement fee). Tritt die Bank als Intermediary in Erscheinung, so kann für diese

Tätigkeit ebenfalls eine Provision vergütet werden. Für die übernommenen Risiken erweitert sich die Vergütung der Bank i. a. um eine Risikokomponente, die von der Bonität der Swapparteien und der Einschätzung der zukünftigen Zins- und/oder Wechselkursentwicklung abhängt. Die Bank profitiert in der Weise, daß sie einen Teil des Arbitragegewinns (Zinsnutzens) einbehält, indem sie die Swapzahlungen der Parteien nicht vollständig weiterleitet. Den Kontrahenten der Bank verbleibt nur ein Teil des Arbitragenutzens, sie sind dafür jedoch weitgehend von Risiken befreit.

*Sekundärmarkt:* Auf dem → Sekundärmarkt werden bereits abgeschlossene Swapvereinbarungen gehandelt. Man kann sich durch Veräußerung eines Swapvertrages (buy out) von seinen Verpflichtungen lösen oder aber durch den Abschluß eines identischen → Gegenswaps (reversal) das früher eingegangene S. in seiner Wirkung kompensieren, wenngleich es dann rechtlich nicht aufgehoben wird. Bei einem „buy out" erhält die Gegenpartei mit ihrer Zustimmung einen neuen Swappartner und wird bei geänderter Risikoposition hierfür eine → Gebühr („hassle fee") verlangen. Ein Grund für die Inanspruchnahme des Sekundärmarktes kann z. B. gegeben sein, wenn eine Bank durch vorzeitige → Kündigung von Festzins-Krediten seitens ihrer Kunden nunmehr eine kongruente → Refinanzierung zu variablen Konditionen benötigt. Durch Gegenswaps können auch → Gewinne aus anderen Kontrakten festgeschrieben werden (so, wenn der Zins erwartungsgemäß angestiegen ist und man annimmt, daß der Zinsgipfel erreicht sei).

*Funktionen und Transparenz der Finanzmärkte:* Swaps führen Partner mit unterschiedlichen Finanzierungsbedürfnissen und/oder unterschiedlichen Zins- bzw. Wechselkurserwartungen zusammen. Die Swaptransaktionen ermöglichen den Schuldnern eine flexible und kostengünstige Mittelaufnahme an den verschiedenen in- und ausländischen Finanzmärkten bzw. tragen dazu bei, alternative Finanzierungsquellen zu erschließen, die ansonsten nicht beansprucht werden könnten. Dadurch, daß Schuldner Mittel auf den Märkten aufnehmen, an denen sie komparative Vorteile haben, und gegen die gewünschten Mittel tauschen, lassen sich zuvor nicht gesehene Vorteile realisieren. Es werden nicht nur Neugeschäfte miteinander „geswapt", einbezogen werden auch bereits laufende Zinsverpflichtungen bzw. die ihnen zugrunde liegenden Finanzmittelaufnahmen (Kredite, → Anleihen usw.), sofern die Beträge, Restlaufzeiten und Zinszahlungstermine beider Kapitalverpflichtungen harmonieren. Die Mittelaufnahmen der Emittenten spiegeln jedoch nicht den eigentlichen Finanzbedarf wider, da die Schuldner ihren hohen Stellenwert auf einem Markt ausnutzen, auch wenn sie deren Leistungen nicht benötigen, so daß die Transparenz der Gläubiger-Schuldner-Beziehungen weitgehend verloren geht. Da im Außenverhältnis der Emittent Schuldner bleibt, resultieren aus einer Verbindung mit einem S. keine spezifischen Risiken für die Anleger (Erwerber der Anleihen bzw. Kreditgeber). Die Märkte, auf denen die Mittelaufnahme günstig ist, werden durch Swaptransaktionen belastet, die Märkte, deren Währung man eigentlich wünscht, entlastet. In der Tendenz wird dadurch eine Angleichung der Zinsen an den internationalen Anleihemärkten bewirkt.

### Swapgeschäfte der Deutschen Bundesbank
→ Swapgeschäfte, die die → Deutsche Bundesbank im Rahmen ihrer Liquiditätspolitik über den → Devisenmarkt zur → Feinsteuerung am Geldmarkt ausführt (→ Devisenswapgeschäfte, → geldmarktbezogene Devisenpolitik).

### Swap-Markt
→ Internationaler Finanzmarkt, auf dem → Swaps zwischen → Banken (Interbankengeschäfte) bzw. zwischen Banken und Nichtbanken, insbes. großen → multinationalen Unternehmen, gehandelt werden (→ Zins-Swap, → Währungs-Swap, Zins-/Währungs-Swaps).

### Swap-Option, → Swaption.

### Swap-Optionsschein, → Optionsschein auf DM-Swapsätze.

### Swap-Put-Optionsschein, → Optionsschein auf DM-Swapsätze.

### Swapsatz
1. Auf- bzw. Abschlag (→ Report bzw. → Deport) zum bzw. vom → Devisenkassakurs zur

Errechnung des →Devisenterminkurses. Die überwiegende Mehrheit der →Devisentermingeschäfte wird im Wege des →Swapgeschäftes kontrahiert. Der S. ist die Differenz in den Kursen für die beiden →Fälligkeiten eines Swapgeschäftes.

2. →Festsatz eines →Kuponswaps, den der Festsatzzahler an den Swappartner zahlen muß.

**Swapsatzarbitrage**
Bezeichnung für →Terminkursarbitrage, →Devisenarbitrage.

**Swapsatzrisiko**
→Währungsrisiko bei betragsmäßig geschlossenen, jedoch zeitlich inkongruenten →Devisenpositionen. Es besteht in der Gefahr, daß sich bei späterer Überbrückung von Fälligkeitsunterschieden durch ein →Devisenswapgeschäft der →Swapsatz in einer für den Erfolg der Bank negativen Weise entwickelt hat.

**Swap Spread**
→Yield Spread zwischen dem →Swapsatz von →Kuponswaps und →Straight Bonds mit gleicher →Laufzeit (z. B. der fünfjährige S. S. zeigt die Differenz in Basispunkten zwischen dem fünfjährigen Swapsatz und den →Renditen von fünfjährigen →Bundesobligationen). Straight Bonds sind i. d. R. →Staatsanleihen. Hier ist der S. S. i. d. R. positiv, d. h., daß der Swapsatz größer ist als die Rendite des laufzeitgleichen Kassapapiers. Der S. S. kann auch zu anderen Rentenmarktsegmenten wie beispielsweise Pfandbriefe, →Inhaberschuldverschreibungen oder →Schuldscheindarlehen ermittelt werden.

**Swaption**
Recht, nicht aber Verpflichtung, zu einem bestimmten Zeitpunkt oder innerhalb einer bestimmten Frist in einen hinsichtlich der Konditionen genau spezifizierten →Forward Swap einzutreten. Für den Erwerb einer S. wird eine →Prämie gezahlt. Wie bei allen Optionen, so wird auch bei diesem Instrument zwischen einer Kaufoption (→Callrecht) und Verkaufsoption (→Put-Option) unterschieden. Bei einer Receiver S. erwirbt der Käufer das Recht auf Abschluß einer Swap-Transaktion, bei der er auf der Basis eines nominellen Kapitalbetrages einen →Festzinssatz erhält und selbst einen variablen Satz zahlt. Wird hingegen eine Payer S. ausgeübt, erhält der Erwerber einen →variablen Zinssatz und zahlt selbst einen Festsatz.
S. werden in erster Linie zu Absicherungszwecken erworben. Die Wahl zwischen den beiden Varianten wird durch die Einschätzung des Zinstrends bestimmt. Eine Receiver S. wird ein Marktteilnehmer erwerben, der sich gegen rückläufige →Zinsen schützen bzw. eine Mindestrendite festschreiben möchte. Umgekehrt ist bei einer Payer S. die Absicherung gegen steigende Marktzinsen das Motiv für den Erwerb. S. bieten wie alle Optionen den Vorteil, daß der Erwerber eine Position gegen →Marktrisiken schützen kann, ohne auf sein Gewinnpotential, in diesem Fall die Vorteile aus einem für ihn günstig verlaufenden Zinstrend verzichten zu müssen. Motiv des Verkäufers einer S. (Swaption Writer) ist i. d. R. eine Renditeoptimierung durch Vereinnahmung der →Optionsprämie.
S. werden nicht börsenmäßig, sondern am OTC-Markt (→OTC-Instrumente) gehandelt. Neben der erläuterten Grundform sind auch Kombinationen von →Swap und S. darstellbar. Zu diesen zählen verlängerbare und kündbare Swaps, bei denen einer der beiden Vertragspartner zu einem vorab festgelegten Zeitpunkt das Recht, nicht aber die Verpflichtung hat, eine Verlängerung oder Verkürzung der ursprünglich vereinbarten →Laufzeit zu verlangen.

**Swap Yield Spread**, →Swap Spread.

**SWIFT**
Abk. für Society for Worldwide Interbank Financial Telecommunication; von →Kreditinstituten getragene Gesellschaft (in der Rechtsform einer →Genossenschaft nach belgischem Recht; Sitz in Brüssel) zur Betreibung eines internationalen EDV-Verbundnetzes für einen belegfreien Datenaustausch zwischen Kreditinstituten. Im SWIFT-Verfahren können Nachrichten zur Durchführung von Zahlungen belegflos zwischen den angeschlossenen Kreditinstituten übermittelt werden, so z. B. zur Ausführung von →Zahlungsaufträgen im Außenwirtschaftsverkehr. Neben den Transaktionen des internationalen →Zahlungsverkehrs können über SWIFT auch Dokumentengeschäfte sowie →Devisengeschäfte und Wertpapierhandelsgeschäfte abgewickelt werden.

**Swing**

Dem SWIFT-System angeschlossene Kreditinstitute haben eine eigene SWIFT-Adresse. Sie besteht aus dem Bank-Code, dem Länder-Code sowie dem Bereichs-Code (Anschlußort). Daneben gibt es auch noch einen Niederlassungs-Code. Die SWIFT-Adresse dient der richtigen Steuerung der Nachrichten. Das SWIFT-System stützt sich auf internationale Rechenzentren und regionale Konzentratoren in den Mitgliedsländern. Zur Vermeidung von Mißverständnissen und Auslegungsschwierigkeiten sind Adressen, Währungsbezeichnungen und Nachrichtentexte einer Normung unterworfen (international verständliche SWIFT-Standards). Um Sicherheit vor Fälschung und Verlust zu haben, können Eingabe und Erhalt einer Nachricht genau dokumentiert werden. Die Lückenlosigkeit und die Formgerechtigkeit eines Auftrags wird beim empfangenden Kreditinstitut automatisch anhand von Prüfnummern kontrolliert.

**Swing**
→ Kreditlinie, die sich zwei Länder innerhalb eines bilateralen → Zahlungsabkommens einräumen (z. B. S. im innerdeutschen Handel zwischen der BRD und der DDR bis 1990). Swingvereinbarungen sind aufgrund der → Konvertibilität vieler → Währungen selten.

**Switch-Geschäft**
In den Jahren bilateraler Verrechnungsabkommen durchgeführte Devisentransaktion, deren Ziel es war, eine Abkommenswährung in eine andere frei konvertierbare → Währung (→ Konvertibilität) oder in eine andere Verrechnungswährung umzuwandeln (Devisen-Switch).

**Switching**
Liquidation eines → Futures-Kontraktes bei gleichzeitigem → Eröffnen der gleichen → Position mit späterem Fälligkeitstermin.

**Symmetrische Risikoinstrumente**
→ Zinsinstrumente, bei denen das Risiko symmetrisch verteilt ist. Das bedeutet, daß weder Risiken noch Chancen begrenzt sind. Hierunter zählen alle Positionen in → Futures-Kontrakten (z. B. → Bund-Future) und futuresähnlichen Innovationen wie → Forward Rate Agreements (FRA) oder Forward-Geschäfte.
(→ Asymmetrische Risikoinstrumente)

**Syndizierte Anleihe,** → Syndizierung.

**Syndizierter Kredit**
→ Kredit, der von einem → Konsortium gewährt wird.

**Syndizierung**
Vergabe von → Krediten (→ syndizierter Kredit) oder → Emission von → Aktien und → Anleihen unter Einschaltung eines → Konsortiums.

**Synthetischer Kursindex**
Kursindex von → festverzinslichen (Wert-) Papieren, der aus fiktiven Anleihen besteht. Bei Rentenmarktindices ergeben sich einige Probleme, die bei → Aktienindices nicht bzw. nicht so stark auftreten. Vor allem die begrenzte Laufzeit der Rentenpapiere ist hier zu nennen. Die meisten deutschen → Rentenindices werden aus einem Durchschnitt börsennotierter → Anleihen gebildet. Der → REX besteht im Gegensatz dazu aus 30 fiktiven Anleihen. Fiktive Papiere haben den Vorteil, daß die → Laufzeit der Anleihen konstant bleibt. Bei herkömmlichen, börsennotierten Anleihen findet eine tägliche Laufzeitverkürzung statt. Konkret bedeutet dies, daß die Laufzeit der Papiere mit jedem Tag abnimmt. Dies hat zur Folge, daß sich das Kursverhalten der Papiere, wenn sich die → Rendite ändert, ebenfalls ändert. Je kürzer die Laufzeit der Papiere wird, desto geringer werden die Schwankungen der Kurse. Dadurch ist eine Vergleichbarkeit der Indexentwicklung im Zeitablauf nicht mehr gewährleistet. In der Praxis werden zwar diese Indices in regelmäßigen Abständen (z. B. halbjährlich) angepaßt, es entstehen aber dadurch neue konzeptionelle Schwächen.

*Vorteile/Nachteile*: Kursindices, die auf börsennotierten Papieren basieren, haben zwei große Vorteile gegenüber Kursindices, die auf fiktiven Papieren basieren: (1) Die Auswirkungen der täglichen Kursveränderungen auf den Kursindex können relativ leicht nachvollzogen werden. (2) Die Berechnung des Kursindex ist jedoch relativ einfach und somit leicht zu verstehen.

Diesen beiden Vorteilen steht der Nachteil gegenüber, daß durch die tägliche Laufzeitverkürzung und durch die periodische Anpassung Verzerrungen entstehen können, die sich sowohl auf die →Restlaufzeit als auch den →Kupon auswirken. Ein weiteres mögliches Problem ist die kurze Kurshistorie, die bei diesen Indices zur Verfügung steht. Diese Nachteile werden mit Rentenindices, die auf →synthetischen Papieren basieren, umgangen. Die fest definierte Portefeuille-Struktur gewährleistet eine konstante Restlaufzeit und einen konstanten Nominalzinssatz. Allerdings sind Indices auf Basis synthetischer Papiere komplizierter zu berechnen und deshalb ohne EDV-Einsatz undenkbar.

### Synthetischer Swap
Duplizieren der →Cash-flows eines →Financial Swap durch andere Instrumente wie beispielsweise Eurodollar →Strips oder Swap →Futures an der CBOT. Eine Long Swap Position kann auch synthetisch durch eine Long Cap Position und eine Short Floor Position mit gleichem →Basispreis hergestellt werden. Diese Beziehung zwischen →Kuponswaps und Caps bzw. Floors wird als →Cap/Floor Swap Parity bezeichnet.
(→Duplizierungsprinzip, →Strip Yield, →FRA-Kette, →Strip Hedge)

### Synthetisches Asset
→Asset, das durch Kombination mit anderen Assets nachgebildet wird. Beispielsweise kann eine synthetische →Long Position in kurzfristigen →Zinsinstrumenten durch eine Long Position in Kassapapieren und eine →Short Position im →Future nachgebildet werden.
(→Duplizierungsprinzip, →Asset Swap, →Hedgingstrategien mit Zinsswaps)

### Synthetisches Papier
Ein aus mehreren Einzelbausteinen zusammengesetztes Papier, das ein bereits existierendes Papier dupliziert. Kostet das S. P. weniger als das bereits am Markt existierende, so wird das S. P. gekauft. Unter Duplizieren (→Duplizierungsprinzip) versteht man entweder das Nachbilden der →Cash-flow-Struktur oder des Kursverhaltens eines bereits existierenden Papiers.

### Systematisches Risiko
1. *Gesamtwirtschaftliches Risiko*, das alle Einzelwerte einer →Assetklasse trifft und nicht nur einzelne Werte. Das s. R. kann im Gegensatz zum →unsystematischen Risiko nicht durch →Diversifikation innerhalb der Assetklasse verringert werden. Bei →Zinsinstrumenten besteht das s. R. im →Zinsänderungsrisiko. Das Zinsänderungsrisiko kann in das →zinsinduzierte Kursrisiko, →variable Zinsrisiko, →Wiederanlagerisiko und →Yield Curve Risk unterschieden werden.
(→Marktrisikofaktoren-Analyse)

2. *S. R. bei* →*Aktien*: Das s. R. oder marktbezogene Risiko bei Aktien gibt an, inwieweit eine Aktie die Marktbewegungen gemessen an einem →Aktienindex (z. B. DAX) nachvollzieht. Ein hohes marktbezogenes Risiko bewirkt, daß eine Aktie überproportional auf die Veränderung des Aktienindex reagiert. Das s.R. (Marktrisiko) wird u. a. durch die Renditeentwicklung am →Geld- und Rentenmarkt, politisches Umfeld, Konjunkturzyklus beeinflußt. Das s. R. betrifft den gesamten →Aktienmarkt und nicht einen einzelnen Wert (z. B. Börsencrash). Das s. R. kann durch den →Betafaktor quantifiziert werden.
(→Risikoarten von Aktien, →Moderne Portfolio-Theorie)

### Szenarioanalyse
Synonym für →Szenario-Technik.

### Szenario-Technik
Verschiedene mögliche Zukunftsentwicklungen der Volkswirtschaft bzw. des Kapitalmarktes werden betrachtet und im Rahmen des →Zinsmanagements (z. B. →Bond Research) wird analysiert, welche Werte bestimmte Zielgrößen (z. B. Bruttozinsspanne, Marktwert von →Zinsinstrumenten) annehmen, wenn das eine oder andere Szenario eintritt. Eng verwandt mit der S.-T. ist das Drei-Werte-Verfahren. Hierbei werden drei Standard-Szenarien zugrundegelegt. Im ersten Senario fällt beispielsweise die Kapitalmarktrendite sehr stark (Best Case), im zweiten steigt die Rendite (Worst Case) und im dritten wird ein wahrscheinlichstes Szenario unterstellt (Most likely).
*Gegensatz*: →Sensitivitätskennzahlen.

### SZR
Abk. für →Sonderziehungsrecht.

## SZR-Konto
→ Bankkonto, das in → SZR (→ Sonderziehungsrecht) geführt wird. Auch → Gebietsansässige können auf diesen → Konten → Verbindlichkeiten eingehen (→ Fremdwährungsschulden).

**TAA**
Abk. für Tactical Asset Allocation (→ Asset Allocation).

**Tafelgeschäft**
Am Bankschalter getätigtes Bargeschäft, bei dem einem persönlich nicht bekannten und nicht gem. § 154 AO legitimierten Kunden Zug um Zug gegen → Bargeld, → Wertpapiere in → effektiven Stücken verkauft oder gegen Vorlage von → Zinsscheinen → Kapitalerträge ausgezahlt werden. Bei T. ist eine Freistellung vom → Zinsabschlag ausgeschlossen (§ 44a Abs. 6 EStG). Für sie gilt ein erhöhter Steuersatz von 35 v. H. (§ 43a Abs. 1 Nr. 4 EStG), selbst wenn der → Gläubiger nur beschränkt steuerpflichtig ist (§ 49 Abs. 1 Nr. 5 Buchstabe c, cc EStG). Nach § 2 Abs. 1 GwG gilt u. a. bei Abgabe von Bargeld im Wert von mindestens 20.000 DM zwecks Bekämpfung der → Geldwäsche eine Identifizierungspflicht insbesondere für → Kreditinstitute i. S. des KWG (§ 1 Abs. 1 GwG). Die Regelung betrifft nicht zuletzt T.

**Tageberechnungsmethode**
Rechenvorschrift, wieviel Tage ein Monat bzw. ein Jahr hat. Die T. wird beispielsweise bei der Ermittlung von → Stückzinsen, der → Laufzeit, → Mittleren Laufzeit, → Abzinsungsfaktoren, → Aufzinsungsfaktoren und → Rendite benötigt. Die erste Zahl gibt die Anzahl der Tage im Monat und die zweite Zahl die Anzahl Tage im Jahr wieder. An den → internationalen Geld- und → Kapitalmärkten werden insbes. folgende T. verwendet: 360/360 - zu unterscheiden in eine US-Variante (30/360; → US-Zinsmethode) bzw. in eine europäische Variante (E30/360 bzw. 30E/360; → deutsche Zinsmethode), Echt/360 (→ Euro-Zinsmethode bzw. französische Methode) und → Echt/365 (englische Methode). Die übliche Tageberechnung an den → Geldmärkten ist die Methode Echt/360, d. h., daß das Zinsjahr 360 Tage hat und jeder Monat mit den tatsächlichen Tagen gezählt wird. Beispiele für die Anwendung dieser Methode sind Zinsberechnungen bei → Commercial Paper, → Treasury Bill und → Floating Rate Notes in den USA. Auch in der Bundesrepublik Deutschland wird seit dem 1. 7. 1990 im → Interbankenhandel nach dieser Methode quotiert. Bulis (→ Bundesbank-Liquiditäts-U-Schätze) und Floating Rate Notes werden ebenso nach dieser Methode kalkuliert wie Commercial Paper. Die Methode Echt/360 wird auch als internationale oder französische oder Eurozinsmethode bezeichnet.
Alternativ wird an einigen Märkten auch nach der Methode Echt/365 gehandelt, auch Echt/Echt genannt. Das Jahr wird mit 365 Tagen angesetzt und jeder Monat mit den tatsächlichen Tagen. In einem Schaltjahr wird das Jahr mit 366 Tagen angesetzt. Sterling Commercial Paper oder belgische → Geldmarktpapiere werden beispielsweise nach dieser Methode quotiert. Diese Methode wird oftmals auch als englische Methode bezeichnet.
Die 360/360-Tage Methode, auch als Deutsche Zinsmethode, Eurozinsmethode oder Tageberechnung auf ISMA-Basis bezeichnet, kann in eine US-Variante (30/360) und in eine Europäische Variante (E30/360) unterschieden werden. Die Methode, die in der Bundesrepublik Deutschland verwendet wird, müßte sprenggenommen als E30/360 bezeichnet werden. Im Handel hat sich aber die Abkürzung 30/360 eingebürgert, die aber nicht mit der US-Variante verwechselt werden sollte.

**Tagesbilanz**
Täglich erstellte Rohbilanz des → Kreditinstituts. Sie ist eine Zusammenstellung der → Umsätze und der → Salden der Haupt-

**Tagesgeld**

### Tagesbilanz – Vergleich mit Jahresbilanz

| Die Tagesbilanz | Die Jahresbilanz |
|---|---|
| – dient ausschließlich betrieblichen Zwecken | – dient extern vorgegebenen Zwecken |
| – wird nicht veröffentlicht | – wird veröffentlicht |
| – hat eine individuelle Aufbereitung und individuelle Bezeichnungen | – hat eine standardisierte Aufbereitung und standardisierte Bezeichnungen |
| – unterliegt keinen Vorschriften | – unterliegt Rechnungslegungsvorschriften |
| – berücksichtigt keine Wertminderungen | – berücksichtigt alle Wertminderungen |
| – enthält Bestände und Erfolge sowie Salden von Verrechnungskosten | – enthält nur Bestände |
| – weist Buchsalden aus | – weist Inventurbestände aus |

buchkonten (Bestands- und Erfolgskonten). Gleichartige → Konten können zu Kontengruppen zusammengefaßt werden.
Die T. wird am Ende des Buchungstages erstellt. Die Tagesumsätze (Tagesumsatzbilanz als Zusammenstellung der Umsätze des Buchungstages) ergeben sich als Summe der Umsätze auf den Hauptbuchkonten am jeweiligen Buchungstag. Die neuen Salden der Konten werden durch Zurechnung der Tagesumsätze zu den bisherigen Jahresumsätzen und Verrechnung der Jahresumsätze mit den Salden der Konten vom 2. Januar ermittelt. – Zum Vergleich von T. und Jahresbilanz vgl. Tabelle oben.
Die T. ist ein Kontroll- und Steuerungsinstrument (Beurteilung der Umsatzentwicklung, Beurteilung der Aufwands- und Ertragsentwicklung).

**Tagesgeld**
LZB-Giroguthaben (→ Zentralbankguthaben) in runden Beträgen (1 Mio. DM oder ein Vielfaches), die „bis auf weiteres" (b.a.w.) mit einer Mindestlaufzeit von einem Geschäftstag überlassen oder genommen werden. T. wird vormittags etwa zwischen 9.30 Uhr und 11 Uhr bis 11.30 Uhr (eine halbe Stunde vor dem Annahmeschluß der → Landeszentralbanken) für Überweisungsaufträge (sog. LZB-Schluß) abgesprochen, und zwar sowohl die Hergabe (Abschlußtag = Erfüllungstag, d. h. gleichtägige → Valuta) als auch die → Prolongation und die Rücknahme. Bis ca. eine halbe Stunde vor dem LZB-Schluß kann T. geschäftstäglich zurückgefordert bzw. zurückgezahlt werden. Neben T. mit gleichtägiger Valuta auf b.a.w.-Basis (→ Call Money) – wegen der kürzestmöglichen Laufzeit auch als → Overnight Money bezeichnet – kommen am inländischen → Geldmarkt auch Tagesgeldgeschäfte mit vereinbarter Regulierung (Rückzahlung) vor. Es sind TOM/NEXT-Geschäfte mit einwerktägiger Valutierung (z. B. Abschluß 10.5, Laufzeitbeginn 11.5., Fälligkeit 12.5.) und SPOT/NEXT-Geschäfte mit zweiwerktägiger Valutierung (z. B. 10.5. – 12.5. – 13.5.). Die früher übliche Form des → täglichen Geldes, das eine Kündigungsfrist von einem Tag hatte, kommt in der Praxis nicht mehr vor.
Die → Zinsen werden i.d.R. bei Betrags- und/oder Zinssatzänderungen berechnet, ansonsten einmal wöchentlich (Usance am Frankfurter Geldmarkt). Am deutschen Geldmarkt gilt seit 1.7.1990 die → Euro-Zinsmethode: Jeder Kalendertag gilt als Zinstag, das Jahr wird zu 360 Tagen gerechnet (365/360-Tage-Methode). T. wird in der → Bilanz auf der Passivseite als täglich fällige → Verbindlichkeiten gegenüber → Kreditinstituten ausgewiesen.
(→ Geldhandel)

**Tagesgeldmarkt**
Bezeichnung für den Interbank-Handel mit → Tagesgeld (→ Geldhandel).

**Tägliches Geld**
Nicht mehr übliche Form des inländischen Bankenhandels mit Geld, bei dem eine Kündigungsfrist von einem Tag vereinbart wurde (→ Geldhandel).
Im Handel am → Euro-Geldmarkt wird Geld mit täglicher Kündigungsfrist als → Call Money bezeichnet.

**„Täglich fällig"**
Nach § 8 Abs. 3 RechkredV → Forderungen und → Verbindlichkeiten, über die jederzeit ohne vorherige → Kündigung verfügt werden kann oder für die eine → Laufzeit oder Kündigungsfrist von 24 Stunden oder von einem Geschäftstag vereinbart worden ist.

### Täglich fällige Gelder
→ Einlagen auf → Girokonten (→ Sichteinlagen).

### Tagwechsel
→ Wechsel, der an einem bestimmten Tag fällig ist (Art. 33 Abs. 1 WG). Es ist die übliche Form der Bestimmung der Verfallzeit.

### Talon
Am unteren Rand des → Bogens befindlicher Erneuerungsschein, mit dem ein neuer Bogen bezogen werden kann, sofern die → Zinsscheine, Gewinnanteilsscheine (→ Dividendenscheine) oder Ertragscheine aufgebraucht worden sind. Der T. ist eine Legitimationsurkunde, kein → Wertpapier, da der → Anspruch auf Bezug eines neuen Bogens im → Mantel verbrieft ist.

### TAN
Abk. für Transaktionsnummer; bei Ausführung von Aufträgen über ein Btx-Konto (→ Btx-Service der Kreditinstitute) für jeden Auftrag vom Kunden einzugeben. Jede TAN kann nur einmal benutzt werden.

### Tangente
Gerade, die eine Kurve nur in einem Punkt berührt (→ Modified Duration).

### Tankscheck
Zur Bezahlung von Mineralölprodukten und spezifischen Dienstleistungen inländischer Tankstellen entwickelter → Überbringerscheck. Das bezogene → Kreditinstitut garantiert die Zahlung je T. bis zu 200 DM unter folgenden Voraussetzungen („Bedingungen für den Tankscheckverkehr"): (1) Verwendung der T.-Vordrucke in Verbindung mit dem Tankscheckausweis für das Kraftfahrzeug, dessen amtliches Kennzeichen in beiden eingetragen ist und mit dem auf dem Fahrzeugschein oder auf den Kfz-Schildern des betankten Fahrzeugs übereinstimmen muß. (2) T.-Ausweise gelten nur für das mit seiner Nummer angegebene → Konto. T. können allerdings sowohl vom Kontoinhaber als auch vom Kraftfahrzeugführer (= Bevollmächtigter) ausgestellt werden, ohne daß die Bevollmächtigten dem bezogenen Institut bekanntgegeben werden. (3) T. können nur bei inländischen Tankstellen und nur für die Bezahlung von Mineralölprodukten und deren spezifischen Dienstleistungen ausgestellt werden, sofern diese der Betriebssicherheit des Kraftfahrzeuges dienen. Die Bezahlung von „sonstigen → Waren" ist nicht zulässig. (4) T. sind sorgfältig zu behandeln und vollständig auszufüllen (Ort, Datum, Unterschrift); T.-Ausweise sind sorgfältig aufzubewahren. (5) Bei der Entgegennahme des → Schecks ist auf der Vorderseite in dem dafür vorgesehenen Feld ein Abdruck des Firmenstempels der Tankstelle anzubringen. (6) Der T. muß binnen acht Tagen ab Ausstellungsdatum dem bezogenen Institut vorgelegt werden oder einem inländischen Geldinstitut zum → Inkasso eingereicht werden. Ergänzend gelten die „Bedingungen für den Scheckverkehr".
Die *Vorzüge* des T. gegenüber dem → eurocheque: (1) Bevollmächtigung von Dritten (Kraftfahrzeugführer) ohne Mitteilung der → Vollmacht gegenüber dem bezogenen Institut, (2) Reduzierung der mißbräuchlichen Verwendung, da T. an ein bestimmtes Fahrzeug des Kontoinhabers gebunden sind. (3) Zweckgebundene Verwendung für Mineralölprodukte und Dienstleistungen. Zielgruppe: Unternehmen mit größerem Fuhrpark bei Beschäftigung mehrerer Kraftfahrer, besonders → Frachtführer und ähnliche Gewerbetreibende (→ Spediteure), deren Kraftfahrzeuge weite Strecken zurücklegen und mehrere Tage vom Standort entfernt sind, auch Handwerker und Gewerbetreibende, deren Beschäftigte mit Firmenwagen zu wechselnden Arbeitsstätten fahren.

### Tankstellenkonto
Besondere Art des → Fremdkontos bzw. → Treuhandkontos, das von einem Tankstellenpächter auf den Namen der ihn beliefernden Mineralölgesellschaft oder auf seinen Namen errichtet wird mit der Abrede, daß die Mineralölgesellschaft wirtschaftlich Inhaber des → Kontos ist und die Verfügungsberechtigung des Kontoinhabers de facto ausgeschlossen wird.

### Tantieme
Anteil am Jahresgewinn eines Unternehmens, Form der Gewinnbeteiligung.

*T. an Vorstandsmitglieder einer AG:* Diese erhalten aufgrund der → Satzung oder des Anstellungsvertrages T. Die Berechnung der T. des → Vorstands erfolgt nach dem → Jahresüberschuß, vermindert um einen → Verlustvortrag aus dem Vorjahr und um die Beträge, die nach Gesetz oder Satzung in → offene Rücklagen einzustellen sind (§ 86 Abs. 2 AktG).

*T. an Aufsichtsratsmitglieder einer AG:* Diese erhalten T. aufgrund der Satzung oder

## Tap Issue

auf Beschluß der → Hauptversammlung. Die T. wird nach dem Bilanzgewinn berechnet, außerdem sind noch 4% des eingezahlten → Grundkapitals vorweg in Abzug zu bringen (§ 113 AktG).

*Besteuerung:* Die T. unterliegt bei beschränkt → Steuerpflichtigen der → *Aufsichtsratsteuer.*

### Tap Issue
Methode der → Emission von → Wertpapieren, bei der das Emissionsvolumen in Abhängigkeit von der Marktsituation und dem Finanzierungsbedarf des → Emittenten in mehreren Tranchen erfolgt.

### Tarifangestellter
→ Arbeitnehmer, der unter die Bedingungen der → Tarifverträge im Kreditgewerbe fällt und durch den → Betriebsrat vertreten wird.

### Tarifautonomie
Grundsatz nach Art. 9 Abs. 3 GG, demzufolge die Regelung der Arbeitsbedingungen den Tarifparteien überlassen ist (→ Tarifverträge zwischen → Arbeitgeberverbänden und → Gewerkschaften). In der BRD sind die Tariflöhne als Mindestnormen zunächst nur für die tarifschließenden Parteien bzw. deren Mitglieder verbindlich; sie dürfen durch individuelle Vereinbarungen zwischen → Arbeitnehmer und → Arbeitgeber nicht unterschritten, wohl aber überschritten werden. Im Wege der Allgemeinverbindlicherklärung können die Tarifverträge auf Antrag einer der tarifschließenden Parteien durch den Bundesarbeitsminister auch für die nichtorganisierten Arbeitnehmer verbindlich gemacht werden, die unter den fachlichen und räumlichen Geltungsbereich des Tarifvertrages fallen. Die Tarifverträge für das → private Bankgewerbe sind nicht allgemein verbindlich. T. schließt freiwillige Schlichtungsvereinbarungen der Tarifvertragsparteien im Falle des Scheiterns von Tarifverhandlungen ein, es gibt keine staatlich verbindliche Zwangsschlichtung. Streik und Aussperrung gelten als letzte Mittel („ultima ratio") der Tarifauseinandersetzung. Im privaten Bankgewerbe gibt es keine Schlichtungsvereinbarung.

### Tarifbelastung
Belastung der nicht ausgeschütteten Gewinnteile (→ Gewinnthesaurierung) einer körperschaftsteuerpflichtigen → Körperschaft mit → Körperschaftsteuer (→ Körperschaftsteuertarif). Die T. beträgt ab 1994 für ausschüttungsfähige Körperschaften 45% des → Gewinns vor Körperschaftsteuer, für nicht ausschüttungsfähige 42% (§ 23 KStG).

### Tarifbesteuerte Schuldverschreibungen
Bezeichnung für → Schuldverschreibungen, die bis Ende 1992 ohne Abzug von → Kapitalertragsteuer (KESt) ausgezahlt wurden.

### Tariffähigkeit
Fähigkeit, einen → Tarifvertrag als Vertragspartei (Tarifvertragspartei) abzuschließen. Nach § 2 TVG sind tariffähig die → Gewerkschaften, einzelne → Arbeitgeber sowie Vereinigungen von Arbeitgebern (→ Arbeitgeberverbände).

### Tarifgebundenheit → Tarifvertrag.

### Tarifgemeinschaft öffentlicher Banken
Zusammenschluß → öffentlicher Banken zur Wahrnehmung der Aufgaben eines → Arbeitgeberverbandes. Die T. ö. B., deren Mitglieder weitgehend auch im → Verband öffentlicher Banken e. V. zusammengeschlossen sind, führt auf der Arbeitgeberseite gemeinsam mit dem → Arbeitgeberverband des privaten Bankgewerbes und mit dem → Arbeitgeberverband der Deutschen Volksbanken und Raiffeisenbanken Tarifverhandlungen. Für das → private Bankgewerbe und die öffentlichen Banken (soweit sie nicht den Bundesangestellten-Tarifvertrag anwenden) besteht ein gemeinsames Tarifvertragswerk (→ Tarifvertrag).

### Tarifgruppensystem in der Kreditwirtschaft
Durch den → Manteltarifvertrag (→ Tarifvertrag) geregelte Eingruppierung der → Arbeitnehmer in Tarifgruppen nach bestimmten Tätigkeitsmerkmalen. Die Eingruppierung bestimmt die tariflichen Mindestgehälter, wie sie im Gehaltstarifvertrag aufgeführt sind.
Der Manteltarifvertrag für das → private Bankgewerbe und für die → öffentlichen Banken sieht 9 Tarifgruppen vor. Tarifgruppe 1: Tätigkeiten, die Vorkenntnisse nicht erfordern; Tarifgruppe 2: Tätigkeiten, die Kenntnisse oder Fertigkeiten erfordern, wie sie i. d. R. durch eine kurze Einarbeitung erworben werden; Tarifgruppe 3: Tätigkeiten, die Kenntnisse und/oder Fertigkeiten erfordern, die i. d. R. durch eine Zweckausbildung oder eine längere Einarbeitung erworben werden; Tarifgruppe 4: Tätigkeiten, die

Kenntnisse und/oder Fertigkeiten erfordern, wie sie i.d.R. durch eine abgeschlossene Berufsausbildung oder durch eine um entsprechende Berufserfahrung ergänzte Zweckausbildung oder längere Einarbeitung erworben werden; Tarifgruppe 5: Tätigkeiten, die gründliche oder vielseitige Kenntnisse erfordern, wie sie i.d.R. auf dem in Gruppe 4 angegebenen Wege – ergänzt durch weitere Berufserfahrung, Berufsfortbildung oder die Aneignung zusätzlicher Kenntnisse im jeweiligen Sachgebiet – erworben werden; Tarifgruppe 6: Tätigkeiten, die vertiefte, gründliche und/oder vielseitige Kenntnisse erfordern und deren Ausführung im begrenzten Umfang eigene Entscheidungen erfordern; Tarifgruppe 7: Tätigkeiten, die umfassende Kenntnisse erfordern und deren Ausführung überwiegend eigene Entscheidungen und ein entsprechendes Maß an Verantwortung erfordert; Tarifgruppe 8: Tätigkeiten, die besondere Anforderungen an das fachliche Können stellen und/oder mit erhöhter Verantwortung verbunden sind; Tarifgruppe 9: Tätigkeiten, die sich durch Schwierigkeit und/oder Verantwortung offenbar über Gruppe 8 hinausheben.

Die genannten Tätigkeitsbegriffe werden durch entsprechende Beispiele von Tätigkeiten präzisiert. Arbeitnehmer mit einem Arbeitsgebiet, das Tätigkeiten verschiedener Tarifgruppen umfaßt, sind nach der von ihnen überwiegend ausgeübten Tätigkeit oder, wenn eine andere Tätigkeit der Gesamttätigkeit das Gepräge gibt, nach dieser einzugruppieren (§ 7 Abs. 3).

## Tarifvertrag

Privatrechtlicher → Vertrag zwischen einem → Arbeitgeberverband einerseits und einer oder mehreren → Gewerkschaften andererseits zur Regelung von Rechten und Pflichten der Tarifvertragsparteien (schuldrechtlicher Teil) und zur Festsetzung von Rechtsnormen über Inhalt, Abschluß und Beendigung von Arbeitsverhältnissen sowie über betriebliche und betriebsverfassungsrechtliche Fragen (normativer Teil). Im Einzelfall kann statt eines Arbeitgeberverbandes auch ein einzelner → Arbeitgeber Partei eines T. sein (Haus- bzw. Firmentarifvertrag). Der T. bedarf der Schriftform (§ 1 Abs. 2 TVG); er wird in das beim Bundesarbeitsministerium geführte (öffentliche) Tarifregister eingetragen (§ 6 TVG). Der schuldrechtliche Teil umfaßt in erster Linie die Friedenspflicht; während der → Laufzeit des Vertrags sind Kampfmaßnahmen grundsätzlich verboten. Der normative Teil enthält vor allem die Regelung der Arbeitsbedingungen.

*Geltung:* Grundsätzlich gelten die Rechtsnormen des T. nur zwischen beiderseits tarifgebundenen Arbeitsvertragsparteien (Tarifgebundenheit). Betriebliche und betriebsverfassungsrechtliche Normen gelten allerdings schon dann, wenn nur der Arbeitgeber tarifgebunden ist (§ 3 Abs. 2 TVG). Tarifgebunden sind der Arbeitgeber, der selbst Partei des T. ist, sowie die Mitglieder der Tarifvertragsparteien (Gewerkschaften und Arbeitgeberverbände, ggf. einzelne Arbeitgeber). Ferner kann eine Allgemeinverbindlichkeitserklärung des Bundesarbeitsministers die Parteien an einen T. binden (§ 5 TVG). Die Tarifgebundenheit bleibt bestehen, bis der T. endet (§ 3 Abs. 3 TVG). Dies gilt auch, wenn eine Arbeitsvertragspartei ihre Mitgliedschaft bei einer Tarifvertragspartei kündigt.

*T. in der Kreditwirtschaft:* Für das → private Bankgewerbe (→ Kreditbanken, → private Hypothekenbanken und → Bausparkassen in privater Rechtsform), Genossenschaftsbanken (→ Kreditgenossenschaften), → Sparda-Banken und → Teilzahlungskreditinstitute sowie für → öffentliche Banken, soweit sie der → Tarifgemeinschaft öffentlicher Banken angehören, gibt es ein weitgehend gleichlautendes Tarifvertragswerk. Rechtlich gesehen sind es getrennte → Manteltarifverträge für das private Bankgewerbe, für die in einem Verzeichnis an dem T. beteiligten öffentlichen und → öffentlichrechtlichen Kreditanstalten und sonstigen Einrichtungen aufgeführten Institute, für Volksbanken und → Raiffeisenbanken sowie → genossenschaftliche Zentralbanken, für Sparda-Banken und für Teilzahlungsbanken. Weitere gesonderte T. dieses Tarifvertragswerkes sind der T. über Leistungen nach dem → Vermögensbildungsgesetz, der T. zur vorgezogenen freiwilligen Pensionierung (Vorruhestands-T.), die Tarifvereinbarung zur Absicherung von Arbeitsplätzen und Einkommen bei Rationalisierungsmaßnahmen (→ Rationalisierungsschutzabkommen), der T. über Urlaubsgeld für die Sparda-Banken und der für alle von dem Tarifvertragswerk betroffenen Kreditinstitute geltende Gehaltstarifvertrag. Tarifvertragsparteien sind auf der Arbeitgeberseite der → Arbeitgeberverband des privaten Bankgewerbes e. V., die → Tarifgemeinschaft öf-

1485

fentlicher Banken und der →Arbeitgeberverband der deutschen Volksbanken und Raiffeisenbanken e. V. Der →Verband der Spardabanken e. V. und der Bankenfachverband Konsumenten- und gewerbliche Spezialkredite (BKG) sind weitere Tarifvertragsparteien, die jedoch nicht an den Tarifverhandlungen teilnehmen, sondern Anschlußtarifverträge abschließen. Tarifvertragsparteien auf der Arbeitnehmerseite sind die →Deutsche Angestellten-Gewerkschaft, die →Gewerkschaft Handel, Banken und Versicherungen im DGB, der Deutsche Bankangestellten-Verband, Düsseldorf, der DHV – Deutscher Handels- und Industrieangestellten-Verband, Hamburg – und der Verband der weiblichen Angestellten e. V., Hannover. Die T. sind nicht für allgemeinverbindlich erklärt worden, werden aber grundsätzlich auch von nicht tarifgebundenen →Kreditinstituten und auch gegenüber nicht tarifgebundenen Arbeitnehmern angewandt. Der Bundesangestellten-Tarifvertrag (BAT) mit ergänzenden T. gilt im Bereich der Kreditwirtschaft für die Sparkassen (→Kommunale Sparkassen), soweit sie Mitglieder der Arbeitgeberverbände sind, die der Vereinigung der kommunalen Arbeitgeberverbände angehören.

*T. über Leistungen nach dem →Vermögensbildungsgesetz:* Tarifvertrag, nach dem Arbeitnehmer und →Auszubildende vom Arbeitgeber →vermögenswirksame Leistungen im Sinne des Fünften Vermögensbildungsgesetzes erhalten (→Beteiligungssparen, →Arbeitnehmersparzulage).

**Tarifvertragsparteien,** →Arbeitgeberverbände, →Tarifvertrag.

**Tätigkeitsverbot für Geschäftsleiter von Kreditinstituten,** →bankaufsichtliche Maßnahmen.

**T-Bill**
Kurzbezeichnung für →Treasury Bill.

**T-Bond**
Kurzbezeichnung für →Treasury Bond.

**T-Bonds-Optionsschein**
→Optionsschein, der als →Basiswert einen →Treasury Bond hat.

**Techniker**
Finanzanalyst, der sich der →technischen Analyse bedient (→Chartist).
(→Technische Studie)

**Technische Aktienanalyse**
*Markttechnische Analyse;* Methode zur (mehr kurzfristigen) Aktienkursprognose, welche gesamtwirtschaftliche Umstände und unternehmensspezifische quantitative und qualitative Faktoren (→Fundamentalanalyse von Aktien) außer acht läßt und auf die Interpretation von Kurs-, Index- und Umsatzverläufen auf →Aktienmärkten abstellt. Die →fundamentalen Faktoren sowie psychologischen Faktoren spiegeln sich in Kursen wider und sind daher eine neutrale Basis für die Analyse von Entwicklungen. Nach ihren bevorzugten Arbeitsinstrumenten, den →Charts, werden technische Analysten oft auch als Chartisten bezeichnet. Die technische Analyse unterstellt, daß der Aktienmarkt eigenen Gesetzmäßigkeiten folgt, indem Anleger bestimmte und sich wiederholende Verhaltensweisen haben, die sich in typischen Kursverläufen niederschlagen. Hauptanliegen der t. A. ist es, Trendverläufe in der Entwicklung von Aktienkursen bzw. die Umkehrpunkte der Trendverläufe frühzeitig zu erkennen.

*Verfahren:* (1) Verfahren, die sich auf das Gesamtgeschehen an der →Börse beziehen, wie z. B. eine allgemeine Indexbetrachtung, die zu einer Globalanalyse mit Hilfe der Methode der →gleitenden Durchschnitte führen unter Beachtung der →Advance-Decline-Linie. Eine andere Methode zur Erfassung der Grundtendenz der Aktienbörse ist ein Verfahren, das auf der →Dow-Theorie fußt.
(2) Im Rahmen der Einzelwertanalyse bedient man sich ebenfalls der Methode der gleitenden Durchschnitte. Ein weiteres Verfahren ist die Trendanalyse, bei der man mit der Interpretation von →Trendlinien (→Trendlinienanalyse) und →Formationen arbeitet. Zur Einzelwertanalyse gehört auch die Ermittlung der sog. →relativen Stärke einer →Aktie.

**Technische Analyse**
Methode zur Erfassung und Interpretation von Kurs-, Index- und Umsatzverläufen auf Warenmärkten und →Finanzmärkten, insbes. auf →Aktienmärkten (→technische Aktienanalyse), →Futuresmärkten, →Rentenmärkten und →Devisenmärkten mit Hilfe graphischer Darstellungen (→Charts). Die t. A. beruht auf der Annahme, daß in den Kursen sich →fundamentale Faktoren und psychologische Faktoren widerspiegeln,

## Technische Studien

| Trendfolgesysteme | Overbought-/Oversoldsysteme | Sonstige Studien |
|---|---|---|
| – Gleitende Durchschnitte | – Stochastics | – Weighted Close |
| – Gewichtete Durchschnitte | – Relative Strength Index | – Bollinger Bands |
| – Oszillatoren | – Williams R % | – Fibonacci Retracements |
| – MACD/Signal | | – Spread/Ratio |
| – Momentum | | |
| – Rate of Change | | |
| – True Range | | |
| – Average True Range | | |
| – Diplus/Diminus | | |
| – DX-/ADX-/ADXR-Linie | | |
| – Commodity Channel Index | | |
| – Parabolic Time/Price System | | |

und ist somit eine besonders geeignete Grundlage für die Analyse von Kursentwicklungen. Die Interpretation von Linien und Zonen, → Formationen, → Trendkanälen, → gleitender Durchschnitt u. ä. wird als → Chart Reading bezeichnet. Die t. A. ist wie die → fundamentale Analyse Bestandteil der Aktienanalyse. Sie wird auch im Rahmen der allgemeinen → Wertpapieranalyse bzw. der → Finanzanalyse (Investmentanalyse) eingesetzt.
(→ Bond Research, → Technische Studie)

### Technische Reaktion
Aktienkursbewegung, die eine vorangegangene Bewegung in Gegenrichtung zum Teil korrigiert.

### Technische Studie
Instrument der → technischen Analyse, das auf Basis historischer Kurse Kennzahlen errechnet. T. S. sind eine Ergänzung des → Chart Reading und können wie in der Übersicht oben dargestellt unterschieden werden.

### Technisch-organisatorischer Bereich des Bankbetriebs
Betrieblicher Leistungsbereich, der (im Gegensatz zum → liquiditätsmäßig-finanziellen Bereich des Bankbetriebs) das technisch-organisatorische Zusammenwirken von menschlicher Arbeitskraft, → Betriebsmitteln und Informationen im Prozeß der betrieblichen Leistungserstellung des Bankbetriebs erfaßt (→ Produktionsfaktoren im Bankbetrieb).

### TED Spread
Kurzbezeichnung für → Spread Trading mit → Zinsfutures, bei dem eine → Long Position (→ Short Position) im kurzfristigen dreimonatigen US T-Bill Future (→ Treasury Bill) und gleichzeitig eine Short Position (→ Long Position) im kurzfristen dreimonatigen → Euro-Dollar-Future eingegangen wird. Beim T. S. wird im Gegensatz zum → NOB Spread und → Bund-Bobl Spread Trading nicht eine Veränderung der → Renditestrukturkurve erwartet, sondern eine Veränderung des → Yield Spreads zwischen T-Bills und dem → Eurodollar-Markt. Als TED S. wird nicht nur die aktive Strategie mit kurzfristigen Zinsfutures (→ Geldmarkt-Future) bezeichnet, sondern auch die Kursdifferenz (→ Price Spread) zwischen dem dreimonatigen US T-Bill Future und dem dreimonatigen Euro-Dollar-Future. Da die kurzfristigen Zinsen, mit denen der → Fair Value des T-Bill Futures bzw. der Euro-Dollar-Future ermittelt werden, unterschiedliche → Bonitätsrisiken haben, wird dieser Spread auch als Credit Spread bezeichnet.
Als T. S. wird darüber hinaus auch der Yield Spread am → Kassamarkt bezeichnet.

### Teilakzept
→ Akzept, mit dem sich der → Bezogene eines → Wechsels zur Zahlung des genannten Teils der Wechselsumme verpflichtet (Art. 26 Abs. 1, 2. Halbsatz WG). In Höhe des nicht angenommenen Restbetrages – Grund etwa mangelhafte Lieferung – gilt die Annahme als verweigert; es muß → Wechselprotest erhoben werden, um Regreß (→ Wechselrückgriff) nehmen zu können. Praktische Bedeutung erlangt diese Regelung nur bei nachträglicher Vorlegung der → Tratte zur Annahme.

### Teilbare Sachen
→ Sachen, die sich ohne Wertminderung in gleichartige Teile zerlegen lassen, wie z. B.

**Teilbetriebsergebnis**

→ Grundstücke. Trifft das nicht zu, spricht man von unteilbaren Sachen (z. B. Haus, Maschine). Die Unterscheidung (§ 752 Satz 1 BGB) hat Bedeutung für die Auseinandersetzung zwischen mehreren Mitberechtigten (→ Bruchteilsgemeinschaft, → Gesamthandsgemeinschaft).

**Teilbetriebsergebnis**

Von → Kreditinstituten zur Darstellung des Überschusses aus dem laufenden → Bankgeschäft verwendete Bezeichnung. Das T. errechnet sich aus dem → Zinsüberschuß (Zinserträge + lfd. → Erträge aus → Aktien und → Finanzanlagen + anderen nicht → festverzinslichen [Wert-]Papieren – Zinsaufwendungen) + → Provisionsüberschuß (Provisionserträge – Provisionsaufwendungen) abzüglich → Verwaltungsaufwand (Personalaufwand + andere Verwaltungsaufwendungen einschl. Normalabschreibungen auf → Sachanlagen). Das T. der Kreditinstitute enthält nicht die Handelsgewinne (→ Eigenhandelsergebnis).

Vom T. ausgehend errechnen die Kreditinstitute unter Einbeziehung des Eigenhandelsergebnisses → Nettoertrag/Nettoaufwand aus Finanzgeschäften des → Saldos aus den sonstigen betrieblichen Erträgen und → Aufwendungen sowie der → „Risikovorsorge" das → Betriebsergebnis.

**Teilbürgschaft**

→ Bürgschaft, bei der ein Bürge sich nur für einen bestimmten Teil der → Forderung des → Gläubigers verbürgt. Im Falle einer Bürgschaftsübernahme durch mehrere → Personen sichert die Ausgestaltung der einzelnen T. als → Nebenbürgschaften im Ergebnis den gesamten → Anspruch. Anderenfalls liegt eine → Mitbürgschaft vor, bei der jeder als → Gesamtschuldner haftet.

**Teileigentum**

Gem. § 1 Abs. 3 Wohnungseigentumgesetz das → Sondereigentum an gewerblich genutzten Räumen (→ Wohnungseigentum).

**Teileigentumsgrundbuch**

Sonderform des → Grundbuches, verbrieft die Rechtsverhältnisse an → Teileigentum. Teileigentum wird grundbuchmäßig wie selbständige → Grundstücke behandelt. Es stellt → Sondereigentum an nicht zu Wohnzwecken dienenden Räumen (z. B. Garagen, Läden, Praxisräume) in Verbindung mit dem Miteigentumsanteil an dem gemeinschaftlichen Grundstück, zu dem es gehört, dar (§ 1 Abs. 3 WEG). Teileigentum entsteht durch vertragliche Einräumung von Sondereigentum (§ 3 WEG) oder durch einseitige Teilungserklärung des Grundstückseigentümers (§ 8 WEG). Das im T. verbriefte Teileigentum ist veräußerlich, vererblich und selbständig mit → Grundpfandrechten belastbar. Bei der → Beleihung sind eventuelle vertragliche Veräußerungsbeschränkungen oder Einschränkungen der Verwendung mit dinglicher Wirkung zu beachten.

**Teileingezahlter Zerobond**

Zero Bond (→ Nullkupon-Anleihe), dessen → Emissionskurs nicht voll, sondern in mehreren Raten eingezahlt wird.
(→ Partly Paid Bonds)

**Teileingezahltes Zinsinstrument**, → Partly Paid Bond.

**Teileinzahlung**, → Partly Paid Bond.

**Teilgewinnabführungsvertrag**

→ Unternehmensvertrag gemäß § 292 Abs. 1 Nr. 2 AktG, in dem sich eine → Aktiengesellschaft oder eine → Kommanditgesellschaft auf Aktien (KGaA) verpflichtet, einen Teil ihres → Gewinns oder den Gewinn einzelner ihrer → Betriebe ganz oder zum Teil an einen anderen abzuführen (→ Gewinnabführungsvertrag).

**Teilhaberpapier**

*Anteilspapier, Mitgliedschaftspapier*; → Wertpapier, das → Teilhaberrechte (Anteilsrechte, Mitgliedschaftsrechte) an einer → Gesellschaft verbrieft, z. B. Recht auf Gewinnbeteiligung, Recht auf Mitwirkung an der → Geschäftsführung.
Beispiel: → Aktie.
*Gegensatz:* → Gläubigerpapiere.

**Teilhaberrecht**

*Anteilsrecht, Mitgliedschaftsrecht*; Recht aus einem → Anteil (→ Beteiligung) an einer Gesellschaft, z. B. Recht auf Gewinnbeteiligung, auf Mitwirkung an der → Geschäftsführung. T. können in → Wertpapieren verbrieft sein (→ Anteilsschein i. e. S., z. B. → Aktie) oder unverbrieft sein (z. B. Kommanditanteil).
*Gegensatz:* → Gläubigerrecht.

**Teilindossament**

→ Indossament über einen Teilbetrag der Wechselsumme (nichtiges Indossament).

### Teilkonnossement
→ Konnossement, das für die Berechtigten anteilig die Rechte aus dem Originalkonnossement verbrieft.

### Teilkonzession
Inhaltlich beschränkte Erlaubnis zum Betreiben von Bankgeschäften (→ Erlaubniserteilung für Kreditinstitute) nach § 32 Abs. 2 (Satz 2) KWG (→ Bankgeschäfte i. S. des Kreditwesengesetzes), z. B. nur zum Betreiben des → Investmentgeschäftes oder zum Betreiben von Bankgeschäften einer → privaten Hypothekenbank.
*Gegensatz:* → Vollkonzession.

### Teilkosten
Nur die für ein bestimmtes Entscheidungsproblem relevanten → Kosten (abgegrenzte Teile der Gesamtkosten).
*Gegensatz:* → Vollkosten.
(→ Teilkostenrechnung)

### Teilkostenrechnung
Kostenrechnungssystem (→ Kostenrechnung), in dem die → Kosten nach beschäftigungsabhängigen (→ variable Kosten) und beschäftigungsunabhängigen Kosten (→ Fixkosten) differenziert werden. In der → Betriebsabrechnung werden lediglich die beschäftigungsabhängigen (d.h. bei → Kreditinstituten die in Verbindung mit dem Marktgeschäft entstehenden) Kosten verrechnet. Im Gegensatz zur → Vollkostenrechnung werden nicht alle (in der Rechnungsperiode) ermittelten, sondern nur die von den → Kostenstellen bzw. Kostenmargen tatsächlich verursachten Kosten direkt zugerechnet.
Die beschäftigungsunabhängigen (bzw. die nicht dem Marktbereich zuzurechnenden) Kosten werden als Fixkostenblock zusammengefaßt und erst im Rahmen der Erfolgskontrolle berücksichtigt. Man vermeidet damit ein willkürliches und somit nicht verursachungsgerechtes Schlüsseln von Fixkosten. Die T. findet bei den → Profit-Center-Rechnungen im Rahmen der → Deckungsbeitragsrechnung Anwendung.
*Gegensatz:* → Vollkostenrechnung.

### Teilperiode, → gebrochene Periode.

### Teilrecht (an einer Aktie)
Recht eines → Aktionärs, auf dessen Anteil am bisherigen → Grundkapital der → Aktiengesellschaft bei einer → Kapitalerhöhung aus Gesellschaftsmitteln nur ein Teil einer → Berichtigungsaktie entfällt. T. werden durch einen dafür besonders bestimmten → Dividendenschein repräsentiert und sind getrennt handelbar. Die Aktionäre können somit Kauf- oder Verkaufsaufträge zur Auf- oder Abrundung auf einen bestimmten Aktiennennbetrag erteilen.

### Teilschuldverschreibung
Teilbetrag, in dem eine → Emission von → Schuldverschreibungen „gestückelt" ist. Die Emission einer Schuldverschreibung wird i.a. in Serien aufgelegt, deren → Stückelungen 100, 500, 1.000, 5.000 bzw. 10.000 DM oder ein Mehrfaches betragen. Der Käufer erwirbt ein Recht auf einen dem Nominalbetrag entsprechenden Teil der Emission.

### Teil-Service-Leasing
→ Leasing mit teilweiser Übernahme von Wartung, Reparaturen, Versicherungen durch den Leasing-Geber.
*Gegensatz:* → Full-Service-Leasing.

### Teilungsanordnung
→ Letztwillige Anordnung des → Erblassers, um mehrere von ihm eingesetzte → Erben (Erbengemeinschaft) bestimmte Vermögensteile zuzuweisen (§ 2048 BGB). Diese Verfügung des Erblassers verpflichtet aber nur die Miterben, die Auseinandersetzung in dieser Weise vorzunehmen, hat jedoch keine dingliche Wirkung und ändert deshalb an der gemeinschaftlichen Berechtigung aller Miterben am → Nachlaß insgesamt nichts.

### Teilzahlungsanleihe, → Partly Paid Bond.

### Teilzahlungsbanken, → Teilzahlungskreditinstitute.

### Teilzahlungsfinanzierung
Konsumfinanzierung durch einen → Konsumentenkredit (→ Teilzahlungskredit).

### Teilzahlungskredit
Zweckgebundener, auf ein bestimmtes Finanzierungsobjekt abgestellter → Ratenkredit (in Teilbeträgen zu tilgendes → Darlehen) an Private zur → Finanzierung von Konsumgütern (→ Konsumentenkredit).
Der T. wird dem Kreditnehmer nicht bar ausgezahlt, sondern kann nur im Rahmen eines Kaufvertrags mit bestimmten Unternehmen benutzt werden (Abzahlungskredit, Kaufkredit, → finanziertes Abzahlungsgeschäft).

## Teilzahlungskreditinstitute

Diese Kreditform wurde von →Teilzahlungskreditinstituten entwickelt. Aufgrund der vielfältigen Angebote der Banken zur Gewährung von →persönlichen (nicht zweckgebundenen) Krediten ist die Bedeutung des T. zurückgegangen.

*A-, B- und C-Geschäfte*: Das A-Geschäft beinhaltet eine direkte Gewährung von T. ohne Vermittlung oder Mithaftung des Verkäufers; es entwickelte sich aus dem Anweisungsgeschäft („Königsberger System"), bei welchem dem Kreditnehmer →Anweisungen (Warenschecks) ausgehändigt wurden, die von den einem Teilzahlungsinstitut angeschlossenen Vertragsunternehmen in Zahlung genommen wurden und jenem zur Einlösung eingereicht wurden. Wegen der eingeschränkten Möglichkeiten, Kaufobjekte und Händler zu wählen, wurde das A-Geschäft aufgegeben. Ebenfalls keine Bedeutung mehr hat heute das C-Geschäft, bei dem der Verkäufer zur Sicherung der einzelnen Kaufpreisraten →Wechsel ausstellt und sie nach Akzeptierung durch den Käufer dem Teilzahlungsinstitut zum Diskont einreicht (→Diskontkredit). Hauptfall des drittfinanzierten Geschäfts ist heute das B-Geschäft, vor allem bei Warenhaus- und Kfz-Kredit. Hierbei wird der →Kreditvertrag durch Vermittlung des Verkäufers, der dem Käufer beim →Kauf den Darlehensantrag des Finanzierungsinstituts vorlegt, geschlossen. Zugleich wird eine Mithaftung des Verkäufers für die Darlehensschuld (als →Bürgschaft oder als →Schuldübernahme) vereinbart.

*Verbraucherkreditgesetz*: T. unterlagen bereits vor 1991 den Vorschriften des Abzahlungsgesetzes. Heute unterfallen sie den Bestimmungen des →Verbraucherkreditgesetzes über „verbundene Geschäfte" (§ 9 VerbrKrG), wenn Kauf- und Kreditvertrag nach objektiven Kriterien als wirtschaftliche Einheit anzusehen sind. Führendes Geschäft ist der Kreditvertrag. Wird dessen Abschluß widerrufen, so erstreckt sich dies auch auf den Kaufvertrag (§ 9 Abs. 2 VerbrKrG). Der Käufer/Kreditnehmer kann ferner bei Einwendungen aus dem Kaufvertrag (z. B. wegen eines →Sachmangels) in bestimmten Fällen auch die →Rückzahlung des Kredits verweigern (§ 9 Abs. 3 VerbrKrG).

## Teilzahlungskreditinstitute

*Ratenkreditbanken, Teilzahlungsbanken*; Spezialkreditinstitute (→Spezialbanken), die in erster Linie →Ratenkredite (→Teilzahlungskredite) an Privatpersonen (→Konsumentenkredite) und Gewerbetreibende (→Produktivkredite) zur Beschaffung von Gütern und Dienstleistungen gewähren. Sie werden heute als Ratenkreditbanken bezeichnet.
T. sind →Kreditinstitute i. S. von § 1 KWG. Sie betreiben →Bankgeschäfte und unterliegen der →Bankenaufsicht. Die häufigsten Rechtsformen sind →Gesellschaft mit beschränkter Haftung (GmbH), →Kommanditgesellschaft (KG) und →GmbH & Co. KG.

*Entwicklung:* Obwohl seit etwa Mitte des 19. Jhd. vom Handel und der Industrie →Käufe gegen planmäßige Ratenzahlungen angeboten wurden, entwickelte sich der von Banken zur Verfügung gestellte Teilzahlungskredit erst nach dem Ersten Weltkrieg. Zur Befriedigung des Kreditbedarfs wurden die ersten Teilzahlungsbanken gegründet. Anfang der sechziger Jahre verschärfte sich mit der Aufnahme des Kleinkreditgeschäfts (→Kleinkredite) durch die →Geschäftsbanken die Wettbewerbssituation für die T. Es kam zu einem Konzentrationsprozeß mit →Insolvenzen, →Fusionen und Übernahmen. Einige T. versuchten die Entwicklung zu →Universalbanken.
Der Trend zur geschäftspolitischen Angleichung hat dazu geführt, daß die →Deutsche Bundesbank in ihren Statistiken (→Bankenstatistik) seit 1986 die Gruppe der „T." aufgelöst hat und die Institute entsprechend ihrer Rechtsform den „→Regionalbanken und sonstigen →Kreditbanken", „→Privatbankiers" und „→Kreditgenossenschaften" zuordnet.

*Eigenkapital:* Wichtigste Eigenkapitalgeber sind Kreditbanken (insbes. →Großbanken), die das Teilzahlungskreditgeschäft aus organisatorischen Gründen, aufgrund der Möglichkeiten zur Konditionendifferenzierung und der Erleichterungen bei den bankaufsichtlichen Strukturnormen (→Liquiditätsgrundsätze; Mehrfachbelastung des haftenden Eigenkapitals beim →Eigenkapitalgrundsatz I vor Einführung der Zusammenfassung zu Kreditinstitutsgruppen 1985) und ursprünglich auch aus Imagegründen auf Spezialinstitute verlagerten. Die von Produzenten und Händlern gegründeten Teilzahlungsbanken besitzen primär absatzwirtschaftliche Funktionen, z. B. die

Finanzierungsgesellschaften der Automobilkonzerne (→ Autobanken), der Kauf- und Versandhäuser. Bei den Teilzahlungskrediten besteht aufgrund der Nachfrage nach langlebigen Konsumgütern ein Trend vom kurz- bis mittelfristigen zum mittel- bis langfristigen Kredit, wobei auch das Kreditgeschäft mit Gewerbetreibenden ausgebaut wurde. Einige Institute betreiben auch das Leasinggeschäft (→ Leasing), v. a. aber das Factoringgeschäft (→ Factoring).

*Mittelbeschaffung:* Die Mittelbeschaffung erfolgt überwiegend bei anderen Kreditinstituten. Die Entgegennahme von → Spareinlagen und der Absatz von → Sparbriefen/ Sparkassenbriefen ist eine nahezu gleichwertige Refinanzierungskomponente geworden. Um den Refinanzierungsrückhalt zu vertretbaren Konditionen bei anderen Banken zu erhalten, sind die T. bemüht, eine über dem Bankendurchschnitt liegende → Eigenkapitalquote auszuweisen. Die → Zinsmarge einiger Institute wird nicht nur durch eine relativ teure → Refinanzierung, sondern u. U. auch durch eine ungünstige Bonitätsstruktur der Kreditnehmer und Fristenstruktur der Kredite belastet, so daß die Institute durch höhere Zinssätze im Ratenkreditgeschäft einen Ausgleich suchen.

*Verbände und Arbeitsgemeinschaften:* Spitzenverband ist der → Bankenfachverband e. V. Soweit sie eine → Vollkonzession haben, gehören die Institute dem → Bundesverband deutscher Banken e. V. an (→ Verbände und Arbeitsgemeinschaften der Kreditwirtschaft). Im Bereich dieses Verbandes sind sie im allg. dem Einlagensicherungsfonds (→ Einlagensicherung) angeschlossen, wonach die nicht in → Wertpapieren verbrieften Einlagen einer einzelnen Nichtbank bis zu 30% des → haftenden Eigenkapitals der Kreditinstitute gegen → Verluste gesichert sind.
Im Bereich der T. gibt es mehrere Arbeitsgemeinschaften, so z. B. Arbeitsgemeinschaft der Absatzkreditbanken e. V., Düsseldorf, Arbeitsgemeinschaft genossenschaftlicher Teilzahlungsbanken e. V., Brühl.

## Teilzinsspannenrechnung

Traditionelles Verfahren der Kalkulation (Ergebnisrechnung) im → Wertbereich des Bankbetriebs mit dem Zweck, die in der → Gesamtzinsspannenrechnung ermittelte → Bruttozinsspanne in Teilergebnisse (Teilzinsspannen) aufzuspalten (→ Zinsspannenrechnung).

*Bedeutung:* Die Teilzinsspannen sollen Auskunft geben, wie die Bruttozinsspanne als Überschuß der → Werterlöse über die → Wertkosten zustande gekommen ist. Produkte und Produktgruppen sollen im Hinblick auf ihre Ertragsstärke analysiert werden. Die T. versucht, auf der Grundlage von Rentabilitätsüberlegungen und auf der Basis der → „Goldenen Bankregel" sowie der → Grundsätze über das Eigenkapital und die Liquidität der Kreditinstitute bzw. aufgrund der → Bodensatztheorie die Anlage der im → Passivgeschäft hereingenommenen Mittel, insbes. der → Einlagen, im → Aktivgeschäft nachzuvollziehen, um auf diese Weise Finanzierungsbeziehungen zwischen Aktiv- und Passivbeständen herzustellen. Das bedeutet, daß z. B. bei einer Einlage den Wertkosten (Habenzinsen) ein positiver Verrechnungsanteil an Werterlösen (Erträge aus der Anlage in → Aktiva) gegenübersteht. Umgekehrt werden bei → Krediten die Werterlöse (Sollzinsen) um die Refinanzierungskosten des Kredits entsprechend geschmälert.

*Schichtenbilanzmethode:* Grundlage zur Berechnung der Teilzinsspannen kann die Schichtenbilanz sein, die aus der Durchschnittszinsertragsbilanz (→ Zinsertragsbilanz) errechnet wird. In der Schichtenbilanz werden bestimmte Aktivpositionen und bestimmte Passivpositionen oder Anteile davon zu Schichten zusammengefaßt und einander zugeordnet. Für jede Schicht wird eine Teilzinsspanne errechnet. Erfolgt die Schichtung nach → Rentabilität, so wird unterstellt, daß die zinsteuersten → Passiva in die ertragreichsten Aktiva und die weniger zinsteuren Passiva in die weniger ertragreichen Aktiva geflossen sind. Die Schichtung nach der Goldenen Bankregel ist die Schichtung nach Fristigkeit. Den Aktiva werden die fristenentsprechenden Passiva gegenübergestellt. Die Differenz von Zinserlösen je Schicht und Zinskosten je Schicht ergibt den Schichterfolg, aus dem die Teilzinsspanne errechnet werden kann (Schichterfolg · 100: Schichtsumme).

*Pool-Methode:* Bei der T. nach der Pool-Methode werden die Durchschnittskosten der Passivpositionen und die Durchschnittserlöse der Aktivpositionen errechnet (Multiplikation der Volumensanteile jeder Bilanzposition mit dem entsprechenden Zinssatz und Addition). Als Differenz der Durchschnittszinssätze der Aktiva und der Passiva ergibt sich die Bruttozinsspanne. Die Teilzinsspanne für Aktiva ergibt sich durch Gegenüberstellung der tatsächlichen Zinserlöse und der durchschnittlichen Zinskosten, die Teilzinsspanne für Passiva durch Gegenüberstellung der tatsächlichen Zinskosten und der durchschnittlichen Zinserlöse. Die so ermittelten Teilzinsspannen werden im allgemeinen halbiert (Annahme, daß Aktiva und Passiva mit gleichem Gewicht die Bruttozinsspanne erwirtschaftet haben).

*Vergleich mit der Marktzinsmethode:* Die T. ist heute als Methode zur Werterfolgsermittlung fast vollständig von der → Marktzinsmethode abgelöst worden. Obwohl die Marktzinsmethode auch mit Zinsspannen rechnet, wird sie (zur Abgrenzung von den traditionellen Verfahren) nicht als Teilzinsspannenrechnung, sondern als → Margenkalkulation bezeichnet.
(→ Kosten- und Erlösrechnung im Bankbetrieb)

### T&E-Karten
*Travel- and Entertainment-Karten, Reise- und Bewirtungskarten*; Karten, die zu den Universalkreditkarten zählen (→ Kreditkarte, → Zahlungskarte).

### Telebanking
Abwicklung von → Bankgeschäften per Telefon oder Telefax im → Privatkundengeschäft. T. ist eine Form des → Home Banking.

### Telefon-Banking
Kontoführung über das Telefon nach Identifizierung des Kunden durch ein persönliches Kennwort. Im Rahmen des T. werden seitens der → Kreditinstitute insbes. folgende Leistungen angeboten: Kontostandsabfragen, → Überweisungen, Einrichtung, Änderung oder Löschung von Daueraufträgen, Anforderung von → Eurocheques (ec), Anforderung eines Rückrufes des Kundenbetreuers, Wertpapierdispositionen. T. wird in den letzten Jahren insbes. von → Privatkunden vermehrt in Anspruch genommen und ist eine Alternative zum → Electronic-Banking, bei dem die Kontoführung per Diskettenaustausch oder über Datex-J (früher BTX) geschieht.

### Telefonhandel,
→ Telefonverkehr.

### Telefonkarten
1. Als → Wertkarte der Telekom über z. B. 6, 20 oder 50 DM erhältlich.

2. Bei einigen Anbietern von → Kreditkarten im Angebot (bei einigen → Eurocards und Visa-Karten und beim Diners Club). Bei Visa und Diners separate T. des US-Telefonkonzerns AT&T (American Telephone & Telegraph), bei Eurocard ist ein Telefonchip (Telekarte) der Telekom auf der Kreditkarte enthalten. Die fälligen (Telefon-)Gebühren werden mit der monatlichen Kartenrechnung eingezogen.

### Telefonmarketing
Aktive, gezielte, plan- und regelmäßige Telefonate mit (potentiellen) Kunden, um diese über bestimmte Produkte und Dienstleistungen rasch und aktuell zu informieren und zum Zwecke des Absatzes in Frage kommender Bankprodukte. Oft wird T. im Zusammenhang mit → Mailings (als Nachfaß-Aktion) betrieben. Zu planen sind die Kundenauswahl, die Zahl der anzusprechenden Kunden, das Gesprächsziel sowie der Gesprächsanlaß. Ziele des T.: Steigerung der Häufigkeit der Kundenkontakte, bessere Ausschöpfung vorhandener Kundenpotentials, Förderung der Kundenbindung, optimaler Einsatz vorhandenen Beratungs- und Betreuungspotentials. Als Vertriebsweg gewinnt T. vor allem im → Privatkundengeschäft immer mehr an Bedeutung.

### Telefonverkehr
Neben dem „geregelten" → Freiverkehr i.S. des § 78 BörsenG bestehender außerbörslicher Handel (→ Over-the-Counter-Markt) zwischen → Kreditinstituten und → Kursmaklern, der sich auf → Wertpapiere ausländischer → Emittenten sowie bestimmte einheimische Werte (u.a. auch → Optionsscheine, → Investmentzertifikate) bezieht und zwar den Regelungen über → Effektengeschäfte, aber nicht dem → Börsenrecht unterliegt.

### Telegraphische Auszahlung
Im Hinblick auf die Gepflogenheiten des → Devisenhandels übliche Art der Angabe der → Amtlichen Devisenkurse bei der Veröffentlichung im → Bundesanzeiger.

**Telekarte,** → Debit-Karte.

**Telekonten-Service**
→ Btx-Service der Kreditinstitute, der in der Zurverfügungstellung von Informationen über Wertpapier-, Devisen- und Sortenkurse, über Bankleistungen und (für Inhaber von → Btx-Konten) Informationen über ihre → Konten besteht sowie Inhabern von Btx-Konten Dispositionsmöglichkeiten, z. B. durch Erteilen von Überweisungsaufträgen, gibt.
(→ Electronic Banking)

**Tender Guarantee,** → Bietungsgarantie.

**Tendersatz,** → Tenderzins.

**Tenderverfahren**
Öffentliches Ausschreibungsverfahren: Unterbringungs- und Plazierungsmethode für → Schatzwechsel, → Bundeswertpapiere (insbes. für → Schatzanweisungen) und für die Durchführung von → Wertpapierpensionsgeschäften. Zu unterscheiden sind → Mengentender und → Zinstender sowie als Zuteilungsverfahren beim Zinstender das → holländische Verfahren und das → amerikanische Verfahren.

*Tenderverfahren bei Bundeswertpapieren:* Emittiert werden → Bundesanleihen, → Bundesschatzanweisungen und → unverzinsliche Schatzanweisungen (U-Schätze). Der Verkauf wird von der → Deutschen Bundesbank im Auftrag und für Rechnung des jeweiligen → Emittenten über die → Landeszentralbanken abgewickelt. Die vom Emittenten im Einvernehmen mit der Deutschen Bundesbank festgelegten Bedingungen der öffentlichen Ausschreibung werden über die Landeszentralbanken den → Kreditinstituten übermittelt. Außerdem gibt die Bundesbank zur allgemeinen Unterrichtung i. d. R. eine Pressenotiz heraus. Die Ausschreibung enthält folgende Daten: Bezeichnung der Emission, → Nominalzins (bei festverzinslichen Titeln), → Laufzeit, Rückzahlungstermin, Zinstermin, Zinszahlung sowie Gebotsfrist und Valutierungstag. Die im T. emittierten Titel können von jedermann erworben werden. An den T. können sich jedoch unmittelbar bei Bundesanleihen nur die Mitglieder des → Bundesanleihe-Konsortiums, bei Bundesschatzanweisungen und U-Schätzen alle gebietsansässigen Kreditinstitute mit → LZB-Girokonto beteiligen. Nichtbanken und → Gebietsfremde können sich mittelbar an den Tendern beteiligen, indem sie sich mit ihren Geboten an ein zum T. zugelassenes inländisches Kreditinstitut wenden.

**Tenderzins**
*Tendersatz;* Zinssatz für → Wertpapierpensionsgeschäfte, die im → Tenderverfahren durchgeführt werden.

**Terminbörse**
Im Hinblick auf die Erfüllungsfrist von anderen Arten bzw. Bereichen der → Börse zu unterscheidender organisierter Markt, an dem → Börsentermingeschäfte, → Devisentermingeschäfte oder auch Warenterminkontrakte abgeschlossen werden. An der → Deutschen Terminbörse (DTB) wird mit → Optionen und mit → Futures gehandelt. Warenterminbörsen spielen in der Bundesrepublik Deutschland im Unterschied zum Ausland (z. B. USA) bisher keine Rolle, jedoch deutet sich derzeit ein Wandel an (→ Options- und Terminbörsen an den internationalen Finanzplätzen).
*Gegensatz:* → Kassabörse.

**Termindevise**
Später verfügbares Kontoguthaben in fremder → Währung (→ Devisenhandel).

**Termineinlage**
→ Einlage, bei der zwischen einem → Kreditinstitut und dem Kunden vereinbart worden ist, daß die → Fälligkeit erst nach → Kündigung unter Einhaltung einer Kündigungsfrist (→ Kündigungsgelder) oder an einem vorherbestimmten Tage (→ Festgelder) eintritt (→ Einlagengeschäft). Andere Bezeichnungen für T. sind „befristete Einlagen" oder „Depositen (Kapitaldepositen)". Gemäß § 3 Abs. 2 AMR werden T. als befristete → Verbindlichkeiten bezeichnet, für die eine Kündigungsfrist oder eine Laufzeit von mindestens einem Monat vereinbart ist. T. werden auf → Termingeldkonten erfaßt. Befristete Gelder, die im Geldhandel zwischen Banken zur Verfügung gestellt werden, haben die Bezeichnung → „Termingeld".

*Festgelder und Kündigungsgelder:* T. werden in aller Regel als Festgelder angelegt. Kündigungsgelder kommen relativ selten vor. Angelegt werden T. in runden Beträgen für einen i. d. R. relativ kurzen, genau be-

**Termineinwand**

grenzten Zeitraum. T. (als Festgelder) werden üblicherweise als →Monatsgelder (Laufzeit 30 Tage), →Zweimonatsgelder bzw. →Dreimonatsgelder (Laufzeit 60 bzw. 90 Tage) belegt. Auch →Halbjahres- bzw. →Jahresgeld kommt vor. Längere Laufzeiten sind im Geschäft mit Nichtbanken untypisch.

*Rechtlicher Rahmen:* T. werden i. a. als →Darlehen gemäß § 607 BGB klassifiziert. Allerdings wird auch die Meinung vertreten, daß bei T. mit nur sehr kurzer Befristung der Verwahrungsgedanke im Vordergrund stände und damit eine Vertragsgestaltung entsprechend § 700 BGB (→unregelmäßige Verwahrung) anzunehmen sei. Praktische Bedeutung hat diese Unterscheidung nicht.

*Verzinsung:* Der Zinssatz für T. wird mit dem Kreditinstitut im Einzelfall vereinbart. Einfluß auf die Höhe des Zinssatzes hat insbes. die Höhe der Einlage, wobei i. d. R. Mindestanlagebeträge (häufig erst ab 10.000 DM) von den Kreditinstituten gefordert werden. Außerdem beeinflußt die Laufzeit (Kündigungsfrist) der T. den Zinssatz. Weitere Einflußfaktoren sind neben der örtlichen Konkurrenzsituation die Verhandlungsposition des Kunden, die jeweilige institutsspezifische Liquiditätslage sowie die allgemeine Geldmarktsituation. Die Zinszahlung erfolgt bei Festgeldern am Ende der Laufzeit (Fälligkeit der Einlage). Das gilt unabhängig von der Belegungsdauer. Für Kündigungsgelder werden die Zinsen dagegen am Jahresende bzw. bei Rückzahlung nach Kündigung der Einlage vergütet. Wird über eine fällige T. nicht verfügt, wird sie entweder *mit* gleicher Fristigkeit zum dann geltenden Marktzins verlängert oder als →Sichteinlage behandelt. Verfügt ein Kunde vorzeitig über seine T., hat er Zinsnachteile in Kauf zu nehmen. Es werden entweder →Vorschußzinsen wie bei vorzeitigen Rückzahlungen von →Spareinlagen berechnet, oder die gesamte T. wird zinsmäßig wie eine Sichteinlage behandelt, also gering oder gar nicht verzinst. Auch eine Verzinsung entsprechend der tatsächlichen Belegungsdauer kommt in Betracht.

*Geschäftspolitische Bedeutung:* T. sind kein →Giralgeld. Sie erlauben daher den Kreditinstituten im Vergleich zu den Sichteinlagen eine wesentlich genauere Liquiditätsdisposition. Bei ihrer Verwendung im →Aktivgeschäft sind die →Liquiditätsgrundsätze des →Bundesaufsichtsamts für das Kreditwesen sowie der (durch die Pflicht zur Haltung von →Mindestreserven bewirkte) Liquiditätsentzug (deutlich höher als bei Spareinlagen, aber deutlich niedriger als bei Sichteinlagen) zu berücksichtigen. Den →Werterlösen (Zinserträge) stehen relativ hohe Zinsaufwendungen gegenüber, was unter Einbeziehung einer im Vergleich zu Spareinlagen stärkeren Mindestreservebelastung zu einer Erhöhung der effektiven Geldbeschaffungskosten führt. T. können auch nur laufzeitkongruent im Aktivgeschäft verwendet werden.

*Bilanzausweis:* Ein separater Ausweis der T. in der →Bankbilanz erfolgt nicht. Sie werden entsprechend der vereinbarten Laufzeit in der Position „Verbindlichkeiten aus dem Bankgeschäft gegenüber anderen Gläubigern" ausgewiesen, wenn die Einlage aus dem Nichtbankensektor stammt. Ist Geldgeber ein Kreditinstitut, dann weist das geldaufnehmende Institut die T. unter der Position „Verbindlichkeiten gegenüber Kreditinstituten" aus.

→Pfändung, →Verpfändung und →Abtretung von T., →Pfandrecht und →Zurückbehaltungsrecht nach AGB: →Termingeldkonto, →AGB-Pfandrecht der Kreditinstitute.

**Termineinwand**
*Differenzeinwand*; Einwand, den Privatpersonen gegen ihre Erfüllungspflicht aus →Termingeschäften geltend machen können, wenn sie nicht gemäß § 53 Abs. 1 und 2 BörsG über die mit →Börsentermingeschäften verbundenen typischen Risiken unterrichtet worden sind (→Termingeschäftsfähigkeit).

**Terminfonds**
→Investmentfonds, der die ihm zufließenden Mittel vorwiegend in →Termingeschäften anlegt.

**Termingeld**
LZB-Giroguthaben (→Zentralbankguthaben) in runden Beträgen (1 Mio. DM oder ein Vielfaches), die im →Geldhandel unter →Banken grundsätzlich mit einer Mindestlaufzeit von einem Monat überlassen oder aufgenommen werden. Es wird aber auch T. mit kürzerer →Laufzeit als 30 Tage gehandelt. Ausgehend vom →Euro-Geldmarkt hat sich das Zehntagegeld eingebürgert (z. B.

Geld vom 10. auf den 20. eines Monats). Ebenfalls vom Euro-Markt ausgehend findet man im deutschen Geldhandel Wochengeld, z. B. von Mittwoch bis Mittwoch (sieben Tage) oder Zweiwochengeld (14 Tage). Neben dem Monatsgeld kommen →Dreimonatsgeld oder Einvierteljahresgeld, Sechsmonats- oder →Halbjahresgeld und →Jahresgeld (z. T. auch Zweijahres- oder Dreijahresgeld) vor. Dazwischen liegende Laufzeiten sind durchaus üblich, z.B. das am Euro-Geldmarkt oft gehandelte →Zweimonatsgeld.

Die Aufnahme von T. erfolgt, um entsprechend befristeten aktuellen Liquiditätsspannungen zu begegnen und um künftigen Liquiditätsanspannungen (bei erwarteten steigenden Zinssätzen) Rechnung zu tragen (z. B. →Steuertermine). Stehen beim →Tagesgeld normalerweise Liquiditätsüberlegungen im Vordergrund, so kommt bei Termingeldabschlüssen auch die Erwartung auf Änderung der →Geldmarktzinsen hinzu. Zum Jahresultimo spielt auch das →Window Dressing eine Rolle. T. wird mit zweiwerktägiger Valuta (→Spot-Valuta) angeschafft. Für die Verzinsung gilt ebenfalls die →Euro-Zinsmethode (Beispiel: Abschluß 4. 8., Anschaffung/Laufzeitbeginn 6. 8., →Fälligkeit 6. 11.=92 Zinstage). Durch den Übergang auf die zweiwerktägige Valuta (1.7.1990) ist der Zeitraum für den Handel mit T. auf den ganzen Tag ausgeweitet worden und nicht mehr durch Clearingtermine auf den Vormittag beschränkt. Wenn zwischen den Vertragspartnern nichts anderes vereinbart ist, gilt die →Rückzahlung am Fälligkeitstag einschl. →Zinsen als vereinbart. Bei Laufzeiten von mehr als zwölf Monaten wird entweder jährliche Zinszahlung oder Zinszahlung zu jedem in die Laufzeit fallenden Jahresultimo vereinbart. Jeder Monat wird zu 30 Zinstagen gerechnet.

### Termingeldkonto

→Konto, das der Buchung von →Festgeldern und →Kündigungsgeldern dient. →Einlagen auf T. stellen im Gegensatz zu →Sichteinlagen keine Kontokorrenteinlagen i. S. von § 355 HGB dar. Da hier lediglich Einlagen gebucht und nicht „beiderseitige Ansprüche und Leistungen" gegenübergestellt werden, unterbleibt auch der Abschluß eines Kontokorrentvertrages. Ebenfalls erübrigen sich weitere vertragliche Beziehungen auf der Grundlage eines →Girovertrages oder →Scheckvertrages, da T. nicht der Abwicklung des →Zahlungsverkehrs, sondern einer temporären Anlage dienen. →Pfändungen erfolgen wie bei →Sparkonten. Außerdem lassen sich Guthaben auf T. abtreten (→Abtretung, →Verpfändung). (→Bankkonten, →Termineinlagen)

### Termingeldmarkt

Bezeichnung für den →Interbankenhandel mit →Termingeld (→Geldhandel).

### Termingeschäft

Vertragliche Vereinbarung zwischen zwei Vertragsparteien, eine bestimmte Menge eines →Wirtschaftsgutes (→Wertpapiere, →Devisen, Finanzinstrumente, →Waren) zu einem bestimmten Preis und zu einem im voraus festgelegten Termin zu kaufen oder zu verkaufen. T. werden entweder an →Terminbörsen auf der Basis standardisierter →Kontrakte (→Börsentermingeschäfte) oder mit individuell ausgearbeiteten Vertragsinhalten außerbörslich abgewickelt.

*Arten:* T. lassen sich in *bedingte* und *unbedingte* T. unterteilen (vgl. Abbildung S. 1496). Unbedingt bedeutet, daß eine definitive Pflicht zur Vertragserfüllung besteht, d. h. beide Kontraktparteien sind an die →Erfüllung des →Vertrages gebunden und Lieferung sowie Bezahlung müssen zu dem vereinbarten Termin erfolgen. Bei unbedingten T. handelt es sich in erster Linie um →Forward-Kontrakte, wie das traditionelle →Devisentermingeschäft, mit einer effektiven Vertragserfüllung. Optionsgeschäfte (→Option) hingegen, die das Recht, aber nicht die Verpflichtung zum Kauf oder Verkauf des zugrundeliegenden Gegenstandes beinhalten, gelten als bedingte T., da nur eine Kontraktpartei, d. h. der →Stillhalter (Verkäufer der Option), zur Vertragserfüllung verpflichtet ist. Zu einer Verbindung zwischen bedingtem und unbedingtem T. kommt es bei →Futures. Einerseits ist mit den Kontrakten für Käufer und Verkäufer die Verpflichtung zu einer effektiven Vertragserfüllung verbunden, andererseits können sich die Vertragspartner durch ein gegenläufiges Geschäft aus den eingegangenen Verpflichtungen lösen.

### Termingeschäftsfähigkeit

Fähigkeit, rechtsverbindlich →Termingeschäfte abschließen zu können.

*T. von Kaufleuten:* Termingeschäftsfähig sind nach § 53 Abs. 1 BörsG (1) Kaufleute,

**Termingeschäftsfähigkeit**

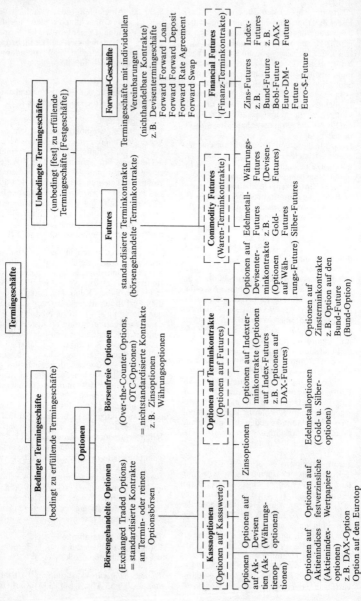

die im → Handelsregister oder → Genossenschaftsregister eingetragen sind oder (2) Kaufleute, die nach § 36 HGB, im Fall einer → juristischen Person des → öffentlichen Rechts nach der für sie maßgebenden gesetzlichen Regelung, nicht eingetragen zu werden brauchen oder (3) Kaufleute, die nicht eingetragen werden, weil sie ihren Sitz oder ihre Hauptniederlassung außerhalb Deutschlands haben. Als Kaufleute im Sinne von § 53 Abs. 1 BörsG gelten auch Personen, die zur Zeit des Geschäftsabschlusses oder früher gewerbsmäßig oder berufsmäßig → Börsentermingeschäfte betrieben haben oder zur Teilnahme am Börsenhandel dauernd zugelassen waren.

*T. von Privatpersonen:* Termingeschäftsfähig sind Privatpersonen bei Erfüllung bestimmter, in § 53 Abs. 2 BörsG genannten Voraussetzungen (T. kraft Information). Der Kreis der Personen, die rechtsverbindlich Börsentermingeschäfte abschließen können, ist mit der Novellierung des → Börsengesetzes 1989 in der Weise erweitert worden, daß bei Privatpersonen die Berufungsmöglichkeit auf den → Termineinwand unter bestimmten Voraussetzungen entfällt. Nach § 53 BörsG alter Fassung konnten Privatpersonen sich auf § 764 BGB berufen, wonach auch ein Termingeschäft „als Spiel anzusehen" ist. Spielschulden aber sind nach § 762 BGB unvollkommene → Verbindlichkeiten, d. h. der → Gläubiger hat keinen → Anspruch auf → Erfüllung. Der → Schuldner konnte den Termineinwand (Differenzeinwand) vorbringen. Nach § 53 BörsG neuer Fassung können Privatpersonen den Termineinwand (Differenzeinwand) nicht geltend machen, sofern sie über die mit Börsentermingeschäften verbundenen typischen Risiken unterrichtet worden sind und diese Unterrichtung nicht länger als drei Jahre zurückliegt. Über welche Risiken bei Börsentermingeschäften private Anleger schriftlich informiert werden müssen, ist im einzelnen in § 53 Abs. 2 BörsG geregelt. Die Unterrichtungsschrift, die von dem Privatanleger zu unterschreiben ist, hat darüber zu informieren, daß „die aus Börsentermingeschäften erworbenen befristeten Rechte verfallen oder eine Wertminderung erleiden können; das Verlustrisiko nicht bestimmbar sein und auch über etwaige geleistete Sicherheiten hinausgehen kann; Geschäfte, mit denen die Risiken aus eingegangenen Börsentermingeschäften ausgeschlossen oder eingeschränkt werden sollen, möglicherweise nicht oder nur zu einem verlustbringenden Marktpreis getätigt werden können; sich das Verlustrisiko erhöht, wenn zur Erfüllung von Verpflichtungen aus Börsentermingeschäften → Kredit in Anspruch genommen wird oder die Verpflichtung aus Börsentermingeschäften oder die hieraus beanspruchende Gegenleistung auf ausländische → Währung oder eine → Rechnungseinheit lautet." Voraussetzung für die Verbindlichkeit eines Börsentermingeschäfts ist auch, daß der andere Teil als Kaufmann einer gesetzlichen → Bankenaufsicht oder → Börsenaufsicht untersteht.

**Terminhandel,** → Termingeschäft.

**Terminiertes Tagesgeld**
Abschluß im → Geldhandel für eine Übernahme bzw. Überlassung von → Geld mit einer fest vereinbarten → Laufzeit von mindestens 2 bis weniger als 30 Tagen. Es kann mit jeder den Geldhändlern genehmen Frist vereinbart werden. Ausgehend vom → Euro-Geldmarkt hat sich das 10-Tage-Geld eingebürgert, z. B. Geld vom 10. auf den 20. eines Monats. T. T. kommt auch als Wochengeld, z. B. von Mittwoch bis Mittwoch (7 Tage) oder als Zwei-Wochen-Geld (14 Tage) vor.
T. T. wird in der → Bilanz als → Verbindlichkeit gegenüber → Kreditinstituten mit vereinbarter Laufzeit von weniger als drei Monaten ausgewiesen.

**Terminierte Tagesgelder**
→ Einlagen, die nicht täglich fällig sind (→ Sichteinlagen), sondern mit einer vereinbarten → Laufzeit von weniger als einem Monat von der Nichtbankenkundschaft hereingenommen worden sind. Sie zählen gemäß § 3 Abs. 1 AMR zu den Sichtverbindlichkeiten.
Im → Geldhandel spricht man von → terminiertem Tagesgeld (Geldaufnahme bei einer anderen Bank).

**Terminkauf,** → Forward.

**Terminkontrakt**
→ Termingeschäft bzw. → Vertrag über ein Termingeschäft, wobei zwischen standardisierten T. (→ Future) und nicht standardisierten T. (→ Forward-Kontrakte) zu unterscheiden ist. Standardisierte T. können → Finanzterminkontrakte (Financial Futures)

oder Warenterminkontrakte (→ Commodity Futures) sein. Oftmals werden nur standardisierte Kontrakte als T. bezeichnet.
Bei jedem Termingeschäft müssen verbindliche Abmachungen über das zugrundeliegende Objekt, die Kontraktgröße, das Lieferdatum, den Erfüllungsort und den Preis vorliegen. Bei standardisierten T. enthalten die Kontraktspezifikationen standardisierte Angaben über die → Laufzeit, Menge und Qualität des → Basiswerts (bei → Optionskontrakten zusätzlich Angabe des → Basispreises).

### Terminkontrakte an der LIFFE
Vgl. Übersicht S. 1499–1503.

### Terminkontrakte auf U.S. Treasury Bonds
Vgl. Übersicht S. 1504–1509.

### Terminkontrakthandel
*Futures Trading*; der T. unterscheidet sich vom herkömmlichen → Termingeschäft dadurch, daß es sich bei ersterem um standardisierte → Kontrakte unter Einschaltung einer → Börse bzw. eines Clearing House handelt, während bei letzterem eine individuelle Vereinbarung (keine Standardisierung) durch direkte Kontaktaufnahme zwischen Käufer und Verkäufer über Art, Menge und Termin getroffen wird (→ Terminkontrakt). Im Gegensatz zu den Termingeschäften erfolgt beim T. in fast allen Fällen keine → physische Erfüllung, weil vor Vertragsfälligkeit ein ausgleichendes Gegengeschäft abgeschlossen wird.
Ziel des T. ist es, sich gegen Preisschwankungen (bzw. gegen → Devisenkurs- und → Zinsänderungsrisiken) abzusichern bzw. aufgrund von Preisschwankungen Spekulationsgeschäfte einzugehen.

Die *Marktteilnehmer* werden unterschieden in → Trader, die bewußt → Risikopositionen durch Erwerb oder Leerverkauf von Terminkontrakten eingehen (Open Position Trading) und durch richtige Einschätzung zukünftiger Preis- bzw. Zinsentwicklungen → Gewinne zu erzielen versuchen. Diese spekulativ eingestellten Teilnehmer tragen wesentlich zur → Liquidität des Marktes bei; → Hedger, die Risikopositionen (→ Position), die sich bei Vermögenspositionen ergeben, zu schließen versuchen, um Preis- bzw. Zinsänderungsrisiken abzusichern (→ Hedging), und → Spreader (Arbitrageure), die durch den gleichzeitigen Erwerb und Verkauf von Terminkontrakten (Spread Trading) aus geringen relativen Preisschwankungen zwischen identischen oder verwandten Kontrakten zu profitieren versuchen (→ Spread).

*Arten:* Der T. wird unterteilt in den Handel mit Warenterminkontrakten (→ Commodity Futures) und mit → Finanzterminkontrakten (Financial Futures).

*Usancen:* Durch die Standardisierung der Kontrakte hinsichtlich Mengen (z. B. → Schatzwechsel in Höhe von 1 Mio. US-$, → Staatsanleihe in Höhe von 100.000 US-$ bzw. jeweils einem Vielfachen davon) und der festgelegten Erfüllungstermine (z. B. nur jeder 2. Mittwoch des jeweils letzten Quartalsmonats) sind die Kontrakte fungibel (→ Fungibilität); es wird eine börsenmäßige Abwicklung ermöglicht. Standardisierung und einheitliche Marktregeln erleichtern auch kleineren → Kreditinstituten den Marktzugang. Der herkömmliche Terminhandel bleibt ihnen vielfach aufgrund der fehlenden bilateralen Geschäftsbeziehungen verschlossen. Dadurch erfahren die → Futures-Märkte die notwendige Markttiefe für die Preisbildung nach den Gesetzmäßigkeiten des Konkurrenzmarktes für homogene Güter. Soweit eine Lieferbarkeit in Frage kommt (nicht z. B. bei Aktienindex-Terminkontrakten), muß auch für die mögliche Erfüllung des Kontraktes ein umfassendes Angebot vorhanden sein, weshalb nur → Wertpapiere zugrunde gelegt werden, die eine ständige Neuauflage erfahren. Während der Handel (Suche eines Kontraktpartners, Preisbildung) an der Börse stattfindet, übernimmt das *Clearing House* bzw. die Liquidationskasse (an der Börse eingerichtete Clearing-Stelle) für alle Kontraktkäufe und -verkäufe die vertraglichen Verpflichtungen der jeweiligen Marktgegenseite, tritt also zwischen Anbieter und Nachfrager, garantiert die Kontrakte und setzt ggf. deren Erfüllung durch. Beim Clearing House heben sich sämtliche Vertragsverpflichtungen automatisch auf. Der eigentliche Käufer (bzw. Verkäufer) des Kontraktes ist nicht auf die Bonität des eigentlichen Verkäufers (bzw. Käufers) angewiesen. Bei Abschluß des → Vertrages findet keine Zahlung zwischen Käufer und Verkäufer statt, jedoch haben sie jeweils *Einschüsse* (→ *Margins*) an das Clearing House zu zahlen. Die → *Initial Margin* bei Abschluß des Vertrages ist abhängig vom Handelsobjekt. Erstklassige Adressen

**Terminkontrakthandel**

## Terminkontrakte an der LIFFE (London)

### 1) Short-Sterling-Terminkontrakt
*Kontraktspezifikationen:*
1. Kontraktgröße: 50 000 Brit. Pfund
2. Liefermonate: März, Juni, September, Dezember
3. Liefertag: erster Geschäftstag nach dem letzten Handelstag
4. Letzter Handelstag: 11:00 Uhr, dritter Mittwoch des Liefermonats
5. Quotierung: 100 minus Zinssatz
6. Mindestpreisbewegung: 0,01 BP (Wert 12,50 BP)
7. Handelszeiten: 8:05–16:05
   16:25–18:00 London-Zeit
8. Kontraktstandard: Barausgleich

### 2) 3-Monats-Eurodollar-Terminkontrakt
*Kontraktspezifikationen:*
1. Kontraktgröße: 1 000 000 US-$
2. Liefermonate: März, Juni, September, Dezember
3. Liefertag: erster Geschäftstag nach dem letzten Handelstag
4. Letzter Handelstag: 11:00 Uhr, zwei Geschäftstage vor dem dritten Mittwoch des Liefermonats
5. Quotierung: 100 minus Zinssatz
6. Mindestpreisbewegung: 0,01 $ (Wert 25 US-$)
7. Handelszeiten: 8:30–16:00
   16:25–18:00 London-Zeit
8. Kontraktstandard: Barausgleich

### 3) 3-Monats-Euromark-Terminkontrakt
*Kontraktspezifikationen:*
1. Kontraktgröße: 1 000 000 DM
2. Liefermonate: März, Juni, September, Dezember
3. Liefertag: erster Geschäftstag nach dem letzten Handelstag
4. Letzter Handelstag: 11:00 Uhr, zwei Geschäftstage vor dem dritten Mittwoch des Liefermonats
5. Quotierung: 100 minus Zinssatz
6. Mindestpreisbewegung: 0,01 DM (Wert 25 DM)
7. Handelszeiten: 8:00–16:10
   16:25–18:00 London-Zeit
8. Kontraktstandard: Barausgleich

### 4) 3-Monats-Eurolira-Terminkontrakt
*Kontraktspezifikationen:*
1. Kontraktgröße: 1 000 000 000 Lire
2. Liefermonate: März, Juni, September, Dezember
3. Liefertag: erster Geschäftstag nach dem letzten Handelstag
4. Letzter Handelstag: 11:00 Uhr, zwei Geschäftstage vor dem dritten Mittwoch des Liefermonats
5. Quotierung: 100 minus Zinssatz
6. Mindestpreisbewegung: 0,01 Lira (Wert 25 000 Lire)
7. Handelszeiten: 7:55–16:10 London-Zeit
8. Kontraktstandard: Barausgleich

### 5) 3-Monats-Euro-Schweizer-Franken-Terminkontrakt
*Kontraktspezifikationen:*
1. Kontraktgröße: 1 000 000 SFr
2. Liefermonate: März, Juni, September, Dezember

**Terminkontrakthandel**

3. Liefertag: erster Geschäftstag nach dem letzten Handelstag
4. Letzter Handelstag: 11:00 Uhr, zwei Geschäftstage vor dem dritten Mittwoch des Liefermonats
5. Quotierung: 100 minus Zinssatz
6. Mindestpreisbewegung: 0,01 SF (Wert 25 SF)
7. Handelszeiten: 8:10 – 16:00 London-Zeit
8. Kontraktstandard: Barausgleich

### 6) 3-Monats-ECU-Zins-Terminkontrakt
*Kontraktspezifikationen:*
1. Kontraktgröße: 1 000 000 ECU
2. Liefermonate: März, Juni, September, Dezember
3. Liefertag: erster Geschäftstag nach dem letzten Handelstag
4. Letzter Handelstag: 11:00 Uhr, zwei Geschäftstage vor dem dritten Mittwoch des Liefermonats
5. Quotierung: 100 minus Zinssatz
6. Mindestpreisbewegung: 0,01 ECU (Wert 25 ECU)
7. Handelszeiten: 8:05 – 16:05 London-Zeit
8. Kontraktstandard: Barausgleich

### 7) Option auf den Short-Sterling-Terminkontrakt
*Kontraktspezifikationen:*
1. Kontraktgröße: 1 Short-Sterling-Terminkontrakt
2. Liefermonate: März, Juni, September, Dezember
3. Ausübung: täglich bis 17:00 Uhr, am letzten Handelstag automatische Ausübung der In-the-money-Optionen nach Handelsschluß
4. Lieferung: am ersten Geschäftstag nach Ausübung
5. Letzter Handelstag: 11:00 Uhr am letzten Handelstag des Short-Sterling-Terminkontrakts
6. Quotierung: Vielfaches von 0,01
7. Mindestpreisbewegung: 0,01 BP (Wert 12,50 BP)
8. Basispreisintervalle: 0,25, z. B. 89-00, 89-25
9. Handelszeiten: 8:07 – 16:02 London-Zeit

### 8) Optionen auf den 3-Monats-Eurodollar-Terminkontrakt
*Kontraktspezifikationen:*
1. Kontraktgröße: 1 Eurodollar-Terminkontrakt
2. Liefermonate: März, Juni, September, Dezember
3. Ausübung: täglich bis 17:00 Uhr, am letzten Handelstag automatische Ausübung der In-the-money-Optionen nach Handelsschluß
4. Lieferung: am ersten Geschäftstag nach Ausübung
5. Letzter Handelstag: 11:00 Uhr am letzten Handelstag des Eurodollar-Terminkontrakts
6. Quotierung: Vielfaches von 0,01
7. Mindestpreisbewegung: 0,01 $ (Wert 25 US-$)
8. Basispreisintervalle: 0,25, z. B. 92-00, 92-25
9. Handelszeiten: 8:32 – 16:00 London-Zeit

### 9) Optionen auf den 3-Monats-Euromark-Terminkontrakt
*Kontraktspezifikationen:*
1. Kontraktgröße: 1 Euromark-Terminkontrakt
2. Liefermonate: März, Juni, September, Dezember
3. Ausübung: täglich bis 17:00 Uhr, am letzten Handelstag automatische Ausübung der In-the-money-Optionen nach Handelsschluß
4. Lieferung: am ersten Geschäftstag nach Ausübung
5. Letzter Handelstag: 11:00 Uhr am letzten Handelstag des Euromark-Terminkontrakts

**Terminkontrakthandel**

6. Quotierung: Vielfaches von 0,1
7. Mindestpreisbewegung: 0,01 DM (Wert 25 DM)
8. Basispreisintervalle: 0,25, z. B. 90-00, 90-25
9. Handelszeiten: 8:02 – 16:10 London-Zeit

### 10) German-Government-Bond-(Bund)-Terminkontrakt
*Kontraktspezifikationen:*
1. Kontraktgröße: 250 000 DM, fiktive Bundesanleihe mit Coupon von 6%
2. Liefermonate: März, Juni, September, Dezember
3. Liefertag: zehnter Kalendertag des Liefermonats bzw. der nächste Geschäftstag in Frankfurt
4. Letzter Handelstag: 11:00 Uhr, Frankfurter Zeit, drei Frankfurter Geschäftstage vor dem Liefertag
5. Quotierung: per 100 DM nominal
6. Mindestpreisbewegung: 0,01 DM (Wert 25 DM)
7. Handelszeiten: 7:30 – 16:00
   16:25 – 17:55 London-Zeit
8. Kontraktstandard: zur Lieferung kommen Bundesanleihen mit einer Restlaufzeit von 8 ½ – 10 Jahren am Liefertag

### 11) Long-Gilt-Terminkontrakt
*Kontraktspezifikationen:*
1. Kontraktgröße: 50 000 Brit. Pfund fiktiver Long Gilt mit 9% Coupon
2. Liefermonate: März, Juni, September, Dezember
3. Liefertag: jeder Geschäftstag im Liefermonat
4. Letzter Handelstag: 11:00 Uhr, zwei Geschäftstage vor dem letzten Geschäftstag im Liefermonat
5. Quotierung: per 100 BP
6. Mindestpreisbewegung: 1/32 BP (Wert 15,625 BP)
7. Handelszeiten: 8:30 – 16:15
   16:30 – 18:00 London-Zeit
8. Kontraktstandard: zur Lieferung kommen Long Gilts mit einer Restlaufzeit von 15 – 25 Jahren

### 12) US-Treasury-Bond-Terminkontrakt
*Kontraktspezifikationen:*
1. Kontraktgröße: 100 000 US-$ fiktive US-Staatsanleihe mit 8% Coupon
2. Liefermonate: März, Juni, September, Dezember
3. Liefertag: jeder Geschäftstag im Liefermonat
4. Letzter Handelstag: 16:10 Uhr, sieben Chicago-Geschäftstage vor dem letzten Geschäftstag im Liefermonat
5. Quotierung: per 100 $
6. Mindestpreisbewegung: 1/32 $ (Wert 31,25 $)
7. Handelszeiten: 8:15 – 16:10
   16:25 – 18:00 London-Zeit
8. Kontraktstandard: zur Lieferung kommen US-Staatsanleihen mit einer Restlaufzeit von mindestens 15 Jahren

### 13) Japanese-Government-Bond-Terminkontrakt
*Kontraktspezifikationen:*
1. Kontraktgröße: 100 000 000 JY fiktive japanische Staatsanleihe mit 6% Coupon
2. Liefermonate: März, Juni, September, Dezember
3. Liefertag: erster Geschäftstag nach dem letzten Handelstag der Tokio-Börse
4. Letzter Handelstag: 16:05 Uhr, ein Geschäftstag vor dem letzten Handelstag der Tokio-Börse
5. Quotierung: per 100 JY
6. Mindestpreisbewegung: 0,01 JY (Wert 10 000 JY)

**Terminkontrakthandel**

7. Handelszeiten: 7:00–15:00 London-Zeit
8. Kontraktstandard: Barausgleich, basierend auf dem Abrechnungspreis des JGB-Terminkontrakts an der Börse Tokio

### 14) Italian-Bond-Terminkontrakt
*Kontraktspezifikationen:*
1. Kontraktgröße: 200 000 000 Lire fiktive italienische Staatsanleihe mit 12% Coupon
2. Liefermonate: März, Juni, September, Dezember
3. Liefertag: zehnter Kalendertag des Liefermonats
4. Letzter Handelstag: vier italienische Geschäftstage vor dem Liefertag
5. Quotierung: per 100 Lire
6. Mindestpreisbewegung: 0,01 Lira (Wert 20 000 Lire)
7. Handelszeiten: 8:00–16:05
   16:25–18:00 London-Zeit
8. Kontraktstandard: zur Lieferung kommen ital. Staatsanleihen mit einer Restlaufzeit von 8–10 ½ Jahren

### 15) ECU-Bond-Terminkontrakt
*Kontraktspezifikationen:*
1. Kontraktgröße: 200 000 ECU fiktive ECU-Anleihe mit 9% Coupon
2. Liefermonate: März, Juni, September, Dezember
3. Liefertag: 20. Kalendertag des Liefermonats
4. Letzter Handelstag: 11:00 Uhr Brüsseler Zeit, drei Brüsseler Geschäftstage vor dem Liefertag
5. Quotierung: per 100 ECU
6. Mindestpreisbewegung: 0,01 ECU (Wert 20 ECU)
7. Handelszeiten: 8:00–16:15 London-Zeit
8. Kontraktstandard: zur Lieferung kommen ECU-Anleihen mit einer Restlaufzeit von 6–10 Jahren

### 16) Optionen auf den Long-Gilt-Terminkontrakt
*Kontraktspezifikationen:*
1. Kontraktgröße: 1 Long-Gilt-Terminkontrakt
2. Liefermonate: März, Juni, September, Dezember
3. Ausübung: täglich bis 17:00 Uhr, am letzten Handelstag bis 18:00 Uhr
4. Lieferung: am ersten Geschäftstag nach Ausübung
5. Letzter Handelstag: 16:15 Uhr, sechs Geschäftstage vor dem ersten Liefertag des Long-Gilt-Terminkontrakts
6. Quotierung: Vielfaches von 1/64
7. Mindestpreisbewegung: 1/64 BP (Wert 7,8125 BP)
8. Basispreisintervalle: 1 BP, z. B. 96-00, 97-00
9. Handelszeiten: 8:32–16:15 London-Zeit

### 17) Optionen auf den US-T-Bond-Terminkontrakt
*Kontraktspezifikationen:*
1. Kontraktgröße: 1 US-Treasury-Bond-Terminkontrakt
2. Liefermonate: März, Juni, September, Dezember
3. Ausübung: täglich bis 17:00 Uhr, am letzten Handelstag bis 20:30 Uhr
4. Lieferung: am ersten Geschäftstag nach Ausübung
5. Letzter Handelstag: 16:10 Uhr, am ersten Freitag, der wenigstens sechs Chicago-Arbeitstage vor dem ersten Liefertag des T-Bond-Terminkontrakts liegt
6. Quotierung: Vielfaches von 1/64
7. Mindestpreisbewegung: 1/64 $ (Wert 15,625 US-$)
8. Basispreisintervalle: 1 $, z. B. 95-00, 96-00
9. Handelszeiten: 8:17–16:10 London-Zeit

# Terminkontrakthandel

### 18) Optionen auf den German-Bund-Terminkontrakt
*Kontraktspezifikationen:*
1. Kontraktgröße: 1 German-Bund-Terminkontrakt
2. Liefermonate: März, Juni, September, Dezember
3. Ausübung: täglich bis 17:00 Uhr, am letzten Handelstag bis 18:30 Uhr
4. Lieferung: am ersten Geschäftstag nach Ausübung
5. Letzter Handelstag: 16:00 Uhr, sechs Geschäftstage vor dem ersten Tag des Liefermonats
6. Quotierung: Vielfaches von 0,01
7. Mindestpreisbewegung: 0,01 DM (Wert 25 DM)
8. Basispreisintervalle: 0,50 DM, z. B. 88-00, 88-50
9. Handelszeiten: 7:32 – 16:00 London-Zeit

### 19) Optionen auf den Italian-Bond-Terminkontrakt
*Kontraktspezifikationen:*
1. Kontraktgröße: 1 Italian-Bond-Terminkontrakt
2. Liefermonate: März, Juni, September, Dezember
3. Ausübung: täglich bis 17:00 Uhr, am letzten Handelstag bis 18:30 Uhr
4. Lieferung: am ersten Geschäftstag nach Ausübung
5. Letzter Handelstag: 16:05 Uhr, sieben Geschäftstage vor dem ersten Liefertag des Liefermonats
6. Quotierung: Vielfaches von 0,01
7. Mindestpreisbewegung: 0,01 Lira (Wert 20 000 Lire)
8. Basispreisintervalle: 0,50 Lira, z. B. 96-00, 96-50
9. Handelszeiten: 8:02 – 16:05 London-Zeit

### 20) Spanish-Gov.-Bond-(Bonos)-Terminkontrakt
*Kontraktspezifikationen:*
1. Kontraktgröße: 20 000 000 Pesetas, fiktive span. Staatsanleihen mit Coupon von 10%
2. Liefermonate: März, Juni, September, Dezember
3. Liefertag: der 20. Kalendertag des Liefermonats
4. Letzter Handelstag: 11:30 London-Zeit, 7 Geschäftstage vor dem Liefertag
5. Quotierung: per 100 Pesetas nominal
6. Mindestpreisbewegung: 0,01 Peseta (Wert 2000 Pesetas)
7. Handelszeiten: 8:00 – 16:10 London-Zeit
8. Kontraktstandard: zur Lieferung kommen span. Staatsanleihen mit einer Restlaufzeit von 7 – 10 Jahren am Liefertag

---

(i. d. R. Kreditinstitute) können u. U. anstelle des Einschusses auch Sicherheiten (z. B. → Verpfändung von Wertpapieren) leisten. Die Kontrakte werden täglich vom Clearing House zum letzten → Börsenkurs (→ Settlement Price) bewertet (→ Marked-to-Market-Prinzip). Durch die Marktentwicklung sich ergebende → Gewinne bzw. → Verluste für die Marktgegenseite werden täglich vom Clearing House auf den *Rechnungskonten (Margin Accounts)* verbucht (*Variation Margin*). Wird durch die Buchung der Bewertungsverluste die Initial Margin um einen bestimmten Wert unterschritten (→ *Maintenance Margin*), so sind sofort weitere Nachschußzahlungen (Margin Calls) bis zur Höhe der Initial Margin zu leisten (an der → LIFFE sind Maintenance und Initial Margin identisch). Bewertungsgewinne, die die Initial Margin überschreiten (*Margin Surplus*), können in den USA ausgezahlt, an der LIFFE nur zur Verrechnung gegen Verluste aus anderen Positionen verwandt werden. Wer nicht selbst als Börsenmitglied zur Abrechnung beim Clearing House zugelassen ist, wird i. d. R. an ein das Geschäft vermittelndes, zugelassenes Unternehmen eine höhere als vom Clearing House verlangte Margin zu leisten haben. In Ergänzung zu den Einschußverpflichtungen (*Margin Requirements*) wird die maximale tägliche Preisfluktuation limitiert, und zwar wird die höchstmögliche Preisschwankung i. a. so bemessen, daß im

1503

# Terminkontrakthandel

## Terminkontrakte auf U.S. Treasury Bonds bzw. Notes

### Terminkontrakte auf U.S. Treasury Bonds

| | |
|---|---|
| **Kontraktgröße** | U.S. Treasury-Bond mit einem Nennwert bei Fälligkeit von 100 000 $ oder einem Vielfachen davon. |
| **Lieferbare Sorten** | Frühestens 15 Jahre nach dem ersten Tag des Liefermonats kündbare U.S. Treasury-Bonds oder unkündbare U.S. Treasury-Bonds mit einer Laufzeit von mindestens 15 Jahren vom ersten Werktag des Liefermonats an gerechnet. |
| **Kursquotierung** | Punkte (1000 $) und Zweiunddreißigstel eines Punktes; z. B. 80-16 ist gleich $80\,^{16}/_{32}$. |
| **Tickgröße** | Ein Zweiunddreißigstel ($^{1}/_{32}$) eines Punktes (31,25 $ pro Kontrakt); Nennwert auf Basis von 100 Punkten. |
| **Tägliches Kurslimit** | 3 Punkte (3000 $ pro Kontrakt) über oder unter dem Settlement-Preis des Vortages (auf 4 ½ Punkte erhöhbar) |
| **Kontraktmonate** | März, Juni, September und Dezember |
| **Letzter Handelstag** | Siebter Werktag vor dem letzten Werktag des Liefermonats |
| **Liefermethode** | Telegrafische Überweisung (Federal Reserve book-entry wire-transfer system) |
| **Letzter Liefertag** | Letzter Werktag des Liefermonats |
| **Börsenstunden** | Montag bis Freitag von 7:20 Uhr bis 14 Uhr (Chicagoer Zeit). Am letzten Tag, an dem ein auslaufender Kontrakt gehandelt wird, schließt der Handel in dem betreffenden Kontrakt um 12 Uhr. Die Abendsitzung findet Sonntag bis Donnerstag von 17 Uhr bis 20:30 Uhr (normale Chicagoer Zeit) bzw. 18 Uhr bis 21:30 Uhr (Sommerzeit) statt. |
| **Ticker-Symbol** | US |

### Terminkontrakte auf U.S. Treasury-Notes mit zehnjähriger Laufzeit

| | |
|---|---|
| **Kontraktgröße** | U.S. Treasury-Note mit einem Nennwert bei Fälligkeit von 100 000 $ oder einem Vielfachen davon. |
| **Lieferbare Sorten** | U.S. Treasury-Notes mit einer Laufzeit von mindestens 6 ½ und höchstens 10 Jahren vom ersten Werktag des Liefermonats an gerechnet. |
| **Kursquotierung** | Punkte (1000 $) und Zweiunddreißigstel eines Punktes; z. B. 80-16 ist gleich $80\,^{16}/_{32}$. |
| **Tickgröße** | Ein Zweiunddreißigstel ($^{1}/_{32}$) eines Punktes (31,25 $ pro Kontrakt); Nennwert auf Basis von 100 Punkten. |
| **Tägliches Kurslimit** | 3 Punkte (3000 $ pro Kontrakt) über oder unter dem Settlement-Preis des Vortages (auf 4 ½ Punkte erhöhbar) |
| **Kontraktmonate** | März, Juni, September und Dezember |
| **Letzter Handelstag** | Siebter Werktag vor dem letzten Werktag des Liefermonats |

# Terminkontrakthandel

| | |
|---|---|
| **Liefermethode** | Telegrafische Überweisung (Federal Reserve book-entry wire-transfer system) |
| **Letzter Liefertag** | Letzter Werktag des Liefermonats |
| **Börsenstunden** | Montag bis Freitag von 7:20 Uhr bis 14 Uhr (Chicagoer Zeit). Am letzten Tag, an dem ein auslaufender Kontrakt gehandelt wird, schließt der Handel in dem betreffenden Kontrakt um 12 Uhr. Die Abendsitzung findet Sonntag bis Donnerstag von 17 Uhr bis 20:30 Uhr (normale Chicagoer Zeit) bzw. 18 Uhr bis 21:30 Uhr (Sommerzeit) statt. |
| **Ticker-Symbol** | TY |

## Terminkontrakte auf U.S. Treasury-Notes mit fünfjähriger Laufzeit

| | |
|---|---|
| **Kontraktgröße** | U.S. Treasury-Note mit einem Nennwert bei Fälligkeit von 100 000 $ oder einem Vielfachen davon. |
| **Lieferbare Sorten** | U.S. Treasury-Notes, die eine ursprüngliche Laufzeit von höchstens 5 Jahren und 3 Monaten und einer Restlaufzeit von mindestens 4 Jahren und 3 Monaten – vom ersten Werktag des Liefermonats an gerechnet – aufweisen. Die Treasury-Note mit fünfjähriger Laufzeit, die nach dem letzten Handelstag des Kontraktmonats ausgegeben wird, ist nicht gegen den Kontrakt dieses Monats lieferbar. |
| **Kursquotierung** | Punkte (1000 $) und die Hälfte von $1/_{32}$ eines Punkts; z. B. 88-16 ist gleich $88\ ^{16}/_{32}$ 88-165 ist gleich $88\ ^{16.5}/_{32}$ |
| **Tickgröße** | Die Hälfte von 1/32 eines Punktes (15,625 $ pro Kontrakt) aufgerundet auf den nächsten ganzen Cent pro Kontrakt; Nennwert auf Basis von 100 Punkten. |
| **Tägliches Kurslimit** | 3 Punkte (3000 $ pro Kontrakt) über oder unter dem Settlement-Preis des Vortages (auf 4 ½ Punkte erhöhbar) |
| **Kontraktmonate** | März, Juni, September und Dezember |
| **Letzter Handelstag** | Siebter Werktag vor dem letzten Werktag des Liefermonats |
| **Liefermethode** | Telegrafische Überweisung (Federal Reserve book-entry wire-transfer system) |
| **Letzter Liefertag** | Letzter Werktag des Liefermonats |
| **Börsenstunden** | Montag bis Freitag von 7:20 Uhr bis 14 Uhr (Chicagoer Zeit). Am letzten Tag, an dem ein auslaufender Kontrakt gehandelt wird, schließt der Handel in dem betreffenden Kontrakt um 12 Uhr. Die Abendsitzung findet Sonntag bis Donnerstag von 17 Uhr bis 20:30 Uhr (normale Chicagoer Zeit) bzw. 18 Uhr bis 21:30 Uhr (Sommerzeit) statt. |
| **Ticker-Symbol** | FV |

## Terminkontrakte auf U.S. Treasury-Notes mit zweijähriger Laufzeit

| | |
|---|---|
| **Kontraktgröße** | U.S. Treasury-Note mit einem Nennwert bei Fälligkeit von 200 000 $ oder einem Vielfachen davon. |
| **Lieferbare Sorten** | U.S. Treasury-Notes, die eine ursprüngliche Laufzeit von höchstens 5 Jahren und 3 Monaten und eine Restlaufzeit von mindestens einem Jahr und 9 Monaten vom ersten Werktag des Liefermonats an gerechnet |

## Terminkontrakthandel

und von höchstens 2 Jahren vom letzten Tag des Liefermonats an gerechnet aufweisen. Die Treasury-Note mit zweijähriger Laufzeit, die nach dem letzten Handelstag des Kontraktmonats ausgegeben wird, ist nicht gegen den Kontrakt dieses Monats lieferbar.

| | |
|---|---|
| **Kursquotierung** | Punkte (2000 $) und ein Viertel von $1/32$ eines Punkts; z. B. 91-16 ist gleich $91\,^{16}/_{32}$, 91-165 ist gleich $91\,^{16.5}/_{32}$, 91-167 ist gleich $91\,^{16.75}/_{32}$ |
| **Tickgröße** | Ein Viertel von $1/32$ eines Punktes (15,625 $ pro Kontrakt) aufgerundet auf den nächsten ganzen Cent pro Kontrakt; Nennwert auf Basis von 100 Punkten. |
| **Tägliches Kurslimit** | 1 Punkt (2000 $ pro Kontrakt) über oder unter dem Settlement-Preis des Vortages (auf 1 ½ Punkte erhöhbar) |
| **Kontraktmonate** | März, Juni, September und Dezember |
| **Letzter Handelstag** | Siebter Werktag vor dem letzten Werktag des Liefermonats |
| **Liefermethode** | Telegrafische Überweisung (Federal Reserve book-entry wire-transfer system) |
| **Letzter Liefertag** | Letzter Werktag des Liefermonats |
| **Börsenstunden** | Montag bis Freitag von 7:20 Uhr bis 14 Uhr (Chicagoer Zeit). Am letzten Tag, an dem ein auslaufender Kontrakt gehandelt wird, schließt der Handel in dem betreffenden Kontrakt um 12 Uhr. Eine Abendsitzung wird vorbehaltlich die Genehmigung durch die Terminbörsenaufsichtsbehörde (CFTC) Sonntag bis Donnerstag von 17 Uhr bis 20:30 Uhr (normale Chicagoer Zeit) bzw. 18 Uhr bis 21:30 Uhr (Sommerzeit) stattfinden. |
| **Ticker-Symbol** | TU |

---

### Optionen auf U.S.-Treasury-Bond-Terminkontrakte

| | |
|---|---|
| **Handelseinheit** | Ein U.S.-Treasury-Bond-Terminkontrakt der CBOT (eines bestimmten Liefermonats) mit einem Nennwert bei Fälligkeit von 100 000 $ oder einem Vielfachen davon. |
| **Tickgröße** | Ein Vierundsechzigstel ($1/64$) eines Punktes (15,625 $ pro Kontrakt) aufgerundet auf den nächsten ganzen Cent pro Kontrakt. |
| **Basispreise** | Werden in Abständen von 2 Punkten über und unter dem aktuellen T-Bond-Terminkontraktkurs quotiert. Wenn der T-Bond-Terminkontraktpreis beispielsweise 86-00 beträgt, können Basispreise von 80, 82, 84, 86, 88, 90, 92 usw. festgelegt werden. |
| **Tägliches Kurslimit** | 3 Punkte (3000 $ pro Kontrakt) über oder unter dem Settlement-Preis des Vortages (auf 4 ½ Punkte erhöhbar). Limits werden am letzten Handelstag aufgehoben. |
| **Kontraktmonate** | Der erste Monat des laufenden Quartals sowie die nächsten drei Kontrakte im normalen vierteljährlichen Zyklus (März, Juni, September und Dezember). Falls der erste Monat des laufenden Quartals ein normaler Kalendermonat ist, wird kein zusätzlicher monatlicher Kontrakt angeboten. Der monatliche Optionskontrakt kann durch den laufenden viertel- |

## Terminkontrakthandel

jährlichen Terminkontrakt ausgeübt werden. Eine Juli-T-Bond-Option kann beispielsweise durch Eingehen einer September-Terminkontraktposition ausgeübt werden.

**Letzter Handelstag** Optionen werden ab dem Monat, der dem Liefermonat des zugrundeliegenden Terminkontrakts vorausgeht, nicht mehr gehandelt. Der letzte Handelstag für Dezember-1990-T-Bond-Optionen ist beispielsweise der 23. November 1990. Der Handel in Optionen wird zum Mittag des letzten Freitags, der mindestens fünf Werktage vom letzten Werktag des dem Optionskontraktmonat vorausgehenden Monats entfernt ist, eingestellt.

**Ausübung** Der Käufer einer Option auf Terminkontrakte kann die Option an jedem Werktag vor dem Verfalldatum durch Mitteilung an die Chicago Board of Trade Clearing Corporation bis spätestens 18 Uhr (Chicagoer Zeit) ausüben. Eine solche Mitteilung über die Ausübung des Optionsrechts wird dann durch Zufallsauswahl einem Optionsverkäufer zugeordnet. Kaufoptionen, deren Basispreis am letzten Handelstag mindestens 2 Punkte unter dem Marktpreis liegt, und Verkaufsoptionen, deren Basispreis am letzten Handelstag mindestens 2 Punkte über dem Marktpreis des zugrundeliegenden Instruments liegt, werden automatisch ausgeübt.

**Verfall** Nicht ausgeübte Optionen verfallen am ersten Samstag nach dem letzten Handelstag um 10 Uhr morgens (Chicagoer Zeit).

**Börsenstunden** Montag bis Freitag von 7:20 Uhr bis 14 Uhr (Chicagoer Zeit). Am letzten Tag, an dem ein auslaufender Kontrakt gehandelt wird, schließt der Handel in dem betreffenden Kontrakt um 12 Uhr. Die Abendsitzung findet Sonntag bis Donnerstag von 17 Uhr bis 20:30 Uhr (normale Chicagoer Zeit) bzw. 18 Uhr bis 21:30 Uhr (Sommerzeit) statt.

**Ticker-Symbol** CG für Call-Optionen, PG für Put-Optionen.

### Optionen auf zehnjährige U.S.-Treasury-Note-Terminkontrakte

**Kontraktgröße** Ein zehnjähriger U.S.-Treasury-Note-Terminkontrakt der CBOT (eines bestimmten Liefermonats) mit einem Nennwert bei Fälligkeit von 100 000 $ oder einem Vielfachen davon.

**Tickgröße** Ein Vierundsechzigstel ($1/64$) eines Punktes (15,625 $ pro Kontrakt) aufgerundet auf den nächsten ganzen Cent pro Kontrakt.

**Basispreise** Werden in Abständen von 1 Punkt (1000 $) über und unter dem aktuellen T-Note-Terminkontraktkurs quotiert. Wenn der Kurs des Terminkontrakts auf T-Notes mit zehnjähriger Laufzeit beispielsweise 92-00 beträgt, können Basispreise von 89, 90, 91, 92, 93, 94, 95 usw. festgelegt werden.

**Tägliches Kurslimit** 3 Punkte (3000 $ pro Kontrakt) über oder unter dem Settlement-Preis des Vortages (auf 4 ½ Punkte erhöhbar). Limits werden am letzten Handelstag aufgehoben.

**Kontraktmonate** Der erste Monat des laufenden Quartals sowie die nächsten drei Kontrakte im normalen vierteljährlichen Zyklus (März, Juni, September und Dezember). Falls der erste Monat des laufenden Quartals ein normaler Kontraktmonat ist, wird kein zusätzlicher monatlicher Kontrakt angeboten. Der monatliche Optionskontrakt kann mit Hilfe eines laufenden vierteljährlichen Terminkontrakts ausgeübt werden. Eine Juli-Option auf fünfjährige T-Note-Kontrakte kann beispielsweise durch Eingehen einer September-Terminkontraktposition ausgeübt werden.

## Terminkontrakthandel

**Letzter Handelstag**  Optionen werden ab dem Monat, der dem Liefermonat des zugrundeliegenden Terminkontrakts vorausgeht, nicht mehr gehandelt. Der letzte Handelstag für Dezember-1990-T-Note-Optionen ist beispielsweise der 23. November 1990. Der Handel in Optionen wird zum Mittag des letzten Freitags, der zumindest fünf Werktage vom letzten Werktag des dem Optionskontraktmonat vorausgehenden Monats entfernt ist, eingestellt.

**Ausübung**  Der Käufer einer Option auf Terminkontrakte kann die Option an jedem Werktag vor dem Verfalldatum durch Mitteilung der Chicago Board of Trade Clearing Corporation bis spätestens 18 Uhr (Chicagoer Zeit) ausüben. Eine solche Mitteilung über die Ausübung des Optionsrechts wird dann durch Zufallsauswahl einem Optionsverkäufer zugeordnet. Kaufoptionen, deren Basispreis am letzten Handelstag mindestens 2 Punkte unter dem Marktpreis liegt, und Verkaufsoptionen, deren Basispreis am letzten Handelstag mindestens 2 Punkte über dem Marktpreis des zugrundeliegenden Instruments liegt, werden automatisch ausgeübt.

**Verfall**  Nicht ausgeübte Optionen verfallen am ersten Samstag nach dem letzten Handelstag um 10 Uhr morgens (Chicagoer Zeit).

**Börsenstunden**  Montag bis Freitag von 7:20 Uhr bis 14 Uhr (Chicagoer Zeit). Am letzten Tag, an dem ein auslaufender Kontrakt gehandelt wird, schließt der Handel in dem betreffenden Kontrakt um 12 Uhr. Die Abendsitzung findet Sonntag bis Donnerstag von 17 Uhr bis 20:30 Uhr (normale Chicagoer Zeit) bzw. 18 Uhr bis 21:30 Uhr (Sommerzeit) statt.

**Ticker-Symbol**  TC für Call-Optionen, TP für Put-Optionen.

## Optionen auf fünfjährige U.S.-Treasury-Note-Terminkontrakte

**Kontraktgröße**  Ein U.S.-Treasury-Note-Terminkontrakt der CBOT (eines bestimmten Liefermonats) mit einem Nennwert bei Fälligkeit von 100 000 $ oder einem Vielfachen davon.

**Tickgröße**  Ein Vierundsechzigstel ($1/_{64}$) eines Punktes (15,625 $ pro Kontrakt) aufgerundet auf den nächsten ganzen Cent pro Kontrakt.

**Basispreise**  Werden in Abständen von 1 Punkt (1000 $) über und unter dem aktuellen T-Note-Terminkontraktkurs quotiert. Wenn der Kurs des Terminkontrakts auf T-Notes mit zehnjähriger Laufzeit beispielsweise 92-00 beträgt, können Basispreise von 89, 90, 91, 92, 93, 94, 95 usw. festgelegt werden.

**Tägliches Kurslimit**  3 Punkte (3000 $ pro Kontrakt) über oder unter dem Settlement-Preis des Vortages (auf 4 ½ Punkte erhöhbar). Limits werden am letzten Handelstag aufgehoben.

**Kontraktmonate**  Der erste Monat des laufenden Quartals sowie die nächsten drei Kontrakte im normalen vierteljährlichen Zyklus (März, Juni, September und Dezember). Falls der erste Monat des laufenden Quartals ein normaler Kontraktmonat ist, wird kein zusätzlicher monatlicher Kontrakt angeboten. Der monatliche Optionskontrakt kann mit Hilfe eines laufenden vierteljährlichen Terminkontrakts ausgeübt werden. Eine Juli-Option auf fünfjährige T-Note-Kontrakte kann beispielsweise durch Eingehen einer September-Terminkontraktposition ausgeübt werden.

## Terminmarkt

**Letzter Handelstag**  Optionen werden ab dem Monat, der dem Liefermonat des zugrundeliegenden Terminkontrakts vorausgeht, nicht mehr gehandelt. Der letzte Handelstag für Dezember-1990-T-Note-Optionen ist beispielsweise der 23. November 1990. Der Handel in Optionen wird zum Mittag des letzten Freitags, der zumindest fünf Werktage vom letzten Werktag des dem Optionskontraktmonat vorausgehenden Monats entfernt ist, eingestellt.

**Ausübung**  Der Käufer einer Option auf Terminkontrakte kann die Option an jedem Werktag vor dem Verfalldatum durch Mitteilung der Chicago Board of Trade Clearing Corporation bis spätestens 18 Uhr (Chicagoer Zeit) ausüben. Eine solche Mitteilung über die Ausübung des Optionsrechts wird dann durch Zufallsauswahl einem Optionsverkäufer zugeordnet. Kaufoptionen, deren Basispreis am letzten Handelstag mindestens 2 Punkte unter dem Marktpreis liegt, und Verkaufsoptionen, deren Basispreis am letzten Handelstag mindestens 2 Punkte über dem Marktpreis des zugrundeliegenden Instruments liegt, werden automatisch ausgeübt.

**Verfall**  Nicht ausgeübte Optionen verfallen am ersten Samstag nach dem letzten Handelstag um 10 Uhr morgens (Chicagoer Zeit).

**Börsenstunden**  Montag bis Freitag von 7:20 Uhr bis 14 Uhr (Chicagoer Zeit). Am letzten Tag, an dem ein auslaufender Kontrakt gehandelt wird, schließt der Handel in dem betreffenden Kontrakt um 12 Uhr. Die Abendsitzung findet Sonntag bis Donnerstag von 17 Uhr bis 20:30 Uhr (normale Chicagoer Zeit) bzw. 18 Uhr bis 21:30 Uhr (Sommerzeit) statt.

**Ticker-Symbol**  FL für Call-Optionen, FP für Put-Optionen.

ungünstigsten Falle die zur Sicherheit geleistete Maintenance Margin gerade aufgezehrt wird. Stößt die Kursentwicklung an die Limits, erhöhen sich sofort die Margins; die Preislimits werden erweitert bzw. aufgehoben. Wird der zu leistende Einschuß nicht erbracht, erfolgt eine *Zwangsexekution* (→ Glattstellung durch das Clearing House). Dabei entstehende Verluste hat der Einschußsäumige zu tragen.
Im Regelfall werden die Terminkontrakte von den Kontrahenten des Clearing House vor →Fälligkeit durch ein entsprechendes Gegengeschäft glattgestellt, so daß nur wenige Kontrakte durch effektive Lieferung zu erfüllen sind. Die Kontrahenten wollen lediglich einen Differenzgewinn realisieren und gehen das Risiko eines Differenzverlustes ein. Die stufenweise Nachschußpflicht kann zwar einerseits für den Marktteilnehmer eine hohe Belastung darstellen, andererseits besteht die Möglichkeit, aufgrund des →*Leverage-Effektes* (Hebelwirkung infolge der Werbänderung des Kontraktvolumens zum relativ geringen Einschuß) hohe Gewinne zu erzielen. Ferner haben die Kontrahenten die entgangenen → Zinsen für den Einschuß und eine geringe Kontraktgebühr zu kalkulieren.

### Terminkurs
Kurs für ein → Termingeschäft, vor allem bei einem → Devisentermingeschäft (→ Devisenhandel, → Devisenkurse).

### Terminkursarbitrage
Abschluß von gegenläufigen → Devisentermingeschäften, die anfangs unterschiedliche, durch spätere → Glattstellung aber gleiche → Fälligkeit haben (Fristentransformation). Ziel ist, aus der unterschiedlichen Höhe der → Swapsätze einen → Gewinn zu erzielen. Die T. – auch als → Swapsatzarbitrage bezeichnet – ist eine Variante der → Zinsarbitrage.

### Terminmarkt
Markt, an dem → Termingeschäfte geschlossen werden. I.e.S. werden nur Termingeschäfte mit individuell gestalteten Vertragsinhalten dazu gerechnet (→ Forward-Markt). I.w.S. zählt auch der Markt für standardisierte → Terminkontrakte (→ Futures-Markt) dazu (→ Terminbörse).

## Terminposition

**Terminposition**
Bezeichnung für eine → Position, die sich aus einem → Termingeschäft über → Devisen, → Wertpapiere, Finanzinstrumente oder → Waren ergibt.

**Terminrendite,** → Implied Yield.

**Terminrisiko**
→ Liquiditätsrisiko, das bei → Aktivgeschäften in der Gefahr der Nichteinhaltung vereinbarter Zinszahlungs- und Tilgungstermine (aktivisches T.) bis hin zum teilweisen oder vollständigen Ausfall von Zins- und Tilgungszahlungen besteht und das bei → Passivgeschäften als Gefahr vorzeitiger, d. h. nicht vertragsgemäßer Verfügung über → Einlagen existiert (passivisches T.).

**Termin-Swap,** → Forward Swap.

**Terminverkauf,** → Forward.

**Terminzinssatz,** → Forward Rate.

**Terms of Payment**
Zahlungsgewohnheiten im → Außenhandel. Zahlen ausländische Käufer schneller für inländische Güter, verbessern sich die T. o. P. Eine Verbesserung bedeutet Devisenzuflüsse, eine Verschlechterung Devisenabflüsse. Bevorstehende bzw. erwartete oder erfolgte Änderungen von → Wechselkursen führen zu Veränderungen der T. o. P.

**Terms of Trade**
Relation von Ausfuhrpreisen zu Einfuhrpreisen: Maßzahl, die angibt, wie sich die → Kaufkraft einer Exporteinheit, gemessen in Importeinheiten, im Vergleich zum Basisjahr verändert hat. Die T. o. T. verbessern sich für ein Land bei steigenden Ausfuhrpreisen, aber konstanten oder sinkenden Einfuhrpreisen. Für eine bestimmte Menge an Exportgütern können dann mehr Güter als vorher importiert werden.

**Term Swap**
→ Zinsswap mit einer → Laufzeit von mehr als drei Jahren.
*Gegensatz:* → Money Market Swap.

**Tertiärtrend**
Besteht aus kurzfristigen Fluktuationen von wenigen Tagen bis zu zwei Monaten Länge. Sie haben nur insofern eine Bedeutung, als sie Bestandteil der → Sekundär- bzw. → Primärtrends sind.

**Testament**
→ Verfügung von Todes wegen in Form eines einseitigen → Rechtsgeschäfts, in dem der → Erblasser alle → letztwilligen Anordnungen treffen kann, stets aber eine Erbeinsetzung (gewillkürte Erbfolge) vornimmt.

*Testierfähigkeit:* Jeder Mensch, der das 16. Lebensjahr vollendet hat, kann ein wirksames T. abgeben (§ 2229 BGB), → Minderjährige aber nur ein notarielles T. (§ 2247 Abs. 3 BGB). Dagegen besitzen geschäftsunfähige Personen (→ Geschäftsfähigkeit) keine Testierfähigkeit.

*Formen:* (1) Eigenhändiges T.: Handschriftliche Abfassung nebst Unterschrift des Erblassers (§ 2247 BGB). (2) Notarielles T.: Wichtigste Form des öffentlichen T., das zur Niederschrift bei einem Notar errichtet wird (§ 2231 BGB). (3) Ehegattentestament: Ehegatten können gemeinsam ein T. errichten (§§ 2265 ff. BGB), wobei die Zusammenfassung nur formell in einer einheitlichen Testamentsurkunde liegen, sich jedoch auch auf die gegenseitige Erbeinsetzung erstrecken kann. Üblich ist dabei, daß sich die Ehegatten durch eine wechselbezügliche Verfügung gegenseitig als → Erben einsetzen (§ 2270 BGB). Sind gemeinsame Kinder vorhanden, so werden diese entweder als Erben des länger Lebenden berufen (sogenanntes Berliner T. nach § 2269 BGB), oder der überlebende Ehegatte wird als Vorerbe, die gemeinsamen Kinder als Nacherben eingesetzt (→ Vor- und Nacherbschaft).

*Bindungswirkung:* Das T. ist durch Vernichtung oder Veränderung frei widerrufbar (§§ 2253–2255 BGB). Ein später errichtetes T. enthält, soweit es zu dem früheren in Widerspruch steht, zugleich den Widerruf des früheren (§ 2258 BGB). Wird ein notarielles T. dem Erblasser aus der amtlichen → Verwahrung zurückgegeben, so gilt dies als Widerruf (§§ 2248, 2256 BGB). Im Unterschied dazu können gemeinschaftliche Ehegattentestamente mit wechselbezüglichen Verfügungen nur unter den erschwerten Voraussetzungen des Rücktritts vom → Erbvertrag einseitig widerrufen werden (§ 2271 BGB).

**Testamentsvollstrecker**
Zur Durchführung der Testamentsvollstreckung benannte → Person.

*Ernennung:* Ein T. wird vom → Erblasser durch → Testament ernannt (§ 2197 BGB). Daneben kann der Erblasser die Bestimmung der Person des T. auch einem Dritten oder dem Nachlaßgericht überlassen (§§ 2298, 2200 BGB). Die Annahme des Amtes ist freiwillig und bedarf der Erklärung gegenüber dem Nachlaßgericht.

*Legitimation:* Der T. hat sich durch eine vom Nachlaßgericht auf Antrag ausgestellte →Urkunde, das Testamentsvollstreckerzeugnis, auszuweisen (§ 2368 BGB). In dem Zeugnis sind etwaige, dem T. in der Verwaltung des →Nachlasses auferlegte Beschränkungen anzugeben. Das Testamentsvollstreckerzeugnis besitzt wie der →Erbschein die Vermutung der Richtigkeit und Vollständigkeit und genießt darüber hinaus öffentlichen Glauben (§§ 2368 Abs. 3, 2365, 2366 BGB). In Abweichung von den Erbscheinvorschriften wird mit Beendigung des Amtes des T. das Zeugnis von selbst, also ohne Einziehung, kraftlos. Die Vermutung des § 2365 BGB entfällt und gutgläubige Dritte sind nicht mehr geschützt (§§ 2366 f. BGB). →Kreditinstitute sind aufgrund ihrer →Allgemeinen Geschäftsbedingungen nicht verpflichtet, das Testamentsvollstreckerzeugnis laufend daraufhin zu überprüfen, ob es noch in Kraft ist (Nr. 5 AGB Banken, Nr. 5 Abs. 2 AGB Sparkassen). Außerdem trägt der Kunde selbst den Schaden, der etwa daraus entstehen sollte, da das Kreditinstitut unverschuldet keine Kenntnis von einem Mangel in der Wirksamkeit des Testamentsvollstreckerzeugnis erlangt.

*Aufgaben:* Der T. hat regelmäßig die Aufgabe, den Nachlaß ordnungsgemäß zu verwalten, über Nachlaßgegenstände zu verfügen und die letztwilligen Verfügungen des Erblassers auszuführen (§§ 2203, 2205 BGB). Die Herbeiführung der Erbauseinandersetzung obliegt ebenfalls seiner Aufgabe. Soweit die Nachlaßgegenstände (z. B. →Nachlaßkonten) der Verwaltung durch den T. unterliegen, sind die →Erben gemäß § 2211 BGB von jeder Verfügung ausgeschlossen. Das ist nicht der Fall, wenn der Erblasser Nachlaßgegenstände von der Verwaltung durch den T. ausgenommen (§ 2208 Abs. 1 BGB) oder diese Nachlaßwerte den Erben zur freien Verfügung überlassen hat. Der T. besitzt regelmäßig Aktiv- und Passivlegitimations, soweit Prozesse anstehen, die den Nachlaß betreffen.

*Beendigung:* Die Testamentsvollstreckung endet durch Zweckerreichung, Eintritt einer auflösenden Bedingung oder Fristablauf. Außerdem erlischt das Amt des T., wenn dieser stirbt, geschäftsunfähig wird, wegen Unfähigkeit oder aus anderen wichtigen Gründen durch das Nachlaßgericht auf Antrag eines Beteiligten entlassen wird. Schließlich kann der T. sein Amt durch →Kündigung gegenüber dem Nachlaßgericht beenden.

*T. als Generalbevollmächtigter des Erblassers:* Der Erblasser kann dem T. (insbes. im Zusammenhang mit einer Unternehmensfortführung) zusätzlich noch eine Vollmacht über den Tod hinaus (→ Kontovollmacht) erteilen. Somit unterliegt dieser als Bevollmächtigter nicht den gesetzlichen Beschränkungen des T. Diese →Vollmacht kann aber von den Erben widerrufen werden. Einen entsprechenden Widerruf kann der Erblasser durch eine entsprechende Ausgestaltung des Testaments oder des →Erbvertrags, durch eine bedingte Erbeinsetzung (Wegfall der Erbenstellung bei Widerruf) oder eine entsprechende Auflage (ausdrückliche und damit erzwingbare Untersagung des Widerrufs) ausschließen.

## Testat
Bezeichnung für den →Bestätigungsvermerk des Wirtschaftsprüfers.

## Theoretical Basis
Entspricht der →Carry Basis bei kurzfristigen →Zinsfutures. Sie wird ermittelt, indem man vom Futurekurs, der sich aus dem aktuellen →Referenzinssatz (z. B. →FIBOR), ergibt, den → Fair Value abzieht (Formel: T. B. = Futureskurs abgeleitet aus dem aktuellen Geldmarktsatz–Fair Value des →Future). Die T. B. konvergiert am letzten Handelstag gegen Null und hängt von der →Renditestrukturkurve des →Geldmarktes ab.

## (Theoretischer) Verteilungstyp
Verteilungen, die bis auf die →Verteilungsparameter, die gleiche Verteilungsfunktion haben, gehören zum gleichen V. Je nach Beschaffenheit der →Zufallsgrößen unterscheidet man diskrete (z. B. →Binomialverteilung B [n;p]) und stetige (z. B. →Normalverteilung) V. Einzelne Verteilungen innerhalb des gleichen V. werden durch die Angabe der Verteilungsparameter gekennzeichnet.

## Theoretischer Wert, → Fair Value.

## Thesaurierungsfonds
→ Investmentfonds, bei dem keine →Ertragsausschüttung an die Inhaber von →In-

vestmentzertifikaten erfolgt, sondern → Gewinne reinvestiert werden. Ein T. muß aber die bei Dividendenzahlungen deutscher → Aktiengesellschaften anfallende → Körperschaftsteuergutschrift an die Anteilsscheininhaber weiterleiten. Ordentliche Erträge (→ Dividenden und → Zinsen) gelten mit Abschluß des → Geschäftsjahres als den Inhabern von Investmentzertifikaten zugeflossen und sind in dem entsprechenden → Geschäftsjahr von ihnen zu versteuern.
*Gegensatz:* → Ausschüttungsfonds.

### Theta

→ Sensitivitätskennzahl von → Optionen, → Optionsscheinen und Optionsähnlichen Instrumenten (z. B. → Caps), die die Veränderung des → Fair Values mißt, wenn sich die → Laufzeit um eine bestimmte Zeiteinheit (z. B. Tag, Woche) ändert. Bei asymmetrischen Zinsinstrumenten (→ asymmetrisches Risikoinstrument) hat der Zeitablauf einen Einfluß auf den Fair Value. Sowohl → Calls als auch → Puts verlieren an Wert, wenn die Laufzeit geringer wird. Das T. quantifiziert diesen Einfluß auf den Optionspreis. Ähnlich wie für das → Vega gilt auch für das → Theta, daß sich die maximalen Thetawerte für Optionen ergeben, die am → Geld notieren. Im Gegensatz zum Vega nimmt das Theta allerdings mit abnehmender Laufzeit zu. Je geringer die Laufzeit wird, desto höher wird das Theta. Deshalb ist eine Analyse des Thetas insbesondere bei → Long Positionen mit einer kurzen Laufzeit notwendig. Long Positionen haben immer ein negatives Theta, da die Laufzeitverkürzung mit einem Verlust verbunden ist. Im Gegensatz hierzu haben → Short Positionen immer ein positives Theta, da eine Laufzeitverkürzung mit einem Gewinn verbunden ist.
(→ Marktrisikofaktor, → Marktrisiko-Analyse).

### Thrift Institutions
Bankengruppe in den USA, zu der die Mutual Savings Banks (genossenschaftlich organisierte → Sparkassen), die → Savings (& Loan) Associations (genossenschaftlich organisierte bausparkassenähnliche Institute) und die Credit Unions (→ Kreditgenossenschaften) zählen (→ Bankwesen USA).

### Tick
Die kleinste Preisänderung bei der Notierung (Quotierung) von → Finanzterminkontrakten, z. B. 0,5 DAX-Punkte beim → DAX-Future, 0,01% bei → Bund-Futures. Aus T. und Kontraktwert kann der *Tickwert* (Tick Size) errechnet werden.

### TIFFE
Abk. für Tokyo International Financial Futures Exchange (→ Options- und Terminbörsen an den internationalen Finanzplätzen).

### Tilgung
Bezeichnung für → Rückzahlung eines → langfristigen Kredits in Teilbeträgen, wobei diese planmäßig (z. B. nach → Tilgungsplan bei → Schuldverschreibungen oder bei → Hypothekarkrediten) oder außerplanmäßig (z. B. durch freihändigen Rückkauf von Schuldverschreibungen) erfolgen kann. Im → Kreditgeschäft unterscheidet man je nach Art der T. → Annuitätendarlehen, → Abzahlungsdarlehen und → Festdarlehen.

### Tilgungsanleihe
→ Anleihe (→ Schuldverschreibung), die im Gegensatz zur → ewigen Anleihe getilgt wird. Die → Tilgung kann am Ende der → Laufzeit in einer Summe erfolgen (→ gesamtfällige Anleihe). Werden jährlich gleich hohe Beträge getilgt, so bezeichnet man die Anleihe als → Ratenanleihe. Bleibt die jährliche Gesamtbelastung gleich (die Tilgung steigt um die ersparten Zinsen), so liegt eine → Annuitätenanleihe vor. Häufig beginnt bei Raten- und Annuitätenanleihen die → Rückzahlung nach einer tilgungsfreien Zeit (Tilgungsfreijahre). Anleihen ohne festen → Tilgungsplan werden während ihrer Laufzeit nach den vertraglichen Möglichkeiten des → Ausstellers zurückgezahlt. Die technische Durchführung der Rückzahlung kann planmäßig über die Auslosung von Serien, Reihen, Gruppen oder Endziffern bzw. durch freihändigen Rückkauf zu Lasten eines planmäßig dotierten Tilgungsfonds erfolgen. Außerplanmäßige Tilgungen sind zusätzliche Tilgungen, die ggf. gemäß Anleihebedingungen auf die planmäßigen Tilgungen späterer Jahre angerechnet werden. Außerplanmäßige Tilgungen können durch vorzeitige → Kündigung der gesamten Anleihe (frühestens nach Ablauf einer in den Anleihebedingungen vorgesehenen kündigungsfreien Zeit), durch Auslosung zusätzlicher Serien, Reihen, Gruppen oder Endziffern und durch Rückkauf an der → Börse erfolgen. Eine Kündigung → festverzinslicher (Wert-)Papiere

durch den Anleihegläubiger ist in den Anleihebedingungen meistens ausgeschlossen. Bietet der →Emittent mit Kündigung einer Anleihe gleichzeitig den Wertpapiergläubigern eine neue Anleihe zu geänderten Bedingungen (Zinssatz, Laufzeit, Tilgungsmodalitäten) an, so handelt es sich um eine Umwandlung der Schuldbedingungen (→Konversionsanleihe).

### Tilgungsdarlehen
Bezeichnung für ein →Darlehen, das als →Annuitätendarlehen abgewickelt wird. Mitunter wird der Begriff (im Gegensatz zum →Festdarlehen) auch als Oberbegriff für alle Formen des kontinuierlich durch Monats-, Vierteljahres- oder Jahresraten zu tilgenden Darlehens verwendet. Es schließt dann auch nichtannuitätisch zurückzuzahlende →Kredite ein.

### Tilgungsdienst
Bezeichnung für die Durchführung der →Tilgung bei →langfristigen Krediten und bei →Schuldverschreibungen. Der T. ist Teil des →Kapitaldienstes.

### Tilgungshypothek
→Hypothek, bei welcher der →Schuldner die persönliche →Forderung vereinbarungsgemäß in regelmäßigen (Jahres-)Raten tilgt, indem er einen festen Betrag, bestehend aus den zurückgehenden →Zinsen und den entsprechend wachsenden →Tilgungen, an den →Gläubiger zahlt.
Jede Tilgungsleistung würde eine ständig sich vergrößernde Teileigentümergrundschuld mit dem Rang (→Rang von Grundstücksrechten) hinter der Resthypothek zur Entstehung bringen (§§ 1163 Abs. 1, 1177 BGB). Zur Vermeidung dieser Rechtsfolge vereinbaren →Kreditinstitute mit ihren Kunden häufig, daß die Leistungen zunächst nicht auf die Forderung angerechnet, sondern auf einem besonderen Tilgungskonto gesammelt werden und erst mit Zahlung der letzten Rate die Verrechnung erfolgt; erst dadurch soll die →Eigentümergrundschuld insgesamt zur Entstehung kommen.
*Gegensatz:* →Abzahlungshypothek, →Festhypothek.

### Tilgungskurs, →Rückzahlungskurs.

### Tilgungsplan
Enthält den Zeitpunkt und Höhe der →Rückzahlung bei →Zinsinstrumenten, die nicht einmalig zurückgezahlt werden (z. B. →Ratenanleihen, Vorsorgeanleihen, →Annuitätenanleihen). Der T. ist die Grundlage für die Ermittlung der →mittleren Laufzeit bzw. →Equivalent Life.

### Tilgungsstreckungsdarlehen
*Disagiodarlehen;* Zusatzdarlehen, das einem Kreditnehmer neben dem Hauptdarlehen gewährt wird. Es dient dazu, das →Disagio des Hauptdarlehens zu finanzieren. T. nehmen im Rahmen der →Baufinanzierung Kreditnehmer in Anspruch, die sich aus steuerlichen Gründen für eine Auszahlung mit Disagio entscheiden, aber den vollen Darlehensbetrag benötigen. Das Zusatzdarlehen wird vor dem Hauptdarlehen getilgt. Dadurch verlängert sich die Kreditlaufzeit. Das Disagio wird zum Agio (→Aufgeld).

### Tilgungsverrechnungsklausel
Vereinbarung über die Verrechnung von Tilgungszahlungen insbes. bei unterjähriger Leistung. Z. B. wird bei nachschüssiger Tilgungsverrechnung trotz unterjährig geleisteter Tilgungszahlungen der →Zins nach dem jeweiligen Stand des Darlehenskapitals am Schluß des abgelaufenen Kalenderjahres gerechnet. Diese Berechnungsart ist nach § 9 AGB-Gesetz nichtig, sofern der zinserhöhende Charakter der T. nicht im →Darlehensvertrag durch Angabe des anfänglichen Effektivzinssatzes dem Darlehensnehmer deutlich gemacht wurde.

### Time lag
*Wirkungsverzögerung;* Zeitspanne, die vom Eintritt eines wirtschaftspolitisch bedeutsamen Ereignisses bis zur Wirkung der getroffenen wirtschaftspolitischen Maßnahme vergeht. – Vgl. Abbildung S. 1514.

### Time Spread
1. *Optionshandel:* →Kombinierte Optionsstrategie, bei der gleichzeitig eine →Long und →Short Position in Call-Optionen (→Callrecht) oder →Put-Optionen mit dem gleichen →Basiswert mit unterschiedlicher →Fälligkeit, aber gleichem →Basispreis eingegangen wird. T. S. wird auch als Horizontal Spread bezeichnet.
(→Vertical Spread, →Diagonal Spread)

2. →Futureshandel: →Intramarket Spread.

### TIPANET
Abk. für Transferts Interbancaires de Paiements Automatisées. Von Genossenschaftsbanken aus sieben europäischen Ländern

**Titel**

**Time lag**

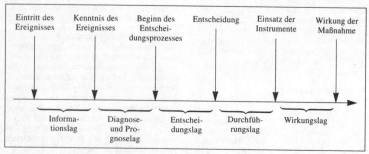

entwickeltes internationales Zahlungsverkehrssystem auf der Basis der elektronischen Datenübertragung (→ Elektronischer Zahlungsverkehr), mittels dessen (vor allem wiederkehrende) → Zahlungen ins Ausland (vorerst → Überweisungen, in einer zweiten Phase auch → Lastschriften) durchgeführt werden können. Ein „TIPANET-Abkommen" regelt Einzelheiten der Umwandlung von privaten oder gewerblichen Kunden beleghaft erteilter Auslandsüberweisungsaufträge in TIPANET-Datensätze und deren Bearbeitung durch die beteiligten → Kreditinstitute (→ Abkommen zum bargeldlosen Zahlungsverkehr, → Zahlungsverkehr im EG-Binnenmarkt).

**Titel**

1. Im *juristischen Sprachgebrauch* Kurzbezeichnung für → Vollstreckungstitel (vollstreckbarer Titel).

2. In der *finanzwirtschaftlichen Terminologie* verwendete Bezeichnung, die verbriefte und unverbriefte Rechte an Anlagen an → Finanzmärkten kennzeichnet, so z. B. → Finanztitel, → Zinstitel.

**Titelspezifisches Risiko,** → unsystematisches Risiko.

**T/N**
Abk. für → TOM/NEXT.

**T-Note**
Kurzbezeichnung für → Treasury Note.

**Tobin'sches Separationstheorem**
Die Zusammenstellung des riskanten Marktportefeuilles erfolgt im → Capital Asset Pricing Model (CAPM), bei dem eine risikolose Anlage vorliegt, unabhängig von der Risikoeinstellung des Anlegers, d. h. alle Investoren wählen die gleiche Struktur des riskanten Marktportefeuilles (Tangentialportefeuille). Zur Ergänzung der risikolosen Anlage kommt auf der → Effizienzkurve nur das Tangentialportefeuille in Frage. Im CAPM wird die Portfolio-Selection deshalb auf die Allokation zwischen einer risikolosen Anlage und dem Tangentialportefeuille reduziert. Da lediglich zwei Anlagen zu kombinieren sind, wird die Portefeuille-Selektion stark vereinfacht. Besonders risikoaverse Anleger werden einen Großteil der anzulegenden Mittel in die risikolose Anlage investieren und nur einen geringen Teil in das Tangentialportefeuille investieren. Wenig risikoaverse Anleger werden dagegen alles in das Marktportefeuille investieren oder zusätzlich kreditfinanzierte → Investitionen in das Marktportefeuille vornehmen. Die folgende Abbildung zeigt die Kapitalmarktlinie als Gerade zwischen der risikolosen Anlage ($R_f$) und dem Tangentialportefeuille (Marktportefeuille):

**Tobin'sches Separationstheorem**

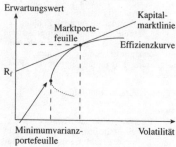

Bei der Portefeuille-Selektion nach dem CAPM können zwei Vorgänge separat behandelt werden. Zum einen die Zusammensetzung des Tangentialportefeuilles und zum anderen die Aufteilung des → Vermögens auf die risikolose Anlage und des Tangentialportefeuilles aufgrund der spezifischen Risikoeinstellung der Anleger. Vgl. auch → moderne Portfolio-Theorie, → Asset Allocation.

**TObl**
Kurzbezeichnung für → Treuhand-Obligation.

**Tochtergesellschaft**
*Tochterunternehmen*; Konzernunternehmen, das vom → Mutterunternehmen abhängig ist; eine gesetzliche Definition für den Bereich des KWG und des → Handelsrechts enthält § 290 HGB i. V. m. § 1 Abs. 7 KWG.

**Tochterunternehmen**
Synonym für → Tochtergesellschaft (→ Konzern).

**Tod des Bankkunden**
Erfährt ein → Kreditinstitut vom Tod eines Kunden, so hat es verschiedene Maßnahmen durchzuführen: (1) Die von dem Verstorbenen gehaltenen → Konten bzw. → Depots sind in → Nachlaßkonten bzw. Nachlaßdepots umzuschreiben. Dabei ist zu beachten, ob es sich um → Einzelkonten oder → Gemeinschaftskonten handelt. (2) Beträgt der Gesamtwert aller Konten und Depotbestände am Todestag mehr als 2.000 DM, hat das Kreditinstitut dies binnen einen Monats nach Bekanntwerden des Todes dem für die Verwaltung der → Erbschaft- und Schenkungsteuer zuständigen Finanzamt (§ 33 Abs. 1 ErbStG) anzuzeigen (→ Anzeigepflichten des Kreditinstituts beim Tod eines Kunden). Hatte der Verstorbene ein → Schließfach (→ Schrankfach) oder ein → Verwahrstück bei dem Kreditinstitut, so ist eine entsprechende Anzeige ebenfalls erforderlich, da alle in Gewahrsam des Kreditinstituts befindlichen Vermögensgegenstände meldepflichtig sind. Obwohl die Rechtsnatur des Schrankfachvertrages umstritten ist, geht die Finanzverwaltung von einer Meldepflicht aus. (3) Die erbrechtliche Lage ist zu prüfen, d. h. es ist festzustellen, welche → Person(en) als → Erbe(n) berufen ist (sind) – sofern der verstorbene Kunde nicht anderweitig auch mit Wirkung gegenüber den Erben verfügt hat (→ Schenkung von Todes wegen; auf den Todesfall bezogener → Vertrag zugunsten Dritter). (4) Bei → debitorischen Konten des Erblassers ist zu prüfen, ob die → Forderungen durch andere Vermögenswerte aufgrund des → AGB-Pfandrechts oder anderer Besicherungen (→ Kreditsicherheiten) gedeckt sind und inwieweit der/die Erbe(n) hierfür herangezogen werden können (→ Erbenhaftung). (5) Es ist zu ermitteln, ob der Erblasser anderen Personen eine bis zum Widerruf durch die Erben gültige → Vollmacht (→ Kontovollmacht, → Bankvollmacht) erteilt hat.

**Tokyo Price Index,** → TOPIX.

**Tombstone**
1. Wörtlich: Grabstein.
2. Bezeichnung für Finanzanzeige, in der der → Emittent, die Ausstattungsmerkmale der → Emission, die Manager und → Underwriter genannt werden. Der T. stellt keine Aufforderung zum Kauf der Emission dar, sondern dient lediglich der Information.

**TOM/NEXT (TIN)**
Abk. im → Euro-Geldmarkt für „tomorrow to next day". TOM/NEXT-Abschlüsse sind Abschlüsse im → Geldhandel mit einwerktägiger → Valuta, d. h. gehandeltes → Tagesgeld wird einen Tag nach dem Abschluß angeschafft und verzinst. Das Geld ist am Tag nach der Anschaffung fällig.

**Tomorrow next**
*Tom next*; → Swapgeschäft, dessen Kassaseite an dem auf den Abschluß folgenden Geschäftstag und dessen Terminseite am darauf folgenden Geschäftstag fällig wird (→ Swapsatz).

**TOPIX**
Abk. für Tokyo Price Index. Kapitalisierungsgewichteter japanischer → Aktienindex, der alle → Aktien der ersten Section der Tokyo Stock Exchange umfaßt.
(→ Nikkei 225 Index, → Nikkei 300 Index)

**Total Return Index,** → Performanceindex.

**Total Return Management festverzinslicher Papiere**
Das Umfeld für → festverzinsliche (Wert-) Papiere hat sich in den letzten 20 Jahren grundlegend geändert. Die zunehmende

## Total Return Management

→ Volatilität an den internationalen → Rentenmärkten führt unter anderem dazu, daß immer mehr Marktteilnehmer die traditionelle passive → Buy-and-Hold-Strategie aufgeben und → aktive Anlagestrategien verfolgen. Aktive Anlagestrategien mit festverzinslichen Papieren, die auch als prognoseorientierte oder als → Risk-altering Bond Management Strategien bezeichnet werden, können unterschieden werden in Strategien, die auf einfachen Zinserwartungen oder detaillierten Zinserwartungen basieren. Bei den erstgenannten Strategien genügen Prognosen über die Richtung der Renditeentwicklung, d. h., ob die → Renditen fallen, steigen oder konstant bleiben. Vor dem Hintergrund der zunehmenden Renditestrukturkurvenveränderungen ist diese Strategie in der Praxis wenig erfolgversprechend, da keine Aussagen über die Veränderung der → Renditestrukturkurve getroffen werden. Deshalb sind detaillierte Zinserwartungen erforderlich, die sowohl Höhe, Richtung und Zeitpunkt von restlaufzeitabhängigen Renditeveränderungen berücksichtigen. Der Zinsprognose kommt damit eine entscheidende Bedeutung beim aktiven Management von Rentenbeständen (z. B. Handelsbestand, Fondsbestand) zu. Aber auch bei der passiven Haltestrategie sind Prognosen über zukünftige Zinsentwicklungen notwendig, um Aussagen über → Wiederanlagerisiken festverzinslicher Papiere treffen zu können. Aufbauend auf den Renditeprognosen wird in einem nächsten Schritt der → (erwartete) Total Return eines Papiers bzw. → Portfolios bestimmt.

*Total Return als zukünftiger geplanter Ertrag*: Unter dem Total Return versteht man den prozentualen Gesamtertrag eines festverzinslichen Wertpapiers oder Portfolios bezogen auf einen bestimmten → Planungshorizont. Das erzielte Endkapital (z. B. in DM) wird in das Verhältnis gesetzt zum investierten → Kapital und umgerechnet in eine jährliche prozentuale Verzinsung (→ Annualisierung). Der Total Return eines Papiers oder Portfolios (Portfolio-Total Return) setzt sich i. a. aus dem → Nominalzins, den Zinseszinserträgen und Kursverlusten bzw. Kursgewinnen zusammen. Der erwartete Total Return wird auch als Horizon Return bezeichnet. Er ist der individuell geplante, quantifizierte Ertrag einer Anlagestrategie auf Basis der Zinserwartung des Anlegers (z. B. Händler, Portfolio Manager) während eines bestimmten Anlagehorizontes. Das erzielte Endkapital wird im Gegensatz zum Total Return, der immer eine prozentuale Verzinsung angibt, als → Dollar Total Return bezeichnet. Hierbei spielt es keine Rolle, in welcher → Währung das Endkapital steht. Dollar soll nur zum Ausdruck bringen, daß es sich um einen absoluten Betrag in einer beliebigen Währung handelt. Die Frage, wie lange der Planungshorizont gewählt werden soll, kann nicht allgemein verbindlich beantwortet werden. Bei der Definition des Anlagehorizontes sind vor allem die spezifischen Anforderungen der unterschiedlichen Marktteilnehmer zu berücksichtigen. Während beispielsweise ein Rentenhändler einen Planungshorizont von wenigen Stunden oder Tagen hat, wird der Planungshorizont eines Fondsmanagers i. d. R. bei mehreren Wochen, Monaten oder sogar Jahren liegen. So ist beispielsweise der Planungshorizont eines → Laufzeitenfonds das Datum der Auflösung des Fonds. Da traditionelle → Rentenfonds theoretisch unendlich laufen, könnte man als Planungshorizont beispielsweise das Geschäftsjahresende des Fonds ansehen.

*Vergleich der wertbezogenen Kennzahlen Rendite (→ Endwertansatz) und Total Return*: vgl. Tabelle S. 1517.

*Parameteranalyse von Zinsinstrumenten*: Bei aktiven → Tradingstrategien mit → Zinsinstrumenten spielen Wiederanlagerisiken bzw. -chancen eine untergeordnete Rolle. Die entscheidende Komponente, die für den Erfolg bzw. Mißerfolg einer Handelsstrategie von Bedeutung ist, sind zinsinduzierte Kursgewinne bzw. -verluste. Hierfür ist der Total Return in folgende drei Komponenten aufzuteilen: (1) Ertrag aus der Verzinsung des eingesetzten Kapitals (positiver Effekt); (2) Kursveränderung durch → Modified Duration (negativer oder positiver Effekt); (3) Kursveränderung durch → positive Convexity (immer positiver Effekt).

Die Rendite eines festverzinslichen Papiers kann als Verzinsung des eingesetzten Kapitals (→ Dirty Price) definiert werden (→ Rendite, Interpretation). Diese Komponente hat für den Anleger immer einen positiven Return. Dieser wird zum einen von der Rendite des Papiers (→ Yield-to-Maturity), zum anderen von der Zeitdauer bis zum Planungshorizont bestimmt. Es erfolgt nichts anderes als die Berechnung der zeitanteiligen Rendite. Man nennt diesen Effekt

## Total Return Management festverzinslicher Papiere

|  | Yield-to-Maturity | Total Return (Gesamtertrag) |
|---|---|---|
| Planungshorizont | Endfälligkeit des Papiers | Individuell vom Marktteilnehmer bestimmt |
| Gewinne bzw. Verluste | Rückzahlungsgewinn bzw. -verlust | a) Bei Verkauf vor Fälligkeit: Gewinne bzw. Verluste aufgrund von Zinsänderungen<br>b) Bei Halten bis zur Endfälligkeit: Rückzahlungsgewinn bzw. -verlust |
| Wiederanlage der Kupons | Rendite des Papiers | Individuell vom Marktteilnehmer bestimmt |
| Betrachtungszeitpunkt | Zukunftsorientiert Ex Ante | Zukunftsorientiert Ex Ante |

deshalb auch Zeiteffekt (→ Income Effekt). Unter der Voraussetzung, daß sich die Rendite des Papiers bis zum Planungshorizont des Marktteilnehmers nicht ändert, kann der → Ertrag aus dem Papier wie folgt berechnet werden:

Ertrag aus dem Zeiteffekt = Rendite in % · Zeitdauer

Ändert sich die Rendite des Papiers, wird man mit dem festverzinslichen Papier auch einen anderen Ertrag erzielen als den berechneten Ertrag aus dem Zeiteffekt. Der Ertrag wird beeinflußt von der Modified Duration, Convexity und schließlich von der erfolgten Renditeänderung.

Ein eventueller Kursgewinn bzw. -verlust infolge einer Renditeänderung kann mit Hilfe der Modified Duration relativ leicht geschätzt werden. Die prozentuale Kursveränderung ist bei einer → Parallelverschiebung um so größer, je größer die Modified Duration des Papiers ist. Der Ertrag aus dem Zeiteffekt und der Veränderung der Rendite (Modified Duration Effekt) kann mit folgender Formel bestimmt werden.

Total Return = Rendite in %
· Zeitdauer – $D_{Mod}$
· Renditeänderung

wobei:
$D_{Mod}$ = Modified Duration
Zeitdauer = Zeitraum bis Ende des Planungshorizontes.

Diese Formel eignet sich gut, um den Total Return eines Papiers annähernd zu bestimmen, wenn der Planungszeitraum nur wenige Wochen beträgt und die Renditeschwankungen bei maximal 50 bis 60 → Basispunkten liegen.

Bei der Ermittlung des Total Return wurde jedoch noch nicht berücksichtigt, daß festverzinsliche Papiere eine → Convexity haben. Wird die Modified Duration zur Ermittlung von prozentualen Kursveränderungen verwendet, unterstellt man einen linearen Zusammenhang zwischen Rendite- und Kursänderungen, der tatsächlich aber nicht existiert. Je höher die Convexity eines Papiers ist, desto geringer wird der tatsächliche Kursverlust bzw. desto höher wird der Kursgewinn im Vergleich zur Schätzung mit Hilfe der Modified Duration sein. Der Beitrag der Convexity zum Gesamtertrag ist proportional zur quadrierten Renditeänderung. Die Formel zur Ermittlung des Total Returns unter Berücksichtigung der Convexity lautet:

Total Return = Rendite in %
· Zeitdauer – $D_{Mod}$
· Renditeänderung
+ 0,5 · C
· (Renditeänderung/ 100)² · 100

wobei:
$D_{Mod}$ = Modified Duration
C = (Modified) Convexity.

*Bedeutung in der Praxis*: In der Praxis wird der Total Return mit Hilfe von komplexen Formeln errechnet und kann somit nur mit Computerunterstützung ermittelt werden. Der Vorteil dieser Faustformeln ist sofort zu erkennen: Sie verdeutlichen dem Anwender, wie der Total Return ermittelt wird und aus welchen Komponenten er sich zusammensetzt. Desweiteren erkennt man, ob ein positiver oder negativer Ertrag aus den einzelnen Komponenten zu erwarten ist und wie hoch er sein wird. Diese Aussagen können mit der traditionellen Renditekennzahl nicht getroffen werden. Insofern ist Total Return Management und die sich daran anschließende Analyse dem traditionellen Renditedenken überlegen. Allerdings ist zu beachten, daß der Total Return insbes. von der Schätzung des zukünftigen Zinsniveaus abhängig ist. Diese Schätzung entfällt bei der Ermittlung der traditionellen Rendite. Der Total Return kann deshalb nur ein Hilfsmittel sein, um den Ertrag eines Papiers bzw. eines Portfolios entsprechend der erwarteten Zinsentwicklung zu optimieren. Um die Planungssicherheit zu erhöhen, empfiehlt es sich, mehrere verschiedene Zinsentwicklungen (z. B. Worst Case, Best Case) mit Wahrscheinlichkeiten zu gewichten und dann den → Composite Total Return zu ermitteln. Total Return Analysen können nicht nur zur Auswahl eines Papieres, sondern auch bei Break-even-Analysen und Tauschstrategien (z. B. Duration-Equivalent Butterfly Swaps) eingesetzt werden.

Nicht zu verwechseln mit dem Total Return ist die Performance (→ Wertentwicklung). Während der Total Return ein geplanter Ertrag unter Berücksichtigung der subjektiven Zinsmeinung ist, wird unter der Performance der tatsächlich realisierte Ertrag verstanden. Daraus folgt, daß Total Return Management eine Ex-Ante-Analyse-Methode ist, während die Performance-Analyse eine Ex-Post-Betrachtung darstellt. Total Return Management löst die Probleme lösen, die einer reinen Renditebetrachtung verbunden sind. Während bei der Rendite als Entscheidungskriterium nur eine Komponente, nämlich die Verzinsung des Kapitals berücksichtigt wird, fließen beim Total Return alle Komponenten ein, die den Ertrag eines festverzinslichen Papiers bestimmen. Damit ist unter anderem gewährleistet, daß zwei Papiere trotz unterschiedlicher → Laufzeiten direkt miteinander verglichen werden können und der Ertrag auf Basis einer bestimmten Zinsmeinung optimiert werden kann. Bei einer reinen Renditebetrachtung wäre dies nicht möglich. Anlageentscheidungen auf Basis des Total Returns sind somit objektiv vergleichbar. Total Return ist im Gegensatz zur Renditebetrachtung ein dynamisches Analysetool, da auch die Veränderung des zukünftigen Zinsniveaus bei der Ermittlung dieser Kennzahl berücksichtigt wird. Ein weiterer Vorteil des Total Returns liegt darin, daß Planungshorizont und Laufzeit des Papiers im Gegensatz zur Renditebetrachtung nicht identisch sein müssen. Damit eignet sich diese moderne Ertragskennzahl vor allem im Management und der Ertragsoptimierung von Handelsbeständen der Eigenanlagen und den → Sondervermögen von → Investmentfonds. Zur Analyse und Interpretation des Total Returns sollten die traditionelle wertbezogene Kennzahl Rendite und die Risikoparameter Modified Duration und Convexity herangezogen werden. Diese Analyse mit Hilfe der erwähnten Kennzahlen wird als Parameteranalyse bezeichnet.

## Tracking Error

Abweichung zwischen der → Wertentwicklung eines → Indexfonds oder → Portfolios und des → Benchmarkportfolios. Je geringer der T. E. ist, desto besser konnte das Benchmarkportfolio nachgebildet werden. Der T. E. wird als → Standardabweichung der Differenz zwischen der Portfoliorendite und Benchmarktrendite ermittelt. Der T. E. ist um so geringer, je stärker das Portfolio dem Benchmarkportfolio in seiner Zusammensetzung angenähert wird. In der Praxis wird i. d. R. immer ein geringer T. E. entstehen, da Transaktionskosten im Portfolio anfallen, im Benchmarkportfolio dagegen nicht. Eine weitere Ursache für einen T. E. ist die Tatsache, daß die Indexgewichtung der einzelnen Werte nicht ganzzahlig ist, → Aktien aber nur in ganzen Stücken gekauft werden können. Des weiteren haben auch Kosten- und Praktikabilitätsgründe einen Einfluß auf den T. E. Beispielsweise können → Aktienindices mit vielen Einzeltiteln (z. B. S & P 500 Index, Russel 2000 Index) nicht exakt nachgebildet werden, da ansonsten alle im → Index enthaltenen Werte gekauft werden müßten. Je mehr Werte des Benchmarkportfolios gekauft werden, desto geringer wird der T. E.
(→ Indexierungsstrategie)

## Traded Option
Börsenmäßig gehandelte → Option.

## Trader
Gruppe von spekulativ ausgerichteten Marktteilnehmern an → Finanzmärkten, die auf der Grundlage einer bestimmten Markterwartung → Risikopositionen eingehen (→ Position). Sie bilden die Gegenseite zu den Marktteilnehmern, die Terminpositio-

nen zur Absicherung von Kassa-Positionen (→ Hedger) eingehen.

**Trade Terms**
Von der → Internationalen Handelskammer (ICC) Paris (erstmals 1928) herausgegebene Zusammenstellung der „Handelsüblichen Vertragsformeln". Sie listet die unterschiedlichen Auslegungen auf, die die Ausdrücke in den verschiedenen Ländern erfahren, wenn die → Incoterms nicht zugrunde gelegt werden, und soll Mißverständnisse, die den internationalen Handel beeinträchtigen können, ausschalten.

**Trading Book**
Zentrales Element der → Kapitaladäquanz-Richtlinie des Rates der → Europäischen Gemeinschaften (EG), durch welches die Mindesteigenkapitalanforderungen für Risiken festgelegt werden, die → Wertpapierhäuser und → Euro-Kreditinstitute im Rahmen von Wertpapiereigenhandelsgeschäften, Geschäften mit → derivativen (Finanz-)Instrumenten und bei → Devisengeschäften eingehen. Im T.B. des Wertpapierhandels werden diejenigen → Wertpapiere und Derivate erfaßt, die im → Eigenhandel übernommen werden, um bestehende oder erwartete Kurs- bzw. Renditedifferenzen auszunutzen (→ Arbitrage, Trading) oder um andere Wertpapierbestände abzusichern (→ Hedging). Zum T.B. rechnen auch → Wertpapierpensionsgeschäfte und → Wertpapierleihe. Das T.B. ist mit verschiedenen Risiken verbunden: Das Positionsrisiko für Zins- und Aktienkursänderungen wird als → spezifisches Risiko und als → allgemeines Marktrisiko erfaßt. Fremdwährungsrisiken (→ Währungsrisiko) sind ebenso mit → Eigenkapital zu unterlegen wie Abwicklungs- und Ausfallrisiken noch nicht abgewickelter („schwebender") Geschäfte. Schließlich werden im T.B. die Großrisiken beschränkt, wobei grundsätzlich die Vorschriften der → Großkredit-Richtlinie maßgebend sind. Die Umsetzung in das deutsche Bankrecht ist noch nicht erfolgt.

**Trading Portfolio**, → Wertpapiere des Handelsbestands.

**Tradingstrategie**
Strategie mit Kassapapieren, → Optionen, Financial Futures, → Forwards bzw. → Financial Swaps, um von einer Veränderung der Kurs- bzw. Renditeentwicklung zu profitieren. Im Gegensatz zu → Arbitrage- oder → Hedgingstrategien kann bei einer T. eine → offene Position, d. h. → Long Position bzw. → Short Position, eingegangen werden. Werden bei T. sowohl Long- als Short-Positionen eingegangen, bezeichnet man diese T. als Spread-Trading (z. B. Long → Bund-Future, Short → Bobl-Future), → Basis-Trading (z. B. Long Bund-Future, Short → CTD-Anleihe). → Kombinierte Optionsstrategien mit → Optionen und → Optionsscheinen werden als → Spreads bzw. Volatilitätshandel bezeichnet.
(→ Cross Currency Spread Trading mit Zinsfutures, → Spread Trading mit Zinsfutures, → Arbitragestrategien, → Hedgingstrategien)

**Traditional Style Premium Posting**, → Stock-Style-Verfahren.

**Traditionspapier**
→ Warenwertpapier (handelsrechtliches Wertpapier), das einen → Anspruch auf Herausgabe von → Waren in der Weise verbrieft, so daß mit dem Papier über die → Sache selbst verfügt werden kann. Die → Urkunde tritt bei der → Übergabe oder sonstigen Verfügung an die Stelle der Ware. T. sind das → Konnossement, der → Ladeschein und der → Orderlagerschein. Nach herrschender Meinung vertritt oder repräsentiert der unmittelbare → Besitz der Urkunde den unmittelbaren Besitz der Ware. Der Inhaber des Papiers nimmt die gleiche Rechtstellung ein wie derjenige, dem die Ware direkt gemäß § 929 BGB übergeben worden ist. Mit T. kann daher über schwimmende oder lagernde Ware verfügt werden.

**Trainee**, → Berufs-Einstiegs- und -Entwicklungsmöglichkeiten für Hochschulabsolventen.

**Trainee-Programme in der Kreditwirtschaft**
Ein speziell (zumeist für die Zielgruppe Hochschulabsolventen) entwickeltes Ausbildungsprogramm. Ziel der Ausbildung ist ein möglichst schneller und effizienter Einsatz in qualifizierten Fach- und auch Führungspositionen.

*Kennzeichen eines Traineeprogrammes:*
Kennenlernen aller wesentlichen Geschäftsbereiche des → Kreditinstituts, „Learning by Doing" (Aufenthaltsdauer in den Stationen

des Programmes muß so bemessen sein, daß der Trainee effektiv mitarbeiten kann), praxisbegleitende Seminare, durchschnittliche Programmdauer zwischen zwölf und 24 Monaten, Festlegung des späteren Arbeitsplatzes im Verlauf des Programmes unter Berücksichtigung von betrieblichem Bedarf und Stärken und Neigungen des Mitarbeiters.

*Programminhalte:* Das allgemeine Bank-Traineeprogramm beinhaltet mindestens die Praxisblöcke Geschäftsstelle/→ Privatkundengeschäft, → Auslands-, → Wertpapier-, → Kreditgeschäft. Den jeweiligen Praxisblöcken sind Seminare zugeordnet. Den Schwerpunkt des Programmes bildet üblicherweise die Kreditausbildung mit meist bis zu zwölfmonatiger Dauer. Viele Kreditinstitute sind inzwischen dazu übergegangen, neben dem „klassischen" Traineeprogramm auch Spezialprogramme, z. B. im Wertpapiergeschäft/Investmentbanking oder im Organisations-/EDV-Bereich, anzubieten.

*Auswahl der Trainees:* Traineeprogramme als Einstieg in das Berufsleben sind bei Hochschulabsolventen sehr beliebt. Nach Vorauswahl der schriftlichen Bewerbungen erfolgt die Endauswahl meist über → Assessment-Center.

### Transaction Banking
Tätigung der → Bankgeschäfte bei dem → Kreditinstitut, das die günstigsten Konditionen bietet.
*Gegensatz:* → Relationship Banking.

### Transaction Risk
Kursänderungsrisiko für die Zeit zwischen der Entstehung einer Fremdwährungsforderung oder -verbindlichkeit und der Zahlung.

### Transaktionsgebühren, → Disagio.

### Transaktionsnummer, → TAN.

### Transaktionswährung, → Währung.

### Transferable Revolving Underwriting Facility (TRUF)
Variante einer → Revolving Underwriting Facility (RUF), bei der Vereinbarungen über die Übertragung der Underwriting-Verpflichtung getroffen werden. Bei TRUF kann sich somit die Zusammensetzung der Garanten für die → Plazierung der Papiere ändern.

### Transferbilanz, → Übertragungsbilanz.

### Transfergarantie
Garantie des Devisentransfers (→ Zahlungsgarantie, → Bankgarantie im Außenhandel).

### Transferrisiko
→ Währungsrisiko, das darin besteht, daß in dem Land des Partners eines Devisenhandelsgeschäftes administrative Regelungen getroffen werden, durch die die vertragliche → Erfüllung des Geschäftes erschwert oder unmöglich gemacht wird.

### Transferzahlung
Ausgabe, für die im Gegensatz zu Ausgaben für Sachgüter und Dienstleistungen von den Empfängern keine direkte Gegenleistung erbracht wird. Sie führt zu Kaufkraftumschichtungen. Staatliche T. werden in solche an Unternehmen (→ Subventionen) und an private Haushalte (z. B. Sozialhilfe, Kindergeld) unterteilt.

### Transithandel
Geschäfte im → Außenhandel, bei denen außerhalb des Inlandes befindliche → Waren oder in das Inland verbrachte, jedoch einfuhrrechtlich noch nicht abgefertigte Waren durch → Gebietsansässige von → Gebietsfremden erworben und an Gebietsfremde veräußert werden (§ 40 Abs. 3 AWV). In der BRD besteht für einige Transithandelsgeschäfte Genehmigungspflicht (§ 40 Abs. 1 AWV). Für Zahlungen im T. gelten Meldepflichten nach § 66 AWV (→ Meldungen über den Außenwirtschaftsverkehr). Aus der Sicht des Landes, in dem der Transithändler ansässig ist, werden Transitgeschäfte als aktiv bezeichnet; ist der Transithändler im Ausland ansässig und der Verkäufer oder Käufer der Ware ein inländisches Unternehmen, handelt es sich um ein passives Transithandelsgeschäft.

Beim T. wird die Ware entweder direkt vom Bezugsland zum Käuferland oder indirekt unter Zwischenschaltung einer Lagerung im Zollfreigebiet des Landes des Transithändlers befördert. Im letzteren Fall ist das Transithandelsgeschäft als Durchfuhr bzw. Transitverkehr anzusehen. Nach dem Außenwirtschaftsgesetz (AWG) ist unter Durchfuhr die Beförderung von → Sachen aus fremden Wirtschaftsgebieten durch das

Wirtschaftsgebiet zu verstehen, ohne daß diese in den freien Verkehr des Wirtschaftsgebietes gelangen (§ 4 Abs. 2 Nr. 5). Hierfür bestehen ebenfalls Beschränkungen (§ 38 AWV). Von der Funktion her stellt der T. ein Zwischenglied in der Außenhandelskette zwischen → Import und → Export dar; er ermöglicht insbes. das Ausnutzen internationaler Unterschiede in den währungs-, wirtschafts- und steuerpolitischen Bestimmungen, Vorschriften bzw. Maßnahmen.

**Transitorische Posten,** → Rechnungsabgrenzungsposten.

**Translation Risk**
Risiko, daß Investitionen im Ausland aufgrund eines Rückgangs der Fremdwährung in der Bilanz wertberichtigt werden müssen.

**Transmission geldpolitischer Impulse,** → Geldpolitik der Deutschen Bundesbank.

**Transmissionsmechanismus,** → Geldpolitik der Deutschen Bundesbank.

**Transparenzgebot**
Aus § 9 AGB-Gesetz sowie aus dem Grundsatz von → Treu und Glauben (§ 242 BGB) hergeleitete Pflicht vor allem der → Banken als Verwender von → Allgemeinen Geschäftsbedingungen, die Rechte und Pflichten der Kunden möglichst klar und durchschaubar darzustellen. Ein Verstoß hiergegen führt zur Unwirksamkeit der betreffenden AGB-Bestimmung. Die Rechtsprechung bezieht das Gebot vor allem auf die Preistransparenz; preiserhöhende oder sonst für den Kunden nachteilige Wirkungen von AGB-Klauseln dürfen z. B. bei der → Wertstellung nicht verschleiert werden (Konditionengestaltung bei Darlehen).

**Transportdokumentprüfung**
Feststellung im Rahmen einer Akkreditivabwicklung (→ Dokumentenakkreditiv), ob ein Transportdokument angenommen werden kann (→ Dokumente im Außenhandel, → Dokumentenprüfung). Für die verschiedenen Arten von Transportdokumenten sehen Art. 23–30 ERA je spezifische Voraussetzungen vor; jede dieser Bestimmungen ist in gleicher Weise aufgebaut. So muß z. B. beim Seekonnossement (→ Konnossement) das wie auch immer bezeichnete Dokument seiner äußeren Aufmachung nach den Namen des → Frachtführers ausweisen oder von einem, dem Master (Kapitän) oder von einem für diese → Personen handelnden, namentlich genannten Agenten authentisiert zu sein scheinen, die Verladung der → Ware an Bord eines namentlich genannten → Schiffes oder die Verschiffung auf diesem und den im Akkreditiv vorgeschriebenen Verladehafen und Löschungshafen ausweisen. Das Dokument muß ferner aus dem einzigen oder dem vollen Satz der Original-Konnossemente bestehen, die Beförderungsbedingungen zu enthalten scheinen – deren Inhalt die → Banken nicht prüfen – sowie in jeder anderen Hinsicht den Akkreditiv-Bedingungen entsprechen (Art. 23a ERA).

Umladung – beim Seekonnossement das Ausladen und Wiederverladen von einem Schiff auf ein anderes Schiff im Verlauf des Seetransports vom vorgeschriebenen Verlade- zum Löschungshafen (Art. 23 b ERA) – kann nach den Akkreditiv-Bedingungen verboten sein. Ansonsten nehmen die Banken ein (See-)Konnossement an, das Umladung vorsieht, vorausgesetzt, der gesamte Seetransport ist durch ein und dasselbe Konnossement gedeckt (Art. 23 Abs. c). Unter bestimmten Voraussetzungen nehmen die Banken auch dann Transportdokumente an, wenn im Akkreditiv Umladung verboten ist (Art. 23 Abs. d, 24 d, Art. 26 b, Art. 27 c, Art. 28 d ERA).

Banken nehmen grundsätzlich nur „reine" Transportdokumente an, d. h. solche, die keine Klauseln oder Vermerke enthalten, die ausdrücklich einen mangelhaften Zustand der Ware und/oder der Verpackung vermerken, sofern im Akkreditiv nicht ausdrücklich die Klauseln oder Vermerke bezeichnet sind, die angenommen werden dürfen (Art. 32 a, b). Sofern im Akkreditiv nichts anderes vorgeschrieben ist oder keine Unvereinbarkeit mit irgendeinem der unter dem Akkreditiv vorgelegten Dokumente besteht, nehmen die Banken auch Transportdokumente mit einem Vermerk an, daß Fracht- oder Transportkosten noch zu zahlen sind (Art. 33 a).

Wenn ein Akkreditiv ein Transportdokument verlangt, das sich auf mindestens zwei verschiedene Beförderungsarten erstreckt, nehmen die Banken ein multimodales Transportdokument an (Art. 26 ERA).

Teilverladungen von Waren und Teilinanspruchnahmen von Dienstleistungen/Leistungen sind ebenfalls zulässig, sofern das Akkreditiv nichts anderes vorschreibt. Jedoch gelten Transportdokumente, die ihrer äußeren Aufmachung nach auszuweisen

## Transportversicherungspolice

scheinen, daß Verladung auf demselben Beförderungsmittel und für dieselbe Reise mit demselben Ziel erfolgte, nicht als Teilverladungen abdeckend (Art. 40a, b ERA).

## Transportversicherungspolice

Handelsrechtliches Wertpapier (→ Warenwertpapier), das den Abschluß eines Transportversicherungsvertrages nachweist und den daraus resultierenden → Anspruch gegen den Versicherer verbrieft (§ 363 Abs. 2 HGB, §§ 778 ff. HGB [Seeversicherungspolice], §§ 129 ff. VVG [Binnenschiffahrtspolice]).

Dieses Papier ermöglicht im Falle der Veräußerung von → Waren während des Transports die Übertragung des Versicherungsschutzes. In der Praxis wird jedoch die Versicherung für den, den es angeht, vorgezogen (Versicherungsschein auf den Inhaber). Die versicherungsrechtlichen Ansprüche können dann von dem jeweiligen Eigentümer der Waren geltend gemacht werden. Eine Einzelpolice wird für die Versicherung eines einzelnen Warentransports ausgestellt. Eine Generalpolice wird ausgestellt, wenn mehrere Transporte, die ständig oder häufig zu gleichen oder ähnlichen Bedingungen zu versichern sind, mit einem Rahmenvertrag versichert werden. Der Inhaber einer Generalpolice kann für die einzelnen Warensendungen Versicherungszertifikate ausstellen lassen. Damit kann der Versicherungsanspruch aus einer Generalpolice für die einzelne Sendung bewiesen werden. Transportversicherungspolicen und -zertifikate sind gekorene → Orderpapiere. Sie können aber auch auf den Inhaber ausgestellt werden. Ein Versicherungsschein auf den Inhaber ist ein qualifiziertes → Legitimationspapier.

Für ein Versicherungsdokument, das zur Ausnutzung eines → Dokumentenakkreditivs vorgelegt wird, ist zu beachten: Das Versicherungsdokument muß so beschaffen sein, wie es im Akkreditiv vorgeschrieben ist. Das Dokument muß in derselben → Währung ausgestellt sein wie das Akkreditiv und muß von einer Versicherungsgesellschaft oder von deren Agenten ausgestellt und/oder unterzeichnet sein (Art. 34a und f ERA). Der Versicherungsbetrag muß mindestens 10 Prozent über dem CIF- oder CIP-Wert liegen, sofern im Akkreditiv nichts anderes vorgeschrieben ist (Art. 34f ERA). Zum Nachweis, daß der Versicherungsschutz rechtzeitig beginnt, darf das Versicherungsdokument nicht später als das Transportdokument ausgestellt sein (Art. 34 ERA). Die Art der Versicherung und die ggf. abzudeckenden zusätzlichen Risiken sollen im Akkreditiv vorgeschrieben sein. Fehlen im Akkreditiv besondere Bestimmungen, nehmen die Banken gemäß Art. 35b ERA ein Versicherungsdokument so an, wie es vorgelegt wird, ohne Verantwortung für irgendwelche nicht gedeckte Risiken (→ Dokumente im Außenhandel, → Dokumentenprüfung).

**Transportversicherungszertifikat,** → Transportversicherungspolice.

## Trassant
(Nicht mehr gebräuchliche) Bezeichnung für den → Aussteller eines → gezogenen Wechsels.

## Trassat
(Nicht mehr gebräuchliche) Bezeichnung für den → Bezogenen eines → Wechsels oder eines → Schecks.

## Trassiert-eigener Wechsel
→ Gezogener Wechsel, bei dem sich der → Aussteller selbst als → Bezogenen benennt (Art. 3 Abs. 2 WG). Diese Form ist bei Kaufleuten mit mehreren Niederlassungen gebräuchlich, wobei der Aussteller den Wechsel zumeist von der Hauptniederlassung auf seine Zweigniederlassung zieht (Kommanditwechsel).

## Tratte
Gezogener → Wechsel, der vom → Bezogenen (noch) nicht angenommen worden ist. T. sind vor allem im → Auslandsgeschäft gebräuchlich.
*Gegensatz*: → Akzept.

**Travel- and Entertainment-Karten,** → T&E-Karten.

**Travellercheque,** → Reisescheck, i. e. S. → Fremdwährungs-Reisescheck.

## Treasurer
Akteur im Bereich der Geld-, Devisen- und Wertpapier-Zentraldisposition (→ Treasury-Management).

**Treasury,** → Treasury-Management.

## Treasury Bill
*T-Bill*; in den USA und in Großbritannien (dort auch als Exchequer Bill bezeichnet)

emittierte → Schatzwechsel des Staats im Rahmen seiner kurzfristigen Kreditaufnahme.

**Treasury Bond**
Vom U.S.-amerikanischen Finanzministerium (→ U.S. Treasury) zu → pari emittiertes → Wertpapier mit einer → Laufzeit von mindestens zehn Jahren und → Stückelungen zwischen 1.000 und 1 Mio. U.S.-Dollar. Zinszahlungen erfolgen halbjährlich und sind von einzelstaatlichen wie von örtlichen → Steuern befreit.

**Treasury Department**
Organisatorische Zusammenfassung von Dispositionsabteilungen im Bereich → Geldhandel, → Devisenhandel und → Eigenhandel in → Wertpapieren unter Einbeziehung der Liquiditätssteuerung.

**Treasury-Management**
Umfassendes, gemeinsames und gleichzeitiges → Aktiv-Passiv-Management (Asset and Liability Management); auch Bezeichnung für den Managementbereich, dem der → Geldhandel, der → Devisenhandel, der → Eigenhandel in → Wertpapieren (→ Effekteneigengeschäfte) sowie die Liquiditätssteuerung (Liquidität des Bankbetriebs, → Liquiditäts-Management) zugeordnet sind (Treasury-Bereich). Wegen der großen Bedeutung ist das T.-M. oft ein eigener Vorstands- oder Geschäftsleitungsbereich oder als Hauptabteilung Zentraldisposition aufbauorganisatorisch in der ersten Hierarchieebene unterhalb des → Vorstands bzw. der Geschäftsleitung angesiedelt. Der Treasury-Bereich kann dezentral oder zentral organisiert sein. Regionale Treasury Center können die Treasury-Aktivitäten innerhalb einer Region koordinieren und dem zentralen Treasury unterstellt werden. Der Treasury-Bereich kann als → Profit Center (mit Budgetierung periodischer Ertragsvorhaben) oder als → Service Center organisiert werden.

*Aufgabe:* Messung und Erfassung von → Marktrisiken, die Begrenzung von Marktrisiken durch Vorgabe von Limiten sowie die optimale Steuerung der Risiken durch Eigenhandelsaktivitäten i. S. der Unternehmensziele (→ Zielkonzeptionen von Kreditinstituten). Das Treasury hat alle Marktrisiken der verschiedenen Teilbereiche der Bank zu erfassen und zusammenzuführen.

Alle Positionen sind mit ihrem Marktwert anzusetzen (→ Marked-to-Market-Prinzip). Unabhängig von den Kundengeschäften hat das Treasury Eigenhandelsaktivitäten zu entfalten, um die Marktrisiken zu steuern.
Aus den strategischen Zielen der Gesamtbank (→ strategische Bankplanung) werden taktische Ziele für den Treasury-Bereich entwickelt. Diese wiederum werden in operative Vorgaben für die Handelsabteilungen umgesetzt, z. B. durch Festlegung der Instrumente, mit denen Eigenhandelsaktivitäten durchgeführt werden, durch Fixierung von Limiten für bestimmte Bereiche (operationale Vorgaben). Limite sind insbes. im Bereich der → Finanzinnovationen erforderlich, da hier mit geringem Kapitaleinsatz sehr große → Risikopositionen aufgebaut werden können. Als Limit kann ein Kapitalbetrag festgesetzt sein, der maximal im Risiko stehen darf. Andererseits sind gerade moderne Finanzinstrumente geeignet, Risikosteuerung ohne Einsatz von → Liquidität (abgesehen von Prämien) durchzuführen. Durch Vorgabe von Bilanzstrukturkennziffern (→ Bilanzstruktur-Management) können mögliche Auswirkungen auf die → Gewinn- und Verlustrechnung (GuV) und auf die → Bilanz berücksichtigt und damit begrenzt werden. → Offene Positionen (Devisenpositionen, Zinspositionen, Effektenpositionen) sind durch Abschluß entsprechender Gegengeschäfte zu sichern (→ Risikomanagement, → Hedging). Zum anderen kann der Treasurer u. U. Positionen bewußt offen halten bzw. durch den Abschluß entsprechender Geschäfte Positionen öffnen, um diese in der Zukunft kostengünstiger glattstellen zu können und dadurch eine höhere → Marge zu erzielen (→ Bank-Controlling).
Bedingt durch die marktwirtschaftliche Abhängigkeit der → Zinsen, → Wechselkurse und sonstigen Preise eröffnet sich die Möglichkeit, Währungs-, Zins- und Wertpapierpositionen ggf. gleichzeitig zu sichern, bspw. durch Zins-/Währungsswaps. Dabei ist jedoch zu beachten, daß die hierzu erforderlichen Prognosen über die Entwicklung von Zinsen, Wechselkursen und Preisen Annahmen über deren Interdependenzen voraussetzen, die sich in der Realität eher selten bewahrheiten werden.

**Treasury-Management-Systeme,** → Cash-Management-Systeme.

## Treasury Note

Vom U.S.-amerikan. Finanzministerium emittiertes, mittelfristiges Papier mit → Laufzeiten zwischen einem und sieben Jahren und → Stückelungen von 5.000 bis 10.000 U.S.-Dollar. Zinszahlungen sind in gleicher Weise steuerbefreit wie bei → Treasury Bonds, erfolgen jedoch nur alle zwei Jahre.

## Trendbestätigende Formation

Chartbild, bei dem ein Trend nur vorläufig seine alte Bewegungsrichtung nicht fortsetzt und der Kurs zunächst konsolidiert. Im Anschluß an diese Konsolidierung verläuft der Kurs dann wieder in der ursprünglichen Richtung weiter. Beispiele: Rechtecke, Dreiecke, Flaggen, Wimpel und Keile.
*Gegensatz:* → Trendumkehrformation.

## Trend-Chart

Graphische Darstellung des Kurstrends (→ Trendlinienanalyse).

## Trendfächer

Ein Aufwärtstrend oder Abwärtstrend läßt sich oftmals nicht nur durch eine einzige → Trendlinie beschreiben, sondern auch durch eine Kombination mehrerer Trendlinien. Mehrere Trendlinien, die von einem gleichen Ausgangspunkt gezogen werden, ergeben grafisch einen T. T. und treten insbes. dann auf, wenn die Stärke der Aufwärts- oder Abwärtsbewegung im Zeitablauf deutlich verringert wird. – Vgl. Abbildung S. 1525.

## Trendkanal

Häufig vollziehen sich Aufwärts- und Abwärtsbewegungen in gleichgroßen prozentualen Auf- und Abschwüngen. Verbindet man jeweils Tief- und Hochpunkte der Kurse miteinander, so entsteht ein T. (vgl. Abbildung S. 1525). Ein Trendwendesignal aufgrund eines Schnittpunktes mit einer Trendlinie hat einen größeren Grad an Verläßlichkeit, wenn es mit einem Trendwendesignal aufgrund einer Trendwendeformation (V-Formation) einhergeht. Häufig ist auch zu beobachten, daß die Umsätze beim Trendwechsel ansteigen.
(→ Trendlinie)

## Trendlinien

T. kann man gewinnen, indem bei einem steigenden Markt aufeinanderfolgende Tiefpunkte der Kurse, im fallenden Markt aufeinanderfolgende Hochpunkte im Kursverlauf miteinander verbunden werden. Schneidet nach einer Trendbewegung der Kurs die T., so ist dies häufig ein Signal für eine Trendumkehr. T. können sowohl geradlinig als auch gekrümmt sein. Verlaufen die obere und untere T. parallel, bewegen sich die Kurse folglich in Schwingungen nahezu konstanter Intensität auf- und abwärts, so spricht man von einem → Trendkanal.

## Trendlinienanalyse

Analyse von Aktienkursverläufen (Einzelwertanalyse) im Rahmen der → technischen Aktienanalyse mit dem Ziel, die Trendrichtung in der Entwicklung eines Aktienkurses anzeigen bzw. einen anhaltenden → Trend zu bestätigen oder eine Trendumkehr zu signalisieren. Beim Aufwärtstrend werden mindestens zwei Tiefpunkte durch eine Linie (Tangente) verbunden. Ein abwärts gerichteter Trend wird dagegen durch eine Linie gekennzeichnet, die mindestens zwei Hochpunkte verbindet (vgl. Abbildung unten). Solange beim Aufwärtstrend die Trendlinie nicht geschnitten wird, kann man davon ausgehen, daß sich der Trend fortsetzt. Ein Durchbruch bedeutet ein Warnsignal. Ein Durchbruch der Trendlinie signalisiert eine veränderte Marktsituation (→ Trendfächer).

## Trendumkehrformation

Chartbild, bei dem eine gewisse Wahrscheinlichkeit besteht, daß der bisher be-

### Trendlinienanalyse

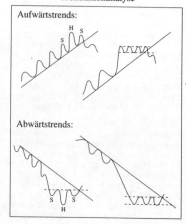

## Trendfächer

## Trendkanal

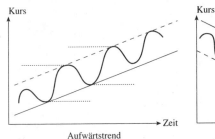
Aufwärtstrend

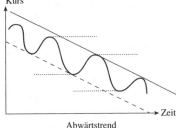
Abwärtstrend

herrschende Trend der Kursbewegung seine Richtung ändert: Der Trend kehrt um. Beispiele: Untertassen, M- und W-Formationen sowie Kopf-Schulter-Formationen.
*Gegensatz*: → trendbestätigende Formation.

### Trennbankensystem
→ Geschäftsbankensystem, in dem eine institutionelle Arbeitsteilung besteht zwischen → Commercial Banks (→ Banken, die hauptsächlich das Zahlungsverkehrsgeschäft sowie das → Einlagen- und → Kreditgeschäft in den herkömmlichen Formen betreiben) und → Investment Banks (Banken, die im Kapital- und Geldmarktgeschäft, insbes. im Wertpapierbereich, tätig sind).
*Gegensatz:* → Universalbanksystem.

### Trennfrist
Zeitraum vor dem Zinstermin (→ Kupontermin), zu dem ein → festverzinsliches (Wert-) Papier ohne Anrecht auf den auslaufenden → Kupon gehandelt wird.

**Tresor, →** Schrankfach.

### Treuarbeit Aktiengesellschaft
Mandatargesellschaft (bis 1992 „Treuarbeit Aktiengesellschaft Wirtschaftsprüfungsgesellschaft und Steuerberatungsgesellschaft"; seither „C & L Treuarbeit Deutsche Revision"), die gemeinsam in einem Konsortium mit der → Hermes Kreditversicherungs-AG die Geschäftsbesorgung für die → Ausfuhrgewährleistungen des Bundes wahrnimmt und im Rahmen der internen Aufgabenteilung für die → Ausfuhrbürgschaften (Gewährleistungen für Geschäfte mit öffentlich ausländischen Bestellern) zuständig ist. Ferner bearbeitet sie die Bundesgarantien für Kapitalanlagen in → Entwicklungsländern.

### Treuhand
Gesetzlich nicht geregeltes → Rechtsverhältnis zwischen Treugeber und Treuhänder (Treuhandverhältnis). Es liegt dann vor, wenn der Treugeber einen bisher rechtlich zu seinem → Vermögen gehörenden Gegenstand (Treugut) einem anderen (Treuhänder) zu getreuen Händen anvertraut, d.h. der Treuhänder darf das übertragene → Recht zwar im eigenen Namen nutzen, es jedoch nicht zu seinem Vorteil gebrauchen, er darf es vielmehr ausschließlich ganz oder teilweise im Interesse des Treugebers ausüben (fiduziarische Ausübung).

*Arten des Treuhandverhältnisses:* Zu unterscheiden sind die eigennützige T. und die fremdnützige T. Bei der eigennützigen T. (Sicherungstreuhand), z.B. bei einer → Sicherungsübereignung, erhält der Treuhänder volles → Eigentum, über das er aber aufgrund der → Sicherungsabrede bzw. des → Sicherungsvertrages mit dem Treugeber nur nach den im Innenverhältnis getroffenen Vereinbarungen verfügen darf. Da die Treuabrede gemäß § 137 BGB jedoch keine dingliche Wirkung hat, ist der Treunehmer (Sicherungseigentümer) nicht gehindert, wirksam über das Treugut zu verfügen. Eine fremdnützige T. (Verwaltungstreuhand) besteht z.B. bei einer → Vermögensverwaltung oder bei Führung von → Anderkonten oder sonstigen offenen → Fremdkonten durch Treuhänder.
Die T. grenzt sich von der → Stellvertretung dadurch ab, daß der Treuhänder nicht in fremdem, sondern in eigenem Namen handelt. Bei der Verwaltungstreuhand gehört das Treugut wirtschaftlich zum Vermögen des Treugebers, so daß der Treugeber im Falle der → Zwangsvollstreckung gegen den Treuhänder die Freigabe des Treuguts durch → Drittwiderspruchsklage gemäß § 771 ZPO verlangen kann und ihm im Falle des → Konkurses des Treuhänders ein Recht auf → Aussonderung zusteht (§ 43 KO). Im Falle der Sicherungstreuhand steht dem Treugeber nach der Rechtsprechung unter Zugrundelegung wirtschaftlicher Betrachtungsweise nur ein Recht auf → Absonderung gemäß § 48 KO zu.

*Gegenstände von Treuhandverhältnissen:* Gegenstand von Treuhandverhältnissen kann sowohl eine → Sache als auch ein Recht sein. Neben treuhänderischer Verwaltung von Bankguthaben (Anderkonten und sonstige offene Fremdkonten) können auch Wertpapierdepots treuhänderisch verwaltet werden. Treuhandverhältnisse können ferner in Frage kommen bei der Führung von Unternehmungen. Im → Kreditgeschäft treten → Banken und → Sparkassen vielfach als Treuhänder bei der Vergabe von staatlichen Mitteln im Rahmen bestimmter → Kreditprogramme auf (→ Treuhandkredit). Bei → privaten Hypothekenbanken ist nach § 29 HypBankG die Einsetzung eines vom → Bundesaufsichtsamt für das Kreditwesen bestellten Treuhänders vorgeschrieben, der nach § 30 Abs. 1 HypBankG darauf zu achten hat, daß die vorschriftsmäßige Deckung für die → Hypothekenpfandbriefe jederzeit vorhanden ist (→ Hypotheken- oder → Deckungsregister). Die gleiche Aufgabe hat der nach § 28 Abs. 1 Schiffsbankgesetz bei einer → Schiffspfandbriefbank bestellte Treuhänder (Deckungsregister). Auch → Wertpapiersammelbanken können die Funktion eines Treuhänders haben, z.B. wenn sie als → Gläubiger im → Schuldbuch der → Bundesschuldenverwaltung eingetragen sind. → Kapitalanlagegesellschaften, die nach § 30 KAGG Eigentümer der zu einem Grundstücks-Sondervermögen (→ offener Immobilienfonds) gehörenden Gegenstände sind, fungieren damit bei Grundstücksfonds ebenfalls als Treuhänder (im Gegensatz zu → Wertpapierfonds, bei denen die Anteilinhaber → Miteigentum nach Bruchteilen am Fondsvermögen haben).

### Treuhandanleihe
Von der → Treuhandanstalt emittierte → Anleihe.

## Treuhandanstalt

Ursprünglich durch Beschluß des Ministerrates (vom 1.3.1990) sowie Gesetz der Volkskammer der DDR „zur Privatisierung und Reorganisation des volkseigenen Vermögens" (Treuhandgesetz vom 17.6. 1990) errichtete, gem. Art. 25 des Einigungsvertrags fortbestehende rechtsfähige „bundesunmittelbare" → Anstalt des öffentlichen Rechts, die der Fach- und Rechtsaufsicht des Bundesfinanzministers untersteht. Seit Oktober 1990 erfolgt auch eine parlamentarische Kontrolle durch einen speziellen Unterausschuß des Haushaltsausschusses des Bundestags. Diese → juristische Person wird geleitet durch einen → Vorstand, dem ein → Verwaltungsrat zur Seite steht. Ihre Zuständigkeit erstreckte sich von Anfang an nur auf das (früher) volkseigene → Betriebsvermögen, jedoch weder auf Grund und Boden in Volkseigentum noch auf die Landwirtschaftlichen Produktionsgenossenschaften oder die Städten/Gemeinden unterstellten → Betriebe samt dem dazugehörenden → Vermögen, ebensowenig auf das Vermögen der Deutschen Reichsbahn oder der Deutschen Post. Durch das Treuhandgesetz wurden zum 1.7. 1990 alle von ihm erfaßten Wirtschaftseinheiten in → Kapitalgesellschaften umgewandelt, deren alleinige Anteilsinhaberin zunächst die T. wurde. Die Kapitalgesellschaften wurden kraft Gesetzes Eigentümer von Grund und Boden; → Ansprüche auf Restitution oder Entschädigung (nach dem → Vermögensgesetz) blieben jedoch bestehen.

Die ursprüngliche Einschätzung, die T. werde in der Lage sein, die Erfüllung ihrer (Haupt-)Aufgabe – „die früheren volkseigenen Betriebe wettbewerblich zu strukturieren und zu privatisieren" – weitgehend durch Privatisierungserlöse zu finanzieren (Präambel des Treuhandgesetzes), stellte sich als unrealistisch heraus; ihre DM-Eröffnungsbilanz zum 1.7. 1990 weist einen Fehlbetrag von über 200 Mrd. DM auf. Daher mußten zunehmend Kreditaufnahmen erfolgen. Hierfür gilt mit Wirkung vom 1.1. 1992 ein Bundesgesetz zur Regelung der Aufnahme von → Krediten durch die T., im Anschluß an den Kreditrahmen für 1990/1991 im Einigungsvertrag. Für die Treuhand-Verbindlichkeiten (von bis zu 30 Mrd. DM in den Wirtschaftsjahren 1992–1994) haftet der Bund. Zugleich wurden Sonderregelungen für → Schuldverschreibungen der Anstalt getroffen, die solchen des Bundes, seiner → Sondervermögen und der Länder gleichgestellt sind. Außer der Privatisierung durch Veräußerung von Gesellschafts- oder Vermögensanteilen, der Sicherung der Effizienz und Wettbewerbsfähigkeit ihrer Unternehmen und der Stillegung bzw. Verwertung des Vermögens von nicht sanierungsfähigen Unternehmen(steilen) obliegen der T. auch Maßnahmen der Entschuldung, Gewährung von → Ausgleichsforderungen nach dem DM-Bilanzgesetz sowie die Übernahme von → Bürgschaften und → Garantien zugunsten kreditsuchender Unternehmen.

Im Rahmen der Privatisierungsbestrebungen lagerte die T. wesentliche Aufgabenbereiche aus, z.B. auf eine Gesellschaft zur Privatisierung des Handels bzw. die Liegenschaftsgesellschaft der Treuhandanstalt mbH. Die für die Aufgabenerfüllung anfangs vorgesehenen Treuhand-Aktiengesellschaften wurden jedoch nicht gegründet. Für Zwecke der → Bankenaufsicht wird die T. seit 1992 wie ein → Sondervermögen des Bundes behandelt, so daß für die von ihr gewährten bzw. gewährleisteten Kredite (→ Kreditbegriff des KWG) die Privilegierungen des § 20 Abs. 1 Nr. 1 und Abs. 2 Nr. 4 KWG Anwendung finden und nicht (nur) § 20 Abs. 2 Nr. 3, Abs. 3 KWG. Für die Anwendung des → Grundsatzes I ergibt sich hieraus, daß Bankkredite an die T. selbst bei der Berechnung des Kreditvolumens nicht zu berücksichtigen sind, im Unterschied zu Krediten an Unternehmen, an denen sie → Beteiligungen hält (20 % bei ausdrücklicher Gewährleistung durch die Treuhand). In der → Monatlichen Bilanzstatistik und in der vierteljährlichen → Kreditnehmerstatistik sind dagegen → Forderungen und → Verbindlichkeiten gegenüber der T. unter Forderungen und Verbindlichkeiten gegenüber Unternehmen auszuweisen. Ende 1994 endete die Tätigkeit der T.; die verbleibenden Aufgaben werden seitens einer „Bundesanstalt für vereinigungsbedingte Sonderaufgaben" und durch vier Nachfolge-Gesellschaften fortgeführt.

## Treuhandbanken

Banken, die das → Treuhandgeschäft betreiben (→ Trust-Banken in Japan, → Trust Companies in USA).

## Treuhandeigentum

(Fiduziarisches) → Eigentum, das dem Treuhänder gegenüber Dritten (Außenver-

**Treuhänder**

hältnis) die uneingeschränkte Rechtsstellung des Eigentümers gibt. Der Treuhänder ist nach außen Eigentümer; er ist im Innenverhältnis zum Treugeber jedoch verpflichtet, die nach der getroffenen Vereinbarung bestehenden Beschränkungen bei der Ausübung des Eigentumsrechtes zu beachten. Nach außen hin kann der Treuhänder über das → Vermögen und etwaige sonstige → Rechte oder → Forderungen im eigenen Namen als Berechtigter verfügen; im Innenverhältnis zum Treugeber macht er sich jedoch bei einem vertragswidrigen Verhalten schadensersatzpflichtig nach den Grundsätzen der → positiven Vertragsverletzung.
*Beispiel:* Sicherungseigentum.
(→ Treuhand, → wirtschaftliches Eigentum)

**Treuhänder,** → Treuhand.

**Treuhänder-Anderkonto,** → Anderkonto.

**Treuhänderische Sicherheit**
→ Nichtakzessorische Kreditsicherheit/ → Sachsicherheit, durch die kraft Treugeber treuhänderisch dem → Kreditinstitut als Sicherungsnehmer → Eigentum an → beweglichen Sachen (→ Sicherungsübereignung) oder die Inhaberschaft an → Forderungen (→ Sicherungsabtretung) oder ein abstraktes → Pfandrecht an einem → Grundstück (→ Sicherungsgrundschuld) mit der Abrede überträgt, daß der Sicherungsnehmer im Rahmen des Sicherungszwecks zur → Verwertung des Sicherungsguts berechtigt ist.
Nach außen hin, d. h. gegenüber Dritten, erhält der Sicherungsnehmer die volle Rechtsstellung, während er im Innenverhältnis gegenüber dem Sicherungsgeber treuhänderisch verpflichtet ist, mit dem Sicherungsobjekt im Rahmen der getroffenen Abrede zu verfahren und nach Erfüllung der → Forderung den Sicherungsgegenstand an den Sicherungsgeber zurückzuübertragen.
Im Gegensatz zu den → akzessorischen Sicherheiten bedarf es bei den t. S. wegen der fehlenden gesetzlichen Akzessorietät noch zusätzlich eines schuldrechtlichen → Sicherungsvertrages (→ Sicherungsabrede, Zweckerklärung), der die fehlende gesetzliche Verbindung zwischen der Begründung der Sicherheit und dem Kreditverhältnis herstellt.
Der schuldrechtliche Sicherungsvertrag bildet den Rechtsgrund für die abstrakte Begründung der Sicherheit. Ist der → Kreditvertrag unwirksam, hat der Sicherungsgeber gegenüber dem Kreditinstitut im Zweifel einen schuldrechtlichen Anspruch auf Rückübertragung aus der Sicherungsvereinbarung; wird die Sicherheit ohne wirksamen Sicherungsvertrag bestellt, gründet sich der Rückübertragungsanspruch auf → ungerechtfertigte Bereicherung nach § 812 Abs. 1 BGB.
*Gegensatz:* → akzessorische Sicherheit.

**Treuhandgeschäft**
→ Bankgeschäfte, die im Rahmen einer treuhänderischen Beziehung (→ Treuhand) für die eigentlich wirtschaftlich betroffene → Person getätigt werden, wie die Betreuung → durchlaufender Kredite, die Vergabe anderer → Treuhandkredite (→ Verwaltungskredit, → weitergeleiteter Kredit). Bei → Treuhandkonten hat demgegenüber nicht das → Kreditinstitut, sondern der Kontoinhaber die Stellung eines Treuhänders im Verhältnis zum Treugeber.

**Treuhandgeschäfte, Bilanzierung**
Geschäfte, mit denen ein → Kreditinstitut → Treuhandvermögen und → Treuhandverbindlichkeiten erwirbt und daher Vermögensgegenstände und → Schulden im eigenen Namen, aber für fremde Rechnung hält, sind in der → Bankbilanz unter dem Aktivposten Nr. 9 „Treuhandvermögen" bzw. Passivposten Nr. 4 „Treuhandverbindlichkeiten" auszuweisen. Vermögensgegenstände und Schulden, die ein Kreditinstitut im fremden Namen und für fremde Rechnung hält, dürfen nicht bilanziert werden.
(→ Weitergeleitete Kredite)

**Treuhandkonto**
→ Konto, auf dem Vermögenswerte gebucht werden, die nicht dem Kontoinhaber gehören (→ Fremdkonto). Der Kontoinhaber (Treuhänder) hat die Verfügungsberechtigung über das Konto und unterhält es im Interesse des Treugebers.
Zwischen dem im Außenverhältnis in Erscheinung tretenden Treuhänder und dem das Guthaben zustehenden Treugeber besteht ein fremdnütziges Treuhandverhältnis (→ Treuhand). Der Treugeber überträgt dem Treuhänder ein Recht zu getreuen Händen in der Weise, daß der Treuhänder im Verhältnis zum Dritten (z. B. → Kreditinstitut) Vollrechtsinhaber des fremden Rechts wird. Der Treugeber ist hier völlig ausgeschal-

tet. Er besitzt weder ein Auskunfts- noch ein Verfügungsrecht. Verfügungsberechtigter ist lediglich der Treuhänder. Jedoch ist dieser dem Treugeber (im Innenverhältnis) schuldrechtlich verpflichtet, seine Interessen wahrzunehmen und nur Verfügungen zu treffen, die im Innenverhältnis abgesprochen worden sind. Soweit den Anforderungen an das Offenkundigkeitsprinzip hinreichend Genüge getan ist, besteht für persönliche Gläubiger des Treuhänders i. a. keine Möglichkeit der →Zwangsvollstreckung in das Kontoguthaben, andernfalls hätte der Treugeber das Recht der →Drittwiderspruchsklage gemäß § 771 ZPO. Aus dem gleichen Grunde kann das kontoführende Kreditinstitut grundsätzlich kein →Pfandrecht i. S. von Nr. 14 AGB Banken (Nr. 21 AGB Sparkassen) geltend machen (→AGB-Pfandrecht der Kreditinstitute). Im Falle des →Konkurses des Treuhänders hätte der Treugeber ein Recht auf →Aussonderung nach § 43 KO. Sofern der Fremdbezug des Kontoguthabens nicht hinreichend zum Ausdruck gebracht worden ist, also die Anforderungen an das Offenkundigkeitsprinzip nicht erfüllt sind, wird das T. wie ein →Eigenkonto des Inhabers behandelt (verdecktes T.).
Neben →Anderkonten können offene T. als →Sonderkonten z. B. für Vormünder (→Vormundschaft), Nachlaßpfleger (→Nachlaßpflegschaft), Nachlaßverwalter (→Nachlaßverwaltung), Testamentsvollstrecker, →Konkursverwalter, →Makler, Wohnungsbauunternehmen, Treuhänder bei →Bauherrenmodellen geführt werden. Das T. kann →Einzelkonto oder →Gemeinschaftskonto sein. Es kann seinem wirtschaftlichen Zweck nach →Kontokorrentkonto, →Girokonto, →Sparkonto oder →Termingeldkonto sein.
*Gegensatz:* →Eigenkonto.
(→Bankkonten, →Treuhand)

**Treuhandkredit**
→Investitionskredit aus zweckgebundenen fremden Mitteln, der von einem zwischengeschalteten →Kreditinstitut (→Hausbank) ohne Übernahme eines →Kreditrisikos an Endkreditnehmer zur Verfügung gestellt wird. Es besteht jedoch eine Sorgfaltspflicht. Unterschieden werden →durchlaufender Kredit (Kreditgewährung im Namen der Hausbank) und →Verwaltungskredit (Kreditgewährung im fremden Namen).

*Gegensatz:* →durchgeleiteter Kredit.
(→Weitergeleiteter Kredit)

**Treuhandobligation**
Von der →Treuhandanstalt begebene Obligation (→Schuldverschreibung).

**Treuhandverbindlichkeiten**
Passivposten Nr. 4 der →Bankbilanz; Ausweis von →Verbindlichkeiten, die ein →Kreditinstitut im eigenen Namen, aber für fremde Rechnung eingegangen ist (→Treuhandkredite).

**Treuhandvermögen**
Aktivposten Nr. 9 in der →Bankbilanz; Ausweis von Vermögensgegenständen, die ein →Kreditinstitut im eigenen Namen für fremde Rechnung hält, z. B. treuhänderisch gehaltene →Grundstücke, →Beteiligungen, →Wertpapiere und →Kredite (sog. Ermächtigungstreuhand). Wichtigster Teil sind die →Treuhandkredite. In diesem Posten gibt es keinen Ausweis von Vermögensgegenständen, die dem Kreditinstitut als Sicherheit durch →Sicherungsübereignung, →Sicherungsabtretung oder →Sicherungsgrundschuld übertragen worden sind (sog. Sicherungstreuhand).

**Treu und Glauben**
Grundsatz des →Schuldrechts, der den →Schuldner nach § 242 BGB verpflichtet, die Leistung so zu bewirken, wie sie mit Rücksicht auf die Verkehrssitte zu erbringen ist. § 242 BGB regelt die Art und Weise der schuldnerischen Leistung; aus dieser Bestimmung ist jedoch der allgemeinere, für alle Rechtsgebiete geltende Grundsatz abzuleiten, daß bei jeglicher Ausübung der Rechte und der Erfüllung der Pflichten T. u. G. zu wahren ist. Besondere Bedeutung kommt diesem Begriff bei einer möglichen Änderung des Leistungsinhaltes wegen Wegfalls der Geschäftsgrundlage, bei einem rechtsmißbräuchlichen Handeln (Schuldner setzt sich in Widerspruch zu eigenem früheren Verhalten) oder bei Verwirkung zu.

**Trigger Option,** →Knock-in-Option.

**Trinkaus und Burkhardt Optionsschein-Index (TUBOS)**
→Performanceindex für den deutschen Optionsscheinmarkt. In den TUBOS gehen sämtliche an deutschen →Börsen gehandelten →Optionsscheine auf deutsche →Aktien

ein. Der TUBOS umfaßt → Issue-linked Warrants aus → Optionsanleihen. Covered Warrants (→ gedeckter Optionsschein) werden dagegen nicht berücksichtigt. Auslaufende Optionsscheine werden am Tag der Einstellung ihrer Notierung aus dem → Index entnommen. Neu begebene Optionsscheine werden ab dem Tag ihrer ersten Notierung in der Börsenzeitung in den TUBOS neu aufgenommen. Startdatum für den TUBOS ist der 2. 1. 1984, da zu diesem Termin erstmals mehr als 20 Optionsscheine notierten. Die im TUBOS enthaltenen Optionsscheine sind jeweils mit ihrem zum Handel an deutschen Börsen zugelassenen Emissionsvolumen gewichtet. Der TUBOS wird nach der Indexformel von Laspeyres (→ Laspeyres-Index) berechnet und basiert ebenso wie der → Deutsche Aktienindex (DAX) am letzten Börsentag des Jahres 1987 auf 1000 Punkte. Ein Performancevergleich zwischen DAX und TUBOS ist somit unmittelbar möglich.

**Triple A**
→ Rating nach → Standard & Poor's bzw. → Moody's für Papiere mit bester Bonität. (→ Rating Agency, → Emittentenrisiko)

**True Yield**
→ Rendite eines → Zinsinstrumentes, bei der Zinstermine, falls diese auf einen Nichtbankarbeitstag (z. B. Wochenende, Feiertag) fallen, auf den nächsten Bankarbeitstag verschoben werden.

**TRUF**
Abkürzung für → Transferable Revolving Underwriting Facility.

**Trust**
Monopolistischer → Konzern. T. kommt auch in Wortverbindungen vor, so z. B. „Investment Trust Company" bzw. „Unit Trust" als Bezeichnung für Investmentgesellschaft, „Trust-Banken" (Treuhandbanken) in Japan, „Trust Companies" (Treuhandbanken) in USA.

**Trust-Banken**
Banken in Japan und in den USA (→ Trust Companies), die vorrangig das → Treuhandgeschäft (Trust-Geschäft) betreiben (→ Treuhand).

**Trust Banking**
Bankentypus im Bereich des → Effektengeschäfts, bei dem im Unterschied zum → Investment Banking die Beziehung des → Kreditinstituts zum Investor (dem Sparer oder institutionellen Anleger) im Mittelpunkt steht. Zu seinen Aktivitäten zählen insbes. → Finanzanalysen, Beratung von Anlagekunden, → Portfolio-Management sowie die Abwicklung von → Optionen, → Futures und → Forward Rate Agreements.

**Trust Companies**
Von engl. „Trustee" (Treuhänder) stammende Bezeichnung für Treuhandbanken in den USA (→ Treuhand). Sie betreiben das → Treuhandgeschäft im Rahmen ihrer Tätigkeit als → Commercial Banks.

**Trustee**
Englische Bezeichnung für Treuhänder (→ Treuhand).

**Trustee Savings Banks**
→ Sparkassen in Großbritannien (→ Bankwesen Großbritannien).

**Trust Receipt**
Aus dem anglo-amerikanischen Rechtskreis stammende Bescheinigung eines Treuhänders (z. B. Bezogener eines → Dokumenteninkassos), Dokumente und/oder → Waren als Treugut erhalten zu haben, und Verpflichtungserklärung des Treuhänders, mit dem Treugut nur nach Maßgabe des T. R. zu verfahren.

**TSE**
Abk. für Tokyo Stock Exchange (→ Options- und Terminbörsen an den internationalen Finanzplätzen).

**TSE 35**
Abk. für Toronto Stock Exchange 35 Index.

**TUBOS-Index**
Abk. für → Trinkaus und Burkhardt Optionsschein-Index.

**Turnaround**
Umkehr eines Trends am Markt; auch Bezeichnung für Trendumkehr in der Ertrags-(Gewinn-)entwicklung eines Unternehmens.

**Turn-around-Wert**
→ Aktie einer Gesellschaft, deren → Gewinne kräftig zurückgingen und die oftmals

noch Verluste schreibt. Erzielt die Gesellschaft wieder Gewinne (→ Turnaround), reagieren die Aktien mit Kurssteigerungen.

**Turnover**
→ *Umsatz*; *Börsenumsatz*.
*T. in* → *Bonds:* Umsatz in Rentenwerten.

**Turnover Ratio**
Kennzahl der Umschlagshäufigkeit eines → Investments (Geld- oder Kapitalanlage).

**TVvL**
Abk. für → Tarifvertrag über Leistungen nach dem → Vermögensbildungsgesetz.

**Two-Fund-Theorem**
Synonym für → Tobin'sches Separationstheorem.

**Typical Price**
Durchschnittlicher Kurs einer Handelsperiode (z. B. Tag, Woche), der als → arithmetisches Mittel aus Höchstkurs, Tiefstkurs und Schlußkurs ermittelt wird. Der T. P. wird mit folgender Formel ermittelt:

Typical Price
= (High + Low + Close) : 3,

wobei:
High = Höchstkurs der Handelsperiode,
Low = Tiefstkurs der Handelsperiode,
Close = Schlußkurs der Handelsperiode.
Der T. P. wurde von → Bollinger, John vorgeschlagen, um die Bollinger Bands in einen → Chart einzeichnen zu können.
(→ Technische Analyse)

**Typischer Preis**
Synonym für → Typical Price.

# U

### Überbringerklausel
Auf den Scheckvordrucken der → Kreditinstitute und → Postgiroämter angebrachte Klausel, die das geborene → Orderpapier zum → Inhaberpapier macht. Wird die Ü. gestrichen, wird der → Scheck wieder zum Orderpapier. Für das bezogene → Geldinstitut besteht dann eine Pflicht zur Prüfung der Legitimation des Vorlegers. Der auf dem Scheckvordruck enthaltene Hinweis „Der vorgedruckte Schecktext darf nicht geändert oder gestrichen werden" verpflichtet aufgrund des → Scheckvertrages nur den Scheckaussteller zur Beachtung. Jeder Schecknehmer kann jedoch die Ü. streichen.

### Überbringerscheck
→ Scheck, der im Inlandszahlungsverkehr aufgrund der auf den Scheckvordrucken angebrachten → Überbringerklausel am häufigsten verwendet wird. Er ist rechtlich als → Inhaberpapier anzusehen (Art. 5 Abs. 2 SchG) (→ Inhaberscheck). Je nach seiner äußeren Form und seiner wirtschaftlichen Funktion kann er als → eurocheque (ec), → Tankscheck oder als → Barscheck bzw. → Verrechnungsscheck ausgestaltet sein.

### Überbrückungskredit
→ Kredit zum Ausgleich von durch besondere Umstände auftretenden Liquiditätsengpässen. Er wird zuweilen auch als → Überziehungskredit bezeichnet, wenn dem Kreditnehmer von seinem → Kreditinstitut in einer besonderen Absprache zusätzlicher Kredit zur Verfügung gestellt wird.

### Übereignung
Übertragung des → Eigentums an einer → Sache. Bei → beweglichen Sachen erfolgt sie durch → Einigung und → Übergabe (§ 929 Satz 1 BGB) oder durch Einigung und ein Übergabesurrogat (§§ 930, 931 BGB). Nur die Einigung ist erforderlich, wenn sich der Erwerber bereits im → Besitz der Sache befindet (§ 929 Satz 2 BGB). Bei → Grundstücken ist neben der → Auflassung die Eintragung des Eigentumsübergangs im → Grundbuch erforderlich (§ 873 BGB, §§ 13, 19, 20, 39 GBO).

### Übergabe
Tathandlung (Realakt), die nach § 929 BGB für die → Übereignung von → beweglichen Sachen erforderlich ist, jedoch im Einzelfall durch Übergabesurrogate (§§ 930, 931 BGB) ersetzt werden kann.
(→ Eigentum)

### Übergabevertrag
Vereinbarung, durch die Eltern ihr → Vermögen, vor allem ihren → Betrieb oder ihre → Grundstücke, im Hinblick auf die künftige Erbfolge auf einen oder mehrere Abkömmlinge (Kinder, Enkel) übertragen. Kennzeichnend für Ü. ist, daß sich die Übergeber die Leistung eines ausreichenden Lebensunterhalts (→ Altenteil, → Leibrente) ausbedingen und zudem für nicht bedachte Abkömmlinge Ausgleichszahlungen festlegen. Der Übernehmer soll jedoch zumindest teilweise eine unentgeltliche Zuwendung erhalten, so daß auch (einkommen- bzw. schenkung)steuerlich von einer → Schenkung unter → Auflagen oder einer gemischten Schenkung auszugehen ist (→ Einkommensteuer, → Erbschaft- und Schenkungsteuer).

### Übergeordnetes Kreditinstitut, → maßgebliche Beteiligung i. S. des KWG, → erhebliche Beteiligung i. S. des KWG.

### Überkapitalisierung
Zu hohe Bemessung des → Eigenkapitals eines Unternehmens. Sie kann entstehen z. B. durch zu hohe Bewertung von Sacheinlagen oder durch Anwachsen der eigenen Mittel

aus → Gewinnen in einem Ausmaß, das im Mißverhältnis zur Produktionsstruktur steht. Die Ertragsfähigkeit wird herabgesetzt, da Eigenkapital i. d. R. teurer ist als → Fremdkapital. Das Problem der Ü. ist heute unbedeutend angesichts schrumpfender → Eigenkapitalquoten.
*Gegensatz*: → Unterkapitalisierung.

### Überkaufter Markt
Markt, bei dem ein großes Kaufinteresse vorliegt, aber nur wenige verkaufen wollen. Ein ü. M. kann mit → Overbought-/Oversold Systemen (z. B. → Stochastics, Relative Strength Index, Williams R%) quantifiziert werden (→ technische Studie).
*Gegensatz*: → überverkaufter Markt.

### Überkreuzkompensation
Spartenübergreifende Verrechnung zwischen bestimmten → Aufwendungen und → Erträgen aus dem Bereich des → Kreditgeschäfts und aus dem Wertpapierbereich sowie aus der Veränderung des Bestandes an Vorsorgereserven, die in der → Gewinn- und Verlustrechnung der Kreditinstitute zulässig ist, um → stille Reserven zu bilden oder aufzulösen (§ 340f Abs. 3 HGB, § 32 RechKredV). Dabei soll die bilanzpolitische Zielsetzung (Verlustausgleich, Ergebnisnivellierung, Bildung oder Auflösung von → Vorsorgereserven für allgemeine Bankrisiken) für den externen Betrachter nicht erkennbar sein. In die Ü. können seit dem Inkrafttreten des → Bankbilanzrichtlinie-Gesetzes neben den Aufwendungen und Erträgen aus der Bewertung von Forderungen an Kunden und an Kreditinstitute nur noch die Aufwendungen und Erträge aus der Bewertung von → Wertpapieren der Liquiditätsreserve einbezogen werden. – Vgl. Übersicht S. 1535. (→ Wertpapiere im Jahresabschluß der Kreditinstitute, → Abschreibungen und Wertberichtigungen auf Wertpapiere)

### über pari
Bezeichnung für einen Kurs/Preis, der über dem → Nennwert (100%) liegt. Die Differenz heißt Agio (→ Aufgeld).
*Gegensatz*: → unter pari.

### Überrendite
*Excess Return*; absolute Differenz (Renditespread) zwischen der erwirtschafteten Portefeuillerendite (Erwartungswert der Portefeuille-Rendite) und dem risikolosen Zinssatz. Die Ü. wird verwendet, um die Performance über das → Sharpe-Maß beurteilen zu können. Das Sharpe-Maß ist Kennzahl zur Beurteilung der Performance. Das Sharpe-Maß setzt die Ü. ins Verhältnis zur → Volatilität der erwirtschafteten Portefeuillerendite. Mit der Volatilität wird das Gesamtrisiko eines Portefeuilles ermittelt. Das Sharpe-Maß kann ex post mit folgender Formel ermittelt werden:

$$\text{Sharpe-Maß} = \frac{R_{PF} - R_f}{\sigma_{PF}}$$

wobei

$R_{PF}$ = Rendite des Portefeuilles
$R_f$ = risikoloser Zinssatz
$\sigma_{PF}$ = Volatilität der Portefeuillerendite, d. h. annualisierte Standardabweichung.

### Überschuldung
Das → Vermögen des → Schuldners deckt die → Schulden nicht mehr. Die Ü. einer → juristischen Person ist ein Konkursgrund (→ Konkurs) und führt zur Eröffnung des gerichtlichen → Vergleichsverfahrens (§ 108 Abs. 1 VerglO). Für → Kapitalgesellschaften (→ Aktiengesellschaft, → Gesellschaft mit beschränkter Haftung) und → Genossenschaften sowie für → Personenhandelsgesellschaften, bei denen keine → natürliche Person unbeschränkt haftet (→ GmbH & Co. KG, → Offene Handelsgesellschaft [OHG], deren Gesellschafter nur Kapitalgesellschaften sind), besteht Konkursantragspflicht (§§ 92 Abs. 2 AktG, 64 Abs. 1 GmbHG, 99 GenG, 209 Abs. 1 Satz 2 KO). Für → Kreditinstitute gilt aufgrund von § 46b KWG statt der Antragspflicht eine Anzeigepflicht an das → Bundesaufsichtsamt für das Kreditwesen (BAK). Ü. von → Einzelunternehmungen und Offenen Handelsgesellschaften liegt vor bei Ausweis des → Eigenkapitals auf der Aktivseite der Bilanz (negatives Kapitalkonto), von Kapitalgesellschaften bei Ausweis eines → Jahresfehlbetrages auf der Aktivseite, der das auf der Passivseite ausgewiesene Eigenkapital übersteigt (→ Unterbilanz). Die Feststellung der Ü. erfolgt durch einen *Überschuldungsstatus*, bei dem Liquidationswerte oder Fortführungswerte anzusetzen sind.

### Überschuldungsstatus
Instrument zur Feststellung der → Überschuldung eines Unternehmens (Überschuldungsbilanz). Die Bewertung von → Aktiva und → Passiva kann alternativ unter der An-

**Überschuldungsstatus**

## Überkreuzkompensation

| Sparten \ Erfolge | Aufwendungen | Erträge |
|---|---|---|
| **Wertpapiergeschäft**<br>Wertpapiere der Liquiditätsreserve | • Aufwendungen aus Abschreibungen<br>• Aufwendungen aus Abschreibungen zur Bildung stiller Vorsorgereserven<br>• realisierte Kursverluste | • Erträge aus Zuschreibungen (Wertaufholung)<br>• Erträge aus Zuschreibungen bei Auflösung stiller Vorsorgereserven<br>• realisierte Kursgewinne |
| **Kreditgeschäft**<br>Forderungen an Kunden<br>Forderungen an Kreditinstitute<br><br>**Vorsorgen** | • Aufwendungen aus Abschreibungen<br>• Aufwendungen aus Zuführung zu Rückstellungen für Eventualverbindlichkeiten und andere Verpflichtungen<br>• Aufwendungen aus Abschreibungen zur Bildung von Einzel- und Pauschalwertberichtigungen | • Erträge aus Zuschreibungen (Wertaufholung)<br>• Erträge aus der Auflösung von Rückstellungen für Eventualverbindlichkeiten und andere Verpflichtungen<br>• Erträge aus der Auflösung von Einzel- und Pauschalwertberichtigungen<br>• Erträge aus dem Eingang teilweise oder vollständig abgeschriebener Forderungen |

Überkreuzkompensation
(durch Verrechnung/Saldierung)

führt

entweder zu einem Posten 13

oder zu einem Posten 14

der G- und V-Rechnung (Staffelform)

| | |
|---|---|
| Abschreibungen und Wertberichtigungen auf Forderungen und bestimmte Wertpapiere sowie Zuführungen zu Rückstellungen im Kreditgeschäft | Erträge aus Zuschreibungen zu Forderungen und bestimmten Wertpapieren sowie aus der Auflösung von Rückstellungen im Kreditgeschäft |

1535

## Überschußeinkunftsarten

nahme der →Liquidation oder der Fortführung des Unternehmens erfolgen.

## Überschußeinkunftsarten
→Einkünfte aus nichtselbständiger Arbeit, →Einkünfte aus Kapitalvermögen, →Einkünfte aus Vermietung und Verpachtung und →Sonstige Einkünfte i. S. des § 22 EStG. Die Einkünfte werden bei Ü. gem. § 2 Abs. 2 Nr. 2 EStG als Überschuß der Einnahmen (§ 8 Abs. 1 EStG) über die →Werbungskosten bzw. der Werbungskosten über die Einnahmen ermittelt. Veranlagungszeitraum ist regelmäßig das Kalenderjahr. Während bei den →Gewinneinkunftsarten das Prinzip der wirtschaftlichen Zugehörigkeit gilt, ist hier das Vereinnahmungs-/Verausgabungsprinzip anzuwenden. Eine Einnahme wird in dem Kalenderjahr besteuert, in der sie zugeflossen ist, eine Ausgabe wird in dem Kalenderjahr steuerwirksam, in der der Geldbetrag abgeflossen ist (§ 11 Abs. 1 Satz 1, Abs. 2 Satz 1 EStG). Eine Ausnahme von dieser Regelung gilt nur bei regelmäßig wiederkehrenden Einnahmen, die dem →Steuerpflichtigen kurze Zeit vor Beginn oder kurze Zeit nach Beendigung des Kalenderjahres, zu dem sie wirtschaftlich gehören, zugeflossen sind; diese gelten als in diesem Kalenderjahr bezogen. Entsprechendes gilt für regelmäßig wiederkehrende Ausgaben (§ 11 Abs. 1 Satz 2, Abs. 2 Satz 2 EStG).

*Andere Einkunftsarten:* →Gewinneinkunftsarten.

(→Einkommensteuer, →Einkommen).

## Überschußguthaben, →Überschußreserven der Kreditinstitute.

## Überschußrechnung, →Gewinnermittlungsmethoden nach EStG.

## Überschußreserven der Kreditinstitute
*Überschußguthaben;* Differenz zwischen den tatsächlichen →Zentralbankguthaben und dem Mindestreserve-Soll. Es ist der Bestand an →Zentralbankgeld, über den die →Kreditinstitute frei verfügen, d. h. als Grundlage für die →Geldschöpfung verwenden können (primäre →Liquiditätsreserven, →Bankenliquidität, →Mindestreserven).

## Übertragbares Akkreditiv
→Dokumentenakkreditiv, bei dem der (Erst-)Begünstigte berechtigt ist, die zur Zahlung oder Akzeptleistung aufgeforderte oder jede zur Negoziierung berechtigte →Bank zu ersuchen, das Akkreditiv im ganzen oder zum Teil einem Dritten oder mehreren Dritten (Zweitbegünstigten) verfügbar zu stellen (Art. 48 a ERA). Ein Akkreditiv kann nur übertragen werden, wenn es von der eröffnenden Bank ausdrücklich als „übertragbar" (transferable) bezeichnet worden ist (Art. 48 b ERA).
Für die Akkreditivübertragung, die neben der →Abtretung des →Anspruchs auf den Akkreditiverlös (Art. 49 ERA) ein Mittel zur Besicherung von Unterlieferanten des Begünstigten ist, bestimmt Art. 48 ERA: Ein übertragbares Akkreditiv kann nur einmal weiter, jedoch auch an den Erstbegünstigten zurück übertragen werden. Teile eines übertragbaren Akkreditivs (die im ganzen den Gesamtbetrag des Akkreditivs nicht überschreiten) können getrennt übertragen werden, sofern Teilverladungen nicht untersagt sind; die Gesamtheit derartiger Übertragungen gilt als nur eine Übertragung des Akkreditivs (Art. 48 g ERA). Das Akkreditiv kann nur zu den im Originalakkreditiv angegebenen Bedingungen übertragen werden mit der Ausnahme, daß der Akkreditivbetrag, die im Akkreditiv etwa genannten Preise pro Einheit, die Gültigkeitsdauer, das letzte Datum für die Vorlage der Dokumente und die Verladungsfrist insgesamt oder einzeln ermäßigt oder verkürzt werden können (Art. 48 h ERA). Außerdem kann der Name der Erstbegünstigten an die Stelle des Akkreditivauftraggebers gesetzt werden (Art. 48 h ERA). Der Erstbegünstigte hat das Recht, seine eigenen Rechnungen (und →Tratten, falls nach den Akkreditivbedingungen Tratten auf den Akkreditivauftraggeber zu ziehen sind) an die Stelle derjenigen des Zweitbegünstigten zu setzen, und zwar mit Beträgen, die den im Akkreditiv angegebenen Originalbetrag nicht übersteigen, und mit den im Akkreditiv ggf. angegebenen Originalpreisen pro Einheit (Art. 48 i ERA).

## Übertragungsbilanz
*Transferbilanz, Schenkungsbilanz, Bilanz der unentgeltlichen Leistungen;* Teilbilanz der →Zahlungsbilanz (und der →Leistungsbilanz) zur Erfassung unentgeltlicher Leistungen zwischen In- und Ausland, welche die Gegenposten zu den unentgeltlichen Leistungen in der →Handelsbilanz, →Dienstleistungsbilanz und →Kapitalbilanz aufnimmt. Hierzu zählen z. B. →Überweisungen ausländischer →Arbeitnehmer in ihre

Heimatländer, Renten- und Pensionszahlungen, Wiedergutmachungs- bzw. Reparationszahlungen, unentgeltliche Entwicklungshilfeleistungen, Zahlungen an und von → Internationalen Organisationen, wie z. B. der → Europäischen Union (EU).

**Überverkaufter Markt**
Markt, bei dem ein großes Verkaufsinteresse vorliegt, aber nur wenige kaufen wollen. Ein ü. M. kann mit → Overbought-/Oversold Systemen (z. B. → Stochastics, Relative Strength Index, Williams R%) quantifiziert werden (→ technische Studie).
*Gegensatz:* → überkaufter Markt.

**Überweisung**
Buchmäßige Übertragung eines Geldbetrages (→ Buchgeld) vom → Konto des Auftraggebers auf das Konto des Zahlungsempfängers.

*Rechtsnatur:* Einseitige Weisung des Kunden an seine → Bank gemäß §§ 675, 665 BGB (kein → Auftrag i.S. von §§ 662 ff. BGB). Bereits aus dem → Girovertrag hat sich das → Kreditinstitut verpflichtet, den → Zahlungsverkehr für den Kunden zu erledigen und damit Weisungen entgegenzunehmen und auszuführen. Aus dem Girovertrag ergibt sich auch das Recht, für diese Tätigkeiten Vergütungen zu beanspruchen.

*Auftragserteilung:* Es besteht grundsätzlich Vordruckzwang. Aber auch mündlich, telefonisch oder fernschriftlich erteilte Überweisungsaufträge sind rechtswirksam (vgl. Nr. 10 AGB Sparkassen). Den Schaden, der aus Übermittlungsfehlern, Mißverständnissen und Irrtümern im telefonischen, telegrafischen, drahtlosen oder fernschriftlichen Verkehr entsteht, trägt der Kunde, sofern der Schaden nicht von der Bank verschuldet ist. → Sonderbedingungen für den → Überweisungsverkehr regeln u. a. die Aufbewahrung und Ausfertigung der Vordrucke. Vorcodierungen durch den Auftraggeber müssen den → Richtlinien für einheitliche Zahlungsverkehrsvordrucke entsprechen. Für beleglos erteilte Überweisungsaufträge gelten die → Sonderbedingungen für den beleglosen Datenträgeraustausch.

*Ausführung des Überweisungsauftrags:* Die Bank darf die Art der Ausführung einer Ü. mangels genauer Weisung nach bestem Ermessen bestimmen. Bei Kontoüberträgen (Ü. im Hausverkehr bzw. innerhalb des Filialnetzes) ist die beauftragte Bank verpflichtet, den Überweisungsbetrag dem Empfängerkonto gutzuschreiben. Bei außerbetrieblichen Ü. (zwei- und mehrstufige Ü.) ist die Bank verpflichtet, den Überweisungsauftrag und die damit erteilten Weisungen weiterzuleiten, d.h. eine oder mehrere Banken oder Zentralstellen (→ Clearingstellen) zu beauftragen. Macht sie hiervon Gebrauch, so beschränkt sich ihre Verantwortlichkeit auf sorgfältige Auswahl und Unterweisung des von ihr beauftragten Dritten. Der Auftraggeber hat für die Vollständigkeit und Richtigkeit der angegebenen Kontonummern und der angegebenen → Bankleitzahl auf dem Überweisungsauftrag einzustehen. Das Kreditinstitut unternimmt zumutbare Maßnahmen, um Fehlleitungen infolge unrichtiger oder unvollständiger Angaben der Bankleitzahl oder der Kontobezeichnung zu vermeiden; kommt es gleichwohl zu einer Fehlleitung, so haftet die Bank gegenüber dem Auftraggeber und dem Empfänger nur für → Verschulden.

*Ü. und Grundgeschäft (Valutaverhältnis):* Mit der Ü. zahlt der Auftraggeber Buchgeld an den Zahlungsempfänger. Eine Zahlung mit Buchgeld ist aber keine → Erfüllung eines → Schuldverhältnisses. Wenn ein Schuldverhältnis vorliegt, führt die Ü. nicht zur Erfüllung, sondern ist eine → Leistung an Erfüllungs Statt. Nach § 364 Abs. 1 BGB erlischt das Schuldverhältnis, wenn der → Gläubiger eine andere als die geschuldete Leistung an Erfüllungs Statt annimmt, d.h. eine Schuldentilgung tritt ein, wenn der Gläubiger die Zahlung durch Ü. vornimmt. Da dies regelmäßig der Fall ist (die Bereitschaft dazu wird mit der Bekanntgabe der Kontonummer erklärt), erfolgt in der Praxis des Wirtschaftslebens mit der Ü. eine Schuldentilgung. Sie tritt ein mit Gutschrift auf dem Konto des Gläubigers, unabhängig davon, ob der Zahlungsempfänger von der Gutschrift Kenntnis erhält oder nicht. In der Wirtschaftspraxis sind daher → Bargeld und Buchgeld im Hinblick auf die Erfüllungswirkung als gleichwertig anzusehen. Für die Rechtzeitigkeit der Erfüllung einer Zahlungsverpflichtung genügt es, daß der → Schuldner als Überweisungsauftraggeber den Überweisungsauftrag seiner Bank rechtzeitig aushändigt.

*Gutschrift des Überweisungsbetrages:* Das Kreditinstitut ist während der Geschäftsver-

## Überweisung

bindung unwiderruflich befugt, Geldbeträge für den Kunden entgegenzunehmen (Girovertrag). Durch die Gutschrift auf seinem Konto erhält der Zahlungsempfänger ein →abstraktes Schuldversprechen (§ 780 BGB) seiner Bank. Damit erhält der Zahlungsempfänger einen Rechtsanspruch auf den Überweisungsbetrag, d. h. er kann durch Abhebung das ihm gutgeschriebene Buchgeld in Bargeld umwandeln. Zu beachten ist, daß das gutschreibende Kreditinstitut nach seinen AGB (Nr. 8 Abs. 1 AGB Banken, Nr. 8 Abs. 1 AGB Sparkassen) ein Recht auf →Stornierung bis zum nächsten Rechnungsschluß hat, wenn Gutschriften infolge eines Irrtums, eines Schreibfehlers oder aus anderen Gründen, z. B. wegen eines Widerrufs, vorgenommen worden sind. Eine Gutschrift wird rechtlich wirksam, wenn bei EDV-Verbuchung die Nachdisposition durchgeführt ist bzw. spätestens wenn der →Kontoauszug ohne Vorbehalt herausgegeben wird. Mit diesen Handlungen erklärt das Kreditinstitut seinen Willen, daß es für den Empfänger der Ü. eine →Forderung begründen will. Die Angabe einer →Wertstellung für die Gutschrift hat keine rechtliche Wirkung für das mit der Gutschrift abgegebene abstrakte Schuldversprechen der Bank, sondern bestimmt nur den Zeitpunkt des Beginns der Verzinsung.

*Widerruf:* Ein Überweisungsauftrag kann widerrufen werden. Dies ist so lange zulässig, wie der Empfänger noch keine Gutschrift auf seinem Konto bei seiner Bank erhalten hat. Das Widerrufsrecht ergibt sich aus dem Girovertrag. Ein Widerruf ist bis zum rechtlichen Wirksamwerden der Gutschrift auf dem Konto des Empfängers möglich. Der Widerruf eines Überweisungsauftrags ist dann nicht mehr zu beachten, wenn das Kreditinstitut durch einen entsprechenden Organisationsakt zum Ausdruck gebracht hat, daß es dem Empfänger den Überweisungsbetrag schulden will. Dies ist der Fall, wenn die Gutschriftsdaten zur vorbehaltlosen Bekanntgabe an den Überweisungsempfänger zur Verfügung gestellt werden, z. B. wenn der entsprechende Überweisungsbetrag für den Kunden durch den →Kontoauszugsdrucker abrufbar ist (Abrufpräsenz). Beim Versand der beleghaften Kontoauszüge durch die Post bzw. beim Abholen durch den Kunden ist die Buchung in dem Augenblick endgültig, in dem der Kontoauszug an den Kunden versandt bzw. über-

geben wird oder zur Abholung bereitgestellt ist.

Ist die Gutschrift auf dem Konto noch nicht erfolgt, so hat die Bank, die den Überweisungsträger im →Besitz hat, die mit dem Widerruf erteilte Gegenweisung zu beachten und dafür zu sorgen, daß die Ü. nicht ausgeführt wird, d. h. der Empfänger den Überweisungsbetrag nicht gutgeschrieben bekommt. Die Verpflichtung zur Beachtung der mit dem Widerruf erteilten Gegenweisung endet, wenn die Ü. dem Konto des Empfängers gutgeschrieben worden ist. Eine Bank ist nicht mehr verpflichtet, die Gegenweisung zu beachten, wenn sie den Überweisungsbetrag dem Konto einer eingeschalteten →Korrespondenzbank gutgeschrieben hat. Bei einer mehrgliedrigen Ü. ist die Bank aber verpflichtet, den Widerruf an die eingeschaltete Bank weiterzuleiten, damit diese ihn beachten kann. Alle zwischengeschalteten Institute sind verpflichtet, ihrerseits unverzüglich Weisungen zum Widerruf zu geben.

Beim →Magnetband-Clearingverfahren kann ein Anspruch auf Gutschrift für den Überweisungsempfänger schon vor der Gutschrifterteilung entstehen, wenn bis zur Eingabe des Datenträgers in die EDV bei der kontoführenden Stelle kein Widerruf eingegangen war. Darüber hinaus muß ein Widerruf auch schon vor der Gutschriftserteilung in den Fällen als unzulässig erachtet werden, in denen die Bank vor der Gutschriftserteilung im Hinblick auf den erwarteten Überweisungseingang Dispositionen vorgenommen oder zugelassen hat, die sie ohne den erwarteten Betrag nicht vorgenommen bzw. zugelassen hätte. Dasselbe gilt, wenn die Bank alle für die Gutschriftsbuchungen erforderlichen Maßnahmen getroffen hat und ein durch einen Widerruf nötiger Eingriff in das bereits angelaufene EDV-Verfahren eine für die übrigen Überweisungskunden unzumutbare Verzögerung der Ausführung (Pflichtenkollision) und/oder für die Bank einen ebenso unzumutbaren Kostenaufwand und Zeitverlust verursachen würde (§ 242 BGB, →Treu und Glauben).

Eine Besonderheit des Magnetband-Clearingverfahrens besteht in dem *Direktwiderruf.* Nach der Vereinbarung der Kreditwirtschaft können Rückrufe von einzelnen Zahlungsverkehrsvorgängen nach Anlieferung von Magnetbändern nur außerhalb des Magnetband-Clearingverfahrens vorgenommen

## Überweisungsverkehr

werden. Das erstbeteiligte Kreditinstitut ist berechtigt, sich unmittelbar mit der Bank des Überweisungsempfängers bzw. des Zahlungspflichtigen bei → Lastschriften oder des Scheckausstellers in Verbindung zu setzen. Auch die für die Bankkundschaft geltenden Bedingungen für den → beleglosen Datenträgeraustausch sehen vor, daß Rückrufe von einzelnen Lastschriften oder Ü. nach Anlieferung eines Datenträgers nur außerhalb des Datenträgeraustauschverfahrens vorgenommen werden können. Für den Widerruf von Überweisungsaufträgen, die der → Deutschen Bundesbank erteilt werden, ist Abschnitt II Nr. 29 AGB der Bundesbank zu beachten.

### Überweisung ins Ausland

Bargeldlose Zahlung, die über das → SWIFT-Netz oder brieflich bzw. telegrafisch/fernschriftlich hinausgelegt und über → Korrespondenzbanken ausgeführt und verrechnet wird (→ Zahlungen ins Ausland, → Internationaler Zahlungsverkehr, → Zahlungsauftrag im Außenwirtschaftsverkehr).

### Überweisungsverkehr

Teil des → bargeldlosen Zahlungsverkehrs, der mittels → Überweisungen durchgeführt wird.

*Auftragserteilung durch den Kunden:* (1) Durch Einzelüberweisungsaufträge, die nach den → Richtlinien für einheitliche Zahlungsverkehrsvordrucke gestaltet sind (das Original der dreiteiligen Vordrucksatzes wird vom Auftraggeber unterzeichnet und verbleibt als Weisung beim erstbeauftragten → Kreditinstitut); (2) durch Sammelauftrag, dabei wird das Original des jeweiligen Überweisungsvordrucks durch eine Zusammenstellung der Einzelbeträge der beigefügten Gutschriftsträger ersetzt. Der Sammelauftrag enthält die Summe der Einzelgutschriftsträger und ist zu unterzeichnen. Er ist die Weisung an das erstbeauftragte Kreditinstitut. Ein Sammelauftrag in Form eines Ausführungsauftrages nach den → Sonderbedingungen für den beleglosen Datenträgeraustausch wird auch erteilt, wenn ein Kontoinhaber Überweisungsaufträge beleglos durch Einreichung von Datenträgern im → Magnetband-Clearingverfahren eingereicht.

Ein besonderes Überweisungsformular ist der Überweisungs-Zahlschein, der ursprünglich für den → halbbaren Zahlungsverkehr entwickelt worden ist, aber mehr als institutsneutrales Überweisungsformular benutzt wird. Soll das Kreditinstitut für den Kontoinhaber zu bestimmten wiederkehrenden Terminen einen bestimmten Betrag an einen bestimmten Zahlungsempfänger überweisen, wird vom Kontoinhaber ein → Dauerauftrag erteilt.

*Sicherungsmaßnahmen:* Nach der → Vereinbarung über Sicherungsmaßnahmen im zwischenbetrieblichen Überweisungsverkehr, die zwischen den → Spitzenverbänden der deutschen Kreditwirtschaft und der → Deutschen Bundesbank geschlossen worden ist, sind Überweisungsträger (Gutschriften) von dem erstbeauftragten Kreditinstitut (bei Zahlungen aus dem Ausland von dem ersten in den Überweisungsweg eingeschalteten Kreditinstitut im Inland) mit dem Abdruck eines Sicherungsstempels zu versehen. Bei maschineller Bearbeitung der Überweisungsträger kann der Sicherungsstempel auch auf der Rückseite des Belegs angebracht werden, wenn dieser auf einen Betrag unter 20.000 DM lautet. Das Kreditinstitut des Empfängers hat Überweisungsträger im Betrag von 20.000 DM und darüber auf das Vorhandensein eines Sicherungsstempels hin zu kontrollieren. Besteht hinsichtlich dieses Abdrucks der Verdacht einer Unregelmäßigkeit (z. B. Unleserlichkeit, Änderung, Fälschung) oder fehlt der Stempelabdruck, so hat das Kreditinstitut des Empfängers vor Gutschrift des Überweisungsbetrages das erstbeauftragte Kreditinstitut fernmündlich oder fernschriftlich hierauf hinzuweisen und dessen fernschriftliche oder schriftliche Antwort abzuwarten.

Leitet ein in den Überweisungsweg eingeschaltetes Kreditinstitut die Daten von Überweisungsträgern im Betrag von 20.000 DM und mehr in den → elektronischen Zahlungsverkehr über, obliegt ihm die Kontroll- und Rückfragepflicht. Das Kreditinstitut des Empfängers haftet den Kreditinstituten, die an einer Überweisung beteiligt sind, für alle Schäden und Nachteile, die dadurch entstehen, daß es einen Betrag aus einer Einzelüberweisung von 20.000 DM oder mehr einem Kundenkonto gutgebracht hat, obwohl auf dem Überweisungsträger kein Abdruck des Sicherungsstempels angebracht war. Diese Schadensersatzpflicht besteht auch bei Nichtbeachtung einer Unregelmäßigkeit, sofern diese für das Kreditinstitut bei Anwendung banküblicher Sorgfalt erkennbar war. Die

### Überziehungskredit

Schadensersatzpflicht beschränkt sich auf den jeweiligen Überweisungsbetrag. Nach der Vereinbarung über Sicherungsmaßnahmen wird von dem Kreditinstitut des Empfängers auch erwartet, daß es zumindest bei Beträgen von 20.000 DM und darüber durch das erstbeauftragte Kreditinstitut bei dem Auftraggeber zurückfragt, wenn eine Überweisung nicht im Rahmen des normalen Geschäftsverkehrs mit dem Zahlungsempfänger liegt oder wenn gegen die Ordnungsmäßigkeit einer Überweisung im Einzelfall Bedenken bestehen.

*Ausführungsarten:* Unter dem Gesichtspunkt der Weiterleitung und Verrechnung der Überweisungen wird zwischen Kontoübertrag (Überweisung im Hausverkehr, einstufige Überweisung) und außerbetrieblicher Überweisung unterschieden. Bei der außerbetrieblichen Überweisung unterscheidet man zwischen der zweistufigen Überweisung (Einschaltung von zwei Kreditinstituten, bei denen jeweils der Auftraggeber und der Zahlungsempfänger Konten haben) und der mehrstufigen Überweisung, bei deren Ausführung Zentralstellen (→ Clearingstellen) eingeschaltet werden.
Bei außerbetrieblichen Überweisungen sind neben der Standardausführung, bei der Gutschriftsträger bzw. Magnetbänder über die Clearingstellen im organisationseigenen → Gironetz (bei das Gironetz der → Landeszentralbanken oder über das Gironetz der Postgiroämter/der → Deutschen Postbank AG geleitet werden, Eilüberweisungsverfahren anwendbar. Besondere Organisationsstrukturen sind dafür v. a. im → Gironetz der Sparkassen mit den Eilverfahren A und B entwickelt worden. In allen Gironetzen und zwischen den Gironetzen können besonders eilbedürftige Überweisungsaufträge im → Blitzgiroverkehr ausgeführt werden. Überweisungen werden dann drahtlos an das Kreditinstitut des Empfängers übermittelt.
Die herkömmlichen Eilüberweisungsverfahren sind weitgehend durch den elektronischen Zahlungsverkehr ersetzt worden. Nachdem im Bereich der Massenüberweisungen der → beleglose Datenträgeraustausch eingeführt worden war, wurden durch das → EZÜ-Abkommen auch im Bereich der Individualüberweisungen die Voraussetzungen für eine netzübergreifende Einführung belegloser → Datenfernübertragung geschaffen. Im EZÜ-Verfahren werden Überweisungen, die in Belegform erteilt sind, auf EDV-Medien erfaßt und im Verrechnungsverkehr zwischen den Kreditinstituten bzw. ihren Clearingstellen beleglos abgewickelt. Eine noch schnellere Ausführung von Überweisungen bietet der Blitzgiroverkehr. Bei besonders dringlichen Überweisungen hat der Kunde nach den AGB (Nr. 11 Abs. 3 AGB Banken, Nr. 20 Abs. 1 f. AGB Sparkassen, Abschnitt II Nr. 33 AGB Bundesbank) einen ausdrücklichen Hinweis auf die Fristgebundenheit der Zahlung zu geben.

### Überziehungskredit
Form des → Kontokorrentkredites, bei dem der Kontoinhaber ohne besondere schriftliche Absprache mit seinem → Kreditinstitut sein laufendes → Konto oder sein → Kreditlimit überzieht. Ein Ü. kann durch mündliche Absprachen zwischen Kunde und Bank oder durch → „Gewohnheitsrecht" und konkludentes Verhalten eingeräumt sein.
(→ Kontoüberziehung)

### Überziehungsprovision
→ Provision, die eine → Bank gemäß Nr. 12 AGB Banken bzw. eine Sparkasse gemäß Nr. 17, 18 AGB Sparkassen für eine → Kontoüberziehung zusätzlich zur Verzinsung der Kreditinanspruchnahme in Rechnung stellen darf (→ Kontokorrentkredit).

### Überziehungszinsen
Entgelt für das unabgestimmte Überziehen eines → Kontos (bei bestehenden Kreditvereinbarungen: über das → Kreditlimit hinaus), wird neben den vereinbarten (oder lt. → Preisaushang vorgegebenen) Sollzinsen nur von dem überzogenen Betrag zusätzlich erhoben. Regelung für → Verbraucherkredite in Nr. 12 Abs. 6 AGB der Banken und Nr. 18 der Sparkassen. Über die Zinshöhe und ihre Änderungen bestehen seitens der → Kreditinstitute die im VerbrKrG vorgegebenen Informationspflichten.
(→ Kreditkosten)

### Ultimogeld
Im → Interbankenhandel aufgenommenes oder überlassenes Geld, das über den nächsten Monats- bzw. Jahresultimo läuft (Monatsultimogeld bzw. Jahresultimogeld). Es kann → terminiertes Tagesgeld (→ Laufzeit weniger als 30 Tage) oder → Termingeld

(Laufzeit mindestens 30 Tage) sein (→ Geldhandel).

### Umbrellafonds
→ Investmentfonds, der „unter einem gemeinsamen Schirm" gemanagt wird. U. entstanden erstmals 1984 in Großbritannien. Sie bieten dem Anleger eine Vielzahl verschiedener Unterfonds an. Innerhalb eines U. kann der Anleger zwischen speziellen → Länderfonds, → Branchenfonds, → Aktienfonds, → Rentenfonds und → Geldmarktfonds wählen. U. bieten für Anleger den Vorteil, daß ein Wechsel zwischen den einzelnen Unterfonds kostengünstig durchgeführt werden kann. Beispielsweise kann es in Zeiten steigender → Renditen sinnvoll sein, von Rentenfonds in Geldmarktfonds zu tauschen. Beim Wechsel fallen i. d. R. keine oder nur geringe Kosten an.
(→ Dachfonds)

### Umfinanzierung
*I. e. S.* Bezeichnung für Finanzierungsmaßnahmen, die eine Veränderung der → Kapitalstruktur eines Unternehmens bewirken (U. auf der Passivseite), ohne daß sich die Höhe des Gesamtkapitals ändert. – *I. w. S.* werden dazu auch Finanzierungsmaßnahmen aus Vermögensumschichtung gerechnet (U. auf der Aktivseite).

*U. auf der Passivseite:* Es findet ein Tausch von Passivpositionen statt, wobei die U. entweder nur die Eigenkapitalstruktur oder nur die Fremdkapitalstruktur verändert oder zu einer Veränderung der Struktur des Gesamtkapitals führt. Die Eigenkapitalstruktur wird z. B. verändert, wenn → Rücklagen in → Grundkapital umgewandelt werden (→ Kapitalerhöhung aus Gesellschaftsmitteln durch Ausgabe von → Berichtigungsaktien). Eine U. im Bereich des → Fremdkapitals liegt z. B. vor, wenn kurzfristige → Fremdfinanzierung durch langfristige Fremdfinanzierung ersetzt wird (→ Konsolidierung durch Ablösung von → Bankkrediten durch Finanzmittel, die aus der Ausgabe von → Schuldverschreibungen gewonnen werden). Wird Fremdkapital in → Eigenkapital umgewandelt (z. B. durch Aufnahme eines → Gläubigers als Gesellschafter), wird die Kapitalstruktur insgesamt verändert.

*U. auf der Aktivseite:* Es findet ein Tausch von Aktivpositionen statt, d. h. Vermögensumschichtungen (z. B. durch Wechseldiskontierung, Wertpapier- oder Forderungsverkauf [→ Factoring]).

*U. bei* → *Kreditinstituten:* Vermögensumschichtungen, die auf der Aktivseite stattfinden, um sich im Wege der → Refinanzierung liquide Mittel (→ Zentralbankgeld) zu beschaffen. Hauptfinanzierungsquelle ist die → Deutsche Bundesbank. Wichtige Refinanzierungsmöglichkeiten sind: → Rediskontierung von → Handelswechseln sowie Offenmarktgeschäfte mit Rückkaufsvereinbarung (→ Wertpapierpensionsgeschäfte).
(→ Finanzierung, → Finanzierung der Kreditinstitute)

### Umgedrehter Wechsel
*Umkehrwechsel, Scheck-Wechsel-Verfahren, Wechsel-Scheck-Verfahren;* der Käufer bezahlt eine Warenlieferung sofort per → Scheck unter Skontoabzug. Gleichzeitig läßt er vom Lieferanten einen → Wechsel auf sich ziehen, akzeptiert diesen und läßt ihn bei seiner → Bank diskontieren. Aus dem Diskonterlös wird der begebene Scheck eingelöst, die Warenlieferung ist zunächst bezahlt.

*Auswirkung:* Der Käufer profitiert vom Skontoertrag und beansprucht statt eines teureren → Kontokorrentkredites einen kostengünstigeren → Diskontkredit. Dem Lieferanten wird seine ausstehende → Forderung sofort ohne weitere Zielgewährung bezahlt, er muß dafür aber die (außerbilanzielle) → Haftung (das Wechselobligo) für den in Umlauf gebrachten u. W. dessen → Laufzeit in Kauf nehmen. Deswegen wird das Scheck-Wechsel-Verfahren nur mit sehr guten Adressen praktiziert.

*Beurteilung:* (1) Der u. W. gilt als → Handelswechsel und ist rediskontfähig, sofern der Zusammenhang mit einem Warengeschäft dadurch gewahrt ist, daß der Diskonterlös aus dem Wechsel zur Deckung des Kaufpreises dient und die Verfallzeit so bemessen ist, als wäre der Rechnungsbetrag auf maximal drei Monate gestundet. (2) Als → Finanzwechsel gilt ein u. W., wenn er allein der Geldbeschaffung dient, also kein Zusammenhang mit einem Warengeschäft besteht, insbes. aber auch, wenn er mit offener Verfallzeit vordatiert oder nach

**Umgekehrte Maßgeblichkeit**

Abwicklung des Kaufgeschäftes ausgestellt ist.

**Umgekehrte Maßgeblichkeit,** → Maßgeblichkeitsprinzip.

**Umgekehrter Floater,** → Reverse Floater.

**Umkehr-Swap**
Variante des → Unwinding eines → Zins-Swap, → Währungs-Swap oder → Equity Swap, bei der ein spiegelbildlicher Zins-, Währungs- oder Equity Swap zur ursprünglichen Swapposition abgeschlossen wird. Ein U.-S. berührt im Vergleich zum → Assignment oder → Close-out das ursprüngliche Vertragsverhältnis mit dem ersten Swappartner nicht. Lediglich die ökonomischen Auswirkungen werden aufgehoben. Bei einem U.-S. besteht deshalb auch keine Informationspflicht bzw. Genehmigung durch den ersten Swappartner.

**Umkehrwechsel,** → umgedrehter Wechsel.

**Umlageverordnung**
Gemäß § 51 Abs. 1 Satz 3 KWG vom Bundesminister der Finanzen erlassene → Rechtsverordnung (vom 14.3.1963, BGBl. I, S. 159) über die Erhebung einer Umlage (sowie deren Beitreibung nach dem Verwaltungs-Vollstreckungsgesetz). Durch sie sollen 90% der dem Bund durch die Errichtung und Tätigkeit des → Bundesaufsichtsamts für das Kreditwesen entstehenden → Kosten auf die einzelnen → Kreditinstitute übergewälzt werden. Dies erfolgt nach Maßgabe ihres Geschäftsumfangs. Erstattungspflichtig sind nur die Kosten, die nicht durch → Gebühren oder aufgrund besonderer Vorschriften (z. B. § 51 Abs. 3 KWG: Erstattung der Kosten einer → Depotprüfung) gedeckt werden.

**Umlaufgrenze**
Nach den Vorschriften des → Hypothekenbankgesetzes und den Vorschriften des → Schiffsbankgesetzes bestehende Reglementierungen des Gesamtbetrages der im Umlauf befindlichen → Schuldverschreibungen von → privaten Hypothekenbanken und → Schiffspfandbriefbanken.

*Hypothekenbanken:* Der Gesamtbetrag der im Umlauf befindlichen → Hypothekenpfandbriefe und → Kommunalobligationen einer Hypothekenbank darf den 60fachen Betrag (bei → gemischten Hypothekenbanken gemäß § 46 Abs. 2 HypBankG den 48fachen Betrag) des haftenden Eigenkapitals nicht übersteigen (§ 7 Abs. 1 HypBankG → haftendes Eigenkapital der Kreditinstitute); dabei sind gemäß § 7 Abs. 2 unter bestimmten Voraussetzungen Gelder anzurechnen, die die Hypothekenbank nach § 5 Abs. 1 Nr. 4 HypBankG als → Einlagen oder → Darlehen angenommen oder aus der Ausgabe von Schuldverschreibungen erhalten hat.

*Schiffspfandbriefbanken:* Der Gesamtbetrag der im Umlauf befindlichen → Schiffspfandbriefe einer Schiffspfandbriefbank darf nach § 7 Abs. 1 SchiffsbankG den dreißigfachen Betrag des eingezahlten → Grundkapitals, der → gesetzlichen Rücklage sowie anderer durch die → Satzung oder durch Beschluß der → Hauptversammlung ausschließlich zur Deckung von → Verlusten oder zu einer → Kapitalerhöhung aus Gesellschaftsmitteln bestimmten → Rücklagen nicht übersteigen. → Eigene Aktien der Schiffspfandbriefbank sind bei Berechnung der U. von dem Grundkapital abzusetzen. Gemäß § 7 Abs. 2 SchiffsbankG bestehen Vorschriften zur Anrechnung bei unter bestimmten Voraussetzungen aufgenommenen Darlehen. Der Gesamtbetrag der im Umlauf befindlichen → Schiffskommunalschuldverschreibungen darf nach § 42 Abs. 1 SchiffsbankG unter Hinzurechnung der im Umlauf befindlichen Schiffspfandbriefe und der nach § 7 Abs. 2 anzurechnenden Darlehen und Gewährleistungen das Eineindrittelfache des Höchstbetrages für den Schiffspfandbriefumlauf allein nicht übersteigen.

**Umlaufrendite**
*Current Yield*; → Rendite von → Anleihen (→ Schuldverschreibungen), die am Markt gehandelt werden.
(1) Von der → Deutschen Bundesbank wird die U. als Durchschnittswert der im Umlauf befindlichen → festverzinslichen (Wert-)Papiere ermittelt und in der Reihe 2 (Wertpapierstatistik) der Statistischen Beihefte zu den → Monatsberichten der Deutschen Bundesbank veröffentlicht. Die Angaben beziehen sich auf tarifbesteuerte festverzinsliche Wertpapiere und sind nach den Arten der Schuldverschreibungen geordnet.

(2) U. werden auch von →Kreditinstituten und Zeitungen errechnet bzw. veröffentlicht, z. B. als Rendite der in Umlauf befindlichen Anleihen der öffentlichen Hand (→öffentliche Anleihe).
*Gegensatz:* →Emissionsrendite.

### Umlaufvermögen

Zum U. zählen alle Vermögensgegenstände (→Wirtschaftsgüter), die dazu bestimmt sind, kurzfristig in die Produktion einzugehen oder möglichst schnell wieder veräußert zu werden. Das U. soll sich mehrmals innerhalb einer Periode umschlagen. In der →Bilanz ist das U. gesondert auszuweisen und hinreichend aufzugliedern (§ 247 Abs. 1 HGB), zumindest in Vorräte, →Forderungen, →Wertpapiere und flüssige Mittel.
Da für die Zuordnung der Vermögensgegenstände zum →Anlagevermögen oder U. die Zweckbestimmung am Bilanzstichtag maßgebend ist, bestimmt der Bilanzierende die Zuordnung (→Wertpapiere des Anlagevermögens). Die zutreffende Einordnung der Wirtschaftsgüter in das Anlagevermögen oder U. hat neben der formellen Bedeutung für die Bilanzgliederung eine erhebliche materielle Bedeutung für die Bewertung (→Bewertung des Anlage- und Umlaufvermögens).

### Umrechnungsfaktoren, →Preisfaktoren.

### Umsatz

1. *Erlös:* U. ist der Gegenwert aus dem Verkauf von Gütern und Diensten. Er ergibt sich als Produkt aus Verkaufsmenge und Stückpreis.
2. *Volumen:* Anzahl der gehandelten Stücke (→Aktien einer Zeiteinheit. Der U. spielt bei der Chartinterpretation eine entscheidende Rolle. Der Techniker schließt von der Höhe des Volumens auf die Stärke der technischen Verfassung des Marktes und damit auch auf die Stärke der Kursentwicklung (→technische Analyse).
Der U. geht mit dem Trend: I. a. sollten die U. steigen, wenn sich die Kurse in Richtung des vorliegenden →Primärtrends bewegen. In einem fallenden Markt sollten die U. steigen, wenn die Kurse sinken bzw. sinken, wenn die Kurse steigen. In einem steigenden Markt hingegen sollten die U. steigen, wenn die Kurse steigen, bzw. sinken, wenn die Kurse sinken. Tritt diese Entwicklung nicht ein, so kann dies ein Anzeichen für eine Trendumkehr sein.

## Umsatzsteuer bei Kreditinstituten

### Umsatz-Chart

→Kurs-Chart, an dessen Unterkante die jeweiligen →Umsätze graphisch dargestellt werden (→Chart).

### Umsatzkostenverfahren (UKV)

Verfahren zur Ermittlung des →Betriebsergebnisses im Rahmen der kurzfristigen Erfolgsrechnung, bei dem den nach Produktarten oder Produktgruppen gegliederten Nettoerlösen die ebenso gegliederten Selbstkosten der abgesetzten Leistungseinheiten gegenübergestellt werden. Es gilt die Grundgleichung: Betriebserfolg = Nettoumsatz der abgesetzten Erzeugnisse − Selbstkosten der abgesetzten Erzeugnisse. Das U. berücksichtigt im Gegensatz zum →Gesamtkostenverfahren (GKV) keine Bestandsveränderungen. Auch weicht die produktbezogene Gliederung des U. von der des GKV ab. Letzteres gliedert die →Kosten nach →Kostenarten. In der handelsrechtlichen Erfolgsrechnung ist das U. neben dem GKV zulässig (§ 275 Abs. 3 HGB).

### Umsatzrentabilität

Kennzahl im Rahmen der →Erfolgsanalyse, bei der der →Gewinn einer Periode auf den →Umsatz dieser Periode bezogen wird.

### Umsatzsteuer auf Münzen

Vgl. Tabelle auf S. 1544.

### Umsatzsteuer bei Kreditinstituten

Für die Besteuerung der →Umsätze von →Kreditinstituten mit →Umsatzsteuer (USt) ist zwischen steuerfreien Umsätzen und steuerpflichtigen Umsätzen zu unterscheiden.

*Steuerfreie Umsätze:* Die Befreiung der meisten Umsätze der Kreditinstitute von der Umsatzsteuer ergibt sich aus § 4 Nr. 8 UStG. Danach sind folgende Umsätze steuerfrei: die Gewährung, die Vermittlung und die Verwaltung von →Krediten sowie die Verwaltung von →Kreditsicherheiten; die Umsätze und die Vermittlung der Umsätze von →gesetzlichen Zahlungsmitteln (das gilt nicht, wenn die Zahlungsmittel wegen ihres Metallgehaltes oder ihres Sammlerwertes umgesetzt werden); die Umsätze im Geschäft mit Geldforderungen und die Vermittlung dieser Umsätze, ausgenommen die Einziehung von →Forderungen; die Umsätze im →Einlagengeschäft, im Kontokorrentverkehr, im →Zahlungs- und →Überweisungsverkehr und das →Inkasso von

**Umsatzsteuer bei Kreditinstituten**

### Umsatzsteuer auf Münzen

| Münzart/Münzmetall | Münzpreis (ohne Umsatzsteuer) | USt-Satz (%) |
|---|---|---|
| **(1) Kursgültige Münzen** (Münzen, die gesetzliches Zahlungsmittel sind) | | |
| Goldmünzen | bis zum $2\frac{1}{2}$fachen des Metallwertes | 0 |
| | höher als das $2\frac{1}{2}$fache des Metallwertes | 7 |
| | Nennwert oder niedriger | 0 |
| Silbermünzen | bis zum $2\frac{1}{2}$fachen des Metallwertes | 15 |
| | höher als das $2\frac{1}{2}$fache des Metallwertes | 7 |
| | Nennwert oder niedriger | 0 |
| Münzen aus unedlen Metallen | über dem Nennwert | 7 |
| **(2) Kursungültige Münzen** (Münzen, die kein gesetzliches Zahlungsmittel sind) | | |
| Goldmünzen | bis zum $2\frac{1}{2}$fachen des Metallwertes | 15 |
| | höher als das $2\frac{1}{2}$fache des Metallwertes | 7 |
| Silbermünzen | bis zum $2\frac{1}{2}$fachen des Metallwertes | 15 |
| | höher als das $2\frac{1}{2}$fache des Metallwertes | 7 |
| Münzen aus unedlen Metallen | jeder Preis | 7 |

Handelspapieren; die Umsätze im Geschäft mit →Wertpapieren und die Vermittlung dieser Umsätze, ausgenommen die →Verwahrung und die Verwaltung von Wertpapieren (→ Depotgeschäft); die Umsätze und die Vermittlung der Umsätze von →Anteilen an →Gesellschaften und anderen Vereinigungen; die Übernahme von →Verbindlichkeiten, von →Bürgschaften und anderen Sicherheiten sowie die Vermittlung dieser Umsätze; die Verwaltung von →Sondervermögen nach dem Gesetz über →Kapitalanlagegesellschaften; die Umsätze der im Inland gültigen amtlichen Wertzeichen zum aufgedruckten Wert; die →Beteiligung als stiller Gesellschafter an dem Unternehmen oder an dem Gesellschaftsanteil eines anderen; die Umsätze im Geschäft mit Goldbarren, mit Goldmünzen, die als gesetzliche Zahlungsmittel gelten, mit unverarbeitetem Gold und die Vermittlung dieser Umsätze.

Bei den steuerbefreiten Umsätzen entfällt für Kreditinstitute nach § 15 Abs. 2 UStG die Möglichkeit des →Vorsteuerabzugs. Die den steuerfreien Umsätzen zuzuordnende Vorsteuer wird nicht erstattet und kann nicht verrechnet werden. Eine Einbeziehung als Kostenfaktor in den Preis für die Bankleistungen ist möglich und üblich. Wird eine umsatzsteuerfreie Leistung an einen Endverbraucher erbracht, bleibt sie steuerfrei. Wird eine steuerfreie Leistung an ein steuerpflichtiges Unternehmen erbracht, so erhöht sich dort die Bemessungsgrundlage, so daß eine „Nachversteuerung" bewirkt wird.

*Steuerpflichtige Umsätze bei Kreditinstituten* sind: die Umsätze in Edelmetallen, →Münzen (soweit der Münzpreis über dem Nennwert liegt) und Medaillen, ausgenommen Gold und Goldmünzen, die gesetzliche Zahlungsmittel sind; Vermittlungsgeschäfte, soweit sie nicht nach § 4 Nr. 8 UStG steuerfrei sind; Verkauf von Sicherungsgut im eigenen Namen des Kreditinstituts; Verkauf von gebrauchten Anlagegegenständen, soweit sie nicht ausschließlich für steuerfreie Tätigkeiten gebraucht wurden; Vermögensverwaltungen, soweit es sich nicht um steuerfreie Verwaltung von Wertpapiervermögen handelt; Vermietung von → Schließfächern; Verwahrung und Verwaltung von Wertpapieren.

*Abzugsfähigkeit der Vorsteuer bei Kreditinstituten:* Aufgrund der Zweiteilung der Umsätze in umsatzsteuerfreie und umsatzsteuerpflichtige Umsätze ist bei Kreditinstituten zwischen nichtabzugsfähiger Vorsteuer und abzugsfähiger Vorsteuer zu unterscheiden. Eine nichtabzugsfähige Vorsteuer ist die Umsatzsteuer, die dem Kreditinstitut beim Kauf von nichtaktivierungsfähigen Sachgütern und bei entgeltlicher Inanspruchnahme

von Dienstleistungen in Rechnung gestellt wird, es sei denn, daß sie einem umsatzsteuerpflichtigen Umsatz des Kreditinstituts zugerechnet werden kann. Die Umsatzsteuer muß vom Kreditinstitut als Aufwandsbestandteil erfaßt werden. Die dem Kreditinstitut beim Kauf von Anlagegegenständen in Rechnung gestellte Umsatzsteuer ist ebenfalls eine nichtabzugsfähige Vorsteuer, es sei denn, es handelt sich um →Gegenstände, die regelmäßig später wieder verkauft werden (z. B. Kraftfahrzeuge). Die nichtabzugsfähige Vorsteuer auf den Erwerb von Anlagegegenständen wird aktiviert und im Laufe der Nutzungsdauer mit abgeschrieben. Eine abzugsfähige Vorsteuer liegt bei Kreditinstituten vor, wenn Umsatzsteuer in Rechnung gestellt worden ist, die einem steuerpflichtigen Umsatz zugerechnet werden kann. Das ist z. B. der Fall beim Erwerb von Edelmetallen und Münzen (soweit sie umsatzsteuerpflichtig sind) sowie bei Medaillen, beim Erwerb von Sicherungsgut, wobei der Umsatz zwischen Sicherungsgeber und Kreditinstitut mit dem Eintritt der Verwertungsbefugnis, spätestens aber mit der Verwertung zustande kommt (→Sicherungsübereignung), und beim Erwerb von sog. Kantinenware.
(→Umsatzsteuerpflicht im Depotgeschäft, →Umsatzsteuer auf Münzen)

## Umsatzsteuerpflicht im Depotgeschäft

Die →Verwahrung und Verwaltung von →Wertpapieren (→Depotgeschäft) ist seit 1.1.1991 der →Umsatzsteuer (USt) unterworfen. Die →Umsätze in dem Geschäft mit Wertpapieren und die Vermittlung dieser Umsätze sind umsatzsteuerfrei. Daher ist im Einzelfall die Abgrenzung notwendig, welche Umsätze im Wertpapierbereich von der Steuerpflicht des Depotgeschäfts betroffen sind und welche Umsätze unter andere fortbestehende Steuerbefreiungen fallen.
Nachfolgend wird eine von den Spitzenverbänden des Kreditgewerbes unter Mitwirkung von Fachleuten des Wertpapiergeschäftes erarbeitete Übersicht über in diesem Geschäftsbereich in Betracht kommende Umsätze und deren steuerliche Einordnung gegeben (Quelle: Informationsdienst des Bundesverbandes deutscher Banken IV/1990 Nr. 17) (Es bedeutet: * = umsatzsteuerpflichtig, • = umsatzsteuerfrei):

- →Provisionen bei Ankauf/Verkauf von Wertpapieren, Limitgebühren (Lieferung von Wertpapieren = steuerfreier Umsatz im Geschäft mit Wertpapieren)
- Abschluß von →Optionsgeschäften mit Wertpapieren und die Übertragung von Optionsrechten
* Besorgung neuer →Zins- und →Dividendenscheine (Bogenerneuerung) aus Depot sowie aus effektiver Einreichung
* Einlösung von fremden Zins- und Dividendenscheinen sowie fälligen →Stücken [1]
* Tätigkeit als Zahlstelle und Hauptzahlstelle [2]
* Durchführung der Auslosungskontrolle
* Umtausch und Abstempelung von Wertpapieren einschließlich des Umtausches von →Zwischenscheinen in endgültige Stücke
- Stücketausch (Lieferung von Wertpapieren = steuerfreier Umsatz im Geschäft mit Wertpapieren)
* Beschaffung von Ersatzurkunden
* Ausstellung von Lieferbarkeitsbescheinigungen
* Depotgutschriften aus effektiven Einlieferungen und aus Depotübertragungen
* Effektive Auslieferungen/Übertragungen zu Lasten Depot
* Umschreibung von →Namensaktien/Ersatzbeschaffung von Eintragungsbestätigungen und Abtretungserklärungen
* Festschreibung/Vinkulierung in →Namenspapiere einschließlich Freischreibung
* Weiterleitung von fehlgeleiteten effektiven Wertpapieren und →Kupons
* Bearbeitung von Verlustfällen (z. B. Überprüfung/Überwachung) einschließlich →Aufgebotsverfahren, Zahlung auf Grund einer Haftungserklärung
- Zuteilung von Neuemissionen (sonstige Leistungen im Emissionsgeschäft = steuerfreier Umsatz im Geschäft mit Wertpapieren) [2]
* Prüfung und Ausfertigung von Neuemissionen einschließlich Anbringung von Kontrollunterschriften (sonstige Leistungen im Emissionsgeschäft = steuerfreier Umsatz im Geschäft mit Wertpapieren) [2]
* Liquidation (Rückgabe) eingereichter ausländischer Investmentprogrammzertifikate (Lieferung von Wertpapieren = steuerfreier Umsatz im Geschäft mit Wertpapieren)
* Vernichtung von Wertpapieren (wie bisher steuerpflichtige sonstige Dienstleistung) [2]

**Umsatzsteuerpflicht im Depotgeschäft**

* Prüfung von Papieren bei Vorlage hinsichtlich bestehender Rechte – → „Non Valeurs" (wie bisher steuerpflichtige sonstige Dienstleistung)
• → Tafelgeschäft (Lieferung von Wertpapieren = steuerfreier Umsatz im Geschäft mit Wertpapieren)
* → Depotgebühren
* → Vermögensverwaltung (wie bisher steuerpflichtige sonstige Dienstleistung)
* Erstellung von Depotauszügen und Kurswertaufstellungen
* Sonstige Auswertungen
* Bearbeitungsgebühren für Sonderleistungen wie z. B.
  – Erbfälle
  – Sperren/Pfanddepots
  – Depotumschreibung
  – → Mahnungen
  – → Verträge zugunsten Dritter
* Depotbankgebühr (→ Kapitalanlagegesellschaften)
* Weiterleitung von Mitteilungen über die Einberufung einer → Hauptversammlung gemäß §§ 128, 125 AktG
  – Porto und Aufwendungsersatz[2)]
* Versand von → Aktionärsmitteilungen, → Zwischenberichten und Fondsberichten[2)]
* Anforderung von ausländischen → Geschäftsberichten
• Bezug von → Aktien, → Wandel- oder → Optionsanleihen (Lieferung von Wertpapieren = steuerfreier Umsatz im Geschäft mit Wertpapieren)
* Umtausch von Aktien, z. B.
  – in → Zertifikate oder umgekehrt
  – wegen Namensänderung
• Umtauschaktionen wegen Übernahme/ → Fusion (Vermittlung der Lieferung von Wertpapieren = steuerfreier Umsatz im Geschäft mit Wertpapieren)
* Verlagerung von Wertpapieren wegen Änderung des Börsenhandels
• Wandlung von Wandelanleihen (sonstige Leistungen im Emissionsgeschäft = steuerfreier Umsatz im Geschäft mit Wertpapieren)
• Ausübung von Optionsrechten zum Erwerb von Wertpapieren einschließlich covered warrants (sonstige Leistungen im Emissionsgeschäft = steuerfreier Umsatz im Geschäft mit Wertpapieren)
• Ausübung von → Währungs- und → Zinsoptionsscheinen (steuerfreier Umsatz von Geldforderungen)

• Einbuchung von → Berichtigungsaktien (sonstige Leistungen im Emissionsgeschäft = steuerfreier Umsatz im Geschäft mit Wertpapieren)
• Einbuchung von Bonusaktien und → Stockdividenden (sonstige Leistungen im Emissionsgeschäft = steuerfreier Umsatz im Geschäft mit Wertpapieren)
• Ausübung des Wahlrechts zwischen → neuen Aktien und → Bardividende (sonstige Leistungen im Emissionsgeschäft = steuerfreier Umsatz im Geschäft mit Wertpapieren)
* Wechsel bei → ausländischen Investmentfonds von Barausschüttung in Reinvestierung und umgekehrt
* Split/Reverse Split
• Rückkaufangebote der Gesellschaft (Lieferung von Wertpapieren = steuerfreier Umsatz im Geschäft mit Wertpapieren)
• Wiederanlage von Dividenden oder Investmenterträgen zum Vorzugskurs (Lieferung von Wertpapieren = steuerfreier Umsatz im Geschäft mit Wertpapieren)
* → Kapitalherabsetzung
* Umstellung des → Nennwertes oder der → Währung
* Gläubigerkündigungen
• Barabfindung/Kaufangebote (Lieferung von Wertpapieren = steuerfreier Umsatz im Geschäft mit Wertpapieren)
* Liquidationszahlungen
• Verwertung von → Bezugsrechten, auch nachträglich (sonstige Leistungen im Emissiongeschäft = steuerfreier Umsatz im Geschäft mit Wertpapieren)
• Vergütung der Verkaufserlöse für Bezugsrechte, insbes. bei ADR-American depository receipts (Lieferung von Wertpapieren = steuerfreier Umsatz im Geschäft mit Wertpapieren)
• Resteinzahlungen (Lieferung von Wertpapieren = steuerfreier Umsatz im Geschäft mit Wertpapieren)
• Regulierung Teilrechte (Lieferung von Wertpapieren = steuerfreier Umsatz im Geschäft mit Wertpapieren)
* Bearbeitung von Anträgen zur Erstattung oder Ermäßigung ausländischer → Kapitalertragsteuer oder → Körperschaftsteuer
* Erträgnisaufstellungen und Steuerbescheinigungen (Jahres- und Ersatzbescheinigungen)
* Erstellung von Zweitschriften von Ertragsgutschriften

- Barauszahlung/Überweisung zu anderem Kreditinstitut aus Depotverwaltung (steuerfreier Umsatz im Zahlungs- und Überweisungsverkehr)
- Abwicklung von Rückkaufangeboten für →festverzinsliche (Wert-)Papiere (Lieferung von Wertpapieren = steuerfreier Umsatz im Geschäft mit Wertpapieren)
* Überwachung von Stücken in Wertpapier-Rechnung
* Trennung von Optionsscheinen
* Kuponauslieferung aus Depot vor →Fälligkeit
* Einbuchung von →Belegschaftsaktien (Gebühr trägt regelmäßig das Unternehmen)
* Wertpapierbereinigungsverfahren einschließlich der Vertretung vor Gericht
* Überlassung von Wertpapierinformationssystemen zur Nutzung (wie bisher steuerpflichtige sonstige Dienstleistung)
* Umschreibung von Anteilen an →geschlossenen Immobilienfonds (wie bisher steuerpflichtige sonstige Dienstleistung).

[1] Im Schaltergeschäft bei Ankauf Zug um Zug steuerfrei, weil Umsatz von Wertpapieren
[2] Gebühr zahlt regelmäßig →Emittent

Nebenkosten (z.B Kopien, Übersetzung, Gutachten) und weiter belastete Fremdkosten (z.B. Porti, fremde →Gebühren) sind der jeweiligen Leistung des Kreditinstituts zuzuordnen und umsatzsteuerlich in gleicher Weise zu behandeln.
(→Umsatzsteuer bei Kreditinstituten)

**Umsatzsteuersysteme**
Zu unterscheiden sind bei der →Umsatzsteuer (USt) Ein- und Allphasensystem sowie Brutto- und Nettosystem. Beim Einphasensystem wird nur der Endumsatz mit Umsatzsteuer belegt, beim Allphasensystem wird jeder Umsatz in der Kette der beteiligten Unternehmen mit Umsatzsteuer belegt. Beim Bruttosystem kumuliert die Umsatzsteuer bis zum Endverbraucher. In der BRD existierte bis 31. Dezember 1967 das System der Allphasen-Bruttoumsatzsteuer mit einem Regelsteuersatz von 4%. Aufgrund der Einführung des gemeinsamen Mehrwertsteuersystems 1967 durch die →Europäische Gemeinschaft (EG) wurde in der BRD zum 1.1.1968 die Allphasen-Nettoumsatzsteuer eingeführt. Bei der Allphasen-Nettoumsatzsteuer wird eine Kumulierung der Umsatzsteuer durch einen →Vorsteuerabzug verhindert. Im wirtschaftlichen Ergebnis erfaßt die Allphasen-Nettoumsatzsteuer die →Wertschöpfung jeder Wirtschaftsstufe (Mehrwertsteuer). Steuerträger ist der Endverbraucher.

**Umsatzsteuer (USt)**
→Steuer auf Lieferungs- und Leistungsumsätze, näher geregelt durch das Umsatzsteuergesetz (UStG) und die Umsatzsteuer-Durchführungsverordnung (UStDV). In der BRD ist die U. seit 1. Januar 1968 eine Allphasen-Nettoumsatzsteuer mit →Vorsteuerabzug, die auf jeder Wirtschaftsstufe erhoben wird und den jeweiligen Umsatzmehrwert (Mehrwertsteuer) erfaßt (→Umsatzsteuersysteme). Die U. ist eine →indirekte Steuer, eine Verkehrsteuer, eine Gemeinschaftsteuer von Bund und Ländern. Da sie den →Konsum des Endverbrauchers belastet, hat sie wirtschaftlich die Wirkung einer Verbrauchsteuer (→Steuern). →Steuergegenstand sind die in § 1 UStG aufgeführten steuerbaren →Umsätze.

*Steuerschuldner (Steuersubjekt)* ist i.d.R. der Unternehmer, d.h. nach der Definition des § 2 Abs. 1 UStG jeder, der eine gewerbliche oder berufliche Tätigkeit selbständig, nachhaltig und mit Einnahmen- (nicht notwendig Gewinn-)erzielungsabsicht ausübt. Unternehmer im Sinne des UStG können →natürliche Personen, →juristische Personen oder Personenvereinigungen sein. Ihre Betriebe können gewerblicher oder land- und forstwirtschaftlicher Art sein. Nur wer Unternehmer ist, kann steuerbare Umsätze ausführen, Steuerschuldner sein und vorsteuerabzugsberechtigt sein.

*Steuerbare Umsätze:* Der U. unterliegen nach § 1 Abs. 1 UStG (1) Lieferungen und sonstige Leistungen, die von einem Unternehmer im Inland im Rahmen seines Unternehmens gegen Entgelt ausgeführt werden; (2) der Eigenverbrauch eines Unternehmers im Inland (was Eigenverbrauch ist, wird in § 1 Abs. 1 Nr. 2 UStG definiert); (3) Lieferungen und sonstige Leistungen von →Körperschaften und Personenvereinigungen im Inland im Rahmen ihres Unternehmens an ihre Anteilsigner, Gesellschafter, Mitglieder, Teilhaber oder diesen nahestehende Personen, für die die Leistungsempfänger kein besonderes Entgelt aufwenden; (4) Einfuhr von Gegenständen in das Inland oder die

**Umsatzsteuer**

österreichischen Gebiete Jungholz und Mittelberg (→ Einfuhrumsatzsteuer), sowie (5) der innergemeinschaftliche Erwerb im Inland gegen Entgeld (§ 1 a UStG).
Die Begriffe „Lieferung" und „sonstige Leistung" werden in § 3 UStG definiert. Was Inland ist, wird in § 1 Abs. 2 UStG ausgeführt.
Steuerbefreiungen sind in den §§ 4, 4b und 5 UStG geregelt. Die meisten Umsätze (Umsatzarten) der → Kreditinstitute unterliegen nicht der U. (→ Umsatzsteuer bei Kreditinstituten).

*Bemessungsgrundlage* ist das vereinbarte Entgelt ohne die darauf entfallende U. (§ 10 UStG). Die Bemessungsgrundlage wird mit dem Steuersatz multipliziert und ergibt die U. vor Abzug der Vorsteuerbeträge. Durch Subtraktion der Vorsteuerbeträge (§ 15 UStG) wird die Umsatzsteuerschuld (U.-Zahllast) oder der U.-Erstattungsanspruch ermittelt.

*Kleinunternehmer:* Für Umsätze von Kleinunternehmern wird die geschuldete U. nicht erhoben, wenn der nach vereinnahmten Entgelten bemessene Gesamtumsatz, gekürzt um die darin enthaltenen Umsätze von → Wirtschaftsgütern des → Anlagevermögens, zuzüglich der auf den Gesamtumsatz entfallenden U. im vorangegangenen Kalenderjahr 25.000 DM nicht überstiegen hat und voraussichtlich im laufenden Kalenderjahr 100.000 DM nicht übersteigen wird (§ 19 UStG).

*Umsatzsteuersätze:* Der Regelsteuersatz beträgt 15% der Bemessungsgrundlage für jeden steuerpflichtigen Umsatz (§ 12 Abs. 1 UStG). Er ermäßigt sich auf 7%, z. B. für folgende Umsätze: Lieferung, Eigenverbrauch und Einfuhr von → Gegenständen, die in der Anlage zu § 12 Abs. 2 Nr. 1 UStG bezeichnet sind (z. B. bestimmte Lebensmittel und Getränke, land- und forstwirtschaftliche Erzeugnisse, Bücher, Zeitungen, Zeitschriften, bestimmte Kunstgegenstände und Sammlungsstücke) sowie für weitere Umsätze, die in § 12. Abs. 2 Nr. 2-10 UStG aufgeführt sind.

*Besteuerungsverfahren:* Der Besteuerungszeitraum für die U. ist grundsätzlich das Kalenderjahr (§ 16 Abs. 1 UStG). Der Unternehmer hat zum Zwecke der Veranlagung und zur Leistung von Umsatzsteuervorauszahlungen monatlich bzw. vierteljährlich Umsatzsteuervoranmeldungen abzugeben.

Die Umsatzsteuervoranmeldung ist bis zum 10. Tag nach Ablauf des Voranmeldezeitraums mit der selbst zu berechnenden Steuervorauszahlung auf amtlich vorgeschriebenem Vordruck abzugeben. Damit ist die Vorauszahlung fällig. Voranmeldungszeitraum ist der Kalendermonat, wenn die Steuer für das vorausgegangene Kalenderjahr mehr als 6.000 DM beträgt, das Kalendervierteljahr, wenn die Steuer für das vorausgegangene Kalenderjahr nicht mehr als 6.000 DM beträgt (§ 18 UStG).

*Entstehung der Umsatzsteuerschuld:* Die Umsatzsteuerschuld entsteht für Lieferungen und sonstige Leistungen grundsätzlich bei der Berechnung der Steuer nach vereinbarten Entgelten (Sollbesteuerung=Regelbesteuerung) mit Ablauf des Voranmeldungszeitraumes, in dem die Leistungen ausgeführt worden sind (§ 13 Abs. 1 UStG). Abweichungen hiervon sind ebenfalls in § 13 UStG geregelt. Das Finanzamt kann auf Antrag gestatten, daß ein Unternehmer, dessen Gesamtumsatz nach § 19 Abs. 3 UStG im vorangegangenen Kalenderjahr nicht mehr als 250.000 DM betragen hat oder der von der Verpflichtung zur Buchführung und zur Aufstellung von Abschlüssen aufgrund jährlicher Bestandsaufnahmen nach § 148 AO befreit ist oder, soweit er Umsätze aus freiberuflicher Tätigkeit anführt, die Steuer nach vereinnahmten Entgelten berechnet (Istbesteuerung, § 20 UStG).

*Innergemeinschaftlicher Erwerb:* Der U. unterliegt gem. § 1 Abs. 1 Nr. 5 UStG auch der innergemeinschaftliche Erwerb im Inland gegen Entgelt. Die einzelnen Voraussetzungen dieses Vorgangs sind in § 1a UStG näher geregelt, dessen Ort in § 3 d. Da seit 1. 1. 1993 innerhalb der EG keine Einfuhrumsatzsteuer mehr erhoben wird, erfolgt hier seither teils eine Besteuerung im Ursprungsland (z. B. bei Versendungsgeschäften innerhalb gewisser Wertgrenzen sowie bei privatem Reiseverkehr). In den meisten Fällen wird die Lieferung erst im Bestimmungsland (nach dessen Steuersätzen) beim Abnehmer (§ 1a Abs. 1 UStG) der U. unterworfen (→ Bestimmungslandprinzip). Im Ursprungsland sind derartige Lieferungen steuerfrei (§ 4 Nr. 1b, § 6a UStG). Ebenfalls im Bestimmungsland, aber beim Lieferer, wird die Besteuerung innergemeinschaftlicher Versendungsgeschäfte vorgenommen (§ 3c UStG); hier ist ein Vorsteuerabzug möglich.

*Gesetzliche Grundlagen:* UStG, UStDV, UStR.

**Umstellungsgesetz**
Gesetz, das die Durchführung der → Währungsreform regelte (Drittes Gesetz zur Neuordnung des Geldwesens vom 27.6.1948).

**Umtausch von Aktien,** → Aktienumtausch.

**Umwandlung**
Durch Rechtsvorschriften ausgestaltete Strukturveränderung von Unternehmen, die teilweise im Umwandlungsgesetz (UmwG) vom 28.10.1994 (BGBl. I S. 3210) geregelt ist. Außer den dort behandelten Arten der U. kann eine Umorganisation bzw. Restrukturierung von Unternehmen auch über einen → Unternehmensvertrag oder im Wege der Eingliederung nach §§ 319 ff. AktG erfolgen. Das UmwG faßt mehrere Arten der U. zusammen, nämlich Verschmelzung, Spaltung, Vermögensübertragung und Formwechsel (§ 1 Abs. 1 UmwG), und regelt diese Art weithin unabhängig von der Rechtsform der beteiligten → Personen. Unter den weiten Begriff U. fallen also Vermögensübergänge im Wege der Gesamt- oder der Einzelrechtsnachfolge sowie der Wechsel zwischen den → Unternehmensrechtsformen. Nur bei → Kapitalgesellschaften ist eine U. allgemein zulässig; Beschränkungen bestehen hingegen für → Personengesellschaften und für einzelne → natürliche Personen.

*Verschmelzung:* Bei dieser Art der U. werden die → Vermögen mehrerer beteiligter → Rechtssubjekte vereinigt, entweder durch Aufnahme der übertragenden durch die übernehmende(n) Person(en) oder durch Neugründung (§ 2 UmwG). Die übertragenden Rechtssubjekte erlöschen mit Eintragung der Verschmelzung im → Handelsregister (§ 20 Abs. 1 Nr. 2 UmwG). Dasselbe wirtschaftliche Ergebnis kann auch durch andere Rechtsinstitute des allgemeinen → Gesellschaftsrechts erzielt werden, z. B. durch Sachkapitalerhöhung.

*Spaltung:* Eine bisher nur für die Tätigkeit der → Treuhandanstalt vorgesehene Art der U. besteht in der Trennung von Vermögensteilen durch Zuordnung zu verschiedenen Personen, ohne daß aber die einzelnen Vermögensgegenstände nach den Vorschriften des → Bürgerlichen Gesetzbuchs übertragen werden müssen. Dabei ist die Aufspaltung (§ 123 Abs. 1 UmwG) das Gegenstück zur Verschmelzung, während bei einer Abspaltung (§ 123 Abs. 2 UmwG) das sich spaltende Rechtssubjekt einen Teil seines Vermögens und folglich auch seine → Rechtsfähigkeit behält. Ist mit diesen Formen der Spaltung wirtschaftlich ein Tausch von → Anteilen verbunden, indem die Beteiligungsverhältnisse modifiziert werden, muß die Zustimmung aller Anteilsinhaber des übertragenden Rechtssubjekts vorliegen (§ 128 UmwG). Eine dritte Form der Spaltung ist die Ausgliederung, bei der Vermögensteile auf eine → Tochtergesellschaft des Rechtssubjekts übertragen werden (§ 123 Abs. 3 UmwG); eine Vollübertragung oder auch eine Übertragung aller Teile sieht das UmwG nicht vor. Dies kann nur im Wege einer Sacheinlage mit Einzelübertragung erfolgen. Auf- und Abspaltung sowie Ausgliederung sind sowohl zur Aufnahme als auch zur Neugründung möglich; zulässig sind ferner Mischformen (§ 123 Abs. 4 UmwG). Wie bei der Verschmelzung sind zudem alternative Gestaltungen nicht ausgeschlossen, die wirtschaftlich dasselbe Resultat zeitigen. §§ 152 ff. UmwG enthalten neue Möglichkeiten für die → Betriebsaufspaltung bei Einzelkaufleuten.

*Formwechsel:* Bei dieser Art der U. ändert ein Rechtssubjekt die U. unter Wahrung seiner Identität. Ausdrücklich vorgesehen (in § 191 UmwG) ist dies auch im Verhältnis von → Personenhandelsgesellschaften und Kapitalgesellschaften, obwohl erstere keine → juristischen Personen sind. Vor und nach der U. müssen dieselben Personen, wenn auch nicht notwendig mit gleichbleibenden Anteilen (§§ 194 Abs. 1 Nr. 4 und 196 UmwG), an dem seine Form ändernden Unternehmen beteiligt sein. Sind bei Verschmelzung oder Spaltung mehrere Rechtssubjekte mit unterschiedlichen Rechtsformen beteiligt, so erfolgt zugleich mit diesen Arten der U. ein Formwechsel, ohne daß die speziell hierfür geltenden Bestimmungen anzuwenden sind. Ein formwechselndes Rechtssubjekt kann auch eine → Körperschaft oder eine → Anstalt des öffentlichen Rechts sein (§ 191 Abs. 1 Nr. 6 UmwG).

*Vermögensübertragung:* Diese weitere Umwandlungsart umfaßt die Verschmelzung,

**Umwandlungsgesetz**

Auf- und Abspaltung sowie Ausgliederung zur Aufnahme mit der Besonderheit, daß die Gegenleistung nicht in Anteilen oder Mitgliedschaften an dem übernehmenden Rechtsträger bestehen darf, also als Barzahlung erfolgen kann (§ 174 UmwG). Die Vermögensübertragung kommt (nach § 175 UmwG) nur für Versicherungs-Aktiengesellschaften (§ 109 UmwG) und für Kapitalgesellschaften bei einer Übertragung auf Bund, Länder oder andere Gebietskörperschaften in Betracht.

*Grenzüberschreitende U.:* §§ 1 und 3 UmwG lassen nur inländische U. zu, Verschmelzungen und Spaltungen, bei denen sowohl übertragende als auch übernehmende Personen ihren Sitz im Inland haben. Das gewünschte Ergebnis muß also im Wege des allgemeinen Gesellschaftsrechts angestrebt werden.

*Ergänzende Vorschriften für die U.:* Die Sondervorschriften des UmwG werden im Hinblick auf die einzelnen Unternehmensrechtsformen ergänzt durch deren Kapitalschutzbestimmungen (z.B. in §§ 66 ff). UmwG für eine Verschmelzung unter Beteiligung von → Aktiengesellschaften, vor allem über die Gründung, → Kapitalerhöhung und → Kapitalherabsetzung.

*Durchführung von U.:* Wirksamkeitsvoraussetzung für Verschmelzung (§§ 4 ff. UmwG) und Spaltung (§ 126 UmwG) ist ein von den Vertretungsorganen (z.B. → Geschäftsführer einer GmbH) vorzunehmendes → Rechtsgeschäft, bei mehreren Beteiligten also ein → Vertrag, bei der Spaltung zur Neugründung hingegen ein einseitig aufgestellter Plan (§ 136 UmwG). Die Rechtsgeschäfte, für die ein bestimmter Mindestinhalt vorgeschrieben ist, bedürfen der → notariellen Beurkundung. Aus ihnen folgt die Verpflichtung für die beteiligten Rechtssubjekte, die für den Vermögensübergang notwendige Handelsregistereintragung herbeizuführen. Vor der U. müssen die Vertretungsorgane auch bei Personengesellschaften (etwa nach §§ 8, 41 UmwG) schriftliche Berichte erstellen, in denen die U. rechtlich und wirtschaftlich erläutert und begründet wird. Wird ein Bericht den Anteilsinhabern, die der U. zustimmen sollen, nicht spätestens zusammen mit der Einberufung der Gesellschafterversammlung vorgelegt, können überstimmte Anteilsinhaber klagen; dies bewirkt, daß die Handelsregistereintragung vorläufig unterbleiben muß.

Grundsätzlich wird bei allen an einer U. beteiligten Rechtssubjekten ein notariell beurkundeter Zustimmungsbeschluß der Anteilseigner verlangt, mit einer Mehrheit von mindestens drei Vierteln der Stimmen (etwa nach §§ 13, 50 UmwG); bei Verschmelzungen oder Spaltungen kann eine zuvor einzuholende Genehmigung der Kartellbehörden erforderlich sein (→ Wettbewerbsbeschränkung). Die Wirksamkeit des Umwandlungsbeschlusses kann nicht allein deshalb mit Erfolg angefochten werden, weil das Umtauschverhältnis der Anteile zu niedrig bemessen oder die Mitgliedschaft beim übernehmenden Rechtsträger kein ausreichender Gegenwert ist (§ 14 Abs. 2 UmwG). In diesem Fall sind die Anteilseigner auf bare Zuzahlungen angewiesen; sie werden in einem besonderen Spruchverfahren der → Freiwilligen Gerichtsbarkeit festgesetzt (§§ 305 ff. UmwG).

*Rechtsfolgen der U.:* Regelmäßig gehen alle → Aktiva und → Passiva auf das übernehmende Rechtssubjekt über. Besonderheiten gelten für den → Nießbrauch und ähnliche beschränkt → dingliche Rechte sowie für gewisse mitgliedschaftsähnliche Rechte (z.B. → Genußrechte, → Wandelanleihen). Spezifische Rechtsfolgen ergeben sich auch auf dem Gebiet des → Arbeitsrechts (§§ 321 ff. UmwG).

**Umwandlungsgesetz (UmwG)**
Gesetz zur Bereinigung des Umwandlungsrechts vom 28. 10. 1994 (→ Umwandlung).

**Umwandlungssteuergesetz (UmwStG)**
1994 zusammen mit dem → Umwandlungsgesetz neugefaßte Regelung für die verschiedenen Arten der → Umwandlung, insbesondere von → Personengesellschaften und → Kapitalgesellschaften in jeweils andere → Unternehmensrechtsformen. Das U. enthält Bestimmungen zur Ermittlung der geschuldeten → Einkommen-, → Körperschaft- und → Gewerbesteuer, die darauf abzielen, die Umwandlungs-Vorgänge steuerneutral zu ermöglichen. Insbesondere soll nicht nur (wie bisher) die Umgestaltung einer Personengesellschaft oder eines Einzelunternehmens in eine Kapitalgesellschaft, sondern auch der umgekehrte Weg ohne Aufdeckung der im Unternehmen gebildeten → stillen Reserven eröffnet werden. Außerdem soll ein steuerlicher → Verlustvortrag auf den Rechtsnachfolger übergehen.

## UN
Abk. für United Nations; → UNO.

## Unbedenklichkeitsbescheinigung
1. Vom Finanzamt aufgrund von Ministerialerlassen zur Vergabe öffentlicher Aufträge ausgestellte Bescheinigung, die besagt, daß der →Steuerpflichtige seinen Steuerverpflichtungen bisher pünktlich nachgekommen ist. Die U. darf aus Gründen des Steuergeheimnisses nur dem Steuerpflichtigen selbst oder mit seiner Zustimmung ausgestellt werden.

2. Bescheinigung des Finanzamtes im Grundstücksverkehr, daß bei einem Grundstückserwerb der Eintragung des Käufers als neuem Eigentümer in das →Grundbuch steuerliche Bedenken nicht entgegenstehen (§ 22 GrEStG), insbes. auch, daß die fällige →Grunderwerbsteuer bezahlt wurde. Ohne Vorlage der U. darf das →Grundbuchamt den Eigentümerwechsel nicht im Grundbuch eintragen. Notare und Gerichte haben eine Anzeigepflicht an das Finanzamt bezüglich der Beurkundung steuerpflichtiger Vorgänge.

## Unbedingtes Termingeschäft, →Termingeschäft, →Symmetrisches Risikoinstrument.

## Unbefristete Bürgschaft
Allgemein übliche Form der Bürgschaftshergabe, da sich die Dauer der →Bürgschaft nach den verbürgten →Verbindlichkeiten richtet und insbes. →Kontokorrentkredite auf Dauer in Anspruch genommen und revolvierend verlängert werden.
*Gegensatz*: →Zeitbürgschaft.
(→Bürgschaft)

## Unbegrenzte Bürgschaft
Betragsmäßig unbegrenzte →Bürgschaft. Diese wird zur Haftungserweiterung zumeist von nur mit ihrer →Einlage haftenden Gesellschaftern von Kreditnehmern beigezogen und erspart Anpassung der Bürgschaftsurkunden bei Veränderungen des Kreditengagements. Eine u. B. als →Kreditsicherheit kann in Einzelfällen rechtlich problematisch sein.
*Gegensatz*: →Höchstbetragsbürgschaft.
(→Bürgschaft)

## Unbestätigtes Akkreditiv
→Zahlungsakkreditiv oder →Akzeptierungsakkreditiv oder →Negoziierungsakkreditiv mit Leistungsversprechen der eröffnenden →Bank (→Dokumentenakkreditiv).

## Unbundling
Zerlegen eines Anlageinstrumentes, das aus mehreren Bausteinen (→Composite Asset) besteht, in die Einzelbestandteile. Werden →Zinsinstrumente zerlegt und analysiert, bezeichnet man U. auch als →Bond Stripping. Beispielsweise besteht das Composite Asset →Anleihe mit Schuldnerkündigungsrecht aus einem →Straight Bond und einer Call-Option (→Callrecht) auf diesen Straight Bond. Nahezu alle →Finanzinnovationen (z.B. →Koppelanleihen, →MEGA-Zertifikat) können auf elementare Bausteine zurückgeführt werden.
*Gegensatz*: →Bundling.
(→Duplizierungsprinzip, →Marktrisikofaktoren-Analyse, →Stripping von Finanzinnovationen)

## UNCTAD
Abk. für United Nations Conference on Trade and Development; →Konferenz der Vereinten Nationen für Handel und Entwicklung.

## Underlying (Instrument), →Basiswert.

## Underwriter
An einem →Emissionskonsortium beteiligte →Bank (→Investment Bank), die im Rahmen des →Emissionsgeschäfts →Wertpapiere vom →Emittenten übernimmt und das Absatzrisiko (→Plazierung) trägt. Im internationalen Bereich umfaßt die Underwriting Group (unter Führung eines →Lead Manager) regelmäßig weniger Teilnehmer als die mit der Unterbringung der →Emission beim Publikum (oder im Wege der →Privatplazierung) beauftragte Selling Group (→Plazierungs- und Übernahmeverpflichtungen).

## Underwriting
Beteiligung als →Underwriter an der →Emission von →Anleihen.

## Und-Konto
→Gemeinschaftskonto mit gemeinschaftlicher Verfügungsberechtigung aller Kontoinhaber.

*Außen- und Innenverhältnis:* Ein auf mehrere →Personen lautendes Gemeinschaftskonto wird dann als U.-K. errichtet, wenn gemeinschaftliche Verfügungsbefugnis ausdrücklich gewünscht ist. Dies gilt entsprechend auch für ein →Oder-Konto. Diese

## Unechte Gesamtvertretung

Weisung muß beim sog. *vertraglichen U.-K.* im Kontoeröffnungsantrag klar und unmißverständlich aufgenommen werden. (Das Wort „und" zwischen den Namen der Kontoinhaber begründet für sich allein noch kein U.-K.) Diese schuldrechtliche Vereinbarung bewirkt, daß zwischen kontoführendem → Kreditinstitut und den Kontomitinhabern ein gesamthandsgläubigerähnliches Rechtsverhältnis begründet wird (Außenverhältnis). Daraus folgt, daß die Kontoinhaber nur gemeinschaftliche Verfügungsbefugnis besitzen und das Kreditinstitut nur an alle zusammen befreiend leisten darf. Auch Gutschriften können nur erfolgen, wenn sie die Kontoinhaber gemeinschaftlich betreffen. Im übrigen ist die Rechtskonstruktion des U.-K. umstritten.

Befinden sich die Kontoinhaber in einer gesetzlich vorgesehenen → Gesamthandsgemeinschaft, beruht die gemeinschaftliche Verfügungsbefugnis nicht auf vertraglicher Regelung. Man spricht dann von einem *gesetzlichen U.-K.* Das Gesetz kennt nur einen eng begrenzten Katalog von reinen Gesamthandsgemeinschaften. Der in der Praxis gängigste Fall ist die ungeteilte → Erbengemeinschaft (gemäß §§ 2032, 2038 BGB). Auch bei einer → Gesellschaft des bürgerlichen Rechts (BGB-Gesellschaft, GbR) liegt eine vergleichbare Konstruktion vor (§§ 705, 709 BGB). Maßgebend für die Berechtigung im Innenverhältnis sind die intern wirkenden gesetzlichen Bestimmungen bzw. die besonderen Abreden, die aber Außenstehenden im Normalfall unbekannt bleiben.

*Verfügungsberechtigung:* Unabhängig von der dem U.-K. im Außenverhältnis zugrundeliegenden Rechtskonstruktion gilt für alle Kontomitinhaber, daß sie nur gemeinschaftlich verfügen oder sonstige Rechte geltend machen können (→ Verpfändung, → Abtretung, → Kündigung, Änderung der Vertragsbedingungen usw.). Will ein Kontomitinhaber alleine sein Verfügungsrecht ausüben, so benötigt er dazu eine von allen anderen Mitinhabern erklärte → Vollmacht. Soweit es sich bei dem U.-K. um ein → Sparkonto handelt, sind aber Verfügungen im Rahmen der Legitimationswirkung des Sparbuchs (§ 808 BGB) an einen Kontomitinhaber zulässig, soweit dieser das Sparbuch vorlegen kann.

*Eingehen von → Verbindlichkeiten und → Haftung für Verbindlichkeiten:* Die Kontoinhaber können Verbindlichkeiten gegenüber den Kreditinstituten nur gemeinsam eingehen. Sie haften als → Gesamtschuldner nach § 421 BGB.

*AGB-Pfandrecht:* Guthaben auf einem U.-K. haften aufgrund des → AGB-Pfandrechts der Kreditinstitute (Nr. 14 AGB Banken, Nr. 21 AGB Sparkassen) nur für gemeinschaftlich begründete Verbindlichkeiten aller Kontomitinhaber. Soll das Guthaben auf einem U.-K. auch für Verbindlichkeiten nur eines Kontomitinhabers haften, so wäre dafür eine von allen Mitinhabern abzugebende gemeinschaftliche Verpfändungserklärung einzuholen.

*Pfändung:* Ein → Vollstreckungstitel muß gegen alle Kontomitinhaber gerichtet sein. Nur dann kann das Guthaben auf einem U.-K. gepfändet werden. Eine → Pfändung gegen nur einen Kontomitinhaber würde nicht zu einer → Verwertung des Kontoguthabens führen. Allerdings könnte der Pfändungsgläubiger anstelle des Pfändungsschuldners gemeinschaftlich mit den übrigen Kontomitinhabern über das Guthaben verfügen.

*Tod eines Kontomitinhabers:* Der → Erbe oder die Erben übernehmen die Gläubigerschaft und die Mitverfügungsberechtigung des verstorbenen Kontomitinhabers.
*Gegensatz:* Oder-Konto.

**Unechte Gesamtvertretung,** → Stellvertretung.

## Unerlaubte Handlung

Oberbegriff für die in §§ 823 ff. BGB aufgeführten Tatbestände schädigenden Fehlverhaltens einer → Person (auch: Delikt). Die Verpflichtung des Schädigers zum → Schadensersatz aus u. H. setzt voraus, daß sein Handeln oder auch Unterlassen rechtswidrig und schuldhaft (→ Verschulden) einen Schaden beim Verletzten verursacht hat. U. H. sind die Verletzung von Leben, Körper, Gesundheit, Freiheit, → Eigentum oder eines sonstigen absolut geschützten Rechts einer anderen Person, der Verstoß gegen Rechtsvorschriften, die den Schutz eines anderen bezwecken (§ 823 Abs. 1, 2 BGB), sowie die sittenwidrige vorsätzliche Schädigung (§ 826 BGB). Ein unerlaubtes Handeln eines Verrichtungsgehilfen (insbes. eines → Arbeitnehmers) führt regelmäßig auch zu einer Haftung des Geschäftsherrn (→ Arbeitgebers), § 831 BGB. Einen Sonderfall der unerlaubten Handlung bildet ferner die Amtspflichtverletzung eines Beamten (§ 839 BGB, → Amtshaftung).

**Ungebundener Finanzkredit,** → Finanzkredit an das Ausland.

**Ungerechtfertigte Bereicherung**
Das gesetzliche → Schuldverhältnis der u. B. (Kondiktion) dient dazu, einer → Person einen → Anspruch auf Korrektur einer Vermögensverschiebung zu geben, die zwar formal gültig, aber inhaltlich ohne sachlichen Grund erfolgt ist (§§ 812 ff. BGB). Wichtige Anwendungsfälle sind rechtswirksame → Verfügungsgeschäfte, bei denen das → Verpflichtungsgeschäft nichtig ist (→ Abstraktionsprinzip). Eine noch vorhandene rechtsgrundlose Bereicherung muß vom → Schuldner herausgegeben werden (§ 818 BGB). Wer im Einzelfall Schuldner eines Bereicherungsanspruchs ist, kann schwierig festzustellen sein, etwa bei fehlgegangenen Banküberweisungen, wo zwischen Leistung (an den Kunden) und Zahlung (an den Empfänger) unterschieden wird.

**Ungewichtetes arithmetisches Mittel**
Synonym für → arithmetisches Mittel.

**UNICO Banking Group**
Zusammenschluß westeuropäischer genossenschaftlicher Spitzeninstitute (→ Kreditgenossenschaft).

**Uniform Customs and Practice for Documentary Credits,** → Einheitliche Richtlinien und Gebräuche für Dokumentenakkreditive.

**Uniform Rules for Collections,** → Einheitliche Richtlinien für Inkassi.

**United Nations Conference on Trade and Development (UNCTAD),** → Konferenz der Vereinten Nationen für Handel und Entwicklung.

**Unit Trust**
1. → Investmentfonds.

2. → Kapitalanlagegesellschaften in Großbritannien, die → Investmentzertifikate (Units) ausgeben und zurückkaufen (→ Bankwesen Großbritannien).

**Universalbanken**
→ Geschäftsbanken, die (fast) alle → Bankgeschäfte betreiben, d. h. sowohl das → Einlagengeschäft und → Kreditgeschäft (→ Commercial Banking) als auch das → Wertpapiergeschäft (→ Investment Banking).
*Gegensatz:* → Spezialbanken.
(→ Geschäftsbankensystem)

**Universalbanksystem**
→ Geschäftsbankensystem, in dem → Kreditinstitute grundsätzlich alle → Bankgeschäfte betreiben (mit Ausnahme derjenigen, die → Spezialbanken vorbehalten sind).
*Gegensatz:* → Trennbankensystem.

**Unlauterer Wettbewerb**
Wettbewerbshandlungen, die den freien → Wettbewerb beeinträchtigen, werden vom Staat unterbunden, um den einzelnen Wettbewerber vor unlauteren Wettbewerbshandlungen eines Mitbewerbers und die Allgemeinheit vor Auswüchsen des Wettbewerbs zu schützen. Zentrale *Rechtsgrundlage* ist das Gesetz gegen den unlauteren Wettbewerb (UWG). Zum Wettbewerbsrecht gehören auch das Rabattgesetz, die Zugabeverordnung (→ Zugabe) und i. w. S. die → Preisangabenverordnung. Im Unterschied zum Kartellrecht (→ Wettbewerbsbeschränkung) unterliegt die Einhaltung dieser gesetzlichen Bestimmungen nicht einer ständigen staatlichen Kontrolle. Vielmehr obliegt es dem einzelnen Mitbewerber oder den Verbraucherverbänden, im Streitfall die Beachtung der gesetzlichen Vorschriften mit Hilfe der Gerichte durchzusetzen. Da das UWG nur sehr allgemeine, elastische Bestimmungen enthält, liegen die Quellen des Wettbewerbsrechts größtenteils in der umfangreichen Rechtsprechung der letzten Jahrzehnte.
Die *Kern-Vorschrift des UWG* stellt die „Generalklausel" in § 1 dar, wonach jede Wettbewerbshandlung, die gegen die guten Sitten verstößt, unlauter ist. Nach allgemeiner Ansicht bilden den Maßstab für die guten Sitten die Anschauungen des verständigen und anständigen Durchschnittsgewerbetreibenden sowie im Falle von Werbemaßnahmen auch die Auffassung der damit angesprochenen Verkehrskreise (Verbraucher). Das elastische Merkmal der guten Sitten ermöglicht die Einbeziehung der berufsständischen Überzeugung und Gepflogenheiten in den normativen Lauterkeitsbegriff. Beispielsweise gelten für die Werbemaßnahmen von → Kreditinstituten andere Maßstäbe als für den Vertreiber von Videos. Für

## UNO

die Annahme der Sittenwidrigkeit genügt es, daß der unlauter Handelnde die mißbilligenswürdigen Tatsachen kennt, dagegen braucht er nicht das Bewußtsein eines Verstoßes gegen die guten Sitten zu besitzen. Zu den unlauteren Wettbewerbshandlungen gehören nach den weiteren Bestimmungen des UWG vor allem: unlautere → Werbung durch Täuschung und Verlockung der Kunden; Werbung mit abwertender Kritik der → Waren oder der → Personen der Mitbewerber, der „Behinderungswettbewerb", Boykott der Mitbewerber; Preisunterbietungen, um einen Mitbewerber zu ruinieren, → Kartelle, → Monopole; Unterbietung der Preise preisgebundener Waren, Irreführung von Kunden; sittenwidriges Abspenstigmachen von Kunden und Arbeitskräften; unwahre Werbung; Angestelltenbestechung; Anlockung durch wertvolle Zugaben, Gewährung hoher Rabatte an Endverbraucher und anderes.

*Bedeutung für die Kreditwirtschaft*: Kreditinstitute müssen vor allem bei ihrer Werbung bzw. bei ihrem Werbeverhalten darauf achten, daß sie die Regeln des unlauteren Wettbewerbs nicht verletzen. Das → Bundesaufsichtsamt für das Kreditwesen kann nach § 23 Abs. 1 KWG bestimmte Arten der Werbung durch Allgemeinverfügungen untersagen, um Mißständen zu begegnen. Vorher sind aber die Spitzenverbände der Kreditinstitute zu hören (§ 23 Abs. 2 KWG). Im Bankgewerbe ist es bisher weder zu einer größeren Anzahl von gerichtlichen Auseinandersetzungen noch zu einschneidenden Reglementierungen des Bundesaufsichtsamts gekommen. Das liegt vornehmlich daran, daß mit der Einrichtung des → Zentralen Wettbewerbsausschusses die → Spitzenverbände der deutschen Kreditwirtschaft ein gut funktionierendes Selbstregelungsverfahren eingeführt haben.

## UNO

Abk. für United Nations Organization, Organisation der Vereinten Nationen; 1945 gegründete, bedeutsamste → Internationale Organisation, der fast alle Staaten der Erde (nicht: die Schweiz) angehören und deren wichtigste Aufgabe in der Erhaltung und Sicherung des Friedens besteht; rechtliche Grundlage für Aufbau und Handeln der UNO ist die UN-Charta. Zentrale → Organe sind die Generalversammlung sowie der Sicherheitsrat (mit fünf ständigen und weiteren zeitweiligen Mitgliedern). An der Spitze der UNO-Verwaltung steht ein Generalsekretär. Die UNO hat enge Beziehungen zu einer Reihe von „Sonderorganisationen", etwa dem → Internationalen Währungsfonds (IWF) und der → Weltbank, die jedoch rechtlich selbständig sind. Die UNO soll auch für die internationale Zusammenarbeit bei der Lösung wirtschaftlicher und sozialer Probleme Sorge tragen. Speziell hiermit befaßt ist der → Wirtschafts- und Sozialrat der Vereinten Nationen (Economic and Social Council, ECOSOC). Im Unterschied zur regionalen → Europäischen Union fehlen der UNO fast durchweg Befugnisse, verbindliche Rechtsvorschriften für die Mitgliedstaaten und deren Staatsangehörige bzw. Unternehmen zu erlassen und durchzusetzen. Lediglich der Sicherheitsrat kann unter engen Voraussetzungen auch Beschränkungen für den internationalen Wirtschaftsverkehr gegenüber einem die Pflichten aus der UN-Charta verletzenden Staat treffen. Er kann z. B. ein → Embargo verhängen, welches alle anderen Mitgliedstaaten befolgen (und den eigenen Unternehmen gegenüber durchsetzen) müssen. In der Bundesrepublik Deutschland erfolgt dies im Rahmen von § 7 AWG durch Änderungen der → Außenwirtschaftsverordnung.

## Unpfändbarer Gegenstand

→ Gegenstand, der nicht der → Pfändung unterliegen kann. Für *bewegliche Sachen* enthält § 811 ZPO eine umfassende Aufzählung. Auf einige unpfändbare Sachen kann der → Gläubiger im Wege der Austauschpfändung zurückgreifen (§ 811 a ZPO). Dem Grundeigentümer gehörendes → Zubehör von → Grundstücken sowie sonstige dem Haftungsverband der → Grundpfandrechte unterliegende Sachen sind unpfändbar, sofern das Grundstück für eine → Zwangsverwaltung oder → Zwangsversteigerung beschlagnahmt worden ist.

→ *Forderungen* sind nur pfändbar, wenn sie übertragbar sind. Für Arbeitseinkommen besteht ein weitgehender Pfändungsschutz: Der innerhalb der Pfändungsfreigrenzen liegende Teil des Arbeitseinkommens ist unpfändbar (§ 850c ZPO). Absolut unpfändbar sind auch bestimmte, in § 850a ZPO aufgezählte Bezüge. Nur bedingt pfändbar sind Sozialleistungsansprüche, wie z. B. → Renten (§ 850b ZPO). Der Pfändungsschutz erstreckt sich nach § 850k ZPO auch auf Guthaben von →Konten, auf die regelmäßig Arbeitseinkommen überwiesen werden (→Pfändung in Bankkonten).

### Unregelmäßige Verwahrung
1. Verwahrungsvertrag nach § 700 BGB. Werden →vertretbare Sachen in der Weise hinterlegt, daß der →Verwahrer daran →Eigentum erlangt und nur →Sachen von gleicher Art, Güte und Menge zurückgeben muß, gelten die Vorschriften über das →Darlehen (§§ 607 ff. BGB) entsprechend.

2. Auch bei u. V. von Wertpapieren i. S. des DepotG geht das Eigentum auf das verwahrende →Kreditinstitut über. Der Hinterleger hat nur einen schuldrechtlichen Anspruch auf Rückgewährung der gleichen Menge von Wertpapieren derselben Art (§ 15 DepotG). Die u. V. muß ausdrücklich und schriftlich vereinbart werden. In der Vereinbarung muß zum Ausdruck kommen, daß das Eigentum auf den Verwahrer oder einen Dritten übergehen soll. Der Hinterleger genießt keinen depotrechtlichen Schutz. Der Rückwährungsanspruch des Hinterlegers soll unter der Bezeichnung „Wertpapierrechnung nach § 15 Depotgesetz" gebucht werden.
*Gegensatz:* →Depositum Regulare, →Verwahrung.

### Unsichtbare Grundstücksbelastungen
Für die Grundstücksbeleihung wichtige und aus dem →Grundbuch nicht erkennbare Einschränkungen bei der Nutzung und →Verwertung von →Grundstücken: (1) Einwirkungen der öffentlichen Hand, z. B. Baulasten, Denkmalschutz, Erhaltungssatzung, Erschließungsbeiträge, Abstellplatzsatzungen, Vorkaufsrechte der Gemeinden usw. (2) Bei →Teileigentum und →Wohnungseigentum: Nutzungsbeschränkungen aufgrund der Teilungserklärung, des Aufteilungsplanes oder durch Beschlüsse der Wohnungseigentümerversammlung, Grundsteuer- oder Hausgeld-Zahlungsverpflichtungen wegen Rückständen von Mitbauherren oder Voreigentümern. (3) Rechtliche Einschränkungen: z. B. bestehende Mietvorauszahlungen und Mieterdarlehen, Mietereinbauten, Vorkaufsrecht des Mieters bei Umwandlungen von Mietwohnungen in Eigentumswohnungen zur Sicherung der Zweckbestimmung von Sozialwohnungen, Überbau- und Notwegrenten. (4) Baumängel und Altlasten: Nötige hohe Renovierungsaufwendungen aufgrund von Baumängeln oder früherer Verwendung schädlicher oder giftiger Stoffe, Mängel in der Statik, im Schallschutz, Verstöße gegen die Baugenehmigung (z. B. nicht genehmigte An- oder Ausbauten); aber auch nachträglich festgestellte Bodenverseuchungen, die der Eigentümer mit hohen →Kosten beseitigen muß, wenn der Verursacher nicht oder nicht mehr zu ermitteln oder zahlungsunfähig ist.
(→Grundstücksbelastungen)

### Unsystematische Rendite
Synonym für →Alpha des →Markt-Modells.

### Unsystematisches Risiko
Einzelwirtschaftliche bzw. titelspezifische Risiken, die nicht im Zusammenhang mit übergeordneten Ereignissen stehen (Wertpapierbezogenes Risiko). Das u. R. tritt nur bei bestimmten Einzelwerten (z. B. →Aktien, →Straight Bonds) und nicht bei allen Einzelwerten gleichzeitig auf. Das u. R. kann durch →Diversifikation innerhalb der →Assetklasse weitgehend verringert werden. Ein u. R. der Assetklasse Zinsinstrumente ist beispielsweise das →Bonitätsrisiko, d. h. die nicht oder nur teilweise Erfüllung von Zahlungsverpflichtungen (→Nominalzins, →Tilgung) des →Emittenten. Ähnlich ist das →Counterpart-Risiko von beispielsweise →Optionen, →Swaps und →Forwards zu interpretieren. Auch das →Call-Risiko bei →Anleihen mit Schuldnerkündigungsrecht ist ein u. R. In der Assetklasse →Equity (z. B. →Stammaktien) ist an bestimmte unternehmensindividuelle Ereignisse wie beispielsweise Gewinnentwicklung, technische Entwicklungen, →Fusion, innovative Produkte oder eine negative Presse zu denken, wenn u. R. auftreten.
*Gegensatz:* →systematisches Risiko.
(→Residualvarianz, →Residualvolatilität, →Asset Allocation, →Moderne Portfolio-Theorie)

### Unterakkreditiv, →Gegenakkreditiv.

### Unterbeschäftigungsgleichgewicht
Grundannahme der →Keynes'schen Theorie, nach der das marktwirtschaftliche System, wobei auf die Weltwirtschaftskrise verwiesen wird, in einem Zustand der Krise bei hoher →Arbeitslosigkeit verharren kann, weil die Selbstheilungskräfte des Marktes nicht wirksam werden. Keynes und

**Unterbeteiligung**

seine Anhänger gingen insbes. davon aus, daß die Löhne und Preise nach unten nicht ausreichend flexibel seien, so daß die von der traditionellen Nationalökonomie angenommene Markträumungsfunktion sinkender Löhne und Preise nicht notwendigerweise eintreten muß. Außerdem wird kritisiert, daß nicht automatisch das aus zusätzlicher Produktion entstandene zusätzliche → Einkommen auch nachfragewirksam werden muß (Nachfrageausfall).

**Unterbeteiligung**
Gesetzlich nicht geregelte, von der Rechtsprechung anerkannte → Beteiligung an einer Gesellschaftsbeteiligung. Eine U. kann für die Vertragspartner gesellschafts- und steuerrechtlich bedeutsam sein: In atypischen Fällen kann → Mitunternehmerschaft vorliegen. Gem. § 179 Abs. 2 Satz 3 AO kann dann eine gesonderte Feststellung von Besteuerungsgrundlagen (etwa → Gewinn, → Einheitswert) erfolgen (→ Feststellungsbescheid).

**Unterbilanz**
Bezeichnung für die Situation eines Unternehmens, bei welcher der Bilanzausgleich durch aktivischen Ausweis eines → Verlustes (Bilanzverlust) erfolgt.

**Unter dem Strich,** → Bilanzvermerk „Unter dem Strich".

**Unterdepot,** → Depotsonderformen.

**Unterkapitalisierung**
Mißverhältnis zwischen Unternehmens- bzw. Umsatzgröße und Höhe des → Eigenkapitals infolge ungenügender Ausstattung bei der Gründung oder bei einem Anwachsen der Kapitalbedürfnisse oder bei starken Kapitalverlusten.
*Gegensatz:* → Überkapitalisierung.

**Unterkonto,** → Sonderkonto (Separatkonto).

**Unterlegter Optionsschein,** → gedeckter Optionsschein (Covered Warrant).

**Unternehmen mit bankbezogenen Hilfsdiensten**
Unternehmen, deren Haupttätigkeit darin besteht, → Immobilien (→ Grundstücke) zu verwalten, Rechenzentren zu betreiben oder andere Tätigkeiten auszuführen, die Hilfstätigkeiten im Verhältnis zur Haupttätigkeit eines oder mehrerer → Kreditinstitute sind (§ 1 Abs. 3 c KWG). Im Hinblick auf das Erfordernis eines angemessenen → haftenden Eigenkapitals der Kreditinstitute können sie zu einer → Kreditinstitutsgruppe i. S. des KWG (§ 10a Abs. 2) oder einer → Finanzholding-Gruppe (§ 10a Abs. 3 KWG) gehören. Keine Kreditinstitutsgruppe besteht jedoch, wenn einem Kreditinstitut ausschließlich U. m. b. H. nachgeordnet sind. Dasselbe gilt bei → Großkrediten (§ 13a Abs. 2 KWG).

**Unternehmensberatung**
Beratung der → Firmenkunden insbes. in allen betriebswirtschaftlichen und Finanzierungsfragen. Einzelne Produkte oder Geschäftssparten des Kunden können Gegenstand der Beratung sein, ebenso das Kostenmanagement, Preis- und Konditionenpolitik, Finanzplanung und Liquiditätssteuerung, Entwicklung einer neuen Unternehmensstrategie. *Ablauf der Beratung:* Zunächst Definition der Unternehmensziele und Aufzeichnung eventuell bestehender Zielkonflikte. Danach Feststellung des Ist-Zustandes im Unternehmen (Sortiment, → Aufbau- und Ablauforganisation, Finanzierungsstruktur, Marktpositionierung usw.). Anschließend Definition des angestrebten Sollzustandes des Unternehmens. Hiernach werden Strategien der Entwicklung zum Soll-Zustand erarbeitet und eine Kosten/Nutzen-Analyse erstellt. Letzter Schritt ist die Umsetzung in die neue Strategie. U. wird auch verstärkt von der Kreditwirtschaft angeboten. Sie wird in → Banken entweder als Zentralabteilung oder als selbständige → Tochtergesellschaft installiert.

**Unternehmensbescheinigung i. S. des § 44a Abs. 5 EStG**
Bei → Kapitalerträgen eines → Steuerpflichtigen i. S. v. § 43 Abs. 1 Satz 1 Nr. 7 und 8 sowie Satz 2 EStG, die Betriebseinnahmen sind, ist der Abzug von der → Kapitalertragsteuer nicht vorzunehmen, wenn die KESt und die → anrechenbare Körperschaftsteuer bei dem Steuerpflichtigen auf Grund der Art seiner Geschäfte auf Dauer höher wären als die gesamte festzusetzende → Einkommensteuer oder → Körperschaftsteuer. Dies ist durch eine U., d. h. eine diesbezügliche Bescheinigung des für den

→ Gläubiger der Kapitalerträge zuständigen Finanzamts nachzuweisen.
Bedeutung hat eine solche U. vor allem für die Wertpapiererträge von Lebensversicherungsunternehmen. Diese Wertpapiererträge werden größtenteils an die Versicherten weitergegeben und sind daher bei den Versicherungsunternehmen gewinnmindernde → Betriebsausgaben. Infolgedessen ist die Vorbelastung der Unternehmen durch den → Zinsabschlag ständig höher als die letztlich für die Gewinne zu zahlende Körperschaftsteuer. Eine ähnliche Überbesteuerungsproblematik besteht bei Zinserträgen von Verwertungsgesellschaften gemäß Urheberrechtswahrnehmungsgesetz, wie z. B. der GEMA, der VG Wort, der VG Bild und Kunst und der VG der Film- und Fernsehproduzenten. Durch die Abstandnahme vom Steuerabzug wird der damit verbundene Zinsnachteil vermieden.

### Unternehmensbeteiligungsgesellschaft

Ausschließlich in der Rechtsform einer → Aktiengesellschaft (AG) zu betreibendes Unternehmen, dessen alleinige, satzungsmäßig festgelegte Tätigkeit darin besteht, → Anteile oder → Beteiligungen an inländischen Unternehmen zu erwerben, zu verwalten oder zu veräußern (§ 2 Abs. 2 des Gesetzes über U. [UBGG] vom 17.12.1986). Die Gesellschaft muß Sitz und Geschäftsleitung im Inland haben; ihr → Grundkapital muß mindestens 2 Mio. DM betragen (§ 2 Abs. 3, 4 UBGG). U. bedürfen einer Anerkennung durch oberste Landesbehörden (§§ 14, 15 UBGG) und unterliegen deren Aufsicht. Nach § 2 Abs. 1 Nr. 9 KWG gelten diese Gesellschaften grundsätzlich nicht als → Kreditinstitute. Die Vorschriften des KWG sind auf sie aber insoweit anwendbar, als sie → Bankgeschäfte betreiben, die nicht zu den ihnen (nach §§ 3 ff. UBGG) eigentümlichen Geschäften gehören (§ 2 Abs. 3 KWG).

### Unternehmensfinanzierung, → Finanzierung.

### Unternehmenskonzentration

Zusammenschluß von wirtschaftlich selbständigen Unternehmen zu größeren, unter einheitlicher Leitung stehenden Unternehmenseinheiten (→ Unternehmenszusammenschluß).

*Formen*: (1) Die *horizontale Konzentration* wird erhöht durch Zusammenschlüsse von Konkurrenten auf dem gleichen Markt. (2) Die *vertikale Konzentration* wird erhöht durch Zusammenschlüsse von Unternehmen, die auf vor- oder nachgelagerten Märkten tätig sind. (3) Die *konglomerate, diagonale* oder *gemischte Konzentration* wird erhöht durch Zusammenschlüsse von Unternehmen, die in verschiedenen Wirtschaftszweigen tätig sind.

*Bedeutung*: Nur wenn eine genügend große Zahl von selbständig handelnden Unternehmen auf den einzelnen Märkten tätig ist, kann der → Wettbewerb seine Antriebs- und Steuerungsfunktionen erfüllen. Die Funktionsfähigkeit des Wettbewerbs wird gefährdet, wenn es einzelnen Unternehmen allein (→ Monopol) oder als Gruppe (→ Oligopol) gelingt, marktmächtige Stellungen (→ Marktmacht) zu erlangen oder auszubauen. Es entstehen verfestigte wirtschaftliche Machtstrukturen. Diese beschneiden die Handlungsspielräume der übrigen (kleineren) Marktteilnehmer. Wettbewerbsverzerrungen und Marktstörungen sind zu befürchten. Die Erfüllung der Wettbewerbsfunktionen wird behindert. Die ständige Kontrolle der U. ist daher eine vorrangige Aufgabe der → Wirtschaftspolitik, insbes. der → Wettbewerbspolitik. Dem → Bundeskartellamt obliegt die Kontrolle externer U. nach § 23 Abs. 2 GWB (→ Zusammenschlußkontrolle). Die Entwicklung der U. wird auch von der → Monopolkommission begutachtet.

*Ursachen*: (1) Das Streben von Unternehmen nach Freiräumen im Wettbewerb (Marktmacht), wodurch sich die Risiken unternehmerischer Entscheidungen und die Abhängigkeit vom Marktverhalten anderer Marktteilnehmer verringern lassen. (2) Massenproduktionsvorteile und daraus resultierende optimale Betriebsgrößen behindern bei beschränkter Nachfrage den Marktzutritt potentieller Konkurrenten. (3) Unternehmen verfügen allein über die zur Produktion notwendigen Ressourcen (natürliches Monopol). (4) Zur Deckung lebenswichtiger Bedürfnisse der Allgemeinheit werden staatliche Monopole errichtet. (5) Zur Förderung technischer Entwicklungen sind Patent- und Gebrauchsmusterschutzrechte zeitlich befristet gewährt (rechtliches Monopol).

*Machtkonzentration im Kreditgewerbe*: Kapitalbeteiligungen an Unternehmen des Nichtbankensektors, → Depotstimmrecht, weitverzweigte Aufsichtsratsmandate von Bankmanagern sowie die Bedeutung der →Kreditinstitute als Kreditgeber und Kapitalbeschaffungs- und -vermittlungsstellen lenken die Aufmerksamkeit der Öffentlichkeit auf das Thema → „Macht der Banken" (→Bankenkonzentration).

### Unternehmenskultur
*Corporate Culture*; Gesamtheit der Normen, Wertvorstellungen und Denkhaltungen, die das Verhalten der Mitarbeiter aller Stufen und somit das Erscheinungsbild eines Unternehmens prägen.

### Unternehmensorgankredite, →Organkredite.

### Unternehmensphilosophie
Grundsätze einer Unternehmung, oftmals in Unternehmensleitsätzen schriftlich fixiert (z. B. Förderauftrag [der Genossenschaftsbanken], kooperative Führung und Kollegialität unter den Mitarbeitern). Die U. bildet die Basis der →strategischen Bankplanung, insbes. auch der →Corporate Identity-Strategie.

### Unternehmens-Rating, →Rating.

### Unternehmensrechtsformen
Bezeichnung für rechtliche Organisationsformen von Unternehmen und Betrieben.
*Überblick über wichtige U.:* vgl. Abbildung S. 1559.
Die *U. des privaten Rechts* können (nach Sigloch/Garhammer, WISU-Studienblatt 1987, unter Einbeziehung von →stiller Gesellschaft, →Verein, →Stiftung und Versicherungsverein a. G.) in folgender Weise systematisiert werden (ohne Mischgesellschaften): vgl. Abbildung S. 1560.
Die Unterscheidung in →Personengesellschaften und →Körperschaften beruht auf den Besonderheiten, die sich aus der →Drittorganschaft im Gegensatz zur →Selbstorganschaft ergeben.
Private Unternehmen, d. h. Unternehmen mit privatwirtschaftlicher Zielsetzung werden regelmäßig in privatrechtlicher Form geführt. Eingeschränkt ist die Wahl der Rechtsform bei bestimmten Wirtschaftszweigen und bei bestimmten Freien Berufen. So können private Versicherungsunternehmen nach dem Versicherungsaufsichtsgesetz nur in der Rechtsform der AG und des Versicherungsvereins auf Gegenseitigkeit (VVaG) geführt werden. Während →Kreditinstituten als →Universalbanken grundsätzlich alle Rechtsformen offen stehen, nur die Neugründung in der Rechtsform der →Einzelunternehmung nicht zulässig ist (§ 2 a KWG), dürfen Spezialkreditinstitute (→Spezialbanken) meist nur in gesetzlich vorgeschriebenen Rechtsformen geführt werden, so z. B. →Bausparkassen als AG, →private Hypothekenbanken als AG oder KGaA, →Schiffspfandbriefbanken als AG oder KGaA und →Kapitalanlagegesellschaften als AG oder GmbH. Bei Freien Berufen ist zu beachten, daß Rechtsanwälte und Ärzte Praxisgemeinschaften nicht als →Handelsgesellschaften oder →Kapitalgesellschaft, sondern nur als →Gesellschaften bürgerlichen Rechts (BGB-Gesellschaft, GbR) führen können. Nunmehr kommen allerdings auch →Partnerschaftsgesellschaften in Betracht.

*Öffentliche Unternehmen* können Unternehmen mit eigener Rechtspersönlichkeit (→juristische Personen des →öffentlichen Rechts) oder Unternehmen ohne eigene Rechtspersönlichkeit sein. Bei letzteren werden →Regiebetriebe und →Eigenbetriebe unterschieden. Jedoch ist es, oft als Zwischenstufe zu einer weitergehenden Privatisierung der Anteile an einem Unternehmen, nicht selten, daß öffentliche Unternehmen in privatrechtlichen Formen geführt werden, wobei aus haushaltsrechtlichen Gründen Kapitalgesellschaften üblich sind (zumeist als GmbH, z. T. auch als →Aktiengesellschaften). Beispiele sind zahlreiche Industrie- und Dienstleistungsunternehmen in der Hand des Bundes (→Bundesbeteiligungen).

*Anlässe für Überlegungen zur Wahl der Rechtsform:* (1) Gründung, (2) Veränderungen in den wirtschaftlichen Rahmenbedingungen.

*Bei der Wahl der U. zu berücksichtigende Faktoren:* (1) die unterschiedlichen Möglichkeiten zur Begrenzung der →Haftung der Gesellschafter; bei Kapitalgesellschaften ist nur ausnahmsweise eine →Durchgriffshaftung auf diese Personen zulässig, (2) die unterschiedlichen Möglichkeiten bei Aufbringung und Veränderung des →Eigenkapitals, (3) die unterschiedlichen Möglichkeiten zur Regelung der →Geschäftsführung, (4) die unterschiedliche Steuerbelastung bei den verschiedenen Rechtsformen, (5) die unterschiedlichen Möglichkeiten und Auswirkungen der Ergebnisverteilung (→Gewinn/→Verlust), (6) die unter-

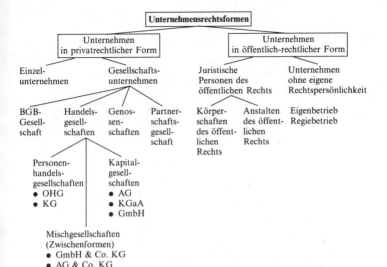

schiedlichen Publizitäts- und Prüfungspflichten bei den verschiedenen Rechtsformen.

*Steuerliche Erwägungen:* (1) Unterschiede in der laufenden Besteuerung des Gewinns und Gewerbeertrags bzw. des Vermögens und des Gewerbekapitals in Personengesellschaften und Kapitalgesellschaften aufgrund unterschiedlich in Frage kommender Steuern (z. B. → Körperschaftsteuer und → Vermögensteuer bei Kapitalgesellschaften, dagegen nicht bei Personengesellschaften), (2) unterschiedliche Ermittlung der Bemessungsgrundlagen und unterschiedliche Gestaltung der → Steuertarife (z. B. Unterschiede in der Höhe des Einkommensteuerspitzensatzes und der Tarifbelastung mit Körperschaftsteuer; → Freibetrag bei der Gewerbeertragsteuer für Personengesellschaften).

*Supranationale U.:* Die bisher einzige EG-einheitliche U. ist die → Europäische Wirtschaftliche Interessenvereinigung (→ Europäisches Gesellschaftsrecht). Weitere Harmonisierungsmaßnahmen im Rahmen der → Europäischen Gemeinschaft (EG) sind verschieden weit gediehen.

### Unternehmensrückgabeverordnung

Aufgrund von § 6 Abs. 9 des → Vermögensgesetzes (VermG) erlassene → Rechtsverordnung des Bundesjustizministers vom 13.7.1991 (BGBl. I, S. 1542), in der das Verfahren und die Zuständigkeit der Behörden oder Stellen (Landesämter zur Regelung offener Vermögensfragen nach § 25 VermG) für die Durchführung der Rückgabe und Entschädigung von Unternehmen und → Beteiligungen näher geregelt wird (in §§ 15 ff.). Ferner enthält die „Verordnung zum Vermögensgesetz über die Rückgabe von Unternehmen" (URüV) Vorschriften über die Berechnung der Veränderungen der Vermögens- und Ertragslage der Unternehmen und deren Bewertung (§§ 3 ff. URüV). Nach § 1 Abs. 1 URüV ist ein Unternehmen (zum Begriff vgl. § 1 Abs. 2 URüV) dem früheren Träger (§ 6 Abs. 1, 1 a VermG) so zurückzuübertragen, wie es im Rückgabezeitpunkt „steht und liegt". Die Rückübertragung kann freilich nur verlangt werden, wenn das heutige und das enteignete (frühere) Unternehmen vergleichbar sind (§ 6 Abs. 1 VermG, § 2 URüV). Andernfalls kommt lediglich ein → Anspruch auf Entschädigung in Betracht (§ 6 Abs. 7 VermG). Ein Berechtigter, der einen Antrag auf Rückgabe eines Unternehmens stellt oder stellen könnte, kann i. d. R. nicht Rückgabe einzelner Vermögensgegenstände, etwa von → Grundstücken, verlangen (§ 3 Abs. 1 Satz 3 VermG). Normalform der Rückgabe ist

**Unternehmensrückgabeverordnung**

**Unternehmensrechtsformen – Normen und Zweck**

| | Einzelunternehmen | Personengesellschaften | | | | | Körperschaften | | | | | | | Rechtsfähige Stiftung des privaten Rechts |
|---|---|---|---|---|---|---|---|---|---|---|---|---|---|---|
| | | Handelsgesellschaften | | | andere | | Kapitalgesellschaften | | | Nichtkapitalistische Körperschaften | | | | |
| | | Offene Handelsgesellschaft (OHG) | Kommanditgesellschaft (KG) | Stille Gesellschaft | Gesellschaft des bürgerlichen Rechts | Partnerschaftsgesellschaft | Gesellschaft mit beschränkter Haftung (GmbH) | Aktiengesellschaft (AG) | Kommanditgesellschaft auf Aktien (KGaA) | Rechtsfähiger Verein | Eingetragene Genossenschaft (eG) | Versicherungsverein auf Gegenseitigkeit (VVaG) | Nichtrechtsfähiger Verein | |
| Rechtsformenspezifische Normen | – | §§ 105–160 HGB | §§ 161–177 HGB | §§ 230–237 HGB | §§ 704–740 BGB | PartGG | §§ 1 ff. AktG | §§ 1 ff. AktG | §§ 278–290 AktG | §§ 21–79 BGB | §§ 1 ff. GenG | §§ 7, 15–53b VAG | §§ 21–54 BGB | §§ 80–84 BGB |
| Zweck | Betrieb eines (voll- oder minderkaufmännischen) Handelsgewerbes | Betrieb eines vollkaufmännischen Handelsgewerbes unter gemeinschaftlicher Firma | Vermögensbeteiligung an einem (voll- oder minderkaufmännischen) Handelsgewerbe | jeder zulässige Zweck (außer: Betrieb eines vollkaufmännischen Handelsgewerbes) | | Zusammenschluß von Angehörigen Freier Berufe zur gemeinsamen Berufsausübung | jeder zulässige Zweck (gesetzliche Fiktion: Handelsgesellschaft) | | | jeder zulässige Zweck (staatliche Genehmigung, falls wirtschaftlicher Geschäftsbetrieb) | Förderung des Erwerbs oder der Wirtschaft der Genossen mittels gemeinschaftlichen Geschäftsbetriebs (gesetzliche Fiktion: Handelsgesellschaft) | Absicherung individueller Wagnisse durch Zusammenschluß vieler Wagnisträger, die gleichzeitig Versicherer und Versicherungsnehmer sind | jeder zulässige Zweck (außer: Betrieb eines Handelsgewerbes) | jeder zulässige Zweck |

1560

gemäß § 9 Abs. 2 URüV die Übertragung der Anteils- oder Mitgliedschaftsrechte, wobei ein behördlicher Bescheid erst nach erfolglosem Einigungsversuch ergehen darf. Ausnahmsweise kommen auch eine Übertragung des gesamten Unternehmensvermögens (→ Aktiva und → Passiva) an den früheren Träger (§ 6 Abs. 5 a VermG) oder eine Übertragung von → Anteilen unmittelbar auf die Gesellschafter (nach § 10 URüV) in Betracht. Bei Unternehmensrückgaben müssen ebenfalls regelmäßig die Voraussetzungen des § 1 VermG vorliegen. Von der Verpflichtung zur Rückgabe erfaßt werden Enteignungen, Zwangsverkäufe und andere staatliche Maßnahmen nur, wenn sie in den Zeiträumen vom 30.1.1933 bis 8.5.1945 und vom 7.10.1949 bis 29.9.1990, dem Tag des Inkrafttretens der Erstfassung des Vermögensgesetzes, erfolgt sind.

**Unternehmensstiftung,** → Stiftung.

**Unternehmensvertrag**
Vertrag zwischen → verbundenen Unternehmen im Sinne von §§ 291 ff. AktG. Er liegt nur vor, wenn das beherrschte oder das zur Gewinnabführung verpflichtete oder in sonstiger Weise durch den Vertrag betroffene Unternehmen eine → Aktiengesellschaft oder → Kommanditgesellschaft auf Aktien (KGaA) ist. Der andere Vertragsteil kann jede Unternehmensform haben, auch die der → Gesellschaft bürgerlichen Rechts (BGB-Gesellschaft, GbR). Alle U. bedürfen der Schriftform (§ 293 Abs. 3 AktG), werden jedoch erst mit der Eintragung in das → Handelsregister wirksam (§ 294 Abs. 2 AktG). Zuvor muß die → Hauptversammlung der betroffenen AG oder KGaA mit einfacher Stimmenmehrheit, mindestens jedoch einer 3/4 Kapitalmehrheit zustimmen; die → Satzung kann eine größere, aber keine kleinere Kapitalmehrheit oder weitere Erfordernisse vorsehen (§ 293 Abs. 1 AktG).

*Arten:* Das → Aktiengesetz regelt fünf Arten von U. Die wichtigsten sind der → Beherrschungsvertrag und der → Gewinnabführungsvertrag (§ 291 AktG), die beide für die herrschende Gesellschaft besondere Verpflichtungen mit sich bringen (→ Konzernrecht, → Abfindung außenstehender Aktionäre) und zudem eine Kreditnehmereinheit begründen.

§ 292 AktG enthält zusätzlich *drei weitere Formen:* (1) Gewinngemeinschaft: Hier verpflichtet sich eine AG, ihren → Gewinn oder den Gewinn einzelner ihrer Betriebe ganz oder zum Teil mit den Gewinnen anderer Unternehmen zusammenzulegen. Der Gewinn wird dann nach einem bestimmten Schlüssel verteilt. (2) Teilgewinnabführungsvertrag: Bei ihm verpflichtet sich eine AG, einen Teil ihres Gewinnes oder den Gewinn einzelner ihrer Betriebe an einen anderen, der kein Unternehmen zu sein braucht, abzuführen. (3) → Betriebspachtvertrag und Betriebsüberlassungsvertrag: In ihnen wird der Betrieb einer AG einem anderen verpachtet oder überlassen. Er kann aus steuerlichen, vor allem aber aus Haftungsgründen abgeschlossen werden, um nämlich das → (Grund-)Betriebsvermögen der Besitzgesellschaft der → Haftung, der die pachtende Gesellschaft unterliegt, zu entziehen.

**Unternehmenszusammenschluß**
Vereinigung von Unternehmen, die auf eine Beschränkung bzw. Aufgabe ihrer Dispositionsfreiheit gerichtet ist, um bessere Markt- und Absatzbedingungen, günstigere Produktionsverhältnisse, gemeinsame Finanzierungs- und Kapitaldispositionen usw. zu ermöglichen. Nach dem *Grad der Bindungsintensität* können unterschieden werden:
(1) stillschweigende Kooperation bzw. abgestimmtes Verhalten zum Zwecke der → Wettbewerbsbeschränkung (§ 25 Abs. 1 GWB),
(2) mündliche Absprachen zum Zwecke der Wettbewerbsbeschränkung,
(3) Absprachen in Form einer Gelegenheitsgesellschaft (→ Gesellschaft des bürgerlichen Rechts [BGB-Gesellschaft, GbR]), die nach außen nicht in Erscheinung tritt,
(4) → Konsortien (Gesellschaften des bürgerlichen Rechts, die als solche auch nach außen in Erscheinung treten),
(5) freiwillige Zusammenschlüsse von Unternehmen oder deren Verbänden zum Zwecke der gemeinschaftlichen Erfüllung bestimmter betrieblicher Teilaufgaben (insbes. Interessenvertretung),
(6) Zusammenarbeit von Unternehmen mit dem Ziel, bei Aufrechterhaltung ihrer Dispositionsfreiheit durch Zusammenarbeit auf einzelnen Gebieten technischen und wirtschaftlichen Fortschritt zu realisieren,
(7) → Kartelle,

1561

**Unternehmerpfandrecht**

(8) Gewinngemeinschaften (Zusammenschluß mehrerer Unternehmen zwecks Ergebnis-Poolung),
(9) Pacht- und Überlassungsverträge (Verpachtung bzw. Überlassung ganzer Betriebe oder Teilen hiervon),
(10) Gemeinschaftsunternehmen (→ Joint Venture),
(11) → Konzerne,
(12) Eingliederung gemäß §§ 319ff. AktG (weitestgehende Zusammenschlußform zweier rechtlich selbständig bleibender Aktiengesellschaften mit Sitz im Inland),
(13) Verschmelzung gemäß §§ 339ff. AktG (→ Fusion).

**Unternehmerpfandrecht**
→ Gesetzliches Pfandrecht des Unternehmers an den → beweglichen, in seinen → Besitz gelangten Sachen des Bestellers zur Sicherung seiner → Forderungen aus dem → Werkvertrag (§ 647 BGB), das allerdings mit der Rückgabe der → Sache an den Besteller erlischt (§ 1257, 1253 BGB).
An sicherungsübereigneten Sachen (→ Sicherungsübereignung) erwirbt der Unternehmer selbst gutgläubig kein → Pfandrecht.

**Unternehmung,** → Betrieb.

**unter pari**
Bezeichnung für einen Kurs/Preis, der unter dem → Nennwert (100%) liegt. Die Differenz heißt → Disagio.
*Gegensatz:* → über pari.

**Unterstützungslinie**
Einer Kursbewegung wird Unterstützung geboten, wenn eine Abwärtsbewegung trotz längeren Versuchs nicht unter ein bestimmtes Niveau sinkt. Häufig können sich → Widerstandslinien in U. wandeln. → Trendkanäle stellen ebenfalls U. und Widerstandslinien dar.

**Unverzinsliche Schatzanweisung**
*U-Schätze*; Schuldverschreibung des Bundes, seiner → Sondervermögen und der Bundesländer, die mit → Laufzeiten von 3 bis 24 Monaten ohne laufende, zu bestimmtem Termin fällige Verzinsung emittiert wird. Es handelt sich also um Papiere ohne → Zinsscheine, deren Verzinsung sich aus dem Ankaufsdisagio ergibt (→ Abzinsungspapiere). Sie werden mit einem Zinsabschlag verkauft und bei → Fälligkeit zum → Nennwert zurückgezahlt. Die Mindeststückelung der vom Bund begebenen U-Schätze beträgt 100.000 DM.

*Zu unterscheiden* sind → Finanzierungspapiere und → Liquiditätspapiere. Bei den Finanzierungspapieren, die aus der Kreditaufnahme → öffentlicher Haushalte entstehen, fließen die Finanzmittel den → Emittenten zu. Bei Liquiditätspapieren handelt es sich um U-Schätze des Bundes (bzw. um → Schatzwechsel des Bundes), die auf Initiative der → Deutschen Bundesbank und ausschließlich zu Zwecken der → Offenmarktpolitik der Deutschen Bundesbank herausgegeben werden. Die Gegenwerte werden bei der Bundesbank auf → Konten stillgelegt. Sie stehen also nicht dem Bund als dem formalrechtlichen → Schuldner zur Verfügung. Die Bundesbank ist verpflichtet, alle → Verbindlichkeiten aus den Liquiditätspapieren zu erfüllen.

*Geldmarktregulierung:* Werden U-Schätze mit einer Diskontzusage der Bundesbank versehen und sind sie nicht auf die → Rediskont-Kontingente der → Kreditinstitute anrechenbar, so stellen sie potentielles → Zentralbankgeld dar. Die Kreditinstitute können diese Papiere jederzeit in Zentralbankgeld umwandeln. Allerdings werden die → Abgabe- und → Rücknahmesätze von der Bundesbank gemäß ihren geldmarktpolitischen Absichten festgelegt. Die Absicht der Bundesbank, den „quasi-automatischen" Zugang der Kreditinstitute zur Versorgung mit → Zentralbankguthaben zu unterbinden, hat dazu geführt, daß in den letzten Jahren U-Schätze mit Einbeziehung in die → Geldmarktregulierung nicht mehr emittiert wurden. Sie wurden nur noch an ausländische Stellen sowie an die → Deutsche Bundespost abgegeben. Werden U-Schätze ohne Ankaufszusage der Bundesbank emittiert (sog. → N-Titel), so haben sie als nicht in die Geldmarktregulierung einbezogene Papiere zum Ausgleich für den geringeren → Liquiditätsgrad eine etwas höhere Verzinsung bei sonst gleichen Ausstattungsmerkmalen. Gegenüber gleichfristigen Termingeldanlagen von Banken bei anderen Kreditinstituten haben sie den Vorzug, daß durch Veräußerung an andere Banken eine Liquiditätsbeschaffung vor Fälligkeit der Papiere möglich ist. Sie sind lombardfähig, sofern die → Restlaufzeit ein Jahr nicht übersteigt, und werden nicht im → Eigenkapitalgrundsatz I bzw. in den → Liqui-

ditätsgrundsätzen des →Bundesaufsichtsamtes für das Kreditwesen (BAK) angerechnet.
Die Bundesbank kann bei der →Emission auch das →Tenderverfahren anwenden.
Standardisierte, nicht vor Fälligkeit rückgebbare U-Schätze sind von der Bundesbank zeitweilig auch privaten Anlegern angeboten worden (sog. →Bundesbank-Schätze).
(→Geldmarktpapier, →Offenmarktgeschäft der Deutschen Bundesbank)

**Unwinding**
Auflösen einer →offenen Position (um Kursgewinne zu realisieren bzw. Kursverluste zu begrenzen (→Glattstellung)). Beispielsweise können →Zinsswaps durch einen →Umkehr-Swap, →Assignment oder →Close-out vorzeitig aufgelöst werden.
(→Opening Transaction, →Closing Transaction)

**Up-and-in-Option,** →Barrier Option.

**Up-and-out-Option,** →Barrier Option.

**Upfront**
Die →Optionsprämie wird sofort nach Geschäftsabschluß fällig (→Stock-Style-Verfahren). Alternativ kann die Optionsprämie beispielsweise bei →Caps und →Floors annualisiert und auf die →Laufzeit verteilt werden (z. B. Cap Floating Rate Note, →Floor Floating Rate Note). Bei →Optionen auf kurz- (z. B. →Short Sterling Future), →mittel- (z. B. →Bobl-Future) und langfristige Zinsfutures (z. B. →Bund-Future, BTP-Future) erfolgt die Prämienabrechnung im →Future-Style-Verfahren.
(→Terminkontrakte an der LIFFE)

**Upgrades**
Das →Rating eines →Emittenten hat sich verbessert (z. B. von A auf AAA nach →Standard & Poor's; →Rising Star).
*Gegensatz*: →Downgrades.

**Upside LIBOR Risk**
→Variables Zinsrisiko einer →Short Position in variabel verzinslichen →Zinsinstrumenten (z. B. →Floating Rate Note), daß →LIBOR steigt. Das U. L. R. kann beispielsweise mit Cap Floatern verringert werden (→Marktrisikofaktoren-Analyse).

*Gegensatz*: →Downside LIBOR Risk.
(→Hedgingstrategien mit Zinsbegrenzungsverträgen)

**Upside-Risiko**
Risiko, eine positive Abweichung vom Mittelwert der →Periodenrendite zu erzielen. Das U.-R. wird über die →Semivarianz ermittelt. Im Gegensatz zum U.R. mißt die →Volatilität, d. h. annualisierte →Standardabweichung, das →Gesamtrisiko. Unter dem Gesamtrisiko versteht man sowohl positive als auch negative Abweichung der →Periodenrenditen vom Mittelwert.
*Gegensatz*: →Downside-Risiko.

**Urkunde**
In Schriftzeichen, allgemein verständliche oder für einen bestimmten Personenkreis verständliche Gedankenerklärung, die den →Aussteller erkennen läßt und zum Beweis einer rechtserheblichen Tatsache geeignet und bestimmt ist. Einfache Beweisurkunden erleichtern dem Inhaber, eine rechtserhebliche Tatsache zu beweisen, falls sie vom Verpflichteten bestritten wird; der →Gläubiger kann bei Verlust der U. auch ohne Vorlage der U. Anspruch auf die versprochene Leistung erheben. Legitimationsurkunden (→Legitimationspapiere) werden als qualifizierte Beweisurkunden bezeichnet, weil der →Schuldner an jeden Vorleger der U. mit schuldbefreiender Wirkung leisten kann.
*Arten*: vgl. Übersicht S. 1564.
(→vollstreckbare Urkunde)

**Urkundenprozeß**
Besonderes Zivilprozeßverfahren, das einer Partei, die ihre →Rechte durch →Urkunden als Beweismittel belegen kann, nach beschränkter Sachverhaltsprüfung einen vorläufigen gerichtlichen Schutz gibt, während die endgültige Klärung einem Nachverfahren vorbehalten bleibt (§§ 592 ff. ZPO). Zulässig ist der U. nur, wenn die Klage auf Zahlung einer Geldsumme oder Leistung einer bestimmten Menge →vertretbarer Sachen oder →Wertpapiere gerichtet ist und alle zur Begründung des →Anspruches erforderlichen Tatsachen durch Urkunden, die der Klageschrift in Urschrift oder Abschrift beigefügt werden müssen, bewiesen werden können. Kann der Kläger den Urkundenbeweis nicht führen, wird die Klage „als in der gewählten Prozeßart unzulässig" abgewiesen,

# Urkundenprozeß

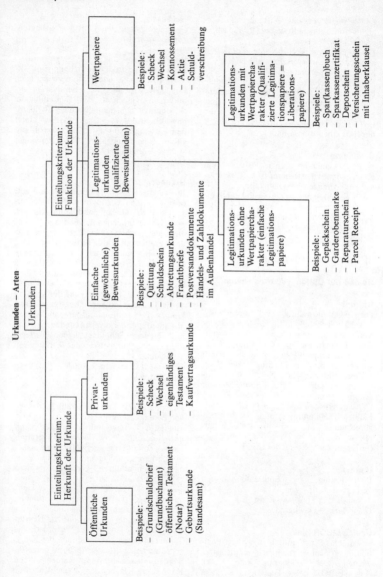

wobei die Möglichkeit einer neuen Klage im ordentlichen Verfahren erhalten bleibt. Ergibt sich bereits im U., daß dem Kläger kein Anspruch zusteht, erfolgt Abweisung ohne Möglichkeit einer erneuten Klage. Widerspricht der Beklagte dem Klageantrag, wird er zwar verurteilt, doch bleibt ihm die Geltendmachung seiner Rechte im Nachverfahren, in dem alle Beweismittel zulässig sind (Vorbehaltsurteil). Wird das Vorbehaltsurteil dann aufgehoben, muß der Kläger den aus etwaiger Vollstreckung entstandenen Schaden ersetzen.
(→ Scheckprozeß, → Wechselprozeß, → Zivilprozeß)

**Ursprungsanleihe,** → Cum-Anleihe.

**Ursprungslandprinzip**
Grundsatz zur Vermeidung der → Doppelbesteuerung des → Außenhandels. Die Erzeugnisse sollen – im Gegensatz zum → Bestimmungslandprinzip – mit den → Steuern des exportierenden Landes belegt werden.

**Ursprungszeugnis**
*Certificate of Origin*; Nachweis über den Ursprung einer → Ware. Es bescheinigt oder beglaubigt die Herkunft der Ware. Je nach Ursprungsland und Warenart wird das U. von Industrie- und Handelskammern, Behörden oder Wirtschaftsverbänden ausgestellt.

**Uruguay-Runde**
Bisher letzte (achte) Verhandlungsrunde im Rahmen des → Allgemeinen Zoll- und Handelsabkommens (GATT), die im Dezember 1993 abgeschlossen wurde. Anders als die meisten früheren Runden befaßten sich die über 100 Teilnehmerstaaten nicht mehr vorwiegend mit dem Abbau von → Zöllen, sondern vor allem mit der Reduzierung anderer, nichttarifärer Handelshemmnisse, organisatorischen Neuerungen (→ Welthandelsorganisation [WTO]) sowie der Erweiterung der Regelungen über den Warenhandel hinaus auf Dienstleistungen (→ Allgemeines Abkommen über den Dienstleistungsverkehr [GATS]), handelsbezogene Investitionsmaßnahmen („trade-related investment measures" [TRIMs]) sowie Fragen des Schutzes des geistigen Eigentums („trade-related intellectual property rights" [TRIPS]). Das im April 1994 unterzeichnete Vertragswerk trat Anfang 1995 in Kraft.

# U.S.-Zinsmethode

**Usancegeschäft**
→ Devisengeschäft, bei dem Fremdwährung gegen Fremdwährung gehandelt wird (→ Devisenhandel).

**U-Schätze,** → unverzinsliche Schatzanweisung.

**U.S. Street Method**
Variante der → Rendite, die in den Vereinten Staaten von allen Marktteilnehmern mit Ausnahme des → U.S. Treasury errechnet wird. Die U.S. St. M. ist eine → Semiannually Compounded Yield, bei der die Teilperiode exponentiell diskontiert wird.
(→ U.S. Treasury Method, → ISMA-Rendite, → Moosmüller-Rendite)

**U.S. Treasury**
Gebräuchliche Abkürzung für das Finanzministerium („Schatzamt") der USA, meist in Zusammenhang mit anderen Begriffen gebraucht (z.B. → Treasury Bill). Der Plural („Treasuries") bezeichnet auch von den USA begebene → Staatsanleihen.

**U.S. Treasury Method**
Variante der → Rendite, die das → U.S. Treasury bei Auktionen ermittelt. Teilperioden werden linear diskontiert.
(→ U.S. Street Method, → ISMA-Rendite, → Moosmüller-Rendite)

**U.S. Zero Coupon Strip**
Zero Bond (→ Nullkupon-Anleihe), der vom → U.S.-Treasury emittiert wird.
(→ Kupon Stripping)

**U.S.-Zinsmethode**
*30/360*; Variante der → Tageberechnungsmethoden.
Die Formel zur Ermittlung der → Laufzeit lautet:

$$\text{Anzahl der Tage} = (J_2 - J_1) \cdot 360 + (M_2 - M_1) \cdot 30 + (T_2 - T_1)$$

wobei
$J_2$ = Jahr des längeren Termins
$J_1$ = Jahr des kürzeren Termins
$M_2$ = Monat des längeren Termins
$M_1$ = Monat des kürzeren Termins
$T_2$ = Tag des längeren Termins
$T_1$ = Tag des kürzeren Termins
Sollte $T_1$ = 31 sein, dann wird diese Zahl durch 30 ersetzt. Sollte $T_2$ = 31 sein und $T_1$ ist 30 oder 31, dann wird $T_2$ durch 30 ersetzt.

## U.S.-Zinsmethode

Ist diese Bedingung nicht erfüllt, wird $T_2$ nicht verändert.

Nach dieser Methode werden die für den US-amerikanischen Domestic Markt →Stückzinsen für Papiere kalkuliert, wie z.B. Federal Agencies (Papiere von Institution der U.S.-Regierung wie beispielsweise GNMA [→Ginnie Mae], FNMA [→Fannie Mae], FHLMC [Federal Home Loan Mortgage Corporation, „Freddie Mae"]), Corporates (private Gesellschaften) und →Yankees.

# V

### Valorismus
Rechtstheoretische, währungsrechtliche Auffassung, wonach sich bei einer →Geldschuld der vom →Schuldner zu leistende Geldbetrag (Leistungsumfang) dem schwankenden →Geldwert (→Geldwertstabilität) anpassen soll, so daß dem →Gläubiger der („ursprüngliche") Geldwert bis zum Erfüllungszeitpunkt erhalten bleibt. Im Unterschied zum →Nominalismus trägt der Schuldner das Geldentwertungsrisiko. Der V. konnte sich in der Rechtsordnung und im Wirtschaftsverkehr aus pragmatischen Gründen nicht durchsetzen.

### Value-at-Risk (VAR)
Kennzahl bzw. Methode zur Quantifizierung der →Marktrisiken von Kassainstrumenten oder →derivativen (Finanz-)Instrumenten. V.-a.-R. beschreibt beispielsweise das Marktrisiko von →Zinsinstrumenten mit der Hilfe von Konfidenzintervallen. V.-a.-R. beschreibt den →Erwartungswert des →Verlustes bei einer ungünstigen Marktentwicklung mit einer vorgegebenen →Wahrscheinlichkeit P(E) (z. B. 96%ige Wahrscheinlichkeit innerhalb eines definierten Zeitraumes, z. B. eines Tages).
Die Studie der →Group of Thirty empfiehlt das mit einem Derivativen-Portefeuille verbundene Marktrisiko täglich mit dem V.-a.-R.-Ansatz zu messen. Eine ähnliche Vorgehensweise sieht das Risikomanagement-System Risk Metrics von J. P. Morgan vor.
(→Bond Research, →Risikomanagement festverzinslicher Wertpapiere, →Zinsmanagement)

### Value Basis
Die V. B. zeigt dem Basis →Trader bzw. →Hedger, ob ein →Futures-Kontrakt im Vergleich zum →Fair Value billig oder teuer ist. Die V. B. wird ermittelt, indem man vom Fair Value des →Future den tatsächlichen Future-Kurs subtrahiert. Die V. B. wird insbesondere durch Angebot und Nachfrage bestimmt. Die V. B. dient unter anderem als Grundlage für →Arbitragestrategien zwischen →Kassamarkt- und →Futuresmarkt (→Cash & Carry Arbitrage, →Reverse Cash & Carry Arbitrage). Nicht zu verwechseln mit der V. B. sind die Gross Basis (→Basis) bzw. →Carry Basis.
(1) V. B. bei →Zinsfuture mit →Basket Delivery:
V. B. = →Adjustierter Futureskurs (Fair Value) – adjustierter Futureskurs (tatsächlich).
(2) V. B. bei kurzfristigen Zinsfutures (z. B. →FIBOR-Future):
V. B. = Fair Value des Future – tatsächlicher Future-Kurs.

### Valuta
Bezeichnung (1) für ausländische →Währung (ital. valuta = Währung), (2) für →Gelder in ausländischer Währung, (3) für Gelder in einer bestimmten Währung (DM-Valuta, $-Valuta usw.), (4) für →Wertstellung eines Buchungspostens auf einem →Kontokorrentkonto.

### Valutadumping, →Dumping.

### Valutaklausel
→Wertsicherungsklausel, bei der zur Sicherung gegen Währungsverfall die Höhe der →Forderung nicht in →Deutscher Mark, sondern durch Bezugnahme auf eine ausländische →Währung ausgedrückt wird.

*Arten:* (1) *Unechte V.:* Geschuldet wird der Gegenwert einer bestimmten Summe ausländischer →Valuta, der in Deutscher Mark entsprechend dem →Devisenkurs zu zahlen ist. (2) *Echte V.:* Geschuldet wird ausländische Währung, der →Schuldner kann sich aber durch Zahlung in deutscher Währung zum Kurswert befreien (§ 244 BGB). V. be-

**Valuta kompensiert**

dürfen in der Bundesrepublik Deutschland der Genehmigung der →Deutschen Bundesbank (§ 3 WährG), soweit es sich nicht um →Rechtsgeschäfte im →Außenwirtschaftsverkehr handelt (§ 49 AWG).

**Valuta kompensiert**
Regelung, derzufolge bei einem Devisenhandelsgeschäft (→ Devisenhandel) die beiden gegeneinander gehandelten → Währungen am gleichen Tag geliefert werden. In Ausnahmefällen (bei zweifelhafter Bonität des Kontrahenten) wird „Vorauskasse" verlangt. Dies muß besonders vereinbart werden. Dann zahlt der die Vorauskasse verlangende Kontrahent erst nach Eingang des Gegenwertes.

**Valutakonto**
→ Fremdwährungskonto, → Währungskonto, Devisenkonto; → Bankkonto, das in einer ausländischen → Währung geführt wird. → Gebietsansässige und → Gebietsfremde dürfen im Rahmen der währungsrechtlichen Vorschriften bei → Kreditinstituten in der BRD V. unterhalten. Gebietsansässige dürfen auch V. bei Kreditinstituten im Ausland unterhalten. Zu beachten ist, daß unter bestimmten, in den §§ 22 und 23 AWG aufgeführten Voraussetzungen → Rechtsgeschäfte über Kapital- und Geldtransaktionen beschränkt werden können, z.B. die Unterhaltung von Guthaben bei → Geldinstituten im Ausland oder die Führung und Verzinsung von Konten Gebietsfremder bei Geldinstituten im Inland (→ Außenwirtschaftsrecht, → Fremdwährungsschuld).

**Valutaposition,** → Devisenposition.

**Valutarisiko**
→ *Währungsrisiko*; Risiko, das in Schwankungen des → Wechselkurses einer → Währung oder in der Veränderung der → Parität (→ Aufwertung, → Abwertung) begründet ist.

**Valutascheck**
→ Scheck, der auf eine ausländische → Währung lautet.

**Valutaschuld**
→ Geldschuld in ausländischer → Währung.

**Valutatag**
Erfüllungstag (Regulierungstag) für → Effektengeschäfte und andere Finanzgeschäfte.

**Valutawechsel**
→ Wechsel, der auf eine ausländische → Währung lautet.

**VAR**
Abk. für → Value-at-risk.

**Variabel verzinsliche Anleihe**
*Floating Rate Note, Floater*; → Schuldverschreibung, bei welcher der → Zinssatz viertel- oder halbjährlich im voraus an einen → Referenzzinssatz des → Geldmarktes, z.B. → LIBOR, LIBET, → LIMEAN oder → FIBOR, festgelegt wird. I.d.R. wird ein → Aufschlag (→ Spread) zum Referenzzinssatz vereinbart; er richtet sich nach der Bonität des → Emittenten, nach der → Laufzeit der Schuldverschreibung sowie nach der Marktlage. Möglich ist auch die Vereinbarung einer Mindestverzinsung (→ Floor) oder einer Höchstverzinsung (→ Cap).
Von der Laufzeit her gehören zinsvariable Anleihen zum → Rentenmarkt. Durch die Bezugnahme auf einen Referenzzinssatz des → Geldmarktes erfahren sie jedoch eine enge Geldmarktbindung. Bei normaler → Zinsstruktur ergibt sich für die Emittenten im Vergleich zum → Kapitalmarktzins eine kostengünstige Finanzierung. Die Emittenten tragen jedoch ein → Zinsänderungsrisiko.
*Gegensatz:* → Festzinsanleihe.

**Variabel verzinsliche Anleihe mit DAX-Optionsscheinen**
Synonym für → DAX-Optionsanleihe mit variablem Zinssatz.

**Variabel verzinsliche Anleihe mit Zinsobergrenze**
Synonym für → Capped Floating Rate Note.

**Variabel verzinsliches Darlehen,** → Darlehen mit Zinsanpassung.

**Variabel verzinsliche Step-Up-Anleihe**
→ Plain Vanilla Floater, bei dem die → Quoted Margin nach einem bestimmten Plan ansteigt, z.B. in den ersten fünf Jahren Sechs-Monats-LIBOR+1/8%, in den weiteren Jahren Sechs-Monats-LIBOR+3/16% und in den restlichen Jahren 6-Monats-LIBOR + 0,25%.

**Variable Kosten**
→ Kosten, die dadurch gekennzeichnet sind, daß sie mit zunehmender Ausbringungs-

menge steigen und mit abnehmender Ausbringungsmenge sinken. Sie sind somit beschäftigungsabhängig und lassen sich bei Nichtproduktion einsparen. Man unterscheidet degressive, proportionale und progressive v. K.
*Gegensatz:* → Fixkosten.

### Variable Rate Bond
Synonym für → Floating Rate Note (Floater).

### Variabler Zinssatz
1. *Bei → Krediten und → Darlehen*: Vereinbarung einer → Zinsanpassungsklausel (→ Zinsgleitklausel) im → Kredit- oder → Darlehensvertrag, wonach bei Veränderungen der Geldmarktlage oder der kreditpolitischen Situation eine Anpassung des gerechneten Kreditzinssatzes sofort oder nach einer bestimmten Frist erfolgen kann. Auch die Bindung des Kreditzinssatzes unter Berücksichtigung einer → Marge an einen → Referenzzinssatz (→ Diskontsatz der → Deutschen Bundesbank, → FIBOR, → LIBOR) ist möglich.

2. *Bei Guthaben, → Sparbriefen/Sparkassenbriefen, → Wertpapieren*: Vereinbarung variabler Zinsen entsprechend der jeweiligen Geldmarktlage oder Bindung an die Veränderungen eines Referenzzinssatzes.
V. Z. werden beispielsweise in → Floating Rate Notes oder → Zinsswaps vereinbart.
*Gegensatz:* → Festzinssatz, → Festsatz.

### Variables Zinsänderungsrisiko, → Zinsänderungsrisiko.

### Variables Zinsrisiko
Trifft alle variabel verzinslichen → Zinsinstrumente wie beispielsweise → Floating Rate Notes, → Reverse Floater, → Festgelder usw. Mit Ausnahme von Reverse Floatern sind v. Z. i. d. R. nur bei → Geldmarktpapieren vorzufinden. Bei → Fälligkeit sind alle Zinsinstrumente dem v. Z. ausgesetzt. In diesem Fall spricht man dann von einem → Wiederanlagerisiko.

### Variance of Random Error Term
→ Varianz des → Zufallsfehlers.

### Varianz
Parameter einer → Zufallsgröße (theoretische V.) oder einer Stichprobe (empirische V.), mit dem die Breite der Verteilung bzw. die → Streuung der Stichprobe gemessen werden kann (Streuungsparameter). Man kann die V. mit Werten gewichten (z. B. → Wahrscheinlichkeit P[E], → Barwerte) oder ungewichtet ermitteln.

*Berechnung*: Durchschnittliches Quadrat aller Abweichungen einer Zufallsvariablen vom Mittelwert. Die V. mißt die Streuung der → Merkmalswerte um einen Mittelwert. Der Wert der V. ist immer größer oder gleich Null. Sind die Merkmalswerte einer Zufallsvariablen gleich groß, ist die V. Null. Im Gegensatz zur V. werden bei der → Semivarianz entweder nur die positiven oder negativen Abweichungen vom Mittelwert berücksichtigt.

$$\sigma^2 = 1 : (n-1) \cdot \sum_{i=1}^{n} (x_i - \bar{x})^2$$

wobei:
$\bar{x}$ = → arithmetisches Mittel
$x_i$ = Merkmalswerte
$n$ = Anzahl der Werte

*Bedeutung in der modernen Portfolio-Theorie*: Die V. wird in der → modernen Portfolio-Theorie und → Asset Allocation als → Risikokennzahl zur Quantifizierung der Abweichung von einer geplanten Größe verwendet. Die V. wurde ursprünglich von Markowitz, Harry nur zur Quantifizierung des Risikos von → Aktien vorgeschlagen. In der Portfoliotheorie, die eine → Normalverteilung unterstellt, wird eine → Assetklasse anhand ihres erwarteten → Ertrages (Mittelwert) und der Höhe der Abweichung vom erwarteten Ertrag (V.), die mit einer Wahrscheinlichkeit von 68% eintreten kann, beurteilt. Je größer die V. einer Assetklasse ist, desto größer ist das damit verbundene Risiko. Eine V. von Null bedeutet, daß mit einer Assetklasse keine Risiken im Sinne der Portfoliotheorie verbunden sind. Heute wird die V. auch für andere Assetklassen (z. B. → Zinsinstrumente) errechnet. Mit der V. wird das → Gesamtrisiko gemessen. Die V. ist die Basis für die Ermittlung der → Standardabweichung, aus der wiederum die → Volatilität ermittelt wird.
(→ Varianz der Portfolio-Rendite, → Standardabweichung der Portfolio-Rendite, → Volatilität, → Dispersion)

### Varianz der Portfolio-Rendite
Beschreibt das → Gesamtrisiko eines → Portfolios. Im Gegensatz zur Portfolio-

## Varianz der Rendite

Rendite muß bei der Ermittlung der V. d. P.-R. die → Kovarianz berücksichtigt werden. Die Formel zur Ermittlung der V. d. P.-R. im Zwei-Anlagen-Fall lautet:

$$\sigma_P^2 = (\text{Anteil} \rightarrow \text{Aktie A})^2 \cdot \sigma_A^2 \\ + (\text{Anteil Aktie B})^2 \cdot \sigma_B^2 + 2 \\ \cdot (\text{Anteil Aktie A})^2 \\ \cdot (\text{Anteil Aktie B})^2 \cdot \text{Cov}(A,B)$$

oder

$$\sigma_P^2 = (\text{Anteil Aktie A})^2 \cdot \sigma_A^2 \\ + (\text{Anteil Aktie B})^2 \cdot \sigma_B^2 + 2 \\ \cdot (\text{Anteil Aktie A})^2 \\ \cdot (\text{Anteil Aktie B})^2 \cdot \sigma_A \cdot \sigma_B \cdot \rho$$

wobei:
- $\sigma_P^2$ = Varianz der Portfolio-Rendite
- $\sigma_A^2$ = Varianz der → Rendite von Papier A
- $\sigma_B^2$ = Varianz der Rendite von Papier B
- $\sigma_A$ = → Standardabweichung der Rendite von Papier A
- $\sigma_B$ = Standardabweichung der Rendite von Papier B
- Cov (A,B) = Kovarianz von Aktie A und Aktie B
- $\rho$ = → Korrelationskoeffizient von Aktie A und Aktie B.

Das Gesamtrisiko der Portfolio-Rendite, gemessen an der → Standardabweichung, erhält man, indem man die Wurzel aus der V. d. P.-R. zieht. Es ist geringer als der gewichtete Durchschnitt der Standardabweichung der Renditen der beiden Aktien. Je geringer die Korrelationskoeffizienten untereinander sind, desto mehr kann die Standardabweichung und damit das Risiko eines Portfolios verringert werden. Nur im Sonderfall mit einer Korrelation von +1 entspricht das Gesamtrisiko des Portfolios dem gewichteten Durchschnitt der Standardabweichungen.

(→ Risikoarten von Aktien, → moderne Portfolio-Theorie)

## Varianz der Rendite

Gewichtete → Varianz der Abweichungen der → Renditen von der erwarteten Rendite, wobei als Gewichtungsfaktor die jeweiligen → Wahrscheinlichkeiten P(E) der Renditen verwendet werden.

## Varianz der Residuen

Synonym für → Variance of Random Error Term bzw. für → Residualvarianz.

## Varianz von Alpha

Quadrat der → Standardabweichung von Alpha.

## Varianz von Beta

Quadrat der → Standardabweichung von Beta.

## Variation Margin, → Margin.

## Vasco da Gama Bonds

Von Ausländern in Portugal begebene → Anleihen.

## VDAX

*Volatility DAX*; → Volatilitätsindex der → Deutsche Börse AG, der auf Basis der → impliziten Volatilitäten von acht Call- und Put-Serien auf den → Deutschen Aktienindex (DAX) (→ DAX-Option), die am Geld (→ At-the-Money) sind, ermittelt wird. Da → Basispreise von DAX-Optionen eine feste Preisabstufung von 25 Indexpunkten (z. B. 1.500, 1.525) haben, ergibt sich somit eine Preisspanne von ±100 Punkten um den At-the-Money-Punkt. Zur Ermittlung des V. werden Geldkurse (→ Bid) und Briefkurse (→ Ask) aus den acht → Optionsserien börsentäglich um 13.30 aufgenommen und dann verarbeitet. Zur Berechnung des V. werden die marktrepräsentativen Optionspreise von zwei → Delivery Month ausgewählt. Liegt innerhalb der nächsten 45 Tage nur ein Delivery Month, wird der V. aus den Kursen der kürzesten und zweitkürzesten → Laufzeit (Optionen mit dem nächsten und übernächsten Verfalltermin) berechnet. Liegen innerhalb der nächsten 45 Tage zwei Delivery Month, gehen die Optionskurse zum zweiten und dritten Termin in die Berechnung des V. ein. Damit ist gewährleistet, daß stärkere auf kurzfristigen Preisschwankungen beruhende Einflüsse kurz vor Verfall eliminiert werden. Die Preise werden zunächst Konsistenzüberprüfungen unterworfen, um Fehleingaben oder unrealistische Limite vom Einfluß auf den V. fernzuhalten. Mit Hilfe des → Black & Scholes-Modells wird durch eine Regression für jeden Delivery Month eine implizite Volatilität ermittelt, die als Subindex zu interpretieren ist. Durch Interpolation zwischen den Subindices werden diese in einer Zahl zusammengefaßt. Der V. wird in Prozent pro Jahr (% p. a.) und damit als Prozentzahl veröffentlicht. V. mißt die implizite Volatilität der in den V. aufgenommenen DAX-Optionen. Somit drückt der V. die vom → Terminmarkt erwartete

Schwankungsbreite (implizite Volatilität) des DAX aus. Je höher der Wert des V. ist, desto größer sind die antizipierten Kursausschläge des DAX, die durch beispielsweise besondere wirtschaftliche oder politische Ereignisse in den nächsten 45 Tagen hervorgerufen werden könnten. Der V. wird ab dem 5. Dezember 1995 von der Deutsche Börse AG berechnet.

**Vega**
Zeigt den Einfluß von Volatilitätsveränderungen auf die →Optionsprämie (Optionspreis) an. Das V. gibt an, um wieviel sich die Optionsprämie ändert, wenn sich die →Volatilität um 100 →Basispunkte ändert. Hat ein →Call bei einer Volatilität von 6% ein V. von 0,2, so bedeutet dies, daß eine Veränderung der Volatilität von 6% auf 7% eine Veränderung des Optionspreises um 0,20 DM, also von 2 DM auf 2,20 DM mit sich bringt. Die Volatilität besitzt einen starken Einfluß auf den →Zeitwert einer Option. Das V. ist sowohl für Calls als auch für →Puts immer positiv, da beide bei einem Anstieg der Volatilität an Wert gewinnen.

**Vehikelwährung**
→Währung, die im →Devisenhandel beim Kauf oder Verkauf von →Devisen zwischengeschaltet wird, heute zumeist der US-Dollar und die D-Mark.

**Venture-Capital-Finanzierung**
*Begriff:* →Finanzierung von →Investitionen durch Risiko- oder Wagniskapital, Bereitstellung von haftendem →Kapital über einen bestimmten Zeitraum, verbunden mit unternehmerischer Beratung des kapitalnehmenden Unternehmens für Risikoprojekte (z. B. Produktinnovationen, Forschung und Entwicklung). Die Hergabe des Kapitals erfolgt ohne Sicherheiten allein aufgrund der geschätzten Ertragschancen des zu finanzierenden Projektes.

*Beteiligte:* (1) *Kapitalnehmer:* Unternehmen, die Projekte mit hohen Ertragschancen, aber auch hohem Verlustrisiko realisieren wollen. Meist handelt es sich um kleinere Unternehmen, die an Innovationen auf dem technischen Sektor arbeiten. Sie erhalten wegen des hohen Verlustrisikos der Investition, mangelnder Sicherheiten und der Unmöglichkeit für den Kreditgeber, Chancen und Risiken des Projekts richtig einzuschätzen, kaum die nötigen Kredite. Die Möglichkeiten der Eigenkapitalbeschaffung dieser Unternehmen sind mangels Zugang zum →Kapitalmarkt und geringer Risikobereitschaft von Investoren begrenzt, die →Selbstfinanzierung reicht ebenfalls in der Anlaufphase nicht aus, um das in der Expansionsphase stark steigende Investitionsvolumen zu finanzieren. (2) *Kapitalgeber:* Spezielle →Beteiligungsfonds. Aus Gründen der Risikostreuung sind Venture-Capital-Gesellschaften (V.C.G.) an mehreren unterschiedlichen innovativen Projekten in verschiedenen Branchen beteiligt. Durch das technische Wissen ihrer Mitarbeiter ist die V.C.G. in der Lage, die Ertragschancen innovativer Produkte besser als andere Kapitalgeber einzuschätzen. Betriebswirtschaftliche Kenntnisse ermöglichen die Erfüllung der Beratungsfunktion gegenüber dem Kapitalnehmer. Ein besonders intensiver Beratungsbedarf besteht bei Unternehmensgründungen und in der Expansionsphase bezüglich der Vermarktung der Innovation.

*Art und Form:* (1) Venture Capital Fonds (V.C.Fonds) beteiligen sich häufig als stiller Gesellschafter, der im Konkursverfahren Gläubigerrechte hat. Somit besteht die Möglichkeit der vertraglichen Vereinbarung eines Ausschlusses der Verlustbeteiligung. Eine Direktbeteiligung am kapitalnehmenden Unternehmen ist bei →Personengesellschaften durch Haftungsvorschriften problematisch, bei →Kapitalgesellschaften stößt sie wegen der damit verbundenen Mitentscheidungsrechte als Gesellschafter auf mangelnde Akzeptanz seitens der Eigentümer. (2) →Refinanzierung: Die Mittel für die Wagnisfonds werden in Deutschland von institutionellen und privaten Anlegern, zum Teil auch vom Staat, aufgebracht oder über die →Börse refinanziert. Deutschen Versicherungsunternehmen ist der Anlage von Mitteln in V.C.Fonds untersagt. (3) Beendigung des Vertragsverhältnisses: Dem Kapitalnehmer kann die Möglichkeit des Rückkaufs des Kapitalanteils nach Ablauf einer bestimmten Frist eingeräumt werden. Eine Veräußerung der Beteiligung, beispielsweise an ein interessiertes Großunternehmen, ist möglich. Nach einer eventuell erforderlichen Rechtsumwandlung kann die Venture-Capital-Gesellschaft die Beteiligungsgesellschaft an die Börse führen und dort ihre Anteile veräußern.

*Beurteilung:* (1) *Vorteile:* Bereitstellung von Kapital für technische Innovationen, das auf

**Veranlagungsarten**

anderem Wege nur schwer oder gar nicht erhältlich wäre. Die betriebswirtschaftliche und technische Beratung durch die Venture-Capital-Gesellschaft verringert die Gefahr eines Scheiterns des Projektes. (2) *Nachteile*: Schwierigkeit seitens der Venture-Capital-Gesellschaften, ausreichend betriebswirtschaftlich und technisch geschulte und in dem Geschäft erfahrene Mitarbeiter zu gewinnen, um alle erfolgversprechenden Projekte durchziehen zu können. Die Schwierigkeit der Abschätzung künftiger Entwicklungen und Ertragschancen. Die Refinanzierung von nicht börsengängigen Venture-Capital-Gesellschaften ist teilweise problematisch.

**Veranlagungsarten bei der Einkommensteuer**
*Einzelveranlagung* erfolgt bei ledigen, verwitweten, geschiedenen → Steuerpflichtigen sowie bei dauernd getrennt lebenden Ehegatten. Es findet der Grundtarif Anwendung (§ 32a Abs. 1–4 EStG).

*Veranlagung von Ehegatten* erfolgt grundsätzlich durch Zusammenveranlagung (§ 26 Abs. 1 i. V. m. § 26b EStG), wenn beide Ehegatten unbeschränkt steuerpflichtig sind und nicht dauernd getrennt leben. Hierbei werden die bezogenen Einkünfte für jeden Ehegatten gesondert ermittelt, zur Summe der Einkünfte zusammengerechnet und den Ehegatten gemeinsam zugerechnet. Auf das → zu versteuernde Einkommen wird die Splittingtabelle angewendet (§ 32a Abs. 5 EStG). Das Verfahren gilt auch bei einem verwitweten Steuerpflichtigen für den Veranlagungszeitraum, der dem Kalenderjahr folgt, in dem der Ehegatte verstorben ist und bei einem Steuerpflichtigen, dessen Ehe im Kalenderjahr, in dem er sein Einkommen bezogen hat, durch Tod, Scheidung oder Aufhebung aufgelöst wurde und zuvor Zusammenveranlagung durchgeführt wurde (§ 32a Abs. 6 EStG).

Die *getrennte Veranlagung* wird durchgeführt, sofern ein Ehegatte diese Veranlagungsform wählt (§ 26 Abs. 2 i. V. m. § 26a EStG). Hierbei werden die Einkünfte jedes Ehegatten getrennt ermittelt und getrennt zur Summe der Einkünfte zusammengerechnet. Für den Ansatz von → Sonderausgaben und → außergewöhnlichen Belastungen ergeben sich Besonderheiten. Auf das zu versteuernde Einkommen jedes Ehegatten wird die Grundtabelle angewendet. Bei besonderer Veranlagung für den Veranlagungszeitraum der Eheschließung (§ 26c EStG) werden Ehegatten so behandelt, als ob sie unverheiratet wären.

**Veranlagung von Arbeitnehmern zur Einkommensteuer**
Eine Veranlagung von → Personen, deren Einkommen ganz oder teilweise aus → Einkünften aus nichtselbständiger Arbeit besteht, erfolgt stets, wenn das → zu versteuernde Einkommen 27.000 DM bzw. 54.000 DM bei Alleinstehenden bzw. Verheirateten übersteigt (§ 46 Abs. 1 EStG). *Nebeneinkünfte* eines → Arbeitnehmers, die nicht dem Lohnsteuerabzug zu unterwerfen waren (→ Lohnsteuer), führen nur dann zu einer Einkommensteuerveranlagung, wenn sie mehr als 800 DM betragen. Für die Anwendung des → Progressionsvorbehalts gilt ausschließlich das Veranlagungsverfahren. Dabei werden die dem Progressionsvorbehalt unterliegenden ausländischen Einkünfte und Lohnersatzleistungen zu einem einheitlichen Veranlagungstatbestand zusammengefaßt, für den eine eigene Veranlagungsfreigrenze von 800 DM gilt. Die daneben bestehende → Freigrenze von 800 DM für Nebeneinkünfte erstreckt sich auf den zu versteuernden Betrag dieser Einkünfte (§ 46 Abs. 2 Nr. 1 EStG). Arbeitnehmer, die nebeneinander von mehreren → Arbeitgebern Arbeitslohn beziehen, werden unabhängig vom Überschreiten bestimmter Einkommensgrenzen zur Einkommensteuer veranlagt (§ 46 Abs. 2 Nr. 2 EStG). Eine Veranlagung findet des weiteren insbesondere dann statt, wenn der Arbeitnehmer dies beantragt (→ Lohnsteuer-Jahresausgleich).

**Verarbeitung**
Herstellen einer neuen → beweglichen Sache durch Umbilden eines oder mehrerer Stoffe (§ 950 BGB). Durch die V. erwirbt der Hersteller → Eigentum an der neuen Sache, sofern nicht der Wert der V. erheblich geringer ist als der Wert des Stoffes (§ 950 Abs. 2 BGB). Der Eigentumsverlust tritt unmittelbar kraft Gesetzes ein, so daß ein → Eigentumsvorbehalt eines Lieferanten erlischt. Bei einer → Sicherungsübereignung von Rohstoffen wird daher regelmäßig zwischen dem Eigentümer der Stoffe (Lieferant oder → Kreditinstitut als Sicherungsnehmer) und dem Verarbeiter (Kreditnehmer als Sicherungsgeber) eine Vereinbarung dahin getroffen, daß die Verarbeitung für Rech-

nung des Eigentümers der Rohstoffe erfolgt (→ Besitzkonstitut). Damit wird der Eigentümer der Rohstoffe auch Eigentümer der neu entstehenden Sache. Wer infolge von V. (wie auch von Verbindung oder Vermischung [§§ 946–948 BGB]) einen Rechtsverlust erleidet, hat gegen den Erwerber einen Anspruch auf Vergütung in → Geld nach den Vorschriften über die → ungerechtfertigte Bereicherung (§ 951 BGB).

### Veräußerungsgewinne

Nach §§ 14, 14a, 16, 17, 18 Abs. 3 EStG werden V. unter bestimmten Voraussetzungen durch Anwendung von → Freibeträgen und eines ermäßigten Steuersatzes (gemäß § 34 EStG) begünstigt, da es sich um außerordentliche Einkünfte handelt. Hierunter fallen gem. § 34 Abs. 2 Nr. 1 EStG auch Einkünfte, die bei der Veräußerung eines land- und forstwirtschaftlichen Betriebs (auch eines Teilbetriebs oder eines → Anteils an einem land- und forstwirtschaftlichen → Betriebsvermögen), der Veräußerung des → Gewerbebetriebs (auch eines Teilbetriebs oder eines Anteils) oder der Veräußerung von Anteilen an einer → Kapitalgesellschaft, wenn der Veräußerer innerhalb der letzten fünf Jahre am Kapital der Gesellschaft wesentlich (d. h. mit mehr als 25%) beteiligt war, entstehen.

Der V. wird zur → Einkommensteuer nur herangezogen, soweit er den der *Veräußerung des ganzen Gewerbebetriebs* 30.000 DM übersteigt. Der Freibetrag ermäßigt sich um den Betrag, um den der V. 100.000 DM übersteigt. Erfolgt die Veräußerung nach Vollendung des 55. Lebensjahres des → Steuerpflichtigen, so erhöht sich der Freibetrag auf 120.000 DM, die Kürzungsschwelle auf 300.000 DM (bei Veräußerung eines Teilbetriebs bzw. Anteils gelten vorgenannte Beträge anteilig). Der V. bei der Veräußerung von Anteilen an Kapitalgesellschaften bei wesentlicher → Beteiligung wird zur Einkommensteuer nur herangezogen, soweit er den Teil von 20.000 DM übersteigt, der dem veräußerten Anteil an der Kapitalgesellschaft entspricht. Der Freibetrag ermäßigt sich um den Betrag, um den der V. den 80.000 DM übersteigt, der dem veräußerten Anteil an der Kapitalgesellschaft entspricht.

Sind in dem Einkommen des Steuerpflichtigen außerordentliche Einkünfte vorgenannter Art enthalten, so ist die darauf entfallende Einkommensteuer nach einem ermäßigten Steuersatz zu bemessen. Dieser beträgt für den Teil der außerordentlichen Einkünfte, der den Betrag von 30 Millionen nicht übersteigt, die Hälfte des durchschnittlichen Steuersatzes, der sich ergäbe, wenn die tarifliche Einkommensteuer nach dem gesamten zu versteuernden Einkommen zu bemessen wäre (weitere Besonderheiten in § 34 Abs. 1 EStG).

### Veräußerungs- und Zahlungsverbot des Bundesaufsichtsamts für das Kreditwesen, → bankaufsichtliche Maßnahmen.

### Verband der Auslandsbanken in Deutschland e. V.

Verband der → Zweigstellen ausländischer Banken und inländischer → Kreditinstitute im Mehrheitsbesitz ausländischer Banken mit Sitz in Frankfurt am Main.
*Zweck:* Wahrnehmung der Interessen deutscher → Filialen ausländischer Kreditinstitute sowie deutscher Banken in ausländischem Mehrheitsbesitz (v. a. bei Gesetzgebung und Verwaltung).

### Verband der Post-Spar- und Darlehnsvereine e. V.

Zentraler Fachprüfungsverband für die → Post-Spar- und Darlehnsvereine mit Sitz in Bonn. Er hat das Prüfungsrecht gegenüber den angeschlossenen Instituten nach § 54 GenG.

### Verband der Privaten Bausparkassen e. V.

Wirtschaftspolitische und sozialpolitische Interessenvereinigung der privaten → Bausparkassen mit Sitz in Bonn.

### Verband der Sparda-Banken e. V.

Zentraler Fachprüfungsverband für die → Sparda-Banken mit Sitz in Frankfurt am Main. Er hat das Prüfungsrecht gegenüber den angeschlossenen Instituten nach § 54 GenG.

### Verband der Vereine Creditreform e. V.

Zweck des Verbandes mit Sitz in Neuss ist der Kreditschutz sowie die Sammlung, Auswertung und Weitergabe von wirtschaftlichen Daten und Informationen insbesondere über Unternehmen.

### Verband deutscher Hypothekenbanken e. V.

Spitzenverband der Hypothekenbanken (→ private Hypothekenbanken) in der

### Verband deutscher Schiffsbanken

Rechtsform eines eingetragenen → Vereins mit Sitz in Bonn.
*Zweck:* Wahrnehmung der Rechte und Interessen der Mitgliedsinstitute auf dem Gebiet der Wirtschafts-, Kapitalmarkt- und Steuerpolitik sowie der Rechtsgestaltung; Unterstützung und Beratung der Behörden in allen Hypothekenbanken betreffenden Angelegenheiten; Wahrnehmung der Interessen der Mitgliedsinstitute im Rahmen des → Bundesverbandes deutscher Banken e. V. und gegenüber anderen Berufsverbänden; Beratung, Betreuung und Unterrichtung der Mitgliedsinstitute.

### Verband deutscher Schiffsbanken

Interessenvertretung der → Schiffspfandbriefbanken (Schiffsbanken) mit Sitz in Bremen. Der Verband ist Mitglied im → Bundesverband deutscher Banken e. V.

### Verbände und Arbeitsgemeinschaften der Kreditwirtschaft

Im Bereich der Kreditwirtschaft sind Verbände und Arbeitsgemeinschaften als Interessenvertretungen und zur Wahrnehmung bestimmter, im Interesse der vertretenen Institute liegenden Aufgaben tätig. Die wichtigsten sind:
(1) → *Kreditbanken:* → Bundesverband deutscher Banken e. V., Köln, mit → Bankenverbänden als regionalen Mitgliedsverbänden; → Prüfungsverband deutscher Banken, Köln.
(2) → *Sparkassen:* → Deutscher Sparkassen- und Giroverband e. V., Bonn, mit → regionalen Sparkassen- und Giroverbänden und dem Verband der Deutschen Freien Öffentlichen Sparkassen, Frankfurt am Main, als Mitgliedsverbänden.
(3) → *Kreditgenossenschaften:* → Bundesverband der Deutschen Volksbanken und Raiffeisenbanken e. V., Bonn, mit Genossenschaftsverbänden und → Fachprüfungsverbänden als regionalen Mitgliedsverbänden.
(4) *Öffentlich-rechtliche Kreditinstitute (öffentliche Banken):* → Verband öffentlicher Banken e. V., Bonn, Verband öffentlich-rechtlicher Kreditinstitute in Bayern, München.
(5) → *Teilzahlungskreditinstitute:* → Bankenfachverband e. V., Bonn, Arbeitsgemeinschaft der Absatzkreditbanken, Düsseldorf, Arbeitsgemeinschaft genossenschaftlicher Teilzahlungsbanken, Brühl, Arbeitsgemeinschaft Kundenkredit-Gesellschaften, Düsseldorf.
(6) → *Bausparkassen:* → Verband der Privaten Bausparkassen e. V., Bonn, Bundesgeschäftsstelle der Landesbausparkassen, Bonn.
(7) → *Realkreditinstitute:* → Verband deutscher Hypothekenbanken e. V., Bonn, → Verband deutscher Schiffsbanken, Bremen.
(8) → *Bürgschaftsbanken:* Gemeinschaftsausschuß der Bundeskreditgarantiegemeinschaften, Bonn, der die → Kreditgarantiegemeinschaften der Länder vertritt; Bundeskreditgarantiegemeinschaft des Handwerks GmbH, Bonn; Bundesgarantiegemeinschaft der deutschen Industrie GmbH, Köln; Bundesgarantiegemeinschaft des Handels GmbH, Köln; Kreditgarantiegemeinschaft des deutschen Gartenbaus GmbH, Bonn; Arbeitsgemeinschaft der Kreditgarantiegemeinschaften des Hotel- und Gaststättengewerbes auf Bundesebene, Düsseldorf.
(9) → *Auslandsbanken:* → Verband der Auslandsbanken in Deutschland e. V., Frankfurt a. M.
(10) → *Wertpapierbörsen:* → Arbeitsgemeinschaft der deutschen Wertpapierbörsen, Frankfurt a. M.
(11) *Investment-Gesellschaften:* → Bundesverband Deutscher Investment-Gesellschaften e. V. (BVI), Frankfurt a. M.
(12) *Factoring- und Leasing-Gesellschaften:* → Deutscher Factoring-Verband e. V., Mainz, → Bundesverband Deutscher Leasing-Gesellschaften e. V., Köln.

### Verband öffentlicher Banken e. V.

Spitzenverband der → öffentlichen Banken mit Sitz in Bonn, in dem (als ordentliche Mitglieder) vor allem die → Landesbanken/Girozentralen und die → öffentlich-rechtlichen Grundkreditanstalten zusammengeschlossen sind.
*Zweck:* Vertretung gemeinsamer Interessen der Mitglieder in der Öffentlichkeit und gegenüber Behörden. Der Verband ist Mitglied im → Zentralen Kreditausschuß.

### Verbandsgeprüfte Kreditinstitute

→ Kreditgenossenschaften sowie → Sparkassen; sie werden von einem Prüfungsverband (Verband, dem das Prüfungsrecht verliehen ist) bzw. von der Prüfungsstelle eines → regionalen Sparkassen- und Giroverbands geprüft.

## Verbotene Bankgeschäfte

**Verbandsprüfer,** → berufsbegleitende Weiterbildungsmöglichkeiten, Sparkassen.

**Verbandssparkassen,** → Gemeinschaftssparkassen.

### Verbindlichkeit
Begriff des Bilanz- und Steuerrechts. V. zählen zu den → Schulden und sind – im Gegensatz zu → Rückstellungen – prinzipiell dem Grunde und der Höhe nach gewiß.

### Verbindlichkeiten gegenüber Kreditinstituten
Passivposten Nr. 1 in der → Bankbilanz; Ausweis von → Verbindlichkeiten aus → Bankgeschäften gegenüber inländischen und ausländischen → Kreditinstituten ohne verbriefte Verbindlichkeiten nach § 22 RechKredV. Sie werden unterteilt in täglich fällige Verbindlichkeiten und Verbindlichkeiten mit vereinbarter → Laufzeit oder Kündigungsfrist, worunter Buchverbindlichkeiten sowie Verbindlichkeiten aus → Namensschuldverschreibungen, → Orderschuldverschreibungen, die nicht Teile einer → Gesamtemission sind, Namensgeldmarktpapiere, Habensalden aus Verrechnungskonten usw. auszuweisen sind (§ 21 RechKredV). Diese Verbindlichkeiten sind im → Anhang zum Jahresabschluß der Kreditinstitute nach Fristen aufzugliedern, und zwar bis 1997 nach Ursprungslaufzeiten, für → Geschäftsjahre, die nach dem 31. 12. 1997 beginnen, nach → Restlaufzeiten.

### Verbindlichkeiten gegenüber Kunden
Passivposten Nr. 2 in der → Bankbilanz; Ausweis von allen Arten von → Verbindlichkeiten bankgeschäftlicher und nicht bankgeschäftlicher Art gegenüber inländischen und ausländischen Nichtbanken ohne verbriefte Verbindlichkeiten nach § 22 RechKredV.
Dieser Posten wird unterteilt in → Spareinlagen und andere Verbindlichkeiten. Bei Spareinlagen erfolgt ein getrennter Ausweis nach Spareinlagen mit vereinbarter Kündigungsfrist von drei Monaten und Spareinlagen mit vereinbarter Kündigungsfrist von mehr als drei Monaten. „Andere Verbindlichkeiten" werden unterteilt nach täglich fälligen Verbindlichkeiten und Verbindlichkeiten mit vereinbarter → Laufzeit oder Kündigungsfrist. Hierunter sind nicht verbriefte Verbindlichkeiten sowie Verbindlichkeiten aus → Namensschuldverschreibungen, → Orderschuldverschreibungen, die nicht Teile einer → Gesamtemission sind, Namensgeldmarktpapiere, Sperrguthaben und Abrechnungsguthaben der Anschlußfirmen bei der → Teilzahlungsfinanzierung usw. auszuweisen (§ 21 RechKredV). Andere Verbindlichkeiten sind im → Anhang zum Jahresabschluß der Kreditinstitute bis 1997 nach Ursprungslaufzeiten, für → Geschäftsjahre, die nach dem 1. 1. 1998 beginnen, nach → Restlaufzeiten aufzugliedern.

### Verbindlichkeitenspiegel
Große und mittelgroße → Kapitalgesellschaften (→ Größenklassen der Kapitalgesellschaften) müssen zu jeder Position der → Verbindlichkeiten in der → Bilanz oder im → Anhang angeben, in welcher Höhe Verbindlichkeiten mit einer → Restlaufzeit von weniger als einem Jahr, bis zu fünf und mehr als fünf Jahren enthalten sind, sowie in welcher Höhe, Art und Form die Positionen gesicherte Verbindlichkeiten enthalten. Deshalb empfiehlt sich die Aufstellung eines V., der anstelle einer verbalen Erläuterung in den Anhang übernommen werden kann.

*Arten von Verbindlichkeiten:* Im V. wird unterschieden zwischen Verbindlichkeiten gegenüber → Kreditinstituten, gegenüber → verbundenen Unternehmen, Verbindlichkeiten aus Lieferungen und Leistungen sowie sonstigen.

### Verbindungsintensität
Grad der Kundenbindung an das → Kreditinstitut. *Typen:* (1) *Alleinverbindung:* Der Kunde arbeitet nur mit einem Institut als seiner → Hausbank. (2) *Hauptverbindung:* Einschaltung einer Bank ist intensiver als die jedes anderen Institutes. (3) *Normalverbindung:* Einschaltung der Bank liegt in der gleichen Größenordnung wie bei dritten Instituten. (4) *Nebenverbindung:* Die Bank partizipiert nur in geringerem Umfang am gesamten → Geschäftsvolumen des Kunden.

### Verbotene Bankgeschäfte nach dem KWG
Bankgeschäftliche Betätigung in Form von → Werksparkassen und → Zwecksparunternehmen, die verboten ist, wenn bestimmte, in § 3 Nr. 1 und 2 KWG genannte Voraussetzungen gegeben sind, sowie der Betrieb des → Kreditgeschäftes oder des → Einla-

**Verbraucherdarlehen**

gengeschäftes, der nicht mit Ausschluß oder erheblicher Erschwerung von Barverfügungen (§ 3 Nr. 3 KWG) verbunden sein darf.

**Verbraucherdarlehen,** → Verbraucherkredit.

**Verbraucher-Insolvenzverfahren,** → Insolvenzordnung.

**Verbraucherkredit**
Nach dem 1.1.1991 abgeschlossener →Kreditvertrag, auf den das →Verbraucherkreditgesetz Anwendung findet. Gemäß § 1 Abs. 2 VerbrKrG wird hiervon jeder →Vertrag erfaßt, durch den ein (gewerblicher) Kreditgeber einem Verbraucher – d. h. einer →natürlichen Person für Zwecke privater Verwendung – einen entgeltlichen →Kredit in Form eines →Darlehens, eines Zahlungsaufschubs von mehr als drei Monaten (§ 3 Abs. 1 Nr. 3 VerbrKrG) oder einer sonstigen Finanzierungshilfe gewährt oder zu gewähren verspricht. Nicht einbezogen sind Kreditverträge, bei denen der Nettokreditbetrag oder Barzahlungspreis 400 DM nicht übersteigt oder die zwischen →Arbeitgeber und →Arbeitnehmer zu geringeren als den marktüblichen Zinssätzen abgeschlossen werden (§ 3 Abs. 1 Nr. 1, 4 VerbrKrG).

*Formen*: Kreditverträge i. S. d. VerbrKrG sind in erster Linie Darlehen (gemäß §§ 607 ff. BGB). Hauptanwendungsfall ist hier der →Konsumentenkredit in Form des →Ratenkredits oder →Kontokorrentkredits. Daneben gilt als V. auch ein Existenzgründungsdarlehen bis zu einem Nettokreditbetrag oder Barzahlungspreis von 100.000 DM. Nur zum Teil gilt das VerbrKrG für den →Realkredit, bei dem der Kredit von der Sicherung durch ein →Grundpfandrecht abhängig gemacht und zu derart abgesicherten Krediten üblichen Bedingungen (geringere Zinshöhe, lange →Laufzeit) gewährt wird (§ 3 Abs. 2 Nr. 2 VerbrKrG), und für →Bauspardarlehen.

Entgeltlicher Zahlungsaufschub liegt vor bei Gewährung eines Warenkredits in Form eines Abzahlungskaufs; Entgelt ist die Differenz zwischen Teil- und Barzahlungspreis. Einen Unterfall bildet die →Stundung, wenn hierfür zumindest eine Bearbeitungsgebühr vereinbart wird, die den Kaufpreis erhöht, oder aber bei Krediten höhere als die ursprünglich vereinbarten oder zusätzliche →Zinsen zu entrichten sind. Die Gewährung eines Skontos ist kein Fall der entgeltlichen Stundung. Werden →Kreditkarten nur als →Zahlungsmittel eingesetzt, so ist das VerbrKrG unanwendbar, da schon kein Zahlungsaufschub gegen konkret hierfür zu entrichtendes Entgelt vorliegt. Kann hiermit aber ein Kreditkonto bei der Kartenorganisation aufgebaut werden, so ist nur die Einräumung des Kreditrahmens (als Grundgeschäft) ein Kreditvertrag i. S. d. VerbrKrG, nicht die Inanspruchnahme im Einzelfall.

Eine sonstige Finanzierungshilfe ist vor allem das Finanzierungs-Leasing (→Financial Leasing), wenn das Leasing-Gut endgültig auf den Verbraucher übertragen werden soll (Vollamortisation). Dem Leasing-Nehmer wird hier eine Finanzierungshilfe dadurch gewährt, daß ihm wie bei einem Abzahlungskauf der Erwerb der →Sache ermöglicht wird und er das Entgelt in Teilleistungen erbringen darf. Hierfür sind jedoch nicht alle Vorschriften des VerbrKrG anwendbar (§ 3 Abs. 2 Nr. 1). Entgeltliche Finanzierungshilfe ist auch ein Mietkauf; im Fall der Ausübung der dem Verbraucher eingeräumten Kaufoption werden dabei die gezahlten Raten nicht voll auf den Kaufpreis angerechnet, sondern es wird ein Mietzins abgezogen. Nicht als Finanzierungshilfe anzusehen sind die Übernahme von →Bankbürgschaften und →Garantien (→Avalkredit) sowie der →Akzeptkredit.

*Vertragsabschluß*: Der Kreditvertrag bedarf der →Schriftform (§ 4 Abs. 1 S. 1 VerbrKrG). Die Form ist gewahrt, wenn Antrag und Annahme durch die Vertragsparteien jeweils getrennt schriftlich erklärt werden. Die an sich notwendige eigenhändige Unterzeichnung (§ 126 BGB) entfällt für den Kreditgeber, wenn seine Erklärung mit Hilfe einer automatischen Einrichtung (EDV) erstellt wird. Die Vertragsurkunde muß mindestens beinhalten (§ 4 Abs. 1 S. 4 Nr. 1 VerbrKrG): (1) Nettokreditbetrag, ggf. die Höchstgrenze des Kredits; (2) bei Festkrediten den Gesamtbetrag aller vom Verbraucher zu entrichtenden Teilzahlungen (einschließlich Zinsen und sonstiger →Kosten), bei Krediten mit veränderlichen Bedingungen (variablen Zinsen) den Gesamtbetrag auf der Basis der Abschlußkonditionen; (3) Regelungen über Kreditrückzahlung und Vertragsbeendigung; (4) Zinssatz und alle sonstigen →Kreditkosten einschließlich etwa vom Verbraucher zu tra-

## Verbraucherkredit

gender Vermittlungskosten (→ Kreditvermittlungsvertrag); (5) effektiver bzw. anfänglich effektiver Jahreszins gemäß § 4 Abs. 2 VerbrKrG (einschließlich der Angaben darüber, unter welchen Voraussetzungen preisbestimmende Faktoren geändert werden können, → Effektivverzinsung von Krediten); (6) Kosten einer → Restschuld- oder sonstigen Versicherung im Zusammenhang mit dem Kreditvertrag; (7) zu bestellende Sicherheiten.

Wird der Kreditvertrag nicht in der vorgeschriebenen Schriftform abgefaßt oder fehlt eine der erforderlichen Angaben, ist er unwirksam/nichtig (§ 6 Abs. 1 VerbrKrG). Soweit jedoch der Verbraucher das Darlehen empfängt oder den Kredit in Anspruch nimmt, wird der Vertrag gültig, freilich zu für den Kreditnehmer günstigeren Bedingungen (§ 6 Abs. 2, 4 VerbrKrG).

Bei Abzahlungskäufen und anderen Verträgen, bei denen das Entgelt auf Raten kreditiert wird, sind als Mindestangaben in der → Urkunde vorgesehen (§ 4 Abs. 1 S. 4 Nr. 2 VerbrKrG): (1) Barzahlungspreis; (2) Teilzahlungspreis (Gesamtbetrag von Anzahlung und allen vom Verbraucher zu entrichtenden Teilzahlungen); (3) Betrag, Zahl und → Fälligkeit der einzelnen Raten; (4) effektiver Jahreszins; (5) Kosten einer Versicherung im Zusammenhang mit dem Kreditvertrag; (6) Vereinbarung eines → Eigentumsvorbehalts oder einer anderen zu bestellenden Sicherheit. Liefert ein Kreditgeber nur auf Teilzahlungsbasis, so sind Barzahlungspreis und Effektivzins nicht anzugeben (§ 4 Abs. 1 S. 5 VerbrKrG). Auch hier wird der bei Verstößen gegen die Pflichtangaben der an sich nichtige Kreditvertrag wirksam, wenn dem Verbraucher die Sache übergeben oder die Leistung erbracht wird, wiederum zu für diesen günstigeren Bedingungen (§ 6 Abs. 3 VerbrKrG).

*Sondervorschriften für Überziehungskredit:* Sowohl bei → Dispositionskrediten als auch bei bloß geduldeten Kontoüberziehungen bei Kreditinstituten i. S. d. KWG werden die Formvorschriften wesentlich gelockert. Für Kreditverträge, bei denen ein solches Institut als Kreditgeber dem Verbraucher das Recht einräumt, sein laufendes Konto in bestimmter Höhe zu überziehen, gilt § 4 VerbrKrG nicht, wenn außer den Zinsen für den in Anspruch genommenen Kredit keine weiteren Kosten in Rechnung gestellt und die Zinsen nicht in kürzeren Zeiträumen als drei Monate belastet werden. Gemäß § 5 Abs. 1 VerbrKrG muß das Kreditinstitut den Verbraucher vor der Inanspruchnahme des → Überziehungskredits aber informieren über (1) die Höchstgrenze des Kredits, (2) den zum Zeitpunkt der Unterrichtung geltenden Jahreszins, (3) die Bedingungen, unter denen der Zinssatz geändert werden kann sowie (4) die Regelung der Vertragsbeendigung.

Die Information kann z. B. durch den → Preisaushang (betrifft → Zinssatz) und durch die → Allgemeinen Geschäftsbedingungen (Regelung über die Vertragsbeendigung) erfolgen. Spätestens nach der ersten Inanspruchnahme des Kredits müssen die genannten vier Punkte dem Verbraucher schriftlich bestätigt und nachher muß er über jede Änderung des Jahreszinses informiert werden. Bestätigung und Unterrichtung über die Zinsänderung können als Ausdruck auf dem → Kontoauszug erfolgen. Die Informationspflichten im Hinblick auf Jahreszins, Kosten und diesbezügliche Änderungen gelten auch für geduldete Überziehungen, sofern diese länger als drei Monate dauern (§ 5 Abs. 2 VerbrKrG).

*Widerrufsrecht des Verbrauchers:* Mit Ausnahme der Realkredite und der gerichtlich oder notariell beurkundeten Kreditverträge (§ 3 Abs. 2 Nr. 3 VerbrKrG) gilt für jeden V. ein befristetes Widerrufsrecht des Verbrauchers. Durch rechtzeitige Absendung des Widerrufs innerhalb einer Woche nach seiner auf den Abschluß eines Kreditvertrags gerichteten → Willenserklärung wird dieser Vertrag nicht wirksam (§ 7 Abs. 1, 2 S. 1 VerbrKrG). Die Wochenfrist beginnt erst zu laufen, wenn dem Verbraucher eine drucktechnisch deutlich gestaltete und von ihm gesondert zu unterschreibende Belehrung über sein Widerrufsrecht samt der Adresse des Widerrufsempfängers (i. d. R. Kreditgeber) ausgehändigt worden ist. Geschieht dies nicht ordnungsgemäß, so erlischt das Widerrufsrecht erst nach vollständiger → Rückzahlung des Kredits, spätestens aber ein Jahr nach Abgabe der Vertragsabschlußerklärung des Verbrauchers (§ 7 Abs. 2 S. 2, 3 VerbrKrG). Zahlt dann beim normalen Kreditvertrag (§ 4 Abs. 1 S. 4 Nr. 1) der Verbraucher das Darlehen nicht binnen zwei Wochen nach Auszahlung oder Erklärung des Widerrufs zurück, gilt sein Widerruf als nicht erfolgt (§ 7 Abs. 3 VerbrKrG). Auf Warenkredite und auf verbundene Geschäfte (→ finanziertes Abzahlungsgeschäft) ist diese Vorschrift nicht anzuwenden (§ 9 Abs. 2 S. 3 VerbrKrG). Überhaupt kein Widerrufsrecht besteht für die von Kreditinstituten eingeräumten Dispositionskredite, wenn der Verbraucher den Kredit jederzeit ohne Einbehaltung einer Kündigungsfrist und ohne zusätzliche Kosten zurückzahlen kann (§ 7 Abs. 5 VerbrKrG).

Als Rechtsfolge eines wirksamen Widerrufs wird der Kreditvertrag rückabgewickelt (§ 7 Abs. 4 VerbrKrG). Der Verbraucher muß also ein dem Marktzins für die Kapitalnutzung entsprechendes Entgelt zahlen (§ 3 Abs. 3 des Haustürwiderrufsgesetzes). Da der Kreditvertrag nicht zustandegekommen ist, hat der Kreditgeber aber keine Ansprüche auf Bearbeitungs- und Abschlußgebühren, → Disagio etc.

*Berechnung und Buchung von Verzugszinsen*: Außer bei Realkrediten dürfen bei jedem V. im Falle eines → Schuldnerverzugs des Verbrauchers regelmäßig nur Verzugszinsen in Höhe von 5 vom Hundert über dem jeweiligen → Diskontsatz der → Deutschen Bundesbank berechnet werden. Im Einzelfall kann aber der Kreditgeber einen höheren, der Verbraucher einen niedrigeren Schaden nachweisen (§ 11 Abs. 1 VerbrKrG). Um sicherzustellen, daß auf Verzugszinsen nur die gemäß § 11 Abs. 2 S. 2 VerbrKrG zulässigen 4 vom Hundert → Zinseszinsen berechnet werden, müssen die nach Eintritt des Verzugs anfallenden Zinsen auf einem besonderen → Konto gebucht und dürfen nicht auf einem → Kontokorrentkonto mit anderen Beträgen erfaßt werden (§ 11 Abs. 2 S. 1 VerbrKrG). Für Teilleistungen bei V. gilt auch eine spezielle Anrechnungsreihenfolge. Sie sind zunächst auf die Kosten einer Rechtsverfolgung, dann auf den übrigen geschuldeten Betrag (rückständiges Kapital einschließlich rückständiger Vertragszinsen) und erst dann auf die aufgelaufenen Verzugszinsen anzurechnen (§ 11 Abs. 3 VerbrKrG). Damit soll die schuldtilgende Wirkung von Teilzahlungen des Verbrauchers gestärkt werden.

*Gesamtfälligstellung bei Teilzahlungskrediten – Rücktritt des Kreditgebers*: Bei einem in Teilzahlungen zu tilgenden Kredit kann der Kreditgeber den Kreditvertrag wegen Zahlungsverzugs des Verbrauchers nur kündigen und damit eine Gesamtfälligstellung erreichen, wenn der Verbraucher mit mindestens zwei aufeinanderfolgenden Raten ganz oder teilweise und mindestens zehn vom Hundert (bei einer → Laufzeit des Kreditvertrags von über drei Jahren mit 5 vom Hundert des Kreditnennbetrags bzw. des Teilzahlungspreises) in Verzug ist und der Kreditgeber außerdem dem Verbraucher erfolglos eine zweiwöchige Frist zur Zahlung des rückständigen Betrags gesetzt und erklärt hat, er werde bei Nichtzahlung innerhalb der Frist die gesamte Restschuld verlangen (§ 12 Abs. 1 S. 1 VerbrKrG). Macht der Kreditgeber von seinem Kündigungsrecht Gebrauch, vermindert sich die Restschuld um die Zinsen und die sonstigen laufzeitabhängigen Kosten des Kredits, die auf die Zeit nach Wirksamwerden der Kündigung entfallen (§ 12 Abs. 2 VerbrKrG). Besteht ein Kündigungsrecht, so kann der Kreditgeber bei Abzahlungskäufen und Dienstleistungsverträgen auf Raten statt dessen vom Kreditvertrag zurücktreten (§ 13 Abs. 1 VerbrKrG). Dann erfolgt eine Rückabwicklung des Vertrags, d. h. eine Verrechnung der bereits erbrachten Teilleistungen mit einer Nutzungsvergütung (§ 13 Abs. 2 VerbrKrG). Nimmt der Kreditgeber – auch bei verbundenen Geschäften – die aufgrund des Kreditvertrags gelieferte → Sache wieder an sich, wird er so behandelt, als ob er vom Vertrag zurückgetreten sei. Er kann sich jedoch in diesem Fall mit dem Verbraucher darauf einigen, diesem den gewöhnlichen Verkaufswert der Sache im Zeitpunkt der Wegnahme zu vergüten; dann bleibt der Vertrag bestehen, und der Verbraucher schuldet nur noch den Restkaufpreis (§ 13 Abs. 3 VerbrKrG).

*Durchsetzung von Gläubigerrechten*: Der Kreditgeber kann seine Rechtsstellung nicht dadurch verbessern, daß er den Verbraucher verpflichtet, für seine Ansprüche aus dem Kreditvertrag eine Wechselverbindlichkeit (→ Wechsel) einzugehen oder dem Kreditgeber zusätzlich einen → Scheck auszuhändigen. Verstößt der Kreditgeber hiergegen, so muß er dem Verbraucher den daraus entstehenden Schaden ersetzen (§ 10 Abs. 2 VerbrKrG). Damit ist kein sogenanntes C-Geschäft mehr zulässig (→ Teilzahlungskredit). Ferner können Ansprüche aus V. nur dann im → Mahnverfahren geltend gemacht werden, wenn der (anfängliche) effektive Jahreszins den jeweils beim Vertragsabschluß geltenden Diskontsatz der Bundesbank nicht um mehr als 12 vom Hundert übersteigt (§ 688 Abs. 1 Nr. 1 ZPO). Daher müssen Datum des Vertragsabschlusses und (anfänglicher) effektiver Jahreszins im Mahnantrag aufgeführt werden (§ 690 Abs. 1 Nr. 3 ZPO).

*Kreditvermittlung*: Auch die Vermittlung von V. ist im Verbraucherkreditgesetz geregelt. Ein mit einem Verbraucher geschlossener Kreditvermittlungsvertrag (§ 1 Abs. 3 VerbrKrG) bedarf der Schriftform (§ 15 VerbrKrG). Eine Vergütungspflicht gegenüber dem → Kreditvermittler entsteht erst, wenn infolge von dessen Tätigkeit das Darlehen an den Verbraucher geleistet wird und kein Widerruf des Kreditvertrags mehr möglich ist (§ 16 VerbrKrG). Außer der Vergütung können als Nebenentgelte lediglich erforderliche Auslagen verlangt werden (§ 17 VerbrKrG).

*Reichweite des Verbraucherschutzes*: § 18 S. 1 VerbrKrG schränkt die → Vertragsfreiheit im Interesse des Verbrauchers ein. Vom Verbraucherkreditgesetz abweichende Vereinbarungen zu seinen Gunsten sind aber zulässig. Dem Schutz des Verbrauchers dient auch das Umgehungsverbot in § 18 S. 2 VerbrKrG; es greift auch dann ein, wenn eine Umgehungsabsicht nicht vorliegt.

**Verbraucherkreditgesetz (VerbrKrG)**
Anfang 1991 in Kraft getretenes Bundesgesetz vom 27.12.1990 (BGBl. I S. 2840), geändert durch Gesetz vom 27.4.1993 (BGBl. I S. 509), welche für die Bundesrepublik Deutschland eine EG-Richtlinie (→ EG-Rechtsakte) von 1986 zur Angleichung der Rechts- und Verwaltungsvorschriften der Mitgliedstaaten über den Verbraucherkredit umsetzt. Hierdurch sollen Verbraucher vor mißbräuchlichen Kreditbedingungen geschützt und es soll eine Harmonisierung der allgemeinen Bedingungen erreicht werden, um Wettbewerbsverzerrungen zwischen den Kreditgebern auf dem → Gemeinsamen Markt zu beseitigen.

*Anwendungsbereich*: Nach § 1 Abs. 1 VerbrKrG gilt das Gesetz für → Kreditverträge (§ 1 Abs. 2) und → Kreditvermittlungsverträge (§ 1 Abs. 3) zwischen einer → Person, die in Ausübung ihrer gewerblichen oder beruflichen Tätigkeit einen → Kredit gewährt (Kreditgeber) oder vermittelt oder nachweist (→ Kreditvermittler), und einer → natürlichen Person, es sei denn, daß der Kredit nach dem Inhalt des Vertrages für ihre bereits ausgeübte oder selbständige berufliche Tätigkeit bestimmt ist (Verbraucher). Kreditgeber und -vermittler können also auch → juristische Personen sein; nur für → Überziehungskredite ist eine Beschränkung auf → Kreditinstitute i. S. d. KWG vorgesehen (§ 5 VerbrKrG). Die Kreditvergabe „in Ausübung einer gewerblichen oder beruflichen Tätigkeit" grenzt gegenüber der Kreditvergabe im privaten Bereich ab. Verbraucher können auch nicht rechtsfähige → Personenvereinigungen sein, z.B. eine → Erbengemeinschaft oder eine → Gesellschaft bürgerlichen Rechts (BGB-Gesellschaft, GbR). Nicht erfaßt sind Kredite mit gewerblicher oder beruflicher Zweckbestimmung; → Arbeitnehmer genießen jedoch den Schutz des V., da ihre berufliche Tätigkeit nichtselbständig ist. Wenn ein → Kaufmann, Handwerker, Landwirt oder ein Angehöriger Freier Berufe, wie Arzt, Anwalt oder Steuerberater, einen Kredit aufnimmt, ist entscheidend, ob dieser ganz oder überwiegend zu privaten Zwecken erfolgt; nur dann ist das V. anwendbar. Nach der Fassung des § 1 Abs. 1 VerbrKrG ist bei Krediten an natürliche Personen i. d. R. ein → Verbraucherkredit anzunehmen; wer sich auf die Nichtanwendbarkeit des V. beruft, muß dies darlegen und beweisen. In Zweifelsfällen ist der „Inhalt des Vertrages" maßgeblich, der daher in der Vertragsurkunde nach § 4 VerbrKrG im Hinblick auf die Zweckbestimmung präzise gefaßt werden sollte.

*Ausnahmen*: Für bestimmte Kredit- und Kreditvermittlungsverträge gilt das V. insgesamt nicht (§ 3 Abs. 1), nämlich dann, (1) wenn der auszuzahlende Kreditbetrag (Nettokreditbetrag) oder Barzahlungspreis 400 DM nicht übersteigt, (2) wenn der Kredit für die Aufnahme einer gewerblichen oder selbständigen beruflichen Tätigkeit bestimmt ist (Existenzgründungsdarlehen) und der Nettokreditbetrag oder Barzahlungspreis 100.000 DM übersteigt, (3) wenn dem Verbraucher ein entgeltlicher Zahlungsaufschub von nicht mehr als drei Monaten eingeräumt wird, (4) wenn ein → Arbeitgeber mit seinem Arbeitnehmer zu Zinsen abschließt, die unter den marktüblichen Sätzen liegen (zinsgünstiges Arbeitgeberdarlehen), (5) wenn im Rahmen der Wohnungsbauförderung aufgrund staatlicher Bewilligungsbescheide oder aufgrund von Zu-

**Verbraucherkreditsystem**

wendungen aus →öffentlichen Haushalten unmittelbar zwischen der die Fördermittel vergebenden Anstalt und dem Verbraucher zu →Zinssätzen abgeschlossen wird, die unter den marktüblichen Sätzen liegen (öffentlich geförderte zinsgünstige Baudarlehen).
Nur teilweise anwendbar ist das V. auf Finanzierungs-Leasing-Verträge (→Financial Leasing), auf grundpfandrechtlich gesicherte →Realkredite, auf notariell beurkundete oder in einem →Prozeßvergleich enthaltene Kreditverträge sowie bei Kreditverträgen, die der Finanzierung des Erwerbs von →Wertpapieren, →Devisen oder Edelmetallen dienen (§ 3 Abs. 2 VerbrKrG).

*Wichtige Schutzvorschriften des V.*: (1) Die für Kredit- wie für Kreditvermittlungsverträge vorgeschriebene →Schriftform (§ 4 bzw. § 15 Abs. 1 VerbrKrG) soll den Verbraucher vor unbedachter Kreditaufnahme schützen. Zugleich sorgen die in die Vertragsurkunde aufzunehmenden Angaben für eine hinreichende Transparenz, bei Überziehungskrediten allerdings nur in abgeschwächtem Maß (§ 5 VerbrKrG). Verstöße gegen das Schriftformerfordernis oder die Angabenpflicht führen entweder zur Nichtigkeit des Kredit- bzw. Kreditvermittlungsvertrages (§ 6 Abs. 1, § 15 Abs. 2 VerbrKrG), oder sie bewirken eine Ermäßigung der vom Verbraucher geschuldeten (Zins-)Zahlungen (§ 6 Abs. 2–4 VerbrKrG). (2) Der Verbraucher kann seine auf Abschluß des Kreditvertrags gerichtete →Willenserklärung binnen Wochenfrist widerrufen (§ 7 Abs. 1 VerbrKrG) und damit das Wirksamwerden des Vertrags verhindern. (3) Gerät der Verbraucher mit seinen Zahlungen in →Schuldnerverzug, wird die Höhe der dann anfallenden Verzugszinsen durch § 11 VerbrKrG beschränkt; seine Teilleistungen sind zudem erst auf das →Kapital und erst dann auf die →Zinsen anzurechnen. Nur wenn weitere Voraussetzungen gegeben sind, kann der Kreditgeber einen →Teilzahlungskredit vorzeitig insgesamt fälligstellen oder vom Kreditvertrag zurücktreten (§§ 12, 13 VerbrKrG). (4) Finanziert ein Kreditgeber, insbes. ein Kreditinstitut, durch Vermittlung des Verkäufers den vom Verbraucher zu entrichtenden Kaufpreis vor, so bilden Kauf- und Kreditvertrag als „verbundenes Geschäft" eine wirtschaftliche Einheit. Der Käufer/Kreditnehmer kann hier den Kreditvertrag (und damit automatisch auch den Kaufvertrag) widerrufen und Mängel des Kaufvertrages auch als Einwendungen gegenüber dem Rückzahlungsanspruchen des Kreditgebers geltend machen (§ 9 VerbrKrG; →finanzierter Abzahlungskauf, →finanziertes Abzahlungsgeschäft). (5) Der Kreditgeber darf zur Sicherung seiner →Ansprüche aus dem Kreditvertrag den Verbraucher weder zum Eingehen einer Wechselverbindlichkeit verpflichten noch von diesem einen →Scheck entgegennehmen, weil daraus erhöhte Risiken für den Verbraucher resultieren. Bei einem Verstoß haftet der Kreditgeber für jeden Schaden, der dem Verbraucher aus einer solchen Wechsel- oder Scheckbegebung entsteht (§ 10 Abs. 2 VerbrKrG). (6) Der Kreditvermittler kann vom Verbraucher eine →Provision erst verlangen, wenn der Kredit ausbezahlt worden ist und nicht mehr widerrufen werden kann (§ 16 VerbrKrG). Außer den erforderlichen Auslagen können keine Nebenentgelte berechnet werden (§ 17 VerbrKrG). (7) Weicht eine Vereinbarung von irgendeiner Vorschrift des V. zum Nachteil des Verbrauchers ab, ist sie unwirksam. Zugunsten des Verbrauchers sind Abweichungen zulässig. Um dem Verbraucherschutzzweck des V. weitestgehend Geltung zu verschaffen (→Verbraucherschutz im Kredit- und Versicherungswesen), ist das Gesetz auch auf Umgehungsgeschäfte anwendbar (§ 18 VerbrKrG).

**Verbraucherkreditsystem**
Ausgabe von Kundenkarten, die über Handels- und Dienstleistungsbetriebe zur Förderung des Absatzes an deren Kunden ausgegeben werden, im Rahmen einer Kartengesellschaft, die das →Kreditrisiko übernimmt. Bei Einsatz der Karte seitens des Kunden für dessen Käufe wird sein →Konto bei der Kartengesellschaft belastet, die Kundenzahlung erfolgt je nach Absprache in einer Summe oder in Raten. Die →Kosten liegen im Rahmen der Konditionen von Teilzahlungsbanken.

**Verbraucherschutz im Kredit- und Versicherungswesen**
Teilweise aufgrund von →EG-Rechtsakten ergangene Rechtsvorschriften bzw. Maßnahmen der jeweiligen Aufsichtsbehörden (→Bundesaufsichtsamt für das Kreditwesen; →Bundesaufsichtsamt für das Versicherungswesen), die im Interesse vor allem wirtschaftlich unerfahrener und deshalb

## Verbraucherschutz

schutzbedürftiger (Privat-)Personen getroffen werden und die hieraus tatsächlich oder angeblich folgenden Übervorteilungen durch Wirtschaftsunternehmen ausgleichen sollen.

Im Bereich des → Kreditwesens stellt das → Verbraucherkreditgesetz die zentrale Regelung dar, die auch ein Umgehungsverbot enthält (§ 18 S. 2 VerbrKrG). Erfüllt ein (unbestelltes) Haustürgeschäft (§ 1 HaustürWG) zugleich die Voraussetzungen eines Geschäfts nach dem VerbrKrG, nach § 11 des → Auslandinvestment-Gesetzes (Erwerb eines → ausländischen Investmentanteils) oder des § 23 KAGG (Erwerb von → Anteilsscheinen nach dem → Gesetz über Kapitalanlagegesellschaften [KAGG]), so gelten nur die in diesen speziellen Vorschriften geregelten Widerrufs- und Rückabwicklungsrechte (§ 5 Abs. 2 HaustürWG). Schutz vor Übereilung bietet auch das Verbot der für den Darlehensnehmer entgeltlichen Vermittlung von → Darlehen(sgeschäften) im Reisegewerbe, d. h. ohne vorherige Bestellung seitens des Kunden (§ 56 Abs. 1 Nr. 6 GewO). Einer für Verbraucher nachteiligen Verwendung von → Allgemeinen Geschäftsbedingungen durch → Banken, → Sparkassen und andere Gruppen von → Kreditinstituten zieht das Gesetz zur Regelung des Rechts der Allgemeinen Geschäftsbedingungen (AGBG) Schranken, insbes. durch die Vorschrift, daß Unklarheiten zu Lasten der Bank als des Verwenders gehen (§ 5 AGBG), sowie durch diverse Klauselverbote, die speziell oder allgemein eine „unangemessene Benachteiligung" (§ 9 AGBG) des Verbrauchers verbieten; geschäftlich erfahrene Personen brauchen hingegen weniger Schutz (§ 24 AGBG). Im Rahmen des AGBG können nicht nur einzelne Kunden → Ansprüche auf Unterlassung und – gegenüber den die Verwendung von AGB empfehlenden → Bankenverbänden – auf Widerruf (gerichtlich) geltend machen, sondern auch rechtsfähige Vereinigungen, zu deren satzungsmäßigen Aufgaben es gehört, die Interessen der Verbraucher durch Aufklärung und Beratung wahrzunehmen (§ 13 Abs. 2 Nr. 1 i. V. m. Abs. 1 AGBG). Wird einer solchen Klage stattgegeben, so kann ein Verbraucherschutzverband auch ermächtigt werden, die Urteilsformel („Tenor") im → Bundesanzeiger zu veröffentlichen (§ 18), und bei späteren Verstößen des Verwenders kann sich diesem gegenüber regelmäßig jedermann auf die Un-

wirksamkeit der betreffenden AGB-Bestimmung berufen (§ 21 AGBG). Eine spätere Änderungen und Ergänzungen einschließende behördliche Kontrolle seitens der → Bankenaufsicht findet nur bei den Allgemeinen Bedingungen für Bausparverträge (→ Bausparkassen) und den Vertragsbedingungen der → Kapitalanlagegesellschaften statt (§§ 8, 9 BauSpkG; § 15 Abs. 2 KAGG). Damit bleibt jedoch auch eine Prüfung anhand des AGBG noch möglich; nur bezüglich der Einbeziehung in den einzelnen → Vertrag mit dem Verbraucher (§ 2 Abs. 1 AGBG) gelten Besonderheiten (§ 23 Abs. 3 AGBG). Die bis Ende 1994 in nationales Recht umzusetzende, also überfällige Richtlinie über mißbräuchliche Klauseln in Verbraucherverträgen vom 5. 4. 1993 betrifft Erbringer von Finanzdienstleistungen bzw. deren Geschäft eher am Rande. Da hier aber keine „Produkte" i. S. d. § 2 ProdHaftG hergestellt oder vertrieben werden – darunter fallen lediglich → bewegliche Sachen –, trifft Banken auch keine → Haftung für fehlerhafte Dienstleistungen nach diesem Gesetz.

Im Versicherungswesen ist im Zuge der → Deregulierung dieses Bereichs bei der Erlaubniserteilung bzw. im Rahmen der Versicherungsaufsicht die Überprüfung von Allgemeinen Versicherungsbedingungen (nach dem Versicherungsaufsichtsgesetz [VAG] bzw. dem Pflichtversicherungsgesetz) zum 29. 7. 1994 weggefallen. Nach § 10a VAG müssen Versicherungsunternehmen ab 1. 1. 1995 aber gewährleisten, daß → natürliche Personen als Versicherungsnehmer in einer Verbraucherinformation vor Abschluß und während der Laufzeit eines Vertrages über die für das Versicherungsverhältnis maßgeblichen Tatsachen und Rechte schriftlich unterrichtet werden. Dabei muß die Formulierung „eindeutig", die Gliederung „übersichtlich" und die Sprache deutsch (oder die Muttersprache des Versicherungsnehmers) sein; nähere Angaben zum Inhalt enthält Teil D der Anlage zum VAG. § 10a Abs. 3 VAG schreibt vor, es seien übersichtliche, lesbare und verständliche Antragsformulare zu verwenden. Hat der Versicherer dem Versicherungsnehmer bei Antragstellung die Versicherungsbedingungen nicht übergeben und auch keine (ordnungsgemäße) Verbraucherinformation vorgenommen, so hat der Versicherungsnehmer binnen 14 Tagen nach Überlassung der vollständigen Unterlagen (einschließlich Versi-

1581

**Verbriefte Verbindlichkeiten**

cherungsschein) ein Recht zum schriftlichen Widerspruch. Hierauf muß in drucktechnisch deutlicher Form hingewiesen werden; zur Wahrung der Frist genügt die rechtzeitige Absendung des Widerspruchs (§ 5 a des Versicherungsvertragsgesetzes [VVG]). Versicherungsverträge mit mehr als fünfjähriger Laufzeit können zum Ende des fünften oder jedes darauffolgenden Jahres mit dreimonatiger → Frist gekündigt werden, außer bei Lebens- und Krankenversicherungen (§ 8 Abs. 3 VVG). Ein dem § 7 VerbrKrG ähnliches Widerrufsrecht (binnen 14 Tagen nach Unterzeichnung des Antrags) räumt § 8 Abs. 4 VVG dem nichtkaufmännischen Versicherungsnehmer bei Verträgen mit mehr als einjähriger Laufzeit ein. Bei Lebensversicherungen gibt § 8 Abs. 5 VVG dem Versicherungsnehmer ein Rücktrittsrecht innerhalb von 14 Tagen nach Vertragsabschluß. Soweit der Versicherungsnehmer jedoch ein Widerspruchsrecht nach § 5 a VAG hat, greifen diese Widerrufs- und Rücktrittsrechte nicht ein (§ 8 Abs. 6 VVG). Neben diesen neuen Vorschriften gilt die Regelung des § 5 VVG fort, wonach der Inhalt des Versicherungsschutzes vom Versicherungsnehmer gebilligt werden muß und er einem vom Antrag abweichenden Versicherungsschein innerhalb eines Monats nach dessen Erhalt schriftlich widersprechen kann. Erhöht der Versicherer aufgrund einer Prämienanpassungsklausel das Entgelt, ohne daß sich der Umfang des Versicherungsschutzes ändert, kann der Versicherungsnehmer innerhalb eines Monats nach Eingang der Mitteilung des Versicherers mit sofortiger Wirkung, frühestens jedoch zum Zeitpunkt des Wirksamwerdens der Erhöhung, kündigen (§ 31 WG). Hiervon zum Nachteil des Versicherungsnehmers abweichende Vereinbarungen sind unwirksam (§§ 15 a, 34 a VVG). Allgemeine Versicherungsbedingungen unterliegen nach wie vor gerichtlicher Überprüfung nach dem AGBG. Im Hinblick auf die herkömmliche Tätigkeit von Versicherungsagenten (§§ 43 ff. VAG) bedarf es für die Vermittlung und den Abschluß von Versicherungsverträgen (und auch von → Bausparverträgen) im Reisegewerbe jedoch keiner vorherigen Genehmigung (Reisegewerbekarte, 55 a Abs. 1 Nr. 6 GewO). Beim Abschluß von Versicherungsverträgen findet weiterhin das HaustürWG keine Anwendung (§ 6 Nr. 2). Sowohl im Bereich des Kredit- als auch dem des Versicherungswesens können Verbraucherschutzverbände gegen → unlauteren Wettbewerb durch Unterlassungsansprüche nötigenfalls auch gerichtlich vorgehen (§ 13 Abs. 2 Nr. 3 UWG).

**Verbriefte Verbindlichkeiten**
Nach § 22 Abs. 1 RechKredV → Schuldverschreibungen und andere → Verbindlichkeiten, für die nicht auf den Namen lautende übertragbare → Urkunden ausgestellt sind. In der → Bankbilanz werden v. V. unabhängig von ihrer Börsenfähigkeit gesondert in dem Passivposten Nr. 3 ausgewiesen. Zu den v. V. e. S. der Rechnungslegungsverordnung zählen auch → Geldmarktpapiere (→ Inhaberpapiere oder → Orderpapiere, die Teile einer → Gesamtemission sind) sowie eigene Akzepte und → Solawechsel.

**Verbunddarlehen**
Refinanzierungsdarlehen von Zentralinstituten an ein Mitgliedsinstitut gegen → Abtretung eines → Realkredites mit Risikofreistellung bis zu einem bestimmten Prozentsatz des → Beleihungswertes der belasteten → Immobilie.

**Verbundenes Geschäft,** → Verbraucherkreditgesetz, → finanzierter Abzahlungskauf, → finanziertes Abzahlungsgeschäft.

**Verbundene Unternehmen**
Unternehmen, die durch Kapitalbeteiligung, durch → Unternehmensverträge oder durch personelle Verflechtungen miteinander verbunden sind.

*Verbundene Unternehmen im Sinne des → Aktiengesetzes:* Nach § 15 AktG sind v. U. rechtlich selbständige Unternehmen, die im Verhältnis zueinander (1) in Mehrheitsbesitz stehende Unternehmen und mit Mehrheit beteiligte Unternehmen (§ 16 AktG), (2) → abhängige und herrschende Unternehmen (§ 17 AktG), Konzernunternehmen (§ 18 AktG), (4) wechselseitig beteiligte Unternehmen (§ 19 AktG), oder (5) Vertragsteile eines Unternehmensvertrags (§§ 291, 292 AktG) sind. V. U. sind auch (6) die an einer Eingliederung beteiligten Unternehmen, da sie abhängiges bzw. herrschendes Unternehmen sind.

*Merkmale v. U.:* (1) *In Mehrheitsbesitz stehende Unternehmen* und mit Mehrheit beteiligte Unternehmen sind Unternehmen, bei denen entweder die Mehrheit ihrer → Anteile oder die Mehrheit ihrer → Stimmrechte (Mehrheitsbeteiligung) einem anderen Unternehmen gehört. Diese Unternehmensverbindung setzt kein Beherrschungsverhältnis voraus (§ 16 AktG). (2) *Abhängige und herrschende Unternehmen* sind rechtlich selbständige Unternehmen, von denen das eine aufgrund von → Beteiligungen oder auch von satzungsgemäßen oder von vertraglichen Rechten unmittelbar oder mittelbar auf ein anderes Unternehmen einen Einfluß ausüben kann. Von dem abhängigen Unternehmen wird vermutet, daß es mit dem herrschenden Unternehmen einen → Konzern bildet; diese Vermutung kann widerlegt werden, wenn keine einheitliche Leitung besteht (§ 17 AktG). (3) *Konzernunternehmen* sind rechtlich selbständige Unternehmen, die aufgrund von Beteiligungen, von satzungsmäßigen oder von vertraglichen Rechten unter einer einheitlichen Leitung stehen (§ 18 AktG). (4) *Wechselseitig beteiligte Unternehmen* sind inländische → Kapitalgesellschaften und → bergrechtliche Gewerkschaften, bei denen jedem Unternehmen mehr als der vierte Teil der Anteile des anderen Unternehmens gehört (§ 19 AktG). (5) *Durch einen Unternehmensvertrag verbundene Unternehmen* sind rechtlich selbständige Unternehmen, deren Unternehmensverbindung auf einem → Beherrschungsvertrag oder → Gewinnabführungsvertrag, einer → Gewinngemeinschaft oder einem → Betriebspachtvertrag sowie Betriebsüberlassungsvertrag beruht (§§ 291, 292 AktG). (6) *An einer Eingliederung beteiligte Unternehmen:* Eine Eingliederung liegt vor, wenn eine AG (einzugliedernde Gesellschaft) mit einer anderen inländischen AG (Hauptgesellschaft) wirtschaftlich vereinigt wird, aber rechtlich selbständig bleibt (§ 319 AktG, → eingegliederte Gesellschaft).

*Rechtsform für v. U.:* Bei allen v. U. hat der → Vorstand die Pflicht, dem Aufsichtsratsvorsitzenden auf sich aus oder auf dessen Verlangen über alle wichtigen Vorgänge bei v. U. zu berichten (§ 90 AktG) sowie in der → Hauptversammlung Auskunft über die rechtlichen und geschäftlichen Beziehungen der Gesellschaft zu einem v. U. zu geben. Alle Unternehmen müssen → Forderungen und → Verbindlichkeiten gegenüber v. U. in der → Bilanz gesondert ausweisen und im → Lagebericht über bestimmte Beziehungen zu v. U. berichten. Ein im Mehrheitsbesitz stehendes Unternehmen darf grundsätzlich keine → Aktien der an ihm mit Mehrheitsbesitz beteiligten AG übernehmen (§ 56 AktG). Weiterhin müssen die Beteiligungen an Kapitalgesellschaften in der Bilanz ausgewiesen und die Veränderungen der Beteiligungen im Lagebericht angegeben werden. Auch kann das Stimmrecht für Aktien, die der Gesellschaft oder einem abhängigen Unternehmen gehören, nicht ausgeübt werden (§ 136 AktG). Damit soll verhindert werden, daß die Gesellschaft die Willensbildung in ihrer Hauptversammlung beeinflußt. Im Konzern kann das herrschende Unternehmen den abhängigen AG Weisungen erteilen, allerdings solche, die für die abhängigen Gesellschaften nachteilig sind, nur dann, wenn ein Beherrschungsvertrag vorliegt (Vertragskonzern). Liegt kein solcher Beherrschungsvertrag vor („faktischer Konzern"), sind für die abhängige Gesellschaft nachteilige Weisungen grundsätzlich unzulässig. Alle Konzerne sind ferner zur Aufstellung von → Konzernabschlüssen verpflichtet. Die wechselseitig beteiligten Unternehmen umfassen auch sehr lockere Unternehmensverbindungen. Es geht dem Gesetzgeber hier vor allem um die verschärfte wechselseitige Mitteilungspflicht der wechselseitig beteiligten Unternehmen, worunter auch eine Einzelfirma oder eine BGB-Gesellschaft fallen können, sowie die unverzügliche Bekanntmachung dieser Beteiligung in den → Gesellschaftsblättern (§ 20 AktG). Damit sollen Kapitalverflechtungen durchsichtiger gemacht werden (→ Mitteilungspflicht vor Beteiligungen nach § 20 ff. AktG). Wechselseitig beteiligte Unternehmen werden vielfach auch die übrigen Unternehmensverbindungen sein.

*V. U. im Sinne des HGB:* Für die Zwecke der → Rechnungslegung werden in § 271 Abs. 2 HGB v. U. abweichend von § 15 AktG definiert. V. U. i. S. des § 271 Abs. 2 HGB sind Unternehmen, die als → Mutter- oder → Tochterunternehmen (i. S. des § 291 Abs. 1 HGB) gemäß § 290 HGB nach den Vorschriften über die → Vollkonsolidierung in einen Konzernabschluß einzubeziehen sind. Tochterunternehmen, die nach § 295 HGB oder § 296 HGB nicht einbezogen werden, sind ebenfalls v. U.

### Verbundfinanzierung
→ Finanzierung, bei der benötigte Mittel von mehreren Kreditgebern unter der Feder-

führung eines Finanziers bereitgestellt werden (z. B. →Baufinanzierung aus einer Hand).

**Verbund im Bankwesen**
Zusammenwirken von →Kreditinstituten, die z. T. auf unterschiedlicher Ebene (lokale Ebene [→ Kreditgenossenschaften, → Sparkassen], regionale Ebene [→ genossenschaftliche Zentralbanken, → Landesbanken/Girozentralen]), z. T. ergänzende Bankleistungen und Finanzdienstleistungen (→ Baufinanzierungen, Anlagen in → Investmentfonds, Versicherungen) anbieten. Ein Verbundsystem von rechtlich selbständigen Kreditinstituten (Bankenverbund) gibt es im Genossenschaftssektor (→ genossenschaftlicher Verbund, Bankgenossenschaftlicher Verbund) und im Sparkassensektor (→ Sparkassenverbund).

**Verbundleistung,** →Verbund im Bankwesen, →genossenschaftlicher Verbund, →Spar-kassenverbund.

**Verdeckte Einlage**
*Allgemein:* Kapitalzuführungen, die von Gesellschaftern an → Kapitalgesellschaften nicht in der gesetzlich vorgeschriebenen Art und Weise erfolgen, z. B. Forderungsverzicht von Gesellschaftern gegenüber der Gesellschaft oder Zahlung höherer Preise als üblich oder Überlassung von Vermögensgegenständen unter Wert. Eine v. E. kann vom Gesellschafter weder als → Werbungskosten noch als → Betriebsausgabe geltend gemacht werden.

*Im Körperschaftsteuerrecht:* Zuwendung eines einlagefähigen Vermögensvorteils an eine Kapitalgesellschaft durch einen Gesellschafter oder durch eine ihm nahestehende →Person, wobei die Zuwendung ihre Ursache im Gesellschaftsverhältnis hat (36a KStR). V.E. führen zu einer Erhöhung des ausschüttbaren →Gewinns der Kapitalgesellschaft.
*Gegensatz:* → verdeckte Gewinnausschüttung.

**Verdeckte Gewinnausschüttung**
*Allgemein:* Zuwendung eines Vermögensvorteils durch ein Unternehmen im Zusammenhang mit Dienst- oder Arbeits-, Kredit- oder Lieferverhältnissen. Erfolgt die Zuwendung eines solchen Sondervorteils im Verhältnis einer→ Kapitalgesellschaft zu einem Gesellschafter (oder ihm nahestehenden→ Personen), so gilt sie als durch das Gesellschaftsverhältnis verursacht, wenn ein ordentlicher und gewissenhafter Geschäftsleiter den Vermögensvorteil einer Person, die nicht Gesellschafter ist, unter sonst gleichen Umständen nicht gewährt hätte.

*Im Körperschaftsteuerrecht:* Nach § 8 Abs. 3 KStG dürfen v. G. das →Einkommen der →Gesellschaft nicht mindern. Daher muß der verdeckt ausgeschüttete Betrag dem Einkommen der Gesellschaft wieder hinzugerechnet werden, nicht jedoch die →anrechenbare Körperschaftsteuer. Die v. G. führt zu einer unterschiedlich hohen →Ausschüttungsbelastung. Entscheidend hierfür ist, welches →verwendbare Eigenkapital als hierfür verwendet gilt (§ 28 KStG). Bei Aufdeckung von v. G. werden diese bei der Gesellschaft und beim Gesellschafter steuerlich wie offene Gewinnausschüttungen behandelt.

*Beispiele für v. G.:* Vergütungen an den Gesellschafter oder eine ihm nahestehende Person ohne anzuerkennendes Dienstverhältnis; Darlehensgewährung ohne Rückzahlungsverpflichtung, ohne Rückzahlungsmöglichkeit oder zu Konditionen, die einem fremden Dritten gegenüber nicht gewährt worden wären (ungewöhnlich lange→ Laufzeit, unangemessen niedrige Verzinsung usw.); Darlehensempfang gegen → Zinsen, die als unangemessen hoch zu qualifizieren sind; unentgeltliche Überlassung von → Wirtschaftsgütern durch die Gesellschaft an den Gesellschafter oder an eine ihm nahestehende Person unter obengenannten Bedingungen.
*Gegensatz:* → verdeckte Einlage.

**Verein**
Eine auf Dauer begründete →Personenvereinigung, die der Erreichung eines selbstgesetzten gemeinsamen Zweckes dient. Sie tritt unter einem Gesamtnamen auf und ist vom Wechsel der Mitglieder unabhängig sowie körperschaftlich verfaßt. Das Vereinsrecht ist in den §§ 21 ff. BGB geregelt. Es bildet in vielerlei Hinsicht die Grundlage für die durch besondere →Gesetze geregelten wirtschaftlichen Vereinigungen, wie die →Aktiengesellschaft und die →Gesellschaft mit beschränkter Haftung.
→Rechtsfähigkeit erlangt der V., dessen Zweck nicht auf einen wirtschaftlichen Ge-

schäftsbetrieb gerichtet ist, erst durch Eintragung in das Vereinsregister des zuständigen Amtsgerichts.

*Arten:* Zu unterscheiden sind (1) der eingetragene (rechtsfähige) und nicht eingetragene (nicht rechtsfähige) V. sowie (2) der Idealverein und der →wirtschaftliche V. Während bei Idealvereinen der Zweck nicht auf einen wirtschaftlichen Geschäftsbetrieb gerichtet ist (§ 21 BGB), steht bei den wirtschaftlichen V. die Gewinnerzielung im Vordergrund. Der Hauptzweck der Idealvereine ist dagegen in erster Linie politischer, sportlicher, religiöser, wissenschaftlicher, kultureller und geselliger Art. Sie erwerben Rechtsfähigkeit durch Registereintrag. Wirtschaftliche V. erwerben ihre Rechtsfähigkeit durch staatliche Verleihung (§ 22 BGB).

→ *Organe:* →Geschäftsführung und Vertretung (→Stellvertretung) des rechtsfähigen V. obliegen dem →Vorstand (§ 26 BGB). Gemäß § 31 BGB ist der V. für den Schaden verantwortlich, der durch ein Organ verursacht wird.

### Vereinbarungen der Spitzenverbände der Kreditwirtschaft im Zahlungsverkehr,
→Bankenabkommen, →Abkommen zum bargeldlosen Zahlungsverkehr.

### Vereinbarung für das institutsübergreifende Geldausgabe-Automatensystem
Abkommen zwischen →Spitzenverbänden der deutschen Kreditwirtschaft sowie der →Deutschen Bundespost über ein GAA-System (→GAA-Pool), nach dem die angeschlossenen Institute berechtigt sind, an ihre Kunden →eurocheque-Karten mit Magnetstreifen auszugeben, die eine Benutzung der institutsübergreifenden →Geldausgabeautomaten, auch →ec-Geldautomaten genannt, im nationalen wie im grenzüberschreitenden System ermöglicht. Mit dem Kunden sind die →Sonderbedingungen für den ec-Service zu vereinbaren.

### Vereinbarung über ein institutsübergreifendes System zur bargeldlosen Zahlung an autorisierten Kassen, →POS-Banking.

### Vereinbarung über Richtlinien für den beleglosen Datenträgeraustausch
Von den →Spitzenverbänden der deutschen Kreditwirtschaft zur Vereinfachung des →Zahlungsverkehrs abgeschlossenes Abkommen, das den →beleglosen Datenträgeraustausch (→Magnetband-Clearingverfahren) regelt. Die Vereinbarung begründet Rechte und Pflichten zwischen den angeschlossenen →Kreditinstituten. Zur Regelung des Rechtsverhältnisses zwischen Kreditinstituten und →Bankkunden, die am Magnetband-Clearingverfahren teilnehmen, gelten →Sonderbedingungen für den beleglosen Datenträgeraustausch.
(→ Abkommen zum bargeldlosen Zahlungsverkehr)

### Vereinbarung über Sicherungsmaßnahmen im zwischenbetrieblichen Überweisungsverkehr
Abkommen der →Spitzenverbände der deutschen Kreditwirtschaft, mit Manipulationen an Überweisungsbelegen auf ihrem Weg vom Auftraggeber bis zum Empfänger weitgehend auszuschalten.
(→ Abkommen zum bargeldlosen Zahlungsverkehr)

### Vereinfachter Einzug von Auslandsschecks
Scheckeinzugsverfahren der →Deutschen Bundesbank für →Kreditinstitute und öffentliche Verwaltungen. Zugelassen sind →Fremdwährungsschecks auf ausländische Kreditinstitute und DM-eurocheques (Einzug nur für öffentliche Verwaltungen und mit bestimmter Betragsbegrenzung pro →Scheck). Die Schecks müssen →Verrechnungsschecks sein. Die Umrechnung von Fremdwährungsschecks in DM erfolgt zu den geschäftstäglich festgesetzten und im →Bundesanzeiger veröffentlichten Scheckeinzugskursen. →Auslandsschecks, die bis 12.00 Uhr eingereicht sind, werden am Einreichungstag (→ Eingang vorbehalten) unter Abzug einer Einzugsgebühr gutgeschrieben. Beim vereinfachten Auslandsscheckeinzug sind besondere Ländervorschriften zu beachten.
(→ Auslandszahlungsverkehr der Deutschen Bundesbank)

### Vereinfachter Scheck- und Lastschrifteinzug der Deutschen Bundesbank
In Abschnitt III der →Allgemeinen Geschäftsbedingungen der Deutschen Bundesbank geregeltes Verfahren, mit dem die →Deutsche Bundesbank für →Kreditinstitute, die bei ihr ein →Girokonto unterhalten, auf DM lautende →Schecks, Zahlungsvorgänge aus dem beleglosen Scheckeinzug

**Vereinfachter Scheck- und Lastschrifteinzug**

(→ BSE-Abkommen) und → Lastschriften auf alle Orte des Bundesgebiets einzieht. Andere Kreditinstitute können diese Papiere über ein Kreditinstitut mit LZB-Girokonto einreichen. Die Bundesbank kann auch von Nichtbanken erteilte Einzugsaufträge in das Einzugsverfahren überleiten. Sie nimmt auch Rückrechnungen von unbezahlt gebliebenen Schecks und Lastschriften herein. Zum Einzug zugelassen sind auch → Dispositionsschecks (von Kreditinstituten ausgestellte Schecks, die der → Gelddisposition dienen) sowie → Zahlungsanweisungen zur Verrechnung. Vom Einzug ausgeschlossen sind von einem Kreditinstitut ausgestellte Schecks (außer Dispositionsschecks), → Verrechnungsschecks, → Rektaschecks, Zahlungsvorgänge aus dem beleglosen Scheckeinzug, denen Rektaschecks zugrunde liegen, und Lastschriften, bei denen Zahlungspflichtiger und Zahlungsempfänger Kreditinstitute sind.

*Anforderungen an Schecks und Lastschriften:* Die Schecks und Lastschriften müssen den → Richtlinien für einheitliche Zahlungsverkehrsvordrucke entsprechen und insbes. die → Bankleitzahl des bezogenen Kreditinstituts (Schecks) bzw. die der Zahlstelle (Lastschriften) tragen. → Inhaberschecks und Lastschriften müssen auf der Rückseite mit dem Vermerk „An Landeszentralbank" (ohne Angabe des Landes/der Länder und der Stelle der Bank) versehen sein, der den Ort, den Namen und die BLZ des Einreichers enthält. → Orderschecks müssen auf der Rückseite den nach dem → Orderscheckabkommen vorgeschriebenen Stempelabdruck tragen, der den Ort und den Namen der ersten Inkassostelle sowie die Bankleitzahl zu enthalten hat. Orderschecks ohne solchen Stempelabdruck müssen den Vermerk für Inhaberschecks tragen. Schecks müssen den Vermerk „Nur zur Verrechnung" tragen. Massenlastschriften und Zahlungsvorgänge aus dem beleglosen Scheckeinzug nimmt die Bundesbank im → beleglosen Datenträgeraustausch zu besonderen Bedingungen herein. Die Gutschrift erfolgt → Eingang vorbehalten.

*Rückrechnungs-Lastschriften:* Sie sind der Bank spätestens einen Geschäftstag nach Eingang mit Rücklieferungsverzeichnissen zuzuleiten. Sie können auch als Neueinreichungen mit Einreichungsverzeichnissen eingereicht werden. Einzugermächtigungs-Lastschriften, gegen die der Zahlungspflichtige gemäß der im → Lastschriftabkommen genannten Fristen Widerspruch erhoben hat, sind von der Zahlstelle mit dem Vermerk „Belastet am... Zurück wegen Widerspruchs" zu versehen. Für die Ausfertigung einer Scheckkopie bzw. die Herausgabe eines Originalschecks aus dem beleglosen Scheckeinzug wird dem Empfänger eine → Gebühr berechnet.

*Abwicklungsverfahren:* Die im Einzugsverkehr eingereichten Zahlungsvorgänge aus dem beleglosen Scheckeinzug werden unter Einschaltung der LZB-Rechenzentren im beleglosen Datenträgeraustausch (DTA) abgewickelt. Die noch beleggebundenen Schecks werden im Wege der maschinelloptischen Beleglesung bearbeitet. Kreditinstitute, die einem Servicezentrum angeschlossen sind, können sich dieses Institutes für die Einreichung und Auslieferung ihrer Zahlungsverkehrsunterlagen im automatisierten Einzugsverkehr der Bundesbank (beleggebundener und DTA-Verkehr) bedienen.

Entsprechend dem → BSE-Abkommen wandeln die sieben LZB-Rechenzentren und die zwei Zahlungsverkehrspunkte (nur Ein- und Auszahlungsbearbeitung; Datenverarbeitung bei einem entfernten Rechenzentrum) zum automatisierten Einzugsverfahren eingereichte Schecks im Betrag unter 5.000 DM in Datensätze um, die dann im beleglosen Datenträgeraustausch (DTA) bei den bezogenen Kreditinstituten eingezogen werden. Die Originalschecks aus dem BSE-Verfahren werden im Eingangs-Rechenzentrum mikroverfilmt. Die Mikrofilme werden entsprechend den handelsrechtlichen Vorschriften sechs Jahre aufbewahrt, die Originalschecks nach Ablauf von zwei Monaten vernichtet.

Zur Beschleunigung des internen Einzugs von überregionalen beleglosen Lastschriften und BSE-Datensätzen mit Beträgen über 1.000 DM werden die Daten per Datenfernübertragung zwischen den LZB-Rechenzentren übermittelt, so daß der Einzug wie im regionalen Verkehr innerhalb von 24 Stunden über das Gironetz der Bundesbank abgewickelt werden kann. Ebenfalls zur Beschleunigung des Einzugs von Schecks über hohe Beträge und zur Verringerung des laufzeitbedingten Floats hat die Bundesbank seit November 1994 in Absprache mit der Kreditwirtschaft ein *Großbetrag-Scheck-*

*einzugsverfahren (GSE-Verfahren)* eingeführt. Durch elektronische Verrechnung der Scheckgegenwerte und getrennte Übermittlung der Originalschecks wird der Einzug der auf hohe Beträge lautenden Schecks im überregionalen beleggebundenen Einzugsverkehr von bisher zwei Tagen Einzugslaufzeit auf 24 Stunden beschleunigt. Die Einzugsdauer entspricht damit der Gutschriftskondition für eingereichte Schecks.

### Vereinigung der deutschen Schutzgemeinschaften für allgemeine Kreditsicherung e. V. (Bundes-SCHUFA)

Zusammenschluß der SCHUFA-Gesellschaften (→ SCHUFA), welche zur Wahrung von → Treu und Glauben den Schutz der Anschlußfirmen vor → Verlusten im → Kreditgeschäft und in anderen Arten des → Bankgeschäfts und den Schutz der Kreditnehmer vor einer übermäßigen Verschuldung zur Aufgabe haben. Ziel der Vereinigung mit Sitz in Wiesbaden sind die Wahrung, Vertretung und Förderung sowie der Schutz der gemeinsamen Interessen der Mitglieder, die Koordinierung der Aufgaben und Arbeitsweise der Mitglieder mit dem Ziel, das von ihnen durchzuführende Nachrichten-Clearing zu ermöglichen und zu vervollständigen.

### Vereinigung der Genossenschaftsbanken der EU

1970 zur Wahrung und Vertretung der gemeinsamen Interessen der Mitglieder gegründete Vereinigung der nationalen Spitzenverbände und Spitzeninstitute der → Kreditgenossenschaften mit Sitz in Brüssel.

### Vereinigung für Bankberufsbildung (vbb)

Sitz in Frankfurt am Main (Schaumainkai 69, 60596 Frankfurt am Main). Überbetrieblicher Bildungsträger, der 1971 von → Privatbanken und → Regionalbanken gegründet wurde. Ziel dieser Institution ist die Förderung der beruflichen Aus- und Weiterbildung, insbes. der Mitarbeiter von → Kreditinstituten. Das Leistungsprogramm ist vielfältig. Die vbb berät die Institute u. a. bei Fragen der Personal- und Organisationsentwicklung oder bei betriebswirtschaftlichen Problemen. Sie entwickelt und führt überbetriebliche Bildungsveranstaltungen, aber auch unternehmensspezifische Trainingsprogramme durch. Sie ent-

wickelt Lernmedien bzw. Lernsoftware und ist Mitherausgeberin der Fachbuchreihe BANKtraining. Lehrgänge, Seminare, Tagungen, Workshops und Kolloquien sind nach dem Bausteinprinzip aufgebaut. Jeder Bildungswillige, vom Auszubildenden bis zum Geschäftsleiter kann, entsprechend seinen Vorkenntnissen und Lernzielen, einsteigen. So werden unternehmensindividuelle Bildungsgänge zusammengestellt, z. B. für Privat- und → Firmenkundenbetreuer, für Anlageberater, für → Führungskräfte, Dozenten und Trainer. Die Angebotspalette kann sowohl von Mitgliedern der vbb, als auch Nichtmitgliedern genutzt werden. Für die vbb arbeiten Spezialisten aus Hochschulen, → Unternehmensberatung, Wirtschaftsprüfungsgesellschaften und freie Banktrainer. Darüber hinaus sind Fach- und Führungskräfte aus dem Bankbereich für die vbb tätig.

### Vereinssparen, → Kleinspareinrichtungen der Sparkassen.

### Verfallregister

Kontrollbuch der Wechselabteilung einer → Bank, das sicherstellen soll, daß fällige → Wechsel rechtzeitig auf den Inkassoweg zur Vorlage beim Wechselbezogenen gebracht werden.

### Verfallsrendite

Synonym für → Yield-to-Maturity.

### Verflechtung von Unternehmen, → verbundene Unternehmen.

### Verfrachter

Im Seefrachtverkehr Bezeichnung für denjenigen, der Güter befördert. V. kann ein → Reeder oder ein Charterer (→ Chartervertrag) sein.

### Verfügbares Einkommen

Faktoreinkommen (Erwerbs- und Vermögenseinkommen), erhöht um und gemindert um geleistete → Transferzahlungen. Es wird für → Konsum oder → Ersparnis verwendet. Das verfügbare Einkommen der privaten Haushalte (Erwerbs- und Vermögenseinkommen nach Abzug der direkten → Steuern) ist ein wichtiger Bestimmungsfaktor der Konsumgüternachfrage (→ Konsumfunktion). Das v. E. aus unselbständiger Arbeit wird als Masseneinkommen bezeichnet.

**Verfügung,** → Verfügungsgeschäft.

## Verfügungsberechtigung über Bankkonten

Die auf →Bankkonten gebuchten Vermögenswerte gehören grundsätzlich dem (den) Kontoinhaber(n). Ausnahme: →Treuhandkonten. Der Kontoinhaber ist grundsätzlich selbst verfügungsberechtigt (Ausnahme: →Sperrkonten, Konten von →Minderjährigen und Pflegebefohlenen, über die besondere → gesetzliche Vertreter verfügungsberechtigt sind). Ist der Kontoinhaber eine →juristische Person, sind die vertretungsberechtigten Organmitglieder (→Organ) verfügungsberechtigt. Die vertretungsberechtigten Organmitglieder haben die Stellung eines gesetzlichen Vertreters. Diese organschaftliche Vertretung liegt auch bei →Personenhandelsgesellschaften vor (OHG, KG). Kontoinhaber können grundsätzlich →Vollmachten erteilen, d. h. durch →Rechtsgeschäft Vertreter bestellen, die über Bankkonten verfügungsberechtigt sind (→Kontovollmacht).

*Verfügungsberechtigung bei Konten geschäftsfähiger Personen:* Über Konten für →Privatkunden können neben dem Kontoinhaber (bei →Gemeinschaftskonten neben den Kontoinhabern) Bevollmächtigte zeichnungsberechtigt sein. Art und Umfang der Vollmacht werden vom Vollmachtgeber festgelegt. Bei →Bankvollmachten wird der Umfang der Vollmacht auf dem Unterschriftenprobeblatt bzw. auf dem Kontoeröffnungsantrag vermerkt. Die Bankvollmacht gibt das Recht, für den Vollmachtgeber alle üblichen Rechtsgeschäfte gegenüber dem Kreditinstitut vorzunehmen, wie z. B. über Guthaben zu verfügen, Abrechnungen und →Kontoauszüge entgegenzunehmen und anzuerkennen. Für die Aufnahme von →Krediten muß eine zusätzliche Bevollmächtigung erteilt werden. Vollmachten sind bis zum Widerruf gültig. Vollmachten über Bankkonten sind i. d. R. über den Tod des Vollmachtgebers hinaus (transmortale Vollmacht) gültig. Eine Bankvollmacht kann aber auch bis zum Tod (postmortale Vollmacht) des Vollmachtgebers Gültigkeit haben oder speziell für den Todesfall des Vollmachtgebers erteilt worden sein.

*Verfügungsberechtigung bei Konten nicht geschäftsfähiger Personen:* Über Konten geschäftsunfähiger Minderjähriger sind die Eltern als gesetzliche Vertreter verfügungsberechtigt (→Geschäftsfähigkeit; →elterliches Vertretungsrecht). Über Konten beschränkt geschäftsfähiger Minderjähriger sind Minderjährige mit Zustimmung der Eltern verfügungsberechtigt, sofern sich die Eltern nicht die alleinige Verfügungsberechtigung vorbehalten haben. →Kreditinstitute können Minderjährige alleine verfügen lassen, wenn eindeutig zu erkennen ist, daß die Mittel dem Minderjährigen zur freien Verfügung überlassen worden sind (§ 110 BGB). Der minderjährige Kontoinhaber ist alleine verfügungsberechtigt, wenn Fälle nach § 112 Abs. 1 BGB (im Rahmen der selbständigen Führung eines Erwerbsgeschäftes) bzw. § 113 Abs. 1 BGB (im Rahmen eines Dienst- oder Arbeitsverhältnisses) vorliegen.
Kreditinstitute haben bei der Vertretung minderjähriger Kinder durch die Eltern zu beachten, daß der Grundsatz der Gesamtvertretung gilt (§ 1629 Abs. 1 BGB). I. d. R. liegt aber eine Bevollmächtigung des einen Elternteils durch den anderen Elternteil vor (so daß es auf diesem Wege zu einer Einzelvertretung kommt). Für bestimmte Rechtsgeschäfte benötigen die Eltern als gesetzliche Vertreter die Genehmigung des Vormundschaftsgerichts (§ 1643 BGB), so z. B. für die Aufnahme eines Kredites auf den Namen des Kindes, für die Eingehung von Wechselverbindlichkeiten, für die Übernahme einer fremden →Verbindlichkeit (→Bürgschaft, →Schuldübernahme) sowie für Verfügungen über ein →Grundstück.

*Verfügungsberechtigung bei Bestehen einer* →*Vormundschaft:* Das auf den Namen des Mündels eingerichtete Konto mit dem Zusatz „Mündel" muß grundsätzlich ein →Sparkonto oder →Termingeldkonto sein. Nach § 1809 BGB ist eine gesperrte Anlegung von →Mündelgeldern auf Konten vorgeschrieben. Das Mündelkonto muß einen Sperrvermerk erhalten (Sperrkonto). Das Geld ist mit der Bestimmung anzulegen, daß zur Verfügung die Genehmigung des Gegenvormunds oder des Vormundschaftsgerichts erforderlich ist (→Kontosperre). „Verfügungsgelder" (laufende Einnahmen des Mündels), die zur Bestreitung laufender Ausgaben für den Unterhalt des Mündels benötigt werden, können auf einem Konto ohne Sperrvermerk gebucht werden. Über dieses Konto darf der Vormund ohne Zustimmung des Gegenvormunds bzw. des Vormundschaftsgerichts verfügen. Beträge, die nicht mehr für den laufenden Unterhalt des Mündels benötigt werden, sind auf das Sperrkonto zu übertragen. Der Vormund legitimiert sich durch seine Bestallungsurkunde, die jedoch keinen Schutz des guten Glaubens gibt.

*Verfügungsberechtigung über Konten von → Firmenkunden:* Sie ergibt sich aus der Rechtsform des betreffenden Unternehmens. Die gesetzliche Vertretung von → juristischen Personen des privaten Rechts, von Personenhandels- und anderen → Personengesellschaften kann durch → Satzung bzw. → Gesellschaftsvertrag abweichend geregelt sein. Die Festlegung der sog. Zeichnungsberechtigung in Unterschriftsblättern, die bei → Banken i. d. R. als E-, A- oder B-Zeichnungsberechtigung und bei → Sparkassen als Einzel- oder gemeinschaftliche Zeichnungsberechtigung geregelt ist, sorgt hier für eindeutige Überprüfungsmöglichkeiten.

Bei Firmenkonten, die für Vollkaufleute geführt werden (also stets für → Kapitalgesellschaften, Personenhandelsgesellschaften und → Genossenschaften und für Einzelkaufleute, die nach § 1 HGB ins → Handelsregister eingetragen sind), können Vollmachten als → Prokura oder als Handelsvollmacht erteilt werden. Bei Handlungsbevollmächtigten, die Bankvollmacht haben sollen, muß geklärt sein, ob der Handlungsvollmacht eine Befugnis nach § 54 Abs. 2 HGB einschließt. Danach ist der Handlungsbevollmächtigte zur Veräußerung oder Belastung von Grundstücken, zur Eingehung von Wechselverbindlichkeiten und zur Aufnahme von → Darlehen berechtigt, wenn ihm eine solche Befugnis erteilt ist. Minderkaufleute können keine Prokura, sondern nur Handlungsvollmacht erteilen.

*Sonderfälle der Verfügungsberechtigung:* → Vertrag zugunsten Dritter bei → Spareinlagen, → Depotvertrag zugunsten Dritter, Anordnung von → Nachlaßpflegschaft oder → Nachlaßverwaltung, Verfügungsberechtigung über → Nachlaßkonten.

### Verfügungsbeschränkung des Grundeigentümers

Verfügungsbeschränkungen (→ Verfügungsgeschäfte) des Eigentümers eines → Grundstücks mit absoluter oder relativer Wirkung, die genau wie die → Vormerkung oder der → Widerspruch in das → Grundbuch einzutragen sind und besonders bei der Kreditbesicherung durch → Grundpfandrechte beachtet werden müssen.

Die wichtigsten sind → Konkurs, → Nachlaßverwaltung, Nacherbschaft (→ Vor- und Nacherbschaft), Testamentsvollstreckung, gerichtliches Veräußerungsverbot, Rechtshängigkeit, → Zwangsversteigerung, → Zwangsverwaltung.

Daneben spielen auch noch Einschränkungen im öffentlichen Interesse eine gewisse Rolle wie vor allem der Umlegungsvermerk und das Umlegungsverfahren nach dem Baugesetzbuch, der → Sanierungsvermerk und Flurbereinigungs- und Enteignungsvermerke im Zusammenhang mit Flurbereinigungs- und Enteignungsverfahren, welche die Eignung eines Grundstücks als Kreditunterlage in Frage stellen oder doch zumindest beeinträchtigen.

### Verfügungsgeschäfte

→ Rechtsgeschäfte, die die Beziehungen einer → Person zu einem → Gegenstand durch Übertragung, Abänderung, Belastung oder Aufhebung eines → Rechtes unmittelbar ändern (z. B. → Übereignung, → Verpfändung, Forderungsabtretung). Nach dem → Abstraktionsprinzip im deutschen → Privatrecht sind V. und → Verpflichtungsgeschäfte in ihrer Wirksamkeit grundsätzlich voneinander unabhängig.

### Verfügungskredit

→ Konsumentenkredit mit vereinbarter Höchstgrenze, der auf Gehaltskonten revolvierend in Anspruch genommen werden kann. Abart des → Kreditlimits auf Gehaltskonten.

### Verfügung von Todes wegen

→ Rechtsgeschäft, durch das der → Erblasser Anordnungen für den Fall seines Todes trifft (regelmäßig in Form eines einseitigen Rechtsgeschäfts, dem → Testament, § 2064ff. BGB, aber auch in Form eines → Erbvertrages, §§ 2274ff. BGB). Im Vordergrund steht die Erbeinsetzung (gewillkürte Erbfolge); daneben kann der Erblasser aber auch andere → letztwillige Anordnungen treffen.

### Vergleich

Gegenseitig verpflichtender → Vertrag, durch den der Streit oder die Ungewißheit

## Vergleichbare Bruttorendite vor Steuern

der Parteien über ein Rechtsverhältnis im Wege gegenseitigen Einvernehmens (Nachgebens) beseitigt wird (§ 779 BGB). V. können auch zur Beendigung eines →Zivilprozesses geschlossen werden (→Prozeßvergleich). Ein V. ist unwirksam, wenn er nach seinem als feststehend zugrunde gelegten Sachverhalt der Wirklichkeit nicht entspricht und der Streit oder die Ungewißheit bei Kenntnis der Sachlage nicht entstanden sein würden.

*Sonderfall:* Gerichtliches Vergleichsverfahren zur Abwendung des →Konkurses.

### Vergleichbare Bruttorendite vor Steuern

Zeigt die Verzinsung einer Alternativanlage vor →Steuern, die diese haben müßte, um nach Steuern die gleiche →Rendite zu erreichen. Um die V. B. v. S. zu ermitteln, sind folgende Rechenschritte notwendig:
(1) Schritt 1 (Ermittlung der →laufenden Verzinsung):
Laufende Verzinsung = →Nominalzins · 100 : aktueller Kurs.
(2) Schritt 2 (Ermittlung der Steuer aus der laufenden Verzinsung):
Steuer aus laufender Verzinsung = Laufende Verzinsung · Steuersatz : 100.
(3) Schritt 3 (Ermittlung der →Netto-Rendite):
Netto-Rendite = Rendite vor Steuern − Steuer aus laufender Verzinsung.
(4) Schritt 4 (Ermittlung der Bruttorendite):
Bruttorendite = (Netto-Rendite · 100) : (100 − Steuersatz).

### Vergleichsgläubiger

Alle persönlichen →Gläubiger des →Schuldners, die zur Zeit der Eröffnung des gerichtlichen Vergleichsverfahrens einen begründeten Vermögensanspruch gegen den Schuldner haben (§ 25 Abs. 1 VerglO). Keine V. sind Gläubiger, denen im →Konkurs ein Recht zur →Aussonderung zusteht, ferner Gläubiger, deren →Forderungen im Konkurs ein Vorrecht genießen (§ 26 Abs. 1 VerglO). Absonderungsberechtigte Gläubiger (→Absonderung) sind nur insoweit V., als ihnen der Schuldner auch persönlich haftet und sie der abgesonderte Befriedigung verzichten oder bei ihr ausgefallen sind (§ 27 VerglO).

### Vergleichsordnung (VerglO)

Gesetz zur Regelung eines gerichtlichen Verfahrens (→Vergleichsverfahren) mit dem Zweck, einen →Konkurs abzuwenden. Wegen der weitgehenden Wirkungslosigkeit der V. und der →Konkursordnung bei der Abwicklung von Insolvenzverfahren sollen beide Insolvenzgesetze ab 1999 durch eine →Insolvenzordnung abgelöst werden (→Insolvenz).

### Vergleichsquote, →Vergleichsverfahren.

### Vergleichsverfahren

Gerichtliches Verfahren mit dem Zweck, den →Konkurs durch Abschluß eines vom →Schuldner angebotenen und vom Amtsgericht bestätigten →Vergleichs abzuwenden (§ 1 VerglO). Das in der →Vergleichsordnung geregelte Verfahren sieht einen Erlaßvergleich (Quotenvergleich) und einen Stundungsvergleich vor, wobei regelmäßig beide Maßnahmen kombiniert werden (quotenmäßige Herabsetzung der Verbindlichkeiten und →Stundung gemäß § 7 Abs. 1 und 2 VerglO). Daneben ist in § 7 Abs. 4 KO der Liquidationsvergleich geregelt, in dem der Schuldner seinen →Gläubigern sein →Vermögen ganz oder teilweise mit der Vereinbarung überläßt, daß der nicht durch die Verwertung gedeckte Teil der →Forderungen erlassen sein soll.
Ein gerichtlicher Vergleich bindet alle persönlichen Gläubiger von nicht gesicherten und nicht bevorrechtigten Forderungen.

*Vergleichsantrag und Vergleichsgrund:* Das V. wird nur auf Antrag des Schuldners eingeleitet. Der Inhalt des Eröffnungsantrags ist in § 3 VerglO festgelegt. Dem Antrag sind bestimmte Anlagen beizufügen (§ 4 VerglO), u. a. eine Vermögensübersicht mit sämtlichen →Aktiva und →Passiva sowie (bei Bilanzierungspflicht nach →Handelsrecht) die →Jahresabschlüsse der letzten drei Jahre (§ 5 VerglO). Der Antrag hierzu kann auch nur bis zur Eröffnung des Konkursverfahrens gestellt werden (§ 2 Abs. 2 VerglO). Ferner muß ein Vergleichsgrund (Konkursgrund) vorliegen. Bei der Antragstellung gilt für →Kreditinstitute statt der Antragspflicht die Anzeigepflicht gemäß § 46 b KWG (→Bankaufsichtliche Maßnahmen). Voraussetzung für den Vergleichsantrag ist u. a. ein Vergleichsvorschlag des Schuldners. Er muß allen betroffenen Gläubigern gleiche Rechte gewähren (§ 8 Abs. 1 VerglO), bestimmt sein und einen bar zu zahlenden Mindestsatz (Mindestquote) beinhalten (Vergleichsquote). Die Ablehnung

1590

des Vergleichsantrags durch das Gericht führt zum → Anschlußkonkurs.

*Verfahren:* Trotz Eröffnung des V. behält der Schuldner das Verwaltungs- und Verfügungsrecht über sein Vermögen (anders im Konkurs). Demgegenüber hat der vom Gericht eingesetzte → Vergleichsverwalter kein Verwaltungs- und Verwertungsrecht wie der → Konkursverwalter. Vom Vergleich werden alle → Vergleichsgläubiger betroffen, ohne Rücksicht darauf, ob sie in das Gläubigerverzeichnis aufgenommen wurden und ob sie ihre Forderungen angemeldet haben. Der vom Schuldner gemachte Vergleichsvorschlag kann von den Gläubigern nur mit in § 74 VerglO vorgesehenen → qualifizierten Mehrheiten angenommen und muß vom Gericht bestätigt werden.

Nach Erfüllung des Vergleichs haben die Vergleichsgläubiger gegen den Schuldner keine Forderungen mehr.

### Vergleichsverwalter

Im Falle eines gerichtlichen → Vergleichsverfahrens vom Amtsgericht eingesetzte → Person, die von den → Gläubigern und dem → Schuldner unabhängig und geschäftskundig ist (§ 38 VerglO). Der V. hat nicht das Recht zur Verwaltung und Verwertung des → Vermögens des Schuldners, wie z. B. der → Konkursverwalter. Er hat in erster Linie die wirtschaftliche Lage des Schuldners zu prüfen. Dazu gehört vor allem die Feststellung der Ursache des Vermögensverfalls, die Prüfung der Angemessenheit des Vergleichsvorschlages und der Aussichten der Vergleichserfüllung. Er hat die Geschäftsführung des Schuldners zu überwachen (§ 39 VerglO). Bei der Wahrnehmung seiner Aufgaben steht er unter der Aufsicht des Vergleichsgerichts, dem er auf Verlangen jederzeit Auskunft zu erteilen hat (→ Vergleichsverfahren).

### Vergütungsverfahren bei der Körperschaftsteuer

Die → anrechenbare Körperschaftsteuer wird bei unbeschränkt steuerpflichtigen Anteilseignern, die nicht veranlagt werden, i. d. R. vom Bundesamt für Finanzen vergütet. Die Vergütung erfolgt aufgrund von Einzel- oder Sammelanträgen. Stellt ein → Kreditinstitut Sammelanträge, zahlt es die Vergütungsbeträge und die → Kapitalertragsteuer zusammen mit der → Dividende aus. Voraussetzung dieser Vergütungsart ist, daß sich die → Aktien bei einem inländischen Kreditinstitut in einem Wertpapierdepot befinden, das auf den Namen des Empfängers der → Steuerbescheinigung lautet (§§ 36c, 36d EStG). Bei GmbH-Anteilen oder bei Aktien in Eigenverwahrung ist eine Körperschaftsteuer-Anrechnung daher nur bei Veranlagung möglich. Will der Anteilseigner nicht die Hilfe des Kreditinstituts in Anspruch nehmen, so kann er selbst einen Einzelantrag beim Bundesamt für Finanzen stellen (§ 36b EStG). In diesen Fällen ist die Vorlage der Steuerbescheinigung (→ Körperschaftsteuer-Bescheinigungen) und der NV-Bescheinigung (→ Nicht-Veranlagungsbescheinigung) erforderlich.

### Verjährung

1. *Allgemein:* Der durch Zeitablauf eintretende Rechtsverlust. Nach § 194 Abs. 1 BGB unterliegt ein → Anspruch grundsätzlich der V. Für verjährte Ansprüche gewährt § 222 BGB dem → Schuldner ein Leistungsverweigerungsrecht, das er ausdrücklich durch die Einrede der V. geltend machen muß, wenn er die Durchsetzung des Anspruchs des → Gläubigers verhindern will. Die V. beginnt, sobald der Anspruch entstanden ist (§ 198 BGB). Die regelmäßige Verjährungsfrist beträgt 30 Jahre (§ 195 BGB). Kürzere Verjährungsfristen bestehen für Ansprüche des täglichen Lebens und für Ansprüche auf regelmäßig wiederkehrende Leistungen; sie belaufen sich auf zwei oder vier Jahre (§§ 196, 197 BGB). Die V. der in den §§ 196, 197 BGB bezeichneten Ansprüche beginnt mit dem Schlusse des Jahres, in dem der Anspruch entstanden ist. Gemäß § 225 BGB können Verjährungsfristen vertraglich abgekürzt werden.

*Hemmung der V.:* Die V. ist gehemmt, solange die Geltendmachung des Anspruchs aus den in §§ 202–207 BGB genannten Gründen (z. B. → Stundung) nicht möglich ist. Dieser Zeitraum wird bei der Berechnung der Verjährungsfrist nicht mit berücksichtigt. Die Frist läuft erst nach Fortfall der Hemmnisgründe weiter (§ 205 BGB).

*Unterbrechung der Verjährung:* Die Verjährung ist unterbrochen, wenn ein Anerkenntnis der Schuld (§ 208 BGB) oder eine gerichtliche Geltendmachung der Forderung durch den Gläubiger gemäß § 209 BGB erfolgt ist (Klageerhebung, Zustellung eines → Mahnbescheids). Die Übersendung einer Rechnung, einer → Mahnung oder die

**Verkauf-MACD**

Androhung gerichtlicher Schritte führen nicht zur Unterbrechung. Ist die Verjährung unterbrochen, bleibt bei der Berechnung der →Frist die bis zum Eintritt des Unterbrechungsgrundes abgelaufene Zeit außer Betracht. Der Lauf der Verjährungsfrist beginnt nach Beendigung der Unterbrechung neu (§ 217 BGB).
*Gesetzlich festgelegte Verjährungsfristen:* vgl. Tabelle S. 1593/1594.

2. *Im Steuerrecht*: Durch die V. erlischt der →Anspruch aus dem Steuerschuldverhältnis. Man unterscheidet die *Festsetzungsverjährung* und die *Zahlungsverjährung*.
Eine Steuerfestsetzung sowie ihre Aufhebung oder Änderung ist nicht mehr zulässig, wenn die Festsetzungsfrist abgelaufen ist. Fristen: ein Jahr für →Zölle, Verbrauchsteuern, vier Jahre für andere →Steuern und Steuervergütungen, fünf Jahre bei leichtfertiger Steuerverkürzung, zehn Jahre bei Steuerhinterziehung (§ 169 AO). Die Festsetzungsfrist kann in ihrem Ablauf *gehemmt* werden, z. B. durch eine →Außenprüfung (§ 171 AO).
Ansprüche aus dem Steuerschuldverhältnis unterliegen einer besonderen Zahlungsverjährung. Die Verjährungsfrist beträgt fünf Jahre (§ 228 AO). Sie beginnt mit Ablauf des Kalenderjahres, in dem der Anspruch erstmals fällig geworden ist (§ 229 AO). Die V. kann *unterbrochen* werden, z. B. durch Zahlungsaufschub, Stundung u. a. (§ 231 AO).

**Verkauf-MACD**
→MACD-Linie, die Verkaufsignale erzeugt. Vgl. →MACD/Signal-Studie.

**Verkaufsförderung**
*Sales promotion*; Instrument der →Kommunikationspolitik, Maßnahme zur Steigerung des Absatzes von →Bankprodukten. (→Verkaufsförderungsaktion)

**Verkaufsförderungsaktion**
Maßnahme zur Förderung des Vertriebs von →Bankprodukten. *Beispiele:* Herausgabe von (Spar-)Gutscheinen, Verlosungen, Spiele, Vorführungen, Vorträge/Seminare, Kontaktpflege-Veranstaltungen (Musikabend, Weinprobe), Informations- und Diskussionsabende, Beteiligungen an örtlichen Messen, Durchführung von Beratungstagen/-wochen, auch das systematische telefonische Nachfassen bei Kunden nach erfolgtem Abschluß oder wenn ein Abschluß noch nicht zustande kommen konnte.

**Verkaufsgespräch**
Gespräch zwischen Bankmitarbeiter und Kunden, in dem der Bankmitarbeiter den Kunden von den Vorteilen eines bestimmten Produktes bzw. einer Dienstleistung überzeugen und einen Abschluß erzielen muß. Das V. unterscheidet sich vom Beratungsgespräch durch seine Orientierung am Abschluß. Verkauftrainings sollen dem Mitarbeiter in der Bank durch psychologische und soziologische Unterrichtung zu besonderer Abschlußsicherheit verhelfen.

**Verkaufsoption,** →Put Option.

**Verkaufsoptionsschein,** →Put-Optionsschein.

**Verkaufsprospektgesetz,** →Wertpapier-Verkaufsprospektgesetz.

**Verkaufsprospekt von Kapitalanlagegesellschaften**
Durch das →Gesetz über Kapitalanlagegesellschaften (KAGG) vorgeschriebenes Informationsinstrument, das einen potentiellen Käufer von →Anteilscheinen (→Investmentzertifikat) über den →Investmentfonds unterrichten soll.
Ein datierter V. ist dem Erwerber vor Abschluß des →Vertrages über den Erwerb eines Anteilscheins kostenlos zur Verfügung zu stellen. Diesem Prospekt sind die Vertragsbedingungen, der zuletzt veröffentlichte →Rechenschaftsbericht einer Kapitalanlagegesellschaft und der anschließende veröffentlichte Halbjahresbericht beizufügen. Der V. muß über alle Punkte informieren, die im Zeitpunkt des Erwerbs für die Beurteilung der Anteilscheine von wesentlicher Bedeutung sind. Er muß also genaue Angaben über die →Kapitalanlagegesellschaft, die →Depotbank, die Anlageziele und die Anlagepolitik des →Sondervermögens, die Bedingungen für die Ausgabe und Rücknahme der Anteilscheine sowie die Berechnung der Ausgabe- und Rücknahmepreise enthalten. Der Prospekt muß den Käufer über sein Recht zum Widerruf nach § 23 KAGG belehren (§ 19 KAGG). Die Kapitalanlagegesellschaft trifft nach § 20 KAGG bei unrichtigen Angaben im V. eine →Prospekthaftung.

**Verkaufssignal**
In der →technischen Analyse verwendete Bezeichnung für den Hinweis zum Verkauf

**Verkaufssignal**

## Gesetzlich festgelegte Verjährungsfristen

| Anspruch aus... | Anspruch auf... | Verjährungsfrist | Beginn der Verjährungsfrist |
|---|---|---|---|
| Arbeitsverhältnis | Gehalt und Lohn, Auslagen (§ 196 Abs. 1 Nr. 8, 9, 10 BGB) | 2 Jahre | Jahresschluß |
| Darlehensvertrag | Rückzahlung (§ 195 BGB) | 30 Jahre | Entstehung des Anspruchs |
|  | Zinsen (§ 197 BGB) | 4 Jahre | Jahresschluß |
| Erbrecht | Pflichtteilsanspruch (§ 2332 BGB) | 3 Jahre* | Kenntnis der Berechtigung |
|  | Vermächtnis (§ 195 BGB) | 30 Jahre | Anfall des Vermächtnisses |
| Erbbaurecht | Heimfallanspruch sowie Vertragsstrafe (§ 4 ErbbRVO) | 6 Monate | Kenntnis vom Vorhandensein der Voraussetzungen |
| Familienrecht | Unterhaltsansprüche (§ 197 BGB) | 4 Jahre | Jahresschluß |
| „Geschäfte des täglichen Lebens" (Ansprüche von Kaufleuten, Handwerkern usw.) | Forderungen (§ 196 Abs. 1 Nr. 1 BGB) an Private | 2 Jahre | Jahresschluß |
|  | an Gewerbetreibende | 4 Jahre | Jahresschluß |
| Kaufvertrag | Gewährleistung bei beweglichen Sachen (§ 477 BGB) | 6 Monate | Ablieferung |
|  | Grundstücken (§ 477 BGB) | 1 Jahr | Übergabe |
|  | bei arglistigem Verschweigen eines Mangels oder einer zugesicherten Eigenschaft (§ 477 BGB) | 30 Jahre | Entstehung des Anspruchs |
| Maklervertrag | Vergütung, Auslagen (§ 196 Abs. 1 Nr. 7 BGB) | 2 Jahre | Jahresschluß |
| Mietvertrag | Mietzins: bei gewerbsmäßiger Vermietung beweglicher Sachen (§ 196 Abs. 1 Nr. 6 BGB) | 2 Jahre | Jahresschluß |
|  | bei privater Vermietung | 4 Jahre | Jahresschluß |
|  | Vermieter: Schadensersatzansprüche (§ 558 BGB) | 6 Monate | Rückgabe der Sache |
| Scheckrecht | Rückgriffsanspruch (Art. 52 SchG) | 6 Monate | Ablauf der Vorlegungsfrist |
| Unerlaubte Handlung | Schadensersatz (§ 852 BGB) | 3 Jahre* | Kenntnis des Schadens |

# Verkaufstechnik

## Gesetzlich festgelegte Verjährungsfristen (Fortsetzung)

| Anspruch aus... | Anspruch auf... | Verjährungsfrist | Beginn der Verjährungsfrist |
|---|---|---|---|
| Ungerechtfertigte Bereicherung | Herausgabe oder Wertersatz (§§ 812 ff. BGB) | 30 Jahre | Entstehung des Anspruchs |
| Versicherungsvertrag | Lebensversicherung (§ 12 VVG) | 5 Jahre | Jahresschluß |
|  | andere Versicherungen (§ 12 VVG) | 2 Jahre | Jahresschluß |
| Wechselgesetz | Ansprüche gegen den Akzeptanten (Art. 70 WG) | 3 Jahre | Verfalltag |
|  | Ansprüche des Inhabers gegen Indossanten und Aussteller (Art. 70 WG) | 1 Jahr | Protest |
|  | Ansprüche eines Indossanten gegen andere Indossanten und Aussteller (Art. 70 WG) | 6 Monate | Einlösung oder gerichtliche Geltendmachung |
| Werkvertrag | Gewährleistung (§ 638 BGB) |  | Abnahme des Werkes |
|  | bei beweglichen Sachen | 6 Monate |  |
|  | bei Grundstücksarbeiten | 1 Jahr |  |
|  | bei Bauwerken | 5 Jahre |  |
| Zinsen | Zinsen aller Art (§ 197 BGB) | 4 Jahre | Jahresschluß |
| Zugewinnausgleich | Ausgleichsforderung (§ 1378 Abs. 4 BGB) | 3 Jahre* | Kenntnis vom Ende des Güterstandes |

\* Längstens 30 Jahre ab Ereignis, das den Anspruch tatsächlich begründet.

eines →Finanztitels, den ein Chartanalytiker aus einem →Chart herausliest.
*Gegensatz:* →Kaufsignal.

### Verkaufstechnik
Frage- und Verhandlungstechniken des Kundenbetreuers während eines →Verkaufsgespräches. Dazu gehören beispielsweise: Die Stellung der „richtigen" Fragen zur Bedarfsermittlung, die Art und Weise der →Einwandbeantwortung, die deutliche und namentliche Ansprache, das Zuhörenkönnen, die richtige Methode der Produktpräsentation. Termin und Ort des Verkaufsgesprächs können ebenfalls durch die V. bestimmt sein.

### Verkaufszinssatz
→Rate of Discount bei →Finanzierungsschätzen des Bundes.

(→Abschlag, →Renditeberechnungsmethoden für Geld- und Kapitalmarktpapiere)

### Verkehrshypothek
Gewöhnliche Form der →Hypothek, bei der die Akzessorietät im Interesse der Verkehrsfähigkeit gelockert ist, indem die öffentliche Glaubenswirkung des →Grundbuchs (→Grundbuch, öffentlicher Glaube) in Ansehung des →Grundpfandrechts auch auf die gesicherte →Forderung erstreckt wird (vgl. § 1138 BGB; →Hypothek, Einreden, →Hypothek, gutgläubiger Erwerb). Zudem braucht der →Gläubiger den Bestand der →Forderung nicht zu beweisen (§§ 1138, 891 BGB).
*Gegensatz:* →Sicherungshypothek.

## Verkehrswert

1. Im Rahmen der →Beleihung eines →Grundstücks ermittelter Wert, der nach § 194 BauGB durch den Preis bestimmt wird, „der in dem Zeitpunkt, auf den sich die Ermittlung bezieht, im gewöhnlichen Geschäftsverkehr nach den rechtlichen Gegebenheiten und tatsächlichen Eigenschaften, der sonstigen Beschaffenheit und der Lage des Grundstücks oder des sonstigen Gegenstands der Wertermittlung ohne Rücksicht auf ungewöhnliche oder persönliche Verhältnisse zu erzielen wäre". Der V. ist dem in § 9 Abs. 2 BewG definierten gemeinen Wert ähnlich. Nach den Beleihungsrichtlinien und Beleihungsgrundsätzen in der Kreditwirtschaft darf ein ermittelter →Beleihungswert den V. nicht übersteigen. Der V. ist nicht unabhängig vom →Ertragswert, da der nachhaltige →Ertrag eines Grundstücks den Marktwert bestimmt oder zumindest beeinflußt.

Die Bundesregierung hat für die Tätigkeit der nach § 192 Abs. 1 BauGB gebildeten selbständigen unabhängigen Gutachterausschüsse zur Ermittlung von Grundstückswerten eine →Wertermittlungsverordnung und Wertermittlungs-Richtlinien erlassen. Damit ist eine einheitliche Verfahrensgrundlage vorhanden. Nach der Wertermittlungsverordnung sind zur Ermittlung des V. das Vergleichswertverfahren, das Ertragswertverfahren und das Sachwertverfahren oder mehrere dieser Verfahren zugrunde zu legen. Der V. ist aus dem Ergebnis des herangezogenen Verfahrens unter Berücksichtigung der Lage auf dem Grundstücksmarkt abzuleiten. Die Verfahren sind nach Art des Gegenstandes der Wertermittlung unter Berücksichtigung der im gewöhnlichen Geschäftsverkehr bestehenden Gepflogenheiten und der sonstigen Umstände des Einzelfalls zu wählen. Beim *Vergleichswertverfahren* sind Kaufpreise von Grundstücken hinzuziehen, die hinsichtlich der ihren Wert beeinflussenden Merkmale mit dem zu bewertenden Grundstück weitgehend übereinstimmen. Beim *Sachwertverfahren* ist der Wert der baulichen Anlagen, insbes. der Gebäude, und der nicht baulichen Außenanlagen getrennt vom →Bodenwert auf der Grundlage von Herstellungswerten unter Berücksichtigung von Altersabschlägen zu ermitteln. Der Bodenwert ist i.d.R. im Vergleichswertverfahren zu ermitteln.
(→Beleihungswert)

2. →Aktie eines Verkehrsunternehmens (Eisenbahn, Luftfahrt, Straßenbahn, Schiffahrt).
In den Amtlichen Kursblättern und in Zeitungen werden Verkehrsaktien zu einer Gruppe zusammengefaßt.

## Verlängerter Eigentumsvorbehalt

Bedeutsamste Form des →Eigentumsvorbehalts, wonach bei bestimmungsgemäßer Veräußerung des Vorbehaltsguts durch den Eigentumsvorbehaltskäufer dieser anstelle des erloschenen →Eigentums (§§ 185, 929 BGB) das wirtschaftliche Surrogat, nämlich die aus der Veräußerung erworbenen Kaufpreisforderungen gegenüber seinen Kunden, im vorhinein an den Verkäufer abtritt (sogenannte →Anschlußzession). Werden die unter Eigentumsvorbehalt verkauften →Sachen, wie z. B. Rohstoffe oder Halbfertigerzeugnisse, vom Eigentumsvorbehaltskäufer verarbeitet (→Verarbeitung), wird zur Vermeidung des Rechtsverlustes nach § 950 BGB der Eigentumsvorbehalt durch eine Verarbeitungs- bzw. Herstellungsklausel verlängert. Damit verpflichtet sich der Eigentumsvorbehaltskäufer als Produzent, die Verarbeitung im Auftrage des Eigentumsvorbehaltsverkäufers vorzunehmen, so daß dieser als Hersteller i.S.v. § 950 BGB anzusehen ist und ihm sein Eigentum erhalten bleibt. Wird die →Ware aus verschiedenen Rohstoffen hergestellt, so erhalten alle beteiligten Eigentumsvorbehaltsverkäufer als Lieferanten an dem neuen Produkt gemeinschaftliches →Miteigentum nach Bruchteilen entsprechend den Wertanteilen der von ihnen gelieferten Sache nach § 947 BGB. In dem jeweiligen Wertverhältnis sind sie dann auch an den aus der Veräußerung des Produktes entstehenden Kaufpreisforderungen beteiligt.

## Verlust

V. ist der Gegensatz zu →Gewinn. In der →Kostenrechnung ist V. der Überschuß der →Kosten über die Leistungen. In der handelsrechtlichen →Gewinn- und Verlustrechnung (GuV) ist V. der Überschuß der →Aufwendungen über die →Erträge.

## Verlustabzug nach § 10 d EStG

→Verluste, die bei der Ermittlung des Gesamtbetrags der Einkünfte (→Einkommensteuer, →zu versteuerndes Einkommen) nicht ausgeglichen werden, sind bis zu einem Betrag von insgesamt 10 Millionen DM

### Verlustausgleich

wie → Sonderausgaben vom Gesamtbetrag der Einkünfte des zweiten dem Veranlagungszeitraum (§ 25 Abs. 1 EStG) vorangegangenen Veranlagungszeitraums abzuziehen. Ist dies nicht möglich, so erfolgt der Abzug im ersten dem Veranlagungszeitraum vorangegangenen Veranlagungszeitraum. Bereits ergangene → Steuerbescheide sind von Amts wegen zu ändern. Danach nicht ausgeglichene Verluste sind in den folgenden Veranlagungszeiträumen wie Sonderausgaben vom Gesamtbetrag der Einkünfte abzuziehen. Der am Schluß eines Veranlagungszeitraums verbleibende Verlustabzug ist von dem für die Besteuerung des Einkommens zuständigen Finanzamt gesondert festzustellen. Auf Antrag des → Steuerpflichtigen in dem die Höhe des V. sowie der jeweilige Veranlagungszeitraum anzugeben sind, ist seit 1994 ganz oder teilweise vom V. abzusehen; es besteht also ein Wahlrecht zwischen → Verlustvortrag und Verlustrücktrag (§ 10d Abs. 1 Sätze 4, 5, Abs. 2 EStG).

### Verlustausgleich

Voraussetzung eines V. ist, daß bei der Berechnung der Summe der Einkünfte beim → Steuerpflichtigen neben positiven auch negative Einkünfte entstanden sind, die grundsätzlich miteinander zu verrechnen sind. → Verluste können i. d. R. mit → Gewinnen derselben Einkunftsart ausgeglichen werden (horizontaler V.). Zwischen den Einkunftsarten können Verluste einer oder mehrerer Einkunftsarten i. d. R. mit Gewinnen anderer Einkunftsarten verrechnet werden (vertikaler V.). Hierdurch kann sich ein negativer Betrag als Gesamtbetrag der Einkünfte ergeben (→ Verlustabzug nach § 10d EStG, → negatives Kapitalkonto).

### Verlustrücktrag,

→ Verlustabzug nach § 10d EStG, → Verlustvortrag.

### Verlustvortrag

In folgende Kalenderjahre übertragener → Verlust (EStG, GewStG).
*Gegensatz*: → Gewinnvortrag bzw. Verlustrücktrag.

### Verlustzuweisungsgesellschaften

*Abschreibungsgesellschaften*; → Personenvereinigungen, deren Gesellschafter primär beabsichtigen, Vermögensvorteile durch Steuerersparnisse zu erreichen, v. a. ihre Kapitaleinlage ganz oder z. T. aus ersparter → Einkommensteuer zu finanzieren.

*Konstruktion:* V. unterhalten entweder einen → Gewerbebetrieb (vornehmlich Beteiligung an gewerblichen → Kommanditgesellschaften [KG] oder an einer → GmbH u. Co. KG) oder betreiben private Vermögensverwaltung (Wohnungseigentümergemeinschaft, [→ Wohnungseigentum, oder → Bruchteilsgemeinschaft] oder → Gesamthandsgemeinschaft in Form einer → Gesellschaft bürgerlichen Rechts [BGB-Gesellschaft, GbR] oder der vermögensverwaltenden Kommanditgesellschaft, → geschlossene Immobilienfonds).

*Wirkung:* Ziel der V. ist es, in die ersten Jahre des Beteiligungsengagements möglichst viele → Betriebsausgaben bzw. → Werbungskosten zu verlagern, die die → Einkommensteuer des Anlegers mindern und so zu einer temporären Steuerersparnis führen. Der Umfang der Steuerminderung ist abhängig von der Höhe des persönlichen Spitzensteuersatzes und der Verlustzuweisungsquote. Letztere wird i. d. R. in Prozent des eingezahlten → Eigenkapitals ausgedrückt. → Verluste entstehen bei gewerblichen Beteiligungen insbes. durch die Inanspruchnahme von erhöhten → Abschreibungen, Sonderabschreibungen und Bewertungsabschlägen, Bildung steuerfreier → Rücklagen, Erwerb sofort abschreibungsfähiger geringwertiger → Wirtschaftsgüter, bei privaten Vermögensanlagen durch vorweggenommene und laufende Werbungskosten, z. B. Abschreibungsvergünstigungen und Finanzierungskosten.

*Steuerliche Behandlung:* (1) bei *gewerblichen Beteiligungen* ist der Anleger Mitunternehmer (→ Mitunternehmerschaft); er erzielt → Einkünfte aus Gewerbebetrieb. → Gewinne und → Verluste werden den Gesellschaften nach §§ 179, 180 AO anteilig zur Besteuerung zugewiesen. Verluste unterliegen ggf. der Abzugsbeschränkung des § 15a EStG (→ negatives Kapitalkonto), (2) bei *Vermögensverwaltung der V.* erzielt der Anleger → Einkünfte aus Vermietung und Verpachtung. Verluste unterliegen auch hier u. U. der Ausgleichsbeschränkung des § 15a EStG (§ 21 Abs. 1 Satz 2 EStG).

### Vermächtnis

→ Letztwillige Anordnung in einer → Verfügung von Todes wegen, zum Zwecke der Zuwendung eines Vermögensvorteils. Das Vermächtnis gibt dem begünstigten Vermächtnisnehmer daher nur einen schuldrechtlichen → Anspruch gegenüber dem → Erben, so daß der zugewendete → Gegenstand nicht bereits mit dem Tode des → Erblassers in sein → Vermögen fällt (§ 2147 BGB).

### Vermieterpfandrecht
→ Gesetzliches Pfandrecht des Vermieters eines bebauten oder unbebauten → Grundstücks oder von Räumlichkeiten auf Grundstücken (z. B. Fabrikhallen, Geschäfts- und Lagerräume, Garagen und Kellerräume) an den eingebrachten → Sachen des Mieters zur Sicherung seiner → Forderungen aus dem Mietvertrag (§§ 559 ff. BGB; → Miete).

*Gegenstand*: Nur → bewegliche pfändbare → Sachen (§§ 559 S. 3 BGB, 811 ZPO; → Pfändung) sowie → Inhaberpapiere und blankoindossierte → Orderpapiere (→ Blankoindossament), nicht aber Forderungen des Mieters. Die Sachen müssen dem Mieter gehören; ein → gutgläubiger Erwerb des Vermieters ist nicht möglich. Es erstreckt sich aber auch auf → Anwartschaftsrechte des Mieters an Sachen, die dieser unter → Eigentumsvorbehalt erworben hat.

*Einbringung*: Die Sachen müssen mit Willen des Mieters auf das Grundstück oder in entsprechende Räumlichkeiten geschafft oder dort erzeugt werden. Eine risikolose → Sicherungsübereignung ist deshalb nur vor Einbringung möglich.

*Erlöschen*: Das → Pfandrecht erlischt mit der endgültigen Entfernung der Sachen vom Grundstück bzw. aus den gemieteten Räumen, es sei denn, daß die Entfernung ohne Wissen oder unter Widerspruch des Vermieters erfolgt (§ 560 S. 1 BGB). Der Vermieter hat aber kein Widerspruchsrecht, sofern die Entfernung im regelmäßigen Betriebe des Geschäfts des Mieters oder entsprechend den gewöhnlichen Lebensverhältnissen erfolgt und die zurückbleibenden Sachen zur Sicherung des Vermieters offenbar ausreichen (§ 560 S. 2 BGB).

→ *Kreditinstitute*: Die → Banken besitzen ein V. an dem Inhalt eines an Kunden vermieteten → Schließfachs, allerdings nur für die Ansprüche aus dem Vermietungsvertrag. Wegen anderer Ansprüche können sie dem Kunden aus ihrem → Zurückbehaltungsrecht gemäß § 273 BGB den Zutritt zum Schließfach verweigern.

### Vermischung
Gemäß § 948 BGB die untrennbare V. oder Vermengung mehrerer → beweglicher Sachen miteinander, wobei die bisherigen Eigentümer der Einzelsachen grundsätzlich Miteigentümer der neuen einheitlichen → Sache werden. Im Ausnahmefall wird nur der Eigentümer der Hauptsache Alleineigentümer der Einzelsachen (§ 947 Abs. 2 BGB).

### Vermögen
1. *Im rechtlichen Sinne*: Summe aller geldwerten Güter einer → Person. Hierzu gehören neben dem → Eigentum und anderen → dinglichen Rechten auch → Ansprüche, Forderungsrechte und Gesellschaftsanteile sowie das Erbrecht. Auch werden Urheberrechte, Patentrechte und ähnliches vom Vermögensbegriff mit umfaßt, soweit sie geldwert erfaßt werden können.

2. *Im betriebswirtschaftlichen Sinne*: → Aktiva; einer Unternehmung zur Verfügung stehende Sachgüter, → Beteiligungen und → Forderungen sowie → Zahlungsmittel.
Der Gesamtwert aller Vermögensgegenstände ist das Bruttovermögen, von dem aus unter Abzug der → Verbindlichkeiten das Reinvermögen (→ Eigenkapital) errechnet wird. Das V. der Unternehmung wird in der → Bilanz dargestellt (→ Vermögensrechnung).

3. *Im volkswirtschaftlichen Sinne*: Zu unterscheiden sind → Geldvermögen und → Sachvermögen.
Geldvermögen ist nach der Begriffsverwendung durch die → Deutsche Bundesbank das Bruttogeldvermögen eines Wirtschaftssubjekts (→ Bargeld, → Sichteinlagen bei Banken [→ Buchgeld] und Forderungen gegen andere Wirtschaftssubjekte einschl. → Aktien und anderer Beteiligungen). Der volkswirtschaftliche Begriff entspricht damit dem betriebswirtschaftlichen Begriff des Finanzvermögens (Finanzanlagen und Finanzpositionen des → Umlaufvermögens). Die Differenz von Bruttogeldvermögen und → Verbindlichkeiten ist das Nettogeldvermögen. Die Bundesbank bezeichnet es als Nettoforderungen (positiv) oder Nettoverpflichtungen (negativ).

## Vermögensanlage

**Vermögen – Sachvermögen**

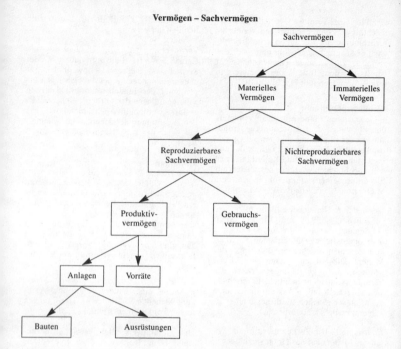

Das Sachvermögen eines Wirtschaftssubjekts besteht aus den Sachanlagen, den immateriellen Vermögensgegenständen und den Vorräten. Es kann auch unterteilt werden nach der Reproduzierbarkeit und nach der Nutzung (vgl. Abbildung oben).

Unter Berücksichtigung der Verrechnung von Bruttogeldvermögen und Verbindlichkeiten zum Nettogeldvermögen ist die Erhöhung des Sachvermögens die Nettoinvestition eines Wirtschaftssubjekts.

Die Forderungen aller inländischen Wirtschaftssubjekte gegenüber dem Ausland ergeben nach Abzug der Verbindlichkeiten der inländischen Wirtschaftssubjekte gegenüber dem Ausland die → Nettoauslandsposition. Eine Erhöhung der Nettoauslandsposition entspricht dem Leistungsbilanzüberschuß (→ Leistungsbilanz).

**Vermögensanlage**
Anlage bereits vorhandener Kapitalwerte. Die V. ist ein Teilbereich der → Anlageberatung. Vgl. auch → Vermögensverwaltung.

**Vermögensberatung,** → Anlageberatung.

**Vermögensbeteiligungen, steuerbegünstigte Überlassung,** → Vermögensbildung nach § 19a Einkommensteuergesetz.

**Vermögensbeteiligungsgesetz,** → Vermögensbildungsgesetz.

**Vermögensbildung**
Langfristige Schaffung von → Kapital. Die V. ist ein Teilbereich der → Anlageberatung. Vgl. auch → Vermögensverwaltung.

**Vermögensbildung nach
§ 19a Einkommensteuergesetz**
Betriebliche → Vermögensbildung durch Überlassung von bestimmten Beteiligungswerten und Darlehensforderungen gegen den → Arbeitgeber. § 19a EStG ist aufgrund des Art. 3 zum 1.1.1984 durch das Erste Vermögensbeteiligungsgesetz in das Einkommensteuergesetz aufgenommen worden. Mit Wirkung vom 1.1.1987 sind der Umfang der steuerlichen Förderung und die

## Vermögensbildungsgesetz

Anlagemöglichkeiten nach § 19a EStG aufgrund des Zweiten Vermögensbeteiligungsgesetzes erweitert worden.

*Begünstigter Personenkreis:* Begünstigt sind nur →Personen, die sich in einem Dienst- oder Arbeitsverhältnis befinden. Die Förderungsmaßnahmen sind nicht an Einkommensgrenzen gebunden.

*Anlagekatalog:* Voraussetzung für die Inanspruchnahme der Förderungsmaßnahmen nach § 19a EStG ist die Überlassung von folgenden, in § 19a Abs. 3 EStG näher bezeichneten Beteiligungswerten an die Mitarbeiter: → Aktien; Wandelschuldverschreibungen (→ Wandelanleihen) und → Gewinnschuldverschreibungen; → Genußscheine; → Anteilsscheine an einem Wertpapier-Sondervermögen; Anteilsscheine an einem Beteiligungs-Sondervermögen; Anteilsscheine an einem ausländischen Recht unterstehenden Vermögen aus → Wertpapieren; → Geschäftsguthaben bei einer deutschen → Genossenschaft; → Stammeinlagen oder → Geschäftsanteile an einer deutschen → Gesellschaft mit beschränkter Haftung; → Beteiligungen als stiller Gesellschafter i. S. des § 230 HGB; Darlehensforderungen gegen den Arbeitgeber; → Genußrechte am Unternehmen des Arbeitgebers. Der Anlagekatalog entspricht den geförderten Beteiligungswerten des 5. VermBG (→ Fünftes Vermögensbildungsgesetz, Anlageformen, → vermögenswirksames Sparen, → staatliche Sparförderung). Geldzuwendungen werden nicht gefördert.

*Förderung:* Der geldwerte Vorteil aus einer unentgeltlich oder verbilligten Überlassung von Vermögensbeteiligungen bleibt steuerfrei, soweit der Vorteil nicht höher als der halbe Wert der Vermögensbeteiligung ist und insgesamt 300 DM im Kalenderjahr nicht übersteigt. Voraussetzung für die Förderung nach § 19a EStG ist, daß die erworbenen Vermögensbeteiligungen unverzüglich nach ihrer Überlassung bis zum Ablauf einer Sperrfrist von sechs Jahren festgelegt werden. Bei vorzeitiger → Kündigung erfolgt eine Nachversteuerung des geldwerten Vorteils. Der → Arbeitnehmer kann aber vor Ablauf der Festlegungsfrist in den Fällen unschädlich verfügen, in denen auch für eine Sparzulage unschädliche vorzeitige Verfügungen nach dem 5. VermBG möglich sind.

*Vertragsgrundlage:* Grundlage für die Überlassung von Vermögensbeteiligungen an den Arbeitnehmer bilden die im 5. VermBG aufgeführten Vertragsformen. Ein → Kreditinstitut muß in die Vertragsabwicklung nicht eingeschaltet werden.

### Vermögensbildungsgesetz

Gesetz, das der → Vermögensbildung in Arbeitnehmerhand, insbes. der Beteiligung der → Arbeitnehmer am Produktivkapital (→ Realkapital) der Wirtschaft dient.

Nachdem die Vermögensbildung jahrzehntelang fast ausschließlich durch die Förderung des Kontensparens, → Versicherungssparens und → Bausparens geprägt war, stand die Vermögensbildungspolitik der achtziger Jahre im Zeichen der Förderung der Arbeitnehmerbeteiligung am Produktivkapital. Die staatliche Förderung soll gleichzeitig dazu beitragen, die Kapitalausstattung und Investitionskraft der Unternehmen zu verbessern; sie soll damit auch helfen, Arbeitsplätze zu sichern und zu schaffen. Vermögensbildungspolitik, die darauf gerichtet ist, Arbeitnehmer am Unternehmenskapital zu beteiligen, dient auch der systemgerechten Weiterentwicklung der → sozialen Marktwirtschaft.

Die Fassung des V., das seit dem 1.1.1987 in Kraft ist und zuletzt im Jahre 1994 geändert wurde, trägt die Bezeichnung Fünftes Gesetz zur Förderung der Vermögensbildung der Arbeitnehmer (Fünftes V. – 5. VermBG). Das Fünfte V. ist durch das Zweite Vermögensbeteiligungsgesetz vom 19.12.1986 geschaffen worden. (Das Erste Vermögensbildungsgesetz war 1984 in Kraft getreten.)

Das *Zweite Vermögensbeteiligungsgesetz* erweiterte die Beteiligungsmöglichkeiten der Arbeitnehmer durch 1. eine Verbesserung der steuerlichen Förderung des Erwerbs von Vermögensbeteiligungen durch Erhöhung des Lohnsteuerfreibetrages nach § 19a EStG, 2. durch die Zulassung von → Kapitalanlagegesellschaften im → Gesetz über Kapitalanlagegesellschaften, wonach Kapitalanlagegesellschaften auch stille Beteiligungen (→ Stille Gesellschaft) an nichtbörsennotierten Unternehmen erwerben dürfen und → Beteiligungsfonds bilden dürfen, 3. durch eine Erweiterung des Katalogs der steuerlich und der nach dem V. geförderten Vermögensbeteiligungen um Anteilscheine an Beteiligungs-Sondervermögen (und damit um indirekte Beteiligung an Unternehmen) und um GmbH-Geschäftsanteile. Das Zweite Vermögensbeteiligungs-

**Vermögenseinlagen**

gesetz änderte insbes. das bis Ende 1986 geltende Vierte V. in wesentlichen Teilen. Dieses Gesetz wurde in „Fünftes V." umbenannt.

*Fünftes V.:* Kernpunkte der geänderten Fassung des V. sind neben der Erweiterung des Anlagenkatalogs um zusätzliche Beteiligungswerte vor allem die Neuregelungen der Vertragsformen (Fünftes Vermögensbildungsgesetz, Anlageformen und Vertragsformen). Aufgrund des Auslaufens des Sparprämien-Gesetzes zur Jahresmitte 1987 wurden frühere sparprämiengesetzliche Verfahrensregeln in das 5. VermBG übernommen.

Durch das Steuerreformgesetz 1990 ist eine erneute einschneidende Novellierung des V. erfolgt. Mit Wirkung vom 1. 1. 1990 ist die Beteiligung breiter Arbeitnehmerschichten am Produktivkapital der Wirtschaft noch weiter in den Mittelpunkt staatlicher Vermögensbildungsmaßnahmen gerückt. Das reine Geldsparen (Kontensparen) und das Versicherungssparen (→ Sparen) wird nicht mehr vom Staat gefördert. Zulagebegünstigt durch → Arbeitnehmer-Sparzulagen sind nur noch Beteiligungen am Produktivkapital und das Bausparen sowie dem Bausparen ähnliche Anlageformen. Der jährliche Höchstbetrag zulagebegünstigter → vermögenswirksamer Leistungen ist für alle geförderten Anlageformen auf 936 DM vereinheitlicht worden. Das Konten- und Versicherungssparen ist im Anlagekatalog des geänderten 5. VermBG verblieben. Diese Anlageformen werden aber nicht mehr staatlich gefördert (sog. Nullförderung). Mit der Beibehaltung des Kontensparens und der vermögensbildenden Lebensversicherung im Anlagekatalog des 5. VermBG soll weiterhin dem Prinzip der Wahlfreiheit Rechnung getragen werden. Die Beibehaltung dieser Anlageformen für vermögenswirksame Leistungen sollte vermeiden, daß den Arbeitnehmern für die Anlage ihrer ihnen größtenteils tariflich zugestandenen vermögenswirksamen Leistungen nur Formen des risikobehafteten Beteiligungssparens sowie Formen des Bausparens zur Verfügung gestanden hätten. Für Verträge, die vor dem 1. 1. 1990 geschlossen worden sind (Altverträge), werden vermögenswirksame Leistungen nach dem 5. VermBG begünstigt (Einzelheiten der Übergangsregelung sind in § 17 5. VermBG, Fassung 1990, enthalten).

Zusätzlich zum Steuerreformgesetz 1990 erfolgten im 5. VermBG Änderungen durch das Haushaltsbegleitgesetz 1989. Aus dem Förderungskatalog des 5. VermBG wurde die Anlage in außerbetrieblichen stillen Beteiligungen gestrichen. Dadurch wird grundsätzlich ausgeschlossen, daß vermögenswirksame Leistungen in Unternehmen fließen, die eigens zur Vereinbarung stiller Arbeitnehmerbeteiligungen gegründet werden. Unverändert zulässig bleibt die Anlage in einer stillen Beteiligung am Unternehmen des Arbeitgebers sowie die indirekte betriebliche Beteiligung als stiller Gesellschafter einer sogenannten Mitarbeiterbeteiligungsgesellschaft. Gestrichen wurde auch die Anlage in außerbetrieblichen, nichtbörsengängigen → Genußscheinen. Zulässig ist nur noch der Erwerb von Genußscheinen, die vom → Arbeitgeber oder von anderen Unternehmen, die keine → Kreditinstitute sind, ausgegeben werden. Durch das → Gesetz über Wertpapier-Verkaufsprospekte und zur Änderung von Vorschriften über Wertpapiere werden mit Wirkung vom 1. 1. 1991 der Erwerb von → Schuldverschreibungen, insbes. von → Gewinnschuldverschreibungen, soweit diese Papiere nicht von Kreditinstituten ausgegeben werden, aus dem Anlagekatalog des 5. VermBG gestrichen. Nach der Neufassung des 5. VermBG vom 4. 3. 1994 sind zum Schutz der Arbeitnehmer die Möglichkeiten eingeschränkt worden, vermögenswirksame Leistungen nach dem 5. VermBG außerbetrieblich anzulegen. Außerdem ist der Satz der Arbeitnehmer-Sparzulage für Anlagen im Produktivkapital mit dem Satz für Bausparanlagen auf 10 Prozent vereinheitlicht worden.

(→ Fünftes Vermögensbildungsgesetz, Anlageformen)

**Vermögenseinlagen stiller Gesellschafter bei Kreditinstituten,** → haftendes Eigenkapital der Kreditinstitute.

**Vermögenseinlage stiller Gesellschafter,** → stille Vermögenseinlage.

**Vermögensgesetz**

Aufgrund von Art. 41 des deutsch-deutschen Einigungsvertrags und der hierzu getroffenen Gemeinsamen Erklärung der beiden Regierungen zur Regelung offener Vermögensfragen ursprünglich am 23.9.1990 ergangenes Bundesgesetz („zur Regelung offener Vermögensfragen", VermG), das mehrfach geändert wurde. Ihm liegt das Prinzip der Rückübertragung („Restitution") solcher Vermögenswerte an die Berechtigten zugrunde (§ 3), die durch in § 1 VermG näher bezeichnete staatliche Enteignungs- oder enteignungsgleiche Maßnahmen in Volkseigentum überführt oder an Dritte veräußert wurden. Statt der Rückgabe kann ein Berechtigter Entschädigung in Geld wählen (§ 8 VermG); diesen → Anspruch hat er auch, wenn eine Rückübertragung (nach § 4 VermG) ausgeschlossen ist. Dies trifft vor allem bei Fällen tatsächlich unmöglicher Restitution und bei „redlichem Erwerb" (etwa im Zusammenhang mit dem Bau eines Eigenheims) zu. Die Entschädigungsregelung selbst ist noch nicht im V. enthalten (§ 9 VermG). Sie ist Gegenstand eines weiteren Gesetzes, dessen Erlaß sich bis Herbst 1994 verzögerte. Zur Durchführung des V. wurden (in den neuen Bundesländern) spezielle Ämter zur Regelung offener Vermögensfragen eingerichtet. Dabei sind regelmäßig die unteren, bei Landkreisen oder kreisfreien Städten eingerichteten Stellen zuständig (§ 24 VermG). Über Unternehmensrückgaben (→ Unternehmensrückgabeverordnung) nach §§ 6, 6 a, 6 b VermG entscheiden die jeweiligen Landesämter (§ 25 VermG). Ein Bundesamt zur Regelung offener Vermögensfragen (§ 29 VermG) soll vor allem gewährleisten, daß das V. einheitlich durchgeführt wird.

Ansprüche nach dem V. waren bei der zuständigen Behörde anzumelden (§ 30 VermG); eingehendere Verfahrensbestimmungen enthält eine → Rechtsverordnung („Anmeldeverordnung"). Auschlußfristen hierfür liefen Ende 1992 bzw. zur Jahresmitte 1993 ab (§ 30 a VermG). Das Vermögensamt entscheidet über den Antrag aber nur, wenn und soweit die Rückgabe zwischen dem (derzeit) Verfügungsberechtigten (§ 2 Abs. 3 VermG) und dem (alten) Berechtigten nicht einvernehmlich zustandekommt. Bei Einigung kann auf besonderen Antrag ein dieser entsprechender Bescheid ergehen (§ 31 Abs. 5 VermG). Bei Unternehmensrückgaben kann auch ein Schiedsgericht eingeschaltet werden (§ 30 Abs. 2, § 38 a VermG). Erst mit der Unanfechtbarkeit der Entscheidung über die Rückübertragung erfolgt der Eigentumsübergang auf den Berechtigten (§ 34 VermG).

*Änderungsgesetze*: Ein erstes Änderungsgesetz vom März 1991 bezweckte die Beseitigung von Hemmnissen bei der Privatisierung von Unternehmen und die Förderung von → Investitionen. Für den Bereich der Unternehmensrestitution wurde eine Vorschrift über die „vorläufige Einweisung" (§ 6 a VermG) geschaffen, die dem Berechtigten ermöglicht, bereits vor abschließender Entscheidung über seinen Rückgabeanspruch den → Besitz am zurückzugebenden Unternehmen zu erlangen. Die Berechtigung muß zumindest glaubhaft gemacht werden. Ferner wurden „Vorfahrts"-Regelungen eingeführt (§ 3 Abs. 6 - 8; § 3 a VermG), die es einem Investor gestatten, selbst einen mit Rückgabeansprüchen behafteten Vermögensgegenstand endgültig zu erwerben.

Im Zweiten Vermögensrechtsänderungsgesetz vom Juli 1992 wurden diese Vorschriften über Vorrang für Investitionen vereinheitlicht und in einem besonderen „Investitionsvorranggesetz" zusammengefaßt. Danach bezieht sich die Regelung nicht mehr nur auf die in Volkseigentum überführten, sondern grundsätzlich auf alle zurückzuübertragenden Vermögenswerte. Die Investitionszwecke wurden verdeutlicht und erweitert (im Hinblick auf die Förderung des Wohnraums), und das Verfahren wurde gestrafft.

### Vermögensrechnung

Darstellung von Höhe, Zusammensetzung und → Finanzierung des → Vermögens (Bruttovermögen) eines Wirtschaftssubjekts, eines Sektors der Volkswirtschaft (→ Wirtschaftskreislauf) oder der Gesamtwirtschaft (→ Volkswirtschaftsrechnung als Nebenrechnung der → volkswirtschaftlichen Gesamtrechnung) in Form einer Gegenüberstellung von Vermögensgegenständen (→ Sachvermögen, → Forderungen) und → Verbindlichkeiten. Die Differenz heißt → Reinvermögen. V. sind Bestandsrechnungen.

*Betriebswirtschaftliche V.*: V. von Unternehmen sind in erster Linie → Bilanzen. Das Reinvermögen von Unternehmen wird in Bilanzen als → Eigenkapital ausgewiesen. Die V. einzelner Wirtschaftssubjekte können zusammengefaßt werden (→ Konsolidierung), so z. B. die Zusammenfassung von Bilanzen mehrerer Unternehmen, die zu einem

### Vermögenssparen

→ Konzern gehören und eine Konzernbilanz aufstellen.

*Volkswirtschaftliche V.:* Zur Erfassung aller Vermögensbestände in einer Volkswirtschaft werden gleichartige Wirtschaftssubjekte (private Haushalte, Unternehmen, → öffentliche Haushalte) zu Sektoren zusammengefaßt; es werden sektorale V. erstellt. Aus der Zusammenfassung dieser V. ergibt sich die Volksvermögensrechnung.

### Vermögenssparen

Geldanlage bei einer Sparkasse auf der Basis eines → Sparvertrages über eine → Spareinlage mit einjähriger Kündigungsfrist und → variablem Zinssatz, der sich am → Kapitalmarktzins orientiert und einer regelmäßigen Anpassung an veränderte Kapitalmarktverhältnisse unterliegt.

*Bezeichnung:* Das V. der Sparkassen, das nicht mit dem → vermögenswirksamen Sparen verwechselt werden darf, wird heute unter der Bezeichnung S-V. angeboten. Bekannt geworden ist die Sparform unter dem Begriff „Siegener Modell". Andere Produktnamen sind „Vorzugssparen" oder „Goldenes Sparkassenbuch". Dabei sind unterschiedliche Vertragsvarianten denkbar.

*Verzinsung:* Kernstück des S-V. ist die kapitalmarktabhängige Verzinsung. Als Basiszins kommt in den meisten Fällen die → Umlaufrendite → öffentlicher Anleihen mit vierjähriger → Restlaufzeit in Betracht. Es gibt auch Sparkassen, die als Verzinsungsmaßstab die Rendite für dreijährige → Inhaberschuldverschreibungen wählen. Der Basiszins wird dann um einen Zinsabschlag in Höhe von 1 bis 1,5 Prozent gekürzt. Begründet wird dieser Zinsabzug zum einen mit dem Hinweis, daß beim S-V. im Vergleich zum Wertpapiererwerb weder ein Kursrisiko existiert noch zusätzliche → Kosten entstehen. Zum anderen ist auch die → Liquidität einer S-Vermögensanlage größer als bei Wertpapieranlagen. Der so ermittelte → Zinssatz gelangt bei vielen Sparkassen erst dann zur Anwendung, wenn das Spargutshaben einen Mindestbestand von etwa 5000 DM aufweist. Die Zinsanpassung erfolgt i. a. vierteljährlich und setzt voraus, daß sich das Kapitalmarktzinsniveau um einen bestimmten Prozentpunkt verändert hat.

*Bedeutung:* Der zinsbewußte Vermögenssparer soll – im Gegensatz zum Liquiditätssparer, für den die Spareinlage mit dreimonatiger Kündigungsfrist ausreichend ist – ohne besondere Konditionenverhandlungen an der allgemeinen Kapitalmarktentwicklung beteiligt werden. Damit wird in Hochzinsphasen Umschichtungen renditebewußter Anleger vom Kontensparen in höherverzinsliche → Termineinlagen oder → Kapitalmarktpapiere entgegengewirkt. Außerdem erübrigt sich dann auch weitgehend eine → Bonifizierung von Spareinlagen.
(→ Sondersparformen)

### Vermögensstrukturanalyse

Die V. ermittelt im Rahmen der → Bilanzanalyse Art und Zusammensetzung des → Vermögens und die Dauer der Vermögensbindung.

### Vermögensteuer

Ertragsunabhängige, den Ländern zustehende → Steuer auf das → Vermögen inländischer → natürlicher Personen und → juristischer Personen sowie bestimmter deutscher Staatsangehöriger im Ausland. Während diese Gruppen nach § 1 Abs. 1, 2 des Vermögensteuergesetzes (VStG) unbeschränkt vermögensteuerpflichtig sind, gilt eine beschränkte Steuerpflicht für das inländische Vermögen von Personen mit Geschäftsleitung oder (Wohn-)Sitz im Ausland (§ 2 VStG).

*Bemessungsgrundlage:* Der V. unterliegt gem. § 4 Abs. 1 VStG bei unbeschränkt → Steuerpflichtigen das Gesamtvermögen (i. S. der §§ 114ff. BewG), bei beschränkt Steuerpflichtigen das Inlandsvermögen (§ 121 BewG). Nach § 3 Abs. 1 VStG gelten Befreiungen von der V. für gewisse unbeschränkt steuerpflichtige Personen und Einrichtungen; sie entsprechen weithin den Befreiungen von der → Körperschaftsteuer nach § 5 KStG.

*Steuerberechnung:* Steuerpflichtiges Vermögen (§ 9 VStG) ist bei unbeschränkt steuerpflichtigen natürlichen Personen der Betrag, der nach Abzug persönlicher → Freibeträge – nach § 6 Abs. 1, 2 VStG 120.000 DM pro Person, zusätzlich ggf. 50.000 DM gem. § 6 Abs. 3 VStG – vom Gesamtvermögen verbleibt. Bei unbeschränkt steuerpflichtigen → Körperschaften, → Personenvereinigungen und Vermögensmassen gilt eine → Freigrenze von 20.000 DM (§ 8 Abs. 1), ebenso bei beschränkt Steuerpflichtigen im Hinblick auf das Inlandsvermögen (§ 8 Abs. 2 VStG).

Der V. entsprechende ausländische Steuern werden bei unbeschränkt Steuerpflichtigen durch Anrechnung oder Steuerermäßigung berücksichtigt (§§ 11, 12 VStG), soweit keine besondere Regelung in → Doppelbesteuerungsabkommen getroffen ist.

→ *Steuertarif:* § 10 VStG sieht drei unterschiedliche Steuersätze vor. Für in- und ausländische natürliche Personen beträgt die V. in der Regel 1 v.H. des steuerpflichtigen Vermögens. Sie beträgt nur die Hälfte (0,5%), soweit im steuerpflichtigen Vermögen land- und forstwirtschaftliches Vermögen (§ 33 BewG), → Betriebsvermögen (§ 95 BewG) und bestimmtes sonstiges Vermögen, nämlich → Aktien oder → Anteilsscheine, → Kuxe, → Geschäftsanteile, andere Gesellschaftseinlagen (außer bei → Personengesellschaften) und → Geschäftsguthaben bei → Genossenschaften (§ 110 Abs. 1 Nr. 3 BewG) enthalten sind. Für Körperschaften, Personenvereinigungen und Vermögensmassen beträgt der Steuersatz 0,6 v.H.

*Besteuerungsverfahren:* Bei unbeschränkter Steuerpflicht aller Beteiligten ist eine Zusammenveranlagung von Ehegatten (und Kindern) die Regel (§ 14 VStG). Grundsätzlich findet eine Hauptveranlagung für drei Kalenderjahre statt (§ 15 VStG); daneben kommen Neu- und Nachveranlagungen in Betracht (§§ 16, 17 VStG). Auf jeden Hauptveranlagungszeitpunkt sind → Steuererklärungen abzugeben, im übrigen nur nach einer Aufforderung der → Finanzbehörden (§ 19 VStG). Die V. wird nach den Verhältnissen zu Beginn des Kalenderjahres festgesetzt und entsteht zu diesem Zeitpunkt (§ 5 VStG). Bei Beträgen über 500 DM ist die V. quartalsweise zu entrichten; vor Bekanntgabe der Jahressteuer sind Vorauszahlungen in Höhe eines Viertels der zuletzt festgesetzten Steuer ebenfalls zum 10. 2., 10. 5., 10. 8. und 10. 11. fällig (§§ 20, 21 VStG).

*Rechtliche Grundlagen:* VStG, VStR.

## Vermögensübernahme
Vertraglich begründete Übernahme des gesamten → Vermögens einer → Person durch eine andere Person (§ 419 BGB). Der Übernehmer haftet den → Gläubigern des anderen (unbeschadet der fortdauernden → Haftung des bisherigen → Schuldners) vom Abschluß des Vertrages an für die zu dieser Zeit bestehenden → Ansprüche. Die Haftung ist gemäß § 419 Abs. 2 BGB beschränkt auf den Bestand des übernommenen Vermögens. → Kreditinstitute haben bei der Besicherung von Kreditengagements darauf zu achten, daß sie Sicherheiten nicht in einem Umfang übernehmen, daß daraus eine V. herrührt. → Pfandrechte können hierbei außer Ansatz bleiben, nicht jedoch → Sicherungsübereignung und → Sicherungsabtretung.

## Vermögensverwaltung
*Begriff:* Professionelle, selbständige, dauerhafte und zielorientierte Verwaltung von definierter Finanzvermögen von Mandanten aufgrund eines Vollmachtsvertrages durch → Kreditinstitute, Vermögensverwaltungsgesellschaften oder Vermögensverwalter. Andere Bezeichnungen für diese Tätigkeiten sind auch Vermögensbetreuung, Vollmachts-Depotverwaltung, → Portfolio Management oder → Asset Management.
Unter V. im weiteren Sinne versteht man in der Praxis sinnverwandte Tätigkeiten wie z.B. Immobilienverwaltung oder die allgemeine Verwaltung von Privatvermögen.
V. wird begünstigt durch
– das allgemein zunehmende → Vermögen der Privathaushalte, es ist die Rede von der Erbengeneration,
– die komplexe und veränderliche Steuergesetzgebung,
– die Vielzahl neuer Geldanlageinstrumente,
– die Internationalisierung der → Kapitalmärkte und
– die zeitweise crash-ähnlichen Verunsicherungen auf einzelnen Kapitalmärkten.
Die Bereitschaft, eigene Vermögenswerte einer V. anzuvertrauen, hängt von begünstigenden Faktoren wie z.B. → Bankgeheimnis, Diskretion, Seriosität, Tradition des → Finanzplatzes, politischer Stabilität, banktechnischem Know-how und der Freizügigkeit des Kapitalverkehrs ab. Der Finanzplatz Schweiz gilt dementsprechend als Marktführer im Vermögensverwaltungsgeschäft. Der Finanzplatz Deutschland wird beeinträchtigt durch die steuerrechtliche Durchbrechung des Bankgeheimnisses, die → Zinsabschlagsteuer, die restriktiven Vorschriften für → Kapitalanlagegesellschaften und den nur rudimentär vorhandenen Anlegerschutz.
Mit dem Anstieg der Zahl vermögender Personen nimmt die Bedeutung der V. zu. Demgemäß ist eine Ausrichtung der V. auf eine

**Vermögensverwaltung**

breitere Kundschaft zu verzeichnen. Der Einsatz moderner, EDV-gestützter Informations- und Verwaltungssysteme und die Vorgabe standardisierter Musterportfolios begünstigen diesen Trend. Davon unabhängig behalten sich exklusive Vermögensverwalter das individuelle Managen größerer Vermögenspositionen vor.
Das Vermögensverwaltungsgeschäft ist derzeit nicht ausdrücklich geregelt. Reine Vermögensverwalter unterliegen außerdem keiner Aufsicht. Die →Wertpapierdienstleistungs-Richtlinie (Richtlinie 93/22/EWG des Rates der Europäischen Gemeinschaften) vom 10. Mai 1993, die sowohl Kreditinstitute als auch reine Vermögensverwalter betrifft, und deren Umsetzung in nationales Recht bis Ende 1995 zu erfolgen hat, wird folgendes regeln:
– inhaltliche Mindestanforderungen an die Vermögensverwaltungsverträge,
– Vermögensverwalter werden einer Aufsicht unterstellt,
– Bestimmungen über die Meldung an die Aufsichtsbehörde,
– Zulassungsvoraussetzungen z. B. für Geschäftsführer,
– grundsätzliche Niederlassungsfreiheit, wenn der jeweilige Vermögensverwalter in der →Europäischen Union (EU) zugelassen ist,
– Mindesteigenkapitalausstattung 125.000 ECU.
Der Markt der V. ist ein Käufermarkt mit entsprechend hartem →Wettbewerb auf der Anbieterseite. Auf der Nachfrageseite stehen vermögende Privatpersonen und institutionelle Anleger. Ferner nutzen auch ausländische Anleger diesen Finanzservice, wenn sie ihr Vermögen von Spezialisten, die mit den jeweiligen landesspezifischen Verhältnissen vertraut sind, verwalten lassen möchten.

*Vermögensverwalter und deren Beurteilung:* Auf der Suche nach einem für die eigenen Interessen geeigneten Vermögensverwalter steht der Anleger vor der Wahl zwischen einer →Großbank, einer →Privatbank, einem Institut einer Finanzgruppe, z. B. Sparkassenfinanzgruppe, einer reinen Vermögensverwaltungsinstitution oder einem privaten Vermögensverwalter.

*Kriterien zur Beurteilung:* a) *Zielkonflikte:* Sogenannte „freie" bzw. „unabhängige" Vermögensverwalter werben damit, daß sich ihre Ziele mit den Anlagezielen ihrer Kunden decken. Kreditinstitute dagegen erwirtschaften umsatzabhängige →Depotgebühren im Kapitalverkehr. Eine Insider-Faustregel besagt, daß deshalb das verwaltete Vermögen mindestens einmal pro Jahr umgeschlagen werden sollte. Interessenskonflikte bestehen auch, wenn institutseigene →Wertpapiere und andere Anlageformen unterzubringen sind, oder wenn ein Kreditinstitut die →Emission von Wertpapieren übernommen hat.

b) *Leistungsfähigkeit:* Ohne hier die Leistungsfähigkeit einzelner V. bewerten zu wollen, können zumindest objektive Kriterien zur Beurteilung von V. genannt werden:
Um ständig aktuelle, ggf. weltweite Informationen über Länder, Branchen und einzelne Anlageobjekte zu erhalten und zu analysieren, ist ein leistungsfähiges Informationssystem erforderlich. Um erkannte Marktveränderungen auch schnell in Vermögensdispositionen umsetzen zu können, sollten enge Arbeitsbeziehungen zwischen den verschiedenen Abteilungen eines Kreditinstitutes, bzw. zwischen einem Vermögensverwalter und seinen Partnern (Korrespondenten, →Börsen, Händler, Informationsdienste) bestehen.
Mit der Größe des Vermögensverwaltungsunternehmens nehmen die Informationsmöglichkeiten und die weltweiten Arbeitsbeziehungen zu. Privatkreditinstitute und freie Vermögensverwalter müssen entsprechende Marktinformationen teuer kaufen, wenn sie keine eigene Researchabteilung unterhalten. Weitere Kriterien sind beispielsweise der Umfang der Erfahrungen im Anlagegeschäft, der finanzwirtschaftliche Ausbildungs- bzw. Kenntnisstand und die technische Ausstattung zur Beratung und Bearbeitung.

c) *Staatliche Aufsicht:* Kreditinstitute unterliegen im Gegensatz zu freien V. einer umfassenden staatlichen Aufsicht (→Bundesaufsichtsamt für das Kreditwesen). Öffentlich-rechtliche Kreditinstitute werden darüber hinaus durch →Gewährträger und von deren beauftragten Instanzen kontrolliert. Die Kontrolle bezieht sich sowohl auf die Errichtung als auch auf die laufende Geschäftstätigkeit. Freie Vermögensverwalter, zu denen hier auch reine vermögensverwaltende Töchter von Kreditinstituten zählen, unterliegen keiner derartigen öffentlichen Aufsicht.

## Vermögensverwaltung

d) →*Haftung*: Das Risiko eines Anlageerfolges einer Vermögensverwaltung liegt allein beim Anleger. Der Vermögensverwalter haftet nur bei Verletzung der vereinbarten Anlagerichtlinie bzw. bei grober →Fahrlässigkeit. Beispielsweise hat er bei einem Kurseinbruch Verluste zu verantworten, wenn er statt vertraglich vereinbarter, maximaler 30% nun 50% des Vermögens in →Aktien investiert hat. Ein Nachweis über grobe Fahrlässigkeit ist vom Anleger zu erbringen und in der Praxis schwer zu führen. Das im Schadensfall relevante materielle Haftungspotential hängt vom vorhandenen (haftenden) Eigenkapital des Vermögensverwalters ab. Das Fehlen gesetzlicher Eigenkapitalanforderungen für reine Vermögensverwalter auf der einen Seite und das summenmäßig riesige Eigenkapitalpolster von großen Kreditinstituten auf der anderen Seite bewirkt, daß eine verwaltete Vermögensmasse von Fall zu Fall einer höchst unterschiedlichen Haftmasse gegenübersteht.
Der Anleger muß dem Verwalter seines Vermögens ein Höchstmaß an Vertrauen entgegenbringen. Neben der eigentlichen Fachkompetenz und der Haftungsmasse stehen dem Vertrauen auch die Größe und der gute Ruf des Vermögensverwalters als formelle Größe gegenüber. D. h. im Interesse des eigenen guten Rufes sind Vermögensverwalter um eine leistungsfähige und für ihre Mandanten zufriedenstellende V. bemüht.

e) *Individualität*: Freie (unabhängige) Vermögensverwalter führen an, daß sie ihren Mandanten mehr Spielraum bei den Anlagekriterien, den Anlagemöglichkeiten und den Konditionen bieten können. Die Konzentration auf einen exklusiven Kundenkreis (ab einem Mindestvermögen von z. B. 1 Mio. DM) ermöglicht eine individuellere Beratung des Mandanten.
Dem steht eine mengengeschäftsmäßige Einteilung von Anlegern in vorgegebene Klassifikationen gegenüber.

*Vermögensverwaltungsvertrag*: Der Vermögensverwaltungsvertrag (Depot-Vollmachtsvertrag, Mandatsvertrag) ist das Kernstück der Beziehung zwischen Anleger und Vermögensverwalter.
Da für die V. weder ein Berufsverband, noch einheitliche Richtlinien, oder gar spezielle gesetzliche Regelungen existieren, kann sich die Rechtssicherheit für den Anleger nur auf diesen Vertrag beziehen. Vermögensverwaltungsverträge sollen deshalb klar und verständlich, übersichtlich und vollständig sein.

a) *Inhalt*: Die Bestandteile einer V. sind:
– Vertragsparteien: Auftraggeber und -nehmer mit vollständiger Adresse
– Vertragsgegenstand: Genaue Beschreibung der zu verwaltenden Vermögenswerte (→Depots, →Konten usw.)
– Anlageziele des Auftraggebers (Anlagerichtlinie)
– Festlegung der Anlagestrategie
– Honorarvereinbarungen
– Bestimmungen zur Vertragsauflösung durch →Kündigung, Tod oder Handlungsunfähigkeit des Auftraggebers/Vermögensverwalters
– Korrespondenz- und Informationsregelung zwischen den Vertragsparteien
– Haftungsbestimmungen
– →Gerichtsstand und →Erfüllungsort

b) *Erläuterung zu den Vertragsinhalten*: Die →Verträge geben meist dem Vermögensverwalter die alleinige Entscheidungsbefugnis. Lediglich institutionelle Anleger (z. B. Firmen, Versicherungen oder →Stiftungen) vereinbaren teilweise, daß der Vermögensverwalter die laufende Beobachtung des Depots und der Marktsituation übernimmt, den Anleger im Bedarfsfall berät und eine vorteilhafte Disposition empfiehlt. Die eigentliche Entscheidung trifft jedoch der Anleger selbst (Direktauftrag).
Der Anleger kann aus Gründen der Sicherheit seine →Vollmacht derart einschränken, daß der Verwalter zur Umschichtung (An- und Verkäufe) der Vermögenswerte, nicht jedoch zu sogenannten Leerverkäufen ermächtigt wird. Weiter liegt im Interesse des Anlegers, daß Barvollmachten ausgeschlossen sind, und, soweit die Vollmacht bei einer →Depotbank liegt, das Depot im Inland geführt wird. Die Verträge werden regelmäßig schriftlich fixiert und können jederzeit von beiden Vertragsparteien gekündigt werden.

c) *Reporting und Erfolgsmessung*: Zur Kontrolle ist vereinbart, daß der Anleger vom Vermögensverwalter regelmäßig z. B. jährlich oder quartalsweise ausführliche Rechenschaftsberichte (Reportings) erhält. Die Berichte enthalten die Anfangs- und Endbestände des Depots, eine Auflistung aller →Umsätze, die Anlageergebnisse (Performances) als Betragssumme und ggf. in

1605

## Vermögensverwaltung

Relation zum angestrebten Mindestergebnis (→ Benchmark). Als Vergleichsmaßstab dient die Wertentwicklung eines entsprechenden → Indizes, z. B. → Deutscher Aktienindex (DAX). Darüber hinaus kann per Computer laufend der aktuelle Wert eines Depots mit marktgängigen Werten ermittelt werden.

*Arbeitsweise des Vermögensverwalters*: Der Vermögensverwalter hat ausgehend von der Situation und Person des Anlegers (Kundenanalyse) eine Anlagestrategie für den Kunden zu entwickeln. Daher ist die V. beratungsintensiv. Im Gegensatz zur herkömmlichen → Anlageberatung erfolgt jedoch die Beratung nicht von Fall zu Fall, sondern ausführlich zu Beginn der auf Dauer ausgerichteten V.

Der Vermögensverwalter hat auch Länder-, Branchen- und Firmenanalysen durchzuführen, bzw. sich diese von Geschäftspartnern oder spezialisierten Rating-Agenturen zu beschaffen.

Aus den relevanten wirtschaftlichen, sozialen und politischen Analysen sind konkrete Kapitalmarkterwartungen abzuleiten. Diese sind mit der Anlagestrategie des Kunden abzustimmen. Auf dieser Basis sind vom Vermögensverwalter konkrete Entscheidungen zu treffen.

Die letzte Stufe dieses Regelkreises ist die Zielerreichung und die Erfolgsmessung.

Die kunden- und marktbezogenen Faktoren werden laufend überwacht, damit bei sich abzeichnenden Veränderungen schnell erfolgversprechende Vermögensdispositionen getroffen werden können.

*Methodik der V.*: Die traditionelle V. orientiert sich stark am „Fingerspitzengefühl" des Verwalters. Diese sogenannte inkrementale Arbeitsweise wird immer mehr durch ein „modernes Portfoliomanagement" verdrängt. Letztere folgt einem sog. synoptischen Ansatz, nach welchem systematisch objektive und nachvollziehbare Analyse- und Entscheidungstechniken zum Einsatz kommen. (→ Moderne Portfolio-Theorie). – Vgl. auch Abbildung S. 1607.

*Kundenanalyse*: Eine V. kann auf Dauer nur erfolgreich sein, wenn sich ein Anleger mit den getroffenen Entscheidungen identifiziert. Daher sind persönliche Faktoren, wie z. B.

- die individuelle Vermögenssituation (Umfang, Art und Struktur),
- die derzeitige Einkommenssituation,
- absehbare künftige Veränderungen (z. B. Pensionierung),
- die steuerliche Situation,
- die Ausgabensituation (laufende Ausgaben, Sonderbelastungen),
- die Motive und Ziele der Vermögensanlage sowie
- die Anlegermentalität

zu analysieren.

*Anlageziele, Anlagestrategien und Anlageformen*: In der V. werden typisiert die in der Tabelle auf S. 1608 dargestellten Zuordnungen von Anlegermentalität (Risikobereitschaft), Anlagezielen und Anlagestrategien getroffen.

*Anlagerichtlinie*: Die kundenorientierte und individuelle Anlagestrategie wird in der Anlagerichtlinie als Teil des Vermögensverwaltungsvertrages festgelegt. In ihr wird die konkrete Depotstruktur (→ Asset Allocation) hinsichtlich der Verteilung auf
- Anlageformen (z. B. → Zinsinstrumente, Aktien),
- Branchenanteile (z. B. Industrie, Banken) und
- Länderanteile (z. B. nur Inland, 20% Inland und 80% Europa)

festgelegt. Darüber hinaus werden Grenzen und ggf. maximal tolerierbare Bandbreiten (z. B. Verkauf von Aktien, wenn der Kurs um über 40% fällt) vereinbart.

*Honorare und erforderliches Mindestvermögen*: a) *Honorare*: Gängige Honorarregelungen sind z. B. 0,5 oder 1% vom verwalteten Vermögen. Die Ermittlung erfolgt zu fest vereinbarten Stichtagen. Erfolgsabhängige Honorare sind eher selten. Diese betragen dann z. B. 10–20% des Erfolges. Eine Verrechnung (Saldierung) mit einer etwaigen vorhergehenden Verlustperiode liegt im Interesse des Anlegers. Gegen eine erfolgsorientierte Vergütung spricht, wenn z. B. ein Anleger aufgrund geringer Risikoneigung sichere Anlagen bevorzugt und konträr hierzu ein Vermögensverwalter gewinnmaximierend zu Risikoanlagen neigt.

b) *Gebühren*: Neben dem Honorar für die V. fallen bei jeder Transaktion weitere umsatz-. bzw. stückabhängige Kosten (z. B. Depotgebühren, → Provisionen, Maklercourtage) an. Freie Vermögensverwalter führen kritisch an, daß depotführende und vermögensverwaltende Kreditinstitute an jedem → Umsatz, unabhängig vom erzielten → Ertrag verdienen.

# Vermögensverwaltung

## Vermögensverwaltung

| Subjektive Vorgaben | "Rahmenbedingungen" der Kapitalmärkte | |
|---|---|---|
| Anlagebedürfnisse<br>Risikobereitschaft | Marktbeobachtung<br>(auf "technischer" Basis)<br>20 internationale Märkte | Marktanalysen<br>(fundamental)<br>12 internationale Märkte |
| **KUNDE** | **PORTFOLIOMANAGEMENT** | **MAKRO-RESEARCH** |
| Ziel und Meßvereinbarungen<br>Restriktionen und "Benchmarks" | Anlageideen und<br>Analysevorschläge | (1) Negativ-Liste<br>(2) Positivauswahl mit<br>Gewichtungsempfehlung |

Steuerung des Mikro-Research

Unternehmensanalysen

**MIKRO-RESEARCH**

Aktienempfehlungen
(Käufe und Verkäufe)

Szenario-entsprechende
Anlagestrategie

**STRATEGIEAUSSCHUSS**
(Asset Allocation-Ausschuß)

Asset Allocation und
sonstige Anlagerichtlinien

Kundenvorgaben

Kundenindividuelle
Strategieumsetzung und
Portfoliosteuerung

**PORTFOLIOMANAGEMENT**
(Fondsmanagement)

Individuelle Kundenportefeuilles

"was"
"wer"
"Ergebnis"

Reporting
zum
Kunden
(evtl.
Revision
der Ziele
und
Restriktionen durch den
Kunden)

| Reporting von<br>Vermögensstruktur,<br>Performance etc. | Kontrolle<br>(Inhouse) |
|---|---|
| **PORTFOLIOMANAGEMENT**<br>(Fondsmanagement) | **LEITUNG** |
| Feedback zu Kunde | Feedbacks |

Quelle: M. M. Warburg Bank

## Vermögenswirksame Leistungen

### Vermögensverwaltung

| Risikobereitschaft | Anlageziel | Strategie | Anlagepolitik |
|---|---|---|---|
| gering | stetiger Ertrag | konservativ | 70% Festverzinsliche WP<br>30% Geldmarkt |
| mittel | attraktive Rendite nach Steuern | progressiv | 50% Festverzinsliche WP<br>40% Aktien<br>10% Geldmarkt |
| groß | attraktive Wertsteigerung bei ausgeprägter Risikobereitschaft | spekulativ (aggressiv) | 60% Aktien<br>20% Festverzinsliche WP<br>10% Optionen<br>10% Geldmarkt |

c) *Mindestvermögen*: Die Bandbreite des zum Managen erforderlichen Mindestvermögens reicht von ca. 25.000 DM bis 30 Millionen DM. Als Mindestbetrag für eine wirklich individuelle V. werden häufig 500.000 DM oder 1 Million DM genannt. Im Rahmen von standardisierten Musterportfolios werden bereits auch kleinere Beträge verwaltet.

Kleine Depots werden aus Gründen der Risikostreuung und der rationellen Bearbeitung gerne mit geschlossenen Fonds (→ Closed-End-Funds) bestückt (Fonds-Picking).

Analysen und Entscheidungen werden dabei teilweise auf → Kapitalanlagegesellschaften verlegt. Durch die Aufteilung in verschiedene Fonds wird eine doppelte Diversifizierung ermöglicht.

(→ Anlageberatung)

### Vermögenswirksame Leistungen

Geldleistungen, die der → Arbeitgeber für den → Arbeitnehmer in den im Fünften Vermögensbildungsgesetz (→ Vermögensbildungsgesetz) genannten Anlage- und Vertragsformen anlegt. Die v. L. müssen vom Arbeitgeber grundsätzlich unmittelbar an das Unternehmen oder an das → Kreditinstitut oder an die → Gläubiger geleistet werden, bei denen die Anlage erfolgen soll. Bei v. L., die in → Verträgen mit dem Arbeitgeber angelegt werden, sind die Leistungen zu verrechnen.

V. L. können erbracht werden als Leistungen des Arbeitgebers, die er gemäß → Tarifvertrag, → Betriebsvereinbarung oder freiwillig zusätzlich neben dem Arbeitsentgelt zahlt, oder als eigene Leistungen des Arbeitnehmers, die er auf Antrag aus seinem Arbeitsentgelt erbringt, oder in der Kombination von Arbeitgeber- und Arbeitnehmerleistungen. V. L., die vom Arbeitgeber erbracht werden, stehen auch denjenigen Arbeitnehmern zu, die die Einkommensgrenzen für die Gewährung von → Arbeitnehmer-Sparzulagen überschreiten. Die Arbeitnehmer erhalten für die v. L. keine Arbeitnehmer-Sparzulage; sie können die Zahlungen aber auf Lebensversicherungsverträge und → Bausparverträge als → Sonderausgaben geltend machen. V. L. sind Entgelt i. S. der Sozialversicherung und arbeitsrechtlich Bestandteil des Lohns oder des Gehalts. Sie unterliegen dem Abzug durch → Lohnsteuer bzw. → Einkommensteuer.

V. L. können auch angelegt werden zugunsten des Ehegatten des Arbeitnehmers, zugunsten der Kinder i. S. des § 32 Abs. 1 EStG (→ Kinderfreibeträge), die zu Beginn des maßgebenden Kalenderjahres das 17. Lebensjahr noch nicht vollendet hatten oder die in diesem Kalenderjahr lebend geboren wurden; zugunsten der Eltern/eines Elternteils des Arbeitnehmers (gilt nicht für → Wertpapierkaufvertrag nach dem Fünften VermBG (§ 5 5. VermBG), → Beteiligungs-Vertrag nach dem Fünften VermBG (§ 6 5. VermBG), → Beteiligungs-Kaufvertrag nach dem Fünften VermBG (§ 7 5. VermBG)).

### Vermögenswirksames Sparen

→ Sparen, das i. S. des → Vermögensbildungsgesetzes Sparen in bestimmten gesetzlich beschriebenen Anlage- und Vertragsformen ist, wobei das Erbringen von bestimmten Sparleistungen von → Arbeitnehmern durch Gewährung von → Arbeitnehmer-Sparzulagen oder Steuervergünstigungen nach § 19a EStG gefördert wird (→ staatliche Sparförderung).

*Begünstigter Personenkreis:* Für die Förderung der Vermögensbildung nach dem

5. VermBG kommen ausschließlich Arbeitnehmer in Betracht. Dem Begriff des „Arbeitnehmers" im § 1 Abs. 2 5. VermBG liegt der arbeitsrechtliche Arbeitnehmerbegriff zugrunde. Erfaßt sind alle in der Wirtschaft und im Öffentlichen Dienst beschäftigten Personen einschließlich → Auszubildende, Praktikanten, Umschüler und Volontäre. Auch Beamte, Richter, Berufssoldaten oder Soldaten auf Zeit zählen gemäß § 1 Abs. 4 5. VermBG zu dem geförderten Personenkreis. Alle Personen, die nicht Arbeitnehmer i. S. des Gesetzes sind (z. B. Hausfrauen, Pensionäre, freiberuflich Tätige, Vorstandsmitglieder und → Geschäftsführer von juristischen Personen), können die Verfügungen des Vermögensbildungsgesetzes nicht nutzen.

*Begriff „vermögenswirksame Leistung":* Unter einer → „vermögenswirksamen Leistung" sind der Vermögensbildung dienende Geldleistungen zu verstehen, die der → Arbeitgeber für den Arbeitnehmer in einer Anlageform anlegt, die § 2 Abs. 1 5. VermBG vorsieht. Der Arbeitnehmer kann die Anlageform selbst auswählen.

Die vermögenswirksame Leistung kann vom Arbeitgeber auf Grund bestimmter Vereinbarungen (→ Tarifverträge, → Betriebsvereinbarungen, Einzelverträge mit Arbeitnehmern) zusätzlich zum Arbeitslohn (§ 10 5. VermBG) gezahlt werden. Es kann sich auch um vermögenswirksam angelegte Lohnteile des Arbeitnehmers (§ 11 5. VermBG) handeln. Im übrigen kann nur Arbeitslohn vermögenswirksam angelegt werden, der dem Arbeitnehmer noch nicht zugeflossen ist. Soweit für vermögenswirksame Leistungen eine Arbeitnehmer-Sparzulage gezahlt wird, handelt es sich um zulagebegünstigte vermögenswirksame Leistungen. Da vermögenswirksame Leistungen Bestandteil des Bruttogehalts sind, unterliegen sie der Steuerpflicht wie auch der Beitragspflicht zur Sozialversicherung.

*Anlagen:* § 2 Abs. 1 5. VermBG führt die in Frage kommenden Anlageformen abschließend auf, in denen vermögenswirksame Leistungen auf der Grundlage der in den §§ 4 bis 9 5. VermBG beschriebenen Vertragsformen angelegt werden können: (1) Anlagen in Wertpapieren mit Beteiligungscharakter (§ 2 Abs. 1 Nr. 1 Buchstaben a–f 5. VermBG), (2) Anlagen in anderen (nicht verbrieften) Vermögensbeteiligungen (§ 2 Abs. 1 Nr. 1 Buchstaben g–l 5. VermBG), (3) Anlagen nach den Vorschriften des → Wohnungsbau-Prämiengesetzes (§ 2 Abs. 1 Nr. 4 5. VermBG), (4) Anlagen zum Bau, Erwerb etc. von Wohngebäuden, → Wohnungseigentum oder → Dauerwohnrecht sowie im Zusammenhang damit eingegangenen Verpflichtungen (§ 2 Abs. 1 Nr. 5 5. VermBG), (5) Anlagen auf → Sparkonten (§ 2 Abs. 1 Nr. 6 5. VermBG), (6) Anlagen in Lebensversicherungen (§ 2 Abs. 1 Nr. 7 5. VermBG).
– Übersicht vgl. S. 1610.
(→ Fünftes Vermögensbildungsgesetz, Anlageformen, → staatliche Sparförderung)

**Veröffentlichungen der Deutschen Bundesbank,** → Deutsche Bundesbank, Veröffentlichungen.

**Verordnung für die Rechnungslegung der Kreditinstitute,** → Rechnungslegungsverordnung.

**Verordnung über die Anlage zum Jahresabschluß von Kreditinstituten, die eingetragene Genossenschaften oder Sparkassen sind (JAGSV)**
Vom Bundesministerium der Justiz im Einvernehmen mit dem Bundesministerium der Finanzen und im Benehmen mit der → Deutschen Bundesbank erlassene → Rechtsverordnung vom 13. 10. 1993 (BGBl. I S. 1705), die nur für bestimmte → Kreditinstitute, nämlich für eingetragene → Genossenschaften sowie für → Sparkassen gilt und nähere Vorgaben über die Anlage enthält, die dem Jahresabschluß zwecks Erläuterung beizufügen ist (→ Anlage zum Jahresabschluß nach § 26 Abs. 1 KWG). Sie muß zusammen mit diesem gemäß § 26 Abs. 1 KWG dem → Bundesaufsichtsamt für das Kreditwesen und der Bundesbank eingereicht werden. Für eingetragene → Kreditgenossenschaften ist maßgeblich das Muster der Anlage 1 zur JAGSV, für Sparkassen das Muster der Anlage 2 hierzu.

**Verpächterpfandrecht**
→ Gesetzliches Pfandrecht des Verpächters eines → Grundstücks oder von Räumen an den eingebrachten → Sachen des Pächters gemäß §§ 581, Abs. 2, 559, 580 BGB, das weitgehend dem → Vermieterpfandrecht entspricht.

*Besonderheiten:* Bei der Verpachtung landwirtschaftlicher Grundstücke erfaßt es auch noch nicht vom Boden getrennte Früchte (§ 99 BGB) sowie → unpfändbare Gegenstände i. S. v. § 811 Nr. 4 ZPO wie z. B. land-

**Verpfändung**

## Vermögenswirksames Sparen

| Anlage-<br>formen \ Anlage-<br>institut | Kreditinstitute | Arbeitgeber | Bausparkassen | Versicherungs-<br>gesellschaften |
|---|---|---|---|---|
| Wertpapiere | Sparvertrag über Wertpapiere und andere Vermögensbeteiligungen (§ 4 5. VermBG) | Wertpapier-Kaufvertrag (§ 5 5. VermBG) | – | – |
| Andere Vermögensbeteiligungen | | Beteiligungs-Vertrag (§ 6 5. VermBG) Beteiligungs-Kaufvertrag (§ 7 5. VermBG) | | |
| Bausparkonto | – | – | Bausparvertrag nach WoPG | – |
| Sparkonto | Konten-Sparvertrag (§ 8 5. VermBG) | – | – | – |
| Kapitalversicherung auf den Erlebens- und Todesfall | – | – | – | Kapitalversicherungsvertrag (§ 9 5. VermBG) |

wirtschaftliche Geräte, Vieh, Dünger (§ 592 BGB).

**Verpfändung**
Bestellung eines → Pfandrechts an → Sachen oder → Rechten durch → Vertrag (→ Vertragspfandrecht).

*Sonderfall:* → AGB-Pfandrecht der Kreditinstitute.

**Verpfändung von Spareinlagen**
Eine freiwillige Verfügung des Kontoinhabers zugunsten von → Gläubigern. Die → Verpfändung dient dabei der Absicherung von Zweitgeschäften. Die → Einlagen sind erst dann rechtsgültig verpfändet, wenn die → Bank eine entsprechende Anzeige erhalten hat. Zunächst können Kontoinhaber und Pfandgläubiger nur gemeinsam über das → Konto verfügen. Erhält der Pfandgläubiger dann das Recht zur → Verwertung des Pfandes, so kann er alleine über die Einlagen verfügen. Sparguthaben werden häufig auch als Mietkaution verpfändet.

**Verpflichtungsgeschäfte**
*Kausalgeschäfte*; schuldrechtliche → Rechtsgeschäfte, die eine Verpflichtung zu einem Tun oder Unterlassen begründen (z. B.
→ Kauf, → Darlehensvertrag, → Arbeitsvertrag). Nach dem → Abstraktionsprinzip im deutschen → Privatrecht sind V. und → Verfügungsgeschäfte in ihrer Wirksamkeit grundsätzlich voneinander unabhängig.

**Verrechnungsscheck**
→ Scheck, bei dem im Unterschied zum → Barscheck der → Aussteller oder ein späterer Inhaber durch einen nicht mehr abänderbaren quer über die Vorderseite gesetzten Vermerk „Nur zur Verrechnung" oder gleichlautender Klausel, wie z. B. „Nur zur Gutschrift", dem bezogenen Institut die Barzahlung untersagt hat bzw. bei dem die Barauszahlung durch einen aufgedruckten Verrechnungsscheckvermerk untersagt ist. Das bezogene → Geldinstitut darf den Scheck nur im Wege der Gutschrift einlösen, wobei die Gutschrift als Zahlung gilt (Art. 39 Abs. 1 und Abs. 2 SchG).
Mit der Verrechnungsklausel sucht der Aussteller bzw. Inhaber der Gefahr vorzubeugen, daß ein Unbefugter den Scheck mißbräuchlich verwendet; denn durch die Buchung läßt sich der letzte Inhaber feststellen. Mißachtet die bezogene Bank das Verrechnungsgebot, so haftet sie dem Aussteller bzw. späteren Inhaber für den daraus

entstandenen Schaden, jedoch nur bis zu der Höhe der Schecksumme (Art. 39 Abs. 4 SchG). Der Auszahlung steht es gleich, wenn ein Unbefugter den Scheck beim bezogenen Institut in der Form einlöst, daß er zunächst dort ein → Konto eröffnet, das Institut ihm eine entsprechende Gutschrift erteilt und sofort die Verfügung über den gesamten Scheckbetrag gestattet. Dieses Verfahren muß begründete Zweifel an der Berechtigung des Vorlegenden hervorrufen. Eine Mißachtung der gebotenen Sorgfalt führt ohne vertragliche Beziehung zu einer Schadensersatzpflicht der Banken nach § 990 BGB. Der V. bietet aber nur einen schwachen Schutz gegenüber mißbräuchlicher Verwendung: Der Nichtberechtigte kann z. B. das Papier an einen Gutgläubigen aushändigen, der dann den Scheck als berechtigter Inhaber zur Zahlung einreicht.

**Verrechnung von Forderungen und Verbindlichkeiten in der Bankbilanz,** → Kompensation von Forderungen und Verbindlichkeiten in der Bankbilanz.

**Verrechnung von Zins- und Tilgungsleistungen bei Darlehen**
Bei → Darlehen anfallende Zinsbelastungen und vereinbarte → Tilgungen können unterschiedlich periodisch belastet und verrechnet werden. Je nachdem, ob die im → Kreditvertrag vereinbarten → Zinsen monatlich, viertel- oder gar halbjährlich belastet werden, ändert sich der Effektivzinssatz, der bei monatlicher Zinsbelastung am höchsten ist. Werden unterjährige Tilgungszahlungen nicht bei Zahlung, sondern erst später, beispielsweise zum Jahresende, verrechnet, erhöht auch dieses die effektiven → Kosten eines Darlehens. Die Angabe des anfänglichen effektiven Zinssatzes ermöglicht dem Darlehensnehmer einen Preisvergleich bei verschiedenen Darlehensangeboten mit unterschiedlichen Verrechnungsmodalitäten von Zins- und Tilgungsleistungen.
(→ Tilgungsverrechnung)

**Verrichtungsgehilfe,** → Erfüllungsgehilfe.

**Verschlossenes Depot**
→ Gegenstände (z. B. Edelsteine, Münzen) werden in feuer- und einbruchsicheren Tresorräumen in → Schließfächern verwahrt. Bei einem v. D. kennt der → Verwahrer beispielsweise nicht den Inhalt des vermieteten → Schrankfaches. Das → Depotgesetz ist auf v. D. nicht anzuwenden.
*Gegensatz:* → offenes Depot.

**Verschmelzung von Unternehmen,** → Fusion.

**Verschulden**
Vorwerfbarkeit eines Fehlverhaltens, etwa im Rahmen von → Schuldverhältnissen. Schuldformen sind → Vorsatz und → Fahrlässigkeit; ein → Schuldner hat beides zu vertreten, d. h. er haftet, wenn gesetzlich oder vertraglich nichts anderes bestimmt ist. V. stellt bei → Verträgen wie bei → unerlaubten Handlungen eine Voraussetzung für → Ansprüche auf → Schadensersatz dar.

*Modalitäten:* Im BGB gibt es teils Haftungsverschärfungen (§ 287 Satz 2, → Schuldnerverzug), teils Milderungen; der Schuldner haftet dann nur für Vorsatz und grobe Fahrlässigkeit (z. B. § 521 BGB), oder für die Sorgfalt, die er in eigenen Angelegenheiten anzuwenden pflegt (§ 277 i. V. m. § 690, § 708 BGB). Auch die Vertragsparteien können die Verschuldensmaßstäbe variieren. Unzulässig sind nur Vereinbarungen, durch die die → Haftung für eigenen Vorsatz ausgeschlossen werden soll (§ 276 Abs. 2 BGB). In → Allgemeinen Geschäftsbedingungen ist dies nicht möglich, ebensowenig die Beschränkung der Haftung bei grober Fahrlässigkeit (§ 11 Nr. 7 AGBG).

*V. von Hilfspersonen:* Der Schuldner hat in gleichem Umfang wie für eigenes V. auch für fremdes V. einzustehen, wenn dies bei seinen → gesetzlichen Vertretern und bei → Erfüllungsgehilfen gegeben ist. Außerhalb von AGB kann hier sogar die Haftung für vorsätzliches Fehlverhalten der Hilfspersonen ausgeschlossen werden (§ 278 Satz 2, § 276 Abs. 2 BGB). In AGB ist dies nicht möglich (§ 11 Nr. 7 AGBG, → Haftung der Kreditinstitute).

**Verschulden bei Vertragsschluß**
*Culpa in contrahendo* (latein., c. i. c.). Im BGB nicht geregeltes, aus → Treu und Glauben (§ 242 BGB) abgeleitetes, heute als kraft → Gewohnheitsrechts bestehend anerkanntes → Schuldverhältnis, das einen → Anspruch auf → Schadensersatz bei → Verschulden des anderen Teils oder von dessen → Erfüllungsgehilfen begründet. Bereits bei der Anbahnung eines → Vertrags kommt ein erhöhtes Vertrauensverhältnis

zwischen den Beteiligten zustande, das sie zur Beachtung von Sorgfaltspflichten im Hinblick auf Person und → Vermögen der anderen Beteiligten anhält. Es besteht unabhängig vom (späteren) Vertragsabschluß. So sind z. B. Personen bei Vertragsverhandlungen zur Offenheit verpflichtet, sie müssen zulässigerweise gestellte Fragen der anderen Beteiligten richtig beantworten. Ein vergleichbares Schuldverhältnis bezieht sich auf „nachwirkende" Pflichten aus einem bereits erfüllten Vertrag; so muß etwa ein früherer Mitarbeiter einer Bank auch nach der Beendigung des Arbeitsverhältnisses das → Bankgeheimnis wahren.

### Verschuldungsgrad
1. Verhältnis von → Fremdkapital zu → Eigenkapital. Der V. gibt gleichzeitig Auskunft über → Eigenkapitalquote und die → Fremdkapitalquote. Synonyme Bezeichnung: Verschuldungskoeffizient.
Manchmal wird mit V. auch der prozentuale Anteil des Fremdkapitals am Gesamtkapital (Fremdkapitalquote) ausgedrückt.
(→ Finanzierungsregeln, → Bilanzanalyse)

2. → Dynamischer Verschuldungsgrad.
*Gegensatz:* → Entschuldungsgrad.

### Verschuldungskoeffizient, → Verschuldungsgrad.

### Versicherung
*Begriff:* (1) *Privatversicherung*: Absicherung von Risiken aus den Gefahren des täglichen Lebens oder aus betrieblicher Tätigkeit bei einer Versicherungsgesellschaft gegen Prämienzahlung. (2) *Gesetzliche Sozialversicherung*: Schutz des Einzelnen innerhalb einer Solidargemeinschaft im Bereich der Kranken-, Unfall-, Renten-, Arbeitslosen- und Pflegeversicherung gegen die Zahlung zumeist von Pflichtbeiträgen.

*Arten*: In der Privatversicherung unterschieden werden Sach- und Personenversicherung. (1) In den Bereich der Personenversicherung gehören die Kapitallebensversicherung, die Risikolebensversicherung, die private Krankenversicherung, Unfall-, Invaliditäts- und Berufsunfähigkeitsversicherung sowie als Sonderformen die vermögenswirksame Lebensversicherung und die fondsgebundene Lebensversicherung.
(2) Die wichtigsten Sachversicherungen sind Automatenversicherung, Bauleistungsversicherung, Betriebsunterbrechungsversicherung, Feuerversicherung für Gebäude und Inventar, V. gegen Glasbruch und Leitungswasserschäden, Schwachstromversicherung, Einbruchdiebstahlversicherung, Kraftfahrtversicherung (Voll-, Teilkasko, Haftpflicht), Haftpflichtversicherung, Kreditversicherung, Maschinenversicherung, Rechtsschutzversicherung, Reisegepäckversicherung, Tierversicherung.

*Bedeutung*: Neben der Risikoabsicherung durch Zahlung der Versicherungssumme im Schadensfall sind die meisten genannten V. auch als → Kreditsicherheit oder für die Kreditsicherheiten von Bedeutung. Die Prämienzahlungen sind teilweise (Personenversicherungen) als → Vorsorgeaufwendungen oder bei betrieblicher Veranlassung (Sachversicherungen) als → Betriebsausgabe steuermindernd absetzbar.

### Versicherungsaktie
→ Aktie eines Sach- und Lebensversicherungsunternehmens, meistens als → vinkulierte Namensaktie. Das → Grundkapital ist bei Versicherungsgesellschaften häufig nicht voll eingezahlt.
V. werden in den Amtlichen Kursblättern und in Zeitungen zu einer Gruppe zusammengefaßt.

### Versicherungssparen
Sparform, die langfristige Ansparvorgänge mit einer Risikolebensversicherung mit gleichmäßig fallender Versicherungssumme zwecks Absicherung eines Sparziels kombiniert.
Die Produktkombination → Sparen und → Versicherung wird bei den → Sparkassen unter der Bezeichnung „Sparkassen-V." angeboten. Es handelt sich dabei im Kern um einen langfristigen Prämiensparvertrag älterer Prägung (→ Sparkassen-Prämiensparen), verknüpft mit der Absicherung des Sparziels durch eine → Risikolebensversicherung mit fallender Versicherungssumme (Todesfall-Risikolebensversicherung mit linear fallender Versicherungssumme, also ohne Kapitalansammlung bei der Versicherungsgesellschaft: Die Anfangsversicherungssumme ist identisch mit dem abzusichernden Sparziel. Das ist die Summe der über die gesamte Vertragslaufzeit insgesamt geplanten Sparraten. Die Versicherungssumme sinkt monatlich in gleichbleibenden Raten

bis auf Null bei Erreichung des Vertragsendes. Während der Vertragslaufzeit ist damit die Summe der jeweils bis zum Ablauf des Vertrages insgesamt noch ausstehenden planmäßigen Einzahlungen abgesichert. Versicherungsnehmer ist der Sparer selbst.) Der Versicherungsschutz ist nicht obligatorisch. Der Kunde kann auch ohne zusätzlichen Versicherungsvertrag von den langfristigen → Ratensparvertrag abschließen. Allerdings handelt es sich dann um eine Vertragsvariante des → Prämiensparens und ist dort produktpolitisch einzuordnen.
→ Banken bieten V. unter hausspezifischen Produktbezeichnungen an. Beim sparkasseneigenen V. wird der Ratensparvertrag mit der Sparkasse und der Versicherungsvertrag mit einem öffentlich-rechtlichen Versicherer (Verbundpartner der Sparkassen) abgeschlossen (→ Sparkassenverbund).

### Versicherungsverein auf Gegenseitigkeit (VVaG)
Privates Versicherungsunternehmen (§ 1 VAG) in der Form eines rechtsfähigen → Vereins. Die Mitglieder des Vereins sind die Versicherten selbst, die auch das Risiko des Betriebes tragen. Im Gegenzug erhalten sie einen Anteil am → Jahresüberschuß. Seine → Rechtsfähigkeit erlangt der VVaG durch die Erlaubnis des → Bundesaufsichtsamtes für das Versicherungswesen zur Aufnahme der Geschäfte. Der Antrag auf Erteilung der Erlaubnis muß von mindestens zwei Personen zusammen mit einem Geschäftsplan eingereicht werden. Voraussetzung für die Gründung des VVaG ist ein amtlich festgesetztes Gründungskapital (Gründungsstock).
Entsprechend der → Aktiengesellschaft hat der VVaG einen → Vorstand, u. U. einen → Aufsichtsrat und eine Versammlung der Mitglieder, oft als „Hauptversammlung" bezeichnet (oberste Vertretung gemäß § 29 VAG). Die Bestellung eines Aufsichtsrates ist nach §§ 29 ff. VAG nur für die großen Vereine vorgeschrieben.

### Versorgungswert
→ Aktie eines Versorgungsunternehmens (Elektrizität, Gas, Wasser).

### Verstärkende Basis
Gross Basis (→ Basis), die größer wird. Die Veränderung der Gross Basis spielt eine entscheidende Rolle bei → Hedgingstrategien mit Futures.
(→ Abschwächende Basis, → Basisrisiko)

### Versteuerte Pauschalwertberichtigungen
→ Pauschalwertberichtigungen, die zur Vorsorge für die besonderen Risiken des Geschäftszweigs der → Kreditinstitute gebildet werden (→ Vorsorgereserve für allgemeine Bankrisiken) und daher – im Gegensatz zu Pauschalwertberichtigungen für latente Ausfallrisiken – aus dem versteuerten → Gewinn dotiert werden (§ 340f HGB).

### Verteilungsfunktion F(x)
Beantwortet die Frage, mit welcher → Wahrscheinlichkeit P(E) die → Zufallsgröße einen Wert kleiner als eine bestimmte Zahl annimmt. Mit anderen Worten: Die V. gibt die Summe der Einzelwahrscheinlichkeiten an. Die V. einer → diskreten Zufallsgröße ist eine Treppenfunktion. Die V. einer stetigen Zufallsgröße ist eine kontinuierliche Kurve. Wird auch als kumulierte Wahrscheinlichkeitsverteilung bezeichnet (→ Kumulierte standardisierte Normalverteilung, Approximation).

### Verteilungsgesetz
Synonym für → Verteilungsfunktion.
(→ Wahrscheinlichkeitsdichte f(x) einer stetigen Zufallsgröße, → Wahrscheinlichkeitsdichte f(x) einer diskreten Zufallsgröße, → Binomialverteilung B(n; p))

### Verteilungsparameter
Kennzahlen zur Charakterisierung einer → Zufallsgröße. Das Verteilungsgesetz einer → diskreten Zufallsgröße und ebenso die → Dichtefunktion einer stetigen Zufallsgröße beschreiben diese vollständig. Durch sie sind Aussagen über die Werte einer Zufallsgröße und über die zugehörigen → Wahrscheinlichkeiten P(E) möglich. V. können aus dem Verteilungsgesetz bzw. aus der Dichtefunktion berechnet werden. Zu den wichtigsten Parametern gehören der Mittelwert oder → Erwartungswert und die → Varianz oder → Standardabweichung.

### Vertical Bear-Spread, → Bear-Spread.

### Vertical Bull-Spread, → Bull-Spread.

### Vertical Spread
*Price Spread*; → kombinierte Optionsstrategie, bei der gleichzeitig eine → Long Position und → Short Position in Call-Optionen (→ Callrecht) oder → Put-Optionen in dem gleichen Underlying (→ Basiswert) mit gleicher → Fälligkeit, aber unterschiedlichem

**Vertikale Wettbewerbsbeschränkung**

→ Basispreis eingegangen wird. V.S. kann man in → Bull-Spreads und → Bear-Spreads unterscheiden.

(→ Diagonal Spread, → Time Spread)

**Vertikale Wettbewerbsbeschränkung**
Wettbewerbsbeschränkender → Vertrag mit Unternehmen vor- und nachgeordneter Märkte, der auf die Vertragsgestaltung mit den Abnehmern dieser Unternehmen abzielt oder sonstwie vertragliche Gestaltungsfreiheit unbillig beschränkt. Solche vertikale Bindungen sind nach dem → Gesetz über Wettbewerbsbeschränkungen (GWB) entweder verboten oder können im Falle einer übermäßigen Beschränkung der Freiheit von der Kartellbehörde für unwirksam erklärt werden (§§ 15 ff.).

*Preis- und Konditionenbeschränkungen*: Verträge, welche die Freiheit der Gestaltung von Preisen oder → Allgemeinen Geschäftsbedingungen in anderen Verträgen einschränken, sind nichtig (§ 15). Dieses Verbot bezieht sich auch auf wirkungsgleiches abgestimmtes Verhalten zwischen Unternehmen und einseitige Empfehlungen von Unternehmen bzw. Unternehmensvereinigungen (§§ 25, 38 Abs. 1 Nr. 11). Das Verbot betrifft jedoch grundsätzlich → Kreditinstitute nicht (§ 102 GWB).

*Andere vertikale Bindungen*: Ausschließlichkeitsbindungen, vertikale Absatzbindungen und Kopplungsverträge sind zwar nicht von vornherein nichtig, können aber von der Kartellbehörde für unwirksam erklärt werden, wenn sie die wirtschaftliche Bewegungsfreiheit unbillig einschränken und eine wesentliche Beschränkung des → Wettbewerbs auf dem Markt hervorrufen (§ 18). Vereinbarungen mit dem Erwerber oder Lizenznehmer eines Patentes, die diesem eine über den Inhalt des gewerblichen Schutzrechts hinausgehende Beschränkung auferlegen, sind regelmäßig unwirksam (§ 20). Dagegen werden die allseits gebräuchlichen sog. Know-How-Verträge über den Austausch nicht patentierter technischer oder wissenschaftlicher Erkenntnisse in § 20 nicht genannt, obwohl von ihnen auch eine erhebliche Wettbewerbsbeschränkung ausgehen kann. §§ 18 und 20 gelten auch für das wettbewerbliche Verhalten von Kreditinstituten.

**Vertrag**
Zwei- oder mehrseitiges → Rechtsgeschäft, bei dem durch übereinstimmende → Willenserklärungen mehrerer → Personen eine bestimmte Rechtswirkung erzielt werden soll. Ein V. kommt gemäß §§ 145 ff. BGB durch Angebot und Annahme des Angebots zustande. Außer im → Privatrecht gibt es V. auch im → öffentlichen Recht (und im Völkerrecht).

*Vertragsabschluß*: Angebot (im BGB „Antrag") ist eine einseitige, empfangsbedürftige Willenserklärung, die so bestimmt sein muß, daß ihre bloße Bejahung (Annahme) den Abschluß eines seinem Inhalt nach hinreichend präzisen V. zur Folge haben kann. Ein Antrag ist bindend, sofern nicht ein Widerruf ausdrücklich vorbehalten ist (§ 145 BGB). Das Angebot kann auch durch Festlegen einer Annahmefrist zeitlich näher bestimmt werden; dann kann die Annahme nur innerhalb der → Frist erfolgen (§ 148 BGB). Ist eine Frist nicht bestimmt, so können Anträge unter Anwesenden nur sofort angenommen werden, Anträge unter Abwesenden nur bis zu dem Zeitpunkt, zu dem der Antragende den Eingang der Antwort unter regelmäßigen Umständen erwarten darf (§ 147 BGB).

*Annahme* ist die einseitige Willenserklärung, die den Antrag vorbehaltlos bejaht. Sie muß nicht ausdrücklich und auch nicht notwendig dem Antragenden gegenüber erfolgen (§ 151 BGB). Nach dem Grundsatz der → Vertragsfreiheit ist niemand gezwungen, einen Antrag anzunehmen oder auch nur ausdrücklich abzulehnen. Außer bei einem → Kaufmann (§ 362 HGB) gilt dies selbst dann, wenn der Vertragsantrag mit der Zusendung von → Waren verbunden ist. Eine verspätete oder nicht vorbehaltlose Annahme gilt gemäß § 150 BGB als neuer Antrag.

*Drittbegünstigung*: → Vertrag zugunsten Dritter, → Vertrag mit Schutzwirkung zugunsten Dritter.

**Verträge zugunsten Dritter bei Spareinlagen**
Mit V. z. D. (§§ 328 ff. BGB) können einem begünstigten Dritten Sparguthaben sofort oder zu einem späteren Zeitpunkt zugewendet werden. Im Vordergrund steht dabei der V. z. D. für den Todesfall (§§ 328, 331 BGB). Der Drittbegünstigte erlangt mit dem Tode des Antragstellers unmittelbar das Forderungsrecht an dem zugewendeten Sparguthaben. Durch diese Drittbegünstigungsvereinbarung auf den Todesfall kann unter

# Vertragsfreiheit

Verzicht auf letztwillige Verfügungen außerhalb des Erbganges der Dritte für die Zeit nach dem Tode des verfügenden Sparers begünstigt werden. Derartige Drittbegünstigungsvereinbarungen sind von der Rechtsprechung anerkannt, obwohl sie auf eine Aushöhlung erbrechtlicher → Formvorschriften hinauslaufen.

Weitere Anwendungsfälle für V. z. D. mit späterem Gläubigerwechsel sind im kreditwirtschaftlichen Bereich neben dem Tod des Sparers die Erreichung der Volljährigkeit oder Heirat des begünstigten Dritten.

Bei Betrachtung der rechtlichen Grundlagen von V. z. D. ist streng zu trennen zwischen dem im Außenverhältnis (Deckungsverhältnis) wirksamen → Vertrag z. D. gemäß § 328 BGB (auch als Erfüllungsgeschäft bezeichnet) und dem im Innenverhältnis bestehenden Valutaverhältnis zwischen dem Sparer und dem begünstigten Dritten.

*Erfüllungsgeschäft:* Mit Eintritt der Bedingung, woran der Gläubigerwechsel geknüpft war (z. B. Tod des Sparers), erwirbt der Begünstigte von selbst, also ohne eigenes Zutun, den → Anspruch gegenüber dem → Kreditinstitut aus dem zugewendeten Sparguthaben. Für den automatisch wirksam werdenden Gläubigerwechsel spielt es keine Rolle, ob der Begünstigte über die Zuwendung informiert war oder nicht. Er wird zunächst auf jeden Fall Inhaber des Sparguthabens. Das könnte u. U. sogar gegen seinen Willen geschehen. Sollte das der Fall sein, könnte der Begünstigte das Zugewendete gemäß § 333 BGB zurückweisen, da niemandem etwas gegen seinen Willen aufgezwungen werden kann.

*Valutaverhältnis:* Es gibt den Rechtsgrund für die Zuwendung an und entscheidet darüber, ob der Drittbegünstigte die zugewendeten Spareinlagenforderung auf Dauer behalten kann. In aller Regel besteht der Rechtsgrund für die Drittbegünstigungsvereinbarung in einer Schenkung an den Begünstigten. Soll der begünstigte Dritte das ihm zugedachte Sparguthaben erst zu einem späteren Zeitpunkt erwerben (z. B. Tod des Sparers), liegt bis zu diesem Zeitpunkt noch keine vollzogene Schenkung vor, sondern lediglich ein Schenkungsversprechen. Dieses Schenkungsversprechen ist aber mangels der i. d. R. nicht vorhandenen, nach § 518 Abs. 1 BGB vorgeschriebenen Form, nämlich der → notariellen Beurkundung, zunächst unwirksam. Der Mangel der Form kann aber durch Vollzug der Schenkung gemäß § 518 Abs. 2 BGB geheilt werden. Das geschieht durch Wirksamwerden der Drittbegünstigungsvereinbarung (z. B. Tod des Sparers).

Hat indessen der Begünstigte das Schenkungsangebot im Zeitpunkt der Bewirkung der versprochenen Leistung noch nicht angenommen, so erlangt er die Zuwendung ohne Rechtsgrund. Bei einer Drittbegünstigung auf den Todesfall könnten die → Erben das Schenkungsangebot zurückziehen und somit dem Begünstigten das erworbene Spareguthaben nach den Vorschriften über eine → ungerechtfertigte Bereicherung (§ 812 BGB) wieder entziehen. Insofern ist es von großer Bedeutung, daß der Begünstigte von der Begünstigungsvereinbarung Kenntnis erlangt und damit das darin geäußerte Schenkungsangebot annimmt, was häufig auch konkludent geschieht. (→ Vertrag)

## Vertrag mit Schutzwirkung zugunsten Dritter

Bei einem V. m. S. z. D. (gesetzlich nicht ausdrücklich geregelt) ist die eigentliche Leistung allein an den → Gläubiger zu erbringen, der Dritte wird aber (ausnahmsweise) in den Schutzbereich des → Vertrages einbezogen, so z. B. bei Abkommen der → Spitzenverbände der deutschen Kreditwirtschaft zum → bargeldlosen Zahlungsverkehr (→ Bankenabkommen).

## Vertragserfüllungsgarantie, → Gewährleistungsgarantie, → Bankgarantie im Außenhandel.

## Vertragsfreiheit

Oberbegriff für Abschlußfreiheit, Inhaltsfreiheit und Formfreiheit von → Verträgen.

*Abschlußfreiheit* ist die Freiheit einer → Person, eine Entscheidung darüber zu treffen, ob und mit wem sie einen Vertrag abschließen will. Grundsätzlich kann niemand zu einem Vertragsschluß gezwungen werden (Ausnahme: öffentliche Versorgungsträger und Inhaber von Monopolstellungen, die einem → Kontrahierungszwang unterliegen [z. B. öffentliche Versorgungsbetriebe, Bundesbahn/Deutsche Bahn AG; → Sparkassen bei Annahme von → Spareinlagen, d. h. Einrichten von → Sparkonten], aber nicht mehr die → Deutsche Postbank AG).

*Inhaltsfreiheit* ist die Freiheit, den Inhalt des Vertrages oder einer → Willenserklärung

1615

**Vertragspfandrecht**

nach Gutdünken festzulegen, soweit das →Rechtsgeschäft nicht gegen ein gesetzliches Verbot (§ 134 BGB), gegen die guten Sitten (§ 138 Abs. 1 BGB) oder gegen →Treu und Glauben (§ 242 BGB) verstößt oder wucherisch ist (§ 138 Abs. 2 BGB). Der Grundsatz kann durch einzelne gesetzliche Bestimmungen eingeschränkt sein (z. B. durch das Verbot von →Zinseszinsen [§ 248 Abs. 1 BGB], von dem aber →Kreditinstitute ausgenommen sind [§ 248 Abs. 2 BGB], durch das Verbot, dem →Schuldner die →Haftung wegen vorsätzlicher Handlung im voraus zu erlassen [§ 276 Abs. 2 BGB]; durch Bestimmungen des AGB-Gesetzes [→Allgemeine Geschäftsbedingungen]). Die Inhaltsfreiheit spielt vor allem im →Gesellschaftsrecht eine wichtige Rolle. Bei den →Personengesellschaften sind die weit überwiegenden Vorschriften dem abänderbaren →Recht zuzuordnen (§ 109 HGB). Bei den →Kapitalgesellschaften ist diese Freiheit zum Teil stark eingeschränkt (so z.B. §§ 2, 3 GmbHG, § 23 Abs. 5 AktG).

*Formfreiheit* ist die Freiheit der Parteien, die Form ihrer Willenserklärungen frei zu vereinbaren. Das Gesetz sieht nur in Einzelfällen eine besondere Form vor. In diesen Fällen hat der Erklärende sich auch an diese Form zu halten, anderenfalls ist seine Erklärung gemäß § 125 S. 1 BGB nichtig, soweit nicht durch das Gesetz eine Ausnahme zugelassen wird. Bei den verschiedenen Formen sind zu unterscheiden →Schriftform, →öffentliche Beglaubigung und →notarielle Beurkundung (→Formvorschriften).

**Vertragspfandrecht**
→Pfandrecht, das durch rechtsgeschäftliche →Einigung zwischen Verpfänder und Pfandgläubiger (Verpfändungsvertrag) begründet wird.
Wegen seiner absoluten Wirkung kann dabei der Verpfänder nur der Eigentümer der Pfandsache bzw. der Inhaber des verpfändeten →Rechts oder eine von ihm dazu ermächtige →Person sein. Soweit für die Einigung kein gesetzlicher Formzwang besteht, empfiehlt es sich jedoch aus Gründen der Klarheit und Beweissicherung, die →Schriftform einzuhalten.

*Arten*: Nach dem Pfandgegenstand unterscheidet man zwischen →Grundpfandrecht, →Mobiliarpfandrecht (→Faustpfandrecht) und Pfandrecht an einem Recht. Das V. gehört zu der Gruppe der →Sachsicherheiten (Realsicherheiten). Besondere praktische Bedeutung besitzt es als →Kreditsicherheit im Bereich der Grundpfandrechte. Mobiliarpfandrecht und Pfandrecht an einem Recht sind wegen der Publizitätsgebundenheit weitgehend durch die →Sicherungsübereignung bzw. →Sicherungsabtretung verdrängt worden.

*Sonderfall*: →Registerpfandrecht an Luftfahrzeugen.
*Gegensatz*: →gesetzliches Pfandrecht.
(→Pfandrecht)

**Vertragsunternehmen,** →Akzeptanzstellen.

**Vertrag zugunsten Dritter**
Beim ermächtigenden („unechten") V. z. D. (→Vertrag) erfolgt die Einbeziehung eines Dritten in das →Schuldverhältnis durch die Abrede der Vertragsparteien, daß der →Schuldner die Leistung nicht an den →Gläubiger selbst, sondern an eine von diesem genannte →Person erbringen soll. Um einen berechtigenden („echten") V. z. D. handelt es sich dann, wenn der Dritte aus dem Vertragsabschluß unmittelbar das Recht erwirbt, vom Schuldner eine Leistung fordern zu können (§§ 328 ff. BGB), z. B. Begünstigung eines Dritten durch einen →Sparvertrag (→Spareinlagen), Begünstigter eines Dritten (Bezugsberechtigter) durch einen Versicherungsvertrag (Lebensversicherung).

**Vertrag zu Lasten Dritter**
→Vertrag, der anderen Personen als dem →Schuldner Pflichten auferlegt. Mit der →Vertragsfreiheit unvereinbar.

**Vertretbare Sachen**
→Bewegliche Sachen, die im Verkehr nach Zahl, Maß oder Gewicht bestimmt zu werden pflegen (§ 91 BGB), z. B. →Banknoten, →Inhaberaktien, Massenfabrikate usw.
Die Pflicht zur Leistung v. S. charakterisiert bestimmte Schuldvertragstypen (→Darlehen, →unregelmäßige Verwahrung). Nicht v. S. werden dagegen nach individuellen Merkmalen bestimmt.

**Vertreter ohne Vertretungsmacht**
Handelt eine →Person für eine andere (→Stellvertretung), ist sie von dieser aber

nicht zur Vertretung ermächtigt, so kann der Vertretene → Rechtsgeschäfte des Vertreters durch → Genehmigung wirksam machen (§ 177 BGB); bis zur Genehmigung hat der andere Teil (der Dritte) ein Recht zum Widerruf, wenn ihm die fehlende Vertretungsmacht nicht bekannt war (§ 178 BGB). Genehmigt der Vertretene nicht (er ist dazu nicht verpflichtet), so kann der andere Teil vom V.o.V. wahlweise entweder → Erfüllung eines → Vertrags durch den V.oV. oder → Schadensersatz verlangen (§ 179 Abs. 1 BGB). Der V.o.V. haftet jedoch nicht, wenn der andere Teil den Mangel der Vertretungsmacht kannte oder infolge grober → Fahrlässigkeit nicht kannte, und ebensowenig, wenn er nur beschränkt geschäftsfähig war (→ Geschäftsfähigkeit) und ohne Zustimmung seines → gesetzlichen Vertreters handelte (§ 179 Abs. 3 BGB). Besonderheiten gelten für den V.oV. bei einseitigen Rechtsgeschäften; diese sind grundsätzlich nichtig (§ 180 BGB).

Zweifelhaft ist, ob die Regeln über den V.o.V. auch im → öffentlichen Recht anwendbar sind, wenn ein → Organ einer → Körperschaft oder einer → Anstalt außerhalb seiner gesetzlichen Befugnisse handelt.

### Vertreterversammlung

Form der → Generalversammlung einer → Genossenschaft, die gemäß § 43a GenG bei Genossenschaften mit mehr als 1500 Mitgliedern durch das Statut (→ Satzung) vorgesehen werden kann. Sie besteht aus mindestens 50 Vertretern der Genossen. Als Vertreter kann von den Genossen jede → natürliche Person mit unbeschränkter → Geschäftsfähigkeit gewählt werden, die Mitglied ist, aber weder dem → Vorstand noch dem → Aufsichtsrat angehört.

### Vertretung, → Stellvertretung.

### Vertriebsplanung

Festlegung der vertrieblichen Aktivitäten auf allen Ebenen des → Kreditinstitutes hinunter bis zur Betreuerebene. V. erfolgt produktbezogen unter Berücksichtigung der Marksituation der jeweiligen Organisationseinheit. Realisierung der Planwerte erfolgt unter Einsatz der → Vertriebssteuerung.
(→ Profit-Center-Steuerung)

### Vertriebspolitik

Instrument des Marketing (→ Bankmarketing).

### Vertriebssteuerung

Maßnahmen, die sicherstellen sollen, daß geplante Absatzziele erreicht werden. Der erreichte Ist-Stand wird periodisch gegen die vereinbarten Ziele (Monats-, Quartals- und Jahresziele) abgeglichen. Abweichungen werden analysiert, geeignete Maßnahmen zur Zielerreichung, z. B. zusätzliche Akquisitions- oder Werbemaßnahmen, werden eingeleitet. – *Instrumente der V.*: → Kundensegmentierung, → Potentialanalyse, Arbeits- und Besuchsplanung (→ Kontaktmanagement).
(→ Zielgruppenselektion)

### Vertrieb von Bankprodukten

Erfolgt stationär über → Geschäftsstellen/Filialen (insbes. bei → Großbanken, → Sparkassen und Volksbanken mit umfangreichem Filialnetz) sowie zusätzlich mobil über Kundenbetreuer im Außendienst oder auch per Post, Telefon, Telefax oder BTX (Datex-J). Für → Kreditinstitute ohne oder nur mit weitmaschigem Geschäftsstellennetz (Direktanlagebanken, freie Hypothekenbanken) haben die mobilen Vertriebswege besondere Bedeutung.
(→ Kundenorientierung)

### Verursachungsprinzip

Prinzip in der → Kostenrechnung, demzufolge die in der → Kostenartenrechnung ermittelten Beträge nur den → Kostenstellen und → Kostenträgern angelastet werden, durch die sie verursacht worden sind. Dies verbietet von vornherein schlüsselmäßige Zuordnungen und Umlagen.

### Verwahrer

Neben dem Hinterleger Partei eines Verwahrungsvertrages; i. S. d. → Depotgesetzes ein → Kaufmann, dem im Betriebe seines → Handelsgewerbes → Wertpapiere im Sinne des DepotG unverschlossen zur → Verwahrung anvertraut werden. V. sind insbes. → Kreditinstitute und → Wertpapiersammelbanken.
(→ offenes Depot, → verschlossenes Depot, → Zwischenverwahrer)

### Verwahrgeschäft der Kreditinstitute

Geschäftszweig von Kreditinstituten, der zum einen die Vermietung (Mietvertrag) von → Schrankfächern in einem Stahlschrank oder einem Tresorraum und die Aufbewahrung (Verwahrvertrag) von verschlossenen und versiegelten oder plombierten → Verwahrstücken, deren Inhalt nicht erkennbar

## Verwahrstück

ist, beinhaltet. Das V. d. K. ist ein →geschlossenes Depot, da das Kreditinstitut bei Vermietung eines Schrankfaches den Inhalt des Faches und bei Annahme eines Verwahrstücks den Inhalt des Verwahrstückes nicht kennt.
(→Funktionen und Struktur des Kreditwesens, →Verwahrung)

## Verwahrstück

Verpackter →Gegenstand (z. B. Gemälde, Briefmarkensammlung) sowie Kisten, Koffer oder ähnliches Behältnis, welches ein →Kreditinstitut zur Aufbewahrung (→Verwahrung) in seinem Tresor oder Stahlschrank entgegennimmt (→geschlossenes Depot, →Depotgeschäft). Nach den ergänzend zum →allgemeinen Bankvertrag vereinbarten „Bedingungen für die Annahme von V." muß das V. so verschlossen sein, daß sein Inhalt nicht erkennbar ist, und so versiegelt oder plombiert, daß es ohne Verletzung von Siegel oder Plombe nicht geöffnet werden kann. Name und Anschrift des Hinterlegers sind auf dem V. deutlich zu vermerken. Die →Bank nimmt vom Inhalt des V. und den daran bestehenden Rechten keine Kenntnis; sie gibt das V. jederzeit dem Hinterleger gegen Quittung heraus. Die Vergütung richtet sich nach der Größe des V.

## Verwahrung

Ein →Vertrag, durch den sich der →Verwahrer verpflichtet, eine ihm übergebene →Sache aufzubewahren (§ 688 BGB). Die Aufbewahrung kann entweder gegen Entgelt oder unentgeltlich erfolgen.
Der Verwahrende haftet für →Vorsatz und →Fahrlässigkeit. Der unentgeltlich Verwahrende hat dagegen nur für diejenige Sorgfalt einzustehen (gemäß § 690 BGB), die er in seinen eigenen Angelegenheiten anzuwenden pflegt. Allerdings darf die individuelle Sorgfalt im Einzelfall nicht eine grobe Fahrlässigkeit darstellen. Der Verwahrer hat →Anspruch auf die vereinbarte Vergütung, den Ersatz seiner →Aufwendungen und des etwaigen Schadens, der ihm durch die Beschaffenheit der Sache entsteht.
Die Rückgabe der aufbewahrten Sache kann jederzeit verlangt werden, es sei denn, daß sie auf bestimmte Zeit erfolgte. Dann kann die Rückgabe nur bei Vorliegen eines wichtigen Grundes gefordert werden (§§ 695, 696 BGB). Eine →unregelmäßige Verwahrung i. S. v. § 700 BGB liegt vor, wenn →vertretbare Sachen derart hinterlegt werden, daß das →Eigentum auf den Verwahrer übergehen und dieser verpflichtet sein soll, zu gegebener Zeit Sachen von gleicher Art, Güte und Menge zurückzugeben.
(→Verwahrgeschäft der Kreditinstitute)

## Verwaltungsakt

Jede Verfügung, Entscheidung oder andere hoheitliche Maßnahme, die eine Behörde (§ 1 Abs. 4 VwVfG, z. B. →Bundesaufsichtsamt für das Kreditwesen) zur Regelung eines Einzelfalls auf dem Gebiet des →öffentlichen Rechts (z. B. auf Grund des →Kreditwesengesetzes) trifft und die auf unmittelbare Rechtswirkung nach außen gerichtet ist (§ 35 Satz 1 VwVfG). Gemäß § 35 Satz 2 VwVfG ist V. auch eine Allgemeinverfügung, die z. B. vorliegt, wenn sich die Maßnahmen an einen nach allgemeinen Merkmalen bestimmten oder bestimmbaren Personenkreis richten. Ob die →Anweisung der Deutschen Bundesbank über Mindestreserven (AMR) oder die →Grundsätze über das Eigenkapital und die Liquidität der Kreditinstitute des Bundesaufsichtsamts für das Kreditwesen solche Allgemeinverfügungen oder aber Rechtsvorschriften sind (→Rechtsquellen), ist umstritten.
V. können nach ihrem Inhalt in verfügende, gestaltende und feststellende (→Feststellungsbescheid) unterschieden werden. Von ihrem begünstigenden (z. B. Baugenehmigung) oder belastenden Inhalt (etwa Stillegungsverfügung) sind die Voraussetzungen für eine spätere behördliche Aufhebung abhängig (z. B. Rücknahme und Widerruf einer Betriebserlaubnis für ein →Kreditinstitut).
Einem V. können Nebenbestimmungen (Bedingungen, Befristungen, →Auflagen) beigefügt werden (§ 36 VwVfG). Eine bestimmte Form ist für V. nicht allgemein vorgeschrieben (§ 37 Abs. 2 VwVfG). Schriftliche V. müssen aber grundsätzlich begründet werden; dies kann nur ausnahmsweise unterbleiben, etwa wenn einem Antrag in vollem Umfang stattgegeben wird (§ 39 VwVfG).

## Verwaltungsaufwand

Summe aus Personalaufwand, Sachaufwand, →Abschreibungen auf →Sachanlagen, Kostensteuern und sonstigen →Verwaltungsaufwendungen.

## Verwaltungsaufwendungen

Summe aus „Personalaufwand" und „anderen Verwaltungsaufwendungen" (einschl.

Normalabschreibungen auf → Sachanlagen).
(→ Betriebsergebnis)

### Verwaltungskredit
→ Investitionskredit, der von → Banken und → Sparkassen durch Weitergabe von zweckgebundenen fremden Mitteln an einen Endkreditnehmer bereitgestellt wird, wobei das zwischengeschaltete → Kreditinstitut lediglich als Zahl- bzw. Verwaltungsstelle fungiert. Das Kreditinstitut handelt als Treuhänder (→ Treuhand) im fremden Namen sowie für fremde Rechnung ohne Übernahme eines → Kreditrisikos. Typisch für V. ist auch, daß das Kreditinstitut bei → Insolvenz des Endkreditnehmers die Kreditforderung nicht im eigenen Namen, sondern nur als Vertreter des Treugebers einklagen kann. Sollte das weiterleitende Kreditinstitut in → Konkurs fallen, hätte der Treugeber ein Recht auf → Aussonderung. V. werden beim zwischengeschalteten Kreditinstitut nicht bilanziert. Lediglich unter dem Strich kann nachrichtlich eine Erfassung in der → Bilanz erfolgen. V. zählen wie → durchlaufende Kredite zu den → Treuhandkrediten.
*Gegensatz:* → durchgeleiteter Kredit.
(→ Weitergeleiteter Kredit)

### Verwaltungsrat
Aufsichts- und Kontrollorgan, das die → Geschäftsführung von → Anstalten des öffentlichen Rechts (→ Sparkassen, → Landesbanken/Girozentralen) überwacht.

### Verwaltungszuständigkeiten
Regel: Landesverwaltung auch beim Vollzug von Bundesgesetzen (Art. 83 GG); Sonderform „Auftrags-Verwaltung": Art. 87c i. V. m. Art. 85 GG.
Dreistufiger Verwaltungsaufbau, z. B. bei der allgemeinen unmittelbaren Landesverwaltung (vgl. auch Abbildung S. 1620): oberste Ebene – Ministerien, mittlere („höhere") Behörden – Regierungspräsidien, untere Behörden – Landratsämter/kreisfreie Städte.

### Verwaltung von Wertpapieren, → Depotverwaltung.

### Verwendbares Eigenkapital
Im Sinne des § 29 Abs. 1 KStG das in der → Steuerbilanz ausgewiesene → Betriebsvermögen, das sich ohne Änderung der → Körperschaftsteuer durch Minderung oder Erhöhung der Körperschaftsteuer wegen Ausschüttung (§ 27 KStG) und ohne Verringerung um die im Wirtschaftsjahr erfolgten Ausschüttungen, die nicht auf einem den gesellschaftsrechtlichen Vorschriften entsprechenden Gewinnverteilungsbeschluß für ein abgelaufenes Wirtschaftsjahr beruhen, ergeben würde.
Das → Eigenkapital ist zum Schluß jedes Wirtschaftsjahrs, in das für Ausschüttungen v. E. (→ Gewinn, → Offene Rücklagen) und in das übrige Eigenkapital (Nennkapital) aufzuteilen. Das v. E. ist der Teil des Eigenkapitals, der das Nennkapital übersteigt (§ 29 Abs. 2 KStG). Enthält das Nennkapital Beträge, die ihm durch Umwandlung von → Rücklagen zugeführt worden sind, und waren die Rücklagen aus dem → Gewinn eines nach dem 31. 12. 1976 abgelaufenen Wirtschaftsjahres gebildet worden, so gehört auch dieser Teil des Nennkapitals zu dem v. E. (§ 29 Abs. 3 KStG). Das v. E. ist zum Schluß jedes Wirtschaftsjahres gemäß seiner → Tarifbelastung zu gliedern (→ Anrechnungsverfahren bei der Körperschaftsteuer).

*Gliederung für Wirtschaftsjahre bis einschl. 1993:* – *EK 56:* Eigenkapital, das mit 56% Körperschaftsteuer belastet ist (=Einkommensteile, die nach dem 31. 12. 1976 und vor dem 1. 1. 1990 der Körperschaftsteuer ungemildert unterliegen).
– *EK 50:* Eigenkapital, das mit 50% Körperschaftsteuer belastet ist (=Einkommensteile, die nach dem 31. 12. 1989 der Körperschaftsteuer ungemildert unterliegen).
– *EK 36:* Eigenkapital, das mit 36% Körperschaftsteuer belastet ist (=Einkommensteile, die nach dem 31. 12. 1976 ermäßigter Körperschaftsteuer unterliegen).
– *EK 0:* Vermögensmehrungen, die der Körperschaftsteuer nicht unterliegen oder die das Eigenkapital der → Kapitalgesellschaft in vor dem 1. 1. 1977 abgelaufenen Wirtschaftsjahren erhöht haben. Das sind: *EK 01* (Eigenkapitalteile, die in nach dem 31. 12. 1976 abgelaufenen Wirtschaftsjahren aus ausländischen Einkünften entstanden sind); *EK 02* (sonstige Vermögensmehrungen, der Körperschaftsteuer nicht unterliegen); *EK 03* (verwendbares Eigenkapital, das bis zum Ende des letzten vor dem 1. 1. 1977 abgelaufenen Wirtschaftsjahres entstanden ist); *EK 04* (Einlagen der Anteilseigner, die das Eigenkapital in nach dem

**Verwendbares Eigenkapital**

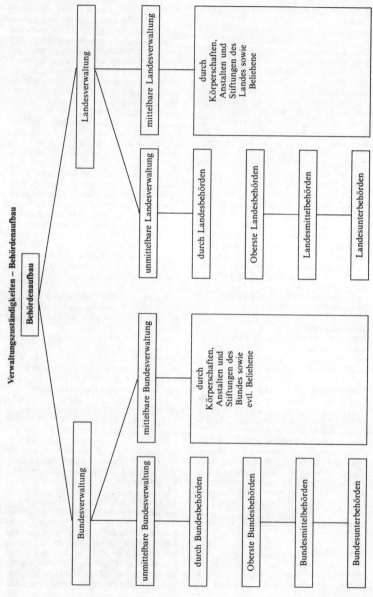

31.12.1976 abgelaufenen Wirtschaftsjahren erhöht haben).

*Gliederung für Wirtschaftsjahr ab 1994:*
– *EK 45:* Eigenkapital, das mit 45% Körperschaftsteuer belastet ist.
– *EK 30:* Eigenkapital, das mit 30% Körperschaftsteuer belastet ist.
– *EK 0:* Bei der nach § 30 Abs. 2 KStG gebotenen weiteren Unterteilung zählen zu *EK 01* nun auch die nach § 8b Abs. 1, 2 KStG bei Ermittlung des Einkommens außer Betracht bleibenden Beträge aus der → Beteiligung an ausländischen Gesellschaften.

### Verwertung
Oft gleichbedeutend mit → Liquidation gebrauchter Begriff für Handlungen eines → Gläubigers (oder von diesem beauftragter Personen) im Hinblick auf dessen → Schuldner gehörende → Gegenstände, um eine Befriedigung ausstehender → Forderungen zu erreichen. Ein Recht zur V. ist Inhalt von → Grundpfandrechten und anderen → Pfandrechten, deren Bestellung zur Sicherheit einer Forderung dient. Erfolgt diese nicht bzw. nicht rechtzeitig, so darf der Gläubiger in einem im → Sachenrecht des BGB näher geregelten Verfahren auf die → Sache oder das → Recht zugreifen, um diese durch Versteigerung oder sonstige Veräußerung zunächst zu „versilbern" und den Erlös zur → Erfüllung seines Anspruchs zu verwenden (→ Verwertung von Sicherheiten). Eine V. von Vermögensgegenständen des Schuldners erfolgt auch im Rahmen der → Zwangsvollstreckung und im → Konkurs.

### Verwertung von Sicherheiten
Nach Nr. 17 AGB Banken (Nr. 21 Abs. 5 AGB Sparkassen) hat die Bank im Falle der → Verwertung unter mehreren Sicherheiten (→ Kreditsicherheit) die Wahl. Sie wird bei der → Verwertung und bei der Auswahl der zu verwertenden Sicherheiten auf die berechtigten Belange des Kunden und eines dritten Sicherungsgebers, der für die → Verbindlichkeiten des Kunden Sicherheiten bestellt hat, Rücksicht nehmen.
Wenn der Verwertungsvorgang der → Umsatzsteuer (USt) unterliegt, wird die Bank dem Kunden über den → Erlös eine Gutschrift erteilen, die als Rechnung für die Lieferung der als Sicherheit dienenden → Sache gilt und dem Voraussetzungen des Umsatzsteuerrechts entspricht.

### Verzug, → Schuldnerverzug.

### VIBOR
Abk. für Vienna Interbank Offered Rate.

### Vier-Augen-Prinzip, → Erlaubniserteilung für Kreditinstitute.

### 4 f-Kredit, → Importerstfinanzierung.

### Vierteljahresgeld
Form des → Termingeldes im → Geldhandel zwischen → Banken.

### Vierte Richtlinie über die Rechnungslegung von Gesellschaften bestimmter Rechtsformen
Als Bilanzrichtlinie bezeichnete EG-Richtlinie (→ EG-Rechtsakte), die der Harmonisierung des Einzelabschlusses der → Kapitalgesellschaften in der EG dient. – Um innerhalb der Gemeinschaft gleichwertige rechtliche Mindestbedingungen für miteinander im → Wettbewerb stehende Gesellschaften herzustellen, werden die einzelstaatlichen Vorschriften über die Gliederung und den Inhalt des → Jahresabschlusses und des → Lageberichts sowie über die Bewertungsmethoden und die Offenlegung dieser Unterlagen bei (beschränkt haftenden) Kapitalgesellschaften koordiniert. Der Jahresabschluß der Kapitalgesellschaften muß ein den tatsächlichen Verhältnissen entsprechendes Bild der Vermögens-, Finanz- und Ertragslage der Gesellschaft vermitteln. Er besteht aus der → Bilanz, der → Gewinn- und Verlustrechnung (GuV) und einem → Anhang, die eine Einheit bilden. Eine Vereinheitlichung der Bewertungsmethoden soll die Gleichwertigkeit und Vergleichbarkeit der Jahresabschlüsse gewährleisten. Die Umsetzung der Bilanzrichtlinie in deutsches Recht erfolgte aufgrund des → Bilanzrichtlinien-Gesetzes (BiRiLiG) schwerpunktmäßig im Dritten Buch des Handelsgesetzbuches.

### Viking
→ Zinsinstrument eines ausländischen → Emittenten in dänischer Krone, das in Dänemark emittiert wurde.
(→ Foreign Bond, → Euro-Bond)

### Vinkulierte Namensaktie
*Registered Share, Transferable only with the Issuer's Consent*; → Namensaktie, deren Übertragung satzungsgemäß an die Zustimmung der Gesellschaft gebunden ist (§ 68 Abs. 2 AktG). Nach herrschender Meinung ist die v. N. ein → Orderpapier. Das → Aktiengesetz erlaubt trotz der Vinkulierung eine

**Vinkulierung**

Blankoindossierung. Die → Vinkulierung von Namensaktien ist möglich, wenn die → Satzung der Gesellschaft dies vorsieht, so z. b. bei Versicherungsgesellschaften, deren → Grundkapital nicht voll eingezahlt ist, oder bei Gesellschaften, die sich vor Überfremdung schützen wollen. Die Vinkulierung von Namensaktien ist Voraussetzung, um → Aktionären in der Satzung Nebenverpflichtungen auferlegen zu können (§ 55 Abs. 1 AktG). Sie ist außerdem Voraussetzung, wenn Inhabern bestimmter → Aktien das Recht eingeräumt werden soll, Mitglieder in den → Aufsichtsrat zu entsenden (§ 101 Abs. 2 AktG). Nach § 1 Abs. 5 KAGG müssen Aktien einer → Kapitalanlagegesellschaft stets v. N. sein.

**Vinkulierung**
Bindung einer Wertpapierübertragung an die Zustimmung der ausgebenden Gesellschaft (→ vinkulierte Namensaktie).

**Virgin Bond**
Synonym für → Back Bond.

**Vola**
Kurzbezeichnung für → Volatilität.

**Volatilität**
1. *Optionshandel*: Schwankungsbreite bzw. Kursbeweglichkeit eines Finanzinstrumentes.
(→ Historische Volatilität, → Implizite Volatilität)
2. *Bondhandel*: Vgl. → Modified Duration.

**Volatilitätschart**
→ Chart, das die → historische Volatilität oder → implizite Volatilität graphisch darstellt.

**Volatilitäts-Delta,** → Vega.

**Volatilitätsindex**
→ Index einer → Terminbörse (z. B. DTB, CBOE), der auf Basis der → impliziten Volatilität von → Optionen, die an der Terminbörse gehandelt werden, berechnet wird. Der V. spiegelt die durchschnittliche implizite Volatilität aller in den Index einbezogenen Optionen wider. An der DTB werden → Optionen auf den → Deutschen Aktienindex (DAX) zur Ermittlung des V. herangezogen. Ein V. spiegelt die aktuell gehandelten Optionspreise wider. Ein Vergleich der → historischen Volatilitäten und impliziten Volatilitäten zeigt das Preisniveau am → Optionsmarkt an. Ist die historische Volatilität größer als die implizite Volatilität, gelten die Optionspreise (→ Optionsprämie) als vergleichsweise niedrig und damit billig. Ist dagegen die historische Volatilität geringer als die implizite, sind die Optionspreise relativ hoch und damit teuer.

**Volatilitätsstrategie**
→ Kombinierte Optionsstrategie, mit der auf eine Veränderung der Volatilität gesetzt wird. Im Gegensatz zu Strategien mit → Spreads (→ Vertical Spread, → Time Spread, → Diagonal Spread) ist nicht die Richtung der Marktbewegung entscheidend, sondern die Veränderung der → impliziten Volatilität und/oder die Stärke der Kursveränderung. I. d. R. sind die → Laufzeiten der → Optionen identisch. Folgende V. können unterschieden werden: → Straddle, → Strangle, Combination, → Strip-Spread, → Strap-Spread, → Butterfly, → Condor. Diese genannten Strategien werden auch als → Combinations bezeichnet. Wird eine Veränderung der impliziten Volatilität erwartet, sollte die V. → Delta-neutral sein. Das → Delta einer Gesamtposition sollte periodisch angepaßt werden, um eine Delta-neutrale Gesamtposition für die gesamte Laufzeit zu erhalten. Ist Gesamtposition nicht Delta-neutral, hat die Richtung der Kursveränderung einen Einfluß auf das Ergebnis.

**Volatility DAX**
Synonym für → VDAX.

**Volatility (Modified) Duration**
Um den Einfluß von Volatilitätsveränderungen auf den Kurs von festverzinslichen Papieren abschätzen zu können (z. B. → Anleihen mit Schuldnerkündigungsrecht), errechnet man die sogenannte V. (M.) D. Sie ist mit dem Vega zu vergleichen. Allerdings mißt die V. (M.) D. prozentuale Veränderungen, während das Vega absolute Volatilitätsveränderungen mißt. → Straight Bonds haben eine V. (M.) D. von Null.

**Volatility Spread,** → Volatilitätsstrategien.

**Volatility Unit**
Bezeichnung für → Standardabweichung.

**Volksaktie**
→ Aktie, die im Zuge der Privatisierung von Bundesvermögen aus besonderen wirtschafts- und vermögenspolitischen Gründen ausgegeben wurde. Der Gedanke des Aktiensparens (Beteiligung am Produktivvermögen der Wirtschaft) sollte gefördert und

breiten Bevölkerungsschichten die Geldanlage in Aktien erleichtert werden. Bei der Ausgabe von V. wurden in der Vergangenheit teilweise einkommensschwächere Bevölkerungskreise durch Gewährung eines Sozialrabatts besonders bevorzugt. Zum Teil wurde → Arbeitnehmern, deren Einkommen die vom → Vermögensbildungsgesetz bestimmten Einkommensgrenzen nicht überschritten, ein Vorkaufsrecht eingeräumt.

**Volksbank**, → Kreditgenossenschaften, → Bezeichnungsschutz für Kreditinstitute.

### Volkseinkommen
→ Nettosozialprodukt zu Faktorkosten; Maßgröße für die von den Inländern während eines Zeitraums bezogenen Faktoreinkommen als Entgelt für die zur Verfügung gestellte Nutzung von → Produktionsfaktoren (Summe aller Erwerbs- und Vermögenseinkommen).
Im Gegensatz zur → Wertschöpfung erfolgt die Ermittlung nach dem → Inländerkonzept (→ Sozialprodukt). Die Aufteilung des V. ergibt sich aus der Verteilungsrechnung des Sozialprodukts (→ Volkswirtschaftliche Gesamtrechnung).

### Volksvermögensrechnung
Darstellung von Höhe und Zusammensetzung des → Vermögens in einer Volkswirtschaft und damit eine Ergänzung des Ausweises der Bestandsänderungen in der → Volkswirtschaftlichen Gesamtrechnung. Das Volksvermögen ergibt sich aus der Zusammenfassung der Sachvermögensbestände (→ Produktivvermögen der Unternehmen und Gebrauchsvermögen, z.B. der privaten Haushalte) zuzüglich der → Nettoauslandsposition der Volkswirtschaft. In der BRD gibt es keine vollständige amtliche V., sondern nur Teilrechnungen. Das → Statistische Bundesamt ermittelt das Produktivvermögen der Unternehmen sowie Teile des → Anlagevermögens des Staates und des Anlagevermögens der privaten Organisationen ohne Erwerbscharakter. → Forderungen und → Verbindlichkeiten werden in der → gesamtwirtschaftlichen Finanzierungsrechnung und in der Geldvermögensrechnung der → Deutschen Bundesbank dargestellt.

### Volkswirtschaftliche Gesamtrechnung
Gesamtwirtschaftliches Rechenwerk, das in der Bundesrepublik Deutschland im wesentlichen vom → Statistischen Bundesamt erstellt wird und das Wirtschaftsgeschehen einer Volkswirtschaft zahlenmäßig für einen vergangenen Zeitraum wiedergibt. Im Mittelpunkt steht die Sozialproduktsberechnung (Ermittlung der gesamtwirtschaftlichen Güterproduktion und der dabei entstandenen → Einkommen). Ergänzt wird die Sozialproduktberechnung durch Nebenrechnungen. – Vgl. auch Abbildung S. 1624.

*Entstehungsrechnung*: Von seiner Entstehung her gesehen wird das → Sozialprodukt über das → Inlandsprodukt berechnet. Inlandsprodukt und Sozialprodukt werden sowohl brutto als auch netto (also nach Abzug der → Abschreibungen) berechnet und dargestellt. Ausgangsgröße für die Ermittlung des Inlandsprodukts sind die Bruttoproduktionswerte (Wert der Verkäufe von → Waren und Dienstleistungen aus eigener Produktion sowie von Handelsware ohne die in Rechnung gestellte → Umsatzsteuer (USt), Bestandsveränderungen an Halb- und Fertigerzeugnissen aus eigener Produktion, selbst erstellte Anlagen) der einzelnen Wirtschaftsbereiche. Die Bruttoproduktionswerte (Produktionswerte) sind das zu Marktpreisen bzw. zu → Herstellungskosten bewertete einzelwirtschaftliche Produktionsergebnis. Zieht man hiervon die Vorleistungen (Wert der Güter, die von anderen Wirtschaftseinheiten bezogen und im Berichtszeitraum in die Produktion anderer Güter eingegangen sind) ab, so erhält man den Nettoproduktionswert (Bruttowertschöpfung) der Sektoren. Diese Nettoproduktionswerte geben an, welcher Wert den Vorleistungen durch die Produktionstätigkeit der Wirtschaftseinheiten hinzugefügt worden ist. Die Nettoproduktionswerte der Sektoren sind ein Maßstab für die wirtschaftliche Leistung der Sektoren. Die gesamtwirtschaftliche Produktion i.S. des → Bruttoinlandsprodukts ergibt sich aus der Addition der Nettoproduktionswerte.

Da in der Sozialproduktsrechnung des Statistischen Bundesamtes die Bruttoproduktionswerte ohne in Rechnung gestellte Umsatzsteuer und die Vorleistungen ohne abzugsfähige Umsatzsteuer, jedoch einschl. der Einfuhrabgaben dargestellt werden, schließt die als Differenz zwischen dem Bruttoproduktionswert und den Vorleistungen ermittelte Bruttowertschöpfung der einzelnen Sektoren weder Umsatzsteuer noch Einfuhrabgaben ein. Zur Berechnung des

## Volkswirtschaftliche Gesamtrechnung

### Volkswirtschaftliche Gesamtrechnung

| Volkswirtschaftliche Gesamtrechnung | Berechnungsarten |
|---|---|
| **I. Entstehungsrechnung**<br>  Produktionswert<br>– Vorleistungen | **II. Verwendungsrechnung**<br>  Privater Verbrauch |
| = Bruttowertschöpfung (unbereinigt)<br>– Unterstellte Entgelte für Bankdienstleistungen | + Staatsverbrauch<br>+ Ausrüstungsinvestitionen |
| = Bruttowertschöpfung (bereinigt)<br>+ Nichtabzugsfähige Umsatzsteuer<br>+ Einfuhrabgaben | + Bauinvestitionen<br>± Vorratsveränderung<br>+ Ausfuhr |
| = Bruttoinlandsprodukt<br>± Saldo der Erwerbs- und Vermögenseinkommen zwischen Inländern und der übrigen Welt | – Einfuhr |

= Bruttosozialprodukt zu Marktpreisen
– Abschreibungen

= Nettosozialprodukt zu Marktpreisen
– Indirekte Steuern
+ Subventionen

= Nettosozialprodukt zu Faktorkosten = Volkseinkommen

**III. Verteilungsrechnung**

—————— Volkseinkommen ——————

| Bruttoeinkommen aus Unternehmertätigkeit und Vermögen | Bruttoeinkommen aus unselbständiger Arbeit |
|---|---|
| – Öffentliche Abgaben auf Einkommen aus Unternehmertätigkeit und Vermögen (direkte Steuern, u.ä.)<br>± Sonstige Zu- und Absetzungen<br>= Nettoeinkommen aus Unternehmertätigkeit und Vermögen | – Tatsächliche Sozialbeiträge der Arbeitgeber<br>– Unterstellte Sozialbeiträge<br>= Bruttolohn- und -gehaltssumme<br>– Lohnsteuer<br>– Tatsächliche Sozialbeiträge der Arbeitnehmer<br>= Nettolohn- und -gehaltssumme |

Quelle: Jahresgutachten des Sachverständigenrats 1993/94, Baden-Baden, S. 292

Bruttoinlandsprodukts müssen folglich die nicht abzugsfähige Umsatzsteuer und die Einfuhrabgaben hinzugefügt werden.

Ausgehend vom Bruttoinlandsprodukt kann das → Bruttosozialprodukt errechnet werden, indem die Erwerbs- und Vermögenseinkommen aus der übrigen Welt addiert und die Erwerbs- und Vermögenseinkommen an die übrige Welt subtrahiert werden.

*Verwendungsrechnung*: Nachweis der gesamtwirtschaftlichen Güterverwendung. Das Bruttosozialprodukt zu Marktpreisen ist, von seiner Verwendung her gesehen, gleich der Summe aus privatem → Konsum, Bruttoinvestition, → Staatsverbrauch, → Außenbeitrag. Die Rechnung zeigt, wie das von Inländern erwirtschaftete Produktionsergebnis verwendet wird.

*Verteilungsrechnung*: Nachweis der Aufteilung des Sozialprodukts und damit des → Volkseinkommens auf die → Einkommen aus unselbständiger Arbeit sowie die → Einkommen aus Unternehmertätigkeit und Vermögen. Das Einkommen aus Unternehmertätigkeit und Vermögen enthält auch die unverteilten (nicht ausgeschütteten) →Gewinne der Unternehmen und die Faktoreinkommen (Einkommen aus Produktionsfaktoren) des Staates. Die Rechnung zeigt die funktionelle Einkommensverteilung.

*Bedeutung*: Die V. G. ist Datenbasis für Wirtschaftsbeobachtung und -kommentierung. Sie ermöglicht langfristige Vergleiche des realen Sozialprodukts als Maßgröße des → Wirtschaftswachstums und internationale Vergleiche des Sozialprodukts als Maßstab für Wohlfahrt (wirtschaftlicher Wohlstand). Sie ist Informationsgrundlage für Entscheidungen in den Teilbereichen der → Wirtschaftspolitik.

*Wichtige Nebenrechnungen* sind die → gesamtwirtschaftliche Finanzierungsrechnung (Darstellung der Veränderungen von Forderungen und Verbindlichkeiten der gesamtwirtschaftlichen Sektoren [Bundesbank]), die → Vermögensrechnung (Darstellung der Bestände an Sachgütern [Statistisches Bundesamt, Bundesbank]), und die →Zahlungsbilanz (Darstellung der ökonomischen Transaktionen zwischen Inländern und Ausländern [Bundesbank]).

### Vollakzept
→ Akzept auf einen → Wechsel, das aus Ort und Datum der Annahme und der Unterschrift des → Bezogenen besteht. Der Wechselbetrag kann wiederholt werden. Bei einem → Nachsichtwechsel ist ein V. notwendig, weil durch das Datum der Annahme der Verfalltag bestimmt wird.

**Vollbank**, → Erlaubniserteilung für Kreditinstitute.

### Vollindossament
→ Indossament, das den Namen des → Indossanten und des → Indossatars, die → Orderklausel und die Unterschrift des Indossanten enthält und auf die Übertragung aller → Rechte gerichtet ist.

### Vollkaufmann
→ Person, deren Unternehmen einen in kaufmännischer Weise eingerichteten Geschäftsbetrieb besitzt und die im → Handelsregister eingetragen ist. Für V. gelten die Vorschriften des → Handelsgesetzbuches uneingeschränkt. Während der Mußkaufmann bereits mit Aufnahme seiner Geschäfte V. ist, werden die Soll- und Kannkaufmann erst mit Eintragung in das Handelsregister V. Kaufleute kraft Rechtsform (Formkaufleute) sind immer V. Ein V. kann sich durch → Prokuristen (→ Prokura), durch Handlungsbevollmächtigte (→ Handlungsvollmacht) oder durch sonstige Bevollmächtigte (→ BGB-Vollmacht) vertreten lassen.

*Gegensatz*: → Minderkaufmann.

### Vollkonsolidierung
1. Bezeichnung für die Konsolidierungsmaßnahmen nach §§ 300–307 HGB bei Aufstellung des → Konzernabschlusses.

2. Bankaufsichtsrechtliche Risiken, die sich aus dem Verbund von → Mutterunternehmen und → Tochtergesellschaften ergeben (→ Kreditinstitutsgruppe i. S. des KWG, → Finanzholding-Gruppe), werden durch Zusammenfassungsverfahren, die sog. → Konsolidierung, erfaßt; hierdurch soll ausgeschlossen werden, daß ein Mutterinstitut → Kapital, das es nachgeordneten Kreditinstituten zur Verfügung stellt, auch im eigenen Geschäft einsetzt, auf diese Weise Kreditpyramiden aufbaut und so den geltenden Begrenzungsnormen (insbes. der → Eigenkapitalgrundsätze) ausweicht. Die hierzu ergangenen →EG-Rechtsakte, die → Konsolidierungs-Richtlinien von 1983 und 1992, sind in das Recht der EU-Mitgliedstaaten, nicht zuletzt in das KWG umgesetzt worden, die Richtlinie von 1992 durch die 5. KWG-Novelle mit Wirkung ab 1996. Danach ist nunmehr als Konsolidierungsmethode in größerem Umfang die V. vorgeschrieben: Sie gilt nach § 10a Abs. 6 KWG n. F. für alle nachgeordneten Unternehmen, die im Mehrheitsbesitz eines übergeordneten Instituts stehen oder auf die ein beherrschender Einfluß ausgeübt werden kann. Bei der V. werden alle → Aktiva und → Passiva des übergeordneten und der nachgeordneten Unternehmen einschließlich der Kapitalanteile im Fremdbesitz zusammengefaßt, die Buchwerte der → Beteiligungen an nachgeordneten Unternehmen jedoch herausgerechnet. – Als *Beispiel* vgl. Abbildung S. 1626.

Die Bestimmung über das Verfahren der V. gilt bei → Großkrediten von Kreditinstitutsgruppen und Finanzholding-Gruppen entsprechend (§ 13a Abs. 3 KWG n. F.).

Die bislang geltende → Quotenkonsolidierung (Pro-rata-Konsolidierung), bei der die Aktiva und Passiva lediglich entspre-

## Vollkonzession

### Beispiel für eine Vollkonsolidierung

| Mio DM | | | |
|---|---|---|---|
| Aktiva | | Passiva | |
| **Übergeordnetes Kreditinstitut (KI)** | | | |
| Beteiligung an Finanzinstitut (60%) | 150 | Eingezahltes Kapital | 200 |
| | | Nachrangige Verbindlichkeiten | 200 |
| Sonstige Aktiva | 1 850 | Sonstige Passiva | 1 600 |
| Insgesamt | 2 000 | Insgesamt | 2 000 |
| **Nachgeordnetes Finanzinstitut (FI)** | | | |
| | 3 000 | Eingezahltes Kapital | 250 |
| | | Nachrangige Verbindlichkeiten | 250 |
| | | Sonstige Passiva | 2 500 |
| Insgesamt | 3 000 | Insgesamt | 3 000 |

| Ermittlung des Grundkapitals | | |
|---|---|---|
| | Eingezahltes Kapital KI | 200 |
| + | Eingezahltes Kapital FI | 250 |
| ./. | Beteiligungsbuchwert KI an FI | 150 |
| I. | Kernkapital der Gruppe | 300 |
| | Nachrangige Verbindlichkeiten KI | 200 |
| | Nachrangige Verbindlichkeiten FI | 250 |
| | Ergänzungskapital (brutto) | 450 |
| ./. | Kürzung auf Kernkapital der Gruppe[1] | 150 |
| II. | Ergänzungskapital (netto) der Gruppe | 300 |
| III. | Gesamtkapital der Gruppe I. und II. | 600 |

[1] Die Höhe des Ergänzungskapitals darf die Höhe des Kernkapitals nicht überschreiten

Quelle: Deutsche Bundesbank

chend der Beteiligungsquote zusammengefaßt und die gruppeninternen Beteiligungswerte zur Vermeidung der Doppelbelegung von Eigenkapital herausgerechnet werden, wird nur für Minderheitsbeteiligungen beibehalten (§§ 10a Abs. 7, 13a Abs. 3 KWG n. F.).

### Vollkonzession
Im Unterschied zur bloßen →Teilkonzession eine inhaltlich nicht auf einzelne →Bankgeschäfte (i. S. des Kreditwesengesetzes) beschränkte Erlaubnis zum Betreiben von Bankgeschäften nach § 32 Abs. 1 KWG (→Erlaubniserteilung für Kreditinstitute).

## Vollkosten
Im Gegensatz zu → Teilkosten die Gesamtkosten (→ Vollkostenrechnung).

## Vollkostenrechnung
Kostenrechnungssystem (→ Kostenrechnung), in dem alle → Kosten ohne Unterscheidung nach beschäftigungsabhängigen (→ variable Kosten) und beschäftigungsunabhängigen Kosten (→ Fixkosten) erfaßt werden. Es sieht vor, daß alle Kosten den → Kostenstellen und den → Kostenträgern zugerechnet werden, wobei die Kosten, die nicht direkt verursachungsgerecht zugerechnet werden können, im Rahmen einer Schlüsselung verteilt werden. Damit wird gegen das → Verursachungsprinzip verstoßen. Der Vorteil der V. liegt darin, daß sämtliche Kosten erfaßt werden.
Durch die Gemeinkostenschlüsselung und durch die damit u. U. verbundene Proportionalisierung der Fixkosten kann es aber zu Fehlinterpretationen kommen. Der Nachteil liegt auch in einer mangelnden Informationstransparenz als Grundlage für gezielte Kosten- oder Leistungssteuerungsmaßnahmen unter dem Aspekt schwankender Beschäftigungslagen.
*Gegensatz:* → Teilkostenrechnung.
(→ Kosten im Bankbetrieb)

## Vollmacht
Durch → Rechtsgeschäft erteilte Vertretungsbefugnis (§ 166 Abs. 2 BGB). Die Bevollmächtigung ist eine einseitige, empfangsbedürftige → Willenserklärung, die vom Vertretenen gegenüber dem Vertreter (Innenvollmacht), dem Geschäftsgegner (Außenvollmacht) oder durch öffentliche Bekanntmachung erteilt werden kann (§§ 167 Abs. 1, 171 ff. BGB). Sie bedarf nur dann einer Form, wenn sie in einer letztwilligen Verfügung (→ Testament) enthalten ist (§ 167 Abs. 2 BGB).
Der Umfang der Vertretungsbefugnis ergibt sich aus dem Inhalt der V.; gesetzlich näher bestimmt, ist er bei der → Prokura und der → Handlungsvollmacht (→ handelsrechtliche Vollmachten). Allgemein unterschieden werden → Generalvollmacht und Spezialvollmacht, sei dies zur Vornahme einzelner Geschäfte (Einzel- oder Sondervollmacht) oder bestimmter typischer Geschäfte (Artvollmacht). Die V. als Form der → Stellvertretung kann an eine Person oder an mehrere gemeinschaftlich erteilt werden (Einzel- oder Gesamtvertretungsbefugnis).

## Vollmacht für den Todesfall, → Kontovollmacht.

## Vollmachtsindossament, → Inkassoindossament.

## Vollmachtsstimmrecht, → Depotstimmrecht.

## Vollmacht über den Tod hinaus, → Kontovollmacht.

## Vollständige Konkurrenz
Volkswirtschaftliche Bezeichnung für die Modellsituation, in der viele kleine Anbieter vielen Nachfragern gegenüber stehen (polypolistischer Markt). Kein Marktteilnehmer ist in der Lage, direkt Einfluß auf die Höhe des Marktpreises zu nehmen. Unter den Bedingungen eines vollkommenen Marktes ist das erreichte Marktgleichgewicht gekennzeichnet durch eine gewinnlose Produktion (→ Grenzkosten = Stückkosten = Marktpreis) und durch eine bestmögliche mengenmäßige Versorgung der Verbraucher (Nachfrager). – An diesem Modell hat sich die → Wettbewerbspolitik lange Zeit orientiert. Es läßt sich daraus die Forderung ableiten, kleinere Betriebsgrößen zu fördern (Mittelstandspolitik) und Kartelle zu verbieten und Konzentrationsprozesse zu stoppen (Fusionskontrolle, → Zusammenschlußkontrolle).

## Vollstreckbarer Titel, → Vollstreckungstitel.

## Vollstreckbare Urkunde
→ Vollstreckungstitel in Form einer gerichtlichen bzw. notariellen → Urkunde (→ notarielle Beurkundung), in der sich der → Schuldner der sofortigen → Zwangsvollstreckung unterworfen hat. Die Urkunde muß über einen → Anspruch errichtet sein, der die Zahlung einer bestimmten Geldsumme oder die Leistung einer bestimmten Menge anderer → vertretbarer Sachen oder → Wertpapiere zum Gegenstand hat. Die → Vollstreckungsklausel wird von dem Notar angebracht, der die Urkunde errichtet (§ 797 ZPO). Als ein Zahlungsanspruch gilt auch der Anspruch aus → Grundpfandrechten und einer → Schiffshypothek (§ 794 Abs. 1 Nr. 5 ZPO). Soll die Unterwerfung für Ansprüche aus Grundpfandrechten gegenüber dem jeweiligen Eigentümer und im Falle einer Grundstücksveräußerung auch gegenüber dem Rechtsnachfolger wirken, so muß sie in das → Grundbuch eingetragen

werden (§ 800 ZPO). Diese sogenannte dingliche v. U. ist von der schuldrechtlichen Vollstreckungsurkunde zu unterscheiden, die einen schuldrechtlichen Anspruch (→ Schuldrecht) des → Kreditinstituts, z. B. aus einem → Kreditvertrag, betrifft. Die v. U. ist im Bereich des → Kreditgeschäfts der wichtigste Vollstreckungstitel, weil das Kreditinstitut zur Beschaffung eines Titels nicht mehr die Gerichte einschalten muß. Ansprüche aus Grundpfandrechten könnten sonst nur über eine dingliche Klage auf Duldung der Zwangsvollstreckung gemäß § 1147 BGB zu einem Vollstreckungstitel führen.

Nach → Zustellung der v. U. kann die Bank sofort Vollstreckungsmaßnahmen gegen den Schuldner einleiten.

### Vollstreckungsabwehrklage
Rechtsbehelf im Rahmen der → Zwangsvollstreckung, der anders als im Falle der → Drittwiderspruchsklage dem → Schuldner eingeräumt ist, um nach dem Schluß der letzten mündlichen Verhandlung des → Zivilprozesses entstandene Einwendungen gegen den durch das Urteil festgestellten → Anspruch des → Gläubigers geltend zu machen (§ 767 ZPO), z. B. daß die → Forderung durch Zahlung (→ Erfüllung) erloschen sei. Die V. kommt nach § 768 ZPO auch (neben einer Erinnerung nach § 732 ZPO) gegenüber einer → Vollstreckungsklausel in Betracht, wenn die Voraussetzungen für deren Erteilung nicht vorgelegen haben.

### Vollstreckungsbescheid
Auf Antrag des → Gläubigers einer → Geldschuld (in DM) ergangene Verfügung eines Amtsgerichts im → Mahnverfahren, die einem → Mahnbescheid folgt, wenn der → Schuldner diesem nicht rechtzeitig widersprochen hat. Der Antrag muß binnen sechs Monaten nach der → Zustellung des Mahnbescheids erfolgen, ansonsten entfällt dessen Wirkung (§ 701 ZPO). Legt der Schuldner gegen den V. nicht innerhalb einer Ausschlußfrist von zwei Wochen ab Zustellung Einspruch ein (§ 70 Abs. 1 i. V. m. § 339 Abs. 1 ZPO), so entfaltet der V. dieselbe Wirkung (→ Vollstreckungstitel als Grundlage einer → Zwangsvollstreckung) wie ein gerichtliches Urteil.

### Vollstreckungsklausel
Bezeichnung für die vollstreckbare Ausfertigung des → Vollstreckungstitels, sie beurkundet dessen Bestehen und Vollstreckungsreife (§ 724 ZPO) und lautet: „Vorstehende Ausfertigung wird (Bezeichnung der Partei) zum Zwecke der Zwangsvollstreckung erteilt" (§ 725 ZPO). Die V. bildet eine der Voraussetzungen der → Zwangsvollstreckung und ist daher auf allen Vollstreckungstiteln anzubringen. Lediglich der → Vollstreckungsbescheid erfordert keine V.

Zuständig für die Erteilung der V. ist die Stelle, die den Vollstreckungstitel ausgefertigt hat. Wird sie verweigert, so kann der → Gläubiger auf Erteilung klagen (§ 731 ZPO). Der → Schuldner kann dagegen Erinnerung (§ 732 ZPO) einlegen oder Klage (§ 768 ZPO) nach dem Vorbild der → Vollstreckungsabwehrklage erheben.

Sonderformen sind die titelübertragende Klausel (§ 727 ZPO) und die titelergänzende Klausel (§ 726 ZPO).

### Vollstreckungstitel
Öffentliche → Urkunde, in der ein Leistungsanspruch des → Gläubigers gegenüber dem → Schuldner festgestellt wird, so daß dieser daraus die → Zwangsvollstreckung betreiben kann. Ein V. hat Parteien, Inhalt, Ort und Umfang der Zwangsvollstreckung zu enthalten. Von den zahlreichen Arten haben für die → Kreditinstitute die gerichtlichen Entscheidungen, wie vor allem Urteile (§ 704 ZPO) und → Prozeßvergleiche (§ 794 Abs. 1 Nr. 1 ZPO) Bedeutung, erstere auch schon bevor sie rechtskräftig geworden sind (→ vorläufige Vollstreckbarkeit). Außerdem haben der → Vollstreckungsbescheid und die → vollstreckbare Urkunde (§ 794 Abs. 1 Nr. 4, 5 ZPO) sowie der beglaubigte Auszug aus einer → Konkurstabelle (§ 164 KO, → Konkurs) besonderes Gewicht.

### Volumen, → Umsatz.

### Vorausabtretung
→ Abtretung, die sich auf künftige → Forderungen bezieht. Sie spielt in der Praxis hauptsächlich als → Sicherungsabtretung eine Rolle und kann als → Globalzession und als → Mantelzession auftreten.

### Vorbehaltseigentum
→ Eigentum von Lieferanten, die → Waren oder andere → bewegliche Sachen dem Käufer mit dem Vorbehalt übergeben haben, daß das Eigentum hierzu erst bei vollständiger

Bezahlung der → Verbindlichkeiten auf den Käufer übergeht (→ Eigentumsvorbehalt).

**Vorfälligkeitsentgelt,** → Vorschußzinsberechnung.

**Vorfälligkeitsgebühr/-entgelt**
Entgelt für den einem → Kreditinstitut entstehenden Schaden aus vorzeitiger → Rückzahlung eines langfristigen Festzinskredites, der über die gesamte → Laufzeit oder einen Teil derselben zinskongruent refinanziert ist. Berechnungsgrundlage: Differenz zwischen dem Kreditnehmerzinssatz und dem bei der Wiederanlage der Darlehensvaluta erzielbaren Marktzins.

**Vorfinanzierung**
Zeitlich vorgeschaltete → Finanzierung in Form einer kurzfristigen → Fremdfinanzierung, die zu einem späteren Zeitpunkt durch Einsatz zweckbestimmter Mittel abgelöst werden soll. Eine V. kann aus verschiedenen Gründen erforderlich sein oder vorgenommen werden, z. B. Voraussetzungen zur Inanspruchnahme langfristiger Mittel (→ Hypothekarkredit im Rahmen der → Bau- und Immobilienfinanzierung) sind noch nicht erfüllt; Erwartung sinkender → Zinsen am → Kapitalmarkt.
Synonym wird auch die Bezeichnung *Zwischenfinanzierung* verwandt, z. T. wird auch von *Vor- und Zwischenfinanzierung* gesprochen. I. d. R. handelt es sich um eine Finanzierung in Form eines → Kontokorrentkredites, der auch als → Zwischenkredit oder → Überbrückungskredit bezeichnet wird.

**Vorkaufsrecht**
Recht, das sich eine → Person (Vorkaufsberechtigter) vorbehält, um einen bestimmten Gegenstand von dem Verpflichteten zu kaufen, sobald dieser die → Sache an einen Dritten weiterverkaufen will (→ Kauf). Dieses Recht hindert den Verpflichteten nicht, Kaufverträge mit Dritten abzuschließen. Wenn der Verpflichtete aber an einen Dritten verkauft, hat der Vorkaufsberechtigte das Recht, durch einseitige Erklärung einen Kaufvertrag zwischen ihm selbst und dem Verpflichteten zustandezubringen zu den Bedingungen, zu denen der Verpflichtete an den Dritten verkauft hat. Das V. wird durch → Vertrag begründet, der derselben Form wie der Kaufvertrag über den Gegenstand selbst bedarf. Neben den vertraglichen V. gibt es gesetzliche, so z. B. das Vorkaufsrecht des Miterben (§§ 2034f. BGB) und das der Gemeinden an Baugrundstücken (§§ 24ff. BauGB).

**Vorlagepflichten der Kreditinstitute**
Pflichten, die → Kreditinstitute neben den → Melde- und Anzeigepflichten der Kreditinstitute zu erfüllen haben und welche die Einreichung bzw. Vorlage von → Monatsausweisen und → (quotal) zusammengefaßten Monatsausweisen sowie von → Jahresabschluß, → Lagebericht (ggf. auch → Konzernabschluß und → Konzernlagebericht von Kreditinstituten) und → Prüfungsberichten zum Inhalt haben.
(→ Bankenaufsicht)

**Vorlasten**
Im Verfahren der → Zwangsversteigerung Rechte anderer → Gläubiger, die dem Recht des → Kreditinstitutes rangmäßig vorgehen und aus dem Versteigerungserlös vor ihm befriedigt werden. Je geringer die V., um so werthaltiger ist das → Pfandrecht.

**Vorläufiges Zahlungsverbot,** → Vorpfändung.

**Vorläufige Vollstreckbarkeit**
Urteile sind im → Zivilprozeß ohne Antrag für vorläufig vollstreckbar zu erklären, auch wenn sie die formelle Rechtskraft noch nicht erlangt haben. I. d. R. erfolgt das aber nur gegen → Sicherheitsleistung, die der → Gläubiger zu erbringen hat, falls er schon vor Eintritt der Rechtskraft die → Zwangsvollstreckung betreiben will (§§ 708, 709 ZPO). Besonders wichtige Ausnahmen hiervon sind die Versäumnisurteile, die Vorbehaltsurteile im → Urkundenprozeß, → Wechselprozeß oder → Scheckprozeß sowie Verurteilungen zu nicht mehr als 1500 DM in der Hauptsache; diese sind ohne Sicherheitsleistung für vorläufig vollstreckbar zu erklären (§ 708 Nr. 2, 4, 11 ZPO).

**Vorlaufperiode**
Zeitraum bei → Forward Rate Agreements zwischen Vertragsabschluß und Zinsfestsetzungstermin. V. und → abgesicherte Periode ergeben die → Gesamtlaufzeit eines FRA's.

**Vorlegungsgebot beim Wechsel,** → Wechsel, Annahme.

**Vorlegungsverbot beim Wechsel,** → Wechsel, Annahme.

**Vormerkung**
Vorläufige Grundbucheintragung zur Sicherung schuldrechtlicher → Ansprüche, wel-

**Vormundschaft**

che auf die Herbeiführung einer dinglichen Rechtsänderung an einem →Grundstück gerichtet sind (§ 883 Abs. 1 BGB).

*Rechtswirkungen*: Als dingliches Sicherungsmittel eigener Art schützt die V. den →Gläubiger gegen einen Vertragsbruch des →Schuldners (§ 883 Abs. 2 BGB). Sie bewirkt zwar keine Grundbuchsperre, erklärt jedoch jedes spätere, den vorgemerkten →Anspruch beeinträchtigende →Verfügungsgeschäft dem Gläubiger gegenüber für relativ unwirksam. Ferner bestimmt die V. den →Rang des künftig entstehenden →Grundstücksrechts, z.B. eines →Grundpfandrechts (§ 883 Abs. 3 BGB; →Rang von Grundstücksrechten). Verpflichtet sich also der Eigentümer eines Grundstücks, gegenüber einem →Kreditinstitut ein Grundpfandrecht zu bestellen, und ist dieser Anspruch durch eine entsprechende V. gesichert, erhält das Grundpfandrecht den Rang der V., selbst wenn das Grundstück vor Eintragung veräußert oder anderweitig belastet worden ist (§§ 883 Abs. 2, 888 BGB). Hat andererseits der Eigentümer das Grundstück rechtswirksam an einen Dritten verkauft (→Kauf) und ist der Auflassungsanspruch (→Auflassung) des Käufers durch eine V. gesichert, ist das Grundpfandrecht ohne eine entsprechende →Einigung mit dem Vormerkungsberechtigten völlig wertlos, weil dieser dessen Löschung verlangen kann, sobald er als Eigentümer in das →Grundbuch eingetragen wird (§ 888 BGB). Die Kreditpraxis hat deshalb im Zusammenhang mit der Bestellung bzw. dem Erwerb eines bereits bestehenden Grundpfandrechts besonders darauf zu achten, ob und welche V. bei dem betreffenden Grundstück eingetragen ist.

Im →Konkurs und in der →Zwangsversteigerung wirkt die V. wie das vorgemerkte Vollrecht (§§ 24 KO, 48 ZVG).

*Bewilligung*: Grundlage für die Eintragung bildet die Bewilligung desjenigen, dessen Grundstück oder Recht betroffen wird (→Grundbuchverfahren). Die Bewilligung kann auch durch eine →einstweilige Verfügung ersetzt werden, wobei für deren Erlaß eine Gefährdung des zu sichernden Anspruchs nicht glaubhaft gemacht zu werden braucht (§ 885 BGB). I.d.R. ist sogar ein →gutgläubiger Erwerb der V. möglich, wenn die Bewilligung durch einen im Grundbuch eingetragenen Nichtberechtigten erteilt wird (§ 893 BGB 2. Halbsatz; →Grundbuch, öffentlicher Glaube).

*Erlöschen*: Die V. erlischt mit der Eintragung des gesicherten Rechts, sonst mit ihrer Löschung. Solche Beseitigung kann der Betroffene verlangen, wenn dem gesicherten Anspruch eine dauernde →Einrede (z.B. →Verjährung) entgegensteht (§ 886 BGB).

*Arten*: →Auflassungsvormerkung, V. zur Sicherung eines sonstigen Grundstücksrechts, vor allem Grundpfandrechts, Rangänderungs- und Rangvorbehaltsvormerkung sowie Löschungsvormerkung (→Grundpfandrecht, Löschung). Letzteres ist gesondert in §§ 1179ff. BGB geregelt. Daneben gibt es noch die Amtsvormerkung nach § 18 Abs. 2 GBO und die Vormerkung aufgrund öffentlich-rechtlicher Vorschriften (z.B. nach § 28 Abs. 2 Baugesetzbuch), welche dieselben Rechtswirkungen wie die V. des BGB besitzen.
(→ Widerspruch)

**Vormundschaft**

Allgemeine Sorgetätigkeit für →Minderjährige, bei Volljährigen kommt →Betreuung in Betracht. Der Vormund hat das Recht und die Pflicht, für die Person und das Vermögen des →Mündels zu sorgen, insbes. das Mündel zu vertreten (§ 1793 BGB).

*Gründe für die Anordnung:* Der Minderjährige erhält einen Vormund, wenn die Eltern ihre →elterliche Sorge nicht mehr ausüben können oder dürfen (§ 1773 BGB).

*Bestellung:* Der Vormund wird durch das Vormundschaftsgericht (Abteilung des Amtsgerichts) bestellt. Der Vormund weist sich durch eine Bestallungsurkunde aus (§ 1791 BGB). Die →Kreditinstitute haben in ihren →Allgemeinen Geschäftsbedingungen teilweise noch festgelegt, daß der Kunde den Schaden zu tragen hat, der daraus entstehen sollte, daß das Kreditinstitut von einem Mangel in der Wirksamkeit der Urkunde unverschuldet keine Kenntnis erlangt (Nr. 11 Abs. 1 AGB Banken, Nr. 4 AGB Sparkassen, →Legitimationsurkunde nach dem AGB). Das Gericht kann auch mehrere Vormünder (Mitvormünder) bestellen, welche die V. gemeinschaftlich führen (§ 1797 BGB). Dagegen ist die Ernennung eines Gegenvormundes (zur Überwachung des Vormunds) in der Praxis selten (§ 1792

BGB). Dessen Kontrollfunktion wird üblicherweise vom Gericht wahrgenommen.

*Aufgabenkreis des Vormunds:* Der Vormund ist in gleicher Weise wie die Eltern sorge- und vertretungsberechtigt, so daß er grundsätzlich auch einem Dritten zur Durchführung einzelner Geschäfte → Vollmacht erteilen kann. Jedoch unterliegt er im Unterschied zu den Eltern bei der Anlage und Verwaltung von Geldvermögen der ständigen Kontrolle des Vormundschaftsgerichts.

*Anlage von → Mündelgeldern:* Nach § 1806 BGB hat der Vormund das zum Vermögen des Mündels gehörende Geld (Mündelgeld) verzinslich anzulegen. Mündelsichere Anlagen sind nach § 1807 BGB: Anlagen in → Forderungen, für die sichere → Hypotheken oder → Grundschulden bestehen; Anlage in Forderungen gegen den Bund oder gegen Länder aus → Schuldverschreibungen oder Schuldbucheintragungen (→ Schuldbuch); Anlagen in → Wertpapieren, die von der Bundesregierung für mündelsicher erklärt sind (z. B. Schuldverschreibungen und → Pfandbriefe öffentlich-rechtlicher Kreditinstitute; Anlage in → Einlagen bei inländischen → Sparkassen, die zur Anlegung von Mündelgeld für geeignet erklärt worden sind, oder bei einem anderen Kreditinstitut, das einer für die Anlage ausreichenden Sicherungseinrichtung angehört (→ Einlagensicherung). Das Konto (→ Sparkonto oder → Termingeldkonto) muß ein → Sperrkonto sein (§ 1809 BGB; → Kontosperre bei Einlagen). Verfügungsgelder, die zur Bestreitung von laufenden Ausgaben dienen, kann der Vormund als Guthaben ohne Sperrvermerk bei jedem Kreditinstitut unterhalten (§ 1806 BGB).

*Verfügungen des Vormunds:* Der Vormund kann gemäß § 1812 BGB über eine Forderung oder über ein anderes Recht, kraft dessen das Mündel eine Leistung verlangen kann, sowie über ein Wertpapier des Mündels nur mit Genehmigung des Gegenvormundes verfügen, sofern nicht nach den §§ 1819–1822 BGB die Genehmigung des Vormundschaftsgerichts erforderlich ist. Genehmigungspflichtig ist grundsätzlich jedes einzelne Geschäft. Insoweit wird der gute Glaube eines Kreditinstituts an das Vorliegen einer Genehmigung oder die Unkenntnis der Genehmigungsbedürftigkeit nicht geschützt. Das Vormundschaftsgericht kann dem Vormund eine Allgemeinermächtigung zu Verfügungen über Kapitalvermögen (§ 1825 BGB) erteilen. Diese Ermächtigung soll nur erteilt werden, wenn sie zum Zwecke der Vermögensverwaltung, insbes. zum Betrieb eines Erwerbsgeschäfts, erforderlich ist. Durch § 1822 BGB werden für Kreditinstitute wichtige Fälle erfaßt: Aufnahme von → Krediten zu Lasten des Mündels, Eingehen von Scheckverbindlichkeiten und Wechselverbindlichkeiten, Übernahme einer → Bürgschaft, → Sicherungsübereignung bzw. → Sicherungsabtretung von Mündelvermögenswerten für fremde Schuld. Keine Genehmigung – weder des Gegenvormunds noch des Vormundschaftsgerichts – ist erforderlich für die Verfügung über Beträge bis zu 5.000 DM, für die Auszahlung sogenannter Verfügungsgelder und von → Nutzungen (z. B. → Zinsen) des Mündelvermögens, auch soweit sie 5.000 DM übersteigen (§ 1813 BGB).

*Befreite V.:* Von der Verpflichtung, Mündelgelder nur mit Sperrvermerk anzulegen (§§ 1809 f. BGB) und zur Verfügung über Forderungen und Wertpapiere die Genehmigung des Gegenvormundes oder des Vormundschaftsgerichts einzuholen, können die Eltern den Vormund befreien (§§ 1852 Abs. 2, 1853 BGB). Die Befreiung entbindet aber nicht zur Verpflichtung zur mündelsicheren Anlage (nach §§ 1806 f. BGB). Sogenannte Amtsvormünder, insbes. Jugendämter, sind stets befreite Vormünder (§ 1857 a BGB).

### Vorpfändung

Möglichkeit der Sicherung für einen → Gläubiger, der eine → Zwangsvollstreckung in Geldforderungen (und andere Rechte) betreibt und bereits einen → Vollstreckungstitel besitzt (→ Vollstreckungsklausel und → Zustellung sind nicht erforderlich). Die V. hat den Zweck, bei Verzögerungen der → Pfändung ein vorläufiges Zahlungsverbot zu erwirken (§ 845 ZPO). Die V. wird vom Gerichtsvollzieher zugestellt; mit ihr wird der → Drittschuldner aufgefordert, keine Zahlungen an den → Schuldner zu leisten, und der Schuldner angewiesen, sich jeder Verfügung über die → Forderung zu enthalten. Die V. hat rangwahrende Wirkung für ein späteres → Pfändungspfandrecht; daher wird von der V. häufig Gebrauch gemacht.

### Vorratsinvestition

*Lagerinvestition*; → Investition im Bereich der nicht dauerhaften Produktionsmittel

(Rohstoffe, Fertigerzeugnisse, unfertige Erzeugnisse, Handelsware).

### Vorruhestands-Tarifvertrag
→ Tarifvertrag zur vorgezogenen freiwilligen Pensionierung, der im Bereich des → privaten Bankgewerbes und für die → öffentlichen Banken abgeschlossen ist.

### Vorsatz
Form des → Verschuldens, bei der ein → Schuldner bewußt und gewollt gegen vertragliche oder gesetzliche Pflichten verstößt.

### Vorschaltdarlehen
Kurz- oder mittelfristiger Bau- oder → Investitionskredit mit Umschuldungsanspruch. Besonders in Zeiten hoher → Zinsen wird in Erwartung von Zinssenkungen zunächst im → Kreditvertrag oder → Darlehensvertrag eine → Laufzeit von i. a. ein bis zwei Jahren, höchstens jedoch vier Jahren, mit oder ohne periodische → Tilgung, vorgesehen. In dieser Zeit kann der Kreditnehmer jederzeit sein Optionsrecht ausnutzen und das Restdarlehen in ein langfristiges → Annuitätendarlehen oder → Tilgungsdarlehen entsprechend den zuvor getroffenen Rahmenvereinbarungen zu den dann geltenden Marktzinssätzen umwandeln. Spätestens bei der Umwandlung sind dann auch die entsprechenden Sicherheiten, zumeist → Grundpfandrechte, zu stellen.

### Vorschüssige Zinsrechnung
Ein → Cash-flow wird am Anfang der → Zinsperiode geleistet.
*Gegensatz*: → nachschüssige Zinsrechnung.

### Vorschußzinsberechnung
Berechnung von Sollzinsen bei vorzeitiger → Rückzahlung von → Spareinlagen.

*Neuregelung der V.*: Mit Wegfall der Sparverkehrsvorschriften (§§ 21, 22 KWG a. F.) zum 1. 7. 1993 aufgrund der 4. KWG-Novelle besteht keine gesetzliche Verpflichtung mehr, im Falle einer vorzeitigen Rückzahlung von Spareinlagen → Vorschußzinsen zu erheben. Die neuen Regeln über Spareinlagen in der → Rechnungslegungsverordnung enthalten keine Bestimmungen über die V. Die → Bedingungen für den Sparverkehr der → Kreditinstitute, z. B. der → Sparkassen, sehen aber vor, daß die Sparkasse bei kündigungsloser Rückzahlung von Spareinlagen Vorschußzinsen bzw. ein „Vorfälligkeitsentgelt" erheben kann. Dabei unterscheiden sich die traditionellen Vorschußzinsen von der Erhebung des Vorfälligkeitsentgelts darin, daß erstere laufzeitabhängig, letztere aber laufzeitunabhängig sind. Bei der V. bei vorzeitiger Rückzahlung von Spareinlagen mit dreimonatiger Kündigungsfrist ist auch zu berücksichtigen, daß der Freibetrag nunmehr 3.000 DM (vorher 2.000 DM) beträgt und die Frist von bislang 30 Zinstagen auf einen Kalendermonat umgestellt wurde.

Die Ausnahmefälle, in denen bislang von einer V. abgesehen werden konnte, gelten im Grundsatz weiter. Es bestehen keine Gefahren für die Privilegierung der echten Spareinlagen (Besserstellung bei der Haltung von → Mindestreserven und den → Liquiditätsgrundsätzen), wenn sich die Kreditinstitute auch fortan an dem vom → Bundesaufsichtsamt für das Kreditwesen aufgestellten Ausnahmekatalog ausrichten. Das folgt schon daraus, daß die → Deutsche Bundesbank die V. nach den bisherigen Modalitäten als Indiz dafür ansieht, ob vereinbarte Kündigungsfristen ernsthaft gewollt sind. Sehen Kreditinstitute allerdings im Rahmen der → Vertragsfreiheit künftig zusätzliche Verzichtsfälle hinsichtlich der V. vor, so könnte dies die echte Spareinlage letztlich zu Fall bringen.

*Abwicklung:* Als Zeitraum für die V. ist grundsätzlich die gesamte nicht eingehaltene Kündigungsfrist anzusetzen. Gegebenenfalls verlängert sich die Dauer der V. um eine nicht eingehaltene → Kündigungssperrfrist. Eine Beschränkung der V. auf einen Zeitraum von zweieinhalb Jahren ist zulässig. Es besteht dazu aber keine Verpflichtung für die Kreditinstitute. Weiterhin können die Kreditinstitute die Erhebung der Vorschußzinsen auf die zu vergütenden Habenzinsen beschränken. Eine Verpflichtung zur Kürzung des vom Sparer selbst eingezahlten Sparkapitals besteht nicht.

Das Kreditinstitut hat den Sparer bei einer vorzeitigen Verfügung auf den Tatbestand der V. hinzuweisen. Das → Bundesaufsichtsamt für das Kreditwesen hält grundsätzlich einen offenen Ausweis der Vorschußzinsen im → Sparbuch für geboten. Wird über Spareinlagen mit dreimonatiger Kündigungsfrist vorzeitig verfügt, so kommen in der Praxis zwei Verfahren bei der V. zur Anwendung: die „genaue" Methode und die „vereinfachte" Methode (auch als 90-Tage-Methode oder EDV-Methode bezeichnet).

# Vorschußzinsberechnung

Die „genaue" Methode berücksichtigt, daß gemäß § 21 Abs. 4 KWG jeweils nach Ablauf eines Kalendermonats weitere 3.000 DM frei werden. Bei größeren vorzeitigen Rückzahlungen ist demgemäß eine Staffel für 30, 60 und 90 Tage aufzustellen. Demgegenüber sieht die „vereinfachte" Methode nur einen einmaligen Abzug des Monatsfreibetrags in Höhe von 3.000 DM vor. Für den 3.000 DM überschreitenden Betrag werden für 90 Tage Vorschußzinsen berechnet, was zu einer vergleichsweise höheren Vorschußzinsbelastung für den Sparer führt und nur angewendet werden darf, wenn mit dem Kunden eine entsprechende Vereinbarung getroffen worden ist.

*Ausnahmen von der Verpflichtung zur V.:*
Die Berechnung von Vorschußzinsen kann z. B. unterbleiben, wenn sich der Berechtigte in einer wirtschaftlichen Notlage befindet. Eine wirtschaftliche Notlage ist anzunehmen, wenn beim Sparer ein unvorhergesehenes Ereignis eintrifft, das einen Geldbedarf auslöst. Außerdem muß sich der Berechtigte in einer finanziellen Notsituation befinden. Das Bundesaufsichtsamt hat in Ziff. 5 und 6 der Mitteilung Nr. 1/64 weitere Ausnahmefälle aufgeführt, in denen ein Verzicht auf die V. zulässig ist: (1) *Verfügung über kapitalisierte Zinsen:* Über kapitalisierte Zinsen kann innerhalb einer Frist von zwei Monaten nach → Wertstellung (→ Zinsberechnung bei Spareinlagen) vorschußzinsfrei verfügt werden. (2) *Wertpapiererwerb:* Werden Spareinlagen vor → Fälligkeit für den Erwerb von → Wertpapieren verwendet, so ist ebenfalls ein Verzicht auf die Erhebung von Vorschußzinsen zulässig. Bei Veräußerung der Wertpapiere vor Ablauf der für die Spareinlage maßgeblichen Kündigungsfrist sind jedoch Vorschußzinsen vom Zeitpunkt der Veräußerung bis zum Ablauf der Kündigungsfrist zu berechnen. Das Kreditinstitut hat eine Überwachungspflicht hinsichtlich der vorzeitigen Veräußerung der Wertpapiere. Die zu Lasten einer Spareinlage erworbenen Wertpapiere sind daher im → Depot des Kreditinstituts zu verwahren. Ein vorzeitiges Aushändigen führt zur Berechnung von Vorschußzinsen. Ist die Laufzeit der erworbenen Wertpapiere kürzer als die Kündigungsfrist der Spareinlage, so kann zum Zeitpunkt des Wertpapierkaufs auf die Erhebung von Vorschußzinsen verzichtet werden. Allerdings ist der Gegenwert des später fälligen Wertpapiers dem betreffenden Sparkonto wieder zuzuführen; andernfalls fallen Vorschußzinsen an. Vorschußzinsfrei sind bei Beachtung bestimmter Voraussetzungen auch der Erwerb von Anteilen an → geschlossenen Immobilienfonds und der Erwerb von → Sparbriefen. (3) *Übertragung auf ein Spar- oder Bausparkonto bei demselben Kreditinstitut:* Von der V. kann abgesehen werden, wenn Spareinlagen vor Fälligkeit auf ein anderes → Spar- oder → Bausparkonto (nicht → Termingeldkonto) bei demselben Kreditinstitut unter der Voraussetzung übertragen werden, daß für diese Konten eine gleiche oder längere Kündigungsfrist vorgesehen ist. Sofern der Sparer nicht auf ein anderes eigenes Konto die Übertragung vornimmt, muß zwischen den beteiligten Kontoinhabern eine enge persönliche Bindung (z. B. Verwandtschaftsverhältnis) bestehen. Bei Spareinlagen mit dreimonatiger Kündigungsfrist darf die Übertragung nicht zu einer Umgehung der Freigrenze gemäß § 21 Abs. 4 RechKredV führen. (4) *Wohnsitzwechsel des Sparers:* Wechselt der Sparer seinen Wohnsitz, so kann das Kreditinstitut auf Antrag des Sparers dessen Spareinlage vorschußzinsfrei auf ein anderes Kreditinstitut am neuen Wohnsitz übertragen. Das übernehmende hat dem übertragenden Kreditinstitut schriftlich zu bestätigen, daß durch die Übertragung keine Verkürzung der bisherigen Kündigungsfrist eingetreten ist. (5) *Tod des Sparers:* Erfolgt nach dem Tode des Sparers eine Umschreibung des Nachlaßsparkontos auf den oder die → Erben, so handelt es sich lediglich um eine Berichtigung der Gläubigerbezeichnung und nicht um eine vorzeitige Rückzahlung. Vorschußzinsen dürfen mithin nicht erhoben werden. Auf die V. kann verzichtet werden, wenn aufgrund einer → letztwilligen Verfügung (z. B. Vermächtniserfüllung) oder zum Zwecke der Erbauseinandersetzung über eine zum → Nachlaß des Sparers gehörende Spareinlage vor Fälligkeit durch Barauszahlung, Umschreibung oder Übertragung verfügt wird. Verfügt indessen ein Alleinerbe vorzeitig über eine Nachlaßspareinlage, so sind zwingend Vorschußzinsen zu erheben. Das gilt sowohl für den gesetzlichen als auch für den Alleinerben, der seine Erbenstellung aufgrund einer letztwilligen Verfügung erlangt hat. (6) *Prämien- bzw. sparzulagenunschädliche vorzeitige Rückzahlung:* Soweit gemäß § 1 Abs. 4 SparPG (Mitte 1987 ausgelaufen) ein Tatbestand prämienunschädli-

## Vorschußzinsen

cher vorzeitiger Rückzahlung von prämienbegünstigt angelegten Spareinlagen erfüllt war, konnte bei vorzeitiger Rückzahlung auf die V. verzichtet werden. Fälle prämienunschädlicher vorzeitiger Rückzahlung waren: Heirat und → Arbeitslosigkeit des Sparers sowie Tod oder völlige Erwerbsunfähigkeit des Sparers oder seines Ehegatten. Darüber hinaus konnte bei Rückkehr ausländischer Gastarbeiter in ihre Heimatländer prämienunschädlich und damit auch vorschußzinsfrei verfügt werden. Das gleiche galt schließlich bei Aufnahme einer selbständigen Tätigkeit des Sparers. Die dargestellten Regelungen über vorschußzinsfreie vorzeitige Verfügungsmöglichkeiten prämienbegünstigt angelegter Spareinlagen gelten auch für vermögenswirksame Sparverträge nach dem → 5. VermBG, wenn darüber sparzulageunschädlich vorzeitig verfügt wird (→ vermögenswirksames Sparen). (7) *Weitere Ausnahmen* bestehen, wenn nach dem 5. VermBG vermögenswirksam angelegte Spareinlagen vor Ablauf der Festlegungsfrist zum Wertpapiererwerb oder zur Einzahlung auf einen → Bausparvertrag verwendet werden.

*Unzulässige V.:* Wird ein Sparvertrag nach allgemeinen Rechtsgrundsätzen vorzeitig aufgelöst, weil ein Festhalten am Vertrag für beide oder eine der Vertragsparteien unzumutbar ist (z. B. wegen Wegfalls der Geschäftsgrundlage), so dürfen Vorschußzinsen nicht berechnet werden.

### Vorschußzinsen

Seitens des → Kreditinstituts bei zugelassener, vorzeitiger → Verfügung eines Sparers über seine → Spareinlage auf den zurückgezahlten Betrag berechnete → Zinsen. Nach der bis 30. 6. 1993 geltende Regelung des § 22 Abs. 3 KWG (a. F.) mußten die Sollzinsen die zu vergütenden Habenzinsen um mindestens ein Viertel übersteigen (→ Vorschußzinsberechnung). Die gesetzliche Verpflichtung zur Berechnung von V. ist in der Neuregelung des § 21 Abs. 4 RechKredV nicht aufrechterhalten worden.

### Vorsichtsprinzip, → Bewertungsgrundsätze.

### Vorsorgeanleihe

Neben → Ratenanleihe und → Annuitätenanleihe eingesetzte Variante eines → Zinsinstruments mit → Tilgungsplan.

### Vorsorgeaufwendungen

Bestimmte Arten von → Sonderausgaben, die zwar in erster Linie privaten Zwecken des → Steuerpflichtigen dienen, jedoch zugleich im öffentlichen Interesse liegen und daher (gem. § 10 Abs. 3 EStG beschränkt) abzugsfähig sind. Hierzu gehören *Beiträge zu* → *Versicherungen* (§ 10 Abs. 1 Nr. 2 EStG) und an → Bausparkassen (§ 10 Abs. 1 Nr. 3 EStG) zur Erlangung von → Darlehen zu Bauzwecken. Weitere Voraussetzungen für den Abzug vom Gesamtbetrag der Einkünfte (→ Einkommensteuer) regelt § 10 Abs. 2 EStG.

### Vorsorgepauschale

Für die → Vorsorgeaufwendungen eines → Steuerpflichtigen, der Arbeitslohn bezogen hat, wird bei der → Einkommensteuer mindestens eine V. abgezogen. Der → Arbeitnehmer kann jedoch höhere → Aufwendungen nachweisen. Die V. beträgt (bis zu bestimmten Höchstbeträgen) 18 v. H. des Arbeitslohns (§ 10c Abs. 2 EStG). Für Arbeitnehmer, die nicht der gesetzlichen Rentenversicherungspflicht unterliegen, gilt eine besondere V. (§ 10c Abs. 3 EStG). Bei Zusammenveranlagung von Ehegatten verdoppelt sich regelmäßig die V. (§ 10c Abs. 4 EStG).

### Vorsorgereserven

Synonyme Bezeichnung für → Vorsorgereserven für allgemeine Bankrisiken.

### Vorsorgereserven für allgemeine Bankrisiken

→ Offene Rücklagen oder → stille Reserven zur Sicherung gegen „die besonderen Risiken des Geschäftszweigs der Kreditinstitute" (→ bilanzielle Risikovorsorge der Kreditinstitute).

1. *Offene Vorsorgereserven:* Offene V. f. a. B. können in unbegrenzter Höhe gebildet werden und sind in dem Passivposten „Fonds für allgemeine Bankrisiken" auszuweisen (§ 340g HGB). Zuführungen und Auflösungen sind in der G- u. V-Rechnung gesondert auszuweisen. Wegen der i. d. R. nicht gewünschten Offenlegung bestimmter bilanzpolitischer Ziele (Verlustausgleich, Ergebnisnivellierung u. ä.) bleibt abzuwarten, ob die seit Inkrafttreten des Bankbilanzrichtlinie-Gesetzes mögliche offene Risikovorsorge angewendet wird. Ein Anreiz zur Bildung offener Vorsorgereserven ist

durch die Anerkennung als →Kernkapital bei der Berechnung des →haftenden Eigenkapitals der Kreditinstitute gegeben.

2. *Stille Vorsorgereserven:* Schaffung von →stillen Reserven, indem →Kreditinstitute gemäß § 340f Abs. 1 HGB →Forderungen an Kreditinstitute und Kunden sowie →Wertpapiere der Liquiditätsreserve niedriger als nach § 253 Abs. 3 HGB ansetzen. Dieser über das strenge →Niederstwertprinzip hinausgehende niedrigere Ansatz ist zulässig, soweit dies nach vernünftiger kaufmännischer Beurteilung zur Sicherung gegen die besonderen Risiken des Geschäftszweigs der Kreditinstitute notwendig ist. Die „Unterbewertung" der Forderungen und der ihnen wirtschaftlich gleichgestellten Wertpapiere der Liquiditätsreserve ist auf maximal 4% des Wertansatzes begrenzt, der sich bei Beachtung der allg. Bewertungsregeln (§ 340e HGB) ergeben würde. In der G- u. V-Rechnung ist eine spartenübergreifende Verrechnung zwischen →Aufwendungen und →Erträgen und der Ausweis eines Saldopostens erlaubt (§ 340f Abs. 3 HGB, § 32 RechKredV), so daß die bilanzpolitischen Ziele nicht erkennbar werden (→Überkreuzkompensation). Stille Vorsorgereserven werden bankaufsichtlich in begrenztem Umfang als →Ergänzungskapital anerkannt.

Zu beachten ist, daß die vorhandenen Bestände an stillen Reserven, die nach früher geltendem Recht gebildet wurden (z. B. stille Reserven auf Grund von § 26a Abs. 1 KWG bei Forderungen und →Wertpapieren des →Umlaufvermögens) zusätzlich fortgeführt werden dürfen. Diese stillen Reserven werden nicht als Ergänzungskapital anerkannt.

### Vorsorgereserven für Ausfallrisiken der Kreditinstitute

→Wertberichtigungen für Verlustrisiken, die in einem teilweisen oder vollständigen Ausfall von Gläubigerrechten des →Kreditinstituts bestehen (→bankbetriebliche Risiken). Die Gefährdung von Gläubigerrechten kann individuell in der Person des →Schuldners bzw. in dem wirtschaftlichen Wert von →Kreditsicherheiten begründet sein (Verschlechterung der wirtschaftlichen Verhältnisse) und wird dann als →Bonitätsrisiko bezeichnet. Die Verlustgefahr kann auch dadurch begründet sein, daß die wirtschaftlichen oder politischen Verhältnisse des Schuldnerlandes den Leistungstransfer verhindern (→Länderrisiko). Die skizzierten Verlustrisiken sind Teile des →Kreditrisikos. (Vielfach werden die Begriffe „Verlustrisiko" und „Kreditrisiko" synonym verwendet.)

Die →bilanzielle Risikovorsorge der Kreditinstitute für Verlustrisiken umfaßt die Bildung von →Einzelwertberichtigungen (im Fall akuter, bereits erkennbarer →Ausfallrisiken) und die Bildung von →Pauschalwertberichtigungen (im Fall von latenten Ausfallrisiken).

### Vorsorgesparen

→Sparen, das vorrangig der Sicherstellung der Altersversorgung dient. →Sparkassen und →Banken haben dem Wunsch vieler Kunden nach einem zusätzlichen →Einkommen durch Schaffung bestimmter Sondersparformen Rechnung getragen (Produktinnovation). Zum V. zählen das Sparen mit Versicherungsschutz (→Versicherungssparen) und Sparformen, die einen vorher festgelegten Auszahlplan beinhalten.

### Vorsorgewertberichtigungen, →versteuerte Pauschalwertberichtigungen.

### Vorstand

Geschäftsführendes →Organ der →Aktiengesellschaft, →Genossenschaft oder eines →Vereins. Er vertritt die Gesellschaft gerichtlich und außergerichtlich. Bei der AG kann er aus einer oder mehreren →natürlichen Personen bestehen (§ 76 AktG), bei der Genossenschaft aus mindestens zwei (§ 24 Abs. 2 GenG). Der V. hat das Unternehmen in eigener Verantwortung zu leiten.

Nach dem AktG sind sämtliche Vorstandsmitglieder nur gemeinschaftlich zur →Geschäftsführung und Vertretung (→Stellvertretung) befugt (§§ 77, 78 Abs. 2). Sorgfaltspflicht und Verantwortlichkeit der Vorstandsmitglieder der AG sind in § 93 AktG geregelt, für Vorstandsmitglieder der Genossenschaft in § 34 GenG. Eine satzungsmäßige Beschränkung der Vertretungsmacht ist nach außen unwirksam; ein Verstoß gegen eine Beschränkung hat im Innenverhältnis eine Schadensersatzpflicht zur Folge. Jede Änderung des V. und der Vertretungsbefugnis ist vom V. zur Eintragung in das →Handelsregister anzumelden (§ 81 AktG).

Die Bestellung und Abberufung des V. einer AG erfolgt nach den Voraussetzungen der §§ 84ff. AktG. Für ihre Tätigkeit erhalten die Vorstandsmitglieder möglicherweise eine Gewinnbeteiligung (§ 86 AktG), auf jeden Fall aber angemessene Bezüge (Gehalt, Aufwandsentschädigung usw. § 87 Abs. 1 AktG). Der V. hat die → Hauptversammlung einzuberufen (§ 121 Abs. 2 AktG) und dem → Aufsichtsrat regelmäßig Bericht zu erstatten (§ 90 AktG). Die Pflicht, für die Führung von Handelsbüchern zu sorgen, ist in § 91 AktG geregelt, die Pflichten bei Verlust, → Überschuldung oder → Zahlungsunfähigkeit in § 92.

## Vorsteuerabzug

Abzug der auf der Vorumsatzstufe anfallenden Belastung mit → Umsatzsteuer (USt) von der Umsatzsteuerschuld des Leistungsempfängers. Gem. § 15 Abs. 1 UStG kann der Unternehmer abziehen: (1) die in nach § 14 UStG ausgestellten Rechnungen gesondert ausgewiesenen Umsatzsteuern für Lieferungen oder sonstige Leistungen, die andere Unternehmer für sein Unternehmen ausgeführt haben, (2) die entrichtete → Einfuhrumsatzsteuer für Gegenstände, die für sein Unternehmen importiert worden sind (einschl. von Umsätzen nach § 1 Abs. 3 UStG), (3) die Umsatzsteuer für den innergemeinschaftlichen Erwerb (§ 1a UStG) von Gegenständen für sein Unternehmen. Ausnahmen vom und Einschränkungen des V. ergeben sich aus § 15 Abs. 2–4a UStG. Zweck des V. ist die Vermeidung der Umsatzsteuerkumulation.
(→ Umsatzsteuersysteme)

## Vor- und Nacherbschaft

Gestufte Erbeinsetzung, wonach der Nacherbe gemäß dem Willen des → Erblassers die Erbschaft erst erhält, nachdem zunächst ein anderer → Erbe (Vorerbe) geworden ist. Mit dem Tod des Erblassers geht die Erbschaft an den Vorerben. Bei Eintritt des Nacherbfalls – also Tod des Vorerben, soweit Erblasser nicht anderweitig verfügt – erhält der Nacherbe den → Nachlaß als Erbe des Erblassers und nicht des Vorerben (§§ 2101 ff. BGB). Sind Kinder da, werden vielfach der überlebende Ehegatte als Vorerbe und die Kinder als Nacherben eingesetzt.

*Rechtsstellung des Vorerben:* Der Vorerbe verwaltet bis zum Nacherbfall den Nachlaß und kann für sich auch dessen Erträgnisse vereinnahmen, soll aber die Substanz des → Vermögens den Nacherben erhalten. Deshalb darf er grundsätzlich frei über Nachlaßgegenstände verfügen (§ 2112 BGB), also auch über → Nachlaßkonten und sonstige bei einem → Kreditinstitut befindliche Nachlaßwerte. In bestimmten Fällen ist aber seine Rechtsmacht begrenzt. Diese Tatbestände sind auch für Kreditinstitute von Bedeutung.

*Verfügungsbeschränkungen des Vorerben:* Dem Vorerben ist die Verfügung über → Grundstücksrechte oder Registerrechte nicht gestattet, sofern sie das Recht des Nacherben vereiteln oder beeinträchtigen würden, wie das etwa bei der Veräußerung oder Belastung des → Grundstücks mit einem → Grundpfandrecht oder der → Abtretung eines solchen Rechts der Fall ist. Der Nacherbe könnte dann mit Eintritt des Nacherbfalls von der Bank verlangen, daß sie das für sie eingetragene oder an sie abgetretene Grundpfandrecht löschen läßt bzw. zurückgibt (§ 2113 Abs. 1 BGB). Zur Sicherung des Nacherbrechts ist daher im → Grundbuch oder für sonstige Registerrechte in dem betreffenden Register ein Nacherbenvermerk einzutragen (§ 51 GBO). Nicht gestattet sind dem Vorerben die weiteren unentgeltliche Verfügungen, die zu einer einseitigen Verminderung des Nachlasses führen (§ 2113 Abs. 2 BGB). Dazu gehört die Besicherung von Nachlaßwerten (→ Sachsicherheiten), die nicht ungeschmälert dem Nachlaß zufließen, sondern zumindest auch teilweise dem Vorerben persönlich zugute kommen. Deshalb sind die persönlichen Forderungen der Geschäftsbank gegen den Vorerben nicht durch das → AGB-Pfandrecht der Kreditinstitute gesichert. Derartige Verfügungen werden erst mit der Zustimmung des Nacherben wirksam. Ist dieser minderjährig oder aus anderen Gründen nicht voll geschäftsfähig (→ Geschäftsfähigkeit) oder der Vorerbe zugleich sein → gesetzlicher Vertreter (→ Stellvertretung), so werden die Interessen des Nacherben von einem Ergänzungspfleger (→ Pflegschaft) wahrgenommen. Gerade die Beurteilung des Merkmals „unentgeltlich" stellt die Praxis vor größte Schwierigkeiten. Deshalb soll das Kreditinstitut in solchen Fällen stets die Zustimmung des Nacherben einholen. Auch Zwangsvollstreckungsmaßnahmen von Gläubigern des Vorerben gegenüber dem Nachlaß besitzen nur eingeschränkte Wirkung. → Pfändung in Nachlaßkonten ist zwar prinzipiell zulässig, die Bank als → Drittschuldner darf aber eine Auszahlung mit Ausnahme von →Zinsen und sonstigen →Erträgen an den Pfändungsgläubiger vornehmen (§ 2115 BGB).

*Verwaltung des Geldvermögens:* Der Vorerbe kann auch grundsätzlich über zum Nachlaß gehörige →Depots bei Banken verfügen, hat aber darauf zu achten, daß das →Kapital mündelsicher angelegt wird (→Mündelsicherheit; (§§ 2116–2119 BGB). Der Nacherbe kann aber verlangen, daß die zur Erbschaft gehörenden →Wertpapiere oder →Schuldbuchforderungen gesperrt werden, so daß zu ihrer Verfügung jeweils seine Zustimmung notwendig wird.

*Sonderfall der befreiten Vorerbschaft:* Der Erblasser hat die Möglichkeit, den Vorerben von bestimmten oder allen Reglementierungen mit Ausnahme der unentgeltlichen Verfügungen zu befreien (§ 2136 BGB).

*Information des Kreditinstituts:* Verläßliche Hinweise über die Anordnung der V.- u. N. und die konkrete rechtliche Stellung des Vorerben erhält die Bank durch den →Erbschein des Vorerben (§ 2362 BGB).

## Vorzugsaktie

*Preferred Stock, Preferred Share, Priority Share;* →Aktie, die gegenüber der →Stammaktie bestimmte Vorrechte gewährt. Die Vorrechte können das →Stimmrecht, die Dividendenausschüttung oder den Anteil am Liquidationserlös betreffen.

*Arten:* (1) Die →*Mehrstimmrechtsaktie* ist in Deutschland grundsätzlich unzulässig. Jedoch kann der Wirtschaftsminister des Bundeslandes, in dem die Gesellschaft ihren Sitz hat, Ausnahmen zur Wahrung überwiegender gesamtwirtschaftlicher Belange zulassen (§ 12 Abs. 2 AktG).
(2) Die *Dividendenvorzugsaktie* (praktisch bedeutsamer Typ der V.) kommt regelmäßig als stimmrechtslose V. vor. Der →Aktionär erhält zum Ausgleich für das nicht gewährte Stimmrecht eine höhere→Dividende als der Inhaber von Stammaktien. V. ohne Stimmrecht dürfen nach § 139 Abs. 1 AktG nur ausgegeben werden, wenn sie mit einem nachzuzahlenden Dividendenvorzug (u. U. →Dividendengarantie) ausgestattet sind (→kumulative stimmrechtslose Vorzugsaktien). Die →Vorzugsaktionäre haben aber ein Stimmrecht, wenn der Vorzugsbetrag in einem Jahr nicht oder nicht vollständig gezahlt und der Rückstand im nächsten Jahr nicht neben dem vollen Vorzug dieses Jahres nachgezahlt wird. Kumulative stimmrechtslose Vorzugsaktien dürfen nur bis zu einem Gesamtnennbetrag in Höhe des Gesamtnennbetrags der anderen →Aktien ausgegeben werden (§ 139 Abs. 2 AktG).
(3) *Sonstige Dividendenvorzugsaktien:* Als →Prioritätsaktien werden Dividendenvorzugsaktien bezeichnet, die den Vorzugsaktionären einen Dividendenanspruch vor den anderen Aktionären gewähren. Aktien mit limitierter →Dividende gewähren den Vorzugsaktionären eine Dividende bis zu einem bestimmten Höchstbetrag. Den restlichen auszuschüttenden →Gewinn erhalten die anderen Aktionäre.

## Vorzugsaktionär

*Preferred Shareholder, Preferred Stockholder;* Inhaber von →Vorzugsaktien.
*Gegensatz:* →Stammaktionär.

**VVaG,** →Versicherungsverein auf Gegenseitigkeit.

### Wachstumsfonds
→ Investmentfonds, dessen vorrangiges Anlageziel in der Steigerung des → Anteilswertes (Kapitalwachstum) besteht. Entsprechend werden → Erträge nicht ausgeschüttet (→ Thesaurierungsfonds) oder nur z. T. ausgezahlt.

### Wahrscheinlichkeit P (E)
Bei einer hinreichend großen Anzahl n von Versuchen, in denen das Ereignis E m-mal eingetreten ist, kann die relative Häufigkeit m/n als Zahlenwert für die Wahrscheinlichkeit gewählt werden. Dieser Zahlenwert heißt die (statistische) W. des Ereignisses E und wird mit P(E) bezeichnet: P(E)=m/n. P(E) ist immer eine Zahl zwischen Null und eins.

### Wahrscheinlichkeitsdichte f(x) einer stetigen Zufallsgröße
Bei einer stetigen Zufallsgröße wird die → Wahrscheinlichkeit P(E) für das Eintreten eines Wertes x in einem Intervall als Flächeninhalt unter einer Funktion f gedeutet. Diese Funktion wird als Wahrscheinlichkeitsdichte oder → Dichtefunktion bezeichnet. Die Gesamtfläche unter der Dichtefunktion ist gleich der Wahrscheinlichkeit, daß X irgendeinen Wert im Definitionsbereich von X annimmt, sie ist demnach = 1.
*Gegensatz:* → Wahrscheinlichkeitsfunktion f(x) einer diskreten Zufallsgröße.
(→ Kumulierte standardisierte Normalverteilung, Approximation)

### Wahrscheinlichkeitsfunktion f(x) einer diskreten Zufallsgröße
Gibt an, mit welcher → Wahrscheinlichkeit P(E) ein bestimmter Wert eintritt. Eine → Zufallsgröße ist also erst dann vollständig charakterisiert, wenn nicht nur alle Werte, die sie annehmen kann, bekannt sind, sondern auch die Wahrscheinlichkeit für jeden einzelnen dieser Werte. Liegen diese Angaben vor, dann ist das → Verteilungsgesetz oder die Verteilung der → diskreten Zufallsgröße gegeben. Graphisch läßt sich die Wahrscheinlichkeitsfunktion einer diskreten Zufallsgröße als Stab- oder Säulendiagramm darstellen. Aus der Wahrscheinlichkeitsfunktion kann die → Verteilungsfunktion F(x) der diskreten Zufallsgröße ermittelt werden.
*Gegensatz:* → Wahrscheinlichkeitsdichte f(x) einer stetigen Zufallsgröße.

### Währung
1. *Geldeinheit* (Währungseinheit) eines bestimmten → Währungsgebietes, z. B. → Deutsche Mark.

2. *Geldordnung* (→ Währungsordnung, Geldverfassung) eines Währungsgebietes, die auf einer bestimmten Geldeinheit (Währungseinheit) aufgebaut ist, z. B. DM-Währung.
Die Geldordnung kann der Staat kraft seiner Währungshoheit autonom regeln. Diese Befugnis steht in der BRD nach Art. 73 Nr. 4 GG dem Bund als ausschließliches Gesetzgebungsrecht zu (Regelung der → Münzhoheit, Regelung des → Notenausgabemonopols). Von der Geldordnung ist das Geldsystem zu unterscheiden; Geldsysteme sind → Metallwährungen oder → Papierwährungen.
Zur Kennzeichnung der wirtschaftlichen Bedeutung einer W. werden die Begriffe Transaktionswährung, Anlagewährung (Denominationswährung), → Reservewährung und → Leitwährung verwendet. Von Transaktions- (oder auch Vehikel-)währung wird z. B. im → Devisenhandel gesprochen, wenn eine von allen Partnern akzeptierte W. zwischengeschaltet wird (früher das englische Pfund, heute in erster Linie der US-Dollar, z. T. auch die Deutsche Mark). Als Anlagewährung wird im internationalen Wirt-

**Währungsanleihe**

schaftsverkehr eine W. bezeichnet, die aufgrund der →Wirtschaftspolitik des betreffenden Landes als besonders wertbeständig gilt (W. von →Hartwährungsländern, sog. Hartwährungen). Reservewährungen sind solche, die von den →Zentralbanken anderer Länder zur Haltung von →internationaler Liquidität (→Währungsreserven) verwendet werden (→Deutsche Mark, internationale Bedeutung). Als Leitwährung bezeichnet man eine W., die für einen regional begrenzten Raum oder weltweit im Rahmen der →Internationalen Währungsordnung eine dominierende Rolle spielt.

**Währungsanleihe,** →Auslandsanleihe.

**Währungsausgleich,** →Europäische Agrarmarktordnung.

**Währungsbank**
*Zentralnotenbank, Zentralbank, Notenbank.* In Art. 88 GG verwendeter Begriff, der zur Aufgabenbeschreibung der →Deutschen Bundesbank dient und neben der technischen Ordnung des Geldwesens, wie der Versorgung der Volkswirtschaft mit →Zahlungsmitteln, auch die Sicherung des →Geldwertes umfaßt.

**Währungsbarkredit**
Kurzfristiger →Kredit zur →Finanzierung von Warenkäufen im Ausland, der im Rahmen von →Kreditlinien inländischer →Banken in fremder →Währung im Ausland aufgenommen wird. Endkreditnehmer sind inländische Importeure, die die Kredite zur Einlösung von Dokumenten benötigen und die Kredite aus dem Erlös des Warenweiterverkaufs abdecken. Gegenüber der ausländischen kreditgebenden Bank haftet die Bank des Importeurs. Die Bezeichnung Barkredit betont den Gegensatz zum →Rembourskredit, bei dem die ausländische Bank einen →Akzeptkredit gewährt (→Exportfinanzierung durch Kreditinstitute).

**Währungs-Break-even-Punkt**
Jener zukünftige →Wechselkurs, bei dem der Ertrag in D-Mark genauso hoch ist wie der Ertrag in der Fremdwährung. Der W.-B.-e.-P. wird ermittelt bei Fremdwährungsanlagen, um das →Währungsrisiko abschätzen zu können. Fällt die Fremdwährung unter den Break-even-Punkt, wäre die Anlage in der Heimatwährung günstiger gewesen. Bleibt dagegen der Kurs der Fremdwährung über dem Break-even-Kurs, schneidet die Fremdwährung besser ab. Der Break-even-Kurs wird nach folgender Formel ermittelt:

Break-even-Kurs = →Devisenkurs
· $(1 + →\text{Rendite}/100 \text{ DM})^N$
: $(1 + \text{Rendite Fremdwährung}/100)^N$

wobei:
Devisenkurs = Aktueller Devisenkurs der Fremdwährung
Rendite DM = Renditeniveau in Heimatwährung
Rendite Fremdwährung = Renditeniveau in Fremdwährung
N = Anlagedauer (→Laufzeit der Anleihe).

**Währungs-Future,** →Devisen-Future.

**Währungsgebiet**
Gebiet mit einheitlicher →Währung, das ein Land oder mehrere Länder umfassen kann, z. B. W. des US-Dollar. I. a. ist das die jeweilige Geldordnung räumlich eingrenzende W. mit dem betreffenden Staatsgebiet identisch; es kann sich jedoch auch auf mehrere staatliche Territorien erstrecken, wenn sich Länder, wie z. B. Belgien und Luxemburg, zu einer →Währungsunion (→Integration) zusammenschließen.

**Währungsgeschichte,** →Zentralbanksystem in Deutschland.

**Währungsgesetz**
Erstes Gesetz zur Neuordnung des Geldwesens vom 20. 6. 1948, das die Währungseinheit →Reichsmark mit Wirkung vom 21. 6. 1948 durch die neue Währungseinheit →Deutsche Mark ersetzte. Zu diesem Zeitpunkt büßten bis dahin gültige →Geldzeichen ihre Zahlkraft zum →Nennwert ein, alleinige →gesetzliche Zahlungsmittel zum Nennwert waren ab 21. 6. 1948 die auf Deutsche Mark oder Pfennig lautenden →Banknoten und →Münzen der →Bank deutscher Länder. Von Bedeutung ist heute außerdem noch die währungspolitische Schutzregelung in § 3 Währungsgesetz (→Wertsicherungsklauseln).

**Währungsklausel**
Vereinbarung, die bei grenzüberschreitenden Geldverbindlichkeiten (→Geldschuld, international) den monetären Wertmesser der →Geldschuld und damit letztlich deren Betrag festlegt.
Bei einfachen W. wird die Geldschuld in der →Währung des Staates des →Gläubigers,

des → Schuldners oder eines dritten Landes bestimmt. Bei kombinierten Klauseln wird das → Valutarisiko durch Aufspalten der Schuldsumme in Teil-Beträge verschiedener (Schuld-)Währungen auf die Parteien verteilt. Schließlich kann der Gläubiger berechtigt sein, für eine von mehreren in feste Beziehung gebrachten Währungen zu optieren (alternative W.).
W. können nach § 3 WährungsG (i. V. m. § 49 Abs. 2 AWG) genehmigungspflichtig sein, entweder als → Fremdwährungsschuld oder als kursabhängige DM-Verbindlichkeit (→ Wertsicherungsklauseln).

### Währungskonto
→ *Valutakonto*, → *Fremdwährungskonto*, *Devisenkonto*; → Bankkonto, das in einer ausländischen → Währung geführt wird (→ Fremdwährungsschuld).

### Währungskorb,
→ Sonderziehungsrecht, → Europäische Rechnungseinheit, → Europäische Währungseinheit (ECU), → Europäisches Währungssystem.

### Währungskorb-Anleihe
*Composite Currency Bond*; → Anleihe (→ Schuldverschreibung), die in Korbwährungen oder → Rechnungseinheiten denominiert wird. Seit Anfang der achtziger Jahre wurden am → Euro-Markt Anleihen in ECU (European Currency Unit, → Europäische Währungseinheit [ECU]), der Recheneinheit des Europäischen Währungssystems (EWS), bzw. in → SZR (Sonderziehungsrechte, SDR, Special Drawing Rights), der Rechnungseinheit des → Internationalen Währungsfonds (IWF), emittiert. Den SZR-Anleihen war – im Gegensatz zu den ECU-Anleihen – kein andauernder Erfolg beschieden. Grundsätzlich bieten Währungskorbinstrumente die Möglichkeit, sich gegen die Risiken einer → Währung (Wechselkursrisiken, Kaufkraftverluste, Zinsrisiken) mittels einer „festen" Diversifizierung über mehrere Währungen zu schützen.

*ECU-Anleihe:* Die ECU setzt sich aus dem gewogenen Wert der EU-Valuten zusammen, so daß eine ECU-Anleihe einem Portefeuille, bestehend aus Anleihen der EU-Währungen, gewichtet mit ihrer quotalen Beteiligung am Währungskorb, vergleichbar ist. ECU-Anleihen gibt es nicht nur in der Ausstattung als Festzinsanleihe (→ Straight Bond), sondern auch als Zero Bond (→ Nullkupon-Anleihe), → Floating Rate Note, → Wandelanleihe und → Optionsanleihe. ECU-Anleihen werden vorwiegend an der Luxemburger → Börse notiert. Der Handel erfolgt i. d. R. im → Telefonverkehr zwischen den Banken.
Der ECU-Anleihezins entspricht in etwa dem gewichteten Durchschnitt der jeweils geltenden → Kapitalmarktzinsen der an der Mischwährung beteiligten → Währungsgebiete, da sich andernfalls, insbes. für → Kapitalsammelstellen, Arbitragemöglichkeiten eröffnen würden. Die → Rendite von ECU-Anleihen liegt somit zwischen der Anleiherendite der Länder mit stärkerer Währung und niedriger Verzinsung und denen mit schwächerer Währung und höherer Verzinsung.
Den Inländern in Deutschland ist der uneingeschränkte Erwerb von ECU-Anleihen gestattet. Die → Deutsche Bundesbank betrachtet die ECU jedoch nicht als → Devise, da ihr wesentliche Merkmale fehlen (zuständige Währungsbehörde, Währungsgeld, Währungsgebiet), so daß es sich bei Begebung von ECU-Anleihen inländischer → Emittenten im Inland um gemäß § 3 WähRG genehmigungspflichtige Indexierungen (die das → Nominalwertprinzip gefährden) handelt. Bislang hat die Deutsche Bundesbank keine Genehmigungen erteilt. (→ Indexanleihe)

### Währungskredit
→ Kredit in einer ausländischen → Währung (→ Fremdwährungskredit, → Fremdwährungsschuld), i. d. R. mit fester → Laufzeit und zu festen Sätzen, der der → kurzfrstigen Außenhandelsfinanzierung dient. Er bietet sich an, wenn der Bezug von Vorleistungen und der Exporterlös in derselben (fremden) Währung fakturiert sind, kann aber auch zur Absicherung eines anderweitig bestehenden Wechselkursrisikos (→ Devisenkursrisiko) eingesetzt werden.

### Währungsoption,
→ Devisenoption.

### Währungsoptions-Anleihe
*Currency Option Bond.* Dem Erwerber der → Anleihe (→ Schuldverschreibung) wird das Recht zugestanden, Zins- und Tilgungszahlungen jeweils wahlweise in zwei alternativen → Währungen zu erhalten, deren → Wechselkurs bei Begebung der Anleihe fixiert wird. Anleihen mit Währungsoption (Currency Option) wurden erstmals 1982

**Währungs-Optionsanleihe**

am → Euro-Kapitalmarkt begeben. Es war eine Reaktion auf die stark schwankenden Wechselkurse und auf die Befürchtung der Anleger aus den → Hartwährungsländern, daß bei den hochverzinslichen herkömmlichen US-Dollar-Festzinsanleihen die Kurschancen (bei sinkendem Zinsniveau) durch eine ungünstige Wechselkursentwicklung kompensiert werden könnten.

Die Konstruktion der W.-A. zielt darauf ab, dem Anleger das → Währungsrisiko zu nehmen bzw. zu mildern, ohne daß er die Ertragschancen aus Wechselkursgewinnen einbüßt. Handelt es sich beispielsweise um US-Dollar und Schweizer Franken und ist der Wechselkurs zwischen diesen Währungen in den Anleihebedingungen fixiert, so hat der Anleger das Recht auf Zins- und Tilgungszahlung auf Basis des Dollar- oder des Frankenwertes. Ein Anleger würde aus der Schweizer-Franken-Sicht bei steigendem Dollar profitieren, bei schwächerem Dollar aber nicht verlieren. Aus der Dollar-Sicht sähe es umgekehrt aus. Für den Anleger aus dem Bereich einer Drittwährung besteht hingegen nicht nur die Chance einer günstigen Wechselkursentwicklung, wobei er sich bezüglich der Wechselkurse zu beiden Währungen die günstigste Entwicklung aussuchen kann, sondern (im Gegensatz zur Schweizer Franken- bzw. Dollar-Sicht, bei der ein Wechselkursrisiko (→ Devisenkursrisiko) ausgeschlossen ist) auch ein Wechselkursrisiko, welches jedoch dadurch gemildert wird, daß die weniger ungünstige Währung gewählt werden kann. Gegen den Erwerb einer W.-A. spricht die verhältnismäßig geringe Verzinsung (was jedoch von der betrachteten Währung abhängt), die sich an dem tieferen Marktzinssatz der beiden Währungen orientiert. Die Wechselkursrisiken bzw. -chancen sind aus der individuellen Sicht mit der Zinseinbuße abzuwägen. Aus der Sicht des → Emittenten kann der niedrigere → Zins reizvoll sein, jedoch ist dem das Wechselkursrisiko gegenüberzustellen (das ebenfalls davon abhängt, ob man es aus der Sicht einer der Anleihewährungen oder aus der Perspektive einer Drittwährung betrachtet).

*Gegensatz:* → Optionsanleihe.
(→ Doppelwährungsanleihe)

**Währungs-Optionsanleihe**

→ Optionsanleihe Cum, deren → Optionsscheine zum Bezug einer → Devise (z.B. USD) berechtigen.

**Währungsoptionsklausel**

Klausel in einem → Vertrag über ein Ausfuhrgeschäft, das dem Exporteur das Recht gibt, die Begleichung seiner → Forderung außer in der → Währung der Faktura auch in einer von mehreren anderen Währungen (Optionswährungen) zu verlangen. Der Importeur hat hierbei ein hohes Wechselkursrisiko (→ Devisenkursrisiko) zu tragen. Der Exporteur kann dagegen sogar einen „windfall profit" erzielen, wenn eine der Optionswährungen stabiler ist als die Faktura- oder die Heimatwährung.

**Währungs-Optionsschein**

*Currency Warrant, Devisen-Optionsschein;* → Optionsschein, der als → Basiswert eine → Währung (z. B. US-Dollar, ITL) hat. W.-O. verbriefen das Recht, eine bestimmte Währung zu einem bestimmten → Basispreis zu kaufen (→ Call-Optionsschein) bzw. zu verkaufen (→ Put-Optionsschein). W.-O. werden am deutschen Optionsscheinmarkt seit Ende 1986 gehandelt. Ursprünglich notierten W.-O. nur auf den amerikanischen Dollar. Insbes. nach den Krisen im → Europäischen Währungssystem wurde eine Vielzahl von W.-O. auf diese Währung emittiert. Heute notieren W.-O. auf den australischen Dollar, den japanischen Yen, Schweizer Franken und Pfund Sterling ebenso wie auf die italienische Lira und den französischen Franc.

(→ Doppelwährungs-Optionsschein)

**Währungsordnung**

1. Geldordnung (Geldverfassung) eines → Währungsgebietes, die auf einer bestimmten Geldeinheit aufgebaut ist, z.B. DM-Währung.

2. → Internationale Währungsordnung, d. h. System rechtlich abgesicherter und/oder allgemein anerkannter Regeln für die Gestaltung der internationalen währungspolitischen Zusammenarbeit. Die internationale W. umfaßt die Regeln für die zwischenstaatliche Zusammenarbeit in der → Währungspolitik (internationale Währungspolitik); das sind in erster Linie Regeln für das Zustandekommen der → Wechselkurse, aber auch Regeln für die Erhaltung der → internationalen Liquidität.

**Währungsparität**

Im Rahmen einer → internationalen Währungsordnung festgesetztes Austauschverhältnis einer → Währung zu einer ande-

## Währungsreform

ren Währung, zum Gold oder zu → Sonderziehungsrechten (→ Parität).

### Währungspolitik
*Begriff:* (1) I. S. des BBankG: alle Maßnahmen der Bundesbank (→ Deutsche Bundesbank, währungspolitische Befugnisse und Geschäftskreis), die im Hinblick auf den Binnenwert und → Außenwert der → Währung (→ Geldwertstabilität) ergriffen werden. Synonyme Begriffe: → Geldpolitik, → Kreditpolitik. (2) I. e. S.: alle Maßnahmen, die im Hinblick auf den Außenwert der Währung ergriffen werden (damit Abgrenzung zur Geldpolitik).

*Arten:* (1) Institutionelle W. umfaßt alle Maßnahmen zur Schaffung einer neuen Geldverfassung oder Änderung einer bestehenden Geldverfassung. (2) Funktionelle W. umfaßt alle prozeßpolitischen Maßnahmen, wie z. B. Diskontsatzänderung, Wechselkursänderung.

*Internationale W.* umfaßt alle Maßnahmen, die von mehreren Staaten gemeinsam ergriffen werden (Beispiel: multinationale Neuordnung von → Wechselkursen, z. B. Leitkursänderungen im → Europäischen Währungssystem, → Realignment) oder von internationalen Institutionen (z. B. → Internationale Währungsfonds [IWF]) im Hinblick auf die Funktionsfähigkeit des zwischenstaatlichen Wirtschaftsverkehrs durchgeführt werden.

### Währungspolitische Befugnisse der Deutschen Bundesbank, → Deutsche Bundesbank, währungspolitische Befugnisse und Geschäftskreis.

### Währungsposition, → Devisenposition.

### Währungsreform
1. *Allgemein:* Neuordnung des Geldwesens (Geldverfassung, Geldordnung, → Währungsordnung), indem zur Wiederherstellung der Geldfunktionen (→ Geld) eine neue → Währung (Währungseinheit) geschaffen wird. Wesentlicher Bestandteil einer W. ist die Reduzierung der → Geldmenge als Voraussetzung für eine funktionsfähige → Geldpolitik (→ Geldwertstabilität). Zur Durchführung einer W. werden bestimmte Bestände in alter Währung in eine neue Währung umgetauscht und die bestehenden Geldvermögensbestände in der neuen Währungseinheit neu bewertet. In Rechtsvorschriften und in rechtsgeschäftlichen Erklärungen tritt die neue Währungseinheit an die Stelle der alten Währungseinheit.

2. *Währungsreform 1948:* Gesetzliche Grundlagen der W. in der amerikanischen, britischen und französischen Besatzungszone vom 21.6.1948 waren das → Währungsgesetz (Schaffung der neuen Währungseinheit → Deutsche Mark, Ablieferungspflicht für Bestände an → Reichsmark, Erstausstattung mit Deutscher Mark), das Emissionsgesetz (→ Notenausgabemonopol und Recht zur Ausgabe von → Münzen für die → Bank deutscher Länder, Anordnung der Haltung von → Mindestreserven), das Umstellungsgesetz (Regelung der Reichsmark-Guthaben und Reichsmark-Forderungen sowie der Reichsmark-Schuldverhältnisse).

Im Zuge der W. erfolgte die Erstausstattung mit Deutscher Mark: → Natürliche Personen 60 DM (in zwei Raten von 40 und 20 DM) im Umtausch gegen 60 RM (Kopfgeld), Unternehmen und Freie Berufe 60 DM je → Arbeitnehmer (Geschäftsbetrag), Gebietskörperschaften (Länder, Gemeinden, Gemeindeverbände) sowie Bahn und Post ein bestimmter Teil der Ist-Einnahmen eines bestimmten Halbjahres vor der W.

*Umstellung der RM-Schuldverhältnisse und der RM-Guthaben (Altguthaben):* Die Umstellung erfolgte grundsätzlich im Verhältnis 10:1 (Ausnahmen: Löhne und Gehälter, → Mieten, → Pachten, → Renten, Pensionen, Beiträge und Leistungen der Sozialversicherung 1:1). Altguthaben wurden im Ergebnis 100:6,5 umgestellt. Nicht umgestellt wurden RM-Verbindlichkeiten des Reiches, der Reichspost usw.

Die RM-Verbindlichkeiten zwischen → Kreditinstituten erloschen. Zur Sicherung von → Verbindlichkeiten und zur Schaffung eines notwendigen → Eigenkapitals wurden den → Geldinstituten (auch den → Bausparkassen und Versicherungen) → Ausgleichsforderungen gegen den Bund zugeteilt. Die Kreditinstitute erhielten in Höhe von 15% der täglich fälligen Verbindlichkeiten und in Höhe von 7,5% der befristeten Verbindlichkeiten liquide Mittel zur Verfügung gestellt. In → Gesetzen, Verwaltungsvorschriften und rechtsgeschäftlichen Erklärungen (wie Tarifen oder → Gesellschaftsverträgen) trat die DM im Verhältnis 1:1 an die Stelle früherer

Währungsbezeichnungen (RM, Rentenmark, Mark).
In der sowjetischen Besatzungszone und in Groß-Berlin wurde am 24.6.1948 eine W. mit einem Umstellungsverhältnis von 5:1 durchgeführt. Damit war die deutsche Währungseinheit beseitigt.

3. *Währungsreform (in der ehemaligen DDR) 1990:* Aufgrund des Vertrags über die Schaffung einer Währungs-, Wirtschafts- und Sozialunion zwischen der BRD und der DDR vom 18.5.1990 bildeten die beiden Vertragsparteien zum 1.7.1990 eine → Währungsunion mit einem einheitlichen → Währungsgebiet und der Deutschen Mark als gemeinsamer Währung (→ Währungsunion mit der ehemaligen DDR). Die auf → Mark der DDR lautenden Verbindlichkeiten wurden auf DM umgestellt (Art. 1 Abs. 2 des Staatsvertrags). Einzelheiten sind in der Anlage I zum Vertrag geregelt. Dort ist vorgesehen, daß die Währungsumstellung nur über Konten bei Geldinstituten in der DDR abgewickelt werden konnte (Art. 5, Art. 7 § 1 Abs. 3). Guthaben natürlicher Personen mit DDR-Wohnsitz bei diesen Geldinstituten wurden auf Antrag je nach Alter des Kontoinhabers bis zum Betrag von 2000, 4000 oder 6000 Mark im Verhältnis 1:1 umgestellt, höhere Beträge sowie Guthaben von → juristischen Personen und sonstigen Stellen dagegen 2:1, ebenso vor dem 1.1.1990 bestehende Guthaben von Personen außerhalb der DDR (Art. 6 Abs. 1 bis 3). Als Grundsatz für die Umstellung von auf Mark der DDR lautenden Verbindlichkeiten und → Forderungen auf DM sah Art. 7 § 1 Abs. 1 das Verhältnis 2:1 vor. Der Satz 1:1 galt für Löhne und Gehälter, Renten sowie Mieten, Pachten und sonstige regelmäßig wiederkehrende Leistungen (Art. 7 § 1 Abs. 2). Aufgrund von Art. 7 § 3 erließen DDR und BRD das D-Mark-Bilanz-Gesetz (vom 23.9.1990, BGBl. II, S. 1169), das für alle Kaufleute und juristischen Personen gilt und diesen eine Neubewertung der Vermögensgegenstände wie der → Schulden vorschreibt. Besondere Vorschriften enthielt Art. 8 für Geldinstitute und Außenhandelsbetriebe. Diese hatten eine besondere Umstellungsrechnung zu erstellen, aus der alle aus der Währungsumstellung hervorgehenden, auf DM lautende → Aktiva und → Passiva ersichtlich sind. Sollten die nach handelsrechtlichen Grundsätzen bewerteten Vermögensgegenstände nicht ausreichen, die Verbindlichkeiten zu decken, werden diesen Instituten zunächst vorläufig, bis 1994 dann endgültig verzinsliche Ausgleichsforderungen zugeteilt, zur Kompensation der teils asymmetrischen Umstellung von Verbindlichkeiten im Verhältnis 1:1 und von Forderungen im Verhältnis 2:1. Der noch von der DDR errichtete → Ausgleichsfonds Währungsumstellung wurde nach dem Einigungsvertrag (Anlage I Kap. IV Sachgebiet B Abschn. II Nr. 47, § 2 Abs. 1) von einem → Sondervermögen des Bundes, dem → Kreditabwicklungsfonds übernommen. Dieser Fonds wurde Ende 1993 aufgelöst (§ 12). Seine Schulden wurden von der → Treuhandanstalt, dem Bund und den neuen Bundesländern übernommen (§ 11).

### Währungsreserve
Von der → Zentralbank eines Landes gehaltene → Zahlungsmittel, die in anderen Ländern akzeptiert werden und die das betreffende Land entweder nicht selbst schaffen kann oder die es unter Einsatz von → Produktionsfaktoren bereitstellen muß (Gold und andere monetäre Metalle). W. dienen der Sicherung der außenwirtschaftlichen → Liquidität eines Landes, also der Stützung des → Außenwertes der → Währung.

*Hauptfunktionen*: Defizitfinanzierung der → Leistungsbilanz, insbes. Importüberschüsse, bei Aufrechterhaltung → fester Wechselkurse. Ein hoher bzw. zunehmender Bestand an W. ist Zeichen einer stabilen Währung.

Dem → Internationalen Währungsfonds (IWF) zufolge zählt zu den *W. der Zentralbanken*: das Währungsgold, die kurzfristigen → Forderungen in konvertierbaren Währungen, insbes. in der → Reservewährung US-Dollar, die Reserveposition im IWF (die sich aus den → Ziehungsrechten und den Forderungen im Rahmen der Allgemeinen Kreditvereinbarungen zusammensetzt) und die → Sonderziehungsrechte (SZR). Zählt man die internationalen Kreditlinien mit zu den W., sind diese mit → internationaler Liquidität gleichzusetzen. Diese Gliederung wird auch von der → Deutschen Bundesbank verwendet. Der Nettobestand an W. ergibt sich durch Abzug der Auslandsverbindlichkeiten. Die W. sind Teil der Auslandsposition der Bundesbank (→ Auslandsvermögensstatus).

## Währungsrisiko

*Berechnungsschema*:
Brutto-Auslandsaktiva (Auslandsposition) der Bundesbank
./. Auslandsverbindlichkeiten der Bundesbank

= Netto-Auslandsaktiva (Netto-Auslandsposition) der Bundesbank
bestehend aus
– US-Dollar-Bestand und anderen Devisenguthaben, Forderungen in ECU gegenüber dem →Europäischen Fonds für währungspolitische Zusammenarbeit bzw. dem →Europäischen Währungsinstitut im Rahmen des →Europäischen Währungssystems sowie Reserveposition im IWF und den SZR (liquide Auslandsforderungen)
– Gold (Sachwert)
./. →Kredite und sonstige Forderungen an das Ausland (z. B. Forderungen an die →Weltbank [in DM denominiert])

= W. (Netto-W.)

Die Netto-W. ergeben sich auch durch Subtraktion der Auslandsverbindlichkeiten der Bundesbank von den Brutto-W. Veränderungen der W. werden in der →Gold- und Devisenbilanz (= Teilbilanz der →Zahlungsbilanz) erfaßt. Nichttransaktionsbedingte Veränderungen (durch Zuteilung von SZR im Rahmen des Internationalen Währungsfonds) werden im →Ausgleichsposten zur Auslandsposition der Deutschen Bundesbank erfaßt.
*Keine offiziellen W.* sind die Devisenreserven der Kreditinstitute (→Kapitalbilanz).

### Währungsrisiko

*Fremdwährungsrisiko, Valutarisiko*; Gefahr der negativen Abweichung zwischen tatsächlichem und erwartetem Erfolg aus Aktiv- und Passivpositionen aus →bilanzwirksamen Geschäften und nicht bilanzwirksamen Geschäften, die auf fremde →Währung lauten. Erfaßt wird nur das Risiko, das speziell aus dem Fremdwährungscharakter von →Positionen folgt. Das W. ist insbes. ein →Preisrisiko (Marktrisiko), das mit der Wertrelation zwischen inländischer und ausländischer Währung in Verbindung steht. Dieses Risiko kann sich als →Devisenkursrisiko (Wechselkursrisiko) und als →Zinsänderungsrisiko, insbes. in der speziellen Form des Zinssatzdifferenzänderungsrisikos bzw. →Swapsatzrisikos, darstellen.

*W. als Devisenkursrisiko:* Das D. resultiert aus der für den Bankbetrieb negativen Entwicklung des →Wechselkurses. Mit Blick auf Fremdwährungsaktiva liegt die Gefahr in der →Aufwertung der Inlandswährung bzw. der →Abwertung der Auslandswährung, d. h. der durch den sinkenden →Devisenkurs ausgelösten Wertminderung der Fremdwährungsaktiva, wenn deren Wert in Einheiten der Inlandswährung ausgedrückt wird (aktivisches Devisenkursrisiko). Bei Fremdwährungspassiva besteht die Gefahr in der Abwertung der Inlandswährung bzw. der Aufwertung der Auslandswährung. Der steigende Devisenkurs erhöht den in Inlandswährung ausgedrückten Wert der Fremdwährungspassiva (passivisches Devisenkursrisiko). Devisenkursänderungen wirken sich prinzipiell gleichermaßen auf aktivische und passivische Fremdwährungspositionen aus und haben insofern zugleich positive und negative Wirkungen. Ein steigender Dollar-Kurs erhöht z. B. den in DM ausgedrückten Wert einer Dollar-Verbindlichkeit und somit den DM-Bedarf für die →Rückzahlung dieser →Verbindlichkeit in Dollar; gleichzeitig erhöht sich durch die Aufwertung des Dollar aber auch der in DM ausgedrückte Vermögenswert von auf Dollar lautenden Aktiva. Von daher wird das Devisenkursrisiko – analog zum Zinsänderungsrisiko – i. d. R. als ein Netto-Devisenkursrisiko definiert, d. h. im Sinne der Gefahr negativer Erfolgswirkung aus Risiken und Chancen mit gleicher Ursache (Devisenkursänderung). Negative Auswirkungen auf den Erfolg bzw. auf die durch Erstellung bankbetrieblicher Marktleistungen geplante (positive) Veränderung des →Reinvermögens (Vermögen – Schulden) ergeben sich insoweit in erster Näherung nicht, als (bezogen auf die einzelnen Fremdwährungen) den jeweiligen Fremdwährungsaktiva entsprechende Fremdwährungspassiva gegenüberstehen (geschlossene Fremdwährungspositionen). Das Devisenkursrisiko bezieht sich so nur auf offene Fremdwährungspositionen (→Devisenposition). Aus offenen aktivischen Positionen (aktivischer Fremdwährungsüberhang) folgt das aktivische Devisenkursrisiko bei sinkenden Devisenkursen und aus offenen passivischen Positionen (passivischer Fremdwährungsüberhang) das passivische Devisenkursrisiko bei steigenden Devisenkursen. Das Ausmaß des Devisenkursrisikos hängt von der Höhe der →offe-

## Währungsschlange

nen Währungsposition und vom Ausmaß des Kursänderungspotentials der betreffenden Währungsrelation ab (→ Volatilität).

*W. als Zinsänderungsrisiko:* Auch bei geschlossenen Fremdwährungspositionen können W. auftreten. Dieses ist dann der Fall, wenn die Fremdwährungsaktiva zwar betragsmäßig den Fremdwährungspassiva entsprechen, die → Fälligkeiten der Fremdwährungsaktiva und -passiva in den einzelnen Währungen aber nicht übereinstimmen. Von daher wäre eine zunächst geschlossene Devisenposition mit Blick auf spätere Zeitpunkte wieder offen. Die Öffnung der Position kann jedoch durch Deckungsgeschäfte vermieden werden, die Fälligkeitsunterschiede überbrücken: Devisenbeträge aus fälligen Anlagen lassen sich zwecks Aufrechterhaltung der geschlossenen Fremdwährungsposition zwischenzeitlich, d. h. bis zur Fälligkeit entsprechender Fremdwährungspassiva, anlegen. Bei späteren Fälligkeiten von Fremdwährungsaktiva gegenüber Fremdwährungspassiva können Kreditaufnahmen in Fremdwährung die Öffnung der Fremdwährungsposition verhindern. Mit Blick auf derartige Deckungsgeschäfte stellt sich das W. bei betragsmäßig geschlossenen, zeitlich aber inkongruenten Währungspositionen als Zinsänderungsrisiko dar. Es beruht auf der Gefahr, daß die zwischenzeitliche Anlage bzw. → Finanzierung zukünftig nur zu niedrigeren Zinssätzen (Anlagen) bzw. nur zu höheren Zinssätzen (Finanzierung) als erwartet möglich sein wird.

*W. als Swapsatzrisiko:* Alternativ bietet sich zur Überbrückung von Fälligkeitsunterschieden z. B. auch der Abschluß entsprechender → Devisenswapgeschäfte an (Kassakauf und gleichzeitiger Terminverkauf bzw. Kassaverkauf und gleichzeitiger Terminkauf von → Devisen). Hierauf bezogen liegt das W. betragsmäßig geschlossener, zeitlich aber inkongruenter Fremdwährungspositionen dann in der für den Erfolg der Bank möglichen negativen Entwicklung des → Swapsatzes als Differenz zwischen Kassakurs und → Terminkurs einer Währung. Häufig wird das W. betragsmäßig geschlossener, laufzeitmäßig aber inkongruenter Fremdwährungspositionen direkt als Swapsatzrisiko charakterisiert. Führt man den Swapsatz auf die Zinssatzdifferenz zwischen zwei Währungen zurück, so stellt sich insofern jedoch das Swapsatzrisiko als Zinssatzdifferenzänderungsrisiko und somit auch als eine Form des Zinsänderungsrisikos dar.

*Andere Risiken von Fremdwährungspositionen:* Devisenkursänderungen bzw. die Volatilität von Devisenkursen sind nicht nur im Zusammenhang mit dem Preisrisiko zu sehen; sie können auch ein risikobeeinflussender Faktor für → Eindeckungsrisiken aus nicht bilanzwirksamen Geschäften von Bankbetrieben sein. Daneben kann der Fremdwährungscharakter von Positionen Ausfallrisiken aus bilanzwirksamen und nicht bilanzwirksamen Geschäften bewirken. Hinzuweisen ist mit Blick auf das → Länderrisiko insbesondere auf → Konvertierungsrisiken oder → Transferrisiken.

Ein W. kann einmal aus wirtschaftspolitischen Maßnahmen erwachsen, etwa das Konvertierungsrisiko in Staaten mit → Devisenbewirtschaftung (Verbot des Umtauschs in Devisen) oder das Transferrisiko als Zahlungsverbot für ausländische Importeure. Diese Risiken können im Rahmen der → Ausfuhrgewährleistungen des Bundes gedeckt werden. Ein W. kann ferner aufgrund des → Erfüllungsrisikos bestehen, wenn z. B. eine zum Terminkurs kalkulierte und erwartete Zahlung der anderen Seite durch deren Konkurs ausbleibt und der entsprechende Devisenbetrag aufgrund eigener Verpflichtungen nun zu einem höheren Kassakurs beschafft werden muß.

*Risikomanagement:* Im Rahmen des → Risikomanagements bieten sich zum Ausschluß bzw. zur Begrenzung von Währungsrisiken spezielle Sicherungsinstrumente an. Mit Bezug auf die Art der Währungsrisikoposition können diese im Sinne von → Covering-Transaktionen oder von → Hedging-Transaktionen eingesetzt werden. Als Sicherungsinstrumente kommen insbes. in Frage: Kreditaufnahmen bzw. → Finanzanlagen in Fremdwährung, „klassische" → Devisentermingeschäfte und → Devisen-Futures (Devisenterminkontrakte) → Devisenoptionen als börsenmäßige Standardoptionen oder als börsenfreie → OTC-Optionen sowie → Währungsswaps.
(→ Offene Währungsposition)

**Währungsschlange,** → Europäischer Wechselkursverbund.

### Währungssicherung
Ziel, das der → Deutschen Bundesbank bei der Erfüllung ihrer Aufgaben durch § 3

## Währungsumstellungsfolgengesetz

BBankG vorgegeben ist. Das Ziel der W. wird auch als → Geldwertstabilität (bzw. Währungsstabilität) bezeichnet.

**Währungsspekulation,** → Devisenspekulation.

**Währungsstabilität**
Synonyme Bezeichnung für → Geldwertstabilität.

**Währungsswap**
*Currency Swap*; Transaktion, mit der zwei Parteien die aus Kreditaufnahmen stammenden Beträge in zwei verschiedenen → Währungen sowie die während der Kreditlaufzeit zu leistenden Zins- und Amortisationsbeträge untereinander austauschen.
Der Entstehungsgrund liegt in komparativen Zinsvorteilen, die eine oder auch beide Parteien in der jeweils von dem Partner gesuchten Währung haben.
Die Swaps werden häufig von → Banken vermittelt. W. sind somit nicht identisch mit den im → Devisenhandel üblichen → Swapgeschäften (→ Devisenswapgeschäfte), bei denen lediglich per Kasse und per Termin Beträge ausgetauscht werden, nicht jedoch – in der Zwischenzeit – Zins- und Amortisationsbeträge. Der W. ermöglicht den Swappartnern eine Absicherung des → Währungsrisikos analog zu einem Devisenswapgeschäft (→ Devisenkassageschäft in Kombination mit einem gleichzeitigen Devisenterminkontrakt), hat jedoch den Vorteil, daß bei einem W. am Markte größere Beträge und für das → Devisentermingeschäft längere → Laufzeiten (bis zu zehn Jahre) darstellbar sind, ohne daß ein → Deport (Terminabschlag) bzw. → Report (Terminaufschlag) zu berücksichtigen ist.
Da ein jedes Unternehmen am heimischen Markt einen Zinsvorteil gegenüber den anderen Unternehmen hat, kann durch Kapitalbeschaffung am kostengünstigsten → Kapitalmarkt bzw. → Kreditmarkt die Summe der Zinsvorteile für die Verteilung des Arbitragegewinns genutzt werden. Die Verteilung des Arbitragegewinns wird von der Einschätzung der Zins- und Wechselkursentwicklung und der Marktmacht der Swappartner abhängen. Zu den Funktionen, den Swapgebühren und Risiken (→ Bonitäts-, → Zinsänderungs-, Währungs-, Substitutions-, Liquidations-/Termin-, → Transfer-, Sicherheits-, Betriebs- und Mismatch-Risiko) der Banken bzw. zum → Sekundär-

markt bei Swaptransaktionen: Swapgeschäft.
(→ Zinsswap [Interest Rate Swap], → Zins- und Währungsswap [Cross Currency Interest Rate Swap])

**Währungsumrechnung in der Bankbilanz**
Für die Umrechnungen von Fremdwährungsposten und für die Bewertung von schwebenden → Devisentermingeschäften gilt nach § 340h HGB: (1) Umrechung der wie → Anlagevermögen behandelten Fremdwährungsaktiva nach der Zeitbezugsmethode, d. h. Ansatz zum Anschaffungskurs, soweit diese Posten weder durch → Verbindlichkeiten noch durch → Termingeschäfte in derselben → Währung besonders gedeckt sind; (2) Umrechnung aller anderen Fremdwährungsaktiva und -passiva nach der Stichtagsmethode, d. h. Ansatz zum Kassa(mittel)kurs (Kassakurs) des Bilanzstichtages; (3) Umrechnung schwebender Termingeschäfte zum → Terminkurs des Bilanzstichtages; (4) Anwendung des Imparitätsprinzips: Negative Umrechnungsdifferenzen müssen in jedem Fall in der G- u. V-Rechnung erfaßt werden. Positive Umrechnungsdifferenzen müssen dagegen nur in der G- u. V-Rechnung erfaßt werden, wenn die betreffenden → Aktiva eine besondere Deckung in derselben Währung aufweisen (→ Micro-Hedge) bzw. dürfen nur insoweit erfaßt werden, als → Erträge aus nicht besonders, aber in derselben Währung gedeckten Geschäften (→ Macro-Hedge) einen nur vorübergehend wirksamen → Aufwand aus den zur Deckung dienenden Geschäften ausgleichen. Bewertungsgewinne dürfen also nur in der Höhe berücksichtigt werden, in der sie Bewertungsverluste kompensieren. Erträge aus → offenen Positionen dürfen nicht berücksichtigt werden. Mit § 340h HGB sind Methoden gesetzlich sanktioniert, die mittels Bildung von Bewertungseinheiten die Erfassung bestimmter, noch nicht realisierter Erträge aus geschlossenen → Terminpositionen zulassen.

**Währungsumstellung in der (ehemaligen) DDR,** → Währungsreform, → Währungsumstellungsfolgengesetz, → Währungsunion mit der (ehemaligen) DDR.

**Währungsumstellungsfolgengesetz**
Bei der Währungsumstellung von → Mark der DDR auf → Deutsche Mark anläßlich der → Währungsunion mit der (ehemaligen) DDR kam es in erheblichem Umfang zu

## Währungs- und Kreditpolitik

Mißbräuchen, die insgesamt zu Milliardenschäden führten. Kontoinhaber in der DDR verschafften sich durch Umgehungsgeschäfte oder unrichtige Angaben gegenüber dem kontoführenden →Geldinstitut in der DDR rechtswidrig umgestellte Guthaben in DM. Bereits die DDR erließ im Juni 1990 Gesetze über den Nachweis der Rechtmäßigkeit des Erwerbs von Umstellungsguthaben sowie gegen rechtswidrige Handlungen bei der Währungsumstellung. Im Einigungsvertrag aufrechterhalten wurden sowohl das 1990 vorgesehene Prüfverfahren wie auch die damit betraute, nunmehr dem Bundesminister der Finanzen zugeordnete „Prüfbehörde Währungsumstellung". Änderungen bewirkten zunächst das →Kontoguthabenumstellungsgesetz und Art. 1 des Gesetzes „gegen rechtswidrige Handlungen bei der Währungsumstellung von Mark der DDR in DM" vom 24.8.1993 (BGBl. I, S. 1522), das W. (WUFG). Danach wird die Prüfbehörde Währungsumstellung in das Bundesamt für Finanzen eingegliedert, welches auch für Rücknahme- und Rückforderungsverfahren zuständig wird (§ 1 WUFG). Soweit anläßlich der Währungsumstellung Mark der DDR rechtswidrig in DM umgestellt worden sind, hat diese Bundesoberbehörde mit Wirkung für den ursprünglichen Umstellungszeitpunkt die Umstellung zurückzunehmen, einen neuen Bescheid (→Verwaltungsakt) zu erlassen und die rechtswidrig umgestellten Beträge vom Kontoinhaber, Verfügungsberechtigten oder weiteren Beteiligten (§ 2 Abs. 2) in voller Höhe zurückzufordern (§ 2 Abs. 1 WUFG). Die Zahlung der zurückgeforderten Beträge (einschließlich →Zinsen nach § 3) muß an einen →Ausgleichsfonds Währungsumstellung geleistet werden (§ 4 WUFG). Abweichend von der allgemeinen Regelung kommt eine Rücknahme des ursprünglichen Umstellungsbescheids innerhalb von fünf Jahren seit dem Zeitpunkt in Betracht, in dem das Bundesamt für Finanzen vollständige Kenntnis von den dessen Rechtswidrigkeit begründenden Tatsachen erlangt hat. Der Rückforderungsanspruch verjährt Ende 2003. Bis dahin müssen die Geldinstitute die Umstellungsanträge und Buchungsbelege aus dem Jahr 1990 im Original aufbewahren (§ 2 Abs. 4 WUFG).
Art. 2 des Gesetzes änderte das (DDR-)Gesetz zur Feststellung von rechtswidrigen Handlungen mit Wirkung auf die Währungsumstellung. Dabei werden vor allem die Kompetenzen der Prüfbehörde erweitert (§§ 4 - 6), und Verstöße gegen die in § 3 bestimmten Mitwirkungspflichten der Geldinstitute können nunmehr nach § 7 mit Bußgeld bis zu 100.000 DM geahndet werden.

### Währungs- und Kreditpolitik der Deutschen Bundesbank
Im Sinne des BBankG (§ 6) synonymer Begriff für →Geldpolitik der Deutschen Bundesbank.

### Währungsunion
Zusammenschluß von Ländern zu einem einheitlichen →Währungsgebiet. Der Zahlungs- und Kapitalverkehr zwischen den beteiligten Ländern muß völlig frei sein (→Konvertibilität als Voraussetzung). Vorteile einer W. sind Kosten- und Risikenreduzierung (z. B. Vermeidung von Transaktionskosten im Bereich der →Wechselkurse, Ausschaltung von Wechselkursrisiken).
Mit einer W. ist nicht zwangsläufig die Einführung einer Einheitswährung verbunden. Bei Beibehaltung der nationalen →Währungen müssen jedoch absolut →feste Wechselkurse eingeführt werden (Wechselkursunion). Länder mit Überschüssen oder Defiziten in der →Zahlungsbilanz erfahren eine Ausdehnung bzw. eine Reduktion der inländischen →Geldmenge. Die →Geldpolitik dieser Länder ist aufgrund der jeweiligen Zahlungsbilanzsituation beschränkt. Der Verzicht auf eine autonome Geldpolitik kann →Inflation oder Unterbeschäftigung bedeuten.
Wird im Zuge einer W. eine Einheitswährung eingeführt (so z. B. bei Verwirklichung der →Europäischen Währungsunion), muß für die einheitliche Währung das gesamte Währungsgebiet eine gemeinschaftliche Geld- und →Währungspolitik durchgeführt werden. Soll →Geldwertstabilität das eindeutig vorrangige Ziel dieser Politik sein, muß die Unabhängigkeit der gemeinschaftlichen →Zentralnotenbank gesichert sein (→Deutsche Bundesbank, Autonomie). Andernfalls drohen den beteiligten Ländern Inflationsgefahren.

### Währungsunion mit der (ehemaligen) DDR
Mit Inkrafttreten des Staatsvertrags vom 18.5.1990 über die Schaffung einer Wirtschafts-, Währungs- und Sozialunion zwischen der BRD und der DDR (BGBl. 1990 II, S. 518) am 1.7.1990 wurde die Zuständigkeit der →Deutschen Bundesbank auf

das Gebiet der DDR ausgedehnt. Gemeinsame →Währung des einheitlichen Währungsgebiets wurde die →Deutsche Mark. Nach Art. 10 Abs. 1 Staatsvertrag fungiert sie seither als →Zahlungsmittel, →Rechnungseinheit und Wertaufbewahrungsmittel im gesamten Gebiet der →Währungsunion. Die Bundesbank erhielt das →Notenausgabemonopol, in ihrer Eigenschaft als →Notenbank; das Recht zur Ausgabe von →Scheidemünzen wurde der BRD übertragen. Beide →Geldzeichen sind seit diesem Zeitpunkt auch in der (ehemaligen) DDR →gesetzliches Zahlungsmittel. Daneben blieben zunächst noch Pfennig-Münzen der DDR in Geltung, bis sie zum 1.7.1991 durch entsprechende Bundesmünzen ersetzt wurden.

*Änderungen von Bundesbank-Aufbau und -Befugnissen:* Der Staatsvertrag stattete die Bundesbank auch mit den Aufgaben und Befugnissen einer →Währungsbank für das erweiterte Gebiet aus (Art. 10 Abs. 3). Dem Inhalt nach blieben dabei sowohl der Währungssicherungsauftrag (→Deutsche Bundesbank, Aufgaben nach § 3 BBankG) als auch die Unabhängigkeit gegenüber den Regierungen (→Deutsche Bundesbank, Autonomie) unverändert. Die währungspolitischen Befugnisse und der Geschäftskreis wurden dagegen zeitweilig durch eine Ergänzung des BBankG (§ 25 b) im Verhältnis zu →Kreditinstituten und öffentlichen Verwaltungen (in) der DDR umgestaltet (besondere Refinanzierungskontingente der Kreditinstitute in der ehemaligen DDR). Eine vorübergehende Änderung erfuhr auch der Bundesbank-Aufbau (→Deutsche Bundesbank, Organisationsstruktur) durch die Errichtung einer Vorläufigen Verwaltungsstelle mit bisher 15 →Filialen im Gebiet der DDR (Art. 10 Abs. 7 Staatsvertrag, § 25a Abs. 1 BBankG). Der Einigungsvertrag vom 31.8.1990 (BGBl. 1990 II, S. 885) verpflichtete zur „Anpassung" des BBankG; sie erfolgte zum 1.11.1992. Die Bestimmungen zur Einführung der Währung der DM in der DDR in Anlage I des Staatsvertrags enthalten ferner eine dem § 3 WährungsG entsprechende Bestimmung; hiernach sind →Wertsicherungsklauseln grundsätzlich verboten, für (Ausnahme-)Genehmigungen ist die Bundesbank zuständig (→Deutsche Bundesbank, andere Aufgaben).

*Währungsumstellung in der DDR:* Bei der Umstellung von auf →Mark der DDR lautenden →Verbindlichkeiten und →Forderungen auf DM wurden Modalitäten gewählt, „die keine Inflationsimpulse im Gesamtbereich der Währungsunion entstehen lassen und gleichzeitig die Wettbewerbsfähigkeit der Unternehmen in der DDR stärken" sollten (Art. 10 Abs. 2 Satz 2 Staatsvertrag). Der Umstellungssatz wurde für den Regelfall auf 2:1 festgesetzt (Art. 7 § 1 Abs. 1 der Anlage I). Diese (zweite) →Währungsreform konnte in bezug auf die Ausstattung mit →Bargeld rasch bewerkstelligt werden; da die →Sparkonten und →Girokonten erst einige Tage später auf DM umgestellt wurden, ergab sich ein Moratorium für den unbaren →Zahlungsverkehr von sieben Tagen. Im →bargeldlosen Zahlungsverkehr führte die mangelnde Kompatibilität der Zahlungssysteme zumindest anfänglich zu größeren Problemen (Laufzeitverlängerungen). Das geschlossene System der Kontenführung und des unbaren Zahlungsverkehrs der Banken in der DDR mußte nach einer etwa einjährigen Übergangsfrist abgelöst werden. Die mit der Ausweitung des Währungsgebiets stark gestiegene →Geldmenge veranlaßte den →Zentralbankrat der Deutschen Bundesbank zu einer Herabsetzung des ursprünglichen Geldmengenziels für 1991 (→Geldpolitik der Deutschen Bundesbank) von 4 bis 6% auf 3 bis 5%.

**Waiver,** →Allgemeines Zoll- und Handelsabkommen (GATT).

## Wandelanleihe

*Wandelschuldverschreibung, Wandelobligation, Convertible Bond;* festverzinsliche →Teilschuldverschreibung mit dem verbrieften Recht (Wandelrecht) des Inhabers, innerhalb einer bestimmten Frist (Umtauschfrist, Wandlungsfrist, Conversion Period) in einem festgelegten Umtauschverhältnis (Wandlungsverhältnis), ggf. unter Zuzahlung, die Obligation in →Aktien (i.a. der emittierenden Gesellschaft) umzutauschen (→Equity-linked Issue). Mit dem Umtausch erlischt das Forderungsrecht, d.h. der Rückzahlungs- und Zinsanspruch (die W. geht unter). Der →Gläubiger des →festverzinslichen (Wert-)Papiers wird zum →Aktionär der Gesellschaft. Nicht gewandelte Schuldverschreibungen werden am Ende der →Laufzeit getilgt. Das Recht auf Wandlung kann nicht von der Schuldverschreibung abgetrennt werden (anders

## Wandelgenußschein

die Ausgestaltung bei der →Optionsanleihe).

Nach deutschem Recht ist für die Ausgabe von W. der Beschluß einer Dreiviertel-Mehrheit der →Hauptversammlung erforderlich. Es handelt sich um eine →bedingte Kapitalerhöhung in Höhe des von den Wandelobligationären zu beanspruchenden Aktienkapitals (bedingt deshalb, weil die Kapitalerhöhung von der Bedingung abhängt; daß vom Umtauschrecht Gebrauch gemacht wird; erst mit Ausgabe der →neuen Aktien wird das →Grundkapital rechtswirksam erhöht; der →Nennwert des bedingten Kapitals darf nicht höher als die Hälfte des vorhandenen Grundkapitals sein). Den Aktionären ist entsprechend ihrem Aktienbesitz kraft Gesetzes (kann mit Dreiviertel-Mehrheit der Hauptversammlung ausgeschlossen werden) ein →Bezugsrecht einzuräumen. Die Genehmigung des Bundeswirtschaftsministeriums im Einvernehmen mit dem Bundesjustizministerium und dem Bundesfinanzministerium sowie dem Wirtschaftsministerium des Landes, in dem das emittierende Unternehmen seinen Sitz hat, ist notwendig. Bezüglich der Stellung von Sicherheiten reicht i. a. die Negativklausel aus. Die wichtigsten *Merkmale* für die Beurteilung der W. sind der →Zinssatz, die Laufzeit, der früheste Umtauschtermin, die Umtauschfrist und der Umtauschpreis (Wandlungspreis, Conversion Price), zu ermitteln aus dem Umtauschverhältnis zuzüglich etwaiger →Zuzahlungen.

*Internationale* →*Emissionen* von W. können Besonderheiten aufweisen. In den USA kann sich das Wandlungsrecht entweder auf →Stammaktien oder auf →Vorzugsaktien erstrecken. Am →Euro-Markt kommt es vor, daß einer ausländischen →Tochtergesellschaft das Wandelrecht von der inländischen Muttergesellschaft bereitgestellt wird. Damit entfällt für den →Konzern die bei einer inländischen Anleihe etwa erforderliche Genehmigung mit den damit verbundenen Fristen, so daß flexibler auf die Marktbedingungen reagiert werden kann. Der →Erlös aus dem Verkauf des Wandlungsrechts, den die potentiellen zukünftigen Gesellschafter erbringen, ist für die Dotierung der →gesetzlichen Rücklage der Muttergesellschaft zu verwenden.

**Wandelgenußschein,** →Genußschein mit Wandlungsrecht.

**Wandelschuldverschreibung,** →Wandelanleihe.

### Wandelung
Bezeichnung des BGB für den →Anspruch des Käufers auf Rückgängigmachung eines →Kaufs nach den Vorschriften über den →Rücktritt vom Vertrag (§§ 462, 467, 346 ff. BGB) beim Vorliegen von →Sachmängeln. Beim →Werkvertrag gilt § 634 BGB.

### Wandelverhältnis
Verhältnis, in dem →Wandelanleihen und →Genußscheine mit Wandlungsrecht (Wandelgenußscheine) in →Stammaktien oder →Vorzugsaktien umgetauscht werden können.

### Wandlung
Umtausch von →Wandelanleihen und →Genußscheinen mit Wandlungsrecht in den →Basiswert, dessen Bezug in den →Wandlungsbedingungen verbrieft ist.

**Wandlungsaufgeld,** →Wandlungsprämie.

### Wandlungsbedingungen
In den W. von →Wandelanleihen und →Genußscheinen mit Wandlungsrecht sind die Bedingungen für die →Wandlung näher beschrieben. Zu den W. gehört u. a. die Spezifikation des →Basiswertes (z. B. →Stammaktien, →Vorzugsaktien, →Straight Bonds, →Plain Vanilla Floater), des Wandlungsverhältnisses, des Wandlungstermines und einer eventuellen →Zuzahlung.

### Wandlungsprämie
Um wieviel Prozent ist der indirekte Erwerb über eine →Wandelanleihe bzw. →Genußschein mit Wandlungsrecht teurer oder billiger als der direkte Erwerb des →Basiswertes (z. B. →Stammaktie). Mit der W. können deshalb die gleichen Aussagen getroffen werden wie mit dem →Aufgeld bei →Optionsscheinen. Besitzt beispielsweise eine Wandelanleihe ein positives Aufgeld von 15%, so bedeutet dies, daß ein →Kauf des Basiswertes über die Wandelanleihe um 15% teurer ist als der direkte Kauf. Je höher die Prämie, desto spekulativer wird i. d. R. das →Investment. Die Analyse von Wandelanleihen mit Hilfe der W. ist eine stichtagsbezogene Betrachtung, da die künftige Aktienkursentwicklung nicht berücksichtigt wird. Dies bedeutet, daß keine Aussagen

über den eigentlichen Wert des Optionsrechtes getroffen werden und damit, ob der an der → Börse zustandegekommene Preis als „fair" zu bezeichnen ist.

### Wandprotest
Protest eines → Wechsels (→ Wechselprotest), bei dem der Protestbeamte beurkundet, daß derjenige, gegen den Protest erhoben werden soll, nicht anzutreffen war.

### War Baby
→ Anleihe, die von Rüstungsunternehmen emittiert wird.

### Ware
Vor allem im → Handelsrecht (gemäß § 1 Abs. 2 Nr. 1 HGB) üblicher Begriff für → bewegliche Sache.

### (Warehouse) Warrant
Englische Bezeichnung für → Lagerschein.

### Warehousing
Management eines → Portfolios bestimmter Finanzinstrumente (z. B. → Zinsswap, → Option).
(→ Warehousing Swap)

### Warehousing Swap
Temporäres → Hedging von → Financial Swaps, bis ein → Gegenswap abgeschlossen wurde. Beim → Warehousing mit → Kuponswaps wird eine entgegengesetzte → Position in → Zinsfutures eingegangen.

### Warendokumente
→ Urkunden, die die Abwicklung von Warenhandelsgeschäften, insbes. im → Außenhandel erleichtern sollen (→ Dokumente im Außenhandel).

### Warenkredit
Kreditierung von Warenlieferungen. Üblich in Industrie und im Handel sowie gegenüber Konsumenten (→ Konsumentenkredit).
*Gegensatz*: Geldkredit (→ Kredit).

### Warenkreditversicherung
Sparte der → Kreditversicherung (→ Delkredereversicherung), die Lieferanten (Versicherungsnehmer) vor dem Ausfall versicherter (kurzfristiger) → Forderungen aufgrund von → Zahlungsunfähigkeit ihrer Abnehmer schützt. Die W. deckt Ausfallrisiken im Inlandsgeschäft (Auslandsgeschäft: → Exportkreditversicherung).

### Warenlombard
Kreditgewährung gegen → Verpfändung von → Waren oder → Warendokumenten (→ Dokumente im Außenhandel). Wegen der Publizitätsgebundenheit des → Pfandrechts ist an die Stelle der Verpfändung die → Sicherungsübereignung getreten.

### Waren-Optionsschein
*Commodity Warrant*; → Optionsschein auf → Waren (z. B. Öl, Gold, Silber). Edelmetall-Optionsscheine verbriefen beispielsweise das Recht, Gold zu einem bestimmten → Basispreis zu kaufen (→ Call-Optionsschein) bzw. zu verkaufen (→ Put-Optionsschein).

### Warenterminbörse, → Terminbörse.

### Warenterminkontrakt, → Commodity Future.

### Warenvorschuß
Bezeichnung für kurzfristige → Bankkredite, die zur Finanzierung bestimmter Außenhandelsgeschäfte gewährt werden (→ Dokumentenbevorschussung). Zu unterscheiden sind → Importvorschüsse und → Exportvorschüsse. Importvorschüsse dienen zur Einlösung von Inkassodokumenten (→ D/P-Inkasso) und Akkreditivdokumenten (→ Sichtakkreditiv). Die Bevorschussung der Dokumente (Erfassung auf besonderen Vorschußkonten möglich) wird aus dem Erlös des Warenweiterverkaufs abgedeckt.

### Warenwechsel, → Handelswechsel.

### Warenwertpapier
*Handelsrechtliches Wertpapier*; → Wertpapier, das Rechte an schwimmender oder lagernder → Ware verkörpert, wie z. B. → Konnossement, → Ladeschein und → Lagerschein. Konnossement, Ladeschein und der an Order ausgestellte Lagerschein (→ Orderlagerschein) sind → Traditionspapiere. W. sind nur → Orderpapiere, wenn sie die → Orderklausel enthalten, anderenfalls sind sie → Rektapapiere. Das → Indossament hat bei diesen Wertpapieren beim → Wechsel und → Orderscheck sowohl Transportwirkung (§ 364 Abs. 1 HGB) als auch Legitimationswirkung (§ 365 Abs. 1 HGB in Verb. mit Art. 16 WG), dagegen keine Garantiefunktion. Aus diesen Papieren können nur Kaufleute verpflichtet wer-

den, da der Gesetzgeber Nichtkaufleute vor den damit verbundenen Risiken schützen will. Im Unterschied zum Wechsel und → Scheck, die eine Geldforderung verbriefen, kann man bei den W. die zugrunde liegenden Kausalverhältnisse (→ Frachtvertrag, Lagervertrag etc.) erkennen, so daß jeder Erwerber eines solchen Papieres sich spezifisch gesetzlich geregelte Einwendungen als urkundliche Einwendungen entgegenhalten lassen muß. W. sind nicht nur Vorlegungs-, sondern auch Einlösungspapiere, weil der → Schuldner nur gegen Aushändigung der quittierten → Urkunde zur Leistung verpflichtet ist (§ 364 Abs. 3 HGB). Sofern die Urkunde vernichtet worden oder abhanden gekommen ist, kann sie im Wege des gerichtlichen → Aufgebotsverfahrens für kraftlos erklärt werden (§ 365 Abs. 2 HGB).

## War Loan
→ Ewige Anleihe, die von der englischen Regierung im Zweiten Weltkrieg emittiert wurde.

## Warrant
1. Englische Bezeichnung für → Lagerschein (Warehouse Warrant).
2. → Optionsschein einer → Optionsanleihe.

## Warrant auf Aktien
→ Optionsschein, der als → Basiswert → Stammaktien oder → Vorzugsaktien hat.

## Warrant auf derivative Produkte
→ Optionsschein, der als → Basiswert derivative Produkte (z. B. → Futures-Kontrakte, → Zinsswaps) hat.
(→ Optionsschein auf Terminkontrakte, → Optionsschein auf Optionsscheine, → Optionsschein auf DM-Swapsätze)

## Warrant auf einen Aktienindex, → Aktienindex-Optionsschein.

## Warrant auf eine Währung, → Währungs-Optionsschein.

## Warrant auf Warrants, → Optionsschein auf Optionsscheine.

## Warrant Bond, → Optionsanleihe.

## Warrant Issue, → Optionsanleihe.

## Wechsel
Geborenes → Orderpapier.

*Arten*: (1) Der → *gezogene Wechsel* oder → *Tratte* ist eine → Anweisung, durch die der → Aussteller den → Schuldner (→ Bezogener) ohne Angabe des Schuldgrundes (→ abstraktes Schuldversprechen) anweist, eine bestimmte Geldsumme an den in der → Urkunde bezeichneten Wechselnehmer (→ Remittenten) oder an dessen Order (den → Indossatar) unbedingt zu zahlen, wobei der Aussteller für die Annahme und Einlösung selbst die → Haftung übernimmt. (2) Der *eigene Wechsel* (→ *Solawechsel*) ist ein Zahlungsversprechen, durch das sich der Aussteller ohne Angabe eines Schuldgrundes selbst verpflichtet, eine bestimmte Grundsumme an den in der Urkunde bezeichneten Wechselnehmer oder an dessen Order unbedingt zu zahlen.

*Entwicklung*: Ein bereits im 12. Jh. in der kaufmännischen Praxis entwickeltes, den Bedürfnissen des Handelsverkehrs angepaßtes Papier. In seiner ursprünglichen Form war es ein von einem Geldwechsler ausgestelltes und an einem anderen Ort in der dort geltenden Währung einlösbares Zahlungsversprechen. Im 14./15. Jh. entwickelte sich dann die Tratte, eine Anweisung, durch die der nun nicht mehr selbst am Zahlungsort zahlende Aussteller den Bezogenen (einen Geschäftsfreund) anwies, eine bestimmte Geldsumme zu zahlen. Im Messeverkehr entwickelte sich die Übung, daß der W. von dem Bezogenen durch Unterschrift akzeptiert wurde und daß eine Übertragung durch → Indossament erfolgen konnte. Damit gewann der W. die Eigenschaft eines vom ursprünglichen → Rechtsgeschäft unabhängigen abstrakten Zahlungspapiers. Eine einheitliche gesetzliche Grundlage des Wechselrechts in Deutschland entstand durch die Wechselordnung von 1847, die verschiedentlich ergänzt und fortentwickelt und dann per 1. 4. 1934 durch das → Wechselgesetz (WG) ersetzt wurde.

*Wirtschaftliche Bedeutung*: Günstige Finanzierung des mit dem Warenwechsel abzuwickelnden Produktions- oder Handelsgeschäftes. Die Einlösung des W. erfolgt aus den Einnahmen für die weiterverkauften → Waren, der W. liquidiert sich selbst. Durch Weitergabe, insbes. Diskontierung bei einer Bank, kann der W. in der Zeit von der Ausstellung bis zum Verfalltermin wieder in

Zahlung gegeben oder zu Geld gemacht werden. Das ankaufende → Kreditinstitut hat die Möglichkeit, den W. bei Erfüllung bestimmter Voraussetzungen (rediskontfähiger Wechsel) zum Rediskont an die → Deutsche Bundesbank weiterzugeben oder → Lombardkredit in Anspruch zu nehmen. Bei Nichteinlösung eines W. kann der Wechselinhaber seine → Forderung im → Wechselprozeß geltend machen und auf rasche und einfache Weise seine Forderung eintreiben, ohne daß das zugrundeliegende Handelsgeschäft Gegenstand des Verfahrens ist.

*Bilanzierung:* In der → Bankbilanz sind die im Bestand befindlichen W. der Bank (meistens angekaufte und nicht weitergegebene Diskontwechsel) auszuweisen, ausgenommen sind → Inkassowechsel. Zum Wechselbestand gehören auch die im Offenmarktgeschäft mit Rücknahmeverpflichtung an die Deutsche Bundesbank verkauften W. Nicht zu bilanzieren sind: a) Den Kunden nicht abgerechnete eigene Ziehungen und nicht abgerechnete Solawechsel im Bestand, die zur Sicherung von Krediten ausgestellt und beim bilanzierenden Institut hinterlegt sind (→ Depotwechsel, → Kautionswechsel oder Sicherheitswechsel). b) Nicht abgerechnete W. aus dem Teilzahlungsgeschäft, soweit diese nicht erfüllungshalber hereingenommen worden sind. c) → Rückwechsel. Diese sind je nach Schuldner in die Positionen Forderungen an Kreditinstitute bzw. Forderungen an Kunden aufzunehmen. d) Bestand an eigenen Akzepten (ist unter der Bilanz nachrichtlich aufzuführen). Als „Bundesbankfähige W." sind alle W. auszuweisen, die nach dem BBankG zum Ankauf zugelassen sind, außerdem die über den Plafond A der Ausfuhrkredit-Gesellschaft mbH und den Plafond I der → Gesellschaft zur Finanzierung von Industrieanlagen mbH finanzierten Solawechsel deutscher Exporteure. Als „bei der Deutschen Bundesbank refinanzierbare Solawechsel" sind Solawechsel auszuweisen, die im Rahmen des Plafonds B der AKA und des Plafonds II der Gesellschaft zur Finanzierung von Industrieanlagen mbH bei der Bundesbank rediskontierbar sind.

*Rechtsformen:* a) *Gezogene W. (Tratte):* Formale Anforderungen an den gezogenen W. (Art. 1 WG, „gesetzliche Bestandteile"): (1) die Bezeichnung „W." im Text der Urkunde, (2) die unbedingte Anweisung, eine bestimmte Geldsumme zu zahlen, (3) der Name dessen, der zahlen soll (Bezogener), (4) Verfallzeit, fehlt diese Angabe, gilt der W. als → Sichtwechsel und ist bei Vorlegung fällig, ferner werden nach Verfallzeitangabe unterschieden: → Tagwechsel, → Datowechsel und → Nachsichtwechsel, (5) Angabe des Zahlungsortes, fehlt diese Angabe, gilt als Zahlungsort der Wohnort des Bezogenen, sofern dieser im W. angegeben ist, nach Angabe des Zahlungsortes werden Zahlstellen- und → Domizilwechsel unterschieden, (6) Name dessen, an den oder an dessen Order gezahlt werden soll (Remittent); der gezogene W. kann (übliche Handhabung) an die eigene Order des Ausstellers lauten, er kann auch auf den Aussteller selbst gezogen werden, (7) Ort und Datum der Ausstellung, fehlt die Angabe des Ausstellungsortes, gilt als Ausstellungsort der Wohnort des Ausstellers, sofern dieser im W. angegeben ist (Art. 2 WG), (8) Name und Unterschrift des Ausstellers, gefälschte Unterschriften machen den W. nicht ungültig, sofern die → Indossanten den W. gutgläubig erworben haben. Bei Fehlen einer dieser Angaben hat die Urkunde nicht die Eigenschaft und die Wirkung eines W., kann diese aber ggf. durch nachträgliche Ausfüllung erhalten (→ Blankowechsel). – *Zusätze von wechselrechtlicher Bedeutung:* (1) Domizilvermerk, Angabe einer Zahlstelle (zumeist ein Kreditinstitut), bei der der W. eingelöst werden soll, (2) Bezeichnung des W. als „W. – erste (oder zweite usw.) Ausfertigung". Seltener kommen vor: (3) Ausschluß der Haftung des Ausstellers für die Annahme („ohne Obligo", Angstklausel, Art. 9 WG), (4) Rektaklausel („nicht an Order"), (5) Gebot des Ausstellers zur Vorlegung zur Annahme, (6) Verbot des Ausstellers zur Vorlegung zur Annahme.

b) *Eigener W. (Solawechsel):* In diesem verspricht der Aussteller, an einem bestimmten Tage oder bei Sicht, eine bestimmte Summe zu zahlen, es fehlt der Bezogene. Der Solawechsel ist damit keine Anweisung, sondern ein unbedingtes Zahlungsversprechen und ist als → Finanzwechsel anzusehen.

c) *Hinweise:* Ein → Blankoindossament macht den W. zum → Inhaberpapier. Gesetzlich unzulässige Zusätze machen den W. entweder „als W. ungültig" oder sie gelten als nicht geschrieben: *Ungültig* wird der W. als W. durch (1) Aufnahme von Bedingun-

1653

## Wechselabkommen

gen, an die die Zahlung geknüpft ist, (2) Zusätze, die den Wert der Geldsumme unbestimmt machen, (3) Zusätze, die eine bestimmte Zahlungsart vorschreiben (z. B. durch →Scheck). Die Urkunde gilt in den vorgenannten Fällen zumeist als Anweisung oder Schuldversprechen. Als *nicht geschrieben* gelten: (1) Zinsklauseln (Art. 5 WG), (2) Angstklauseln des Ausstellers für die Zahlung (Art. 9 WG), (3) Nebenversprechen, z. B. erhöhte Zahlung im Falle einer Geldentwertung.

→*Verpfändung*: Kann zum Zwecke der →Sicherheitsleistung erfolgen (1) durch ein offenes Pfandindossament (Art. 19 WG), (2) durch →Vollindossament (verdecktes Pfandindossament), (3) durch Übergabe des W. ohne Indossament, im Bankverkehr allerdings nicht üblich.

→*Fälligkeit und Zahlung*: Der W. ist am Verfalltag oder an einem der beiden folgenden Werktage zur Zahlung vorzulegen (Art. 38 WG). Die Einlieferung des W. in eine Abrechnungsstelle ist der Vorlegung zur Zahlung gleichbedeutend. →Prolongation des W. (Zahlungsaufschub über die Protestfrist hinaus) kann nur dadurch erfolgen, daß der Wechselschuldner gegen Aushändigung des alten W. einen neuen W. (Prolongationswechsel) akzeptiert. Bei Nichteinlösung des W. kann der Wechselinhaber den Aussteller, den Indossanten und Wechselbürgen durch →Wechselrückgriff (Regreß) auf Zahlung der Wechselsumme in Anspruch nehmen. Voraussetzung für den Regreß ist die Erhebung des fristgerechten →Wechselprotestes. Siehe auch Rückwechsel, →Ehreneintritt, Wechselprozeß, →Wechselmahnbescheid.

→*Verjährung*: Ansprüche aus W. gegen den Akzeptanten verjähren drei Jahre nach Verfalltag. Ansprüche des Inhabers gegen den Indossanten und den Aussteller ein Jahr nach dem Tag des Protestes oder im Falle des Vermerks „ohne Kosten" vom Verfalltag an. Ansprüche eines Indossanten gegen andere Indossanten und den Aussteller erlöschen sechs Monate nach dem Tage der Einlösung durch den Indossanten.

*Umsatzsteuerrecht*: Umsatzsteuerpflichtig ist die Summe, die bei der Einlösung oder Weitergabe des W. vereinnahmt wird, also abzüglich der Zwischenzinsen. Wird der Wechseldiskont seitens des Wechselgebers an den Wechselnehmer erstattet, unterliegt dieser Betrag der →Umsatzsteuer (USt). Porti und Bankprovisionen mindern als Geschäftskosten das umsatzsteuerpflichtige Entgelt nicht, werden sie vom Wechselgeber erstattet, dann gehören sie zum steuerpflichtigen Entgelt des Wechselnehmers. Hat der Wechselempfänger wegen Rückgriffs die vereinnahmten Wechselbeträge zurückzuzahlen, dürfen diese als zurückgewährte Entgelte in dem Kalenderjahr, in dem sie zurückgewährt werden, von den Entgelten, die dem gleichen Steuersatz unterliegen, abgesetzt werden.

### Wechselabkommen

„Abkommen über den Einzug von →Wechseln und die Rückgabe nicht eingelöster und zurückgerufener Wechsel", das die →Spitzenverbände der deutschen Kreditwirtschaft für die einheitliche Abwicklung der Zahlungsverkehrsvorgänge im Zusammenhang mit Wechseln 1987 geschlossen haben und das bis dahin gültigen Wechseleinzugsabkommen und Wechselrückgabeabkommen außer Kraft gesetzt hat.
Die →Deutsche Bundesbank ist nicht Vertragspartner des W.; sie hat jedoch eine Erklärung abgegeben, wonach sie bestimmten Abschnitten des W. insofern beitritt, als diese den Wechseleinzug betreffen. Die →Deutsche Bundespost ist dem Abkommen ebenfalls nicht beigetreten, hat jedoch erklärt, daß sie den Stempelabdruck „Vollmacht gemäß W." wie ein Vollmachtsindossament behandelt. Bei einem →Postgiroamt zahlbar gestellte Wechsel werden grundsätzlich zwar gemäß dem W. bearbeitet, das Postgiroamt übernimmt jedoch keine Aufgabe gemäß W., insbes. nicht solche, die der →letzten Inkassostelle obliegen (Protesterhebung bei nicht bezahlten Wechseln). Deshalb sollen Wechsel dem Postgiroamt i. d. R. im →Abrechnungsverkehr der Deutschen Bundesbank vorgelegt werden, weil in diesem Fall das Institut, das den Wechsel in die Abrechnung einreicht, die Aufgaben der letzten Inkassostelle zu erfüllen hat.

*Geltungsbereich und Umfang*: Das W. begründet Rechte und Pflichten nur zwischen den beteiligten →Kreditinstituten. Es regelt den vereinfachten Einzug von Wechseln, den Rückruf von Wechseln und die Rückgabe nicht eingelöster und zurückgerufener Wechsel. Das Abkommen gilt nicht für Wechsel, die im Ausland zahlbar sind, jedoch für im Inland zahlbare Wechsel, die aus

## Wechselabkommen

dem Ausland eingereicht und im Inland zum Einzug gegeben werden. Als → erste Inkassostelle gilt für diese Wechsel das erste am Einzug beteiligte Kreditinstitut im Inland.

*Wechseleinzug:* Die erste Inkassostelle (Kreditinstitut, das den Wechsel zum Einzug gibt) ist verpflichtet zu prüfen, daß es sich um einen formal ordnungsgemäßen Wechsel handelt, der Einreicher durch eine ordnungsmäßige Indossamentenkette gemäß Art. 16 WG legitimiert ist und daß der Wechsel durch → Indossament ohne einschränkenden Zusatz giriert ist. Die erste Inkassostelle haftet den in der Einzugskette folgenden Instituten für einen aus der Verletzung ihrer Pflichten entstandenen Schaden (→ Wechselinkasso).

*Vermerk/Stempelabdruck:* Die erste Inkassostelle versieht die ihr zum Einzug übergebenen Wechsel auf der Rückseite mit dem Vermerk „Vollmacht gemäß W." sowie mit ihrem Namen, ihrer → Bankleitzahl und dem Ort der Ausfertigung. Der Vermerk bedarf keiner Unterzeichnung. Er begründet nach dem Willen der Vertragspartner dasselbe Rechtsverhältnis wie ein → Inkassoindossament. Gestützt auf die ihnen erteilte → Vollmacht sind die nachfolgenden Kreditinstitute im Namen der ersten Inkassostelle berechtigt zu: Inkasso des Wechsels, Quittierung und Aushändigung des Wechsels bei Einlösung, Protest des Wechsels bei Nichteinlösung, Erteilung einer Untervollmacht, → Abtretung der Wechselrechte an einen Dritten bei Bezahlung des Wechsels nicht für den → Bezogenen, das Anbringen bestimmter Indossamente (z.B. bei Zurückweisung des → Wechselprotests durch den Protestbeamten).

*Wechselprotest:* Die letzte Inkassostelle (das letzte am Einzug beteiligte Kreditinstitut, also die Domizilstelle, oder, bei einem Wechsel, der im Abrechnungsverkehr der Deutschen Bundesbank vorgelegt wird, das Kreditinstitut, das den Wechsel in die Abrechnung eingeliefert hat; bei Wechseln, die bei einem Postgiroamt zahlbar sind, gilt das vorlegende Kreditinstitut als letzte Inkassostelle) hat den Protest als Vertreterin der ersten Inkassostelle zu erheben. Dies muß in der Protesturkunde zum Ausdruck gebracht werden. Die letzte Inkassostelle ist bevollmächtigt, den Wechsel an sich selbst zu indossieren (Inkassoindossament), wenn der Protestbeamte oder der Protestat die Erhebung eines Protestes mangels Zahlung gemäß § 174 BGB unverzüglich zurückweist, weil das Institut keine Vollmachtsurkunde vorlegen kann. Bei Nichteinlösung des Wechsels ist die letzte Inkassostelle bevollmächtigt und verpflichtet, zu Zwecken des Rückgriffs den Wechsel vor Protesterhebung an sich selbst zu indossieren (→ Vollindossament), z.B. wenn für die erste Inkassostelle ein Insolvenzverfahren (→ Konkurs) beantragt worden ist. Die Kreditinstitute befreien sich gegenseitig insoweit von dem Verbot des → Selbstkontrahierens gemäß § 181 BGB.

*Wechselrückruf:* Hierbei sind sämtliche Wechseldaten zu übermitteln. Der Rückruf erfolgt entweder auf dem Inkassoweg oder (im Einvernehmen mit der letzten Inkassostelle) unmittelbar dieser gegenüber.

*Rückgabe nicht eingelöster oder zurückgerufener Wechsel:* Nicht bezahlte Wechsel sind von dem Kreditinstitut, bei dem sich der Wechsel befindet, unmittelbar an die erste Inkassostelle zurückzusenden; protestierte Wechsel mit ordnungsgemäßer Protesturkunde spätestens am ersten Geschäftstag nach Erhalt vom Protestbeamten, Wechsel ohne Protest spätestens am ersten Geschäftstag nach Ablauf der Frist für die Vorlegung zur Zahlung. Das gilt auch für Wechsel mit faksimilierten Ausstellerunterschriften und für Abschnitte, die in anderen Punkten Art. 1 und 2 WG entsprechen. Wechsel, die im Abrechnungsverkehr der Deutschen Bundesbank oder von Stellen der Bank unmittelbar vorgelegt werden, sind bei Nichtbezahlung auf demselben Weg zurückzugeben, und zwar Abrechnungswechsel bis zu dem in den Geschäftsbedingungen der Abrechnungsstelle, andere Wechsel bis zu dem sonst örtlich festgesetzten Zeitpunkt. Die Pflichten der letzten Inkassostelle (z.B. Notanzeige) obliegen dem Kreditinstitut, das den Wechsel im Abrechnungsverkehr zurückerhält. Zurückgerufene Wechsel sind unverzüglich nach Eingang des Rückrufs an die erste Inkassostelle zurückzusenden. In beiden Fällen ist eine Ausfertigung der Rückrechnung beizufügen. Die erste Inkassostelle ist verpflichtet, nicht eingelöste Wechsel zurückzunehmen. Zurückgenommene Wechsel – mit Ausnahme zurückgerufener Wechsel – dürfen nicht erneut zum Einzug in den Verkehr gebracht werden. Eine erneute unmittelbare Vorlage zur Einlösung bleibt hiervon unberührt (→ Wech-

1655

selrückgabe [nach dem Wechselabkommen]).

*Notanzeige:* Die Anzeige an den Aussteller gemäß Art. 45 WG ist von der letzten Inkassostelle im Namen der ersten Inkassostelle abzugeben. Außerdem ist die erste Inkassostelle unverzüglich zu benachrichtigen, damit diese ihrer Benachrichtigungspflicht gegenüber ihrem unmittelbaren Vormann nachkommen kann. Hat der Aussteller seine Adresse nicht oder in unleserlicher Form angegeben, ist die erste Inkassostelle ebenfalls unverzüglich zu unterrichten.

*Rückgabe und Rückrechnung:* Für unbezahlte Wechsel können neben den Protestkosten Ersatz für Auslagen sowie eine → Provision in Höhe von 0,33 Prozent der Wechselsumme berechnet werden. Für zurückgerufene Wechsel kann das zurückgebende Kreditinstitut eine Höchstgebühr von 25 DM berechnen. Die weiterleitenden Kreditinstitute können für die Bearbeitung eines Wechselrückrufs eine Höchstgebühr von 20 DM berechnen. Bei Wechseln von 10.000 DM und darüber kann das zurückgebende Kreditinstitut gegenüber der ersten Inkassostelle einen Zinsausgleich geltend machen, wenn der Wertstellungsverlust 30 DM und mehr beträgt. Als → Zinssatz gilt der → Diskontsatz der Deutschen Bundesbank am Tage der Rückgabe der Wechsel. Bei der Rückgabe eines → Valutawechsels (Wechsel, der auf ausländische → Währung lautet) ist vom Geldkurs des Vortages der unmittelbaren Rücksendung auszugehen (→ Geldkurs im Devisenhandel). Bei der Verrechnung nicht eingelöster bzw. zurückgerufener Wechsel wird jede Stelle, über die die Rückrechnung läuft, mit der Tageswertstellung für Einzugsschecks belastet.

### Wechselankaufskurs
Kurs, den die → Deutsche Bundesbank für den Ankauf von → Auslandswechseln zugrunde legt. Die „Ankaufskurse der Deutschen Bundesbank für Auslandswechsel" werden im → Bundesanzeiger veröffentlicht.

### Wechsel, Annahme
Schriftliche wechselmäßige Erklärung des → Bezogenen, durch die er sich gegenüber dem Wechselnehmer oder dem → Indossatar zur Zahlung am Verfalltag verpflichtet.

*Form, Inhalt und Rechtsnatur:* Der Bezogene gibt mit seiner Unterschrift ein wirksames → Akzept ab, das üblicherweise quer auf die Vorderseite des → Wechsels gesetzt wird (Art. 25 Abs. 1 WG; → Kurzakzept). Beim → Nachsichtwechsel muß zusätzlich das Datum der Annahme angegeben werden, da davon die → Restlaufzeit des Papiers abhängig ist (Art. 35 WG; → Vollakzept). Mit der Annahme, die ein → abstraktes Schuldversprechen ist, wird der Bezogene zum Hauptschuldner (Art. 28 Abs. 1 WG). Die → Ansprüche des → Gläubigers gegenüber dem Akzeptanten verjähren (→ Verjährung) in drei Jahren seit dem Verfalltag (Art. 72 Abs. 1 WG). Die Hinzufügung einer Bedingung macht das Akzept unwirksam (Art. 26 Abs. 1 WG). Ein → Teilakzept, bei dem sich der Bezogene nur zu einem bestimmten Teil der Wechselsumme verpflichtet, z. B. bei mangelhafter Lieferung, ist dagegen wirksam (Art. 26 Abs. 1, 2. Halbsatz WG). In Höhe des nicht angenommenen Restbetrages gilt aber die Annahme als verweigert; es muß → Wechselprotest erhoben werden, um Regreß (→ Wechselrückgriff) nehmen zu können.

*Vorlegung zur Annahme:* Jeder Wechselgläubiger kann dem Bezogenen den Wechsel bis zum Verfalltag, beim Nachsichtwechsel bis zu einem Jahr nach Ausstellungsdatum (Art. 23 WG) zur Annahme an seinem Wohnort oder am Geschäftssitz seines Unternehmens vorlegen (Art. 21 WG). Der Aussteller kann nach Art. 22 WG die Vorlegung sowohl gebieten (Vorlegungsgebot: bei Nichtbeachtung Verlust der Rückgriffsansprüche nach Art. 53 Abs. 2 WG) als auch verbieten (Vorlegungsverbot: Ausschluß seiner → Haftung für die Annahme). Verweigert der Bezogene die Annahme, so kann schon vor Verfall Rückgriff mangels Annahme genommen werden (Art. 43 Abs. 2 Nr. 1 WG; Wechselrückgriff). Diese Regelungen haben nur für → Auslandswechsel, insbes. Nachsichtwechsel, praktische Bedeutung.

### Wechsel, Ausfertigung
Ein → Wechsel kann in mehreren Ausfertigungen ausgestellt werden, die dann jeweils als Original gelten und im Text der → Urkunde mit fortlaufenden Nummern zu versehen sind (Art. 64 WG). Wird eine Ausfertigung bezahlt, so erlöschen die Rechte aus allen Ausfertigungen. Doch bleibt der → Be-

zogene aus jeder angenommenen Ausfertigung (→ Wechsel, Annahme), die ihm nicht zurückgegeben worden ist, verpflichtet. Entsprechend haften die → Indossanten (→ Indossament) aus den Ausfertigungen, die ihre Unterschrift tragen, gegenüber allen Nachfolgern, soweit ihnen die Ausfertigungen nicht herausgegeben worden sind (Art. 65 WG). Wechsel mit mehreren Ausfertigungen kommen besonders im internationalen Handel vor. Ein Exporteur kann z. B. zwei Ausfertigungen ausstellen, wovon er eine dem Importeur zur Erteilung der Annahme zusendet.

## Wechsel, Ausstellung

Die Ausfertigung der → Urkunde kann nur eine wechselfähige Person vornehmen (→ Wechselfähigkeit).

*Ausstellerhaftung*: Mit der Ausfertigung der Wechselurkunde und ihrer Begebung an den Wechselnehmer (→ Wechsel, Übertragung) haftet der → Aussteller ersatzweise für die Annahme und Zahlung durch den → Bezogenen (Art. 9 Abs. 1 WG). Seine Einstandspflicht für die Annahme kann er aber durch eine sogenannte Angstklausel (Vermerk „ohne Obligo" bzw. „ohne Gewähr") oder (außer bei einem → Domizilwechsel bzw. → Nachsichtwechsel) durch ein Annahmeverbot (Art. 22 Abs. 2 WG) ausschließen.

*Zeichnung durch Stellvertreter, Fälschung und Verfälschung*: Erfolgt die Ausfertigung durch einen Vertreter, so verpflichtet dessen Unterschrift den Vertretenen, falls er erkennbar für den Vertretenen handelt und dazu → Vollmacht besitzt. Unterzeichnet der Vertreter ohne Vertretungsmacht, wird er selbst zur Bezahlung des Wechsels verpflichtet (Art. 8 WG). Für die nachträgliche Verfälschung eines bereits vollständigen Wechsels hat der Unterzeichnende nicht einzustehen, es sei denn, daß er die Textänderung nachträglich genehmigt (Art. 69 WG). Eine → Haftung ist ebenfalls ausgeschlossen, falls die Unterschrift gefälscht worden ist (Art. 69 WG).

*Selbständigkeit der Wechselerklärungen*: Auf die Unwirksamkeit der Unterschriften kann sich nur der Betreffende berufen, die übrigen Unterschriften der Wechselbeteiligten bleiben verbindlich (Art. 7 WG).

*Formvorschriften*: Der gezogene Wechsel muß die in Art. 1 WG genannten gesetzlichen Bestandteile aufweisen, die vier Regelungskomplexe betreffen: (1) *Sachliche Grundlagen*: Dazu gehören die Wechselklausel, d. h. die Bezeichnung als Wechsel, und die unbedingte → Anweisung auf Zahlung einer bestimmten Geldsumme. Die Beschränkung des Leistungsinhalts auf eine Geldsumme ordnet den Wechsel den Forderungs- und Geldwertpapieren zu (→ Wertpapier). Wegen des Bestimmtheitserfordernisses sind → Wertsicherungsklauseln in Wechseln unzulässig. Zinsvermerke haben nur beim → Sichtwechsel und Nachsichtwechsel Gültigkeit, während bei den übrigen Wechseln die angefallenen → Zinsen in die Wechselsumme einzurechnen sind (Art. 5 WG). Aus der Unbedingtheit wird schließlich die Abstraktheit der Wechselschuld, d. h. ihre rechtliche Unabhängigkeit vom zugrundeliegenden Geschäft erkennbar. (2) *Personen*: Erforderlich ist die Angabe des Namens des Bezogenen und des Wechselnehmers sowie die handschriftliche Unterschrift des Ausstellers. Für die Formgültigkeit des Wechsels ist es unerheblich, ob die genannten Personen tatsächlich existieren; sie müssen lediglich als Rechtspersonen vorstellbar sein. Bei Angabe einer fiktiven Person spricht man vom → Kellerwechsel. Die Beteiligten müssen auch nicht personenverschieden sein. Der Aussteller kann sich selbst als Wechselnehmer einsetzen (Wechsel an eigene Order, Art. 3 Abs. 1 WG). Wegen der zwingend erforderlichen Angabe des Wechselnehmers kann nach deutschem Wechselrecht der Wechsel im Unterschied zum → Scheck niemals auf den Inhaber lauten. Ein Inhaberwechsel ist formungültig und damit nichtig. Durch ein → Blankoindossament kann aber der Wechsel faktisch wie ein → Inhaberpapier behandelt werden. Die Unterschrift des Ausstellers muß auf der Vorderseite so angebracht werden, daß sie den Urkundeninhalt deckt. (3) *Zeitangaben*: Unentbehrlich ist die Nennung des Ausstellungstages, der für die → Laufzeit des Papiers entscheidend ist. Auf die Angabe der Verfallzeit kann verzichtet werden. Fehlt sie, so gilt der Wechsel als Sichtwechsel (Art. 2 Abs. 2 WG). Der Wechsel kann auch Nachsichtwechsel sein. Üblich ist der → Tagwechsel. (4) *Ortsangaben*: Erforderlich ist die Nennung des Zahlungsortes und des Ausstellungsortes; sie können allerdings durch den beim Bezogenen bzw. beim Aussteller genannten Ort ersetzt werden (Art. 2 Abs. 3 und Abs. 4 WG). Der Aussteller kann auch einen Ort, der nicht mit dem Wohnort

## Wechselaval

oder Sitz des Bezogenen identisch ist, als Zahlungsort bestimmen (Domizilwechsel).

*Blankowechsel*: Für die Formgültigkeit des Wechsels ist es ohne Belang, zu welchem Zeitpunkt die gesetzlich vorgeschriebenen Bestandteile auf die Urkunde gesetzt werden. Ein → Blankowechsel, der nachträglich vervollständigt wird, ist ein formgültiger Wechsel.

*Kaufmännische Bestandteile*: Zur Erleichterung des Wechselverkehrs wird in der Praxis für die Ausstellung eines Wechsels ein Einheitsformular verwendet (DIN 5004), das neben den gesetzlichen noch weitere Angaben, die sogenannten kaufmännischen Bestandteile, enthält. Das sind im einzelnen: die Ortsnummer des Zahlungsortes (bestehend aus den ersten drei Ziffern der → Bankleitzahl der → Kreditinstitute des Ortes), die Wiederholung des Verfalltages am oberen Rand des Wechsels, der Zusatz „erste Ausfertigung" bzw. „zweite Ausfertigung" (→ Wechsel, Ausfertigung, → Primawechsel, → Sekundawechsel), die Wiederholung der Wechselsumme in Ziffern, der Zahlstellenvermerk, falls der Wechsel bei einem Kreditinstitut zahlbar ist, und die Anschrift des Ausstellers.
(→ Wechsel)

**Wechselaval**, → Wechselbürgschaft.

**Wechselblankett**, → Blankowechsel.

## Wechselbürgschaft

*Wechselaval*; schriftliche Verpflichtungserklärung eines Dritten oder einer bereits beteiligten → Person (Art. 30 Abs. 2 WG), die auf den → Wechsel selbst oder seinen → Anhang gesetzt wird (Art. 31 WG). Der Unterzeichnende haftet gegenüber dem formell legitimierten Wechselinhaber in gleicher Weise wie derjenige, für den er sich verbürgt hat (Art. 32 WG). Die W. unterscheidet sich erheblich von der → Bürgschaft des BGB: Der Wechselbürge haftet in der gleichen Weise wie der Hauptschuldner; beide haften dem → Gläubiger gegenüber als → Gesamtschuldner (Art. 32 Abs. 1, Art. 47 Abs. 1 WG). Ferner ist seine Verpflichtungserklärung rechtlich unabhängig (abstrakt) von der Verpflichtung des Hauptschuldners. Der Wechselbürge haftet bereits, wenn sich die Unterschrift des Wechselschuldners, mag die auch gefälscht sein, auf dem Wechsel befindet (Art. 32 Abs. 2 WG). Damit entspricht die W. eher der → Garantie des → Bürgerlichen Rechts. Im Zweifelsfall stellt jede andere Unterschrift als die des → Bezogenen oder → Ausstellers auf der Vorderseite des Wechsels eine Wechselbürgschaftserklärung zugunsten des Ausstellers dar (Art. 31 Abs. 3, Abs. 4 WG). Mit der Bezahlung des Wechsels erwirbt der Wechselbürge die Rechte aus diesem Papier gegen denjenigen, für den er sich verbürgt hat, und gegen alle, die diesem gegenüber wechselmäßig haften (Art. 32 Abs. 3 WG). Die W. (vor allem eines → Kreditinstituts) hat bei → Außenhandelsfinanzierungen im Zusammenhang mit dem Verkauf von Wechselforderungen durch den Exporteur (→ Forfaitierung) Bedeutung. Da sie ansonsten wegen ihrer äußerlichen Erkennbarkeit Zweifel an der Bonität des Hauptverpflichteten begründen kann, wird sie in der Praxis durch ein → Indossament ersetzt.

## Wechsel, Diskontierung

Verkauf eines → Wechsels durch den Inhaber an ein → Kreditinstitut, um sich dadurch liquide Mittel zu beschaffen. Die ankaufende Bank gewährt dem Verkäufer einen → Diskontkredit.

Das Kreditinstitut erwirbt nicht bereits mit der Indossierung (→ Indossament) und Aushändigung des Wechsels das → Eigentum an der → Urkunde, sondern erst dann, wenn es das Kaufangebot des Einreichers angenommen hat. Bei einer Ablehnung durch die zuständige Kreditabteilung würde der Einreicher sonst seine Rechte an dem Wechsel verlieren, ohne den entsprechenden Gegenwert erhalten zu haben. Seine Übereignungsofferte ist daher als aufschiebend bedingt durch den Abschluß des Kaufvertrages anzusehen.

*Banktechnische Abwicklung*: → Diskontkredit.

## Wechseleinlösung

Zahlung der Wechselsumme durch den → Bezogenen oder einen Dritten an den Inhaber des → Wechsels. Die Zahlung (Art. 38 WG) erfolgt i. d. R. bargeldlos (Gutschrift der Wechselsumme auf einem → Konto des → Gläubigers unter Belastung eines Kontos des Wechselverpflichteten und Verrechnung zwischen den beteiligten Instituten).

*Vorlegungszeit und Vorlegungsort*: Die Vorlegung hat bei allen Wechseln außer beim → Sichtwechsel am Zahlungstag, d. h. am

Verfalltag oder an einem der beiden folgenden Werktage am Zahlungsort bei der vom Bezogenen beauftragten Zahlstelle (→ Domizilwechsel) zu erfolgen. Bei einem Sichtwechsel hat dies binnen eines Jahres nach der Ausstellung zu geschehen, sofern der → Aussteller keine kürzere oder längere Frist bestimmt hat (Art. 34 WG). Falls der Wechsel an einem gesetzlichen Feiertag oder einem Sonnabend verfällt, ist der nächste Werktag als Zahlungstag anzusehen (Art. 72 Abs. 1 WG). Der Vorlegung zur Zahlung steht die Einlieferung in eine Abrechnungsstelle der → Deutschen Bundesbank gleich (Art. 38 Abs. 2 WG; → Abrechnungsverkehr der Deutschen Bundesbank). Erfolgt die Vorlegung zur Zahlung nicht ordnungsgemäß, so büßt der Gläubiger gemäß Art. 53 Abs. 1 WG seine sämtlichen Regreßansprüche ein (→ Wechselrückgriff).

*Pflichten und Rechte des Bezogenen:* Der Bezogene oder die genannte Zahlstelle hat vor der Zahlung die formelle Ordnungsmäßigkeit des Wechsels und die Lückenlosigkeit der Indossamentenkette zu prüfen. Ist das letzte → Indossament ein → Namensindossament, erstreckt sich die Kontrolle auch auf die Identität des Wechselinhabers mit dem durch die Indossamentenkette bezeichneten Gläubiger (Prüfung der persönlichen Legitimation). Bei Bezahlung kann der Bezogene die Aushändigung des quittierten Wechsels vom Inhaber verlangen (Art. 39 Abs. 1 WG). Der Inhaber kann im Interesse der Regreßpflichtigen eine Teilzahlung nicht zurückweisen (Art. 39 Abs. 2 WG). Ist die Wechselurkunde dem Gläubiger abhanden gekommen oder sonst verloren gegangen, hat der Gläubiger dass von ihm erwirkte gerichtliche Ausschlußurteil vorzulegen. Ansonsten kann er nur Zahlung verlangen, wenn er bis zur Kraftloserklärung der Urkunde Sicherheit geleistet hat (Art. 90 WG; → Aufgebotsverfahren).

*Wirkung der Zahlung:* Mit der Bezahlung durch den Bezogenen ist nicht nur die Wechselschuld erloschen, sondern zugleich auch seine Verpflichtung aus dem zugrunde liegenden Kausalgeschäft. Zahlt dagegen ein Dritter (Aussteller oder ein → Indossant) mit dem Zweck, den → Wechselprotest zu vermeiden, ist die Wechselschuld des Bezogenen nicht erloschen.

*Zahlung der Wechselsumme durch einen Dritten:* Löst das → Kreditinstitut einen Wechsel mit den von einem Dritten zur Verfügung gestellten Mitteln ein, ohne daß besondere Absprachen vorliegen, so gilt der Wechsel als durch den Bezogenen bezahlt. Alle Ansprüche aus dem Wechsel sind erloschen. Wird aber der Gegenwert von dem Dritten zur Einlösung des Wechsels nur zur Verfügung gestellt in der Annahme und unter der Voraussetzung, daß er mit der Zahlung auch die Ansprüche aus dem Wechsel erwirbt, muß das Kreditinstitut einen derartigen Willen des Zahlungsberechtigten berücksichtigen, wenn er von ihm ausdrücklich geäußert wird oder sich aus seinem Gesamtverhalten ergibt, vor allem wenn der Dritte um Aushändigung des Wechsels bittet.

Um den Dritten die wechselrechtlichen Ansprüche zu verschaffen, stehen mehrere Wege offen: Wird ein Wechsel nach dem → Wechselabkommen eingezogen, so ist das Kreditinstitut berechtigt, die Wechselrechte an den Dritten, der nicht für den Bezogenen zahlt, abzutreten. Wird ein Wechsel nicht nach dem Wechselabkommen eingezogen, so ergeben sich keine Schwierigkeiten, wenn das letzte Indossament ein → Blankoindossament ist. Der Zahlende, der den Wechsel besitzt, ist zur Geltendmachung des sich aus Art. 28 Abs. 1 WG ergebenden Anspruchs gegen den Akzeptanten gemäß Art. 16 WG legitimiert. Ist das letzte Indossament ein Namensindossament, kann eine wechselrechtliche Legitimation des Zahlenden nach Ablauf der für die Erhebung des Protestes bestimmten Frist nicht mehr begründet werden (→ Nachindossament). Bis zu diesem Zeitpunkt kann der Wechsel jedoch noch wirksam auf den Zahlenden indossiert werden. Ist es nicht möglich, eine wechselrechtliche Legitimation des Zahlenden herbeizuführen, kann eine für den Beweis im → Wechselprozeß ausreichende Beweisurkunde für die Rechtsinhaberschaft des Zahlenden auch noch durch eine schriftliche Abtretungserklärung geschaffen werden (§§ 602, 592 ZPO).

## Wechselfähigkeit
Fähigkeit, als Beteiligter am Wechselverkehr teilnehmen zu können.

*Wechselrechtsfähigkeit:* Diese Eigenschaft kommt allen → natürlichen Personen und → juristischen Personen zu. → Personenhandelsgesellschaften stehen wegen ihrer Quasi-Rechtsfähigkeit den juristischen Per-

**Wechselgeschäftsfähigkeit**

sonen insoweit gleich (§§ 124, 161 Abs. 2 HGB). Nicht rechtsfähige Personenzusammenschlüsse (wie z. B. nicht-rechtsfähiger → Verein, → Gesellschaft bürgerlichen Rechts [BGB-Gesellschaft, GbR], → Erbengemeinschaft) sind nicht wechselfähig und können daher keine Rechte aus dem → Wechsel erwerben.

*Wechselgeschäftsfähigkeit:* Natürliche Personen müssen voll geschäftsfähig sein (→ Geschäftsfähigkeit). Beschränkt Geschäftsfähige und Geschäftsunfähige bedürfen zur Eingehung von Wechselverbindlichkeiten nicht nur der Zustimmung des → gesetzlichen Vertreters, sondern auch der Genehmigung durch das Vormundschaftsgericht (§§ 1822 Nr. 9, 1643 Abs. 1 BGB).

**Wechselgeschäftsfähigkeit,** → Wechselfähigkeit.

**Wechselgesetz (WG)**
Gesetz vom 21. 6. 1933, trat am 1. 4. 1934 in Kraft (RGBl. I S. 399), noch heute gültig. (→ Wechsel)

**Wechselinkasso**
*Wechseleinzug;* Einzug der Gegenwerte von fälligen → Wechseln.

*Gutschrift:* Im Gegensatz zu → Schecks, die unter Eingangsvorbehalt (E. v., → Eingang vorbehalten) gutgeschrieben werden, erfolgt bei zum Einzug eingereichten Wechseln die Gutschrift zu überwiegenden Fällen nach Eingang (n. E.) des Gegenwertes. Der Wechselbetrag wird zunächst auf einem Zwischenkonto verbucht. In den Fällen, in denen der Wechsel direkt an die Zahlstelle mit der Bitte um Anschaffung des Gegenwertes versandt wird, erfolgt die Umbuchung zu Gunsten des Einreichers, wenn der Betrag auf einem Konto des einziehenden → Kreditinstitutes eingegangen ist. In den Fällen, in denen das Kreditinstitut bereits bei Versendung des Wechsels Gutschrift erhält (z. B. im eigenen → Gironetz), wird der Betrag dem Einreicher einige Tage nach Verfall gutgeschrieben, wenn zweifelsfrei angenommen werden kann, daß mit einer Rückbelastung wegen Nichteinlösung nicht mehr zu rechnen ist. Kunden von unzweifelhafter Bonität kann der Wechselbetrag bereits bei Einreichung zum → Inkasso E. v. gutgeschrieben werden. Das Verfahren ist jedoch nicht praxisüblich. Die → Wertstellung der Gutschrift erfolgt in diesem Fall per Verfalltag zuzüglich der Inkassotage. Für die Durchführung des W. berechnen die Kreditinstitute dem Einreicher eine Inkassoprovision. Eingezogen werden nicht nur zum Inkasso angenommene Kundenwechsel, sondern auch fällig werdende Diskontwechsel.

*Durchführung:* Beim Einzug von Wechseln haben alle beteiligten Kreditinstitute das → Wechselabkommen zu beachten, das zur Vereinfachung des Einzugsverfahrens beiträgt.

*Einzugswege:* Am Platz zahlbare Wechsel werden über die LZB-Abrechnung, an anderen Orten zahlbare Wechsel über das eigene Gironetz oder über die → Deutsche Bundesbank eingezogen (Wechsel, die an → Bankplätzen zahlbar gestellt sind). Ein direkter Versand an die Zahlstelle, mit der keine Kontoverbindung besteht, kann vorgenommen werden, wenn der Einzugsweg abgekürzt werden soll, weil z. B. nur noch wenig Zeit bis zum Verfalltag verbleibt oder wenn die → erste Inkassostelle schnell Gewißheit über die Einlösung des Wechsels haben will. Üblicherweise wird dann dem Wechsel eine frankierte Bezahlt-Melde-Karte beigefügt, die die Zahlstelle bei Einlösung mit dem Abdruck des Sicherungsstempels versieht und an die erste Inkassostelle zurücksendet. Der Einzug durch die Post mit einem Postauftrag (→ Postprotestauftrag), wenn der Wechsel beim Bezogenen selbst zahlbar ist und nicht über 3.000 DM lautet, ist Ende 1994 weggefallen.

**Wechselkredit**
→ Kredit, der sich auf eine Wechselziehung (→ Wechsel) gründet. Dazu gehören (1) → Diskontkredit, (2) → Debitorenziehung, bei denen die Bank Wechsel auf den Kunden zieht, (3) → Akzeptkredit, (4) → Wechsellombard (selten). Mit der Einräumung eines W. übernehmen die → Kreditinstitute für ihre Kunden auch das → Wechselinkasso. Wechsel dienen gewöhnlich der Finanzierung von Warengeschäften. Der Verkäufer stellt den Wechsel im Einvernehmen mit dem Käufer (dem Akzeptanten) auf dessen Namen aus und gewährt damit einen meist kurzfristigen Kredit. Die gesetzlich verankerte besondere → „Wechselstrenge" gibt ihm weitgehend Sicherheit, daß der Wechsel am Fälligkeitstag auch wirklich einge-

## Wechselkurspolitik

löst wird. Entspricht ein Wechsel den Formvorschriften und Bedingungen der „Wechselstrenge", ist er als →Zahlungsmittel und Kreditmittel einsetzbar. Dabei wird der Wechsel mit einem →Indossament versehen, d. h. der bisherige Besitzer unterzeichnet auf der Rückseite. Jeder, der auf einem Wechsel unterschrieben hat – gleichgültig, ob als →Aussteller, Akzeptant oder →Indossant – haftet uneingeschränkt für die Einlösung des Wechsels.

Der Ankauf von guten →Handelswechseln, die spätestens nach Ablauf von drei Monaten fällig sind, ist wesentlicher Bestandteil des →Kreditgeschäfts der Banken in den meisten westeuropäischen Ländern. Finanzinstitute gewähren solche Wechsel- oder Diskontkredite gern, soweit sie die Möglichkeit haben, die Titel an ihre →Notenbank (→ Landeszentralbank [LZB], →Deutsche Bundesbank) weiterzuverkaufen. In der BRD ist dies abhängig von dem jeweils gültigen →Rediskont-Kontingenten bei der Bundesbank. Im Rahmen dieser Kontingente wird zum amtlichen →Diskontsatz abgerechnet, so daß der W. eine besonders günstige Finanzierungsform ist.

### Wechselkurs
→Devisenkurs; Preis einer →Währung ausgedrückt in einer anderen Währung.
Zu unterscheiden sind *Preisnotierung* (Preis für eine oder 100 bzw. 1.000 ausländischer Währungseinheiten, ausgedrückt in inländischen Währungseinheiten [Devisenkurs]) und *Mengennotierung* des W. (Menge der ausländischen Währungseinheiten, die für eine inländische Währungseinheit erworben werden kann).
Der Begriff „W." stammt aus den Anfängen des Bankwesens, als grenzüberschreitende Zahlungen noch in erster Linie mittels →Wechsel abgewickelt wurden (Exchange Rate). Deren Kursnotierung war daher eine Wechselkursnotierung. Heute herrscht im →Devisenhandel demgegenüber die →Auszahlung vor. Der W. (Devisenkurs) ermöglicht den Vergleich von Inlands- und Auslandspreisen für identische Güter (→Kaufkraftparität). Bleiben in einem Land die Bestände an →Währungsreserven unverändert, d. h. ist die →Gold- und Devisenbilanz ausgeglichen, stimmt der W. mit dem „echten" Austauschverhältnis der inländischen zur ausländischen Währung überein; die inländische Währung ist weder über- noch unterbewertet.

*Bestimmungsfaktoren*: Quellen von Devisenangebot und -nachfrage auf dem →Devisenmarkt sind die sich in der →Zahlungsbilanz niederschlagenden außenwirtschaftlichen Transaktionen: →Außenhandel, finanzielle unentgeltliche Leistungen sowie →Kapitalexport und →Kapitalimport. Angebot und Nachfrage auf dem Devisenmarkt werden u. a. beeinflußt durch die konjunkturelle Situation, internationale Wettbewerbsfähigkeit, internationales Preisgefälle (→Inflation), das internationale Zinsgefälle (→Zinsarbitrage), die Anlagesicherheit und durch die Wechselkurserwartungen. Diese können ihrerseits durch viele politische, psychologische und wirtschaftliche Faktoren (Einschätzung der binnen- und außenwirtschaftlichen Situation, der →Wirtschaftspolitik, insbes. der →Geldpolitik eines Landes) gebildet und beeinflußt werden. Insbes. der Kapitalverkehr kann starke Fluktuationen des W. bewirken (→internationale Devisenspekulation).

*Auswirkungen von Wechselkursbewegungen*: Wechselkursbewegungen können ihrerseits auf außenwirtschaftliche Transaktionen, z. B. Außenhandel und Kapitalverkehr (→Kapitalbilanz), wirken. Bei international sehr beweglichen Geld- und Kapitalströmen können kurzfristige Verlagerungen an andere Märkte und Umschichtungen zwischen Währungen, die aus veränderten Erwartungen resultieren, zu starken Ausschlägen („Überschießen") der W. über die langfristige Gleichgewichtslage führen. Besonders strittig sind die Zusammenhänge zwischen spekulativ ausgerichtetem Kapitalverkehr und W. bei →festen Wechselkursen und →flexiblen W. Dies ist auch Gegenstand einer ausgeprägten Diskussion über die relative Vorteilhaftigkeit von →Wechselkurssystemen. Wechselkursbewegungen können außerdem Preisniveau und Beschäftigung und damit die binnenwirtschaftliche Situation beeinflussen.

### Wechselkursdeckung, →Wechselkursversicherung.

### Wechselkursmechanismus, →Zahlungsbilanzausgleichsmechanismus.

### Wechselkurspolitik
Gesamtheit aller Maßnahmen zur Gestaltung des →Wechselkurssystems und zur Beeinflussung der →Wechselkurse. Die

Grundentscheidung beinhaltet die Wahl des Wechselkurssystems: → feste Wechselkursen oder → flexible Wechselkurse.
Bei festen (aber anpassungsfähigen) Wechselkursen kann die → Parität oder der → Leitkurs geändert werden. → Interventionen am Devisenmarkt sind bei Erreichen der Interventionspunkte zwingend notwendig; innerhalb der → Bandbreite sind Interventionen möglich (intramarginale Interventionen).
Bei flexiblen Wechselkursen ist im Rahmen des „Managed Floating" (→ Floating) die Beeinflussung der Wechselkurse durch Interventionen der → Zentralbanken in deren währungspolitisches Ermessen gestellt. Von Bedeutung sind dabei vor allem die außen- und binnenwirtschaftliche Lage des Landes sowie geldpolitische Erwägungen der Zentralbank.
Interventionen können bei festen Wechselkursen mit Bandbreiten (marginale und intramarginale Interventionen) und bei flexiblen Wechselkursen erfolgen. Sie können auf die Glättung ausgeprägter Schwankungen („Überschießen") des Wechselkurses oder aber auf eine Beeinflussung des Trends abzielen. Interventionen können offen oder verdeckt über → Kreditinstitute durchgeführt werden. Sie können am Devisenkassamarkt und am → Devisenterminmarkt vorkommen.
Die Ausgestaltung der W. ist abhängig von internationalen Vereinbarungen, wie z.B. von dem → Bretton-Woods-Abkommen (→ Internationaler Währungsfonds) und von dem → Europäischen Währungssystem.

### Wechselkursregelung im IWF
Nationale Regelungen über die Bindung der eigenen → Währung. Nach der → Deutschen Bundesbank kommen die in der Tabelle S. 1663/1664 genannten Wechselkursregelungen im → Internationalen Währungsfonds vor.
Nach der seit 1978 geltenden Fassung des → Bretton-Woods-Abkommens ist jedem IWF-Mitglied die Wahl der Wechselkursregelung überlassen. So kann sich das Mitglied entscheiden zwischen → Wechselkurssystemen, bei denen der → Wechselkurs durch Angebot und Nachfrage nach seiner → Währung auf den → Devisenmärkten bestimmt wird (→ flexible Wechselkurse oder floatende Wechselkurse) oder Systemen, die einen oder mehrere feste Bezugspunkte für die eigene Währung vorsehen, z.B. das SZR (→ Sonderziehungsrechte) oder eine Währung (z.B. Dollar) oder mehrere Währungen (z.B. Gemeinschaftsregelung wie beim → Europäischen Währungssystem). Nicht mehr erlaubt ist eine Bindung der Wechselkurse an Gold.
Die Gründe für die Wahl des Wechselkurssystems ergeben sich sowohl aus der speziellen Import- oder Exportstruktur eines Landes als auch aus bestimmten währungs- und wirtschaftspolitischen Leitvorstellungen, wie z.B. bei den Mitgliedern des EWS. Für primär rohstoffexportierende Länder mag es im Devisenmanagement leichter sein, sich z.B. an den US-Dollar zu binden, da in dieser Währung viele Rohstoffpreise quotiert und Exportkontrakte abgeschlossen werden. Länder mit einer diversifizierten Handelsstruktur mögen es vorteilhafter finden, den unterschiedlichen Wechselkursentwicklungen anderer Handelswährungen dadurch zu begegnen, daß sie den Kurs ihrer Währung an einen „Korb" von Währungen wie z.B. an das SZR binden. Für die Mitglieder des EWS wird ca. 50 Prozent ihres → Außenhandels miteinander auf der Basis stabiler Kurse im Rahmen enger → Bandbreiten abgewickelt, gegenüber Drittstaaten dagegen bei flexiblen Wechselkursen. Jedoch auch die Länder, die ihre Währungen „floaten" lassen, greifen durch gelegentlichen An- und Verkauf von Fremdwährungen am Devisenmarkt ein, um „erratische" Wechselkursschwankungen zu verhindern. Kommen diese Glättungsinterventionen häufiger und massiver vor, spricht man vom „kontrollierten → Floating".

**Wechselkursrisiko,** → Devisenkursrisiko.

### Wechselkurssicherung
Ausschaltung des Wechselkursrisikos (→ Devisenkursrisiko) aus → Forderungen oder → Verbindlichkeiten in einer fremden → Währung. Hinsichtlich der Entstehungsursache unterscheidet man Covering- und Hedging-Transaktionen (→ Covering, → Hedging). Werden künftig anfallende Zahlungsein- bzw. -ausgänge abgesichert, spricht man von Covering-Transaktionen. Handelt es sich um eine bereits bestehende Fremdwährungsposition (z.B. ein Aktienportefeuille in fremder Währung), liegt Hedging vor. Hinsichtlich der Kurssicherungsinstrumente (→ Währungsrisiko, → Devisenhandel) wird zwischen den klassischen und den neueren Verfahren unterschieden. Die klassischen Verfahren beste-

**Wechselkurssicherung**

## Wechselkursregelung im IWF

| Bindung an | | | | | |
|---|---|---|---|---|---|
| den US-Dollar | den französischen Franc | den Rubel | eine sonstige Währung | das SZR | eine sonstige Währungskombination [1] |
| Angola | Äquatorialguinea | Armenien | Bhutan (indische Rupie) | Libysch-Arabische Dschamahirija | Algerien |
| Antigua und Barbuda | Benin | Aserbaidschan | Estland (Deutsche Mark) | Myanmar | Bangladesch |
| Argentinien | Burkina Faso | Belarus | Kiribati (australischer Dollar) | Ruanda | Botsuana |
| Bahamas | Côte d'Ivoire | Kasachstan | Lesotho (südafrikanischer Rand) | Seychellen | Burundi |
| Barbados | Gabun | Turkmenistan | Namibia (südafrikanischer Rand) | | Fidschi |
| Belize | Kamerun | | San Marino (italienische Lira) | | Island |
| Dominica | Komoren | | Swasiland (südafrikanischer Rand) | | Jordanien |
| Dschibuti | Kongo | | | | Kap Verde |
| Grenada | Mali | | | | Kenia |
| Irak | Niger | | | | Kuwait |
| Jemen | Senegal | | | | Malawi |
| Liberia | Togo | | | | Malta |
| Marshallinseln | Tschad | | | | Marokko |
| Oman | Zentralafrikanische Republik | | | | Mauretanien |
| Panama | | | | | Mauritius |
| St. Kitts und Nevis | | | | | Nepal |
| St. Lucia | | | | | Österreich |
| St. Vincent und die Grenadinen | | | | | Papua-Neuguinea |
| Suriname | | | | | Salomonen |
| Syrien | | | | | Samoa |
| | | | | | Simbabwe |
| | | | | | Thailand |
| | | | | | Tonga |
| | | | | | Ungarn |
| | | | | | Vanuatu |
| | | | | | Zypern |

## Wechselkurssicherung

**Wechselkursregelung im IWF** (Fortsetzung)

| Begrenzte Flexibilität | Größere Flexibilität | | | |
|---|---|---|---|---|
| gegenüber einer einzelnen Währung [2] | Gemeinschaftliche Wechselkursregelungen [3] | Anpassung nach verschiedenen Indikatoren [4] | Sonstiges kontrolliertes Floating | Unabhängiges Floating |
| Bahrain | Belgien | Chile | Ägypten | Äthiopien |
| Katar | Dänemark | Kolumbien | China | Afghanistan |
| Saudi-Arabien | Deutschland | Madagaskar | Ecuador | Albanien |
| Vereinigte Arabische Emirate | Frankreich | Nicaragua | Griechenland | Australien |
| | Irland | | Guinea | Bolivien |
| | Luxemburg | | Guinea-Bissau | Brasilien |
| | Niederlande | | Indonesien | Bulgarien |
| | Portugal | | Israel | Costa Rica |
| | Spanien | | Kambodscha | Dominikanische Republik |
| | | | Korea, Republik | El Salvador |
| | | | Kroatien | Finnland |
| | | | Laos | Gambia |
| | | | Malaysia | Georgien |
| | | | Malediven | Ghana |
| | | | Mexiko | Großbritannien und Nordirland |
| | | | Pakistan | Guatemala |
| | | | Polen | Guyana |
| | | | São Tomé und Príncipe | Haiti |
| | | | Singapur | Honduras |
| | | | Slowenien | Indien |
| | | | Somalia | Iran, Islamische Republik |
| | | | Sri Lanka | Italien |
| | | | Türkei | Jamaika |
| | | | Tunesien | Japan |
| | | | Uruguay | Kanada |
| | | | Venezuela | Kirgisistan |
| | | | Vietnam | Lettland |
| | | | | Libanon |
| | | | | Litauen |
| | | | | Moldau, Republik |
| | | | | Mongolei |
| | | | | Mosambik |
| | | | | Neuseeland |
| | | | | Nigeria |
| | | | | Norwegen |
| | | | | Paraguay |
| | | | | Peru |
| | | | | Philippinen |
| | | | | Rumänien |
| | | | | Russische Föderation |
| | | | | Sambia |
| | | | | Schweden |
| | | | | Schweiz |
| | | | | Sierra Leone |
| | | | | Sudan |
| | | | | Südafrika |
| | | | | Tansania |
| | | | | Trinidad und Tobago |
| | | | | Uganda |
| | | | | Ukraine |
| | | | | Vereinigte Staaten |
| | | | | Zaire |

* Die Wechselkursregelungen werden nach Veröffentlichungen des IWF entnommen. Der IWF erstellt derartige Übersichten auf Grundlage der Meldungen seiner Mitgliedsländer, zu denen sie nach Artikel IV des IWF-Übereinkommens verpflichtet sind. Für Länder mit sog. differenziertem Kurssystem bezieht sich die Wechselkursregelung auf den wichtigeren Markt. – 1) Orientierung an verschiedenen Währungskörben. – 2) Begrenzte Flexibilität gegenüber dem US-Dollar. – 3) Europäisches Währungssystem. – 4) Relativ häufige Anpassungen aufgrund von Indikatoren, die von dem jeweiligen Land festgelegt werden.

hen im wesentlichen im Abschluß von → Devisentermingeschäften, der → Glattstellung per Kasse über Fremdwährungsanlagegeschäfte bzw. → Kreditgeschäfte sowie in der Diskontierung von → Auslandswechseln (→ Wechsel, Diskontierung), dem → Exportfactoring und der → Forfaitierung.

*Abschluß von Devisentermingeschäften*: Durch den Abschluß eines Devisentermingeschäftes wird ein später (z. B. in drei Monaten) eingehender bzw. benötigter Fremdwährungsbetrag zu dem zum Abschluß des → Termingeschäftes für die betreffende → Fälligkeit geltenden → Terminkurs der betreffenden Währung verkauft bzw. eingedeckt. Die beiden Parteien (i. d. R. Bankkunde und Bank) sprechen alle Einzelheiten der Transaktion zum Zeitpunkt ihres Abschlusses ab (Betrag, → Fälligkeit und Kurs); die Erfüllung des Geschäftes erfolgt jedoch erst zum vereinbarten späteren Zeitpunkt. Devisentermingeschäfte sind für Covering-Transaktionen (z. B. durch Exporteure und Importeure), aber auch für Hedging-Transaktionen anwendbar.

*Glattstellung per Kasse über Fremdwährungsanlagegeschäfte bzw. Fremdwährungskreditgeschäfte*: Handelt es sich bei den zu sichernden Fremdwährungen um solche, für die kein → Terminmarkt besteht oder bei denen wegen der langen → Laufzeit nur schwer ein Partner für ein Termingeschäft gefunden werden kann, ist die Kurssicherung auch dadurch möglich, daß zur Kurssicherung einer Fremdwährungsverbindlichkeit die → Devise per Kasse gekauft wird und bis zur Fälligkeit der Zahlung zinsbringend angelegt wird bzw. zur Kurssicherung einer Fremdwährungsforderung ein Kredit in der Fremdwährung aufgenommen wird und die Kreditvaluta (→ Valuta) am → Kassamarkt verkauft wird.

*Diskontierung, Exportfactoring, Forfaitierung*: Besteht eine Forderung in Wechselform, kann der → Wechsel entweder diskontiert oder forfaitiert werden. Im letzteren Fall erfolgt der Wechselverkauf mit der Abrede, daß der Käufer nicht gegen den Verkäufer Rückgriff nehmen kann. Beim → Factoring werden Forderungen, auch wenn sie nicht in Wechselform verbrieft sind, an einen Factor verkauft.
Die neuen Kurssicherungsverfahren bestehen im wesentlichen aus dem Abschluß von → Devisenoptionen (Währungsoptionen, Currency Options) und dem Abschluß von Currency Futures (→ Devisen-Future).

*Devisenoptionen*: Sie eignen sich besonders dann zur Kurssicherung, wenn zunächst nur ein Angebot über die Lieferung oder die Erstellung einer Anlage (z. B. bei Ausschreibungen) abgegeben wird, das Kursrisiko aber schon für die Laufzeit des Angebotes ausgeschlossen werden soll. Wird in diesem Fall die Kurssicherung auf klassische Weise vorgenommen, entsteht ein Kursrisiko, wenn der Kontrakt nicht zustandekommt. Durch den Abschluß einer Option wird das Risiko auf die Höhe der → Prämie begrenzt.

*Currency Futures*: Sie haben gegenüber Devisentermingeschäften zur Kurssicherung keine besonderen Vorteile und werden daher in Europa auch kaum zu diesem Zweck abgeschlossen.
Weitere Kurssicherungsmöglichkeiten für einen Kreditgeber bestehen in einer Vereinbarung von → Währungsklauseln (als → Wertsicherungsklauseln) und → Währungsoptionsklauseln sowie im Abschluß einer → Wechselkursversicherung (Wechselkursgarantien und Wechselkursbürgschaften des Bundes, → Ausfuhrgewährleistungen des Bundes). Deutsche Exporteure können (eine entsprechend starke Position im Markt vorausgesetzt) das Wechselkursrisiko durch Fakturierung (Faktura, → Handelsrechnung) in Inlandswährung (DM) auf die ausländischen Importeure verlagern.

### Wechselkursstabilität
Ziel der Wechselkurspolitik (→ Währungspolitik), das auf die Vermeidung ausgeprägter Schwankungen bzw. die Stabilisierung des → Wechselkurses (→ Außenwert der → Währung) gerichtet ist. Ob Wechselkurse überhaupt stabilisiert oder nicht als unvermeidliche Nebenfolge der → Geldpolitik und Fiskalpolitik hingenommen werden sollen, ist umstritten. W. hängt bei offenen → Finanzmärkten entscheidend von den Zinsdifferenzen zwischen den Staaten und damit von den Inflationsraten ab. Preisniveaustabilität (→ Geldwertstabilität) ist so Voraussetzung für W. Als Mittel der Wechselkursstabilisierung können die Zinspolitik (→ Zinspolitik der Deutschen Bundesbank) sowie → Interventionen am Devisenmarkt eingesetzt werden. Sowohl auf nationaler Ebene (→ Deutsche Bundesbank, Aufgabe nach § 3 BBankG) als auch im Rahmen der

1665

künftigen →Europäischen Wirtschafts- und Währungsunion findet das Ziel der W. seine Grenze dort, wo die Erfüllung des Auftrags zur Sicherung der Preisniveaustabilität gefährdet würde.

## Wechselkurssystem

Prinzipien und organisatorische Regelungen, die für die Bestimmung des →Wechselkurses gelten.
In →Marktwirtschaften sind zwei *Grundformen* möglich: →flexible Wechselkurse und →feste Wechselkurse. Mit ihnen sind unterschiedliche →Zahlungsbilanzausgleichsmechanismen und Ausprägungen von Autonomie bzw. Integration nationaler →Wirtschaftspolitik und Ordnungsprinzipien internationaler Währungsbeziehungen verbunden.
Beim (reinen) *System flexibler Wechselkurse* bildet sich der Wechselkurs vollkommen frei aufgrund der Marktkräfte. Auf regulierende Eingriffe wirtschaftspolitischer Instanzen wird völlig verzichtet. Die Wirtschaftspolitik gestaltet sich nach nationalen Prioritäten, ohne auf außen- und weltwirtschaftliche Entwicklungen Rücksicht nehmen zu müssen.
Beim *System fester Wechselkurse* wird von den (wirtschafts)politischen Instanzen ein bestimmter Wechselkurs festgelegt. Dabei ergibt sich i. d. R. eine →Bandbreite, innerhalb derer sich der Wechselkurs grundsätzlich frei am →Devisenmarkt bilden kann. Eine gewisse Vereinheitlichung der Wirtschaftspolitik ist erforderlich bzw. wird durch Anpassungszwänge hergestellt, die Folge einer Übertragung von Konjunktur- und Preisbewegungen sind.
*Mischsysteme* berücksichtigen in unterschiedlichem Maße Elemente beider Grundsysteme. Beim kontrollierten →Floating („Managed Floating") bilden sich die Wechselkurse grundsätzlich gemäß den Marktkräften; trotzdem intervenieren die →Zentralbanken am Devisenmarkt. Zielzonen bedeuten eine (stillschweigende oder veröffentlichte) Absprache der Zentralbanken, ein bestimmtes Kursband anzustreben.

*Erfahrungen seit 1973*: Nach dem endgültigen Zusammenbruch des Festkurssystems von Bretton-Woods (1973) war ein von Grund auf neu konzipiertes internationales Abkommen nicht erreichbar. Die Wahl des W. wurde den Mitgliedstaaten gemäß Artikel IV des Übereinkommens über den →Internationalen Währungsfonds (IWF) grundsätzlich freigestellt. Seither ist eine Vielfalt von W. zu beobachten; Systeme fester Wechselkurse und flexibler Wechselkurse bestehen nebeneinander. In der Wirklichkeit lassen nur wenige Länder ihre →Währungen völlig frei floaten. Auch bei grundsätzlich sich gemäß den Marktkräften bildenden Wechselkursen intervenieren die Zentralbanken, teilweise nach Absprachen.
Es gibt eine ausgeprägte Diskussion über die relative Vorteilhaftigkeit von W. Nach den Erfahrungen mit destabilisierender Spekulation im Festkurssystem von Bretton-Woods wurde von der Kursflexibilität eine stabilisierende Spekulation erhofft. Die insgesamt sehr hohen Erwartungen, die mit flexiblen Wechselkursen verbunden waren, haben sich angesichts ausgeprägter Kursschwankungen und teilweise mehrere Jahre anhaltendem „Überschießen" der langfristigen Gleichgewichtslage nur in begrenzter Weise erfüllt. Auch ist die Abschottung von außen- und weltwirtschaftlichen Entwicklungen nur unvollkommen gelungen. Hintergrund hierzu ist der komplexe Prozeß der Wechselwirkungen zwischen Wechselkurs und anderen außen- und binnenwirtschaftlichen sowie politischen Faktoren. Besonders strittig ist dabei die Rolle der internationalen Geld- und Kapitalströme. Es ist letztlich ungeklärt, ob ein System fester Wechselkurse an kurzfristig stark fluktuierenden Kapitalströmen scheitert und deshalb flexible Wechselkurse eine Lösung des Problems darstellen oder ob gerade feste Wechselkurse die Erwartungen der Marktteilnehmer stabilisieren.

## Wechselkursversicherung

→Garantien und →Bürgschaften des Bundes zur Absicherung des →Devisenkursrisikos (Wechselkursgarantien, Wechselkursbürgschaften). Deckungen werden in der Form von Garantien für Ausfuhrverträge mit privaten ausländischen →Schuldnern und in der Form von Bürgschaften für Ausfuhrverträge mit Regierungen und →Körperschaften des öffentlichen Rechts im Ausland übernommen (→Ausfuhrgewährleistungen des Bundes). Die Deckungen können isoliert oder kombiniert mit einer →Ausfuhrgarantie oder →Ausfuhrbürgschaft oder mit Sonderdeckungsformen, soweit es sich bei diesen um Forderungsdeckungen handelt, gewährt werden (isolierte oder kombinierte Wechselkursdeckungen). Sie werden im

Rahmen von Ausfuhrverträgen gewährt, die auf US-Dollar, Pfund-Sterling und Schweizer Franken lauten. Für andere frei konvertible und an den deutschen →Devisenbörsen notierte →Währungen von nicht der →Europäischen Union (EU) angehörenden Staaten können Deckungen unter bestimmten Voraussetzungen gewährt werden. Das Kursrisiko wird für den nach Ablauf einer Vorlaufzeit von zwei Jahren beginnenden Zeitraum übernommen. Während der Vorlaufzeit, für die kein Entgelt erhoben wird, trägt der Exporteur das Kursrisiko selbst; es bleibt ihm überlassen, das Kursrisiko anderweitig, z. B. auf dem →Devisenterminmarkt (→Devisentermingeschäft) abzusichern. Der Garantie- bzw. Bürgschaftsnehmer ist grundsätzlich verpflichtet, Kursgewinne an den Bund abzuführen.

### Wechsellombard
→Lombardkredit der →Deutschen Bundesbank im Rahmen ihrer Lombardpolitik (→Lombardpolitik der Deutschen Bundesbank).

### Wechselmahnbescheid
Besondere Form des →Mahnbescheids zur Durchsetzung von →Ansprüchen aus einem →Wechsel, der im gerichtlichen →Mahnverfahren ausgestellt wird und ausdrücklich als W. gekennzeichnet werden muß (§ 703 a ZPO).
Ähnlich wie im →Wechselprozeß kann der →Schuldner in der Form widersprechen, daß er einen Antrag stellt, ihm die Ausführung seiner Rechte vorzubehalten. Dann ist der →Vollstreckungsbescheid unter diesem Vorbehalt zu erlassen (§ 703 a Abs. 2 Nr. 4 ZPO). Bis der →Gläubiger seinen →Vollstreckungstitel in der Form des Vollstreckungsbescheids erhält, vergehen unter Berücksichtigung der →Zustellung und Widerspruchsfrist drei bis vier Wochen, so daß dieses Verfahren gegenüber dem Wechselprozeß keine fühlbaren zeitlichen Vorteile bringt. Es ist daher in der Praxis ungebräuchlich.

### Wechselpensionsgeschäfte
→Pensionsgeschäfte der →Deutschen Bundesbank (Offenmarktgeschäfte mit Rückkaufsvereinbarung) im Rahmen der →Feinsteuerung am Geldmarkt, wobei der Wechselankauf nicht auf die →Rediskont-Kontingente angerechnet wird. Der mögliche Umfang solcher Geschäfte ist begrenzt, da die →Kreditinstitute i. d. R. nicht über allzu hohe freie Bestände an →bundesbankfähigen Wechseln verfügen.

### Wechselprolongation
Verlängerung der Wechsellaufzeit durch Ausstellung und Akzeptierung eines neuen →Wechsels, wodurch der →Aussteller dem →Bezogenen einen weiteren Zahlungsaufschub gewährt.
Befindet sich der ursprüngliche Wechsel noch im →Besitz des Ausstellers, so händigt er ihn nach Erhalt des neuen →Akzepts dem Bezogenen aus. Hat er ihn weitergegeben, stellt er dem Bezogenen den zur Einlösung des alten Akzepts erforderlichen Betrag zur Verfügung. Alle durch die →Prolongation entstehenden →Kosten trägt der Bezogene. Zu dieser erneuten Kreditgewährung kann der Aussteller bereit sein, wenn es sich nur um die Überbrückung vorübergehender Zahlungsschwierigkeiten des Bezogenen handelt. Protest (→Wechselprotest) und Rückgriff (→Wechselrückgriff) beeinträchtigen nicht nur die →Kreditwürdigkeit des Bezogenen, sondern schaden auch dem Ansehen des Ausstellers.

### Wechselprotest
Formelle Voraussetzung für einen Rückgriff aus einem →Wechsel für den Fall der Annahmeverweigerung (Ausnahme: →Solawechsel), der Nichtzahlung oder der Zahlungsunsicherheit (im Falle der Zahlungseinstellung oder fruchtlosen →Zwangsvollstreckung) (Art. 44 Abs. 1, 5 WG), sofern der →Aussteller nicht auf die Protesterhebung verzichtet hat (Art. 46 WG; →Wechselrückgriff). Dabei ist erforderlich, daß der Rückgriffgrund von dem Protestbeamten (Art. 79 WG; Notar oder Gerichtsvollzieher) in einer öffentlichen →Urkunde ordnungsgemäß nach Maßgabe von Art. 80 WG dokumentiert wird.
Die Durchführung des Protestes, insbes. die Beachtung der gesetzlichen Protestfristen, knüpfen an die Vorlegung zur Zahlung an (Art. 44 Abs. 2, 3 WG; →Wechseleinlösung). Protest wegen Nichtzahlung kann demnach an einem der beiden auf den Verfalltag folgenden Werktage erhoben werden. Fällt der letzte Tag dieser Frist auf einen Sonnabend, Sonntag oder sonstigen gesetzlichen Feiertag, verlängert sich die Frist bis zum nächsten Werktag (Art. 72 Abs. 2 WG). Werden diese Fristen nicht beachtet, verliert der Inhaber seine Rückgriffsrechte (Art. 53

**Wechselprozeß**

WG). Protestiert werden muß, auch wenn der → Bezogene oder die genannte Zahlstelle nicht anzutreffen ist (→ Wandprotest) oder die Geschäftsräume bzw. die Wohnung sich nicht haben ermitteln lassen (→ Windprotest). Der Wandprotest ist in der Praxis nicht selten, weil der Protest gemäß Art. 86 WG von 9.00 Uhr vormittags bis 18.00 Uhr abends erhoben werden soll. Auch ein → Kreditinstitut als Zahlstelle eines Wechsels hat Protest erheben zu lassen, wenn es Inhaber eines Wechels ist (Deklarationsprotest).
(→ Wechselrückgriff, → Wechselabkommen).

**Wechselprozeß**
Sonderform des → Urkundenprozesses zur Durchsetzung von → Ansprüchen aus einem → Wechsel, der durch einen besonderen → Gerichtsstand, kurze Einlassungsfristen, begrenzte Beweismittel, beschränkte → Einreden des Beklagten und sofortige Vollstreckbarkeit des Urteils gekennzeichnet ist (§§ 602 ff. ZPO). Damit kann sich der Wechselberechtigte sehr schnell einen → Vollstreckungstitel verschaffen.

*Besonderer Gerichtsstand*: Wechselklagen können sowohl beim Gericht des Zahlungsortes als auch bei dem Gericht eingereicht werden, bei dem der Beklagte seinen Wohnsitz oder seine geschäftliche Niederlassung hat (§ 603 Abs. 1 ZPO).

*Kurze Einlassungsfristen*: Fristen zwischen → Zustellung der Klageschrift und dem Termin der mündlichen Verhandlung, die sehr kurz festgesetzt werden können. Sie betragen mindestens 24 Stunden, wenn der Beklagte am Gerichtsort seinen Wohn- oder Geschäftssitz hat, drei Tage, wenn der Beklagte an einem anderen Ort innerhalb des Gerichtsbezirks ansässig ist, und sieben Tage, wenn der Beklagte an einem anderen inländischen Ort wohnt (§ 604 Abs. 2 ZPO). Wechselklagen werden auch als Feriensachen während der Gerichtsferien verhandelt. Infolge der kurzen Terminanberaumung, i. d. R. 14 Tage nach Klageeinreichung, erreicht der → Gläubiger nach etwa vier Wochen ein Urteil.

*Begrenzte Beweismittel*: Zulässig sind nur die sogenannten liquiden Beweismittel, d. h. → Urkunden (Wechselurkunde, Protesturkunde und Rückrechnung) sowie Antrag auf Parteivernehmung. Auf letztere wird nur zurückgegriffen, wenn nicht klar ist, ob der Wechsel zur Zahlung oder zur Annahme vorgelegt wurde (→ Wechseleinlösung).

*Beschränkte Einwendungen*: Gegenrechte des Beklagten sind wegen der Abstraktheit der Wechselforderung ohnehin nur begrenzt möglich (z. B. urkundliche Einwendungen, wie etwa Formmangel, Fristversäumung und → Verjährung; Gültigkeitseinwendungen, wie Fälschung der Unterschrift) und können wegen der Begrenztheit der Beweismittel meist nur in einem anschließenden ordentlichen → Zivilprozeß durchgesetzt werden. Persönliche Einwendungen (Gegenrechte, die sich aus den rein persönlichen unmittelbaren Beziehungen des → Schuldners zum → Aussteller oder zu früheren Wechselgläubigern ergeben) sind praktisch immer gegenüber dem Wechselinhaber, dem diese Verhältnisse völlig fremd sind, ausgeschlossen; denn dieser kann sich nur ausnahmsweise dann nicht auf den Einwendungsausschluß berufen, wenn er bei Erwerb des Wechsels bewußt zum Nachteil des Schuldners gehandelt hat (Art. 17 WG). Als persönliche Einwendungen gelten solche aus dem zugrunde liegenden Kausalgeschäft, die ohnehin wegen der Abstraktheit der Wechselforderung sich auf den Wechselanspruch nicht auswirken, sowie die nicht aus dem Wechsel ersichtlichen Abreden zwischen dem Schuldner und einem früheren Wechselgläubiger. Sofortige Vollstreckbarkeit des Urteils: Das Urteil im W. ist auch ohne → Sicherheitsleistung durch den Gläubiger von Amts wegen sofort für vorläufig vollstreckbar (→ vorläufige Vollstreckbarkeit) zu erklären. Hat der Beklagte im W. nicht beweisbare Einwendungen erhoben, ergeht ein Vorbehaltsurteil (§ 599 ZPO), an das sich auch ohne neue Klage ein Nachverfahren in Form eines ordentlichen Zivilprozesses anschließt (§ 600 ZPO).

**Wechselrechtsfähigkeit**, → Wechselfähigkeit.

**Wechselrückgabe (nach dem Wechselabkommen)**
Rückgabe nicht eingelöster und zurückgerufener → Wechsel, die nach den Vorschriften des Abschnitts IV und der Anlage 1 des → Wechselabkommens durchzuführen ist. Wechsel, die nicht eingelöst oder zurückgerufen werden, sind von dem → Kreditinstitut, bei dem sie sich befinden, unter Beifü-

gung einer Ausfertigung der Rückrechnung für Wechsel mit folgenden Fristen an die →erste Inkassostelle zurückzusenden: (1) protestierte Wechsel mit ordnungsgemäßer Protesturkunde spätestens am ersten Geschäftstag nach Erhalt vom Protestbeamten; (2) nicht protestierte Wechsel spätestens am ersten Geschäftstag nach Ablauf der Frist für die Vorlegung zur Zahlung; (3) zurückgerufene Wechsel unverzüglich nach Eingang des Rückrufs. Die erste Inkassostelle ist verpflichtet, nicht eingelöste Wechsel zurückzunehmen, gleichgültig, auf welchem Wege sie vorgelegt worden sind. Zurückgenommene Wechsel (ausgenommen zurückgerufene Wechsel) dürfen nicht erneut zum Einzug gebracht werden. Eine erneute unmittelbare Vorlage zur Einlösung ist jedoch möglich. Die Notanzeige an den Aussteller gemäß § 45 Wechselgesetz ist von der →letzten Inkassostelle im Namen der ersten Inkassostelle abzugeben. Außerdem ist die letzte Inkassostelle über die Nichteinlösung unverzüglich zu benachrichtigen, damit diese ihre Verpflichtungen zur Benachrichtigung ihres unmittelbaren Vormannes nachkommen kann. Wechsel, die im →Abrechnungsverkehr der Deutschen Bundesbank oder von Stellen der →Deutschen Bundesbank unmittelbar vorgelegt werden, sind im Falle der Nichtbezahlung auf demselben Weg zurückzugeben.

### Wechselrückgriff

Inanspruchnahme der ersatzweise haftenden Vorgänger als Regreßschuldner durch den letzten Wechselinhaber aus einem notleidenden →Wechsel auf Zahlung der regelmäßig über dem Wechselbetrag liegenden Regreßsumme (Art. 48 WG). (1) Der →Bezogene löst den Wechsel bei Verfall nicht ein (Art. 43 Abs. 1 WG). (2) Der Bezogene verweigert schon vor Verfall die Annahme ganz oder teilweise (Art. 43 Abs. 2 Nr. 1 WG). (3) Die Zahlung des Wechsels durch den Bezogenen wird unsicher, weil der Bezogene in →Konkurs oder →Vergleich geraten ist, seine Zahlungen eingestellt hat oder eine →Zwangsvollstreckung gegen ihn erfolglos geblieben ist (Art. 43 Abs. 2 Nr. 2 WG).

*Wechselprotest*: Wegen der schwerwiegenden Bedeutung für die →Kreditwürdigkeit der Beteiligten muß der Regreßgrund eindeutig formell in Form einer Protesturkunde nachgewiesen werden (→Wechselprotest), sofern nicht der Vorgang bereits (wie im Falle des Vergleichs oder Konkurses) durch eine andere öffentliche →Urkunde in Form des gerichtlichen Eröffnungsbeschlusses dokumentiert wird (Art. 44 WG). Ansonsten kann generell von einer Protesterhebung nur dann abgesehen werden, wenn der Aussteller durch eine →Protesterlaßklausel darauf verzichtet hat, um die damit verbundenen →Kosten zu sparen (Art. 46 WG). Wird der Protest nicht form- und fristgerecht erhoben, so geht der Inhaber seiner Rückgriffsrechte verlustig (Art. 43 Abs. 1 WG).

*Durchführung des Rückgriffs*: Der Wechselgläubiger kann als Rückgriffsschuldner sämtliche Vorgänger (vom →Aussteller bis zum letzten →Indossanten) sowie etwaige Wechselbürgen (→Wechselbürgschaft) als →Gesamtschuldner in Anspruch nehmen, sofern diese nicht zulässigerweise ihre Haftung ausgeschlossen haben (→Wechsel, Ausstellung; →Indossament). Normalerweise wird sich der Wechselgläubiger an den ihm bekannten Vorgänger halten (Reihenregreß). Er kann sich aber auch aus der Indossamentenkette einen anderen zahlungskräftigen Indossanten herausgreifen (Art. 47 Abs. 2 WG, →Sprungregreß) oder von einem zunächst in Anspruch genommenen auf einen anderen übergehen (Art. 47 Abs. 4 WG). Damit sich alle Regreßpflichtigen auf den bevorstehenden Rückgriff rechtzeitig einrichten können, ist der letzte Wechselinhaber verpflichtet, seinen unmittelbaren Vorgänger und den Aussteller binnen vier Werktagen von der Nichtzahlung bzw. Annahmeverweigerung nach der Vorlegung zu unterrichten. Jeder Indossant ist seinerseits verpflichtet, seinen unmittelbaren Vormann innerhalb von zwei Werktagen nach Empfang der Benachrichtigung zu informieren (Art. 45 WG). Versäumt einer der Beteiligten die rechtzeitige Benachrichtigung, so haftet er für einen durch seine Nachlässigkeit entstandenen Schaden bis zur Höhe der Wechselsumme (Art. 45 Abs. 6 WG). Der in Anspruch genommene Regreßschuldner hat an den Inhaber die Rückgriffssumme zu zahlen, die sich zusammensetzt aus dem Wechselbetrag nebst →Zinsen und Kosten sowie einer Vergütung von maximal 1/3 Prozent der Wechselsumme (Art. 48 WG). Auch ohne Inanspruchnahme durch den →Gläubiger kann jeder Wechselverpflichtete den Wechsel einlösen (Art. 50 WG). I. d. R. wird der Aussteller von seinem Einlösungsrecht Gebrauch machen, da die →Ansprüche oh-

**Wechselrückruf**

nehin an ihn als letzten Regreßschuldner gerichtet werden. Der Erstrückgriffsanspruch verjährt in einem Jahr vom Tag des rechtzeitig erhobenen Protestes, im Falle des Protestverzichts vom Verfalltage an (Art. 70 Abs. 2 WG).

*Einlösungsrückgriff*: Jeder frühere Wechselgläubiger, der das Papier eingelöst hat, erwirbt das →Eigentum an der Wechselurkunde (Art. 50 WG) und rückt zugleich in seine alte Gläubigerstellung ein. Folglich erwirbt er auch wieder seine früheren Regreßansprüche (Art. 47 Abs. 3 WG), so daß er nunmehr seinerseits gegen seine Vormänner einen Einlösungsrückgriff nehmen kann, wobei die Regreßsumme um die neu hinzutretenden Zinsen, Kosten und eine weitere →Provision anwächst (Art. 49 WG). Der Einlösungsrückgriffsanspruch verjährt gemäß Art. 70 Abs. 3 WG in sechs Monaten von dem Tag an, an dem der Wechsel von dem Anspruch Erhebenden eingelöst oder ihm gegenüber gerichtlich geltend gemacht wurde (→Wechselprozeß, →Wechselmahnbescheid).

**Wechselrückruf,** →Wechselabkommen.

**Wechsel-Scheck-Verfahren,** →umgedrehter Wechsel.

**Wechselsteuer**
→Steuer, die nach dem Wechselsteuergesetz bis zum 31. 12. 1991 für jeden im Inland in Umlauf gebrachten →Wechsel erhoben wurde.

**Wechselstrenge**
Grundsatz im Wechselrecht, wodurch der →Wechsel als förmliches →Wertpapier seine besondere Verkehrssicherheit und Umlauffähigkeit erhält. Aufgrund der W. kann eine Wechselforderung schnell und sicher durchgesetzt werden.
*Arten*: (1) *Formelle W.*: Die Formvorschriften (→Wechsel, Ausstellung) und die Fristenregelungen für die Vorlegung (→Wechsel, Annahme; →Wechseleinlösung, →Wechselrückgriff) sind zur Vermeidung von Nachteilen strikt zu beachten.
(2) *Materielle W.*: Werden die formellen Erfordernisse eingehalten, genießt der Wechselgläubiger die besondere Vorzugsstellung, daß alle Personen, die vor ihm das Papier unterzeichnet haben, grundsätzlich nach Maßgabe des Urkundentextes haften. Der Wechselgläubiger kann im Falle der Nichtleistung seine →Ansprüche besonders schnell und sicher im →Wechselprozeß oder im Wechselmahnverfahren (→Wechselmahnbescheid) durchsetzen.

**Wechsel, Übertragung**
Als verkehrsfähiges →Wertpapier ist der →Wechsel zum Umlauf bestimmt und kann daher jederzeit vom Wechselgläubiger übertragen werden.

*Form*: Wegen seiner Rechtsnatur als geborenes →Orderpapier erfolgt die Übertragung durch →Indossament (Art. 11 Abs. 1 WG), das alle Rechte aus dem Wechsel auf den →Indossatar überleitet (Art. 14 WG). Lediglich beim →Rektawechsel hat der Aussteller diese Übertragungsform ausgeschlossen.

*Gründe*: Normalerweise zielt die Übertragung auf die Verschaffung der Gläubigerposition ab, d. h. daß sämtliche Wechselrechte auf den Indossatar übergehen sollen; Weitergabe (erfüllungshalber) an einen →Gläubiger, Verkauf an ein →Kreditinstitut (→Wechsel, Diskontierung). Nicht selten wird aber der Wechsel an eine →Bank lediglich zum Zwecke des Einzugs übergeben, wobei nach gewöhnlicher Praxis dem Kreditinstitut die →Einziehungsermächtigung ebenfalls in Form eines normalen →Indossaments erteilt wird (→Wechselinkasso).

**Wechsel- und Scheckreiterei**
Planmäßiger gegenseitiger Austausch von →Wechseln und →Schecks zwischen →Personen, ohne daß den Papieren Warenumsatzgeschäfte zugrunde liegen, um sich durch die Diskontierung der Wechsel (→Wechsel, Diskontierung) →Liquidität zu verschaffen. Derartige Transaktionen sind unter kreditunwürdigen Personen gemäß § 138 Abs. 1 BGB wegen Mißbrauchs der Einrichtung des Wechsels und der gemeinschaftsschädigenden Wirkungen nichtig, wobei sich die →Sittenwidrigkeit, aber der Vorwurf gerade in der Begebung der →Urkunde liegt, auch auf den einzelnen Begebungsvertrag erstreckt und damit ebenfalls zur Nichtigkeit der Wechsel- bzw. Scheckverpflichtung führt. Gegenüber einem gutgläubigen Inhaber wird diese Gültigkeitseinwendung abgeschnitten. Eine sittenwidrige W.- u. S. liegt auch dann nicht vor, wenn der Wechselnehmer dem Akzeptanten für

den Wechsel einen gedeckten und sofort fälligen Scheck hingibt.

### Weichwährung
→ Währung eines Landes, die nicht konvertibel (→ Konvertibilität) ist und/oder aufgrund der → Wirtschaftspolitik des betreffenden Landes wenig Vertrauen genießt bzw. u. U. abwertungsverdächtig ist (→ Abwertung).

### Weichwährungsland
Land, dessen → Währung international weniger wertbeständig ist, was zumeist auf relativ hohe Preissteigerungsraten zurückzuführen ist. Diese Länder müssen ihre Währungen oft durch staatliche Eingriffe abschirmen. Da Besitzer von weichen Währungen den Umtausch in harte Währungen anstreben, besteht ein ständiger Abwertungsdruck für weiche Währungen. Oft soll durch Maßnahmen der → Devisenbewirtschaftung die weiche Währung knappgehalten werden.
*Gegensatz:* → Hartwährungsland.

### Weiterbildung
Berufliche Fortbildung, Aufgabe der → Personalentwicklung.

### Weiterbildung in der Deutschen Bundesbank, → berufsbegleitende Weiterbildungsmöglichkeiten, Deutsche Bundesbank.

### Weiterbildung in Genossenschaftsbanken, → berufsbegleitende Weiterbildungsmöglichkeiten, Genossenschaftsbanken.

### Weiterbildung in Kreditbanken, → berufsbegleitende Weiterbildungsmöglichkeiten, Kreditbanken.

### Weiterbildung in Sparkassen, → berufsbegleitende Weiterbildungsmöglichkeiten, Sparkassen.

### Weiterbildungseinrichtungen, → Bankakademie, → Hochschule für Bankwirtschaft, → Vereinigung für Bankberufsbildung, → Deutsche Sparkassenakademie, → Lehrinstitut für das kommunale Sparkassen- und Kreditwesen, → Akademie Deutscher Genossenschaften e. V., → Fachhochschule der Deutschen Bundesbank.

### Weitergeleiteter Eigentumsvorbehalt
→ Eigentumsvorbehalt des Verkäufers, der von dem Käufer gegenüber seinen Kunden offengelegt wird.

### Weitergeleiteter Kredit
→ Investitionskredit aus i. d. R. zinsgünstigen zweckgebundenen fremden Mitteln, der über ein zwischengeschaltetes → Kreditinstitut (→ Hausbank) an den Endkreditnehmer geleitet wird. Wird der → Kredit mit vollem oder teilweisem → Kreditrisiko der Hausbank dem Endkreditnehmer zur Verfügung gestellt, heißt er → durchgeleiteter Kredit (auch Durchleitungskredit bzw. Weiterleitungskredit). Wird der Kredit ohne Übernahme eines Kreditrisikos von der Hausbank dem Endkreditnehmer zur Verfügung gestellt, ist es ein → Treuhandkredit, der die Bezeichnung → durchlaufender Kredit (Kreditgewährung im eigenen Namen) oder → Verwaltungskredit (Kreditgewährung im fremden Namen) trägt.

### Weiterleitungskredit, → durchgeleiteter Kredit.

### Weiterverpfändung, → Drittverpfändung.

### Weltabschluß
→ Konzernabschluß, in den die → Tochterunternehmen mit Sitz im Ausland eingeschlossen sind.

### Weltaktienindices, → Internationale Aktienindizes.

### Weltbank
*International Bank for Reconstruction and Development* (IBRD); 1945 aufgrund eines (im Rahmen der internationalen Währungs- und Finanzkonferenz von Bretton Woods [→ Bretton-Woods-Abkommen] ausgearbeiteten) Übereinkommens errichtete → Internationale Organisation, die ihre Tätigkeit im Juni 1946 begann, mit Sitz in Washington, D.C. Die W. ist eine rechtlich selbständige Sonderorganisation der Vereinten Nationen (→ UNO). Ihr gehören über 150 Staaten an, darunter seit 1952 auch die BRD. Voraussetzung für die Mitgliedschaft ist die Zugehörigkeit zum → Internationalen Währungsfonds (IWF). Das Stimmrecht in den Hauptorganen (Gouverneursrat, Exekutivdirektorium) ergibt sich aus der Kombination einer bei allen Ländern identischen Mindeststimmzahl mit einem von der Höhe des Kapitalanteils abhängenden Zuschlag.
*Hauptaufgabe* der W. war zunächst die Unterstützung des Wiederaufbaus (Europas) nach dem Zweiten Weltkrieg; seit den fünfziger Jahren widmet sie sich vorrangig der

## Weltbank

Förderung des wirtschaftlichen Fortschritts in den Mitgliedstaaten, insbes. den →Entwicklungsländern. Eine räumliche Erweiterung brachte der Umbruch in Osteuropa, wobei wie auch in anderen Erdteilen eine Zusammenarbeit mit der jeweiligen regionalen →Entwicklungsbank, hier der Europäischen Bank für Wiederaufbau und Entwicklung, stattfindet (→Internationale Entwicklungsbanken mit regionalem Tätigkeitsbereich). Die W. vergibt →Darlehen nur für Vorhaben, die wirtschaftlich und technisch unbedenklich sind und einen hohen Stellenwert für die Entwicklung des Kreditnehmerlandes einnehmen. Die W. konzentriert sich zunehmend auf Projektberatung und auf technische Hilfe für Entwicklungsländer, wobei die Mittel zur →Finanzierung ihrer Aufgaben vor allem durch Ausgabe von →Schuldverschreibungen an den →internationalen Kapitalmärkten beschafft werden. Hinzu kommen Darlehensrückzahlungen und der →Gewinn.

*Darlehen* werden i. d. R. an Regierungen gewährt; für andere →Schuldner ist eine staatliche →Garantie erforderlich. Meist wird nur der in →Devisen anfallende Investitionsbedarf finanziert. Die →Laufzeit der Darlehen richtet sich nach Art des zu finanzierenden Projekts und des Schuldnerlandes; sie beträgt i. a. 12–15 Jahre bei drei bis fünf Freijahren. Der →variable Zinssatz richtet sich nach den Kapitalbeschaffungskosten (plus einem Zuschlag). Für zugesagte, aber noch nicht ausgezahlte Darlehen wird eine Bereitstellungsgebühr von 0,25 Prozent erhoben. Die →Tilgung muß in konvertibler Währung (→Konvertibilität) erfolgen.

*Schwerpunkte der Weltbankkredite* liegen in den Sektoren Strom- und Energieversorgung, Landwirtschaft und ländliche Entwicklung, Verkehrswesen und andere Infrastruktur. Die W. ist zudem zur zentralen Koordinierungseinrichtung für die →Entwicklungshilfe der Industriestaaten und anderer internationaler Organisationen geworden. Ein besonders enger Verbund besteht mit der →Internationalen Entwicklungsorganisation (IDA) und der →Internationalen Finanz-Corporation (IFC) sowie den weiteren Organisationen der →Weltbankgruppe.

Zwischen der W. und dem IWF bestand ursprünglich eine grundlegende *Aufgabenteilung:* Der IWF hatte eine monetär orientierte Funktion und gewährte vornehmlich kurzfristige Zahlungsbilanzhilfen. Die W. hatte die Aufgabe der langfristigen Entwicklungsfinanzierung. Seit 1980 weicht die Weltbank vom Prinzip ab, →Kredite nur für bestimmte Investitionsvorhaben (→Projektfinanzierung) zu vergeben, indem sie Entwicklungsländern auch Strukturanpassungsdarlehen gewährt. Mit Programmkrediten sollen sektorale Umstrukturierungen sowie wirtschaftliche und soziale Reformen finanziert werden: Ziel ist die Förderung der Anpassung an veränderte weltwirtschaftliche Rahmenbedingungen (Programmfinanzierung). Mit der Ausweitung der Projektfinanzierung zur Programmfinanzierung sind bestimmte wirtschaftspolitische →Auflagen für die Entwicklungsländer verbunden. Andererseits sind neugeschaffene →Fazilitäten des IWF längerfristig orientiert bzw. beinhalten auch eine gewisse Lockerung der bisherigen strikten →Konditionalität. Zur Lösung struktureller Zahlungsbilanzprobleme der ärmeren Entwicklungsländer ist 1987 die Erweiterte Strukturanpassungsfazilität des IWF (SAF) mit einem deutlich abgeschwächten Grad an Konditionalität eingerichtet worden (ähnlich Compensatory and Contingency Financing Facility [CCFF]). Die Annäherung in der Kreditgewährungspolitik und damit die Zusammenarbeit der W. mit dem IWF wurde wegen der zunehmend höheren Verschuldung der Entwicklungsländer (→Auslandsverschuldung) und zur Durchführung von Kofinanzierungen (Verknüpfung von Krediten der →Geschäftsbanken mit Weltbankkrediten) notwendig. Viele der verschuldeten Entwicklungsländer können längerfristige Kredite von Banken nur erhalten, wenn zugleich Finanzierungszusagen von W. und IWF vorliegen. Nur die W. und der IWF können mit den Schuldnerländern verbindliche wirtschaftspolitische Reformprogramme vereinbaren, ohne die die Wirtschaft der Entwicklungsländer nicht gesunden kann und ohne deren Einhaltung das →Kreditrisiko für die Banken nicht tragbar ist.

Im Rahmen der *Kooperation von W. und Geschäftsbanken* bestehen folgende Möglichkeiten: (1) Die W. finanziert die Laufzeit eines von Geschäftsbanken über die marktübliche Dauer hinaus gewährten Kredits. Die Tilgungszahlungen gehen zunächst an die Geschäftsbanken. Erst wenn deren Kreditanteil zurückgezahlt ist, wird das Weltbankdarlehen getilgt. (2) Die W. garantiert die →Rückzahlung des Teils von Krediten, die die marktübliche Laufzeit überschreiten.

(3) Die W. übernimmt eine eventuell verbleibende Restschuld nach → Tilgung mit gleichbleibenden → Annuitäten. Eine Restschuld bleibt, wenn der (variable) Zins während der Laufzeit des Kredits steigt und dementsprechend der in der Annuität enthaltene Tilgungsbetrag sinkt. Ein wichtiger Vorteil dieser Variante für den Kreditnehmer liegt in dem festen Zahlungsplan. Kofinanzierungen können für Entwicklungsländer und Geschäftsbanken aus verschiedenen Gründen interessant sein. Die Kredite fließen in ein von der W. analysiertes und begleitetes Vorhaben. Die zweckgerichtete Verwendung wird von der W. überprüft.

**Weltbankgruppe**
Sammelbezeichnung für eng verbundene internationale Finanzinstitutionen: die Internationale Bank für Wiederaufbau und Entwicklung (IBRD), auch → Weltbank genannt (gegründet 1945), die → Internationale Finanz-Corporation (IFC) (gegründet 1956) und die → Internationale Entwicklungsorganisation (IDA) (gegründet 1960). Weiter gehören hierzu das Internationale Zentrum zur Beilegung von Investitionsstreitigkeiten (ICSID) und die → Multilaterale Investitions-Garantie-Agentur (MIGA), die 1966 bzw. 1985 zur Förderung von → Investitionen zum Schutz vor politischen Risiken im Gastland gegründet wurden.
Auch den Finanzinstitutionen obliegt die Förderung von Investitionen in → Entwicklungsländern, durch Bereitstellen von Finanzmitteln und technischer Hilfe sowie als Katalysator für die Unterstützung durch dritte Kapitalgeber. Dabei haben in jüngerer Zeit für Weltbank und IDA Planung, Finanzierung und Durchführung von Anpassungsprogrammen an Bedeutung gewonnen, die nicht auf einzelne Projekte, sondern auf Wirtschaftssektoren oder die gesamte Volkswirtschaft bezogen sind. Ihren Zielen dienen die drei Finanzinstitutionen durch unterschiedliche Instrumente bei Kreditbeschaffung und Mittelvergabe.
Für die nötige Verflechtung bei der Aufgabenerfüllung wird in der Organisationsstruktur der Institutionen durch einen gemeinsamen Präsidenten und ein einziges Exekutivdirektorium aus 22 Personen gesorgt. Weltbank und IDA haben zudem einen gemeinsamen Personalunterbau, während IFC und MIGA eine weniger enge Verknüpfung zur Weltbank aufweisen, einen eigenen Mitarbeiterstab und einen eigenen geschäftsführenden Vizepräsidenten haben.
Anteilseigner der Institutionen der Weltbankgruppe, die je ein Regierungsmitglied und einen Stellvertreter in den Gouverneursrat entsenden, sind die – bei der IBRD – über 150 Mitgliedstaaten (Industrie- und Entwicklungsländer), die zugleich Mitglieder des → Internationalen Währungsfonds (IWF) sein müssen. Die höchste → Quote halten die USA, gefolgt von Japan, der BRD, Großbritannien und Frankreich. Am → Grundkapital der Institutionen der W. werden die Mitgliedstaaten nach einem Schlüssel beteiligt, der in etwa die jeweilige Wirtschaftskraft widerspiegelt und bei IBRD wie IFC periodisch an das steigende Ausleihvolumen angepaßt wird. Von dem → gezeichneten Kapital muß nur ein Teil eingezahlt werden, nämlich 2 Prozent in Gold oder US-Dollar sowje 18 Prozent in Landeswährung, die verbleibenden 80 Prozent sind Haftungskapital, das zur Sicherung der Darlehensgeber dient.
Die Weltbank refinanziert sich für ihre Kreditvergabe vornehmlich weltweit an den großen → Kapitalmärkten durch öffentliche → Emissionen. Zunehmend an Bedeutung gewinnen die Rückflüsse aus früher gewährten → Darlehen. Auch werden mit → Zentralbanken und institutionellen Anlegern → Privatplazierungen getätigt. Um die Voraussetzungen für den Ressourcentransfer aus anderen Quellen zu verbessern, arbeitet die Weltbank mit anderen öffentlichen Stellen oder Privaten (→ Geschäftsbanken) im Rahmen von Kofinanzierungen zusammen. Darlehen der IBRD zur Finanzierung einzelner Projekte, aber auch für Programme werden zu Marktkonditionen direkt an Regierungen gegeben oder müssen von ihnen garantiert sein. Ihre Ausleihetätigkeit läßt sich gliedern in: spezifische Investitionsdarlehen, Sektorinvestitions- und Instandhaltungs-, Durchleitungs- und Sektoranpassungsdarlehen, Strukturanpassungsdarlehen sowie Darlehen für technische Hilfe. Die Weltbank muß sich stets vergewissern, daß die Wirtschaftlichkeit der ausgewählten Projekte oder Programme nach mikro- und makroökonomischen Kriterien gegeben ist und das antragstellende Land zur → Rückzahlung fähig sein wird. Die von ihr erhobenen → Zinsen richten sich nach den durchschnittlichen Beschaffungskosten auf den Kapitalmärkten; für zugesagte, aber noch nicht ausgezahlte Darlehen wird eine Bereitstellungsgebühr erhoben. Die → Lauf-

1673

zeit richtet sich nach Art des zu finanzierenden Projekts und des Schuldnerlandes. Sie beträgt im allgemeinen 12 bis 15 Jahre bei drei bis fünf Freijahren.

Die Internationale Finanz-Corporation fördert die privatwirtschaftliche Initiative in Entwicklungsländern. Dazu setzt sie nicht nur finanzielle Mittel ein, sondern wird auch unternehmensberatend tätig. Sie nimmt keine Regierungsgarantien in Anspruch. Ihre Rolle als Förderer volkswirtschaftlich vernünftiger Investitionen (Produktivitätserhöhung von Arbeit und Kapital und/oder höhere Deviseneinnahmen bzw. -ersparnisse) besteht darin, privates und auch anderes öffentliches → Kapital durch Minderheitsbeteiligungen zu mobilisieren. Die IFC setzt ihre Mittel möglichst auf revolvierender Basis ein, indem sie ihre Anteile an private Kapitalgeber weiterveräußert, wenn ihre Unterstützung nicht mehr erforderlich ist.

Der Auftrag der Internationalen Entwicklungsorganisation besteht darin, vor allem den ärmsten Entwicklungsländern Mittel zu Vorzugsbedingungen bereitzustellen. Dieser Zielsetzung entsprechend sind die Kredite der IDA unverzinslich, sie haben längere Laufzeiten und mehr tilgungsfreie Jahre als bei der Weltbank. Andererseits müssen die eigenen Mittel der IDA immer wieder durch die Mitgliedstaaten aufgefüllt werden.

### Welthandelsorganisation

*World Trade Organisation* (WTO); als Ergebnis der → Uruguay-Runde vereinbarte, Anfang 1995 errichtete → Internationale Organisation, die im Hinblick auf Handel und handelsbezogene Fragen ergänzend zur Tätigkeit des → Internationalen Währungsfonds und der → Weltbank wirken soll. Im „gemeinsamen institutionellen Rahmen" dieser Einrichtung soll einmal das → Allgemeine Zoll- und Handelsabkommen (GATT) in neuer Fassung (1994) fortgelten; daneben werden die neugeregelten Bereiche des Handels in Dienstleistungen (→ Allgemeines Abkommen über den Dienstleistungsverkehr [GATS]) sowie des handelsbezogenen Schutzes geistigen Eigentums umfaßt.

→ *Organe* der W. sind: eine Ministerversammlung, die mindestens alle zwei Jahre zusammentritt, ein Allgemeiner Rat aus Vertretern der Mitgliedstaaten, der in der Zwischenzeit die Aufgaben der Mitgliederversammlung wahrnimmt, zur Beilegung von Streitigkeiten tätig wird und die Handelspolitik der Mitglieder überwacht („trade policy review mechanism"). Ihm unterstehen drei Räte für die einzelnen Bereiche der W. (→ Waren, Dienstleistungen, geistiges Eigentum). Diese sind mit der Kontrolle des Funktionierens der je einschlägigen Abkommen beauftragt und können bei Bedarf auch Hilfsorgane errichten. Sache der Ministerversammlung ist es hingegen, Ausschüsse für Handel und Entwicklung, für Beschränkungen aus Zahlungsbilanzgründen sowie für Haushalt, Finanzen und Verwaltung einzurichten.

### Weltwährungsordnung, → Internationale Währungsordnung.

### Weltwährungsreserven

Bezeichnung für die Brutto-→ Währungsreserven aller IWF-Mitgliedsländer (→ Internationaler Währungsfonds) zuzüglich Schweiz und Taiwan. Bestandteile der W. sind Gold, → Sonderziehungsrechte, IWF-Reservepositionen, Guthaben in offiziellen ECU (→ Europäische Währungseinheit) sowie → Devisen, wozu in dieser Berechnung (entsprechend ihrem Anteil an den W.) US-Dollar, Deutsche Mark, Yen, Pfund Sterling, Schweizer Franken, Französische Francs und Holländische Gulden gerechnet werden.

### Weltwirtschaft

Außenwirtschaftliche Verflechtung zwischen den Staaten der Erde durch → Außenhandel, unentgeltliche Leistungen, grenzüberschreitende Faktorbewegungen und Finanztransaktionen. Die rasche Entwicklung der Industrialisierung im 19. Jahrhundert mit der Entwicklung neuer Transporttechnologien (Eisenbahn, Dampfschiff) führte zur Herausbildung der modernen Weltwirtschaft. Wesentliche Ordnungsprinzipien waren die Idee des → Freihandels und der → Goldstandard. Trotz eines gewissen Erstarkens des → Protektionismus gegen Ende des 19. Jahrhunderts war letztlich erst die Zwischenkriegszeit durch Rückbildung der internationalen Arbeitsteilung und durch Desintegration (→ Integration) gekennzeichnet. Nach dem Zweiten Weltkrieg wurde der Gedanke einer liberalen Weltwirtschaftsordnung wieder aufgenommen, die durch Vereinbarungen und im Rahmen von → Internationalen Organisationen gewährleistet werden soll. Die zunehmende außenwirtschaftliche Verflechtung der einzelnen Länder findet ihren Niederschlag in wachsender Bedeutung von Welthandel, internationalen Finanztransaktionen, →multinationalen Unternehmen und Arbeitskräftewanderungen. Dies gilt insbes. für die weltwirtschaftlichen Zentren Europa, USA und Japan. Steigende Bedeutung kommt jedoch auch den →Entwicklungsländern, insbes. den →Schwellenländern zu. Kernstücke der Bestrebungen zur Intensivierung der weltwirtschaftlichen Verflechtungen sind die in der →internationalen Währungsordnung (→Bretton-Woods-Abkommen, →Internationaler Währungsfonds) und der internationalen Handelsordnung (→Allgemeines Zoll- und Handelsabkommen, →Welthandelsorganisation) enthaltenen Prinzipien der →Meistbegünstigung, →Konvertibilität und →Liberalisierung.

### Weltwirtschaftskrise

Von 1929 bis 1931 andauernder wirtschaftlicher Niedergang in den Zentren der →Weltwirtschaft. Die Ursachen lagen u. a. in einem parallel verlaufenden Konjunkturabschwung in Deutschland und den USA, in der Überforderung der deutschen Wirtschaft durch die Reparationen und in der Zerstörung der internationalen Arbeitsteilung durch eine in vielen Ländern nur an eigenen Vorteilen orientierten →Wirtschaftspolitik (Beggar-my-neighbour-policy). Die W. war durch Massenzusammenbrüche von Unternehmen und starke Konzentration in der Wirtschaft, Massenarbeitslosigkeit sowie sinkende Löhne und Preise gekennzeichnet.

### Werbung

Teilbereich der →Kommunikationspolitik; im Gegensatz zum Direct Marketing Einsatz unpersönlicher Werbemittel wie z. B. Zeitungsanzeige, Radio- oder TV-Spot. Die Aufgaben der W. bestehen darin, den Kunden ein Image des Leistungssortiments zu vermitteln, ihn mit Teilen des Leistungssortiments bekannt zu machen und den Umworbenen zu einer Kontaktaufnahme zu veranlassen, die sich letztlich in der Inanspruchnahme von Bankdienstleistungen niederschlagen soll. Eine eindeutige Trennung zwischen Produkt- und Instituts-W. ist dabei kaum möglich, da jede Produkt-W. immer auch zugleich ein bestimmtes Image der →Bank vermittelt. W. kommt als Kommunikationsinstrument vor allem im privaten Mengenkundengeschäft zum Einsatz.

### Werbungskosten

→Aufwendungen zur Erwerbung, Sicherung und Erhaltung von Einnahmen (§ 9 Abs. 1 EStG). Sie sind im Rahmen der →Einkommensteuer bei der Einkunftsart abzuziehen, bei der sie entstanden sind (→Einkünfte aus nichtselbständiger Arbeit, →Einkünfte aus Kapitalvermögen, →Einkünfte aus Vermietung und Verpachtung, →sonstige Einkünfte i. S. des § 22 EStG).

### Werklieferungsvertrag

Gegenseitiger →Vertrag, bei dem der Unternehmer verpflichtet ist, gegen Entgelt ein Werk aus von ihm zu beschaffenden Stoffen bereitzustellen und dem Besteller zu übergeben sowie das →Eigentum daran zu verschaffen (§ 651 BGB). Soweit →vertretbare Sachen zu liefern sind, ist das Recht des Kaufvertrags (→Kauf) anzuwenden. Bei nicht vertretbaren Sachen sind teils die Vorschriften über den Kauf, teils die über den →Werkvertrag anzuwenden.

### Werksparkassen

Spareinrichtungen größerer Betriebe, zumeist Wirtschaftsunternehmen, die ihre Betriebsangehörigen veranlassen, ihnen Gelder aus Lohnteilen als →Einlagen für Investitionszwecke zur Verfügung zu stellen. Damit unterliegen derartige →Spargelder dem vollen wirtschaftlichen Risiko des Unternehmens.

*Werksparkassenverbot:* Da die Einleger bei einem Zusammenbruch des Betriebes nicht nur ihren Arbeitsplatz, sondern darüber hinaus auch die im Falle des Arbeitsplatzverlustes besonders stark benötigten Ersparnisse verlieren würden, mußten bestehende W. gemäß § 27 des alten Kreditwesengesetzes bis zum 31. 12. 1940 aufgelöst werden. Auch das KWG 1961 bestimmt in § 3 Nr. 1 ein Werksparkassenverbot. Die Verbotsnorm des KWG setzt ein →Einlagengeschäft voraus, wobei sich der Einlagenbegriff mit § 1 KWG deckt. Soweit die W. rechtlich verselbständigt ist, etwa als GmbH oder →Verein, gilt das Verbot nicht. Allein maßgebend ist, ob das Unternehmen oder die Institution, die eine W. betreibt, als →Schuldner der Spargelder auftritt.

Soweit Unternehmen im Rahmen des →vermögenswirksamen Sparens nach dem Fünften →Vermögensbildungsgesetz ihren Arbeitnehmern den Erwerb von →Namensschuldverschreibungen anbieten, wird dieses davon abhängig gemacht, daß die Schuldverschreibung durch ein → Kreditinstitut verbürgt oder durch eine Versicherung privatrechtlich abgesichert wird (§ 2 Abs. 1 Nr. 2 Buchst. b 5. VermBG). Ohne zusätzliche Sicherung würden derartige Anlagen mit dem Werksparkassenverbot des KWG kollidieren.

## Werkvertrag

Gegenseitiger → Vertrag, durch den sich der Unternehmer zur Herstellung eines Werkes, der Besteller zur Entrichtung einer Vergütung verpflichtet (§§ 631 ff. BGB). Im Gegensatz zum → Dienstvertrag wird nicht die Arbeit als solche, sondern ihr Erfolg geschuldet. Gegenstand des W. kann die Herstellung oder Veränderung eines → Sache sein oder ein sonstiger Erfolg (z. B. Reparatur) sein. Der Unternehmer ist verpflichtet, das Werk rechtzeitig und fehlerfrei fertigzustellen, anderenfalls hat der Besteller ein Recht auf → Nachbesserung, ggf. → Wandelung oder Minderung oder → Schadensersatz (§§ 633, 634, 635 BGB).
Die Gewährleistungsansprüche aus dem W. (→ Gewährleistung) verjähren bei → beweglichen Sachen in sechs Monaten, bei Arbeiten an einem → Grundstück in einem Jahr, bei Bauwerken in fünf Jahren, beginnend mit der Abnahme des Werkes (§ 638 BGB).
Der Unternehmer hat an den noch in seinem → Besitz befindlichen Sachen des Bestellers ein → Unternehmerpfandrecht gemäß § 647 BGB.
*Sonderfall:* → Werklieferungsvertrag.

**Werner-Bericht,** → Europäische Wirtschafts- und Währungsunion.

## Wertaufholung

Beim → Anlagevermögen und → Umlaufvermögen sind außerplanmäßige → Abschreibungen vorzunehmen (→ Bewertung des Anlage- und Umlaufvermögens), wenn sich zum Bilanzstichtag bei einem Vermögensteil eine Wertminderung ergibt (beim Anlagevermögen: dauernde Wertminderung); gemäß § 254 HGB können außerplanmäßige Abschreibungen auch vorgenommen werden, um Vermögensgegenstände des Anlage- oder Umlaufvermögens dem steuerrechtlich zulässigen niedrigeren Wert anzupassen.
*Nicht-Kapitalgesellschaften* dürfen die niedrigeren Werte beibehalten, wenn die Gründe dafür nicht mehr fortbestehen (§ 253 Abs. 5, § 254 Satz 2 HGB). → *Kapitalgesellschaften* haben nach § 280 Abs. 1 HGB eine W. vorzunehmen, wenn sich in einem späteren → Geschäftsjahr herausstellt, daß die Gründe für eine außerplanmäßige oder eine höhere steuerrechtliche Abschreibung nicht mehr bestehen. Der Grundsatz der Maßgeblichkeit der → Handelsbilanz für die → Steuerbilanz (→ Maßgeblichkeitsprinzip) hat in diesem Fall zur Folge, daß die Kapitalgesellschaften, die durch die W. aufgedeckten → stillen Reserven zu versteuern hätten, während die übrigen Kaufleute durch Beibehaltung der niedrigeren Werte diese steuerlichen Folgen vermeiden könnten. Zur *Vermeidung einer unterschiedlichen Behandlung* der Kapitalgesellschaften und der übrigen Kaufleute wird in § 280 Abs. 2 HGB zugelassen, daß auch Kapitalgesellschaften von W. absehen können, wenn die vorgesehene Beibehaltung des niedrigeren Wertes in der Steuerbilanz einen entsprechenden Ansatz in der Handelsbilanz voraussetzt. Da seit 1990 diese Voraussetzung für das gesamte Anlage- und Umlaufvermögen in der Steuerbilanz gilt, wird das Wertaufholungsgebot des § 280 Abs. 1 HGB zum Wertaufholungswahlrecht (§ 280 Abs. 2 HGB).

**Wert-Basis,** → Value Basis.

## Wertbereich des Bankbetriebs

Bezeichnung in der → Kosten- und Erlösrechnung im Bankbetrieb für den → liquiditätsmäßig-finanziellen Bereich des Bankbetriebs, in dem → Wertkosten (Zinskosten, → Risikokosten) und → Werterlöse (Zinserlöse, Kursgewinne) anfallen.
*Gegensatz:* → Betriebsbereich des Bankbetriebs.
(→ Dualismus der bankbetrieblichen Leistung)

## Wertberichtigungen

Auf Grund von → Abschreibungen gebildete passivische Korrekturpositionen für die Bilanzierung von Vermögensgegenständen. Sie kommen als → Einzelwertberichtigungen und als → Pauschalwertberichtigungen vor. In der Bankbilanz müssen sie aktivisch abgesetzt werden (→ Rechnungslegungsverordnung).
(→ Abschreibungen und Wertberichtigungen auf Kredite, → Abschreibungen und Wertberichtigungen auf Wertpapiere)

## Wertentwicklung

*Performance, Periodenrendite, Rate of Return, Total Return*; historischer prozentualer Ertrag innerhalb eines Anlagezeitraumes (Periode), der sich zum einen aus der Kursveränderung und zum anderen aus vereinnahmten →Dividenden, Zinserträgen und →Zinseszinsen ergibt.
(→Performanceindex)

## Werterlös

→Erlös, der im →Wertbereich des Bankbetriebs anfällt (Zinserlös, Kursgewinn).
*Gegensatz:* Betriebserlös
(→Dualismus der bankbetrieblichen Leistung)

## Wertermittlung für Realkredite, →Beleihungswert.

## Wertermittlungsanweisung

Anweisung, die eine →private Hypothekenbank aufgrund von § 12 HypBankG zur Wertermittlung im Zusammenhang mit der →Beleihung von Grundstücken zu erlassen hat. Die W. bedarf der Genehmigung des →Bundesaufsichtsamts für das Kreditwesen (BAK). Für →Schiffspfandbriefbanken schreibt § 13 SchiffsBankG ebenfalls den Erlaß einer W. vor.

## Wertermittlungsverordnung

→Rechtsverordnung des Bundes, mit der Wertermittlungsverfahren zur Ermittlung des →Verkehrswertes, z. B. →Grundstücken, durch nach dem Baugesetzbuch bestellte Gutachterausschüsse durchgeführt werden. Die W. hat Bedeutung für die →Beleihung von Grundstücken.

## Wertkarten

→Zahlungskarten, die der Kunde im voraus bezahlt und beispielsweise für spezifische Dienstleistungen einsetzt, etwa im öffentlichen Personennahverkehr, in Schwimmbädern, Betriebsrestaurants oder in Fernsprecheinrichtungen (→Telefonkarten). Der Einsatz von W. setzt bestimmte Terminals voraus, an denen der Preis der Leistung vom Wert der Karte abgezogen wird. Beispiel: Die Telefonkarten der Telekom, die als →Chipkarten mit Werten zwischen 3 und 50 DM im Umlauf sind.

## Wertkosten

Kosten, die im →Wertbereich des Bankbetriebs anfallen (Zinskosten, →Risikokosten).

*Gegensatz:* →Betriebskosten.
(→Dualismus der bankbetrieblichen Leistung)

## Wertpapier

→Urkunde, die ein privates Vermögensrecht in der Weise verbrieft, daß das verbriefte →Recht ohne →Besitz der →Urkunde nicht ausgeübt werden kann. Diese Verknüpfung zwischen der Urkunde und dem verbrieften Recht unterscheidet das Wertpapier von der einfachen Beweisurkunde und der einfachen Legitimationsurkunde.

*Wirtschaftliche Funktionen:* W. dienen dem →Zahlungsverkehr (z. B. →Scheck als →Zahlungsmittel), dem Kreditverkehr (z. B. →Wechsel als Kreditsicherungsinstrument), dem Kapitalverkehr (z. B. →Aktie und →Schuldverschreibung als Instrument der Kapitalaufbringung und der Kapitalanlage) und dem Güterverkehr (z. B. →Konnossement, das auf Grund seiner Eigenschaft als →Traditionspapier die Eigentumsübertragung an einer →Ware erleichtert).

*Rechtliche Bedeutung:* W. sind bedeutsam für den Berechtigten (→Gläubiger, Teilhaber), weil er durch die Vorlage des Papiers sein Recht nachweisen kann. Sie dienen dem Verpflichteten, da dieser nur an den Vorleger der Urkunde leisten muß. W. sind für den Erwerb eines verbrieften Rechts bedeutungsvoll, weil der Erwerber des verbrieften Rechts auf Grund des Besitzes der Urkunde nicht zu befürchten braucht, daß der Verpflichtete mit befreiender Wirkung an einen anderen leistet.

*Einteilungsmöglichkeiten* (vgl. auch Übersicht S. 1678): W. i. S. des →Depotgesetzes sind →Kapitalwertpapiere, die als →Orderpapiere oder →Inhaberpapiere ausgestellt sind. § 1 Depotgesetz gibt keine Begriffsbestimmung, sondern zählt beispielhaft Wertpapiere auf, die unter das Depotgesetz fallen. Die Aufzählung ist unvollständig und unsystematisch und enthält mit der Einbeziehung des →Kux auch ein →Rektapapier sowie mit dem Erneuerungsschein ein Legitimationspapier (Wertpapier im Sinne des DepotG). W. kommen als Einzelurkunden oder als →Sammelurkunden vor.

*Abgrenzung der Begriffe W. und Effekten:* Beide Begriffe werden häufig gleichbedeutend verwandt. Der Wertpapierbegriff ist jedoch umfassender. Nur vertretbare Kapital-

# Wertpapieranalyse

## Wertpapier – Arten

| Nach der Art des verbrieften Rechts | | |
|---|---|---|
| Mitgliedschaftspapiere verbriefen Mitgliedsrechte | Sachenrechtliche Papiere verbriefen Sachenrechte | Gläubigerpapiere verbriefen Schuldrechte |
| Aktie, Kux | Investmentzertifikat, Grundschuldbrief, Hypothekenbrief, Konnossement u.a. | Schuldverschreibung, Scheck, Wechsel u.a. |

| Nach der Art des verbrieften Vermögenswertes | | | |
|---|---|---|---|
| Kapitalwertpapiere | | Warenwertpapiere | Geldwertpapiere |
| vertretbare Kapitalwertpapiere | nicht vertretbare Kapitalwertpapiere | Konnossement, Ladeschein, Orderlagerschein | Scheck, Wechsel, Schatzanweisung Zinsscheine u.a. |
| Aktie, Investmentzertifikat, Schuldverschreibung | Sparbrief, Hypothekenbrief, Grundschuldbrief u.a. | | |
| = Effekten | | | |

| Nach der Bestimmung des Berechtigten | | |
|---|---|---|
| Inhaberpapiere | Orderpapiere | Rektapapiere |
| Berechtigt ist: Inhaber | Berechtigt ist: Namentlich genannter oder durch Order bestimmter Berechtigter | Berechtigt ist: Namentlich genannter Berechtigter |
| Verbrieftes Recht kann übertragen werden durch: Einigung über den Eigentumsübergang an der Urkunde plus Übergabe der Wertpapiere nach § 929 BGB | Verbrieftes Recht kann übertragen werden durch: Indossierung der Urkunde plus Einigung über den Eigentumsübergang an der Urkunde plus Übergabe der indossierten Urkunde | Verbrieftes Recht kann übertragen werden durch: Einigung über die Abtretung des verbrieften Rechts (Zession) (§ 398 BGB) plus Übergabe der Urkunde (erforderlich jedenfalls zur Ausübung des Rechts) |
| „Das Recht aus dem Papier folgt dem Recht am Papier" | | „Das Recht am Papier folgt dem Recht aus dem Papier" (§ 952 BGB) |

wertpapiere (→ vertretbare Sachen) sind → Effekten.

### Wertpapieranalyse

Methodische Untersuchungen von → Effekten sowie ihrer → Emittenten und Märkte mit dem Ziel, Grundlagen für Auswahl und Zeitpunktentscheidungen für Geld- und Kapitalanlagen (→ Investments) zu gewinnen. Da bei → festverzinslichen (Wert-)Papieren aufgrund der → laufenden Verzinsung sowie der → Effektivverzinsung Vergleichsmaßstäbe und damit Entscheidungsgrundlagen für Selektion und Timing entsprechender Investments gegeben sind, ist die → Aktienanalyse ein Betätigungsfeld der → Finanzanalysten. Aufgrund der umfangreichen Innovationen auf den internationalen Anleihemärkten sind zunehmend aber auch → Schuldverschreibungen Gegenstand der W. Diese auch als Rentenanalyse bezeichneten Untersuchungen umfassen vor allem finanzmathematische Berechnungen, die für das → Portfolio-Manage-

ment von Bedeutung sind (→ Duration, → Volatilität). Die W. ist ein Teil der → Finanzanalyse.
(→ Bond Research)

**Wertpapierbezogenes Risiko,** → unsystematisches Risiko.

**Wertpapierbörse**
Synonymer, in Rechtsvorschriften regelmäßig verwendeter Begriff für → Effektenbörse. § 1 Abs. 5 BörsenG definiert W. als → Börsen, an denen → Wertpapiere oder → Derivate im Sinne des § 2 Abs. 1 und 2 des → Wertpapierhandelsgesetzes gehandelt werden. §§ 47 und 48 KWG beziehen in die dort vorgesehenen → bankaufsichtlichen Maßnahmen im Hinblick auf die Einstellung des Bank- und Börsenverkehrs auch die W. ein (vorübergehende Schließung durch → Rechtsverordnung der Bundesregierung).

**Wertpapierdarlehen**
Rechtlich handelt es sich um ein Sachdarlehen (§ 607ff. BGB). W. ist die entgeltliche → Übereignung von → Wertpapieren mit der Verpflichtung, Papiere gleicher Art, Güte und Menge nach einer vereinbarten Frist zurückzuübereignen. Sicherheiten (Collateral) für die → Übereignung der Wertpapiere können in Form von → Liquidität, Bankakkreditiven oder Wertpapieren geleistet werden. Der Entleiher kann die erhaltenen Wertpapiere verpfänden, verkaufen oder weiterverleihen. Das Kursrisiko wird vom Verleiher getragen. Zins- und Dividendenzahlungen stehen während des Zeitraumes des W. dem Verleiher in Form einer Ausgleichszahlung (inkl. Steuergutschrift) zu. Da der Verleiher wirtschaftlicher Eigentümer bleibt, hat der Entleiher kein Recht auf Stimmrechtsausübung bei → Aktien. Aus aktienrechtlicher Betrachtung ist diese Stimmrechtsausübung jedoch möglich, da es für außenstehende Personen auf der → Hauptversammlung nicht ersichtlich ist, daß die Aktien entliehen wurden. Somit besteht nach derzeitiger Rechtsprechung für den Verleiher das Risiko, daß seine Rechte beeinträchtigt werden können.
Als potentielle *Kontrahenten* treten Pensionskassen, → Banken, ausländische Fondsgesellschaften, institutionelle Anleger sowie in- und ausländische → Privatkunden auf. Nach § 24 Abs. 1 Nr. 9 KWG muß das Wertpapierleihegeschäft von → Banken einmalig dem → Bundesaufsichtsamt für das Kreditwesen in Berlin angezeigt werden. Versicherungen ist aufgrund der am 1. 1. 1991 in Kraft getretenen Gesetzesänderung nach § 7 Abs. 2 Satz 2 VAG die → Wertpapierleihe grundsätzlich erlaubt. Nach § 54a Abs. 2 Nr. 9 VAG können Versicherungsgesellschaften unbegrenzt und im Rahmen der Novellierung des Gesetzes vom 1. 8. 1994 (§ 54a Abs. 2 Nr. 7d VAG) bis zu 15% des Deckungsstockvermögens und des übrigen gebundenen Vermögens Wertpapiere verleihen. Inländischen Fondsgesellschaften ist, nach der Neufassung des Kapitalanlagegesetzes vom 1. 8. 1994 (§ 9a Abs. 1 u. 2 KAGG), ebenfalls die Teilnahme an Wertpapierleihgeschäften erlaubt. → Kapitalanlagegesellschaften dürfen W. einem Darlehensnehmer bis zu 10% des → Sondervermögens gewähren; W. an Konzernunternehmen im Sinne des § 18 des Aktiengesetzes gelten als W. an dasselbe Unternehmen. Befristete Wertpapierleihegeschäfte der Kapitalanlagegesellschaften dürfen die → Laufzeit von 30 Tagen nicht übersteigen. Der Kurswert der für eine befristete Zeit zu übertragenden Wertpapiere darf zusammen mit dem Kurswert der für Rechnung des Sondervermögens bereits als W. für eine befristete Zeit übertragenen Wertpapiere 15% des Sondervermögens nicht übersteigen. Die Kapitalanlagegesellschaft darf W. nur abschließen, wenn für die Rechnung des Sondervermögens eine ausreichende Sicherheit in Form von Guthaben oder Wertpapieren vorhanden ist (§ 9b Abs. 1ff. KAGG).

*Besicherung:* Durch die Novellierung des Depotgesetzes zum 1. 8. 1994 werden die Banken nach § 16 Depotgesetz von dieser Formvorschrift des §§ 13, 15 Abs. 2 und 3 befreit, wenn der Verwahrer einer gesetzlichen Aufsicht untersteht und der Hinterleger ein Kaufmann ist, der (1) in das Handelsregister oder Genossenschaftsregister eingetragen ist oder (2) nach § 36 des Handelsgesetzbuchs, im Falle einer juristischen Person des öffentlichen Rechts nach der für sie maßgebenden gesetzlichen Regelung, nicht eingetragen zu werden braucht oder (3) nicht eingetragen wird, weil er seinen Sitz oder seine Hauptniederlassung im Ausland hat. Somit müssen die Erklärungen nach §§ 13 und 15 Depotgesetz mittlerweile nur noch bei Privatkunden verwendet werden. Das Wertpapierleihegeschäft der Kapitalanlagegesellschaften wird im einzelnen für je-

## Wertpapierdienstleistungs-Richtlinie

des Sondervermögens in den „Besonderen Vertragsbedingungen" geregelt. Der Verleiher kann durch die vereinnahmten →Prämien eine weitestgehende risikolose Renditeverbesserung erreichen oder auch Finanzierungskosten von Wertpapierbeständen ermäßigen. Der Entleiher, vorwiegend die Lieferabteilungen der Banken, erfüllt durch die entliehenen Wertpapiere Lieferverpflichtungen oder nutzt durch Arbitragegeschäfte Ungleichgewichte zwischen →Kassamarkt und →Terminmarkt aus. Wertpapierleihgeschäfte werden entweder mit einer festen Laufzeit oder „bis auf weiteres" und somit unbefristet abgeschlossen. Bei unbefristeten Wertpapierleihgeschäften hat der Entleiher eine Kündigungsfrist von einem Börsentag und der Verleiher von fünf Börsentagen für den Gesamtbetrag oder einen Teil. Rechtliche Grundlage bildet bei den Marktteilnehmern des Interbankenhandels der Rahmenvertrag für Wertpapierleihgeschäfte. Grundlage bildet bei einer immer größer werdenden Anzahl von Marktteilnehmern des →Interbankenhandels der →Rahmenvertrag für Wertpapierleihgeschäfte. Dieses Vertragswerk entspricht der vom →Bundesverband deutscher Banken e. V. herausgegebenen Version mit Stand vom 26. 7. 1993. Bei Verträgen mit Kunden wird in einigen Rahmenverträgen für das Wertpapierleihegeschäft zusätzlich in § 4 bzw. § 6 auf die Ermächtigung zur Verfügung über das Eigentum nach § 13 bzw. § 15 Depotgesetz hingewiesen. Beide Erklärungen beinhalten die Zustimmung des Kunden, die aufgeführten Wertpapiere an einen Dritten weiterzugeben. Diese Erklärungen nach dem →Depotgesetz werden dem Rahmenvertrag beigelegt. Die Besonderheit in der Geschäftsbeziehung mit einer Kapitalanlagegesellschaft ist die, daß bei einer Unterdeckung der Sicherheiten (d. h. kleiner 100%) nicht nur eine Nachschußpflicht besteht, sondern die Kapitalanlagegesellschaft eine Meldepflicht an die Deutsche Bundesbank und an das Aufsichtsamt in Berlin zu erfüllen hat. International sind derzeit Sicherheiten in Höhe von 105% zu stellen, da sich dieser Prozentsatz aufgrund statistischer Berechnungen ergeben hat. Aus diesem Grund werden bei Geschäftsabschluß Sicherheiten in Höhe von 105% gestellt. Bei einer Unterschreitung von 103% kann die Kapitalanlagegesellschaft Sicherheiten nachfordern. Bei einer Überschreitung von 107% kann die sicherheitenstellende Bank Sicherheiten abfordern. Das Gesetz über Kapitalanlagegesellschaften (KAGG) kennt zwei Arten von Sicherheiten: (1) Verpfändung von DEM-Guthaben: Diese sind bei der Depotbank zu halten und müssen der Einlagensicherung unterliegen. Da jedoch Einlagen von Banken nicht der Einlagensicherung unterliegen, ist dieses ein Widerspruch. Somit sind DEM-Guthaben als Sicherheitenstellung nicht geeignet. – (2) Verpfändung von Wertpapieren: Der Sicherheitengeber (i. d. R. eine Bank) verpfändet die Wertpapiere zu Gunsten der Kapitalanlagegesellschaft und bucht diese in ein Depot bei sich ein. Im Ernstfall müßte die Bank die eigenen Stücke zu ihren Lasten (als Sicherheitengeber) pfänden, hier würde ein Interessenkonflikt entstehen. Die Konsequenz in der Praxis ist die Verbuchung der Verpfändung bei einer Drittbank. In der →Bilanz findet durch die Ausleihung der Wertpapiere beim Verleiher in erfolgsneutraler Aktivtausch statt. An Stelle der Wertpapiere tritt eine Sachforderung, die mit dem Buchwert der hingegebenen Wertpapiere anzusetzen ist. Beim Entleiher tritt eine Bilanzverlängerung ein. Den entliehenen Wertpapieren, die mit dem Marktwert am Übernahmetag zu bilanzieren sind, bzw. dem erhaltenen Gegenwert, falls der Entleiher die Wertpapiere nicht mehr besitzt, steht eine →Verbindlichkeit in Höhe des Marktwerts der entliehenen Wertpapiere gegenüber.

*Berechnung der Wertpapierleihgebühr*:
WPLG = A · K · Lz · WPLZ : 360.

**Wertpapierdienstleistungs-Richtlinie**
Richtlinie des Rates der EG bzw. der →Europäischen Union (EU) über Wertpapierdienstleistungen vom 10.5.1993, die in Aufbau und Inhalt weithin an die zweite der →Bankrechtskoordinierungs-Richtlinien angelehnt ist und unter den Aspekten der Niederlassungsfreiheit wie des freien Dienstleistungsverkehrs im Bereich der Wertpapierfirmen (→Wertpapierhaus) ein wesentliches Instrument für die Verwirklichung des Europäischen Binnenmarktes bildet. Wie beim →EG-Bankrecht in Gestalt der →Eigenmittel-Richtlinie und der →Solvabilitäts-Richtlinie, so wurden auch hier spezifische Anforderungen an die Eigenkapitalausstattung in einem besonderen →EG-Rechtsakt, nämlich der →Kapitaladäquanz-Richtlinie, niedergelegt. Die Richtlinie gilt für sämtliche „Wertpapierfirmen"; hierunter fallen zunächst →juristische Personen, je-

## Wertpapiere des Anlagevermögens

doch können auch →natürliche Personen einbezogen werden, die für Dritte „Wertpapierdienstleistungen" erbringen. Die betreffenden Dienstleistungen sind in einem Anhang A der Richtlinie aufgeführt und müssen sich jeweils auf eines der in Anhang B bezeichneten Instrumente (z.B. näher definierte →Wertpapiere, →Finanzterminkontrakte) beziehen. Für →Kreditinstitute, die Wertpapierdienstleistungen erbringen, gelten nicht alle Bestimmungen der Richtlinie; sie sind ausgenommen, soweit ihr Verhalten bereits von der Zweiten Bankrechtskoordinierungs-Richtlinie erfaßt wird. Ausdrücklich ausgenapart bleiben insbes. →Zentralbanken, Versicherungsunternehmen sowie Dienstleistungen im Verhältnis von →Mutterunternehmen zu →Tochterunternehmen und zwischen diesen.

Der Richtlinie zufolge sieht jeder Herkunftsmitgliedstaat vor, daß Wertpapierfirmen mit Hauptverwaltungssitz im Inland ihre Tätigkeit erst nach einer Zulassung aufnehmen können, wobei zumindest eine enge Zusammenarbeit mit den für die →Bankenaufsicht zuständigen Behörden stattfinden muß. Die Zulassung bildet den →Europäischen Paß und umfaßt sowohl grenzüberschreitende Wertpapierdienstleistungen als auch (zusätzlich) im Anhang C genannte „Nebendienstleistungen". Zulassungsvoraussetzungen sind auch hier ein angesichts der Art der betreffenden Tätigkeit ausreichendes Anfangskapital (nach Maßgabe der Kapitaladäquanz-Richtlinie), mindestens zwei zuverlässige, erfahrene Geschäftsführer (Vier-Augen-Prinzip) sowie ein Geschäftsplan mit Darstellung der Art der geplanten Geschäfte und des organisatorischen Aufbaus. Geprüft wird hierbei ferner, ob die Inhaber qualifizierter →Beteiligungen (von mindestens 10 % des →Kapitals oder der →Stimmrechte) den Ansprüchen genügen, die zur Gewährleistung einer soliden und umsichtigen Führung der Wertpapierfirma zu stellen sind.

Hinsichtlich des Verfahrens bei der Errichtung von Tochterunternehmen in einem anderen EU-Mitgliedstaat sowie der Beziehungen zu Drittländern gelten den bankrechtlichen Regelungen entsprechende Bestimmungen. Dies ist auch bei der Harmonisierung der Bedingungen für die Ausübung der Tätigkeit der Fall. Insbes. sind die Behörden des Herkunftsmitgliedstaates wieder primär für die laufende Beaufsichtigung zuständig.

Spezielle Vorschriften betreffen dagegen den Erlaß von Wohlverhaltensregeln durch die Mitgliedstaaten; hierdurch sollen den Wertpapierfirmen und Kreditinstituten weitgefaßte Verhaltenspflichten und Geschäftsregeln auferlegt werden, etwa „recht und billig im bestmöglichen Interesse ihrer Kunden und der Integrität des Marktes zu handeln". Ferner müssen die Aufnahmemitgliedstaaten dafür sorgen, daß Wertpapierfirmen und Kreditinstitute mit entsprechender Zulassung direkt oder indirekt Mitglieder an ihren →Börsen werden oder Zugang zu sonstigen →geregelten Märkten erhalten, ebenso zu Clearing- und Abwicklungssystemen (→Abwicklung, →Clearing). Dabei gelten einerseits vereinheitlichte Eigenkapitalanforderungen als Zugangs- bzw. Mitgliedschaftsvoraussetzung; andererseits müssen auch die jeweils unterschiedlichen aufnahmestaatlichen Satzungs-, Verwaltungs- und Marktregeln eingehalten werden. Die Richtlinie selbst schreibt allerdings bereits diverse Melde- und Berichtspflichten vor, um die Transparenz auf den →Wertpapiermärkten zu erhöhen.

Der Rechtsakt ist, von einigen Übergangsregelungen abgesehen, bis zum 1.7.1995 in deutsches Recht umzusetzen. Dafür ist vor allem eine weitere Novellierung des →Kreditwesengesetzes notwendig.

### Wertpapiere der Liquiditätsreserve
→Aktien und andere nicht →festverzinsliche (Wert-)Papiere sowie →Schuldverschreibungen und andere festverzinsliche Wertpapiere, die von →Kreditinstituten mit dem Bestand an →Forderungen an Kreditinstitute und an Kunden als Grundlage für die Bildung →stiller Reserven (→Vorsorgereserven für allgemeine Bankrisiken) dienen können (→Wertpapiere im Jahresabschluß der Kreditinstitute).

### Wertpapiere des Anlagevermögens
Wertpapierbestände, die nach einer (aktenkundig zu machenden) Entscheidung der zuständigen Stelle des →Kreditinstituts dauernd dem Geschäftsbetrieb dienen sollen. Sie sind wie andere →Finanzanlagen (→Beteiligungen und Anteile an →verbundenen Unternehmen) nach dem gemilderten →Niederstwertprinzip zu bewerten. Das zusammengefaßte Handels- und Bewertungsergebnis aus Finanzanlagen, das sich nach § 33 RechKredV aus →Abschreibungen und →Wertberichtigungen auf Beteiligungen,

1681

**Wertpapiere des Handelsbestands**

auf Anteile an verbundenen Unternehmen und auf wie →Anlagevermögen behandelte Wertpapiere sowie aus →Erträgen aus Zuschreibungen zu Beteiligungen, aus Anteilen an verbundenen Unternehmen und aus wie Anlagevermögen behandelten Wertpapieren ergibt, kann als saldiertes Ergebnis in einem Aufwands- oder Ertragsposten ausgewiesen werden. Eine teilweise Verrechnung ist unzulässig. Nach § 340c Abs. 2 Satz 2 HGB dürfen in die Verrechnung der →Aufwendungen und →Erträge aus Geschäften mit Finanzanlagen einbezogen werden, die sonst unter den „Sonstigen betrieblichen Aufwendungen" und den „Sonstigen betrieblichen Erträgen" auszuweisen sind.

**Wertpapiere des Handelsbestands**
*Trading Portfolio;* →Aktien, →Schuldverschreibungen und andere →Wertpapiere, die Grundlage des →Eigenhandels der Kreditinstitute sind (Trading Portfolio). Sie müssen beim →Jahresabschluß nach dem strengen →Niederstwertprinzip bewertet werden. Die aus diesen Wertpapieren resultierenden Handels- und Bewertungsergebnisse müssen zusammen mit den Ergebnissen aus anderen →Eigenhandelsgeschäften mit Finanzinstrumenten, →Devisen und Edelmetallen in dem Posten →„Nettoertrag/Nettoaufwand aus Finanzgeschäften" ausgewiesen werden (→Wertpapiere im Jahresabschluß der Kreditinstitute).

**Wertpapiere im Jahresabschluß der Kreditinstitute**
Gemäß § 7 Abs. 1 RechKredV sind als →Wertpapiere →Aktien, →Kuxe, →Zwischenscheine, →Investmentanteile, →Optionsscheine, Zinsanteilscheine und Gewinnanteilscheine, börsenfähige Inhaber- und Ordergenußscheine (→Genußscheine), börsenfähige →Inhaberschuldverschreibungen auszuweisen, auch wenn sie vinkuliert sind (→Vinkulierung), unabhängig davon, ob sie in Wertpapierurkunden verbrieft oder als →Wertrechte ausgestaltet sind, börsenfähige →Orderschuldverschreibungen, soweit sie Teile einer →Gesamtemission sind, ferner andere festverzinsliche →Inhaberpapiere, soweit sie börsenfähig sind, und nicht festverzinsliche Wertpapiere, soweit sie börsennotiert sind. Hierzu rechnen auch ausländische →Geldmarktpapiere, die zwar auf den Namen lauten, aber wie Inhaberpapiere gehandelt werden.

*Börsenfähige und börsennotierte Wertpapiere:* Wertpapiere, die die Voraussetzungen einer →Börsenzulassung erfüllen, gelten als börsenfähig. Bei →Schuldverschreibungen liegt gemäß § 7 Abs. 2 RechKredV Börsenfähigkeit vor, wenn alle Stücke einer →Emission hinsichtlich Verzinsung, Laufzeitbeginn und →Fälligkeit einheitlich ausgestattet sind. Als börsennotiert gelten gemäß § 7 Abs. 3 RechKredV Wertpapiere, die an einer deutschen →Börse zum →amtlichen (Börsen-)Handel oder zum →geregelten Markt zugelassen sind, außerdem Wertpapiere, die an ausländischen Börsen zugelassen sind und gehandelt werden.

*Kategorien von Wertpapieren nach der Zweckbestimmung:* Nach dem beabsichtigten Verwendungszweck haben Kreditinstitute ihre Wertpapiere in drei Gruppen aufzuteilen, und zwar in →Wertpapiere des Handelsbestands (Trading Portfolio), in Wertpapiere, die (neben Forderungen an Kreditinstitute und Kunden) als Grundlage für die Bildung von →Vorsorgereserven für allgemeine Bankrisiken gemäß § 340 f HGB dienen (→Wertpapiere der Liquiditätsreserve) und Wertpapiere, die der Vermögensanlage dienen (→Wertpapiere des Anlagevermögens). Diese Kategorisierung hat erhebliche Konsequenzen für die Bewertung, für die Bemessung der →stillen Reserven und für den Ergebnisausweis. Es liegt weitgehend im Ermessen der Kreditinstitute, wie sie ihre Wertpapierbestände zuordnen wollen. Zu den Wertpapieren des →Anlagevermögens gehören Papiere, die dazu bestimmt sind, dauernd dem Geschäftsbetrieb zu dienen. Das sind alle Titel, für die ein (erforderlicher) aktenkundiger Beschluß der zuständigen Stelle über die Zweckbestimmung als Anlagevermögen vorliegt. Liegt eine entsprechende Entscheidung nicht vor, dürfen Wertpapiere nicht nach den für das Anlagevermögen geltenden Vorschriften bewertet werden. Auch der Umstand, daß Wertpapiere über einen längeren Zeitraum gehalten werden, reicht nicht für die Annahme aus, daß diese Wertpapiere wie Anlagevermögen behandelt werden. Weder für die Wertpapiere des Handelsbestands noch für die Wertpapiere der Liquiditätsreserve gibt es eine Legaldefinition. Hier besteht ein „erheblicher Spielraum für Gestaltungsmöglichkeiten. Die Banken werden aber kaum auf angemessene, plausible und nachprüfbare institutsinterne Regelungen ver-

## Wertpapiere im Jahresabschluß der Kreditinstitute – Ausweis der Handels- und Bewertungsergebnisse aus Wertpapieren in der Gewinn- und Verlustrechnung

| Wertpapiere Kategorie | Art der Bewertung | Posten in der Gewinn- und Verlustrechnung | |
|---|---|---|---|
| Wertpapiere des Handelsbestands | strenges Niederstwertprinzip | Nettoertrag aus Finanzgeschäften | Verrechnung obligatorisch (§ 340c Abs. 1 HGB) |
| | | Nettoaufwand aus Finanzgeschäften | |
| Wertpapiere, die wie Anlagevermögen behandelt werden | gemildertes Niederstwertprinzip | Erträge aus Zuschreibungen zu Beteiligungen, Anteilen an verbundenen Unternehmen und wie Anlagevermögen behandelten Wertpapieren | Verrechnung fakultativ, teilweise Verrechnung unzulässig (§ 340c Abs. 2 HGB) |
| | | Abschreibungen und Wertberichtigungen auf Beteiligungen, Anteile an verbundenen Unternehmen und wie Anlagevermögen behandelte Wertpapiere | |
| Wertpapiere der Liquiditätsreserve | strenges Niederstwertprinzip, Legung stiller Reserven zulässig (§ 340f Abs. 1 HGB) | Erträge aus Zuschreibungen zu Forderungen und bestimmten Wertpapieren sowie aus der Auflösung von Rückstellungen im Kreditgeschäft | Verrechnung fakultativ, teilweise Verrechnung unzulässig (§ 340f Abs. 3 HGB) |
| | | Abschreibungen und Wertberichtigungen auf Forderungen und bestimmte Wertpapiere sowie Zuführungen zu Rückstellungen im Kreditgeschäft | |

Quelle: Deutsche Bundesbank, Monatsbericht Mai 1992, S. 45

zichten können, die dem handelsrechtlichen Verbot willkürlicher Umwidmungen Rechnung tragen." (Monatsberichte der Deutschen Bundesbank, Mai 1992, S. 41).

*Bewertung:* Wertpapiere sind wie andere Vermögensgegenstände nach § 253 Abs. 1 Satz 1 HGB mit den → Anschaffungskosten zu aktivieren. Wertpapiere des Handelsbestands sind nach § 253 Abs. 3 HGB (→ Umlaufvermögen) nach dem strengen → Niederstwertprinzip zu bewerten. Wertpapiere der Liquiditätsreserve dürfen nach § 340f HGB niedriger als nach § 253 Abs. 3 HGB angesetzt werden, um durch Bildung stiller Reserven Vorsorge für allgemeine Bankrisi-

# Wertpapiere im Jahresabschluß

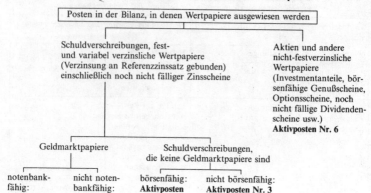

ken zu treffen (Vorsorgereserven). Wertpapiere, die der Vermögensanlage dienen und daher wie Anlagevermögen behandelt werden, dürfen nach dem gemilderten Niederstwertprinzip des § 253 Abs. 2 HGB bewertet werden (→ Bewertung des Anlage- und Umlaufvermögens nach HGB).

Nach *Auffassung des →Bundesaufsichtsamts für das Kreditwesen* wäre es zu begrüßen, wenn unabhängig von der jeweiligen Liquiditätssituation einer Bank generell angestrebt würde, alle →festverzinslichen (Wert-)Papiere nach dem strengen Niederstwertprinzip zu bilanzieren. Das BAK verweist darauf, daß Kreditinstitute in ihren Jahresabschlüssen festverzinsliche Wertpapiere wie Anlagevermögen bewertet haben, offenbar um auf diese Weise (in einer angespannten Liquiditätslage) Abschreibungen zu vermeiden. Die Umwidmung von festverzinslichen Wertpapieren vom Umlaufvermögen ins Anlagevermögen sei insbesondere in Hochzinsphasen zu beobachten, wenn infolge zwischenzeitlich gestiegener Marktzinssätze die vormals erworbenen Wertpapiere minderverzinslich geworden sind. Die Grundsätze II und III (→ Liquiditätsgrundsätze) gingen in ihrer Systematik von einer uneingeschränkten → Fungibilität und Liquidisierbarkeit von Schuldverschreibungen und → Anleihen aus, woraus sich erklärt, daß festverzinsliche Wertpapiere in den Aktivkomponenten der Liquiditätsgrundsätze unberücksichtigt bleiben.

Bewertet allerdings ein Kreditinstitut in seiner → Bilanz Wertpapiere wie Anlagevermögen, bringe es damit zum Ausdruck, daß es die Wertpapiere langfristig halten wolle und diese folglich nicht mehr als uneingeschränkt liquide Mittel zur Verfügung stünden.

Sollte sich daher in zukünftigen Jahresabschlüssen zeigen, daß ein Kreditinstitut festverzinsliche Wertpapiere nicht zum strengen Niederstwertprinzip bilanziert, so werde das BAK die Liquidität des betreffenden Kreditinstitutes anhand der Meldungen zu den Grundsätzen II und III überprüfen und ggf. Maßnahmen einleiten. – Vgl. auch Abbildung S. 1683.

*Bilanzierung:* Die Kategorisierung von Wertpapieren nach ihrer Zweckbestimmung ist nicht maßgebend. Die Zuordnung von Wertpapieren zu Bilanzposten erfolgt in erster Linie nach der Art der Rechte. Bei den Schuldverschreibungen werden Geldmarktpapiere und andere Schuldverschreibungen getrennt ausgewiesen (vgl. auch Abbildung oben). Notenbankfähige Geldmarktpapiere öffentlicher →Emittenten werden außerhalb der Wertpapierposten als → „Schuldtitel öffentlicher Stellen" bilanziert.

Aktien, die → Beteiligungen verkörpern oder → Anteile an → verbundenen Unternehmen darstellen, sind nicht in Posten 6 „Aktien", sondern in Posten 7 „Beteiligungen" bzw. Posten 8 „Anteile an verbunde-

# Wertpapierhandelsgesetz

nen Unternehmen" auszuweisen. Ist ein Beteiligungsverhältnis gleichzeitig eine Unternehmensverbindung, so hat der Ausweis als „Anteile an verbundenen Unternehmen" Vorrang.

*Bilanzierung verpensionierter Wertpapiere:* Pensionsgeschäfte der Kreditinstitute nach § 340b HGB.

## Wertpapiere im Sinne des DepotG

→ Aktien, → Kuxe, → Zwischenscheine, Reichsbankanteilscheine, → Zinsscheine, Gewinnanteil- und Erneuerungsscheine, auf den Inhaber lautende oder durch → Indossament übertragbare → Schuldverschreibungen, ferner andere → Wertpapiere, wenn diese vertretbar sind, mit Ausnahme von → Banknoten und Papiergeld.

## Wertpapierfonds

→ Investmentfonds, dessen Vermögen hauptsächlich aus → Aktien (→ Aktienfonds), → festverzinslichen (Wert-)Papieren bzw. → Gläubigereffekten (→ Rentenfonds) oder sowohl aus Aktien als auch aus → Renten (→ gemischte Fonds) besteht (Wertpapier-Sondervermögen). Ein W. kann auch besondere Anlageschwerpunkte haben (z.B. → Länderfonds, → Branchenfonds).

*Qualitative Auflagen:* Um Risikostreuung und Risikobegrenzung zu erreichen, sind nach dem → Gesetz über Kapitalanlagegesellschaften (KAGG – Investmentgesetz) qualitative und quantitative Beschränkungen für den Erwerb von Vermögensgegenständen für einen W. vorgeschrieben. Erworben werden dürfen nur (1) → Wertpapiere, die an einer → Börse in einem Mitgliedstaat der EU zum → amtlichen (Börsen-)Handel zugelassen oder in einen anderen organisierten Markt (anerkannter und für das Publikum offener Markt, z.B. in der BRD der → geregelte Markt und der → Freiverkehr) einbezogen sind (für den Erwerb von Wertpapieren, die ausschließlich an einer Börse außerhalb der EU zum amtlichen Handel zugelassen oder dort in einen organisierten Markt einbezogen sind, ist Voraussetzung, daß die Wahl dieses Marktes in den Vertragsbedingungen vorgesehen ist); (2) → Berichtigungsaktien, die dem → Sondervermögen zustehen; (3) → Bezugsrechte, sofern sich die Wertpapiere, aus denen die Bezugsrechte herrühren, im Sondervermögen befinden könnten; (4) → Schuldscheindarlehen unter den in § 8 Abs. 2 Nr. 2 KAGG genannten Voraussetzungen; (5) nicht notierte Wertpapiere unter den in § 8a Abs. 1 KAGG genannten Voraussetzungen; (6) Anteile an anderen offenen W. (→ offene Fonds) bis zu 5% des Wertes des Sondervermögens; (7) Optionskontrakte (→ Optionsgeschäfte); (8) Devisenterminkontrakte (→ Devisen-Future); (9) → Finanzterminkontrakte; (10) Einlagenzertifikate von → Kreditinstituten, → unverzinsliche Schatzanweisungen, → Schatzwechsel des Bundes, der Länder sowie von Staaten der OECD, unter der Voraussetzung, daß diese → Geldmarktpapiere eine → Restlaufzeit von höchstens 12 Monaten haben.

Durch die Novellierung des Investmentgesetzes aufgrund des 1. → Finanzmarktförderungsgesetzes im Jahr 1990 sind die Möglichkeiten zu einer Performance-orientierten (→ Performance-Messung bei Investmentfonds) Verwaltung der Fonds verstärkt worden. → Kapitalanlagegesellschaften dürfen sich am Optionshandel sowohl als Käufer von Wertpapieroptionen als auch als → Stillhalter beteiligen. Bestimmte quantitative Auflagen sind zu beachten. Leergeschäfte sind verboten. Auch der Abschluß von → Devisentermingeschäften und → Terminkontrakten auf → Aktienindizes und Zinsterminkontrakten ist gestattet, wenn die Instrumente zur Absicherung entsprechender Vermögensgegenstände des Sondervermögens eingesetzt werden.

## Wertpapiergeschäft

Sammelbezeichnung für bestimmte auf → Wertpapiere bezogene → Bankgeschäfte, insbesondere → Depotgeschäft, → Effektengeschäft, → Emissionsgeschäft.

## Wertpapierhandelsgesetz

Gesetz über den Wertpapierhandel (Wertpapierhandelsgesetz-WpHG) vom 26. Juli 1994, das im Rahmen des → Zweiten Finanzmarktförderungsgesetzes verabschiedet wurde und dort mehrere wichtige Aufgaben übernommen hat: (1) die Verfolgung und präventive Bekämpfung von Insider-Geschäften; (2) Überwachung der Ad-Hoc-Publizität der börsennotierten Unternehmen; (3) Überwachung der Publizität bei Transaktionen über bedeutende → Beteiligungen an börsennotierten Unternehmen; (4) Zusammenarbeit mit ausländischen Wertpapieraufsichtsbehörden und Internationalen Organisationen.

**Wertpapierhaus**

Anzuwenden ist das WpHG nach § 1 auf den börslichen und außerbörslichen Handel mit →Wertpapieren und →Derivaten sowie auf Veränderungen der Stimmrechtsanteile von →Aktionären an börsennotierten Gesellschaften.

*Bundesaufsichtsamt für den Wertpapierhandel (§ 3ff.).* Die Aufsicht nach den Vorschriften des Gesetzes übt das Bundesamt für den Wertpapierhandel aus, das eigens zu diesem Zwecke errichtet wurde. Beim Bundesaufsichtsamt wird ein Wertpapierrat gebildet, der aus Vertretern der Länder besteht, der bei der Aufsicht mitwirkt und mindestens einmal im Jahr vom Präsidenten des Bundesaufsichtsamtes einberufen wird. Zudem regelt das WpHG die Zusammenarbeit mit Aufsichtsbehörden im Inland und mit den zuständigen Stellen im Ausland. Das Bundesaufsichtsamt kann seine Verfügungen, die es innerhalb seiner gesetzlichen Befugnisse trifft, mit Zwangsmitteln nach den Bestimmungen des Verwaltungs-Vollstreckungsgesetzes durchsetzen.

→Kreditinstitute mit den im § 9 WpHG bestimmten Voraussetzungen sind verpflichtet, dem Bundesaufsichtsamt jedes Geschäft in Wertpapieren oder Derivaten gemäß diesem Gesetz spätestens an dem auf den Tag des Geschäftsabschlusses folgenden Werktag, der kein Samstag ist, mitzuteilen, wenn sie das Geschäft im Zusammenhang mit einer Wertpapierdienstleistung oder als →Eigengeschäft abschließen.

*Insiderüberwachung (§ 12ff.).* Als →Insiderpapiere werden Wertpapiere gezählt, die an einer inländischen →Börse zum Handel zugelassen oder zum →Freiverkehr einbezogen sind oder in einem Mitgliedstaat der EU oder einem anderen Vertragstaat des Abkommens über den →Europäischen Wirtschaftsraum zum Handel an einem Markt nach den Bestimmungen dieses Gesetzes zugelassen sind. Darüber hinaus gelten als Insiderpapiere auch Rechte auf Zeichnung, Erwerb oder Veräußerung von Wertpapieren und Rechte auf Zahlung eines Differenzbetrages, der sich in der Wertentwicklung von Wertpapieren bemißt, sowie →Terminkontrakte und damit verbundene Rechte.

Insider ist, wer (1) als Mitglied des Geschäftsleitungs- oder Aufsichtsorgans oder als →persönlich haftender Gesellschafter des →Emittenten oder eines mit dem Emittenten →verbundenen Unternehmens, (2) aufgrund seiner Beteiligung am →Kapital des Emittenten oder eines mit dem Emittenten verbundenen Unternehmens oder (3) aufgrund seines Berufs oder seiner Tätigkeit oder seiner Aufgabe bestimmungsgemäß Kenntnis von einer nicht öffentlich bekannten kursbeeinflussenden Tatsache hat. Dem Insider ist verboten, solche Kenntnisse zum eigenen Vorteil zu verwenden, einem anderen unbefugt mitzuteilen oder auch nur zugängig zu machen oder zur Grundlage einer Empfehlung zu machen. Auf der anderen Seite wird der Emittent verpflichtet, eine kursbeeinflussende Tatsache im Sinne des WpHG unverzüglich zu veröffentlichen.

*Mitteilungs- und Veröffentlichungspflichten bei Veränderungen des Stimmrechtsanteils an börsennotierten Gesellschaften (§ 21ff.).* Grundsätzlich gilt, wer durch Erwerb, Veräußerung oder auf sonstige Weise 5 Prozent, 10 Prozent, 25 Prozent, 50 Prozent oder 75 Prozent der →Stimmrechte erreicht, überschreitet oder unterschreitet, hat der Gesellschaft wie auch dem Bundesaufsichtsamt für den Wertpapierhandel dieses unverzüglich, spätestens innerhalb von 7 Kalendertagen, unter Angabe seiner Anschrift schriftlich mitzuteilen. Das börsennotierte Unternehmen hat dann dem Gesetz zufolge unverzüglich, spätestens neun Kalendertage nach Zugang der Mitteilung, diese in deutscher Sprache in einem überregionalen →Börsenpflichtblatt zu veröffentlichen.

*Straf- und Bußgeldvorschriften (§ 38ff.).* Wer gegen die Bestimmungen des WpHG verstößt, kann mit Freiheitsstrafe von bis zu 5 Jahren oder mit einem Bußgeld von bis zu 3 Millionen DM bestraft werden.

**Wertpapierhaus**

*Wertpapierfirma, Wertpapierhandelshaus*; Unternehmen, deren Tätigkeit (meist im Hinblick auf das im Heimatland bestehende →Trennbankensystem) nur bestimmte →Bankgeschäfte umfaßt, insbesondere das →Investment Banking (→Spezialbanken, →Geschäftsbankensysteme in der EG).

Die →Wertpapierdienstleistungs-Richtlinie der EG definiert diese Unternehmen als →juristische Personen, die im Rahmen ihrer üblichen beruflichen oder gewerblichen Tätigkeit gewerbsmäßig Wertpapierdienstleistungen für Dritte erbringt; die betroffenen Dienstleistungen sind im Anhang des →EG-Rechtsaktes näher abgegrenzt (z. B. →Emissionsgeschäfte, →Effektengeschäft). Den Mitgliedstaaten der →Europäischen Union ist es freigestellt, auch Unternehmen einzubeziehen, die keine juristischen Personen sind, wenn ihre Rechtsform einen für → Gläubiger gleichwertigen Schutz bietet und sie einer gleichwertigen Aufsicht unterliegen.

Das → Wertpapierhandelsgesetz faßt unter „Wertpapierdienstleistungsunternehmen" neben → Kreditinstituten und → Zweigstellen ausländischer Banken auch andere Unternehmen mit Sitz im Inland, die an einer inländischen → Börse zur Teilnahme am Handel zugelassen sind und Wertpapierdienstleistungen (§ 1 Abs. 3 WpHG) erbringen (§ 1 Abs. 4 Nr. 2 WpHG).

### Wertpapierhypothek

Wenig gebräuchliche Sonderform der → Sicherungshypothek für die Sicherung von → Ansprüchen aus → Inhaberschuldverschreibungen und → Orderpapieren wie → Wechsel etc. (§ 1187 BGB) mit folgenden Besonderheiten: Für ihre Bestellung genügt bei Inhaberschuldverschreibungen eine einseitige Erklärung des Eigentümers gegenüber dem → Grundbuchamt (§ 1188 BGB). Angesichts der Vielzahl der → Gläubiger und sowohl bei Inhaberschuldverschreibungen als auch bei Orderpapieren kann ein im → Grundbuch einzutragender Vertreter der Gläubiger (sogenannter Grundbuchvertreter) bestellt werden, der nach Maßgabe der Bestellung und Eintragung im Namen der Gläubiger deren Rechte wahrzunehmen hat (§ 1189 BGB). Die Praxis zieht aber für diese Fälle durchweg die flexiblere → Sicherungsgrundschuld vor.

### Wertpapier-Kaufvertrag nach dem Fünften VermBG

Nach § 2 5. VermBG ein Kaufvertrag zwischen → Arbeitnehmer und → Arbeitgeber zum Erwerb von bestimmten, in § 5 Abs. 1 5. VermBG bezeichneten → Wertpapieren durch den Arbeitnehmer mit der Vereinbarung, den vom Arbeitgeber geschuldeten Kaufpreis mit → vermögenswirksamen Leistungen zu verrechnen oder mit anderen Beträgen zu zahlen.

Die angelegten vermögenswirksamen Leistungen können aber nur dann gefördert werden, wenn mit den Leistungen eines Kalenderjahres, spätestens bis zum Ablauf des folgenden Kalenderjahres die Wertpapiere erworben werden *und* die mit den Leistungen erworbenen Wertpapiere unverzüglich nach ihrem Erwerb bis zum Ablauf von sechs Jahren (Sperrfrist) festgelegt werden und über die Wertpapiere bis zum Ablauf der Sperrfrist nicht durch → Rückzahlung, → Abtretung, → Beleihung oder in anderer Weise verfügt wird; die Sperrfrist beginnt am 1. 1. des Jahres, an dem das Wertpapier erworben worden ist. Die Voraussetzung nach § 4 Abs. 4 Nr. 1 bis 5 (→ Sparvertrag über Wertpapiere und andere Vermögensbeteiligungen nach dem Fünften VermBG) gelten entsprechend.

(→ Fünftes Vermögensbildungsgesetz, Anlageformen)

### Wertpapierkredite

→ Kredite, die durch Erwerb von → Wertpapieren gewährt werden. Im Gegensatz zu Krediten, die über → Konten zur Verfügung gestellt werden (→ Direktkredite), sind Wertpapierkredite verbriefte Kredite (→ Securitization).

### Wertpapierleihe

*Begriff:* (1) Unter W. i. w. S. versteht man die befristete Überlassung von → Wertpapieren (z. B. → Aktien, → Straight Bond). Im allgemeinen kann die W. in Abhängigkeit der rechtlichen Konstruktion und Abwicklungsmodalitäten in drei verschiedene Formen unterteilt werden, die allerdings wirtschaftlich zum gleichen Ergebnis führen, nämlich der befristeten Überlassung von Papieren.
(2) W. i. e. S. (→ *Wertpapierdarlehen*): Bei der W. i. e. S. überläßt der Verleiher (Darlehensgeber) dem Entleiher (Darlehensnehmer) → festverzinsliche (Wert-)Papiere oder → Aktien darlehensweise. Der Entleiher verpflichtet sich, nach Ablauf der Leihfrist, die Wertpapiere in der gleichen Ausstattung zurückzubereignen. Die W. ist zivilrechtlich ein Sachdarlehen i. S. der 607ff. BGB.
(3) *Wertpapierpensionsgeschäft:* → Pensionsgeschäft, bei dem festverzinsliche Papiere oder Aktien gegen Zahlung eines Betrages mit der Maßgabe auf den Pensionsnehmer übertragen werden, daß der Pensionsnehmer die Wertpapiere zu einem im voraus bestimmten oder vom Pensionsgeber noch zu bestimmenden Zeitpunkt zurückzuübertragen hat. Im englischsprachigen Raum werden Wertpapierpensionsgeschäfte auch als Repurchase Agreements oder → REPO-Geschäft (U.S. Style) bezeichnet.

## Wertpapierleihe

(4) *Sell and buy back-Transaktionen*: Kombination aus einem Kassaverkauf (→ Spot-Geschäft) und gleichzeitigem Terminkauf (Forward-Geschäft, → Forward). In der täglichen Praxis werden Sale and buy back-Transaktionen irrtümlich auch als Pensionsgeschäfte oder Repos bezeichnet. Oftmals findet man auch die Bezeichnung gerissene Wertpapierpensionsgeschäfte.

*Formen*: (1) → Automatische Wertpapierleihe; (2) → gelegentliche Wertpapierleihe.

*Entwicklung*: Während ursprünglich in den USA die unbesicherte W. in Form des Wertpapierdarlehens dominierte, führte die begrenzte Kapitalausstattung der → Broker zur W. gegen Geldsicherheiten. Aus dieser Barbesicherung entstand dann schließlich der Wertpapierpensionsmarkt mit seinen unterschiedlichen Ausprägungen in der heutigen Form. Heute spielen Wertpapierdarlehen in den USA eine untergeordnete Rolle im Gegensatz zur Bundesrepublik Deutschland. Hier findet ein Großteil der W. als Wertpapierdarlehen statt. In der Bundesrepublik Deutschland befindet sich der Markt für W. im Vergleich zum amerikanischen Markt noch im Aufbau. Im April 1988 wurde erstmal in Deutschland von einem amerikanischen Handelshaus die W. in Form eines Wertpapiersachdarlehens angeboten. Einen starken Impuls erhielt dieses Marktsegment mit der Eröffnung der → Deutschen Terminbörse im Januar 1990. Ein weiterer Meilenstein war die Institutionalisierung eines Wertpapierleihsystems durch den → Deutschen Kassenverein (KV). Eine Quantifizierung des heutigen Marktvolumens ist mit einigen Unsicherheiten behaftet, da eine klare Abgrenzung der Marktsegmente relativ schwierig ist und die Geschäfte nicht zentral erfaßt werden. Nach inoffiziellen Schätzungen soll das Volumen zwischen 20 Mrd. bis zu 300 Mrd. DM betragen.

*W. als Segment des Geldmarktes*: Grundsätzlich kann der → Geldmarkt in zwei Bereiche unterteilt werden in Abhängigkeit davon, ob das Geldmarktinstrument (→ Zinsinstrument) laufende → Zinsen zahlt (→ Abzinsungspapier) oder nicht.

(1) *Pensionsgeschäfte (→ REPO-Geschäfte)* sind Geldmarktgeschäfte, bei denen ein Vertragspartner Vermögensgegenstände (z. B. Wertpapiere, → Forderungen) auf einen anderen überträgt und vereinbart, daß die Vermögensgegenstände zu einem späteren Zeitpunkt zurückgekauft werden. Die → Laufzeit eines Pensionsgeschäftes kann bis zu einem Jahr betragen. Üblich sind i. d. R. Geschäfte mit einer Laufzeit von ein bis zwei Wochen. An den ausländischen Märkten (z. B. USA, Japan) spielen Pensionsgeschäfte eine wichtige Rolle. In der BRD sind Pensionsgeschäfte verglichen mit Sale and buy back-Transaktionen von untergeordneter Bedeutung.

(2) *Sale and buy back-Transaktionen* ähneln im wirtschaftlichen Ergebnis Pensionsgeschäften, allerdings mit dem Unterschied, daß der Vertragspartner den Vermögensgegenstand per Kassa verkauft und sofort per Termin zurückkauft. Im Gegensatz zu Pensionsgeschäften handelt es sich bei Sale and buy back-Transaktionen um zwei getrennt abgeschlossene Geschäfte. Deshalb entfällt auch das relativ aufwendige Vertragswesen (z. B. PSA Global Master Repurchase Agreement), das bei Pensionsgeschäften notwendig ist.

(3) Eine weitere Form der kurzfristigen Überlassung von Wertpapieren ist die zur Zeit noch nicht oft verwendete Vertragsgestaltung der W.: Die *W. gegen Geldsicherheiten*. Diese Form der W. unterscheidet sich rein wirtschaftlich häufig nicht von einem echten Wertpapierpensionsgeschäft (REPO-Geschäft).

*Bedeutung*: Der Markt für W. hat in den letzten Jahren international stark an Bedeutung gewonnen. Zwar gibt es aufgrund unterschiedlicher rechtlicher, gesetzlicher, steuerlicher, bewertungstechnischer und aufsichtsrechtlicher Rahmenbedingungen verschiedene Entwicklungsstadien an den nationalen Märkten, allerdings zeigt der Trend in bezug auf Umsatzvolumen, → Liquidität und Marktteilnehmer tendenziell nach oben. Insbes. in Nordamerika entwickelte sich über die letzten Jahre ein hoch entwickelter kompetiver Markt. Wie die meisten → Finanzinnovationen schwappte auch der Wertpapierleihmarkt nach mehr oder weniger kurzer Zeit aus den USA nach Europa und den asiatischen Raum über. Die → Währungen neben der D-Mark sind der Amerikanische Dollar, Kanadische Dollar, Japanische Yen, Australische Dollar, Niederländische Gulden, Schweizer Franken, Pfund Sterling, Französische Franc, Italienische Lira und Spanische Peseta. Immer mehr nationale Märkte erkennen die Notwendigkeit und die enormen Vorteile der W.

für das Wachstum und Weiterentwicklung der lokalen →Finanzmärkte. Das gigantische Wachstum in der Vergangenheit mit jährlichen Steigerungsraten von zweistelligen Prozentsätzen wird verständlich, wenn man sich überlegt, daß W. sowohl für den Verleiher als auch Entleiher und den gesamten →Finanzplatz Vorteile bieten. Zum einen profitieren institutionelle Anleger durch das Verleihen von Wertpapieren, die langfristig im Bestand gehalten werden, an den →Gebühren und können somit einen Zusatzertrag erzielen. Zum anderen kann der Entleiher mit den Papieren verschiedene Handelsstrategien verfolgen oder Lieferverzögerungen überbrücken. Darüber hinaus ist für den Markt positiv zu werten, daß die Liquidität über W. grundsätzlich erhöht wird.

**Wertpapierleihe-Pool**
Unterschiedliche Verleiher stellen →Wertpapiere in einem →Sammeldepot (Pool) für die →Wertpapierleihe i. e. S. zur Verfügung. Jede Wertpapiergattung wird in einem Unterpool zusammengefaßt. Durch diese Umbuchung erlangt i. d. R. die Bank das Wertpapiereigentum und kann somit die Wünsche der Entleiher bedienen. Dieses Zusammenfassen der Bestände hat den Vorteil, daß →Kreditinstitute ohne umständliche Abstimmung mit dem Verleiher die Wertpapiere verleihen können. Die verschiedenen Verleiher werden durch die Einbuchung der jeweiligen Gattung in den Pool anteilig, in Form einer →Prämie (Usage Fee) an den einzelnen Transaktionen partizipieren. (→Poolprämie)

**Wertpapiermarkt**
Teilmarkt des →Kapitalmarkts. Der W. wird im Hinblick auf die Instrumente der Kapitalaufbringung und der Kapitalanlage in den →Aktienmarkt und den →Rentenmarkt unterteilt. Ein weiterer bedeutsamer Teilmarkt ist der Markt für →Investmentanteile. Im Hinblick auf die Funktion werden der →Primärmarkt (Emissionsmarkt) und der →Sekundärmarkt unterschieden. Der Primärmarkt erfüllt mit der Aufnahme von Wertpapieren die Mittelbereitstellungsfunktion, der Sekundärmarkt mit dem Effektenhandel die Zirkularfunktion.

**Wertpapier-Mitteilungen (WM)**
Fachorgan für das gesamte Wertpapierwesen, insbes. für die depotführenden →Kreditinstitute, mit Nachrichten über deutsche und ausländische →Wertpapiere und damit Grundlage für die Wertpapierverwaltung sowie für den →gutgläubigen Erwerb von Wertpapieren durch Kreditinstitute; sie erscheinen mit ihren Termindaten in zwei Teilen (nahezu) täglich, mit acht Teilen wöchentlich, sind darüber hinaus auch als Datei (=WM-Gattungsdatei) zu beziehen. Mitteilungen über ausländische Wertpapiere erfolgen in Zusammenarbeit mit dem →Deutschen Auslandskassenverein.
– Übersicht vgl. S. 1690.

**Wertpapierpensionsgeschäfte**
Pensionsgeschäfte (Offenmarktgeschäfte mit Rückkaufsvereinbarung) der →Deutschen Bundesbank (→Offenmarktpolitik der Deutschen Bundesbank) mit →Kreditinstituten über lombardfähige →Wertpapiere (→Lombardfähigkeit). Voraussetzung für die Teilnahme der Kreditinstitute ist die Einrichtung von sog. →Dispositionsdepots bei den →Landeszentralbanken.

*Tenderverfahren:* Die Bundesbank führt W. im Ausschreibungsverfahren durch, wobei zwischen →Mengentender und →Zinstender zu unterscheiden ist. Beim *Zinstender* werden als Zuteilungsverfahren das →holländische Verfahren und das →amerikanische Verfahren unterschieden. Beim *Mengentender* legt die Bundesbank den →Zinssatz bereits bei der Ausschreibung fest und teilt den Kreditinstituten nach Eingang der Zeichnungen so viel des Zeichnungsbetrages zu (Repartierung), daß das von ihr gewünschte Volumen des Pensionsgeschäftes erreicht wird. Die Bundesbank strebt hierbei einen bestimmten →Zins am →Geldmarkt an (→Zinspolitik der Deutschen Bundesbank). Beim Zinstender überläßt es die Bundesbank den Kreditinstituten, bei Abgabe der Gebote den Zinssatz zu nennen. Je höher das Zinsgebot eines Kreditinstituts ist, desto größer ist die Wahrscheinlichkeit, daß das Gebot bei der Zuteilung berücksichtigt wird. Die Zuteilung erfolgt zu einem Zinssatz, bei dem das von der Bundesbank gewünschte Volumen realisiert wird. Die direkte Zinswirkung wird vernachlässigt (Liquiditätspolitik). Dieser Zinssatz findet dann einheitlich Anwendung, auch für Gebote mit einem höheren Satz. Gebote mit einem niedrigeren Satz erhalten keinen Zuschlag (holländisches Zuteilungsverfahren). Bei dem amerikanischen Zuteilungsverfahren erfolgt für die

1689

# Wertpapierpensionsgeschäfte

## Wertpapier-Mitteilungen

| Teil | Bezeichnung | Inhalt und Gegenstand der Veröffentlichung | Folge bei Depotbank |
|---|---|---|---|
| I | Sammelliste mit Opposition belegter Wertpapiere | Dient Schutz des guten Glaubens im Wertpapierverkehr Sammelliste erscheint als<br>Gesamtliste A–B: Aktien, Anteile, Kuxe, Investm.-Anteile, festverzinsliche Wertpapiere, deren Aussteller Sitz im Bundesgebiet bzw. nach 08.05.45 (neue Ostwerte) ausgegeben oder im Ausland ausgegeben und an deutscher Börse gehandelt.<br>Gesamtliste C: Aktien, Anteile, Kuxe, festverzinsliche Wertpapiere vor 8.5.1945 ausgegeben (alte Ostwerte)<br>Ergänzungsliste: Zur Aktualisierung bei evtl. zwischenzeitlichen Veränderungen | (1) Prüfung der (ruhenden) Depotbestände<br>(2) Prüfung der Umlaufsfähigkeit bei Lieferungen<br>(3) Ggf. Benachrichtigung von Deponent, Wertpapier-Mitteilung und Polizei<br>(4) Veröffentlichung der Papiere schließt gutgläubigen Erwerb bei Bank aus |
| II | Nachrichten über deutsche festverzinsliche Wertpapiere | Daten für Verwahrung und Verwaltung der Wertpapiere (z. B. Zinsscheinzahlungen, Kapitalveränderungen, Bogenerneuerungen, Börsenmitteilungen, Kassenvereinsmitteilungen) | (1) Zins- und Kapitaldienst leisten<br>(2) Bogenerneuerung veranlassen<br>(3) Benachrichtigung der Deponenten |
| II a | Neuemissionen-Schnelldienst | Sämtliche Neuemissionen deutscher festverzinslicher Wertpapiere | (1) Ergänzung des Sachdepots (w/ Standardangaben)<br>(2) Ggf. Kundenbenachrichtigung (w/ Anlageberatung) |
| II b | Sammelliste gekündigter und verloster Wertpapiere | Zusammenstellung aller verbrieften börsennotierten Emissionen, für die in AVT Kündigungen, Verlosungen oder Resteinlösungen bekanntgemacht werden, unter Angabe der Fundstellen in AVT | Durchsicht des Sachdepots und – bei Auffinden des gesuchten Titels – Benachrichtigungspflicht sowie Inkassotätigkeit für Deponent |
| III | Nachrichten über deutsche Aktien, Investmentanteile, Genußscheine, Kuxe | Informationen über Dividenden, Hauptversammlungen, Neuemissionen, Börsenzulassungen, Mitteilungen der Börsen und Kassenvereine | Erfüllung der Verpflichtung aus Depotvertrag zur Wertpapierverwaltung |
| IV | Zeitschrift für Wirtschafts- und Bankrecht | Rechtsprechung zum Wertpapier- und Kontokorrentverkehr sowie Konkursrecht; Veröffentlichung für Bankgeschäft bedeutender, aktueller Rechtsthemen | Umsetzung aktueller Gerichtsentscheidungen auf Bankbetrieb |

## Wertpapierpensionsgeschäfte

**Wertpapier-Mitteilungen** (Fortsetzung)

| Teil | Bezeichnung | Inhalt und Gegenstand der Veröffentlichung | Folge bei Depotbank |
|---|---|---|---|
| Va | Nachrichten über ausländische Aktien und aktienähnliche Werte | Teil Va: Dividendenergebnisse, Generalversammlungen, Kapitalveränderungen, Bogenerneuerungen, Mitteilungen über ausländische Gesellschaften | Erfüllung der Verpflichtung aus Depotvertrag zur Wertpapierverwaltung |
| Vb | ausländische festverzinsliche Wertpapiere | Teil Vb: Zinszahlungen, Kapitalveränderungen, sonstige Nachrichten | |
| AVT | Allgemeine Verlosungstabelle | Ergebnisse von Verlosungen, Kündigungen, Rückzahlungen in-/ausländischer Wertpapiere sowie Hinweise auf bevorstehende Verlosungen | Überwachung der Depotbestände anhand AVT |
| – | WM-Wertpapierberatung | Finanzanalytische Basisdaten über: in-/ausländische Gesellschaften Tabellen mit Euro-Kursen Wandel-/Optionsanleihen | Grundlage für Anlageberatung |

Kreditinstitute die Zuteilung zu dem jeweils von ihnen gebotenen Zinssatz (dieses Verfahren wird in den Vereinigten Staaten bei Schatzwechselauktionen angewandt). Jedes Kreditinstitut, das zum Zuge kommt, wird zu dem Zinssatz bedient, zu dem es Angebote abgegeben hat. Mit der Einführung des amerikanischen Verfahrens will die Bundesbank erreichen, daß die Kreditinstitute auf die Nennung überhöhter Zinssätze verzichten und danach eine marktgerechte Zinsfindung erfolgt.

*Wertpapierschnelltender:* 1988 ist die Bundesbank dazu übergegangen, ihre traditionellen W., die üblicherweise eine → Laufzeit von ein oder zwei Monaten aufweisen, um solche Geschäfte mit noch kürzeren Fristen zu ergänzen. Damit bezweckt sie, den Geldmarkt mit diesem Instrument auch tageweise flexibel beeinflussen zu können. Bei diesen Geschäften werden nur am Geldmarkt aktive Banken angesprochen; sie werden taggleich abgewickelt, während die üblichen Pensionsgeschäfte einen Tag nach der Ausschreibung zugeteilt werden. → Schnelltender haben kurze Laufzeiten von z. B. drei bis zehn Tagen.

*Bedeutung:* Pensionsgeschäfte der Bundesbank leisten einen beträchtlichen Beitrag zur dauerhaften Bereitstellung von → Zentralbankgeld. Der Verkaufszinssatz (Pensionssatz), zu dem die Bundesbank den gutzuschreibenden → Barwert berechnet, hat heute die dominierende Rolle übernommen, die früher der → Lombardsatz am Markt für → Tagesgeld (Geldmarkt) hatte. Während früher der Lombardsatz als eine Art → Leitzins der Bundesbank gesehen wurde, ist diese Funktion auf den Pensionssatz übergegangen. Mit den W. ist es der Bundesbank möglich, die inländischen → Geldmarktzinsen beweglicher zu gestalten, als dies mit Änderungen des Lombardsatzes durchführbar war. Veränderungen des Lombardsatzes werden nämlich im allg. Signalwirkungen zuerkannt, auch wenn dies gar nicht von der Bundesbank beabsichtigt ist. W. sind ein Mittel flexibler Steuerung, weil Höhe und Dauer der Bereitstellung von Zentralbankgeld von der Bundesbank bestimmt werden. Mit der Etablierung der W. und den Angeboten zu Sätzen unterhalb des Lombardsatzes sind die Inanspruchnahmen des → Lombardkredits deutlich zurückgegangen. Dies entspricht der ursprünglichen Funktion des

## Wertpapierpensionsgeschäfte

Lombardkredits als einer ganz kurzfristigen Liquiditätsstütze. Da W. in kurzen Zeitabständen fällig sind und erneuert werden und ihre Konditionen geänderten Situationen unverzüglich angepaßt werden können, ist es der Bundesbank mit diesem Instrument möglich, den Tagesgeldsatz in den Bereich zwischen Lombardsatz und →Diskontsatz zu bringen. Änderungen der Pensionssätze haben i. d. R. keine sofortige Wirkung auf die Zinssätze der Kreditinstitute für →Kredite und →Einlagen gegenüber Nichtbanken.

*Ausschreibungsbedingungen:* (1) Die Landeszentralbanken kaufen nach besonderer Ankündigung von Kreditinstituten, die der Mindestreservepflicht unterliegen,
- lombardfähige →Schuldverschreibungen, die an einer →Börse im →amtlichen (Börsen-)Handel oder →geregelten Markt notiert werden, sowie
- →unverzinsliche Schatzanweisungen des Bundes, seiner →Sondervermögen und der Länder unter der Voraussetzung an, daß der Verkäufer sie per Termin zurückkauft. Eigene →Emissionen eines Kreditinstituts werden nicht angekauft.

Offenmarktgeschäfte mit Wertpapieren unter Rückkaufvereinbarung werden mit oder ohne Vorschaltung eines Ausschreibungsverfahrens vorgenommen, dessen Gegenstand entweder ausschließlich Ankaufsbeträge (Verfahren zu festen Konditionen; „Mengentender") oder Ankaufsbeträge unter Nennung von Satzgeboten (p.a.-Sätzen; „Zinstender") sind. Beim Zinstender wird entweder das „holländische" oder das „amerikanische" Zuteilungsverfahren angewandt (siehe Ziff. 6).

(2) Beim Ausschreibungsverfahren sind die Gebote bis zu dem festgesetzten Termin formlos schriftlich, fernschriftlich, mit Fernkopierer oder telefonisch ohne Angabe der zum Verkauf vorgesehenen Wertpapiere bei der zuständigen Landeszentralbank (Zweiganstalt) einzureichen.

Sie müssen einen Betrag enthalten, der über mindestens 1 Mio. DM (darüber Schritte von mindestens 100 Tsd. DM) lauten soll und den Bestand des Dispositionsdepots (Ziff. 4) am Bietungstag – Schuldverschreibungen bewertet zu den jeweils aktuellen →Börsenkursen, unverzinsliche Schatzanweisungen abgezinst mit dem jeweils bekanntgegebenen Abzinsungssatz – sowie einen ggf. in der Ausschreibung genannten Höchstbetrag nicht überschreiten darf. In die Gebote können auch solche Wertpapiere einbezogen werden, die am Bietungstag noch der Landeszentralbank übereignet sind, jedoch am Ankaufstag (Ziff. 6) dem Verkäufer zurückübereignet werden. Wertpapiere, die innerhalb von 21 Kalendertagen nach Ablauf der Rückkaufsfrist einzulösen sind, sind vom Ankauf ausgeschlossen.

Im Falle eines Zinstenders müssen die Gebote den p.a.-Satz enthalten, zu dem die Bieter bereit sind, derartige Geschäfte abzuschließen. Mehrere Gebote mit unterschiedlichen p.a.-Sätzen sind möglich. Die p.a.-Sätze sollen auf volle 0,01 Prozent-Punkte lauten und dürfen den Mindestbietungssatz, sofern ein solcher festgesetzt wird, nicht unterschreiten. Billigst-Gebote sind nicht zulässig.

(3) Die Zuteilung wird den Bietern am Ankaufstag von den Landeszentralbanken bekanntgegeben. Bis dahin sind sie an ihre Gebote gebunden.

Bei der Zuteilung wird ein Betrag von 1 Mio. DM nicht unterschritten. Werden in Ausnahmefällen Gebote von weniger als 1 Mio. DM zugelassen, so werden sie voll zugeteilt. Im Falle eines Zinstenders wird entsprechend der Ankündigung in der Ausschreibung
- entweder zu einem einheitlichen p.a.-Satz zugeteilt („holländisches" Verfahren). Gebote, die über diesem p.a.-Satz liegen, werden voll zugeteilt, Gebote zu diesem Satz ggf. repartiert;
- oder es wird zu den individuellen Bietungssätzen zugeteilt („amerikanisches" Verfahren). Gebote, die über dem niedrigsten zum Zuge kommenden p.a.-Satz liegen, werden voll zugeteilt, Gebote zu diesem Satz ggf. repartiert.

(4) Die Wertpapiere müssen sich bereits bei Abgabe der Gebote bzw. der Verkaufsangebote in einem für Offenmarktgeschäfte bestimmten →offenen Depot („Dispositionsdepot") bei der Landeszentralbank befinden. Sie sollen girosammelverwahrt sein oder bei einer inländischen →Depotbank in einem →Depot der Landeszentralbank verwahrt werden.

Bei jeder Neueinlieferung von Wertpapieren in das Dispositionsdepot hat der Hinterleger schriftlich zu erklären, daß die Papiere sein unbeschränktes →Eigentum sind oder daß er zu ihrer unbeschränkten Verfügung ermächtigt ist.

Der Gesamtbestand eines Dispositionsdepots kann mit einer in zweifacher Ausfertigung einzureichenden „generellen" Verpfändungserklärung für Lombardzwecke verpfändet werden; die → Verpfändung einzelner Posten eines Dispositionsdepots ist nicht möglich.
(5) → Festverzinsliche (Wert-)Papiere werden zum amtlichen Börsenkurs bzw. Kurs im geregelten Markt angekauft; die Kurse werden den jeweils jüngsten der Bank vorliegenden Kursangaben der Deutschen Wertpapierdaten-Zentrale entnommen. Für unverzinsliche Schatzanweisungen ergibt sich der Ankaufskurs zeitwert ausgehend von der jeweiligen → Restlaufzeit durch Abzinsung des Nennwerts mit dem jeweils bekanntgegebenen Abzinsungssatz.
(6) Die Gutschrift erfolgt am Ankauftag. Die Landeszentralbank ist zum Zwecke der Eigentumsübertragung befugt, Wertpapiere im Gegenwert des Ankaufsbetrages aus dem Dispositionsdepot des Kreditinstituts nach ihrer Wahl zu entnehmen und in ihr eigenes Depot umzubuchen (Aneignungsverfahren). Bei → effektiven Stücken wird nur der Gesamtbestand einer Wertpapiergattung angekauft. Die Umbuchung wird am Ankauftag vorgenommen.
(7) Die Kreditinstitute erhalten über die angekauften Wertpapiere eine Ankaufsabrechnung; Stückeverzeichnisse werden nicht beigefügt. Die Summe der Kurswerte der angekauften Wertpapiere kann den Gutschriftsbetrag geringfügig überschreiten, wenn dies wegen der → Stückelung der Wertpapiere notwendig ist.
Die Landeszentralbank wird solche Wertpapiere zurückübereignen, die ihr das Kreditinstitut – in Ausnahmefällen – am Tage des Erhalts der Ankaufsabrechnung benennt. Sie ist zur Rückübereignung von Wertpapieren während der Laufzeit des Offenmarktgeschäfts berechtigt, wenn sich diese nachträglich als zum Ankauf nicht geeignet erweisen. Sie wird sich in diesen Fällen andere Wertpapiere in entsprechender Größenordnung aneignen. Ist dies nicht möglich, so wird sie den Ankaufsbetrag zuzüglich des der Verweilzeit der Papiere im Bestand der Bank entsprechenden Rückkaufszuschlags unverzüglich dem → Girokonto des Verkäufers belasten. Sind bei einem Zinstender nach „amerikanischem" Verfahren mehrere Gebote zum Zuge gekommen, wird sie dabei vom niedrigsten Zuteilungssatz ausgehen.

(8) Die Rückkaufsfrist beginnt am Tage des Ankaufs der Wertpapiere. Fällt der Rückkaufstermin nicht auf einen Geschäftstag, so verlängert sich die Rückkaufsfrist bis zum ersten darauffolgenden Geschäftstag. Nach Ablauf der Rückkaufsfrist wird der Verkäufer mit dem beim Ankauf vereinbarten Rückkaufsbetrag belastet. Zugleich werden die Wertpapiere in sein Depot zurückübertragen.
Der Rückkaufsbetrag errechnet sich durch einen Zuschlag auf den Gutschriftsbetrag. Der Zuschlag wird, auf Kalendertage bezogen, nach der Rückkaufsfrist und dem jeweiligen Zuteilungssatz berechnet. In der Ankaufsabrechnung wird der Rückkaufsbetrag für das gesamte Geschäft ausgewiesen, im Falle unterschiedlicher Zuteilungssätze jedoch entsprechend aufgegliedert. → Stückzinsen für die Wertpapiere bleiben unberücksichtigt. Eine etwaige Zinszahlung für die Wertpapiere während der Laufzeit der Rückkaufsvereinbarung wird an den Verkäufer weitergeleitet.
(9) Die Landeszentralbank berechnet für bei der → Deutscher Kassenverein AG (DKV) verwahrte Dispositionsbestände die → Depotgebühren jeweils vierteljährlich nach dem Depotbestand vom Quartalsende einschließlich der zu diesem Zeitpunkt im Offenmarktgeschäft angekauften Wertpapiere nach dem Quartals-Gebührensatz des DKV für Wertrechtsanteile und auf Dauer in Globalurkunden verbriefte Werte unter Anwendung der Höchstbetragsregelung. Eventuelle Rückvergütungen des DKV werden an die Kreditinstitute weitergegeben. Für die von der Landeszentralbank streifbandverwahrten Wertpapiere, einschließlich der im Offenmarktgeschäft angekauften, werden die Depotgebühren ebenfalls vierteljährlich berechnet. Für bei anderen → Drittverwahrern verwahrte Wertpapiere werden die von diesen ggf. erhobenen Depotgebühren den Dispositionsdepotinhabern weiterbelastet. Die Depotgebühren werden von der Landeszentralbank im Lastschriftverfahren eingezogen.
(10) Im übrigen gelten, soweit vorstehend nichts anderes geregelt ist, die → Allgemeinen Geschäftsbedingungen der Deutschen Bundesbank.

**Wertpapierrecht**
Sondergebiet des → Zivilrechts, in dessen Mittelpunkt das → Wechselgesetz (WG) und das → Scheckgesetz stehen. Grundlagen des

## Wertpapiersammelbank

W. finden sich auch in §§ 783 ff. des → Bürgerlichen Gesetzbuchs (→ Anweisung, → Inhaberschuldverschreibung). W. ist für viele → Bankgeschäfte grundlegend, nicht nur für das → Wertpapiergeschäft.

## Wertpapiersammelbank

Gemäß § 1 Abs. 3 DepotG von den zuständigen Landesbehörden als W. anerkanntes → Kreditinstitut (Kassenverein), wobei die Anerkennung (als → Verwaltungsakt) auch nachträglich im Interesse des Anlegerschutzes mit → Auflagen verknüpft werden kann und öffentlich bekanntzumachen ist (ebenso die Aufhebung). Eine W. ist eine der → Bankenaufsicht unterliegende → Spezialbank insbesondere für die → Sammelverwahrung (Girosammelverwahrung) von Wertpapieren i.S. des DepotG und für den → Effektengiroverkehr. Für W. gelten jedoch die → Eigenkapitalgrundsätze nur zum Teil – nämlich → Grundsatz I a –, die → Liquiditätsgrundsätze überhaupt nicht. Gehören W. allerdings einer → Kreditinstitutsgruppe i.S. des KWG als übergeordnetes Kreditinstitut gemäß § 10 a Abs. 2 KWG an, so sind sie in die Anwendung des → Grundsatzes I auf die Kreditinstitutsgruppe einzubeziehen.

1989 wurde aus den W. an den verschiedenen inländischen Börsenplätzen die → Deutscher Kassenverein AG in Frankfurt/M., deren → Aktionäre nach wie vor Kreditinstitute der jeweiligen (Börsen-)Geschäftsgebiete sind; die ehemals regionalen Kassenvereine werden als Niederlassungen fortgeführt. Im Zuge der Verschmelzung wurde die seit 1970 bestehende → Deutscher Auslandskassenverein AG, Frankfurt/M. zur → Tochtergesellschaft der neuen W.

Für den Geschäftsverkehr zwischen der Deutscher Kassenverein AG und den Kunden gelten spezielle Allgemeine Geschäftsbedingungen der Deutscher Kassenverein AG sowie Sonderbedingungen für besondere Geschäftsarten. (→ Allgemeine Geschäftsbedingungen). Inhaber eines → Kontos (→ Depotkonto) bei dieser W. können nur Kreditinstitute werden/sein, die der gesetzlichen → Depotprüfung unterliegen oder sich einer Prüfung gleicher Art dem Kassenverein gegenüber freiwillig unterworfen haben, ferner Wertpapier-Makler und Wertpapier-Handelsfirmen, sofern sie an einer deutschen → Wertpapierbörse zugelassen sind und spezifische Voraussetzungen erfüllen. Die AGB des Kassenvereins regeln neben Einzelheiten der Sammelverwahrung den Jungscheingiroverkehr (→ Depotgeschäft), die → Sonderverwahrung gemäß § 2 DepotG sowie die Sammelverwahrung ausländischer → Namensaktien.

Die Deutscher Kassenverein AG vermittelt überdies namens und im Auftrag der Kontoinhaber (Bank) Wertpapier-Leihgeschäfte (→ Wertpapierleihe) und übernimmt deren Abwicklung nach speziellen Allgemeinen Geschäftsbedingungen.

## Wertpapierschnelltender

→ Wertpapierpensionsgeschäfte mit kurzen → Laufzeiten, z. B. von drei bis zehn Tagen (→ Schnelltender).

## Wertpapierschutzvereinigung

Aktionärsvereinigung, die sich um die Wahrnehmung von → Aktionärsrechten v. a. in → Hauptversammlungen bemüht. Damit wird insbes. Kleinanlegern die Möglichkeit gegeben, sich dort vertreten zu lassen, wenn sie ihre → Depotbank nicht bevollmächtigen wollen (→ Depotstimmrecht). W. müssen zu Hauptversammlungen eingeladen werden (§ 125 Abs. 1 AktG); sie müssen die Mitteilungen bekommen, sofern sie in der vorangegangenen Hauptversammlung einen oder mehrere → Aktionäre vertreten haben.

Die bekannteste Vereinigung in Deutschland ist die → Deutsche Schutzvereinigung für Wertpapierbesitz e. V., Düsseldorf.

## Wertpapier-Sondervermögen, → Wertpapierfonds.

## Wertpapiersparen

Individualsparen durch Anlage in → Wertpapieren (→ Effekten) im Gegensatz zum Kontensparen (→ Sparen).

## Wertpapier-Sparvertrag nach dem Fünften VermBG

→ Sparvertrag mit einem → Kreditinstitut, in dem sich ein → Arbeitnehmer verpflichtet, als Sparbeiträge zum Erwerb von bestimmten, in § 4 Abs. 1 5. VermBG bezeichneten → Wertpapieren oder zur Begründung oder zum Erwerb von bestimmten, in § 4 Abs. 1 5. VermBG bezeichneten Rechten einmalig oder für die Dauer von sechs Jahren laufend → vermögenswirksame Leistungen einzahlen zu lassen oder andere Beträge einzuzahlen.

*Festlegung der Wertpapiere (Sperrfrist):* Auf einen Wertpapier-Sparvertrag eingezahlte vermögenswirksame Leistungen sind spätestens bis zum Ablauf des Kalenderjahres, das dem Kalenderjahr der Einzahlung folgt, für den Erwerb von Beteiligungs-Wertpapieren oder anderen Vermögensbeteiligungen zu verwenden (*Verwendungsfrist* gemäß § 4 Abs. 2 Nr. 1 5. VermBG). Dabei können Spitzenbeträge bis insgesamt 300 DM übrigbleiben. Die erworbenen Beteiligungswerte sind unverzüglich nach ihrem Erwerb bis zum Ablauf einer *siebenjährigen Sperrfrist* festzulegen (§ 4 Abs. 2 Nr. 2 5. VermBG). Während der Sperrfrist können festgelegte Beteiligungs-Wertpapiere zulageunschädlich veräußert werden, wenn der Veräußerungserlös bis zum Ende des folgenden Kalendermonats zum erneuten Erwerb entsprechender Wertpapiere (mit Beteiligungscharakter) verwendet wird (§ 4 Abs. 4 5. VermBG). Mit einem derartigen Austausch festgelegter Wertpapiere kann auf Kursschwankungen angemessen reagiert werden. Die Verletzung der Sperrfrist durch vorzeitige Verfügungen ist außerdem gemäß § 4 Abs. 4 5. VermBG sparzulageunschädlich, wenn z.B. (1) der Arbeitnehmer oder sein von ihm nicht dauernd getrennt lebender Ehegatte nach Vertragsabschluß gestorben oder völlig arbeitsunfähig (über 95 Prozent) geworden ist; (2) der Arbeitnehmer nach Vertragsabschluß, aber vor der vorzeitigen Verfügung geheiratet hat und im Zeitpunkt der vorzeitigen Verfügung mindestens zwei Jahre seit Beginn der Sperrfrist vergangen ist; (3) der Arbeitnehmer nach Vertragsabschluß arbeitslos geworden ist und die → Arbeitslosigkeit mindestens ein Jahr lang ununterbrochen bestanden hat und im Zeitpunkt der vorzeitigen Verfügung noch besteht; (4) der Arbeitnehmer nach Vertragsabschluß unter Aufgabe der nichtselbständigen Arbeit eine selbständige Erwerbstätigkeit aufgenommen hat.

Tritt durch → Rechtsgeschäft in die Rechte und Pflichten des bisherigen Kreditinstituts aus dem Sparvertrag während der Laufzeit an dessen Stelle ein anderes Kreditinstitut ein, so ist dieser Vorgang ebenfalls sparzulageunschädlich (§ 4 Abs. 5 5. VermBG).

*Vertragsunterbrechung:* Bei einem Vertrag über die laufende Anlage vermögenswirksamer Leistungen tritt eine Vertragsunterbrechung ein, wenn in einem Kalenderjahr, das dem Kalenderjahr des Vertragsabschlusses folgt, weder vermögenswirksame Leistungen noch „andere Beträge" eingezahlt werden (§ 4 Abs. 6 5. VermBG). Unterbrechung heißt, daß der Vertrag nicht weiter mit vermögenswirksamen Leistungen fortgeführt wird. Zinsgutschriften zählen aber zu den „anderen Beträgen" und verhindern damit eine Unterbrechung. Ebenfalls ist der Vertrag unterbrochen, wenn Sparleistungen vorzeitig zurückgezahlt oder Rückzahlungsansprüche aus dem Vertrag abgetreten oder beliehen werden. Das gilt auch für Einzahlungen, die „andere Beträge" sind.

(→ Fünftes Vermögensbildungsgesetz, Anlageformen)

### Wertpapiertausch
Bezeichnung für Kombination von Verkauf und → Kauf von → Wertpapieren aus steuerlichen Gründen (Umschichtung), z.B. Tausch hochverzinslicher → Anleihen gegen → Niedrigkupon-Titel.

### Wertpapier-Verkaufsprospektgesetz
Bundesgesetz vom 13. 12. 1990 über Wertpapier-Verkaufsprospekte, welches in § 1 als Grundregel festlegt, daß für → Wertpapiere, die erstmals im Inland öffentlich angeboten werden und nicht zum Handel an einer inländischen → Börse zugelassen sind (→ amtlicher [Börsen-]Handel), der Anbieter regelmäßig einen Verkaufsprospekt veröffentlichen muß. Ausnahmen hiervon bestehen im Hinblick auf die Art des Angebots (§ 2), aut bestimmte → Emittenten (vor allem Staaten, → Internationale Organisationen, → Kreditinstitute, → Kapitalanlagegesellschaften) sowie im Hinblick auf bestimmte Wertpapiere (§ 4). Ist für die Wertpapiere ein Antrag auf Zulassung zur amtlichen Notierung an einer inländischen Börse gestellt (→ Börsenzulassung), so gelten die Bestimmungen des → Börsenrechts (BörsenG, BörsZulV). Ist keine amtliche Notierung beantragt, so muß der Verkaufsprospekt die Angaben enthalten, die notwendig sind, um dem Publikum ein zutreffendes Urteil über den Emittenten und die Wertpapiere zu ermöglichen (§ 7 Abs. 1). Einzelheiten dazu sind in einer → Rechtsverordnung der Bundesregierung über Wertpapier-Verkaufsprospekte vom 17. 12. 1990 enthalten. Sind Angaben in einem Verkaufsprospekt unrichtig oder unvollständig, so greifen die Bestimmungen der §§ 45 ff. BörsenG über die → Prospekthaftung der Kreditinstitute

## Wertpapierverwaltung

entsprechend ein (§ 13 VerkaufsprospektG). Verstöße gegen die Veröffentlichungspflichten nach §§ 9 ff. werden als Ordnungswidrigkeiten geahndet (§ 17). Innerhalb der Mitgliedstaaten der →Europäischen Gemeinschaften (EG) bzw. des →Europäischen Wirtschaftsraums bestehen Kooperationspflichten der Börsen und Bankaufsichtsbehörden.

Besondere Bestimmungen gelten für Verkaufsprospekte von Kapitalanlagegesellschaften im Hinblick auf die Erwerber von →Anteilsscheinen (§§ 19f. KAGG).

### Wertpapierverwaltung

Verwaltung von →Wertpapieren (→Depotgeschäft).

### Wertrecht

Unverbrieftes Vermögensrecht (→Gläubigerrecht), das im Bank- und Börsenverkehr wie ein →Wertpapier angesehen und behandelt wird, wie z. B.: →Bundeswertpapiere, die sämtlich nur als →Schuldbuchforderungen (→Wertrechtsanleihen) begeben werden. Bei der Übertragung von W. gibt es einen Gutglaubensschutz. Derjenige, der ohne grobe →Fahrlässigkeit auf die Richtigkeit und Vollständigkeit der Eintragung im →Schuldbuch vertraut, erwirbt die Forderung auch vom Nichtberechtigten.
*Gegensatz:* →effektive Stücke.

### Wertrechtsanleihe

→Anleihe (→Schuldverschreibung), die nicht als →Wertpapier, sondern als →Wertrecht, d. h. als →Schuldbuchforderung begeben wird. W. sind sammelverwahrfähig und werden im →Effektengiroverkehr übertragen. Sie werden im Bank- und Börsenverkehr wie →Effekten behandelt. Ausschließlich als W. werden →Bundeswertpapiere begeben.

### Wertrechtsregister, →Bundesschuldbuch.

### Wertschöpfung

1. *In gesamtwirtschaftlicher Sicht* das in den Grenzen des Inlands bei der Produktionstätigkeit entstandene Faktoreinkommen (Einkommen aus →Produktionsfaktoren), die denjenigen zufließen, die die Nutzung der Produktionsfaktoren zur Verfügung gestellt haben. Die Ermittlung erfolgt nach dem →Inlandskonzept (→Sozialprodukt). Zu unterscheiden sind Bruttowertschöpfung und Nettowertschöpfung (→volkswirtschaftliche Gesamtrechnung). Die Bruttowertschöpfung (Bruttoproduktionswerte minus Vorleistungen) ist der Maßstab für die wirtschaftliche Leistung der Sektoren der Volkswirtschaft. Das →Inlandsprodukt zu Faktorkosten wird als Nettowertschöpfung bezeichnet.

2. *In einzelwirtschaftlicher Sicht* der Beitrag zum →Volkseinkommen. Das vom Betrieb erzeugte Gütereinkommen ergibt sich aus den gesamten →Erlösen (den nach außen abgegebenen Güterwerten), von denen die Vorleistungskosten (die von außen hereingenommenen Güterwerte, d. h. Leistungen vorgelagerter Produktionsstufen) abgezogen werden. Das vom Betrieb erzeugte Gütereinkommen ist gleich dem vom Betrieb erzeugten Geldeinkommen, der Summe von Arbeitserträgen, Gemeinerträgen (→Steuern und →Abgaben) und Kapitalerträgen (→Saldo).

Für die W. von →*Bankbetrieben* wird in der volkswirtschaftlichen Gesamtrechnung folgendes Verfahren angewendet:

    Einnahmen u. a. aus →Gebühren, →Provisionen
+ Unterstellte Entgelte für Bankdienstleistungen
    (Saldo aus Ertragszinsen, →Kreditprovisionen etc. und Aufwandszinsen u. a.)
./. Vorleistungen
    (Verbrauchte externe Güter und Dienste)

= Bruttowertschöpfung

### Wertsicherungsklauseln

*Allgemein:* Vereinbarungen, die den →Gläubiger einer →Geldschuld gegen die durch →Inflation verursachte Verschlechterung des →Geldwertes absichert, wozu ein Wertmesser außerhalb des →Geldes dient. Der Gläubiger erhält auf diese Weise bei Fälligkeit der *Geldsummenschuld* den ursprünglich vereinbarten Wert; das Risiko zwischenzeitlicher Entwertung trifft den →Schuldner (→Nominalismus). Bedeutung erlangen W. bei →Dauerschuldverhältnissen, vor allem →Miete und →Pacht, →Arbeitsverträgen und →Darlehensverträgen.

*Rechtscharakter:* W. sind ein Ausfluß der →Vertragsfreiheit. Sie kommen aber nicht in Betracht, wenn Rechtsvorschriften die schriftliche Fixierung einer bestimmten Geldsumme verlangen (z. B. bei →Wechsel, →Scheck sowie bei der →Verkehrshypothek). Aus währungspolitischen Gründen bedürfen bestimmte W. einer Genehmigung durch die →Deutsche Bundesbank (§ 3 S. 2 Währungsgesetz i. V. m. § 49 Abs. 2 AWG). Diese hat in „Grundsätzen" (Mitteilung Nr. 1015/73 vom 9.6.1978, BAnz. Nr. 109 vom 15.6.1978) einige gruppentypische Merkmale gekennzeichnet, damit in typisierender Weise über Anträge auf Ausnahmebewilligungen entschieden werden kann. Soweit danach eine Genehmigung nicht ausgeschlossen ist, kann im allg. mit ihrer Erteilung gerechnet werden. Möglich sind auch „Negativatteste" dahingehend, eine bestimmte, der →Landeszentralbank (§ 8 BBankG) unterbreitete W. sei nicht genehmigungspflichtig.

Gegen eine Versagung der beantragten Genehmigung als einem privatrechtsgestaltenden →Verwaltungsakt kann jede Vertragspartei →Widerspruch und danach ggf. (Verpflichtungs-)Klage zum Verwaltungsgericht erheben. Der Gläubiger kann aber auch vom Schuldner Zahlung des vollen Betrags der Geldverbindlichkeit (vor den Zivilgerichten) fordern. Soweit diese nicht an die Bestandkraft des Ablehnungsbescheids – nicht: eines bloßen Negativatests – gebunden sind, prüfen sie auch die Genehmigungsbedürftigkeit der vereinbarten W. Der Leistungsklage des Gläubigers ist stattzugeben, wenn der richterliche Auslegung der Klausel zum Ergebnis führt, sie sei genehmigungsfrei.

*Allgemein zulässige W.:* (1) Ansprüche auf →Schadensersatz oder →Aufwendungsersatz und weitere *Geldwertschulden*; (2) *Leistungs(bestimmungs)vorbehalte*, wo im Fall der Änderung der Preise oder Werte für bestimmte Güter oder Leistungen die Vertragsparteien oder ein Dritter den Schuldbetrag neu festsetzen sollen, ohne daß das Ausmaß der Änderung schon bindend festgelegt ist, also noch ein Spielraum bleibt; (3) *Spannungsklauseln* als eine Art von *Wertmesser-Klauseln*, bei denen die Geldschuld mit dem Preis oder Wert nicht anderer, sondern „gleichartiger" bzw. „vergleichbarer" Güter oder Leistungen verknüpft wird. Entscheidend ist hierbei der gemeinsame Rechtsgrund sowie die formale Gleichartigkeit; (4) gewisse *Kostenelemente-* bzw. *Preis(gleit)klauseln*, wo sich der für ein Werk oder eine Leistung geschuldete Preis entsprechend ändern soll, wenn sich ein oder mehrere für die Herstellung oder Lieferung des Geschuldeten maßgebende Kostenfaktoren ändern, nämlich dann, wenn die Überwälzung der Mehrkosten auf den Schuldner offen erfolgt; (5) *Wahlschulden* (§ 262 BGB) und *reine Sachschulden*, bei denen gerade keine Geldschuld (mehr, § 263 Abs. 2 BGB) vorliegt. Einige genehmigungspflichtige W. sind unter bestimmten Voraussetzungen genehmigungsfähig, nämlich (1) die Anknüpfung an die künftige Entwicklung der Lebenshaltungskosten bzw. einen →Preisindex hierfür vor allem bei über mindestens zehn Jahre wiederkehrenden Leistungen. Bei Bezugnahmen auf die künftige Entwicklung von Löhnen, →Renten, (Ruhe-)Gehältern ist zudem der Versorgungszweck der →Verbindlichkeit maßgeblich. Ansonsten werden *Indexklauseln* nur genehmigt, wenn der geänderte Kostenfaktor lediglich entsprechend seinem tatsächlichen Anteil an die Index eingesetzt wird; (2) vom Kurs einer anderen →Währung als der DM bestimmte Geldschulden (*kursabhängige DM-Verbindlichkeiten*) aus Einfuhr- sowie Passage- oder →Frachtverträgen im grenzüberschreitenden Verkehr.

Auch im Hinblick auf Miet-/Pachtzinsen aus Verträgen über Gebäude oder Räume mit mindestens zehnjähriger Dauer sowie bei →Schuldverhältnissen, die sich auf die land- oder forstwirtschaftliche Nutzung eines →Grundstücks beschränken, werden W. zugelassen.

*Verbotene W.:* (1) bei Zahlungspflichten aus dem Geld- und Kapitalverkehr. Hier könnten stattdessen auf den →Diskontsatz oder einen anderen →Zinssatz bezogene Anpassungsvereinbarungen als Spannungsklauseln verwendet werden; (2) in der Form von *Mindest-* oder *Einseitigkeitsklauseln*, weil sie nur den Geldschuld-Gläubiger begünstigen, indem etwa ein Kurs-, Preis- oder Wert-Anstieg eine Erhöhung, nicht jedoch umgekehrt ein Kurs-, Preis- oder Wertrückgang eine entsprechende Ermäßigung der Verbindlichkeit bewirken oder nur der Gläubiger das Recht haben soll, eine Anpassung zu verlangen; (3) bei einer möglichen überproportionalen Änderung des geschuldeten Betrags gegenüber der Entwicklung der Bezugsgröße (z. B. durch Gleichsetzung von Index-Punkten mit dem Prozentsatz der Änderung der Geldschuld); (4) (zwischen →Gebietsansässigen) bei einer Bindung des Schuldbetrages an den künfti-

**Wertstellung**

gen (Fein-)Goldpreis – *Goldwertklausel* – oder an bestimmte Bezugsgrößen, vor allem an den Kurs einer anderen Währung oder →Rechnungseinheit (→Währungsklausel).

*Sonstige W.:* Dem Schutz vor Veränderungen des Geldwertes können weitere Vereinbarungen dienen, die insofern ebenfalls als W. fungieren. Hierzu zählen *Beteiligungsklauseln* (z. B. für die Gegenleistung des Mieters bei gewerblich genutzten Räumen oder bei →stillen Gesellschaften: Die Höhe der Geldverbindlichkeit wird dabei (auch) von der geschäftlichen Entwicklung des Unternehmens des Schuldners abhängig gemacht) und *Kündigungsklauseln* (bei langfristigen bzw. unbefristet abgeschlossenen →Verträgen), wobei die Kündigungserklärung nicht die Beendigung des Vertrags, sondern dessen Anpassung an die veränderten wirtschaftlichen Verhältnisse zum Ziel hat. Soweit die →Kündigung nicht bereits „aus wichtigem Grund" erfolgen darf, müssen ihre Voraussetzungen vertraglich fixiert werden.

**Wertstellung**

1. Im →*Zahlungsverkehr* Festsetzung des Tages, mit dem die Verzinsung für einen neuen, durch einen Zahlungsein- oder -ausgang veränderten →Saldo auf dem →Girokonto des →Bankkunden beginnt (Valutierung). Aus der Differenz von Belastungs-W. und Gutschrifts-W. ergeben sich Wertstellungsgewinne (Float-Gewinne), die in gewissem Umfang notwendige Folge des ständig vorhandenen Bestands an schwebenden Verrechnungen in und zwischen den →Gironetzen und insoweit rechtlich unbedenklich sind. Jedoch unterliegen Bestimmungen über die W. und damit auch hieraus erzielte →Erlöse den Regeln des AGB-Gesetzes, vor allem dem in § 9 AGB-Gesetz enthaltenen Transparenzgebot. Sie müssen also dem Kunden gegenüber möglichst klar und verständlich offengelegt werden, wie der Bundesgerichtshof 1989 für das Verhältnis zu →Privatkunden entschieden hat. Gegenüber →Firmenkunden und →institutionellen Kunden gelten keine grundsätzlich anderen Anforderungen (§ 24 AGB-Gesetz), jedoch dürfte hier der Spielraum der →Kreditinstitute größer sein.

In Beziehungen zu Privatkunden sind als Wertstellungsregelungen üblich: Bareinzahlungen – Wertstellungstag = Buchungstag, Überweisungseingänge – Wertstellungstag = Buchungstag (bzw. Buchungstag plus 1 Tag), Scheckgutschriften – Wertstellungstag = Buchungstag (bzw. Buchungstag plus 1 bis 3 Tage bei Schecks, die auf andere Kunden gezogen sind); teilweise ist hier als Wertstellungstag auch der Tag der LZB-Gutschrift bzw. der Tag des Geldeingangs vorgesehen.

2. Im →*Devisenhandel*: Vgl. →Wertstellung, Devisen.

**Wertstellung, Devisen**

→Währungen können „in der Kasse" (→Spot) oder „auf Termin" gehandelt werden. Ein →Kassageschäft wird zwei Arbeitstage nach Abschluß fällig. Am Fälligkeitstag werden also die gehandelten Währungsbeträge zwischen Käufer und Verkäufer ausgetauscht. Dies geschieht über →Konten im jeweiligen Heimatland der Währungen.

Beim Kassahandel gibt es neben der normalen zweitägigen →Valuta noch folgende Sonderformen: (1) *eintägiger Handel*: In Notfällen, wenn z. B. eine fällige →Devisenposition oder ein Feiertag übersehen wurde, kann auch eintägig gehandelt werden. Solche Geschäfte sollten allerdings am frühen Vormittag abgeschlossen werden, sonst besteht die Gefahr, daß – je nach den beteiligten Währungen – ein →Valutatag für die Ausführung nicht ausreicht. (2) →Tom/Next: Hierbei handelt es sich um ein „Termingeschäft", das mit eintägiger Valuta gehandelt wird. Eine →Position, die morgen (tomorrow = „Tom") fällig ist, wird auf die nächstmögliche („Next") Valuta verlegt, also um einen Arbeitstag prolongiert. (3) →Spot/Next: Auch hier wird die →Fälligkeit einer Position um einen Tag verlängert, allerdings wird mit normaler zweitägiger Valuta gehandelt.

**Wertzuwachsanleihe**, →Aufzinsungsanleihe.

**Wesentliche Bestandteile**

Alle →Bestandteile einer →Sache, die nicht getrennt werden können, ohne daß der eine oder andere zerstört oder in seinem Wesen verändert wird. W. B. sind deshalb nicht sonderrechtsfähig, d. h. sie können nicht Gegenstand besonderer →Rechte sein (§ 93 BGB).

→ *Bewegliche Sachen:* Die → Sicherungsübereignung eines w. B. kommt nicht in Betracht. Zulässig ist nur die Übertragung der Hauptsache selbst. Im Interesse des Wirtschaftsverkehrs hat deshalb die Rechtsprechung den Kreis der w. B. immer enger gezogen. Die Abgrenzung zwischen w. B., einfachem Bestandteil und → Zubehör, die für den Sicherungswert von → Kreditsicherheiten wichtig sein kann, bleibt aber trotz aller Bemühungen im Einzelfall schwierig.

Zu einem → Grundstück gehören gemäß § 94 BGB die mit dem Grund und Boden auf Dauer fest verbundenen Sachen, insbes. Gebäude (bei nur vorübergehender Verbindung handelt es sich um Scheinbestandteile). W. B. eines Grundstücks sind die zur Herstellung des Gebäudes eingefügten Sachen, wie die Mauern, Decken, Böden, Treppen, Fenster, Türen, die Heizungsanlage usw. Maschinen sind nur dann w. B., wenn sie entweder speziell für das Gebäude, in dem sie sich befinden, hergestellt werden oder umgekehrt dieses für die Maschinen hergestellt worden ist. Ansonsten bleiben sie, auch wenn sie fest mit der Fabrikhalle oder Werkstatt verbunden und zur Aufrechterhaltung des Betriebes wesentlich sind, bewegliche Sachen und sind regelmäßig als Zubehör des Betriebsgrundstücks anzusehen. Erzeugnisse sind w. B. des Grundstücks, solange sie mit dem Boden zusammenhängen, wie das Korn auf dem Halm, mineralische Produkte des Bodens.

Mit der Trennung entstehen selbständige Sachen, die aber trotzdem gemäß §§ 1120, 1192 Abs. 1 BGB der Haftung eines → Grundpfandrechts unterliegen können (→ Grundpfandrechte, Haftungsverband). Die mit dem Eigentum an dem Grundstück verbundenen sog. subjektiv → dinglichen Rechte (§§ 96 BGB, 9 GBO), also → Grunddienstbarkeiten, dingliche → Vorkaufsrechte und → Reallasten, sind ebenfalls w. B., soweit sie zugunsten des jeweiligen Eigentümers des (herrschenden) Grundstücks bestellt werden (§§ 1094 Abs. 2, 1105 Abs. 2 BGB).

*Nicht Gegenstand besonderer Rechte:* Bewegliche Sachen stehen mit der Verbindung oder Einfügung dem Grundeigentümer oder dem Eigentümer der Hauptsache zu. Rechte, die bisher an ihnen bestanden haben, wie z. B. ein → Eigentumsvorbehalt oder eine Sicherungsübereignung erlöschen nach §§ 946, 949 Satz 1 BGB; insoweit wird nur Wertersatz nach § 951 BGB geschuldet (→ Vermischung, → Verarbeitung). Weder können sie selbständig verpfändet (→ Faustpfandrecht), übertragen (→ Übereignung) noch gepfändet (→ Pfändung) werden. Ausnahme: → Wohnungseigentum, wonach auch einzelne Teile eines Hauses Gegenstand besonderer Rechte sein können.

**Westafrikanische Währungsunion,** → Franc CFA.

**WestLB-Rendite**
Variante der → Rendite, die von der WestLB (Westdeutsche Landesbank) konzipiert wurde. Bei → Straight Bonds stimmt die WestLB-Methode mit Braeß/Fangmeyer I überein. Auch unterjährige Zinszahlungen, z. B. → Halbjahreskupons werden genauso wie bei Braeß/Fangmeyer I auf den Jahreszinstermin aufgezinst. Die WestLB-Methode ist jedoch allgemeiner als Braeß/Fangmeyer, da diese auch beispielsweise verkürzte → Kupons am Ende der → Laufzeit und überlange Kupons am Beginn der Laufzeit berücksichtigt. Diese Sonderfälle wurde von Braeß/Fangmeyer nicht näher behandelt. Die W.-R. ist somit eine Erweiterung der Braeß/Fangmeyer-Rendite. Bei Papieren mit → Jahreskupons ohne Besonderheiten sind W.-R., Braeß/Fangmeyer I und → Moosmüller-Rendite identisch, d. h. die W.-R. diskontiert die Teilperiode (gebrochene Periode) linear. Bei Papieren mit unterjährigen Zinszahlungen werden diese erst auf den Jahreskupontermin aufgezinst. Dann wird wie bei Papieren mit Jahreskupons vorgegangen. In diesem Fall weicht die W.-R. von der Moosmüller-Rendite ab.

**Wettbewerb**
Elementares Lenkungsinstrument in der → Marktwirtschaft. Die durch W. erreichbaren gesamtwirtschaftlichen Ziele faßt man in fünf *Wettbewerbsfunktionen* zusammen: (1) Auf den Märkten für → Produktionsfaktoren steuert der W. die funktionale Einkommensverteilung nach der Marktleistung. Die Ausbeutung einzelner aufgrund von → Marktmacht wird dadurch verhindert. Höhere Leistung wird besser entlohnt. Leistungsschwache Personen werden dagegen auf Sozialleistungen (Sozialtransfers des Staates) verwiesen (→ soziale Marktwirtschaft). (2) Auf den Güter- und Dienstleistungsmärkten steuert der W. die Zusammensetzung und Verteilung des Angebots nach den Käuferpräferenzen. Es wird da-

## Wettbewerb in der Finanzwirtschaft

durch ein höchstmögliches Maß an individueller Bedürfnisbefriedigung erreicht. (3) W. lenkt die Produktionsfaktoren in ihre produktivsten Einsatzmöglichkeiten. Dadurch werden die Kosten einer gegebenen Produktion besonders niedrig gehalten bzw. die →Wertschöpfung gegebener Faktoreinsatzmengen besonders gesteigert. (4) W. bewirkt die flexible Anpassung der Produktionsmengen und Kapazitäten an sich laufend ändernde Marktdaten. Dadurch werden die gesamtwirtschaftlichen →Kosten notwendiger Änderungen der Wirtschaftsstrukturen gemindert und Fehlinvestitionen begrenzt. (5) W. beschleunigt die Durchsetzung des technischen Fortschritts. Er zwingt zu ständiger Effizienzsteigerung durch Invention und Innovation.

Die →Wettbewerbspolitik hat die Aufgabe, die Rahmenbedingungen zu schaffen (→Wettbewerbsordnung), damit die Funktionsfähigkeit des W. i. S. der Erfüllung der Wettbewerbsfunktionen in möglichst vielen Bereichen der Wirtschaft gewährleistet ist. Dem *Schutz des W.* dienen in qualitativer Hinsicht das Gesetz gegen den →unlauteren W. (mit Nebengesetzen). Dem Schutz gegen quantitative Beeinträchtigungen dient das →Gesetz gegen Wettbewerbsbeschränkungen (GWB).

Zum Schutz des W. enthält das GWB ein grundsätzliches Kartellverbot (→Kartelle) und das Verbot anderer wettbewerbsbeschränkender Verträge (§ 1 GWB), das Verbot aufeinander abgestimmten Verhaltens und anderer wettbewerbsbeschränkender Verhaltensweisen (§ 25 Abs. 1 GWB), das Verbot vertikaler Bindungen (§ 15 GWB), Regelungen für die Mißbrauchsaufsicht über →marktbeherrschende Unternehmen (§ 22 GWB), ein →Diskriminierungsverbot für marktbeherrschende und marktstarke Unternehmen (§ 26 GWB) und Bestimmungen zur Kontrolle von →Unternehmenszusammenschlüssen (§§ 23 ff. GWB).

## Wettbewerb in der Finanzwirtschaft

Mehrere Gründe haben in der Kredit- und Finanzwirtschaft zu einer spürbaren Zunahme des →Wettbewerbs, sowohl zwischen einzelnen →Kreditinstituten als auch zwischen den →Bankengruppen, geführt.

Ein bedeutsamer *Strukturwandel* setzte in den sechziger Jahren ein. Mit steigenden Masseneinkommen, das immer mehr →Arbeitnehmer zu →Bankkunden werden ließ und durch die Einführung der bargeldlosen Lohn- und Gehaltszahlung beschleunigt wurde, begannen die →Kreditinstitute die Bedeutung des →Privatkundengeschäfts (→Privatkunde) zu erkennen. Das →Einlagengeschäft, insbes. die Hereinnahme von →Spareinlagen, entwickelte sich zur primären Finanzierungsquelle der Kreditinstitute. Die Ausweitung des Giroverkehrs, die Einbeziehung von Konsumkrediten (→Ratenkredit, →Dispositionskredit) sowie die Gründung von Investmentgesellschaften (→Kapitalanlagegesellschaften) durch Banken und Bankengruppen waren Kennzeichen eines sich wandelnden Marktes für →Bankleistungen. Spezialinstitute, wie z. B. →Leasinggesellschaften und →Factoring-Institute, traten als neue Wettbewerber auf den Markt auf. Im Zuge der Internationalisierung des →Bankgeschäfts kam es zunehmend zu →Aktivitäten von →Auslandsbanken auf dem deutschen Markt.

Die *weitere Entwicklung* wurde beeinflußt durch die Aufhebung des Gesetzes über die Niederlassungsfreiheit von Kreditinstituten (Wegfall der Bedürfnisprüfung bei Bank- und Zweigstellengründungen, 1958), Abschaffung der Zinsverordnung (1967), Einführung der Preisauszeichnungspflicht für Kreditinstitute (1973). Die allgemeine Angleichung der Leistungsprogramme der verschiedenen Gruppen von →Universalbanken im Bereich des Privatkundengeschäfts rechtfertigte auch die schrittweise Zurückführung der steuerlichen Privilegierung der →Sparkassen, der →Kreditgenossenschaften und der öffentlich-rechtlichen Kreditinstitute, z. B. durch Belastung mit →Körperschaftsteuer.

Die *vielfältigen technischen Neuerungen* sowohl im innerbetrieblichen Bereich der Erstellung der Bankleistungen als auch an der Schnittstelle zwischen Banken und Kunden (Expertensystem, →Cash-Management-System, →Geldausgabeautomat, →Kontoauszugsdrucker sowie andere Formen des →Electronic Banking) waren weitere Faktoren, die die Entwicklung des Wettbewerbs auf dem Markt für →Finanzdienstleistungen beeinflußt haben.

*Leistungserbringung, Vertriebswege und Kundenservice* haben in vielfältiger Weise qualitative Veränderungen erfahren. Im Kreditgeschäft ist, beeinflußt durch internationale Gepflogenheiten, die Tendenz zur Verbriefung (→Securitization) sichtbar gestiegen. Im Anleihegeschäft ist der Katalog der

Anlage- und Finanzierungsmöglichkeiten durch →Finanzinnovationen erheblich größer geworden. Gleichzeitig ist der Bedarf an Absicherungsmöglichkeiten und damit auch das Angebot gestiegen (→Zinsmanagement, →Risikomanagement). Am Markt für Finanzdienstleistungen treten neben Kreditinstituten →Finanzinstitute i.S. des KWG, →Near-Banks, Versicherungsgesellschaften, →Bausparkassen und →Kreditkartengesellschaften auf. Auf Teilmärkten sind auch →Non-Banks Wettbewerber, so z.B. im Karten- und Konsumfinanzierungsgeschäft.

Das Bemühen um →*Allfinanzangebote von Kreditinstituten* kennzeichnet nicht nur die Wettbewerbssituation zwischen Kreditinstituten und anderen Finanzinstituten, sondern auch den Wettbewerb innerhalb der verschiedenen Bankgruppen des Universalbankbereichs.

### Wettbewerbsbeschränkung

Nach dem →Gesetz gegen Wettbewerbsbeschränkungen (GWB) sind W. entweder völlig untersagt oder werden einer staatlichen Aufsicht unterworfen. Über die Einhaltung der gesetzlichen Bestimmungen wachen die Kartellbehörden, insbes. das →Bundeskartellamt.

*Wettbewerbsbeschränkende Verhaltensweisen* sind horizontale W. in Gestalt der →Kartelle (§§ 1–12), →vertikale Wettbewerbsbeschränkungen gegenüber Unternehmen auf vor- und nachgeordneten Märkten (§§ 15–20). Sonderregeln bestehen für →marktbeherrschende Unternehmen, vor allem für die →Zusammenschlußkontrolle (§§ 22–24) sowie im Hinblick auf das →Diskriminierungsverbot (§§ 26, 27).

Ein schuldhafter Verstoß (→Verschulden) gegen die gesetzlichen Verbotstatbestände stellt eine Ordnungswidrigkeit nach § 38 dar und kann von den Kartellbehörden mit Geldbußen geahndet werden. Betroffene Mitbewerber sowie bestimmte Wirtschaftsverbände können auch ein Unterlassen des wettbewerbswidrigen Verhaltens verlangen. Lag Verschulden vor, verfügt der geschädigte Mitbewerber zusätzlich über einen Schadensersatzanspruch (§ 35). Gegen Entscheidungen der Kartellbehörden können die betroffenen Unternehmen Beschwerde zu den OLG und im Falle der Nichtabhilfe Rechtsbeschwerde zum BGH erheben (§§ 62ff., 73ff.).

Das GWB findet aber aus verschiedenen Gründen auf bestimmte Wirtschaftskreise oder einzelne Institutionen überhaupt keine Anwendung – vor allem nicht auf die →Deutsche Bundesbank (§ 101) – und hat für andere Unternehmensgruppen nur beschränkte Geltung, z.B. für →Kreditinstitute und Versicherungsunternehmen (§ 102).

*Bedeutung für Kreditinstitute*: Seit der Neufassung des § 102 GWB ist auch die Kreditwirtschaft prinzipiell dem Verbotsprinzip unterworfen. Jedoch erlaubt Abs. 1 dieser Regelung Dauerkooperationen innerhalb der Kreditwirtschaft in Form von →Verträgen zwischen Kreditinstituten (die eigentlich als Kartell nach § 1 verboten bzw. als unzulässige Preis- bzw. Konditionenbindung für die Geschäftsbeziehung mit Bankkunden nichtig wären) sowie entsprechende einseitige Empfehlungen der Unternehmen oder ihrer Verbände unter relativ eng gefaßten Voraussetzungen. Es muß ein Zusammenhang mit Tatbeständen bestehen, die der Aufsicht durch das →Bundesaufsichtsamt für das Kreditwesen unterworfen sind. Die Kooperation muß außerdem geeignet und erforderlich sein, „die Leistungsfähigkeit der beteiligten Unternehmen in technischer, betriebswirtschaftlicher oder organisatorischer Beziehung insbesondere durch zwischenbetriebliche Zusammenarbeit oder durch Vereinheitlichung von Vertragsbedingungen zu heben oder zu erhalten und dadurch die Befriedigung des Bedarfs zu verbessern". Dies gilt allerdings nur, wenn der zu erwartende Erfolg in einem angemessenen Verhältnis zu der damit verbundenen W. steht. Derartig wettbewerbsbeschränkende Verträge, Beschlüsse und Empfehlungen sind mit der entsprechenden Begründung für die Freistellung bei der Kartellbehörde anzumelden, die eine Ausfertigung der Anmeldung an das Bundesaufsichtsamt für Kreditwesen weiterleitet. Die Kartellbehörde veranlaßt gemäß § 10 GWB die Veröffentlichung der Anmeldung im →Bundesanzeiger. Wirksam werden die angemeldeten wettbewerbsbeschränkenden Maßnahmen, wenn die Kartellbehörde ihnen nicht innerhalb von drei Monaten seit Eingang der Anmeldung widerspricht oder vor Ablauf dieser Frist dem Anmeldenden schriftlich mitteilt, daß sie nicht widersprechen wird. Innerhalb des eingeräumten Prüfungszeitraums soll die Kartellbehörde auch

## Wettbewerbsordnung

den von der W. betroffenen Wirtschaftskreisen Gelegenheit zur Stellungnahme geben. Vor ihrer Entscheidung braucht die Kartellbehörde nur das Benehmen mit dem Bundesaufsichtsamt für das Kreditwesen herzustellen. Gibt die Bankaufsichtsbehörde in Ausübung ihrer gesetzlichen Befugnis eine förmliche Erklärung ab, so sind die damit verbundenen Festlegungen einer wettbewerblichen Überprüfung entzogen (§ 102 Abs. 5). Große praktische Bedeutung besitzt die Legalisierungsmöglichkeit nach § 102 für → Allgemeine Geschäftsbedingungen der Kreditinstitute und → Abkommen zum bargeldlosen Zahlungsverkehr.

Wesentlich einfacher ist dagegen das Verfahren für „ad-hoc-Kooperationen", insbes. einzelne → Konsortialgeschäfte, die ohne vorherige kartellrechtliche Prüfung Wirksamkeit erlangen, sofern sie die materiell-rechtlichen Voraussetzungen der Freistellung erfüllen (§ 102 Abs. 2).

Andere Regelungen über W. gelten uneingeschränkt auch für Kreditinstitute. Wichtig sind die von dem → Zentralen Wettbewerbsausschuß aufgestellten Wettbewerbsregeln (§§ 28–33). Dabei handelt es sich um Empfehlungen zu wettbewerbskonformem Verhalten im Interesse der Einhaltung der Grundsätze eines leistungsgerechten und lauteren Wettbewerbs (→ Unlauterer Wettbewerb). Sie können in das vom Bundeskartellamt geführte Register für Wettbewerbsregeln eingetragen werden.

## Wettbewerbsordnung

Rahmen für das wirtschaftliche Geschehen auf den einzelnen Märkten, Teil der → Wirtschaftsordnung eines Landes. Nach Auffassung des Neoliberalismus hat der Staat die Aufgabe, die W. aktiv zu gestalten und vor den Interessenegoismen der eigennützig handelnden Marktteilnehmer zu schützen. Gesetzliche Grundlagen der W. in der BRD bilden insbes. das Gesetz gegen Wettbewerbsbeschränkungen (GWB) (→ Wettbewerbsbeschränkung) und das Gesetz gegen den unlauteren Wettbewerb (UWG) (→ Unlauterer Wettbewerb). Damit wurden die Voraussetzungen für eine dezentral koordinierte wirtschaftliche Betätigung geschaffen, in der durch → Wettbewerb geordnete Märkte den Regelfall bilden. Das GWB sieht jedoch auch (in §§ 99ff.) wettbewerbliche Ausnahmebereiche vor, in denen vor allem das Verbot von → Kartellen nicht gilt. Hierzu gehören u. a. der Bereich von Kohle und Stahl, die Versorgungswirtschaft und die Landwirtschaft. Sonderregelungen gelten auch gemäß § 102 GWB für → Kreditinstitute und Versicherungsunternehmen.

## Wettbewerbspolitik

Teil der → Wirtschaftspolitik, die die Bedingungen für einen wirksamen, funktionsfähigen → Wettbewerb schaffen und → Wettbewerbsbeschränkungen verhindern will. Die W. spiegelt sich in der Entwicklung des Wettbewerbsrechts wider. Wesentlich für ihren Erfolg ist die Fähigkeit, allen Beteiligten am Wirtschaftsgeschehen Freiheits- und Handlungsspielräume zu eröffnen, also den Unternehmern freien Marktzutritt zu sichern, den Verbrauchern die freie Wahl zwischen den angebotenen Gütern und Leistungen zu gewähren, den Beschäftigten die freie Wahl des Arbeitsplatzes zu ermöglichen.

Voraussetzungen für einen funktionsfähigen Wettbewerb sind das Fehlen von → Marktmacht sowie die innovative Anpassungsfähigkeit der Unternehmen an technische Entwicklungen, an sich wandelnde Käuferpräferenzen und an bestehende Konkurrenzverhältnisse.

In allen Wirtschaftsbereichen, in denen der Wettbewerb nicht funktioniert oder die aus spezifischen, gesamtwirtschaftlichen Gründen nicht (vollständig) in die → Wettbewerbsordnung einbezogen sind, muß das Verhalten der Marktteilnehmer auf andere Weise auf möglichen Mißbrauch kontrolliert werden.

## What-if Analysis

Analyse eines Finanzinstrumentes oder → Portfolios, wenn ein oder mehrere Parameter (z. B. Zinsniveau, → Volatilität) verändert werden. Eine W.-if A. kann entweder auf Basis einer → Sensitivitätsanalyse mit → Sensitivitätskennzahlen (z. B. → Modified Duration, → Price Value of a Basis Point, → Delta-Faktor) oder als Szenarioanalyse durchgeführt werden.

(→ Single-Indikator-Modelle, → Total Return Management)

## Whipsaw

Rasch aufeinanderfolgende → Kaufsignale, → Verkaufsignale und Kaufsignale, da sich kein klarer Trend durchsetzen kann. W. können verhindert werden, wenn Kauf- und Verkaufssignale nicht aufgrund eines → Indikators getroffen werden, sondern wenn das Zusammenspiel mehrerer Indikatoren beob-

achtet wird, um daraus Kauf- und Verkaufsignale abzuleiten (z. B. → gleitender Durchschnitt, → Momentum).
(→ Technische Studie)

**Wholesale Banking**
Bezeichnung für Großkundengeschäft, auch → Firmenkundengeschäft.
*Gegensatz:* → Retail Banking.

**Widerruf einer Überweisung,** → Überweisung.

**Widerruf eines Schecks,** → Scheckwiderruf, → Schecksperre.

**Widerspruch**
1. Im → Sachenrecht eine vorläufige Eintragung im → Grundbuch zum Schutze des wahren Berechtigten, die dessen Anspruch auf → Grundbuchberichtigung sichert und den öffentlichen Glauben des Grundbuchs (→ Grundbuch, öffentlicher Glaube) zerstört (§ 899 BGB).
Grundlage der Eintragung ist die Bewilligung des dadurch Betroffenen, die aber, weil nicht immer zu erlangen, auch durch eine → einstweilige Verfügung ersetzt werden kann (§ 899 Abs. 2 BGB). Zu deren Erlaß ist die Glaubhaftmachung der Gefährdung des Rechts des Widersprechenden nicht erforderlich. Bei einer nicht valutierten Darlehensbuchhypothek kann er sogar gemäß § 1139 BGB auf bloßen Antrag eingetragen werden (→ Hypothek, gutgläubiger Erwerb). Ein Amtswiderspruch ist vorzunehmen, falls das Grundbuch unter Verletzung gesetzlicher Vorschriften unrichtig geworden ist (§ 53 Abs. 1 S. 1 GBO), um einer Amtspflichtverletzung gegenüber dem Geschädigten vorzubeugen (→ Amtshaftung). Weitere vorläufige Grundbucheintragung: → Vormerkung.
2. Im → Zivilprozeß eine Bezeichnung für verschiedene Rechtsbehelfe, u. a. → Mahnbescheid (→ Mahnverfahren), Arrestbeschluß (→ Arrest) und einstweilige Verfügung. Er führt dazu, daß die angefochtete Entscheidung in derselben Instanz überprüft wird.
3. Ein Widerspruchsverfahren in Verwaltungsstreitsachen geht regelmäßig einem Prozeß vor Verwaltungsgerichten voraus, auch bei Maßnahmen des → Bundesaufsichtsamtes für das Kreditwesen (§ 49 KWG i. V. m. §§ 68 ff. VwGO). Ein W. gegen → Verwaltungsakte ist binnen eines Monats nach Bekanntgabe einzulegen.

**Widerstandslinie**
Eine Kursbewegung (Aktienkurse) erfährt im Aufwärtstrend einen Widerstand, wenn sie trotz längeren Versuchs ein bestimmtes Niveau nicht überschreitet. Häufig können sich W. in → Unterstützungslinien wandeln.

**Wiederanlagechance,** → Wiederanlagerisiko.

**Wiederanlageprämisse**
Prämisse bei Ermittlung des Endkapitals, daß alle zwischenzeitlichen → Cash-flows zur → Rendite bis zur → Fälligkeit des → Zinsinstrumentes anlegt werden.
(→ Endwertansatz, → Barwertansatz, → Endvermögensrisiko)

**Wiederanlagerabatt beim Investmentsparen**
Nachlaß vom Ausgabepreis eines → Investmentzertifikats bei Wiederanlage von Ausschüttungsbeträgen.

**Wiederanlagerisiko**
Zukünftige Zins- und Tilgungszahlungen (→ Cash-flows) aus → Zinsinstrumenten mit einem → Festzinssatz können nicht zur ursprünglich errechneten → Rendite angelegt werden, sondern nur zu einem geringeren Satz. Dem W. sind alle Papiere ausgesetzt, die laufende Zinszahlungen haben. Besonders vom W. betroffen sind Papiere mit einer kurzen → Restlaufzeit und kündbare Papiere (→ Anleihe mit Schuldnerkündigungsrecht). Zero Bonds (→ Nullkupon-Anleihe) mit einer langen → Laufzeit sind zumindestens während der Laufzeit nicht vom W. betroffen. Bei → Fälligkeit unterliegen alle Zinsinstrumente dem W. Analog wird eine Wiederanlagechance bezeichnet, wenn zukünftige Cash-flows zu einem höheren Satz angelegt werden können (→ variables Zinsrisiko, → Immunisierungsstrategie). Das W. verdeutlicht, wie → Zinsänderungsrisiko und Zeitablauf als weiterer → Marktrisikofaktor zusammenwirken. Zinserträge und → Zinseszinsen fallen ausschließlich über die Zeit an. Vereinfacht kann gesagt werden, daß das W. um so größer wird, je länger der → Planungshorizont des Investors ist. Der Anteil des Zinseszins-Ertrages am Gesamtertrag kann je nach Zinsniveau und Laufzeit zwischen 25% und 85% betragen. Während das Kursrisiko ein rein zeitpunktbezogenes Zinsänderungsrisiko ist, ist das W. ein zeitraumbezogenes Zinsänderungsrisiko.

## Wiederkaufsrecht

### Wiederkaufsrecht
Schuldrechtlicher (→ Schuldrecht) Vorbehalt des Verkäufers eines →Grundstücks (→ Kauf), dieses durch einseitige Erklärung zurückzuerwerben (§ 497 BGB).
Ein besonderes dingliches W. ist im BGB nicht vorgesehen, jedoch kann der Verkäufer seinen Anspruch auf→ Auflassung schon im voraus durch eine → Vormerkung (sogenannte Rückauflassungsvormerkung) sichern lassen. Nach deren Eintragung im → Grundbuch kann ein → Grundpfandrecht auf dem Grundstück nur mit Zustimmung des Vormerkungsberechtigten wirksam bestellt werden.

*Gesetzliches W.:* sind den Kommunen im Reichssiedlungsgesetz (§§ 20, 21) eingeräumt und besitzen bei Eintragung im Grundbuch die Wirkung einer Auflassungsvormerkung. Nach Ansicht der Rechtsprechung kann aber der Wiederkaufsberechtigte die Löschung nachrangiger Belastungen (→ Rang von Grundstücksrechten) wie z. B. Grundpfandrechte nicht verlangen, sofern sie auf den Wiederkaufspreis angerechnet werden oder durch diesen voll gedeckt sind.

### Willenserklärung
Als notwendiger Teil eines →Rechtsgeschäfts die Äußerung des Willens einer → Person, der auf die Herbeiführung einer Rechtswirkung gerichtet ist. Dieser Rechtsfolgewille muß nach außen erkennbar werden; ein innerlich bleibender Wille ist unbeachtlich (vgl. § 116 BGB). Die Erklärung kann jedoch auch konkludent, d. h. durch schlüssiges Verhalten, abgegeben werden. Schweigen ist im Rechtsverkehr grundsätzlich keine W., anders jedoch bei einem → Kaufmann nach § 362 HGB.

*Wirksamwerden einer W.:* Nicht empfangsbedürftige W. werden mit ihrer Äußerung wirksam (z. B. Auslobung, § 657 BGB; Aufgabe des → Eigentums an → beweglichen Sachen, § 959 BGB; Aufsetzen eines →Testaments, §§ 2232, 2247 BGB). Empfangsbedürftige W. (z. B. → Kündigung, →Anfechtung) werden wirksam, wenn sie in den Machtbereich des Empfängers gelangen (z. B. Einwurf in den Hausbriefkasten) und mit einer Kenntnisnahme gerechnet werden kann (normale Leerungszeit des Briefkastens, Geschäftszeiten bei Übermittlung per Telefax).

Einem Anwesenden gegenüber erfolgt der Zugang der W. mit der Abgabe, auch bei fernmündlichen Äußerungen (§ 130 Abs. 1 BGB). Die Beweislast für das Zugehen einer W. und dessen Zeitpunkt hat der Erklärende.
Erklärungen an Geschäftsunfähige oder beschränkt Geschäftsfähige (→Geschäftsfähigkeit) werden erst mit Zugang an den → gesetzlichen Vertreter wirksam (§ 131 BGB).
Eine besondere Form des Zugangs ist die → Zustellung einer W. durch den Gerichtsvollzieher (§ 132 BGB). Verhindert ein Empfänger den Zugang wider →Treu und Glauben (z. B. kein Nachsendeauftrag bei Verlegen der Geschäftsräume), gilt die Erklärung als zu dem Zeitpunkt zugegangen, zu dem dies ansonsten erfolgt wäre. Eine W. wird nicht wirksam, wenn dem Empfänger vor oder mit ihrem Zugang ein Widerruf zugeht (§ 130 Abs. 1 Satz 2 BGB). Umgekehrt bleibt eine W. auch dann wirksam, wenn der Erklärende nach der Abgabe stirbt oder geschäftsunfähig wird (§ 130 Abs. 2 BGB).

*Auslegung von W.:* Nach § 133 BGB ist der wirkliche Wille des Erklärenden zu erforschen. Dabei kommt es aber darauf an, wie ein Empfänger oder ein Dritter die W. verstehen mußte („Empfängerhorizont"). Sind W. Teile eines →Vertrages, so bestimmt § 157 BGB dessen Auslegung nach Treu und Glauben mit Rücksicht auf die Verkehrssitte. Das von Vertragsparteien übereinstimmend Gewollte ist auch dann maßgeblich, wenn dem der Erklärungsinhalt nicht oder nur teilweise entspricht.

*Form von W.:* Der nach dem BGB geltende Grundsatz der Formfreiheit als Ausfluß der → Vertragsfreiheit kann eingeschränkt sein aufgrund einer Parteivereinbarung (gewillkürte Schriftform) oder durch ein gesetzliches Formerfordernis (→Formvorschriften).

### Windfall-Profit
Durch den → Kauf von → Wertpapieren mit internationaler siebentägiger → Valuta und dem Verkauf der Wertpapiere in der gleichen Gattung mit nationaler zweitägiger Valuta können zusätzliche Zinserträge erwirtschaftet werden. Die Belieferung des Geschäftes mit der zweitägigen Valuta erfolgt durch das Entleihen von Wertpapieren, und der so erhaltene Gegenwert kann zinsbringend am →Geldmarkt angelegt werden. Durch die

Belieferung des Geschäftsabschlusses mit internationaler siebentägiger Valuta wird die offene Wertpapierleihe-Transaktion zurückgeführt. Somit konnte für fünf Tage ein kurzfristiger Zinsertrag abzüglich der Wertpapierleihgebühr vereinnahmt werden. Eine weitere Möglichkeit besteht durch den Kauf eines Wertpapieres mit zweitägiger Valuta und dem gleichzeitigen Verkauf mit siebentägiger Valuta, hierdurch ist ebenfalls ein Ertrag für fünf Tage in Höhe der Leihgebühr möglich. Mit der anstehenden Einführung von gleichen internationalen Valuten wird diese Möglichkeit der Ertragserzielung nicht mehr durchführbar sein.

### Window Dressing
„Aufpolieren" der → Bilanz durch Transaktionen, die speziell mit Blick auf den Bilanzstichtag getätigt werden, etwa Aufnahme zusätzlicher flüssiger Mittel.

### Windprotest
Protest eines → Wechsels (→ Wechselprotest), bei dem der Protestbeamte beurkundet, daß die Wohnung bzw. die Geschäftsräume desjenigen, gegen den Protest erhoben werden soll, nicht zu ermitteln waren.

### WINGS
*Warrants into Negotiable Government Securities, Euro-Treasuries, Euro-Treasury Warrants;* am → Euro-Markt begebene, handelbare → Optionsscheine, die das Recht verbriefen, innerhalb einer Optionsfrist (3 Monate bis 1½ Jahre) zu einem im vorhinein festgelegten Preis bestimmte → Schuldverschreibungen (US-Treasury Bonds, US-Schatzpapiere) zu beziehen bzw. zu verkaufen (Euro-Treasury Warrants mit einer → Put-Option – auch Put Warrants genannt – verbriefen das Recht, zu verkaufen, mit einer Call-Option [→ Callrecht] – auch Call Warrants genannt – das Recht, zu kaufen). Das Finanzinstitut (→ Bank, → Broker), das die WINGS begibt, sichert sich entsprechend am (Chicago) → Futures-Markt (Terminkontraktmarkt) ab (→ Terminkontrakthandel). Es betreibt eine Arbitrage zwischen Euro-Markt und Futures-Markt. Der → Emittent der Schuldverschreibungen (US-Treasury Bonds) wird durch die Ausgabe der Warrants (Optionsscheine) nicht unmittelbar tangiert. Im Gegensatz zur → Optionsanleihe (Bonds with Warrants; Warrant Bonds) sind Emittent der Schuldverschreibung und Emittent des Optionsscheins nicht identisch. WINGS wurden 1983 von US-Brokern in London eingeführt. Die den WINGS zugrunde liegenden Schuldverschreibungen müssen bestimmte *Voraussetzungen* erfüllen: (1) Sie müssen festverzinslich sein, da bei Zinsvariabilität (→ Floating Rate Notes) die Kursschwankungen zu gering sind. (2) Sie sollten lange → Restlaufzeiten aufweisen, da dann die Kursschwankungen bei sich änderndem Marktzins größer ausfallen. (3) Sie sollten börsennotiert sein und einen hinreichend breiten Markt besitzen. (4) Der Emittent sollte von einwandfreier Bonität sein, da die Zinsspekulation unabhängig vom Spekulationselement „Risikoprämie" sein sollte. (5) Schließlich müssen Erwartungen über Änderungen des Zinsniveaus bestehen.

Die Optionsscheine sind Spekulationspapiere; im Zeitpunkt der Begebung ist eine → Optionsprämie im Wert des Optionsscheins enthalten, d. h. derjenige Betrag, um den der Kurs der Anleihe steigen müßte, damit die Ausübung der Option wirtschaftlich sinnvoll ist. Die Höhe der Optionsprämie unterliegt während der Optionsfrist Wertschwankungen, die von den Kurserwartungen, vom augenblicklichen Kursniveau und von der Dauer bis zum Ablauf der Optionsfrist abhängt. Gegen Ende der Optionsfrist wird sich diese Optionsprämie dem Wert Null annähern, so daß der Wert des Optionsscheins allein vom Nutzen bei Ausübung der Option abhängt. Liegt bei einem Call Warrant zum Ende der Optionsfrist der → Börsenkurs unter dem Optionspreis, so wird auch der Optionsschein wertlos, da es günstiger ist, die Option verfallen zu lassen. Die → Emission und der Handel in WINGS steht in Konkurrenz zu → Termingeschäften in Treasury Bonds. Kritiker weisen darauf hin, daß entsprechende Spekulationsrechte an der → Terminbörse günstiger erworben werden können. Dem wird entgegengehalten, daß der Handel in Financial Futures (→ Finanzterminkontrakt) in den USA komplizierter und an eine Registrierungspflicht für die Erwerber gebunden ist; ferner erfordern die WINGS keine Sicherheiten und gewähren z. T. längere Optionsfristen.

Auch haben Banken Warrants auf die im eigenen Bestand befindlichen → Anleihen herausgegeben, um zusätzlich zum Anleihezins Mittel aus dem Verkauf der Optionsscheine zu erhalten. Diese Papiere werden auch als „nackte Warrants" (Naked Warrant, → Nackter Optionsschein) bezeichnet, da sie

**Wirtschaftlicher Verein**

nicht gleichzeitig mit Emission der Anleihe vom Anleiheschuldner herausgegeben werden. Der Emittent der Warrants mindert damit jedoch den →Liquiditätsgrad seiner Anleihen, da er innerhalb der Optionsfrist lieferbereit bleiben muß, es sei denn, eine spätere Absicherung am Futures-Markt ist möglich.

**Wirtschaftlicher Verein**
Unternehmensrechtsform (→Verein als →juristische Person des →Privatrechts), die sich auch bei einigen →Banken findet, z. B. bei →freien Sparkassen oder →Post-Spar- und Darlehnsvereinen. Im Hinblick auf das Fehlen einer gesetzlichen Bestimmung über ein Mindestkapital erlangen w.V. ihre →Rechtsfähigkeit erst mit staatlicher Genehmigung („Verleihung", § 22 BGB). Diese wird im Interesse des Gläubigerschutzes regelmäßig erst dann erteilt, wenn in der →Satzung des w.V. für eine hinreichende Eigenkapitalausstattung gesorgt wird. Die Zielsetzung deckt sich also mit dem für die →Erlaubniserteilung für Kreditinstitute nach § 33 KWG geforderten →Eigenkapital. Jedoch macht die „Verleihung" eine Erlaubnis seitens des →Bundesaufsichtsamts für das Kreditwesen keineswegs entbehrlich.

**Wirtschaftliches Eigenkapital**
Die gegenüber dem bilanziellen →Eigenkapital detailliertere Ermittlungsmethode. Sie wird deshalb zumeist für die Ermittlung der Kapitalstruktur-Kennzahlen bei →Kapitalgesellschaften herangezogen. Das w. E. setzt sich zusammen aus den Bilanzpositionen →Grundkapital (→Stammkapital) plus →Rücklagen plus Gewinnvortrag plus dem Anteil des Bilanzgewinns, der nicht ausgeschüttet wird, plus dem halben →Sonderposten mit Rücklageanteil minus ausstehende →Einlagen auf das →Grundkapital minus Bilanzverlust. Bei dem Ansatz der Sonderposten mit Rücklageanteil zum halben Wert handelt es sich um eine Hilfskonstruktion zu Annäherung an den tatsächlichen Wert, da die exakte Trennung in Rücklageanteil und Steuerschuld nicht möglich ist.

**Wirtschaftliches Eigentum**
Begriff des Steuerrechts. In Durchbrechung des Grundsatzes, daß →Wirtschaftsgüter dem Eigentümer zuzurechnen sind (§ 39 Abs. 1 AO), bestimmt § 39 Abs. 2 Nr. 1 AO: „Übt ein anderer als der Eigentümer die tatsächliche Herrschaft über ein Wirtschaftsgut in der Weise aus, daß er den Eigentümer im Regelfall für die gewöhnliche Nutzungsdauer von der Einwirkung auf das Wirtschaftsgut wirtschaftlich ausschließen kann, so ist ihm das Wirtschaftsgut zuzurechnen. Bei Treuhandverhältnissen (→Treuhand) sind die Wirtschaftsgüter dem Treugeber, beim Sicherungseigentum (→Sicherungsübereignung) dem Sicherungsgeber und beim Eigenbesitz dem Eigenbesitzer zuzurechnen." Von Bedeutung ist die Zurechnung von Wirtschaftsgütern beim →Leasing und beim Erwerb von →Eigentum unter →Eigentumsvorbehalt. Nach § 39 Abs. 2 Nr. 1 AO ist eine wirtschaftliche Betrachtungsweise maßgebend.

**Wirtschaftlichkeitskontrolle**
Nach Hagenmüller/Jacob das In-Beziehung-Setzen von →Kosten (→Kosten im Bankbetrieb) und Stellenleistungen und das Vergleichen der Ergebnisse in zeitlicher und/oder zwischenbetrieblicher Hinsicht oder auf dem Wege der Soll-Ist-Gegenüberstellung.

**Wirtschaftlichkeitsrechnung**, →Investitionsrechnung.

**Wirtschaftsausschuß**
Informations- und Beratungsgremium im Rahmen der Betriebsverfassung zur Förderung der Zusammenarbeit und Information zwischen Unternehmer und →Betriebsrat in wirtschaftlichen Angelegenheiten (§ 106 BetrVG).

**Wirtschaftsgut**
Im Steuerrecht üblicher Begriff für vermögenswerten, verkehrsfähigen →Gegenstand (→Sachen, →Rechte u.a.).

**Wirtschaftskreislauf**
Netzwerk von Strömen zwischen den Sektoren der Volkswirtschaft, das in Form einer bildhaften Ordnungsvorstellung zur Beschreibung und Erklärung wirtschaftlicher Beziehungen bei arbeitsteiligem Wirtschaften dient. Ein W. besteht aus Wirtschaftssubjekten, Wirtschaftsobjekten, ökonomischen Transaktionen und ökonomischen Aktivitäten.

*Wirtschaftssubjekte* sind die organisatorischen Einheiten, die ökonomische Entscheidungen treffen: Unternehmen, private

## Wirtschaftspolitik

Haushalte, →öffentliche Haushalte und Ausland. Zum Zwecke einer übersichtlichen Darstellung werden die Wirtschaftssubjekte zu Sektoren zusammengefaßt: alle Unternehmen zum Sektor Unternehmen, alle privaten Haushalte zum Sektor private Haushalte, die öffentlichen Haushalte zum Sektor Staat.

*Wirtschaftsobjekte*: Gegenstände ökonomischen Handelns sind Güter und Forderungen. Güter sind →Waren (Sachgüter), Dienstleistungen einschl. Faktornutzungen (Leistungen der →Produktionsfaktoren). →Forderungen als finanzielle Werte sind in gesamtwirtschaftlicher Betrachtung auf Güter gerichtete Ansprüche, wie z. B. →Kapitalwertpapiere, →Geldwertpapiere, Sparguthaben, →Geld.

*Ökonomische Transaktionen*: Der Übergang von Wirtschaftsobjekten zwischen Wirtschaftssubjekten kann sich als Tauschvorgang (Leistung und Gegenleistung) oder als Übertragung (Leistung ohne direkte Gegenleistung) vollziehen: Realtausch (Gut gegen Gut), Gütertausch (Gut gegen Forderung), Forderungstausch (Forderung gegen Forderung), Realtransfer (Übertragung eines Gutes ohne direkte Gegenleistung), Forderungstransfer (Übertragung einer Forderung ohne direkte Gegenleistung).

*Ökonomische Aktivitäten*: Wirtschaftliche Tätigkeiten, die auf eine Bedürfnisbefriedigung durch Güter abzielen, lassen sich einteilen in Produktion, Einkommenserzielung und -verwendung (→Konsum, →Ersparnis), Bildung von →Sachvermögen und ihre →Finanzierung, Änderungen von Forderungen und →Verbindlichkeiten.

### Wirtschaftsordnung

Rahmen für den Ablauf der wirtschaftlichen Prozesse zur Befriedigung menschlicher Bedürfnisse durch Beschaffung, Bereitstellung und Verteilung ökonomischer Güter. Sie ist die Ordnung des gesellschaftlichen Teilsystems „Wirtschaftssystem". Mit der Unterscheidung von Wirtschaftsordnungstypen lassen sich die historischen und gegenwärtigen Wirtschaftssysteme anhand ausgewählter Merkmale charakterisieren. Grundlegend ist *der klassifikatorische Ansatz* Walter Euckens, der anhand des Merkmals „Zahl der selbständig planenden Wirtschaftseinheiten" die Idealtypen „reine" Zentralverwaltungswirtschaft und „reine" →Marktwirtschaft unterscheidet und die realisierten Ordnungen als Mischung dieser Typen ansieht. Hinsichtlich der Mischung unterschiedlicher Gestaltungsprinzipien der W. kann man grundsätzlich drei *Ordnungstypen* unterscheiden, mit deren Hilfe sich auch die bisherige Ausgestaltung von W. charakterisieren läßt: (1) primär marktwirtschaftliche Ordnungen, in denen die dezentrale, auf privatem →Eigentum an Produktionsmitteln beruhende Koordinierung der Wirtschaftsprozesse dominiert (freie Marktwirtschaft), (2) gelenkte Marktwirtschaften, in denen eine Verwirklichung der dezentralen Koordinierung über Märkte mit zentralen staatlichen Plan- und Handlungsvorgaben angestrebt wird, indem etwa private Initiative und Produktion im konsumnahen Bereich der Volkswirtschaft zugelassen wird, während der Grundstoff- und Produktionsmittelbereich vergesellschaftet ist und staatlicher Rahmenplanung unterliegt, (3) Zentralverwaltungswirtschaften, in denen das Prinzip der hierarchischen Über- und Unterordnung im gesamten Wirtschaftssystem Priorität und, gestützt auf Gemeineigentum an Produktionsmitteln (Sozialismus), die Leitung und Koordinierung überwiegend nach zentralen Ziel- und Planvorgaben erfolgt. Privatwirtschaftliche Güter- und Leistungserstellung stellt in solchen Systemen die Ausnahme dar und ist als Eingeständnis eines nicht überall durchsetzbaren zentralen Steuerungsanspruchs zu werten.

Die Tendenz der wirtschaftlichen Entwicklung seit Ende der achtziger Jahre ist durch einen Verfall zentralverwaltungswirtschaftlicher Ordnungen vom Typ (3) und durch eine Instabilität gelenkter Marktwirtschaften vom Typ (2) gekennzeichnet. Seitdem orientiert man sich in der wirtschaftspolitischen Gestaltung immer mehr an marktwirtschaftlichen Ordnungen vom Typ (1), die durch wirksame soziale Sicherungen ergänzt werden (→Soziale Marktwirtschaft).

### Wirtschaftspolitik

Maßnahmen zur Beeinflussung von Rahmenbedingungen und Ablauf ökonomischer Aktivitäten im Hinblick auf bestimmte Ziele. W. umfaßt in erster Linie staatliche Aktivitäten.

*Ziele*: Die Ziele, denen die staatliche W. verpflichtet ist, sind im →Stabilitätsgesetz formuliert. Es sind die Ziele des →Magischen Vierecks: Preisniveaustabilität (→Geldwertstabilität), hoher Beschäftigungsstand (Auslastung des → Produktionspotentials), → Außenwirtschaftliches Gleichgewicht bei angemessenem und stetigem Wachstum (→ Wirtschaftswachstum). Die Ziele des Magischen Vierecks werden um das Verteilungsziel (gerechte Verteilung) ergänzt (→ Soziale Marktwirtschaft). Wirtschaftspolitische Ziele sind außerdem in Art. 109 GG sowie in § 1 AFG enthalten. § 3 BBankG nennt als Ziel der → Deutschen Bundesbank die Sicherung der → Währung.

*Systematik*: (1) Als Gestaltungsbereiche werden im allgemeinen Ordnungspolitik, Prozeßpolitik (Ablaufpolitik) und Strukturpolitik (Wirtschaftsbereichspolitik) unterschieden. (2) Nach den Instrumenten in der Prozeßpolitik werden hauptsächlich die → Geldpolitik (auch als Geld- und → Kreditpolitik bezeichnet), die → Finanzpolitik und die → Währungspolitik (bzw. → Wechselkurspolitik) unterschieden. Prozeßpolitik kann weiter unterschieden werden nach Funktionen (z.B. → Konjunkturpolitik, → Stabilisierungspolitik, Wachstumspolitik, Verteilungspolitik) oder nach Sektoren (z.B. Außenwirtschaftspolitik). (3) Je nachdem, ob wirtschaftspolitische Maßnahmen das gesamtwirtschaftliche Angebot oder die → gesamtwirtschaftliche Nachfrage beeinflussen sollen, wird zwischen der → angebotsorientierten Wirtschaftspolitik und der → nachfrageorientierten Wirtschaftspolitik unterschieden. Angebotsorientierte W. ist auf Verstetigung angelegt und daher mehr mittelfristig orientiert. Die Konzeption ist durch den → Monetarismus geprägt. Besondere Bedeutung hat die Verwirklichung eines möglichst unreglementierten marktwirtschaftlichen Ordnungsrahmens durch Ordnungspolitik sowie eine verstetigende Geldmengenpolitik. Nachfrageorientierte W., die auf der → Keynes'schen Theorie beruht, ist eher kurzfristige, fallweise angelegte Konjunkturpolitik. Besondere Bedeutung hat die Fiskalpolitik; die Geldpolitik hat lediglich unterstützende Funktion. (4) Durch Diskussionen um wirtschaftspolitische Strategien sind die Bezeichnungen „diskretionäre W." und „regelgebundene W." bekannt geworden. Als diskretionär wird eine W. bezeichnet, die fallweise mit Maßnahmen eingreift (sog. Stop-and-go-Politik) und daher notwendigerweise eher kurzfristig angelegt sein muß. Die keynesianisch geprägte, im Stabilitätsgesetz festgelegte antizyklische Finanzpolitik (nachfrageorientierte Konjunkturpolitik) ist diskretionär. Nach dem Konzept der regelgebundenen W. sollen die politischen Entscheidungsträger zur Förderung der Vorhersehbarkeit und der Verstetigung der W. sowie zur Verkürzung der wirtschaftspolitischen Wirkungsverzögerungen verpflichtet werden, (bestimmte) stabilisierende wirtschaftspolitische Maßnahmen zu ergreifen, wenn bestimmte → Konjunkturindikatoren Handlungsnotwendigkeit signalisieren. Die praktische Anwendbarkeit dieses Konzepts ist umstritten.

*Akteure*: Zu unterscheiden sind Entscheidungsträger und Einflußträger. Wichtige Entscheidungsträger sind Parlamente und Regierungen in Bund, Ländern und Gemeinden, die Deutsche Bundesbank (als autonomer Träger), den Bundesministern nachgeordnete Bundesoberbehörden, wie z.B. das → Bundeskartellamt, die → Bundesanstalt für Arbeit. Diese Träger der W. haben öffentlich-rechtliche Entscheidungsfunktionen. Daneben gibt es Träger mit privatrechtlichen Entscheidungsfunktionen, wie → Gewerkschaften und Verbände. Sie sind gleichzeitig Einflußträger. Einflußträger haben eine Informationsfunktion, wie z.B. der → Sachverständigenrat zur Begutachtung der gesamtwirtschaftlichen Entwicklung, den Finanzplanungsrat und die → Wirtschaftswissenschaftliche Forschungsinstitute.

## Wirtschafts- und Sozialrat der Vereinten Nationen
→ Organ der Vereinten Nationen (→ UNO), das sich mit internationalen Fragen auf wirtschaftlichem, sozialem und kulturellem Gebiet befaßt; Verbindungsstelle zu den Sonderorganisationen der UN, die aufgrund von Verträgen zum UN-Verbund gehören und ihm formal gleichgestellt sind (z.B. → Weltbankgruppe, → Internationaler Währungsfonds), sowie zu anderen → Internationalen Organisationen, jedoch nicht zum → Allgemeinen Zoll- und Handelsabkommen (GATT).

## Wirtschafts- und Währungsunion
Höchste Stufe der wirtschaftlichen → Integration zwischen mehreren Staaten, die jedoch ihre Selbständigkeit (Souveränität) auf außerökonomischen Gebieten behalten. Innerhalb einer W. besteht ein einheitlicher

## Wochenausweis der Deutschen Bundesbank

Binnenmarkt (→ Gemeinsamer Markt). Wichtigste Kennzeichen einer W. sind: freier Personen-, Waren-, Dienstleistungs-, Kapital- und Zahlungsverkehr zwischen den Mitgliedstaaten, Harmonisierung und Koordinierung der wirtschaftspolitischen Zielsetzungen und Instrumente, Vereinheitlichung der → Währungspolitik (einschl. → Geldpolitik und → Kreditpolitik), unwiderruflich → feste Wechselkurse ohne → Bandbreiten im Verhältnis der → Währungen der Mitgliedstaaten zueinander, volle → Konvertibilität dieser Währungen. Die als Teil der → Europäischen Union vereinbarte → Europäische Wirtschafts- und Währungsunion zielt überdies auf die Einführung einer einheitlichen Währung, der ECU, ab (Art. 3 a Abs. 2 EG-Vertrag), die die bisherige gleichnamige → Rechnungseinheit ablösen soll (Art. 109 1 Abs. 4 EG-Vertrag).

### Wirtschaftswachstum

Zunahme des realen → Bruttosozialprodukts aufgrund vermehrten Einsatzes von → Produktionsfaktoren und/oder aufgrund von Steigerungen der → Produktivität der Produktionsfaktoren (→ Arbeitsproduktivität, → Kapitalproduktivität).
Als Indikatoren des Wachstums einer Volkswirtschaft werden nicht nur die Entwicklung des → Sozialprodukts, sondern auch das Sozialprodukt pro Kopf der Bevölkerung, das → Produktionspotential oder der allgemeine Wohlstand der Bevölkerung angesehen. In einer marktwirtschaftlichen Ordnung (→ Wirtschaftsordnung) wird der Staat durch eine konsequente Ordnungspolitik die Rahmenbedingungen für ein störungsfreies W. ständig zu verbessern suchen (→ angebotsorientierte Wirtschaftspolitik).

### Wirtschaftswissenschaftliches Forschungsinstitut

Einrichtung, die der empirischen Wirtschaftsforschung dient (Diagnose und Prognose der konjunkturellen Entwicklung in der BRD und in den wichtigsten westlichen Industriestaaten). W. F. erstellen im Rahmen der Arbeitsgemeinschaft deutscher Wirtschaftswissenschaftlicher Forschungsinstitute e. V. zweimal jährlich ein sog. Gemeinschaftsgutachten. Dem Herbstgutachten der Arbeitsgemeinschaft folgt am 15.11. eines Jahres das Jahresgutachten des → Sachverständigenrates zur Begutachtung der gesamtwirtschaftlichen Entwicklung. Mitglieder der Arbeitsgemeinschaft sind: Institut für Weltwirtschaft an der Universität Kiel, Deutsches Institut für Wirtschaftsforschung (Berlin), Rheinisch-Westfälisches Institut für Wirtschaftsforschung (Essen), H.W.W.A.-Institut für Wirtschaftsforschung – Hamburg, Ifo-Institut für Wirtschaftsforschung (München) und Institut für Wirtschaftsforschung, Halle.

### WM

Abk. für → Wertpapier-Mitteilungen.

### Wochenausweis der Deutschen Bundesbank

Finanzieller Status der → Deutschen Bundesbank in verkürzter Form, der über die aktuelle monetäre Entwicklung informieren soll.

*Gesetzliche Grundlage:* § 28 BBankG verpflichtet die Bundesbank, nach dem Stand vom 7., 15., 23. und Letzten eines jeden Monats einen Ausweis zu veröffentlichen. Der W. d. D. B. ist eine Form, in der die Bundesbank ihrer gesetzlichen Publizitätspflicht nachkommt (→ Deutsche Bundesbank, Veröffentlichungen).

*Gliederung:* § 28 BBankG gibt die Posten an, die der W. d. D. B. enthalten muß. Die Bundesbank hat für bestimmte → Aktiva und → Passiva, die sich den im Gesetz genannten Posten nicht zuordnen ließen, neue Posten gebildet und geht somit in ihrer Publizität über die Anforderungen des § 28 hinaus. Die Bundesbank ist auch durch § 28 nicht auf eine bestimmte Reihenfolge der Posten verpflichtet. Sie gliedert deren die Wochenausweispositionen z. T. abweichend von der im Gesetz enthaltenen Reihenfolge, die dem Prinzip fallender → Liquidität folgt. Dieses Prinzip ist bei einer → Zentralnotenbank nur sinnvoll im Hinblick auf die Untergliederung der Auslandsanlagen. Vgl. Übersicht S. 1710.

*Bedeutung:* Der W. d. D. B. soll wirtschaftspolitische Informationen liefern, insbes. solche währungs- und kreditpolitischer Art. Er ist eine nach Vermögenswerten und → Verbindlichkeiten gegliederte Zwischenbilanz, die der Öffentlichkeit zahlenmäßigen Aufschluß über das Ergebnis der Geschäftstätigkeit der Bundesbank und über die Auswirkungen ihrer währungspolitischen Maßnahmen in einem bestimmten Zeitraum geben soll. Es ist zu beachten, daß die Veränderungen von Woche zu Woche zu

**Wochenausweis der Deutschen Bundesbank**

Wochenausweis der Deutschen Bundesbank – Im Vergleich zur Bundesbankbilanz

|  | Wochenausweis | Bilanz |
|---|---|---|
| Gesetzl. Grundlage | §28 BBankG | §26 BBankG |
| Aufstellungszeitpunkt: | wöchentlich (7.+15.+23.+Ult.) | jährlich zum 31.12. |
| Zielsetzung | Information über volkswirtschaftliche Vorgänge (Versorgung der Wirtschaft mit Zentralbankgeld und die Auslandspositionen der Bundesbank). Er erlaubt einen Einblick in die währungspolitischen Aktivitäten der Bundesbank | betriebswirtschaftliche Zwecke, Information über die Vermögensverhältnisse und Ertragsverhältnisse der Bundesbank; Bilanz ermöglicht Informationen über die Funktionen der Bundesbank |
| Bewertung | keine; Übernahme der Zahlen aus dem Rechenwerk der Bundesbank (Ausnahmen: (1) Ausweis per 31.12., in den Bilanzwerte übernommen werden (2) Bestände an US-$, SZR und ECU) keine Erfolgsrechnung | nach Handelsrecht (Bilanz mit Erfolgsrechnung) |
| Arbeitsablauf der Aufstellung | 1. Aufstellung durch das Direktorium 2. Erläuterungen durch die volksw. Abteilung 3. Unterzeichnung durch zwei Mitgl. des Direktoriums 4. Veröffentlichung im Bundesanzeiger | 1. Aufstellung durch das Direktorium 2. Prüfung durch einen oder mehrere Wirtschaftsprüfer 3. Feststellung durch Zentralbankrat 4. Veröffentlichung im Bundesanzeiger durch Direktorium 5. Prüfungsbericht an Bundesrechnungshof, BMF |
| Gliederungsunterschiede | Von §28 Mindestvorschriften vorgegeben, wird von Bundesbank erweitert zur Erhöhung der Aussagekraft (Zusammenfassung mehrerer Positionen unter „sonstige Aktiva" wie sonstige Vermögensgegenstände, Grundstücke und Gebäude, Betriebs- und Geschäftsausstattung, schwebende Verrechnungen u. Rechnungsabgrenzung) | Gliederung weder durch Gesetz noch durch Satzung geregelt. Praxis: Gliederung und Bezeichnung der Positionen dem Wochenausweis angepaßt. Keine Zusammenfassung unter „Sonstige Aktiva" wie im Wochenausweis, nur „sonstige Vermögensgegenstände" |

einem Teil das Ergebnis von zeitlichen Schwankungen sein können und daher nicht unbesehen als Indikatoren einer allgemeinen Entwicklung betrachtet werden können. Es ist auch zu berücksichtigen, daß der Ausweis nicht alle Informationen enthält, die zu einer vollständigen Analyse notwendig sind.

*Erstellung und Veröffentlichung:* Der W.d.D.B. wird von der Hauptabteilung Controlling des →Direktoriums der Deutschen Bundesbank erstellt und von der Hauptabteilung Volkswirtschaft erläutert (→Deutsche Bundesbank, Organisationsstruktur). Da die Zahlen der →Landeszentralbanken erst am 2. des auf den Ausweis-

## Wochenausweis der Deutschen Bundesbank

stichtag folgenden Geschäftstages vorliegen, kann der Ausweis erst an diesem Tag zusammengestellt werden. Er wird von zwei Mitgliedern des Direktoriums der Bundesbank unterschrieben und mit Erläuterungen im → Bundesanzeiger veröffentlicht sowie der Presse zur Besprechung übergeben. Die Erläuterungen haben folgende Gliederung: → Zentralbankguthaben und → Refinanzierung der Banken, Auslandsposition der Deutschen Bundesbank, Nettoposition der → öffentlichen Haushalte gegenüber der Bundesbank (bis 1994) und → Bargeldumlauf.

*Erkenntnisse:* Im Wochenausweis spiegeln sich die Funktionen der Bundesbank (→ Deutsche Bundesbank, Funktionen) wider. Die Bundesbank als → Notenbank wird durch die Passivposition „Banknotenumlauf", durch den Aktivposten „Deutsche → Scheidemünzen" und durch die (nachrichtliche) Position „Bargeldumlauf" erkennbar. In dem Aktivposten „Deutsche Scheidemünzen" (→ Münzregal) wird der Bestand der Bundesbank an umlauffähigen → Münzen ausgewiesen. Die Differenz zwischen dem Passivposten „Banknotenumlauf" und der Position „Bargeldumlauf" ist der Münzumlauf. Für die Beurteilung der Geldversorgung ist das Geldmengenaggregat M 1 (→ Geldmengenbegriffe) heranzuziehen. In dem Aktivposten 1 werden die gesamten → Währungsreserven der Bundesbank angegeben. Zieht man von ihnen die Verbindlichkeiten aus dem → Auslandsgeschäft (Passivposten 7) sowie Verbindlichkeiten gegenüber dem → Europäischen Währungsinstitut – bis Ende 1993 dem → Europäischen Fonds für währungspolitische Zusammenarbeit (EFWZ) (Passivposten 8) – und die von Ausländern gehaltenen → Liquiditätspapiere (Passivposten 6) ab, so ergeben sich die Nettowährungsreserven. Durch Addition der Nettowährungsreserven mit den → Krediten und sonstigen → Forderungen an das Ausland (Aktivposten 2) erhält man die Auslandsposition der Bundesbank, d. h. ihre Nettogläubigerposition gegenüber dem Ausland (Nettoauslandsposition). Für die Beurteilung der Zahlungsbilanzsituation der BRD ist neben diesen Posten der → Auslandsstatus (Erhebung der Auslandsaktiva und Auslandspassiva der → Kreditinstitute) heranzuziehen. Die Funktion der Bundesbank als Bank der Banken kommt in dem Aktivposten „Kredite an inländische Kreditinstitute" (Refinanzierung bei der Bundesbank) und in dem Passivposten „Einlagen von Kreditinstituten" zum Ausdruck. Zu den Krediten an inländische Kreditinstitute, wozu die den Kreditinstituten eingeräumten Refinanzierungskredite zusammengefaßt sind, zählen insbes. der Ankauf von Inlands- und → Auslandswechseln im Rahmen der → Diskontpolitik der Deutschen Bundesbank, die im Offenmarktgeschäft mit Rücknahmevereinbarung angekauften → Wertpapiere (→ Wertpapierpensionsgeschäfte) und die Lombardforderungen im Rahmen der → Lombardpolitik der Deutschen Bundesbank. Der W. d. D. B. gibt keine Auskunft darüber, inwieweit die → Rediskontkontingente von den Kreditinstituten ausgeschöpft worden sind. Die Einlagen von Kreditinstituten auf → Girokonten (Passivposten 2.1) sind im wesentlichen die zu unterhaltenden → Mindestreserven. Die sonstigen Einlagen (Passivposten 2.2) sind Guthaben auf US-Dollar-Konten. Während sich die Wertpapierpensionsgeschäfte in der Aktivposition 3.1 niederschlagen, enthält der Aktivposten 5 „Wertpapiere" im wesentlichen die im Rahmen der → Offenmarktpolitik der Deutschen Bundesbank am → Kapitalmarkt angekauften → Schuldverschreibungen von Bund, Bundesbahn und Bundespost. Die Funktion der Bundesbank als Bank des Staates kam im W. d. D. B. durch die Aktivposition „Kredite und Forderungen an öffentliche Haushalte" bzw. durch den Passivposten „Einlagen von öffentlichen Haushalten" zum Ausdruck. Jener Posten ist Anfang 1994 mit der Beseitigung der → Kassenkredite weggefallen.

*Bewertung:* Im W. d. D. B. werden die Veränderungen der Posten grundsätzlich zu Transaktionswerten erfaßt. Eine Ausnahme hiervon bilden die auf US-Dollar, → Sonderziehungsrechte und → Europäische Währungseinheit (ECU) lautenden Aktiva und Passiva, die zu den Bilanzkursen des vorangegangenen Jahresabschlusses der Bundesbank bewertet werden. Im W. d. D. B. zum 31. 12. werden von der Bundesbank für alle Aktiva und Passiva die Bilanzwerte eingesetzt. Hierbei hat die Bundesbank die Vorschriften des → Handelsgesetzbuches zu beachten (→ Deutsche Bundesbank, Jahresabschluß). Bewertungsdifferenzen werden wie alle gewinnrelevanten Vorgänge in der Position „Sonstige Passiva" erfaßt.

**Wochengeld**

**Wochengeld,** → terminiertes Tagesgeld.

**Wohnungsbaukredit**
Bezeichnung für eine Kredit- oder Darlehensgewährung, die zweckgebunden für wohnwirtschaftliche Zwecke gewährt wird. Als W. werden hauptsächlich eingesetzt: (1) → Hypothekendarlehen, (2) → Vorschaltdarlehen, (3) → Verbunddarlehen, (4) → Bankvorausdarlehen, (5) Bauzwischenkredit, (6) Bauträgerkredit.

**Wohnungsbaukreditanstalten**
→ Öffentlich-rechtliche Grundkreditanstalten mit Emissionsrecht für → Schuldverschreibungen oder → Organe der staatlichen Wohnungsbaupolitik, die öffentliche Mittel weiterleiten und kein Emissionsrecht für Schuldverschreibungen haben.

**Wohnungsbauprämie**
→ Prämie, die nach dem → Wohnungsbau-Prämiengesetz für bestimmte → Aufwendungen zur Förderung des Wohnungsbaus gewährt wird, wenn das → zu versteuernde Einkommen des Prämienberechtigten eine bestimmte Grenze nicht übersteigt. Für → Bausparbeiträge kann alternativ eine Steuervergünstigung (→ Sonderausgaben) in Anspruch genommen werden. Die W. ist kein Entgelt i. S. der Sozialversicherung und kein Einkommen i. S. des Steuerrechts.

**Wohnungsbau-Prämiengesetz**
Gesetz, nach dem unbeschränkt steuerpflichtige Personen (§ 1 EStG) zur Förderung des Wohnungsbaus eine → Prämie (→ Wohnungsbauprämie) erhalten. Voraussetzung ist, daß die → Aufwendungen nicht → vermögenswirksame Leistungen darstellen, für die → Anspruch auf → Arbeitnehmer-Sparzulage nach § 13 Fünftes Vermögensbildungsgesetz besteht und daß das maßgebende Einkommen des Prämienberechtigten die Einkommensgrenzen von 27.000 DM (bei Zusammenveranlagung von Ehegatten 54.000 DM) nicht übersteigt. Maßgebend ist das → zu versteuernde Einkommen, das in dem Kalenderjahr, das dem der prämienbegünstigten Aufwendungen vorangeht, der unbeschränkten Einkommensteuerpflicht unterliegt.

*Prämienbegünstigte Aufwendungen:* Dies sind insbes. (1) Beiträge zu → Bausparkassen zur Erlangung von → Bauspardarlehen, soweit die in dieselbe Bausparkasse geleisteten Beiträge im Sparjahr mindestens 100 DM betragen; (2) Aufwendungen für den ersten Erwerb von Anteilen an Bau- und Wohnungsgenossenschaften; (3) Beiträge aufgrund von → Sparverträgen, die auf Dauer von drei bis sechs Jahren als allgemeine Sparverträge oder Sparverträge mit festgelegten Sparraten mit einem → Kreditinstitut abgeschlossen werden; die eingezahlten Sparbeiträge und Prämien müssen dabei zum Bau oder zum Erwerb einer Kleinsiedlung, eines Eigenheims oder einer Eigentumswohnung oder zum Erwerb eines eigentumsähnlichen → Dauerwohnrechts verwendet werden; (4) Beiträge aufgrund von → Verträgen, die mit Wohnungs- und Siedlungsunternehmen (auch Unternehmen, die als Organe der staatlichen Wohnungspolitik gelten) nach der Art von Sparverträgen mit festgelegten Sparraten auf Dauer von drei bis sechs Jahren mit dem Zweck einer Kapitalansammlung abgeschlossen werden; die eingezahlten Beiträge und Prämien müssen dabei zum Bau oder Erwerb einer Kleinsiedlung, eines Eigenheims oder einer Eigentumswohnung oder zum Erwerb eines eigentumsähnlichen Dauerwohnrechts verwendet werden.

*Wahlrecht zwischen Prämienbegünstigung und Sonderausgabenabzug:* Für den Prämienberechtigten besteht für jedes Kalenderjahr ein Wahlrecht, ob er für die Bausparbeiträge eine Wohnungsbauprämie beantragt oder ob er den Abzug von → Sonderausgaben (→ Vorsorgeaufwendungen) geltend macht. Die Wohnungsbauprämie beträgt 10 Prozent der im Sparjahr geleisteten prämienbegünstigten Aufwendungen von höchstens 800 DM (bei zusammenveranlagten Ehegatten 1.600 DM). Diese Höchstbeträge stehen den Prämienberechtigten und ihren Kindern, die zu Beginn des Sparjahres das 17. Lebensjahr noch nicht vollendet hatten oder im Sparjahr lebend geboren wurden, gemeinsam zu (Höchstbetragsgemeinschaft).

*Gewährung der Prämie:* Die Wohnungsbauprämie wird auf Antrag nach Ablauf eines Kalenderjahres von dem für die Besteuerung des Einkommens des Prämienberechtigten zuständigen Finanzamt für die prämienbegünstigten Aufwendungen gewährt, die im abgelaufenen Kalenderjahr gemacht worden sind. Der Antrag ist nach amtlich vorgeschriebenem Vordruck bis zum Ablauf des zweiten Kalenderjahres zu stellen, das auf das Sparjahr folgt. Die Prämien gehören nicht zu den Einkünften i. S. des Einkommensteuergesetzes. Sie mindern nicht die Sonderausgaben.

## Wohnungseigentum

Als besondere Form abweichend vom BGB (§§ 94, 946 BGB, → wesentlicher Bestandteil) durch das Wohnungseigentumgesetz (WEG) geschaffenes → Sondereigentum an einer Wohnung in Verbindung mit einem Miteigentumsanteil an dem gemeinschaftlichen → Eigentum (§ 1 Abs. 5 WEG), zu dem es gehört (§ 1 Abs. 2 WEG). Bei gewerblich genutzten Räumen wird stattdessen die Bezeichnung → Teileigentum verwendet (§ 1 Abs. 3 und 6 WEG). Wie das → Erbbaurecht ist das W. ein → dingliches Recht.

*Begründung von W.:* § 2 WEG unterscheidet zwei Arten der Begründung, nämlich einen von den Miteigentümern eines → Grundstücks abgeschlossenen → Vertrag (→ Auflassung) und Eintragung in das → Grundbuch (§§ 3, 4 WEG) oder Teilung eines Grundstücks durch dessen Alleineigentümer (§ 8 WEG). I. d. R. wird für jeden Eigentumsanteil ein gesondertes Grundbuchblatt angelegt (Wohnungsgrundbuch), § 7 Abs. 1 WEG. Ausnahmsweise kann für alle Miteigentumsanteile an einem Grundstück ein gemeinschaftliches „Teileigentumsgrundbuch" geführt werden (§ 7 Abs. 2 WEG).

*Rechtliche Struktur des W.:* Zum W. gehört sowohl das Sondereigentum an der Wohnung als auch das Miteigentum am Grundstück und allen → Bestandteilen, die nicht in Sondereigentum stehen (§ 5 WEG). Als echtes Eigentum kann es grundsätzlich jederzeit veräußert oder belastet oder auch vererbt werden.

*W. als → Kreditsicherheit:* Bei dieser Verwendung können sich neben den allgemein zu berücksichtigenden Punkten wie Belastungen (→ Grundstücksbelastungen), Lage, Größe und Ausstattung der Wohnung aus der rechtlichen Struktur des W. Besonderheiten ergeben: So kann die Veräußerung des W., selbst wenn sie im Rahmen einer → Zwangsversteigerung erfolgt, von der Zustimmung der anderen Wohnungseigentümer oder eines Dritten abhängig sein (§ 12 WEG). Im Innenverhältnis können die Wohnungseigentümer auch die Verteilung der gemeinschaftlichen Nutzung, Lasten und → Kosten abweichend von den gesetzlichen Bestimmungen geregelt haben (§ 16 WEG) oder es können Zustimmungserfordernisse für Vermietungen oder Konkurrenzverbote vereinbart sein, die bei einer Eintragung in das Grundbuch auch Rechtsnachfolgern gegenüber wirksam sind (§ 10 Abs. 1 Satz 2 WEG). Diese Aspekte können eine erhebliche Herabsetzung des → Beleihungswerts bewirken. Wichtige Fragen der Verwaltung des gemeinschaftlichen Eigentums werden durch eine Eigentümerversammlung und den Verwalter entschieden (§§ 20 ff. WEG).

## Wohnungseigentümergemeinschaft

Anwendungsfall der → Bruchteilsgemeinschaft bei gemeinsamem → Wohnungseigentum.

## Wohnungsgrundbuch

Sonderform des → Grundbuches, verbrieft die Rechtsverhältnisse an → Wohnungseigentum. Wohnungseigentum wird grundbuchmäßig wie selbständige → Grundstücke behandelt. Es stellt → Sondereigentum an einer Wohnung in Verbindung mit dem Miteigentumsanteil an dem gemeinschaftlichen Grundstück, zu dem es gehört, dar (§ 1 III WEG). Wohnungseigentum entsteht durch vertragliche Einräumung von Sondereigentum (§ 3 WEG) oder durch einseitige Teilungserklärung des Grundstückseigentümers (§ 8 WEG). Das Wohnungseigentum ist veräußerlich, vererblich und selbständig mit → Grundpfandrechten belastbar. Bei der → Beleihung sind eventuelle vertragliche Veräußerungsbeschränkungen oder Einschränkungen der Verwendung mit dinglicher Wirkung zu beachten.

## Wohnungsunternehmen mit Spareinrichtung

Unternehmen der Wohnungswirtschaft, die ab 1.1.1990 als → Kreditinstitute i. S. des KWG gelten und in der Bankstellenstatistik der → Deutschen Bundesbank erfaßt werden (Veröffentlichung der statistischen Angaben in den → Monatsberichten der Deutschen Bundesbank).

## Working Capital

Englische Bezeichnung für → Umlaufvermögen. Das net W. C. (Netto-Umlaufvermögen) als Differenz von Umlaufvermögen und kurz- und mittelfristigem → Fremdkapital ist in der statischen → Bilanzanalyse Kennzahl für die Liquiditätsbeurteilung eines Unternehmens. In der → Kapitalflußrechnung wird die Veränderung des net

**Worst-of-two Option**

W. C. zur Beurteilung der Finanzlage des Unternehmens herangezogen.

**Worst-of-two Option,** → Alternative Option.

**WTO,** → Welthandelsorganisation.

**Wünsch-Dir-Was-Optionsschein**
→ Exotischer Optionsschein, der dem Anleger das Recht verbrieft, → Call-Optionsscheine innerhalb einer bestimmten Frist (z. B. zwei Tage) in → Put-Optionsscheine mit gleichem → Basispreis und gleicher → Fälligkeit umzuwandeln (Wandelrecht).

**WWU**
Abk. für → Wirtschafts- und Währungsunion (→ Europäische Wirtschafts- und Währungsunion).

# X Y

**Xeno-Märkte,** → Euro-Markt.

**Yankee**
→ Zinsinstrument in US-Dollar, das von einem ausländischen → Emittenten (z. B. → Banken, Unternehmen) in den USA emittiert und von der SEC registriert wurde. Y. werden in Europa gehandelt. Y. werden in den → Salomon Brothers Eurodollar Bond Index aufgenommen, sofern sie bestimmte Kriterien erfüllen.
(→ Foreign Bond, → Eurodollar Bond)

**Yankee Bond,** → Yankee.

**YCA**
Abk. für → Yield Curve Agreement.

**Yield,** → Yield-to-Maturity.

**Yield Curve,** → Renditestrukturkurve, → Zinsstrukturkurve.

**Yield Curve Agreement**
→ Yield Curve Swap, bei dem ähnlich wie bei → Basisswaps nur → variable Zinssätze zwischen den Swappartnern getauscht werden. Im Gegensatz zu Basisswaps können bei Y. C. A. beide → Referenzzinssätze an → CMT-Renditen und damit an → Kapitalmarktrenditen gekoppelt sein. Y. C. A. werden u. a. abgeschlossen, um von einer Veränderung der → Renditestrukturkurve zu profitieren. Beispielsweise kann ein Y. C. A. über den Austausch der zweijährigen CMT-Renditen gegen zehnjährige CMT-Renditen abgeschlossen werden. Mit diesen Y. C. A. erwartet der Anleger, daß sich der → Yield Spread zwischen zweijährigen und zehnjährigen CMT-Renditen ändert.
(→ Yield Curve Option)

**Yield Curve Note,** → Reverse Floater.

**Yield Curve Option**
*Yield Spread Option*; → Option, die eingegangen wird, wenn eine Veränderung der → Renditestrukturkurve innerhalb einer → Währung oder zwischen zwei Währungen (Cross Currency Y.C.O.) erwartet wird. Y. C. O. sind eine → kombinierte Optionsstrategie mit → Zinsoptionen, deren → Basiswerte unterschiedliche → Laufzeiten und/ oder unterschiedliche Währungen haben. Ähnlich wie bei → Spread Trading mit Future-Kontrakten (→ Zinsfutures) wird beispielsweise mit einer Bobl-Bund Y.C.O. eine Veränderung des → Yield Spreads zwischen → Bundesobligationen und → Bundesanleihen erwartet (→ Intermarket Spread). Y. C. O. können auch auf → Zinsinstrumente in unterschiedlichen Währungen (z. B. → OATs versus Bundesanleihen) lauten (Cross Currency Y.C.O.). Zur Eliminierung des Wechselkursrisikos können Cross Currency Y.C.O. auch als → Quanto Option gehandelt werden. Sie werden darüber hinaus auch als → Alternative Options oder → Outperformance Options gehandelt. Eine Variante von Y. C. O. sind → Spread Knockout Yield-Optionsscheine (Sky-Optionsscheine).
(→ Yield Curve Agreement)

**Yield Curve Risk**
Risiko, daß sich die → Renditestrukturkurve oder → Zinsstrukturkurve verändert, so daß der → (erwartete) Total Return eines → Portfolios verringert wird. Ein Y. C. R. entsteht, sobald keine → Parallelverschiebung stattfindet. Das Y. C. R. wird mit der Kennzahl $M^2$ ermittelt. $M^2$ ist die gewichtete → Varianz der → Cash-flow Zeitpunkte. $M^2$ wird auch als → Dispersion bezeichnet.

**Yield Curve Spread,** → Yield Curve Spread Trading.

## Yield Curve Spread Trading

### Yield Curve Spread Trading
→ Tradingstrategie mit → Futures-Kontrakten auf unterschiedliche → Zinsinstrumente der → Renditestrukturkurve mit gleicher → Fälligkeit (z. B. → Euro-DM-Future und → Bund-Future), um von einer Veränderung der Renditestrukturkurve zu profitieren. Werden Y. C. S. T. in verschiedenen → Währungen durchgeführt, bezeichnet man diese Tradingstrategie als Cross Currency Yield Curve Spreads (→ Cross Currency Spread mit Zinsfutures).

### Yield Curve Swap
→ Exotic Swap, bei dem → Zinssätze getauscht werden, die für unterschiedliche → Laufzeiten der Swap Yield Curve quotiert werden. Beispielsweise kann der Zwei-Jahres- → Swapsatz gegen den Fünf-Jahres-Swapsatz getauscht werden. Die auszutauschenden Sätze können entweder → Festzinssätze oder variabel (→ Yield Curve Agreement) sein.

### Yield Paper
→ Geldmarktpapier, für das laufend zu bestimmten Terminen → Zinsen gezahlt werden (daher Ausstattung mit → Zinsscheinen). Die Bezeichnung „Y. P." drückt aus, daß sie auf Renditebasis (Yield, → Rendite) gehandelt werden.
Beispiel: → Certificates of Deposit (Einlagenzertifikat).
*Gegensatz:* → Abzinsungspapier.

### Yield Pick Up
Mehrertrag an → laufender Verzinsung oder → Rendite aus dem Verkauf einer → Position (z. B. → Straight Bond) und → Kauf einer anderen Position mit einer höheren laufenden Verzinsung oder Rendite. Der Y. P. U. ist das Ergebnis eines → Pure Yield Pick Up Swaps.
(→ Aktive Anlagestrategien)

### Yield Spread
→ Spread zwischen → Renditen. Y. S. werden i. d. R. in der Maßeinheit → Basispunkte angegeben. Der Y. S. wird verwendet, um Renditedifferenzen unterschiedlicher Laufzeitbereiche (z. B. 10-jährige Renditen versus 2-jährige Renditen von Bundespapieren), unterschiedlicher Marktsegmente (z. B. 10-jährige → Swapsätze versus Renditen von 10-jährigen → Bundesanleihen, → Swap Spread) oder unterschiedlicher Märkte (Cross Currency Yield Spread) auszudrücken.

### Yield Spread Option
→ Option, die eingegangen wird, wenn eine Veränderung des → Yield Spreads zwischen zwei → Zinsinstrumenten (z. B. → OAT versus → Bundesanleihen) erwartet wird.
(→ Yield Curve Option, → Zins-Optionsschein)

### Yield-to-average-Life (YTAL)
Variante der → Rendite, die für → Zinsinstrumente mit → Tilgungsplänen (z. B. → Ratenanleihe, → Annuitätenanleihe, → Vorsorgeanleihen) ermittelt wird. Die YTAL unterstellt, daß das Zinsinstrument zur errechneten → mittleren Laufzeit fällig wird. Die YTAL ist zwar eine einfache und relativ ungenaue Methode, um die Rendite ermitteln zu können. Die YTAL wird mit Renditen von → Straight Bonds verglichen. Eine exaktere Methode zur Bewertung von Zinsinstrumenten mit Tilgungsplänen ist die → Yield-to-equivalent-Life.

### Yield-to-Call, → Call-Rendite.

### Yield-to-equivalent-Life (YTEL)
Variante der → Rendite, die für → Zinsinstrumente mit → Tilgungsplänen (z. B. → Ratenanleihe, → Annuitätenanleihe, → Vorsorgeanleihen) ermittelt wird. Die YTEL wird auch als Redemption Yield bezeichnet. Im Gegensatz zur → Yield-to-average-Life werden bei der YTEL alle → Cash-flows des Zinsinstrumentes abgezinst, und es wird nicht von der Fiktion ausgegangen, daß das Papier zum Zeitpunkt der → mittleren Laufzeit fällig wird. Bei der YTEL wird die Rendite direkt auf Basis des Tilgungsplanes ermittelt. Deshalb ist die YTEL eine exaktere Methode zur Ermittlung der Rendite bzw. des Kurses von Zinsinstrumenten mit Tilgungsplänen. Die YTEL wird zur Ermittlung der → Equivalent Life benötigt.

### Yield-to-Maturity
*Rendite, Yield;* → Zinssatz, mit dem zukünftige → Cash-flows eines → Zinsinstruments diskontiert werden, damit die Summe der diskontierten Cash-flows (→ Barwerte) dem → Dirty Price entspricht.
(→ Renditeberechnung von Geld- und Kapitalmarktpapieren, → Rendite, Interpretation)

### Yield-to-Put, → Put-Rendite.

### Yield-to-Worst
→ Rendite, die bei → Anleihen mit Schuldnerkündigungsrecht (Callable Anleihen) ermittelt wird. Y.-t.-W. ist jene Rendite des Papiers, die von allen möglichen Renditen unter der Annahme, die Anleihe wird vorzeitig gekündigt (→ Call-Rendite) bzw. die Anleihe wird nicht vorzeitig gekündigt (→ Yield-to-Maturity), den geringsten Wert hat. Diese Rendite erzielt der Anleger mindestens, auch dann, wenn der → Emittent vorzeitig die Anleihe kündigt.

**Yield Volatility,** → Renditevolatilität.

**Ypsilon,** → Rho.

### YTAL
Abk. für → Yield-to-average-Life.

### YTC
Abk. für Yield-to-Call (→ Call-Rendite).

### YTEL
Abk. für → Yield-to-equivalent-Life.

### YTM
Abk. für → Yield-to-Maturity.

### YTOD
Abk. für Yield-to-operative-Date (→ Yield-to-Worst).

### YTP
Abk. für Yield-to-Put (→ Put-Rendite).

# Z

**Zahler**
Vertragspartner in einem → Kuponswap, der den → Swapsatz an den → Empfänger zahlt. Der Z. erhält den → variablen Zinssatz.

**Zahlstellensteuer**
→ Steuer, die die auszahlende Stelle von → Kapitalerträgen einbehält und an den Staat abführt, z. B. der → Zinsabschlag nach dem → Zinsabschlaggesetz.
(→ Zinsbesteuerung)

**Zahlstellenwechsel,** → Domizilwechsel.

**Zahlung aus dem Ausland**
Grenzüberschreitende Zahlung (devisenrechtlich Zahlung von → Gebietsfremden an → Gebietsansässige), die mittels → Überweisung oder → Scheck (in D-Mark oder in einer Fremdwährung) eingeht.
Für Überweisungseingänge in fremder → Währung erhalten → Kreditinstitute Gutschrift bei → Korrespondenzbanken im Ausland. Wünschen Zahlungsempfänger Gutschrift in D-Mark, beauftragen sie die → Kreditinstitute mit dem Devisenverkauf. Kreditinstitute führen gemäß Nr. 40 AGB Sparkassen Aufträge zum Verkauf von → Devisen als → Kommissionär durch Selbsteintritt aus (→ Kundengeschäfte im Devisenhandel, → Devisenkurs).
→ Fremdwährungsschecks werden den ausländischen Korrespondenzbanken zur Gutschrift übergeben. Wünscht ein Scheckeinreicher Gutschrift in D-Mark, erfolgt wie bei einem Überweisungseingang der Verkauf der Devisen. Die Abrechnung erfolgt i. a. zum → Sichtkurs (→ Scheckankaufskurs).

**Zahlung ins Ausland**
Grenzüberschreitende Zahlung (devisenrechtlich Zahlung von → Gebietsansässigen an → Gebietsfremde), die mittels → Überweisung oder → Scheck (in D-Mark, in der Landeswährung des Zahlungsempfängers oder in Drittwährung) geleistet wird.
Überweisungen ins Ausland erfolgen im Rahmen der → Außenwirtschaftsverordnung durch Verwendung des → Zahlungsauftrags im Außenwirtschaftsverkehr. Sie werden im → SWIFT-Netz oder brieflich (als payment order) bzw. drahtlich (i. d. R. fernschriftlich, auch telegrafisch) über → Korrespondenzbanken im Ausland ausgeführt.
Scheckzahlungen ins Ausland können mittels → Bankorderscheck (Ziehungen von → Orderschecks in fremder → Währung durch Banken auf ihre Korrespondenzbanken [auch als → Bankscheck]) oder Kundenscheck (Ziehungen von Schecks durch den zahlungspflichtigen → Bankkunden [→ Privatscheck]) bewirkt werden. Erfolgen Z. i. A. mittels Überweisung oder Bankorderscheck zu Lasten von DM-Konten, kaufen die beauftragten Kreditinstitute für ihre Kunden → Devisen. Sie führen diese Geschäfte gemäß Nr. 40 AGB Sparkassen als → Kommissionäre durch Selbsteintritt aus (→ Kundengeschäfte im Devisenhandel, → Devisenkurs).

**Zahlungsabkommen**
Im Rahmen von bilateralen Handelsverträgen (→ Handelsabkommen) getroffene Regelungen des → Zahlungsverkehrs, der zumeist über die → Zentralbanken abgewickelt wird. Z. werden vor allem zwischen Ländern vereinbart, die ein System der → Devisenbewirtschaftung und der staatlichen Lenkung des → Außenhandels durchführen.

**Zahlungsakkreditiv**
→ Dokumentenakkreditiv, bei dem die eröffnende Bank (bei einem → bestätigten Akkreditiv zusätzlich die bestätigende Bank) nach Art. 9a ERA verpflichtet ist, bei Vorlage ordnungsgemäßer Dokumente und Erfüllung der Akkreditivbedingungen zu zah-

**Zahlungsanweisung**

len (oder zahlen zu lassen). Ein Z. kann Sichtzahlung (→ Sichtakkreditiv) oder hinausgeschobene Zahlung (→ Deferred-Payment-Akkreditiv) vorsehen.

**Zahlungsanweisung**
Von der → Deutschen Postbank AG angebotene Dienstleistung des → halbbaren Zahlungsverkehrs, bei der der Kunde eine Postbank-Niederlassung (→ Postgiroamt) beauftragt, einen Geldbetrag von seinem → Girokonto abzubuchen und an einen bestimmten Empfänger (bar) auszuzahlen. Hierfür gelten Besondere Bedingungen (→ Allgemeine Geschäftsbedingungen) und ergänzend die → Allgemeinen Geschäftsbedingungen der Postbank. Gegen besonderes Entgelt kommen spezielle Formen der Z. in Betracht, z. B. eigenhändige Auslieferung an den Empfänger, Eil- oder telegraphische Anweisung. Die Z. ist keine → Anweisung i.S. des BGB.

**Zahlungsanweisung zur Verrechnung (ZzV)**
Besondere Form der → Zahlungsanweisung, die eine spezielle Vereinbarung zwischen der → Deutschen Postbank AG und Kunden „mit umfangreichem Zahlungsverkehr", d. h. vor allem → Firmenkunden, voraussetzt. Die ZzV im Höchstbetrag von je 3.000 DM wird vom → Postgiroamt (der Postbank-Niederlassung) zu Lasten des → Girokontos des Kunden gebucht und dann dem Zahlungsempfänger brieflich übermittelt. Sie kann von diesem binnen eines Monats der Postbank oder einem anderen → Geldinstitut wie ein an den Inhaber zahlbar gestellter → Verrechnungsscheck zur Gutbuchung vorgelegt werden. → Natürliche Personen können innerhalb dieser Frist auch selbst oder durch einen Bevollmächtigten (→ Vollmacht) die ZzV bei der Deutschen Postbank AG zur Barauszahlung vorlegen. Für die ZvZ gelten verschiedene Sonderbedingungen und ergänzend die Allgemeinen Geschäftsbedingungen der Postbank.

**Zahlungsauftrag im Außenwirtschaftsverkehr**
→ Auftrag an ein → Kreditinstitut, für ein Wareneinfuhr- oder Transithandelsgeschäft (→ Transithandel) oder im Rahmen des Dienstleistungs- und Kapitalverkehrs eine Zahlung an einen → Gebietsfremden in D-Mark oder fremder → Währung zu leisten. Die Ausführung erfolgt im → SWIFT-Verfahren oder bei Zahlungen in Ländern, in denen diese Ausführungsart nicht möglich ist, brieflich bzw. drahtlich (→ Zahlung ins Ausland). Der Auftraggeber kann auch Ausführung durch Versendung eines → Bankschecks (→ Bankorderscheck, → Scheckzahlung ins Ausland) vorschreiben.

**Zahlungsbedingungen im Außenhandel**
Bedingungen, die Art der Abwicklung, Zeitpunkt sowie Ort und Weg der Zahlung bei Außenhandelsgeschäften festlegen. Entscheidungen für Zahlungsbedingungen sind von Finanzierungs- und Sicherungsüberlegungen bestimmt; Vereinbarungen hängen von der jeweiligen Marktposition der Beteiligten ab.
Nach der *Art der Zahlungsabwicklung* sind zu unterscheiden: (1) Zahlungen gegen Rechnung (→ Clean Payment), (2) → Dokumenteninkassi, (3) → Dokumentenakkreditive. Nach dem *Zeitpunkt für die Zahlungspflicht* sind zu unterscheiden: (1) Zahlung vor Lieferung der → Ware (Vorauszahlung, Anzahlung), (2) Zahlung bei Vorlage der Dokumente (im Rahmen eines Dokumentenakkreditivs [→ Sichtakkreditiv] oder Dokumenteninkassos), (3) Zahlung innerhalb einer bestimmten Zeitspanne nach Vorlage der Dokumente (im Rahmen eines Dokumentenakkreditivs [z. B. → Deferred-Payment-Akkreditiv, → Akzeptierungsakkreditiv] oder eines Dokumenteninkassos [z. B. „Zahlung bei Dampferankunft", → Dokumente gegen Akzept], (4) Zahlung bei/nach Erhalt der Ware (→ Cash on Delivery), (5) Zahlung nach Ablauf eines Zahlungsziels. In der Verbindung der Kriterien Zahlungsabwicklung und Zahlungszeitpunkt ergeben sich folgende (übliche) *Zahlungsbedingungen* (Anordnung nach der Vorteilhaftigkeit für den Exporteur): (1) Anzahlung/Vorauszahlung, (2) Zahlung auf Akkreditivbasis (Sichtakkreditiv/Akzeptierungsakkreditiv/Deferred-Payment-Akkreditiv), (3) Zahlung auf Inkassobasis (→ Dokumente gegen Zahlung/Dokumente gegen Akzept), (4) Zahlung gegen Rechnung (Zahlung bei Erhalt der Ware/Offenes Zahlungsziel). Die aufgeführten Zahlungsbedingungen können in Kombinationen vorkommen.

**Zahlungsbereitschaft**
Z. liegt vor, wenn ein Unternehmen jederzeit in der Lage ist, seinen Zahlungsverpflichtungen nachzukommen (→ Liquidität). Die Zahlungsbereitschaft ist eine für

die Existenz eines Unternehmens bestehende Dauerbedingung, die im Rahmen der →Finanzierung eine wichtige Nebenbedingung darstellt.

## Zahlungsbilanz

*Begriff*: Zusammenstellung der außenwirtschaftlichen Transaktionen eines Landes während einer Periode. Transaktionen sind entgeltlicher und unentgeltlicher Übergang von Gütern (→ Waren und Dienstleistungen einschl. Faktornutzungen) und → Forderungen (Finanzaktiva; in gesamtwirtschaftlicher Betrachtung auf Güter gerichtete Ansprüche) zwischen Wirtschaftssubjekten. Die Transaktionen müssen also nicht unbedingt mit Zahlungsvorgängen verbunden sein (z. B. Realtausch, unentgeltliche Leistungen von Gütern). Es werden keine Bestandsgrößen erfaßt, sondern Stromgrößen gemäß dem → Inländerkonzept (→ Sozialprodukt). Die Z. ist eine Nebenrechnung zur → Volkswirtschaftlichen Gesamtrechnung.

Die Z. der BRD wird von der → Deutschen Bundesbank im Auftrag der Bundesregierung erstellt. Sie richtet sich hierbei weitgehend nach den Richtlinien des → Internationalen Währungsfonds.

Die Gliederung zeigt folgende Teilbilanzen: → Leistungsbilanz mit den Teilbilanzen → Handelsbilanz, → Dienstleistungsbilanz und → Übertragungsbilanz, die Bilanz des Kapitalverkehrs (→ Kapitalbilanz) sowie die Veränderung der → Netto-Auslandsposition der Bundesbank (→ Gold- und Devisenbilanz, → Währungsreserve). Vgl. auch die beiden Übersichten „Zahlungsbilanz – Teilbilanzen" unten und „Zahlungsbilanz – Wichtige Posten" S. 1722–1725.

Von ihrer Konzeption her ist die Z. ein zweiseitiges Rechenwerk und aufgrund der doppelten Buchung stets ausgeglichen. Der Leistungsbilanz stehen vom Bilanzzusammenhang her Kapitalbilanz einschl. Devisenbilanz bzw. in der BRD Veränderung der Nettoauslandsaktiva der Bundesbank gegenüber. Auch die statistisch ermittelte Z. ist in ihrer Gesamtheit stets rechnerisch ausgeglichen (→ Zahlungsbilanzausgleich).

*Grundlagen*: Die Z. der BRD wird im wesentlichen anhand der Außenhandelsstatistik des → Statistischen Bundesamts, der Statistik des Auslandszahlungsverkehrs, der Bestandsmeldungen der → Kreditinstitute (→ Auslandsstatus der Kreditinstitute) und Nichtbanken sowie des internen Rechenwerks der Bundesbank erstellt.

*Aufstellung und Veröffentlichung*: Sie wird monatlich aufgestellt und in Pressenotizen, in den → Monatsberichten der Deutschen Bundesbank und in Statistischen Beiheften zu den Monatsberichten (Reihe 3) veröffentlicht (→ Deutsche Bundesbank, Veröffentlichungen). Außerdem werden Jahresbilanzen veröffentlicht, in denen die → Einfuhr mit ihrem Wert an der Grenze des aus-

**Zahlungsbilanz – Teilbilanzen**

| Handelsbilanz | | |
|---|---|---|
| Export | Import | |
| Dienstleistungsbilanz | | Leistungsbilanz |
| Export | Import | |
| Übertragungsbilanz | | |
| Empfangene Übertragungen | Geleistete Übertragungen | |
| Kapitalbilanz | | |
| Kapitalimport | Kapitalexport | |
| Veränderung der Netto-Auslandsaktiva der Zentralbank | | |
| Abnahme der Netto-Auslandsaktiva der Zentralbank | Zunahme der Netto-Auslandsaktiva der Zentralbank | |

## Zahlungsbilanz

### Zahlungsbilanz – Wichtige Posten*)
### Bisheriges Konzept

| Mio DM | Leistungsbilanz (Bilanz der laufenden Posten) und Kapitalbilanz |||||||||||||| |
| --- | --- | --- | --- | --- | --- | --- | --- | --- | --- | --- | --- | --- | --- |
| | Leistungsbilanz (Bilanz der laufenden Posten)[1] |||||||||||| Saldo der Leistungsbilanz Ursprungswerte |
| | Außenhandel[2] |||| Ergänzungen zum Warenverkehr[3] und Transithandel | Dienstleistungen[4] ||| Übertragungen ||| |
| | Ausfuhr (fob) Ursprungswerte | Einfuhr (cif) Ursprungswerte | Saldo Ursprungswerte | | | Einnahmen | Ausgaben | Saldo | Leistungen vom Ausland | Leistungen an das Ausland | Saldo | |
| Zeit | 1 | 3 | 5 | | 7 | 8 | 9 | 10 | 11 | 12 | 13 | 14 |
| **Bisherige Werte** | | | | | | | | | | | | |
| 1988 | 567654 | 439609 | +128045 | | +1116 | 154655 | 163092 | − 8437 | 21302 | 53090 | −31788 | + 88936 |
| 1989 | 641041 | 506465 | +134576 | | −1253 | 190370 | 181867 | + 8503 | 20465 | 54175 | −33710 | +108116 |
| 1990 | 662047 | 556665 | +105382 | | −1609 | 216393 | 207978 | + 8415 | 22364 | 58849 | −36485 | + 75703 |
| 1991 | 665813 | 643914 | + 21899 | | +1387 | 240074 | 237072 | + 2952 | 24189 | 82671 | −58481 | − 32243 |
| 1992 | 671203 | 637546 | + 33656 | | + 711 | 249872 | 268631 | −18759 | 24949 | 74940 | −49992 | − 34382 |
| 1993 | 628387 | 566495 | + 61891 | | −3849 | 253466 | 292071 | −38605 | 24290 | 75972 | −51682 | − 32245 |
| 1994 | 685133 | 611222 | + 73910 | | −3771 | 258341 | 329007 | −70666 | 25874 | 80922 | −55048 | − 55575 |
| **Revidierte Werte** | | | | | | | | | | | | |
| 1988 | 567654 | 439609 | +128045 | | +1116 | 153298 | 162934 | − 9636 | 21302 | 53090 | −31788 | + 87737 |
| 1989 | 641041 | 506465 | +134576 | | −1253 | 189436 | 181300 | + 8135 | 20465 | 54175 | −33710 | +107748 |
| 1990 | 662047 | 556665 | +105382 | | −1609 | 216404 | 208002 | + 8402 | 22364 | 58849 | −36485 | + 75690 |
| 1991 | 665813 | 643914 | + 21899 | | +1382 | 240575 | 237317 | + 3258 | 24189 | 82671 | −58481 | − 31942 |
| 1992 | 671203 | 637546 | + 33656 | | + 710 | 251223 | 268394 | −17172 | 25004 | 74999 | −49995 | − 32800 |
| 1993 | 628387 | 566495 | + 61891 | | −3411 | 255846 | 286645 | −30799 | 24375 | 76569 | −52193 | − 24512 |
| 1994 | 685133 | 611222 | + 73910 | | − 513 | 262777 | 317608 | −54831 | 25970 | 81194 | −55224 | − 36658 |

1722

## Zahlungsbilanz

**Zahlungsbilanz – Wichtige Posten**
**Bisheriges Konzept** (Fortsetzung)

| Kapitalbilanz[5] | | | | | | | | | | | Saldo der Kapitalbilanz | Saldo der statistisch nicht aufgliederbaren Transaktionen[7] | Ausgleichsposten zur Auslandsposition der Bundesbank[8] | Veränderung der Netto-Auslandsaktiva der Bundesbank (Zunahme: +)[9] | Zeit |
|---|---|---|---|---|---|---|---|---|---|---|---|---|---|---|---|
| langfristiger Kapitalverkehr | | | kurzfristiger Kapitalverkehr[6] | | | | | | | | | | | | |
| deutsche Anlagen im Ausland | ausländische Anlagen im Inland | Saldo | von Privaten | | Unternehmen und Privatpersonen | von öffentlichen Stellen | Saldo | | | | | | | | |
| | | | Kreditinstitute | | | | | | | | | | | | |
| 16 | 17 | 18 | 19 | | 20 | 21 | 22 | | | | 23 | 24 | 25 | 26 | |
| | | | | | | | | | | | | | Bisherige Werte | | |
| − 98 000 | + 11 249 | − 86 751 | − 20 202 | | − 21 414 | + 843 | − 40 772 | | | | − 127 523 | + 3 911 | + 2 158 | − 32 519 | 1988 |
| − 95 006 | + 72 774 | − 22 232 | − 56 674 | | − 51 616 | + 4 576 | − 112 865 | | | | − 135 097 | + 7 985 | − 2 564 | − 21 560 | 1989 |
| − 106 640 | + 41 198 | − 65 443 | + 376 | | − 19 308 | − 4 973 | − 23 905 | | | | − 89 348 | + 24 621 | − 5 105 | + 5 871 | 1990 |
| − 95 856 | + 68 592 | − 27 265 | + 39 655 | | + 11 108 | − 3 839 | + 46 924 | | | | + 19 659 | + 12 902 | + 504 | + 823 | 1991 |
| − 116 800 | + 156 502 | + 39 702 | + 63 788 | | + 3 629 | − 7 251 | + 60 166 | | | | + 99 868 | + 3 259 | − 6 302 | + 62 442 | 1992 |
| − 96 958 | + 283 444 | + 186 486 | − 102 563 | | − 60 481 | − 2 619 | − 165 663 | | | | + 20 823 | − 24 345 | + 1 530 | − 34 237 | 1993 |
| − 104 170 | + 74 012 | − 30 157 | + 99 893 | | − 15 039 | + 14 707 | + 99 561 | | | | + 69 404 | − 1 587 | − 3 690 | + 8 552 | 1994 |
| | | | | | | | | | | | | | Revidierte Werte | | |
| − 96 644 | + 11 064 | − 85 580 | − 20 202 | | − 21 414 | + 843 | − 40 772 | | | | − 126 352 | + 3 939 | + 2 158 | − 32 519 | 1988 |
| − 94 083 | + 72 178 | − 21 904 | − 56 674 | | − 51 616 | + 4 576 | − 112 865 | | | | − 134 770 | + 8 025 | − 2 564 | − 21 560 | 1989 |
| − 106 640 | + 41 198 | − 65 443 | + 376 | | − 19 308 | − 4 973 | − 23 905 | | | | − 89 348 | + 24 633 | − 5 105 | + 5 871 | 1990 |
| − 95 719 | + 68 727 | − 26 992 | + 39 655 | | + 11 112 | − 3 839 | + 46 928 | | | | + 19 936 | + 12 325 | + 504 | + 823 | 1991 |
| − 117 315 | + 146 561 | + 29 246 | + 62 769 | | + 6 245 | − 7 811 | + 61 203 | | | | + 90 449 | + 11 096 | − 6 302 | + 62 442 | 1992 |
| − 101 464 | + 269 683 | + 168 219 | − 104 386 | | − 55 304 | − 2 800 | − 162 490 | | | | + 5 729 | − 16 978 | + 1 524 | − 34 237 | 1993 |
| − 104 813 | + 57 376 | − 47 436 | + 99 142 | | − 16 132 | + 15 366 | + 98 376 | | | | + 50 940 | − 2 040 | − 3 690 | + 8 552 | 1994 |

## Zahlungsbilanz

### Zahlungsbilanz – Wichtige Posten
### Neues Konzept

| Mio DM | Leistungsbilanz, Vermögensübertragungen und Kapitalbilanz (soweit statistisch erfaßt) | | | | | | | | | | | | |
|---|---|---|---|---|---|---|---|---|---|---|---|---|---|
| | Leistungsbilanz (Bilanz der laufenden Posten)[1] | | | | | | | | | | | | |
| | Außenhandel[2] | | | | Ergänzungen zum Warenverkehr[3] | Dienstleistungen[3] | | | Erwerbs- und Vermögenseinkommen | | | Saldo der laufenden Übertragungen |
| | Ausfuhr (fob) | Einfuhr (cif) | Saldo | | | Einnahmen | Ausgaben | Saldo | Einnahmen | Ausgaben | Saldo | |
| | Ursprungswerte | Ursprungswerte | Ursprungswerte | | | | | | | | | |
| Zeit | 1 | 3 | 5 | | 7 | 8 | 9 | 10 | 11 | 12 | 13 | 14 |
| | Revidierte Werte | | | | | | | | | | | |
| 1988 | 567 654 | 439 609 | +128 045 | | −2 824 | 85 040 | 95 386 | −10 346 | 59 137 | 52 581 | + 6 556 | −34 466 |
| 1989 | 641 041 | 506 465 | +134 576 | | −3 933 | 95 822 | 103 018 | − 7 196 | 81 322 | 60 416 | +20 906 | −36 873 |
| 1990 | 662 047 | 556 665 | +105 382 | | −3 571 | 104 189 | 115 332 | −11 142 | 101 471 | 74 320 | +27 151 | −38 834 |
| 1991 | 665 813 | 643 914 | + 21 899 | | −4 494 | 109 074 | 125 506 | −16 432 | 118 672 | 88 973 | +29 699 | −62 588 |
| 1992 | 671 203 | 637 546 | + 33 656 | | −3 571 | 107 181 | 138 438 | −31 257 | 121 783 | 99 235 | +22 549 | −55 104 |
| 1993 | 628 387 | 566 495 | + 61 891 | | −7 106 | 105 087 | 146 410 | −41 323 | 127 223 | 107 520 | +19 703 | −57 487 |
| 1994 | 685 133 | 611 222 | + 73 910 | | −3 595 | 101 548 | 152 330 | −50 782 | 124 582 | 121 570 | + 3 012 | −61 160 |

## Zahlungsbilanz

**Zahlungsbilanz – Wichtige Posten**
**Neues Konzept** (Fortsetzung)

| Saldo der Leistungsbilanz | Saldo der Vermögensübertragungen | Kapitalbilanz (lang- und kurzfristiger Kapitalverkehr)[5] | | | | | | Saldo der statistisch nicht aufgliederbaren Transaktionen | Veränderung der Netto-Auslandsaktiva der Bundesbank (Zunahme: +)[5] | | Zeit |
|---|---|---|---|---|---|---|---|---|---|---|---|
| | | Saldo der Direktinvestitionen | Saldo der Wertpapiertransaktionen | Saldo des übrigen Kapitalverkehrs | | | Saldo | | Transaktionswerte | Nachrichtlich: Veränderung zu Bilanzkursen[6] | |
| | | | | insgesamt | darunter: | | | | | | |
| | | | | | langfristige Kredite der Kreditinstitute[4] | kurzfristige Kredite der Kreditinstitute[4] | | | | | |
| Ursprungswerte | | | | | | | | | | | |
| 15 | 17 | 18 | 19 | 20 | 21 | 22 | 23 | 24 | 25 | 26 | |
| | | | | | | | | | Revidierte Werte | | |
| + 86 965 | − 24 | − 19 269 | − 64 272 | − 42 016 | + 12 294 | − 20 383 | − 125 556 | + 3 939 | − 34 676 | − 32 519 | 1988 |
| + 107 480 | + 149 | − 15 252 | − 4 394 | − 115 005 | + 12 967 | − 58 659 | − 134 651 | + 8 025 | − 18 997 | − 21 560 | 1989 |
| + 78 986 | − 2 124 | − 34 667 | + 5 687 | + 50 165 | − 19 634 | + 2 108 | − 90 519 | + 24 633 | + 10 976 | + 5 871 | 1990 |
| − 31 916 | − 1 009 | − 32 492 | + 41 338 | + 12 072 | − 27 749 | + 40 469 | + 20 919 | + 12 325 | + 319 | + 823 | 1991 |
| − 33 727 | + 1 069 | − 26 822 | + 45 280 | + 71 849 | + 13 889 | + 67 118 | + 90 307 | + 11 096 | + 68 745 | + 62 442 | 1992 |
| − 24 322 | + 883 | − 25 220 | + 177 258 | − 147 389 | + 12 030 | − 99 677 | + 4 650 | − 16 978 | − 35 766 | − 34 237 | 1993 |
| − 38 614 | + 1 155 | − 23 685 | + 54 959 | + 130 385 | + 15 768 | + 125 811 | + 51 741 | − 2 040 | + 12 242 | + 8 552 | 1994 |

\* Spaltennummer und Fußnoten wie in: Deutsche Bundesbank, Zahlungsbilanzstatistik. Statistisches Beiheft zum Monatsbericht 3. Februar bzw. März 1995, S. 6/7
Quelle: Deutsche Bundesbank, Monatsbericht März 1995

## Zahlungsbilanzausgleich

führenden Landes ausgewiesen wird und nicht mit ihrem Wert an der deutschen Grenze, wie in der amtlichen Außenhandelsstatistik (→ CIF, → FOB). Längerfristige Übersichten sowie die z. mit einzelnen Ländergruppen werden im Juli eines jeden Jahres als Beilage zu den Statistischen Beiheften (Reihe 3) veröffentlicht.
International standardisierte Z. werden vom Internationalen Währungsfonds und der → Organisation für wirtschaftliche Zusammenarbeit und Entwicklung (OECD) veröffentlicht.
Die Z.-Analyse bildet die Grundlage zur Untersuchung quantitativer außenwirtschaftlicher Beziehungen und ist Basis für Entscheidungen und Beurteilung von Wirkungen der Außenwirtschaftspolitik.

### Zahlungsbilanzausgleich

Die → Zahlungsbilanz ist von ihrer Konzeption her aufgrund der doppelten Buchung stets ausgeglichen, d. h. die Summe der → Salden der Teilbilanzen muß Null betragen. Da die Zahlungsbilanz wie die → Volkswirtschaftliche Gesamtrechnung aufgrund von Statistiken aus verschiedenen Quellen erstellt wird, sorgt der Restposten („Saldo der nicht erfaßten Posten und statistischen Ermittlungsfehler") für den zahlenmäßigen Ausgleich. – Zum Vergleich von Zahlungsbilanz und Volkswirtschaftliche Gesamtrechnungen vgl. Abbildung S. 1727.
Vom formellen Z. ist das wirtschaftliche Konzept des Zahlungsbilanzgleichgewichts zu unterscheiden. Die Bezeichnung „unausgeglichene" Zahlungsbilanz meint „Ungleichgewicht der Zahlungsbilanz" (→ außenwirtschaftliches Gleichgewicht). Gleichgewicht oder Ungleichgewicht der Zahlungsbilanz kann nur durch die Salden einzelner oder mehrerer Teilbilanzen ausgedrückt werden. Je nach dem verwendeten Zahlungsbilanzkonzept kann ein Zahlungsbilanzungleichgewicht unterschiedliche Höhen aufweisen. Ungleichgewichte sind insofern unerwünscht, weil dadurch von einen die internationale → Zahlungsfähigkeit eines Landes (bei einem Defizit) beeinträchtigt wird, und zwar über Veränderungen der → Währungsreserven; zum anderen können sie zu unerwünschten Wirkungen in bezug auf die eigene Wirtschaft führen. Allerdings können Marktkräfte auf den Ausgleich der Zahlungsbilanz hinwirken (→ Zahlungsbilanzausgleichsmechanismus). Darüber hinaus stehen dem Staat wirtschaftspolitische Maßnahmen zum Z. zur Verfügung.

### Zahlungsbilanzausgleichsmechanismus

Auf marktmäßigen Reaktionen der → Geldmärkte und Gütermärkte beruhende Selbstregulierung der → Zahlungsbilanz in Richtung auf ein Zahlungsbilanzgleichgewicht (→ Zahlungsbilanzausgleich). Bei → *flexiblen Wechselkursen* reagiert der → Wechselkurs wie ein Preismechanismus auf ein Zahlungsbilanzungleichgewicht. Bei einem Zahlungsbilanzüberschuß steigt das Angebot ausländischer → Devisen auf dem → Devisenmarkt, was zum Sinken der Preisnotierung des Wechselkurses führt. Da also die in Inlandswährung ausgedrückten Inlandspreise steigen, werden → Importe billiger und → Exporte teurer (Effekt einer → Aufwertung). Nehmen daraufhin die Importmengen zu und die Exportmengen ab, können die Erhöhung der Devisennachfrage und die Verringerung des Devisenangebots den Zahlungsbilanzüberschuß beseitigen.
Bei → *festen Wechselkursen* reagieren das Preisniveau und/oder das → Volkseinkommen (→ Sozialprodukt) auf Zahlungsbilanzungleichgewichte. So erhöht z. B. ein Zahlungsbilanzüberschuß aufgrund der → Interventionen am Devisenmarkt seitens der → Zentralbank die inländische → Geldmenge (sofern keine Neutralisierung durch die → Geldpolitik erfolgt), was Preissteigerungen auf den Gütermärkten (→ importierte Inflation) und Zinssenkungen auf den Geld- und → Kapitalmärkten bewirken kann. Die Preissteigerungen können höhere Importe und rückläufige Exporte nach sich ziehen, die Zinssenkungen bieten Anreiz zu Kapitalexporten. Die damit verbundenen Veränderungen der Teilbilanzen mindern bzw. beseitigen den Zahlungsbilanzüberschuß.

### Zahlungsbilanzgleichgewicht, → Zahlungsbilanzausgleich, → außenwirtschaftliches Gleichgewicht.

### Zahlungsbilanzkonzepte, → Zahlungsbilanzausgleich.

### Zahlungsbilanzpolitik

Gesamtheit aller staatlichen Maßnahmen, insbes. im Rahmen der → Außenhandelspolitik und der sonstigen Außenwirtschaftspolitik zur Erreichung eines Zahlungsbilanzgleichgewichts (→ Zahlungsbilanz, → außenwirtschaftliches Gleichgewicht). In einem System → fester Wechselkurse können le-

## Zahlungsbilanzpolitik

### Zahlungsbilanzausgleich – Salden in der Zahlungsbilanz und in den Volkswirtschaftlichen Gesamtrechnungen

Die nun angenäherten Konzepte von Zahlungsbilanz und Volkswirtschaftlichen Gesamtrechnungen (VGR) erleichtern deren Nutzung, auch wenn in beiden Rechnungen nicht immer alle Salden explizit ausgewiesen werden. Grundsätzlich gilt in der Dokumentation der jeweiligen „Außenkonten" folgender Zusammenhang:

|   | Salden in der Zahlungsbilanz | Salden in den VGR |
|---|---|---|
| (1) | Warenhandel und Dienstleistungen | Außenbeitrag zum BIP |
| + (2) | Erwerbs- und Vermögenseinkommen (Faktoreinkommen) | Erwerbs- und Vermögenseinkommen (Faktoreinkommen) |
| = (3) | – | Außenbeitrag zum BSP |
| – (4) | Laufende Übertragungen an das Ausland | Laufende Übertragungen an die übrige Welt |
| = (5) | Leistungsbilanz | Saldo aus Ersparnis und Nettoinvestition |
| – (6) | Vermögensübertragungen an das Ausland | Vermögensübertragungen an die übrige Welt |
| = (7) | – | Finanzierungssaldo |

identisch mit der transaktionsbedingten Veränderung des Netto-Auslandsvermögens

Die aus Zeile 5 ersichtliche Gleichheit des Leistungsbilanzsaldos mit dem Saldo aus inländischer Ersparnis und Nettoinvestition läßt sich aus den volkswirtschaftlichen Grundgleichungen ableiten. Die Summe aus Verbrauch (C), Nettoinvestition (I) und Außenbeitrag zum BSP (X – M) ist gleich dem Nettosozialprodukt (Y):

(5a)  $C + I + X - M = Y$.

Andererseits wird das Nettosozialprodukt – nach Abzug der Laufenden Übertragungen an die übrige Welt (LÜ) – für Verbrauch oder Ersparnis verwendet:

(5b)  $C + S + LÜ = Y$.

Aus diesen Gleichungen ergibt sich

(5)  $X - M - LÜ = S - I$,

wobei die linke Seite die Transaktionen der neu definierten Leistungsbilanz zusammenfaßt.

Quelle: Deutsche Bundesbank, Monatsbericht März 1995

diglich → Abwertungen bzw. → Aufwertungen einer → Währung einen Ausgleich über Änderungen des → Wechselkurses bewirken. Daneben oder statt dessen kommen Beschränkungen oder → Liberalisierungen des Handels, Maßnahmen der → Kapitalverkehrspolitik oder Eingriffe in den → Devisenmarkt in Betracht. Um die Gefahr zu verringern, daß Staaten mit Zahlungsbilanzdefiziten zu außenwirtschaftlichen Restriktionen greifen, die die internationale Arbeitsteilung nachteilig beeinflussen, wurden im Rahmen der → internationalen Währungsordnung Finanzierungshilfen zur Überbrückung von (temporären) Zahlungsbilanzdefiziten geschaffen, vor allem im → Internationalen Währungsfonds, aber auch im → Europäischen Währungssystem und seitens der → Bank für Internationalen Zahlungsausgleich (→ Baseler Abkommen). Im System freier Wechselkurse (→ flexible Wechselkurse) sollte hingegen der → Zahlungsbilanzausgleich grundsätzlich automatisch über Wechselkursveränderungen erfolgen.

## Zahlungsfähigkeit

### Zahlungsfähigkeit
*Solvenz*; Fähigkeit eines Wirtschaftssubjekts, fällige → Verbindlichkeiten fristgerecht erfüllen zu können.
*Gegensatz:* → Zahlungsunfähigkeit.

### Zahlungsgarantie
1. *Payment Guarantee*; → Bankgarantie, die im → Außenhandel dem Exporteur (Garantienehmer) die Erfüllung seines Zahlungsanspruchs sichern soll (→ Bankgarantie im Außenhandel).

2. Im Geschäft mit → Kreditkarten die Garantie, daß der → Emittent dem Vertragsunternehmen (Händler, Dienstleister) den Rechnungsbetrag aus der Geschäftsbeziehung zwischen Händler und kartenzahlendem Kunden auch wirklich gutschreibt. Voraussetzung: Der Händler hat sich an die von den Kartenanbietern festgesetzten Akzeptanzbedingungen, z. B. an das → Floor-Limit und die Prüfung von Gültigkeit der Karte und der Unterschrift gehalten.

### Zahlungshalber, → Leistung erfüllungshalber.

### Zahlungskarte
*Begriff:* Im Rahmen des → bargeldlosen Zahlungsverkehrs eingesetzte Ausweiskarte, die den Inhaber berechtigt, bei den am Z.-System angeschlossenen Vertragsunternehmungen Rechnungen ohne → Bargeld zu begleichen (Zahlungsfunktion der Karte).

*Arten:* a) Nach der *Liquiditätswirkung für den Karteninhaber*: (1) → Kreditkarte; (2) → Debit-Karte; (3) → Wertkarte. b) Nach dem *Einsatzbereich*: (1) internationale Z., z. B. → Eurocard, Karten von → American Express, → Diners Club, Visa; (2) europäische Z., z. B. → eurocheque-Karte; (3) nationale Z., z. B. Bankkundenkarten (→ Bankkarten), Kundenkarten von Handelsunternehmen. c) Nach dem *Speichermedium*: (1) hochgeprägte Karte, Kartendaten sind in die Karte eingestanzt, heute i. d. R. in Verbindung mit einem Magnetstreifen oder Chip; (2) → Magnetstreifenkarte; (3) → Chipkarte; (4) Hybridkarte, neben einem Magnetstreifen ist zusätzlich ein Chip implementiert.

*Zusätzliche Funktionen*, die an Z. gekoppelt werden: a) Zahlungsservicefunktionen: Kreditfunktion (internationale Z., Handelskundenkarten), Scheckgarantiefunktion (eurocheque-Karte), Bargeldbezugsfunktion (internationale Z., eurocheque-Karte, Bankkundenkarten) und Zugang zu Bankautomaten. b) Zusatzfunktionen: i. d. R. bei internationalen Z. wie Versicherungsschutz und anderen Serviceleistungen (→ T&E-Karten).

### Zahlungsmittel
Im → Zahlungsverkehr verwendete → Gegenstände, die zur → Tilgung von → Geldschulden geeignet sind. Alle Staaten – und bislang nur Einzelstaaten, was sich mit der Verwirklichung der → Europäischen Wirtschafts- und Währungsunion und der Ausgabe europäischer → Geldzeichen ändern wird – kennen bestimmte → gesetzliche Zahlungsmittel, nämlich → Banknoten und → Münzen, für die Rechtsvorschriften einen Annahmezwang des Geldschuldgläubigers vorsehen. Akzeptiert er dieses → Geld nicht, so kommt er in → Gläubigerverzug. Der Einsatz solchen → Bargeldes ist jedoch unter normalen Umständen auf die Tilgung von Geldschulden geringerer Höhe sowie auf die Verwendung bei Automaten beschränkt. Weitaus größere Bedeutung für Zahlungszwecke haben andere Z., insbesondere in Gestalt von → Buchgeld bzw. hierauf bezogenen Verfügungsrechten, wie → Schecks oder → Kreditkarten. Maßgeblich sind hierbei nicht Geldzeichen als → Sachen, sondern als Forderungsrechte gegenüber einer → Bank, die durch → Sichteinlagen oder Gewährung von → Kredit geschaffen werden. Insoweit ist ein → Gläubiger nicht zur Annahme solcher Z. als → Erfüllung einer → Verbindlichkeit verpflichtet, sondern diese Wirkung tritt nur ein, wenn er mit ihr einverstanden ist. Ansonsten ist die → Überweisung auf sein → Girokonto oder die Hingabe eines Schecks nur → Leistung erfüllungshalber, selbst bei Verwendung von → eurocheques (ec). Auch bei der Weitergabe von → Wechseln fungieren diese → Wertpapiere als Z. und sind wie der Scheck → Geldersatzmittel; primär dienen sie freilich (mit Ausnahme der → Sichtwechsel) als Kreditinstrument.

### Zahlungssysteme für begleloses Zahlen
Das optimale Medium für das bargeld- und beleglose Zahlen an → EFTPOS-Terminals sind rechteckige, genormte Plastikkarten (→ Chipkarte, → Magnetstreifenkarte). Zahlungssysteme in der BRD: (1) → Kreditkarten wie → American Express (Amexco), Diners Club, → Eurocard/Mastercard, Visa, Airplus (Fluggesellschaften), Massa-Karte,

Hertie-Karte, Quelle-Karte; (2) → Debit-Karten wie die Kundenkarten der Banken, die → S-Card des Sparkassenverbunds, die → Bank-Card der Genossenschaftsbanken, die → Postbank-Card sowie die Telekarten der Telekom; (3) multifunktionale Karten wie die → eurocheque-Karte; (4) → Wertkarten wie → Telefonkarten und Parkautomatenkarten.

## Zahlungsunfähigkeit

Auf dem Mangel an → Zahlungsmitteln beruhendes Unvermögen des → Schuldners, seine fälligen → Geldschulden im wesentlichen zu berichtigen. Wichtigste Erscheinungsform der Z. ist die Zahlungseinstellung (§ 102 Abs. 2 KO). Sie liegt vor, wenn der Schuldner nach außen erkennbar nicht in der Lage ist, seine fälligen Geldschulden im allgemeinen zu erfüllen. Die Z. ist Konkursgrund und berechtigt → Gläubiger zum Antrag auf Eröffnung des → Konkurses oder des gerichtlichen → Vergleichsverfahrens.

## Zahlungsverkehr

Gesamtheit der Zahlungsvorgänge innerhalb eines Staates (Inlandszahlungsverkehr) oder im Verhältnis zu anderen (Auslandszahlungsverkehr), aber auch alle Zahlungstransaktionen einer einzelnen → Person oder → Bank.
Je nach dem eingesetzten → Zahlungsmittel kann der Z. bar (mittels → Banknoten und → Scheidemünzen), halbbar (etwa durch → Postanweisung oder → Zahlungsanweisung) oder unbar (→ bargeldloser Zahlungsverkehr) erfolgen. Die Zahlungsmittel können sowohl in inländischer → Währung als auch in fremder Währung denominiert sein (→ Sorten, → Devisen); überdies können im Z. auch internationale → Rechnungseinheiten wie die → Europäische Währungseinheit (ECU) oder das → Sonderziehungsrecht des IWF verwendet werden.
Im Rahmen des bargeldlosen Z. findet zunehmend → elektronischer Zahlungsverkehr als Teilbereich des → Electronic Banking statt, wobei Zahlungen mit Hilfe des → beleglosen Datenträgeraustauschs oder durch → Datenfernübertragung durchgeführt werden. Der beleggebundene Z. mit → Buchgeld verliert demgegenüber an Bedeutung.
Der Z. im Inland wie mit dem Ausland unterliegt in der Bundesrepublik Deutschland keinen rechtlichen Einschränkungen, sondern seine Ausgestaltung geschieht im wesentlichen im Rahmen der → Vertragsfreiheit zwischen Banken und/oder Kunden. → Zahlungen ins Ausland wie → Zahlungen aus dem Ausland müssen nicht zentral über die → Deutsche Bundesbank erfolgen (→ Auslandszahlungsverkehr der Deutschen Bundesbank). Das nationale → Außenwirtschaftsrecht geht von der Freiheit des Z. aus und sieht insoweit lediglich Meldepflichten vor (→ Meldungen über den Außenwirtschaftsverkehr); das Recht der → Europäischen Gemeinschaften (EG) bestimmt ebenfalls, daß grundsätzlich alle Beschränkungen des Z. zwischen den EU-Mitgliedstaaten sowie zwischen diesen und dritten Ländern verboten sind (Art. 73b Abs. 2 EG-Vertrag).

## Zahlungsverkehr im EG-Binnenmarkt

Staatliche Beschränkungen des → Zahlungsverkehrs zwischen den Mitgliedstaaten der → Europäischen Gemeinschaften bzw. der → Europäischen Union sind mit Inkrafttreten der zweiten Stufe der → Europäischen Wirtschafts- und Währungsunion zwar endgültig beseitigt (Art. 73b Abs. 2 EG-Vertrag). Im grenzüberschreitenden europäischen Zahlungsverkehr sind jedoch auch mit Beginn des Binnenmarktes (1. 1. 1993) nicht alle Anforderungen erfüllt, die ein einheitlicher Wirtschaftsraum (→ Integration) stellt. Daher drängt die EU-Kommission seit mehreren Jahren auf eine Verbesserung der gegenwärtigen Zahlungsverkehrssysteme, um eine kostengünstige, transparente, rasche und zuverlässige Abwicklung des Zahlungsverkehrs zu sichern, dessen Volumen erheblich anwachsen dürfte, vor allem bei „Fernzahlungen", d. h. grenzüberschreitenden → Überweisungen und Zusendungen von → Bankschecks. Die Kommission entwickelte auch eine (unverbindliche) Benutzer-Charta mit einem Fünf-Punkte-Programm, das mehr Transparenz hinsichtlich der → Gebühren, → Laufzeiten und der Wahl des günstigsten Zahlungswegs fordert und auch für eine Verkürzung der Durchleitzeiten und die Vermeidung einer doppelten Gebührenbelastung (des Auftraggebers und des Zahlungsempfängers) eintritt. Zur Lösung der Probleme werden derzeit teils EG-weite → Gironetze der → Bankengruppen geschaffen (wie TIPANET, → EUROGIRO), teils Einzelinitiativen von europaweit tätigen → Großbanken und von → Spezialbanken unternommen (→ Euro-

1729

## Zahlungsverkehrsabwicklung

Überweisungsauftrag). Für die Abwicklung von Kleinzahlungen (bis 5.000 DM) sind Automated Clearing-Houses (ACH) im Entstehen, wofür in der BRD die →GZS Gesellschaft für Zahlungssysteme eine →Tochtergesellschaft, die BZS-Bank für Zahlungsservice mbH errichtete. Hingegen ist Aufgabe der →Zentralbanken die Schaffung eines funktionsfähigen EG-weiten Großbetragszahlungssystems auf Realtime-Basis bis zur Endstufe der Wirtschafts- und Währungsunion. In bezug auf die technische Infrastruktur des Zahlungsverkehrs fehlen jedoch bislang eine gemeinsame europäische →Bankleitzahl wie auch einheitliche Datensätze (für den Datenträgeraustausch) und qualitativ gleichwertige Sicherungsprozeduren, wie sie im Inland durch →Abkommen zum bargeldlosen Zahlungsverkehr der Kreditwirtschaft festgelegt sind.

### Zahlungsverkehrsabwicklung über die Deutsche Bundesbank

Nach § 3 des Gesetzes über die Deutsche Bundesbank (BBankG) hat die →Deutsche Bundesbank u. a. für die bankmäßige Abwicklung des →Zahlungsverkehrs im Inland und mit dem Ausland zu sorgen. Die Bundesbank erfüllt ihren gesetzlichen Auftrag einmal dadurch, daß sie ein wettbewerbsneutrales →Gironetz mit ihren (LZB)-Zweiganstalten (Hauptstellen und Zweigstellen) und sieben LZB-Rechenzentren sowie zwei Zahlungsverkehrspunkten als Bindeglied zwischen den im Zahlungsverkehr tätigen →Kreditinstituten der verschiedenen Gruppen und der →Deutschen Postbank AG bereitstellt. Im wesentlichen bearbeitet die Bundesbank Zahlungsverkehrsmaterial, das bereits vorher bei den Kreditinstituten von Nichtbanken zur Ausführung eingereicht worden ist. Direkt von Nichtbanken – im wesentlichen von den öffentlichen Kassen – erhält die Bundesbank stückzahlmäßig weniger als 10 Prozent der über sie geleisteten unbaren Zahlungen.

Daneben ist sie in Gremien, die den Zahlungsverkehr organisieren und automatisieren, beratend und z. T. auch federführend tätig „Arbeitsstab Automation" des betriebswirtschaftlichen Arbeitskreises der →Spitzenverbände der deutschen Kreditwirtschaft). Über ihre Geschäftsbedingungen übt sie einen gewissen Einfluß auf die Zahlungsverkehrskonditionen der Kreditinstitute aus. In Erfüllung ihrer Aufgabe richtet die Bundesbank ihre Konditionen- und Gebührenpolitik im Verkehr mit Kreditinstituten danach aus, daß sie unter Wahrung der bestehenden Netzstrukturen unmittelbar und angemessen am Zahlungsverkehrsgeschäft beteiligt ist. So werden etwa 30 Prozent der von deutschen Kreditinstituten einschl. der →Deutschen Postbank AG entgegengenommenen Überweisungs- und Einzugsaufträge ihrer Kunden über die Zahlungsverkehrseinrichtungen der Bundesbank geleitet.

Die Bundesbank beteiligt sich seit Jahren an der internationalen Kooperation der Zentralbanken auf dem Gebiet des Zahlungsverkehrs mit dem Ausland. Schwerpunkte der Zusammenarbeit sind die Integrität und Sicherheit von Zahlungsverkehrssystemen sowie die Begrenzung von Systemrisiken bei grenzüberschreitenden Zahlungen. Außerdem leistet die Bundesbank ihren Beitrag zur Rationalisierung und Beschleunigung des Zahlungsverkehrs.

*Barzahlungsverkehr:* Die Deutsche Bundesbank hat nach dem Bundesbankgesetz den Geldumlauf (→Bargeldumlauf) zu regeln und damit auch die Volkswirtschaft mit →Banknoten und →Münzen in der benötigten →Stückelung zu versorgen. Hierzu ist der Bundesbank nach § 14 BBankG das Notenausgaberecht (→Notenausgabemonopol) übertragen worden, im Rahmen dessen sie für die Herstellung, Bereitstellung und laufende Erneuerung der Banknoten, die Ersatzleistung für beschädigte Banknoten, den Aufruf von Noten zur Einziehung und die Kontrolle des Zahlungsmittelumlaufes auf →Falschgeld zuständig ist. Der Kreislauf der Banknoten beginnt mit der Auszahlung bei den →Zweiganstalten der Deutschen Bundesbank und endet dort wieder, nachdem sie als →Zahlungsmittel für eine große Anzahl von Umsätzen bei den Verbrauchern und Unternehmen gedient haben; die Noten fließen hauptsächlich über die Kreditinstitute und die Post bzw. Postbank zurück. Zurückgeflossene Banknoten werden dann von den LZB-Zweiganstalten erneut ausgezahlt, wenn sie sich in einem guten Zustand befinden. Die Lebensdauer der Banknoten zu 10 DM hat eine Umlaufzeit bis zu ihrer Vernichtung von durchschnittlich 1,5 Jahren, die Note zu 100 DM von vier Jahren und die von 1.000 DM von zirka sechs Jahren. Das eingezahlte Geld muß von den Kreditinstituten zuvor „bankmäßig" aufbereitet

sein, d. h. es ist nach Stückelung zu sortieren und zu Päckchen mit jeweils 100 Banknoten zu verpacken.
Um das ständig steigende Papiervolumen rationell zu bearbeiten, hat die Bundesbank – nach der Entwicklung von automationsspezifischen Echtheitsmerkmalen in den Banknoten – automatische Banknotenbearbeitungsmaschinen eingesetzt. Diese Automaten sind in der Lage, die neuen automationsspezifischen Merkmale zu erkennen, die Banknoten zu zählen, auf Echtheit zu prüfen und entsprechend ihrem äußeren Erscheinungsbild nach Umlauffähigkeit zu sortieren.
Die Herstellung von Münzen (→ Münzhoheit) liegt beim Bund (Finanzministerium); die Bundesbank übernimmt die für den Bargeldumlauf benötigten Münzen zum → Nominalwert vom Bund und bringt sie hauptsächlich über die Kreditinstitute und die Postbank in den Verkehr. Ebenso wie bei den zurückgeflossenen Banknoten übernimmt die Bundesbank das Prüfen auf Echtheit, richtige Stückelung und auf Umlauffähigkeit der einzelnen Münzen. Falsche sowie aufgerufene oder nicht mehr umlauffähige Münzen zieht sie aus dem Verkehr. Für die Bearbeitung von Münzen setzt die Bundesbank überwiegend Zählmaschinen ein, wobei Prüfung auf Echtheit, richtige Stückelung und Umlauffähigkeit durch Sichtkontrollen geschieht.

*Unbarer (bargeldloser) Zahlungsverkehr:*
Um ihre bank- und ordnungspolitischen Aufgaben zu erfüllen, bietet die Bundesbank eine Reihe von Verfahren für die Abwicklung der instituts- bzw. netzüberschreitenden Zahlungen an. Im wesentlichen sind dies: (1) Die → Abrechnung, über die → Schecks, → Lastschriften und andere → Forderungspapiere sowie → Überweisungen am Platze ausgetauscht werden (→ Abrechnungsverkehr der Deutschen Bundesbank); (2) der → Platzüberweisungsverkehr der Deutschen Bundesbank, insbes. für Nichtabrechnungsteilnehmer; (3) der → Fernüberweisungsverkehr der Deutschen Bundesbank, in dem beleggebundene, beleglose und telegrafische Zahlungen ausgeführt werden; (4) der → Vereinfachte Scheck- und Lastschrifteinzug der Deutschen Bundesbank, in dem Schecks in beleggebundener oder belegloser Form sowie beleglose Lastschriften eingezogen werden. Die Kreditinstitute bedienen sich der Zahlungsverkehrsdienste der Bundesbank in starkem Maße.

### Zahlungsverkehrsgeschäft
Bereich der → Bankgeschäfte (im wirtschaftlichen Sinne), wozu die verschiedenen Formen des → Zahlungsverkehrs (bar, halbbar, unbar) gezählt werden. Zusammen mit den → Wertpapiergeschäften und sonstigen Bankgeschäften werden Z. als Dienstleistungsgeschäfte der → Banken zusammengefaßt und den → Aktiv- und → Passivgeschäften gegenübergestellt.

### Zedent
→ Person, die eine → Forderung abtritt (→ Abtretung).

### Zehner-Club, → Zehner-Gruppe.

### Zehner-Gruppe
Gruppe der zehn wichtigsten westlichen Industriestaaten (Belgien, BRD, Frankreich, Großbritannien, Italien, Japan, Kanada, Niederlande, Schweden, USA), die mit dem Ziel der gegenseitigen Unterstützung bei Zahlungsbilanzschwierigkeiten im Rahmen des → Internationalen Währungsfonds (IWF) 1962 gegründet wurde (G 10 – Group of Ten). Die Schweiz ist seit 1983 elftes Mitglied. Wichtigster Beschluß war die Schaffung der Allgemeinen Kreditvereinbarungen vom 5.1.1962. Dadurch sollte verhindert werden, daß bei Zahlungsbilanzkrisen sofort Beschränkungen im internationalen Waren- und Kapitalverkehr ergriffen werden; außerdem sollte die → internationale Währungsordnung, insbes. das System → fester Wechselkurse, stabilisiert werden. Wenn dies auch nicht gelang, so wurden doch die mit der Krise des Weltwährungssystems zu Beginn der siebziger Jahre auftretenden Probleme nicht zuletzt durch die enge Zusammenarbeit in der Z.-G. in Grenzen gehalten.
Zur Lösung der neuen Aufgabe der Reform der internationalen Währungsordnung wurden auch weniger entwickelte Länder hinzugezogen (→ Zwanziger-Ausschuß).

### Zehnmonatsberichte der Kreditinstitute,
→ Zwischenberichte der Kreditinstitute.

### Zehn-Tage-Geld, → terminiertes Tagesgeld.

### Zeichnungsberechtigung
Dem kontoführenden → Kreditinstitut bekanntzugebende Verfügungsberechtigung

über ein → Bankkonto (→ Kontovollmacht). Der Begriff Z. wurde in den → Allgemeinen Geschäftsbedingungen der Kreditinstitute z. T. synonym für Verfügungs- und Vertretungsbefugnis verwendet (Nr. 3 AGB Sparkassen bis 1992); in der Neufassung (Nr. 4) findet er sich ebensowenig wie in Nr. 5 AGB Banken. In den Allgemeinen Geschäftsbedingungen der Deutschen Bundesbank wird ausschließlich der Begriff „Zeichnungsberechtigung" verwendet.
Zu unterscheiden ist die Einzelzeichnungsberechtigung und die gemeinschaftliche Z., bei Banken oftmals zu unterscheiden nach E-, A- und B-Z. Bei E-Z. kann ein einzelner allein verfügen, z. B. der Kontoinhaber, ein Gesellschafter, ein Vorstandsmitglied, ein Bevollmächtigter. Bei A- und B-Z. handelt es sich um gemeinschaftliche Z. (Gesamtvertretungsbefugnis). Während der A-Zeichnungsberechtigte gemeinschaftlich mit irgendeinem anderen Zeichnungsberechtigten verfügen darf, ist der Umfang der Verfügungsberechtigung des B-Zeichnungsberechtigten dadurch eingeschränkt, daß die Mitunterzeichnung eines A-Zeichnungsberechtigten benötigt.
(→ Stellvertretung, → Vollmacht, → Verfügungsberechtigung über Bankkonten, → Bankvollmacht, → Kontovollmacht)

**Zeitbasis,** → Carry Basis.

**Zeitbürgschaft**
→ Bürgschaft, bei der sich der Bürge nur zeitlich begrenzt verpflichtet. Der Bürge wird nach dem Ablauf der bestimmten Zeit frei, wenn nicht der → Gläubiger unverzüglich versucht, sich aus dem beweglichen → Vermögen des Hauptschuldners zu befriedigen (§ 771, 772 BGB) und sofort nach Beendigung des Verfahrens dem Bürgen anzeigt, daß er ihn in Anspruch nimmt. Bei einer → selbstschuldnerischen Bürgschaft ist nur die unverzügliche Anzeige der Inanspruchnahme durch den Gläubiger erforderlich (§ 777 Abs. 1 BGB). Von dieser komplizierten Regelung wird in der Praxis dergestalt abgewichen, daß die Bürgschaft automatisch erlischt, wenn der Bürge nicht bis zu einem bestimmten Tage vom Gläubiger in Anspruch genommen worden ist.
*Gegensatz:* → unbefristete Bürgschaft.

**Zeitwert**
Wert eines → Cash-flows (Zahlung) zu einem bestimmten Zeitpunkt. Der Z. eines Cash-flows ist nur im Zeitpunkt der Anlage bzw. bei → Fälligkeit mit dem Betrag des Cash-flows identisch. Zu jedem anderen Zeitpunkt ist der Z. höher, wenn er in der Zukunft liegt. Der Z. wird dann als → zukünftiger Wert bezeichnet und wird durch → Aufzinsung ermittelt. Liegt der Zeitpunkt früher, ist der Z. niedriger und wird als → Barwert bezeichnet. Der Barwert wird durch Abzinsen errechnet. Der Z. spielt eine wichtige Rolle bei der Kurs- und Renditeberechnung.
(→ Renditeberechnungsmethoden für Geld- und Kapitalmarktpapiere, → Rendite, Interpretation)

**Zeitwert einer Option**
Differenz zwischen dem Optionspreis und dem → inneren Wert. Je länger die → Laufzeit einer → Option ist, desto höher ist der Zeitwert. Bei → Fälligkeit der Option ist der Zeitwert Null. Der Z.e.O. wird beeinflußt von der → Volatilität, → Restlaufzeit, den Geldmarktsätzen und dem Optionstyp (→ europäische Option oder → amerikanische Option).
(→ Future-Style-Verfahren)

**Zentralafrikanische Zoll- und Währungsunion,** → Franc-CFA.

**Zentralbank**
Bezeichnung für: (1) → Zentralnotenbank eines Staates (nationale Z.), auch als → Notenbank, → Währungsbank bezeichnet; (2) für überstaatliche Währungsbank (→ internationale Zentralbank); (3) für Spitzeninstitute einer → Bankengruppe, z. B. → Landesbanken/Girozentralen als Z. im Sparkassensektor, Z. im Genossenschaftssektor.

**Zentralbankfunktionen,** → Zentralnotenbank.

**Zentralbankgeld**
*Begriff:* Das von der → Zentralnotenbank geschaffene (geschöpfte, bereitgestellte) → Geld. Es umfaßt die Sichtguthaben (→ Sichteinlagen) auf → Konten bei der → Deutschen Bundesbank (→ Zentralbankguthaben) und das → Bargeld, das sich außerhalb der Zentralnotenbank befindet (→ Banknoten und von der Bundesbank in Umlauf gebrachte → Scheidemünzen, die i. a. zum Z. gezählt werden).

*Entstehung:* Z. entsteht durch → Geldschöpfung der Bundesbank, indem sie → Aktiva, wie z. B. → Wertpapiere, → Wechsel, → Devisen, gegen Bereitstellung von Z. ankauft („Monetisierung von Aktiva"). Umgekehrt wird Z. „vernichtet", wenn die Bundesbank Aktiva verkauft.

*Bedeutung:* Das Z. ist Grundlage der Geldschöpfung der → Geschäftsbanken. Damit beeinflußt die Höhe des bereitgestellten Z. die Höhe der → Geldmenge in der Volkswirtschaft. Als Zielgröße der → Geldpolitik wird hingegen die sog. → Zentralbankgeldmenge bzw. seit 1988 die Geldmenge M 3 (→ Geldmengenbegriffe) verwendet, die inhaltlich nicht mit Z. verwechselt werden dürfen.

*Arten:* Aus der Sicht der → Kreditinstitute wird zwischen aktuellem und potentiellem Z. unterschieden (→ freie Liquiditätsreserven). Zu aktuellem Z. rechnet man die Zentralbankguthaben und die Kassenbestände der Kreditinstitute. Zu dem potentiellen Z. rechnet man die Aktiva der Kreditinstitute, die von diesen jederzeit bei der Zentralbank in aktuelles Zentralbankgeld umgetauscht werden können. Die Aktivpositionen der → Bilanz der Bundesbank zeigen, aus welchen Quellen das vorhandene Z. stammt. Die Passivpositionen der Bilanz der Bundesbank zeigen, in welcher Form Nichtbanken und Kreditinstitute das vorhandene Z. halten. Vgl. hierzu Übersicht „Zentralbankgeld".

Die Bundesbank muß im Rahmen ihrer Geldpolitik nicht nur den Umfang des Z., sondern auch dessen Verwendung beeinflussen. Die geldpolitischen Instrumente sind in der Übersicht neben den betreffenden Bilanzpositionen aufgeführt, auf welche sie einwirken können. Positionen ohne Zuordnung von geldpolitischen Instrumenten hängen von marktmäßigen Vorgängen ab. Beim Einsatz der geldpolitischen Instrumente hat die Bundesbank die Höhe dieser Positionen aber entsprechend zu berücksichtigen.

Die Übersicht zeigt, daß die Bundesbank durch vier wichtige Transaktionen mit Aktiva Z. schafft bzw. vernichtet: (1) durch Geschäfte mit dem Ausland (Zunahme von → Forderungen an das Ausland = Schaffung von Z., Abnahme = Vernichtung von Z.), (2) durch → Kreditgeschäfte mit inländischen Kreditinstituten, (3) durch Kreditgeschäfte mit inländischen → öffentlichen Haushalten (Ausweitung der Kreditgewährung = Schaffung von Z., Rückführung der Kreditgewährung = Vernichtung von Z.), (4) durch → Wertpapiergeschäfte am offenen Markt (Erwerb von Wertpapieren = Schaffung von Z., Veräußerung von Wertpapieren = Vernichtung von Z.).

### Zentralbankgeldmenge
Geldmengenbegriff, der in der allgemeinen Definition (→ Geldmengenbegriffe) den Bestand an → Zentralbankgeld umfaßt, in der engen Definition der → Deutschen Bundesbank den → Bargeldumlauf und das Mindestreserve-Soll auf → Einlagen inländischer Nichtbanken zu konstanten Reservesätzen nach dem Stande von Januar 1974. Die Z. ist ein wichtiger → monetärer Indikator. Als Zwischenzielgröße für ihre → Geldpolitik verwendet die Bundesbank seit 1988 die Geldmenge M 3.

### Zentralbankguthaben
→ Sichteinlagen bei der → Zentralnotenbank, in der BRD Guthaben auf → Girokonten, die von der → Deutschen Bundesbank bzw. ihren Hauptverwaltungen oder deren → Zweiganstalten geführt werden (→ LZB-Girokonto).

### Zentralbankpolitik
Synonyme Bezeichnung für → Geldpolitik (vgl. auch → Geldpolitik der Deutschen Bundesbank).

### Zentralbankrat der Deutschen Bundesbank
Oberstes Entscheidungsorgan der → Deutschen Bundesbank. Der Z. d. D. B. bestimmt die → Währungspolitik und → Kreditpolitik der Bundesbank (§ 6 Abs. 1 Satz 1 BBankG), d. h. alle Maßnahmen der Bundesbank, die im Hinblick auf den Binnenwert und den → Außenwert der → Währung (→ Geldwertstabilität) ergriffen werden (→ Geldpolitik der Deutschen Bundesbank, → Deutsche Bundesbank, Aufgabe nach § 3 BBankG).
(→ Deutsche Bundesbank, Organisationsstruktur)

### Zentralbanksystem
Aufbau und Gliederung der staatlichen (bzw. überstaatlichen) Institution, die zentrale Verantwortung für die Funktionsfähigkeit des Geld- und Kreditwesens hat (→ Zentralnotenbank, → Zentralbank). Das Z. kann zentral oder dezentral (föderativ) aufgebaut sein. Beispiel eines zentralen (einstufigen) Aufbaus: deutsche → Reichsbank von 1876

## Zentalbanksystem

**Zentralbankgeld**

| Geld- und kreditpolitische Ansatzpunkte | AKTIVA (Entstehung von Zentralbankgeld) | PASSIVA (Verwendung von Zentralbankgeld) | Geld- und kreditpolitische Ansatzpunkte |
|---|---|---|---|
| | 1. Währungsreserven, Kredite und sonstige Forderungen an das Ausland (netto) | 7. Bargeldumlauf | |
| Refinanzierungspolitik | 2. Kredite an inländische Kreditinstitute<br>2.1 Wechseldiskontkredite<br>2.2 Im Offenmarktgeschäft mit Rücknahmevereinbarung angekaufte<br>  2.2.1 Inlandswechsel<br>  2.2.2 Wertpapiere<br>2.3 Lombardforderungen | 8. Einlagen von Kreditinstituten<br><br>9. Einlagen von öffentlichen Haushalten<br><br>10. Verbindlichkeiten gegenüber Kreditinstituten | Mindestreservepolitik<br><br>Einlagen-Schulden-Poltik<br><br>Devisenpensionsgeschäfte |
| Einlagen-Schulden-Politik<br><br>Offenmarktpolitik | 3. Kredite und Forderungen an öffentliche Haushalte<br>3.1 Buchkredite<br>3.2 Schatzwechsel und unverzinsliche Schatzanweisungen<br>3.3 Ausgleichsforderungen | 11. Verbindlichkeiten aus abgegebenen Mobilisierungs- und Liquiditätspapieren<br><br>12. Sonstige Passiva | Offenmarktpolitik |
| Offenmarktpolitik | 4. Wertpapiere<br>5. Sonstige Aktiva | | |
| Refinanzierungspolitik | 6. Refinanzierungskontigente | 13. Refinanzierungskontingente | Refinanzierungspolitik |

Quelle: Duwendag, D., u.a., Geldtheorie und Geldpolitik, 4., überarb. u. erw. Aufl., Köln 1993, S. 386

bis 1945. Beispiel eines dezentralen (zweistufigen) Aufbaus: föderativer Aufbau des Z. in Westdeutschland von 1948 bis 1957 in Form von rechtlich selbständigen →Landeszentralbanken in den Ländern und der →Bank deutscher Länder (nach dem Vorbild des →Federal Reserve Systems (Fed) der USA), deren →Grundkapital bei den Ländern lag. Die →Deutsche Bundesbank ist einstufig aufgebaut. Ihre Organisation zeigt aber dezentrale, förderative Elemente.

### Zentralbanksysteme in der EU

Nach dem Unions-Vertrag von Maastricht (→Europäische Wirtschafts- und Währungsunion) soll jeder EU-Mitgliedstaat sicherstellen, daß spätestens zum Zeitpunkt der Errichtung des →Europäischen Systems der Zentralbanken (ESZB) seine innerstaatlichen Rechtsvorschriften mit dem E(W)G-Vertrag sowie mit der Satzung des ESZB im Einklang stehen (Art. 108 EGV n.F.). Im Mittelpunkt liegt dabei die Unabhängigkeit der →Zentralbank(en). Sie wird durch Art. 107 EGV n.F. als Weisungsfreiheit sowohl gegenüber Einrichtungen der →Europäischen Union (EU) als auch Stellen der Mitgliedstaaten festgeschrieben. Für den Bereich der →Wechselkurspolitik bleibt die Entscheidungsbefugnis aber weithin beim Rat der EG (Art. 109 EWGV n.F.). Das Verfahren, mit dem die Unabhängigkeit der nationalen Zentralbanken herbeigeführt werden soll, ist bereits in der seit 1994 erreichten zweiten Stufe der Wirtschafts- und Währungsunion einzuleiten.

*Gegenwärtiger Stand und Probleme:* Vom Endziel einer Autonomie in funktioneller, personeller und finanzieller Hinsicht sind die Zentralbanken fast aller EU-Mitgliedsländer noch weit entfernt. Der Vorrang der →Geldwertstabilität (Art. 105 Abs. 1 EWGV n.F.) ist bisher nirgends, auch nicht für die →Deutsche Bundesbank, ausdrücklich gesetzlich niedergelegt. Außer der Bundesbank handelt jedenfalls von Rechts wegen weisungsfrei nur der Banco de Espana sowie seit 1994 die Banque de France (→Bankwesen Frankreich). Faktisch sind auch die Nederlandsche Bank und die Banque Nationale de Belgique zu einer weithin selbständigen Geldpolitik in der Lage. Für die Bank of England (→Bankwesen Großbritannien) sind Lockerungen der bisherigen Einbindung in die Ministerialorganisation und Regierungspolitik in Aussicht genommen; in Italien entscheidet seit 1992 die Zentralbank, nicht mehr der Schatzminister über →Diskontsatz und →Lombardsatz. Ein weiteres Änderungsgesetz soll die Kreditvergabe an den Staat untersagen und eine Mitsprache der Regierung bei der Bestimmung der →Mindestreserven ausschließen. Die Vorschlags- und Ernennungsrechte im Hinblick auf Leitungspersonal der Zentralbanken liegen überall in den Händen der nationalen Regierungen. Höchst unterschiedlich geregelt sind aber Amtsdauer und vorzeitige Abberufung. Die Möglichkeit politischer Einflußnahme ist um so größer, je kürzer und unbestimmter die Amtszeiten sind (z.B. in Frankreich, Italien, Spanien), und je weniger (Verfahrens-)Hindernisse für eine Entlassung bestehen. Eine Pflicht zur Abführung von →Gewinnen an den Staatshaushalt ist durchweg vorgesehen. Ab 1994 dürfen allerdings keine Zentralbank-Kredite mehr an öffentliche Stellen (der EG und der Mitgliedstaaten) vergeben und ebensowenig unmittelbar deren Schuldtitel erworben werden (Art. 104 EGV n.F.). Bislang bestanden insoweit viele →Fazilitäten: vom bloßen →Kassenkredit (§ 20 BBankG a.F.) über →Kreditplafonds bis zu Rechten oder sogar Pflichten, Staatspapiere zur →Finanzierung von Haushaltsdefiziten anzukaufen (Italien, Großbritannien). Dem Banco de Portugal wurde solches aber 1990 ausdrücklich untersagt.

### Zentralbanksystem in Deutschland

1. *1876 bis 1945:* a) *Errichtung:* Die Geschichte eines zentralen deutschen Währungs- und Notenbankwesens beginnt mit dem 1.1.1876. An diesem Tage vollzog sich nach dem Bankgesetz vom 14.3.1875 die Umwandlung der Preußischen Bank in die →Reichsbank. Daneben bestanden zwar die Bayerische und die Württembergische Notenbank sowie die Sächsische und die Badische Bank als →Privatnotenbanken bis 1935 fort; deren Befugnis zur Notenausgabe wurde aber durch Besonderheiten verschiedener Art im Laufe der Zeit bis zur Bedeutungslosigkeit eingeschränkt. Die Reichsbank hatte den Gesetzesauftrag, den „Geldumlauf im gesamten Reichsgebiet zu regeln, die Zahlungsausgleichungen zu erleichtern und für die Nutzbarmachung verfügbaren Kapitals zu sorgen" (§ 12 Bankgesetz). Das Kapital von zunächst 120 Mio. Mark befand sich in privaten Händen, doch waren

die Befugnisse der Anteilseigner gering. Ihre Interessen wurden durch die Generalversammlung und den Zentralausschuß wahrgenommen (§§ 30, 31). Die Leitung oblag dem Reichskanzler und unter diesem dem Reichsbankdirektorium, dem der Reichsbankpräsident vorstand. Das Bankkuratorium, an dessen Spitze der Reichskanzler stand, übte die Reichsaufsicht aus (§§ 25 ff.). Im Hinblick auf die Privatnotenbanken besaß die Reichsbank rechtlich kein absolutes → Notenausgabemonopol, hatte aber tatsächlich die Stellung einer → Zentralnotenbank inne. Die Notenausgabe war durch Deckungsvorschriften und eine indirekte Kontingentierung begrenzt. Der Banknotenumlauf bedurfte zu einem Drittel der Bardeckung, im übrigen der bankmäßigen Deckung, die zunächst in erster Linie aus guten → Handelswechseln bestand (§§ 10, 13). Die Banknoten stellten bis 1909 zwar kein → gesetzliches Zahlungsmittel dar, sie waren auf Verlangen in kursfähiges Gold umzutauschen; de facto war die Mark damit eine Goldumlaufwährung (§ 18) (→ Goldwährung). Im übrigen erstreckte sich der Geschäftsbereich der Reichsbank insbes. auf den Diskont-, Lombard-, Giro- und Depositenverkehr (§ 13).

b) *Änderungen nach Beginn des Ersten Weltkriegs:* Durch die Notgesetze für das Geld- und Währungswesen vom 4. 8. 1914 wurde die Einlösungspflicht für Banknoten aufgehoben. Die Aufweichung der Deckungsvorschriften ermöglichte die Kriegsfinanzierung mit Hilfe der Notenbank und zeichnete den Weg zur → Inflation von 1923 vor. Als die Reichsregierung am 13. 1. 1922 ein Moratorium für die Reparationszahlungen verlangte, waren allerdings die Alliierten dazu nur unter der Voraussetzung bereit, daß die Unabhängigkeit der Reichsbank bis zum 31. 5. 1922 hergestellt wurde. Darauf erging das Gesetz über die Autonomie der Reichsbank vom 26. 5. 1922, das die Leitung der Bank durch → Organe des Reiches beseitigte und ihr eine autonome Stellung einräumte.

c) *Die Neuordnung des Geldwesens:* Im Rahmen der Umsetzung des Dawesplans (Plan zur Regelung der deutschen Reparationszahlungen nach dem Ersten Weltkrieg) wurde mit dem Bankgesetz vom 30. 8. 1924 das deutsche Notenbankwesen neu gestaltet. § 1 des neuen Gesetzes bestimmte nunmehr ausdrücklich, daß die Reichsbank eine von der Reichsregierung unabhängige Bank sei.

Das Reichsbankdirektorium war jedoch verpflichtet, der Reichsregierung Bericht zu erstatten. Organe der Bank waren nach dem Gesetz von 1924 das Reichsbankdirektorium, die Vertretung der Anteilseigner und der Generalrat. Das Reichsbankdirektorium verwaltete die Bank und bestimmte insbes. ihre → Währungspolitik, Diskont- und → Kreditpolitik (§ 6 ff.). Die Vertretung der Anteilseigner war die Generalversammlung (§ 11 ff.). Der Generalrat (§ 14 ff.) bestand aus 14 Mitgliedern; zur Sicherung der Reparationsverpflichtungen des Reiches waren die Hälfte davon Angehörige der Siegermächte. Die Banknotenemission erfolgte unter der Kontrolle des Kommissars für die Notenausgabe, eines Ausländers (§ 17). Für den Notenumlauf schrieb das Bankgesetz eine Deckung von mindestens 40% in Gold und → Devisen vor (§ 28). Ferner bestand für die Reichsbank, allerdings erst ab 1930, eine Verpflichtung zur Einlösung der Reichsmark in Gold (§ 31, → Goldkernwährung). Der Geschäftskreis der Bank bestand im übrigen in dem Ankauf von Gold, Silber und Devisen sowie dem → Diskontgeschäft und Lombardgeschäft (§ 21). Die Kreditgewährung an das Reich wurde eingeschränkt (§ 25).

d) *Entwicklung nach 1933:* Das Bankgesetz wurde durch Gesetz vom 27. 10. 1933 geändert. Der Generalrat wurde beseitigt (Art. IV). Seine Befugnisse gingen an den Reichspräsidenten über (Art. I). Die Reichsbank erhielt das Recht der Offenmarktpolitik nach dem Vorbild anderer → Zentralbanken (Art. VI). Zur Finanzierung von Arbeitsbeschaffungsmaßnahmen, später auch zur Kriegsfinanzierung, diskontierte die Reichsbank Dreimonatswechsel (Öffa-, Mefa-Wechsel), die plangemäß bei → Fälligkeit prolongiert wurden. Deren Hereinnahme verstieß wegen ihrer Kurzfristigkeit formal nicht gegen das Bankgesetz, so daß die Reichsbank die hiermit eingeleitete inflationäre → Geldschöpfung nicht verhindern konnte. Die Unabhängigkeit der Reichsbank wurde durch Gesetz vom 10. 2. 1937 aufgehoben, in dem das Reichsbankdirektorium dem „Führer und Reichskanzler" unmittelbar unterstellt wurde (§ 1 Abs. 1). Das Reichsbankgesetz vom 16. 6. 1939 wiederholte diese Regelung und gab dem „Führer und Reichskanzler" ein Weisungs- und Auftragsrecht (§§ 1 Abs. 1, 3 Abs. 1). Bestimmungen über die Noteneinlösung entfielen; die Deckungsvorschriften wurden gänzlich aufgehoben.

2. *Von 1945 bis heute (Westdeutschland):* a) *Zentralbanksystem von 1948:* Nach dem Zusammenbruch errichteten die westlichen Besatzungsmächte in ihren Zonen und in Berlin (West) ein neues, zweistufiges →Zentralbanksystem, das in seinem streng föderativen Aufbau das →Federal Reserve System (Fed) der Vereinigten Staaten (→Bankwesen USA) zum Vorbild hatte. Es bestand aus den rechtlich selbständigen →Landeszentralbanken in den einzelnen Ländern und der am 1.3.1948 gegründeten →Bank deutscher Länder in Frankfurt am Main. Die Landeszentralbanken fungierten in ihrem Bereich als Zentralbank. Die Bank deutscher Länder war eine gemeinsame Tochter der Landeszentralbanken. Die allgemeine Geschäftspolitik der Bank wurde vom Zentralbankrat bestimmt und vom Direktorium ausgeführt. Der Zentralbankrat bestand aus seinem Präsidenten, dem Präsidenten des Direktoriums der Bank deutscher Länder und den Präsidenten der Landeszentralbanken. Die Bank deutscher Länder war Anweisungen deutscher politischer Körperschaften, auch der seit September 1949 tätig werdenden Bundesregierung, nicht unterworfen. Ein Übergangsgesetz vom 10.8.1951 verpflichtete die Bank, die allgemeine →Wirtschaftspolitik der Bundesregierung zu beachten und im Rahmen ihrer Aufgaben zu unterstützen. Ein Weisungsrecht erhielt die Bundesregierung nicht, wohl aber ein suspendierendes Vetorecht. Ihre volle Autonomie gegenüber den Alliierten erlangte die Bank 1951. Die Bank hatte die →Zahlungsfähigkeit und →Liquidität der angeschlossenen Landeszentralbanken zu pflegen. Sie bestimmte die gemeinsame Bankpolitik (Zentralbankpolitik) und sicherte deren größtmögliche Einheitlichkeit. Sie konnte Anweisungen für die allgemeine Kreditpolitik einschließlich der Zins- und →Diskontsätze und der Offenmarktpolitik erlassen. Als weiteres Mittel zur Steuerung der Währungs- und Kreditpolitik führte das Gesetz über die Errichtung der Bank deutscher Länder als Mittel der →Mindestreserve ein. Im übrigen war sie zu den üblichen Notenbankgeschäften ermächtigt. Der →Kreditplafond der Bundesregierung betrug 1,5 Mrd. Deutsche Mark. Aufgrund besonderer Gesetze war die Bank deutscher Länder außerdem in die →Devisenbewirtschaftung mit eingeschaltet. Das Notenausgaberecht war der Bank durch § 1 des 2. Gesetzes zur Neuordnung des Geldwesens (Emissionsgesetz vom 20.6.1948) (WiGBl. 1948 Beilage Nr. 5) verliehen worden; das Recht zur Ausgabe von →Münzen ist durch das Münzgesetz vom 8.7.1950 geregelt worden und steht seither wieder dem Bund zu (→Münzregal, →Münzhoheit). Der Umlauf von Noten der Bank deutscher Länder und von Münzen sollte den Betrag von 10 Mrd. Deutsche Mark grundsätzlich nicht übersteigen (§ 5 Emissionsgesetz). Eine Notendeckung besonderer Art sahen die genannten Gesetze nicht vor, die Deutsche Mark ist demgemäß eine manipulierte →Papierwährung.

b) *Errichtung der →Deutschen Bundesbank:* Dem Gesetzgebungsauftrag durch Art. 88 des im Jahre 1949 in Kraft getretenen Grundgesetzes, eine →Währungs- und →Notenbank als Bundesbank zu errichten, kam der Bundesgesetzgeber mit dem Gesetz über die Deutsche Bundesbank vom 26.7.1957 nach. Der zweistufige Aufbau des Zentralbanksystems wurde beseitigt. Dazu wurden die Landeszentralbanken einschließlich der Berliner Zentralbank mit der Bank deutscher Länder verschmolzen, diese wurde zur Deutschen Bundesbank (§ 1 BBankG). Die Landeszentralbanken wurden „Hauptverwaltungen" der Bundesbank (§ 8 Abs. 1 BBankG) (→Deutsche Bundesbank, Organisationsstruktur). Ihnen sind insbes. Geschäfte mit dem jeweiligen Bundesland und mit →Kreditinstituten, die keine Aufgaben im gesamten Bundesgebiet haben, vorbehalten (§ 8 Abs. 2 BBankG).

3. *Von 1945 bis heute (Ostdeutschland):* →Banken und →Sparkassen waren Bestandteil des sozialistischen Staatsapparates und hatten im Rahmen dieses staatlichen Bankenmonopols die Beschlüsse der SED und der Regierung zu erfüllen. Der Aufbau des Bankwesens in der DDR war vom Prinzip des demokratischen Zentralismus geprägt. Entsprechend der Notwendigkeit der Zentralverwaltungswirtschaft wurden Geld- und Kreditverkehr geplant, geleitet und kontrolliert. An der Spitze des Bankensystems stand die 1967 aus der Deutschen Notenbank hervorgegangene →Staatsbank der DDR, die unmittelbar dem Ministerrat (Regierung) verantwortlich war und als →Notenbank die →„Mark der DDR" ausgab. Mit der

**Zentraldisposition**

→ Währungsunion zwischen der BRD und der DDR gingen die Funktionen der Notenbank und der → Zentralbank auf die Deutsche Bundesbank über.

**Zentraldisposition**
Auf Gesamtbankebene durchgeführte Erfassung und Steuerung von → Preisrisiken sowie die Initiierung von Eigenhandelsaktivitäten (→ Treasury-Management).

**Zentraler Kapitalmarkt-Ausschuß (ZMKA)**
Aus Vertretern von Emissionsbanken zusammengesetztes nicht-staatliches Gremium, dem es obliegt, auf Grundlage der Freiwilligkeit die Inanspruchnahme des → Kapitalmarktes im Hinblick auf die Höhe und zeitliche Durchführung von → Emissionen von → Anleihen abzustimmen, um abträgliche Folgen einer Überforderung zu vermeiden.

**Zentraler Kreditausschuß (ZKA)**
Arbeitsgemeinschaft der → Spitzenverbände der deutschen Kreditwirtschaft, die sich mit gemeinsam berührenden Fragen befaßt. Der ZKA ist aus kartellrechtlichen Gründen nur beratend tätig. Bis zur Aufhebung der Zinsverordnung 1967 oblag ihm die Festsetzung der Zins- und Provisionssätze der → Kreditinstitute.

**Zentraler Wettbewerbsausschuß (ZWA)**
1957 von den im → Zentralen Kreditausschuß (ZKA) zusammengeschlossenen → Spitzenverbänden der deutschen Kreditwirtschaft gegründeter Ausschuß, der bei Wettbewerbsbeschwerden letzte Instanz im Selbstregelungsverfahren ist.
Die rechtliche Beurteilung der unterbreiteten Sachverhalte durch diesen Ausschuß orientiert sich dabei ausschließlich an den wettbewerbsrechtlichen Vorschriften, insbes. an dem UWG (→ unlauterer Wettbewerb) und der Zugabeverordnung (→ Zugabe). Der ZWA gibt Empfehlungen in Form von Stellungnahmen ab, die sich mit grundsätzlichen Fragen des Wettbewerbsrechts, insbes. mit umstrittenen Werbeverhalten der → Kreditinstitute, befassen. Diese Verlautbarungen sind Interpretationen der häufig weit gefaßten wettbewerbsrechtlichen Bestimmungen. Damit sollen dem Kreditgewerbe Orientierungshilfen gegeben werden.

**Zentralnotenbank**
*Notenbank, Währungsbank, Zentralbank;*
→ Bank eines → Währungsgebietes oder eines Staates (nationale → Zentralbank), die zentrale Verantwortung für die Funktionsfähigkeit des Geld- und Kreditwesens des Staates hat, eine an gesamtwirtschaftlichen Zielen (→ Geldwertstabilität, Wachstum usw.) ausgerichtete Politik (→ Geldpolitik) betreibt und meistens öffentlich-rechtlich organisiert ist.

*Hauptaufgaben:* Ausgabe von → Banknoten als → gesetzliches Zahlungsmittel (Zentralbank als → Notenbank), → Refinanzierung der → Kreditinstitute (letzte Refinanzierungsstelle, → Lender of last resort), → Clearing im → bargeldlosen Zahlungsverkehr (Zentralbank als Bank der Banken), Verwaltung der → Einlagen der → öffentlichen Haushalte und Vergabe von → Krediten an öffentliche Haushalte, Durchführung und Mitwirkung bei öffentlicher Kreditaufnahme am Markt, Abwicklung des bargeldlosen Zahlungsverkehrs öffentlicher Haushalte (Zentralbank als Bank des Staates), Verwaltung der → Währungsreserven des Staates (Zentralbank als Verwalterin der nationalen Währungsreserven).

*Verhältnis zur Regierung:* Dies kann funktionsbezogen durch Weisungsfreiheit (Notenbankautonomie) oder Weisungsgebundenheit gekennzeichnet sein. In den westlichen Staaten finden sich unterschiedliche Regelungen. Regierungsabhängige Zentralbanken gibt es z. B. in England und – noch – in Italien, regierungsunabhängige Zentralbanken (mit unterschiedlich starker Weisungsfreiheit) finden sich außer in der BRD (→ Deutsche Bundesbank, Autonomie) in der Schweiz (→ Bankwesen Schweiz), in den USA (→ Bankwesen USA), in Österreich und in Spanien, seit 1994 auch in Frankreich.

**Zentralverband deutscher Kreditmakler und des vermittelnden Bankdienstleistungsgewerbes e. V.**
Vereinigung zur Wahrnehmung und Vertretung aller gewerblichen und wirtschaftlichen Interessen der Mitglieder (Kreditmakler, → Finanzmakler) mit Sitz in Dortmund.

**Zentralverwaltungswirtschaft,** → Wirtschaftsordnung.

## Zero Bond, Ermittlung des steuerpflichtigen Ertrages – Beispiel

|   | | |
|---|---|---|
| Verkaufserlös | 6 340,00 DM | (40 000 · 15,85 %) |
| – Kaufbetrag | 4 400,00 DM | (40 000 · 11,00 %) |
| = Kursgewinn | 1 940,00 DM | |
| – Steuerpflichtiger Kursgewinn | 604,00 DM | (40 000 · 1,51 %) |
| = Steuerfreier Kursgewinn | 1 336,00 DM | |

**Zero Bond,** → Nullkupon-Anleihe.

**Zero Bond-Abzinsungsfaktoren**
→ Abzinsungsfaktoren, die mit den → Renditen von Zero Bonds ermittelt wurden.
(→ Zinsstrukturkurve)

**Zero Bond, Ermittlung des steuerpflichtigen Ertrages**
Zinserträge aus Zero Bonds (→ Nullkupon-Anleihe), die im Privatvermögen gehalten werden, müssen entweder zum Zeitpunkt des Verkaufs oder bei → Fälligkeit versteuert werden. Grundlage ist die → Emissionsrendite des Z., die bei → Emission ermittelt wird.

*Beispiel* (vgl. auch Abbildung oben): Am 1.3.1990 wird ein Z. für 40 000 DM nominal, fällig am 14.3.2016, zu einem Kurs von 11 DM gekauft. Der Z. wurde am 1.3.1986 mit einer Emissionsrendite von 6,31 Prozent (Emissionskurs: 15,95 DM) ausgegeben. Am 3.5.1991 wird der Z. zu einem Kurs von 15,85 DM verkauft.
Der Anleger hat einen Gesamtgewinn von 1940 DM erzielt. Davon muß er nur den Betrag von 604 DM versteuern, die restlichen 1336 DM sind steuerfrei, da die sechsmonatige Spekulationsfrist eingehalten wurde.
Um den steuerfreien Kursgewinn zu errechnen, sind Nebenrechnungen durchzuführen. Der Anleger muß zum einen den rechnerischen Kaufkurs mit Hilfe der Emissionsrendite ermitteln. Dieser beträgt in unserem Beispiel 20,37 DM. Zum anderen muß noch der rechnerische Verkaufskurs berechnet werden. Er liegt bei 21,88 DM. Pro nominal 100 DM hat der Anleger somit einen steuerpflichtigen Kursgewinn von 1,51 DM (21,88–20,37). Beim Kauf von Z. sollte darauf geachtet werden, daß die Papiere in einer Niedrigzinsphase emittiert worden sind. Je niedriger die Emissionsrendite, desto niedriger ist der Ertrag, den der Anleger zu versteuern hat. Bei der Berechnung des Kapitalertrags ist von den rechnerisch ermittelten Anschaffungs- und Veräußerungskursen des Z. auszugehen. Sie sind mit einem aus der Emissionsrendite abgeleiteten und vom Emissionsdatum ausgehenden → Aufzinsungsfaktor auf den Übertragungszeitpunkt (Tag der Anschaffung und Tag der Veräußerung) aufzuzinsen. Hierzu dient die untenstehende Gleichung.
Der Unterschiedsbetrag zwischen dem Anschaffungskurs und dem Veräußerungskurs (oder Einlösungskurs am Ende der → Laufzeit) stellt den steuerpflichtigen Ertrag dar. Die Umrechnung dieses in ausländischer → Währung ermittelten Ertrags in Deutsche

---

Anschaffungs-/ = Emissionskurs · Aufzinsungsfaktor
Veräußerungskurs

Der Aufzinsungsfaktor F wird nach folgender Formel näherungsweise ermittelt:

$$F = q^n \cdot \left( \frac{R \cdot T}{360 \cdot 100} + 1 \right)$$

Erklärung:

$q^n$ = Aufzinsungsfaktor für alle n Jahre: $\left(1 + \frac{R}{100}\right)^n$

R = Emissionsrendite in %

T = Jahresbruchteile in Tagen (Monate und Tage)

## Zero Bond, Ermittlung des steuerpflichtigen Ertrages – Vorgehensweise

Emissionsdatum: 1. 2. 1982
Emissionskurs: 19,94%
Emissionsrendite: 14,3%

|  | Kauf | /Verkauf |
|---|---|---|
| Ersterwerber | 10. 2. 1982 | / 4. 1. 1983 |
| 1. Nacherwerber | 4. 1. 1983 | /10. 8. 1987 |
| 2. Nacherwerber | 10. 8. 1987 | /11. 2. 1994 (Einlösung) |

Zur Ermittlung des jeweils einkommensteuerpflichtigen Ertrags werden folgende Teilschritte erforderlich:

Schritt 1: Ermittlung der Laufzeiten vom Emissionsdatum bis zum Kauf oder Verkauf

|  | bis Kauf | | | bis Verkauf | | |
|---|---|---|---|---|---|---|
|  | Jahre | Monate | Tage | Jahre | Monate | Tage |
| Ersterwerber | 0 | 0 | 9 | 0 | 11 | 3 |
| 1. Nacherwerber | 0 | 11 | 3 | 5 | 6 | 9 |
| 2. Nacherwerber | 5 | 6 | 9 | Einlösung zu 100 v. H. | | |

Schritt 2: Aufzinsungsfaktor $q^n$ für volle Jahre zur Ermittlung des Aufzinsungsfaktors F und Jahresbruchteile in Tagen (T)

|  | bis Kauf | | bis Verkauf | |
|---|---|---|---|---|
|  | $q^n$ | T | $q^n$ | T |
| Ersterwerber | – | 9 | – | 333 |
| 1. Nacherwerber | – | 333 | $1,143^5$ | 189 |
| 2. Nacherwerber | $1,143^5$ | 189 | Einlösung zu 100 v. H. | |

Schritt 3: Ermittlung des Aufzinsungsfaktors F

|  | Kauf | Verkauf |
|---|---|---|
| Ersterwerber | $\dfrac{14,3 \cdot 9}{360 \cdot 100} + 1$ = 1,003575 | $\dfrac{14,3 \cdot 333}{360 \cdot 100} + 1$ = 1,132275 |
| 1. Nacherwerber | 1,132275 | $1,143^5 \cdot \left(\dfrac{14,3 \cdot 189}{360 \cdot 100} + 1\right)$ = 2,097345 |
| 2. Nacherwerber | 2,097345 | Einlösung zu 100 v. H. |

Schritt 4: Ermittlung der rechnerischen Anschaffungs- und Veräußerungskurse durch Aufzinsung des Emissionskurses (hier: 19,94) mit dem Aufzinsungsfaktor F sowie des einkommensteuerpflichtigen Ertrags (angenommene Währungskurse bezogen auf einen Einlösungsbetrag von nominell USD 100000).

|  | Kauf | | Verkauf | | |
|---|---|---|---|---|---|
|  | Steuerkurs in % | Währung nominell | Steuerkurs in % | Währung nominell | Kurs USD |
| Ersterwerber | 20,1 | 20100 | 22,57 | 22570 | 2,38 |
| 1. Nacherwerber | 22,6 | 22600 | 42,82 | 41820 | 2,25 |
| 2. Nacherwerber | 41,9 | 41900 | 100 | 100000 | 2,40 |

Währungsertrag in USD/steuerpflichtiger Ertrag in DEM

| Ersterwerber | USD 2470 | DEM 5878 |
| 1. Nacherwerber | USD 19220 | DEM 43245 |
| 2. Nacherwerber | USD 58100 | DEM 139440 |

Mark erfolgt zum amtlichen Mittelkurs der ausländischen Währung am Tage des Verkaufs oder der Einlösung des →Wertpapiers (→Mittelkurs im Devisenhandel). – Zur *Vorgehensweise* vgl. auch Abbildung S. 1740.

### Zero-Cost-Cap
Variante eines →Collar. Bei einem Z.-C.-C. muß bei Vertragsabschluß keine →Optionsprämie gezahlt werden, da die Erlöse aus dem Verkauf des →Floors (Short Floor) identisch sind mit den Kosten aus dem Kauf des →Caps (Long Cap).
(→Low-Cost-Option, →Zero-Cost-Collar)

### Zero-Cost-Collar
Variante eines →Collar, bei dem zu Vertragsbeginn keine →Optionsprämie gezahlt werden muß, da die Erlöse der →Short Position im →Cap (→Floor) deckungsgleich mit den Kosten der →Long Position im Floor (Cap) sind.
(→Low-Cost-Option, →Zero-Cost-Cap)

### Zero-Cost-Step-Down-Collar
Variante einer →Zero-Cost-Collars mit →Caps und →Floors. Im Gegensatz zum Zero-Cost-Collar ist der →Basispreis des Floor niedriger, je weiter die abzusichernde Periode in der Zukunft liegt.
(→Low-Cost-Option, →Zero-Cost-Cap)

### Zero-Cost-Strategie
Extreme Variante einer →Low-Cost-Option, bei der keine →Optionsprämie zu zahlen ist. Ein Beispiel für eine Z.-C.-St. ist ein →Zero-Cost-Collar bzw. →Zero-Cost-Step-Down-Collar.
(→Exotische Option)

**Zero Coupon Bond,** →Nullkupon-Anleihe.

**Zero Coupon Rate,** Zero-Zinssatz (→Spot Yield).

### Zero-Coupon Swap
Variante eines →Kuponswap, bei der die Festsatzzinsen nur einmalig bei →Fälligkeit des →Swaps gezahlt wird. Die variablen Zinsen werden periodisch z. B. (halbjährlich) gezahlt.

**Zero Coupon Yield Curve,** →Zinsstrukturkurve.

**Zero-Premium-Option,** →Zero-Cost-Strategie.

**Zero-Zinssatz,** →Spot Yield.

### Zertifikat
1. →Urkunde, die für hinterlegte →Wertpapiere ausgegeben wird (→Aktienzertifikat, →American Depositary Receipt).

2. →Anteilsschein von Investmentgesellschaften (→Investmentzertifikat).

**Zertifikat auf einen Aktienindex,** →Index-Partizipationsschein.

### Zession
Synonyme Bezeichnung für →Abtretung.

### Zessionar
→Person, an die eine →Forderung abgetreten wird (→Abtretung).

**Zeta,** →Vega.

**Zeugnis,** →Arbeitszeugnis.

### Ziehungsrecht
Im Rahmen des →Internationalen Währungsfonds bestehendes Recht eines Mitgliedstaates, gegen Hingabe der eigenen →Währung konvertible →Devisen zur Deckung eines Defizits der →Zahlungsbilanz zu kaufen. Die Höhe des absoluten Betrages des Z. richtet sich nach der →Quote, also dem Anteil eines Landes an der Gesamtsumme der Kapitalzeichnungen der Mitgliedstaaten des IWF. Jede Quotenveränderung bedeutet damit gleichzeitig eine Veränderung der Höhe der Z. Die Nettokreditgewährung ergibt sich aus der Differenz zwischen Gesamtziehungen und Rückkäufen (Rückzahlungen).

### Zielgruppenselektion
Festlegung und Definition der Unternehmen und Privatpersonen, auf die sich das Angebot an Bankdienstleistungen zu deren optimaler Bedürfnisbefriedigung und Problemlösung ausrichten soll. Mögliche *Selektionsmerkmale:* (1) nach →Privatkunden und/oder →Firmenkunden; (2) bei Privatkunden: Schüler/junge Leute, Angestellte mit mittleren/höheren →Einkommen und/oder →Vermögen, Pensionäre und Rentner, Wertpapiersparer; (3) bei Firmenkunden: Großunternehmen, mittlere oder kleinere Unternehmen der gewerblichen Wirtschaft, Handwerker, Freiberufler; (4) nach der räumlichen Entfernung zum Standort der Bankstelle; (5) nach Risikomerkmalen; (6) nach der Höhe der aus der Kundenverbindung erzielbaren Deckungsbeiträge; (7) nach der Größenordnung von Kreditengagements oder Geldanlagen; (8) nach Bran-

## Zielkonzeptionen von Kreditinstituten

chen, in denen das → Kreditinstitut spezielle Erfahrungen hat.

### Zielkonzeptionen von Kreditinstituten

Zielsetzungen von Bankbetrieben sind komplex: Sie enthalten mehr als ein Zielelement, die Ziele sind von unterschiedlicher Bedeutung, sie stehen in vielfältiger Beziehung zueinander. Es ist Aufgabe der Führungsinstanzen einer → Bank, die Ziele zu setzen, die einzelnen Ziele in einer Zielkonzeption zu ordnen, sie ihren Mitarbeitern bewußt zu machen und dafür zu sorgen, daß diese Zielkonzeption im täglichen Entscheidungsgeschehen auch tatsächlich beachtet wird. Zu der Aufgabe der Führungsinstanzen gehört es auch, diese Zielkonzeption selbst wieder in Frage zu stellen, ggf. zu modifizieren oder zu bestätigen. Zielkonzeptionen erlangen ihre Geltung nicht durch einmalige Deklamation, sie müssen sich vielmehr im Konflikt widerstreitender Interessen und im Lichte neuer Entwicklungen und Erkenntnisse immer wieder bewähren. Hinsichtlich der Zielinhalte lassen sich folgende *Ziele* von Bankbetrieben unterscheiden: (1) *Leistungsziele* (Ziele, die entweder angeben, welche Leistungen das jeweilige Institut erbringen soll, oder die umgekehrt bestimmte Leistungen bewußt ausschließen); (2) *Volumenziele* (Ziele, die das Streben der Institute nach absoluter oder relativer Größe oder nach Wachstum bezeichnen); (3) *Erfolgsziele* (Ziele, die die Erzielung von → Gewinn und seine Verwendung betreffen). Dabei dienen Leistungs- und Volumenziele i. d. R. letztlich auch nur dem Erfolgsziel, sind also diesem untergeordnet. Neben diesen Zielen ist für Bankbetriebe zusätzlich das Streben nach Sicherheit charakteristisch. Es handelt sich dabei um ein Zielelement besonderer Art, das dadurch gekennzeichnet ist, daß es stets in Verbindung mit einem anderen Zielelement auftritt, etwa in der Version: „Streben nach Sicherheit bei Streben nach Gewinn". Das Sicherheitsstreben hat damit formal den Rang einer Nebenbedingung. Nebenbedingungen wirken asymmetrisch. Sie setzen Grenzwerte, die nicht unterschritten werden dürfen. Sie gelten als „streng", wenn ihre Verletzung das Ende der Unternehmensexistenz herbeiführen würde. Danach haben Bankbetriebe wenigstens folgende strenge *Nebenbedingungen* zu beachten: (1) *Legalität* (es ist jeder Verstoß gegen gesetzliche Vorschriften zu vermeiden, der zur Zurücknahme der Erlaubnis, Bankgeschäfte zu betreiben, führen würde); (2) → *Liquidität* (→ Zahlungsunfähigkeit ist zu vermeiden); (3) *Bonität* (es sind alle Verhaltensweisen [oder auch nur deren Anschein] zu vermeiden, die die → Gläubiger der Bank zu Krediteinschränkung oder -verweigerung oder gar zum unerwarteten, schlagartigen Abzug ihrer → Einlagen veranlassen könnten). – Zur Grundstruktur vgl. auch Abbildung unten.

*Leistungsziele:* Leistungsziele bestimmen positiv, in welchem räumlichen Bereich, mit welchen Leistungsarten und gegenüber welchen Zielgruppen (Kunden) sich die Bank betätigen will. Die in der Realität bedeutsamste Variante der Festlegung eines Leistungsziels – sie gilt für mehr als 90% der → Kreditinstitute – besteht darin, die geschäftliche Tätigkeit eines Kreditinstitutes auf einen regional abgegrenzten Bereich zu beschränken. Diese regionale Charakterisierung ist charakteristisch für die → Sparkassen, die Genossenschaftsbanken sowie für die → Regionalbanken. Fachlich spezialisierte Banken (→ Spezialbanken) beschränken sich darauf, ganz bestimmte Leistungen oder Leistungsprogramme anzubieten, und andere Leistungen bewußt aus

**Zielkonzeptionen von Kreditinstituten – Grundstruktur**

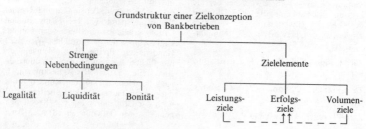

## Zielkonzeptionen von Kreditinstituten

ihrem Angebot auszuschließen, z. B. Banken mit Bindung bestimmter → Aktivgeschäfte an bestimmte → Passivgeschäfte wie → private Hypothekenbanken. Ihnen stehen → Universalbanken gegenüber, die eine möglichst breite Angebotspalette bieten wollen. Spezialisiert sich eine Bank auf Geschäfte mit ganz bestimmten Marktpartnern oder Kundenschichten, so verfolgt sie ein kundenspezifisch definiertes Leistungsziel. Der Marketing-Bezug dieser Zielsetzung tritt deutlich hervor: Durch Konzentration auf bestimmte Kundengruppen kann die Bank bedarfsgerechte und kostengünstige Leistungen anbieten. Kundenbezogene Spezialisierungen sind Ausdruck unternehmerischer Phantasie, die die Kreativität beim Aufspüren einer Marktnische mit der Rationalität eines Standard-Leistungsbündels verbindet. Wie die Bankengeschichte lehrt, gilt ein derartig fixiertes Leistungsziel in aller Regel nicht langfristig, weil eine erfolgreiche Kundengruppenbestimmung alsbald kopiert wird.

*Volumenziele:* Das Streben nach einer möglichst großen Steigerung der Bilanzsumme oder des → Geschäftsvolumens hat in Banken eine ähnliche Bedeutung wie das Ziel der Umsatzsteigerung in Industriebetrieben. In der Steigerung des Geschäftsvolumens kommt in charakteristischer Weise das Streben nach absoluter Größe zum Ausdruck. Das Erreichen einer bestimmten Größe und die Erhaltung eines bestimmten Marktanteils gelten als Nachweise bankbetrieblicher Effizienz. Solange sich die Beurteilung von Banken in der Öffentlichkeit am Geschäftsvolumen oder an der Bilanzsumme orientiert, muß manche Bank schon aus Gründen der Bonität auf die Erhaltung von Größe und Marktanteil achten.

*Erfolgswirtschaftliche Zielsetzung:* Keine Bank kann darauf verzichten, sich in ihrer Zielkonzeption zum Erfolgsstreben, zu Gewinn und Verlust zu äußern. Zur Struktur vgl. Abbildung „Zielkonzeptionen von Kreditinstituten – Erfolgswirtschaftliche Konzeption".
Der Aspekt der Erfolgsverwendung ist gegenüber dem der Erfolgserzielung besonders hervorzuheben. Maßgeblich dafür ist die Einsicht, daß in der Bankpraxis das Handeln von einer bestimmten, geplanten Gewinnverwendung am stärksten beeinflußt wird. Die Konzeption der Erfolgsverwendung umschließt eine Selbstfinanzierungs- und eine Ausschüttungskonzeption. Die Selbstfinanzierungskonzeption legt fest, welche absoluten Gewinnbeträge oder welcher Teil des Gewinns den → offenen Rücklagen zuzuführen ist. Dahinter stehen folgende Überlegungen: Die → Selbstfinanzierung ist durch die Wachstumsabsichten und durch die Eigenfinanzierungsmöglichkeiten bestimmt. Hier berühren sich die Probleme der Gewinnkonzeption mit den extern postulierten Ansprüchen der angemessenen Höhe des → haftenden Eigenkapitals der Kreditinstitute. Je geringer die Bereitschaft oder die Fähigkeit der Eigenkapitalgeber zur Aufstockung des Eigenkapitals sind, desto höher ist der Zwang zur → Gewinnthesaurierung, wenn Wachstum angestrebt wird. Die Selbstfinanzierung kann überdies von dem Wunsch getragen sein, eine als unbefriedigend empfundene Verschuldungssituation zu verbessern. Hinter diesem Wunsch steht dann in der Regel eine Bonitätsüberlegung. Die Ausschüttungskonzeption bestimmt, welche → Dividendenpolitik verfolgt werden soll, d. h., welche absoluten Beträge oder welcher Anteil am Gewinn an die Kapitaleigner auszuschütten ist. Banken praktizieren im allgemeinen eine „Politik der stetigen Dividende" und schütten eine → Zusatzdividende (→ Bonus) nur aus besonderem Anlaß aus. Hinter dieser Politik steht eine Bonitätsüberlegung: Dividendenstetigkeit erweckt den Anschein der Solidität und der nachhaltigen Effektivität. Die Konzeption der Erfolgsverwendung bestimmt die Untergrenze des zu erzielenden Erfolges. In der Festlegung des anzustrebenden Mindestgewinns liegt das entscheidende Element der Gewinnkonzeption. Diese Größe mag als absoluter Betrag oder als Relation zu einer anderen Größe, z. B. in Prozent der Bilanzsumme, angegeben werden. Die Festlegung eines Mindestgewinns bedeutet nun nicht, daß der Gewinn auch nach oben begrenzt ist. Durch ihre unterschiedliche Einstellung gegenüber Mindestgewinn und einem darüber hinausgehenden Zusatzgewinn unterscheiden sich die einzelnen Bankengruppen. Privatwirtschaftliche Banken haben i. d. R. das Ziel der Gewinnmaximierung. → Öffentliche Banken, → Kreditgenossenschaften (→ Förderungsauftrag der Kreditgenossenschaften) und Sparkassen als gemeinnützige Kreditinstitute können demgegenüber ihre Aktivitäten darauf beschränken, „nur" den Mindestge-

1743

# Zielsparen

## Zielkonzeptionen von Kreditinstituten – Erfolgswirtschaftliche Konzeption

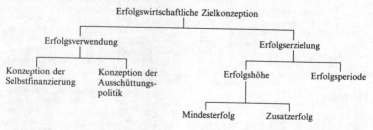

winn anzustreben. Wenn dieses Anspruchsniveau erreicht ist, mögen sie bereit sein, zeit- oder bereichsweise auch wenig oder nicht rentable Leistungen zu übernehmen. Ein Ziel ist nicht operational, wenn nicht der Zeitraum bestimmt wird, innerhalb dessen der Erfolg anzustreben ist. Die Formulierung des langfristigen Gewinnmaximierens hat in einer präzise formulierten Zielkonzeption keinen Platz mehr. Es gilt, durch präzise Angabe der Erfolgsperiode das Argument des erfolglosen Managers auszuschließen, augenblickliche Mißerfolge seien als „Investitionen" auf dem Wege zum fernen Gewinnmaximum anzusehen. Als traditionelle Erfolgsperiode der bankbetrieblichen Planung gilt das Jahr. Mindestgewinne, Verzinsung, Dividendensätze, Wachstumsraten etc. werden in der Dimension „pro Jahr" bestimmt.

*Prioritäten zur Rangordnung der Zielelemente:* Kapitalistische Unternehmen sind dadurch definiert, daß sich in ihnen jegliche Aktivität dem Streben nach Gewinn unterordnet. Nach der Vorstellung einer solchen Zielhierarchie ist jegliche Leistung zu unterlassen oder aufzugeben, die keinen Gewinn oder nicht wenigstens den definierten Mindestgewinn erbringt. Prüft man das tatsächliche Verhalten von Kreditinstituten unter dieser Frage, so zeigt sich, daß sie sich vielfach nicht rein kapitalistisch oder wenigstens nicht kurzfristig kapitalistisch verhalten. Viele Bankleistungen werden trotz fehlenden Gewinnes erbracht. Das Leistungsziel hat sich gegenüber dem Erfolgsziel vielfach verselbständigt. Das Bankmanagement hat ständig zwischen dem Gewinn- und dem Leistungsziel abzuwägen. Die Zielkonzeption der Unternehmung muß so geartet sein, daß sich aus ihr die für das tägliche Handeln maßgeblichen Ziele einzelner Entscheidungen ableiten lassen. Sie sollte dem Bankmanagement zumindest Leitlinien über die Prioritäten der einzelnen Elemente der Zielkonzeption an die Hand geben, d. h. z. B. Angaben darüber enthalten, welches Zielelement in der Form von Mindestansprüchen gelten soll, welchem Zielelement im Zweifel der Vorrang gebührt, welche Zielelemente dabei auf keinen Fall unterschritten werden dürfen, welche Forderungen der Zielkonzeption verletzt werden dürfen, wenn andere Zielelemente übererfüllt sind, und unter welchen Markt- oder anderen äußeren Gegebenheiten man eine Abweichung von diesen Standards zuläßt.

### Zielsparen
Bezeichnung für von → Sparkassen angebotene Sparformen, die im Rahmen von Sparplänen Wahlmöglichkeiten für den Vermögensaufbau durch Ansparen bieten.

### Zinsablaufbilanz, → Zinsbindungsbilanz.

### Zinsabschlag
*Begriff:* Auf → Zinsen und zinsähnliche Erträge (→ Prämien, → Boni) erhobene → Kapitalertragsteuer, soweit die Kapitalerträge aus den in § 43 Abs. 1 Satz 1 Nr. 7 und Nr. 8 sowie Satz 2 EStG aufgeführten Kapitalforderungen stammen (→ Kapitalerträge i. S. des § 43 Abs. 1 EStG).

*Höhe des Z.:* Die KESt beträgt gem. § 43a Abs. 1 Nr. 4 EStG 30% (bei → Tafelgeschäften 35%).

*Vom Z. erfaßte Kapitalerträge (Zinsen aus → Wertpapieren und gleichgestellte Zinsen [sogenannte „a-Fälle"]):* Dem Z. unterliegen gemäß § 43 Abs. 1 Satz 1 Nr. 7a EStG Zinsen aus → Anleihen und → Forderungen,

## Zinsabschlag

die in ein → öffentliches Schuldbuch oder in ein ausländisches Register eingetragen oder über die → Sammelurkunden im Sinne des § 9a Depotgesetz ausgegeben oder über die → Teilschuldverschreibungen emittiert sind, auch bei ausländischen Schuldnern. Tafelgeschäfte im Inland unterliegen sowohl mit Steuerinländern als auch mit Steuerausländern dem Z. (§ 49 Abs. 1 Nr. 5c, cc EStG). Tafelgeschäfte inländischer und ausländischer Kunden, bei denen die Auszahlung über ein ausländisches → Kreditinstitut erfolgt, unterliegen keinem Z.

*Beispiele für Anleihen („a-Fälle"):* → Industrieobligationen, → Pfandbriefe, Anleihen des Bundes oder anderer Gebietskörperschaften (z. B. → Bundesschatzbriefe [Typ B: Z. auf den gesamten Wertzuwachs bei Endfälligkeit bzw. bei vorzeitiger Rückgabe auf die rechnerisch aufgelaufenen Zinsen], → Finanzierungsschätze [Z. auf den gesamten Wertzuwachs bei Endfälligkeit]), → Null-Kupon-Anleihen (Z. auf den gesamten Wertzuwachs bei Endfälligkeit bzw. bei vorherigem Verkauf auf die rechnerisch aufgelaufenen Zinsen), → Disagio-Anleihen, → Optionsanleihen, → Fremdwährungsanleihen, → Deep-Discount-Bonds, → Index-Anleihen. Es ist nicht erforderlich, daß → Emissionen in Form von Teilschuldverschreibungen tatsächlich durch eine Vielzahl von → Urkunden verbrieft werden. Auch die in einer Sammelurkunde verkörperten Emissionen unterliegen dem Z., unabhängig davon, ob die Auslieferung → effektiver Stücke verlangt werden kann oder nicht. Vom Z. erfaßt werden schließlich auch Anleihen, die in einigen Staaten (z. B. in den USA, Frankreich, nordische Länder) unter völligem Verzicht auf eine urkundenmäßige Verbriefung begeben werden. Bei diesen sog. → Wertrechten tritt an die Stelle einer Sammelurkunde eine Registereintragung der Anleihegläubiger bei einem Registerführer, der wiederum in der Regel nicht mit dem → Schuldner identisch ist. Unerheblich ist, ob es sich um → Namens-Schuldverschreibungen, → Order-Schuldverschreibungen oder → Inhaberschuldverschreibungen handelt. Nach § 43 Abs. 1 Satz 2 EStG werden bei Wertpapieren auch bestimmte Zinssurrogate vom Abschlag erfaßt: besondere Entgelte oder Vorteile, die neben den Zinsen oder an deren Stelle gewährt werden (§ 20 Abs. 2 Nr. 1 EStG) sowie (ab dem 1.1.1994) Einnahmen aus der Veräußerung von → Zinsscheinen, wenn die zugehörigen Wertpapiere nicht mitveräußert werden (§ 20 Abs. 2 Nr. 2b EStG), in Rechnung gestellte → Stückzinsen (§ 20 Abs. 2 Nr. 3 EStG), wobei die bei einem Erwerb der Wertpapiere gezahlten Stückzinsen die Bemessungsgrundlage des Abzugs mindern (sogenannte Nettomethode) sowie zeitanteilige Kapitalerträge aus der Veräußerung oder → Abtretung von ab- oder aufgezinsten Wertpapieren (§ 20 Abs. 2 Nr. 4 EStG).

*Von Z. erfaßte Kapitalerträge (Zinsen aus Kapitalforderungen gegenüber inländischen Kreditinstituten [sog. „b-Fälle"]):* Nicht unter Nr. 7a) genannte Kapitalerträge im Sinne des § 20 Abs. 1 Satz 1 Nr. 7 EStG (außer Kapitalerträge nach Nr. 2) unterliegen nur dann dem Z., wenn der Schuldner ein inländisches → Kreditinstitut (einschließlich der inländischen → Zweigstelle eines ausländischen Kreditinstituts, aber nicht die ausländischen Niederlassungen eines deutschen Instituts), die → Kreditanstalt für Wiederaufbau, eine Bausparkasse, die → Deutsche Postbank AG oder eine → Deutsche Bundesbank bei Geschäften für ihre Betriebsangehörigen ist.

*Beispiele für b-Fälle:* → Sichteinlagen (Kontokorrentkonten) mit Zins oder Bonus über 1 Prozent, → Termineinlagen, → Festgelder, → Sparkonten mit vereinbarter Kündigungsfrist von drei Monaten und Sonderzinsvereinbarungen, → Sparkonten mit vereinbarter Kündigungsfrist von mehr als drei Monaten, vermögenswirksame Sparverträge (→ vermögenswirksames Sparen), Bonus-Sparpläne (Bonus-Sparen), Vorsorge-Sparpläne (→ Vorsorgesparen), → Fremdwährungskonten, → Schuldscheindarlehen von Kreditinstituten, → Schuldverschreibungen, die nicht die Voraussetzungen nach § 43 Abs. 1 Nr. 7a EStG erfüllen.

*Erträge aus Anteilen an → Investmentfonds:* (→ Erträge aus Investmentanteilen, steuerliche Behandlung). Dem Z. unterliegen ab 1994 ferner Erträge aus → Anteilsscheinen an in- und (nach § 18a AuslInvestmG) ab dem 01.07.93 an ausländischen → Wertpapierfonds, an → Beteiligungsfonds und an Grundstücks-Sondervermögen (→ offene Immobilienfonds). Dies gilt nicht für Erträge, die aus Aktienbesitz der Fonds stammen, weil diese Erträge bereits mit → Körperschaftsteuer in Höhe von 36 Prozent be-

**Zinsabschlag**

lastet sind (→ anrechenbare Körperschaftsteuer).
Für ausgeschüttete Erträge wird die Kapitalertragsteuer von der auszahlenden Stelle einbehalten (§ 38b Abs. 1 KAGG). Werden die Erträge teils ausgeschüttet und teils thesauriert, wird der auf die thesaurierten Erträge entfallende Z. ebenfalls von dem ausgeschütteten Betrag abgezogen (§ 38b Abs. 2 KAGG). Demgegenüber hat die → Kapitalanlagegesellschaft den Steuerabzug vorzunehmen, wenn sämtliche Erträge thesauriert werden (§ 38b Abs. 3 KAGG).

*Nicht dem Zinsabschlag unterliegende Kapitalerträge:* (1) Als nichtzinsabschlagpflichtige Kapitalertragsarten: Zinsen aus → Hypotheken und → Grundschulden sowie → Renten aus Grundschulden des § 20 Abs. 1 Nr. 5 EStG, Diskontbeträge von → Wechseln und → Anweisungen einschließlich der → Schatzwechsel (§ 20 Abs. 1 Nr. 8 EStG) sowie Einnahmen aus der Veräußerung von → Dividendenscheinen, wenn die zugehörigen Anteile nicht mitveräußert werden (§ 20 Abs. 2 Nr. 2a EStG), (2) Vom Z. freigestellte Kapitalertragsarten: Zinserträge aus Sichteinlagen (→ Girokonten), für die ein Zins oder Bonus von höchstens ein Prozent gezahlt wird, Erträge aus Bausparguthaben, wenn für das Guthaben kein höherer Zins bzw. Bonus als ein Prozent gezahlt wird oder im Jahr der Gutschrift der → Gläubiger der Kapitalerträge eine → Arbeitnehmer-Sparzulage erhalten oder dem Gläubiger für das Kalenderjahr der oder vor der Zinsgutschrift eine → Wohnungsbauprämie gewährt bzw. festgesetzt wird bei jährlich einmaligen Zinsgutschriften bis zu 20 DM je Konto (→ Freigrenze für Konten, bei denen die Zinsabrechnung vereinbarungsgemäß stets nur einmal im Jahr erfolgt), (3) als Zinsen, die von bestimmten Schuldnern gezahlt werden: Zinszahlungen von Privatpersonen an Banken, Unternehmen oder andere Privatpersonen, Zinszahlungen von Unternehmen, die keine Kreditinstitute sind, an andere Unternehmen, an Banken oder an Privatpersonen (wenn es sich nicht um Wertpapierzinsen im Sinne des § 43 Abs. 1 Satz 1 Nr. 7a EStG handelt), Zinszahlungen der öffentlichen Hand aufgrund nichtverbriefter Forderungen (z. B. aufgrund von Schuldscheindarlehen), Einlagezinsen, die von ausländischen Banken und ausländischen Niederlassungen deutscher Banken gezahlt werden (da sich hier die auszahlende Stelle im Ausland befindet und somit nicht zum Abzug verpflichtet werden kann), (4) Zinsen, die bestimmten Gläubigern zufließen: Zinszahlungen an Steuerausländer im Rahmen von § 49 Abs. 1 Nr. 5c, aa Satz 2 und c, cc EStG.

*Abstandnahme vom Z.:* Von der Vornahme des Z. wird gemäß § 44a EStG abgesehen bei Vorliegen eines → Freistellungsauftrags oder einer → Nichtveranlagungsbescheinigung oder einer → Unternehmensbescheinigung i. S. des § 44a Abs. 5 EStG.
(→ Zinsen, Behandlung bei Zinsabschlagsteuer)

**Zinsabschlag bei Erträgen aus Investmentanteilen**
→ Erträge aus → Anteilen an → offenen Fonds unterliegen einem Zinsabschlag, der als Vorauszahlung auf die Einkommensteuerschuld gilt (→ Zinsabschlagsteuer). – Vgl. auch Abbildung S. 1747.

**Zinsabschlaggesetz**
Gesetz vom 9. 11. 1992 (BGBl. I S. 1853) zur Regelung der Besteuerung von → Kapitalerträgen ab 1. 1. 1993. Das Z. war nach einer Entscheidung des Bundesverfassungsgerichts notwendig geworden, um eine steuerrechtliche Gleichbehandlung auch bei der Durchsetzung der Steuererhebung zu erreichen. Da aufgrund des Bankgeheimnisses nach § 30a AO eine wirksame Ermittlung und Kontrolle von → Einkünften aus Kapitalvermögen nur eingeschränkt möglich ist, hat das Z. die Erhebung eines → Zinsabschlags als Form der → Kapitalertragsteuer eingeführt und für die Ermittlung der Einkünfte aus Kapitalvermögen den → Sparerfreibetrag auf 6.000 DM bzw. für zusammenveranlagte Ehegatten auf 12.000 DM erhöht. Der Sparerfreibetrag und der Werbungskostenpauschbetrag (100 bzw. 200 DM) können bei Steuerinländern bereits beim Zinsabschlag berücksichtigt werden; Sonderregeln für inländische Einkünfte beschränkt steuerpflichtiger Personen enthalten § 49 Abs. 1 Nr. 5 und § 50 Abs. 5 EStG. Voraussetzung für die Berücksichtigung des Freistellungsvolumens ist gem. § 44a EStG die Erteilung eines → Freistellungsauftrags oder die Vorlage einer → Nichtveranlagungsbescheinigung.

**Zinsabschlagsteuer**
→ *Zinsabschlag* (im → Zinsabschlaggesetz verwendeter Begriff); Bezeichnung für → Kapitalertragsteuer, die für die in § 43

## Zinsabschlag bei Erträgen aus Investmentanteilen

| Fondsart | Depot im Inland | Tafelgeschäft | Depot im Ausland |
|---|---|---|---|
| Deutscher ausschüttender Fonds | 30% Zinsabschlag auf den steuerpflichtigen (zinsabschlagpflichtigen) Teil der Ausschüttung (bei Aktienfonds beträgt dieser Teil der Ausschüttung im Durchschnitt 30% der Erträge, bei offenen Immobilienfonds im Durchschnitt 50% der Erträge) Anrechnung des Zinsabschlags bei der Einkommensteuerveranlagung kein Zinsabschlag bei Freistellungsauftrag bzw. NV-Bescheinigung | 35% Zinsabschlag des steuerpflichtigen (zinsabschlagpflichtigen) Teils der Ausschüttung Anrechnung des Zinsabschlags bei der Einkommensteuerveranlagung | Kein Zinsabschlag |
| Ausländischer ausschüttender Fonds | Handhabung wie bei deutschem ausschüttenden Fonds (30% Zinsabschlag) | Handhabung wie bei deutschem ausschüttenden Fonds (35% Zinsabschlag) | Kein Zinsabschlag |
| Deutscher thesaurierender Fonds | 30% Zinsabschlag auf die steuerpflichtigen (zinsabschlagpflichtigen) Erträge Anrechnung des Zinsabschlags bei der Einkommensteuerveranlagung kein Zinsabschlag bei Freistellungsauftrag bzw. NV-Bescheinigung | – | 30% Zinsabschlag auf die steuerpflichtigen (zinsabschlagpflichtigen) Erträge Anrechnung bei der Einkommensteuerveranlagung Freistellungsauftrag bzw. NV-Bescheinigung nicht möglich |
| Ausländischer thesaurierender Fonds | Kein Zinsabschlag | – | Kein Zinsabschlag |

Abs. 1 Satz 1 Nr. 7, 8 und Satz 2 EStG aufgeführten Kapitalerträge nach dem Zinsabschlaggesetz erhoben werden (Zinsbesteuerung in Form einer →Zahlstellensteuer). Seit 1994 ist der Anwendungsbereich der Z. erweitert worden, um die steuerliche Erfassung von →Finanzinnovationen zu gewährleisten; außer →Zinsen und zinsähnlichen Erträgen aus (sonstigen) Kapitalforderungen jeder Art werden auch die in § 20 Abs. 2 EStG aufgeführten →Einkünfte aus Kapitalvermögen erfaßt.

(→Kapitalertragsteuer, →Zinsbesteuerung)

### Zinsänderungsanleihe

→Zinsinstrument, das einen →Festzinssatz automatisch in einen →variablen Zinssatz (Variante 1) bzw. einen variablen Zinssatz automatisch in einen Festsatzzins (Variante 2) wechselt. Bei der ersten Variante einer Z. erhält der Anleger zuerst einen →Jahreskupon von beispielsweise konstant 6%. Nach einigen Jahren (z. B. drei Jahren) wird die Anleihe dann mit einem →Referenzinssatz (z. B. 6-Monats-LIBOR) bis zur →Fälligkeit verzinst. Mit dieser Variante einer Z. hat der Anleger in den ersten Jahren einen →Straight Bond, der dann automatisch vom →Emittenten in einen →Plain Vanilla Floater getauscht wird. Bei der zweiten Variante erhält der Anleger in den ersten Jahren den Referenzzinssatz (z. B. 6-Monats-LIBOR), und anschließend erfolgt wiederum ein Tausch in ein anderes Zinsinstrument, d. h.

## Zinsänderungsbilanz

Straight Bond. Im Gegensatz zu → Anleihen mit Zinswahlrecht besteht bei Z. eine Pflicht zum Tausch. Bei → Zinsphasen-Anleihen wird im Gegensatz zur Z. dreimal der Zinssatz getauscht.

**Zinsänderungsbilanz,** → Zinsbindungsbilanz.

**Zinsänderungsrisiko**
→ Preisrisiko, bei dem insbes. das Festzinsrisiko und das variable Z. zu unterscheiden sind.
Das Z. besteht – allgemein ausgedrückt – in einer aus Marktzinsänderungen resultierenden negativen Beeinflussung des geplanten bzw. erwarteten Erfolgs. Dieses Risiko kann von den Zinserträgen (niedrigere durchschnittliche Aktivzinssätze als erwartet) und von den Zinsaufwendungen (höhere durchschnittliche Passivzinssätze als erwartet) ausgehen. Bei kurstragenden → Schuldverschreibungen, insbes. bei → festverzinslichen (Wert-)Papieren, ist zudem zu beachten, daß bei steigenden Zinssätzen die Kurswerte der dann gegenüber dem Marktzinsniveau niedriger verzinslichen → Wertpapiere fallen (→ Kurswertrisiko börsennotierter Schuldverschreibungen) und sich somit ein Abschreibungsbedarf nach dem strengen oder gemilderten → Niederstwertprinzip ergibt. Von daher kann auch das zinsinduzierte Kurswertrisiko (Abschreibungsrisiko) bei börsennotierten Schuldverschreibungen als Form des Z. (Festzinsrisiko) interpretiert werden.

Marktzinsänderungen wirken sich prinzipiell gleichermaßen auf aktivische und passivische zinstragende → Positionen aus → bilanzwirksamen Geschäften und → bilanzunwirksamen Geschäften aus und haben insofern zugleich negative und positive Wirkungen. Daher wird das Z. häufig – abgesehen von Kurswertrisiko bei börsennotierten Schuldverschreibungen – als ein *„Netto-Z."* definiert, d. h. im Sinne der Gefahr negativer Erfolgswirkung von Risiken *und* Chancen mit gleicher Ursache (Zinssatzänderung). Negative Auswirkungen auf den Erfolg ergeben sich dann nur insoweit, als bei steigendem Zinsniveau den steigenden Zinsaufwendungen nicht gleichzeitig steigende Erträge aus zinstragenden Positionen gegenüberstehen bzw. als bei sinkendem Zinsniveau die sinkenden Zinserträge nicht durch gleichzeitig sinkende Zinsaufwendungen kompensiert werden. Derartige erfolgsmäßige Gegenpositionen sind insbes. bei Bankbetrieben gegeben, bei denen mit Blick auf die → Bilanz – stärker als z. B. bei Industrie- und Handelsbetrieben – zinstragende Positionen auf Aktiv- *und* Passivseite etwa vergleichbares Volumen haben.

*Das Z. von Bankbetrieben* läßt sich somit bei bilanzwirksamen Geschäften als die Gefahr definieren, daß sich die realisierte → Brutto-Zinsspanne bedingt durch Zinssatzänderungen gegenüber der erwarteten Brutto-Zinsspanne verringert. Ursächlich für das Risiko der Verringerung der Brutto-Zinsspanne können das Festzinsrisiko und das variable Z. sein. Zur Charakterisierung dieser Risiken werden zinstragende → Aktiva und → Passiva jeweils in festverzinsliche und variabel verzinsliche Positionsblöcke gegliedert.

*Festzinsrisiko:* Negative Wirkungen auf die Brutto-Zinsspanne bleiben bei Marktzinsänderungen zum einen insoweit aus, als *geschlossene Festzinspositionen* gegeben sind: Zinstragende Positionen mit Festzinsvereinbarungen stehen einander als Aktiv- und Passivpositionen in gleicher Höhe gegenüber, wobei sich – genauer betrachtet – auch die durchschnittliche Bindungsdauer der Aktiv- und Passivpositionen gemäß der → Duration entsprechen müssen. Zum anderen wird das Z. mit Blick auf sich gegenüberstehende variabel verzinsliche Aktiva und Passiva insoweit nicht schlagend, als z. B. bei steigendem Marktzinsniveau steigende Zinserträge in vollem Umfang entsprechend steigende Zinsaufwendungen kompensieren. Hiervon ausgehend folgt das Festzinsrisiko aus ungleichgewichtigen Positionsblöcken (fest bzw. variabel verzinslich) auf der Aktivseite gegenüber der Passivseite, d. h. festverzinslichen Aktiva (Passiva) stehen insoweit variabel verzinsliche Passiva (Aktiva) gegenüber.

Das unter diesen Voraussetzungen bei einer Marktzinsänderung gegebene Festzinsrisiko kann sowohl ein aktivisches als auch ein passivisches Festzinsrisiko sein. Das *aktivische Festzinsrisiko* folgt bei sinkendem Marktzinsniveau aus einer bestehenden sog. „aktivischen Festzinslücke", d. h. aus einem Passivüberhang festverzinslicher Positionen: Sinkende Zinserträge aus den variabel verzinslichen Aktiva werden wegen der offenen passivischen Festzinsposition nicht in vollem Umfang durch sinkende Zinsaufwendungen aus variabel verzinslichen Pas-

siva kompensiert. Entsprechend resultiert das *passivische Festzinsrisiko* bei steigendem Marktzinsniveau aus einer sogenannten „passivischen Festzinslücke" (Aktivüberhang festverzinslicher Positionen): Höhere Zinsaufwendungen bei steigenden Marktzinsen werden wegen der offenen aktivischen Festzinsposition nicht voll durch steigende Erträge aus variabel verzinslichen Aktiva ausgeglichen.
Das *variable Z.* bezieht sich auf die Blöcke der variabel verzinslichen Aktiva und Passiva. Die Gefahr sinkender Brutto-Zinsspanne geht hier von unterschiedlichen →Zinselastizitäten bei den einzelnen Aktiv- und Passivzinssätzen aus. Das variable Z. besteht in der Gefahr, daß sich eine Marktzinsänderung negativ auf die Differenz aus Zinserträgen und Zinsaufwendungen auswirkt, und zwar allein resultierend aus den unterschiedlich starken Reaktionen bei den einzelnen variabel verzinslichen Positionen auf Aktiv- und Passivseite (Höhe Marktzinsänderung versus Höhe bzw. Schnelligkeit Zinssatzänderung der einzelnen Aktiv- und Passivpositionen).
Zur vollständigen Erfassung des Z. als Preisrisiko sind neben den bilanzwirksamen auch die nicht bilanzwirksamen zinsrisikobehafteten Geschäfte einzubeziehen. Darüber hinaus kann der Zinssatz bzw. seine →Volatilität ein risikobeeinflussender Faktor für →Eindeckungsrisiken aus bilanzunwirksamen Geschäften sein.

*Risikomanagement:* Im Rahmen des →Risikomanagements können Z. mit unter anderem innovativen/derivativen Finanzprodukten abgesichert werden. In Frage kommen z. B. →Zinsswaps, →Zinsfutures sowie →Optionen und →Caps.
(→Bankbetriebliche (Erfolgs-)Risiken des liquiditätsmäßig-finanziellen Bereichs)

### Zinsanpassungsklausel
Vereinbarung im →Kreditvertrag, wonach das →Kreditinstitut den vereinbarten →Zinssatz einseitig gemäß § 315 BGB herauf- oder herabsetzen darf. Die Änderung dient der Anpassung an gestiegene oder gesunkene Geldbeschaffungskosten (→Refinanzierung).
(→Zinsklausel)

### Zinsarbitrage
Ausnutzung des Zinsunterschiedes am →Geldmarkt für unterschiedliche →Fälligkeiten zur Erzielung eines Differenzgewinnes. Beläuft sich z. B. der Geldmarktsatz für 1-Monatsgelder auf 4 Prozent p. a. und für Dreimonatsgelder auf 5 Prozent p.a., ist es gewinnbringend, das 1-Monatsgeld aufzunehmen und auf drei Monate auszuleihen. Nach Ablauf des ersten und zweiten Monats muß erneut ein 1-Monatsgeld aufgenommen werden. Hat sich der 1-Monatssatz dann jedoch deutlich erhöht, kann ein Verlust entstehen. Da diese Form der Z. die Bilanzrelationen belastet, wird sie gewöhnlich durch Abschluß von →Devisentermingeschäften vorgenommen. Hierbei muß die Zinsentwicklung in den jeweils zwei gegeneinander gehandelten →Währungen beurteilt werden. Die →Arbitrage erfolgt in diesem Fall durch →Kauf (bzw. Verkauf) einer →Devise auf kurze Frist (z. B. ein Monat) und Verkauf (bzw. Kauf) auf mittlere Frist (z. B. drei Monate).

### Zinsausgleichszertifikate
Verbriefte →Floors, die auch als Zinssicherungs-, Zinsdifferenz- oder Mindestzinszertifikate bezeichnet werden. Ein Z. ist eine Vereinbarung zwischen dem Verkäufer (Bank) und dem Käufer (Anleger), daß bei Fallen eines festgelegten →Referenzzinssatzes (z. B. →FIBOR, →LIBOR) unter eine vereinbarte Zinsuntergrenze (→Basispreis) (z. B. 7%, 7,5%) der Verkäufer dem Käufer den Differenzbetrag, bezogen auf einen vereinbarten →Nennwert (z. B. 10.000 Mark, 100 Mark), erstattet. Der Inhaber der Z. erhalten vom →Emittenten immer nur dann die Differenz ausbezahlt, wenn der 6-Monats-LIBOR an den Berechnungstagen unter der vereinbarten Zinsuntergrenze liegt. Bei Z. handelt es sich um →asymmetrische Risikoinstrumente. Für das Recht, eine Ausgleichszahlung (→Cash Settlement) zu erhalten, wenn der Referenzzinssatz unter der Zinsuntergrenze liegt, zahlt der Anleger einmalig eine →Optionsprämie.
Bei den angebotenen Z. handelt es sich um einen Korb von →Zinsoptionsscheinen mit gleichem Basispreis und verschiedenen →Laufzeiten, die jeweils zeitlich versetzt ein Jahr später fällig werden. Der Kaufpreis eines Floors ist somit als Optionsprämie zu verstehen und entspricht der Summe der Optionsprämien des gesamten Bündels. Deshalb werden Z. auch als optionsähnliche →Zinsinstrumente bezeichnet.

*Z. als Anlageinstrument*: Z. können nicht nur in →Tradingstrategien auf fallende →Geld-

## Zinsbegrenzung

marktzinsen eingesetzt werden, sondern auch zur Absicherung von →Floating Rate Notes oder →Festgeldern gegen fallende →Zinsen. Das Z. hat hier die Aufgabe, den Anleger gegen fallende Geldmarktzinsen zu schützen (→Hedgingstrategie mit Zinsbegrenzungsverträgen). Es garantiert dem Anleger eine Mindestverzinsung. →Floors können nicht nur separat am Markt gekauft werden, um Floater gegen fallende Zinsen abzusichern. Einige →variabel verzinsliche Anleihen haben ein Floor bereits beim Kauf automatisch eingebaut.

**Zinsbegrenzung,** →Cap.

### Zinsbegrenzungsvertrag

→Cap, →Floor und →Collar werden als Z. bezeichnet, da sie einen →variablen Zinssatz (z.B. 3-Monats-LIBOR, 6-Monats-LIBOR) bei einem Cap nach oben (Zinsobergrenze), bei einem Floor nach unten (Zinsuntergrenze) und schließlich bei einem Collar nach oben (Zinsobergrenze) und unten (Zinsuntergrenze) begrenzen.

### Zinsberechnung bei Spareinlagen

Beginn und Ende der Verzinsung von →Spareinlagen richten sich grundsätzlich nach den Bestimmungen der §§ 187 Abs. 1, 188 Abs. 1 BGB: Verzinsungsbeginn ist danach der Tag nach der Einzahlung, während die Verzinsung am Tag der →Rückzahlung endet (→Fristen).

Die sparkassenrechtlichen Vorschriften (Sparkassenverordnung, Sparbedingungen) stimmen aber nur zum Teil mit den allgemeinen Bestimmungen des BGB überein. Für Sparkassen gilt: Die Verzinsung beginnt mit dem Tag der Einzahlung. Das Ende der Verzinsung fällt auf den der Rückzahlung vorhergehenden Kalendertag.

Zinsberechnungsmethode ist i. a. die progressive Postenmethode, um durch zinsmäßige Vorrechnung jedes einzelnen Umsatzpostens bis zum Jahresende (berichtigt um Abhebungen) die →Sparkonten ständig abschlußbereit zu führen. Am Jahresende fällt dann nur noch eine Zuschreibung der auf den Abschlußstichtag vorausberechneten →Zinsen zum Sparkapital an. Wertstellungsmäßig werden die Zinsen zum 31.12. gutgeschrieben. Die gutgeschriebenen Zinsen werden innerhalb von zwei Monaten nach →Wertstellung jedem Vorleger des Sparkassenbuchs ausgezahlt.
(→Spareinlagen)

### Zinsbesteuerung

Nach dem →Zinsabschlaggesetz Besteuerung von →Kapitalerträgen, die aus →Zinsen und zinsähnlichen Erträgen aus den in § 43 Abs. 1 Satz 1 Nr. 7, 8 sowie Satz 2 EStG aufgeführten Kapitalforderungen stammen (z. B. →Einlagen bei →Kreditinstituten, →Darlehen, →Anleihen) durch Erhebung eines →Zinsabschlags als →Zahlstellensteuer gem. § 44 Abs. 1 Satz 3 und 4 EStG. Der Zinsabschlag ist eine Vorauszahlung auf die →Einkommensteuer bzw. →Körperschaftsteuer des →Steuerpflichtigen, d.h. eine →anrechenbare Kapitalertragsteuer. →Steuerschuldner der →Kapitalertragsteuer ist der →Gläubiger der Kapitalerträge (Steuerpflichtiger). Im Gegensatz zur Kapitalertragsteuer als →Quellensteuer (z. B. auf →Dividenden), die vom →Schuldner der Kapitalerträge einbehalten wird, ist der Zinsabschlag als Zahlstellensteuer von der auszahlenden Stelle einzubehalten und abzuführen. Steuerpflichtig sind Steuerinländer i. S. v. § 1 Abs. 1 EStG. Bei Steuerausländern (→natürliche Personen, →juristische Personen und Unternehmen mit Wohnsitz, Geschäftsleitung oder Sitz im Ausland) können inländische →Einkünfte aus Kapitalvermögen im Rahmen des § 49 Abs. 1 Nr. 5 EStG gegeben sein. Insoweit gilt die Einkommensteuer durch einen Steuerabzug als abgegolten (§ 50 Abs. 5 Satz 1 EStG).

*Kapitalerträge, die dem Zinsabschlag unterliegen:* Zinserträge aus verbrieften →Forderungen (z. B. Zinsen auf →festverzinsliche [Wert-]Papiere und →variabel verzinsliche Anleihen in- und ausländischer →Emittenten) und Zinserträge aus unverbrieften Forderungen (z. B. Bankguthaben). Der Zinsabschlag erfaßt →Wertpapiere, unabhängig davon, ob es sich um DM-Papiere oder Fremdwährungsanleihen handelt und unabhängig davon, ob die Papiere von inländischen oder ausländischen Emittenten stammen. Er ist immer vorzunehmen, wenn die Zinsgutschrift im Inland erfolgt. Ausländische Zahlstellen, zu denen auch ausländische →Filialen oder ausländische →Tochtergesellschaften inländischer →Kreditinstitute gehören, sind nicht zum Abzug des Zinsabschlags verpflichtet. Ab 1. Januar 1994 unterliegen auch Einnahmen aus der Veräußerung von →Zinsscheinen dem Zinsabschlag, wenn die dazugehörigen Schuldverschreibungen mitveräußert werden (gezahlte → Stückzinsen bei der Veräußerung von Wertpapieren). Auch Erträge aus der Veräußerung von abgezinsten oder aufgezinsten Papieren (→ Sparbriefe/Sparkassenbrief, → Finanzierungs-Schätze, → Nullkupon-Anleihen) sind kapitalertragsteuerpflichtig, d. h. unterliegen dem Abzug durch Zinsabschlag.

*Ausgenommen vom Zinsabschlag* sind Zinserträge aus → Sichteinlagen, wenn die Verzinsung nicht mehr als 1% beträgt, Zinserträge aus Bausparguthaben, wenn für das Guthaben kein höherer Zins oder → Bonus als 1% gezahlt wird, Zinserträge aus Bausparguthaben, wenn der Bausparer im Jahr der Zinsgutschrift eine → Arbeitnehmersparzulage oder für das Kalenderjahr vor der Zinsgutschrift eine → Wohnungsbauprämie erhält, Erträge aus ausländischen thesaurierenden → Investmentfonds, jährliche Zinsgutschriften bis zu einem Betrag von 20 DM je Konto (Bagatellgrenze), Erträge aus dem Interbankengeschäft sowie Zinszahlungen von Privatpersonen und Unternehmen, die kein Kreditinstitut im Sinne des KWG sind (sachliche Befreiungen).

*Besonderheiten bei Investmentanteilen:* → Erträge aus Investmentanteilen, steuerliche Behandlung.

*Steuersätze:* Der Zinsabschlag beträgt 30%, bei sog. → Tafelgeschäften 35% (§ 43a Abs. 1 Nr. 4 EStG).

*Steuerbescheinigung:* Auf Verlangen des Gläubigers der Kapitalertragsteuer erteilt die abzugsverpflichtete Stelle eine Steuerbescheinigung über die Kapitalerträge, die dem Kapitalertragsteuerabzug (Zinsabschlag) unterliegen. Aufgrund dieser Bescheinigung kann der Steuerpflichtige die einbehaltenen Steuerbeträge bei seiner Veranlagung anrechnen lassen.

*Steueranmeldung:* Zinsen fließen bei → Fälligkeit zu. Mit dem Zufluß entsteht die Kapitalertragsteuer. Die abzugspflichtigen Stellen müssen die innerhalb eines Monats einzubehaltenden Kapitalertragsteuerbeträge bis zum 10. des Folgemonats in einer Summe dem Finanzamt auf amtlich vorgeschriebenem Vordruck anmelden und abführen. Der Gläubiger der Kapitalerträge bleibt anonym. Name und Konto werden nicht dem Finanzamt mitgeteilt.

*Abstandnahme vom Zinsabschlag:* Vom Kapitalertragsteuerabzug, d. h. von der Vornahme des Zinsabschlags kann abgesehen werden bei Vorliegen eines → Freistellungsauftrags oder einer → Nichtveranlagungsbescheinigung oder einer → Unternehmensbescheinigung i. S. des § 44a Abs. 5 EStG. (→ Zinsabschlag)

### Zinsbindungsbilanz

*Zinsänderungsbilanz, Zinsablaufbilanz, Fristenablaufbilanz;* Festzinsübersicht, bei der die zum Ende einer Periode noch bestehenden zinsfixen Aktiv- und Passivkomponenten einer → Bilanz (ggf. einschl. der nichtbilanzwirksamen Finanzinstrumente) einander gegenübergestellt und saldiert werden, so daß die einem → Zinsänderungsrisiko unterliegende → offene Position als Aktiv- oder Passivüberhang erscheint. Bilanzunwirksame Finanzinstrumente sind mit ihren fiktiven Beträgen und Terminen im Hinblick auf ihre zinsmäßige Wirkung zu erfassen. Die Zinsablaufbilanz ist ein Steuerungsinstrument der → Zentraldisposition.

### Zinscap

1. Zinsobergrenze (Zinsbegrenzung, Zinsdeckel) bei variabel verzinslichen Darlehen oder → variabel verzinslichen Anleihen (→ Floating Rate Notes).

2. Bezeichnung für das gehandelte Recht aus einer Zinsbegrenzungsregelung (Zinsobergrenzen-Regelung). Vgl. im einzelnen → Cap.

### Zinsdeckel, → Cap, → Zinscap.

### Zinsdifferenzzertifikat, → Zinsausgleichszertifikat.

### Zinselastizität

Gibt an, um wieviel Prozent sich der → Dirty Price eines → Zinsinstruments ändert, wenn sich die → Rendite um ein 1% verändert. Im Gegensatz zur → Modified Duration wird also nicht auf eine Renditeveränderung von 100 → Basispunkten (1 Prozentpunkt) normiert, sondern auf 1%. Konkret bedeutet dies, daß beispielsweise die Rendite von 8 auf 8,08% steigt bzw. von 8 auf 7,92% fällt. Die Z. ist eine weitere → Sensitivitätskennzahl, die ähnlich wie Modified Duration oder → Price Value of a Basis Point (PVBP), zur Quantifizierung des → zinsinduzierten Kursrisikos von Zinsinstrumenten errechnet wird. Die Z. mißt wie die Modified Duration prozentuale Kursveränderungen bei einer

## Zinsen

gegebenen Renditeveränderung. Die Z. kann mit Hilfe der Modified Duration ermittelt werden.

Z. = (Modified Duration · Aktuelle Rendite) : 100

wobei: aktuelle Rendite = Rendite nach ISMA (→ISMA-Rendite).
Da die Z. aus der Modified Duration abgeleitet wird, können die getroffenen Aussagen der Modified Duration auf die Z. übertragen werden. In der Praxis wird insbes. im Rentenhandel, Fondsmanagement und Bond-Portfoliomanagement die Modified Duration zur Quantifizierung von →Zinsänderungsrisiken eingesetzt.
(→ Optionselastizität, →Risikomanagement von festverzinslichen Wertpapieren)

## Zinsen

Vom →Schuldner zu entrichtende Vergütung für die Überlassung von →Kapital. Z. sind eine Nebenschuld zu einer Hauptschuld, die auf →Gesetz (z.B. § 288 BGB) oder →Rechtsgeschäft beruhen kann. Der gesetzliche Zinssatz für Nichtkaufleute beträgt 4% (§ 246 BGB), der für Kaufleute 5% (§ 352 HGB). Er findet bei Fehlen vertraglicher Vereinbarungen Anwendung. Für die durch Rechtsgeschäft vereinbarten Z. gilt als Schranke das Verbot der →Sittenwidrigkeit bzw. von Wucher gemäß § 138 BGB. Die vorherige Vereinbarung von →Zinseszinsen ist mit wenigen Ausnahmen gemäß § 248 BGB verboten.

*Inrechnungstellen von Z. durch →Kreditinstitute:* Die Kreditinstitute stellen bei Geschäften mit →Privatkunden Z. (und andere Entgelte) in Rechnung, wobei sich die Höhe gemäß Nr. 12 Abs. 1 AGB Banken bzw. Nr. 17 Abs. 2 AGB Sparkassen (→Allgemeine Geschäftsbedingungen der Kreditinstitute) für die im →Bankgeschäft typischen regelmäßig vorkommenden Kreditgewährungen und Leistungen aus dem →„Preisaushang – Regelsätze im standardisierten Privatkundengeschäft" und ergänzend aus dem →„Preisverzeichnis" ergibt. Außerhalb des Privatkundengeschäfts, also z. B. bei Geschäften mit →Firmenkunden, bestimmt das Kreditinstitut die Höhe der Z. (und anderer Entgelte) nach „billigem Ermessen" (§ 315 BGB), soweit keine andere Vereinbarung getroffen wurde. Im Sinne von § 138 BGB werden die rechtlichen Grenzen der Zinsforderung des Kreditinstituts entscheidend durch die jeweilige Lage am →Kapitalmarkt und durch das Risiko des Kreditinstituts bestimmt.
(→ Effektivverzinsung)

## Zinsen, Behandlung bei Zinsabschlagsteuer

Seit dem 1.1.1993 müssen →Banken, →Sparkassen, Fondsgesellschaften, →Bausparkassen sowie die →Bundesschuldenverwaltung von allen im Inland anfallenden Zinserträgen 30 Prozent →Zinsabschlagsteuer einbehalten und an das Finanzamt abführen. Die vom →Zinsabschlag erfaßten →Kapitalerträge kann man grundsätzlich in zwei Gruppen einteilen: Zinsen aus →Wertpapieren und gleichgestellte Zinsen (sogenannte „a-Fälle") und Zinsen aus Kapitalforderungen gegenüber inländischen→Kreditinstituten (sogenannte „b-Fälle"). „a-Fälle" bzw. „b-Fälle" heißen die Kapitalerträge deshalb, weil sie in § 43 Abs. 1 Nr. 7a Einkommensteuergesetz (EStG) bzw. in § 43 Abs. 1 Nr. 7b EStG geregelt sind. Während in den „a-Fällen" sowohl inländische als auch ausländische Kapitalerträge aus Wertpapierzinsen dem Zinsabschlag unterliegen, werden in den „b-Fällen" nur Zinserträge aus inländischen Kapitalerträgen erfaßt.
Beispiele für Kapitalerträge der „a-Fälle" sind Zinserträge aus Papieren des Bundes (z.B. →Bundesanleihen, Postanleihen, →Finanzierungsschätze), Öffentliche Pfandbriefe, →Kommunalobligationen, Zero Bonds, →Fremdwährungsanleihen, →Industrieobligationen, →DM-Auslandsanleihen, →Gleitzinsanleihen und →Kombizinsanleihen. Die Nationalität des →Emittenten hat keinen Einfluß auf den Zinsabschlag. Im Gegensatz hierzu stehen die „b-Fälle". Diese regeln nur den Zinsabschlag bei Kapitalerträgen bei inländischen Banken. Hierunter fallen Zinsen aus Sichteinlagen, →Termingeldern und →Festgeldern, →Sparkonten mit dreimonatiger oder sonstiger vereinbarter Kündigungsfrist, Bonus-Sparpläne usw. Werden die gleichen Anlagen bei ausländischen Banken oder ausländischen Niederlassungen deutscher Banken (z.B. in Luxemburg) getätigt, fällt der Zinsabschlag nicht an. In diesen Fällen sitzt die auszahlende Stelle im Ausland und kann somit nicht zum Abzug verpflichtet werden. Zu inländischen Banken zählen auch die Niederlassungen von ausländischen Banken in der Bundesrepublik Deutschland.

## Zinsen, Behandlung bei Zinsabschlagsteuer (1)

| Emittent | Zahlstelle | Anleger | Zinsabschlag | Beispiel |
|---|---|---|---|---|
| Inland | Inland | Steuerinländer | Ja | Steuerinländer kauft Bundesanleihe in inländisches Depot |
| Ausland | Inland | Steuerinländer | Ja | Steuerinländer kauft DM-Auslandsanleihe in inländisches Depot |
| Inland | Ausland | Steuerinländer | Nein | Steuerinländer kauft Bundesanleihe in ausländisches Depot |
| Ausland | Ausland | Steuerinländer | Nein | Steuerinländer kauft DM-Auslandsanleihe in ausländisches Depot |
| Inland | Inland | Steuerausländer | Nein | Steuerausländer kauft Bundesanleihe in inländisches Depot |
| Inland | Ausland | Steuerausländer | Nein | Steuerausländer kauft Bundesanleihe in ausländisches Depot |

Bei Erträgen aus Wertpapieren („a-Fälle") erfolgt ein Steuerabzug dann, wenn ein Steuerinländer die Erträge über ein inländisches → Depot erhält oder wenn ein Steuerinländer oder ein Steuerausländer → Kupons aus → Tafelgeschäften einlöst. In den „b-Fällen" ist der Steuerabzug dann vorzunehmen, wenn die auszahlende Stelle ein inländisches Kreditinstitut ist, das die Kapitalerträge als → Schuldner auszahlt. In der obenstehenden Tabelle ist ersichtlich, in welchen Fällen Zinsabschlagsteuer anfällt.

Dem Zinsabschlag ist grundsätzlich der Bruttokapitalertrag zugrunde zu legen. Dieser ist auch in der Steuerbescheinigung auszuweisen. Dies ist beispielsweise bei den Finanzierungsschätzen und → unverzinslichen Schatzanweisungen des Bundes nicht möglich. Diese Papiere werden bei → Emission während einer gewissen Zeitdauer mit unterschiedlichen Ausgabepreisen ausgegeben. Dies führt beim Anleger entsprechend dem Kaufdatum zu unterschiedlichen Erträgen. Aus Vereinfachungsgründen kann deshalb bei diesen Papieren für die Ermittlung des Zinsabschlags und die Ausstellung der Steuerbescheinigung der höchste Ausgabekurs und somit der niedrigste Ausgabeabschlag innerhalb eines Emissionsmonats zugrundegelegt werden.

Bei Zinserträgen aus ausländischen Papieren oder → Fremdwährungskonten ist sowohl für die Gutschrift als auch für den Zinsabschlag der Devisengeldkurs der jeweiligen Fremdwährung zugrunde zu legen, der am Tag des Zuflusses gilt (→ Geldkurs im Devisenhandel). Fließen diese Erträge in DM zu, ist dieser Betrag Grundlage für die Ermittlung des Zinsabschlages.

Grundsätzlich gilt, daß jeder Zinsertrag aus einem Inlandsdepot oder Inlandskonto eines Steuerinländers dem Zinsabschlag unterliegt. Der Abzug erfolgt bei der auszahlenden Stelle, also beispielsweise der gutschreibenden Bank oder Sparkasse. Deshalb wird die Zinsabschlagsteuer auch als → Zahlstellensteuer bezeichnet. Das ist ein wesentlicher Unterschied zur 1989 eingeführten und dann wieder abgeschafften sogenannten kleinen Kapitalertragsteuer (→ Quellensteuer). Hier wurde die → Steuer an der Quelle des Zinsflusses, also beim zahlenden Schuldner (Emittenten) abgezogen. Mit dem neuen Konzept der Zahlstellensteuer sollen die Fehler des Jahres 1989 vermieden werden. Für den steuerehrlichen Anleger ändert das aber nicht viel. Beide haben die gleiche Wirkung: Der Anleger erhält nicht mehr den vollen Zinsbetrag ausbezahlt, sondern den um die Steuer verringerten.

Durch das Zahlstellenprinzip soll vermieden werden, daß eine Spaltung des Kapitalmarktes in Schuldner mit inländischem Wohnsitz (Domestic Markt) bzw. Schuldner mit ausländischem Wohnsitz (→ Euromarkt bzw. Markt für DM-Auslandsanleihen) erfolgt. Die Einführung der kleinen Kapitalertragsteuer führte 1989 dazu, daß Papiere inländischer Emittenten höher rentierten als DM-Auslandsanleihen, da im Gegensatz zu 1993 DM-Auslandsanleihen 1989 nicht von

1753

**Zinsen**

einem Steuerabzug erfaßt wurden. Die Nachfrage nach diesen Papieren erhöhte sich deshalb so stark, daß die →Renditen von DM-Auslandsanleihen fielen. Dem tendenziellen Zinsrückgang von Papieren ausländischer Schuldner stand damals ein Zinsanstieg für DM-Inlandsanleihen gegenüber. Oftmals werden Wertpapiere nicht nur in der Haussammelverwahrung verwahrt, sondern beispielsweise im Falle der Girosammelverwahrung auch beim →Deutschen Kassenverein (→Sammelverwahrung). Die auszahlende Stelle i. S. d. Einkommensteuergesetzes ist bei dieser mehrstufigen Verwahrung (→Drittverwahrung) das depotführende Kreditinstitut (→Zwischenverwahrer), das als letzte auszahlende Stelle die Wertpapiere verwahrt und allein die individuellen Verhältnisse des Anlegers (z. B. →Freistellungsauftrag, →Nichtveranlagungsbescheinigung) berücksichtigen kann.

*Höhe des Zinsabschlags:* Der Zinsabschlag beträgt i. d. R. 30 Prozent. Allerdings gibt es einige Ausnahmen zu berücksichtigen. Bei Tafelgeschäften (→effektiven Stücken) in festverzinslichen Papieren und Fondsanteilen beträgt der Abzug 35 Prozent. Bei →Aktien, →Genußscheinen und →Wandelanleihen liegt der Steuerabzugssatz noch bei 25 Prozent (→Kapitalertragsteuer). Somit ergeben sich bei den bisher bereits dem Kapitalertragsteuerabzug unterliegenden Erträgen keine Änderungen.

*Besonderheiten:* Eine Besonderheit ist bei den →Bundesschatzbriefen Typ B mit Zinszahlung am Ende der Laufzeit zu beachten. Der Zinsabschlag erfolgt bei Fälligkeit oder vorzeitiger Rückgabe. Eine Wahlmöglichkeit hat der Anleger, wenn die Bundesschatzbriefe vor dem 1.1.1989 erworben wurden. Bei Bundesschatzbriefen, die vor dem 1.1.1993 gekauft wurden, kann der anzurechnende Kapitalertrag bereits am 31.12. des siebten Jahres auf die →Einkommensteuer angerechnet werden. Das ist für alle Anleger interessant, die für das entsprechende Jahr mit verringertem Einkommen rechnen.

*Zinsabschlagsteuer als Vorauszahlung:* Die genannten Abschläge auf Zins- und Kapitalerträge sind allerdings nur eine vorläufige Steuervorauszahlung. Letztlich unterliegen alle Erträge dem in der Steuerveranlagung festzustellenden individuellen (Grenz-) Steuersatz. In der Anlage →Einkünfte aus Kapitalvermögen und sonstige Einkünfte (KSO) der Einkommensteuererklärung müssen Anleger wie bisher ihre Zins- und Dividendenerträge angeben. Die einbehaltenen Zinsabschläge werden von den auszahlenden Stellen bescheinigt und können dann bei der Einkommensteuer als Vorauszahlung berücksichtigt werden. Ist der persönliche Grenzsteuersatz geringer als 30 Prozent, erhält der Anleger die zuviel bezahlte Steuer zurück. Ist er dagegen höher, müssen entsprechend Steuern nachgezahlt werden. Somit ist auch die Zinsabschlagsteuer 1993 nur eine Vorauszahlung auf die bestehende Steuerschuld und keine Abgeltungssteuer.

*Ausnahmeregelungen vom Zinsabschlag:* Von der 35prozentigen Zinsabschlagsteuer bei Tafelgeschäften sind die Kupons von Anleihen der →Weltbank (International Bank of Reconstruction and Development, IBRD) und der →Interamerikanischen Entwicklungsbank (Inter-American Development Bank, IABD) grundsätzlich ausgeschlossen. Die beiden Banken unterstützen mit ihren Krediten →Entwicklungsländer. Die IABD vergibt beispielsweise Kredite an Entwicklungsländern in Mittel- und Südamerika und gilt an den →Kapitalmärkten als erste Adresse mit einem Kreditrating von AAA (höchste Bonität). Am deutschen Markt werden 18 IADB-Anleihen im Nominalwert bis zu 500 Mio. DM gehandelt.

*Ausnahmen vom Zinsabschlag* (vgl. auch Übersicht S. 1755): Steuerausländer sind dagegen grundsätzlich vom Zinsabschlag ausgenommen. Das bedeutet beispielsweise für einen ausländischen Investor, daß er die Zinsen in voller Höhe auf seinem →Konto bei einer inländischen Bank gutgeschrieben bekommt. Das gleiche gilt beispielsweise für Zinszahlungen aus Wertpapieren an ausländische Banken in der Schweiz, Österreich, Liechtenstein und Luxemburg. Unterhält also ein deutscher Anleger bei einer Bank im Ausland ein →Depot (Auslandsdepot), wird keine 30prozentige Zinsabschlagsteuer an das Finanzamt abgeführt.

Ebenfalls von der Zinsabschlagsteuer befreit sind →Girokonten mit einer Verzinsung von maximal einem Prozent sowie Zinserträge aus →Bausparverträgen, wenn hierfür eine →Arbeitnehmersparzulage oder →Wohnungsbauprämie gezahlt wird. Bei Bagatellbeträgen bis zu 20 DM auf beispielsweise →Sparkonten, die nur einmal im Kalenderjahr gutgeschrieben werden, wird

## Zinsen, Behandlung bei Zinsabschlagsteuer (2)

### 1) Höhe der Steuersätze

- 25% bei Dividenden, Genußscheinen und Wandelanleihen
- 30% bei Zinserträgen aus Inlandsdepots
- 35% bei Tafelgeschäften

### 2) Ausnahmeregelungen vom Zinsabschlag

a) Keine Zinsabschlagsteuer wird grundsätzlich einbehalten bei:
(*Keine* betragsmäßige Begrenzung)
  - Bei Steuerausländern
  - Bei Auslandsdepots
  - Wenn Gläubiger und Schuldner/auszahlende Stelle identisch sind
  - Bei Anlegern, die eine NV-Bescheinigung gestellt haben
  - Zinszahlungen von Privatpersonen
  - Zinszahlungen von Industrieunternehmen
  - Erträgen aus Kapitallebensversicherungen, sofern die Laufzeit mehr als 12 Jahre beträgt (da diese Erträge generell steuerbefreit sind)
  - Zinsen aus Bausparguthaben, wenn dem Sparer Arbeitnehmersparzulage oder Wohnungsbauprämie zusteht

b) Keine Zinsabschlagsteuer wird grundsätzlich einbehalten bei:
(Betragsmäßige oder prozentuale Begrenzung)
  - Erträgen im Rahmen eines Freistellungsauftrages bis zu 6100 DM bzw. 12200 DM
  - Erträgen aus Girokonten, soweit sie maximal ein Prozent betragen
  - Genossenschaftsdividenden, sofern der Dividendenbetrag unter 100 DM liegt
  - Zinsen unter 20 DM jährlich, die nur einmal jährlich gutgeschrieben werden

### 3) Sparer-Freibeträge

- Bis zu der Höhe von 6000 DM (Ledige)/12000 DM (Verheiratete) können ab 1.1.1993 Zins- bzw. Kapitalerträge erzielt werden, ohne daß hierfür Steuern gezahlt werden müssen.

---

auch vom Zinsabschlag Abstand genommen. Eine ähnliche Regelung wurde auch für Genossenschaftsdividenden getroffen. Hier liegt der Betrag allerdings bei 100 DM.

*Sparer- und Vorsorgefreibeträge:* Mit der Neuregelung der Besteuerung der Kapitalerträge wurden auch die →Sparer-Freibeträge für Kapitalerträge deutlich erhöht. Sparzinsen, Dividendenerträge, Zinsen aus festverzinslichen Papieren usw. bleiben bei Ledigen bis zu 6.000 DM und bei Verheirateten bis zu 12.000 DM steuerfrei. Das sind zehnmal höhere →Freibeträge als bisher. Hinzu kommt wie bisher die Werbungskostenpauschale von 100 DM (Ledige)/ 200 DM (Verheiratete). Damit können Ledige 6.100 DM bzw. Verheiratete 12.200 DM an Zinserträgen vereinnahmen, ohne Steuern zahlen zu müssen. Statistiker des Bundesfinanzministeriums haben errechnet, daß die Zinserträge von über 80 Prozent der Bevölkerung ab 1993 nicht mehr der Einkommensteuer unterliegen. Bei einem →Nominalzins von 6 Prozent können Anleger bis zu 101.666/203.333 DM (Ledige/Verheiratete) in festverzinsliche Papiere anlegen und daraus die Zinserträge steuerfrei vereinnahmen. Vgl. auch Übersicht S. 1756.

*Der Freistellungsauftrag:* Anleger haben die Möglichkeit, schriftlich einen Freistellungsauftrag einzureichen. Diese Änderung ist ebenfalls ein wichtiger Unterschied zur kleinen Kapitalertragsteuer von 1989. Der Freistellungsauftrag bewirkt, daß jährliche Zinseinnahmen bis zu 6.100/12.200 DM nicht dem 30prozentigen Zinsabschlag unterliegen. Darüber hinaus werden die 25prozentige Kapitalertragsteuer und Körperschaftsteuer-Guthaben bei Dividendenerträgen erstattet. Dies war bisher nur gegen Vorlage einer NV-Bescheinigung möglich. Zwei Ausnahmen sind allerdings zu beachten. Für Zinseinnahmen aus Tafelgeschäften

## Zinsen, Behandlung bei Zinsabschlagsteuer (3)

| Anlagezins | Folgendes Vermögen bleibt einkommensteuerfrei bei einem jährlichen Zinsertrag bis zur Höhe von Sparer-Freibetrag und Werbungskosten-Pauschbetrag | |
|---|---|---|
| | 6100 DM<br>Ledige | 12 200 DM<br>Verheiratete |
| 2% | 305 000 | 610 000 |
| 3% | 203 333 | 406 666 |
| 4% | 152 500 | 305 000 |
| 5% | 122 000 | 244 000 |
| 6% | 101 666 | 203 333 |
| 7% | 87 142 | 174 285 |
| 8% | 76 250 | 152 500 |
| 9% | 67 777 | 135 555 |
| 10% | 61 000 | 122 000 |

gibt es keine Freistellungsmöglichkeit. Es werden also immer 35 Prozent Steuer abgezogen, auch dann, wenn ein Freistellungsauftrag bei der einlösenden Bank gestellt wurde. Selbst wenn ein Steuerausländer die fälligen Zinskupons einlösen sollte, wird der Zinsabschlag in Höhe von 35 Prozent fällig. Bei der Einlösung von fälligen Kupons kann der Anleger aber eine Bescheinigung über die einbehaltene Steuer erhalten. Mit dieser kann er die bereits abgeführten Steuerbeträge bei der Einkommensteuererklärung als Vorauszahlung angeben. Eine weitere Ausnahme stellen Erträge dar, die beim Anleger als →Einkünfte aus Vermietung und Verpachtung, →Einkünfte aus nichtselbständiger Arbeit oder →Einkünfte aus Gewerbebetrieb zu erfassen sind. Auch hier kann kein Freistellungsauftrag gestellt werden.
Die Zinsen werden bis zur Höhe des im Freistellungsauftrags angegebenen Betrages steuerfrei ausgezahlt. Zahlt die Bank entsprechend höhere Zinsen aus, muß sie von den über den Freibetrag hinausgehenden Zinsen 30 Prozent Zinsabschlag einbehalten und an den Fiskus abführen. Es ist auch möglich, den Höchstbetrag von 6.100 DM bzw. 12.200 DM auf mehrere auszahlende Stellen (z. B. Bank, Fondsgesellschaft, Bundesschuldenverwaltung) aufzuteilen. Für den Freistellungsantrag ist ein amtliches Muster vorgesehen, das u. a. folgende Informationen enthält: Name, Vorname, Adresse, Geburtsdatum, Freibetrag, Name und Adresse der auszahlenden Stelle. Gleichzeitig mit dem Freistellungsauftrag muß der auszahlende Stelle eine Erklärung des Steuerpflichtigen entgegennehmen, für welche Depots bzw. Konten der Auftrag gelten soll. Das Zinsabschlagsgesetz sieht vor, daß die Angaben des Freistellungsauftrages der Finanzverwaltung für Kontrollen zur Verfügung stehen. Wichtig scheint in diesem Zusammenhang noch zu sein, daß die unter den Freistellungsauftrag fallenden Konten und Depots nicht auf dem amtlichen Formular vermerkt werden müssen.
Der Freistellungsauftrag gilt immer für ein Kalenderjahr und verlängert sich automatisch, wenn der Anleger dem Kreditinstitut keine Änderungen bekannt gibt. Änderungen (z. B. bei Heirat, Scheidung) können jederzeit vorgenommen werden, jedoch wirkt die Änderung nur für die Zukunft.
Bei zusammenveranlagten Eheleuten ist der Freistellungsauftrag in jedem Fall – unabhängig von der aufgegebenen Höhe des Freibetrages – von beiden Eheleuten zu unterschreiben. Bei minderjährigen Depotinhabern müssen beide Elternteile ebenfalls den Freistellungsauftrag unterschreiben.
Zum Abzug von Zinsabschlag bei den verschiedenen Finanzprodukten vgl. Übersicht S. 1757.

*Stückzinsen:* Seit dem 1. 1. 1994 unterliegen auch vereinnahmte →Stückzinsen, d. h. Stückzinsen beim Verkauf einer Anleihe vor der nächsten Zinsfälligkeit der Zinsabschlagsteuer. Ausgenommen von dieser Regelung sind nur Stückzinsen aus Wandelanleihen. Der Steuerabzug erfolgt nur auf die Netto-Stückzinsen, d. h. nach Verrechnung mit gezahlten Stückzinsen. Diese Verrechnung erfolgt kalenderjahrbezogen im Rahmen eines „Stückzinstopfes", in dem ge-

## Zinsen, Behandlung bei Zinsabschlagsteuer (4)

| Produkt | Abzug |
|---|---|
| **1) Banksparen** | |
| Girokonto | Nein, bei Guthabenzinsen bis zu 1% |
| Sparbuch | Ja, aber unter 20 DM jährlich frei |
| Termingelder | |
| – Domestic | Ja |
| – Euro | Nein |
| Sparbriefe | |
| – Mit Nominalzins | Ja |
| – Aufgezinste Sparbriefe | Ja |
| – Abgezinste Sparbriefe | Ja |
| Banksparpläne | Ja |
| Bonus- und Prämiensparen | Ja |
| **2) Wertpapiere** | |
| Inländische Aktien, Genußscheine, Wandelanleihen | Ja, in Höhe von 25% |
| Zinserträge aus Inlandsdepot | |
| – Steuerinländer | Ja, ab 6100/12 200 DM |
| – Steuerausländer | Nein |
| Zinserträge aus Auslandsdepot | |
| – Steuerinländer | Nein |
| – Steuerausländer | Nein |
| Tafelgeschäfte | |
| – Steuerinländer | Ja, in Höhe von 35% |
| – Steuerausländer | Ja, in Höhe von 35% |
| Stückzinsen | Ja |
| Zinserträge aus | |
| – Finanzierungsschätzen | Ja |
| – Schatzbrief Typ A | Ja |
| – Schatzbrief Typ B | Ja |
| – Zero Bonds | Ja |
| **3) Investmentfonds** | |
| Deutsche Fonds nach KAGG | |
| – Ausschüttungsfonds | Ja |
| – Thesaurierende Fonds | Ja |
| Ausländische Fonds nach AuslInvestmG | |
| – Inlandsdepot | Ja |
| – Auslandsdepot | Ja |
| **4) Sonstige Sparformen** | |
| Dividenden auf Genossenschaftsanteile | Nein, wenn Dividende unter 100 DM |

**Zinsendienst**

zahlte Stückzinsen als „Guthaben" einfließen, gegen die dann erhaltene Stückzinsen und Wertpapierzinsen verrechnet werden. Sobald erhaltene Stückzinsen bzw. Wertpapierzinsen das Stückzinsguthaben übersteigen, wird auf den übersteigenden Betrag die 30prozentige Zinsabschlagsteuer berechnet. Ein eventuell vorliegender Freistellungsauftrag wird dabei ebenso berücksichtigt.

Bei der gegenseitigen Aufrechnung der Zinsen werden jedoch sonstige Zinserträge, zum Beispiel aus Sparbüchern, Festgeldanlagen, → Sparbriefen/Sparkassenbriefen, Papieren, die der 25prozentigen Kapitalertragsteuer (z. B. Aktien, Genußscheine), Erträge aus auf- und abgezinsten Wertpapieren sowie aus → Finanzinnovationen (z. B. Kombizinsanleihen) nicht berücksichtigt.

*NV-Bescheinigung:* Ein Zinsabschlag wird auch dann nicht einbehalten, wenn der → Steuerpflichtige eine Nichtveranlagungs-Bescheinigung (NV-Bescheinigung) bei der auszahlenden Stelle vorlegt. Eine NV-Bescheinigung wird vom Wohnsitzfinanzamt des Steuerpflichtigen ausgestellt, wenn der Steuerpflichtige voraussichtlich nicht zur Einkommensteuer veranlagt wird. Die NV-Bescheinigung ist mit einem besonderen Vordruck beim Wohnsitzfinanzamt zu beantragen. Eine NV-Bescheinigung können auch von der Körperschaftsteuer befreite Organisationen stellen. Die NV-Bescheinigung gilt im Gegensatz zum Freistellungsauftrag maximal drei Jahre. Der Freistellungsauftrag gilt dagegen unbefristet oder bis zu einer Änderung durch den Antragsteller. Ein weiterer Unterschied besteht noch: Während der Freistellungsauftrag betragsmäßig auf 6.100 DM bzw. 12.200 DM begrenzt ist, wird bei Vorliegen einer NV-Bescheinigung generell vom Zinsabschlag bzw. vom Kapitalertragsteuerabzug abgesehen.

Das steuerliche → Bankgeheimnis wurde mit der Neuregelung der Zinsbesteuerung nicht angetastet. § 30a der → Abgabenordnung, der den Schutz von → Bankkunden regelt, wird somit nicht geändert. Die auszahlende Stelle führt den Zinsabschlag insgesamt für alle Kunden anonym an das zuständige Finanzamt ab. Dem Finanzamt werden nicht die Namen der Anleger mitgeteilt. Nur die Freistellungsaufträge, nicht aber die dahinter stehenden Konten und Depots, stehen den → Finanzbehörden zur Kontrolle und Prüfung zur Verfügung. Nach § 45 d des Einkommensteuergesetzes ist die Bank verpflichtet, dem Bundesamt für Finanzen auf Verlangen folgende Mitteilungen über die ihr vorliegenden Freistellungsaufträge zu machen:
- Angabe zur Person sowie zur Anschrift des Auftraggebers,
- Geburtsdatum,
- Anzahl der erteilten Freistellungsaufträge je Auftraggeber,
- Höhe der aufgegebenen Freibeträge,
- Datum der Erteilung der Freistellungsaufträge.

Diese Daten müssen alle Kreditinstitute sechs Jahre lang für die Kontrolle bereithalten. Damit soll verhindert werden, daß Freibeträge über 6.100 DM bzw. 12.200 DM bei verschiedenen Kreditinstituten beantragt werden.

**Zinsendienst**
Bezeichnung für die Durchführung der Zahlungen von → Zinsen für → langfristige Kredite und für → Schuldverschreibungen. Z. und → Tilgungsdienst bilden den → Kapitaldienst.

**Zinsen, kalkulatorische,** → kalkulatorische Zinsen.

**Zinsen, Optimierung der Steuerbelastung**
Die erhöhten → Freibeträge ab 1993 von 6.100 DM (Ledig) bzw. 12.200 DM (Verheiratet) bieten einen großen Freiraum, ganz legal → Steuern zu sparen. Darüber hinaus können durch geschickte Anlagestrategien → Erträge so gesteuert werden, daß überhaupt keine oder möglichst wenig Steuern an den Fiskus gezahlt werden müssen. Bei der Optimierung der Steuerbelastung sollte grundsätzlich in zwei Schritten vorgegangen werden:
- Schritt 1: Bestandsaufnahme der fälligen Zins- und Tilgungszahlungen;
- Schritt 2: Optimierung der Zinseinkünfte unter Berücksichtigung steuerlicher Aspekte durch Erarbeiten eines langfristigen Anlage- und Steuerkonzeptes.

*Schritt 1:* Grundlage einer Steuerstrategie ist, zunächst einmal festzustellen, für welche → Konten bzw. → Wertpapiere in den Bankdepots wann und in welcher Höhe Zinserträge anfallen. Desweiteren sollte geklärt werden, wann → festverzinsliche (Wert-)Papiere fällig werden bzw. → Termingelder auslaufen. Damit hat man einen ersten Überblick, zu welchen Zeitpunkten

Zinszahlungen bzw. Papiere zur Wiederanlage anstehen bzw. eventuelle Umschichtungen vorzunehmen sind, um Kapitalerträge in spätere Zeiträume zu verlagern. Die Bestandsaufnahme der fälligen → Zinsen bzw. → Tilgungen hat noch einen weiteren Vorteil für den Anleger: Anhand der Kapitalerträge kann er feststellen, in welcher Höhe er bei welcher Bank bzw. Sparkasse einen → Freistellungsauftrag (→ Zinsen, Behandlung bei Zinsabschlagsteuer) bereitstellen muß.

*Schritt 2:* In diesem zweiten Schritt geht es nun darum, die Zinserträge für die kommenden Jahre unter Berücksichtigung steuerlicher Aspekte zu optimieren. Es muß ein tragfähiges, längerfristiges Konzept erarbeitet werden, in dem auf mittlere bzw. lange Frist Zinserträge optimiert werden. Die langfristige Optimierung erfordert zukünftig ein differenziertes Vorgehen bei der Planung und Realisierung von Anlagestrategien. Wichtigstes Unterscheidungsmerkmal für einen Anlageberater ist, ob der Anleger innerhalb der Freibeträge liegt oder nicht.

Denn: Liegt der Anleger innerhalb der Freibeträge, kann er die Zinseinkünfte steuerfrei kassieren. Für die Anlageberatung ist bei diesem Anlegertyp neben Risikoaspekten vor allem die „normale" → Rendite in den Vordergrund zu stellen – im Gegensatz hierzu bei Anlegern, die Zinserträge über den Freibeträgen vereinnahmen. Da die Erträge mit dem persönlichen Grenzsteuersatz zu versteuern sind, ist für die Auswahlentscheidung insbes. die → Nettorendite (Rendite nach Steuern) maßgeblich. – Vgl. auch Übersicht unten.

In dem langfristigen Konzept sollten konsequent alle Möglichkeiten der legalen Steuerersparnis genutzt werden. Interessant sind Steuerspar-Strategien natürlich vor allem für Anleger außerhalb der gesetzlichen Freibeträge. Aber auch für Anleger, die sich derzeit noch unter den Freibeträgen bewegen, sollte bereits bei der Anlageentscheidung berücksichtigt werden, daß durch den Zinseszinseffekt Erträge in der Zukunft doch versteuert werden müssen. Eine Faustregel besagt, daß sich ein → Kapital bei einem

**Zinsen, Optimierung der Steuerbelastung (1)**

| Welche Strategien für welche Anleger? | |
|---|---|
| Anleger mit Kapitaleinkünften innerhalb der Freibeträge von 6100 DM/12 200 DM | Anleger mit Kapitaleinkünften außerhalb der Freibeträge von 6100 DM/12 200 DM |
| Das bedeutet für den Anleger: | Das bedeutet für den Anleger: |
| – Kapitalerträge sind steuerfrei | – Erträge über den Freibeträgen sind mit dem persönlichen Steuersatz zu versteuern |
| – Ca. 80% der Anleger zahlen keine Steuern auf Kapitaleinkünfte | – Ca. 20% der Anleger müssen einen Teil der Zinserträge versteuern |
| – Rendite = Nettorendite | – Nettorendite ist entscheidend |
| – Sparen in Geldvermögen wird interessanter | – Möglichst hohe Wertzuwächse |
| | – Steuerverlagerung |
| | – Steuerfreie Anlageformen |
| – Rendite, Sicherheit und Verfügbarkeit stehen im Vordergrund | – Nettorendite, Sicherheit und Verfügbarkeit stehen im Vordergrund |
| z. B.: | z. B.: |
| – Floater | – Niederverzinsliche Papiere |
| – *Vorsicht* bei Papieren mit Steuerverlagerungseffekt | – Papiere mit Steuerverlagerungseffekt (z. B. Zero Bonds) |
| | – Kapitallebensversicherungen |
| | – Vermögensübertragung auf Kinder |
| | – Keine Hochzinsanleihen (z. B. Koppelanleihen) |

## Zinsen, Optimierung der Steuerbelastung (2)

| Steuersparmöglichkeiten | Anlageprodukte (Beispiele) |
|---|---|
| – Steuerfreie Kursgewinne | Niederverzinsliche Papiere |
| – Verlagern von Zinserträgen in Zeiten mit einer niedrigeren Steuerbelastung | Zerobonds, Abgezinste Sparbriefe, Vorsorge-Anleihen, Annuitäten-Bonds |
| – Fiktive Quellensteuer | DM-Auslandsanleihen |
| – Verkauf vor der Ausschüttung | Genußscheine |
| – Finanzierung von Wertpapierkäufen auf Kredit | Niederverzinsliche Papiere |
| – Steuern sparen mit eigenen Kindern | Vermögensübertragung |
| – Verlustzuweisungsmodelle | Geschlossene Immobilienfonds |
| – Steuerfreie Erträge | Kapitallebensversicherung |

Zinsniveau von 8 Prozent alle 9 Jahre verdoppelt.

*Steuersparende Strategien* (vgl. auch Abbildung oben): Statistiker des Bundesfinanzministeriums haben errechnet, daß die Erträge von über 80 Prozent der Bevölkerung von 1993 an nicht mehr der →Einkommensteuer unterliegen. Die erhöhten Freibeträge helfen den meisten Anlegern, legal Steuern zu sparen. Sparzinsen, Dividendenerträge, Zinsen aus festverzinslichen Papieren usw. bleiben bei Ledigen bis zu 6.000 DM und bei Verheirateten bis zu 12.000 DM gänzlich steuerfrei. Hinzu kommt noch wie bisher die Werbungskostenpauschale von 100 DM (Ledige)/200 DM (Verheiratete). Damit können Ledige 6.100 DM bzw. Verheiratete 12.200 DM an Zinserträgen vereinnahmen, ohne Steuern zahlen zu müssen. Aber auch für die Anleger, die Steuern auf ihre Zinserträge zahlen müssen, gibt es ausreichend Möglichkeiten, legal Steuern zu sparen. Darüber hinaus können durch geschickte Anlagestrategien Erträge so gesteuert werden, daß überhaupt keine oder möglichst wenig Steuern gezahlt werden müssen. Steuersparende Anlagetips unter Berücksichtigung der individuellen Wünsche und Bedürfnisse der Anleger sind deshalb gefragt. Die Palette der steuersparenden Geld- und Kapitalanlageformen ist sehr umfangreich. Für viele Anleger dürften Strategien, wie der Kauf von niederverzinslichen Wertpapieren, festverzinslichen Papieren mit →fiktiven Quellensteuern, →offene Immobilienfonds und →geschlossene Immobilienfonds, aber auch Zero Bonds (→Nullkupon-Anleihe), →Kombizinsanleihen und →Gleitzinsanleihen genügen, um Steuern sparen zu können.

*Steuerfreie Kursgewinne durch Kauf niederverzinslicher Papiere:* Durch die geschickte Auswahl von festverzinslichen Papieren mit einem relativ niedrigen →Nominalzins kann die Rendite nach Steuern relativ einfach optimiert werden. Der Steuereffekt liegt darin, daß Privatanleger nur den Nominalzins versteuern müssen, aber Kursgewinne i. d. R. steuerfrei vereinnahmt werden können. Diese Regelung gilt für Papiere im Privatvermögen, jedoch nicht für →Anleihen, die dem →Betriebsvermögen zuzuordnen sind. Steuerlich am günstigsten sind deshalb Papiere, die möglichst geringe Zinserträge aufweisen und als Ausgleich hierfür steuerfreie Tilgungsgewinne erwirtschaften. Diese Voraussetzung erfüllen festverzinsliche Papiere, die weit unter ihrem →Nennwert notieren. Die Differenz zwischen Kaufkurs und Rückzahlungskurs ist als steuerfreier Kursgewinn zu sehen.

Ein Anleger kauft eine Anleihe, die ursprünglich zu 100 Prozent emittiert wurde und nunmehr zu 85 Prozent notiert, da das Zinsniveau gestiegen ist. Das Papier wird bei →Fälligkeit zu 100 Prozent getilgt. Der Kursgewinn in Höhe von 15 DM je Nominal 100 kann steuerfrei vom Anleger vereinnahmt werden. Nur der Nominalzins ist jährlich in der Einkommensteuererklärung anzugeben und mit dem persönlichen Grenzsteuersatz zu versteuern. Je höher die persönliche Spitzensteuerbelastung, desto vorteilhafte kann es sein, Papiere, die weit →unter pari notieren zu kaufen. Allerdings muß seit 1.1.1995 auch die Spekulations-

## Zinsen, Optimierung der Steuerbelastung

frist von sechs Monaten eingehalten werden, damit die Gewinne steuerfrei vereinnahmt werden können.
Vom Kaufdisagio ist das Emissionsdisagio zu unterscheiden. Das Emissionsdisagio fällt bei der → Emission von Anleihen an. Ein Emissionsdisagio stellt grundsätzlich einen steuerpflichtigen Kapitalertrag i. S. d. Einkommensteuergesetzes dar. Die Finanzbehörden haben jedoch entschieden, daß bei Privatpersonen aus Vereinfachungsgründen ein Emissionsdisagio steuerlich nicht erfaßt wird, wenn die folgenden Prozentsätze nicht überschritten werden:

| Bei einer Laufzeit von | Prozentsatz des Nennwerts |
|---|---|
| bis unter 2 Jahre | 1 |
| 2 Jahre bis unter 4 Jahre | 2 |
| 4 Jahre bis unter 6 Jahre | 3 |
| 6 Jahre bis unter 8 Jahre | 4 |
| 8 Jahre bis unter 10 Jahre | 5 |
| ab 10 Jahre | 6 |

Werden die genannten Prozentsätze überschritten, ist das Emissionsdisagio am Ende der → Laufzeit zu versteuern. Ein Beispiel: Ein Anleger kauft eine Anleihe mit 10 Jahren Laufzeit zu einem Kurs von 94 Prozent. Das Emissionsdisagio wäre in diesem Beispiel steuerfrei. Läge der Kurs dagegen bei 92 Prozent, wäre außer dem → Kupon auch das gesamte → Disagio am Ende der Laufzeit zu versteuern.

*Verlagern von Zinserträgen in Jahre mit einer geringeren Steuerbelastung:* Eine weitere elegante Strategie, legal Steuern zu sparen, ist der Kauf von festverzinslichen Papieren, die keine oder nur geringe Zinszahlungen während der Laufzeit ausschütten. Ein klassisches Beispiel hierfür sind Zero Bonds (Nullkupon-Anleihen). Aber auch Kombi- und Gleitzinsanleihen, Annuitäten-Bonds und → Vorsorgeanleihen sind in diesem Zusammenhang zu nennen. Diese Papiere eignen sich gut dazu, die Steuerbelastung auf einen Zeitpunkt zu verschieben, bei dem die Steuerprogression gering ist oder überhaupt keine Steuern mehr zu zahlen sind (z. B. nach der Pensionierung).
Im Einkommensteuergesetz ist die Besteuerung von Zero Bonds geregelt. Danach gehören zu den → Einkünften aus Kapitalvermögen auch Erträge „aus der Veräußerung von abgezinsten Schuldverschreibungen, soweit sie rechnerisch auf die Haltezeit dieser Wertpapiere entfallen". Konkret bedeutet dies für den Anleger: Kauft er einen Zero Bond bei Emission und hält ihn bis zur Fälligkeit im → Depot, so ist der gesamte Zinsertrag bei Einlösung am Ende der Laufzeit zu versteuern. Wird das Papier dagegen vor Fälligkeit verkauft, so muß der Zinsertrag zum Zeitpunkt des Verkaufs versteuert werden. Kursgewinne, die aufgrund fallender Renditen entstehen, sind natürlich steuerfrei. Wichtig ist noch zu wissen, daß der steuerliche Ertrag bei Zero Bonds mit der sogenannten → Emissionsrendite ermittelt wird. Unter der Emissionsrendite eines Zero Bonds wird die Rendite des Papiers zum Zeitpunkt der Emission verstanden.
Zero Bonds bieten dem Anleger neben dem Steuerspareffekt noch einen weiteren Steuervorteil. Da die Zinserträge für den Privatanleger frühestens beim Verkauf, spätestens bei Endfälligkeit zu versteuern sind, kann mit dem Kauf von Zero Bonds ein zusätzlicher Steuerstundungseffekt erzielt werden. Dabei gilt: Je länger der Zeitraum ist, desto größer ist der Einfluß auf die Rendite – im Gegensatz dazu bei festverzinslichen Papieren wie beispielsweise → Bundesanleihen oder → Bundesobligationen. Hier müssen die Zinsen jährlich versteuert werden, wenn der Anleger über den Freibeträgen liegt. Damit stehen die Zinsen steuerehrlichen Anlegern nur nach Abzug der Steuern zur Wiederanlage zur Verfügung. Deshalb sind Zero Bonds i. d. R. auch nur für diejenigen Anleger interessant, die über den neuen Freibeträgen liegen. – Übersicht über Strategien zur Optimierung der Steuerbelastung vgl. S. 1762 oben.

*Kauf von DM-Auslandsanleihen:* → DM-Auslandsanleihen sind Papiere eines ausländischen → Schuldners, die auf DM lauten. Viele DM-Auslandsanleihen bieten dem Anleger einen Steuervorteil. Beispielsweise bieten argentinische und brasilianische Anleihen die Möglichkeit, eine sogenannte fiktive Quellensteuer auf die Einkommensteuerschuld des Anlegers anrechnen zu lassen, obwohl überhaupt keine Quellensteuer von den Zinseinnahmen einbehalten wurde (vgl. Tabelle S. 1762 unten). Dieses Steuerbonbon gewährt die Bundesregierung dem Anleger, um diesen → Entwicklungsländern einen möglichst günstigen Zugang zum deutschen → Kapitalmarkt zu ermöglichen. Ohne diese steuerliche Bevorzugung müßten die Anleihen höhere Zinsen zahlen,

## Zinsen, Optimierung der Steuerbelastung (3)

*Strategie 1: Der Anleger liegt derzeit unter den Freibeträgen und der Werbungskostenpauschale (6.100 DM/12.200 DM)*

| Steuerliche Situation | Strategie |
|---|---|
| – Durch die Steuerveranlagung würde bei Fälligkeit der gesamte Betrag versteuert werden | Papiere mit jährlicher Zinszahlung oder Papiere mit Verteilung der Erträge auf mehrere Jahre wählen |
| – Steuerbelastung wird bis zur Fälligkeit niedriger | Papiere mit Steuerverlagerung, da automatische Wiederanlage dieser Papiere genutzt werden kann |
| – Steuerbelastung wird bis zur Endfälligkeit steigen | Keine Steuerverlagerung, da Progressionsanstieg stärker als Vorteil aus der Wiederanlage |

*Strategie 2: Der Anleger liegt über den Freibeträgen und der Werbungskostenpauschale (6.100 DM/12.200 DM)*

| Steuerliche Situation | Strategie |
|---|---|
| – Die Steuerbelastung ist bei Fälligkeit niedriger | Steuerverlagerung, da niedrigerer Grenzsteuersatz |
| – Gleichbleibende Steuerbelastung bis zur Fälligkeit | Steuerverlagerung, da Steuerstundungseffekt |
| – Steuerbelastung wird bis zur Endfälligkeit ansteigen | Keine Steuerverlagerung, da Progressionsanstieg stärker als Vorteil aus Steuerstundung |

## Zinsen, Optimierung der Steuerbelastung (4)

| Land | Fiktive Quellensteuer auf Zinserträge |
|---|---|
| Brasilien | 20% |
| China | 15% |
| Indien | 50% der deutschen Steuer, mind. 15% |
| Indonesien | 10% |
| Malaysia | 15% |
| Portugal | 15% |
| Südkorea | 20% |
| Türkei | 10% |

um für den Anleger attraktiv zu werden, da diese Länder ein höheres → Bonitätsrisiko haben als beispielsweise erstklassige → Staatsanleihen der Industriestaaten (→ fiktive Quellensteuer bei DM-Auslandsanleihe).

### Zinserhebung
Statistische Erhebung der → Deutschen Bundesbank, in deren Rahmen bei etwa 400 ausgewählten → Kreditinstituten (Teilerhebung) für ausgewählte Kredit- und Einlagearten Soll- und Habenzinssätze ermittelt werden. Die Kreditinstitute haben den mit der Mehrzahl der inländischen Nichtbankenkunden vereinbarten → Zinssatz (häufigster Zinssatz), bei → Hypothekarkrediten zusätzlich den diesem Zinssatz zugehörigen häufigsten Auszahlungskurs zu melden. Es sind die „Richtlinien zur Erhebung über Soll- und Habenzinsen ausgewählter Kredit- und Einlagearten" zu beachten. Die Z. ist ein Teil der → Bankenstatistik.

### Zinsertrag,
→ Zinsertragsbilanz.

### Zinsertragsbilanz
Unkompensierte → Bilanz eines → Kreditinstituts, deren Bilanzposten unter Verzinsungsgesichtspunkten geordnet und zusammengefaßt werden. In der Z. werden zusätzlich zu den Kapitalbeträgen die der jeweiligen Position zuzurechnenden → Zinssätze (als gewogener Durchschnitt der Zinssätze aller Einzelgeschäfte errechnet) und die Zinsbeträge (Zinserträge der → Aktiva und

Zinsaufwendungen der →Passiva) ausgewiesen. Die Differenz aus Durchschnittszinsertragssatz und Durchschnittszinsaufwandssatz ist die →Zinsspanne. Die Z. ist Grundlage der →Gesamtzinsspannenrechnung und der traditionellen →Teilzinsspannenrechnung. Im Zuge der Erhebung der →Deutschen Bundesbank über die Ertragslage der Kreditinstitute (→Gesamtbetriebskalkulation) reichen Kreditinstitute jährlich auf freiwilliger Basis eine Stichtags-Z. auf einem von der Bundesbank entwickelten Formular ein.

*Unkompensierte Bilanz:* In der Z. werden alle Aktiva und alle Passiva vollständig ausgewiesen. Die Bilanz wird um bestimmte Positionen erweitert. So ergibt sich eine Erweiterung der Bilanz durch den Ausweis des Wechseleinreicherobligos auf der Aktivseite und durch den entsprechenden Ausweis der →Indossamentsverbindlichkeiten auf der Passivseite. Kompensationen, wie sie z. B. bei aktivischer Absetzung von →Einzelwertberichtigungen und →Pauschalwertberichtigungen auf →Forderungen und →Wertpapiere vorkommen, unterbleiben bei der unkompensierten Bilanz.

*Stichtags-Z. und Durchschnitts-Z.:* In beiden Fällen werden Aktiva und Passiva nach aufsteigenden Zinserträgen geordnet. Am Anfang der Aktivseite stehen die Positionen der →Barreserve als unverzinsliche Wert, ihnen folgen, geordnet nach steigenden Zinserträgen, die verzinslichen Aktiva. Auf der Passivseite werden am Anfang →Kapital und →offene Rücklagen, →Sonderposten mit Rücklageanteil, Einzel- und Pauschalwertberichtigungen, →Pensionsrückstellungen, sonstige →Rückstellungen, als unverzinsliche Passiva ausgewiesen, danach folgen die verzinslichen Passiva. Bei der Stichtags-Z. werden auf der Grundlage der Durchschnittszinssätze Zinserträge und Zinsaufwendungen errechnet. Die Differenz ist eine fiktive, auf den Stichtag bezogene Zinsspanne. Da bei der Durchschnitts-Z. die Bilanzpositionen aus den jahresdurchschnittlichen Beständen aufgrund der →Tagesbilanzen gebildet werden, ist der Aussagewert höher als bei der Stichtags-Z. Für die Zwecke der Zinsspannenrechnung ist grundsätzlich die Durchschnitts-Z. geeigneter als die Stichtags-Z. Um den Nachteil der Durchschnittsermittlung (Einbeziehung von zurückliegenden Zahlenwerten) auszuglei-

chen, kann eine Kontrolle durch eine aktuelle Stichtags-Z. erfolgen.

### Zinsertragsteuer
Bezeichnung für →Zinsabschlag.

### Zinseszinsen
→Zinsen, die für aufgelaufene Zinsen (kapitalisierte Zinsen) berechnet werden. Die Verzinsung von Zinsen wird als exponentielle Verzinsung bezeichnet (Gegensatz: einfache [lineare] Verzinsung, bei der die Zinsberechnung immer auf der Grundlage des ursprünglichen →Kapitals erfolgt). Anatozismus (Verzinsung von Zinsen) ist nach § 248 Abs. 1 BGB verboten, soweit es sich um eine im voraus getroffene Vereinbarung handelt. Von dem Verbot einer im voraus vereinbarten Zinseszinsberechnung sind →Kreditinstitute ausgenommen (§ 248 Abs. 2 BGB). Für das →Kontokorrent ist das Zinseszinsverbot durch § 355 Abs. 1 HGB ausdrücklich aufgehoben. Ist $K_0$ das Anfangskapital, p der Prozentsatz und $1 + \frac{p}{100} = q$, dann erhält man bei jährlicher Anrechnung der Zinsen nach n Jahren das Endkapital $K_n = K_0 \cdot q^n$ (Zinseszinsformel).

### Zinseszinsrechnung
Mathematisches Verfahren, um die innerhalb der →Gesamtlaufzeit eines zinspflichtigen →Kapitals fälligen →Zinsen für eine Zeitspanne dem Kapital zuzuschlagen und damit das zinspflichtige Kapital zu erhöhen. →Zinseszinsen lassen sich nur mit Hilfe von Logarithmen ausrechnen.

*Zinseszinsformel:*
$K_n = K_0 \cdot q^n$
$K_n$ = Endkapital (Kapital zuzüglich Zinseszinsen)
$K_0$ = Anfangskapital,
$q$ = Verzinsungsfaktor = $1 + \frac{p}{100}$,
$n$ = Anzahl der Jahre
Diese Zinseszinsformel ist die Grundlage der →Finanzmathematik. →Aufzinsungsfaktoren und Zinseszinsbeträge können aus Aufzinsungstabellen entnommen werden. In den Tabellen sind die Endwerte eines Kapitals zusammengestellt. Der Endwert des Kapitals ist mit dem Anfangskapital zu multiplizieren. Ist das Anfangskapital (→Barwert) gesucht, das, auf Zinseszinsen angelegt, in einer Reihe von Jahren eine bestimmte Höhe erreicht, so lautet die Formel:

$$K_0 = K_n \cdot \frac{1}{q}$$

1763

**Zinsfestschreibung**

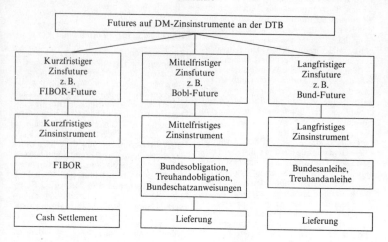

Hierfür werden Abzinsungstabellen benutzt, die die → Abzinsungsfaktoren für den Barwert eines Kapitals enthalten. Das gesuchte Endkapital ist mit diesem Abzinsungsfaktor zu multiplizieren und ergibt das anzulegende Anfangskapital.

**Zinsfestschreibung,** → Festzinsdarlehen.

**Zinsfuture**
*Interest Rate Futures, Zinsterminkontrakte*; vertragliche Vereinbarung, ein standardisiertes → Zinsinstrument in der Zukunft zu einem vorab vereinbarten Preis zu kaufen oder zu verkaufen. Die Übersicht oben zeigt die Z. auf DM-Zinsinstrumente, die an der → Deutschen Terminbörse (DTB) gehandelt werden können.
Da Z. immer auf die Bedürfnisse eines bestimmten Laufzeitenbereiches zugeschnitten sind, basieren die → Kontrakte entweder auf kurz- bzw. mittelfristigen Instrumenten, wie Dreimonats-Euro-Dollar, → Schatzwechsel oder fünfjährige → Treasury Notes oder auf langfristigen Kapitalmarktpapieren (→ Anleihen). An der Deutschen Terminbörse werden mit dem Kontrakt auf Dreimonats-D-Mark (→ FIBOR-Future), dem → BUXL-Future, dem → Bobl-Future sowie dem → Bund-Future alle Laufzeitenbereiche abgedeckt. Die ältesten und weltweit umsatzstärksten Z. sind der Treasury Bond-Future (→ Treasury Bond) und der → Euro-Dollar-Future, die nicht nur an ihren Ursprungsbörsen in Chicago, sondern auch an einer Reihe europäischer (z. B. → LIFFE) und asiatischer → Börsen gehandelt werden. Z. sind Kontrakte, die hinsichtlich → Basiswert, Menge und → Laufzeit standardisiert sind. Durch die Zwischenschaltung der → Clearing-Stelle der → Terminbörse in jeden Kauf und Verkauf ist gewährleistet, daß jede → Long Position und → Short Position vor ihrem Fälligkeitstermin durch ein gegenläufiges Geschäft glattgestellt werden kann. Ist zum Fälligkeitstermin keine → Glattstellung erfolgt, sehen die Kontraktspezifikationen entweder einen Barausgleich (→ Cash Settlement), also Erfüllung des Geschäftes durch Zahlung und Empfang des Differenzbetrages, oder die effektive Lieferung des zugrundeliegenden Titels vor. Im Fall des Bund-Future ist der Verkäufer demzufolge zur Lieferung einer → Bundesanleihe oder → Treuhandanleihe im → Nennwert von 250.000 DM mit einer → Restlaufzeit von 8,5 bis 10 Jahren und der Käufer zur Zahlung des Kaufpreises verpflichtet.

*Einsatzmöglichkeiten:* Z. werden wie alle → Terminkontrakte als Spekulations-, Arbitrage- und Sicherungsinstrumente einge-

setzt. Die ausschließlich auf die Erzielung von Differenzgewinnen ausgerichteten Investoren erwerben oder verkaufen Kontrakte in Erwartung einer bestimmten Zinsentwicklung. Geht ein Marktteilnehmer beispielsweise für die nächste Zeit von rückläufigen Marktzinsen und damit steigenden Anleihekursen und Futures-Preisen aus, wird er eine Long-(Kauf-)Position eingehen; wenn er mit steigenden Marktzinsen und damit fallenden Notierungen am Anleihe- und →Futures-Markt rechnet, wird er eine Short-(Verkaufs-)Position eingehen. Hat sich die Zinsprognose bestätigt, können die Positionen durch den Verkauf bzw. Rückkauf der Kontrakte mit →Gewinn liquidiert werden.
Z.-F. werden in erster Linie als Instrumente zur Begrenzung und Steuerung von Zinsrisiken genutzt (→Hedgingstrategien mit Zins-Futures). →Kreditinstitute, institutionelle Anleger, Fonds- und Portefeuille-Manager, aber auch große Industrieunternehmen bedienen sich der Kontrakte, um Kredit- und Refinanzierungskosten, Festgeldanleihen oder langfristige Festsatzkredite gegen →Zinsänderungsrisiken abzusichern oder um eine sichere Kalkulationsgrundlage für die eigene Finanzierungsrechnung zu schaffen. Da sich die Notierungen an den →Kassamärkten und Futures-Märkten aufgrund gleicher Einflußfaktoren weitgehend parallel entwickeln, kann durch die Einnahme entgegengesetzter Positionen an den beiden Märkten eine kompensatorische Wirkung erzielt werden, d. h. die Wertminderung einer Long Position am Kassamarkt wird durch den Wertzuwachs einer Short-Futures-Position weitgehend aufgefangen. Umgekehrt können Verluste aus einer Kassa-Short-Position durch Gewinne aus einer Long-Futures-Position kompensiert werden.
Geht ein DM-Investor beispielsweise davon aus, daß sich aufgrund steigender Marktzinsen und damit fallender Anleihekurse der Wert seines DM-Rentenportefeuilles vermindern wird, kann er sich durch den Verkauf von Bund-Futures gegen Verluste schützen. Eine Short-Futures-Position, jedoch auf der Basis eines kurzfristigen →Zinstitels, ist ferner angezeigt, wenn ein Kreditnehmer eine kurzfristige zinsvariable Kreditfazilität gegen einen steigenden Zinsaufwand absichern möchte. Umgekehrt werden Marktteilnehmer am Futures-Markt Kontrakte erwerben, wenn sie aufgrund rückläufiger Marktzinsen von steigenden Anleihekursen und Futures-Notierungen ausgehen. Durch die Einnahme von Long-Positionen können sie beispielsweise →Termingelder gegen geringere Zinseinnahmen hedgen oder sich einen günstigen Einstandspreis für ein späteres Anleihe-Investment sichern (→Hedging).
(→PVBP-Hedge, →Hedge Ratio)

### Zinsfuture an der LIFFE
→Zinsfuture, der an der →LIFFE gehandelt wird. Die Tabelle auf S. 1766 zeigt die wichtigsten Zinsfutures. Unterschieden wird hierbei zwischen Futures auf kurzfristige →Zinsinstrumente (→Geldmarktpapiere) und Futures auf mittel- und langfristige Zinsinstrumente.
(→Options- und Terminbörsen an den internationalen Finanzplätzen, →Terminkontrakte an der LIFFE)

### Zinsgeschäfte
Bezeichnung für →Bankgeschäfte, bei denen der →Ertrag aus der Berechnung von →Zinsen resultiert.
*Gegensatz:* →Provisionsgeschäfte.

### Zinsgeschäftspositionen
I. S. des →Grundsatzes I a (→Eigenkapitalgrundsätze) Positionen aus Zinsterminkontrakten (→Zinsfuture) und →Zinsoptionen.

### Zinsgestaltung bei Krediten, →Darlehen mit Zinsanpassung, →Darlehen mit Zinsfestschreibung, →Kreditkosten.

### Zinsgleitklausel
Vereinbarung im →Kreditvertrag, den vereinbarten →Zinssatz automatisch mit Änderung des gewählten →Referenzzinssatzes herauf- oder herabzusetzen.
(→Zinsklausel)

### Zinsinduziertes Kursrisiko
Dem Kursrisiko oder genauer dem z. K. sind alle →Zinsinstrumente ausgesetzt, die gehandelt werden. Das Kursrisiko bedeutet für den Investor steigende bzw. fallende Kurse bei einer Veränderung der →Rendite des Papiers. Steigt beispielsweise die Rendite nach dem Erwerb eines Papiers und wird dieses vor →Fälligkeit wieder verkauft, so realisiert der Anleger mit dem Zinsinstrument einen Kursverlust. Bei fallenden Renditen

1765

# Zinsinstrument

## Zinsfutures an der LIFFE

| Kontrakt | Nennwert | Fälligkeit | Kontraktwert |
|---|---|---|---|
| *Kurzfristige Kontrakte* | | | |
| Euromark | 1 000 000 | 1. Arbeitstag nach dem letzten Handelstag | $1\,000\,000 \cdot \left(1 - \frac{(100\text{-Kurs}) \cdot 90}{100 \cdot 360}\right) \cdot$ Kontrakte |
| Sterling | 500 000 | 1. Arbeitstag nach dem letzten Handelstag | $500\,000 \cdot \left(1 - \frac{(100\text{-Kurs}) \cdot 90}{100 \cdot 360}\right) \cdot$ Kontrakte |
| Eurolira | 1 000 000 000 | 1. Arbeitstag nach dem letzten Handelstag | $1\text{ Mrd.} \cdot \left(1 - \frac{(100\text{-Kurs}) \cdot 90}{100 \cdot 360}\right) \cdot$ Kontrakte |
| *Langfristige Kontrakte* | | | |
| Bund-Future | 250 000 | 10. Tag des Liefermonats | $\frac{250\,000 \cdot \text{Kurs} \cdot \text{Kontrakte}}{100}$ |
| BTP-Future | 200 000 000 | 10. Tag des Liefermonats | $\frac{200\,000\,000 \cdot \text{Kurs} \cdot \text{Kontrakte}}{100}$ |
| JGB-Future | 100 000 000 | 19. Tag des Liefermonats | $\frac{100\,000\,000 \cdot \text{Kurs} \cdot \text{Kontrakte}}{100}$ |
| Gilt-Future | 50 000 | Jeder Tag des Liefermonats | $\frac{50\,000 \cdot \text{Kurs} \cdot \text{Kontrakte}}{100}$ |

sind dagegen Kursgewinne möglich. Graphisch kann das z. K. in einem Kurs-Rendite-Diagramm dargestellt werden. → Sensitivitätskennzahlen, die zinsinduzierte Kursveränderungen quantifizieren, sind → Modified Duration, → Price Value of a Basis Point (PVBP) und → Zinselastizität.
(→ Risikomanagement festverzinslicher Papiere, → Marktrisikofaktoren-Analyse)

## Zinsinstrument

*Begriff*: Finanzprodukt, dessen aktueller Wert, d. h. Kurs, maßgeblich durch eine Veränderung des Zinsniveaus bestimmt wird. Z. können durch die Art und Anzahl der → Cash-flows charakterisiert werden.

*Z. am* → *Kassamarkt*: Fällt der Zeitpunkt des Vertragsabschlusses mit dem Erfüllungszeitpunkt zusammen, so handelt es sich um Z. am Kassamarkt. Historisch gesehen kann der Kassamarkt für Zinspapiere in den kurzfristigen → Geldmarkt und langfristigen → Kapitalmarkt unterschieden werden. Allerdings werden die Grenzen zwischen diesen beiden Märkten in Zukunft noch stärker verwischen, als es bereits in den letzten Jahren geschah.

a) *Geldmarkt als Markt für kurzfristige Anlagen bzw. Kredite*: Der Geldmarkt umfaßt alle kurzfristigen Anlagen bzw. → Kredite, die → Laufzeiten bis zu einem Jahr haben. Der Geldmarkt kann in zwei Bereiche unterteilt werden, in Abhängigkeit davon, ob das Geldmarktinstrument laufende Zinszahlungen ausschüttet oder nicht.
(1) *Abzinsungspapiere*: Papiere, die mit einem → Abschlag vom → Nennwert gehandelt werden und keine laufenden Zinszahlungen haben, werden als → Abzinsungspapiere oder Discount Papers bezeichnet. Der

Zinsertrag bei →Emission entspricht der Differenz zwischen →Emissionskurs und dem Nennwert. Der Käufer zahlt als Kaufpreis den um den Discount (Zinsertrag) verringerten Nennwert und erhält am Ende der Laufzeit den vollen Nennwert zurück.
(a) →Commercial Paper (CP's) sind kurzfristige unbesicherte fungible Schuldtitel von Banken und Industrieunternehmen. In der Bundesrepublik Deutschland können Commercial Paper im Laufzeitbereich von sieben Tagen bis zu zwei Jahren begeben werden.
(b) →Bundesbank-Liquiditäts-U-Schätze (Bulis) sind ein geldpolitisches Instrument der →Deutschen Bundesbank im Rahmen der →Offenmarkt-Politik der Deutschen Bundesbank. Bundesbank-Liquiditäts-U-Schätze sind Geldmarktpapiere mit einer Laufzeit von sechs Monaten, →unverzinsliche Schatzanweisungen der BRD. Es handelt sich wirtschaftlich aber um eine Emission der Bundesbank, da die Bundesbank alle Zins- und Tilgungsverpflichtungen erfüllt.
(c) Kulis steht für kurzlaufende liquide DM-Inhaber-Teilschuldverschreibungen der Bayerischen Vereinsbank. Im Gegensatz zu Bulis werden Kulis von einer →Geschäftsbank emittiert.
(2) *Zinstragende Papiere*: →Festverzinsliche (Wert-)Papiere, die eine oder mehrere laufende Zinszahlungen haben. Die Emission erfolgt zum Nennwert. In dieser Gruppe sind →Certificates of Deposit (CD's), →Floating Rate Notes (FRN's) und kurzlaufende →Kapitalmarktpapiere einzuordnen.
(a) Certificates of Deposit (CD's) sind handelbare Geldmarktpapiere von Banken mit Laufzeiten zwischen 30 Tagen und vier Jahren. Im Prinzip sind Einlagenzertifikate verbriefte →Termineinlagen bei Banken.
(b) Floating Rate Notes (FRN), auch als →variabel verzinsliche Anleihen bezeichnet, sind Geldmarktpapiere mit einem variablen Zinssatz. Bei Floatern werden die →Zinsen in regelmäßigem Rhythmus an →Referenzzinssätze (z. B. →LIBOR, →FIBOR) angepaßt. I. d. R. handelt es sich bei den Referenzzinssätzen um kurzfristige Geldmarktsätze.
(c) Langlaufende →Kapitalmarktpapiere, wie beispielsweise →Bundesanleihen, →Bundesobligationen, →Pfandbriefe und →Kommunalobligationen, werden zwar mit längeren Laufzeiten als Geldmarktpapiere

emittiert, jedoch mit abnehmender →Restlaufzeit wird der Zeitraum bis zur →Fälligkeit immer geringer. Diese Papiere, ursprünglich als Kapitalmarktpapiere bezeichnet, sind im Jahr vor Fälligkeit mit der Cash-flow-Struktur von Geldmarktpapieren vergleichbar.
(d) Termineinlagen sind Guthaben bei Banken, die für eine bestimmte Zeit (→Festgelder) bzw. mit einer vereinbarten Kündigungsfrist (→Kündigungsgelder) angelegt werden.

b) *Kapitalmarkt als Markt für mittel- und langfristige Anlagen bzw. Kredite*: Der Kapitalmarkt ist der Markt für die mittel- und langfristige Anlage bzw. Kreditaufnahme. Die Laufzeit kann bis zu 30 Jahren betragen. In der Bundesrepublik werden diese Papiere auch als →Anleihe, →Schuldverschreibung oder Obligation bezeichnet.
(1) *Mittelfristige Papiere*: Mittelfristige Papiere haben eine Laufzeit bei Emission bis zu fünf Jahren.
(a) →Bundesschatzanweisungen sind Papiere des Bundes mit einer Laufzeit von vier Jahren. Bundesschatzanweisungen sind festverzinsliche Papiere mit einer →Rückzahlung zu 100 Prozent bei Fälligkeit.
(b) →Bundesobligationen haben eine Laufzeit von fünf Jahren und werden ebenfalls vom Bund emittiert. Die Zinsen werden jährlich gezahlt, und die →Tilgung erfolgt ebenfalls zu 100%.
(c) →Treuhandobligationen werden seit dem 23. März 1993 erstmals von der →Treuhandanstalt in Berlin mit einer Laufzeit von 5 Jahren emittiert. Die Zinszahlungen erfolgen jährlich und die Tilgung zu 100%.
(d) Pfandbriefe und Kommunalobligationen sind Papiere von →Realkreditinstituten. Die Papiere sind gesamtfällig und zahlen jährlich die Zinsen.
(e) →Schuldscheindarlehen sind Papiere von Banken, Ländern, Bund und Bahn, die nicht an der →Börse gehandelt werden. Ein Schuldscheindarlehen ist ein abtretbarer →Vertrag zwischen dem Darlehensgeber und Darlehensnehmer. Schuldscheindarlehen fallen rechtlich nicht unter →Wertpapiere. Die Laufzeiten können bis zu 15 Jahren betragen.
(2) *Langfristige Papiere*: Unter langfristigen Z. sind Papiere mit Laufzeiten bis zu 30 Jahren einzuordnen.
Bundesanleihen sind Papiere des Bundes, der Post und Bahn mit Laufzeiten bis zu

# Zinsinstrument

## Zinsinstrumente (1)

| Instrument | Renditeberechnung | Tageberechnung | Typische Laufzeitenstruktur bei Emission |
|---|---|---|---|
| Treasury Bill | Discount Rate | Echt/360 | 13, 26, 52 Wochen |
| DM-LIBOR | MMY | Echt/360 | 1, 2, 3, 4, 5, 6, 7, 8, 9, 10, 11, 12 Monate |
| Bulis | MMY | Echt/360 | 3, 6, 9 Monate |
| Commercial Paper (CP) in USD | Discount Rate | Echt/360 | 7 Tage bis 2 Jahre |
| Commercial Paper (CP) in GBP | Discount Rate | Echt/365 | 7 Tage bis 2 Jahre |
| Certificate of Deposit (CD) | MMY | Echt/360 | 7 Tage bis 1 Jahr |
| Kulis | MMY | Echt/360 | bis zu 9 Monaten |
| Pensionsgeschäft/ Sell-buy-back-Transaktion | MMY Repo Rate | Echt/360 | 1 bis 365 Tage |
| Hinweis: MMY = Money Market Yield (Geldmarktrendite) | | | |

30 Jahren. Die Zinszahlungen erfolgen jährlich und die Rückzahlung zu 100%.

c) *Geldmarktpapiere versus Kapitalmarktpapiere*: Die Unterscheidung der Z. in Geld- und Kapitalmarktpapiere wurde insbes. nach Laufzeitaspekten vorgenommen. In der Praxis wird in beiden Märkten nach unterschiedlichen Renditeberechnungsmethoden und → Tageberechnungsmethoden gerechnet. Während am Geldmarkt mit einfachen Zinsen und nach der Methode Echt/360 (→ Euro-Zinsmethode) gerechnet wird (vgl. Übersicht oben), rechnet man am Kapitalmarkt mit → Zinseszinsen und nach der Methode 30/360 (→ US-Zinsmethode).

Die nachfolgende Tabelle zeigt den Rhythmus von Zinszahlung und Renditeberechnung an den wichtigsten internationalen Märkten für mittel- und langfristige → Staatsanleihen:

## Zinsinstrumente (2)

| Bond Markt | Zinszahlung | Renditeberechnung |
|---|---|---|
| Australien | Halbjährlich | Semi-Annual Yield |
| Belgien | Jährlich | Annual Yield |
| Deutschland | Jährlich | Annual Yield |
| Frankreich | Jährlich | Annual Yield |
| Großbritannien | Halbjährlich | Semi-Annual Yield |
| Japan | Halbjährlich | Simple Yield-to-Maturity |
| Italien | Halbjährlich | Semi-Annual Yield |
| Kanada | Halbjährlich | Semi-Annual Yield |
| Niederlande | Jährlich | Annual Yield |
| Österreich | Jährlich | Annual Yield |
| Schweden | Jährlich | Annual Yield |
| Schweiz | Jährlich | Annual Yield |
| Spanien | Jährlich | Annual Yield |
| USA | | |
| – Domestic | Halbjährlich | Semi-Annual Yield |
| – Euro | Jährlich | Annual Yield |

Z. am → *Terminmarkt*: Im Gegensatz zu Zinspapieren am Kassamarkt fällt bei → Termingeschäften der Zeitpunkt zwischen Vertragsabschluß und Vertragserfüllung auseinander.
Z. am Terminmarkt werden auch als → derivative (Finanz-)Instrumente bezeichnet. Derivative Instrumente sind Zinspapiere, die von Kassapieren abgeleitet wurden. Deshalb werden Kassapapiere auch als elementare Z. bezeichnet.
Der aktuelle Kurs von Z. am Kassamarkt kann über die diskontierten Cash-flows (Zahlungsströme) des Papiers ermittelt werden. Bei derivativen Instrumenten wird dagegen der aktuelle Kurs unter anderem auch von den Cash-flows des zugrundeliegenden Papiers (Underlying) beeinflußt. So wird der Kurs eines → Forwards, → Futures oder einer → Option insbes. durch die zukünftigen Schwankungen des Underlying bestimmt.

a) *Bedingte Termingeschäfte* (asymmetrische Instrumente): Von bedingten Termingeschäften spricht man, wenn nur ein Vertragspartner eine Verpflichtung eingeht, während die andere Partei ein Recht hat. Bei einer Option hat der Käufer (→ Long Position) die Möglichkeit, sein Recht auszuüben oder es aber auch verfallen zu lassen. Der Verkäufer einer Option (→ Short Position) hat dagegen immer eine Verpflichtung.
Optionen (z. B. auf Anleihen, Futures) und optionsähnliche Instrumente wie beispielsweise → Caps (Höchstzinssatz) und → Floors (Mindestzinssatz) werden zu den bedingten Termingeschäften gezählt.

b) *Unbedingte Termingeschäfte* (symmetrische Instrumente): Bei diesen gehen beide Vertragspartner eine Verpflichtung ein.
Forwards, Futures und → Swaps werden den unbedingten Termingeschäften zugeordnet.

### Zinsklausel
Bezeichnung für eine Vereinbarung im → Kreditvertrag über automatische Zinssatzänderungen (→ Zinsgleitklausel) oder Zinssatzanpassungen (→ Zinsanpassungsklausel).

### Zins-Korb-Optionsschein
→ Optionsschein, der als → Basiswert einen Korb von → Straight Bonds mit unterschiedlichen → Laufzeiten hat. Mit Z.-K.-O. kann das → Yield Curve Risk verringert werden.

**Zinskurve,** → Renditestrukturkurve, → Zinsstrukturkurve, → Forward Yield Curve.

### Zinsmanagement
Z. kann als Prozeß verstanden werden, der aus vier Phasen besteht:

*Phase 1 (Identifizieren von Risiken)*: Die erste Phase des Z.-Prozesses ist die Identifikation, d. h. das Erkennen von Risiken, die eintreten könnten. Im Rahmen der Risikoidentifikation ist festzustellen, welche → Marktrisikofaktoren im einzelnen bestehen. Dies scheint nur auf den ersten Blick relativ einfach zu sein. Oftmals ist diese Phase relativ schwierig, da es besonders wichtig ist, alle Marktrisikofaktoren zu erkennen und zu klassifizieren. Jeder kritische Marktrisikofaktor, der falsch identifiziert oder übersehen wird, kann zu geringeren Erträgen oder im schlimmsten Fall zu Verlusten führen. In dieser Phase ist auch festzulegen, welche Marktrisikofaktoren unter Berücksichtigung von Informationskosten bzw. welche aufgrund fehlender Informationen außer acht gelassen werden können. Im Grunde genommen muß in dieser Phase festgelegt werden, welche Marktrisikofaktoren analysiert und welche vernachlässigt werden können. Desweiteren ist festzulegen, welche Auswirkungen Marktrisikofaktoren mit sich ziehen, wie stark sie geschlagen werden. Nur wenn Marktrisikofaktoren in der ersten Phase richtig erkannt werden, kann auch eine Quantifizierung in der nächsten Phase erfolgen.

*Phase 2 (Quantifizierung der Risiken)*: Im nächsten Schritt – der Risikoquantifizierung – müssen die Marktrisikofaktoren, nachdem sie identifiziert wurden, quantifiziert werden. Das Top Management muß bestimmen, welche Risikomeßverfahren angewandt werden. Das wichtigste Ziel dieses Schrittes ist es, sicherzustellen, daß man auf der einen Seite eine Risikozahl erhält, die konservativ genug ist, um das Risikopotential zu kennen. Auf der anderen Seite sollte das Risikopotential nicht zu konservativ sein, um geplante lukrative Geschäfte auch noch durchführen zu können. Die Messung sollte objektiv erfolgen, d. h. ohne eine extreme Über- bzw. Unterbewertung des Risiko. Hierfür greift man oftmals auf → Sensitivitätskennzahlen zurück.

*Phase 3 (Management, d. h. Steuerung der Risiken)*: Der nächste Schritt umfaßt die ei-

**Zinsmarge**

gentliche Steuerung des Risikos. Aufbauend auf den ersten beiden Schritten werden Steuerungsmaßnahmen initiiert, die den Ertrag und das Risiko von →Zinsinstrumenten beeinflussen.

*Phase 4: Kontrolle der Risikosteuerung:* Die letzte Phase im Prozeß des Risikomanagements ist die Kontrollphase. Hierbei wird überwacht, ob die Risikosteuerung effizient arbeitet. Die Kontrolle sollte in regelmäßigen Abständen erfolgen, damit Abweichungen erkannt werden und eine Ursachenanalyse erfolgen kann. Eingeleitete Gegensteuerungsmaßnahmen sollen verhindern, daß Risiken den wirtschaftlichen Erfolg beeinträchtigen.

**Zinsmarge**
Differenz (→Spanne) zwischen →Zinssätzen (→Zinsspanne). Die Z. von Bankgeschäften ist die Differenz zwischen Ertragszins und Aufwandszins (Bruttomarge).

**Zinsminderung,** →Festzinsdarlehen.

**Zinsobergrenze,** Cap, →Hedgingstrategien mit Zinsbegrenzungsverträgen.

**Zinsoption**
Recht, aber nicht Verpflichtung des Optionsinhabers, einen bestimmten →Zinstitel zu einem vereinbarten Preis (→Basispreis, strike price oder exercise price) bis zu einem festgelegten Auslauftag (expiration date) zu kaufen (Kauf- bzw. Calloption, →Callrecht) bzw. zu verkaufen (Verkaufs- bzw. →Put Option). Als Äquivalent für das Wahlrecht hat der Optionsinhaber an den →Stillhalter eine →Prämie (Optionspreis) zu zahlen. Call- und Putoptionen sind während ihrer →Laufzeit handelbar (→Optionsgeschäft). Z. gibt es auf zwei Märkten: börsenmäßig gehandelte Z. und Z. im Bankenmarkt (over the counter options). Börsenmäßig gehandelte Z. sind standardisiert, d. h. sie lauten über ein vereinbartes Vielfaches des Standardbetrages des jeweiligen Zinstitels und sind mit Standardfälligkeiten versehen. Gehandelt werden sie vor allem in den USA (z. B. an der →Chicago Board Options Exchange). OTC-Optionen können in allen Einzelheiten zwischen Bank und Kunde individuell vereinbart werden.
Mit dem Abschluß von Z. können spekulative Positionen oder Hedge-Positionen (durch Übernahme einer entgegengesetzten →Position) aufgebaut werden. Ein Spekulant, der z. B. einen Zinsanstieg erwartet, kauft eine Put Option. Kommt es zu dem erwarteten Zinsanstieg (=Kursrückgang am →Kassamarkt), übt er seine Option aus und deckt das verkaufte Papier am Kassamarkt billiger ein. Handelt es sich um eine börsenmäßig notierte Option, kann er seinen →Gewinn auch dadurch realisieren, daß er eine Put Option in dem gleichen Papier und der gleichen →Fälligkeit zum aktuellen Kurs verkauft. Das Clearing House der betreffenden →Börse rechnet dann die beiden Optionen gegeneinander auf und zahlt den Differenzbetrag aus. Eine Hedging-Operation liegt z. B. vor, wenn sich ein im Wohnungsbau engagiertes Unternehmen dagegen absichern will, daß bis zur Fertigstellung eines Bauvorhabens die →Zinsen steigen und dadurch der Verkaufspreis des Gebäudes zurückgeht. Der →Hedger würde in diesem Fall eine Put Option erwerben. Kommt es zum Zinsanstieg, übt er sie aus und holt damit einen Teil oder den Gesamtbetrag der Wertminderung des Gebäudes wieder herein. Der Z. verwandt ist die →Devisenoption.
Eine Z. hat als →Basiswert einzelne Obligationen (z. B. →Bundesobligationen), →Anleihen (z. B. →Bundesanleihen), einen →Rentenindex (z. B. →REX), einen Korb mehrerer Anleihen (z. B. Bundesanleihen mit →Restlaufzeit zwischen sieben und zehn Jahren), Zinssätze (z. B. →FIBOR), Differenz zwischen inländischen und ausländischen Zinssätzen (z. B. →Yield-Spread-Option zwischen zehnjährigen französischen und deutschen Staatsanleihen) oder →Zins-Futures.
(→Embedded Option, →Embedded Exotic Option, →Zins-Optionsschein)

**Zinsoptionsgeschäft**
Bezeichnung im →Grundsatz I für Geschäfte mit →Zinsoptionen (Kassaoption) und →Optionen auf Zinsterminkontrakte (→Optionen auf Futures) sowie →Zinsbegrenzungsverträgen.

**Zins-Optionsschein**
*Debt Warrant*; →Optionsschein mit einem →Zinsinstrument als →Basiswert. Debt-Warrants auf beispielsweise →Bundesobligationen oder →Bundesanleihen verbriefen das Recht, einen bestimmten Nominalbetrag einer →Anleihe zu einem be-

stimmten Kurs zu kaufen (→ Call-Optionsschein) oder zu verkaufen (→ Put-Optionsschein).
Bei Z.-O. wird bei Ausübung nicht mehr die Anleihe direkt geliefert bzw. abgenommen, sondern ein Barausgleich (→ Cash Settlement) vorgenommen. Dieser ergibt sich aus der Differenz zwischen dem aktueilen Kurs der Anleihe und dem vereinbarten → Basispreis. Bei Z.-O. ist zu beachten, daß zur Ausübung eine Mindestmenge erforderlich ist. Meist sind dies 100 oder 500 Stück beziehungsweise ein Mehrfaches davon. I.d.R. werden Z.-O. auf folgende Papiere des deutschen → Rentenmarktes (→ Emittenten am deutschen Rentenmarkt) aufgelegt: neun- bis zehnjährige Bundesanleihen, 30-jährige Bundesanleihen, vier- bis fünfjährige Bundes- und → Treuhandobligationen, Deutscher Rentenindex (→ REX), Swapsätze (→ Optionsschein auf DM-Swapsätze), Zinssätze (z. B. → FIBOR, → LIBOR), optionsähnliche Zinsinstrumente (z. B. → Cap-Zertifikate, → Zinsausgleichszertifikate), Differenz zwischen in- und ausländischen Zinssätzen (z. B. Sky-Optionsschein).

### Zinsperiode
Zeitraum zwischen zwei Zinsfälligkeiten. Bei → Jahreskupons beträgt die Z. ein Jahr, während bei unterjähriger Verzinsung die Z. weniger als ein Jahr ist. Beispielsweise beträgt die Z. bei → Halbjahreskupons 0,5 Jahre. Die Anzahl der Z. spielt eine Rolle bei der Ermittlung des → Barwertes oder → zukünftigen Wertes.

### Zinsphasen-Anleihe
→ Anleihe, die in den ersten Jahren einen → Festsatz zahlt. Anschließend erhält der Anleger einen → variablen Zinssatz (z. B. → LIBOR, → FIBOR) für einige Jahre, um dann später bis zur → Fälligkeit wieder einen Festsatz zu erhalten (→ Zinsänderungsanleihen).

### Zinspolitik der Deutschen Bundesbank
Teilbereich der → Geldpolitik der Deutschen Bundesbank, der die Maßnahmen zur Änderung des → Diskontsatzes (→ Diskontpolitik der Deutschen Bundesbank), zur Änderung des → Lombardsatzes (→ Lombardpolitik der Deutschen Bundesbank), zur Änderung der Zinssätze für → Pensionsgeschäfte (→ Pensionssätze) und zur Änderung der Abgabesätze für → Geldmarktpapiere (→ Offenmarktpolitik der Deutschen Bundesbank) umfaßt.

*Diskontsatz/Lombardsatz:* Diskont- und Lombardsatz werden als Leitzinssätze betrachtet. Ihre Festsetzung ist auf längere Sicht gesehen der Kern der Z. d. D. B. Der Diskontsatz ist eine Art Untergrenze der → Zinssätze für → Monatsgeld und → Dreimonatsgeld am → Geldmarkt. Der Lombardsatz bestimmte früher den Zinssatz für → Tagesgeld am Geldmarkt, als die Banken noch überwiegend darauf angewiesen waren, den Spitzenbedarf an → Zentralbankguthaben im Wege des → Lombardkredites zu decken. Seitdem die Bundesbank dazu übergegangen ist, → Wertpapierpensionsgeschäfte mit Sätzen unterhalb des Lombardsatzes anzubieten, hat der Verkaufszinssatz für Pensionsgeschäfte (Pensionssatz) die bestimmende Rolle für die Zinsbildung am Markt für Tagesgeld übernommen, die früher der Lombardsatz hatte. Der Lombardsatz bildet heute im Regelfall die Obergrenze für die Zinssätze für Tagesgeld. Obwohl die Soll- und Habenzinsen der Kreditinstitute gegenüber der Nichtbankenkundschaft seit Aufhebung der Zinsverordnung im Jahr 1967 nicht mehr an den Diskontsatz und den Lombardsatz gebunden sind, folgen i. a. die Veränderungen der Soll-und Habenzinssätze auch noch heute den Veränderungen der Leitzinssätze der Bundesbank, da die Z. d. D. B. i. d. R. in engem Zusammenhang mit der Liquiditätspolitik der → Deutschen Bundesbank steht. In den letzten Jahren bestand aber mehrfach eine Situation, in der die Bundesbank den Diskont- und den Lombardsatz den gegebenen Geldmarktzinssatzen anpassen mußte, um den amtlichen Zinssätzen den Subventionscharakter zu nehmen.

*Zinspolitik in einer offenen Volkswirtschaft:* Wegen des freien Kapitalverkehrs mit dem Ausland (→ Kapitalbilanz) muß die Bundesbank bei der Gestaltung ihrer Zinspolitik neben den binnenwirtschaftlichen Erfordernissen auch die Auswirkungen auf die Geldbewegungen vom und zum Ausland berücksichtigen (→ Geldexporte, → Kapitalexporte, → Geldimporte, → Kapitalimporte). Der außenwirtschaftliche Spielraum der Zinspolitik ist in einem → Festkurssystem eingeengt (→ Europäisches Währungssystem, → Interventionen am Devisenmarkt). Die übermäßigen Aus-

**Zinsrechnung**

schläge des DM-Dollar-Kurses haben die Bundesbank auch wiederholt dazu gezwungen, die inländischen Zinssätze den außenwirtschaftlich bedingten Zwängen anzupassen.
(→ Geldpolitik der Deutschen Bundesbank)

**Zinsrechnung**
Verfahren der (Finanz-)Mathematik, um festzustellen, auf welchen Betrag ein einmalig eingezahltes → Kapital oder regelmäßige Einzahlungen nach n Jahren (oder n Einheiten einer anderen Zinsperiode) anwachsen. Die Höhe der → Zinsen hängt von drei Größen ab: dem Kapital (Geldbetrag), der → Laufzeit (Dauer der Überlassung des Kapitals) und dem → Zinssatz (oder Zinsfuß). Die Zinsfestsetzung kann am Ende einer Periode erfolgen (→ nachschüssige Zinsrechnung), aber auch am Anfang (→ vorschüssige Zinsrechnung).
Für die Entwicklung eines zu verzinsenden Kapitals über mehrere Perioden hinweg ist es entscheidend, ob am Ende eines Zeitraums die Zinsen ausbezahlt (oder einem anderen Konto gutgeschrieben) werden oder ob sie dem (weiter zu verzinsenden) Kapital zugeschlagen und mit diesem verzinst werden. Im ersten Fall liegt einfache oder lineare Verzinsung, im zweiten → Zinseszins vor (→ Zinseszinsrechnung). Bei → gemischter Zinsrechnung besteht die Laufzeit aus einer ganzen Zahl von Zinsperioden, für die Zinseszinsen, und dem Bruchteil einer Periode, für die einfache Zinsen berechnet werden. Bei stetiger (kontinuierlicher) Verzinsung erfolgt die Verzinsung nicht in Sprüngen (diskret), sondern in gegen Null strebenden Zeiträumen.
Formel für einfache Verzinsung:

$Z = K_0 \cdot p \cdot t$;

für das Endkapital gilt:

$K_t = K_0 + Z = K_0 \cdot (1 + p \cdot t)$,

wobei
$K_0$ = Anfangskapital
t = Teil der Zinsperiode
p = Zinssatz
Z = Zinsen für die Zeit t
$K_t$ = Endkapital nach der Zeit t.
Im Hinblick auf die regelmäßig auf ein Jahr bezogene Zinsperiode muß bei t die jeweilige → Tageberechnungsmethode, z.B. ein Jahr zu 360 und jeder Monat zu 30 Zinstagen, eingesetzt werden.

**Zinssammler**, → Aufzinsungsanleihe.

**Zinssatz**
Engl.: Rate; Höhe der → Zinsen. Entweder → Festzinssatz oder → variabler Zinssatz, regelmäßig ausgedrückt als → Nominalzins.
(→ Zinsrechnung, → Zinseszinsen, → Zinseszinsrechnung)

**Zinsschein**
Nebenpapier zu einem → festverzinslichen (Wert-)Papier, das den Zinsanspruch verbrieft. Z. lauten auf feste Geldbeträge und bestimmte Fälligkeitstermine (Zinstermine). Die Vorlegungsfrist beträgt vier Jahre. Der Z. ist ein selbständiges → Wertpapier (→ Inhaberpapier). Werden festverzinsliche Wertpapiere zwischen den Zinsterminen verkauft, so sind → Stückzinsen aus noch nicht bzw. schon abgetrennten Z. zu verrechnen. Hat eine → Schuldverschreibung mehr als 20 Zinstermine, so enthält der Zinsscheinbogen einen Erneuerungsschein (→ Talon), der zum Bezug eines weiteren Zinsscheinbogens berechtigt. Der Zinsanspruch verjährt zwei Jahre nach Ablauf der Vorlegungsfrist (→ Kupon), sofern der Z. innerhalb der Vorlegungsfrist vorgelegt wurde (§ 801 BGB).

**Zinssensitive Werte**
→ Aktien, deren Gewinnentwicklung und Kurse sich an der Entwicklung der → Renditen orientieren. Im Gegensatz zu den → zyklischen Werten weisen z. W. eine große Unabhängigkeit gegenüber Konjunkturschwankungen auf. Zu den z. W. zählt man → Banken, Versicherungen und Versorgungsunternehmen.

**Zinssicherungsinstrument**
Sammelbegriff für Instrumente zur Steuerung von → Zinsänderungsrisiken: → Cap, → Collar, → Floor, → Forward Rate Agreement, → Swaption, → Zinsoption, → Zins-Future, → Zinsoptionsscheine, → Zinsswap. Z. werden als → Hedging-Instrument im modernen Zinsmanagement eingesetzt.
(→ Risikomanagement festverzinslicher Papiere, → Hedging einer geplanten Kapitalaufnahme, → Hedgingstrategien mit Forward Rate Agreements, → Hedgingstrategien mit Zins-Futures, → Hedgingstrategien mit Zinsbegrenzungsverträgen, → Hedgingstrategien mit Zinsswaps, → einfache derivative Absicherungsinstrumente, → zweifache derivative Absicherungsinstrumente)

### Zinssicherungsvertrag
Vereinbarung zwischen zwei Partnern (i. d. R. davon ein → Kreditinstitut) über eine Zinsbegrenzung (→ Cap) oder eine Mindestverzinsung (→ Floor).

### Zinssicherungszertifikat, → Zinsausgleichszertifikat.

### Zinsspanne
In Prozentpunkten ausgedrückter Unterschied (→ Marge) zwischen dem Erfolg eines → Aktivgeschäfts (z. B. → Kreditgeschäft) und dem Erfolg eines entsprechenden → Passivgeschäfts (→ Refinanzierung). Im Rahmen der → Gesamtzinsspannenrechnung werden die → Bruttozinsspanne und die → Nettozinsspanne, im Rahmen der → Teilzinsspannenrechnung werden die Z. von bestimmten, einander zugeordneten Bilanzpositionen errechnet (Teilzinsspannen). Auch die → Marktzinsmethode rechnet mit Z. Dieses Verfahren wird aber, um es von den traditionellen Verfahren abzugrenzen, nicht als Teilzinsspannenrechnung, sondern als → Margenkalkulation (Berechnung von Zinsmargen) bezeichnet.

### Zinsspannenrechnung
Kalkulationsverfahren (Ergebnisrechnung) im Rahmen der → Kosten- und Erlösrechnung im Bankbetrieb, mit denen der Gesamterfolg oder Teilerfolge untersucht werden. Zu unterscheiden sind die → Gesamtzinsspannenrechnung, mit der der Gesamterfolg des Bankbetriebs (ausgedrückt in Prozenten des → Geschäftsvolumens) ermittelt wird (→ Nettozinsspanne), und die → Teilzinsspannenrechnung, bei der Teilergebnisse errechnet werden, um Verursachungsfaktoren für die Gesamtzinsspanne (→ Bruttozinsspanne) festzustellen. An die Stelle der Teilzinsspannenrechnung ist weitgehend die → Marktzinsmethode getreten.

### Zins-Stripping, → Kupon-Stripping.

### Zinsstruktur
*Begriff*: Verhältnis der verschiedenen → Zinssätze in einer Periode zueinander, generell folgend aus Angebot und Nachfrage im System der → Finanzmärkte. Die Z. folgt aus den Unterschieden (1) in den Risiken der Kreditarten, Kreditnehmer und Kreditgeber, die sich in der Streubreite niederschlagen, (2) in der → Laufzeit der → Titel.
*Theorien*: (1) *Erwartungstheorie*: Der Zinssatz eines Titels mit x Perioden Laufzeit folgt aus den heute für die x Perioden erwarteten einperiodischen Zinssätzen. Erwartungen über zukünftige Zinssatzänderungen beeinflussen Angebot und Nachfrage auf den Märkten für verschiedenfristige Titel unterschiedlich und führen zu Zinsertragskurven mit negativer oder positiver Steigung.
(2) *Liquiditätsprämientheorie*: Vermögensbesitzer berücksichtigen das Kapitalrisiko, das aufgrund der → Zinselastizität des Gegenwartswertes (Spekulationsmotiv der Geldhaltung) mit zunehmender Laufzeit steigt. Ergebnis: Das langfristige Kapitalangebot sinkt relativ, der langfristige → Zins steigt, die Zinsertragskurve ist positiv. Die mit der steigenden Laufzeit sinkenden nichtpekuniären Erträge werden durch eine Liquiditätsprämie kompensiert.
(3) *Segmentationsprämientheorie*: Die Finanzmärkte sind institutionell durch Bestimmungen oder Bedingungen segmentiert, es gibt keine → Arbitrage, ein Markt für den Titel einer bestimmten Fristigkeit bestimmt isoliert den entsprechend fristigen Zinssatz.

### Zinsstrukturkurve
Eine Z. bringt die Fristigkeitsstruktur der → Rendite von Zero Bonds (→ Nullkupon-Anleihe) am → Kapitalmarkt zum Ausdruck. Man unterscheidet folgende idealtypischen Formen von Z.: (1) inverse Z., d. h. mit zunehmender → Restlaufzeit nehmen die Renditen ab; (2) flache Z., d. h. die Renditen sind in allen Laufzeitbereichen ähnlich hoch; (3) normale Z., d. h. die Renditen wachsen mit steigender Restlaufzeit.
*Gegensatz*: → Renditestrukturkurve.

### Zinsstrukturkurvenrisiko, → Yield Curve Risik.

### Zinsswap
*Interest Rate Swap*; Vereinbarung zwischen zwei Parteien, die Zinszahlungen aus der Aufnahme zweier → Kredite unterschiedlicher Zinsfixierung untereinander auszutauschen. Entstehungsgrund ist der komparative Zinsvorteil, den die beiden Kreditnehmer in dem jeweils von ihrem Partner gesuchten Kreditinstrument haben.
*Beispiel*: Unternehmen A sucht einen variabel verzinslichen Kredit (→ Floating Rate Note = FRN), Unternehmen B einen Festzinskredit. Unternehmen A kann den FRN-Kredit zu → LIBOR + 1% p.a. und den Fest-

**Zinstender**

zinskredit zu 7% p.a. erhalten; Unternehmen B den FRN-Kredit zu LIBOR+0,5% p.a. und den Festzinskredit zu 7,5% p.a. Unternehmen A nimmt daher einen Festzinskredit zu 7% p.a. auf, Unternehmen B einen FRN-Kredit zu LIBOR+0,5% p.a. Sie vereinbaren, die Zinszahlungen untereinander auszutauschen. Auf diese Weise erhalten beide die von ihnen gesuchten Kredite zu günstigeren Bedingungen.

*Arten:* (1) *Kupon-Swaps*, bei denen (nur) die Zinszahlungen aus → Festzinsanleihen gegen diejenigen aus → variabel verzinslichen Anleihen geswapt werden; (2) → *Basis-Swaps*, bei denen die Zinszahlungen für an unterschiedliche FRN-Indizes gebundene Kredite geswapt werden (z. B. die 3-Monats-Euro-Dollar-LIBOR-Basis gegen die US-Commercial Paper Composite Rate-Basis, → Commercial Paper); (3) → *Cross Currency Interest Rate Swaps*, bei denen die Zinszahlungen aus Festzinskrediten in einer → Währung gegen die Zinszahlungen aus FRN-Krediten in einer anderen Währung geswapt werden.

**Zinstender**
Ausschreibungsverfahren bei → Pensionsgeschäften (→ Wertpapierpensionsgeschäfte).

**Zinstermin,** → Kupontermin.

**Zinstermingeschäft**
Bezeichnung in den → Eigenkapital-Grundsätzen für Geschäfte mit → Zins-Futures.

**Zinsterminkontrakt,** → Zins-Future.

**Zinsterminsatz,** → Forward Rate.

**Zinstitel**
Zinstragendes Aktivum, wie z. B. → Termineinlage, → Schatzwechsel, → Anleihe.

**Zinstragendes kurzfristiges Papier**
Kurzfristige → Zinsinstrumente mit einer → Laufzeit von höchstens einem Jahr, die eine oder mehrere Zinszahlungen haben. Die → Emission erfolgt zum → Nennwert.

*Arten:* (1) *Handelbare Zinsinstrumente* sind Papiere, die an der → Börse oder im direkten Handel unter Banken (→ Telefonverkehr) gehandelt werden. Handelbare Papiere können jederzeit wieder verkauft werden. Es handelt sich beispielsweise um → Certificates of Deposit (CD), → Floating Rate Notes (FRN) sowie → Anleihen und Obligationen mit einer → Restlaufzeit unter einem Jahr.
(2) *Nicht handelbare Papiere* müssen bis zur → Fälligkeit gehalten werden. Dies sind nicht handelbare → Termineinlagen bei → Banken und → Sparkassen (→ Festgelder, → Termingelder).
*Gegensatz:* → Abzinsungspapier.

**Zinstragendes Zinsinstrument**
→ Zinsinstrument, das im Gegensatz zu → Abzinsungspapieren und → Aufzinsungspapieren laufende Zinszahlungen hat.
(→ Zinstragendes kurzfristiges Papier)

**Zinsüberschuß**
Saldo aus Zinserträgen (aus → Kredit- und → Geldmarktgeschäften, → festverzinslichen [Wert-]Papieren und → Schuldbuchforderungen), laufenden Erträgen (aus → Aktien, anderen nicht verzinslichen → Wertpapieren, → Beteiligungen und → Anteilen an verbundenen Unternehmen) und Zinsaufwendungen (aus → Einlagen und → Refinanzierungen).
In Prozent des → Geschäftsvolumens ausgedrückt, wird der Z. als *Bruttozinsspanne* bezeichnet.
(→ Betriebsergebnis)

**Zins- und Währungsswap,** → Cross Currency Interest Rate Swap.

**Zinsuntergrenze,** → Floor, → Hedgingstrategien mit Zinsbegrenzungsverträgen, → Zinsausgleichszertifikat.

**Zinsvaluta**
Tag, bis zu dem positive → Stückzinsen vom Käufer gezahlt bzw. negative Stückzinsen zum Verkäufer eines → festverzinslichen (Wert-)Papiers gezahlt werden müssen (Stückzinsvaluta).

**Zinsvariable Anleihe,** → variabel verzinsliche Anleihe, → Floating Rate Note.

**Zinsverordnung,** → Kreditkosten.

**Zins-Währungs-Swap,** → Cross Currency Interest Rate Swap.

**Zinswandler**
Kurzbezeichnung für → Anleihen mit Zinswahlrecht.

### Zins-Zuwachssparen

Sparkasseneigene Ratensparvertragsform im Rahmen des →Zuwachssparens mit mehrjähriger Vertragslaufzeit. Der Sparer zahlt für die Dauer von fünf Jahren regelmäßig monatlich oder vierteljährlich einen bestimmten Sparbetrag auf ein →Sparkonto mit dreimonatiger Kündigungsfrist ein. Die Sparkasse vergütet neben dem jeweils geltenden Zinssatz für →Spareinlagen mit dreimonatiger Kündigungsfrist als variablen Basiszins zusätzlich einen von Jahr zu Jahr steigenden Sonderzins. Dabei verlaufen die Zinssprünge in der Zinsstaffel i. a. gegen Ende der fünfjährigen Vertragslaufzeit progressiv, um dem Sparer einen Anreiz zum Durchhalten des →Vertrages über die gesamte Vertragsdauer zu bieten. →Zinsen und →Zinseszinsen werden zum Ende des Kalenderjahres kapitalisiert. Sie sind durch den Zins-Zuwachssparvertrag gebunden, so daß über sie in aller Regel nicht ohne Zinsnachteile verfügt werden kann.

Im Rahmen eines etwa vereinbarten Kündigungsfreibetrages kann der Sparer zwar jederzeit über das Sparkapital einschließlich der gutgeschriebenen Zinsen frei verfügen. Eine derartige vorzeitige Rückzahlung bewirkt jedoch die sofortige Beendigung des Zins-Zuwachssparvertrages. Eine Vertragsunterbrechung tritt auch ein, wenn der Sparer mit den vereinbarten Sparbeträgen mit mehr als sechs Zahlungen im Rückstand ist. Für das angefangene Sparjahr wird dann i. a. der Zusatzzins des letzten Sparjahres vergütet. Verfügt der Sparer innerhalb der ersten zwei Jahre seit Vertragsbeginn, gewährt die Sparkasse keinen Zusatzzins, so daß nur der variable Basiszins zur Anwendung gelangt. (→Zuwachssparen)

### Zivilmakler

→Makler, der Grundstücksverträge, Miet- und Pachtverträge, →Darlehensverträge, Geschäftsverkäufe usw. vermittelt. Er kann →Kaufmann gemäß § 2 HGB sein (Sollkaufmann).

### Zivilprozeß

Gerichtliches Verfahren in Zivilsachen, d. h. Rechtsstreitigkeiten aus den Bereichen des →Bürgerlichen Rechts, des →Handelsrechts, des →Wertpapierrechts und sonstiger Gebiete des →Privatrechts, die gemäß § 13 des Gerichtsverfassungsgesetzes (GVG) vor „ordentlichen Gerichten" (Amtsgerichte, Landgerichte, Oberlandesgerichte, Bundesgerichtshof) ausgetragen werden. Im Unterschied zur →Freiwilligen Gerichtsbarkeit stehen sich hierbei mindestens zwei Parteien als Kläger und Beklagter gegenüber, z. B. der →Gläubiger und der die Zahlung verweigernde →Schuldner einer Geldforderung.

Der Aufbau der ordentlichen Gerichte, die auch in Strafsachen entscheiden, ergibt sich aus dem GVG; die Verfahrensvorschriften sind dagegen in der Zivilprozeßordnung (ZPO) enthalten. Außer bei geringen Streitwerten kann eine Partei (→natürliche Person oder →juristische Person) nach einer für sie nachträglichen Entscheidung noch eine weitere Instanz anrufen. Bis zu einem Streitwert von 10.000 DM sowie in einigen der Sache nach abgegrenzten Bereichen, z. B. Mietangelegenheiten, ist in erster Instanz das Amtsgericht zuständig; ansonsten muß der Kläger seine Klageschrift über einen Rechtsanwalt bei einem Landgericht einreichen (§ 78 ZPO). Örtlich zuständig ist regelmäßig das (Land-)Gericht, in dessen Bezirk der Beklagte wohnt oder seinen Sitz hat (§§ 12 ff. ZPO).

Im Z. gilt – der →Vertragsfreiheit im Privatrecht vergleichbar –, daß der Gang des Verfahrens weithin in die Hände der Parteien, vor allem des Klägers gelegt ist, der darüber entscheidet, wie und wann er sein Recht durchsetzen will (Dispositionsgrundsatz). Im Unterschied zu anderen gerichtlichen Verfahren (z. B. vor den Verwaltungsgerichten) obliegt es zudem den Parteien, dem Gericht alle für die Entscheidung notwendigen Tatsachen vorzutragen und, wenn sie die andere Seite bestreitet, auch zu beweisen (Beibringungsgrundsatz, Beweisführungslast). Jede Partei trägt das Risiko, daß sie die für sie selbst günstigen Tatsachen nicht nachweisen kann und deshalb unterliegt. Eine mündliche Verhandlung (Termin) findet erst nach Vorbereitung durch Schriftsätze der Parteien statt, für die →Einlassungsfristen gesetzt werden können; nur das im Termin Vorgebrachte bildet aber den Gegenstand der Entscheidung (Urteil). An der mündlichen Verhandlung dürfen die Parteien teilnehmen und mitwirken; sie werden daher zu ihr geladen (→Ladungsfristen). Der Urteilsausspruch (Tenor) muß stets in öffentlicher Sitzung verkündet werden. Je nach Ausgang des Z. und der aus dem Urteil resultierenden „Beschwer" (daß dem Antrag nicht vollauf stattgegeben wurde) kann die eine oder andere Partei oder können auch beide Rechtsmittel

(Berufung, Revision) gegen das Urteil einlegen; anders als für die Klageerhebung gelten hierfür Ausschlußfristen.
Neben dem normalen Verfahren in der „Hauptsache" kennt die ZPO zwei Fälle einstweiligen Rechtsschutzes, → Arrest und → einstweilige Verfügung. Um rasch einen → Vollstreckungstitel für Geldforderungen in DM zu erlangen, kommt das → Mahnverfahren in Betracht, welches freilich vom Antragsgegner (Beklagten) in ein ordentliches Hauptsacheverfahren übergeleitet werden kann. Schnelligkeit und Vorläufigkeit sind auch kennzeichnend für → Urkundenprozesse, etwa den → Wechselprozeß.

## Zivilrecht

Materielles → Privatrecht. I. w. S. umfaßt das Z. darüber hinaus auch alle Rechtsnormen, die zu seiner Durchsetzung im Einzelfall dienen. Hierzu zählen auch die dem → öffentlichen Recht angehörenden Vorschriften des Zivilprozeß- und Gerichtsverfassungsrechtes (→ Zivilprozeß).

## ZKA

Abk. für → Zentraler Kreditausschuß.

## Zoll

→ Abgabe, die bei Grenzüberschreitung von → Waren von Staaten oder → Internationalen Organisationen (wie der → Europäischen [Wirtschafts-]Gemeinschaft) erhoben wird, ein wichtiges Instrument der → Außenhandelspolitik. Zu unterscheiden sind Z. auf → Einfuhr, → Ausfuhr oder Durchfuhr. Die bei weitem größte Bedeutung haben heute Einfuhrzölle; in der → Zollunion der EG etwa gibt es nur diese. Weltweit sind die Zollsätze in verschiedenen → Zollrunden im Rahmen des → Allgemeinen Zoll- und Handelsabkommens (GATT), zuletzt in der → Uruguay-Runde, erheblich abgebaut worden. Die Mehrzahl der Zollsätze bezieht sich auf den Wert eines Gutes. Auch die Ermittlung des Zollwertes wurde international durch ein Abkommen innerhalb des GATT vereinheitlicht. Bei spezifischen Z. wird die Abgabe auf eine bestimmte Einheit des Gutes, wie Gewicht, Volumen, Menge, bezogen. Mischzölle kombinieren Wert- mit spezifischen Mindest- oder Höchstzollsätzen. Z. können ferner nach Gütern, Ländern oder Regionen differenzieren (→ Präferenzzoll).
Wichtige Motive für die Erhebung von Z. sind: die Erzielung von Einnahmen (Finanzzoll), der Schutz inländischer Wirtschaftszweige (Schutzzoll), die Reaktion auf Behinderung der eigenen Exporte (Retorsionszoll) oder auf ausländisches → Dumping oder → Subventionen (Antidumping-, Ausgleichszölle). Weitere Argumente wie Sicherung der inländischen Beschäftigung oder Reallöhne, Verbesserung der → Zahlungsbilanz oder der → Terms of Trade sowie Förderung der Entwicklung sind meist nicht geeignet, die Kritik zu entkräften, hier liege → Protektionismus vor, der im Ergebnis die Wohlfahrt aller Länder beeinträchtige. Im Vergleich zu anderen „nichttarifären" Handelsbeschränkungen sind Z. aber sichtbar und setzen den Preismechanismus nicht außer Kraft. Daher liegt dem GATT die Maxime „Nur Z." zugrunde (Art. II, XI).

## Zollbürgschaft

Avalierung von Einfuhrabgaben durch seitens der Finanzverwaltung zugelassene → Kreditinstitute als selbstschuldnerische → Bürgschaft im Auftrage von → Spediteuren oder Importeuren, die ein offenes Zolllager unterhalten und Importabgaben bis zum Weiterverkauf/Weiterverarbeitung der → Waren stunden lassen. Begünstigte des Avals ist die Zollverwaltung. Spediteure lassen sich bei Importen → Zölle oder Einfuhrabgaben gegen Bürgschaft stunden und ziehen diese später von Importeuren ein. Das Verfahren beschleunigt die Abwicklung der Geschäfte und den Transport.

## Zollfaktura

Papier, das wie die → Konsulatsfaktura der Verzollung im Einfuhrland dient. Die Z. wird auf einem Formular der Zollämter des Einfuhrlandes ausgestellt und muß die Unterschrift des Exporteurs (und evtl. eines „Zeugen") tragen.

## Zollgarantie, → Bankgarantie im Außenhandel.

## Zollrunde

Bezeichnung für multilaterale Zollverhandlungen im Rahmen des GATT (→ Allgemeines Zoll- und Handelsabkommen) zum Zweck des Abbaus von → Zöllen.

## Zollunion

Form der handelspolitischen → Integration. Wie bei der → Freihandelszone werden → Zölle und ggf. andere Handelshemmnisse zwischen den Mitgliedstaaten abgeschafft. An der Drittländergrenze wird jedoch ein gemeinsamer Außenzolltarif errichtet. Der

Aufschließungseffekt bewirkt eine Zunahme des → Außenhandels zwischen den Mitgliedsländern. Wenn sich der Außenhandel zwischen Mitgliedstaaten und Drittländern reduziert, entsteht ein Abschließungseffekt.

## Zone der verminderten Kosten
Kursbereich bei Strategien mit → Optionen und → Optionsscheinen (→ Long-Position), der zwischen → Basispreis und → Break-even-Kurs liegt. Bei → Call (→ Puts) reduzieren alle über (unter) dem Basispreis liegenden Kurse die ursprünglich aufgewendeten → Kosten für die → Optionsprämie bzw. den Optionsscheinkurs. Ab dem Break-even-Kurs erzielt die Long-Position einen → Gewinn.
*Gegensatz:* → Zone des verminderten Ertrages.
(→ Optionen, Basisstrategien)

## Zone des verminderten Ertrages
Kursbereich bei Strategien mit → Optionen und → Optionsscheinen (→ Short-Position), der zwischen → Basispreis und → Break-even-Kurs liegt. Bei → Call (→ Puts) reduzieren alle über (unter) dem Basispreis liegende Kurse den → Ertrag aus der erhaltenen → Optionsprämie bzw. Optionsscheinkurs.
*Gegensatz:* → Zone der verminderten Kosten.
(→ Optionen, Basisstrategien)

## Zubehör
→ Bewegliche Sachen, die, ohne → Bestandteile der Hauptsache zu sein, dem wirtschaftlichen Zwecke der Hauptsache dauerhaft zu dienen bestimmt sind (z. B. Ersatzteile einer Maschine) und zu ihr in einem dieser Bestimmung entsprechenden räumlichen Verhältnis stehen, wobei aber die bloß vorübergehende Trennung eines Zubehörstücks von der Hauptsache die Zubehöreigenschaft nicht aufhebt. Im Zweifel entscheidet darüber die Verkehrsauffassung (§ 97 BGB).
*Bedeutung* für die Kreditpraxis hat das *Grundstückszubehör*, weil dieses, soweit es dem Grundeigentümer gehört, in den sog. Haftungsverband der → Grundpfandrechte nach §§ 1120, 1192 Abs. 1 BGB fällt (→ Grundpfandrechte, Haftungsverband) und daher eine → Sicherungsübereignung dieser Gegenstände äußerst risikoreich ist. Zu dem Z. eines Grundstücks zählen aber nur → Sachen, die während ihrer Nutzungsdauer dem wirtschaftlichen Zweck des → Grundstücks dienen, auf dem sie sich befinden. Fertigerzeugnisse, Rohstoffvorräte und Halbfertigfabrikate, die auf einem Betriebsgrundstück lagern und zur Aufrechterhaltung der Produktion des Betriebs erforderlich sind, werden nicht als Z. angesehen, weil sie nicht auf diesem verbleiben sollen. Die Zubehöreigenschaft einer beweglichen Sache ist in der Praxis nicht leicht zu beurteilen. Durch § 98 BGB sind zwei auch für die → Kreditinstitute besonders wichtige Fälle geklärt.
(1) Bei einem Gebäude, das nach seiner objektiven Beschaffenheit für den gewerblichen Betrieb dauernd eingerichtet ist (Fabrik, Hotel o. ä.), sind die zu dem Betriebe bestimmten Maschinen und sonstigen Gerätschaften, wie z. B. die zur gewerblichen Nutzung erforderlichen Einrichtungen, als Z. des Betriebsgrundstücks anzusehen.
(2) Gleiches gilt bei einem selbständigen Betrieb der Landwirtschaft für das zum Wirtschaftsbetrieb bestimmte Gerät und Vieh sowie die landwirtschaftlichen Erzeugnisse bis zum nächsten Erntejahr. Auch Fahrzeuge, die bei einem Produktionsunternehmen zum Anfahren von Rohstoffen und zum Vertrieb der Produkte benutzt werden, sind, sofern sie auf dem Betriebsgrundstück abgestellt werden, dessen Z. Dagegen besitzen die Fahrzeuge eines Speditionsunternehmens, auch wenn sich auf dem Betriebsgrundstück eine größere Reparaturwerkstätte befinden sollte, keine Zubehöreigenschaft, weil sich bei diesem Dienstleistungsunternehmen der wirtschaftliche Zweck des Betriebes auf dem Straßenverkehrsnetz entfaltet und deshalb das Grundstück nicht als die Hauptsache angesehen werden kann. Insofern kann daher eine Sicherungsübereignung dieser Kraftfahrzeuge ohne Bedenken vorgenommen werden.

## Zufallsfehler
Differenz zwischen den tatsächlichen Ausprägungen von (empirisch beobachteten) → Merkmalswerten und der Regressionsgeraden (theoretische Y-Werte). Die theoretischen Y-Werte werden auch als die durch die Regression erklärten Werte bezeichnet. Der Z. wird durch folgende Gleichung dargestellt:

$$u_i = y_i - Y_i,$$

wobei:
$u_i$ = Zufallsfehler,
$y_i$ = empirisch beobachtete y-Werte,
$Y_i$ = theoretische Y-Werte.

## Zufallsgröße

### Zufallsfehler

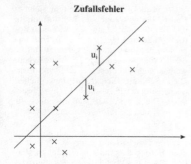

Graphisch kann der Z. als senkrechter Abstand zwischen dem empirisch beobachteten y-Wert und dem theoretischen Y-Wert interpretiert werden.
Beim →Index-Modell bzw. →Markt-Modell wird unterstellt, daß der →Erwartungswert des Z. Null ist, d. h. im Durchschnitt ist die Abweichung Null. Desweiteren wird unterstellt, daß der Z. der i-ten-Aktie nicht mit der →Periodenrendite des →Aktienindex korreliert, d. h. $E(u_i \times r_i) = 0$. Darüber hinaus wird bei der →Kleinste Quadrate-Methode die durchschnittliche quadrierte Abweichung (→ Varianz) minimal. Die Varianz des Z. wird auch als →Residualvarianz ($u_i^2$) oder $\sigma_{ui}^2$ bezeichnet. Die Residualvarianz mißt den unsystematischen Teil des →Gesamtrisikos von Wertpapieranlagen.

### Zufallsgröße
*Stochastische Variable, Zufallsvariable.* Man nennt in der Wahrscheinlichkeitsrechnung eine Größe zufällig oder Z., wenn sie bei verschiedenen, unter gleichen Bedingungen durchgeführten Versuchen verschiedene Werte annehmen kann, von denen dann jeder Wert ein zufälliges Ereignis ist. Z. bezeichnet man mit großen Buchstaben, wie beispielsweise X, Y, Z. Die angenommenen Werte werden mit kleinen Buchstaben bezeichnet (z. B. x, y, z, usw.). Man unterscheidet zwischen →diskreten Zufallsgrößen und →kontinuierlichen Zufallsgrößen.

### Zugabe
Unentgeltliche Zuwendung (→Ware oder Leistung), die neben der Hauptleistung dem Kunden im geschäftlichen Verkehr nur dann gewährt wird, sofern er sich zum Geschäftsabschluß entschließt. Um eine unsachliche Beeinflussung des Kunden und eine Verschleierung des echten Preises zu verhindern, sind Z. nach § 1 der Zugabenverordnung grundsätzlich verboten (→unlauterer Wettbewerb). Das gilt indessen nicht für geringe Z., als geringwertige Werbegeschenke und sonstige Kleinigkeiten. Hierzu zählt man auch die im Kreditgewerbe gebräuchliche Aushändigung von Spargeschenkgutscheinen und Geschenksparbüchern zu bestimmten Anlässen (Geburt, Schulbeginn).

### Zugewinngemeinschaft
Gesetzlicher →Güterstand, der mangels fehlender oder abweichender Vereinbarung (im →Ehevertrag) gilt (§§ 1363 ff. BGB). Danach behält jeder Ehegatte sein →Vermögen (§ 1363 Abs. 2 BGB) und ist darüber grundsätzlich auch verfügungsbefugt. Jeder Ehegatte wird Alleineigentümer des nach der Eheschließung erworbenen Vermögens (§ 1363 Abs. 2 BGB). Zugewinn ist der Betrag, um den das Endvermögen eines Ehegatten das Anfangsvermögen übersteigt. Zwischen den Ehegatten findet aber bei Beendigung der →Ehe ein vermögensmäßiger Ausgleich in der Weise statt, daß der Ehepartner, dessen Vermögen einen höheren Wertzuwachs erfahren hat, die Hälfte dieses Mehrbetrages dem anderen als Zugewinnausgleich zahlen muß (§§ 1372 ff. BGB). Für die Besicherung von →Krediten (→Kreditsicherheiten), wie z. B. bei →Sicherungsabtretung von Gehalts- oder Pensionsansprüchen, →Abtretung von →Grundpfandrechten oder Belastung von →Grundstücken mit Grundpfandrechten ist zu beachten, daß bei Verfügungen eines Ehegatten über das Vermögen im ganzen die Zustimmung des anderen Ehegatten erforderlich ist (§ 1365 Abs. 1 BGB). →Kreditinstitute verlangen daher regelmäßig einen Schuldbeitritt durch Mitunterzeichnung des →Kreditvertrages oder die Übernahme einer →selbstschuldnerischen Bürgschaft für einen Kredit eines Ehepartners. Sofern aber der andere Ehegatte nicht bereit ist, muß das gesetzliche Zustimmungserfordernis beachtet werden.

*Beendigung:* Die Z. endet mit der Auflösung der Ehe, insbes. durch Scheidung. Danach kann der Ehegatte mit dem geringeren Vermögenszuwachs einen schuldrechtlichen Anspruch gegenüber seinem Partner geltend machen. Die Ausgleichsforderung entsteht erst mit Beendigung der Z. und ist erst ab diesem Zeitpunkt übertragbar (§ 1378 Abs. 1 und 3 BGB). Ein solcher Anspruch kann daher während der Dauer der Ehe nicht als Kreditsicherheit angesehen werden. Grundsätzlich kann der Ausgleichsanspruch die →Rückzahlung eines Kredits durch den ausgleichspflichtigen Ehegatten auch nicht gefährden, weil die →Gläubiger des ausgleichspflichtigen Ehegatten dem ausgleichsberechtigten Ehepartner vorgehen (§ 1378 Abs. 2 BGB). Eine Sonderregelung ist für den Fall vorgesehen, daß die Z. durch den Tod eines Ehegatten beendet wird (§ 1371 BGB; gesetzliche →Erbfolge).

*Abweichende Vereinbarung:* Besonders im Hinblick auf nach Eheschließung erworbenes Vermögen weichen die Eheleute häufig von der gesetzlichen Eigentumsordnung durch Begründung einer gemeinschaftlichen Mitberechtigung ab (z. B. in Form von →Gemeinschaftskonten oder →Miteigentum nach Bruchteilen, insbes. bei dem Erwerb von Grundstücken).

### Zukünftiger Wert

Wert, den man in Zukunft erhält, wenn ein bestimmter Betrag investiert und dieser mit einfachen →Zinsen (→lineare Verzinsung), →Zinseszinsen oder →stetiger Verzinsung angelegt wird.

### Zulässige Portefeuilles

Portefeuilles (→Portfolio), die den gesetzlichen, institutionellen und finanziellen Restriktionen des Anlegers entsprechen. Aus der Menge der z. P. sind jene zu bestimmen, für die die →Effizienzkriterien gelten. Vgl. auch →moderne Portfolio-Theorie, →Asset Allocation.

### Zurückbehaltungsrecht

Recht des →Schuldners, trotz →Fälligkeit der Leistung die →Erfüllung zu verweigern, bis die ihm zustehende Gegenleistung bewirkt ist.

*Z. nach dem BGB:* Das Z. ist ein Leistungsverweigerungsrecht und setzt nach § 273 Abs. 1 BGB Gegenseitigkeit, Fälligkeit und Konnexität voraus (→Ansprüche müssen auf demselben rechtlichen Verhältnis basieren, wozu ein natürlicher wirtschaftlicher Zusammenhang ausreicht). § 273 BGB ergibt sich aus dem Grundsatz von →Treu und Glauben gemäß § 242 BGB. Die Zurückbehaltung ist unzulässig bei Unverhältnismäßigkeit von Leistungspflicht und Gegenforderung. Das Z. muß als →Einrede ausdrücklich geltend gemacht werden. Es erfüllt nur einen Sicherungszweck und kann daher durch →Sicherheitsleistung abgewendet werden. Spezielle Ausgestaltungen finden sich in § 320 und § 1000 BGB.

*Z. nach HGB:* Das →kaufmännische Zurückbehaltungsrecht. (§ 369 HGB) unterscheidet sich vom Z. des BGB vor allem dadurch, daß es auch ein Befriedigungsrecht (pfandähnliches Recht) gewährt. Das kaufmännische Z. ist allerdings nur bei →beweglichen Sachen und →Wertpapieren möglich. Es hat vor allem bei Ansprüchen aus →Warenwertpapieren (→Konnossement, →Ladeschein, →Lagerschein) Bedeutung.

*Z. der →Kreditinstitute nach AGB:* Nach Nr. 21 Abs. 4 AGB Sparkassen haben nur noch diese Kreditinstitute ein vertraglich vereinbartes Z. (→allgemeiner Bankvertrag), das in erster Linie bei Rückgewährungsansprüchen von Kunden Anwendung findet (z. B. bei Anspruch auf Herausgabe eines →Grundschuldbriefes) und ein berechtigtes Sicherungsinteresse der Sparkasse voraussetzt. Das AGB-Z. kann anstelle des AGB-Pfandrechts bedeutungsvoll sein, z. B. Recht auf Zurückbehaltung eines Grundschuldbriefes bei unwirksamer →Verpfändung des Briefes. Die Deutsche Bundesbank hat ebenfalls ein erweitertes Z., das auch Ansprüche einschließt, die nicht auf demselben rechtlichen Verhältnis beruhen, nach Abschnitt I Nr. 21 Abs. 2 AGB.

### Zurücktreten mit Forderungen

Bezeichnung für eine →Ersatzsicherheit im Kreditgeschäft auf der Grundlage einer Vereinbarung zwischen dem →Kreditinstitut und einem →Gläubiger des Kreditnehmers. In der Vereinbarung verpflichtet sich der Gläubiger des Kreditnehmers gegenüber dem Kreditinstitut, seine →Forderung gegen den Kreditnehmer erst nach Befriedigung der Forderungen des Kreditinstituts geltend zu machen. Das Kreditinstitut erwirbt einen schuldrechtlichen Unterlassungsanspruch (→Schuldrecht). Die Erklärung über das Z. m. F. ist keine bankmäßige →Kreditsicherheit. Sie entbindet das Kreditinstitut nicht von der Pflicht, die

**Zusageprovision**

→ Offenlegung der wirtschaftlichen Verhältnisse nach § 18 KWG zu verlangen.

**Zusageprovision,** → Kreditprovision.

**Zusammenschlußkontrolle**
*Fusionskontrolle;* Marktstrukturkontrolle, die sich gegen externe → Unternehmenskonzentration richtet. Der *Zweck* der Z. besteht in der Verhinderung von wirtschaftlichen → Monopolen. Da es auf die wettbewerbsbeschränkenden Effekte ankommt, ist der Tatbestand des wettbewerbsrechtlich relevanten Zusammenschlusses nach dem → Gesetz gegen Wettbewerbsbeschränkungen (§§ 23 ff. GWB) wesentlich weiter gefaßt als bei der gesellschaftlichen → Fusion.

*Aufgreifkriterien nach GWB (§ 23 Abs. 2):* Folgende Tatbestände unterliegen der Z.: (1) der Erwerb des → Vermögens eines anderen Unternehmens ganz oder zu einem wesentlichen Teil durch Fusion, → Umwandlung oder in sonstiger Weise; (2) der Erwerb von → Anteilen, sofern dies einschl. der bereits vorhandenen Anteile an → Stimmrechten mindestens 25 Prozent des → Kapitals oder der → Stimmrechte des erworbenen Unternehmens erreicht; (3) → Unternehmensverträge, vor allem → Beherrschungsverträge, → Gewinnabführungsverträge oder eine Eingliederung, durch die ein → Konzern gebildet wird; (4) erhebliche personelle Verflechtung, wenn bei zwei oder mehr Unternehmen eine Personengleichheit von mindestens der Hälfte der Mitglieder des → Aufsichtsrates, des → Vorstandes oder eines sonstigen zur → Geschäftsführung berufenen → Organs der Unternehmen besteht; (5) Unternehmensverbindungen, durch die unmittelbar oder mittelbar ein beherrschender Einfluß auf ein anderes Unternehmen ausgeübt werden kann; (6) eine weitere Unternehmensverbindung durch Anteilserwerb oder Personengleichheit unter den genannten Schwellenwerten, die zu einem wettbewerblich erheblichen Einfluß auf ein anderes Unternehmen führt.

Ein Zusammenschluß liegt aber nicht bei Anteilserwerb durch eine Bank vor, sofern die Anteile wieder auf dem Markt veräußert werden sollen. Allerdings darf dann das betreffende → Kreditinstitut seine Stimmrechte aus dem Anteil, außer in einer ersten → Hauptversammlung nach einer Neugründung, nicht ausüben und muß die Weiterveräußerung binnen Jahresfrist vornehmen (Bankenklausel nach § 23 Abs. 3).

Der Zusammenschluß selbst muß dem → Bundeskartellamt angezeigt werden, falls die beteiligten Unternehmen zusammen einschl. aller mit ihnen weltweit verbundenen Unternehmen im letzten → Geschäftsjahr 500 Mio. DM Umsatz erreicht haben. Bei Kreditinstituten und → Bausparkassen gelten als Grenzwerte 10 Prozent der Bilanzsumme, bei Versicherungsunternehmen die Prämieneinnahmen des letzten Geschäftsjahres. Unwesentliche Zusammenschlüsse zwischen mittelgroßen Unternehmen sind darüber hinaus von der wettbewerbsrechtlichen Z. freigestellt (§ 24 Abs. 1).

Eine vorbeugende Z. besteht nur bei Großfusionen unter Beteiligung eines Unternehmens mit mindestens zwei Mrd. DM Umsatz oder von zwei Unternehmen mit mindestens einer Mrd. DM Umsatz. Bei derartigen Großfusionen ist das geplante Vorhaben vor seiner Umsetzung anzumelden (§ 24a).

*Eingreifkriterien:* Das Bundeskartellamt hat einen Zusammenschluß zu untersagen, wenn zu erwarten ist, daß durch ihn eine marktbeherrschende Stellung entsteht oder verstärkt wird. Das gilt nicht, wenn die Beteiligten nachweisen können, daß durch den Zusammenschluß auch Verbesserungen der Wettbewerbsbedingungen eintreten, die die Nachteile der Marktbeherrschung überwiegen (§ 24 Abs. 1). Eine bereits bestehende marktbeherrschende Stellung wird daher hingenommen (→ marktbeherrschendes Unternehmen). Das Gesetz wendet sich allein gegen die Entstehung oder die Verstärkung einer marktbeherrschenden Stellung. Zu ihrer Feststellung in tatsächlicher Hinsicht geht man von den Marktanteilen der betreffenden Unternehmen aus.

*Durchführung der Z.:* Die Prüfung von Unternehmenszusammenschlüssen obliegt dem Bundeskartellamt (§ 44). Erhebt diese Behörde gegen den Unternehmenszusammenschluß innerhalb eines Jahres keine Einwände, wird er rechtswirksam (§ 24 Abs. 2). Verbietet das Bundeskartellamt den Unternehmenszusammenschluß, können die am Zusammenschluß beteiligten Unternehmen Beschwerde beim Kammergericht bzw. Rechtsbeschwerde beim BGH einlegen (§§ 62 ff., 73 ff.).

Untersagt das Bundeskartellamt den Unternehmenszusammenschluß, läßt sich die Zulässigkeit des Vorhabens durch eine Erlaubnis des Bundeswirtschaftsministers erreichen (Ministererlaubnis nach § 24 Abs. 3). Dieser kann bei seiner Entscheidung auch nichtwettbewerbliche, allgemein wirtschaftliche Gesichtspunkte (wie z. B. Arbeitsplatzsicherung oder auch internationale Wettbewerbsfähigkeit) berücksichtigen. Sollten die gesamtwirtschaftlichen Vorteile die → Wettbewerbsbeschränkungen überwiegen oder sollte gar ein überragendes Interesse der Allgemeinheit an dem Unternehmenszusammenschluß angenommen werden, ist der Bundeswirtschaftsminister berechtigt, trotz der entgegenstehenden Entscheidung des Bundeskartellamtes den Unternehmenszusammenschluß zu genehmigen, sofern dadurch die marktwirtschaftliche Ordnung nicht gefährdet wird. Der Bundeswirtschaftsminister kann die Erlaubnis auch mit → Auflagen wie Stimmrechtsbeschränkung, Veräußerung von Unternehmensteilen usw. ergänzen.

*Europäische Fusionskontrolle*: Der EG-Vertrag enthält keine ausdrückliche Regelung für die wettbewerbliche Z. marktbeherrschender Unternehmen. Abhilfe ist aber mit der am 21.9.1990 in Kraft getretenen EG-Fusions-Kontrollverordnung geschaffen. Mit dieser Rechtsgrundlage haben die → Europäischen Gemeinschaften ein eigenes Fusionskontrollrecht erhalten, das im Rahmen seines Anwendungsbereiches das nationale Kartellrecht verdrängt. Dort wird als Unternehmenszusammenschluß die Fusion von bisher voneinander unabhängigen Unternehmen oder der Erwerb der Kontrolle über andere Unternehmen mittels Erwerb von Anteilsrechten oder Vermögenswerten durch → Vertrag und in sonstiger Weise beschrieben (Art. 3). Als Kontrolle gilt dabei die Möglichkeit, einen bestimmenden Einfluß auf die Tätigkeit eines Unternehmens auszuüben. Die Europäischen Gemeinschaften sind jedoch nur dann für Zusammenschlüsse zuständig, wenn die beteiligten Unternehmen zusammen einen Weltumsatz von 5 Mrd. ECU und mindestens zwei von ihnen einen EG-weiten Umsatz von jeweils mehr als 250 Mio. ECU aufweisen (Art. 1). Sollten alle beteiligten Unternehmen mehr als 2/3 ihres EG-weiten Umsatzes in ein- und demselben EG-Land erzielen, sind unabhängig von ihrer Größe stets die nationalen Kartellbehörden (für die Bundesrepublik also das Bundeskartellamt) zuständig. Bei Kreditinstituten und Versicherungsunternehmen wird die wirtschaftliche Größe nicht an dem Umsatz, sondern an der Bilanzsumme (→ Bilanzsumme bei Kreditinstituten) bzw. Summe der Bruttoprämien gemessen (Art. 5). Im Unterschied zum GWB sind bereits geplante Zusammenschluß-Vorhaben gegenüber der EU-Kommission stets anzumelden, weil es sich dabei immer um Großfusionen handelt. Die europäische Fusionskontrolle wirkt damit vorbeugend (Art. 7–10).

### Zusatzaktie
Bezeichnung für eine → Berichtigungsaktie, die durch eine → Kapitalerhöhung aus Gesellschaftsmitteln ausgegeben wird.

### Zusatzdividende
→ Dividende, die eine → Aktiengesellschaft über die reguläre Dividende hinaus als → Bonus zahlt.

### Zusatzkarte
Jeder Anbieter von → Kreditkarten hat neben seinen normalen Karten und → Goldkarten Z. im Angebot. Z. sind mit den gleichen Zahlungsfunktionen und sonstigen Features ausgestattet. Sie kosten allerdings nur einen Bruchteil des Preises der Hauptkarte. Ausnahme: → Diners Club, der Z. für Familienmitglieder sowie persönliche → Firmenkarten kostenfrei an seine Mitglieder abgibt.

### Zusatzkosten, → kalkulatorische Kosten.

### Zusatzleistungen
Wesentliches (Marketing-)Element im Geschäft mit → Kreditkarten. Z. sind all die Leistungen, die über die eigentliche Zahlungsfunktion einer Kreditkarte hinausgehen. Dazu gehören etwa Zusatz-Versicherungen, die kostenlose Nutzung von Flughafen-Lounges (→ Diners Club), die Möglichkeit, sich per Kreditkarte → Bargeld aus → Geldausgabeautomaten zu beschaffen, und die Möglichkeit, per Kreditkarte zu telefonieren.

### Zusatzverkauf von Bankprodukten, → Cross-Selling.

### Zuschlags-Sparen, → Prämien-Sparen.

### Zuschlagsverordnung
Verordnung des → Bundesaufsichtsamts für das Kreditwesen (in der Fassung vom

1781

# Zuschreibungen

20.12.1984, BGBl. I, S. 1727) über die Festsetzung eines Zuschlags (→ Haftsummenzuschlag) für die Berechnung des → haftenden Eigenkapitals der Kreditinstitute in der Rechtsform der eingetragenen → Genossenschaft.

**Zuschreibungen,** → Wertaufholung.

## Zustellung

*Allgemein*: Amtliche Bekanntgabe von behördlichen oder gerichtlichen Entscheidungen (z. B. → Verwaltungsakt, Urteil) an die betroffenen → Personen. Mit Z. beginnt die Frist für die Einlegung von Rechtsbehelfen (Beschwerde, Einspruch und → Widerspruch) oder Rechtsmitteln (Berufung, Revision) zu laufen.

*Zwangsvollstreckung*: Bekanntgabe des → Vollstreckungstitels an den → Schuldner. Ohne Z. kann die → Zwangsvollstreckung nicht eingeleitet werden (§ 750 ZPO).

*Formen*: Die Z. geschieht von Amts wegen durch den Gerichtsvollzieher (§ 166 ZPO) oder im Parteibetrieb von Anwalt zu Anwalt (§ 198 ZPO). Läßt sich der Aufenthaltsort des Schuldners nicht ermitteln, kann eine öffentliche Z. durch öffentliche Bekanntmachung erfolgen.

*Verfahren*: Zuzustellen ist an den Schuldner, bei eingeschränkter → Geschäftsfähigkeit an dessen → gesetzlichen Vertreter (§ 171 Abs. 1 ZPO). Gegenüber → Vereinen, → juristischen Personen, → Handelsgesellschaften und Behörden ist die Zustellung an deren vertretungsberechtigte → Organe bzw. Gesellschafter oder Vorsteher zu bewirken (§ 171 Abs. 2 ZPO). Bei Vollkaufleuten genügt auch die Zustellung an den Generalbevollmächtigten oder den → Prokuristen. Anderen nicht rechtsfähigen Personenengemeinschaften gegenüber, insbes. Gesamthandelsgemeinschaften und → Bruchteilsgemeinschaften, ist an jedes Mitglied gesondert zuzustellen.

*Praktische Bedeutung*: Jedes → Kreditinstitut als → Gläubiger sollte zur Vermeidung erheblicher Rechtsnachteile unbedingt darauf achten, daß die Formalien der Z. strikt eingehalten werden. Ohne ordnungsgemäße Z. bleibt eine anschließende → Pfändung wirkungslos. Eine nachträgliche Beseitigung von Zustellungsmängeln ist zwar möglich, hat aber keine Rückwirkung.

**Zustellungssaldo,** → Pfändung in Bankkonten.

## Zu versteuerndes Einkommen

Nach dem Einkommensteuergesetz (§ 2 Abs. 5 EStG) und Körperschaftsteuergesetz (§ 7 Abs. 1, 2 KStG) die Bemessungsgrundlage der → Einkommensteuer bzw. der → Körperschaftsteuer.

## Zuwachssparen

Sammelbezeichnung für sparkasseneigene Kontensparformen, die i. d. R. mit dreimonatiger Kündigungsfrist ausgestaltet sind und darüber hinaus Zusatzvereinbarungen über besondere Verzinsungsmodalitäten für erbrachte Sparleistungen aufweisen.

**Zuwachs-Sparkassenbuch,** → Zuwachs-Sparurkunde.

## Zuwachs-Sparurkunde

→ Urkunde, die beim Zuwachssparen der → Sparkassen in der Form der Einmal-Anlage ausgestellt wird. Der Sparer zahlt einmalig auf ein → Sparkonto mit dreimonatiger Kündigungsfrist (und zumeist vorgeschalteter → Kündigungssperrfrist) einen bestimmten Geldbetrag für eine vorher fest vereinbarte Vertragslaufzeit von i. d. R. drei bis fünf Jahren ein. Die Mindesteinlage ist unterschiedlich. Sie beträgt etwa 2.000 bis 3.000 DM. Die Verbriefung der → Spareinlage erfolgt durch die wertpapierähnlich ausgestattete Z.-S. (oder auch durch ein Zuwachs-Sparkassenbuch). Es handelt sich dabei um eine Sparurkunde i. S. von § 21 Abs. 4 RechKredV. Bei Vertragsabschluß wird ein jährlich steigender Sonderzinssatz vereinbart. In der Z.-S. wird ferner vereinbart, daß die Sparkasse das eingezahlte Guthaben einschließlich → Zinsen und → Zinseszinsen nach vorheriger → Kündigung zum Vertragsende nur an den → Gläubiger oder an einen von ihm der Sparkasse bezeichneten Begünstigten gegen Rückgabe der Urkunde auszahlt. Damit besitzt die Z.-S. i. a. nicht die Rechtsnatur eines qualifizierten Legitimationspapiers (Sparbuch).

## Zuzahlung

Betrag, der bei → Wandlung einer → Wandelanleihe bzw. bei → Optionsanleihen gezahlt werden muß, um den → Basiswert kaufen zu können.

## ZWA
Abk. für → Zentraler Wettbewerbsausschuß.

## Zwangshypothek
→ Sicherungshypothek, die zwangsweise im Rahmen der → Zwangsvollstreckung des → Gläubigers gegenüber dem → Schuldner wegen einer titulierten Geldforderung in Höhe von mindestens 500 DM (schuldrechtlicher → Vollstreckungstitel) auf dessen Antrag hin vom → Grundbuchamt in Abt. III des → Grundbuches eines dem Schuldner gehörenden → Grundstücks eingetragen wird (§§ 867, 868 ZPO).

Zahlt der Schuldner immer noch nicht, hat sich der Gläubiger einen dinglichen Vollstreckungstitel nach § 1147 BGB, gerichtet auf die Duldung der Zwangsvollstreckung in das Grundstück, zu verschaffen. Erst danach kann er die eigentliche Zwangsvollstreckung des belasteten Grundstücks durch → Zwangsversteigerung oder → Zwangsverwaltung (vgl. § 869 ZPO) einleiten. Für die bereits grundpfandrechtlich gesicherten → Kreditinstitute spielt die Z. demnach keine Rolle, wohl aber für andere bisher noch nicht entsprechend abgesicherte Gläubigergruppen.

## Zwangskonversion, → Konversion, → Konversionsanleihe.

## Zwangssparen
Unfreiwilliges → Sparen, das durch Preissteigerungen herbeigeführt wird, die die → Kaufkraft des → Geldes mindert.

## Zwangsvergleich
Der vom Konkursgericht (Amtsgericht) bestätigte → Vertrag des → Gemeinschuldners mit den nichtbevorrechtigten → Konkursgläubigern über eine bestimmte, an die Stelle der Konkursverteilung tretende Befriedigung dieser → Gläubiger. Er erfordert einen vom Gemeinschuldner ausgehenden Vorschlag (i.d.R. mindestens 20%ige Befriedigung der → Forderungen [Vergleichsquote]), der von den Gläubigern in einer → Gläubigerversammlung angenommen wird (Zustimmung der Mehrheit der anwesenden nichtbevorrechtigten Konkursgläubiger, die 75% der stimmberechtigten Forderungen vertreten). Der Z. bedarf der gerichtlichen Bestätigung (§§ 173 ff. KO).

## Zwangsversteigerung
→ Zwangsvollstreckung mit dem Ziel, die → Sache dem Eigentümer zu entziehen, zwangsweise zu veräußern und den → Gläubiger aus dem Erlös zu befriedigen. Rechtsgrundlage ist das Gesetz über die Z. und Zwangsverwaltung (Zwangsversteigerungsgesetz [ZVG]). Zuständig ist das Amtsgericht als Versteigerungsgericht, in dessen Bezirk das betreffende → Grundstück belegen ist (§ 1 ZVG) oder sich das → Schiff befindet (§ 163 Abs. 1). Bei Flugzeugen ist das Amtsgericht Braunschweig zuständig (§ 171 b Abs. 1).

*Eröffnung*: Die Z. wird auf Antrag durch Beschluß des Vollstreckungsgerichts angeordnet (§ 15 ZVG). Antragsberechtigt ist nicht nur ein dinglicher Gläubiger (Inhaber eines → Grundpfandrechts), sondern auch ein persönlicher Gläubiger. Wegen der ungünstigen Rangklasse ihres schuldrechtlichen → Anspruchs beschaffen sich persönliche Gläubiger zumeist zunächst einen dinglichen Anspruch durch eine → Zwangshypothek (§ 867 ZPO). Der antragstellende Gläubiger hat die Vollstreckungsvoraussetzungen sowie die Eintragung des → Schuldners als Eigentümer im → Grundbuch nachzuweisen (§ 17 ZVG). Mit dem Anordnungsbeschluß wird das Grundstück zugunsten des Gläubigers beschlagnahmt (§ 20 ZVG), wobei die Beschlagnahme gegenüber Dritten grundsätzlich erst mit ihrer Eintragung im Grundbuch wirksam wird (§ 22 ZVG; Eintragung eines → Zwangsversteigerungsvermerks). Die Beschlagnahme begründet zum Schutze des Vollstreckungsgläubigers ein relatives gerichtliches Veräußerungsverbot i.S.v. §§ 136, 135 BGB (§ 23 ZVG). Sie umfaßt grundsätzlich alle für ein Grundpfandrecht mithaftenden Gegenstände (→ Grundpfandrecht, Haftungsverband).

*Verfahren*: Am Verfahren nehmen der betreibende Gläubiger und der Schuldner teil sowie die sonstigen Beteiligten i.S.v. § 9 ZVG. Dazu gehören vor allem die Inhaber von im Grundbuch eingetragenen → Grundstücksrechten oder solchen Rechten, deren Eintragung durch → Vormerkung oder → Widerspruch gesichert ist. Die Inhaber nicht eingetragener Rechte (z.B. eines nicht auf ihren Namen im Grundbuch eingetragenen Briefgrundpfandrechts) müssen ihr → Recht bei Gericht spätestens bis zum Versteigerungstermin anmelden, um Berücksichtigung zu finden.

## Zwangsversteigerungsvermerk

*Gebot und Zuschlag*: Ein Gebot wird nur zugelassen, wenn es mindestens das →geringste Gebot erreicht. Es erhält dann derjenige den Zuschlag, der das höchste Gebot (Meistgebot) abgibt; er erwirbt an dem ersteigerten Grundstück →Eigentum kraft Gesetzes (§§ 81, 90 ZVG). Alle nicht in das geringste Gebot aufgenommenen Rechte (§ 52 ZVG) erlöschen, falls zwischen dem Inhaber und dem Ersteher keine abweichende Vereinbarung getroffen wurde (§ 91 ZVG). Im ersten Versteigerungstermin darf jedoch ein Zuschlag nicht erfolgen, wenn das Meistgebot einschließlich des Kapitalwertes der bestehenbleibenden Rechte die Hälfte des Grundstückswertes nicht erreicht (§ 85a ZVG). Darüber hinaus muß das Meistgebot mindestens sieben Zehntel des →Verkehrswertes erreichen, falls ein Gläubiger, der sonst einen Ausfall erleiden würde, dies beantragt (§ 74a ZVG). Diese Grenzen gelten für weitere Versteigerungstermine nicht mehr, so daß dort nur das geringste Gebot erreicht werden muß. Ein →Kreditinstitut, dessen Grundpfandrecht nicht in das geringste Gebot fällt, weil das Verfahren von einem vorrangigen Gläubiger betrieben wird, trägt daher bei relativ niedrigen Geboten und umfangreichen vorrangigen Rechten ein erhebliches Ausfallrisiko. Es kann selbst das Grundstück ersteigern, um bei günstigeren Marktverhältnissen das Objekt zu einem höheren Preis zu veräußern. Es kann sich gegen dieses Risiko durch eine →Ausbietungsgarantie absichern.

*Verteilung des Erlöses*: Auf einem festgelegten Termin wird auf der Grundlage eines von dem Gericht erstellten Teilungsplans der Teil des Meistgebots, den der Ersteher in bar bezahlen muß, in der Reihenfolge der Klassen verteilt (§ 105ff. ZVG). Die einzelnen Rechte sind gemäß § 10 ZVG in acht verschiedene Klassen aufgeteilt. Die wichtigsten für Kreditinstitute sind die Verfahrenskosten und die Kosten der →Zwangsverwaltung (Rangklasse 1), die →öffentlichen Lasten des Grundstücks (Rangklasse 3) und die Inhaber von dinglichen Grundstücksrechten (Rangklasse 4). Die Reihenfolge der Befriedigung in dieser Kategorie bestimmt sich nach dem jeweiligen Rang der Grundstücksrechte. Ein nicht voll befriedigter Grundstücksgläubiger, der den Zuschlag zu einem Gebot unter der Sieben-Zehntel-Grenze erhalten hat, gilt auch in Höhe seines Ausfalls bis zum Betrag dieser Grenze als befriedigt (§ 114a ZVG).

*Wahl zwischen Z. und Zwangsverwaltung*: Der Gläubiger kann die Z. oder die Zwangsverwaltung betreiben (§ 866 ZPO). Kann er aber in relativ kurzer Zeit mittels Zwangsverwaltung befriedigt werden, ist er nach →Treu und Glauben darauf beschränkt. Bei mit Mehrfamilienhäusern bebauten Grundstücken empfiehlt sich die gleichzeitige Einleitung beider Verfahren, da nur die Zwangsverwaltung zu einer Beschlagnahme auch der Mietzinsansprüche führt (§§ 21 Abs. 2, 148 Abs. 1 ZVG). Wirft das Grundstück keine laufenden Erträge ab (Einfamilienhäuser), kann der Gläubiger sich nur mittels Z. Befriedigung verschaffen.

Auf die Z. von Schiffen, Schiffsbauwerken und Luftfahrzeugen finden die Vorschriften über die Versteigerung von Grundstücken entsprechende Anwendung, soweit sich nicht aus den §§ 163–170a bzw. 171b–171g ZVG etwas anderes ergibt.

### Zwangsversteigerungsvermerk

Die im →Grundbuch vorzunehmende Eintragung, daß im Hinblick auf das betreffende →Grundstück die →Zwangsversteigerung angeordnet ist. Sie wird vom →Grundbuchamt auf Ersuchen des Versteigerungsgerichts eingetragen (§ 19 ZVG).

Der Z. hat zur Folge, daß das durch den Anordnungsbeschluß eingetretene Veräußerungsverbot gegenüber den Erwerbern des →Grundstücks, von →Grundstücksrechten und von mithaftenden →beweglichen Sachen, insbes. von →Zubehör wirksam wird (§ 892 Abs. 1, 2 BGB, § 23 ZVG). Erwirbt jemand ein Grundstück, bei dem ein solcher Vermerk eingetragen ist, so wird die Zwangsversteigerung ohne Rücksicht auf die Eigentumslage fortgesetzt (§ 26 ZVG). Wird jemand später Inhaber eines Grundstücksrechts, so sind dessen Ansprüche gegenüber dem betreibenden →Gläubiger unwirksam und daher erst in der Rangklasse 6 zu befriedigen (§ 10 ZVG). Kauft jemand mithaftende bewegliche Sachen, insbes. Grundstückszubehör an, so ist ein →gutgläubiger Erwerb ausgeschlossen, da mit Eintragung die Kenntnis des Erwerbers von dem Zwangsversteigerungsverfahren unwiderleglich vermutet wird (§ 23 Abs. 2 ZVG).

## Zwangsverwaltung

→ Zwangsvollstreckung in → Grundstücke mit dem Ziel, die Befriedigung des betreibenden → Gläubigers aus den laufenden Erträgen des Grundstücks, insbes. aus Miet- und Pachtverträgen (→ Miete, → Pacht) herbeizuführen, ohne daß dem Eigentümer das Grundstück entzogen wird (§§ 146 ff. ZVG).

Die Durchführung obliegt einem gerichtlich bestellten Zwangsverwalter (§ 150 ZVG), wobei ein in § 150 a ZVG aufgeführter Gläubiger (z. B. eine → private Hypothekenbank) einen fachkundigen Bediensteten als Verwalter einsetzen lassen kann (§ 150 a ZVG), was erhebliche Kostenvorteile mit sich bringt. Die Aufgabe des Verwalters ist es, das Grundstück unter der Aufsicht des Gerichts in einem wirtschaftlichen Zustand zu erhalten und ordnungsgemäß zu nutzen (§§ 152, 153 ZVG). Nach Abzug der Verfahrens- und Verwaltungskosten verbleibende Überschüsse werden – ähnlich wie bei der → Zwangsversteigerung – nach Rangklassen verteilt (§§ 155–158 ZVG). Nur die → Ansprüche von Grundpfandrechtsgläubigern auf laufende wiederkehrende Leistungen (→ Zinsen und Tilgungsraten) sind in der vierten Rangklasse zu befriedigen; Ansprüche aus rückständigen Leistungen sind in der fünften Klasse zu befriedigen (§ 155 Abs. 2 ZVG).

## Zwangsvollstreckung

Durchsetzung privatrechtlicher → Ansprüche durch staatliche Zwangsmaßnahmen in das → Vermögen des → Schuldners. Die Z. erfaßt nur einzelne Vermögensgegenstände des Schuldners (Einzelvollstreckung) im Gegensatz zur Gesamtvollstreckung beim → Konkurs, bei dem das gesamte Vermögen des Schuldners i. S. v. § 1 KO erfaßt wird.

*Rechtsgrundlagen*: §§ 704 ff. ZPO. Die Besonderheiten für die Z. in → Grundstücke sind im Zwangsversteigerungsgesetz (ZVG) geregelt.

*Arten*: Zu unterscheiden sind die Z., die auf Zahlung gerichtet ist (für die Bankpraxis von besonderer Bedeutung), und die Z., die auf Herausgabe von → Sachen bzw. auf die Erwirkung von Handlungen und Unterlassungen gerichtet ist (vgl. Abbildung S. 1786).

Die Z. wegen Geldforderungen ist die häufigste Form der Z., wobei es gleichgültig ist, ob die → Forderung auf Deutsche Mark oder eine ausländische → Währung (→ Fremdwährungsschuld) lautet. Da der Anspruch nicht auf einen bestimmten Leistungsgegenstand gerichtet ist, kann sich der → Gläubiger aus dem gesamten Vermögen des Schuldners, soweit es der → Pfändung unterliegt, Befriedigung verschaffen. Die Z. kann sich erstrecken auf → bewegliche Sachen (→ Pfändung von beweglichen Sachen), auf das unbewegliche Vermögen, insbes. auf Grundstücke (→ Zwangsvollstreckung in unbewegliches Vermögen) und auf Forderungen, wie z. B. Geldforderungen (Pfändung von Geldforderungen), verbriefte Forderungen (Pfändung von → Wertpapieren), → Grundpfandrechte (→ Pfändung von Grundpfandrechten). → Kreditinstitute können auch als Dritte in Zwangsvollstreckungsverfahren einbezogen werden, da Schuldner einen großen Teil ihres beweglichen Vermögens bei ihnen halten (→ Pfändung in Bankkonten, Pfändung in Sparkonten).

*Vollstreckungsmittel* sind bei beweglichen Sachen: → Pfändung und Versteigerung der gepfändeten Sachen (Ausnahmen: Geld und → Wertpapiere, die einen Börsen- oder Marktpreis haben); bei Forderungen und anderen Rechten: → Pfändungs- und Überweisungsbeschluß; bei unbeweglichem Vermögen (Grundstücke, grundstücksgleiche Rechte, eingetragene → Schiffe, eingetragene Luftfahrzeuge): → Zwangsversteigerung oder Zwangsverwaltung oder Eintragung einer → Zwangshypothek.

*Voraussetzung*: Zunächst eine → Urkunde, aus der die Z. zugelassen wird. Dieser → Vollstreckungstitel muß mit einer → Vollstreckungsklausel für vollstreckungsreif erklärt werden; beides ist dem Schuldner zuzustellen (→ Zustellung).

*Verfahrensbeteiligte*: Vollstreckungsgläubiger, Vollstreckungsschuldner und das jeweilige staatliche Vollstreckungsorgan, nämlich der Gerichtsvollzieher bei der Pfändung von beweglichen Sachen, das Amtsgericht (Rechtspfleger), dem bestimmte Vollstreckungsmaßnahmen übertragen worden sind, insbes. die Z. in Forderungen und andere Vermögensrechte, die Z. in Grundstücke, das → Grundbuchamt für die Eintragung einer Zwangshypothek. Bei der Z. in Geldforderungen kommt noch der Schuldner der gepfändeten Forderung als soge-

# Zwangsvollstreckung

**Zwangsvollstreckung – Arten**

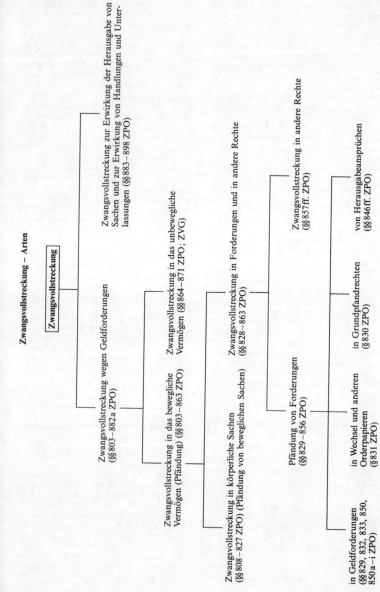

# Zwecksparen

nannter → Drittschuldner hinzu. Bei der Z. in Grundstücke kann sich der Kreis der Verfahrensbeteiligten darüber hinaus noch erweitern.

*Verfahrensablauf*: Die Z. wird durch Antrag des Gläubigers an das zuständige staatliche Vollstreckungsorgan eingeleitet, in der Praxis häufig durch Antrag an die Verteilungsstelle für Gerichtsvollzieher des Amtsgerichts. Der Gläubiger hat nachzuweisen, daß die Voraussetzungen der Z. (Vollstreckungstitel, Vollstreckungsklausel und Zustellung) erfüllt sind. Der Ablauf der Z. ist aus Gründen der Rechtssicherheit streng formalisiert. Die gesetzlichen Vorschriften haben auch Schuldnerschutzfunktion. Gläubiger und Schuldner können formale Verfahrensfehler mit Hilfe der Vollstreckungserinnerung (§ 766 ZPO) rügen, der Schuldner kann zusätzlich materiell-rechtliche Einwendungen mit Hilfe der → Vollstreckungsabwehrklage (§ 767 ZPO) geltend machen. Im Falle des Zusammentreffens von Zwangsvollstreckungsmaßnahmen mehrerer Gläubiger kann sich ein benachteiligt fühlender Gläubiger mit Hilfe der → Drittwiderspruchsklage oder Klage auf vorzugsweise Befriedigung zur Wehr setzen. Bei ergebnislosem Zwangsvollstreckungsversuch kann der Gläubiger den Schuldner zur Offenlegung seiner wirtschaftlichen Verhältnisse und Ablegung einer → eidesstattlichen Versicherung zwingen. Außergewöhnliche Vermögensverminderungen durch den Schuldner kurz vor Beginn der Z. können ggf. von dem Gläubiger angefochten werden (→ Gläubigeranfechtung, → Anfechtung).

## Zwangsvollstreckung in bewegliches Vermögen, → Pfändung.

## Zwangsvollstreckung in unbewegliches Vermögen

→ Zwangsvollstreckung wegen einer Geldforderung in → Grundstücke, grundstücksgleiche Rechte, → Schiffe und Schiffsbauwerke sowie Luftfahrzeuge. Die Z. in Grundstücke erfolgt durch → Zwangsversteigerung oder → Zwangsverwaltung (§ 866 Abs. 1 ZPO). Voraussetzung ist, daß der → Gläubiger Inhaber eines → Grundpfandrechts ist oder sich ein solches Recht zwangsweise durch Eintragung einer → Zwangshypothek verschafft hat (§§ 866, 867 ZPO). Die Z. in ein im → Schiffsregister eingetragenes Schiff erfolgt nach § 870a ZPO nur durch Eintragung einer → Schiffshypothek für die → Forderung oder durch Zwangsversteigerung. Entsprechend erfolgt die Z. in ein Luftfahrzeug, das im Register für → Pfandrechte an Luftfahrzeugen (Amtsgericht Braunschweig) eingetragen ist.

## Zwangsvollstreckungsklausel, → Vollstreckungsklausel.

## Zwanziger-Ausschuß

Um zehn Länder (Argentinien, Äthiopien, Australien, Brasilien, Indien, Indonesien, Irak, Marokko, Mexiko, Zaire) erweiterte → Zehner-Gruppe im → Internationalen Währungsfonds (IWF), die 1972 mit dem Ziel der Reform der → internationalen Währungsordnung eingesetzt wurde. Der Zwanziger-Ausschuß (Ausschuß des Gouverneursrates) wurde 1974 nach Erledigung seines Auftrages von dem ursprünglich analog zusammengesetzten, heute aus je elf Mitgliedern aus Industrie- und Entwicklungsländern bestehenden → Interimsausschuß des IWF abgelöst.

## Zweckaufwand

→ Aufwendungen, die zugleich → Kosten sind.
*Gegensatz:* → neutraler Aufwand.

## Zweckerklärung, → Sicherungsabrede.

## Zweckertrag

→ Erträge, die zugleich → Erlöse sind.
*Gegensatz:* → neutraler Ertrag.

## Zwecksparen

Grundsätzlich hat jedes → Sparen ein individuelles, vom Sparer bestimmtes Ziel. Es kann allgemein in der Vermögensbildung und -ansammlung oder in einem konkreten Verwendungszweck liegen (zweckbedingtes Sparen). → Kreditinstitute bieten zweckbedingtes Sparen in der Weise an, daß für eine bestimmte Zeit durch regelmäßiges Sparen Spargutenhaben für einen vorher festgelegten Verwendungszweck angesammelt werden. Derartige Zwecksparverträge können mit einem Anwartschaftsrecht auf Gewährung eines zinsgünstigen → Darlehens gekoppelt sein. Sparverträge, die durch Gewährung von → Wohnungsbauprämie aufgrund des → Wohnungsbau-Prämiengesetzes gefördert werden, sind Zwecksparverträge ohne Anwartschaftsrecht auf Darlehen.

Das auf Gewährung von Darlehen aus den gesammelten Geldbeträgen gerichtete Z. durch sogenannte Zwecksparunternehmen

## Zwecksparkassen

(Zwecksparkassen) ist gemäß § 3 Nr. 2 KWG verboten. Davon ausgenommen sind →Bausparkassen. →Bausparen ist Sparen, bei dem mit dem Abschluß eines →Bausparvertrages ein Rechtsanspruch auf ein →Bauspardarlehen erworben wird.

**Zwecksparkassen,** →Bausparkassen, →Zwecksparunternehmen.

## Zwecksparunternehmen

→Kreditinstitut, dessen bankgeschäftliche Betätigung unter den in § 3 Nr. 2 KWG genannten Voraussetzungen untersagt und mit Strafe bedroht ist (§ 54 KWG, →verbotene Bankgeschäfte nach dem KWG). Auch →Bausparkassen sind Z., sie sind jedoch ausdrücklich vom Verbot des KWG ausgenommen.

*Z. nach § 3 Nr. 2 KWG:* Private Unternehmen, die Geldbeträge annehmen, wobei der überwiegende Teil der Geldgeber einen Rechtsanspruch auf Gewährung von →Darlehen aus diesen Geldbeträgen oder auf Verschaffung von Gegenständen auf →Kredit hat. Diese Geschäfte von Z. (auch als Zwecksparkassen bezeichnet) sind gemäß § 3 Nr. 2 KWG verboten; das Verbot gilt nicht für →Bausparkassen.

**Zweckverbandssparkassen,** →Sparkassen.

## Zweifache derivative Absicherungsinstrumente

Absicherungsinstrumente, deren aktueller Wert u.a. von einem →derivativen Instrument abhängt, z.B. →Optionen auf Optionen, →Optionsscheine auf Optionsscheine, →Optionen auf →Swaps und →Optionen auf Futures.
(→Exotische Option, →Exotic Swap)

## Zweiganstalten der Deutschen Bundesbank

Oberbegriff für Hauptstellen und Zweigstellen der →Deutschen Bundesbank gemäß § 10 BBankG. Orte mit Z. d. D. B. werden als →Bankplatz bezeichnet. Über Errichtung und Schließung der (derzeit knapp 200) Z. d. D. B. beschließt der →Zentralbankrat der Deutschen Bundesbank (§ 21 Bundesbank-Satzung). Das Z.-Netz der Bundesbank erleichtert insbes. die Versorgung mit →Bargeld und die Abwicklung des →bargeldlosen Zahlungsverkehrs (→Zahlungsverkehrsabwicklung über die Deutsche Bundesbank).

Als →„Filialen" der Bundesbank bestanden ab 1.7.1990 im Gebiet der (früheren) DDR unselbständige, einer Vorläufigen Verwaltungsstelle zugeordnete Einrichtungen. Diese Stelle wiederum unterstand dem →Direktorium der →Deutschen Bundesbank (§ 25a Abs. 1 BBankG). Ihre Aufgaben waren mit denen einer Hauptverwaltung (→Landeszentralbanken) in den „alten" Bundesländern vergleichbar (→Deutsche Bundesbank, Organisationsstruktur). Seit 1.11.1992 bestehen in allen 16 Ländern Landeszentralbanken, z.T. länderübergreifend (→Zentralbanksystem in Deutschland).

## Zweigstelle(n) ausländischer Banken

Rechtlich unselbständige Teile ausländischer →Banken in der BRD, deren steigende Anzahl auf die Anziehungskraft des →Finanzplatzes Deutschland zurückzuführen ist. Auslandseinfluß im Bankenbereich erfolgt nicht nur über Z.a.B., sondern auch über Inlandsbanken, die im Mehrheitsbesitz ausländischer →Kreditinstitute sind. Sie werden zusammengefaßt als →Auslandsbanken bezeichnet. Von den Repräsentanzen (§ 53a KWG) unterscheiden sich Z.a.B. dadurch, daß sie selbst →Bankgeschäfte i. S. d. KWG betreiben. Die Bundesbank erfaßt diese Gruppe in ihrer →Bankenstatistik gesondert innerhalb der Kreditbanken.

*Bankenaufsicht*: Da es aus bankaufsichtlichen und wettbewerbspolitischen Gründen nicht gerechtfertigt ist, solche Z.a.B. unbeaufsichtigt zu lassen, werden sie aufgrund der Sonderregelungen des § 53 KWG als selbständige Kreditinstitute betrachtet (bankaufsichtliche Gleichbehandlung der Z.a.B. mit den Kreditinstituten inländischen Rechts). Gemäß § 53 KWG gilt eine Z.a.B. als Kreditinstitut, wenn es →Bankgeschäfte in vollkaufmännischen Umfange betreibt. Die Z.a.B. unterliegt damit den Vorschriften des KWG ungeachtet der Tatsache, daß deren Verpflichtungen das Unternehmen als Rechtsträger insgesamt treffen. Unterhält das ausländische Unternehmen mehrere Zweigstellen, so gelten sie zusammen als ein Kreditinstitut.

*Erlaubnis*: Die Aufnahme der Geschäftstätigkeit einer jeden Zweigstelle des Unternehmens bedarf der Erlaubnis, während die Eröffnung von Zweigstellen inländischer Kreditinstitute nur anzuzeigen ist. Hat das ausländische Institut seinen Sitz in einem

Mitgliedstaat der →Europäischen Union, bedarf die Errichtung einer Z.a.B. keiner Erlaubnis mehr (§ 53b Abs. 1 KWG). Aufgrund eines →Europäischen Passes für das →Mutter-Unternehmen ist das →Bundesaufsichtsamt für das Kreditwesen (BAK) nur befugt, die Bedingungen zu stellen, die für die Ausübung der von der Z.a.B. geplanten Tätigkeiten „aus Gründen des Allgemeininteresses" gelten (§ 53b Abs. 2 und 3 KWG). Spätestens zwei Monate nach Eingang der Unterlagen der heimatstaatlichen →Bankenaufsicht kann die Z.a.B. errichtet werden und ihre Tätigkeit aufnehmen. – Vgl. auch die Übersicht „Zweigstellen ausländischer Banken – Aufsichtsregeln", S. 1790–1792.

Das ausländische Unternehmen hat für Zweigstelle(n) mindestens zwei verantwortliche Personen mit Wohnsitz im Geltungsbereich des Gesetzes zu bestellen. Sie gelten als →Geschäftsleiter und sind ins →Handelsregister einzutragen. Die Geschäftsführungsbefugnis und Vertretungsmacht muß sich auf den gesamten Geschäftsbereich der Z.a.B. erstrecken, darf nach außen nicht beschränkt werden und muß von der Mitwirkung von →Personen mit Wohnsitz im Ausland unabhängig sein. Die Geschäftsleiter der Z.a.B. müssen zuverlässig und fachlich geeignet sein (→ Erlaubniserteilung für Kreditinstitute); ferner müssen sie die deutsche Sprache beherrschen. Nach der Verwaltungspraxis des BAK muß einer der Geschäftsleiter eine dreijährige Tätigkeit bei deutschen Kreditinstituten ausgeübt haben. Bei Geschäftsleitern, die überwiegend im Ausland tätig waren, ist die fachliche Eignung gegeben, wenn sie eine dreijährige leitende Tätigkeit bei einem – auch ausländischen – Kreditinstitut von vergleichbarer Größe und Geschäftsart nachweisen sowie eine einjährige bankbezogene Tätigkeit im Inland ausgeübt haben. – Damit der Geschäftsbetrieb der Z.a.B. bankaufsichtlich überwacht werden kann, wird das Institut zu gesonderter Buchführung und →Rechnungslegung über die von ihm betriebenen Geschäfte und das seinem Geschäftsbetrieb dienende Vermögen verpflichtet. Die Bücher müssen bei der inländischen Z.a.B. geführt werden. Die handelsrechtlichen Vorschriften finden Anwendung.

*Eigenkapital*: Als *haftendes Eigenkapital* gilt die Summe des der Zweigstelle zur Verfügung gestellten Betriebskapitals und der ihm zur Verstärkung der eigenen Mittel überlassenen Betriebsüberschüsse abzüglich eines etwaigen aktiven Verrechnungssaldos (eine aus dem Verrechnungsverkehr entstandene →Forderung gegenüber dem ausländischen Unternehmen, →haftendes Eigenkapital der Kreditinstitute). Für die Höhe des haftenden Eigenkapitals ist der jeweils letzte →Monatsausweis maßgebend.

*Verbandszugehörigkeit*: Die Zweigstellen ausländischer Banken sind mittelbar über die regionalen Mitgliedsverbände im →Bundesverband deutscher Banken e.V., Köln, zusammengeschlossen (→Verbände und Arbeitsgemeinschaften der Kreditwirtschaft). Im Bereich dieses Verbandes sind sie dem Einlagensicherungsfonds angeschlossen, wonach die nicht in →Wertpapieren verbrieften →Einlagen einer einzelnen Nichtbank bis zu 30 Prozent des haftenden Eigenkapitals gegen Verluste gesichert sind (→Einlagensicherung).

## Zweigstellennetz
Bezeichnung für die Gesamtheit der Niederlassungen eines →Kreditinstituts (→Bankstellennetz in Deutschland).

## Zweimonatsgeld
Form des →Termingeldes im →Geldhandel zwischen →Banken.

## Zweites Finanzmarktförderungsgesetz
Gesetz über den Wertpapierhandel und zur Änderung börsenrechtlicher und wertpapierrechtlicher Vorschriften (2. FinMFöG), das am 26. Juli 1994 verkündet wurde.

*Ziele*: Die Verbesserung der Attraktivität und internationalen Wettbewerbsfähigkeit des →Finanzplatzes Deutschland durch verschiedene Maßnahmen, und zwar: (1) Erweiterung des Anlegerschutzes; (2) ordnungspolitische Absicherung der Funktionsfähigkeit der deutschen →Wertpapierbörsen; (3) internationale Zusammenarbeit bei der Beaufsichtigung des Wertpapierhandels; (4) Erweiterung der Geschäftsmöglichkeiten der →Kapitalanlagegesellschaften; (5) Abbau von Beschränkungen im →Depot- und im →Aktiengesetz. Außerdem dient das 2. FinMFöG der Umsetzung der EG-→Insider-Richtlinie und der EG-Transparenz-Richtlinie.

*Lösungsansätze*: An erster Stelle steht das neue →Wertpapierhandelsgesetz mit der Einführung eines Insider-Strafbestandes

## Zweites Finanzmarktförderungsgesetz

### Zweigstellen ausländischer Kreditinstitute – Aufsichtsregeln

| Gegenstand | § 53 KWG<br>Sitz der Zentrale<br>außerhalb der EG | § 53b KWG<br>Sitz der Zentrale<br>in einem EG-Land |
|---|---|---|
| Bankerlaubnis | § 32 KWG: erteilt BAK auf Antrag | – |
| Versagung der Bankerlaubnis | § 33 KWG | – |
| Aussetzung oder Beschränkung der Bankerlaubnis | § 33a KWG; Umsetzung eines Beschlusses der EG-Kommission | – |
| Erlöschen und Aufhebung | § 35 KWG | – |
| Geschäftsumfang | Universalbanklizenz nach § 1 Abs. 1 KWG (außer Nr. 6: Kapitalanlagegesellschaften) | § 1 Abs. 1 (außer Nr. 6) + Abs. 3 Nr. 2–11 KWG; maßgeblich ist Banklizenz des Heimatlandes |
| Zwei geeignete Geschäftsleiter | § 33 Abs. 2 KWG | – |
| Eintragung im Handelsregister | §§ 1 Abs. 1, 13d Abs. 3 HGB<br>Mußkaufmann ist eintragungspflichtig ||
| Eintragung der Geschäftsleiter | § 53 Abs. 2 Nr. 1 KWG | – |
| Abberufung von Geschäftsleitern | §§ 36, 53 Abs. 2 Nr. 5 KWG | – |
| Eigenkapitalausstattung | §§ 53 Abs. 2 Nr. 4, 10 KWG: Dotations- und eingeschränktes Ergänzungskapital, Grundsätze I und Ia | – |
| Maßnahmen bei unzureichendem EK | § 45 Abs. 1 Nr. 1 KWG | – |
| Verbotene Geschäfte | § 3 KWG ||
| Auskunft über verbotene Geschäfte | § 44 Abs. 2–4 KWG ||
| Einschreiten gegen ungesetzliche Geschäfte | § 37 KWG ||
| Liquidität | § 11 KWG: Grundsätze II und III ||
| Maßnahmen bei unzureichender Liquidität | § 45 Abs. 1 Nr. 2 KWG | §§ 53b Abs. 4+5, 45 KWG |
| Begrenzung von Anlagen | § 12 KWG: Beschränkung von Anlagen und Beteiligungsbesitz | – |
| Großkredite | § 13 KWG: Anzeigepflicht, Höchstgrenzen | – |
| 3-Millionen-DM-Kredite | § 14 KWG: Anzeigepflicht ||
| Organkredite | §§ 15,16 KWG: Einstimmiger Beschluß aller Geschäftsleiter | – |
| Kreditprüfung | §§ 18–20 KWG:<br>wirtschaftliche Verhältnisse des Kreditnehmers, Bilanzunterlagen ||
| Hinweis auf fehlende Einlagensicherung | § 23a KWG:<br>fehlende Mitgliedschaft im Einlagensicherungsfonds ||

## Zweites Finanzmarktförderungsgesetz

**Zweigstellen ausländischer Kreditinstitute – Aufsichtsregeln** (Fortsetzung)

| Gegenstand | § 53 KWG<br>Sitz der Zentrale<br>außerhalb der EG | § 53b KWG<br>Sitz der Zentrale<br>in einem EG-Land |
|---|---|---|
| Anzeige der Bestellung und des Ausscheidens von Geschäftsleitern | § 24 Abs. 1 Nr. 1,2 KWG | – |
| Anzeige der Änderung von Rechtsform, Firma, Satzung | § 24 Abs. 1 Nr. 4 KWG, § 13d HGB, § 44 AktG | nur noch im Handelsregister: § 13d HGB, § 44 AktG |
| Anzeige von Eigenkapitaländerungen | § 24 Abs. 1 Nr. 5 KWG | – |
| Anzeige der Sitzverlegung | § 24 Abs. 1 Nr. 6 KWG ||
| Anzeige der Errichtung und Schließung einer Zweigstelle | § 24 Abs. 1 Nr. 7 KWG ||
| Anzeige der Geschäfts-Einstellung | § 24 Abs. 1 Nr. 8 KWG ||
| Anzeige der Aufnahme oder Einstellung von Nicht-Bankgeschäften | § 24 Abs. 1 Nr. 9 KWG ||
| Anzeige der Übernahme oder Aufgabe einer bedeutenden Unternehmensbeteiligung | § 24 Abs. 1 Nr. 3 KWG | – |
| Anzeige des Erwerbs oder Aufgabe einer bedeutenden Beteiligung am Kreditinstitut | § 24 Abs. 1 Nr. 11 KWG | – |
| Jährliche Anzeige der bedeutenden Beteiligungen am Kreditinstitut | § 24 Abs. 1 Nr. 12 KWG | – |
| Eigentümerkontrolle | § 44b KWG | – |
| Anzeige der Fusionsabsicht | § 24 Abs. 2 KWG | – |
| Anzeigepflicht bei doppelter Geschäftsleiterfunktion | § 24 Abs. 3 KWG | – |
| Buchführung | § 53 Abs. 2 Nr. 2 KWG | §§ 238, 243 HGB (Grundsätze ordnungsmäßiger Buchführung) |
| Jahresabschluß | §§ 53 Abs. 2 Nr. 3, 26 KWG, 340 ff. HGB: Abschluß nach Formblatt, Anhang + Erläuterungen, Lagebericht sowie Prüfungsbericht; Vorlage an BAK und Bundesbank | §§ 242, 243 HGB: Bilanzierung nach Grundsätzen ordnungsmäßiger Buchführung, kein Formblatt, kein Prüfer |
| Veröffentlichungspflichten für den Jahresabschluß | unter bestimmten Voraussetzungen nur noch Heimatabschluß: § 3401 Abs. 2 HGB | nur noch Heimatabschluß: §§ 340 Abs. 1, 3401 Abs. 2 HGB |
| Monatsausweise/BISTA | § 25 KWG/§ 18 BBankG ||
| Anzeige des bestellten Prüfers | § 28 KWG; BAK und Bundesbank | – |
| Besondere Pflichten des Prüfers | § 29 KWG | – |
| Depotprüfung | § 30 KWG ||

**Zweiwochengeld**

| Gegenstand | § 53 KWG<br>Sitz der Zentrale<br>außerhalb der EG | § 53 b KWG<br>Sitz der Zentrale<br>in einem EG-Land |
|---|---|---|
| Schutz der Bezeichnungen „Bank", „Bankier" und „Sparkasse" | §§ 39, 40, 42, 43 Abs. 2 + 3 KWG | |
| Sonderprüfung durch BAK | § 44 Abs. 1 Nr. 1 KWG | |
| Datenübermittlung zur Konsolidierung | § 44a Abs. 1, 2 KWG | |
| Maßnahmen des BAK bei Gefahr | §§ 46 ff. KWG | |
| Zwangsmittel des BAK | § 50 KWG | |
| Umlage von Kosten und Gebühren der Aufsicht | § 51 KWG | nur noch für Depotprüfung und Sonderprüfung § 51 Abs. 3 KWG |

**Zweigstellen ausländischer Kreditinstitute – Aufsichtsregeln** (Fortsetzung)

Quelle: Die Bank 12/1993

und Errichtung eines Bundesaufsichtsamtes für den Wertpapierhandel. Der zweite Schwerpunkt ist in der Änderung des →Börsengesetzes zu sehen. Darin ist die →Börsenaufsicht verschärft worden, und zwar durch Erweiterung der Zuständigkeiten der Börsenaufsichtsbehörden sowie durch Einführung einer Handelsaufsicht an der Börse. Ferner ist die Leitungsstruktur der Börse in Anlehnung an das Organisationsmodell der →Aktiengesellschaften geändert, ein fairer Wettbewerb von Handelssystemen und Börsenplätzen gesichert, die Position der Anleger bei der Entscheidung über die Art der Ausführung von Wertpapieraufträgen gestärkt und die rechtlichen Grundlagen für die Errichtung einer funktionsfähigen Warenterminbörse geschaffen worden.
Daneben ist das Gesetz über Kapitalanlagegesellschaften geändert worden durch Erweiterung der Anlagemöglichkeiten der →Investmentfonds und Zulassung des Instruments der →Wertpapierleihe für Investmentfonds. Im Rahmen der Änderung des Aktiengesetzes wurde der Mindestnennbetrag einer →Aktie auf 5 DM herabgesetzt und eine verbesserte rechtliche Grundlage für den Handel der →Kreditinstitute und →Finanzinstitute i. S. des KWG in →eigenen Aktien geschaffen. Schließlich wurde im Rahmen des 2. FinMFöG das →Depotgesetz geändert: durch Vereinfachung der Vorschriften für die Girosammelverwahrung von →Wertpapieren, durch Erweiterung des Kreises der in den grenzüberschreitenden →Effekten-Giroverkehr einbezogenen Wertpapiere sowie durch Einschränkung der Formerfordernisse insbesondere hinsichtlich der Wertpapierleihe (→ Finanzmarktförderungsgesetze, →Wertpapierhandelsgesetz).

**Zweiwochengeld**, →terminiertes Tagesgeld.

**Zwischenausweise**
Zweimonats-, Quartals- sowie Halbjahresbilanzen und -berichte (auch Zehnmonatsberichte), die von manchen →Kreditinstituten freiwillig veröffentlicht werden (→ Zwischenberichte der Kreditinstitute). In Form von →Monatsausweisen sind die Kreditinstitute verpflichtet, z. der →Deutschen Bundesbank einzureichen, deren Zahlenmaterial von der Bundesbank zusammengefaßt und in ihren Monatsberichten bzw. Beiheften (→ Deutsche Bundesbank, Veröffentlichungen) publiziert wird.

**Zwischenberichte der Kreditinstitute**
Veröffentlichte Ergebnisberichte großer →Kreditinstitute, insbes. der →Aktienbanken, so z. B. in Form von Halbjahresberichten oder Zehnmonatsberichten. Sie dienen v. a. der Darstellung der Ertragsentwicklung. – Vgl. Tabelle S. 1793.
Für →Kreditbanken hat der →Bundesverband deutscher Banken ein Darstellungsschema zum Ausweis der →Erträge und →Aufwendungen veröffentlicht, wobei

**Zwischenschein**

**Zwischenberichte der Kreditinstitute – Die deutschen Großbanken in Zahlen [1])**

|  | Deutsche Bank | Dresdner Bank | Bayerische Vereinsbank | Commerz- Bank | Bayerische Hypo-Bank |
|---|---|---|---|---|---|
| Bilanzzahlen [2]) | | | | | |
| Bilanzsumme | 529,3 | 355,4 | 272,1 | 245,6 | 238,4 |
| Veränderung [3]) | +6,2 | +7,7 | +8,1 | +5,5 | +8,1 |
| Kreditvolumen | 325,4 | 250,4 | 215,6 | 166,4 | 182,0 |
| Veränderung | +1,2 | +4,1 | +4,3 | −0,1 | +6,4 |
| Gewinn- und Verlustrechnung [4]) | | | | | |
| Zinsüberschuß | 5851 | 3002 | 1783 | 2264 | 1730 |
| Veränderung [5]) | +7,4 | +4,6 | +8,7 | +4,5 | +10,4 |
| Provisionsüberschuß | 2613 | 1391 | 504 | 869 | 421 |
| Veränderung | +12,9 | +13,5 | +10,4 | +8,2 | +21,0 |
| Verwaltungsaufwand | 5687 | 3065 | 1395 | 2200 | 1335 |
| Veränderung | +9,2 | +6,6 | +10,3 | +9,2 | +12,7 |
| Finanzergebnis [6]) | 808 | 382 | 150 | 273 | 84 |
| Veränderung | +42,2 | +171,4 | +117,6 | +111,6 | +123,8 |
| Risikovorsorge [7]) | 1384 | 758 | 426 | 831 | 494 |
| Veränderung | +44,9 | +25,2 | +4,9 | −19,8 | +12,4 |
| Betriebsergebnis | 2563 | 936 | 528 | 392 | 483 |
| Veränderung | +12,6 | +13,9 | +21,6 | −15,3 | +24,8 |

[1]) Halbjahresabschlüsse 1993, [2]) in Milliarden DM [3]) Veränderungen in Prozent gegenüber dem 31. Dezember 1992. [4]) in Millionen DM, [5]) alle Veränderungen in Prozent gegenüber der Hälfte des Ergebnisses von 1992, [6]) Ergebnis aus dem Eigenhandel mit Wertpapieren, Devisen, Edelmetallen und Derivaten abzüglich Kurzwertabschreibungen auf den Handelsbestand, [7]) auf Kredite und Wertpapiere
Quelle: FAZ vom 11. 8. 1993

großer Wert auf die Deckungsgleichheit mit den für die Gliederung des →Jahresabschlusses vorgeschriebenen →Formblättern gelegt wird, um Vergleiche von Zwischenberichtsaussagen mit Angaben im →Jahresabschluß der Banken zu ermöglichen (→Betriebsergebnis).

### Zwischenbericht einer Kapitalanlagegesellschaft
Halbjahresbericht einer →Kapitalanlagegesellschaft (→Rechenschaftsbericht einer Kapitalanlagegesellschaft).

### Zwischendividende
→Dividende, die während des →Geschäftsjahres einer →Aktiengesellschaft gezahlt wird. Sie wird bei Zahlung der →Schlußdividende nach Ablauf des Geschäftsjahres angerechnet. Z. werden vielfach von ausländischen Gesellschaften, vor allem in den USA und in Großbritannien, gezahlt.

### Zwischenergebnisse von Kreditinstituten
Ergebnisse im Bereich der →Erträge und →Aufwendungen von →Kreditinstituten, die zwischen den →Jahresabschlüssen errechnet und in Zwischenberichten von großen Kreditinstituten (→Zwischenbericht der Kreditinstitute) veröffentlicht werden. (→Betriebsergebnis)

**Zwischenfinanzierung,** →Vorfinanzierung.

### Zwischenkredit
Vom Verwendungszweck (Vor- oder Zwischenfinanzierung; →Vorfinanzierung) abgeleitete Bezeichnung für einen →Kontokorrentkredit.

### Zwischenschein
*Interims Certificate, Anteilsschein, Interimsschein*; →Urkunden, die eine →Aktiengesellschaft bei Gründung oder →Kapitalerhöhung ausstellt, wenn die Ausgabe der Aktienurkunden sich verzögert. Z. müssen auf Namen lauten (§ 10 Abs. 3 AktG); sie sind →Orderpapiere. Anstelle von Z. werden meistens interimistische →Sammelurkunden bei der →Wertpapiersammelbank hinterlegt und Gutschrift auf Girosammeldepotkonto erteilt.

**Zwischenverwahrer**

**Zwischenverwahrer**
→ Kreditinstitut, das eigene und fremde → Wertpapiere durch einen → Drittverwahrer (z. B. → Wertpapiersammelbank) verwahren läßt.

**Zykliker**
Kurzbezeichnung für → zyklische Werte.

**Zyklische Werte**
→ Aktien, deren → Gewinne und Kurse sich normalerweise mit dem Verlauf der → Konjunktur entwickeln. Zu den z. W. werden neben dem Automobilbau auch die Chemie und der Maschinenbau gezählt.
*Gegensatz*: → zinssensitive Werte.